国家出版基金项目
NATIONAL PUBLICATION FOUNDATION

艺术卷

07

中国历代图书总目

李致忠 主编

北京国图书店有限责任公司
北京广臻文化艺术有限公司 编纂

文物出版社

第七分册目录

绘 画

中国绘画作品

中国年画作品

J0050220
鲜花送模范 魏福坤，薛文俊作
兰州 甘肃人民出版社 1978年 2张（套）
38cm（6开）定价：CNY0.07
　　中国现代年画作品。

J0050221
鲜花送模范 王学明作
石家庄 河北人民出版社 1978年 1张
76cm（2开）定价：CNY0.11
　　中国现代年画作品。作者王学明（1943— ），美术编辑。天津人，毕业于河北省美术学院。历任师范学校美术教员、报社美术编辑、衡水地区画院院长、中国美术家协会会员。连环画代表作品有《三断奇案》等，出版有《买海居诗选》《王学明画集》等。

J0050222
鲜花送模范 石景昭作
西安 陕西人民出版社 1978年 1张 76cm（2开）
定价：CNY0.11
　　中国现代年画作品。作者石景昭（1938—2010），画家，教授。河南偃师人，毕业于西安美院油画系。中国美术家协会会员，西安美术学院国画系人物教研室主任。代表作品有《丝路风情》《敦煌古市》《秋熟》《春花图》。出版有《工笔重彩人物画技法》《中国传统美术造型图论》等。

J0050223
鲜花献给华主席 张明堂，赵益超作
太原 山西人民出版社 1978年 1张 76cm（2开）
定价：CNY0.14
　　中国现代年画作品。

J0050224
献给勇于攀登科学高峰的同志们 常书鸿等作
兰州 甘肃人民出版社 1978年 1张 53cm（4开）
定价：CNY0.07
　　中国现代年画作品。

J0050225
湘江两岸展宏图 李一平等作
长沙 湖南人民出版社 1978年 1张 76cm（2开）
定价：CNY0.14
　　中国现代年画作品。

J0050226
向标兵学习　向模范看齐 刘宗武作
郑州 河南人民出版社 1978年 1张 53cm（4开）
定价：CNY0.06
　　中国现代年画作品。

J0050227
向高标准大寨县进军 姚天沐作
北京 人民美术出版社 1978年 1张 76cm（2开）
定价：CNY0.14

中国现代年画作品。

J0050228

向高标准大寨县进军　姚天沐作

太原 山西人民出版社 1978年 1张 76cm（2开）

定价：CNY0.14

　　中国现代年画作品。

J0050229

向井冈山进军　招炽挺等作

石家庄 河北人民出版社 1978年 1张

53cm（4开）定价：CNY0.07

　　中国现代年画作品。作者招炽挺（1945—　），画家。广东南海人。历任广州军区文艺创作室专业画家，中国美术家学会会员，广东美术家协会常务理事。代表作品有《山高情长》《愿做桂林人》《蓝天的女儿》。

J0050230

向科学技术现代化进军　王炎林作

西安 陕西人民出版社 1978年 1张 76cm（2开）

定价：CNY0.11

　　中国现代年画作品。作者王炎林（1940—2010），画家。河南郑州人，毕业于西安美术学院油画系。历任西安电影制片厂美术设计师，西安市美协副主席，中国美术家协会会员等。代表作品《我和鸟儿交朋友》《绿化祖国造福后代》等。

J0050231

向老师致敬　贺中，李伟华作

哈尔滨 黑龙江人民出版社 1978年 1张

76cm（2开）定价：CNY0.11

　　中国现代年画作品。

J0050232

向雷锋叔叔学习　张竟华作

上海 上海人民美术出版社 1978年 1张

76cm（2开）定价：CNY0.11

J0050233

小刀会　红灯照　万强麟作

昆明 云南人民出版社 1978年 1张 53cm（4开）

定价：CNY0.06

　　中国现代年画作品。

J0050234

小刀会　红灯照　万强麟作

昆明 云南人民出版社 1978年 1张 76cm（2开）

定价：CNY0.11

　　中国现代年画作品。

J0050235

小岛新泉　刘天民等作

沈阳 辽宁人民出版社 1978年 1张 76cm（2开）

定价：CNY0.11

　　中国现代年画作品。

J0050236

小发明家　任振江作

银川 宁夏人民出版社 1978年 1张 76cm（2开）

定价：CNY0.11

　　中国现代年画作品。

J0050237

小雷锋　王镜蓉等作

南京 江苏人民出版社 1978年 1张 76cm（2开）

定价：CNY0.11

　　中国现代年画作品。

J0050238

小小故事会　翁自芳，蔡业崇作

广州 广东人民出版社 1978年 1张 76cm（2开）

定价：CNY0.14

　　中国现代年画作品。

J0050239

小小火箭迷　张韫韬作

石家庄 河北人民出版社 1978年 1张

76cm（2开）定价：CNY0.11

J0050240

小小科学家　刘金汉作

南宁 广西人民出版社 1978年 1张

76cm（2开）定价：CNY0.11

　　中国现代年画作品。

J0050241

小助手　李夜冰作

太原 山西人民出版社 1978年 1张 76cm（2开）

定价：CNY0.14

中国现代年画作品。作者李夜冰(1931—)，画家、艺术家、高级工艺美术师。河北井陉县人。中国美术家协会会员，中央文史研究馆书画院研究员，中央书画艺术研究院名誉院长，五台山佛教书画艺术研究院名誉院长，山西国际文化交流画院院长。代表作品《明珠今夜更灿烂》《夕阳映辉》《三雕惊世》《华沙一条街》等。

J0050242
晓 施邦华画
济南 山东人民出版社 1978年 1张 76cm（2开）
定价：CNY0.14
　　中国现代年画作品。

J0050243
心红苗壮 卫福庆作
太原 山西人民出版社 1978年 2张(套)
53cm（4开）定价：CNY0.07
　　中国现代年画作品。

J0050244
心花怒放 徐德隆作
合肥 安徽人民出版社 1978年 1张 76cm（2开）
定价：CNY0.14
　　中国现代年画作品。

J0050245
心花怒放 冀学闻画
济南 山东人民出版社 1978年 1张 76cm（2开）
定价：CNY0.11
　　中国现代年画作品。作者冀学闻(1935—2005)，美术家。山东青州人。历任潍坊教育学院副教授，中国美协山东分会会员，青州市美协副主席。代表作品有《黄山晴云》《黄山云涌》等。

J0050246
心愿绣在织锦上织锦献给华主席 徐启雄作
杭州 浙江人民出版社 1978年 1张 76cm（2开）
定价：CNY0.14
　　中国现代年画作品。

J0050247
欣欣向荣 郑乃珖作
北京 人民美术出版社 1978年 2张(套)

76cm（2开）定价：CNY0.22
　　中国现代年画作品。作者郑乃珖(1911—2005)，画家、教授。号璧寿翁，生于福建福州市。历任中国画研究院院务委员，西安美术学院教授，福建省政协常委，福州画院院长，国家一级美术师。代表作品有《水乡春色》《荷萍》《灵山秀水育新苗》等。

J0050248
新课堂 苏舣作
广州 广东人民出版社 1978年 1张 76cm（2开）
定价：CNY0.14
　　中国现代年画作品。

J0050249
新年好 高云作
南京 江苏人民出版社 1978年 1张 76cm（2开）
定价：CNY0.14
　　中国现代年画作品。作者高云(1956—)，国家一级美术师。毕业于南京艺术学院中国画专业。历任中国美术家协会理事、中国画艺委会委员，全国美术馆专委会副主任、江苏省美协副主席，江苏省美术馆馆长，南京艺术学院客座教授。

J0050250
新书到草原 张洪飞作
沈阳 辽宁人民出版社 1978年 1张 76cm（2开）
定价：CNY0.11
　　中国现代年画作品。

J0050251
幸福的一代 （全国儿童玩具展览巡视）刘虹作
天津 天津人民美术出版社 1978年 1张
76cm（2开）定价：CNY0.11

J0050252
雄关漫道真如铁　而今迈步从头越 茹桂书
石家庄 河北人民出版社 1978年 2张(套)
78cm（2开）定价：CNY0.45
　　作者茹桂(1936—)，教授。陕西长安人。就读于西安美术学院和陕西师大中文系。历任西安美术学院教授，陕西省书法协会副主席，中国书协学术委员,日本京都造型艺术大学客座教授。代表性作品有《文学创作常识》《艺术美学纲要》《茹桂书法教学手记》。

J0050253
绣金匾 肖跑跑,肖跳跳作
南京 江苏人民出版社 1978年 1张 76cm(2开)
定价: CNY0.14
中国现代年画作品。

J0050254
绣金匾 鲁鸿恩画
济南 山东人民出版社 1978年 1张 76cm(2开)
定价: CNY0.14
中国现代年画作品。

J0050255
学大寨争上游 赶昔阳创奇迹 史一作
昆明 云南人民出版社 1978年 1张 76cm(2开)
定价: CNY0.11
中国现代年画作品。

J0050256
学革命传统 树一代新风 娄山作
南昌 江西人民出版社 1978年 1张 76cm(2开)
定价: CNY0.11

J0050257
学习雷锋好榜样 郭长林作
成都 四川人民出版社 1978年 1张 53cm(4开)
定价: CNY0.07
中国现代年画作品。

J0050258
学习雷锋好榜样 李慕白作
天津 天津人民美术出版社 1978年 1张
76cm(2开)定价: CNY0.11
作者李慕白(1913—1991),画家。生于浙江海宁。历任中国民主同盟会成员,中国美术家协会会员,上海人民美术出版社特约年画作者。出版有《李慕白、金雪尘年画选集》。

J0050259
雪莲朵朵 李秉刚作
沈阳 辽宁人民出版社 1978年 1张 76cm(2开)

定价: CNY0.11
中国现代年画作品。

J0050260
雪山春暖 草地新雏 胡莹作
成都 四川人民出版社 1978年 1张 76cm(2开)
定价: CNY0.11
中国现代年画作品。

J0050261
延安颂 张三友作;岁寒配诗
上海 上海人民美术出版社 1978年 2张(套)
76cm(2开)定价: CNY0.22
中国现代年画作品。

J0050262
延安之春 孙国琦作
沈阳 辽宁人民出版社 1978年 1张 76cm(2开)
定价: CNY0.11
中国现代年画作品。

J0050263
艳阳春色 黄幻吾作
上海 上海人民美术出版社 1978年 1张
76cm(2开)定价: CNY0.11
中国现代年画作品。作者黄幻吾(1906—1985),花鸟画家。名罕,字幻吾,号罕僧,晚年称罕翁。广东新会人。历任中国美术家协会上海分会理事,上海文史研究馆馆员等职。出版有《幻吾画集》《幻吾小品画集》《怎样画走兽》《中国画技法》等。

J0050264
雁荡山 温州瓯塑厂作
杭州 浙江人民出版社 1978年 1张 76cm(2开)
定价: CNY0.11
中国现代年画作品。

J0050265
雁荡山花 潘天寿作
杭州 浙江人民出版社 1978年 1张 53cm(4开)
定价: CNY0.07
作者潘天寿(1897—1971),现代著名国画家,美术教育家。字大颐,号寿者。浙江宁海县人。擅画花鸟、山水,兼善指画,亦能书法、诗词、篆刻。曾任中国文联委员,中国美术家协会副主席，浙江省文联副主席，中国美协浙江分会主席，浙江美术学院院长、教授等职。著有《中国绘画史》《听天阁画谈随笔》等。

J0050266
阳春　　陈宁尔作
杭州　浙江人民出版社　1978 年　1 张　76cm（2 开）
定价：CNY0.14
　　中国现代年画作品。

J0050267
阳光沐浴鲜花盛开　　金裕岭作
南京　江苏人民出版社　1978 年　1 张　76cm（2 开）
定价：CNY0.11
　　中国现代年画作品。

J0050268
阳光普照　　李秉刚作
太原　山西人民出版社　1978 年　1 张　76cm（2 开）
定价：CNY0.14
　　中国现代年画作品。

J0050269
杨家岭的早晨　　张自嶷，蔡亮画
石家庄　河北人民出版社　1978 年　1 张　53cm（4 开）定价：CNY0.07
　　中国现代年画作品。作者蔡亮（1932—1995），油画家。福建厦门人，毕业于中央美术学院绘画系。中国美术家协会会员，美协浙江分会理事，浙江油画研究会副会长，浙江美术学院教授，中国美术学院教授。主要作品有《延安火炬》《贫农的儿子》《红军三大主力会师》等。

J0050270
杨家岭的早晨　　张自嶷，蔡亮作
北京　人民美术出版社　1978 年　1 张　76cm（2 开）
定价：CNY0.14
　　中国现代年画作品。

J0050271
杨开慧　　钟增亚等作
北京　人民美术出版社　1978 年　2 张（套）76cm（2 开）定价：CNY0.28
　　中国现代年画作品。

J0050272
杨柳春风　（杨柳青年画）张福龙作
北京　人民美术出版社　1978 年　1 张　76cm（2 开）
定价：CNY0.14
　　中国现代年画作品。作者张福龙（1942—　　），画家。天津人。曾任天津杨柳青画社、天津画院专业画家等职。主要作品有《毛主席和青年农民》《杨柳春风》《山娃》等。

J0050273
杨柳春风　（杨柳青年画）张福龙作
天津　天津杨柳青画店　1978 年　1 张　76cm（2 开）
定价：CNY0.14
　　中国现代年画作品。

J0050274
杨门女将　　韩景琦画
长春　吉林人民出版社　1978 年　1 张　76cm（2 开）
定价：CNY0.14
　　中国现代年画作品。

J0050275
杨门女将　　秀公，新国画
南京　江苏人民出版社　1978 年　4 张（套）53cm（4 开）定价：CNY0.28
　　中国现代年画作品。

J0050276
杨门女将　　严坚作
沈阳　辽宁人民出版社　1978 年　1 张　76cm（2 开）
定价：CNY0.11
　　中国现代年画作品。

J0050277
杨门女将　　赵静东作
北京　人民美术出版社　1978 年　1 张　76cm（2 开）
定价：CNY0.11
　　中国现代年画作品。作者赵静东（1930—　　），人物画家，天津人，毕业于中央美术学院。历任北京通俗读物出版社编辑，天津人民美术出版社副编审。作品《中华女儿经》《战斗的青春》《连心镇》《儿女风尘记》等。出版有《赵静东人物画选》《五个儿童抓特务》等。

J0050278
瑶山晨曲　黄力生作
广州 广东人民出版社 1978年 1张 76cm（2开）
定价：CNY0.14

J0050279
叶副主席和邓副主席在军委扩大会议上　李宝林等作
石家庄 河北人民出版社 1978年 1张
53cm（4开）定价：CNY0.07
　　中国现代年画作品。

J0050280
一代新苗　张起林作
西安 陕西人民出版社 1978年 1张 76cm（2开）
定价：CNY0.11
　　中国现代年画作品。

J0050281
一定要完成统一祖国的大业　邵国兴等作
上海 上海人民美术出版社 1978年 1张
76cm（2开）定价：CNY0.11
　　中国现代年画作品。

J0050282
一定要完成统一祖国的大业　邵国兴等作
杭州 浙江人民出版社 1978年 1张 76cm（2开）
定价：CNY0.14
　　中国现代年画作品。

J0050283
一年比一年好　叶公贤作
昆明 云南人民出版社 1978年 1张 53cm（4开）
定价：CNY0.06

J0050284
沂蒙江南　贾忠景画
济南 山东人民出版社 1978年 1张 76cm（2开）
定价：CNY0.11
　　中国现代年画作品。

J0050285
沂蒙新春　苏勇，王沂东作
北京 人民美术出版社 1978年 1张 76cm（2开）
定价：CNY0.11

中国现代年画作品。

J0050286
沂蒙新春　苏勇，王沂东作
上海 上海人民美术出版社 1978年 1张
76cm（2开）定价：CNY0.11
　　中国现代年画作品。

J0050287
彝区结盟　方振，何哲生作
成都 四川人民出版社 1978年 1张 53cm（4开）
定价：CNY0.07
　　中国现代年画作品。

J0050288
彝族女拖拉机手　李秀，陈绕光作
昆明 云南人民出版社 1978年 1张 76cm（2开）
定价：CNY0.11
　　中国现代年画作品。

J0050289
以华主席为首的党中央和全国各族人民心连心　齐梦慧作
石家庄 河北人民出版社 1978年 1张
78cm（2开）定价：CNY0.10
　　中国现代年画作品。

J0050290
以粮为纲　全面发展　（杨柳青年画）骆福庆作
北京 人民美术出版社 1978年 1张 76cm（2开）
定价：CNY0.11
　　中国现代年画作品。

J0050291
以粮为纲　全面发展　张金庚画
济南 山东人民出版社 1978年 1张 53cm（4开）

J0050292
以粮为纲全面发展　（杨柳青年画）骆福庆作
天津 天津杨柳青画店 1978年 1张 76cm（2开）
定价：CNY0.11
　　中国现代年画作品。

J0050293

殷切的希望　刘建成画

长春 吉林人民出版社 1978年 1张 76cm（2开）

定价：CNY0.14

　　中国现代年画作品。

J0050294

殷切的希望　王振羽作

沈阳 辽宁人民出版社 1978年 1张 76cm（2开）

定价：CNY0.11

　　中国现代年画作品。作者王振羽（1946—　），画家。吉林人。毕业于辽宁艺术师范美术科，结业于鲁迅美术学院油画进修班。曾任舞美设计，抚顺市人民影院美工。擅长油画。作品有油画《寄信母校报丰收》，年画《桃李芬芳》，水彩画《北方十月》等。

J0050295

银花朵朵向太阳　刘文西作

天津 天津人民美术出版社 1978年 1张 76cm（2开）定价：CNY0.14

　　中国现代年画作品。作者刘文西（1933—2019），生于浙江嵊州。曾任中国美术协会顾问，陕西省美协副主席，西安美院研究院院长，延安市副市长。重要作品有《毛主席和牧羊人》《东方》《解放区的天》和巨幅系列长卷《黄土人》等近百幅。

J0050296

银线传友情　秦大虎作

石家庄 河北人民出版社 1978年 1张 76cm（2开）定价：CNY0.11

　　作者秦大虎（1938—　），教授。历任中国美术学院油画系教授、中国油画家协会理事、浙江美协常务理事等职。作品有《在战斗中成长》《老将》《田喜嫂》等。出版有《秦大虎油画选》《秦大虎的绘画世界》和《油画创作》等。

J0050297

英雄花放漫天红　黄幻吾作

合肥 安徽人民出版社 1978年 76cm（2开）

定价：CNY0.14

　　中国现代年画作品。

J0050298

英姿飒爽　黄迪杞画

福州 福建人民出版社 1978年 76cm（2开）

定价：CNY0.14

　　中国现代年画作品。作者黄迪杞（1929—　），字晴川，福建福清人。毕业于福建师范大学艺术系。历任福建人民出版社、福建画报社美术编辑，中国年画研究会理事，福州涌泉书画社社长。作品有《郑成功收复台湾》《满堂红》《丰碑》。出版《黄迪杞古典人物画辑》《黄迪杞书画集》《黄迪杞画集》等。

J0050299

英姿飒爽　宋仁贤画

济南 山东人民出版社 1978年 76cm（2开）

定价：CNY0.11

　　中国现代年画作品。作者宋仁贤（1939—　），画家，国家一级美术师。山东荣城人。艺号牧云渔翁，自品斋，堂号闭门堂。烟台画院专业画家，中国美术家协会会员，山东省画院高级画师。画作有《试验田》《海岛民兵师》《海上劳模》等，出版有《宋仁贤画选》。

J0050300

英姿飒爽　刘生展作

天津 天津人民美术出版社 1978年 76cm（2开）

定价：CNY0.11

　　中国现代年画作品。作者刘生展（1938—2016），画家，一级美术师。别名塞城。内蒙古丰镇人。历任河北省张北县文化馆馆长，中华炎黄文化研究会会员，中日美术交流协会会员，察哈尔书画院名誉院长。作品有《草原女民兵》《赛马去》《多为农业献骏马》《草原盛会》等。出版《怎样画马》《三国志人物绘卷》《马的描法》等。

J0050301

莺歌燕舞　徐刚作

南宁 广西人民出版社 1978年 76cm（2开）

定价：CNY0.14

　　中国现代年画作品。

J0050302

莺歌燕舞　（杨柳青年画）于锦声，高士良作

北京 人民美术出版社 1978年 76cm（2开）

定价: CNY0.11

中国现代年画作品。

J0050303

莺歌燕舞　（杨柳青年画）于锦声，高士良作

天津　天津杨柳青画店 1978 年 76cm（2 开）

定价: CNY0.11

J0050304

迎丰年　杨振洲作

郑州　河南人民出版社 1978 年 76cm（2 开）

定价: CNY0.14

中国现代年画作品。

J0050305

迎客松　王颂余作

石家庄　河北人民出版社 1978 年［1 张］

76cm（2 开）定价: CNY0.14, CNY0.75

（胶印画轴）

中国现代年画作品。作者王颂余（1910—2005），书法家、山水画家。出生于天津。天津美术学院任教。代表作品《把余粮卖给国家》《凯歌黄金路》《滦水清兮清且甘》等。

J0050306

映山花红迎贵宾　金铭作

上海　上海人民美术出版社 1978 年 76cm（2 开）

定价: CNY0.11

中国现代年画作品。

J0050307

永把牧民心照亮　胡振郎作

上海　上海人民美术出版社 1978 年 76cm（2 开）

定价: CNY0.11

中国现代年画作品。作者胡振郎（1938—　），国家一级美术师。浙江永康县人，毕业于浙江美术学院。历任中国美术家协会上海分会理事，上海市黄浦画院院长，上海市文史研究馆馆员，上海中国画院画师。代表作品有《一生难忘 1976》《峥嵘岁月》《白求恩》，出版有《胡振郎画集》《胡振郎山水画集》《怎样画水墨山水》等。

J0050308

永生难忘的亲切教诲　沈行工作

北京　人民体育出版社 1978 年 76cm（2 开）

定价: CNY0.11

中国现代年画作品。作者沈行工（1943—　），画家，艺术家。浙江宁波人，毕业于南京艺术学院。历任南京艺术学院教授、硕士生导师，中国美术家协会会员，中国油画学会理事等。代表作品《小镇春深》《秋晴》《读书人生》《蓝色的江南风景》《雪后的江南风景》等。

J0050309

永远怀念周总理　朱岩作

哈尔滨　黑龙江人民出版社 1978 年 76cm（2 开）

定价: CNY0.11

中国现代年画作品。

J0050310

永远年轻的人　朱理存，马振声作

成都　四川人民出版社 1978 年 76cm（2 开）

定价: CNY0.11

中国现代年画作品。作者马振声（1939—　），国家一级美术师。北京人，毕业于中央美术学院中国画系。历任中国美术家协会会员，四川省美术家协会从事专业美术创作员，重庆国画院名誉院长，中央文史研究馆馆员。作品有《爱国诗人陆游》《酒歌图》《逢场》等。

J0050311

用户知心人　孙仲阳作

合肥　安徽人民出版社 1978 年 76cm（2 开）

定价: CNY0.14

中国现代年画作品。

J0050312

友谊　王显振作

杭州　浙江人民出版社 1978 年 76cm（2 开）

定价: CNY0.11

中国现代年画作品。

J0050313

友谊花开遍天下　施福国作

上海　上海人民美术出版社 1978 年 76cm（2 开）

定价: CNY0.14

中国现代年画作品。

J0050314
又是一批栋梁材　薛瑞荣画
长春 吉林人民出版社 1978年 76cm（2开）
定价：CNY0.14
　　中国现代年画作品。

J0050315
又添一朵光荣花　徐福根作
南昌 江西人民出版社 1978年 76cm（2开）
定价：CNY0.11
　　中国现代年画作品。作者徐福根（1941—　），别名夫耕，出生于浙江萧山。擅长年画。曾任江西人民出版社美术编辑、江西美术出版社副编审等职。作品有《雷锋与红领巾》《孙中山与宋庆龄》《让世界充满爱》《春从燕翅归》等。

J0050316
幼儿乐园　王也良，邓泰和作
上海 上海人民美术出版社 1978年 76cm（2开）
定价：CNY0.11

J0050317
渔民的好后勤　郭建国画
济南 山东人民出版社 1978年 76cm（2开）
定价：CNY0.11

J0050318
渔农丰收贡献大　吕学勤画
济南 山东人民出版社 1978年 76cm（2开）
定价：CNY0.11
　　中国现代年画作品。作者吕学勤（1936—1993），画家。别名理园，山东临朐人。历任中国美术家协会理事，山东美术家协会副主席，山东省美术馆一级美术师。代表作品有《雨后江山分外明》《春风得意图》《科研小组》等。

J0050319
愉快的夏天　李醒滔等作
广州 广东人民出版社 1978年 78cm（2开）
定价：CNY0.10
　　中国现代年画作品。

J0050320
雨露滋润禾苗壮　李大山画
济南 山东人民出版社 1978年 76cm（2开）
定价：CNY0.14
　　中国现代年画作品。作者李大山（1944—　），画家、美术教育家。山东潍坊市人，中国美术家协会山东分会会员。出版专著《李大山画集》《红楼群芳》《李大山画选》等。

J0050321
语重心长　陈静作
沈阳 辽宁人民出版社 1978年 76cm（2开）
定价：CNY0.11
　　中国现代年画作品。

J0050322
玉兰牡丹　刘思远作
石家庄 河北人民出版社 1978年 76cm（2开）
定价：CNY0.11

J0050323
园丁　王有政作
西安 陕西人民出版社 1978年 76cm（2开）
定价：CNY0.11
　　中国现代年画作品。作者王有政（1941—　），画家。山西万荣县人，毕业于西安美术学院。历任陕西国画院创作研究室主任，中国美术家协会会员，陕西作协理事。代表作品有《悄悄话》《捏扁食》《翠翠莉莉和姣姣》等。

J0050324
原油滚滚四海香　贾克里，赵润生作
石家庄 河北人民出版社 1978年 76cm（2开）
定价：CNY0.11
　　中国现代年画作品。

J0050325
远望　尚沪生作
石家庄 河北人民出版社 1978年 53cm（4开）
定价：CNY0.07

J0050326
远望　尚沪生画
长春 吉林人民出版社 1978年 53cm（4开）
定价：CNY0.07
　　中国现代年画作品。

J0050327

远望　尚沪生画

长春 吉林人民出版社 1978年 38cm（6开）

定价：CNY0.04

　　中国现代年画作品。

J0050328

远望　相起久作

上海 上海人民美术出版社 1978年 76cm（2开）

定价：CNY0.14

　　中国现代年画作品。

J0050329

云中飞瀑图　宋文治作

南昌 江西人民出版社 1978年 76cm（2开）

定价：CNY0.11

　　作者宋文治（1919—1999），画家。江苏太仓人。就读于江苏省国画院。曾任南京大学教授、江苏美协副主席、江苏省国画院副院长等职。代表作有《白云幽涧图》《蜀江云起》《华岳积翠图》《水乡春暖》。著作有《宋文治画集》《宋文治作品选集》等。

J0050330

杂技园里百花开　高进作

上海 上海人民美术出版社 1978年 76cm（2开）

定价：CNY0.11

　　中国现代年画作品。

J0050331

再考一次　（杨柳青年画）王宝贵作

北京 人民美术出版社 1978年 76cm（2开）

定价：CNY0.11

J0050332

再考一次　（杨柳青年画）王宝贵作

天津 天津杨柳青画店 1978年 76cm（2开）

定价：CNY0.11

J0050333

再攀高峰　刘长恩画

长春 吉林人民出版社 1978年 76cm（2开）

定价：CNY0.11

　　中国现代年画作品。

J0050334

咱们工人有力量　蔡超，白林华画

福州 福建人民出版社 1978年 76cm（2开）

定价：CNY0.14

　　中国现代年画作品。作者蔡超（1944—　　），国家一级美术师。上海嘉定人。历任南昌画院院长、江西博物馆馆长、江西省美术家协会主席，中国美术家协会江西分会理事。代表作品有《集思》《扶臂》《天地间》《众志成城》《毛主席在农村调查》等。

J0050335

枣园之春　（杨柳青年画）张福龙作

天津 天津杨柳青画店 1978年 76cm（2开）

定价：CNY0.14

J0050336

造船　洪水清作

杭州 浙江人民出版社 1978年 38cm（6开）

定价：CNY0.04

　　中国现代年画作品。

J0050337

战士的歌　冉茂芹作

广州 广东人民出版社 1978年 53cm（4开）

定价：CNY0.07

　　中国现代年画作品。

J0050338

长大也戴光荣花　皮国骏，张德俊作

南京 江苏人民出版社 1978年 76cm（2开）

定价：CNY0.11

　　中国现代年画作品。

J0050339

长征路上　沈尧伊，张世范作；申申配诗

石家庄 河北人民出版社 1978年 2张（套）76cm（2开）定价：CNY0.28

　　中国现代年画作品。作者沈尧伊（1943—　　），画家。浙江镇海人，毕业于中央美术学院。曾任中国人民大学徐悲鸿艺术学院教授，中国美术家协会会员，北京美术家协会理事，连环画艺术委员会主任。代表作品《而今迈步从头越》《革命理想高于天》《地球的红飘带》等。作者张世范（1936—2012），教授。河北冀州人，毕业于天津

美术学院。曾任天津美术学院院长、教授。代表作品有《罗马尼亚艺术家——科·巴巴》《素描人体新概念》。

J0050340
征战万里人未老　沈风涛，陈天铀作
兰州 甘肃人民出版社 1978年 76cm（2开）
定价：CNY0.14
　　中国现代年画作品。作者陈天铀（1945— ），画家。出生于陕西勉县，祖籍江西赣州。历任中国美协会员、中央文史馆书画院研究员、甘肃省书画研究院副院长。代表作品有《屹立千秋》《丝路心象》《阿尼玛卿·雪》《腊子口》等。

J0050341
正气　吴凡作
成都 四川人民出版社 1978年 53cm（4开）
定价：CNY0.07
　　作者吴凡（1923—2015），画家，一级美术师。重庆人。历任中国美协理事，四川美术家协会副主席，四川省诗书画院艺术顾问等职。出版有《吴凡作品集》《吴凡版画集》《吴凡艺术》等。

J0050342
郑成功收复台湾　陆海林作
成都 四川人民出版社 1978年 76cm（2开）
定价：CNY0.14
　　中国现代年画作品。作者陆海林，年画作家。连云港市市美术馆馆长。

J0050343
中国人民有志气　袁耀锷作
上海 上海人民美术出版社 1978年 76cm（2开）
定价：CNY0.14

J0050344
中国应当对于人类有较大的贡献（毛主席、周总理和科学家在一起）姚中玉，沈兆荣作
上海 上海人民美术出版社 1978年 76cm（2开）
定价：CNY0.14
　　中国现代年画作品。

J0050345
重任　查世铭作

武汉 湖北人民出版社 1978年 53cm（4开）
定价：CNY0.07
　　中国现代年画作品。

J0050346
周恩来同志在梅园新村　陈守义，沈行工作
南京 江苏人民出版社 1978年 2张（套）
76cm（2开）定价：CNY0.28
　　中国现代年画作品。作者陈守义（1944— ），浙江温州人。毕业于浙江美术学院油画系。中国美术家协会会员，浙江美术家协会理事，浙江美术教育研究会副会长。主要作品有《山城》《水乡的回忆》《巴黎春色》等。作者沈行工（1943— ），画家，艺术家。浙江宁波人，毕业于南京艺术学院。南京艺术学院教授、硕士生导师，中国美术家协会会员，中国油画学会理事、江苏省油画学会名誉主席、艺术委员会主席。代表作品《小镇春深》《秋晴》《读书人生》《蓝色的江南风景》《雪后的江南风景》等。

J0050347
周总理鼓励我们搞科研　屠国瑛画
济南 山东人民出版社 1978年 76cm（2开）
定价：CNY0.14
　　中国现代年画作品。

J0050348
周总理和海军战士在一起　司马连义，杨德彪作
上海 上海人民美术出版社 1978年 76cm（2开）
定价：CNY0.11
　　中国现代年画作品。作者司马连义（1947— ），国家一级美术师。山东临沂人。毕业于上海大学美术学院油画系。历任中国美术家协会会员，中国艺术研究院研究员、国家友好画院副院长，江苏画院特聘画师等职。作品有《晨练》《钢铁长城》《岁月》《努力学习》等。

J0050349
周总理和我们同甘苦　甘长霖作
上海 上海人民美术出版社 1978年 76cm（2开）
定价：CNY0.11
　　中国现代年画作品。

J0050350

周总理和我们在一起　　陈宜明，刘宇廉作

哈尔滨　黑龙江人民出版社　1978年　76cm（2开）

定价：CNY0.11

　　中国现代年画作品。

J0050351

周总理和我们在一起　　邓福星作

天津　天津人民美术出版社　1978年　76cm（2开）

定价：CNY0.14

　　中国现代年画作品。作者邓福星（1945—　），书画家，美术教育家。河北固安人，毕业于中国艺术研究院研究生班，获博士学位。任中国艺术研究院研究员，博士生导师，中国画学会副会长。绘画作品《周总理永远和我们在一起》《梅花欢喜漫天雪》《五体千字文》，论著《美术概论》等。

J0050352

周总理和小刀会演员在一起　　艾新伟，洪丕森作

合肥　安徽人民出版社　1978年　76cm（2开）

定价：CNY0.14

　　中国现代年画作品。

J0050353

周总理和运动员在一起　　许全群，杨宝瑜作

北京　人民体育出版社　1978年　76cm（2开）

定价：CNY0.11

　　中国现代年画作品。作者许全群（1943—　），画家。河南鲁山县人。毕业于北京艺术学院附中。曾任职于人民美术出版社创作室，中国美术家协会会员、吉隆坡艺术学院客座教授。出版有《许全群画集》《许全群水墨作品精选》等。

J0050354

周总理回延安　　王天葆作

西安　陕西人民出版社　1978年　76cm（2开）

定价：CNY0.14

　　中国现代年画作品。

J0050355

周总理来到了训练场　　周正作

北京　人民体育出版社　1978年　76cm（2开）

定价：CNY0.11

　　作者周正（1934—　），油画家、艺术理论家。江苏苏州人，毕业于西北艺术学院美术系。陕西师范大学教授、艺术系主任，中国美术家协会会员，陕西省美术家协会常务理事、艺术美学学会常务理事。出版有《油画技法》《绘画色彩学概要》《简明外国美术史》《绘画构图原理》《周正油画集》。

J0050356

周总理是咱贴心人　　辛鹤江作

石家庄　河北人民出版社　1978年　76cm（2开）

定价：CNY0.14

J0050357

朱总司令爱人民　　（杨柳青年画）沈大慈作

天津　天津杨柳青画店　1978年　76cm（2开）

定价：CNY0.14

J0050358

硃砂冲　　李行简作

上海　上海人民美术出版社　1978年　76cm（2开）

定价：CNY0.11

　　中国现代年画作品。

J0050359

祝酒图　　苗再新作

天津　天津人民美术出版社　1978年　76cm（2开）

定价：CNY0.14

　　中国现代年画作品。

J0050360

抓纲治国　大地回春　　朱佩君等作

成都　四川人民出版社　1978年　76cm（2开）

定价：CNY0.11

　　作者朱佩君（1920—1995），女，画家。四川成都人。成都画院院长。作品有《芙蓉鲤鱼》《菊花》《山茶红艳樱花娇》等。

J0050361

抓纲治国　高歌猛进　　谭西方作

武汉　湖北人民出版社　1978年　76cm（2开）

定价：CNY0.11

　　中国现代年画作品。作者谭西方，美术编辑，河南鄢城人。作品有连环画《中华字圣许慎》等。

J0050362

抓纲治国气象万千　李俊杰画

长春 吉林人民出版社 1978 年 76cm（2 开）

定价：CNY0.14

中国现代年画作品。

J0050363

抓纲治国气象新　百花齐放春满园　饶湘萍等作

贵阳 贵州人民出版社 1978 年 76cm（2 开）

定价：CNY0.14

中国现代年画作品。

J0050364

抓纲治国实现四个现代化　孙伯礼作

郑州 河南人民出版社 1978 年 53cm（4 开）

定价：CNY0.06

中国现代年画作品。

J0050365

抓纲治国万象更新　王绍基作

杭州 浙江人民出版社 1978 年 76cm（2 开）

定价：CNY0.14

中国现代年画作品。

J0050366

抓纲治国绣山河　曾向明作

广州 广东人民出版社 1978 年 76cm（2 开）

定价：CNY0.14

中国现代年画作品。

J0050367

转战陕北　（根据阎长林《胸中自有雄兵百万》）

蜀人改编；刘文西绘

北京 人民美术出版社 1978 年 2 张（套）

76cm（2 开）定价：CNY0.28

中国现代年画作品。

J0050368

子弟兵的母亲戎冠秀　（胶印画轴）天津艺术学院年画班师生作

天津 天津杨柳青画店 1978 年 4 幅（套）

定价：CNY1.10

J0050369

总任务鼓舞人心　新宪法家喻户晓　李文龙作

太原 山西人民出版社 1978 年 2 张（套）

76cm（2 开）定价：CNY0.14

中国现代年画作品。

J0050370

走毛主席指引的道路　焦宏训，焦岩峰画

济南 山东人民出版社 1978 年 76cm（2 开）

定价：CNY0.11

中国现代年画作品。

J0050371

祖国处处是春天　刘景秀作

西安 陕西人民出版社 1978 年 76cm（2 开）

定价：CNY0.11

中国现代年画作品。

J0050372

祖国的希望　李元星作

昆明 云南人民出版社 1978 年 76cm（2 开）

定价：CNY0.11

中国现代年画作品。

J0050373

《小女婿》又到咱们村　刘铁权，王久兴作

沈阳 辽宁美术出版社 1979 年 [1 张]

76cm（2 开）定价：CNY0.11

中国现代年画作品。

J0050374

一道难题　陈静，刘天民作

沈阳 辽宁美术出版社 1979 年 [1 张]

76cm（2 开）定价：CNY0.11

中国现代年画作品。

J0050375

1979 年画缩样　（一）

武汉 湖北人民出版社 1979 年 8 幅 19cm（32 开）

中国现代年画作品。

J0050376

1980 年画缩样

南宁 广西人民出版社 1979 年 4 幅 19cm（32 开）

中国现代年画作品。

J0050377
1980 年画缩样 （1）
南京 江苏人民出版社 1979 年 20 幅
19cm（32 开）
　　中国现代年画作品。

J0050378
1980 年画缩样 （2）
南京 江苏人民出版社 1979 年 31 幅
19cm（32 开）
　　中国现代年画作品。

J0050379
1980 年画缩样
呼和浩特 内蒙古人民出版社 1979 年 24 幅
19cm（32 开）

J0050380
1980 年画缩样
太原 山西人民出版社 1979 年 17 幅
19cm（32 开）
　　中国现代年画作品。

J0050381
1980 年画缩样
西安 陕西人民美术出版社 1979 年
19cm（32 开）

J0050382
1980 年画缩样 （1）
成都 四川人民出版社 1979 年 17 幅
19cm（32 开）

J0050383
1980 年画缩样 （2）
成都 四川人民出版社 1979 年 12 幅
19cm（32 开）
　　中国现代年画作品。

J0050384
1980 年画缩样
乌鲁木齐 新疆人民出版社 1979 年 7 幅
19cm（32 开）

中国现代年画作品。

J0050385
1980 年门画缩样 （第一集）
昆明 云南人民出版社 1979 年 19cm（32 开）
　　中国现代年画作品。

J0050386
奥妙的海洋　王建国作
石家庄 河北人民出版社 1979 年 ［1 张］
76cm（2 开）定价：CNY0.11
　　中国现代年画作品。

J0050387
巴塘苹果香　金川雪梨甜　赵宏作
成都 四川人民出版社 1979 年 ［1 张］
53cm（4 开）定价：CNY0.08

J0050388
白娘娘与许仙　金梅生作
上海 上海人民美术出版社 1979 年 ［1 张］
76cm（2 开）统一书号：8081.11595
定价：CNY0.14
　　中国现代年画作品。作者金梅生（1902—
1989），画家。别名石摩，上海人。曾于商务印
书馆美术科专门从事月份牌绘画，上海市文史
馆馆员、上海人民美术出版社特约年画家。作
品有《新中国的歌声》《秀女饲养员》《花木
兰》等。

J0050389
白娘娘与许仙　金梅生作
上海 上海人民美术出版社 1979 年 ［1 张］
53cm（4 开）定价：CNY0.06
　　中国现代年画作品。

J0050390
白蛇传　聂秀功，蔡志坚作
南京 江苏人民出版社 1979 年 4 张 53cm（4 开）
定价：CNY0.28
　　中国现代年画作品。作者蔡志坚（1938—　），
画家，教授。江苏泰兴人，毕业于南京艺术学院。
历任江苏省科普美术家协会副理事长、南京工业
大学艺术学院教授、徐悲鸿画院副院长等职。出
版有《蔡志坚画集》《蔡志坚新画》《建筑装饰美

术》《蔡志坚嘲集》等。

J0050391

百花齐放　春满人间　胡伯祥作

成都 四川人民出版社 1979 年［1 张］

76cm（2 开）定价：CNY0.11

　　中国现代年画作品。作者胡伯祥（1923—2010），当代著名书画家、诗人。字葭萌，四川昭化人。中国美术家协会会员。曾先后在四川华西大学博物馆、四川大学博物馆任职，成都画院画师、顾问。出版《胡伯祥、胡涛美术作品集》画册、《胡伯祥诗词选集》。

J0050392

百花盛开　春满大地　苏家杰作

广州 广东人民出版社 1979 年［1 张］

53cm（4 开）定价：CNY0.07

　　中国现代年画作品。作者苏家杰（1947—　），画家。广州美术学院版画系结业。广东省美术家协会会员，花城出版社美术编辑室主任。作品有《百猫图谱》《友谊花开》等。

J0050393

百花盛开　春满大地　苏家杰作

广州 广东人民出版社 1979 年［1 张］

76cm（2 开）定价：CNY0.14

　　中国现代年画作品。

J0050394

百花争艳　（门画对联）郭子绪作

沈阳 辽宁美术出版社 1979 年［1 张］

76cm（2 开）定价：CNY0.14

　　作者郭子绪（1940—2018），教授。字楠石，号卧溪、雪衲。生于河北乐亭，鲁迅美术学院中国画系肄业。历任辽宁画院专业创作、教授，国际书法家协会副主席，中国名人书画院副院长，鲁迅美术学院客座教授等职。代表作品《梅花册页》。

J0050395

百花争艳　杨馥如作

上海 上海人民美术出版社 1979 年［1 张］

76cm（2 开）定价：CNY0.11

　　中国现代年画作品。作者杨馥如（1918—1992），江苏无锡人。曾任进艺辉图片社设计室

主任。代表作品有《十二生肖娃娃图》《万象更新》《庆丰收》《农家乐》等。

J0050396

百花争艳　黄显隆作

天津 天津杨柳青画店 1979 年［1 轴］

定价：CNY0.28

　　中国现代年画作品。

J0050397

百鸟朝凤　何逸梅作

石家庄 河北人民出版社 1979 年［1 张］

76cm（2 开）定价：CNY0.11

　　中国现代年画作品。

J0050398

宝莲灯　丁德邻作

南京 江苏人民出版社 1979 年［1 张］

76cm（2 开）定价：CNY0.11

　　中国现代年画作品。作者丁德邻（1943—　），画家。江苏南京人。毕业于南京艺术学院。中国美术家协会会员、常州市美术家协会副主席、原常州刘海粟美术馆副馆长。主要作品有《水》《山那边》《后山》等。

J0050399

宝莲灯　康富平作

太原 山西人民出版社 1979 年［1 张］

76cm（2 开）定价：CNY0.16

　　中国现代年画作品。

J0050400

保卫边疆是英雄　建设祖国是模范　黄蕴愉作

昆明 云南人民出版社 1979 年［1 张］

76cm（2 开）定价：CNY0.11

J0050401

报晓　白铭作

天津 天津人民美术出版社 1979 年［1 张］

76cm（2 开）定价：CNY0.11

　　作者白铭（1926—2002），蒙古族，国画家。内蒙古包头人。字莅堂。毕业于北京京华美术学院国画系。中国美术家协会会员，曾任内蒙古美术家协会副主席，包头师范专科学校教师，高

级工艺美术设计师。作品有《梅雀图》《芍药》《白梅》等。

J0050402
北戴河之夏　郭善平作
石家庄　河北人民出版社 1979 年［1 张］
76cm（2 开）定价：CNY0.11

J0050403
比谁的力气大　黄妙发作
上海　上海人民美术出版社 1979 年［1 张］
76cm（2 开）定价：CNY0.14
　　中国现代年画作品。作者黄妙发（1938—　），别名年丰，江苏常熟人。擅长年画。曾任上海人民美术出版社年画宣传画编辑室副主任。作品有年画《喜临门》《我爱中华》《儿童附捐邮票一套》（两枚）等。

J0050404
边寨春光　陈少芳作
广州　广东人民出版社 1979 年［1 张］
76cm（2 开）定价：CNY0.14
　　中国现代年画作品。

J0050405
编织　寻秀林作
西安　陕西人民美术出版社 1979 年［1 张］
76cm（2 开）定价：CNY0.11
　　中国现代年画作品。

J0050406
别让叔叔看见　马玉岩作
哈尔滨　黑龙江人民出版社 1979 年［1 张］
76cm（2 开）定价：CNY0.14
　　中国现代年画作品。

J0050407
冰上雏鹰　张素玉作
石家庄　河北人民出版社 1979 年［1 张］
76cm（2 开）定价：CNY0.11
　　作者张素玉（1944—　），女，画家，国家一级美术师，出生于石家庄市。历任中国美术家协会会员，石家庄市政协常委，河北省美术研究所特邀研究员，石家庄市画院画师。代表作品有《山杏》《戎冠秀》。

J0050408
冰上花开　马玉岩作
哈尔滨　黑龙江人民出版社 1979 年［1 张］
76cm（2 开）定价：CNY0.14

J0050409
伯乐相马　何逸梅作
上海　上海人民美术出版社 1979 年［1 张］
76cm（2 开）定价：CNY0.11
　　作者何逸梅（1894—1972），画家。号明斋。江苏吴县（今属苏州）人。上海商务印书馆图画部第一批练习生之一。主要从事月份牌画创作，兼作工商装潢美术设计。

J0050410
伯乐相马　谢甄作
杭州　浙江人民出版社 1979 年［1 张］
76cm（2 开）定价：CNY0.14
　　中国现代年画作品。

J0050411
猜灯谜　魏瀛洲作
上海　上海人民美术出版社 1979 年［1 张］
76cm（2 开）定价：CNY0.11
　　中国现代年画作品。作者魏瀛洲，海派年画、宣传画家。中华人民共和国成立初期被称为月份牌画家。作品有《国庆节的早晨》《欢腾的农机站》《在幸福的时代》等。

J0050412
采茶扑蝶　郭长林作
成都　四川人民出版社 1979 年［1 张］
53cm（4 开）定价：CNY0.06
　　中国现代年画作品。

J0050413
采茶舞　盛二龙作
杭州　浙江人民出版社 1979 年［1 张］
76cm（2 开）定价：CNY0.14
　　中国现代年画作品。

J0050414
采蜜忙　刘吉厚作
天津　天津人民美术出版社 1979 年［1 张］
76cm（2 开）定价：CNY0.11

中国现代年画作品。作者刘吉厚(1942—2011),满族,画家。辽宁宽甸人。历任辽宁美术出版社编辑,外联部编审,辽宁形象传播研究会常务副会长、秘书长。作品有《鸿福满堂》《春满人间》,出版有《刘吉厚作品选集》等。

J0050415
彩灯照红友谊花　姚中玉作
上海 上海人民美术出版社 1979年［1张］
76cm(2开)定价:CNY0.14
　　中国现代年画作品。作者姚中玉,画家。曾任湖南省艺术家书画院会员、长沙市书法家协会会员等职。主要作品有《迎风燕舞》《向天歌》《一唱雄鸡天下白》《春情》《富贵吉祥》等。

J0050416
彩灯照红友谊花　姚中玉作
上海 上海人民美术出版社 1979年［1张］
53cm(4开)定价:CNY0.06
　　中国现代年画作品。

J0050417
彩蝶飞舞　潘鸿海作
杭州 浙江人民出版社 1979年［1张］
76cm(2开)定价:CNY0.14
　　中国现代年画作品。作者潘鸿海(1942—),艺术家。上海人,毕业于浙江美术学院油画系。历任浙江人民美术出版社美术记者、美术编辑、编辑部主任、副总编,《富春江画报》负责人,浙江画院院长。代表作品有《又是一个丰收年》《鲁迅》。

J0050418
蔡文姬　杜兴顺作
哈尔滨 黑龙江人民出版社 1979年［1张］
76cm(2开)定价:CNY0.14

J0050419
蔡文姬　关满生作
沈阳 辽宁美术出版社 1979年［1张］
76cm(2开)定价:CNY0.11
　　中国现代年画作品。

J0050420
操作竞赛出英雄　叶俊康作

上海 上海人民美术出版社 1979年［1张］
76cm(2开)统一书号:8081.11512定价:CNY0.11
　　中国现代年画作品。

J0050421
草地牛羊壮　高原瓜果香　黄永镇作
成都 四川人民出版社 1979年［1张］
53cm(4开)定价:CNY0.06
　　中国现代年画作品。

J0050422
草原晨曲　石景昭作
西安 陕西人民美术出版社 1979年［1张］
76cm(2开)定价:CNY0.14
　　中国现代年画作品。

J0050423
草原欢歌　张清翔作
兰州 甘肃人民出版社 1979年［1张］
(2开)定价:CNY0.14
　　中国现代年画作品。

J0050424
草原马儿壮　刘永义作
石家庄 河北人民出版社 1979年［1张］
76cm(2开)定价:CNY0.11
　　作者刘永义(1946—),美术师。陕西长安人,毕业于西安美术学院。陕西省美术家协会会员,西安市美术家协会会员,西安国画艺术研究院研究员,花鸟画研究室副主任。

J0050425
草原铁骑　李惠作
西安 陕西人民美术出版社 1979年［1张］
76cm(2开)定价:CNY0.11
　　中国现代年画作品。

J0050426
嫦娥奔月　骆万钦作
成都 四川人民出版社 1979年［1张］
76cm(2开)定价:CNY0.11
　　中国现代年画作品。

J0050427
嫦娥奔月　骆万钦作

成都 四川人民出版社 1979 年［1 张］
53cm（4 开）定价：CNY0.06
　　中国现代年画作品。

J0050428
嫦娥今朝返故乡　杨立群作
广州 广东人民出版社 1979 年［1 张］
76cm（2 开）定价：CNY0.14
　　中国现代年画作品。作者杨立群（1948—　），
湖南长沙人。毕业于广州美术学院附中。擅长
年画、实用美术。曾任岭南美术出版社美术编辑。
代表作品有《龙腾神州》《南海龙王逛油城》等。

J0050429
陈毅同志在幼儿园　邓乃荣作
天津 天津人民美术出版社 1979 年［1 张］
76cm（2 开）定价：CNY0.14
　　中国现代年画作品。

J0050430
成功啦　曹素琴，王新滨作
沈阳 辽宁美术出版社 1979 年［1 张］
76cm（2 开）定价：CNY0.11
　　中国现代年画作品。作者王新滨（1941—　），
美术设计师。山东昌邑人，毕业于鲁迅美术学
院附中。沈阳军区前进歌舞团一级美术设计师。
作品有年画《立功喜报传四方》《十五的月亮》
《一代天骄》等，连环画《苹果树下》（合作）、油
画《八女投江》等。舞剧《蝶恋花》（合作设计）等。

J0050431
乘龙跨凤　崔注中作
南宁 广西人民出版社 1979 年［1 张］
76cm（2 开）定价：CNY0.14

J0050432
闯王平叛　西安市秦腔二团编文；陆兴谓等
摄影
西安 陕西人民美术出版社 1979 年 2 张
76cm（2 开）定价：CNY0.32
　　中国现代年画作品。

J0050433
春催桃李　史正学作
郑州 河南人民出版社 1979 年［1 张］

76cm（2 开）定价：CNY0.14
　　中国现代年画作品。作者史正学（1933—　），
国家一级美术师。又名莫可，河南洛阳人。毕业
于广州美术学院国画系。中国美术家协会会员、
河南省美术家协会常务理事、河南中山书画院院
长。代表作品有《晨钟响了》《深山火种》《枣雨》
《征途报捷》等。

J0050434
春光　亢佐田作
太原 山西人民出版社 1979 年［1 张］
76cm（2 开）定价：CNY0.16
　　中国现代年画作品。

J0050435
春和日丽　赵仁成作
西安 陕西人民美术出版社 1979 年［1 张］
76cm（2 开）定价：CNY0.11
　　中国现代年画作品。

J0050436
春花秋实　王庆升作
上海 上海人民美术出版社 1979 年 2 张
76cm（2 开）定价：CNY0.28
　　中国现代年画作品。

J0050437
春回大地　福满人间　曹天舒作
郑州 河南人民出版社 1979 年［1 张］
76cm（2 开）定价：CNY0.11

J0050438
春回大地　福满人间　曹天舒作
郑州 河南人民出版社 1979 年［1 张］
53cm（4 开）定价：CNY0.06

J0050439
春回大地百花艳　风吹群山万树青　赵万
顺词；王明九书
天津 天津杨柳青画店 1979 年 2 张 76cm（2 开）
定价：CNY0.50
　　中国现代年画作品。作者王明九（1913—
2001），书法家。原名王旭堂，字明九，笔名象，
后以字行世。祖籍浙江绍兴。历任中国民族博
物馆艺术顾问、中国书法家协会会员、天津市书

法家协会名誉理事。代表作品有《中华五千年翰墨精粹集锦》《王明九书古诗文百篇》《书法三昧浅说》《唐诗百首·书法百种》等。

J0050440
春江花月夜　金雪尘，李慕白作
上海　上海人民美术出版社 1979 年［1 张］
53cm（4 开）定价：CNY0.06
　　中国现代年画作品。

J0050441
春江花月夜　金雪尘，李慕白作
上海　上海人民美术出版社 1979 年［1 张］
76cm（2 开）定价：CNY0.14
　　中国现代年画作品。

J0050442
春满校园　杨作文作
石家庄　河北人民出版社 1979 年［1 张］
76cm（2 开）定价：CNY0.11
　　中国现代年画作品。作者杨作文（1936—　），画家。出生于河北威县。任中国书画研究院高级美术师、中国国画家协会理事、冀南画院名誉院长等职。代表作品有《迎春图》《海河工地英雄多》等。

J0050443
春暖　殷培华作
北京　人民美术出版社 1979 年［1 张］
76cm（2 开）定价：CNY0.14
　　中国现代年画作品。作者殷培华（1943—　），国家一级美术师。江苏常熟人。毕业于苏州工艺美术专科学校。曾任《山东民兵》美术编辑、南京军区政治部文艺创作室专职创作员等职。主要作品有《三比一》《总理和老农》《歌别图》等。

J0050444
春暖花开　蒋文兵作
杭州　浙江人民出版社 1979 年［1 张］
76cm（2 开）定价：CNY0.14

J0050445
春山春水春意浓　新年新节新图景　李午申书

石家庄　河北人民出版社 1979 年 2 张
定价：CNY0.45
　　中国现代年画作品。

J0050446
春天来了　蒋铁峰作
昆明　云南人民出版社 1979 年［1 张］
76cm（2 开）定价：CNY0.11
　　中国现代年画作品。

J0050447
春夏秋冬　张仁芝，李问汉作
天津　天津人民美术出版社 1979 年 2 张
76cm（2 开）定价：CNY0.28
　　中国现代年画作品。

J0050448
春晓　广廷勃作
沈阳　辽宁美术出版社 1979 年［1 张］
76cm（2 开）定价：CNY0.11
　　中国现代年画作品。

J0050449
春意浓　吉梅文作
广州　广东人民出版社 1979 年［1 张］
76cm（2 开）定价：CNY0.14
　　中国现代年画作品。

J0050450
从小爱科学　（胶印画轴 一至四）来汶阳作；赵万顺词
天津　天津杨柳青画店 1979 年 4 张 76cm（2 开）
定价：CNY1.10

J0050451
从小爱学习　刘王斌作
上海　上海人民美术出版社 1979 年［1 张］
76cm（2 开）定价：CNY0.14
　　中国现代年画作品。作者刘王斌（1921—　），画家。湖南攸县人。历任上海人民美术出版社副编审，上海美术家协会会员、上海中山艺术院理事。代表作品有《鸭司令》《沙恭达罗》《鱼乐图》《荷花童子舞》《鲤鱼跳龙门》《欢欢喜喜》等。

J0050452

从小健康成长　长大为国争光　何德光作

昆明　云南人民出版社 1979 年［1 张］

76cm（2 开）定价：CNY0.11

　　中国现代年画作品。

J0050453

打金枝　戴云辉作

杭州　浙江人民出版社 1979 年［1 张］

76cm（2 开）定价：CNY0.14

　　中国现代年画作品。

J0050454

打渔杀家　陆泽之作

上海　上海人民美术出版社 1979 年［1 张］

76cm（2 开）定价：CNY0.14

　　中国现代年画作品。

J0050455

打渔杀家　陆泽之作

上海　上海人民美术出版社 1979 年［1 张］

53cm（4 开）定价：CNY0.06

　　中国现代年画作品。

J0050456

大别山风光　李中文作

郑州　河南人民出版社 1979 年 2 张 76cm（2 开）

定价：CNY0.30

　　中国现代年画作品。

J0050457

大干快上谱新曲　奔向四化起宏图　张嗣
熙作

贵阳　贵州人民出版社 1979 年［1 张］

76cm（2 开）定价：CNY0.14

J0050458

傣家人欢度泼水节　撒尼人爱唱丰收歌
裴文璐作

昆明　云南人民出版社 1979 年［1 张］

76cm（2 开）定价：CNY0.11

　　中国现代年画作品。作者裴文璐（1944—　），
出生于昆明，中国美术家协会会员，云南艺术学
院客座教授、云南省公安厅文联书画院名誉院
长。代表作品有《瑞丽江畔》《赶摆》。

J0050459

傣族新歌　（胶印画轴　一至四）

天津　天津杨柳青画店 1979 年 4 张 76cm（2 开）

定价：CNY1.10

　　中国现代年画作品。

J0050460

黛玉葬花　王锡琪作

贵阳　贵州人民出版社 1979 年［1 张］

76cm（2 开）定价：CNY0.14

　　中国现代年画作品。

J0050461

黛玉葬花　王朝斌作

郑州　河南人民出版社 1979 年［1 张］

76cm（2 开）定价：CNY0.14

　　中国现代年画作品。

J0050462

丹凤朝阳　陈谷平作

南京　江苏人民出版社 1979 年［1 张］

76cm（2 开）定价：CNY0.11

　　中国现代年画作品。作者陈谷平（1920—　），
江苏扬州人。大学文化。原扬州市国画院画师。
中国美术家协会江苏分会会员。擅长年画、国画。
作品有《戏鱼图》《门画》等。

J0050463

当"长征"突击手　做"四化"排头兵　李泽
霖作

武汉　湖北人民出版社 1979 年［1 张］

76cm（2 开）定价：CNY0.14

　　中国现代年画作品。

J0050464

党的好女儿张志新　蔡循生作

郑州　河南人民出版社 1979 年［1 张］

76cm（2 开）定价：CNY0.16

　　中国现代年画作品。

J0050465

盗仙草　王锡麒作

南京　江苏人民出版社 1979 年［1 张］

76cm（2 开）定价：CNY0.11

　　中国现代年画作品。作者王锡麒（1938—　），

画家。江苏苏州人。历任中国美术家协会江苏分会会员。江苏省国风书画院副院长，苏州画院副院长，苏州吴门书画院院长，江苏省美协会员，中国工艺美术家学会会员。高级工艺美术师，擅长人物画。代表作品有《唐人诗意》《仕女图》《谱新歌》等。

J0050466

稻香鱼肥　罗鼎华作
南宁　广西人民出版社　1979年［1张］
38cm（6开）定价：CNY0.10
　　中国现代年画作品。

J0050467

第一封信　赵建华，张克森作
天津　天津人民美术出版社　1979年［1张］
76cm（2开）定价：CNY0.14
　　中国现代年画作品。

J0050468

电视大学　廖永生作
成都　四川人民出版社　1979年［1张］
76cm（2开）定价：CNY0.11
　　中国现代年画作品。

J0050469

蝶恋花　吴青禾作
兰州　甘肃人民出版社　1979年［1张］
76cm（2开）定价：CNY0.14

J0050470

东进！东进！　唐德泉作
成都　四川人民出版社　1979年［1张］
76cm（2开）定价：CNY0.11

J0050471

动物园　（摄影）
上海　上海人民美术出版社　1979年［1张］
76cm（2开）定价：CNY0.14
　　中国现代年画作品。

J0050472

动物园　胡莹作
成都　四川人民出版社　1979年［1张］
76cm（2开）定价：CNY0.11

中国现代年画作品。

J0050473

动物园　楼永年作
杭州　浙江人民出版社　1979年［1张］
76cm（2开）定价：CNY0.14
　　中国现代年画作品。作者楼永年（1940—　），浙江萧山人，毕业于浙江美术学院工艺系。历任杭州印染厂花样设计，高级工艺美术师。代表作品《福宝寿禧》《四季平安》《福寿万年》《和合图》等。

J0050474

杜鹃锦鸡　王庆升作
天津　天津人民美术出版社　1979年［1张］
76cm（2开）定价：CNY0.11
　　中国现代年画作品。

J0050475

断桥　龚景充作
杭州　浙江人民出版社　1979年［1张］
76cm（2开）定价：CNY0.14
　　中国现代年画作品。

J0050476

队队有余　（杨柳青年画）骆福庆作
天津　天津杨柳青画店　1979年［1张］
76cm（2开）定价：CNY0.11

J0050477

队日　郑坚石，武海鹰作
石家庄　河北人民出版社　1979年［1张］
76cm（2开）定价：CNY0.11
　　中国现代年画作品。作者郑坚石（1943—　），河北丰润人。廊坊市群艺馆退休干部。中国美术家协会会员，中国华侨文学艺术家协会理事，中国三陕画院一级美术师，廊坊画院画家，政协廊坊市第一、第二、第三届委员会委员，廊坊市第四届人民代表大会代表。代表作品有《双龙戏珠》《花韵》《自在》《水流不急月》等。作者武海鹰（1944—　），画家。擅长中国画、年画。河北永清人。就学于中央美术学院。河北省永清县文化馆副研究馆员。年画作品有《周总理请客》《胜芳花灯》获全国美展奖项，《六子争鱼》《为国争光》《连年有余》入选全国美展。

J0050478

队日　任振江作

银川 宁夏人民出版社 1979 年［1 张］

76cm（2 开）定价：CNY0.11

　　中国现代年画作品。

J0050479

对手赛　王献斌，王跃生作

石家庄 河北人民出版社 1979 年［1 张］

76cm（2 开）定价：CNY0.11

　　中国现代年画作品。

J0050480

儿童公园　应善昌作

杭州 浙江人民出版社 1979 年［1 张］

76cm（2 开）定价：CNY0.14

　　中国现代年画作品。

J0050481

飞向太空　顾寄徐，张成思作

天津 天津人民美术出版社 1979 年［1 张］

76cm（2 开）定价：CNY0.11

　　中国现代年画作品。

J0050482

飞舟练武　魏魁仲作

石家庄 河北人民出版社 1979 年［1 张］

76cm（2 开）定价：CNY0.11

　　中国现代年画作品。

J0050483

丰收的果实　张广力作

上海 上海人民美术出版社 1979 年［1 张］

76cm（2 开）定价：CNY0.11

J0050484

丰收乐　颜静蓉作

武汉 湖北人民出版社 1979 年［1 张］

76cm（2 开）定价：CNY0.14

　　中国现代年画作品。

J0050485

丰收乐　李建光作

南昌 江西人民出版社 1979 年［1 张］

76cm（2 开）定价：CNY0.07

中国现代年画作品。

J0050486

丰收时节　张礼军作

北京 人民美术出版社 1979 年［1 张］

76cm（2 开）定价：CNY0.14

　　中国现代年画作品。

J0050487

丰收时节　（杨柳青年画）张礼军作

天津 天津杨柳青画店 1979 年［1 张］

76cm（2 开）定价：CNY0.14

J0050488

丰收舞　珊影作

南京 江苏人民出版社 1979 年［1 张］

78cm（2 开）定价：CNY0.10

　　中国现代年画作品。

J0050489

风光集锦　罗虹作

沈阳 辽宁美术出版社 1979 年 2 张

76cm（2 开）定价：CNY0.28

J0050490

凤翔四化　龙腾九洲　郎森作

昆明 云南人民出版社 1979 年［1 张］

76cm（2 开）定价：CNY0.11

　　中国现代年画作品。作者郎森（1945—　　），画家、教授。云南昆明人。历任云南艺术学院美术系副教授，北京服装学院工艺美术系教授，中国美术家协会会员。

J0050491

服务到工地　杨建明作

上海 上海人民美术出版社 1979 年［1 张］

76cm（2 开）定价：CNY0.11

　　中国现代年画作品。

J0050492

改天换地夺丰收　冯力作

兰州 甘肃人民出版社 1979 年 2 张

38cm（6 开）定价：CNY0.07

J0050493

高山巡逻　邹起奎作

沈阳 辽宁美术出版社 1979 年［1 张］

76cm（2 开）定价：CNY0.11

　　中国现代年画作品。作者邹起奎（1948— ），画家。笔名加贝，辽宁省盖州人，毕业于鲁迅美术学院附中。天津杨柳青画社集绘画、摄影、编辑、出版于一身的专家。中国美术家协会会员。代表作品有《毛泽东主席》正面标准像等。

J0050494

戈壁春早　何山作

兰州 甘肃人民出版社 1979 年［1 张］

76cm（2 开）定价：CNY0.14

　　中国现代年画作品。

J0050495

哥哥的……　安和作

太原 山西人民出版社 1979 年［1 张］

76cm（2 开）定价：CNY0.16

　　中国现代年画作品。

J0050496

歌唱十月红彤彤　庞卡作

天津 天津人民美术出版社 1979 年［1 张］

76cm（2 开）定价：CNY0.11

　　作者庞卡（1935— ）。画家。又名庞抱俊。上海人。历任上海人民美术出版社年画编辑、创作员。作品有《从小爱科学》《秧苗青青春来早》《爱人民》等。

J0050497

歌唱我们亲爱的祖国　玉荣奖作

郑州 河南人民出版社 1979 年［1 张］

76cm（2 开）定价：CNY0.16

J0050498

革命的老英雄——朱德总司令和彭德怀副总司令　姚中玉作

上海 上海人民美术出版社 1979 年［1 张］

76cm（2 开）定价：CNY0.14

J0050499

革命圣地　（一至四 胶印画轴）李颖作

天津 天津杨柳青画店 1979 年 4 张 76cm（2 开）

定价：CNY1.10

J0050500

各族儿童齐欢庆　邢琏作

天津 天津人民美术出版社 1979 年［1 张］

76cm（2 开）定价：CNY0.11

　　中国现代年画作品。

J0050501

姑嫂学艺　尹向前作

太原 山西人民出版社 1979 年［1 张］

53cm（4 开）定价：CNY0.08

　　中国现代年画作品。

J0050502

关怀　郦纬农作

郑州 河南人民出版社 1979 年［1 张］

76cm（2 开）定价：CNY0.14

J0050503

管水新工　江南春作

上海 上海人民美术出版社 1979 年［1 张］

76cm（2 开）定价：CNY0.14

　　中国现代年画作品。

J0050504

光荣花　邵佐唐作

沈阳 辽宁美术出版社 1979 年［1 张］

76cm（2 开）定价：CNY0.11

　　中国现代年画作品。

J0050505

光荣军属人人敬　英雄战士个个夸　石高堂作

武汉 湖北人民出版社 1979 年［1 张］

76cm（2 开）定价：CNY0.14

　　中国现代年画作品。

J0050506

光荣之家　李宝琴作

成都 四川人民出版社 1979 年［1 张］

76cm（2 开）定价：CNY0.06

　　中国现代年画作品。

J0050507
国际歌 （欧仁·鲍狄埃的故事）沈绍伦作
上海 上海人民美术出版社 1979 年［1 张］
76cm（2 开）定价：CNY0.14
　　中国现代年画作品。作者沈绍伦（1935— ），画家。上海嘉定人。中国美术家协会会员，美协上海分会理事，上海水彩画研究会会长，上海画片出版社编辑，上海人民美术出版社宣传画编辑。代表作品有《荷塘翠鸟》等；出版有《沈绍伦水彩画选集》等。

J0050508
国际农机展览　章育青作
上海 上海人民美术出版社 1979 年［1 张］
76cm（2 开）定价：CNY0.11
　　中国现代年画作品。作者章育青（1909—1993），画家。浙江慈溪人。上海人民美术出版社年画专业画家。作品《上海大世界》《元宵灯》《上海外滩》《南京长江大桥》等。

J0050509
哈密瓜丰收　忻礼良，忻鸿祥作
上海 上海人民美术出版社 1979 年［1 张］
76cm（2 开）定价：CNY0.14
　　作者忻礼良（1913—? ），浙江鄞县人。擅长年画。曾任上海画片出版社特约作者、上海人民美术出版社创作人员等职。代表作品有《毛主席和我们在一起》《姑嫂选笔》《拾到五分钱》等。

J0050510
海底探宝　孟咸昌作
上海 上海人民美术出版社 1979 年［1 张］
76cm（2 开）定价：CNY0.14

J0050511
海港女司机　马乐群作
上海 上海人民美术出版社 1979 年［1 张］
76cm（2 开）定价：CNY0.11
　　中国现代年画作品。作者马乐群（1933— ），画家。上海人，曾在上海现代画室学习绘画及西洋美术史等。历任上海画片出版社年画创作员，上海美术出版社年画编辑。作品有《人民不允许浪费粮食的行为》《海防前线宣传员》《金杯红花传捷报》《激流勇进》等。

J0050512
海阔凭鱼跃　天高任鸟飞　陶福尔作
太原 山西人民出版社 1979 年［1 张］
76cm（2 开）定价：CNY0.16
　　中国现代年画作品。

J0050513
荷花满塘鸭儿肥　吴志杰作
西安 陕西人民美术出版社 1979 年［1 张］
76cm（2 开）定价：CNY0.11
　　中国现代年画作品。

J0050514
荷花舞　珊影作
南京 江苏人民出版社 1979 年［1 张］
78cm（2 开）定价：CNY0.10
　　中国现代年画作品。

J0050515
荷花舞　林震作
沈阳 辽宁美术出版社 1979 年［1 张］
76cm（2 开）定价：CNY0.11
　　中国现代年画作品。

J0050516
荷花舞　金雪尘，李慕白作
上海 上海人民美术出版社 1979 年［1 张］
76cm（2 开）定价：CNY0.14

J0050517
荷花舞　金雪尘，李慕白作
上海 上海人民美术出版社 1979 年［1 张］
53cm（4 开）定价：CNY0.06

J0050518
荷花舞　廖志惠作
昆明 云南人民出版社 1979 年［1 张］
76cm（2 开）定价：CNY0.11

J0050519
荷塘飞燕　孙吉斌作
贵阳 贵州人民出版社 1979 年［1 张］
76cm（2 开）定价：CNY0.14

J0050520

荷塘红鲤　王朝斌作
郑州 河南人民出版社 1979 年［1 张］
76cm（2 开）定价：CNY0.14
　　中国现代年画作品。

J0050521

荷塘鱼跃　郝之辉作
天津 天津人民美术出版社 1979 年［1 张］
76cm（2 开）定价：CNY0.11
　　中国现代年画作品。

J0050522

很满意　那启明作
天津 天津人民美术出版社 1979 年［1 张］
76cm（2 开）定价：CNY0.11

J0050523

红灯万盏迎佳节　单锡和作
天津 天津人民美术出版社 1979 年［1 张］
76cm（2 开）定价：CNY0.11
　　作者单锡和（1940—　　），画家。江西高安人。
毕业于南京艺术学院油画系。任教于上海东华
大学。上海服饰协会理事、全国工艺美术教学专
业委员会委员。擅长水粉画、年画和装饰画。主
要作品有《夏夜静静》《浓浓情怀》等，著有《单
锡和装饰油画集》《单锡和线描装饰画》等。

J0050524

红灯迎四化　祖国万年青　张友慈作
贵阳 贵州人民出版社 1979 年［1 张］
76cm（2 开）定价：CNY0.14

J0050525

红灯照　程宗元作
南京 江苏人民出版社 1979 年［1 张］
78cm（2 开）定价：CNY0.10

J0050526

红花献英雄　徐世民，张桂英作
沈阳 辽宁美术出版社 1979 年［1 张］
76cm（2 开）定价：CNY0.11

J0050527

红花献英雄　吴哲夫作
上海 上海人民美术出版社 1979 年［1 张］
76cm（2 开）定价：CNY0.14
　　中国现代年画作品。作者吴哲夫，画家。擅
长年画。师从杭穉英，在上海"穉英画室"工作，
长期共事，集体创作，被称为"杭派"月份牌画
家。作品有《节日的食堂》《向解放军叔叔致敬》
《老手带新手》等。

J0050528

红领巾上大学　张碧梧作
上海 上海人民美术出版社 1979 年［1 张］
76cm（2 开）定价：CNY0.14
　　中国现代年画作品。作者张碧梧（1905—
1987），画家。江苏江阴人。曾任上海人民美术
出版社特约年画作者、中国美术家协会会员。
代表作品有《百万雄师渡长江》《养小鸡捐飞
机》等。

J0050529

红楼梦　衣晓白，魏凤才作
哈尔滨 黑龙江人民出版社 1979 年［1 张］
76cm（2 开）定价：CNY0.14
　　中国现代年画作品。

J0050530

红楼梦　（一至四）姚长起作
沈阳 辽宁美术出版社 1979 年 2 张 76cm（2 开）
定价：CNY0.22

J0050531

红楼梦——西厢记妙词通戏语　张瑞恒作
天津 天津人民美术出版社 1979 年［1 张］
76cm（2 开）定价：CNY0.11
　　中国现代年画作品。

J0050532

红娘　长春作
南京 江苏人民出版社 1979 年 4 张 53cm（4 开）
定价：CNY0.28
　　中国现代年画作品。

J0050533

红娘子　孙文光作
成都 四川人民出版社 1979 年［1 张］
76cm（2 开）定价：CNY0.11

中国现代年画作品。

J0050534
红心连万家　王小路作
石家庄　河北人民出版社　1979 年［1 张］
76cm（2 开）定价：CNY0.11
　　中国现代年画作品。作者王小路（1945—　　），
画家。河北邢台人，别名王晓路。结业于中国美
协油画研修班。河北省邢台书画院专业画家，二
级美术师。擅长油画、宣传画、年画。作品有《龙
腾虎跃》《甜》《金鸡高唱》《和平》等。

J0050535
红心暖千家　聂立柱作
石家庄　河北人民出版社　1979 年［1 张］
76cm（2 开）定价：CNY0.14

J0050536
红岩春暖　符光耿作
成都　四川人民出版社　1979 年［1 张］
76cm（2 开）定价：CNY0.14
　　中国现代年画作品。

J0050537
红叶题诗　陈志谦作
杭州　浙江人民出版社　1979 年［1 张］
76cm（2 开）定价：CNY0.14

J0050538
宏伟蓝图　凌云壮志　孙建军等作
天津　天津杨柳青画店　1979 年［1 张］
76cm（2 开）定价：CNY0.11
　　中国现代年画作品。

J0050539
洪秀全　李自成　李先润作
郑州　河南人民出版社　1979 年［1 张］
76cm（2 开）定价：CNY0.11
　　中国现代年画作品。

J0050540
湖南新貌　谭仁等作
长沙　湖南人民出版社　1979 年 2 张 76cm（2 开）
定价：CNY0.28
　　中国现代年画作品。

J0050541
花灯　（杨柳青年画）步万方，骆福庆作
天津　天津杨柳青画店　1979 年［1 张］
76cm（2 开）定价：CNY0.11

J0050542
花儿朵朵　郭长林作
成都　四川人民出版社　1979 年［1 张］
53cm（4 开）定价：CNY0.06
　　中国现代年画作品。

J0050543
花儿献给华主席　刘称奇作
南昌　江西人民出版社　1979 年［1 张］
76cm（2 开）定价：CNY0.14
　　中国现代年画作品。

J0050544
花港观鱼　吴青霞作
上海　上海人民美术出版社　1979 年［1 张］
76cm（2 开）定价：CNY0.14
　　中国现代年画作品。作者吴青霞（1910—
2008），女，画家、教授。学名吴德舒，号龙城女
史，别署篆香阁主。江苏常州人。历任上海中国
画院画师，上海师范学院、上海交通大学艺术系
兼职教授。主要作品《万紫千红》《腾飞河海入
云霄》《腾飞万里》等，出版有《吴青霞画集》。

J0050545
花好月圆　陆抑非作
上海　上海人民美术出版社　1979 年［1 张］
76cm（2 开）定价：CNY0.11
　　中国现代年画作品。作者陆抑非（1908—
1997），美术教育家。名翀，初字一飞，改字抑非，
号非翁，又号苏叟。江苏常熟人。历任中国美术
学院教授、研究生导师，西泠书画院副院长，常
熟书画院名誉院长。作品有《花好月圆》《春到
农村》《寿桃图》等，著有《非翁画语录》。

J0050546
花卉四季屏　何晓峰作
兰州　甘肃人民出版社　1979 年 4 张 53cm（4 开）
定价：CNY0.28

J0050547
花会 （一至四）丁昉作
天津 天津杨柳青画店 1979 年 2 张 76cm（2 开）
定价：CNY0.22
　　中国现代年画作品。

J0050548
花木兰 程宗元作
南京 江苏人民出版社 1979 年［1 张］
78cm（2 开）定价：CNY0.10

J0050549
花木兰 穆桂英 李先润作
武汉 湖北人民出版社 1979 年［1 张］
76cm（2 开）定价：CNY0.14
　　中国现代年画作品。

J0050550
花鸟 史秉有，杨永禄作
太原 山西人民出版社 1979 年［1 张］
53cm（4 开）定价：CNY0.05
　　中国现代年画作品。

J0050551
花鸟屏 （一至四）陈雪薇作
沈阳 辽宁美术出版社 1979 年 2 张 76cm（2 开）
定价：CNY0.22

J0050552
花鸟四条屏 高惠民作
哈尔滨 黑龙江人民出版社 1979 年 2 张
76cm（2 开）定价：CNY0.28
　　中国现代年画作品。

J0050553
花鸟四条屏 康师尧作
西安 陕西人民美术出版社 1979 年 2 张 （2 开）
定价：CNY0.28
　　作者康师尧（1921—1985），笔名康巽，河南
博爱县人，曾任美协陕西分会创作委员会委员、
陕西书法篆刻研究会理事等。

J0050554
花香鸟语 金玉馥作
哈尔滨 黑龙江人民出版社 1979 年 2 张 （2 开）

定价：CNY0.28
　　中国现代年画作品。

J0050555
华伯伯来了 张德俊作
南京 江苏人民出版社 1979 年［1 张］
76cm（2 开）定价：CNY0.14
　　中国现代年画作品。作者张德俊（1946— ），
画家。江苏海安人。毕业于南京艺术学院美术系。
曾任常州市刘海粟美术馆馆长、中国美协年画艺
委会委员等职。主要作品有《凤仪亭》《天翻地
覆慨而慷》《紫金山顶的瑰宝》等。

J0050556
华国锋同志和青年工人 彭蠡作
西安 陕西人民美术出版社 1979 年［1 张］
76cm（2 开）定价：CNY0.14
　　中国现代年画作品。

J0050557
欢乐的动物园 刘露薇作
［广州］广东人民出版社 1979 年［1 张］
76cm（2 开）定价：CNY0.14

J0050558
欢乐的节日 曹英义，是有福作
南京 江苏人民出版社 1979 年［1 张］
76cm（2 开）定价：CNY0.14
　　中国现代年画作品。作者曹英义（1939— ），
画家。安徽铜陵人，籍贯南京。毕业于南京师范
学院美术系。历任江苏教育学院艺术系副教授、
系主任，中国美术家协会会员。出版有《曹英义
中国画选集》《曹英义速写选》《俯牛斋题画诗
草》《中国画技法与教学》《速写范画》等。

J0050559
欢乐的节日 谢慕莲作
上海 上海人民美术出版社 1979 年［1 张］
76cm（2 开）定价：CNY0.14
　　中国现代年画作品。作者谢慕莲（1918—
1985），画家。浙江余姚人。曾受聘为上海画片
出版社和上海人民美术出版社特约年画作者，中
国美术家协会会员。代表作有《李香君》《霸王
别姬》《杨家十二女将》等。

J0050560

欢乐图　韦江琼作

武汉　湖北人民出版社 1979 年［1 张］

76cm（2 开）定价：CNY0.14

　　中国现代年画作品。

J0050561

欢庆胜利　张复乘，郑金昌作

郑州　河南人民出版社 1979 年 2 张 76cm（2 开）

定价：CNY0.28

　　中国现代年画作品。作者张复乘（1946—　　），

画家。河南人，毕业于河南省艺术学校绘画专业。

历任中国美术家协会会员，河南美术出版社副编

审。主编《中国当代油画·静物》。

J0050562

欢送劳模上北京　（杨柳青年画）邵文锦作

天津　天津杨柳青画店 1979 年［1 张］

76cm（2 开）定价：CNY0.14

　　作者邵文锦（1931—　　）。画家。山东荣城人，

毕业于中央美术学院绘画系。历任《天津画报》

社、天津美术出版社编辑，天津杨柳青画社副社

长、副总编、一级美术师。中国美术家协会会员、

理事。作品有《春晖颂》《春风十里桃花香》《学

习老英雄继续新长征》《匠门虎子》等。

J0050563

换新灶　邹晓清作

合肥　安徽人民出版社 1979 年［1 张］

76cm（2 开）定价：CNY0.14

　　中国现代年画作品。

J0050564

回韶山　郑小娟作

长沙　湖南人民出版社 1979 年［1 张］

76cm（2 开）定价：CNY0.14

　　作者郑小娟（1940—　　），女，画家。湖南长

沙人。毕业于湖南师范大学美术系。历任湖南

美术出版社编审，中国美术家协会理事，中国工

笔画学会理事，湖南省美术家协会副主席，湖南

省文联委员。著有《工笔人物画技法》《中国当

代美术家画库·郑小娟》《郑小娟作品集》。

J0050565

活泼健康　李慕白作

上海　上海人民美术出版社 1979 年［1 张］

76cm（2 开）定价：CNY0.11

　　中国现代年画作品。

J0050566

火车向着北京开　陈德志作

哈尔滨　黑龙江人民出版社 1979 年［1 张］

76cm（2 开）定价：CNY0.14

　　中国现代年画作品。

J0050567

鸡多蛋多　陈洪庶作

成都　四川人民出版社 1979 年［1 张］

76cm（2 开）定价：CNY0.11

　　中国现代年画作品。

J0050568

吉庆有余　金梅生原作；姚殿科复制

上海　上海人民美术出版社 1979 年［1 张］

76cm（2 开）定价：CNY0.11

　　中国现代年画作品。

J0050569

吉庆有余　喜迎新春　潘小庆作

南京　江苏人民出版社 1979 年 2 张

78cm（2 开）定价：CNY0.16

　　作者潘小庆（1941—　　），图书封面设计家。

江苏无锡人，就读于苏州艺专。先后任江苏人民

出版社美编室主任、江苏少年儿童出版社副社

长，江南诗画院常务理事。作品入选《中国出版

年鉴》《中国现代美术全集》等。专集《潘小庆书

装艺术》。

J0050570

继传统　新苗苗壮　增体质　英姿飒爽　赵

宋生作

昆明　云南人民出版社 1979 年［1 张］

76cm（2 开）定价：CNY0.11

　　作者赵宋生（1940—1996），高级美术师。四

川重庆人，毕业于云南艺术学院。曾任玉溪市文

化局局长、玉溪市文联副主席。作品有《花卉的

思念》《绿水情深》《溶溶月色》《乐途》《岁月》

等，出版有《云南民族风情白描集》《赵宋生画

集》等。

J0050571

家禽花鸟 （剪纸）王家和等作

上海 上海人民美术出版社 1979 年［1 张］

76cm（2 开）定价：CNY0.11

J0050572

假日 钱逸敏作

上海 上海人民美术出版社 1979 年［1 张］

76cm（2 开）定价：CNY0.14

中国现代年画作品。作者钱逸敏，画家。上海人，毕业于上海大学美术学院工艺系，擅长连环画、插图。曾任上海人民美术出版社编辑，中国美术家协会上海分会会员，上海连环画研究会会员，上海编辑学会会员，全国低幼读物研究会会员。作品有《红楼梦故事》《故事大王画库》《变形金刚》等。

J0050573

假日 （杨柳青画）邓家驹作

天津 天津杨柳青画店 1979 年［1 张］

76cm（2 开）定价：CNY0.14

J0050574

建设边疆　保卫边疆 尚德周作

上海 上海人民美术出版社 1979 年［1 张］

76cm（2 开）定价：CNY0.11

中国现代年画作品。

J0050575

江山美如画 许小雄作

广州 广东人民出版社 1979 年［1 张］

76cm（2 开）定价：CNY0.14

中国现代年画作品。

J0050576

讲卫生幼苗苗壮　爱科学雏鹰欲翔 巫子强等作

贵阳 贵州人民出版社 1979 年［1 张］

76cm（2 开）定价：CNY0.14

中国现代年画作品。作者巫子强（1939—　　），回族，生于云南昆明。毕业于四川美术学院油画专业。历任铜仁县文化馆馆长、铜仁县文化局局长、铜仁地区文联主席、贵州民族学院艺术系主任、贵州民族学院副教授。作品有《日日夜夜》、《无辜者》、《小鬼》等。

J0050577

奖给优胜者 郭安祥作

西安 陕西人民美术出版社 1979 年［1 张］

76cm（2 开）定价：CNY0.14

J0050578

教妹妹 葛荣环作

哈尔滨 黑龙江人民出版社 1979 年［1 张］

76cm（2 开）定价：CNY0.14

J0050579

接过红旗 李树芳作

天津 天津人民美术出版社 1979 年［1 张］

76cm（2 开）定价：CNY0.14

中国现代年画作品。

J0050580

节日 李一新作

南昌 江西人民出版社 1979 年［1 张］

76cm（2 开）定价：CNY0.14

中国现代年画作品。

J0050581

姐姐科研入了迷 王福增作

上海 上海人民美术出版社 1979 年［1 张］

76cm（2 开）定价：CNY0.11

中国现代年画作品。

J0050582

解放天津图 陈正明作

天津 天津人民美术出版社 1979 年［1 张］

76cm（2 开）定价：CNY0.14

中国现代年画作品。

J0050583

巾帼英雄 李希玉作

兰州 甘肃人民出版社 1979 年 2 张 38cm（6 开）

定价：CNY0.07

中国现代年画作品。

J0050584

巾帼英雄花木兰 王儒伯作

郑州 河南人民出版社 1979 年［1 张］

76cm（2 开）定价：CNY0.11

J0050585

今日长征路　刘正作

北京 人民美术出版社 1979年［1张］

76cm（2开）定价：CNY0.14

　　中国现代年画作品。作者刘正（1949— ），女，编辑。天津人，毕业于天津美术学院绘画系。历任天津人民美术出版社编审，中国美术家协会会员，中国工笔画学会会员，中国刘奎龄艺术研究院研究员，天津市美术家协会会员。代表作品有《中国织绣服饰全集》《幸福花开》《庄户剧团》《十二月花神》《春到西花厅》等。

J0050586

金光大道　姜堃作

天津 天津人民美术出版社 1979年［1张］

76cm（2开）定价：CNY0.14

　　中国现代年画作品。

J0050587

金鱼娃娃　（杨柳青年画）

天津 天津杨柳青画店 1979年［1张］

76cm（2开）定价：CNY0.14

J0050588

锦上添花　龙伯文作

南宁 广西人民出版社 1979年［1张］

76cm（2开）定价：CNY0.14

　　中国现代年画作品。

J0050589

锦绣河山　汪涛作

合肥 安徽人民出版社 1979年［1张］

107cm（全开）定价：CNY0.28

　　中国现代年画作品。

J0050590

锦绣农田巧安排　庞卡作

上海 上海人民美术出版社 1979年［1张］

76cm（2开）定价：CNY0.11

　　中国现代年画作品。作者庞卡（1935— ）。画家。又名庞抱俊。上海人。历任上海人民美术出版社年画编辑、创作员。作品有《从小爱科学》《秧苗青青春来早》《爱人民》等。

J0050591

锦绣前程　（1980＜农历庚申年＞年历）詹庚西作

郑州 河南人民出版社 1979年［1张］

53cm（4开）定价：CNY0.15

J0050592

锦绣前程　（1980＜农历庚申年＞年历）金鸿钧作

天津 天津杨柳青画店 1979年［1张］

78cm（2开）定价：CNY0.30

　　中国现代年画作品。作者金鸿钧（1937— ），教授、画家。别名爱新觉罗鸿钧，生于北京。历任中央美术学院中国画系教授，中国美术家协会会员，北京工笔重彩画会副会长。代表作品《生生不已》《石壁榕根》《叶落归根》《枝繁花盛》，出版有《牡丹画谱》《工笔花鸟画技法》《金鸿钧画集》等。

J0050593

精心描绘　高原作

西安 陕西人民美术出版社 1979年［1张］

76cm（2开）定价：CNY0.11

　　中国现代年画作品。

J0050594

竞艳　杜曼华，章培筠作

杭州 浙江人民出版社 1979年［1张］

76cm（2开）定价：CNY0.14

　　中国现代年画作品。

J0050595

敬爱我们的老师　沈家琳作

上海 上海人民美术出版社 1979年［1张］

76cm（2开）定价：CNY0.11

　　中国现代年画作品。作者沈家琳（1931— ），画家。浙江宁波人，毕业于华东艺专。历任上海画片出版社编辑，上海人民美术出版社编辑、创作组长，年画、宣传画编辑室主任、副编审，全国美展年画评委，中国美协年画艺委会副主任。创作年画有《做共产主义接班人》《友爱》《做共产主义接班人》等。

J0050596

桔颂图　王孝纲作

成都 四川人民出版社 1979 年［1 张］

76cm（2 开）定价：CNY0.11

　　中国现代年画作品。

J0050597

军民联防保边疆　民族团结搞四化　黄永镇作

成都 四川人民出版社 1979 年［1 张］

76cm（2 开）定价：CNY0.11

J0050598

军民同学习　四化攀高峰　朱建友作

郑州 河南人民出版社 1979 年［1 张］

53cm（4 开）定价：CNY0.06

　　中国现代年画作品。

J0050599

军民同学习　四化攀高峰　朱建友作

郑州 河南人民出版社 1979 年［1 张］

76cm（2 开）定价：CNY0.11

　　中国现代年画作品。

J0050600

军民一家亲　秦大虎作

上海 上海人民美术出版社 1979 年［1 张］

76cm（2 开）定价：CNY0.11

　　中国现代年画作品。

J0050601

看披翠幕迎风舞　郝之辉作

天津 天津人民美术出版社 1979 年［1 张］

76cm（2 开）定价：CNY0.14

　　中国现代年画作品。

J0050602

看我洗得多干净　柳忠福作

石家庄 河北人民出版社 1979 年［1 张］

76cm（2 开）定价：CNY0.14

　　作者柳忠福（1942—2014），教授。祖籍山东，字兰芝，号兰芝斋主，辽宁师范大学艺术系毕业。现任中国书画家协会理事，中国收藏家协会会员，中国国学研究会研究员，雅典艺校教授，大连美术家协会会员，中国当代艺术协会副主席等职位。

J0050603

康庄大道　范垂宇作

北京 人民美术出版社 1979 年［1 张］

76cm（2 开）定价：CNY0.14

J0050604

考就考　翟培德，李穗青作

西安 陕西人民出版社 1979 年［1 张］

76cm（2 开）定价：CNY0.11

J0050605

科技新花　张锦标作

上海 上海人民美术出版社 1979 年［1 张］

76cm（2 开）定价：CNY0.11

　　中国现代年画作品。作者张锦标（1935—　），编审。浙江嵊州市人，毕业于浙江美术学院中国画系。历任上海书画出版社编辑、副编审。代表作品有《熊猫宴》《宠爱》《迎千年曙光》《任伯年群仙祝寿图》。著作有《怎样画大熊猫》。

J0050606

科学的春天　刘启文作

石家庄 河北人民出版社 1979 年［1 张］

76cm（2 开）定价：CNY0.11

　　作者刘启文（1940—　），国家一级美术师。原名刘起文，河北石家庄人，祖籍保定。历任河北美协会员，石门画院院长。

J0050607

科学种田　连年高产　张光奎作

郑州 河南人民出版社 1979 年［1 张］

76cm（2 开）定价：CNY0.11

　　中国现代年画作品。

J0050608

科学种田　连年高产　张光奎作

郑州 河南人民出版社 1979 年［1 张］

53cm（4 开）定价：CNY0.06

　　中国现代年画作品。

J0050609

科学种田保丰收　吕学勤作

上海 上海人民美术出版社 1979 年［1 张］

76cm（2 开）定价：CNY0.11

　　中国现代年画作品。

J0050610

科学种田夺高产　郑鹍作

上海 上海人民美术出版社 1979 年［1 张］

76cm（2 开）定价：CNY0.11

J0050611

科研结硕果　庞卡作

上海 上海人民美术出版社 1979 年［1 张］

76cm（2 开）定价：CNY0.11

　　中国现代年画作品。作者庞卡（1935—　　）。画家。又名庞抱俊。上海人。历任上海人民美术出版社年画编辑、创作员。作品有《从小爱科学》《秧苗青青春来早》《爱人民》等。

J0050612

科研室里春意浓　刘恩斌作

北京 人民美术出版社 1979 年［1 张］

76cm（2 开）定价：CNY0.14

　　中国现代年画作品。

J0050613

科研新花　（一至四）高学海作

天津 天津杨柳青画店 1979 年 2 张 76cm（2 开）

定价：CNY0.28

　　中国现代年画作品。

J0050614

颗粒归仓　游龙姑作

上海 上海人民美术出版社 1979 年［1 张］

76cm（2 开）定价：CNY0.11

　　中国现代年画作品。

J0050615

颗粒还仓　割草积肥　罗恩华,潘培德作

成都 四川人民出版社 1979 年［1 张］

53cm（4 开）定价：CNY［0.06］

　　中国现代年画作品。作者潘培德（1938—　　）编辑,画家。四川成都人。毕业于四川美院附中。历任四川省文化局美术工作室,《四川画报》社美术编辑、记者,四川省群众艺术馆副研究馆员。代表作品《康乐图》《印刷工人的心愿》《草地雷锋——札江》《赛龙舟》等。

J0050616

课堂新花　秦明良作

长沙 湖南人民出版社 1979 年［1 张］

76cm（2 开）定价：CNY0.11

J0050617

空降演习　司马连义作

上海 上海人民美术出版社 1979 年［1 张］

76cm（2 开）定价：CNY0.11

　　中国现代年画作品。

J0050618

箜篌图　王叔晖作

北京 人民美术出版社 1979 年［1 张］

76cm（2 开）定价：CNY0.11

　　中国现代年画作品。

J0050619

孔雀牡丹　（胶印画轴）刘奎龄作

天津 天津杨柳青画店 1979 年［1 轴］

定价：CNY0.75

　　作者刘奎龄（1885—1967）,画家。字耀辰,天津人。历任美协天津分会副主席,天津市国画研究会委员,天津文史馆研究员,中国美术家协会会员。代表作品有《上林春色图》《动物八屏图》《卧虎图》等。

J0050620

孔雀舒羽春光好　牡丹盛开景色新　翟吉增词；王景鲁书

天津 天津杨柳青画店 1979 年 2 张 76cm（2 开）

定价：CNY0.50

　　作者王景鲁（1905—?）,名纯嘏,后以字行,山东诸城人,就读于上海美专西洋画系。曾在天津人民美术出版社任职,天津书法家协会任理事。

J0050621

孔雀舞　珊影作

南京 江苏人民出版社 1979 年［1 张］

38cm（6 开）定价：CNY0.10

　　中国现代年画作品。

J0050622

快马加鞭　刘生展作

天津 天津人民美术出版社 1979 年［1 张］

76cm（2 开）定价：CNY0.11

中国现代年画作品。

J0050623

喇叭吹奏丰收乐　短笛横吹喜迎春　符光
耿作
成都　四川人民出版社 1979 年［1 张］
53cm（4 开）定价：CNY0.06

J0050624

蓝天姐妹　王国征作
西安　陕西人民美术出版社 1979 年［1 张］
76cm（2 开）定价：CNY0.11
　　中国现代年画作品。

J0050625

老师　向您致敬　仲跻和作
天津　天津人民美术出版社 1979 年［1 张］
76cm（2 开）定价：CNY0.11

J0050626

老师和我们照张相　杨淑涛作
天津　天津人民美术出版社 1979 年［1 张］
76cm（2 开）定价：CNY0.11
　　中国现代年画作品。

J0050627

李白诗黄鹤楼送孟浩然之广陵　范曾书
石家庄　河北人民出版社 1979 年［1 张］
76cm（2 开）定价：CNY0.12
　　中国现代年画作品。作者范曾（1938—　），
画家、学者。字十翼，别署抱冲斋主，江苏南通
人。毕业于中央美术学院中国画系。历任中央
工艺美术学院讲师、副教授，南开大学东方艺术
系教授、博士生导师，中国艺术研究院终身研究
员等。代表作品有《庄子显灵记》《范曾自述》《老
子出关》《钟馗神威》等。

J0050628

李自成　崔森林作
北京　人民美术出版社 1979 年［1 张］
76cm（2 开）定价：CNY0.14
　　中国现代年画作品。作者崔森林（1943—　），
美术编辑。笔名黎恩、李恩。生于山东济南，毕
业于济南艺术学校。任山东美术出版社副编审。
作品有《省里送来显微镜》《黄河》《第一面八一

军旗的诞生》《毛主席视察北园》等，小说《不屈
的昆仑》插图。

J0050629

李自成的故事　何溶编文；许勇，顾莲塘作
北京　人民美术出版社 1979 年 2 张 76cm（2 开）
定价：CNY0.28
　　中国现代年画作品。作者何溶（1921—
1989），满族，教师。姓"赫舍里"，号伯英，笔名
山碧，生于吉林市。曾就读于上海大同大学、上
海圣约翰大学和中央美术学院绘画系，后留校任
教。创办《美术》杂志，任编辑部主任。代表作
品有《雪》《杉》《白玉兰》《高山之松》等。作者
许勇（1933—　），画家。别名许涌。生于山东青
岛，毕业于东北美专并留校任教。历任鲁迅美术
学院教授、研究生导师，中国美术家协会会员，
中国连环画研究会常务理事，中国当代工笔画学
会理事，雪庐画会副会长。代表作品有《金田起
义》《郑成功收复台湾》《戚继光平倭图》等。出
版有《许勇画马》。作者顾莲塘（1935—1994），画
家、教授。黑龙江穆棱人，毕业于东北美术专科
学校工艺系。历任鲁迅美术学院版画系主任、副
教授，中国美术家协会连环画艺术委员会委员。
作品有《一代天骄》《闯王进京》等。

J0050630

理想　刘淑英，李松年作
太原　山西人民出版社 1979 年［1 张］
76cm（2 开）定价：CNY0.16

J0050631

理想之花　王安作
北京　人民美术出版社 1979 年［1 张］
76cm（2 开）定价：CNY0.14
　　中国现代年画作品。

J0050632

理想之花　（杨柳青年画）王安作
天津　天津杨柳青画店 1979 年［1 张］
76cm（2 开）定价：CNY0.11

J0050633

连年有余　常玉昌，张桂芝作
哈尔滨　黑龙江人民出版社 1979 年［1 张］
76cm（2 开）定价：CNY0.14

中国现代年画作品。

J0050634
连年有余　（杨柳青传统年画）辽宁美术出版社复制
沈阳 辽宁美术出版社 1979 年［1 张］
76cm（2 开）定价：CNY0.11

J0050635
连年有余　（杨柳青年画）那启明，张煜作
天津 天津杨柳青画社 1979 年［1 张］
76cm（2 开）定价：CNY0.14
　　作者张煜（1963—　），国家二级美术师。字文染，号八公山人，三痴斋主，安徽寿县人。历任中国美术家协会会员，中国书法家协会会员，安徽省直机关书画家协会创作部主任，安徽省青年书法家协会常务理事，安徽省青年美术家协会理事，安徽省书画院特聘画家、合肥市美术家协会理事，合肥市书画院专职画家。作品《清凉世界》《醉彩浓墨写秋山》《万壑泉声松外去》等。代表作品有《张煜水墨画集》。

J0050636
梁山伯与祝英台　龚景充作
杭州 浙江人民出版社 1979 年［1 张］
76cm（2 开）定价：CNY0.14

J0050637
林冲与林娘子
北京 中国电影出版社 1979 年［1 张］
76cm（2 开）定价：CNY0.07
　　中国现代年画作品。

J0050638
林黛玉　王孝纲作
成都 四川人民出版社 1979 年［1 张］
76cm（2 开）定价：CNY0.11
　　中国现代年画作品。

J0050639
林海轻骑　王天胜作
沈阳 辽宁美术出版社 1979 年［1 张］
76cm（2 开）定价：CNY0.11

J0050640
刘三姐　王立民作
南宁 广西人民出版社 1979 年［1 张］
76cm（2 开）定价：CNY0.14
　　中国现代年画作品。

J0050641
刘三姐　冯国琳作
沈阳 辽宁美术出版社 1979 年 2 张 76cm（2 开）
定价：CNY0.22
　　中国现代年画作品。作者冯国琳（1932—　），画家。曾用名玉林，辽宁沈阳人，毕业于东北鲁迅文艺学院美术部。历任东北画报社记者、创作员、编辑、副编审，中国美术家协会会员，辽宁省年画学会理事。作品有《花为媒》《笔中情》《耕读育新人》《红楼梦》等。

J0050642
柳毅传书　谢慕莲作
上海 上海人民美术出版社 1979 年［1 张］
76cm（2 开）定价：CNY0.14

J0050643
柳毅传书　谢慕莲作
上海 上海人民美术出版社 1979 年［1 张］
53cm（4 开）定价：CNY0.06

J0050644
龙飞凤舞　房英魁作
沈阳 辽宁美术出版社 1979 年［1 张］
76cm（2 开）定价：CNY0.14

J0050645
龙腾虎跃　宁积贤作
太原 山西人民出版社 1979 年［1 张］
53cm（4 开）定价：CNY0.08
　　中国现代年画作品。

J0050646
龙舞　潘培德作
成都 四川人民出版社 1979 年［1 张］
53cm（4 开）定价：CNY0.06

J0050647
陇原春早　莫建成作

兰州　甘肃人民出版社 1979 年［1 张］
76cm（2 开）定价：CNY0.14

J0050648
庐山风光　杨豹作
石家庄　河北人民出版社 1979 年 2 版 2 张
76cm（2 开）定价：CNY0.22

J0050649
鲁迅与青年　（组画）马立编文；潘鸿海画
上海　上海人民美术出版社 1979 年［1 张］
76cm（2 开）定价：CNY0.14
　　　作者潘鸿海（1942—　　），艺术家。上海人，
毕业于浙江美术学院油画系。历任浙江人民美
术出版社美术记者、美术编辑、编辑部主任、副
总编，《富春江画报》负责人，浙江画院院长。代
表作品有《又是一个丰收年》《鲁迅》。

J0050650
锣鼓迎春　鲜花报喜　周绍文，张仁山作
郑州　河南人民出版社 1979 年［1 张］
76cm（2 开）定价：CNY0.11

J0050651
妈妈放心吧　张瑞恒作
天津　天津人民美术出版社 1979 年［1 张］
76cm（2 开）定价：CNY0.14

J0050652
马兰花　（剧照）水登编文；王景仁摄影
上海　上海人民美术出版社 1979 年［1 张］
76cm（2 开）定价：CNY0.14

J0050653
满园春　李祥麟作
南宁　广西人民出版社 1979 年［1 张］
76cm（2 开）定价：CNY0.14

J0050654
猫蝶图　曹克家作
石家庄　河北人民出版社 1979 年［1 张］
76cm（2 开）定价：CNY0.14
　　　中国现代年画作品。作者曹克家（1906—
1979），画家。号汝贤，北京人，毕业于上海中华
职业学校。曾在轻工业部工艺美术局任职，中国

美术家协会会员。作品有《耄耋图》等。著作有
《怎样画猫》和《宋瓷纹样》。

J0050655
猫兔猴鹿　张朋作
北京　人民美术出版社 1979 年 2 张 76cm（2 开）
定价：CNY0.22

J0050656
毛泽东同志在枣园　殷培华，相起久作
上海　上海人民美术出版社 1979 年［1 张］
76cm（2 开）定价：CNY0.14

J0050657
毛主席和我们亲又亲　孙国成作
长沙　湖南人民出版社 1979 年［1 张］
76cm（2 开）定价：CNY0.14

J0050658
毛主席纪念堂　章育青作
上海　上海人民美术出版社 1979 年［1 张］
76cm（2 开）定价：CNY0.14

J0050659
贸易开新花　李金明作
广州　广东人民出版社 1979 年［1 张］
76cm（2 开）定价：CNY0.14
　　　中国现代年画作品。作者李金明（1942—　　），
油画家。生于香港，广东鹤山人，毕业于广州美
术学院油画系。历任国家高级美术师，广东油画
会常务理事和执行秘书长，中国美术家协会会
员，广东省美术家协会理事。作品有《曙光初照
演兵场》《喜看稻菽千重浪》等，出版《李金明油
画选集》《李金明访欧作品》等。

J0050660
贸易盛会迎佳宾　马咏春，程树人作
上海　上海人民美术出版社 1979 年［1 张］
76cm（2 开）定价：CNY0.11

J0050661
没有毛主席就没有新中国　杜玉曦作
北京　人民美术出版社 1979 年［1 张］
76cm（2 开）定价：CNY0.14
　　　中国现代年画作品。

J0050662

梅兰芳舞台艺术 （胶印画轴）金雪尘，李慕白作

石家庄 河北人民出版社 1979年 2张

78cm（2开）定价：CNY0.85

J0050663

美好的祝愿 成砺志作

南京 江苏人民出版社 1979年［1张］

76cm（2开）定价：CNY0.14

作者成砺志（1954— ），江苏扬州人。国家一级美术师，中国美术家协会会员。主要作品《六老图·邓小平》《我为祖国争光》《春暖万家》等。

J0050664

门画 姜录作

哈尔滨 黑龙江人民出版社 1979年［1张］

76cm（2开）定价：CNY0.14

J0050665

梦里笑声甜 贡振宝，翟凤兰作

石家庄 河北人民出版社 1979年［1张］

76cm（2开）定价：CNY0.11

J0050666

苗家山寨开新花 科学种田结硕果 邱钧毓作

长沙 湖南人民出版社 1979年［1张］

76cm（2开）定价：CNY0.11

J0050667

妙语警心 红楼二尤 （杨柳青年画）张鸾等作

天津 天津杨柳青画店 1979年［1张］

76cm（2开）定价：CNY0.11

J0050668

明唐寅行书龙头诗 （木版水印绫裱立轴）

上海 朵云轩 1979年［1轴］

J0050669

模范家中添新彩 李诗唐作

太原 山西人民出版社 1979年［1张］

76cm（2开）定价：CNY0.16

中国现代年画作品。

J0050670

牡丹对课 戴云辉作

杭州 浙江人民出版社 1979年［1张］

76cm（2开）定价：CNY0.14

J0050671

木兰从军 李德仁作

太原 山西人民出版社 1979年［1张］

76cm（2开）定价：CNY0.16

作者李德仁（1946— ），教授。字泽甫，号霁原，山西榆次人。历任山西大学美术系副教授，中国美术家协会会员，中国书法家协会会员，兼任马来西亚艺术学院东方艺术研究中心研究员。出版《东方绘画学原理概论》《道与书画》《明清绘画大师丛书——徐渭》《李德仁中国画作品集》等。

J0050672

牧民的心愿 赵秉泉作

沈阳 辽宁美术出版社 1979年［1张］

76cm（2开）定价：CNY0.11

J0050673

穆桂英 金伟作

南京 江苏人民出版社 1979年［1张］

76cm（2开）定价：CNY0.14

J0050674

穆桂英

北京 中国电影出版社 1979年［1张］

76cm（2开）定价：CNY0.14

中国现代年画作品。

J0050675

穆桂英大战洪洲 赵梦林作

上海 上海书画出版社［1979年］［1张］

76cm（2开）统一书号：8172.1767

定价：CNY0.25

中国现代年画作品。作者赵梦林（1952— ），生于内蒙古察右前旗，祖籍山西忻州，代表作有《三国人物绣像》《京剧脸谱》等。

J0050676

穆桂英挂帅 宋虎立作

太原 山西人民出版社 1979年［1张］

76cm（2开）定价：CNY0.16

　　中国现代年画作品。

J0050677

哪吒闹海　张达平，甘武炎作

南宁 广西人民出版社 1979年［1张］

76cm（2开）定价：CNY0.14

　　作者张达平（1945—　　），广西博白人。师从著名岭南派画家黄独峰。曾任广西美术出版社副总编、广西书画研究会副会长、广西文物收藏家协会副会长等职。主要作品有《苗山新绣》《狼孩》《木偶奇遇记》等。

J0050678

哪吒闹海　蒋铁峰作

昆明 云南人民出版社 1979年［1张］

76cm（2开）定价：CNY0.11

J0050679

南泥湾途中　石鲁作

西安 陕西人民美术出版社 1979年［1张］

53cm（4开）定价：CNY0.07

　　中国现代年画作品。作者石鲁（1919—1982），画家。原名冯亚珩，四川仁寿人，就读于成都东方美专和陕北公学院。曾任中国美术家协会常务理事、陕西省美术家协会主席、陕西省书法家协会主席、陕西省国画院名誉院长、中国画研究院院委等职。著有《石鲁学画录》，电影剧本《暴风中的雄鹰》等。

J0050680

难忘的时刻　李醒滔等作

北京 人民体育出版社 1979年［1张］

76cm（2开）定价：CNY0.11

　　中国现代年画作品。

J0050681

年画缩样　（1980.1）

合肥 安徽人民出版社［1979年］13×19cm

J0050682

年画缩样　（1980）

南宁 广西人民出版社［1979年］18cm（15开）

J0050683

年画缩样　（1980.1）

南京 江苏人民出版社［1979年］13×19cm

J0050684

年画缩样　（1980.2）

南京 江苏人民出版社［1979年］13×19cm

J0050685

年画缩样　（1980）

呼和浩特 内蒙古人民出版社［1979年］

13×19cm

J0050686

年画缩样　（1980）

太原 山西人民出版社［1979年］19cm（32开）

J0050687

年画缩样　（1980 续）

太原 山西人民出版社［1979年］19cm（32开）

J0050688

年画缩样　（1980）

西安 陕西人民美术出版社［1979年］13×19cm

　　中国现代年画作品。

J0050689

年画缩样　（1980.1）

成都 四川人民出版社［1979年］13×19cm

　　中国现代年画作品。

J0050690

年画缩样　（1980.2）

成都 四川人民出版社［1979年］13×19cm

J0050691

年画缩样　（1980）

乌鲁木齐 新疆人民出版社［1979年］13×19cm

J0050692

年年有余　石基作

上海 上海人民美术出版社 1979年［1张］

76cm（2开）定价：CNY0.11

J0050693
年年有余　陈洪庶作
成都 四川人民出版社 1979 年［1 张］
76cm（2 开）定价：CNY0.11

J0050694
年年有余　陈洪庶作
成都 四川人民出版社 1979 年［1 张］
53cm（4 开）定价：CNY0.06

J0050695
年年有余　岁岁丰收　朱鸿年作
郑州 河南人民出版社 1979 年［1 张］
76cm（2 开）定价：CNY0.11

J0050696
年年有余　岁岁丰收　朱鸿年作
郑州 河南人民出版社 1979 年［1 张］
53cm（4 开）定价：CNY0.06

J0050697
牛郎织女　王红作
兰州 甘肃人民出版社 1979 年［1 张］
76cm（2 开）定价：CNY0.14

J0050698
牛郎织女　王致青作
太原 山西人民出版社 1979 年［1 张］
76cm（2 开）定价：CNY0.16

J0050699
牛郎织女　陈烈作
成都 四川人民出版社 1979 年［1 张］
76cm（2 开）定价：CNY0.11

J0050700
农业机械大发展　科学种田捷报传　梁业
鸿, 梁宽作
广州 广东人民出版社 1979 年［1 张］
76cm（2 开）定价：CNY0.14

J0050701
农业机械大发展　科学种田捷报传　梁业
鸿, 梁宽作
广州 广东人民出版社 1979 年［1 张］

53cm（4 开）定价：CNY0.07

J0050702
农业科学结新果　孔庆池作
广州 广东人民出版社 1979 年［1 张］
53cm（4 开）定价：CNY0.07

J0050703
农业科学结新果　孔庆池作
广州 广东人民出版社 1979 年［1 张］
76cm（2 开）定价：CNY0.14

J0050704
农业现代化　大地谱新曲　吴贤淳, 吴健作
西安 陕西人民美术出版社 1979 年［1 张］
76cm（2 开）定价：CNY0.11

J0050705
农展讲解员　张大昕作
上海 上海人民美术出版社 1979 年［1 张］
76cm（2 开）定价：CNY0.11
　　作者张大昕（1917—　），画家。艺名张逸，
别号玄化居士。出生于上海。毕业于上海美术
专科学校。曾在上海人民美术出版社从事年画、
国画创作。代表作品有《咯咯鸡》《串木珠》《宝
宝看画报》《锦绣河山》等。

J0050706
暖房新瓜香　章德明作
上海 上海人民美术出版社 1979 年［1 张］
76cm（2 开）定价：CNY0.11

J0050707
女园艺师　王伟成作
上海 上海人民美术出版社 1979 年［1 张］
76cm（2 开）定价：CNY0.11
　　作者王伟成，曾任上海人民美术出版社年
画、宣传画编辑室主任。

J0050708
盼周总理再来　孙叔文作
石家庄 河北人民出版社 1979 年［1 张］
76cm（2 开）定价：CNY0.14

J0050709

漂亮的新衣　徐寄萍作

上海　上海人民美术出版社 1979 年［1 张］

76cm（2 开）定价：CNY0.11

　　作者徐寄萍（1919—2005），上海人。曾任上海美术家协会会员、上海人民美术出版社特约年画作者等职。主要作品有《帮妈妈做事》《学雷锋做好事》《擦亮眼睛》等。

J0050710

葡萄丰收　姚重庆作

天津　天津人民美术出版社 1979 年［1 张］

76cm（2 开）定价：CNY0.11

　　作者姚重庆（1943—　　），山东济南人。毕业于中央美术学院附中。擅长油画、连环画、年画。曾任天津人民美术出版社美术编审、中国出版社工作部协会年画艺术委员会秘书长。主要作品《彭大将军》《油画展厅》《周恩来的青少年时代》等。

J0050711

普天同庆　举国欢腾　林美岚作

南昌　江西人民出版社 1979 年［1 张］

76cm（2 开）定价：CNY0.11

　　作者林美岚（1940—　　），字山风，江西武宁人。毕业于江西九江师范。历任中小学美术教师，江西九江市群众艺术馆美术干部，副研究馆员。江西美协理事。作品有《党是阳光我是花》《喜庆丰年》《鸟语花香》等。出版有《林美岚人物画选》。

J0050712

前程似锦　（一至四）仝献普，钱世刚作

太原　山西人民出版社 1979 年 2 张

76cm（2 开）定价：CNY0.28

J0050713

巧夺天工　金铁莲等作

南京　江苏人民出版社 1979 年［1 张］

76cm（2 开）定价：CNY0.14

J0050714

禽场鸡壮　水库鱼肥　饶湘平等作

贵阳　贵州人民出版社 1979 年［1 张］

76cm（2 开）定价：CNY0.14

J0050715

勤奋学习　苗壮成长　刘明正作

广州　广东人民出版社 1979 年［1 张］

53cm（4 开）定价：CNY0.07

J0050716

勤奋学习　苗壮成长　刘明正作

广州　广东人民出版社 1979 年［1 张］

76cm（2 开）定价：CNY0.14

J0050717

勤学篇　陈秀龙编文；赵益超，张明堂画

太原　山西人民出版社 1979 年 2 张

76cm（2 开）定价：CNY0.32

　　作者张明堂（1941—　　），画家。山西寿阳人，毕业于山西艺术学院美术系。历任山西省美术院专职画家，陕西国画院一级美术师。代表作品有《晓色初动》《战太行》《知心话儿说不尽》《东渡黄河》《月是故乡明》等。出版有连环画《吕梁英雄传》。

J0050718

勤学图　（杨柳青年画）那启明作

天津　天津杨柳青画社 1979 年［1 张］

76cm（2 开）定价：CNY0.11

J0050719

青山不老　（胶印画轴）梁植华，李东升作

天津　天津杨柳青画店 1979 年［1 轴］

定价：CNY0.75

J0050720

情寓西厢　徐成智作

武汉　湖北人民出版社 1979 年［1 张］

76cm（2 开）定价：CNY0.14

　　作者徐成智（1937—　　），江苏金坛人。曾任武汉画院画师、湖北省美术家协会会员、湖北省连环画研究会首届副会长等职。代表作品有《友谊之花》《丰收歌舞》《情寓西厢》《体操王子》等。

J0050721

庆丰收　潘小庆作

南昌　江西人民出版社 1979 年［1 张］

76cm（2 开）定价：CNY0.14

J0050722
秋声 葫芦 稻草小鸡 菊花酒罐　齐白石作
太原 山西人民出版社 1979 年 2 张
76cm（2 开）定价：CNY0.32
　　作者齐白石（1864—1957），近现代中国绘画大师，国画家、篆刻家。湖南湘潭人。原名纯之，字渭青，号兰亭，后改名璜，字濒生，号白石等。历任国立北京艺术专科学校和京华美术专科学校教习、教授，中央美术学院名誉教授，中国文学艺术界联合会主席团委员，中国画研究会和中国美术家协会主席，中国画院名誉院长。代表作有《蛙声十里出山泉》《墨虾》等。著有《白石诗草》《齐白石作品集》《白石老人自述》等。

J0050723
求教　李用世作
合肥 安徽人民出版社 1979 年［1 张］
76cm（2 开）定价：CNY0.14

J0050724
屈原　杨俊生作
上海 上海人民美术出版社 1979 年［1 张］
76cm（2 开）定价：CNY0.11
　　作者杨俊生（1909—1981），出生于安徽安庆。曾任上海人民美术出版社、上海画版出版社特约作者，上海美协年画组组长等职。代表作品有《岳母刺字》《夜战马超》《大闹天宫》《贵妃醉酒》等。

J0050725
全党团结进军现代化　万众一心　阔步新长征　梁冰潜，梁子冰作
郑州 河南人民出版社 1979 年［1 张］
76cm（2 开）定价：CNY0.11

J0050726
全党团结进军现代化　万众一心　阔步新长征　梁冰潜，梁子冰作
郑州 河南人民出版社 1979 年［1 张］
53cm（4 开）定价：CNY0.06

J0050727
群芳益人　黄桦诗；杜炳申作
石家庄 河北人民出版社 1979 年 2 张
76cm（2 开）定价：CNY0.28

J0050728
群鸡　朱修立作
合肥 安徽人民出版社 1979 年［1 张］
76cm（2 开）定价：CNY0.16
　　作者朱修立（1938—　），画家。上海人，毕业于南京艺术学院美术系。中国美术家协会会员，安徽美术家协会常务理事，安徽省书画院一级画师。作品有《艳阳秋》《松魂》《山水长卷》等，出版有《朱修立画集》朱修立扇面画集》等。

J0050729
热爱科学　黄鹏作
上海 上海人民美术出版社 1979 年［1 张］
53cm（4 开）定价：CNY0.05

J0050730
人欢鱼跃　孟养玉作
太原 山西人民出版社 1979 年［1 张］
76cm（2 开）定价：CNY0.16
　　作者孟养玉（1935—　），画家。山西文水人，毕业于山西汾阳师范学校。历任山西文水县文化馆高级研究员，人物画学会艺术顾问，吕梁地区美协主席，黄河书画院副院长。代表作品有《收音机下乡》《刘胡兰》《能工巧匠》等。

J0050731
人间更比天上好　郭常信作
沈阳 辽宁美术出版社 1979 年［1 张］
76cm（2 开）定价：CNY0.11

J0050732
人间好　皮远香作
成都 四川人民出版社 1979 年［1 张］
53cm（4 开）定价：CNY0.06

J0050733
人间喜讯　刘永焕，程国英作
成都 四川人民出版社 1979 年［1 张］
76cm（2 开）定价：CNY0.14
　　程国英（1922—1967），黑龙江哈尔滨人。别名程果。毕业于中央美术学院。擅长油画、水彩画。曾任清华大学土建系教师。作品有《南京 古鸡鸣寺》《井冈山风暴》《土地革命时的赤卫队》等。

J0050734
人勤春早　李秀作
昆明 云南人民出版社 1979 年［1 张］
76cm（2 开）定价：CNY0.11

J0050735
人寿年丰　钏蜀珩作
昆明 云南人民出版社 1979 年［1 张］
76cm（2 开）定价：CNY0.11

J0050736
任重道远　（一至四 胶印画轴）
天津 天津杨柳青画店 1979 年 4 张
76cm（2 开）定价：CNY1.10

J0050737
三岔口　金梅生作
上海 上海人民美术出版社 1979 年［1 张］
76cm（2 开）定价：CNY0.14

J0050738
三岔口　金梅生作
上海 上海人民美术出版社 1979 年［1 张］
53cm（4 开）定价：CNY0.06

J0050739
三十年前迎解放　世代感谢共产党　刘永谦作
成都 四川人民出版社 1979 年［1 张］
76cm（2 开）定价：CNY0.11

J0050740
山东民间年画
北京 人民美术出版社 1979 年 128 页 25cm（16 开）
统一书号：8027.6960 定价：CNY9.00

J0050741
山东民间年画
上海 上海人民美术出版社 1979 年 16 幅
19cm（32 开）统一书号：8081.11350
定价：CNY1.30

J0050742
山间铃响马帮来　陈杜宇作
南宁 广西人民出版社 1979 年［1 张］

76cm（2 开）定价：CNY0.14

J0050743
山间铃响马帮来　陈杜宇作
北京 人民美术出版社 1979 年［1 张］
76cm（2 开）定价：CNY0.14

J0050744
少年爱科学　（一至四 胶印画轴）吴自强作
天津 天津杨柳青画店 1979 年 4 张
76cm（2 开）定价：CNY1.10

　　作者吴自强（1943— ），画家。祖籍浙江杭州，又名吴声。生于江苏苏州。毕业于浙江美术学院工艺美术系。历任杭州画院专业画家，中国美术家协会会员，浙江人民出版社美术编辑。主要作品有《傲雪》《春酣》《西湖诗词画意百图》《古诗画诗》《长恨歌二十图》等。

J0050745
少年气象站　陈仰煌作
广州 广东人民出版社 1979 年［1 张］
76cm（2 开）定价：CNY0.14

J0050746
少年体操　朱德贤作
上海 上海人民美术出版社 1979 年［1 张］
76cm（2 开）定价：CNY0.11

J0050747
神州飞跃　陈志谦作
杭州 浙江人民出版社 1979 年［1 张］
76cm（2 开）定价：CNY0.14

J0050748
生产建设模范　科学实验标兵　李文龙作
太原 山西人民出版社 1979 年［1 张］
76cm（2 开）定价：CNY0.16

J0050749
胜利的日子　金皇珠作
哈尔滨 黑龙江人民出版社 1979 年［1 张］
76cm（2 开）定价：CNY0.14

J0050750
盛会在前　葛鹏仁作

北京 人民美术出版社 1979 年［1 张］
76cm（2 开）定价：CNY0.14

J0050751
盛夏　潘衡生，刘亚民作
哈尔滨 黑龙江人民出版社 1979 年［1 张］
76cm（2 开）定价：CNY0.14
　　作者潘蘅生（1949—　），画家。上海人。历任黑龙江省京剧团美术设计，《剧作家》杂志美术编辑，中国美术家协会会员，黑龙江省美术家协会副主席。兼擅连环画、油画、水墨画。出版有《潘蘅生油画作品精选》《美术家潘蘅生》等。

J0050752
狮舞　潘培德作
成都 四川人民出版社 1979 年［1 张］
53cm（4 开）定价：CNY0.06

J0050753
狮象虎豹　沈晋田作
上海 上海人民美术出版社 1979 年 2 张
76cm（2 开）定价：CNY0.28

J0050754
十年规划颂歌　陈谷平作
北京 人民美术出版社 1979 年［1 张］
76cm（2 开）定价：CNY0.14
　　作者陈谷平（1920—　），江苏扬州人。大学文化。原扬州市国画院画师。中国美术家协会江苏分会会员。擅长年画、国画。作品有《戏鱼图》《门画》等。

J0050755
石窟四景　刘万里，董吉泉作
兰州 甘肃人民出版社 1979 年 4 张
53cm（4 开）定价：CNY0.28

J0050756
实现总任务　完成新长征　杨通河等作
贵阳 贵州人民出版社 1979 年［1 张］
76cm（2 开）定价：CNY0.14

J0050757
史湘云醉眠芍药裀　王叔晖作
北京 人民美术出版社 1979 年［1 张］

76cm（2 开）定价：CNY0.14
　　作者王叔晖（1912—1985），女，国画家。字郁芬，生于天津，祖籍浙江绍兴。历任出版总署美术科员，新华书店总管理处美术室图案组组长，人民美术出版社连环画创作组组长。代表作《西厢记》《林黛玉》《夜宴桃李园》《杨门女将》等。

J0050758
世界风光　辽宁美术出版社编辑
沈阳 辽宁美术出版社 1979 年 2 张
76cm（2 开）定价：CNY0.22

J0050759
世界风光　（一）施福国作
上海 上海人民美术出版社 1979 年［1 张］
76cm（2 开）定价：CNY0.14

J0050760
试航　周清源作
合肥 安徽人民出版社 1979 年［1 张］76cm（2 开）定价：CNY0.14

J0050761
试映成功　刘称奇作
天津 天津人民出版社 1979 年［1 张］
76cm（2 开）定价：CNY0.11

J0050762
首都风景　汝阳编文；肖顺权等摄
北京 人民美术出版社 1979 年［1 张］
76cm（2 开）定价：CNY0.28
　　作者肖顺权（1934—　），曾用名肖顺泉、肖舜权。河北博野人。曾任人民美术出版社总编办公室副主任、摄影部副主任等职。主要作品有《唐永泰公主墓壁画集》《故宫》《元明清雕塑》等。

J0050763
书画屏　乔木等作
上海 上海人民美术出版社 1979 年 2 张
76cm（2 开）定价：CNY0.28
　　作者乔木（1920—2002），教授。字大年，河北深县人。上海大学美术学院教授，中国美术家协会会员等。主要作品有《迎春梅花》《彩霞迎春《姹紫嫣红》等。著有《花鸟画基础技法》《怎样画蔬果》等。

J0050764

书记也要当内行　童金贵作

天津　天津人民美术出版社　1979年［1张］

76cm（2开）定价：CNY0.11

　　作者童金贵，中国美术家协会辽宁省分会会员、辽宁省年画学会理事、丹东市美术家协会理事。

J0050765

双喜临门　李志国，杨明作

天津　天津人民美术出版社　1979年［1张］

76cm（2开）定价：CNY0.11

J0050766

水乡好风光　王宣明作；范振家配诗

上海　上海人民美术出版社　1979年［1张］

76cm（2开）定价：CNY0.11

J0050767

四化传捷报　佳节奏凯歌　范泰宏作

昆明　云南人民出版社　1979年［1张］

76cm（2开）定价：CNY0.11

J0050768

四化宏图展　征途气象新　孙明作

哈尔滨　黑龙江人民出版社　1979年［1张］

76cm（2开）定价：CNY0.14

J0050769

四化舞东风　祖国万年青　杨晓晖作

南京　江苏人民出版社　1979年　2张

78cm（2开）定价：CNY0.16

　　作者杨晓晖（1942—　　　），教授。江苏南通人。毕业于南京师大美术系。任中国国画家协会理事、南通大学艺术学院教授等职。代表作有《百猫图》《万蝶图》《中国画的题款和钤印》等。

J0050770

四化新标兵　韦献青作

上海　上海人民美术出版社　1979年［1张］

76cm（2开）定价：CNY0.14

　　作者韦献青（1956—　　　）。擅长年画、油画。

江苏常州人。进修于上海大学美术学院美术设计系。现任上海人民美术出版社年画、宣传画室编辑。作品《我的小鸟》《四化新标兵》《天上有个太阳》均入选全国美展。

J0050771

四化展宏图　祖国万年春　阮士钊作

武汉　湖北人民出版社　1979年［1张］

76cm（2开）定价：CNY0.14

J0050772

四季常青　孙顺正作

北京　人民美术出版社　1979年［1张］

76cm（2开）定价：CNY0.14

　　作者孙顺正（1942—　　　），画家。山东济南人，毕业于山东艺术专科学校油画专业。曾任济南搪瓷厂技术科美术设计、山东人民出版社美术编辑。画作有中国画《敌情》《杨柳风》《盗仙草》等，出版有《孙顺正工笔重彩古装人物画精选》。

J0050773

四季花卉　郭方颐作

武汉　湖北人民出版社　1979年　2张　76cm（2开）

定价：CNY0.28

J0050774

四季花开　（一至四 胶印画轴）刘力上，俞致贞作

天津　天津杨柳青画店　1979年　4张　76cm（2开）

定价：CNY1.10

　　作者刘力上（1916—2007），画家、教授。又名力尚，别名刘岂，江苏江都人。历任北京工笔重彩画会顾问，川西文联美术协会国画组组长，北京中国美术研究学院教师，中央工艺美术学院教授，中国书画函授大学教授、北京中国画研究会名誉会长等。代表作品《岱山旭日》《荷塘清趣》，出版有《俞致贞刘力上花鸟画集》等。作者俞致贞（1915—1995），花鸟画家。字一云，北京人。历任中国美术家协会会员，中国老年书画会顾问，中国书画函授大学教授，北京工笔重彩画会副会长，北京花鸟画会名誉会长等。代表作品《沙果双鹊》《荷花》《鸾萱图》等。

J0050775

四季花鸟　赵绮云作

石家庄 河北人民出版社 1979 年 2 张
76cm（2 开）定价：CNY0.28

J0050776
四季花鸟 （一至四）吴砚耕作
南京 江苏人民出版社 1979 年 4 张 76cm（2 开）
定价：CNY0.56

J0050777
四季花鸟屏 杜廷楹作
兰州 甘肃人民出版社 1979 年 4 张 53cm（4 开）
定价：CNY0.28

J0050778
四兽图 （一至四 胶印画轴）刘奎龄作
天津 天津杨柳青画店 1979 年 4 张 76cm（2 开）
定价：CNY1.10

J0050779
苏州园林 周容撰文；尹福康等摄
上海 上海人民美术出版社 1979 年 ［1 张］
76cm（2 开）定价：CNY0.14
　　作者尹福康（1927—　　），摄影家。江苏南京
人。曾任上海人民美术出版社副编审、上海市摄
影家协会副主席等职。主要作品有《烟笼峰岩》
《向荒山要宝》《晒盐》《工人新村》等。

J0050780
算一算 陈以忠作
南宁 广西人民出版社 1979 年 ［1 张］
76cm（2 开）定价：CNY0.14

J0050781
台湾儿女爱祖国 （高山族舞蹈）江显辉作
上海 上海人民美术出版社 1979 年 ［1 张］
76cm（2 开）定价：CNY0.11

J0050782
太行喜迎春 张文学作
石家庄 河北人民出版社 1979 年 ［1 张］
76cm（2 开）定价：CNY0.11
　　作者张文学（1928—2005），书画家。甘肃天
水人。毕业于汉中青职电讯科高级部无线电专
业。出版有《张文学草书大观》。

J0050783
太阳灶到田头 尤文绚等作
北京 人民美术出版社 1979 年 ［1 张］76cm
（2 开）定价：CNY0.14

J0050784
泰山四景 （一至四 胶印画轴）
天津 天津杨柳青画店 1979 年 4 张 76cm（2 开）
定价：CNY1.10

J0050785
探索海洋的秘密 杜康龙作
成都 四川人民出版社 1979 年 ［1 张］
76cm（2 开）定价：CNY0.11

J0050786
唐赛儿 窦世魁，项维仁作
上海 上海人民美术出版社 1979 年 ［1 张］
76cm（2 开）定价：CNY0.14
　　作者窦世魁（1942—　　），国家一级美术师。
别名石岭，号岩松斋主，山东青岛人，毕业于青
岛艺术专科学校美术专业。历任中国美术家协
会会员，青岛市美术家协会副主席、顾问，青岛
书画研究院副院长、中国书画学会名誉主席等。
代表作品有连环画《唐赛儿》等。作者项维仁
（1947—　　），画家、国家一级美术师。生于山东
青岛市。历任中国美术家协会会员、中国工艺美
术学会会员、中国连环画研究会理事、山东画院
特聘高级画师、青岛书画研究院副院长。代表作
品有《共鸣》《柳毅传书》等。

J0050787
桃李春风 唐一文作
兰州 甘肃人民出版社 1979 年 ［1 张］
76cm（2 开）定价：CNY0.14

J0050788
桃李飘香 沈家琳作
上海 上海人民美术出版社 1979 年 ［1 张］
76cm（2 开）定价：CNY0.14

J0050789
桃李盛开 陆欣作
天津 天津人民美术出版社 1979 年 ［1 张］
76cm（2 开）定价：CNY0.11

J0050790
体操集锦　姚中玉, 王伟成作
上海　上海人民美术出版社 1979 年 [1 张]
76cm (2 开) 定价: CNY0.14

J0050791
天然博物馆　马瑛作
天津　天津人民美术出版社 1979 年 [1 张]
76cm (2 开) 定价: CNY0.11
　　作者马瑛(1937—)，国画家、水彩画家。笔名梅山，字清源，又号司马清源，九峰画室主人。山西清徐县人，毕业于中央美术学院国画系。北京画院专职画家，中国美术家协会会员，国家一级美术师。代表作有《还我河山》《黄河之水天上来》《日日夜夜》《秋爽斋》《李清照》等。

J0050792
天仙配　金谷作
合肥　安徽人民出版社 1979 年 [1 张]
76cm (2 开) 定价: CNY0.16

J0050793
天仙配　金雪尘作
天津　天津人民美术出版社 1979 年 [1 张]
76cm (2 开) 定价: CNY0.11
　　作者金雪尘(1904—1996)，画家。上海嘉定人。曾任上海图片出版社、上海人民美术出版社特约记者。代表作有《武松打虎》《春江花月夜》《金鱼舞》。

J0050794
跳个丰收舞　张路红作
上海　上海人民美术出版社 1979 年 [1 张]
76cm (2 开) 定价: CNY0.11
　　作者张路红(1956—)，女。画家，上海人。就读于上海大学美术学院工艺美术系成人大专班。历任上海戏剧学院，上海人民美术出版社美术编辑。作品有《学游泳》《在和平的阳光下》《两小无猜》。

J0050795
铁杵磨针　李慕白作
石家庄　河北人民出版社 1979 年 [1 张]
76cm (2 开) 定价: CNY0.11

J0050796
听解放军叔叔讲战斗故事　孙心华作
上海　上海人民美术出版社 1979 年 [1 张]
76cm (2 开) 定价: CNY0.11

J0050797
同庆丰收乐　陈菊仙, 吴性清作
上海　上海人民美术出版社 1979 年 2 张
76cm (2 开) 定价: CNY0.42
　　作者陈菊仙(1929—) 女，浙江温州人。毕业于中央美术学院华东分院。擅长年画。上海人民美术出版社画家。主要作品有《捉麻雀》《个个争当小雷锋》《共同富万家乐》等。著有《年画述要》。作者吴性清(1933—)，女，编审。生于江苏泰州，毕业于中央美术学院华东分院油画系。历任上海人民美术出版社任创作员，中国美术家协会会员。作品有《我们热爱毛主席》《胡笳十八拍图卷》《关汉卿名剧选》等。

J0050798
同心同德搞四化 群策群力绘宏图　朱旭作
南京　江苏人民出版社 1979 年 2 张 78cm (2 开)
定价: CNY0.16
　　作者朱旭(1930—2018)，戏剧演员。出生于辽宁沈阳，中国内地戏剧演员，毕业于华北大学第三部戏剧系。历任北京人民艺术剧院的演员，代表作品有《末代皇帝》《变脸》《洗澡》《刮痧》《我们天上见》。出版有《老爷子朱旭》。

J0050799
同医同学　韩祖音作
北京　人民美术出版社 1979 年 [1 张]
76cm (2 开) 定价: CNY0.14

J0050800
潼关突围　李林祥, 朱淑媛作
南昌　江西人民出版社 1979 年 [1 张]
76cm (2 开) 定价: CNY0.11

J0050801
团结塘畔鱼水情　童金贵作
天津　天津人民美术出版社 1979 年 [1 张]
76cm (2 开) 定价: CNY0.11

J0050802
团聚　徐启雄，徐迅作
杭州 浙江人民出版社 1979 年［1 张］
76cm（2 开）定价：CNY0.14

J0050803
娃娃看新图　杨馥如作
上海 上海人民美术出版社 1979 年［1 张］
76cm（2 开）定价：CNY0.14

J0050804
娃娃玩小虎　金梅生作
上海 上海人民美术出版社 1979 年［1 张］
76cm（2 开）定价：CNY0.11

J0050805
娃娃玩小虎　金梅生作
上海 上海人民美术出版社 1979 年［1 张］
53cm（4 开）定价：CNY0.06

J0050806
晚归　（杨柳青年画）王宝贵作
天津 天津杨柳青画店 1979 年［1 张］
76cm（2 开）定价：CNY0.14

J0050807
晚婚节育 幸福花开　陈生作
广州 广东人民出版社 1979 年［1 张］
76cm（2 开）定价：CNY0.14

J0050808
晚婚节育 幸福花开　陈生作
广州 广东人民出版社 1979 年［1 张］
53cm（4 开）定价：CNY0.07

J0050809
万花吐艳海天舒 百鸟争鸣春意闹　（门画
对联）胡希明作；万春书；刘露薇画
广州 广东人民出版社 1979 年［1 张］
76cm（2 开）定价：CNY0.14

J0050810
万花吐艳海天舒 百鸟争鸣春意闹　（门画
对联）胡希明作；万春书；刘露薇画
广州 广东人民出版社 1979 年［1 张］

53cm（4 开）定价：CNY0.07

J0050811
万象春回早　王伟戍，姚中玉作；范振家配
儿歌
上海 上海人民美术出版社 1979 年［1 张］
76cm（2 开）定价：CNY0.11

J0050812
万象更新　张韫韬，孙学诚作
石家庄 河北人民出版社 1979 年［1 张］
76cm（2 开）定价：CNY0.14

J0050813
万象更新　宋宝山作
沈阳 辽宁美术出版社 1979 年［1 张］
76cm（2 开）定价：CNY0.11

J0050814
万象更新　刘振夏作
上海 上海人民美术出版社 1979 年［1 张］
76cm（2 开）定价：CNY0.11

J0050815
万紫千红满园春　关愈，张穗芬作
广州 广东人民出版社 1979 年［1 张］
76cm（2 开）定价：CNY0.14

J0050816
王屋山下迎客来　聂文生，严正作
郑州 河南人民出版社 1979 年［1 张］
76cm（2 开）定价：CNY0.14

J0050817
王昭君　孟庆江作
北京 人民美术出版社 1979 年［1 张］
76cm（2 开）定价：CNY0.14
　　作者孟庆江（1937— ），画家。浙江温州人。
毕业于中央美术学院国画系。曾任《连环画报》
主编，《中国艺术》副主编，北京功毕重彩画绘副
会长。代表作品《刘胡兰》《蔡文姬》《长恨歌》等。

J0050818
为人民当好后勤　樊怀章作
成都 四川人民出版社 1979 年［1 张］

76cm（2开）定价：CNY0.11

　　作者樊怀章（1943—　），四川简阳人。别名樊恒。擅长年画。曾任四川美术出版社编辑室副主任。作品有《朱德元帅接见战斗英雄》《敬爱的元帅》（合作）。

J0050819
未来的飞行员　代雨樵作
成都 四川人民出版社 1979 年［1 张］
76cm（2开）定价：CNY0.11

J0050820
未来太空任我们游　蒋太禄作
长沙 湖南人民出版社 1979 年［1 张］
76cm（2开）定价：CNY0.11

J0050821
喂小白兔　廉芬作
天津 天津人民美术出版社 1979 年［1 张］
76cm（2开）定价：CNY0.11

J0050822
文姬归汉　李福星作
杭州 浙江人民出版社 1979 年［1 张］
76cm（2开）定价：CNY0.14

J0050823
文姬归汉图　孙昌茵作
上海 上海人民美术出版社 1979 年［1 张］
76cm（2开）定价：CNY0.14

　　作者孙昌茵（1943—　），画家。原籍中国浙江温州，现居加拿大。加拿大中国美术协会副主席、加拿大当代艺术研究院院长、多伦多美术学院名誉院长。代表作品有连环画《白蛇传》、油画《百年华工血泪路》，出版有《孙昌茵水墨人体》《线描人体》《怎样使用油画刀》《孙昌茵油画艺术》等。

J0050824
文艺的春天　李树基作
沈阳 辽宁美术出版社 1979 年［1 张］
76cm（2开）定价：CNY0.11

J0050825
我爱科学　顾盼作

杭州 浙江人民出版社 1979 年［1 张］
76cm（2开）定价：CNY0.14

J0050826
我爱小白兔　刘喜奇作
沈阳 辽宁美术出版社 1979 年［1 张］
76cm（2开）定价：CNY0.11

J0050827
我跟阿姨学英语　蔡惠芳作
广州 广东人民出版社 1979 年［1 张］
76cm（2开）定价：CNY0.14

J0050828
我和妈妈学外语　徐德荣作
沈阳 辽宁美术出版社 1979 年［1 张］
76cm（2开）定价：CNY0.11

J0050829
我们爱科学　李慕白作
北京 人民美术出版社 1979 年［1 张］
76cm（2开）定价：CNY0.14

J0050830
我们从小爱学习　段锡作
昆明 云南人民出版社 1979 年［1 张］
53cm（4开）定价：CNY0.06

　　作者段锡（1946—　），彝族，美术编辑。生于云南个旧市，历任《云南日报》主任编辑，云南省美术家协会理事，中国美术家协会云南分会会员等。著有《红土高原的画卷》《1910年的列车》等。

J0050831
我们热爱周总理　翁如兰作
天津 天津人民美术出版社 1979 年［1 张］
76cm（2开）定价：CNY0.14

J0050832
我绣卫星飞北京　朱岩作
哈尔滨 黑龙江人民出版社 1979 年［1 张］
76cm（2开）定价：CNY0.14

J0050833
我也得了奖　郭鸣峻作

南京 江苏人民出版社 1979 年 [1 张]
76cm（2 开）定价：CNY0.14

J0050834
五谷丰登 百业兴旺 谭西方作
武汉 湖北人民出版社 1979 年 [1 张]
76cm（2 开）定价：CNY0.14

J0050835
武术表演 李慕白，金雪尘作
上海 上海人民美术出版社 1979 年 [1 张]
76cm（2 开）定价：CNY0.11

J0050836
武术新花 方湘侠，乐建文作
武汉 湖北人民出版社 1979 年 2 张
76cm（2 开）定价：CNY0.28

J0050837
武术新花 莫树滋作
南京 江苏人民出版社 1979 年 [1 张]
76cm（2 开）定价：CNY0.14
　　作者莫树滋（1941—　），画家、国家一级美
术师。江苏常州人，毕业于南京师范学院美术系。
中国美术家协会会员。代表作品有《理想》《花
香鸟语处处香》《路——瞿秋白造像》《三杰图》，
出版有《莫树滋画集》。

J0050838
武术新花 刘太伟作
成都 四川人民出版社 1979 年 [1 张]
76cm（2 开）定价：CNY0.11

J0050839
武术新花放异彩 于可安作
北京 人民美术出版社 1979 年 2 张 76cm（2 开）
定价：CNY0.28

J0050840
武松打虎 金雪尘作
上海 上海人民美术出版社 1979 年 [1 张]
53cm（4 开）定价：CNY0.06

J0050841
武松打虎 金雪尘作

上海 上海人民美术出版社 1979 年 [1 张]
76cm（2 开）定价：CNY0.14
　　中国现代年画作品。

J0050842
武松打虎 潘培德作
成都 四川人民出版社 1979 年 [1 张]
53cm（4 开）定价：CNY0.06

J0050843
舞蹈 尹欢作
太原 山西人民出版社 1979 年 [1 张]
76cm（2 开）定价：CNY0.16

J0050844
舞蹈条屏 金雪尘，李慕白作
石家庄 河北人民出版社 1979 年 2 张
78cm（2 开）定价：CNY0.28

J0050845
西厢记 李慕白，金雪尘作
上海 上海人民美术出版社 1979 年 [1 张]
76cm（2 开）定价：CNY0.11

J0050846
西厢巧遇 张德俊作
南京 江苏人民出版社 1979 年 [1 张]
76cm（2 开）定价：CNY0.14

J0050847
喜唱祖国日日新 刘吉厚作
沈阳 辽宁美术出版社 1979 年 [1 张]
76cm（2 开）定价：CNY0.11
　　作者刘吉厚（1942—2011），满族，画家。辽
宁宽甸人。历任辽宁美术出版社编辑，外联部编
审，辽宁形象传播研究会常务副会长、秘书长。
作品有《鸿福满堂》《春满人间》，出版有《刘吉
厚作品选集》等。

J0050848
喜丰收 刘彦萍，李建章作
石家庄 河北人民出版社 1979 年 [1 张]
76cm（2 开）定价：CNY0.14

J0050849
喜丰收　刘志谋, 朱兰发作
西安 陕西人民美术出版社 1979 年 ［1 张］
76cm（2 开）定价：CNY0.14

J0050850
喜看人间　谌学诗作
南昌 江西人民出版社 1979 年 ［1 张］
76cm（2 开）定价：CNY0.11
　　作者谌学诗（1942—　　），江西人。江西省美术家协会会员。曾从事美术设计、美术编辑等工作。多幅作品为人民美术出版社、上海美术出版社等出版发行。

J0050851
喜临门　潘培德作
成都 四川人民出版社 1979 年 ［1 张］
76cm（2 开）定价：CNY0.11

J0050852
喜上梅梢　裴玉林作
太原 山西人民出版社 1979 年 ［1 张］
53cm（4 开）定价：CNY0.08
　　作者裴玉林（1943—　　），国画家，高级美术师。山西襄汾人。中国美术家协会会员、中国文联牡丹书画艺术委会国画研究室主任、山西省美协理事、美术研究会副会长、花鸟画学会副会长、临汾市文联副主席，山西美术院特聘画师。代表作品《小雨留春》《秋高图》《硕果》《老藤不知秋萧萧》等。

J0050853
喜收新茧　席耀良作
上海 上海人民美术出版社 1979 年 ［1 张］
76cm（2 开）定价：CNY0.11

J0050854
喜闻乐见　廖哲, 周波作
广州 广东人民出版社 1979 年 ［1 张］
76cm（2 开）定价：CNY0.14
　　作者周波（1940—　　），画家。曾用名周胤波。广东潮阳人，毕业于广州美术学院中国画系。广州美术学院国画系教师，广东及中国美术家协会（ICAA）会员。主要作品有《蕉鸭图》《戏水图》《退潮》等。

J0050855
喜洋洋　李士元作
沈阳 辽宁美术出版社 1979 年 ［1 张］
76cm（2 开）定价：CNY0.11

J0050856
喜迎春　王木兰作
太原 山西人民出版社 1979 年 ［1 张］
76cm（2 开）定价：CNY0.16

J0050857
喜迎新春　马天骐作
沈阳 辽宁美术出版社 1979 年 ［1 张］
76cm（2 开）定价：CNY0.11

J0050858
喜游太空　陈宝万作
西安 陕西人民美术出版社 1979 年 ［1 张］
76cm（2 开）定价：CNY0.14

J0050859
喜摘木耳　杨银乐作
西安 陕西人民美术出版社 1979 年 ［1 张］
76cm（2 开）定价：CNY0.14

J0050860
鲜花送模范　刘喜奇, 刘称奇作
沈阳 辽宁美术出版社 1979 年 ［1 张］
76cm（2 开）定价：CNY0.11

J0050861
献给毛主席纪念堂的礼物　严风扬作
昆明 云南人民出版社 1979 年 ［1 张］
76cm（2 开）定价：CNY0.11

J0050862
献寿图　张以忠作
南京 江苏人民出版社 1979 年 ［1 张］
76cm（2 开）定价：CNY0.11

J0050863
乡邮员　随壮基作
哈尔滨 黑龙江人民出版社 1979 年 ［1 张］
76cm（2 开）定价：CNY0.14

J0050864
湘莲丰收　马天清作
长沙 湖南人民出版社 1979 年［1 张］
76cm（2 开）定价：CNY0.11

J0050865
向华主席汇报　崔森林作
济南 山东人民出版社 1979 年［1 张］
76cm（2 开）定价：CNY0.14
　　作者崔森林（1943— ），美术编辑。笔名黎恩、李恩。生于山东济南，毕业于济南艺术学校。任山东美术出版社副编审。作品有《省里送来显微镜》《黄河》《第一面八一军旗的诞生》《毛主席视察北园》等，小说《不屈的昆仑》插图。

J0050866
向华主席汇报　王振羽作
天津 天津人民美术出版社 1979 年［1 张］
76cm（2 开）定价：CNY0.14
　　作者王振羽（1946— ），画家。吉林人。毕业于辽宁艺术师范美术科，结业于鲁迅美术学院油画进修班。曾任舞美设计，抚顺市人民影院美工。擅长油画。作品有油画《寄信母校报丰收》，年画《桃李芬芳》，水彩画《北方十月》等。

J0050867
向雷锋同志学习　（一至四）张福乘作
郑州 河南人民出版社 1979 年 2 张 76cm（2 开）定价：CNY0.28

J0050868
向雷锋同志学习　李慕白作
长沙 湖南人民出版社 1979 年［1 张］
76cm（2 开）定价：CNY0.14

J0050869
向妈妈汇报　戴孟清等作
南京 江苏人民出版社 1979 年［1 张］
76cm（2 开）定价：CNY0.14

J0050870
向英雄致敬　吴秀楣，李宝义作
沈阳 辽宁美术出版社 1979 年［1 张］
76cm（2 开）定价：CNY0.11
　　作者吴秀楣（1937— ），女，画家。辽宁沈

阳人。毕业于鲁迅美术学院中国画系。沈阳大学师范学院副教授，沈阳美术家协会常务理事，辽宁中国画研究会理事，中国美术家协会会员。代表作有《迟来的春天》《清清的小溪》《滩石细语》《三女炼铁炉》《腊梅》等。

J0050871
潇湘一曲连心声　董兆惠作
兰州 甘肃人民出版社 1979 年［1 张］
76cm（2 开）定价：CNY0.14

J0050872
小弟弟画未来　蒋明作
哈尔滨 黑龙江人民出版社 1979 年［1 张］
76cm（2 开）定价：CNY0.14

J0050873
小海燕　张恩杰作
石家庄 河北人民出版社 1979 年［1 张］
76cm（2 开）定价：CNY0.11

J0050874
小小设计家　文军作
西安 陕西人民美术出版社 1979 年［1 张］
76cm（2 开）定价：CNY0.11

J0050875
小燕展翅飞　雏鹰显身手　杨念一等作
贵阳 贵州人民出版社 1979 年［1 张］
76cm（2 开）定价：CNY0.14
　　作者杨念一（1939—2006），画家。艺名杨念彝，侗族，贵州天柱县人。历任中国美术家协会会员、贵州省美术家协会常务理事、黔东南州美协主席、贵州省现代民间绘画研究会副会长等。著有《杨念一美术文论》《泛舟玄海》等。

J0050876
小运动员　贾书敏作
天津 天津人民美术出版社 1979 年［1 张］
76cm（2 开）定价：CNY0.11

J0050877
小专家　罗远安作
成都 四川人民出版社 1979 年［1 张］
76cm（2 开）定价：CNY0.11

J0050878

校园春色　刘熹奇作

石家庄 河北人民出版社 1979 年［1 张］

76cm（2 开）定价：CNY0.14

　　作者刘熹奇（1948— ），生于江西安福。历任江西美术出版社第一编辑室主任，副编审。作品有《祖国啊，母亲》《在希望的田野上》《开国元勋》等。

J0050879

笑谈大快人心事　喜闻神州重芳华　温读耕作

沈阳 辽宁美术出版社 1979 年［1 张］

76cm（2 开）定价：CNY0.11

　　作者温读耕（1935— ），广东梅县人。毕业于鲁迅美术学院绘画系，入浙江美术学院国画系进修。历任鲁迅美术学院副教授、厦门大学艺术学院副教授等。擅长中国画，主要作品有《蔡文姬》《除却天上化下来》等。

J0050880

心中的花儿献给您　傅益璇，蒙力亚作

南宁 广西人民出版社 1979 年［1 张］

76cm（2 开）定价：CNY0.14

J0050881

辛勤的科学家　李平升作

西安 陕西人民美术出版社 1979 年［1 张］

76cm（2 开）定价：CNY0.16

J0050882

辛勤育苗花更红　罗远安作

成都 四川人民出版社 1979 年［1 张］

76cm（2 开）定价：CNY0.11

J0050883

欣欣向荣　万桂香作

石家庄 河北人民出版社 1979 年［1 张］

76cm（2 开）定价：CNY0.14

　　作者万桂香（1944— ），女，画家。辽宁丹东人，毕业于哈尔滨师范大学艺术系。曾在黑龙江省鸡西市文化馆、河北省内丘县文化馆从事美术工作。历任河北省电影公司《河北银幕》编辑，河北省电影发行公司宣传科科长、河北省电影宣传画画会会长。代表作品《戎奶奶佳节到我家》

《女驸马》《花为媒》等。

J0050884

新花　刘吉厚作

沈阳 辽宁美术出版社 1979 年［1 张］

76cm（2 开）定价：CNY0.11

　　作者刘吉厚（1942—2011），满族，画家。辽宁宽甸人。历任辽宁美术出版社编辑，外联部编审，辽宁形象传播研究会常务副会长、秘书长。作品有《鸿福满堂》《春满人间》，出版有《刘吉厚作品选集》等。

J0050885

新花争艳　肖代贤作

武汉 湖北人民出版社 1979 年［1 张］

76cm（2 开）定价：CNY0.14

J0050886

新教师　祝林恩作

哈尔滨 黑龙江人民出版社 1979 年［1 张］

76cm（2 开）定价：CNY0.14

J0050887

新苗茁壮　柳忠福作

石家庄 河北人民出版社 1979 年 2 张

76cm（2 开）定价：CNY0.22

J0050888

新苗茁壮　（一至四 胶印画轴）吴自强作

天津 天津杨柳青画店 1979 年 4 张 76cm（2 开）

定价：CNY1.10

J0050889

新年好　尹定邦作

广州 广东人民出版社 1979 年［1 张］

38cm（6 开）定价：CNY0.05

J0050890

新年乐　赵敏作

沈阳 辽宁美术出版社 1979 年［1 张］

76cm（2 开）定价：CNY0.11

　　作者赵敏，辽宁美术出版社社长、总编辑、编审。

J0050891
新一代最可爱的人　张锦标，马乐群作
上海　上海人民美术出版社 1979 年［1 张］
76cm（2 开）定价：CNY0.14

J0050892
新长征中好后勤　李大山作
上海　上海人民美术出版社 1979 年 2 张
76cm（2 开）定价：CNY0.22
　　作者李大山（1944—　），画家、美术教育家。山东潍坊市人，中国美术家协会山东分会会员。出版专著《李大山画集》《红楼群芳》《李大山画选》等。

J0050893
新长征中添骏马　王中一作
上海　上海人民美术出版社 1979 年［1 张］
76cm（2 开）定价：CNY0.11

J0050894
幸福的歌唱　邵力华画
济南　山东人民出版社 1979 年［1 张］
76cm（2 开）定价：CNY0.11

J0050895
幸福的回忆　俞微波，王大鸿作
银川　宁夏人民出版社 1979 年［1 张］
76cm（2 开）定价：CNY0.14

J0050896
幸福的新一代　司徒勤参作
广州　广东人民出版社 1979 年［1 张］
76cm（2 开）定价：CNY0.14

J0050897
幸福家庭　赵成立作
合肥　安徽人民出版社 1979 年［1 张］
76cm（2 开）定价：CNY0.14

J0050898
熊猫表演　高进作
上海　上海人民美术出版社 1979 年［1 张］
76cm（2 开）定价：CNY0.11

J0050899
熊猫回深山　刘太伟作
成都　四川人民出版社 1979 年［1 张］
76cm（2 开）定价：CNY0.11

J0050900
绣出金鱼映波红　马乐群作
上海　上海人民美术出版社 1979 年［1 张］
76cm（2 开）定价：CNY0.14

J0050901
绣春图　谢鹏程作
长沙　湖南人民出版社 1979 年［1 张］
76cm（2 开）定价：CNY0.11

J0050902
学科学　爱科学　潘培德作
成都　四川人民出版社 1979 年［1 张］
76cm（2 开）定价：CNY0.11

J0050903
学铁人伯伯　张建华画
济南　山东人民出版社 1979 年［1 张］
76cm（2 开）定价：CNY0.11

J0050904
学外语　黄耿卓作
石家庄　河北人民出版社 1979 年［1 张］
76cm（2 开）定价：CNY0.11
　　作者黄耿卓（1946—　），教授。河北南宫人，历任河北大学艺术学院教授、硕士生导师，中国美术家协会会员。出版有《黄耿卓黄耿新画集》。

J0050905
学文化　爱科学　文小牛作
成都　四川人民出版社 1979 年［1 张］
53cm（4 开）定价：CNY0.06

J0050906
学习雷锋热爱集体　丰产丰收颗粒归仓
何永明作
昆明　云南人民出版社 1979 年［1 张］
76cm（2 开）定价：CNY0.11

J0050907
学游泳　赵经寰作
沈阳 辽宁美术出版社 1979 年［1 张］
76cm（2 开）定价：CNY0.11

J0050908
巡逻路上　张洪飞，王天胜作
沈阳 辽宁美术出版社 1979 年［1 张］
76cm（2 开）定价：CNY0.11

J0050909
汛季捕鱼忙　宋仁贤画
济南 山东人民出版社 1979 年［1 张］
76cm（2 开）定价：CNY0.11

J0050910
鸭肥荷香　史秉有作
太原 山西人民出版社 1979 年［1 张］
76cm（2 开）定价：CNY0.16

J0050911
严冬过尽绽春蕾　魏建华作
广州 广东人民出版社 1979 年［1 张］
76cm（2 开）定价：CNY0.14

J0050912
演出之后　宋贤珍，汪诚一作
长沙 湖南人民出版社 1979 年［1 张］
76cm（2 开）定价：CNY0.14

J0050913
艳丽的春天　李夜冰作
太原 山西人民出版社 1979 年［1 张］
76cm（2 开）定价：CNY0.16

J0050914
雁飞万里寄深情　饶湘平等作
贵阳 贵州人民出版社 1979 年［1 张］
76cm（2 开）定价：CNY0.36

J0050915
雁翎队　雷春作
兰州 甘肃人民出版社 1979 年［1 张］
76cm（2 开）定价：CNY0.14

J0050916
杨家十二女将　谢慕莲作
上海 上海人民美术出版社 1979 年［1 张］
76cm（2 开）定价：CNY0.11

J0050917
杨柳青年画选
天津 天津人民美术出版社 1979 年 52 幅
25cm（16 开）精装 统一书号：8073.50125
定价：CNY22.00

J0050918
杨门女将　马清涛作
西安 陕西人民美术出版社 1979 年 2 张
76cm（2 开）定价：CNY0.28
　　作者马清涛（1938—2019），美术教师。出生
于河南温县。历任中国画家协会会员，中国山水
画家协会会员，陕西省美术家协会会员。在武功
县文化馆从事创作和教学工作。

J0050919
杨排风　冯国琳作；丁秀文作
沈阳 辽宁美术出版社 1979 年 2 张
76cm（2 开）定价：CNY0.22

J0050920
杨宗保 穆桂英　杨国栋作
昆明 云南人民出版社 1979 年［1 张］
76cm（2 开）定价：CNY0.11

J0050921
养兔　张甸作
北京 人民美术出版社 1979 年［1 张］
76cm（2 开）定价：CNY0.14

J0050922
养兔好处多　陆廷作
上海 上海人民美术出版社 1979 年［1 张］
76cm（2 开）定价：CNY0.11
　　作者陆廷（1956—　），美术编辑。生于上海，
毕业于上海美术学院。任上海人民美术出版社
专职创作员和美术编辑。有《老故事》《老曲调》
《老对象》等系列作品。

J0050923

要为祖国争光　李凤君画
长春　吉林人民出版社 1979 年［1 张］
76cm（2 开）定价：CNY0.14

J0050924

叶副主席夸咱又创新　解永军作
石家庄　河北人民出版社 1979 年［1 张］
76cm（2 开）定价：CNY0.14

J0050925

一对青年人的婚事　单锡和作；李天济编文
上海　上海人民美术出版社 1979 年［1 张］
76cm（2 开）定价：CNY0.14　作者单锡和（1940—　），画家。江西高安人。毕业于南京艺术学院油画系。任教于上海东华大学。上海服饰协会理事、全国工艺美术教学专业委员会委员。擅长水粉画、年画和装饰画。主要作品有《夏夜静静》《浓浓情怀》等，著有《单锡和装饰油画集》《单锡和线描装饰画》等。

J0050926

移风易俗家家乐　破旧立新代代红　谭裕钊作
广州　广东人民出版社 1979 年［1 张］
76cm（2 开）定价：CNY0.14　作者谭裕钊（1929—　），漫画家。广东鹤山人。曾任中华书局广州编辑室美术编辑，为《少先队员》《广东青年》《商报》等报刊绘制漫画和插图，广东省美术家协会会员。作品有《古谐今译》《笑话·笑画》《益智故事精华》等。

J0050927

以粮为纲　全面发展　林载华作
广州　广东人民出版社 1979 年［1 张］
53cm（4 开）定价：CNY0.07

J0050928

艺坛新苗　安茂让，秦福甡画
济南　山东人民出版社 1979 年［1 张］
76cm（2 开）定价：CNY0.11　作者安茂让（1940—　），山东日照市人。师范毕业。从事美术教育和群众美术辅导工作。曾任日照市农民画协会名誉会长，日照市美术馆副馆长。山东美术家协会会员。作品有《春风吹绿

黄河岸》《山林卫士》《世界之最》等。

J0050929

饮水思源　金铭作
上海　上海人民美术出版社 1979 年［1 张］
76cm（2 开）定价：CNY0.11

J0050930

英娘　张鸢作
天津　天津人民美术出版社 1979 年［1 张］
76cm（2 开）定价：CNY0.14　作者张鸢（1924—　），女。别名张米玖，天津人。天津人民美术出版社从事创作，编审。作品有木版画《鲁迅和一个工厂》《五子爱清洁》《娃娃戏少林寺》《小胜儿》《小笛和水罐》等。

J0050931

莺歌　李小白作
上海　上海人民美术出版社 1979 年［1 张］
76cm（2 开）定价：CNY0.11

J0050932

迎春　李万春作
成都　四川人民出版社 1979 年［1 张］
53cm（4 开）定价：CNY0.06　作者李万春（1911—1985），满族，武生演员。原名伯，号鸣举。祖籍河北雄县，生于黑龙江哈尔滨市。擅演剧目有《独木关》《林冲夜奔》《火并王伦》《九江口》等。

J0050933

迎春　江淮春作
天津　天津人民美术出版社 1979 年［1 张］
76cm（2 开）定价：CNY0.14

J0050934

迎春花　杜鹃花　紫藤　梅花　王晋元作
昆明　云南人民出版社 1979 年 4 张
53cm（4 开）定价：CNY0.28　作者王晋元（1939—2001），国画家。生于河北乐亭，毕业于中央美术学院中国画系，师承叶浅予、李苦禅、郭味蕖、田世光教授。曾任云南省美术家协会主席、文联副主席、云南画院院长、中国美术家协会理事兼中国画艺委会委员，中国画研究院院务委员等职务。作品有《井冈

杜鹃红似火》《猎》《舞龙蛇》，出版有《王晋元画选》等。

J0050935

迎新郎　何润林作

广州 广东人民出版社 1979 年［1 张］

76cm（2 开）定价：CNY0.11

J0050936

迎昭君　何南作

沈阳 辽宁美术出版社 1979 年［1 张］

76cm（2 开）定价：CNY0.11

J0050937

拥军爱民　刘林生作

西安 陕西人民美术出版社 1979 年［1 张］

76cm（2 开）定价：CNY0.11

J0050938

尤三姐　赵静东作

天津 天津人民美术出版社 1979 年［1 张］

76cm（2 开）定价：CNY0.11

J0050939

游天宫　成砺志作

南京 江苏人民出版社 1979 年［1 张］

76cm（2 开）定价：CNY0.14

作者成砺志（1954—　），江苏扬州人。国家一级美术师，中国美术家协会会员。主要作品《六老图·邓小平》《我为祖国争光》《春暖万家》等。

J0050940

友谊的长城　中国出口商品交易会美术组集体创作；李金明，李仁杰执笔

广州 广东人民出版社 1979 年［1 张］

53cm（4 开）定价：CNY0.12

J0050941

友谊花盛开　秦文作

兰州 甘肃人民出版社 1979 年［1 张］

76cm（2 开）定价：CNY0.14

J0050942

友谊之歌　王美芳，赵国经作

天津 天津人民美术出版社 1979 年［1 张］

76cm（2 开）定价：CNY0.11

作者王美芳（1949—　），女，高级画师。北京人。毕业于中央美术学院附中。天津工艺美术设计院高级画师，天津画院院外画家。擅长中国画。作品有《蒙山腊月》《王贵与李香香》《做嫁衣》《正月》《太阳、雪山和我》。作者赵国经（1950—　），一级画师。出生于河北景县，毕业于天津美术学院绘画系。历任中国美术家协会会员，连环画艺术委员会委员，天津美术家协会副主席、天津画院，天津美术出版社美术编辑，连环画编辑室主任。年画代表作品有《烽火连三月》《做嫁衣》等。

J0050943

又得红旗　徐东来等作

石家庄 河北人民出版社 1979 年［1 张］

76cm（2 开）定价：CNY0.11

J0050944

又是一百分　张瑜生作

杭州 浙江人民出版社 1979 年［1 张］

76cm（2 开）定价：CNY0.14

J0050945

又是一条大鲤鱼　邹积凡画

长春 吉林人民出版社 1979 年［1 张］

76cm（2 开）定价：CNY0.11

J0050946

鱼水情深　仇占国作

西安 陕西人民美术出版社 1979 年［1 张］

76cm（2 开）定价：CNY0.11

J0050947

渔歌　张志才画

长春 吉林人民出版社 1979 年［1 张］

76cm（2 开）定价：CNY0.11

J0050948

雨后花更艳　徐士钦，李勤作

天津 天津人民美术出版社 1979 年［1 张］

76cm（2 开）定价：CNY0.11

J0050949

雨花石　游龙姑作

上海 上海人民美术出版社 1979 年［1 张］
76cm（2 开）定价：CNY0.14

作者游龙姑(1923—1993)，女，画家。福建福州人。毕业于南京国立中央大学艺术系。曾任中国美术家协会会员、上海人民美术出版社副编审等职。主要作品有《支援世界人民的反帝斗争》《改革开放，建设有中国特色的社会主义》等。

J0050950
玉兰鹦鹉　荷花鸳鸯　秋菊兰鹊　芙蓉锦鸡　王有宗作
西安 陕西人民美术出版社 1979 年［2 张］
76cm（2 开）定价：CNY0.32

J0050951
育秧姑娘　林美岚作
北京 人民美术出版社 1979 年［1 张］
76cm（2 开）定价：CNY0.14

J0050952
育鱼苗　薛存家，陈明作
上海 上海人民美术出版社 1979 年［1 张］
76cm（2 开）定价：CNY0.11

J0050953
园丁　王系松作
银川 宁夏人民出版社 1979 年［1 张］
76cm（2 开）定价：CNY0.11

J0050954
岳飞　宋忠元作
杭州 浙江人民出版社 1979 年［1 张］
76cm（2 开）定价：CNY0.14

作者宋忠元(1932—2013)，教授。上海奉贤人，毕业于浙江美术学院，留校任教。历任中国美术学院教授、副院长、中国美术家协会理事、浙江美术协会副主席、浙江省文联委员等职。代表作品《文成公主入藏图》《游春图》《邓白像》等。

J0050955
越剧《梁山伯和祝英台》
上海 上海人民美术出版社 1979 年［1 张］
76cm（2 开）定价：CNY0.11

J0050956
载歌载舞　欢庆胜利　刘良德作
南昌 江西人民出版社 1979 年［1 张］
76cm（2 开）定价：CNY0.11

J0050957
再送一程吧　黄德祥作
南宁 广西人民出版社 1979 年［1 张］
76cm（2 开）定价：CNY0.14

J0050958
再问大娘还要啥　张伯媛，刘文甫作
石家庄 河北人民出版社 1979 年［1 张］
76cm（2 开）定价：CNY0.11

J0050959
在春天里　池长尧作
杭州 浙江人民出版社 1979 年［1 张］
76cm（2 开）定价：CNY0.14

J0050960
咱和叔叔同迎春　潘真作
石家庄 河北人民出版社 1979 年［1 张］
76cm（2 开）定价：CNY0.11

作者潘真(1929—)，别名慕莼，河北交河人。历任河北美术出版社美编及编辑室主任、副编审。作品有《小憩林阴下》《秋收场上》《斗杀西门庆》清风十里展画屏》等。出版有《潘真山水画集》。

J0050961
早读　马清涛，尹凤阁作
西安 陕西人民美术出版社 1979 年［1 张］
76cm（2 开）定价：CNY0.11

J0050962
扎彩灯　迎佳节　石俊生作
贵阳 贵州人民出版社 1979 年［1 张］
76cm（2 开）定价：CNY0.14

J0050963
扎红灯　庆胜利　孔令海画
长春 吉林人民出版社 1979 年［1 张］
76cm（2 开）定价：CNY0.14

J0050964
战洪洲　金铎，玉岩作
哈尔滨 黑龙江人民出版社 1979 年［1 张］
76cm（2 开）定价：CNY0.14

J0050965
战士胸前英雄花　军属门第光荣匾　饶湘
平等作
贵阳 贵州人民出版社 1979 年［1 张］
76cm（2 开）定价：CNY0.14

J0050966
长白百宝下山来　刘田军画
长春 吉林人民出版社 1979 年［1 张］
76cm（2 开）定价：CNY0.14

J0050967
长大我要当空军　王兴春画
济南 山东人民出版社 1979 年［1 张］
76cm（2 开）定价：CNY0.11

J0050968
长鼓舞　珊影作
南京 江苏人民出版社 1979 年［1 张］
78cm（2 开）定价：CNY0.10

J0050969
长征路上　陈维信，吴泽浩画
济南 山东人民出版社 1979 年 2 张
76cm（2 开）定价：CNY0.22

J0050970
针针线线寄深情　赵幼华画
长春 吉林人民出版社 1979 年［1 张］
76cm（2 开）定价：CNY0.14
　　作者赵幼华，高级教师，画家。陕西西安人，
毕业西安美院附中。河北省廊坊市三中美术教
员。作品有《新图》《暖风》《辉煌》《鹤乡》。

J0050971
争分夺秒　张金柱画
济南 山东人民出版社 1979 年［1 张］
76cm（2 开）定价：CNY0.11

J0050972
争艳　吴湘麟等作
南京 江苏人民出版社 1979 年［1 张］
76cm（2 开）定价：CNY0.14

J0050973
政策暖人心 连年庆有余　耿炳伦，孙伯礼作
郑州 河南人民出版社 1979 年［1 张］
76cm（2 开）定价：CNY0.11

J0050974
知心话说不完　肇玉厚画
长春 吉林人民出版社 1979 年［1 张］
76cm（2 开）定价：CNY0.14

J0050975
指点江山　李慕白作
天津 天津人民美术出版社 1979 年［1 张］
76cm（2 开）定价：CNY0.14

J0050976
志在蓝天　林美岚作
武汉 湖北人民出版社 1979 年［1 张］
76cm（2 开）定价：CNY0.14

J0050977
志在蓝天　李秉刚作
沈阳 辽宁美术出版社 1979 年［1 张］
76cm（2 开）定价：CNY0.11

J0050978
质量第一　倪辰生画
济南 山东人民出版社 1979 年［1 张］
76cm（2 开）定价：CNY0.11

J0050979
中国共产党万岁 毛泽东思想万岁　陆海林作
成都 四川人民出版社 1979 年［1 张］
76cm（2 开）定价：CNY0.11

J0050980
中国古代科学家　（一至四）刘正作
天津 天津杨柳青画店 1979 年 2 张 76cm（2 开）
定价：CNY1.10
　　作者刘正（1949—　），女，编辑。天津人，

毕业于天津美术学院绘画系。历任天津人民美术出版社编审，中国美术家协会会员，中国工笔画学会会员，中国刘奎龄艺术研究院研究员，天津市美术家协会会员。代表作品有《中国织绣服饰全集》《幸福花开》《庄户剧团》《十二月花神》《春到西花厅》等。

J0050981
衷心拥护党中央华主席　加速实现新时期的总任务　武培柱作
昆明 云南人民出版社 1979年［1张］
76cm（2开）定价：CNY0.11

J0050982
重返战地　辛鹤江作
北京 人民美术出版社 1979年［1张］
76cm（2开）定价：CNY0.14
　　作者辛鹤江（1941— ），河北安新人。毕业于天津美术学院。擅长中国画。曾任河北美协副主席、连环画研究会副会长、河北美术出版社社长兼总编辑、编审等职。代表作有《棉农来访》《周总理和小演员在一起》《敌情急》《老英雄回到雁翎队》等。

J0050983
周爷爷您太累了　林震作
沈阳 辽宁美术出版社 1979年［1张］
76cm（2开）定价：CNY0.11

J0050984
周爷爷永远和我们在一起　马宏道，倪芳华作
北京 人民美术出版社 1979年［1张］
76cm（2开）定价：CNY0.14

J0050985
周总理和儿童在一起　张石升作
哈尔滨 黑龙江人民出版社 1979年［1张］
76cm（2开）定价：CNY0.14

J0050986
周总理和各族儿童　徐慧玲作
武汉 湖北人民出版社 1979年［1张］
76cm（2开）定价：CNY0.14
　　作者徐慧玲（1936— ），女，画家。湖北

武汉人。毕业于华中师范大学美术系，后又进入中央工艺美术学院进修。就职于湖北美术院。代表作品有《喜鹊牡丹》《歌手》《晚归》《舞新春》等。

J0050987
周总理和小演员　李白颖作
西安 陕西人民美术出版社 1979年［1张］
76cm（2开）定价：CNY0.14

J0050988
周总理和亚非拉运动员在一起　李民生作
北京 人民体育出版社 1979年［1张］
76cm（2开）定价：CNY0.11

J0050989
周总理来我家　秦大虎等作
上海 上海人民美术出版社 1979年［1张］
76cm（2开）定价：CNY0.14

J0050990
朱德同志在太行　郝之辉作
天津 天津人民美术出版社 1979年［1张］
76cm（2开）定价：CNY0.14

J0050991
朱德在井冈山　杜大勇编；张广作
北京 人民美术出版社 1979年 2张 76cm（2开）
定价：CNY0.28

J0050992
朱委员长和儿童在一起　柳文田作
合肥 安徽人民出版社 1979年［1张］
76cm（2开）定价：CNY0.16

J0050993
猪场之春　张元洲，张德仑作
石家庄 河北人民出版社 1979年［1张］
76cm（2开）定价：CNY0.11

J0050994
猪苗壮　人欢乐　金梅生作
上海 上海人民美术出版社 1979年［1张］
76cm（2开）定价：CNY0.11

J0050995

祝你成功　　阎凤成画

长春 吉林人民出版社 1979 年［1 张］

76cm（2 开）定价：CNY0.11

　　作者阎凤成（1942— ），画家。吉林大安人。任吉林市丰满区教师进修学院教研员。代表作品有《愁》《瓜香时节》《礼物》《落花有意》等。

J0050996

抓纲治国年景好　　五谷丰登气象新　　陈鸿翎作

昆明 云南人民出版社 1979 年［1 张］

76cm（2 开）定价：CNY0.11

J0050997

追鱼　黛玉　崔莺莺（西厢记）洛神　　冯杰作

南昌 江西人民出版社 1979 年 2 张 76cm（2 开）

定价：CNY0.28

J0050998

自己事自己做　　金培庚作

石家庄 河北人民出版社 1979 年［1 张］

76cm（2 开）定价：CNY0.14

J0050999

总理常在社员家　　辛鹤江画

济南 山东人民出版社 1979 年［1 张］

76cm（2 开）定价：CNY0.14

J0051000

总理教俺学科学　　刘志谋作

西安 陕西人民美术出版社 1979 年［1 张］

76cm（2 开）定价：CNY0.14

　　作者刘志谋（1939— ），陕西长安人，毕业于西安美院附中，任职于武功县文化馆做美术创作与辅导工作。历任陕西省美术家协会会员，陕西省书法家协会会员，陕西省书画艺术研究院研究员、副院长，中国国学研究会研究员等。

J0051001

总理走万家　　张辛国作

石家庄 河北人民出版社 1979 年［1 张］

76cm（2 开）定价：CNY0.14

　　作者张辛国（1926— ），编辑。河北安平人，就读于中央美术学院。历任河北美术出版社总编辑、编审，中国美术家协会会员，河北美术家协会顾问。出版有《怎样画鹿》《张辛国动物画集》《百鹿图》等。

J0051002

总任务光辉普照　　新长征前程似锦　　刘福寿书

石家庄 河北人民出版社 1979 年 2 张

定价：CNY0.45

J0051003

总任务气壮山河　　新时期春满人间　　陈宝波书

石家庄 河北人民出版社 1979 年 2 张

定价：CNY0.45

J0051004

总司令和我们在一起　　秦大虎画

济南 山东人民出版社 1979 年［1 张］

76cm（2 开）定价：CNY0.14

J0051005

祖国春常在　　周玉玮作

天津 天津人民美术出版社 1979 年［1 张］

76cm（2 开）定价：CNY0.14

J0051006

祖国万年青　　潘如艾作

南京 江苏人民出版社 1979 年［1 张］

76cm（2 开）定价：CNY0.11

J0051007

1981 江苏年画　　（1）

南京 江苏人民出版社 1980 年 30 幅

19cm（32 开）

J0051008

1981 江苏年画　　（3）

南京 江苏人民出版社 1980 年 43 幅

19cm（32 开）

J0051009

1981 年画缩样　　福建人民出版社编

福州 福建人民出版社 1980 年 30 幅 13×19cm

J0051010
1981 年画缩样 （二）
广州 广东人民出版社 1980 年 12 幅
19cm（32 开）

J0051011
1981 年画缩样
南宁 广西人民出版社 1980 年 9 幅
19cm（32 开）

J0051012
1981 年画缩样
贵阳 贵州人民出版社 1980 年 13 幅
19cm（32 开）

J0051013
1981 年画缩样 （2）
郑州 河南人民出版社 1980 年 28 幅
19cm（32 开）

J0051014
1981 年画缩样
沈阳 辽宁人民出版社 1980 年 19cm（32 开）

J0051015
1981 年画缩样
呼和浩特 内蒙古人民出版社［1980 年］23 幅
19cm（32 开）

J0051016
阿诗玛　王炎林作
西安 陕西人民美术出版社 1980 年［1］张
76cm（2 开）定价：CNY0.13

J0051017
爱护花木　刘志宏作
合肥 安徽人民出版社 1980 年［1］张
76cm（2 开）定价：CNY0.16

J0051018
爱劳动爱学习　于新生作
北京 人民美术出版社 1980 年 76cm（2 开）
定价：CNY0.14
　　作者于新生（1956—　），教授。生于山东寿光。毕业于山东艺术学院。现任山东工艺美术学院造型艺术学院教授、中国美术家协会会员，山东省美术家协会副主席等职。代表作品有《于新生画集》《吉祥腊月》《荷塘水清清》等。

J0051019
爱劳动爱学习　于新生画
济南 山东人民出版社 1980 年 76cm（2 开）
定价：CNY0.11

J0051020
爱清洁　王福忠作
沈阳 辽宁美术出版社 1980 年［1］张
76cm（2 开）定价：CNY0.13

J0051021
爱惜一粒米　张炬作
西安 陕西人民美术出版社 1980 年［1］张
76cm（2 开）定价：CNY0.13

J0051022
爱学习　李慕白作
北京 人民美术出版社 1980 年［1］张
76cm（2 开）定价：CNY0.16

J0051023
遨游太空　竹翔飞，张成思合作
沈阳 辽宁美术出版社 1980 年［1］张
76cm（2 开）定价：CNY0.13

J0051024
八锤大战朱仙镇　戴宏海作
杭州 浙江人民美术出版社 1980 年［1］张
76cm（2 开）定价：CNY0.16

J0051025
八仙过海　各显神通　保彬等作
南京 江苏人民出版社 1980 年 4 张 53cm（4 开）
定价：CNY0.36
　　作者保彬（1936—　），蒙古族，国画家。江苏南通人。毕业于南京艺术学院美术系并留校任教。南京艺术学院院长，中国美术家协会会员，江苏美术家协会理事等。主要作品有《鹤寿图》《华夏魂》《嫦娥奔月》等。专著有《纵横挥洒》《保彬画集》《黄山奇松》。

J0051026

八仙过海各显神通　孙昌茵作

杭州 浙江人民美术出版社 1980 年 [1] 张

76cm（ 2 开）定价：CNY0.14

　　作者孙昌茵（1943—　　），画家。原籍中国浙江温州，现居加拿大。加拿大中国美术协会副主席、加拿大当代艺术研究院院长、多伦多美术学院名誉院长。代表作品有连环画《白蛇传》、油画《百年华工血泪路》，出版有《孙昌茵水墨人体》《线描人体》《怎样使用油画刀》《孙昌茵油画艺术》等。

J0051027

芭蕉扇　石山，双平作

哈尔滨 黑龙江人民出版社 1980 年 [1] 张

76cm（ 2 开）定价：CNY0.13

J0051028

拔萝卜　（一、二）缪印堂画

北京 少年儿童出版社 1980 年 2 张 76cm（ 2 开）

定价：CNY0.32

　　作者缪印堂（1935—2017），著名漫画家。江苏南京人。曾任中国科普研究所高级工艺美术师、中国美协漫画艺委会委员、中国美术家协会漫画艺委员会副主任、《漫画月刊》高级顾问、北京电影学院动画学院客座教授。漫画作品有《啊，危险 》《讲经》《矛盾的统一》等。著作有《缪印堂漫画选》《漫画艺术入门》《科学漫画创作概论》等。

J0051029

把小伙伴送上星球　史士明作

天津 天津人民美术出版社 1980 年 [1] 张

76cm（ 2 开）定价：CNY0.11

J0051030

霸王别姬　杭稚英作

沈阳 辽宁美术出版社 1980 年 [1] 张

76cm（ 2 开）定价：CNY0.11

J0051031

霸王别姬　李万春作

成都 四川人民出版社 1980 年 [1] 张

53cm（ 4 开）定价：CNY0.08

　　作者李万春（1911—1985），满族，武生演员。原名伯，号鸣举。祖籍河北雄县，生于黑龙江哈尔滨市。擅演剧目有《独木关》《林冲夜奔》《火并王伦》《九江口》等。

J0051032

白蛇传　张道元，杨长胜作

合肥 安徽人民出版社 1980 年 2 张

76cm（ 2 开）定价：CNY0.32

J0051033

百花满园　章育青作

上海 上海人民美术出版社 1980 年 [1] 张

76cm（ 2 开）定价：CNY0.16

J0051034

百花齐放　檀东铿作

福州 福建人民出版社 1980 年 [1] 张

76cm（ 2 开）定价：CNY0.18

J0051035

百花齐放　万象更新　肖代贤作

武汉 湖北人民出版社 1980 年 76cm（ 2 开）

定价：CNY0.13

J0051036

百花双喜图　孙明，原守俭作

哈尔滨 黑龙江人民出版社 1980 年 [1] 张

76cm（ 2 开）定价：CNY0.30

J0051037

百花图　沈晋田作

上海 上海人民美术出版社 1980 年 [1] 张

76cm（ 2 开）定价：CNY0.14

J0051038

百花赠剑　谢慕莲作

上海 上海人民美术出版社 1980 年 [1] 张

76cm（ 2 开）定价：CNY0.16

J0051039

百花争春　陈秉钧作

广州 广东人民出版社 1980 年 76cm（ 2 开）

定价：CNY0.16

J0051040
百药争春　陈秉钧作
广州　广东人民出版社 1980 年 76cm（2 开）
定价：CNY0.08

J0051041
百业兴旺　汤敬和作
南宁　广西人民出版社 1980 年 36cm（12 开）
定价：CNY0.03

J0051042
拜月记　申同景，王守信作
石家庄　河北人民出版社 1980 年［1］张
76cm（2 开）定价：CNY0.11

J0051043
拜月记　（中堂）申同景，王守信作
石家庄　河北人民出版社［1980 年］［1 张］
定价：CNY1.20

J0051044
帮妈妈　王玉平，刘清杰画
济南　山东人民出版社 1980 年［1］张
76cm（2 开）定价：CNY0.16

J0051045
包拯　岳飞　李先润作
武汉　湖北人民出版社 1980 年 107cm（全开）
定价：CNY0.32

J0051046
包拯　岳飞　李先润作
武汉　湖北人民出版社 1980 年 76cm（2 开）
定价：CNY0.11

J0051047
宝灯良缘　（舞剧）李慕白，庞卡作
上海　上海人民美术出版社 1980 年［1］张
76cm（2 开）定价：CNY0.11
　　作者李慕白（1913—1991），画家。生于浙江
海宁。历任中国民主同盟成员，中国美术家协会
会员，上海人民美术出版社特约年画作者。出版
有《李慕白、金雪尘年画选集》。作者庞卡（1935—
），画家。又名庞抱俊。上海人。历任上海人民
美术出版社年画编辑、创作员。作品有《从小爱

科学》《秧苗青青春来早》《爱人民》等。

J0051048
宝莲灯　史延芹作
石家庄　河北人民出版社 1980 年［1］张
76cm（2 开）定价：CNY0.14

J0051049
宝莲灯　（中堂）史延芹画
石家庄　河北人民出版社 1980 年［1 张］
定价：CNY1.20

J0051050
宝莲灯　史延芹作
上海　上海人民美术出版社 1980 年［1］张
76cm（2 开）定价：CNY0.14

J0051051
宝莲灯　袁正阳作
成都　四川人民出版社 1980 年［1］张
76cm（2 开）定价：CNY0.16

J0051052
宝玉和黛玉　王举春移植
济南　山东人民出版社 1980 年［1］张
76cm（2 开）定价：CNY0.16

J0051053
保护益鸟　云沛林，吴富佳作
沈阳　辽宁美术出版社 1980 年［1］张
76cm（2 开）定价：CNY0.13

J0051054
保卫边疆　建设边疆　唐兴华作
南宁　广西人民出版社 1980 年 53cm（4 开）
定价：CNY0.09

J0051055
保卫祖国　严守边疆　谭尚忍作
上海　上海人民美术出版社 1980 年 76cm（2 开）
定价：CNY0.16

J0051056
蓓蕾初开　（一至四 胶印画轴）
天津　天津杨柳青画店 1980 年 4 幅 76cm（2 开）

定价：CNY1.10

J0051057
奔向人间挥彩虹　曹淑琴，王新宾作
沈阳 辽宁美术出版社 1980 年 ［1］张
76cm（2 开）定价：CNY0.13

J0051058
奔月　（舞剧）马乐群作
上海 上海人民美术出版社 1980 年 ［1］张
76cm（2 开）定价：CNY0.16

J0051059
碧海利剑　司马连义，杨德彪作
南京 江苏人民出版社 1980 年 ［1］张
76cm（2 开）定价：CNY0.13

J0051060
碧空花雨　邓世伏作
郑州 河南人民出版社 1980 年 ［1］张
76cm（2 开）定价：CNY0.16

J0051061
碧玉簪　姚中玉作
上海 上海人民美术出版社 1980 年 ［1］张
76cm（2 开）定价：CNY0.13

J0051062
碧玉簪　龚景充作
杭州 浙江人民美术出版社 1980 年 ［1］张
76cm（2 开）定价：CNY0.14

J0051063
避暑山庄　王信作
石家庄 河北人民出版社 1980 年 2 张
76cm（2 开）定价：CNY0.26
　　作者王信（1925—　　），画家。河北承德人。历任辽宁美术出版社专职画家、承德市群艺馆研究馆员、河北水彩画会名誉会长、河北省美协顾问。画作有《早雾》《原始森林》《深山情》《山家》等。出版有《王信水彩画选辑》《王信水彩选集》《王信水彩画专辑》等。

J0051064
别打扰他　李增吉作

成都 四川人民出版社 1980 年 ［1］张
76cm（2 开）定价：CNY0.16

J0051065
猜灯谜　邵佐唐作
沈阳 辽宁美术出版社 1980 年 ［1］张
76cm（2 开）定价：CNY0.11

J0051066
采茶舞　安茂让画
济南 山东人民出版社 1980 年 ［1］张
76cm（2 开）定价：CNY0.14

J0051067
采菱　（杨柳青年画）郑克祥，步万方作
天津 天津杨柳青画店 1980 年 ［1］张
76cm（2 开）定价：CNY0.13
　　中国现代年画作品。

J0051068
彩灯迎新春　曾廷仲，李惠芳作
成都 四川人民出版社 1980 年 ［1］张
76cm（2 开）定价：CNY0.16
　　中国现代年画作品。

J0051069
彩凤朝阳　吴绶镐作
杭州 浙江人民美术出版社 1980 年 ［1］张
76cm（2 开）定价：CNY0.13

J0051070
彩毯传情谊　徐增元作
上海 上海人民美术出版社 1980 年 ［1］张
76cm（2 开）定价：CNY0.16

J0051071
曹冲称象　刘王斌作
长沙 湖南人民出版社 1980 年 ［1］张
76cm（2 开）定价：CNY0.16

J0051072
草原建设大有可为　陕西省陕北革命建设委员会编；陈宝生，陈丽莉摄影
西安 陕西人民美术出版社 1980 年 2 张
76cm（2 开）定价：CNY0.28

J0051073
茶花　田镛画
济南　山东人民出版社 1980 年［1］张
76cm（2 开）定价：CNY0.14

J0051074
茶山春光好　金铭作
上海　上海人民美术出版社 1980 年［1］张
76cm（2 开）定价：CNY0.16

J0051075
茶童戏主
北京　中国电影出版社 1980 年［1］张
76cm（2 开）定价：CNY0.14

J0051076
嫦娥恋故土　吴刚贺四化　赵宋生作
昆明　云南人民出版社 1980 年 76cm（2 开）
定价：CNY0.13

J0051077
嫦娥恋故土　吴刚贺四化　赵宋生作
昆明　云南人民出版社 1980 年 53cm（4 开）
定价：CNY0.07

J0051078
陈三五娘　龚景充作
福州　福建人民出版社 1980 年［1］张
76cm（2 开）定价：CNY0.18

J0051079
陈秀英　匡忠　范渝，刀国华作
昆明　云南人民出版社 1980 年 76cm（2 开）
定价：CNY0.13

J0051080
陈毅打游击的故事　周侗编文；刘泽文作
北京　人民美术出版社 1980 年 2 张
76cm（2 开）定价：CNY0.22
　　作者周侗（1936—　　），山西平陆人。中国书
法家协会会员，中山书画社社员，北京奏文学会
常务理事。作者刘泽文（1943—　　），画家，国家
一级美术师。山东即墨人，历任烟台地区新华书
店担任美工，山东省出版总社烟台分社任美术编
辑。代表作品《望穿碧海千层浪》，出版有《刘泽

文水粉画集》。

J0051081
称心如意　（杨柳青年画）步万方作
天津　天津杨柳青画店 1980 年［1］张
76cm（2 开）定价：CNY0.16

J0051082
成功大会之后　张惠斌作
北京　人民美术出版社 1980 年［1］张
76cm（2 开）定价：CNY0.11
　　作者张惠斌（1942—　　），画家、国家一级美
术师。山东济南人。历任中国美术家协会会员，
锦州市中国画研究会会长、副研究馆员。出版有
《张惠斌书画集》《张惠斌画集》等。

J0051083
雏燕　虞健作
南京　江苏人民出版社 1980 年［1］张
76cm（2 开）定价：CNY0.13

J0051084
传统戏剧集锦　陈巨锁等作
太原　山西人民出版社 1980 年 2 张
76cm（2 开）定价：CNY0.36
　　作者陈巨锁（1934—　　），书法家、作家、文
化学者。别名隐堂，山西原平人。先后在山西艺
术学院和山西大学攻读美术兼书法。历任中国
书法家协会理事，山西省书法家协会副主席，山
西省美协理事，山西省诗书画印艺术家联合会副
主席等。一级美术师。主要作品有《生死门》，出
版有《隐堂散文集》《隐堂随笔》等。

J0051085
传统戏剧人物画　（炕围画）陈巨锁等作
太原　山西人民出版社 1980 年 12 张
39cm（8 开）定价：CNY0.80

J0051086
闯王李自成　马乐群作
上海　上海人民美术出版社 1980 年［1］张
76cm（2 开）定价：CNY0.16

J0051087
创千秋伟业　绘四化新图　蒋志伊作

贵阳 贵州人民出版社 1980 年 76cm（2 开）
定价：CNY0.17

J0051088
吹箫引凤　王致青，李诗唐作
太原 山西人民出版社 1980 年 ［1］张
76cm（2 开）定价：CNY0.18

J0051089
吹箫引凤　（杨柳青年画）骆福庆作
天津 天津杨柳青画店 1980 年 ［1］张
76cm（2 开）定价：CNY0.13

J0051090
春　尹向前作
太原 山西人民出版社 1980 年 ［1］张
53cm（4 开）定价：CNY0.09

J0051091
春草　华伟恭作
南京 江苏人民出版社 1980 年 ［1］张
76cm（2 开）定价：CNY0.14

J0051092
春草闯堂　李成勋画；马远词
福州 福建人民出版社 1980 年 2 张
76cm（2 开）定价：CNY0.36

J0051093
春草闯堂　江南春作
上海 上海人民美术出版社 1980 年 2 张
76cm（2 开）定价：CNY0.32

J0051094
春草闯堂
北京 中国戏剧出版社 1980 年 ［1］张
76cm（2 开）定价：CNY0.16

J0051095
春到长城　叶俊康作
上海 上海人民美术出版社 1980 年 ［1］张
76cm（2 开）定价：CNY0.16

J0051096
春风　张泽民作

太原 山西人民出版社 1980 年 ［1］张
76cm（2 开）定价：CNY0.18

J0051097
春风荡漾　高志华作
沈阳 辽宁美术出版社 1980 年 ［1］张
76cm（2 开）定价：CNY0.13

J0051098
春风得意　刘庆涛作
天津 天津人民美术出版社 1980 年 ［1］张
76cm（2 开）定价：CNY0.14
　　作者刘庆涛，吉林永吉人，毕业于吉林省中
等艺术学校。历任吉林省吉剧团舞美设计，吉林
省春城剧场美术员，吉林省通榆县文化馆美术干
部，长春市宽城文化馆美术干部。作品有《田头
阵地》《泉水咚咚》《绿色的冬天》《周总理访问
朝鲜》《春风如意》等。

J0051099
春宫怨　马开琪作
成都 四川人民出版社 1980 年 ［1］张
76cm（2 开）定价：CNY0.16

J0051100
春光好　郭常信作
沈阳 辽宁美术出版社 1980 年 ［1］张
76cm（2 开）定价：CNY0.13

J0051101
春光无限好　徐福根作
南昌 江西人民出版社 1980 年 ［1］张
76cm（2 开）定价：CNY0.16

J0051102
春回侨乡　洪伟辟作
福州 福建人民出版社 1980 年 ［1］张
76cm（2 开）定价：CNY0.18

J0051103
春江花月夜　高季方作
武汉 湖北人民出版社 1980 年 ［1］张
76cm（2 开）定价：CNY0.18

J0051104

春江花月夜　孙九伦，任振江作

银川 宁夏人民出版社 1980 年［1］张

76cm（2 开）定价：CNY0.16

J0051105

春江花月夜　张鸾作

天津 天津人民美术出版社 1980 年［1］张

76cm（2 开）定价：CNY0.14

J0051106

春满园　裴常青作

南京 江苏人民出版社 1980 年［1］张

76cm（2 开）定价：CNY0.18

J0051107

春江花月夜　刘庆涛画

长春 吉林人民出版社 1980 年［1］张

76cm（2 开）定价：CNY0.10

　　作者刘庆涛，吉林永吉人，毕业于吉林省中等艺术学校。历任吉林省吉剧团舞美设计，吉林省春城剧场美术员，吉林省通榆县文化馆美术干部，长春市宽城文化馆美术干部。作品有《田头阵地》《泉水咚咚》《绿色的冬天》《周总理访问朝鲜》《春风如意》等。

J0051108

春日　刘继陶作

南宁 广西人民出版社 1980 年［1］张

76cm（2 开）定价：CNY0.18

J0051109

春色满园　王天一作

兰州 甘肃人民出版社 1980 年［1］张

76cm（2 开）定价：CNY0.18

　　作者王天一（1926—　），古筝理论家、教育家。甘肃画院副院长、中国美术家协会会员、一级美术家。

J0051110

春色满园　李建章作

石家庄 河北人民出版社 1980 年［1］张

76cm（2 开）定价：CNY0.16

J0051111

春色满园　喻继高作

南京 江苏人民出版社 1980 年［1］张

76cm（2 开）定价：CNY0.18

　　作者喻继高（1932—　），国家一级美术师。江苏铜山人，毕业于南京大学艺术系和南京师范学院美术系。江苏省国画院副院长、江苏省美术家协会副主席、中国画研究院院委、中国工笔画学会副会长、徐悲鸿奖学金委员会委员。代表作品有《梨花春雨》《玉兰锦鸡》《春江水暖》等。

J0051112

春色满园　李祥麟作

北京 人民美术出版社 1980 年［1］张

76cm（2 开）定价：CNY0.18

J0051113

春色满园　李江鸿作

太原 山西人民出版社 1980 年［1］张

76cm（2 开）定价：CNY0.18

J0051114

春色满园　陈巨锁等作

太原 山西人民出版社 1980 年［1］张

107cm（全开）定价：CNY0.32

J0051115

春天　景志龙作

北京 人民美术出版社 1980 年［1］张

76cm（2 开）定价：CNY0.16

J0051116

春夏秋冬　檀东铿，吴东奋作

福州 福建人民出版社 1980 年 2 张

76cm（2 开）定价：CNY0.36

J0051117

春香传　黄治根作

沈阳 辽宁美术出版社 1980 年［1］张

76cm（2 开）定价：CNY0.11

J0051118

春燕展翅　史正学作

郑州 河南人民出版社 1980 年［1］张

76cm（2 开）定价：CNY0.16

作者史正学（1933—　），国家一级美术师。又名莫可，河南洛阳人。毕业于广州美术学院国画系。中国美术家协会会员、河南省美术家协会常务理事、河南中山书画院院长。代表作品有《晨钟响了》《深山火种》《枣雨》《征途报捷》等。

J0051119

春雨　李战云作

北京　人民美术出版社 1980 年［1］张

76cm（2 开）定价：CNY0.11

J0051120

春雨　李战云画

济南　山东人民出版社 1980 年［1］张

76cm（2 开）定价：CNY0.11

J0051121

从小爱海洋　陈辅作

上海　上海人民美术出版社 1980 年［1］张

76cm（2 开）定价：CNY0.16

J0051122

从小爱科学　立志接好班　蒙国锋作

广州　广东人民出版社 1980 年 53cm（4 开）

定价：CNY0.08

J0051123

从小爱科学　立志接好班　蒙国锋作

广州　广东人民出版社 1980 年 76cm（2 开）

定价：CNY0.16

J0051124

从小爱科学　立志攀高峰　刘林生作

西安　陕西人民美术出版社 1980 年

76cm（2 开）定价：CNY0.13

J0051125

打焦赞　杨作文作

石家庄　河北人民出版社 1980 年［1］张

76cm（2 开）定价：CNY0.13

作者杨作文（1936—　），画家。出生于河北威县。任中国书画研究院高级美术师、中国国画家协会理事、冀南画院名誉院长等职。代表作品有《迎春图》《海河工地英雄多》等。

J0051126

打焦赞　邓福星作

天津　天津人民美术出版社 1980 年［1］张

76cm（2 开）定价：CNY0.16

作者邓福星（1945—　），书画家，美术教育家。河北固安人，毕业于中国艺术研究院研究生班，获博士学位。任中国艺术研究院研究员，博士生导师，中国画学会副会长。绘画作品《周总理永远和我们在一起》《梅花欢喜漫天雪》《五体千字文》，论著《美术概论》等。

J0051127

打金枝　邹常玉，白川作

沈阳　辽宁美术出版社 1980 年［1］张

76cm（2 开）定价：CNY0.13

J0051128

打孟良　潘培德作

成都　四川人民出版社 1980 年［1］张

53cm（4 开）定价：CNY0.07

J0051129

打球去　李慕白作

沈阳　辽宁美术出版社 1980 年［1］张

76cm（2 开）定价：CNY0.11

J0051130

大公鸡　陈初良，张玉濂作

福州　福建人民出版社 1980 年［1］张

76cm（2 开）定价：CNY0.18

作者陈初良（1944—　），画家。福建闽侯人，毕业于厦门工艺美术学院绘画系。历任福州画院专职画家，国家一级美术师。代表作《海岳雄峙》《花草美人秋》《郁郁乡情》等。出版有《陈初良画集》《四季古诗》《陈初良线描》等。

J0051131

大公鸡　叶川画

济南　山东人民出版社 1980 年［1］张

76cm（2 开）定价：CNY0.16

J0051132

大龙船　魏瀛洲作

上海　上海人民美术出版社 1980 年［1］张

76cm（2 开）定价：CNY0.16

J0051133
大闹天宫　苏起峰作
南京 江苏人民出版社 1980年 [1]张
108cm（全开）定价：CNY0.36

J0051134
大双喜　陈之初作
上海 上海人民美术出版社 1980年 [1]张
76cm（2开）定价：CNY0.14

J0051135
傣家少女　俸贵德作
昆明 云南人民出版社 1980年 [1]张
53cm（4开）定价：CNY0.07

J0051136
傣族姑娘　蒋采苹作
北京 人民美术出版社 1980年 [1]张
76cm（2开）定价：CNY0.16
　　作者蒋采苹（1934— ），女，画家。河南开封人，毕业于中央美术学院，留校任教。历任中央美术学院中国画系副教授、工笔画室主任，中国美术家协会会员，中国当代工笔画学会副会长，北京工笔重彩画会副会长。主要作品有《孔雀之歌》《摘火把果的姑娘》《憩》《雪》等，主编有画集《现代重彩画》。

J0051137
黛玉魁夺菊花诗　牟桑画
济南 山东人民出版社 1980年 [1]张
76cm（2开）定价：CNY0.14
　　作者牟桑（1942— ），教授。生于山东日照，毕业于山东师范学院艺术系。历任中国美术家协会会员，山东建筑大学艺术系教研室主任、教授。作品有《举士奇创》《农林益鸟》《林黛玉魁夺菊花诗》，专集有《花卉写生集》《中国太湖石写生集》。主编《全国高校建筑学科教师美术作品集》。

J0051138
黛玉吟菊　周大正作
兰州 甘肃人民出版社 1980年 [1]张
79cm（2开）定价：CNY0.12
　　作者周大正（1941— ），教授。湖北沙市人，毕业于浙江美术学院油画系。历任甘肃临夏州

展览馆美术干部，西北民族学院艺术系美术教研室主任、副教授、教授。作品有《手牵黄河上高山》《希望》《清清夏河水》《夏河风情》《哈族婚礼》《进军腊子口》等，出版有《周大正画选》。

J0051139
黛玉葬花　李慕白，庞卡作
天津 天津人民美术出版社 1980年 [1]张
76cm（2开）定价：CNY0.16

J0051140
挡马　陈巨锁等作
太原 山西人民出版社 1980年 [1]张
78cm（2开）定价：CNY0.16

J0051141
荡湖船　张天寿作
北京 人民美术出版社 1980年 [1]张
76cm（2开）定价：CNY0.16

J0051142
盗仙草　金铭画
长春 吉林人民出版社 1980年 [1]张
76cm（2开）定价：CNY0.16

J0051143
盗仙草　史延芹，孙顺正画
济南 山东人民出版社 1980年 [1]张
76cm（2开）定价：CNY0.16
　　作者孙顺正（1942— ），画家。山东济南人，毕业于山东艺术专科学校油画专业。曾任济南搪瓷厂技术科美术设计、山东人民出版社美术编辑。画作有中国画《敌情》《杨柳风》《盗仙草》等，出版有《孙顺正工笔重彩古装人物画精选》。

J0051144
盗仙草　（杨柳青年画）
天津 天津杨柳青画店 1980年 [1]张
76cm（2开）定价：CNY0.16

J0051145
盗腰牌巧遇杨家将　宁积贤作
太原 山西人民出版社 1980年 [1]张
53cm（4开）定价：CNY0.09

J0051146
电视电话　江南春作
上海 上海人民美术出版社 1980 年［1］张
76cm（2 开）定价：CNY0.11

J0051147
电视电话通北京　李白颖作
西安 陕西人民美术出版社 1980 年［1］张
76cm（2 开）定价：CNY0.16

J0051148
貂婵拜月　（汉、英文对照）
南昌 江西人民出版社 1980 年［1］张
76cm（2 开）定价：CNY0.12

J0051149
貂蝉拜月　张德俊作
南京 江苏人民出版社 1980 年［1］张
76cm（2 开）定价：CNY0.16

J0051150
蝶双飞　李宝亮，陈青画
济南 山东人民出版社 1980 年［1］张
76cm（2 开）定价：CNY0.16

J0051151
蝶舞花香　潘滋培等作
银川 宁夏人民出版社 1980 年［1］张
76cm（2 开）定价：CNY0.16

J0051152
定军山　杨俊生作
上海 上海人民美术出版社 1980 年［1］张
76cm（2 开）定价：CNY0.11
　　作者杨俊生（1909—1981），出生于安徽安庆。曾任上海人民美术出版社、上海画版出版社特约作者，上海美协年画组组长等职。代表作品有《岳母刺字》《夜战马超》《大闹天宫》《贵妃醉酒》等。

J0051153
东方春早　刘贺，孙顺正画
济南 山东人民出版社 1980 年［1］张
76cm（2 开）定价：CNY0.14

J0051154
东方歌舞　谢顺景，朱世明作
广州 广东人民出版社 1980 年 39cm（8 开）
定价：CNY0.08

J0051155
冬季体育活动　魏延滨画
济南 山东人民出版社 1980 年 2 张
76cm（2 开）定价：CNY0.22

J0051156
动物　侯小戈作
武汉 湖北人民出版社 1980 年［1］张
76cm（2 开）定价：CNY0.18

J0051157
动物画　韩美林作
合肥 安徽人民出版社 1980 年 2 张
76cm（2 开）定价：CNY0.32
　　作者韩美林（1936—　），画家、艺术家、国家一级美术师。山东人。清华大学美术学院教授，中央文史馆研究员。代表作品有《北京奥运会吉祥物福娃》《国航航徽》等。出版有《山花烂漫》《美林》《韩美林自选雕塑集》《韩美林自选绘画集》。

J0051158
动物园　胡莹作
北京 人民美术出版社 1980 年［1］张
76cm（2 开）定价：CNY0.18

J0051159
动物园　章育青作
上海 上海人民美术出版社 1980 年［1］张
76cm（2 开）定价：CNY0.14

J0051160
独生子女一枝花　哈琼文作
南京 江苏人民出版社 1980 年［1］张
76cm（2 开）定价：CNY0.18
　　作者哈琼文（1925—2012），回族，北京人。毕业于中央大学艺术系。上海人民美术出版社编审，上海文史研究馆馆员。中国美术家协会会员，美协上海分会理事。擅长油画、宣传画。主要作品有油画《鲁迅——致电党中央祝贺长征胜利到达陕北》、宣传画《毛主席万岁》等。

J0051161

多装快跑　廉芬作

天津　天津人民美术出版社　1980 年［1］张

76cm（2 开）定价：CNY0.16

J0051162

朵朵友谊花　余小仪作

上海　上海人民美术出版社　1980 年［1］张

76cm（2 开）定价：CNY0.16

　　作者余小仪（1949— ），油画家。生于上海，毕业于上海纺专美术系（现上海东华大学美术系），后又分别就读于纽约美格埃弗斯学院和杜鲁大学。中央美术学院、厦门大学艺术学院客座教授，美国肖像画家协会会员。主要作品有《爱祖国爱海洋》《变戏法》《沉香扇》等。

J0051163

鄂伦春牧歌　吕燕作

沈阳　辽宁美术出版社　1980 年［1］张

76cm（2 开）定价：CNY0.13

J0051164

儿童乐园　张尔立作

成都　四川人民出版社　1980 年［1］张

76cm（2 开）定价：CNY0.14

J0051165

樊梨花　（汉剧）陈伯华饰；黄克勤摄

武汉　湖北人民出版社　1980 年［1］张

76cm（2 开）定价：CNY0.18

J0051166

繁花似锦　徐士钦，李勤作

天津　天津人民美术出版社　1980 年［1］张

76cm（2 开）定价：CNY0.11

J0051167

繁花似锦　欣欣向荣　赵胜利，关愈作

广州　广东人民出版社　1980 年 53cm（4 开）

定价：CNY0.08

J0051168

繁花似锦　欣欣向荣　赵胜利，关愈作

广州　广东人民出版社　1980 年 76cm（2 开）

定价：CNY0.16

J0051169

繁荣昌盛　兴旺发达　倪宝诚作

郑州　河南人民出版社　1980 年 76cm（2 开）

定价：CNY0.13

　　作者倪宝诚（1935— ），画家。山东临朐人。历任河南省群众艺术馆研究员、中国美术家协会会员、中国民间工艺学术委员会委员、河南人民出版社美术编辑室主任、河南省群众艺术馆研究员，河南省民间美术学会会长等职。作品有连环画《红心》《跳轿》《大地回春》《保家卫国》等。主编有《大河风——河南民间美术文集》《朱仙镇门神》《玩具》《民间美术与现代美术》等著作。

J0051170

繁荣的上海黄浦江　丁仪新作

上海　上海人民美术出版社　1980 年［1］张

76cm（2 开）定价：CNY0.13

J0051171

饭前把手洗干净　宋一平，张德俊作

上海　上海人民美术出版社　1980 年［1］张

76cm（2 开）定价：CNY0.14

J0051172

放风筝　景志龙作

成都　四川人民出版社　1980 年［1］张

76cm（2 开）定价：CNY0.14

J0051173

放鸽　史士明作

北京　人民体育出版社　1980 年［1］张

76cm（2 开）定价：CNY0.11

　　作者史士明（1935— ），生于江苏武进。江苏美协会员、高级美术师、常州兰陵年画社副社长。

J0051174

飞天　黄迪杞作

福州　福建人民出版社　1980 年［1］张

76cm（2 开）定价：CNY0.18

　　作者黄迪杞（1929— ），字晴川，福建福清人。毕业于福建师范大学艺术系。历任福建人

民出版社、福建画报社美术编辑，福建美术出版社美术编辑、编审，福建省美协常务理事、理事，中国年画研究会理事，福州涌泉书画社社长。中国美术家协会会员。作品有《郑成功收复台湾》《满堂红》《丰碑》。出版《黄迪杞古典人物画辑》、《黄迪杞书画集》《黄迪杞画集》等。

J0051175

飞天舞　韦江琼作
武汉　湖北人民出版社 1980 年［1］张
76cm（2 开）定价：CNY0.16

J0051176

飞向蓝天　单锡和作
南京　江苏人民出版社 1980 年［1］张
76cm（2 开）定价：CNY0.13

J0051177

飞向美好的明天　黄妙发作
上海　上海人民美术出版社 1980 年［1］张
76cm（2 开）定价：CNY0.16

　　作者黄妙发(1938—　)，别名年丰，江苏常熟人。　擅长年画。曾任上海人民美术出版社年画宣传画编辑室副主任。作品有年画《喜临门》《我爱中华》《儿童附捐邮票一套》（两枚）等。

J0051178

飞向未来　丁振清作
成都　四川人民出版社 1980 年［1］张
76cm（2 开）定价：CNY0.16

J0051179

非常盼望的一天　郭常信作
天津　天津人民美术出版社 1980 年［1］张
76cm（2 开）定价：CNY0.16

J0051180

丰收乐　孙宗禧等作
合肥　安徽人民出版社 1980 年［1］张
76cm（2 开）定价：CNY0.11

J0051181

丰收曲　林维东作
昆明　云南人民出版社 1980 年 76cm（2 开）
定价：CNY0.13

J0051182

丰收赞歌　（一至四）张希华作
沈阳　辽宁美术出版社 1980 年 2 张
76cm（2 开）定价：CNY0.26

J0051183

凤凰和鸣双喜图　孙明，原守俭作
哈尔滨　黑龙江人民出版社 1980 年［1］张
76cm（2 开）定价：CNY0.30

J0051184

福　陈郁志作
沈阳　辽宁美术出版社 1980 年［1］张
76cm（2 开）定价：CNY0.24

J0051185

福　罗次冰作
成都　四川人民出版社 1980 年［1］张
53cm（4 开）定价：CNY0.08

J0051186

富　刘树仪作
沈阳　辽宁美术出版社 1980 年［1］张
76cm（2 开）定价：CNY0.24

J0051187

富丽和平　杨德衡作
沈阳　辽宁美术出版社 1980 年［1］张
76cm（2 开）定价：CNY0.13

J0051188

高楼平地起　岳晓作
合肥　安徽人民出版社 1980 年［1］张
76cm（2 开）定价：CNY0.16

J0051189

工艺新花　朱广新作
合肥　安徽人民出版社 1980 年［1］张
76cm（2 开）定价：CNY0.13

J0051190

姑姑当了工程师　于安民等画
济南　山东人民出版社 1980 年［1］张
76cm（2 开）定价：CNY0.11

J0051191

古代儿童的故事　江南春作

上海　上海人民美术出版社 1980 年 ［1］张

76cm（2 开）定价：CNY0.14

J0051192

古代女英杰——蔡文姬　陈菊仙作

上海　上海人民美术出版社 1980 年 ［1］张

78cm（2 开）定价：CNY0.08

J0051193

古代女英杰——花木兰　陈菊仙作

上海　上海人民美术出版社 1980 年 ［1］张

78cm（2 开）定价：CNY0.08

J0051194

古代女英杰——梁红玉　吴性清作

上海　上海人民美术出版社 1980 年 ［1］张

78cm（2 开）定价：CNY0.08

　　作者吴性清（1933—　），女，编审。生于江苏泰州，毕业于中央美术学院华东分院油画系。历任上海人民美术出版社任创作员，中国美术家协会会员。作品有《我们热爱毛主席》《胡笳十八拍图卷》《关汉卿名剧选》等。

J0051195

古代女英杰——文成公主　吴性清作

上海　上海人民美术出版社 1980 年 ［1］张

78cm（2 开）定价：CNY0.08

J0051196

古代女英雄　（胶印画轴）姚中玉，马乐群作

石家庄　河北人民出版社 1980 年 4 幅

76cm（2 开）定价：CNY0.85

　　作者姚中玉，画家。曾任湖南省艺术家书画院会员、长沙市书法家协会会员等职。主要作品有《迎风燕舞》《向天歌》《一唱雄鸡天下白》《春情》《富贵吉祥》等。作者马乐群（1933—　），画家。上海人，曾在上海现代画室学习绘画及西洋美术史等。历任上海画片出版社年画创作员，上海美术出版社年画编辑。作品有《人民不允许浪费粮食的行为》《海防前线宣传员》《金杯红花传捷报》《激流勇进》等。

J0051197

古代仕女　（杨柳青年画）步万方作；赵万顺词

天津　天津杨柳青画店 1980 年 2 张

76cm（2 开）定价：CNY0.32

　　作者赵万顺（1959—　），字一帆，生于甘肃天水甘谷县，毕业于河南大学美术系。新疆文化艺术研究会副会长，新疆文化艺术研究会担任副会长，新疆丝路书画院执行院长，中国美协新疆创作中心。

J0051198

古代仕女屏　任率英作

北京　人民美术出版社 1980 年 2 张

76cm（2 开）定价：CNY0.28

　　作者任率英（1911—1989），画家。原名敬表，河北束鹿人。擅长工笔画、连环画、年画。历任中国美术家协会会员、中国连环画研究会顾问、北京东方书画研究社社长、北京工笔重彩画协会副会长、北京中国画研究会理事、北京工业大学书画协会顾问。代表作品《嫦娥奔月》《洛神图》《梁红玉击鼓战金山》等。

J0051199

古典舞蹈　郭抱湘，徐万蓉画

济南　山东人民出版社 1980 年 2 张

76cm（2 开）定价：CNY0.28

J0051200

故事会　李姣一作

北京　人民美术出版社 1980 年 ［1］张

76cm（2 开）定价：CNY0.14

J0051201

观察风速　于新生作

天津　天津人民美术出版社 1980 年 ［1］张

76cm（2 开）定价：CNY0.16

　　作者于新生（1956—　），教授。生于山东寿光。毕业于山东艺术学院。现任山东工艺美术学院造型艺术学院教授、中国美术家协会会员，山东省美术家协会副主席等职。代表作品有《于新生画集》《吉祥腊月》《荷塘水清清》等。

J0051202

光荣之家

南宁 广西人民出版社 1980 年［1］张
38cm（6 开）定价：CNY0.06

J0051203
光荣之家　　钱仁华，张幼炬作
成都 四川人民出版社 1980 年［1］张
76cm（2 开）定价：CNY0.08

J0051204
逛灯会　　王忠年作
沈阳 辽宁美术出版社 1980 年［1］张
76cm（2 开）定价：CNY0.11
　　作者王忠年（1943—　　），满族，画家。辽宁
凤城人，曾用名王中年，毕业于鲁迅美术学院附
中，进修于广州美术学院。曾任本溪市平山区文
化馆美术组长、代馆长。作品有《飞流直下》《秋》
《初春》《林海雪原》《峡江图》等。

J0051205
柜中缘　　龚学渊作
成都 四川人民出版社 1980 年［1］张
53cm（4 开）定价：CNY0.06

J0051206
国强家富　五业兴旺　　叶其青作
广州 广东人民出版社 1980 年 53cm（4 开）
定价：CNY0.08
　　作者叶其青（1949—　　），国家一级美术师。
广东顺德人。佛山画院专职画家，佛山市美术家
协会副主席，中国美术家协会会员，广东省美术
家协会理事。主要作品有《四时花似锦》《果香》
《水乡曲》《园趣》《沃土》等。

J0051207
孩子的理想　　王伟戌，姚中玉作
上海 上海人民美术出版社 1980 年［1］张
76cm（2 开）定价：CNY0.16

J0051208
孩子们的心意　　莫伯华作
天津 天津人民美术出版社 1980 年［1］张
76cm（2 开）定价：CNY0.16

J0051209
海底取宝　　王言昌画

济南 山东人民出版社 1980 年［1］张
76cm（2 开）定价：CNY0.13

J0051210
海瑞罢官　　许文祥作
天津 天津人民美术出版社 1980 年［1］张
76cm（2 开）定价：CNY0.16

J0051211
好好学习　　苏耕移植
济南 山东人民出版社 1980 年［1］张
76cm（2 开）定价：CNY0.16
　　作者苏耕（1943—　　），画家。生于山东荣
成。原名苏永畔。毕业于山东艺专，后结业于中
央美院。威海画院专职画家，副院长、副书记，
中国美术家协会会员，国家一级美术师，作品有
《大街小巷》《铁路哨兵》《童心》《在艺术的故乡
里》等。

J0051212
好鸟鸣春　　孙其峰等作
武汉 湖北人民出版社 1980 年［1］张
108cm（全开）定价：CNY0.36
　　作者孙其峰（1920—　　），教授，艺术家。原
名奇峰，曾用名琪峰，山东招远人。历任天津美
术学院教授、中国书法家协会理事、中国美术家
协会理事，北京铁路局文协美术工作者、北京美
协会员。代表作品《花鸟画谱》《孙其峰画辑》《孙
其峰扇面选集》等。

J0051213
合影　　单锡和作
南京 江苏人民出版社 1980 年［1］张
76cm（2 开）定价：CNY0.18

J0051214
和平友谊春长在　　许恩源作
南京 江苏人民出版社 1980 年［1］张
76cm（2 开）定价：CNY0.16
　　作者许恩源（1940—　　），教授。历任上海
中国纺织大学服装系副教授、中国美术家协会上
海分会会员。编著有《时装画技法研究》《论装
饰图案艺术》《学习时装画入门》《时装画技法研
究》等。

J0051215
荷池试剑　马志忠作
长沙 湖南人民出版社 1980 年［1］张
76cm（2 开）定价: CNY0.16

J0051216
荷花舞　李冰作
兰州 甘肃人民出版社 1980 年［1］张
76cm（2 开）定价: CNY0.18

J0051217
荷花舞　王遵义画
济南 山东人民出版社 1980 年［1］张
76cm（2 开）定价: CNY0.14
　　作者王遵义（1938—　），画家。擅长油画、中国画。山东临沂人。在山东省体委、济南军区文工团，长期从事舞台美术设计工作。作品《姐妹俩》《未包扎完的绷带》《胜利之路》为中国美术馆收藏，《甘作春泥育新苗》《爱鸟》获全国宣传画大展二、三等奖，《回天无力》获第八届全国美展优秀奖。

J0051218
荷花舞　邹宗绪作
昆明 云南人民出版社 1980 年［1］张
53cm（4 开）定价: CNY0.07
　　作者邹宗绪（1933—2010），又名阿工，河南开封人。毕业于中央美术学院绘画系。历任陕西人民美术出版社编辑、编辑部主任、副总编、编审。陕西省美协副主席，陕西国画院特聘画师、西安美术学院研究院研究员。作品有《喜报丰年》，出版有《中国历代雕塑·秦俑群》《千年古都西安》《洛川民间美术》等。

J0051219
荷花西施　（汉、英文对照）
南昌 江西人民出版社 1980 年［1］张
76cm（2 开）定价: CNY0.12

J0051220
荷塘红鲤　杨奠安, 辛克靖作
武汉 湖北人民出版社 1980 年［1］张
76cm（2 开）定价: CNY0.18

J0051221
阖家欢　张洪赞作
沈阳 辽宁美术出版社 1980 年［1］张
76cm（2 开）定价: CNY0.13

J0051222
贺新年　郭长林等作
成都 四川人民出版社 1980 年［1］张
76cm（2 开）定价: CNY0.16

J0051223
红花献给先进英雄　邹辉作
北京 人民美术出版社 1980 年［1］张
76cm（2 开）定价: CNY0.16

J0051224
红荔　段吉璋作
广州 广东人民出版社 1980 年［1］张
76cm（2 开）定价: CNY0.14

J0051225
红领巾气象哨　刘佩珩作
天津 天津人民美术出版社 1980 年［1］张
76cm（2 开）定价: CNY0.16
　　作者刘佩珩（1954—　），画家，研究院。别名刘山，天津宝坻人，毕业于东北师范大学美术系。历任吉林省通榆县文化馆副馆长、副研究员。作品有《喜迎春》《长白珍宝》《祖孙情》《长白珍奇》《趣》《关东乐》等。

J0051226
红楼梦　（一至四）秦惠浪作
西安 陕西人民美术出版社 1980 年 2 张
76cm（2 开）定价: CNY0.32

J0051227
红楼梦人物　刘旦宅作
石家庄 河北人民出版社 1980 年 3 张
76cm（2 开）定价: CNY0.54
　　作者刘旦宅（1931—2011），教授、画家。原名浑，又名小粟，后改名旦宅，别名海云生。浙江温州人。曾在上海市大中国图书局、上海教育出版社、上海人民美术出版社绘画，上海师范大学美术系主任。代表作品《曹血雪芹生平》《琵琶行》《刘旦宅聊斋百图》《石头记人物画册》等。

J0051228
红楼梦人物　牟桑画
济南 山东人民出版社 1980 年 2 张
76cm（2 开）定价: CNY0.32
　　作者牟桑（1942—　），教授。生于山东日照，毕业于山东师范学院艺术系。历任中国美术家协会会员，山东建筑大学艺术系教研室主任、教授。作品有《举士奇创》《农林益鸟》《林黛玉魁夺菊花诗》，专集有《花卉写生集》《中国太湖石写生集》。主编《全国高校建筑学科教师美术作品集》。

J0051229
红娘子　康富平作
太原 山西人民出版社 1980 年［1］张
76cm（2 开）定价: CNY0.18

J0051230
红娘子校场比武　卢望明作
长沙 湖南人民出版社 1980 年［1］张
76cm（2 开）定价: CNY0.14

J0051231
红叶白绶带鸟　白铭作
北京 人民美术出版社 1980 年［1］张
76cm（2 开）定价: CNY0.16

J0051232
红叶题诗　韩喜增作
石家庄 河北人民出版社 1980 年［1］张
76cm（2 开）定价: CNY0.11
　　作者韩喜增（1942—　），河北邢台人。毕业于中央美术学院年画、连环画系研究生班，受教于冯真教授、杨先让教授。擅长连环画、年画。中国美术家协会会员，国家一级美术师。曾任河北省美术家协会副主席、邢台市文联副主席、邢台市美术家协会主席。代表作品《人民的好总理》《虎子》《雄狮》。

J0051233
红叶题诗　何南作
沈阳 辽宁美术出版社 1980 年［1］张
76cm（2 开）定价: CNY0.13

J0051234
洪湖水　宋韧，肖锋作
上海 上海人民美术出版社 1980 年［1］张
76cm（2 开）定价: CNY0.16

J0051235
湖南名胜　张举毅等作
长沙 湖南人民出版社 1980 年 2 张 76cm（2 开）
定价: CNY0.28

J0051236
湖上民兵　李宝亮，陈青画
济南 山东人民出版社 1980 年［1］张
76cm（2 开）定价: CNY0.13

J0051237
虎　施绍辰作
南昌 江西人民出版社 1980 年［1］张
76cm（2 开）定价: CNY0.16
　　作者施绍辰（1939—　），油画家。祖籍浙江湖州，毕业于中国美术学院油画系。历任中国美术学院教授、学术委员会委员，中国美术学院附中校长，浙江美术家协会常务理事、浙江油画家协会副会长。出版专题油画集《撒哈拉风情》。

J0051238
花朵　朱岩作
哈尔滨 黑龙江人民出版社 1980 年［1］张
76cm（2 开）定价: CNY0.11

J0051239
花鼓灯　高国强作
上海 上海人民美术出版社 1980 年［1］张
76cm（2 开）定价: CNY0.13

J0051240
花鼓迎春　李维林作
合肥 安徽人民出版社 1980 年［1］张
76cm（2 开）定价: CNY0.16

J0051241
花好月圆　刘金汉作
南宁 广西人民出版社 1980 年［1］张
76cm（2 开）定价: CNY0.18

J0051242
花好月圆　徐慧玲作
武汉 湖北人民出版社 1980 年［1］张
76cm（2 开）定价：CNY0.18

J0051243
花好月圆　章培筠作
杭州 浙江人民美术出版社 1980 年［1］张
76cm（2 开）定价：CNY0.16

J0051244
花好月圆春长在计划生育喜气多　胡道
言作
杭州 浙江人民美术出版社 1980 年［1］张
76cm（2 开）定价：CNY0.14

J0051245
花卉四季屏　李葆竹作
兰州 甘肃人民出版社 1980 年 2 张 53cm（4 开）
定价：CNY0.36

J0051246
花卉四条屏　姜毅然作
天津 天津人民美术出版社 1980 年 2 张
76cm（2 开）定价：CNY0.32

J0051247
花木兰　夏普作
合肥 安徽人民出版社 1980 年［1］张
76cm（2 开）定价：CNY0.14

J0051248
花木兰　张瑞恒作
石家庄 河北人民出版社 1980 年［1］张
76cm（2 开）定价：CNY0.16

J0051249
花木兰　（对联）
石家庄 河北人民出版社 1980 年［1 幅］
定价：CNY1.20

J0051250
花木兰　（中堂）张瑞恒画
［1980 年］［1 张］

J0051251
花木兰　穆桂英　荀灌娘　梁红玉　姚中玉，
马乐群作
石家庄 河北人民出版社 1980 年 2 张
76cm（2 开）定价：CNY0.36

J0051252
花鸟四条屏　李洪基作
石家庄 河北人民出版社 1980 年［1］张
76cm（2 开）定价：CNY0.13

J0051253
花鸟四条屏　高会民作
哈尔滨 黑龙江人民出版社 1980 年 2 张
76cm（2 开）定价：CNY0.22

J0051254
花鸟四条屏　温州瓯塑厂供稿
杭州 浙江人民美术出版社 1980 年 2 张
76cm（2 开）定价：CNY0.32

J0051255
花鸟条屏　何逸梅作
石家庄 河北人民出版社 1980 年 2 张
76cm（2 开）定价：CNY0.32

J0051256
花瓶　张宝元，王法堂画
济南 山东人民出版社 1980 年［1］张
76cm（2 开）定价：CNY0.20
　　作者张宝元（1941—　），山东青岛人。毕业
于山东艺术专科学校。曾任山东美术家协会会
员、潍坊市美术家协会第一届副主席等职。主要
作品有《梅鹤图》《鸣春图》《群鹤飞鸣》等。作
者王法堂（1943—　），画家。山东潍坊人。结业
于山东艺术学院美术系。山东画院高级画师，中
国美术家协会会员，潍坊市美术家协会副主席，
诸城市文化馆副研究馆员、副馆长。作品有《春
华秋实》《正月里》《人勤奶香》《骑虎不下》，出
版有《王法堂作品集》等。

J0051257
花为媒　南运生，万桂香作
石家庄 河北人民出版社 1980 年 2 张
76cm（2 开）定价：CNY0.26

J0051258
花为媒 （胶印画轴）南运生，万桂香作
石家庄 河北人民出版社 1980 年 4 幅
定价：CNY0.85

J0051259
花为媒 刘长恩画
长春 吉林人民出版社 1980 年［1］张
76cm（2 开）定价：CNY0.16
　　作者刘长恩（1936—1996），吉林通榆人，吉林美术出版社美术编辑。代表作品《咱队的好猎手》《再请战》《巧妈妈》等。

J0051260
花为媒 冯国琳作；耿英配词
沈阳 辽宁美术 1980 年 2 张 76cm（2 开）
定价：CNY0.26

J0051261
花为媒 李平升作
西安 陕西人民美术出版社 1980 年［1］张
76cm（2 开）定价：CNY0.13

J0051262
花香蜜甜 严苍宇，李汉中作
武汉 湖北人民出版社 1980 年［1］张
76cm（2 开）定价：CNY0.18

J0051263
花香鸟语 吴自强作
福州 福建人民出版社 1980 年［1］张
76cm（2 开）定价：CNY0.18

J0051264
花香四季春 金铭作
天津 天津人民美术出版社 1980 年［1］张
76cm（2 开）定价：CNY0.11

J0051265
花香永存 （一至四 胶印画轴）金鸿钧作
天津 天津杨柳青画店 1980 年 4 幅
定价：CNY1.10

J0051266
欢度春节 杨念一作

贵阳 贵州人民出版社 1980 年 76cm（2 开）
定价：CNY0.17
　　作者杨念一（1939—2006），画家。艺名杨念彝，侗族，贵州天柱县人。历任中国美术家协会会员、贵州省美术家协会常务理事、黔东南州美协主席、贵州省现代民间绘画研究会副会长等。著有《杨念一美术文论》《泛舟玄海》等。

J0051267
欢度新春 孙公照画
济南 山东人民出版社 1980 年［1］张
76cm（2 开）定价：CNY0.11

J0051268
欢乐新春 贾书敏作
天津 天津人民美术出版社 1980 年［1］张
76cm（2 开）定价：CNY0.16

J0051269
欢庆丰收年 张朗作
武汉 湖北人民出版社 1980 年［1］张
76cm（2 开）定价：CNY0.16

J0051270
欢喜 吴柱熙作
武汉 湖北人民出版社 1980 年 76cm（2 开）
定价：CNY0.13

J0051271
欢欣鼓舞 宁积贤，陶福尔作
太原 山西人民出版社 1980 年［1］张
53cm（4 开）定价：CNY0.09

J0051272
欢迎您 郭安祥作
西安 陕西人民美术出版社 1980 年［1］张
76cm（2 开）定价：CNY0.16

J0051273
挥笔抒豪情 王伟戍作
上海 上海人民美术出版社 1980 年［1］张
76cm（2 开）定价：CNY0.14

J0051274
活泼健康 刘仲杰作

武汉　湖北人民出版社　1980 年［1］张
76cm（2 开）定价：CNY0.18

J0051275
火炬接力跑　吴哲夫作
上海　上海人民美术出版社　1980 年［1］张
76cm（2 开）定价：CNY0.13
　　作者吴哲夫，画家。擅长年画。师从杭稺英，在上海"稺英画室"工作，长期共事，集体创作，被称为"杭派"月份牌画家。作品有《节日的食堂》《向解放军叔叔致敬》《老手带新手》等。

J0051276
积少成多　岁岁有余　刘云生，童登荣作
成都　四川人民出版社　1980 年［1］张
53cm（4 开）定价：CNY0.06

J0051277
吉庆有余　马璟作
北京　宝文堂书店　1980 年［1］张　76cm（2 开）
定价：CNY0.13

J0051278
济南风光　赵建源画
济南　山东人民出版社　1980 年　2 张　76cm（2 开）
定价：CNY0.28
　　作者赵建源（1940—　　），山东美术出版社副编审、编辑室主任，中国工艺美术学会会员，中国工艺美术理论研究会理事。

J0051279
佳节慰亲人　邹晓清，章孟和作
合肥　安徽人民出版社　1980 年［1］张
76cm（2 开）定价：CNY0.16

J0051280
家家盛开幸福花　邓茵，陈以雄作
广州　广东人民出版社　1980 年　76cm（2 开）
定价：CNY0.16

J0051281
家家盛开幸福花　邓茵，陈以雄作
广州　广东人民出版社　1980 年　53cm（4 开）
定价：CNY0.08

J0051282
嘉迎新春　李增吉作
成都　四川人民出版社　1980 年［1］张
76cm（2 开）定价：CNY0.14

J0051283
贾宝玉和林黛玉　顾廷康作
合肥　安徽人民出版社　1980 年［1］张
76cm（2 开）定价：CNY0.16

J0051284
贾宝玉和林黛玉　袁儒云作
石家庄　河北人民出版社　1980 年［1］张
76cm（2 开）定价：CNY0.11

J0051285
假日的海滩　刘继成画
长春　吉林人民出版社　1980 年［1］张
76cm（2 开）定价：CNY0.16

J0051286
剪窗花　李慕白作
银川　宁夏人民出版社　1980 年［1］张
76cm（2 开）定价：CNY0.16

J0051287
建设四化　保卫四化　阮士钊作
郑州　河南人民出版社　1980 年　53cm（4 开）
定价：CNY0.06

J0051288
健美之歌　石丙春，葛鹏作
北京　人民体育出版社　1980 年［1］张
76cm（2 开）定价：CNY0.11

J0051289
舰艇　毛小琪作
武汉　湖北人民出版社　1980 年［1］张
76cm（2 开）定价：CNY0.16

J0051290
江淮风光　王大仁作
合肥　安徽人民出版社　1980 年　2 张
76cm（2 开）定价：CNY0.32

J0051291
江南佳景 （一至四 胶印画轴）
天津 天津杨柳青画店 1980 年 4 幅
定价：CNY1.10

J0051292
江苏年画 （1981 1）
南京 江苏人民出版社［1980 年］19cm（32 开）

J0051293
江苏年画 （1981 3）
南京 江苏人民出版社［1980 年］19cm（32 开）

J0051294
讲究卫生身体好　文军作
西安 陕西人民美术出版社 1980 年［1］张
76cm（2 开）定价：CNY0.13

J0051295
奖励全优　单锡和作
天津 天津人民美术出版社 1980 年［1］张
76cm（2 开）定价：CNY0.16
　　作者单锡和（1940—　　），画家。江西高安人。毕业于南京艺术学院油画系。任教于上海东华大学。上海服饰协会理事、全国工艺美术教学专业委员会委员。擅长水粉画、年画和装饰画。主要作品有《夏夜静静》《浓浓情怀》等，著有《单锡和装饰油画集》《单锡和线描装饰画》等。

J0051296
教唱歌　徐寄萍作
天津 天津人民美术出版社 1980 年［1］张
76cm（2 开）定价：CNY0.16
　　作者徐寄萍（1919—2005），上海人。曾任上海美术家协会会员、上海人民美术出版社特约年画作者等职。主要作品有《帮妈妈做事》《学雷锋做好事》《擦亮眼睛》等。

J0051297
节日　王小路作
石家庄 河北人民出版社 1980 年［1］张
76cm（2 开）定价：CNY0.16

J0051298
节日　李森林作

太原 山西人民出版社 1980 年［1］张
76cm（2 开）定价：CNY0.18

J0051299
节日的电视台　高国强作
上海 上海人民美术出版社 1980 年［1］张
76cm（2 开）定价：CNY0.14

J0051300
节日之夜　赵仁成作
西安 陕西人民美术出版社 1980 年［1］张
76cm（2 开）定价：CNY0.18

J0051301
捷报频传　宋仁贤画
济南 山东人民出版社 1980 年［1］张
76cm（2 开）定价：CNY0.13

J0051302
借罗衣　李用世作
合肥 安徽人民出版社 1980 年［1］张
76cm（2 开）定价：CNY0.13

J0051303
借伞　黄妙发作
石家庄 河北人民出版社 1980 年［1］张
76cm（2 开）定价：CNY0.16
　　作者黄妙发（1938—　　），别名年丰，江苏常熟人。　擅长年画。曾任上海人民美术出版社年画宣传画编辑室副主任。作品有年画《喜临门》《我爱中华》《儿童附捐邮票一套》（两枚）等。

J0051304
巾帼英雄　葛荣环作
哈尔滨 黑龙江人民出版社 1980 年 2 张
76cm（2 开）定价：CNY0.26

J0051305
巾帼英雄花木兰　刘福芳作
北京 人民美术出版社 1980 年［1］张
78cm（2 开）定价：CNY0.10
　　作者刘福芳（1930—　　），女，工笔画家。山东招远人，毕业于中央美术学院。首都师范大学美术系教授、研究生导师，中国美术家协会会员，北京市工笔重彩画会副会长。代表作品有《峨媚翠微》《滴水观音》《凉山女》《喂鸡》《大地飘香》等。

J0051306
今日在池塘明天守海疆 （杨柳青年画）王宝光作
天津 天津杨柳青画店 1980年［1］张
76cm（2开）定价：CNY0.13

J0051307
金谷 沈大慈作
北京 人民美术出版社 1980年［1］张
76cm（2开）定价：CNY0.14

J0051308
金鸡报晓 郭天民作
长沙 湖南人民出版社 1980年［1］张
76cm（2开）定价：CNY0.14

J0051309
金山农民画
上海 上海人民美术出版社 1980年［1］张
76cm（2开）定价：CNY0.14

J0051310
金水桥畔 安学贵画
长春 吉林人民出版社 1980年［1］张
76cm（2开）定价：CNY0.16
　　作者安学贵（1940— ），画家。辽宁辽阳市人。中国同泽书画研究院书画家。吉林省通榆县文化馆馆员，中国美术家协会会员。作品有《礼物》等。

J0051311
金鱼满塘 （一至四 胶印画轴）张继馨作
天津 天津杨柳青画店 1980年 4幅
定价：CNY1.10
　　作者张继馨（1926— ），花鸟画名家、美术教育家。又名馨子，江苏武进人。中央文史研究馆书画院研究员，江苏省文史研究馆馆员，中国美术家协会会员，江苏省花鸟画研究会顾问，苏州市职业大学艺术学院教授。作品有《草虫画谱》《鸟类画谱》等，著有《画事一得》《笔上参禅》《馨子砚语》《颠倒葫芦》。

J0051312
金鱼图 张宝元画
济南 山东人民出版社 1980年［1］张
76cm（2开）定价：CNY0.10

J0051313
锦凤巧手 宋建平作
沈阳 辽宁美术出版社 1980年［1］张
76cm（2开）定价：CNY0.13

J0051314
锦屏春常好 （杨柳青年画）韩祖音作
天津 天津杨柳青画店 1980年［1］张
76cm（2开）定价：CNY0.16

J0051315
锦绣河山 （一至四）陶一清作
沈阳 辽宁美术出版社 1980年 2张
76cm（2开）定价：CNY0.26

J0051316
锦绣河山美如画 季德珍作
天津 天津人民美术出版社 1980年［1］张
76cm（2开）定价：CNY0.16

J0051317
锦绣前程 卓昌勇作
成都 四川人民出版社 1980年［1］张
76cm（2开）定价：CNY0.14
　　作者卓昌勇（1944— ），教授。四川重庆人，毕业于西南师大。重庆师范学院影像工程系教授，中国美术家协会四川分会会员。著有《教学美术》《现代居室装饰画技法》。

J0051318
浸山绿遍 郑小娟作
长沙 湖南人民出版社 1980年［1］张
76cm（2开）定价：CNY0.13

J0051319
京剧人物 袁丕海画
济南 山东人民出版社 1980年 2张
76cm（2开）定价：CNY0.32

J0051320
精绣闯王旗　王福增作
上海 上海人民美术出版社 1980 年［1］张
76cm（2 开）定价：CNY0.14

J0051321
桔颂　唐一文作
兰州 甘肃人民出版社 1980 年［1］张
76cm（2 开）定价：CNY0.18

J0051322
桔颂　马瑑作
郑州 河南人民出版社 1980 年［1］张
76cm（2 开）定价：CNY0.16

J0051323
桔颂　于广有，董硕画
长春 吉林人民出版社 1980 年［1］张
76cm（2 开）定价：CNY0.16

J0051324
桔颂　赵殿玉画
济南 山东人民出版社 1980 年［1］张
76cm（2 开）定价：CNY0.14

J0051325
菊花　许家麟作
银川 宁夏人民出版社 1980 年［1］张
76cm（2 开）定价：CNY0.18

J0051326
橘颂　马瑑作
郑州 河南人民出版社 1980 年［1］张
76cm（2 开）定价：CNY0.16
　　作者马瑑（1937—　），国画家、水彩画家。
笔名梅山，字清源，又号司马清源，九峰画室主
人。山西清徐县人，毕业于中央美术学院国画系。
北京画院专职画家，中国美术家协会会员，国家
一级美术师。代表作有《还我河山》《黄河之水
天上来》《日日夜夜》《秋爽斋》《李清照》等。

J0051327
剧照四条屏
兰州 甘肃人民出版社 1980 年 4 张
78cm（2 开）定价：CNY0.55

J0051328
军爱民　民拥军　郭长林作
成都 四川人民出版社 1980 年 53cm（4 开）
定价：CNY0.08

J0051329
军民联防保边疆　朱嘉铭作
成都 四川人民出版社 1980 年［1］张
53cm（4 开）定价：CNY0.06

J0051330
军民一家亲　秦大虎作
天津 天津人民美术出版社 1980 年［1］张
76cm（2 开）定价：CNY0.13

J0051331
军民鱼水情　李秉刚作
沈阳 辽宁美术出版社 1980 年［1］张
76cm（2 开）定价：CNY0.13

J0051332
凯歌还　王荣奖作
郑州 河南人民出版社 1980 年［1］张
76cm（2 开）定价：CNY0.16

J0051333
看谁飞得高　侯少峰画
济南 山东人民出版社 1980 年［1］张
76cm（2 开）定价：CNY0.11

J0051334
看谁学得好　侯纪德画
济南 山东人民出版社 1980 年［1］张
76cm（2 开）定价：CNY0.11

J0051335
看图识字　刘文谌作
武汉 湖北人民出版社 1980 年［1］张
76cm（2 开）定价：CNY0.18

J0051336
炕围画　魏泉深设计；魏泉深等画
呼和浩特 内蒙古人民出版社 1980 年 14 张
76cm（2 开）定价：CNY3.40

J0051337
炕围画　陈巨锁等作
太原　山西人民出版社 1980 年 14 张
76cm（2 开）定价：CNY2.40

J0051338
科学养鱼　常玉昌，张桂芝作
哈尔滨　黑龙江人民出版社 1980 年［1］张
76cm（2 开）定价：CNY0.13

J0051339
科学植棉　李益年作
北京　人民美术出版社 1980 年 2 张 76cm（2 开）
定价：CNY0.36

J0051340
课余　武尚功作
太原　山西人民出版社 1980 年［1］张
76cm（2 开）定价：CNY0.18

J0051341
课余　李众斌作
西安　陕西人民美术出版社 1980 年［1］张
76cm（2 开）定价：CNY0.13

J0051342
空中飞人　谢鹏程作
长沙　湖南人民出版社 1980 年［1］张
76cm（2 开）定价：CNY0.14

J0051343
孔雀　齐兆璠作
石家庄　河北人民出版社 1980 年［1］张
76cm（2 开）定价：CNY0.16
　　作者齐兆璠，花鸟画家。天津人，毕业于天津美术学院。历任中国美术家协会会员，河北省沧州师范专科学校美术系教授，专著有《鸟类画谱》。

J0051344
孔雀　王一鸣作
天津　天津人民美术出版社 1980 年［1］张
76cm（2 开）定价：CNY0.16
　　作者王一鸣（1945—2009），花鸟画家。辽宁盖州人。历任辽宁盖州市文联主席、高级工程师，

中国美术家协会会员。

J0051345
孔雀公主　刘娟作
昆明　云南人民出版社 1980 年［1］张
53cm（4 开）定价：CNY0.07

J0051346
孔雀恋歌　（杨柳青年画）王美芳，刘正作
天津　天津杨柳青画店 1980 年［1］张
76cm（2 开）定价：CNY0.13
　　作者王美芳（1949—　），女，高级画师。北京人。毕业于中央美术学院附中。天津工艺美术设计院高级画师，天津画院院外画家。擅长中国画。作品有《蒙山腊月》《王贵与李香香》《做嫁衣》《正月》《太阳、雪山和我》。作者刘正（1949—　），女，编辑。天津人，毕业于天津美术学院绘画系。历任天津人民美术出版社编审，中国美术家协会会员，中国工笔画学会会员，中国刘奎龄艺术研究院研究员，天津市美术家协会会员。代表作品有《中国织绣服饰全集》《幸福花开》《庄户剧团》《十二月花神》《春到西花厅》等。

J0051347
孔雀牡丹　范有信作
兰州　甘肃人民出版社 1980 年［1］张
76cm（2 开）定价：CNY0.18

J0051348
孔雀牡丹　许春芝作
哈尔滨　黑龙江人民出版社 1980 年［1］张
76cm（2 开）定价：CNY0.13

J0051349
孔雀牡丹　萧焕作
西安　陕西人民美术出版社 1980 年［1］张
76cm（2 开）定价：CNY0.13

J0051350
孔雀舞　韦江琼作
武汉　湖北人民出版社 1980 年［1］张
76cm（2 开）定价：CNY0.16

J0051351

昆剧《蔡文姬》　华文漪饰；尹福康摄
上海　上海人民美术出版社　1980 年［1］张
76cm（2 开）定价：CNY0.13

J0051352

劳动光荣　喜庆丰收　谭西方作
郑州　河南人民出版社　1980 年　76cm（2 开）
定价：CNY0.11

J0051353

老帅下棋　孙荣山等作
上海　上海人民美术出版社　1980 年［1］张
76cm（2 开）定价：CNY0.16

J0051354

漓江风光　（一至四）梁荣中作
南宁　广西人民出版社　1980 年　2 张
76cm（2 开）定价：CNY0.36
　　作者梁荣中（1938—1995），一级美术师。广
西平南人，毕业于广西艺术学院。中国美术家协
会广西分会常务理事，中国美术家协会会员。代
表作品有《侗寨新声》《南盘江的早晨》《苗岭归
牧》《漓江烟雨》等，出版有《碧峰翠城》《奇山
秀水》《梁荣中山水画集》等。

J0051355

李闯王出征　汪家龄作
合肥　安徽人民出版社　1980 年［1］张
76cm（2 开）定价：CNY0.13
　　作者汪家龄（1944—2010），画家。江西婺源
人。中国艺术研究院特邀创作委员、黄山市美术
家协会副主席，黄山市中国画研究院副院长，中
国美术家协会安徽分会会员。擅长连环画。作
品有《追牛》《三八号》《红烛泪》等连环画，《哪
吒闹海》《三战吕布》等年画。

J0051356

李闯王和高夫人　张起林作
西安　陕西人民美术出版社　1980 年［1］张
76cm（2 开）定价：CNY0.13

J0051357

李清照　金克全画
济南　山东人民出版社　1980 年［1］张

76cm（2 开）定价：CNY0.14

J0051358

李天保娶亲
北京　中国电影出版社　1980 年［1］张
76cm（2 开）定价：CNY0.11

J0051359

李香君　谢慕莲作
上海　上海人民美术出版社　1980 年［1］张
76cm（2 开）定价：CNY0.14

J0051360

鲤鱼荷美　原守俭作
哈尔滨　黑龙江人民出版社　1980 年［1］张
76cm（2 开）定价：CNY0.13

J0051361

鲤鱼跳龙门　林纹作
杭州　浙江人民出版社　1980 年［1］张
76cm（2 开）定价：CNY0.14

J0051362

鲤鱼仙子　张文学作
石家庄　河北人民出版社　1980 年［1］张
76cm（2 开）定价：CNY0.16

J0051363

历史人物故事　刘王斌作
上海　上海人民美术出版社　1980 年［1］张
76cm（2 开）定价：CNY0.16

J0051364

连年丰收　岁岁有余　侯世武作
成都　四川人民出版社　1980 年　76cm（2 开）
定价：CNY0.14
　　作者侯世武（1938—　　），四川绵竹人。结业
于四川美院进修班。绵竹年画博物馆馆长、副研
究馆员。作品有《献寿图》《　四川儿歌》《看外
孙》等。

J0051365

连年庆有余　岁岁喜丰收　魏明全画
郑州　河南人民出版社　1980 年　76cm（2 开）
定价：CNY0.11

作者魏明全(1937—　)，擅长年画，兼工中国画山水、人物、花卉等。河南遂平人。笔名老瓦，号房人。毕业于上蔡师范学校。在上蔡县文化馆分管群众美术工作兼摄影，为上蔡县美协、影协理事长，河南省美术家协会会员，河南省摄影家协会会员，河南省民间美术学会理事。作品有《双喜临门》《连年有余》《鱼跃年丰》《岳家军》等。国画作品有《国香又逢春》《暖翠图》《献寿》等。国画人物有《蔡叔度》《关羽》等。

J0051366
连年庆有余　岁岁喜丰收　魏明全画
郑州　河南人民出版社　1980年　53cm(4开)
定价：CNY0.06

J0051367
连年有余　冯力作
兰州　甘肃人民出版社　1980年　2张
38cm(6开)定价：CNY0.09

J0051368
连年有余　聂立柱作
石家庄　河北人民出版社　1980年[1]张
76cm(2开)定价：CNY0.13

J0051369
连年有余　王连元，王素之作
哈尔滨　黑龙江人民出版社　1980年[1]张
76cm(2开)定价：CNY0.11
作者王连元(1942—　)，画家。辽宁兴城人，现侨居澳大利亚。为中国美术家协会会员、哈尔滨师范大学艺术学院教授。作品有《早春三月》《鄂乡系列——乡情》。

J0051370
练好身体　大干四化　张继国作
北京　人民体育出版社　1980年　76cm(2开)
定价：CNY0.16

J0051371
良宵　刘宇一作
南宁　广西人民出版社　1980年[1]张
78cm(2开)定价：CNY0.27

J0051372
梁红玉　穆桂英　罗开富作
成都　四川人民出版社　1980年　76cm(2开)
定价：CNY0.16

J0051373
梁山伯与祝英台　许大为编文；吕振模，文长生摄影
福州　福建人民出版社　1980年　2张　76cm(2开)
定价：CNY0.36

J0051374
林黛玉　艾轩作
成都　四川人民出版社　1980年[1]张
76cm(2开)定价：CNY0.16

J0051375
林黛玉和贾宝玉　熊思红作
成都　四川人民出版社　1980年[1]张
76cm(2开)定价：CNY0.16

J0051376
林黛玉和贾宝玉　熊思红作
成都　四川人民出版社　1980年[1]张
76cm(2开)定价：CNY0.07

J0051377
林黛玉魁夺菊花诗　牟桑画
济南　山东人民出版社　1980年[1]张
76cm(2开)定价：CNY0.14
作者牟桑(1942—　)，教授。生于山东日照，毕业于山东师范学院艺术系。历任中国美术家协会会员，山东建筑大学艺术系教研室主任、教授。作品有《举士奇创》《农林益鸟》《林黛玉魁夺菊花诗》，专集有《花卉写生集》《中国太湖石写生集》。主编《全国高校建筑学科教师美术作品集》。

J0051378
林黛玉魁夺菊花诗　戴宏海作
杭州　浙江人民美术出版社　1980年[1]张
76cm(2开)定价：CNY0.16

J0051379
淋浴　于占德画

济南 山东人民出版社 1980 年 [1] 张
76cm（2 开）定价：CNY0.11

J0051380
刘三姐　绍虎作
南京 江苏人民出版社 1980 年 [1] 张
76cm（2 开）定价：CNY0.18

J0051381
刘宗敏飞越汉江　李惠作
西安 陕西人民美术出版社 1980 年 [1] 张
76cm（2 开）定价：CNY0.13

J0051382
柳郎与兰花
北京 中国电影出版社 1980 年 [1] 张
76cm（2 开）定价：CNY0.16

J0051383
柳毅传书　张秀时，费长富合作
沈阳 辽宁美术出版社 1980 年 2 张 76cm（2 开）
定价：CNY0.26
　　作者张秀时（1938—　），辽宁辽中人，毕业
于鲁迅美术学院中国画系。历任中国美协辽宁
分会创作员，辽宁人民出版社美术图片编辑室负
责人，辽宁美术出版社美编室主任、美术创作室
主任、总编室主任兼社长助理、副社长、副总编
辑，《美术大观》主编等。国画作品有《工人学哲
学》《让洼塘变富仓》《场院上》。年画有《人民
功臣》《祖国万岁》等。

J0051384
龙灯狮舞　方湘侠作
武汉 湖北人民出版社 1980 年 107cm（全开）
定价：CNY0.32
　　作者方湘侠（1940—　），原籍福建莆田，出
生于湖南长沙。毕业于湖北艺术学院（现湖北美
术学院）美术系中国画专业。曾任湖北省群众艺
术馆美术编辑、副馆长。湖北美术协会副主席、
湖北省科普美术家协会理事长。主要作品有《运
石图》《欢乐的日子》《欲飞》等。

J0051385
龙灯狮舞　方湘侠作
武汉 湖北人民出版社 1980 年 76cm（2 开）

定价：CNY0.11

J0051386
龙飞凤舞　卓昌勇作
成都 四川人民出版社 1980 年 [1] 张
76cm（2 开）定价：CNY0.14

J0051387
龙凤呈祥　（中堂）
天津 天津杨柳青画店 1980 年 [1 幅]
76cm（2 开）定价：CNY1.25

J0051388
龙女更爱人间美　王一鸣画
长春 吉林人民出版社 1980 年 [1] 张
76cm（2 开）定价：CNY0.16

J0051389
龙腾千里传捷报　凤翔九天奏凯歌　刘绍
昆作
南宁 广西人民出版社 1980 年 76cm（2 开）
定价：CNY0.18

J0051390
龙舟竞渡　申业华，潘培德作
成都 四川人民出版社 1980 年 [1] 张
76cm（2 开）定价：CNY0.14

J0051391
鹿鹤同春　何逸梅作
上海 上海人民美术出版社 1980 年 [1] 张
76cm（2 开）定价：CNY0.14

J0051392
鹿壮春色　陆廷作
上海 上海人民美术出版社 1980 年 [1] 张
76cm（2 开）定价：CNY0.11

J0051393
洛神　蒋彩苹作
北京 人民美术出版社 1980 年 [1] 张
76cm（2 开）定价：CNY0.18

J0051394
洛神　王木兰作

太原 山西人民出版社 1980 年［1］张
76cm（2 开）定价：CNY0.18

J0051395
绿水青山带笑颜　张弓作
石家庄 河北人民出版社 1980 年［1］张
76cm（2 开）定价：CNY0.16

J0051396
麻姑献寿　黄慧玲作
福州 福建人民出版社 1980 年［1］张
76cm（2 开）定价：CNY0.18

J0051397
麻姑献寿　李慕白，庞卡作
长沙 湖南美术出版社 1980 年［1］张
76cm（2 开）定价：CNY0.16

J0051398
麻姑献寿　任素贤作
西宁 青海人民出版社 1980 年［1］张
78cm（2 开）定价：CNY0.16

J0051399
麻姑献寿　戴仁作
杭州 浙江人民美术出版社 1980 年［1］张
76cm（2 开）定价：CNY0.16
　　作者戴仁（1934—　），浙江温州人。中国美术家协会会员，浙江省美术家协会理事，浙江省科普艺术协会理事。主要作品有连环画《三个勇士》《棠棣之花》《胭脂》等。

J0051400
麦海新歌　贾忠景画
济南 山东人民出版社 1980 年［1］张
76cm（2 开）定价：CNY0.11

J0051401
满意的答卷　高汝法作
银川 宁夏人民出版社 1980 年［1］张
76cm（2 开）定价：CNY0.13

J0051402
满园春色　李春萍画
长春 吉林人民出版社 1980 年［1］张

76cm（2 开）定价：CNY0.16

J0051403
漫游海底　张成思，竹翔飞合作
沈阳 辽宁美术出版社 1980 年［1］张
76cm（2 开）定价：CNY0.13

J0051404
猫　安杰画
长春 吉林人民出版社 1980 年［1］张
76cm（2 开）定价：CNY0.16
　　作者安杰（1946—　），毕业于吉林师范学校。曾任吉林省梅河口文化馆创作室主任、高级美术师、中国美术家协会会员、吉林省美协理事。作品有《春雪》《喜迎春》《爽秋》等。

J0051405
猫戏图　米春茂作
石家庄 河北人民出版社 1980 年 2 张
76cm（2 开）定价：CNY0.32

J0051406
梅香盗宝　武海鹰作
石家庄 河北人民出版社 1980 年［1］张
76cm（2 开）定价：CNY0.16

J0051407
美好的未来　赵幼华画
长春 吉林人民出版社 1980 年［1］张
76cm（2 开）定价：CNY0.16

J0051408
美酒敬英雄　鲜果献模范　钱仁华，潘培德作
昆明 云南人民出版社 1980 年 53cm（4 开）
定价：CNY0.07

J0051409
美酒敬英雄　鲜果献模范　钱仁华，潘培德作
昆明 云南人民出版社 1980 年 76cm（2 开）
定价：CNY0.13

J0051410
苗儿肥 花儿大 只生一个胖娃娃 女儿强

男儿壮　生男生女都一样　（苏州桃花坞木刻
年画）刘振夏，温尚光作
南京 江苏人民出版社 1980 年 [1]张
76cm（ 2 开 ）定价：CNY0.18

J0051411
描绘四化图　书写创业史　张成祥画；李汉
三书
郑州 河南人民出版社 1980 年 76cm（ 2 开 ）
定价：CNY0.13

J0051412
民间歌舞　刘根群，李文龙作
太原 山西人民出版社 1980 年 [1]张
76cm（ 2 开 ）定价：CNY0.09

J0051413
民族英雄　（郑成功）陈略作
广州 广东人民出版社 1980 年 76cm（ 2 开 ）
定价：CNY0.18
　　作者陈略(1943—　　)，广东信宜人。毕业于
广州美术学院国画系。曾任阳春市美协主席，中
国美术家协会会员。作品有《父子英雄》《赵子
龙张翼德》《陈略人物画集》等。

J0051414
民族英雄　（郑成功）陈略作
广州 广东人民出版社 1980 年 53cm（ 4 开 ）
定价：CNY0.09

J0051415
岳飞　王桂保作
郑州 河南人民出版社 1980 年 [1]张
76cm（ 2 开 ）定价：CNY0.16

J0051416
岳飞　谭尚忍作
上海 上海人民美术出版社 1980 年 [1]张
76cm（ 2 开 ）定价：CNY0.16

J0051417
明珠　陈松崚作
杭州 浙江人民美术出版社 1980 年 [1]张
76cm（ 2 开 ）定价：CNY0.16

J0051418
牡丹　丁楼辰作
南京 江苏人民出版社 1980 年 [1]张
76cm（ 2 开 ）定价：CNY0.18

J0051419
牡丹　王彤作
上海 上海人民美术出版社 1980 年 [1]张
76cm（ 2 开 ）定价：CNY0.16

J0051420
牡丹蝴蝶图　（一至四 胶印画轴）丁楼辰作
天津 天津杨柳青画店 1980 年 4 幅 76cm（ 2 开 ）
定价：CNY1.10

J0051421
牡丹双鹤　（中堂）陈修范作；王颂余书
天津 天津杨柳青画店 1980 年 [1 幅]
定价：CNY1.25
　　作者王颂余(1910—2005)，书法家、山水画
家。出生于天津。天津美术学院任教。代表作
品《把余粮卖给国家》《凯歌黄金路》《滦水清兮
清且甘》等。

J0051422
牡丹仙子　李小白作
南京 江苏人民出版社 1980 年 [1]张
76cm（ 2 开 ）定价：CNY0.18

J0051423
木兰丛军　柳文田作
合肥 安徽人民出版社 1980 年 [1]张
76cm（ 2 开 ）定价：CNY0.16

J0051424
木兰巡营　王叔晖作
北京 人民美术出版社 1980 年 [1]张
76cm（ 2 开 ）定价：CNY0.18
　　作者王叔晖(1912—1985)，女，国画家。字
郁芬，生于天津，祖籍浙江绍兴。历任新闻出版
署美术科员，新华书店总管理处美术室图案组
组长，人民美术出版社连环画创作组组长。代表
作《西厢记》《林黛玉》《夜宴桃李园》《杨门女
将》等。

J0051425
木偶传情话友谊　杨建明作
上海　上海人民美术出版社　1980 年［1］张
76cm（2 开）定价：CNY0.13

J0051426
木偶戏　钟明作
杭州　浙江人民美术出版社　1980 年［1］张
76cm（2 开）定价：CNY0.16

J0051427
牧羊姑娘　王伟戌，谭尚忍作
上海　上海人民美术出版社　1980 年［1］张
76cm（2 开）定价：CNY0.11

J0051428
穆桂英和杨宗保　张宏宾画
济南　山东人民出版社　1980 年［1］张
76cm（2 开）定价：CNY0.16

J0051429
穆柯寨　庞卡作
石家庄　河北人民出版社　1980 年［1］张
76cm（2 开）定价：CNY0.13
　　作者庞卡（1935—　）。画家。又名庞抱俊。
上海人。历任上海人民美术出版社年画编辑、创
作员。作品有《从小爱科学》《秧苗青青春来早》
《爱人民》等。

J0051430
穆柯寨　（中堂）庞卡画
石家庄　河北人民出版社　1980 年［1 幅］
76cm（2 开）定价：CNY1.20

J0051431
哪吒闹海　孙明作
哈尔滨　黑龙江人民出版社　1980 年［1］张
76cm（2 开）定价：CNY0.13

J0051432
哪吒闹海　张月明作
长沙　湖南人民出版社　1980 年［1］张
76cm（2 开）定价：CNY0.16

J0051433
哪吒闹海　史士明作
南京　江苏人民出版社　1980 年［1］张
76cm（2 开）定价：CNY0.18

J0051434
哪吒闹海　李慕白作
上海　上海人民美术出版社　1980 年［1］张
76cm（2 开）定价：CNY0.14

J0051435
哪吒闹海　李慕白作
上海　上海人民美术出版社　1980 年［1］张
76cm（2 开）定价：CNY0.07
　　作者李慕白（1913—1991），画家。生于浙江
海宁。中国民主同盟成员，中国美术家协会会员，
上海人民美术出版社特约年画作者。出版有《李
慕白、金雪尘年画选集》。

J0051436
哪吒闹海　（杨柳青年画）刘玉华作
天津　天津杨柳青画店　1980 年［1］张
76cm（2 开）定价：CNY0.16

J0051437
奶场之春　姚俊国作
郑州　河南人民出版社　1980 年［1］张
76cm（2 开）定价：CNY0.16

J0051438
奶奶教我学算术　莫伯华作
天津　天津人民美术出版社　1980 年［1］张
76cm（2 开）定价：CNY0.16

J0051439
南疆民兵　罗玉民画
济南　山东人民出版社　1980 年［1］张
76cm（2 开）定价：CNY0.14

J0051440
闹花灯　吴性清作
天津　天津人民美术出版社　1980 年［1］张
76cm（2 开）定价：CNY0.11

J0051441
闹新春　李鼎元作
兰州 甘肃人民出版社 1980 年 2 张 38cm（6 开）
定价：CNY0.09

J0051442
闹元宵　李姣一作
成都 四川人民出版社 1980 年 [1] 张
53cm（4 开）定价：CNY0.08

J0051443
你追我赶　成砺志作
北京 人民美术出版社 1980 年 [1] 张
76cm（2 开）定价：CNY0.14

J0051444
你追我赶　赵仁成作
西安 陕西人民美术出版社 1980 年 [1] 张
76cm（2 开）定价：CNY0.18

J0051445
你追我赶　范振家作
上海 上海人民美术出版社 1980 年 [1] 张
76cm（2 开）定价：CNY0.11

J0051446
年丰人寿　张泽苾作
天津 天津人民美术出版社 1980 年 [1] 张
76cm（2 开）定价：CNY0.16

J0051447
年画缩样　（1981.2）
广州 广东人民出版社 [1980 年] 13×19cm

J0051448
年画缩样　（1981）
南宁 广西人民出版社 [1980 年] 13×19cm

J0051449
年画缩样　（1981）
贵阳 贵州人民出版社 [1980 年] 13×19cm

J0051450
年画缩样　（1981.1）
郑州 河南人民出版社 [1980 年] 13×19cm

J0051451
年画缩样　（1981.2）
郑州 河南人民出版社 [1980 年] 13×19cm

J0051452
年画缩样　（1981）
沈阳 辽宁美术出版社 [1980 年] 13×19cm

J0051453
年画缩样　（1981）
呼和浩特 内蒙古人民出版社 [1980 年]
13×19cm

J0051454
年年有余　成砺志作
南京 江苏人民出版社 1980 年 [1] 张
76cm（2 开）定价：CNY0.18
　　　作者成砺志（1954—　　），江苏扬州人。国家
一级美术师，中国美术家协会会员。主要作品《六
老图·邓小平》《我为祖国争光》《春暖万家》等。

J0051455
年年有余　岁岁丰收　刘景奇作
南昌 江西人民出版社 1980 年 76cm（2 开）
定价：CNY0.13

J0051456
鸟语花香　姜堃作
长沙 湖南人民出版社 1980 年 [1] 张
76cm（2 开）定价：CNY0.14

J0051457
鸟语花香　（一、二）王少卿作
郑州 河南人民出版社 1980 年 2 张
76cm（2 开）定价：CNY0.36

J0051458
鸟语花香　（一至四）邓文欣画
长春 吉林人民出版社 1980 年 2 张
76cm（2 开）定价：CNY0.32
　　　作者邓文欣（1936—　　），书画家。字子鹤，
号那立闪人，辽宁阜新人。任四平市书画院院长，
中国美术家协会会员。作品有《松鹤迎春》《路
漫漫》《征程》，出版画集《山水花鸟画谱》《3D
文欣仙鹤画集》《文欣画鹤》等。

J0051459
鸟语花香　张宝元作
北京 人民美术出版社 1980年 2张
76cm（2开）定价：CNY0.26

J0051460
鸟语花香　（一至四 画轴）刘奎龄作
天津 天津杨柳青画店 1980年 4幅
定价：CNY1.10
　　作者刘奎龄（1885—1967），画家。字耀辰，天津人。历任美协天津分会副主席，天津市国画研究会委员，天津文史馆研究员，中国美术家协会会员。代表作品有《上林春色图》《动物八屏图》《卧虎图》等。

J0051461
牛郎织女　金梅生作
上海 上海人民美术出版社 1980年［1］张
76cm（2开）定价：CNY0.14

J0051462
牛郎织女　金梅生作
上海 上海人民美术出版社 1980年［1］张
76cm（2开）定价：CNY0.07

J0051463
农家乐　杨馥如作
杭州 浙江人民美术出版社 1980年［1］张
76cm（2开）定价：CNY0.14

J0051464
弄玉乘凤　王绍基作
杭州 浙江人民美术出版社 1980年［1］张
76cm（2开）定价：CNY0.14

J0051465
弄玉吹箫　刘荣富作
上海 上海人民美术出版社 1980年［1］张
76cm（2开）定价：CNY0.13

J0051466
女驸马　邹晓清作
合肥 安徽人民出版社 1980年［1］张
76cm（2开）定价：CNY0.16

J0051467
女建筑师　漆德琰，昌莲玉作
长沙 湖南人民出版社 1980年［1］张
76cm（2开）定价：CNY0.16
　　作者漆德琰（1932—　），教授，画家。江西高安人，毕业于鲁迅美术学院。历任《江西画报》社编辑，江西文艺学院教师，江西革命博物馆创作员，重庆建筑大学教授等。代表作品《井冈山会师》《石板哨小屋》《归牧》《水乡》等。出版有《漆德琰水彩画作品与技法》《漆德琰水彩画选》《水彩写生技法示范》等。

J0051468
女潜水员　金铭作
上海 上海人民美术出版社 1980年［1］张
76cm（2开）定价：CNY0.13

J0051469
女娲补天　（杨柳青年画）李存伟作
天津 天津杨柳青画店 1980年［1］张
76cm（2开）定价：CNY0.16

J0051470
女英雄屏　（一至四）冯国琳作；丁巩诗
沈阳 辽宁美术出版社 1980年 2张
76cm（2开）定价：CNY0.26

J0051471
女英雄赞　崔五零作
郑州 河南人民出版社 1980年 2张
76cm（2开）定价：CNY0.32

J0051472
胖娃娃　王伟戌，姚中玉作
杭州 浙江人民美术出版社 1980年［1］张
76cm（2开）定价：CNY0.13

J0051473
培育新苗　游龙姑作
上海 上海人民美术出版社 1980年［1］张
76cm（2开）定价：CNY0.11

J0051474
彭德怀元帅　李林祥作
沈阳 辽宁美术出版社 1980年［1］张

76cm（2开）定价：CNY0.13

J0051475
平湖渔歌　张重光作
西安　陕西人民美术出版社　1980 年［1］张
76cm（2开）定价：CNY0.18

J0051476
扑蝶　杨文仁画
济南　山东人民出版社　1980 年［1］张
76cm（2开）定价：CNY0.14
　　作者杨文仁（1941—　），画家。生于山东青岛。山东师范学院艺术系中国画专业毕业。历任泰安师范美术教师，山东省艺术馆美术干部，山东师范大学美术系教师。山东省美术馆一级美术师，山东省美术家协会副主席。出版有《杨文仁花鸟画集》《杨文仁国画精品集》《荷花画法》等。

J0051477
七仙女下凡　熊思红作
成都　四川人民出版社　1980 年［1］张
76cm（2开）定价：CNY0.16

J0051478
期望　刘振东作
北京　人民美术出版社　1980 年［1］张
76cm（2开）定价：CNY0.18

J0051479
期望　刘振东画
济南　山东人民出版社　1980 年［1］张
76cm（2开）定价：CNY0.14

J0051480
奇功异彩　付百忍，林震作
沈阳　辽宁美术出版社　1980 年［1］张
76cm（2开）定价：CNY0.13

J0051481
奇怪的"101"马兰花　中国儿童艺术剧院演出并供稿
北京　中国戏剧出版社　1980 年［1］张
76cm（2开）定价：CNY0.16

J0051482
奇双会　谢慕莲作
上海　上海人民美术出版社　1980 年［1］张
76cm（2开）定价：CNY0.11

J0051483
抢伞　沈家琳作
广州　广东人民出版社　1980 年［1］张
78cm（2开）定价：CNY0.11

J0051484
瞧这一家子
北京　中国电影出版社　1980 年　2 张
76cm（2开）定价：CNY0.22

J0051485
巧夺天工　孙国歧作
沈阳　辽宁美术出版社　1980 年［1］张
76cm（2开）定价：CNY0.13

J0051486
巧手扎彩灯　刘彦平作
石家庄　河北人民出版社　1980 年［1］张
76cm（2开）定价：CNY0.13

J0051487
亲　陈增胜画
济南　山东人民出版社　1980 年［1］张
76cm（2开）定价：CNY0.13
　　作者陈增胜（1941—　），山东招远县人。曾先后深造于天津美术学院、北京画院。山东省美术家协会会员、山东省书画艺术促进会理事、威海海洋画院画师。主要著作有《怎样画猫》《陈增胜猫画选》《百猫谱》等。

J0051488
禽鸟图　吴振兹作
上海　上海人民美术出版社　1980 年［1］张
76cm（2开）定价：CNY0.14

J0051489
禽兔　张宝元画
济南　山东人民出版社　1980 年　2 张　76cm（2开）
定价：CNY0.36

J0051490
勤奋学习　蒋昌一作
上海 上海人民美术出版社 1980年［1］张
76cm（2开）定价：CNY0.14
　　作者蒋昌一（1943—　），画家、国家一级美术师。湖南湘乡人，毕业于南京艺术学院美术系。历任上海美术设计公司干部，上海油画雕塑院院长，中国美协会员，上海美协常务理事，上海美协绘画艺术委员会主任。代表作品《团结》《国旗像太阳一样红》《革命风雨催我长》等。

J0051491
勤劳创财富　军民保国防　杨家聪，陈衡作
广州 广东人民出版社 1980年 76cm（2开）
定价：CNY0.16
　　作者杨家聪（1932—　），画家。广州市美术家协会主席、广州水彩画研究会顾问、广州诗社副社长。作品有《杨家聪画集》《杨家聪作品选》《杨家聪水彩画选》《杨家聪杨毅钢笔画集》《杨家聪文集》等。

J0051492
勤劳创财富　军民保国防　杨家聪，陈衡作
广州 广东人民出版社 1980年 53cm（4开）
定价：CNY0.08

J0051493
勤学篇　李伟华作
哈尔滨 黑龙江人民出版社 1980年 2张
76cm（2开）定价：CNY0.26

J0051494
青春赞歌　（党的好儿张志新同志）沈家琳作
上海 上海人民美术出版社 1980年［1］张
76cm（2开）定价：CNY0.16

J0051495
庆丰收　于可安画
济南 山东人民出版社 1980年［1］张
118×163cm 定价：CNY0.20

J0051496
庆新春　王志隆画
济南 山东人民出版社 1980年［1］张
76cm（2开）定价：CNY0.14

J0051497
庆祝节日　江涛作
天津 天津人民美术出版社 1980年［1］张
76cm（2开）定价：CNY0.14

J0051498
秋江　高国强作
南京 江苏人民出版社 1980年［1］张
76cm（2开）定价：CNY0.18

J0051499
秋翁遇仙　孙昌茵，冯玉薇作
杭州 浙江人民美术出版社 1980年［1］张
76cm（2开）定价：CNY0.16
　　作者孙昌茵（1943—　），画家。原籍中国浙江温州，现居加拿大。加拿大中国美术协会副主席、加拿大当代艺术研究院院长、多伦多美术学院名誉院长。代表作品有连环画《白蛇传》、油画《百年华工血泪路》，出版有《孙昌茵水墨人体》《线描人体》《怎样使用油画刀》《孙昌茵油画艺术》等。

J0051500
秋艳　杜曼华作
长沙 湖南人民出版社 1980年［1］张
76cm（2开）定价：CNY0.13

J0051501
群鹅　陈有吉作
天津 天津人民美术出版社 1980年［1］张
76cm（2开）定价：CNY0.16

J0051502
群童戏水　孙金荣，冯向杰作
北京 人民体育出版社 1980年［1］张
76cm（2开）定价：CNY0.13
　　作者冯向杰（1941—　），画家、国家一级美术师。自号桑泉道人，山西临猗人。北京新体育杂志社副编审，中国美术家协会会员，中国体育美术促进会常务理事。

J0051503
群英会　陆泽之作
上海 上海人民美术出版社 1980年［1］张
76cm（2开）定价：CNY0.11

J0051504
让妈妈放心　黄奇士作
武汉 湖北人民出版社 1980 年 ［1］张
76cm（2 开）定价：CNY0.18

J0051505
让我来回答　金铭作
银川 宁夏人民出版社 1980 年 ［1］张
76cm（2 开）定价：CNY0.13

J0051506
热爱祖国　郭文涛作
兰州 甘肃人民出版社 1980 年 ［1］张
76cm（2 开）定价：CNY0.18
　　作者郭文涛（1941—　　），画家。河北交河人。
毕业于西北师范大学美术系。中国美术家协会
会员，甘肃省美协副主席，兰州市美协主席，兰
州市文联主席，兰州市政协副主席。代表作品《军
长之路》（合作）、连环画《四明传奇》、国画《夕
照图》。出版有《郭文涛画集》等。

J0051507
人参姑娘　翟盛礼画
长春 吉林人民出版社 1980 年 ［1］张
76cm（2 开）定价：CNY0.16

J0051508
人欢鱼跃　宋仁贤作
北京 人民美术出版社 1980 年 ［1］张
76cm（2 开）定价：CNY0.16

J0051509
人欢鱼跃　张瑞恒作
天津 天津人民美术出版社 1980 年 ［1］张
76cm（2 开）定价：CNY0.16

J0051510
人勤春早　劳动致富　杨莹泽，邹小工作
成都 四川人民出版社 1980 年 78cm（2 开）
定价：CNY0.11

J0051511
人勤果硕　水暖鱼肥　严潝作
昆明 云南人民出版社 1980 年 76cm（2 开）
定价：CNY0.13

J0051512
人勤果硕　水暖鱼肥　严潝作
昆明 云南人民出版社 1980 年 53cm（4 开）
定价：CNY0.07

J0051513
人勤年丰　四季平安　李中文作
郑州 河南人民出版社 1980 年 76cm（2 开）
定价：CNY0.11

J0051514
人寿年丰　周志义作
西宁 青海人民出版社 1980 年 ［1］张
38cm（6 开）定价：CNY0.10

J0051515
人寿年丰　六畜兴旺　文小苗作
昆明 云南人民出版社 1980 年 76cm（2 开）
定价：CNY0.13

J0051516
人寿年丰　六畜兴旺　文小苗作
昆明 云南人民出版社 1980 年 53cm（4 开）
定价：CNY0.07

J0051517
认真思考　泽玉等作
石家庄 河北人民出版社 1980 年 ［1］张
76cm（2 开）定价：CNY0.13

J0051518
乳燕欲飞　孙国岐作
天津 天津人民美术出版社 1980 年 ［1］张
76cm（2 开）定价：CNY0.16

J0051519
瑞草延年　吴光华作
上海 上海人民美术出版社 1980 年 ［1］张
76cm（2 开）定价：CNY0.11
　　作者吴光华（1933—　　），版画家。生于江西
东乡，曾用笔名：牧也、笑也、牧春等。中国美
术家协会会员，上海人民美术出版社副编审。擅
版画、年画、国画及篆刻。在江西陶瓷专业艺术
学院从事了三年的绘瓷生涯。毕业于中央美术
学院华东分院版画系，师从木刻家张漾兮。版

画作品有《把余粮卖给国家》《村口》《新学》等，木刻连环画《党费》，木刻画《舞师图》《春》《黄河渔民》，木刻邮票《摘棉花》。

J0051520
塞上春色　陕西省陕北革命建设委员会等编；陈宝生摄影
西安 陕西人民美术出版社 1980 年 2 张
76cm（2 开）定价：CNY0.32

J0051521
塞上枸杞　王系松作
银川 宁夏人民出版社 1980 年［1］张
76cm（2 开）定价：CNY0.13

J0051522
三国人物　（关云长、张飞）潘培德作
成都 四川人民出版社 1980 年 76cm（2 开）
定价：CNY0.16

J0051523
三国人物条屏　赵贵德画；张洪林配诗
石家庄 河北人民出版社 1980 年 2 张
76cm（2 开）定价：CNY0.32

J0051524
三潭印月　盛二龙作
杭州 浙江人民美术出版社 1980 年［1］张
76cm（2 开）定价：CNY0.16
　　作者盛二龙（1948— ），广东中山人，毕业于浙江美术学院附中。历任浙江人民美术出版社美术编辑、浙江摄影出版社社长，《浙江画报》社社长兼主编。作品有《红孩子、红队长、红爷爷》《山姑娘》（合作）《江山多娇》。

J0051525
三笑　杜兴顺作
哈尔滨 黑龙江人民出版社 1980 年［1］张
76cm（2 开）定价：CNY0.13

J0051526
三笑结良缘　杨树有，王洪俊画
长春 吉林人民出版社 1980 年［1］张
76cm（2 开）定价：CNY0.16

J0051527
三英战吕布　邓敦伟作
南宁 广西人民出版社 1980 年［1］张
76cm（2 开）定价：CNY0.18
　　作者邓敦伟（1942— ），广西合浦人。毕业于广东湛江艺术学校。中国工艺美术学会会员、中国工艺美术书画研究会理事、中国美术家协会会员、钦州市美协主席。主要代表作有《水浒一百零八将》《蜀汉五虎将》《古装人物画稿》等。

J0051528
三英战吕布　孙文光作
成都 四川人民出版社 1980 年［1］张
76cm（2 开）定价：CNY0.16

J0051529
山歌　王秦生作
北京 人民美术出版社 1980 年［1］张
76cm（2 开）定价：CNY0.11

J0051530
山区放映员　于新生作
北京 人民美术出版社 1980 年［1］张
76cm（2 开）定价：CNY0.14

J0051531
山区新貌　陕西省陕北"革命建设委员会"编；陈宝生，景风摄影
西安 陕西人民美术出版社 1980 年 2 张
76cm（2 开）定价：CNY0.28

J0051532
山水条屏　（一至四 胶印轴画）孙克纲，吴敦木作
天津 天津杨柳青画店 1980 年 4 幅
定价：CNY1.10
　　作者孙克纲（1923—2007），画家。天津人。曾任天津画院一级画师，中国美术家协会天津分会副主席等。代表作品有《太行十月》《秦岭烟云》《峨眉天下秀》等。

J0051533
上学第一天　潘真作
石家庄 河北人民出版社 1980 年［1］张
76cm（2 开）定价：CNY0.16

J0051534
少年勤学屏　姚延林，沈枬作
沈阳 辽宁美术出版社 1980 年 2 张
76cm（2 开）定价：CNY0.22
　　作者沈枬（1935—　），画家。笔名木丹，浙江平湖人，曾就读于上海电力学院。历任上海教育出版社副编审，上海美术家协会会员，上海编辑学会会员。主要作品有《爱国篇》《诚实篇》《针灸》《塞下曲》《小猴吃瓜果》《雏鸟出壳的故事》等。

J0051535
摄影四条屏　吉林画报社编；郑捷摄影
长春 吉林人民出版社 1980 年 4 张
53cm（4 开）定价：CNY0.36

J0051536
身体好　郭淑玉画
济南 山东人民出版社 1980 年［1］张
76cm（2 开）定价：CNY0.11

J0051537
深山采宝　秦大虎作
天津 天津人民美术出版社 1980 年［1］张
76cm（2 开）定价：CNY0.16

J0051538
深山探宝　邓泽纯作
成都 四川人民出版社 1980 年［1］张
76cm（2 开）定价：CNY0.16

J0051539
生产能手　模范夫妻　陈绕光作
昆明 云南人民出版社 1980 年 76cm（2 开）
定价：CNY0.13

J0051540
声音真好听　原儒云作
天津 天津人民美术出版社 1980 年［1］张
76cm（2 开）定价：CNY0.16

J0051541
狮子楼　朱嘉铭，陆海林作
成都 四川人民出版社 1980 年［1］张
76cm（2 开）定价：CNY0.16

J0051542
狮子舞　李宝嘉作
沈阳 辽宁美术出版社 1980 年［1］张
76cm（2 开）定价：CNY0.13

J0051543
十字坡　（杨柳青年画）张锡武作
天津 天津杨柳青画店 1980 年［1］张
76cm（2 开）定价：CNY0.16
　　作者张锡武（1927—　），画家。字青松，河北河间人。历任天津国画研究所副所长，天津杨柳青画社副编审，中国美术家协会会员等。代表作品《淀上渔歌》《李时珍问药图》，出版有《张锡武画选》《牡丹的画法》等。

J0051544
拾玉镯　黄妙发作
广州 广东人民出版社 1980 年［1］张
78cm（2 开）定价：CNY0.11

J0051545
拾玉镯　叶川画
济南 山东人民出版社 1980 年［1］张
76cm（2 开）定价：CNY0.16

J0051546
史湘云醉眠芍药裀　王方雄，郭月明作
福州 福建人民出版社 1980 年［1］张
76cm（2 开）定价：CNY0.18

J0051547
史湘云醉眠芍药裀　（中堂画轴）刘旦宅作
石家庄 河北人民出版社 1980 年［1］轴
76cm（2 开）定价：CNY0.75

J0051548
世界风光　（一）张鸿保作
武汉 湖北人民出版社 1980 年［1］张
76cm（2 开）定价：CNY0.18

J0051549
世界风光　（二）白统绪作
武汉 湖北人民出版社 1980 年［1］张
76cm（2 开）定价：CNY0.18

J0051550
世界风光　（二）施福国作
上海　上海人民美术出版社　1980 年［1］张
76cm（2 开）定价：CNY0.14

J0051551
试新衣　何波作
武汉　湖北人民出版社　1980 年［1］张
76cm（2 开）定价：CNY0.18
　　作者何波（1949—　），满族，高级美术师。
笔名冰云。辽宁渤海湾人。曾就读于哈尔滨文学
院。哈尔滨云野艺院院长，中国美协、书协会员、
理事。

J0051552
收集标本　张汝为作
天津　天津人民美术出版社　1980 年［1］张
76cm（2 开）定价：CNY0.11
　　作者张汝为（1944—　），画家，国家一级美
术师。浙江镇海人。历任中国美术家协会会员，
天津美协顾问，天津画院专职画家。主要作品有
《共产主义是千秋万代的崇高事业》《大海的 女
儿》等。

J0051553
叔叔保卫我们　李秉刚作
沈阳　辽宁美术出版社　1980 年［1］张
76cm（2 开）定价：CNY0.13

J0051554
数数看　游龙姑作
成都　四川人民出版社　1980 年［1］张
76cm（2 开）定价：CNY0.16

J0051555
双喜凤凰　刘树仪作
沈阳　辽宁美术出版社　1980 年［1］张
76cm（2 开）定价：CNY0.24

J0051556
双喜图　徐慧玲作
武汉　湖北人民出版社　1980 年［1］张
76cm（2 开）定价：CNY0.14

J0051557
双鱼吉庆新年好　杨馥如，徐飞鸿作
上海　上海人民美术出版社　1980 年［1］张
76cm（2 开）定价：CNY0.16

J0051558
双鱼图　潘培德，郭长林作
成都　四川人民出版社　1980 年　76cm（2 开）
定价：CNY0.16

J0051559
双珠凤　任昌龙作
郑州　河南人民出版社　1980 年［1］张
76cm（2 开）定价：CNY0.14

J0051560
双珠凤　任昌龙，黄作如作
南京　江苏人民出版社　1980 年［1］张
76cm（2 开）定价：CNY0.18

J0051561
水漫金山　韦献青作
上海　上海人民美术出版社　1980 年［1］张
76cm（2 开）定价：CNY0.16

J0051562
水漫金山寺　徐思一作
沈阳　辽宁美术出版社　1980 年［1］张
76cm（2 开）定价：CNY0.13
　　作者徐思（1927—2006），年画家、漫画家、
连环画家。笔名子冶、何溪。 辽宁桓仁人。中
国美术家协会会员。代表作品有《51 号兵站》《战
袍姻缘》《水漫金山寺》等。

J0051563
丝路花雨　（舞剧）李慕白，庞卡作
上海　上海人民美术出版社　1980 年［1］张
76cm（2 开）定价：CNY0.16

J0051564
丝路花雨　张友霖作
成都　四川人民出版社　1980 年［1］张
76cm（2 开）定价：CNY0.16

J0051565
丝路花雨 （杨柳青年画）张鸾作
天津 天津杨柳青画店 1980 年 [1]张
76cm（2 开）定价：CNY0.13

J0051566
丝路花雨 李慕白，庞卡作
上海 上海人民美术出版社 1980 年 53cm（4 开）
定价：CNY0.15

J0051567
丝路花雨——反弹琵琶 杭鸣时作
沈阳 辽宁美术出版社 1980 年 [1]张
76cm（2 开）
　　作者杭鸣时（1931— ），画家。又名杭度，
生于上海，祖籍浙江海宁，毕业于鲁迅美术学
院。历任苏州城市建设环境保护学院建筑系美
术教研室主任、中国美术家协会会员。代表作品
有《夜航》《工业的粮仓》等。

J0051568
丝路花雨——盘上舞 杭鸣时作
沈阳 辽宁美术出版社 1980 年 [1]张
76cm（2 开）定价：CNY0.11

J0051569
四季花卉 马负书作
兰州 甘肃人民出版社 1980 年 4 张 53cm（4 开）
定价：CNY0.36

J0051570
四季花开春常在 张锦标作
上海 上海人民美术出版社 1980 年 [1]张
76cm（2 开）定价：CNY0.13

J0051571
四季花鸟 朱修立作
合肥 安徽人民出版社 1980 年 2 张 76cm（2 开）
定价：CNY0.32

J0051572
四季花鸟 黄垒，刘思远作
石家庄 河北人民出版社 1980 年 2 张
76cm（2 开）定价：CNY0.32

J0051573
四季花鸟 刘菊清作
南京 江苏人民出版社 1980 年 4 张
76cm（2 开）定价：CNY0.72

J0051574
四季花鸟屏 叶玉昶作
北京 人民美术出版社 1980 年 2 张 76cm（2 开）
定价：CNY0.36
　　作者叶玉昶（1937— ），画家、教授。生于
江苏南京市，祖籍安徽黟县，毕业于中央美术学
院华东分院中国画系（现中国美术学院）。历任
温州师范学院（现温州大学）中国画教授、温州
现代中国画研究院院长、荷兰阿姆斯特丹高等艺
术学院客座教授。代表作有花鸟画《长寿图》《墨
梅图》等。

J0051575
四季花鸟屏 （一至四）何逸梅作
上海 上海人民美术出版社 1980 年 2 张
76cm（2 开）定价：CNY0.22

J0051576
四季花香 詹庚西作
郑州 河南人民出版社 1980 年 4 张 76cm（2 开）
定价：CNY0.72

J0051577
四季山水 （一至四）项宪文作
沈阳 辽宁美术出版社 1980 年 2 张 76cm（2 开）
定价：CNY0.26

J0051578
松鹤同春 （胶印画轴）黄墨林画
济南 山东人民出版社 1980 年 [1]轴
76cm（2 开）定价：CNY1.00
　　作者黄墨林（1939— ），书画家。山东平原
县人。历任泰山学院美术系主任、教授，中国美
协会员，山东省美术教研会常委，省政协书画联
谊画院画家，山东画院高级画师，泰山国画研究
院艺术顾问等。出版有《黄墨林山水画集》。

J0051579
苏州园林 余克危作
南京 江苏人民出版社 1980 年 4 张 53cm（4 开）

定价: CNY0.32

J0051580
孙悟空　陈龙作
兰州 甘肃人民出版社 1980年 2张 38cm（6开）
定价: CNY0.09

J0051581
他俩和他俩
北京 中国电影出版社 1980年 2张 76cm（2开）
定价: CNY0.22

J0051582
台湾风光　上海人民美术出版社编；陈绍文
等摄影
上海 上海人民美术出版社 1980年 ［1］张
76cm（2开）定价: CNY0.16

J0051583
台湾孩子的心　李振坤画
济南 山东人民出版社 1980年 ［1］张
76cm（2开）定价: CNY0.14

J0051584
太空联欢会　李姣一作
成都 四川人民出版社 1980年 ［1］张
76cm（2开）定价: CNY0.16

J0051585
唐诗书画　（胶印画轴）孙悟音等作
上海 上海人民美术出版社 1980年 4幅
定价: CNY0.32（每幅）

J0051586
唐诗书画屏　（一至四）黄幻吾等作
上海 上海人民美术出版社 1980年 2张
76cm（2开）定价: CNY0.28

J0051587
唐知县审诰命　王以忱文；温国良画
长春 吉林人民出版社 1980年 2张
76cm（2开）定价: CNY0.32

J0051588
桃李芬芳　杨绍路画

济南 山东人民出版社 1980年 ［1］张
76cm（2开）定价: CNY0.13

J0051589
桃李芬芳时　潘海作
郑州 河南人民出版社 1980年 ［1］张
76cm（2开）定价: CNY0.16

J0051590
提高警惕　保卫祖国　李永宪作
成都 四川人民出版社 1980年 76cm（2开）
定价: CNY0.16

J0051591
体育四条屏　莫树滋等作
南京 江苏人民出版社 1980年 4张 53cm（4开）
定价: CNY0.36

J0051592
体育之花四季开　葛鹏, 鹿逊理作
北京 人民体育出版社 1980年 ［1］张
76cm（2开）定价: CNY0.13

J0051593
天河配　洪荫培作
西宁 青海人民出版社 1980年 ［1］张
76cm（2开）定价: CNY0.18

J0051594
天女散花　易乃光作
长沙 湖南人民出版社 1980年 ［1］张
76cm（2开）定价: CNY0.13

J0051595
天女散花　孙顺正, 史延芹作
济南 山东人民出版社 1980年 ［1］张
76cm（2开）定价: CNY0.16

J0051596
天仙配　宋虎立作
太原 山西人民出版社 1980年 ［1］张
76cm（2开）定价: CNY0.18

J0051597
天仙配　戴松耕, 戴一鸣作

上海 上海人民美术出版社 1980 年 2 张
76cm（2 开）定价：CNY0.28

J0051598
天仙配　朱嘉铭，陆海林作
成都 四川人民出版社 1980 年［1］张
76cm（2 开）定价：CNY0.16

J0051599
天仙配　任梦龙作
北京 中国戏剧出版社 1980 年［1］张
78cm（2 开）定价：CNY0.09
　　　作者任梦龙（1942—1989），教师。河北束鹿
人，北京工艺美术学校高级讲师，中国工艺美术
协会会员等。代表作有《蔡文姬》《杨宗保与穆
桂英》《窃符救赵》等。

J0051600
添上新彩盛美酒　喜试新衣迎新年　吴映
强作
成都 四川人民出版社 1980 年 76cm（2 开）
定价：CNY0.16

J0051601
甜蜜的歌　贾书敏作
石家庄 河北人民出版社 1980 年［1］张
76cm（2 开）定价：CNY0.18

J0051602
甜蜜的生活　柳忠福作
石家庄 河北人民出版社 1980 年［1］张
76cm（2 开）定价：CNY0.16

J0051603
甜甜　宗万华作
天津 天津人民美术出版社 1980 年［1］张
76cm（2 开）定价：CNY0.11
　　　作者宗万华（1946—　），毕业于天津工艺美
院，中国美术家协会会员，天津杨柳青画社美术
编审，中国民俗艺术研究院特约研究员，中共中
央机关工委紫光阁画院院士。出版有《宗万华画
虎》《工笔画虎技法》《拓临工笔画范本》《风虎
云龙》等。

J0051604
铁道小卫士　杭鸣时作
天津 天津人民美术出版社 1980 年［1］张
76cm（2 开）定价：CNY0.16

J0051605
铁弓缘　赵静东作
天津 天津人民美术出版社 1980 年［1］张
76cm（2 开）定价：CNY0.16

J0051606
通航了　杨馥如作
南京 江苏人民出版社 1980 年［1］张
76cm（2 开）定价：CNY0.18

J0051607
同心同德干四化　田希祖，徐芝麟作
长沙 湖南人民出版社 1980 年［1］张
76cm（2 开）定价：CNY0.13

J0051608
同心同德搞四化　五业兴旺气象新　赵坤
汉作
西安 陕西人民美术出版社 1980 年 76cm（2 开）
定价：CNY0.13

J0051609
团结友爱　陈菊仙；范振家配诗
上海 上海人民美术出版社 1980 年［1］张
76cm（2 开）定价：CNY0.16

J0051610
娃娃胖鱼儿肥　孙光斌作
西安 陕西人民美术出版社 1980 年［1］张
76cm（2 开）定价：CNY0.18

J0051611
娃娃嬉鱼　宋宝山作
沈阳 辽宁美术出版社 1980 年［1］张
78cm（2 开）定价：CNY0.14

J0051612
娃娃嬉鱼　朱宝山作
沈阳 辽宁美术出版社 1980 年 39cm（8 开）
定价：CNY0.18

J0051613
娃娃嬉鱼 姚中玉，王伟戍作
上海 上海人民美术出版社 1980 年 [1]张
76cm（ 2 开）定价：CNY0.16

J0051614
皖南风光 郑伊农作
合肥 安徽人民出版社 1980 年 2 张 76cm（ 2 开）
定价：CNY0.32

J0051615
万马奔腾 叶俊康作
上海 上海人民美术出版社 1980 年 [1]张
76cm（ 2 开）定价：CNY0.11

J0051616
万象更新 张家祯作
南宁 广西人民出版社 1980 年 39cm（ 8 开）
定价：CNY0.06

J0051617
王昭君 江南春作
长沙 湖南人民出版社 1980 年 [1]张
76cm（ 2 开）定价：CNY0.16

J0051618
王昭君 李乐玉画
济南 山东人民出版社 1980 年 [1]张
76cm（ 2 开）定价：CNY0.16

J0051619
王昭君 铁道部第一工程局政治部文工团编；
志堂等摄影
西安 陕西人民出版社 1980 年 2 张
76cm（ 2 开）定价：CNY0.36

J0051620
王昭君 金雪尘，李慕白作
上海 上海人民美术出版社 1980 年 [1]张
76cm（ 2 开）定价：CNY0.11

J0051621
王昭君 蔡文姬 文成公主 宁国公主
（胶印画轴）张天寿等作
南京 江苏人民出版社 1980 年 4 幅

定价：CNY1.26

J0051622
威震群峰 陈正治作
杭州 浙江人民美术出版社 1980 年 [1]张
76cm（ 2 开）定价：CNY0.16

J0051623
为国争光 （贺龙元帅和体育健儿在一起）吴
云华作
沈阳 辽宁美术出版社 1980 年 [1]张
76cm（ 2 开）定价：CNY0.13
　　作者吴云华（1944—　 ），国家一级美术师。
出生于黑龙江省，祖籍辽宁辽阳。毕业于鲁迅美
术学院。中国美术家协会会员，辽宁画院副院
长。代表作品有《采铜尖兵》《我该是中国的一
部分·斯诺》《抗美援朝 跨过鸭绿江》《萌》等。
出版有《吴云华油画自选集》。

J0051624
为国争光 陆廷作
上海 上海人民美术出版社 1980 年 [1]张
76cm（ 2 开）定价：CNY0.16

J0051625
为了明天 陈家骅作
武汉 湖北人民出版社 1980 年 [1]张
76cm（ 2 开）定价：CNY0.18

J0051626
为农业现代化多做贡献 李先润作
郑州 河南人民出版社 1980 年 76cm（ 2 开）
定价：CNY0.11

J0051627
为农业现代化多做贡献 李先润作
郑州 河南人民出版社 1980 年 53cm（ 4 开）
定价：CNY0.06

J0051628
伟大祖国 前程似锦 陈之川作
昆明 云南人民出版社 1980 年 76cm（ 2 开）
定价：CNY0.13

J0051629
未来在等待着我们　赵成立作
合肥 安徽人民出版社 1980 年［1］张
76cm（2 开）定价：CNY0.13

J0051630
慰问亲人解放军　吴光华作
上海 上海人民美术出版社 1980 年［1］张
76cm（2 开）定价：CNY0.16

J0051631
文成公主　（汉、英文对照）
南昌 江西人民出版社 1980 年［1］张
78cm（2 开）定价：CNY0.12

J0051632
文成公主　柳忠平作
西宁 青海人民出版社 1980 年［1］张
76cm（2 开）定价：CNY0.16

J0051633
文成公主　李明媚画
济南 山东人民出版社 1980 年［1］张
76cm（2 开）定价：CNY0.14
　　作者李明媚（1936—　），女，教授。字克平，
笔名汇波，浙江宁波人。山东艺术学院教授。作
品有《给咱添花》《同饮幸福水》《流水寄深情》
等，出版有《工笔人物画技法》《李明媚人物画
选》《李明媚传统人物画专辑》等。

J0051634
文成公主　李慕白，金雪尘作
上海 上海人民美术出版社 1980 年［1］张
76cm（2 开）定价：CNY0.14

J0051635
文成公主　李慕白，金雪尘作
上海 上海人民美术出版社 1980 年［1］张
53cm（4 开）定价：CNY0.08

J0051636
文成公主入藏　任兆祥，梅定开作
北京 人民美术出版社 1980 年［1］张
76cm（2 开）定价：CNY0.16

J0051637
文艺舞台万紫千红　艺术园地百花争艳
巫子强等作
贵阳 贵州人民出版社 1980 年 76cm（2 开）
定价：CNY0.17

J0051638
我爱花朵　贾愚作
北京 人民美术出版社 1980 年［1］张
76cm（2 开）定价：CNY0.18

J0051639
我爱清洁　白银录作
石家庄 河北人民出版社 1980 年［1］张
76cm（2 开）定价：CNY0.13

J0051640
我爱新书　刘文甫，张伯媛作
石家庄 河北人民出版社 1980 年［1］张
76cm（2 开）定价：CNY0.16

J0051641
我给星星打电话　成砺志作
南京 江苏人民出版社 1980 年［1］张
76cm（2 开）定价：CNY0.13
　　作者成砺志（1954—　），江苏扬州人。国家
一级美术师，中国美术家协会会员。主要作品《六
老图·邓小平》《我为祖国争光》《春暖万家》等。

J0051642
我和新星打电话　徐英德作
合肥 安徽人民出版社 1980 年［1］张
76cm（2 开）定价：CNY0.13

J0051643
我们爱科学　姜正豪作
广州 广东人民出版社 1980 年 39cm（8 开）
定价：CNY0.06

J0051644
我们爱科学　（杨柳青年画）那启明作
北京 人民美术出版社 1980 年［1］张
76cm（2 开）定价：CNY0.16
　　作者那启明（1936—　）满族，北京人。毕
业于中央美术学院附中。天津杨柳青画社编辑

部主任、编审。作品有《白求恩》《团结图》《多彩夕阳》《喜迎春》等。

J0051645
我们爱朱总司令　姚殿科作
沈阳 辽宁美术出版社 1980 年［1］张
76cm（2 开）定价：CNY0.13

J0051646
我们热爱彭爷爷　易利森作
长沙 湖南人民出版社 1980 年［1］张
76cm（2 开）定价：CNY0.13

J0051647
我们生活多么美好　莫树滋作
南京 江苏人民出版社 1980 年［1］张
76cm（2 开）定价：CNY0.13

J0051648
我是妈妈小助手　周清源作
合肥 安徽人民出版社 1980 年［1］张
76cm（2 开）定价：CNY0.16

J0051649
我为四化建设忙　马乐群，王伟戍作
武汉 湖北人民出版社 1980 年［1］张
76cm（2 开）定价：CNY0.18

J0051650
我要这一张　张丽君作
西安 陕西人民美术出版社 1980 年［1］张
76cm（2 开）定价：CNY0.13

J0051651
我最爱清洁　陈以忠作
南宁 广西人民出版社 1980 年［1］张
76cm（2 开）定价：CNY0.18

J0051652
我坐飞船上月亮　邓文欣作
天津 天津人民美术出版社 1980 年［1］张
76cm（2 开）定价：CNY0.16

J0051653
无土育花香满园　马清涛作

天津 天津人民美术出版社 1980 年［1］张
76cm（2 开）定价：CNY0.13

J0051654
五谷丰登　郑鹃作
上海 上海人民美术出版社 1980 年［1］张
39cm（8 开）定价：CNY0.06

J0051655
五谷丰登 连年有余　颜静蓉作
武汉 湖北人民出版社 1980 年 76cm（2 开）
定价：CNY0.13

J0051656
五谷丰登 六畜兴旺　廖连贵作
武汉 湖北人民出版社 1980 年 76cm（2 开）
定价：CNY0.13
　　作者廖连贵（1932—　），国家一级美术师。广西贵港市人。毕业于华中师范大学美术系，并留校任教。历任中国美术家协会会员、湖北省美术院专业画家、湖北水墨画院院士、湖北书画院院士。作品有《高原千里踪》《瑶老庚》《东坡夜游图》《勇进》《版纳的笑声》等。

J0051657
五谷丰登 六畜兴旺　房英魁作
沈阳 辽宁美术出版社 1980 年 76cm（2 开）
定价：CNY0.16

J0051658
五谷丰登 四季长青　王定尧作
昆明 云南人民出版社 1980 年 76cm（2 开）
定价：CNY0.13

J0051659
五谷丰登 四季长青　王定尧作
昆明 云南人民出版社 1980 年 76cm（2 开）
定价：CNY0.07

J0051660
五业兴旺　张金庚画
济南 山东人民出版社 1980 年［1］张
［118×164cm］定价：CNY0.20

J0051661
五业兴旺 连年丰收 翁文忠作
南宁 广西人民出版社 1980 年 53cm（4 开）
定价：CNY0.09

J0051662
舞蹈 王大仁作
合肥 安徽人民出版社 1980 年 2 张 76cm（2 开）
定价：CNY0.32

J0051663
西施浣纱 马玉岩作
哈尔滨 黑龙江人民出版社 1980 年［1］张
76cm（2 开）定价：CNY0.13

J0051664
西施浣纱 王遵义画
济南 山东人民出版社 1980 年［1］张
76cm（2 开）定价：CNY0.16

J0051665
西施浣纱图 李福星作
杭州 浙江人民美术出版社 1980 年［1］张
76cm（2 开）定价：CNY0.11

J0051666
西厢记 亢龙作
北京 人民美术出版社 1980 年［1］张
76cm（2 开）定价：CNY0.14

J0051667
西厢记——红娘与莺莺 陈菊仙作
天津 天津人民美术出版社 1980 年［1］张
76cm（2 开）定价：CNY0.16

J0051668
惜春作画 丘思泽作
广州 广东人民出版社 1980 年［1］张
76cm（2 开）定价：CNY0.16

J0051669
惜春作画 赵珺作
北京 人民美术出版社 1980 年［1］张
76cm（2 开）定价：CNY0.11

J0051670
嬉鱼 刘喜春作
沈阳 辽宁美术出版社 1980 年［1］张
76cm（2 开）定价：CNY0.13

J0051671
喜春图 刘祥集作
沈阳 辽宁美术出版社 1980 年［1］张
76cm（2 开）定价：CNY0.11

J0051672
喜读《西厢》 李诗唐，王致青作
太原 山西人民出版社 1980 年［1］张
76cm（2 开）定价：CNY0.18

J0051673
喜丰收 林震，王百顺作
沈阳 辽宁美术出版社 1980 年［1］张
76cm（2 开）定价：CNY0.13
　　作者王百顺（1939— ），画家。辽宁营口人，
祖籍河北密云。鲁迅美术学院油画系毕业。曾
在辽宁美术出版社担任美术创作室和编辑室主
任。后在沈阳师范学院艺术系任教。中国美术
家协会会员。作品有《无题》《人民功臣》《同欢
共乐》等。

J0051674
喜庆春满园 齐爱华作
广州 广东人民出版社 1980 年［1］张
39cm（4 开）定价：CNY0.08

J0051675
喜庆灯笼 邵华作
西宁 青海人民出版社 1980 年［1］张
76cm（2 开）定价：CNY0.18
　　作者邵华（1938—2008），女，毛岸青夫人。
湖南常德石门县人，毕业于北京大学中文系。历
任中国人民解放军军事科学院百科部副部长，中
国女摄影家协会主席，中国花卉协会名誉副会长
等职。摄有《海之南：邵华将军风光摄影集》《百
花争妍》等。

J0051676
喜庆丰收 李炳炎作
武汉 湖北人民出版社 1980 年 76cm（2 开）

定价: CNY0.13

J0051677
喜庆丰收　黄妙发作
天津　天津人民美术出版社 1980 年 [1] 张
76cm（2开）定价: CNY0.16
　　作者黄妙发（1938— ），别名年丰，江苏常
熟人。擅长年画。曾任上海人民美术出版社年
画宣传画编辑室副主任。作品有年画《喜临门》
《我爱中华》《儿童附捐邮票一套》（两枚）等。

J0051678
喜鹊登梅　原守俭作
哈尔滨　黑龙江人民出版社 1980 年 [1] 张
76cm（2开）定价: CNY0.13

J0051679
喜鹊登梅　于可安画
济南　山东人民出版社 1980 年 [1] 张
78cm（2开）定价: CNY0.10

J0051680
喜鹊牡丹　徐慧玲作
武汉　湖北人民出版社 1980 年 [1] 张
76cm（2开）定价: CNY0.16

J0051681
喜送亲　王天胜，张鸿飞作
北京　人民美术出版社 1980 年 [1] 张
76cm（2开）定价: CNY0.16

J0051682
喜迎春　（杨柳青年画）那启明作
天津　天津杨柳青画店 1980 年 [1] 张
76cm（2开）定价: CNY0.16

J0051683
喜迎春　朱维明作
昆明　云南人民出版社 1980 年 76cm（2开）
定价: CNY0.13

J0051684
喜迎丰收年　刘吉厚作
天津　天津人民美术出版社 1980 年 [1] 张
76cm（2开）定价: CNY0.16

　　作者刘吉厚（1942—2011），满族，画家。辽
宁宽甸人。历任辽宁美术出版社编辑，外联部编
审，辽宁形象传播研究会常务副会长、秘书长。
作品有《鸿福满堂》《春满人间》，出版有《刘吉
厚作品选集》等。

J0051685
喜迎新春　欢庆丰年　李建光作
南昌　江西人民出版社 1980 年 76cm（2开）
定价: CNY0.11

J0051686
戏剧集锦　刘仲杰等作
武汉　湖北人民出版社 1980 年 2 张 76cm（2开）
定价: CNY0.36

J0051687
戏剧人物选　上海对外供应公司供稿
上海　上海人民美术出版社 1980 年 2 张
76cm（2开）定价: CNY0.36

J0051688
夏令营　田林海画
济南　山东人民出版社 1980 年 [1] 张
76cm（2开）定价: CNY0.11
　　作者田林海（1948— ），画家。出生于浙
江永康，原名田林罕，号九里山人。毕业于浙江
美术学院附中，结业于中国美术学院山水研修
班。曾任浙江衢州文化馆馆员、山东美术出版社
编辑室主任，山东画院高级画师，（杭州）西泠书
画院特聘画师，山东政协书画院画师。作品有《故
园烟雨》《疏林烟雨红军桥》《秋山秋水》。

J0051689
夏令营的早晨　张大昕作
上海　上海人民美术出版社 1980 年 [1] 张
76cm（2开）定价: CNY0.13

J0051690
仙女图　金兰作
哈尔滨　黑龙江人民出版社 1980 年 2 张
76cm（2开）定价: CNY0.22

J0051691
鲜花献英雄　钟文斌，刘称奇作

南昌 江西人民出版社 1980 年［1］张
76cm（2 开）定价：CNY0.16

J0051692
鲜花赠英雄　颂歌献模范　郭长林作
北京 人民美术出版社 1980 年 76cm（2 开）
定价：CNY0.13

J0051693
鲜花赠英雄　颂歌献模范　郭长林作
成都 四川人民出版社 1980 年 76cm（2 开）
定价：CNY0.14

J0051694
献宝图　项宪文作
沈阳 辽宁美术出版社 1980 年［1］张
76cm（2 开）定价：CNY0.13

J0051695
献给辛勤的园丁　张宝才作
沈阳 辽宁美术出版社 1980 年［1］张
76cm（2 开）定价：CNY0.13

J0051696
献给最可爱的人　傅鲁沛画
济南 山东人民出版社 1980 年［1］张
76cm（2 开）定价：CNY0.14

J0051697
香玉　丁宁原，孙爱华画
济南 山东人民出版社 1980 年［1］张
76cm（2 开）定价：CNY0.16
　　作者丁宁原（1939—　），山东青州人。毕业于山东艺术专科学校美术系。中国美术家协会会员，山东省美术家协会副主席，山东师范大学艺术系教授。主要作品有《重见光明》《出工》《胜似春光》《灵岩秋色》。出版《丁宁原速写作品》《丁宁原俄罗斯写生》等。

J0051698
湘云醉眠　蒋采苹作
北京 人民美术出版社 1980 年［1］张
76cm（2 开）定价：CNY0.14
　　作者蒋采苹（1934—　），女，画家。河南开封人，毕业于中央美术学院，留校任教。历任中

央美术学院中国画系副教授、工笔画室主任，中国美术家协会会员，中国当代工笔画学会副会长，北京工笔重彩画会副会长。主要作品有《孔雀之歌》《摘火把果的姑娘》《憩》《雪》等，主编有画集《现代重彩画》。

J0051699
响应号召为四化　邹起奎作
天津 天津人民美术出版社 1980 年［1］张
76cm（2 开）定价：CNY0.14

J0051700
想一想　李维林作
合肥 安徽人民出版社 1980 年［1］张
76cm（2 开）定价：CNY0.13

J0051701
向英雄致敬　刘志谋作
西安 陕西人民美术出版社 1980 年［1］张
76cm（2 开）定价：CNY0.13

J0051702
潇潇清韵动霜林　董兆惠作
兰州 甘肃人民出版社 1980 年［1］张
76cm（2 开）定价：CNY0.12

J0051703
小宝宝爱储蓄　童金贵作
沈阳 辽宁美术出版社 1980 年［1］张
76cm（2 开）定价：CNY0.13

J0051704
小宝贝　刘忠臣作
沈阳 辽宁美术出版社 1980 年［1］张
76cm（2 开）定价：CNY0.11

J0051705
小电影　李姣一作
成都 四川人民出版社 1980 年［1］张
76cm（2 开）定价：CNY0.14

J0051706
小狗算算术　江涛作
天津 天津人民美术出版社 1980 年［1］张
76cm（2 开）定价：CNY0.11

J0051707
小冠军　徐福根作
天津 天津人民美术出版社 1980 年［1］张
76cm（2 开）定价：CNY0.14

J0051708
小花
北京 中国电影出版社 1980 年［1］张
76cm（2 开）定价：CNY0.11

J0051709
小画家　林惠珍作
沈阳 辽宁美术出版社 1980 年［1］张
76cm（2 开）定价：CNY0.13

J0051710
小画家　苏耕作
北京 人民美术出版社 1980 年［1］张
76cm（2 开）定价：CNY0.18
　　作者苏耕（1943— ），画家。生于山东荣成。原名苏永畔。毕业于山东艺专，后结业于中央美院。威海画院专职画家，副院长、副书记，中国美术家协会会员，国家一级美术师，作品有《大街小巷》《铁路哨兵》《童心》《在艺术的故乡里》等。

J0051711
小画家　苏耕画
济南 山东人民出版社 1980 年［1］张
76cm（2 开）定价：CNY0.14

J0051712
小伙伴　李永文作
天津 天津人民出版社 1980 年［1］张
76cm（2 开）定价：CNY0.14

J0051713
小喇叭开始广播啦　黄耿卓作
石家庄 河北人民出版社 1980 年［1］张
76cm（2 开）定价：CNY0.18

J0051714
小老师　黄力生作
武汉 湖北人民出版社 1980 年［1］张
76cm（2 开）定价：CNY0.18

J0051715
小猎手　米俊峰作
郑州 河南人民出版社 1980 年［1］张
76cm（2 开）定价：CNY0.16

J0051716
小胖　刘启文作
石家庄 河北人民出版社 1980 年［1］张
76cm（2 开）定价：CNY0.13
　　作者刘启文（1940— ），国家一级美术师。原名刘起文，河北石家庄人，祖籍保定。历任河北美协会员，石门画院院长。

J0051717
小气象员　倪辰生画
济南 山东人民出版社 1980 年［1］张
76cm（2 开）定价：CNY0.11

J0051718
小琴手　刘佩珩画
天津 天津人民美术出版社 1980 年［1］张
76cm（2 开）定价：CNY0.16
　　作者刘佩珩（1954— ），画家，研究院。别名刘山，天津宝坻人，毕业于东北师范大学美术系。历任吉林省通榆县文化馆副馆长、副研究员。作品有《喜迎春》《长白珍宝 》《祖孙情》《长白珍奇》《趣》《关东乐》等。

J0051719
小饲养员　王辉亮画
济南 山东人民出版社 1980 年［1］张
76cm（2 开）定价：CNY0.16

J0051720
小小饲养员　王伟戌作
杭州 浙江人民美术出版社 1980 年［1］张
76cm（2 开）定价：CNY0.11

J0051721
小小音乐家　王仲莉作
成都 四川人民出版社 1980 年［1］张
76cm（2 开）定价：CNY0.16

J0051722
小字辈

北京 中国电影出版社 1980 年 2 张 76cm（2 开）
定价：CNY0.22

J0051723

心连心　朱德贤，王麟坤作
上海 上海人民美术出版社 1980 年 ［1］张
76cm（2 开）定价：CNY0.13

　　作者王麟坤（1939—　　），美术编辑。上海人，
笔名王凌昆。毕业于上海美专油画系。任上海
人民美术出版社副编审。作品有《祖国万岁—庆
祝中华人民共和国成立三十周年》《德国物理学
家爱因斯坦》《京韵系列》《花韵系列》等。

J0051724

心灵手巧　李树基作
沈阳 辽宁美术出版社 1980 年 ［1］张
76cm（2 开）定价：CNY0.13

J0051725

心向四化　喜庆丰收　宋惠民作
郑州 河南人民出版社 1980 年 76cm（2 开）
定价：CNY0.07

　　作者宋惠民（1937—　　），油画家。出生于吉
林长春，毕业于鲁迅美术学院油画系。曾任鲁迅
美术学院院长、教授，辽宁省美术家协会主席，
中国油画学会副主席，中国美协油画艺术委员会
副主任等。代表画作有《曹雪芹》《此地甚好》《北
方四月》等，出版有《宋惠民作品集》《宋惠民油
画作品集》，论著有《当代油画的思考》《永不满
足的希望》。

J0051726

心向四化　喜庆丰收　宋惠民作
郑州 河南人民出版社 1980 年 76cm（2 开）
定价：CNY0.11

J0051727

心中的歌儿　李炳炎作
武汉 湖北人民出版社 1980 年 ［1］张
76cm（2 开）定价：CNY0.18

J0051728

心中的花　曹子铎，梁皓作
广州 广东人民出版社 1980 年 ［1］张
76cm（2 开）定价：CNY0.14

J0051729

新春乐　张金庚作
济南 山东人民出版社 1980 年 ［1］张
76cm（2 开）定价：CNY0.10

J0051730

新蕾　王美芳，赵国经作
北京 人民体育出版社 1980 年 ［1］张
76cm（2 开）定价：CNY0.11

　　作者王美芳（1949—　　），女，高级画师。北
京人。毕业于中央美术学院附中。天津工艺美
术设计院高级画师，天津画院院外画家。擅长中
国画。作品有《蒙山腊月》《王贵与李香香》《做
嫁衣》《正月》《太阳、雪山和我》。作者赵国经
（1950—　　），一级画师。出生于河北景县，毕业
于天津美术学院绘画系。历任中国美术家协会
会员，连环画艺术委员会委员，天津美术家协会
副主席、天津画院，天津美术出版社美术编辑，
连环画编辑室主任。年画代表作品有《烽火连三
月》《做嫁衣》等。

J0051731

新苗　吴性清作；范振家配诗
上海 上海人民美术出版社 1980 年 ［1］张
76cm（2 开）定价：CNY0.13

J0051732

新媳妇　王信作
沈阳 辽宁美术出版社 1980 年 ［1］张
76cm（2 开）定价：CNY0.11

　　作者王信（1925—　　），画家。河北承德人。
历任辽宁美术出版社专职画家、承德市群艺馆研
究馆员、河北水彩画会名誉会长、河北省美协顾
问。画作有《早雾》《原始森林》《深山情》《山家》
等。出版有《王信水彩画选辑》《王信水彩选集》
《王信水彩画专辑》等。

J0051733

新长征的好后勤　李秉芳作
长沙 湖南人民出版社 1980 年 ［1］张
76cm（2 开）定价：CNY0.13

J0051734

星光闪闪瞻太空　姚中玉作
上海 上海人民美术出版社 1980 年 ［1］张

76cm（2开）定价：CNY0.14

J0051735
醒狮喜舞庆新年　彩龙欢腾迎四化　周令豪，周艺平作
广州　广东人民出版社 1980年 76cm（2开）
定价：CNY0.16

J0051736
醒狮喜舞庆新年　彩龙欢腾迎四化　周令豪，周艺平作
广州　广东人民出版社 1980年 53cm（4开）
定价：CNY0.08

J0051737
幸福　张方作
合肥　安徽人民出版社 1980年 [1]张
76cm（2开）定价：CNY0.14

J0051738
幸福　朱淑媛，李林祥合作
沈阳　辽宁美术出版社 1980年 [1]张
76cm（2开）定价：CNY0.13

J0051739
幸福成长　裴常青作
北京　人民美术出版社 1980年 [1]张
76cm（2开）定价：CNY0.18

J0051740
幸福的儿童　吴祯作
兰州　甘肃人民出版社 1980年 [1]张
76cm（2开）定价：CNY0.18

J0051741
幸福的花朵　蔡培作
武汉　湖北人民出版社 1980年 [1]张
76cm（2开）定价：CNY0.16

J0051742
幸福花开　徐慧玲作
武汉　湖北人民出版社 1980年 [1]张
76cm（2开）定价：CNY0.16

J0051743
幸福吉庆　连年有余　蔡世明，唐千作
合肥　安徽人民出版社 1980年 76cm（2开）
定价：CNY0.16

J0051744
幸福家庭　广廷勃作
沈阳　辽宁美术出版社 1980年 [1]张
76cm（2开）定价：CNY0.11

J0051745
幸福生活　光荣人家　符光耿作
成都　四川人民出版社 1980年 76cm（2开）
定价：CNY0.16

J0051746
幸福娃娃　张碧梧作
上海　上海人民美术出版社 1980年 [1]张
76cm（2开）定价：CNY0.14

J0051747
雄狮　杨鸿森作
兰州　甘肃人民出版社 1980年 [1]张
76cm（2开）定价：CNY0.18

J0051748
绣闽王旗　李乐玉画
济南　山东人民出版社 1980年 [1]张
76cm（2开）定价：CNY0.14

J0051749
学传统　姜宁辰，姜家敏作
北京　人民美术出版社 1980年 [1]张
76cm（2开）定价：CNY0.11

J0051750
学雷锋　争三好　李国光作
成都　四川人民出版社 1980年 76cm（2开）
定价：CNY0.16

J0051751
学算术　陈初电，孙雄飞作
南京　江苏人民出版社 1980年 [1]张
76cm（2开）定价：CNY0.18
　　作者陈初电（1944—　　），画家。浙江上虞

人，毕业于上海戏剧学院舞美系。中国美术家协会会员，中国水彩画家协会会员，上海水彩画研究会会员。主要作品有《热情公平、希望天天见到您》《村姑蹴鞠图》《工地晨曲》等。出版有《陈初电水彩画集》。

J0051752
学习解放军　潘恩春作
天津　天津人民美术出版社 1980 年［1］张
76cm（2 开）定价：CNY0.16

J0051753
学英语　谷学忠画
长春　吉林人民出版社 1980 年［1］张
76cm（2 开）定价：CNY0.16

J0051754
学游泳　张路红作
上海　上海人民美术出版社 1980 年［1］张
76cm（2 开）定价：CNY0.14

J0051755
学友　寻秀林，王一权作
西安　陕西人民美术出版社 1980 年［1］张
76cm（2 开）定价：CNY0.13

J0051756
雪晨　阎德明作
郑州　河南人民出版社 1980 年［1］张
76cm（2 开）定价：CNY0.16

J0051757
驯化动物　咸阳市渭滨公园编；吴明，陌生摄影
西安　陕西人民美术出版社 1980 年［1］张
76cm（2 开）定价：CNY0.16

J0051758
胭脂　胡汝慧改编；尹福康，含语摄
上海　上海人民美术出版社 1980 年 2 张
76cm（2 开）定价：CNY0.32

J0051759
艳丽多彩　辛克靖作
北京　人民美术出版社 1980 年［1］张
76cm（2 开）定价：CNY0.18

J0051760
燕青卖线
北京　中国电影出版社 1980 年［1］张
76cm（2 开）定价：CNY0.14

J0051761
燕舞图　李来白作
南京　江苏人民出版社 1980 年［1］张
76cm（2 开）定价：CNY0.18

J0051762
燕子藤萝　胡若思画
石家庄　河北人民出版社 1980 年［1］张
76cm（2 开）定价：CNY0.26

J0051763
扬眉剑出鞘　姚全福画
济南　山东人民出版社 1980 年［1］张
76cm（2 开）定价：CNY0.14

J0051764
阳光灿烂照万家　朱家安作
天津　天津人民美术出版社 1980 年［1］张
76cm（2 开）定价：CNY0.16

J0051765
阳光下　徐嘉琳，张京德作
长沙　湖南人民出版社 1980 年［1］张
76cm（2 开）定价：CNY0.13
　　作者张京德（1939—　　），画家、教授。湖北嘉鱼人。历任湖北美术学院教授，中国美术家协会会员，湖北美术家协会理事。出版有《张京德画集》。

J0051766
杨柳青墨线年画　王树村编
北京　人民美术出版社 1980 年 40 幅 25cm（16 开）
统一书号：8027.7213 定价：CNY0.84
（中国民间美术丛书）
　　作者王树村（1923—2009），画家。天津人，毕业于华北大学美术科。曾在中国美术研究所、中国艺术研究院从事创作、编辑、研究工作，任中国民间美术协会副会长，中国民俗学会理事、

顾问、研究员。主要著作《杨柳青年画资料集》《中国美术全集·石刻线画、民间年画》。

J0051767
杨柳青年画　（明信片辑 汉英文对照）
天津 天津人民美术出版社 1980年
10张（套）15cm（64开）定价：CNY0.55

J0051768
养鸡姑娘　杨馥如作
南京 江苏人民出版社 1980年［1］张
76cm（2开）定价：CNY0.16

J0051769
养鹿姑娘　陈宝万作
西安 陕西人民美术出版社 1980年［1］张
76cm（2开）定价：CNY0.13

J0051770
一个宝宝好　朱淑媛作
南昌 江西人民出版社 1980年［1］张
76cm（2开）定价：CNY0.16
　　作者朱淑媛，年画艺术家，辽宁人。作品有《校园新苗》《花儿》《全家福》《牡丹仙子》等。

J0051771
一个孩子好　李振亚画
长春 吉林人民出版社 1980年［1］张
76cm（2开）定价：CNY0.16

J0051772
一个孩子幸福多　王继权作
福州 福建人民出版社 1980年［1］张
76cm（2开）定价：CNY0.18

J0051773
一个孩子最好　马乐群，王伟戌作
长沙 湖南人民出版社 1980年［1］张
76cm（2开）

J0051774
一个娃娃好　王朝斌作
郑州 河南人民出版社 1980年［1］张
76cm（2开）定价：CNY0.16

J0051775
一九八一年戏曲舞蹈月历　李慕白等绘
上海 上海人民美术出版社 1980年 38cm（6开）
定价：CNY2.30

J0051776
艺术体操　韦献青作
上海 上海人民美术出版社 1980年［1］张
76cm（2开）定价：CNY0.11

J0051777
银海轻舟　史士明作
北京 人民体育出版社 1980年［1］张
76cm（2开）定价：CNY0.11

J0051778
英娘　彭蠡作
西安 陕西人民美术出版社 1980年［1］张
76cm（2开）定价：CNY0.13

J0051779
英雄聚会　邵雁斌等作
上海 上海人民美术出版社 1980年［1］张
76cm（2开）定价：CNY0.14

J0051780
莺莺听琴　（西厢记）王增惠等作
沈阳 辽宁美术出版社 1980年［1］张
76cm（2开）定价：CNY0.11

J0051781
樱花盛开　章德明作
上海 上海人民美术出版社 1980年［1］张
76cm（2开）定价：CNY0.16

J0051782
樱花时节　申申作
沈阳 辽宁美术出版社 1980年［1］张
76cm（2开）定价：CNY0.13

J0051783
迎春　张家祯作
广州 广东人民出版社 1980年 39cm（8开）
定价：CNY0.06

J0051784
迎春　王伟戌作
上海 上海人民美术出版社 1980 年［1］张
76cm（2 开）定价：CNY0.13

J0051785
迎新春　娄溥义作
兰州 甘肃人民出版社 1980 年［1］张
76cm（2 开）定价：CNY0.18

J0051786
迎新春　杨振洲作
郑州 河南人民出版社 1980 年［1］张
76cm（2 开）定价：CNY0.18

J0051787
迎新春　喜洋洋　蔡宏坡作
武汉 湖北人民出版社 1980 年 76cm（2 开）
定价：CNY0.11

J0051788
影坛新秀——陈冲
南宁 广西人民出版社 1980 年［1］张
53cm（4 开）定价：CNY0.13

J0051789
拥军优属　杨永东作
武汉 湖北人民出版社 1980 年 76cm（2 开）
定价：CNY0.13

J0051790
幽林鹿鸣　白蜂作
西宁 青海人民出版社 1980 年［1］张
76cm（2 开）定价：CNY0.18

J0051791
游春　裴文潞作
昆明 云南人民出版社 1980 年 76cm（2 开）
定价：CNY0.13

J0051792
游春　裴文潞作
昆明 云南人民出版社 1980 年 53cm（4 开）
定价：CNY0.07

J0051793
游园惊梦　莫治康作
南京 江苏人民出版社 1980 年［1］张
76cm（2 开）定价：CNY0.18

J0051794
友谊　高汝法作
银川 宁夏人民出版社 1980 年［1］张
76cm（2 开）定价：CNY0.13

J0051795
友谊的花朵　何明耀作
太原 山西人民出版社 1980 年［1］张
76cm（2 开）定价：CNY0.18

J0051796
友谊花朵　蔡汝震作
北京 人民体育出版社 1980 年［1］张
76cm（2 开）定价：CNY0.11

J0051797
友谊花开　忻礼良作
上海 上海人民美术出版社 1980 年［1］张
76cm（2 开）定价：CNY0.14

J0051798
友谊路上情意深　江显辉作
上海 上海人民美术出版社 1980 年［1］张
76cm（2 开）定价：CNY0.13

J0051799
友谊之花　张振华作
沈阳 辽宁美术出版社 1980 年［1］张
76cm（2 开）定价：CNY0.13
　　作者张振华，江苏省徐州市人。毕业南京艺术学院中国画专业，留校任教，教授中国画。作品有《冬树》《冬景》。

J0051800
友谊之花　祝福新，邹起奎作
天津 天津人民美术出版社 1980 年［1］张
76cm（2 开）定价：CNY0.11

J0051801
有趣的故事　黄黎明，张德瑞作

合肥　安徽人民出版社 1980 年［1］张
76cm（2 开）定价：CNY0.13

J0051802
有趣的书　陶琦作
天津　天津人民美术出版社 1980 年［1］张
76cm（2 开）定价：CNY0.16
　　作者陶琦（1922—2002），女，连环画家。毕业于北平艺专。原中联书店、天津美术出版社画家，天津文史馆馆员。创作连环画有《我当上了学习小组长》。

J0051803
又是一百分　陈宏仁作
上海　上海人民美术出版社 1980 年［1］张
76cm（2 开）定价：CNY0.14
　　作者陈宏仁（1937—　），上海人。毕业于山东师范学院美术科。中国摄影家协会会员。主要摄影作品有《猫头鹰》《骆驼》《五老峰》等。

J0051804
幼小动物真可爱　沈锦荣作
福州　福建人民出版社 1980 年［1］张
53cm（4 开）定价：CNY0.09

J0051805
鱼满舱　（杨柳青年画）郑克祥作
天津　天津杨柳青画店 1980 年［1］张
76cm（2 开）定价：CNY0.16

J0051806
鱼满莲塘　单锡和作
上海　上海人民美术出版社 1980 年［1］张
76cm（2 开）定价：CNY0.11

J0051807
鱼美人　马乐群，陈菊仙作
上海　上海人民美术出版社 1980 年［1］张
76cm（2 开）定价：CNY0.16

J0051808
渔民之家　郭建国画
济南　山东人民出版社 1980 年［1］张
76cm（2 开）定价：CNY0.11

J0051809
渔童　柳忠福作
石家庄　河北人民出版社 1980 年［1］张
76cm（2 开）定价：CNY0.11

J0051810
愉快的夏令营　沈家琳作
长沙　湖南人民出版社 1980 年［1］张
76cm（2 开）定价：CNY0.13

J0051811
宇宙小客人　杨馥如作
上海　上海人民美术出版社 1980 年［1］张
76cm（2 开）定价：CNY0.14

J0051812
鸳鸯荷美双喜图　孙明，原守俭作
哈尔滨　黑龙江人民出版社 1980 年［1］张
76cm（2 开）定价：CNY0.30

J0051813
圆满幸福　黄妙发作；范振家配诗
上海　上海人民美术出版社 1980 年［1］张
76cm（2 开）定价：CNY0.16

J0051814
月季　牡丹　菊花　山茶　王系松作
银川　宁夏人民出版社 1980 年 4 张
78cm（2 开）定价：CNY0.44

J0051815
岳飞　刘生展作
石家庄　河北人民出版社 1980 年［1］张
76cm（2 开）定价：CNY0.13
　　作者刘生展（1938—2016），画家，一级美术师。别名塞城。内蒙古丰镇人。历任河北省张北县文化馆馆长，张家口市美协名誉主席，中国美术家协会会员，中华炎黄文化研究会会员，中日美术交流协会会员，察哈尔书画院名誉院长，作品有《草原女民兵》《赛马去》《多为农业选骏马》《草原盛会》等。出版《怎样画马》《三国志人物绘卷》《马的描法》等。

J0051816
岳飞　韩世忠　罗承力，汪兴中作

兰州 甘肃人民出版社 1980 年 2 张
38cm（6 开）定价：CNY0.09

J0051817
岳飞 戚继光 龙盛江作
贵阳 贵州人民出版社 1980 年 76cm（2 开）
定价：CNY0.17

J0051818
岳飞郑成功 杜康龙作
成都 四川人民出版社 1980 年 76cm（2 开）
定价：CNY0.16

J0051819
岳飞传 （一至四）张秀时等作
沈阳 辽宁美术出版社 1980 年 2 张 76cm（2 开）
定价：CNY0.26

J0051820
岳母刺字 马乐群，王伟戊作
福州 福建人民出版社 1980 年 [1] 张
76cm（2 开）定价：CNY0.18

J0051821
岳母刺字 精忠报国 张志能作
成都 四川人民出版社 1980 年 [1] 张
76cm（2 开）定价：CNY0.14

J0051822
岳云闯阵 孟宪国作
西安 陕西人民美术出版社 1980 年 [1] 张
76cm（2 开）定价：CNY0.16

J0051823
越剧《碧玉簪》 金采风等饰
上海 上海人民美术出版社 1980 年 [1] 张
76cm（2 开）定价：CNY0.11

J0051824
越剧《劈山救母》 范瑞娟，傅全香饰；尹福
康摄
上海 上海人民美术出版社 1980 年 [1] 张
76cm（2 开）定价：CNY0.16

J0051825
载歌载舞 欢天喜地 李文龙作
太原 山西人民出版社 1980 年 76cm（2 开）
定价：CNY0.18

J0051826
载歌载舞四条屏 李振久作
哈尔滨 黑龙江人民出版社 1980 年 2 张
76cm（2 开）定价：CNY0.26

J0051827
在科学宫里 邵佐唐作
沈阳 辽宁美术出版社 1980 年 [1] 张
76cm（2 开）定价：CNY0.13

J0051828
早晨 刘称奇作
南昌 江西人民出版社 1980 年 [1] 张
76cm（2 开）定价：CNY0.16

J0051829
扎鱼灯 周学利画
济南 山东人民出版社 1980 年 [1] 张
76cm（2 开）定价：CNY0.16

J0051830
长绸舞 邹典佐作
武汉 湖北人民出版社 1980 年 [1] 张
76cm（2 开）定价：CNY0.18

J0051831
长大我也戴红花 王小路作
天津 天津人民美术出版社 1980 年 [1] 张
76cm（2 开）定价：CNY0.16

J0051832
长沙火车站 章育青作
长沙 湖南人民出版社 1980 年 [1] 张
76cm（2 开）定价：CNY0.16

J0051833
昭君出塞 （汉、英文对照）
南昌 江西人民出版社 1980 年 [1] 张
78cm（2 开）定价：CNY0.12

J0051834
昭君浣纱　贺飞白作
武汉 湖北人民出版社 1980 年［1］张
76cm（2 开）定价：CNY0.16

J0051835
珍珠塔　谢慕莲作
上海 上海人民美术出版社 1980 年［1］张
76cm（2 开）定价：CNY0.11

J0051836
争芳斗艳　窦贵生画
长春 吉林人民出版社 1980 年［1］张
76cm（2 开）定价：CNY0.16

J0051837
争分夺秒　李树芳作
天津 天津人民美术出版社 1980 年［1］张
76cm（2 开）定价：CNY0.11

J0051838
争奇斗妍　（一至四 杨柳青年画）郝长栋作
天津 天津杨柳青画店 1980 年 2 张
76cm（2 开）定价：CNY0.26

J0051839
郑成功　孙文志作
成都 四川人民出版社 1980 年［1］张
76cm（2 开）定价：CNY0.14

J0051840
郑成功　岳飞　杨晓晖作
南京 江苏人民出版社 1980 年 2 张
78cm（2 开）定价：CNY0.18
　　作者杨晓晖（1942—　），教授。江苏南通人。毕业于南京师大美术系。任中国国家协会理事、南通大学艺术学院教授等职。代表作有《百猫图》《万蝶图》《中国画的题款和钤印》等。

J0051841
只生这一个　柏华作
郑州 河南人民出版社 1980 年［1］张
76cm（2 开）定价：CNY0.16

J0051842
织女巧织新彩锦　牛郎喜播幸福种　潘志正作
成都 四川人民出版社 1980 年 76cm（2 开）
定价：CNY0.16

J0051843
织女思凡　胡汝高，任俞凯作
北京 人民美术出版社 1980 年［1］张
76cm（2 开）定价：CNY0.14

J0051844
植树　林美岚作
北京 人民美术出版社 1980 年［1］张
76cm（2 开）定价：CNY0.16

J0051845
志在四化勤奋斗　军民团结守边防　王祖军作
昆明 云南人民出版社 1980 年 53cm（4 开）
定价：CNY0.07
　　作者王祖军（1949—　），画家。生于云南蒙自。云南省美术家协会会员、云南省科普美术摄影协会会员。曾出版《鲜花报喜》《祖国卫士》等多幅门画作品。发表连环画《啊，地球之水》《茫茫银河寻知音》等 10 余件。其设计的大型锡画《红河情》陈列于"99 昆明世界园艺博览会"中国馆。

J0051846
志在四化勤奋斗　军民团结守边防　王祖军作
昆明 云南人民出版社 1980 年 76cm（2 开）
定价：CNY0.13

J0051847
周爷爷教我打乒乓　屠国英作
天津 天津人民美术出版社 1980 年［1］张
76cm（2 开）定价：CNY0.16

J0051848
周总理和少先队员　张自巍作
西安 陕西人民美术出版社 1980 年［1］张
76cm（2 开）定价：CNY0.16
　　作者张自巍（1935—　），女，画家、教授。江西萍乡人，毕业于中央美术学院绘画系。曾在中国美术家协会陕西分会、陕西文化局创作组从事创作，中国美术学院教授。出版有《蔡亮、张自嶷油画选》《素描基础技法》。

J0051849
周总理在大庆 张洪赞作
天津 天津人民美术出版社 1980 年 [1] 张
76cm（ 2 开 ）定价：CNY0.16

J0051850
周总理战斗在重庆 楼家本作
北京 人民美术出版社 1980 年 2 张 76cm（ 2 开 ）
定价：CNY0.32

J0051851
祝你长寿 程铁男作
哈尔滨 黑龙江人民出版社 1980 年 [1] 张
76cm（ 2 开 ）定价：CNY0.13

J0051852
专心学习 忻礼良，忻鸿祥作
上海 上海人民美术出版社 1980 年 [1] 张
76cm（ 2 开 ）定价：CNY0.11

J0051853
追鱼 刘祥集作
沈阳 辽宁美术出版社 1980 年 [1] 张
76cm（ 2 开 ）定价：CNY0.13

J0051854
追鱼 戴松耕，戴一鸣作
上海 上海人民美术出版社 1980 年 2 张
76cm（ 2 开 ）定价：CNY0.32

J0051855
追鱼 戴云辉作
杭州 浙江人民美术出版社 1980 年 [1] 张
76cm（ 2 开 ）定价：CNY0.13

J0051856
追鱼 盗仙草 天仙配 柳毅传书 张素玉
作；张洪林配诗
石家庄 河北人民出版社 1980 年 2 张
76cm（ 2 开 ）定价：CNY0.32

J0051857
追鱼记 吴洪生作
长沙 湖南人民出版社 1980 年 [1] 张
76cm（ 2 开 ）定价：CNY0.16

J0051858
苗壮成长 区锦生作
广州 广东人民出版社 1980 年 [1] 张
39cm（ 4 开 ）定价：CNY0.08

J0051859
苗壮成长 赵明程画
济南 山东人民出版社 1980 年 [1] 张
76cm（ 2 开 ）定价：CNY0.16

J0051860
苗壮成长 邹起奎作
天津 天津人民美术出版社 1980 年 [1] 张
76cm（ 2 开 ）定价：CNY0.11

J0051861
自己动手 姜宁辰，姜泉敏画
济南 山东人民出版社 1980 年 [1] 张
76cm（ 2 开 ）定价：CNY0.14

J0051862
自己事自己做 徐世民，张桂英作
沈阳 辽宁美术出版社 1980 年 [1] 张
76cm（ 2 开 ）定价：CNY0.13

J0051863
走雨舞 江显辉作
上海 上海人民美术出版社 1980 年 [1] 张
76cm（ 2 开 ）定价：CNY0.14

J0051864
祖国风光 （一）陈培荣作
上海 上海人民美术出版社 1980 年 [1] 张
76cm（ 2 开 ）定价：CNY0.14
　　作者陈培荣（1941— ），著名画家、设计家、教育家。生于上海，毕业于上海轻工业专科学校。中国布面水彩画及新意象画派创始人。历任上海轻专美术系主任、上海工程技术大学广告系主任、上海理工大学艺术设计学院院长、教授。代表作有油画《烟云乡情》《都市掠影》系列，水彩画《花之韵》系列。

J0051865
祖国建设日日新　王荣奖作
郑州 河南人民出版社 1980 年［1］张
76cm（2 开）定价：CNY0.16

J0051866
坐飞船游太空　（中堂画轴）张瑞恒作
石家庄 河北人民出版社 1980 年［1］轴
76cm（2 开）定价：CNY0.75

J0051867
"鱼"　成砺志作
沈阳 辽宁美术出版社 1981 年 76cm（2 开）
定价：CNY0.13

J0051868
1981 年门画缩样　（第一集）
昆明 云南人民出版社 1981 年 8 幅
19cm（32 开）

J0051869
1981 年门画缩样　（第二集）
昆明 云南人民出版社 1981 年 7 幅
19cm（32 开）

J0051870
1982 年画缩样　福建人民出版社编
福州 福建人民出版社 1981 年 13×19cm

J0051871
1982 年画缩样
南昌 江西人民出版社［1981 年］18cm（15 开）

J0051872
1982 年画缩样　辽宁美术出版社编辑
沈阳 辽宁美术出版社 1981 年 72 幅
19cm（32 开）

J0051873
1982 年画缩样　（1）
北京 中国书画社［1981 年］24 幅 19cm（32 开）

J0051874
1982 年江苏年画　（1）
南京 江苏人民出版社 1981 年 38 幅
19cm（32 开）

J0051875
1982 年门画、年画缩样　云南人民出版社
编辑
昆明 云南人民出版社 1981 年 14 幅
19cm（32 开）

J0051876
1982 年门画缩样　（第三批）云南人民出版
社，云南新华书店编
昆明 云南人民出版社 1981 年 13 幅
19cm（32 开）

J0051877
1982 年门画缩样　云南人民出版社编辑
昆明 云南人民出版社 1981 年 8 幅
19cm（32 开）

J0051878
阿诗玛　肖玉田，苏志学作
沈阳 辽宁美术出版社 1981 年 2 张
76cm（2 开）定价：CNY0.26

J0051879
阿姨好　（杨柳青年画）高学海作
天津 天津杨柳青画店 1981 年［1 张］
76cm（2 开）定价：CNY0.16

J0051880
阿姨手真巧　王百顺作
沈阳 辽宁美术出版社 1981 年 76cm（2 开）
定价：CNY0.13

J0051881
爱护花木　马乐群作
上海 上海人民美术出版社 1981 年
76cm（2 开）定价：CNY0.13

J0051882
爱劳动　沈家琳作
广州 岭南美术出版社 1981 年 76cm（2 开）

定价: CNY0.16

J0051883
爱清洁　吴性清作
上海 上海人民美术出版社 1981 年
76cm（2 开）定价: CNY0.16

J0051884
爱清洁 讲卫生　李慕白，庞卡作
成都 四川人民出版社 1981 年 76cm（2 开）
定价: CNY0.16

J0051885
爱祖国爱海洋　余小仪作
上海 上海人民美术出版社 1981 年
76cm（2 开）定价: CNY0.13

J0051886
霸王别姬　谢慕莲作
上海 上海人民美术出版社 1981 年 [1 张]
76cm（2 开）定价: CNY0.13

J0051887
白娘娘与许仙　龚景充作
杭州 浙江人民美术出版社 1981 年 [1 张]
76cm（2 开）定价: CNY0.16

J0051888
白娘子　陈永杰作
兰州 甘肃人民出版社 1981 年 76cm（2 开）
定价: CNY0.18

J0051889
白娘子与许仙　魏志刚作
天津 天津人民美术出版社 1981 年 [1 张]
76cm（2 开）定价: CNY0.16
　　作者魏志刚（1950— ），生于河北省保定
市。毕业于天津美术学院。中国美术家协会会员、
中国油画学会会员、天津美术家协会会员、天津
人民美术出版社编审。画作有《野火烧不尽》《犬
漠孤灵》《满月》《大漠组画》等。主要著作有《魏
志刚油画作品选》《风景油画全程训练》《水粉风
景一原野遗韵》。

J0051890
白蛇传　万桂香，南运生作
石家庄 河北人民出版社 1981 年 76cm（2 开）
定价: CNY0.16
　　作者万桂香（1944— ），女，画家。辽宁丹
东人，毕业于哈尔滨师范大学艺术系。曾在黑龙
江省鸡西市文化馆、河北省内丘县文化馆从事美
术工作。历任河北省电影公司《河北银幕》编辑，
河北省电影发行公司宣传科科长、河北省电影宣
传画画会会长。代表作品《戎奶奶佳节到我家》
《女驸马》《花为媒》等。作者南运生（1944— ），
一级美术师。别名南恽笙，河北任丘人，毕业于
哈尔滨师范大学艺术系美术专业。历任任河北
省艺术馆馆长、河北画报社社长、总编，中国美
术家协会，河北省美术家协会副主席，河北省画
院院长。年画作品有《花好月圆》《艺苑新秀》《吉
庆有余》等。

J0051891
白蛇传　（一至四）杨桐撰；杨振华摄
昆明 云南人民出版社 1981 年 4 张 54cm（4 开）
定价: CNY0.36

J0051892
白蛇传——断桥相会　谢慕莲作
上海 上海人民美术出版社 1981 年 [1 张]
76cm（2 开）定价: CNY0.16

J0051893
白雪公主　竹翔飞作
沈阳 辽宁美术出版社 1981 年 76cm（2 开）
定价: CNY0.13
　　作者竹翔飞，女，毕业于鲁迅美术学院。作
有连环画《打金枝》《女驸马》《欢迎我们的新教
师》等。

J0051894
百花屏　（一、二）隋其增，杨兴林作
沈阳 辽宁美术出版社 1981 年 2 张 76cm（2 开）
定价: CNY0.26

J0051895
百花香　韩祖音作
天津 天津杨柳青画店 1981 年 [1 张]
76cm（2 开）定价: CNY0.16

J0051896
百鸟朝凤 徐福根作
南昌 江西人民出版社 1981 年 76cm（2 开）
定价：CNY0.16

J0051897
百鸟朝凤 吴振兹作
北京 农业出版社 1981 年 76cm（2 开）
定价：CNY0.16

J0051898
百鸟朝阳 林淑然, 方楚雄作
广州 岭南美术出版社 1981 年 76cm（2 开）
定价：CNY0.18
　　作者方楚雄（1950—　　）, 广东普宁人。毕业于广州美术学院并留校任教。中国美术家协会会员。主要作品有《牧鸭》《水禽》《翠蝶兰》等。出版《方楚雄画选》《方楚雄画集》等。

J0051899
百寿图 （中堂轴画）
武汉 湖北人民出版社 1981 年 ［1 张］附对联一副 108cm（全开）定价：CNY1.75

J0051900
百兽图 叶川画
济南 山东人民出版社 1981 年 76cm（2 开）
定价：CNY0.16

J0051901
半屏山 张德俊, 丁德邻作
南京 江苏人民出版社 1981 年 4 张
54cm（4 开）定价：CNY0.32
　　作者丁德邻（1943—　　）, 画家。江苏南京人。毕业于南京艺术学院。中国美术家协会会员、常州市美术家协会副主席、原常州刘海粟美术馆副馆长。主要作品有《水》《山那边》《后山》等。

J0051902
帮妈妈做事 徐寄萍作
上海 上海人民美术出版社 1981 年 76cm（2 开）
定价：CNY0.13
　　作者徐寄萍（1919—2005）, 上海人。曾任上海美术家协会会员、上海人民美术出版社特约年画作者等职。主要作品有《帮妈妈做事》《学雷锋做好事》《擦亮眼睛》等。

J0051903
蚌女献珠 倪乃林作
合肥 安徽人民出版社 1981 年 76cm（2 开）
定价：CNY0.16

J0051904
包公　海瑞 邹才干, 陈华杰作
南宁 广西人民出版社 1981 年 ［1 张］
54cm（4 开）定价：CNY0.08

J0051905
包公　海瑞 丁世谦作
成都 四川人民出版社 1981 年 ［1 张］
76cm（2 开）定价：CNY0.16
　　作者丁世谦（1944—　　）, 四川遂宁人。擅长中国画、连环画。遂宁市美协主席。主要作品有《上学路上》《游春去》《合奏曲》等。出版有《丁世谦画选》和连环画册十余部。

J0051906
包青天 胡震寰作
郑州 中州书画社 1981 年 76cm（2 开）
定价：CNY0.18

J0051907
宝宝和小猫 于占德画
济南 山东人民出版社 1981 年 76cm（2 开）
定价：CNY0.18
　　作者于占德（1946—　　）, 山东武城县人。曾任中国美术家协会会员、山东画院高级画师、德州学院副教授等职。主要作品有《农家宝宝》《甜》《连年有余》等。

J0051908
宝宝幸福 刘泽文画
北京 人民美术出版社 1981 年 76cm（2 开）
定价：CNY0.18
　　作者刘泽文（1943—　　）, 画家, 国家一级美术师。山东即墨人, 历任烟台地区新华书店担任美工, 山东省出版总社烟台分社任美术编辑。代表作品《望穿碧海千层浪》, 出版有《刘泽文水粉画集》。

J0051909
宝贝 （杨柳青年画）那启明作
天津 天津杨柳青画店 1981 年 76cm（2 开）
定价：CNY0.16

J0051910
宝莲灯 夏里作；黄山，弥松颐编
北京 人民美术出版社 1981 年 2 张
76cm（2 开）定价：CNY0.26
　　中国现代年画作品。

J0051911
宝莲灯 孟宪国作
西安 陕西人民美术出版社 1981 年 76cm（2 开）
定价：CNY0.18
　　中国现代年画作品。

J0051912
宝玉和黛玉 林英珊，张有作
沈阳 辽宁美术出版社 1981 年 76cm（2 开）
定价：CNY0.13
　　中国现代年画作品。

J0051913
保护青蛙 金平定作
成都 四川人民出版社 1981 年 76cm（2 开）
定价：CNY0.16
　　中国现代年画作品。

J0051914
保卫边疆建设"四化" 赵宋生作
昆明 云南人民出版社 1981 年 ［1 张］
76cm（2 开）定价：CNY0.13
　　中国现代年画作品。

J0051915
保卫祖国 巩固国防 金安群作
昆明 云南人民出版社 1981 年 ［1 张］
76cm（2 开）定价：CNY0.13
　　中国现代年画作品。

J0051916
报春花 （杨柳青年画）张克森作
天津 天津杨柳青画店 1981 年 76cm（2 开）
定价：CNY0.16

中国现代年画作品。

J0051917
杯杯美酒叙友情 曾抒嘉作
沈阳 辽宁美术出版社 1981 年 ［1 张］
76cm（2 开）定价：CNY0.13
　　中国现代年画作品。

J0051918
比谁吃得干净 王伟戍作
上海 上海人民美术出版社 1981 年 76cm（2 开）
定价：CNY0.13
　　中国现代年画作品。

J0051919
比一比 刘志谋作
西安 陕西人民美术出版社 1981 年 76cm（2 开）
定价：CNY0.13
　　中国现代年画作品。

J0051920
碧玉簪 琳琳画
济南 山东人民出版社 1981 年 76cm（2 开）
定价：CNY0.18
　　中国现代年画作品。

J0051921
碧玉簪 崔森林作
天津 天津人民美术出版社 1981 年 ［1 张］
76cm（2 开）定价：CNY0.16
　　中国现代年画作品。作者崔森林（1943—　 ），
美术编辑。笔名黎恩、李恩。生于山东济南，毕
业于济南艺术学校。任山东美术出版社副编审。
作品有《省里送来显微镜》《黄河》《第一面八一
军旗的诞生》《毛主席视察北园》等，小说《不屈
的昆仑》插图。

J0051922
别吵，爸爸在工作 刘庆涛画
长春 吉林人民出版社 1981 年 76cm（2 开）
定价：CNY0.16
　　中国现代年画作品。作者刘庆涛，吉林永吉
人，毕业于吉林省中等艺术学校。历任吉林省吉
剧团舞美设计，吉林省春城剧场美术员，吉林省
通榆县文化馆美术干部，长春市宽城文化馆美术

干部。作品有《田头阵地》《泉水咚咚》《绿色的冬天》《周总理访问朝鲜》《春风如意》等。

J0051923

冰灯放异彩　徐增元作
上海　上海人民美术出版社　1981年　76cm（2开）
定价：CNY0.13
　　中国现代年画作品。

J0051924

冰上新花　成砺志作
天津　天津人民美术出版社　1981年　76cm（2开）
定价：CNY0.16
　　中国现代年画作品。作者成砺志（1954—　），江苏扬州人。国家一级美术师，中国美术家协会会员。主要作品《六老图·邓小平》《我为祖国争光》《春暖万家》等。

J0051925

秉烛达旦　陈白一，陈明大作
长沙　湖南美术出版社　1981年　76cm（2开）
定价：CNY0.16
　　中国现代年画作品。作者陈白一（1926—2014），美术师。湖南邵阳人，毕业于华中艺专。历任湖南书画研究院院长，中国当代工笔画学会副会长，湖南省美术家协会顾问，湖南师范大学艺术学院客座教授。代表作品《小港堵口图》《听壁脚》《喜丰收》《工农联盟》等。

J0051926

捕蝶　谷学忠画
长春　吉林人民出版社　1981年　76cm（2开）
定价：CNY0.16
　　中国现代年画作品。

J0051927

猜灯谜　杨明作
天津　天津杨柳青画店　1981年　76cm（2开）
定价：CNY0.16
　　中国现代年画作品。

J0051928

采莲蓬　张重光作
西安　陕西人民美术出版社　1981年　76cm（2开）
定价：CNY0.13

中国现代年画作品。

J0051929

采药　阎德明作
郑州　中州书画社　1981年［1张］76cm（2开）
定价：CNY0.18
　　中国现代年画作品。

J0051930

彩瓷新花　周瑞庄作
上海　上海人民美术出版社　1981年　76cm（2开）
定价：CNY0.16
　　中国现代年画作品。作者周瑞庄（1930—　），画家。又名睿庄，浙江湖州人。历任上海人民美术出版社专职画家，编审，中国美术家协会会员。代表作品有《世界人民反帝斗争必胜》《越南南方人民越战越强　坚决打击美国侵略者》《繁荣昌盛》《注意清洁卫生　美化校园环境》《星火燎原》等。

J0051931

彩鸾跨虎　肖代贤作
武汉　湖北人民出版社　1981年　76cm（2开）
定价：CNY0.18
　　中国现代年画作品。

J0051932

藏猫猫　苏茂隆作
成都　四川人民出版社　1981年　54cm（4开）
定价：CNY0.08
　　中国现代年画作品。

J0051933

草虫屏　王雪涛作
石家庄　河北人民出版社　1981年　2张
76cm（2开）定价：CNY0.36
　　中国现代年画作品。作者王雪涛（1903—1982），写意花鸟画家。原名庭钧，字晓封，号迟园。河北成安人。历任北京画院院长、中国美术家协会理事、美协北京分会副主席等职。著有《王雪涛画集》《王雪涛画辑》《王雪涛画谱》《王雪涛的花鸟画》等。

J0051934

草虫图　（一至四）严佩玲作

南京 江苏人民出版社 1981 年 4 张
54cm（4 开）定价：CNY0.36
　　中国现代年画作品。

J0051935
草原红雁　郭重光，兰瑞山作
石家庄 河北人民出版社 1981 年［1 张］
76cm（2 开）定价：CNY0.16
　　中国现代年画作品。

J0051936
草原骑射　叶俊康作
上海 上海人民美术出版社 1981 年 54cm（4 开）
定价：CNY0.08
　　中国现代年画作品。

J0051937
钗头凤　连伟作
天津 天津人民美术出版社 1981 年 76cm（2 开）
定价：CNY0.13
　　中国现代年画作品。

J0051938
嫦娥　袁丕海画
济南 山东人民出版社 1981 年 76cm（2 开）
定价：CNY0.18
　　中国现代年画作品。

J0051939
嫦娥　马乐群作
天津 天津人民美术出版社 1981 年 76cm（2 开）
定价：CNY0.16
　　中国现代年画作品。

J0051940
嫦娥阿姨回来了　冯杰作
南昌 江西人民出版社 1981 年 76cm（2 开）
定价：CNY0.18
　　中国现代年画作品。

J0051941
嫦娥奔月　李慕白，金雪尘作
上海 上海人民美术出版社 1981 年 76cm（2 开）
定价：CNY0.16
　　中国现代年画作品。

J0051942
嫦娥奔月　金梅生作
天津 天津人民美术出版社 1981 年 76cm（2 开）
定价：CNY0.16
　　中国现代年画作品。

J0051943
嫦娥奔月　（1982 年年历）李慕白，金雪尘作
上海 上海人民美术出版社 1981 年 54cm（4 开）
定价：CNY0.16
　　中国现代工艺美术年画作品。

J0051944
唱支山歌给党听　刘佩珩画
长春 吉林人民出版社 1981 年 76cm（2 开）
定价：CNY0.16
　　中国现代年画作品。作者刘佩珩（1954—　　），
画家，研究院。别名刘山，天津宝坻人，毕业于
东北师范大学美术系。历任吉林省通榆县文化
馆副馆长、副研究员。作品有《喜迎春》《长白珍
宝 》《祖孙情》《长白珍奇》《趣》《关东乐》等。

J0051945
沉香扇　宗万华作
天津 天津人民美术出版社 1981 年 76cm（2 开）
定价：CNY0.13
　　中国现代年画作品。

J0051946
陈三五娘　李慕白，庞卡作
广州 岭南美术出版社 1981 年 76cm（2 开）
定价：CNY0.16
　　中国现代年画作品。

J0051947
晨　张丽君，马清涛作
西安 陕西人民美术出版社 1981 年 76cm（2 开）
定价：CNY0.13
　　中国现代年画作品。

J0051948
晨读　邹晓清，章孟和作
合肥 安徽人民出版社 1981 年 76cm（2 开）
定价：CNY0.16
　　中国现代年画作品。

J0051949
晨读 刘喜奇画
福州 福建人民出版社 1981 年 76cm（2 开）
定价：CNY0.18
　　中国现代年画作品。

J0051950
晨读 徐福根作
北京 人民美术出版社 1981 年 76cm（2 开）
定价：CNY0.13
　　中国现代年画作品。

J0051951
晨读 韩培生作
杭州 浙江人民美术出版社 1981 年［1 张］
76cm（2 开）定价：CNY0.16
　　中国现代年画作品。

J0051952
晨跑 姚重庆作
天津 天津人民美术出版社 1981 年 76cm（2 开）
定价：CNY0.16
　　中国现代年画作品。

J0051953
穿衣不要妈妈帮 张素玉作
石家庄 河北人民出版社 1981 年 76cm（2 开）
定价：CNY0.16
　　中国现代年画作品。

J0051954
吹箫引凤 张恭德，荆曰政画
济南 山东人民出版社 1981 年 76cm（2 开）
定价：CNY0.16
　　中国现代年画作品。

J0051955
吹箫引凤 郝之辉作
天津 天津人民美术出版社 1981 年
76cm（2 开）定价：CNY0.13
　　中国现代年画作品。

J0051956
春 赵仁成作
西安 陕西人民美术出版社 1981 年 76cm（2 开）

定价：CNY0.18
　　中国现代年画作品。

J0051957
春 郑鹍作
上海 上海人民美术出版社 1981 年 76cm（2 开）
定价：CNY0.15
　　中国现代年画作品。

J0051958
春 （杨柳青年画）赵雨生作
天津 天津杨柳青画店 1981 年 76cm（2 开）
定价：CNY0.16
　　中国现代年画作品。

J0051959
春草闯堂 潘恩春作
天津 天津人民美术出版社 1981 年［1 张］
76cm（2 开）定价：CNY0.13
　　中国现代年画作品。

J0051960
春雏 邹典佐作
武汉 湖北人民出版社 1981 年 76cm（2 开）
定价：CNY0.18
　　中国现代年画作品。

J0051961
春到光荣之家 戎君作
杭州 浙江人民美术出版社 1981 年 76cm（2 开）
定价：CNY0.16
　　中国现代年画作品。

J0051962
春到军属家 宋贤珍，汪诚一作
长沙 湖南美术出版社 1981 年 76cm（2 开）
定价：CNY0.16
　　中国现代年画作品。

J0051963
春风荡漾 李建章作
石家庄 河北人民出版社 1981 年 76cm（2 开）
定价：CNY0.13
　　中国现代年画作品。

J0051964

春风化雨满丝路　董兆惠作
兰州 甘肃人民出版社 1981 年［1 张］
76cm（2 开）定价：CNY0.18
　　中国现代年画作品。

J0051965

春风万里　景志龙作
成都 四川人民出版社 1981 年［1 张］
76cm（2 开）定价：CNY0.16
　　中国现代年画作品。

J0051966

春风跃马　（杨柳青年画）郑克祥作
天津 天津杨柳青画店 1981 年 76cm（2 开）
定价：CNY0.16
　　中国现代年画作品。

J0051967

春光好　徐福根作
天津 天津人民美术出版社 1981 年 76cm（2 开）
定价：CNY0.16
　　中国现代年画作品。

J0051968

春回大地　万象更新　王克印画；毛秉乾书
郑州 河南人民出版社 1981 年［1 张］
76cm（2 开）定价：CNY0.13
　　中国现代年画作品。作者王克印（1932—
2003），工笔花鸟画家、美术教育家、高级设计
师。河南登封人，笔名石山。毕业于河南艺术学
校大专班。中国美术家协会会员，曾任平顶山市
美术家协会副主席，中国少林书画院高级顾问，
河南省中国画院画师，中南书画研究院常年理事
等职。主要作品有《白露秋水》《春秋配》《塘边》。

J0051969

春回大地　万象更新　王克印画；毛秉乾书
郑州 河南人民出版社 1981 年［1 张］
54cm（4 开）定价：CNY0.07
　　中国现代年画作品。

J0051970

春回大地　万象更新　刘林生作
西安 陕西人民美术出版社 1981 年［1 张］

76cm（2 开）定价：CNY0.13
　　中国现代年画作品。

J0051971

春江花月夜　张万杰作
哈尔滨 黑龙江人民出版社 1981 年 76cm（2 开）
定价：CNY0.16
　　中国现代年画作品。

J0051972

春江花月夜　王木兰作
太原 山西人民出版社 1981 年 76cm（2 开）
定价：CNY0.16
　　中国现代年画作品。

J0051973

春节快乐　李万春作
成都 四川人民出版社 1981 年 54cm（4 开）
定价：CNY0.08
　　中国现代年画作品。

J0051974

春满大地　王伟戌作
上海 上海人民美术出版社 1981 年 76cm（2 开）
定价：CNY0.16
　　中国现代年画作品。

J0051975

春满人间　韩喜增作
郑州 河南人民出版社 1981 年［1 张］
76cm（2 开）定价：CNY0.18
　　中国现代年画作品。

J0051976

春暖花开　张泽芯作
天津 天津人民美术出版社 1981 年 76cm（2 开）
定价：CNY0.16
　　中国现代年画作品

J0051977

春夏秋冬　柳金燕画
济南 山东人民出版社 1981 年 2 张 76cm（2 开）
定价：CNY0.32
　　中国现代年画作品。

J0051978
春晓　金鸿钧作
北京　人民美术出版社　1981 年　76cm（2 开）
定价：CNY0.13
　　中国现代年画作品。作者金鸿钧（1937—　），教授、画家。别名爱新觉罗·鸿钧，生于北京。历任中央美术学院中国画系教授，中国美术家协会会员，北京工笔重彩画会副会长。代表作品《生生不已》《石壁榕根》《叶落归根》《枝繁花盛》，出版有《牡丹画谱》《工笔花鸟画技法》《金鸿钧画集》等。

J0051979
春妍　夏清　秋艳　冬馨　莫树滋等作
南京　江苏人民出版社　1981 年　4 张　76cm（2 开）
定价：CNY1.26
　　中国现代年画作品。

J0051980
春艳　（中堂轴画）王少卿作
郑州　中州书画社　1981 年　附对联两副
76cm（2 开）定价：CNY1.40
　　中国现代年画作品。

J0051981
春意盎然　（1-4）郝长栋作
天津　天津杨柳青画店　1981 年　2 张　76cm（2 开）
定价：CNY0.32
　　中国现代年画作品。

J0051982
春之舞　黄其作
郑州　河南人民出版社　1981 年　[1 张]
76cm（2 开）定价：CNY0.18
　　中国现代年画作品。

J0051983
从小爱清洁　黄力生作
武汉　湖北人民出版社　1981 年　[1 张]
76cm（2 开）定价：CNY0.16
　　中国现代年画作品。

J0051984
从小讲卫生　金培庚作
兰州　甘肃人民出版社　1981 年　76cm（2 开）
定价：CNY0.18
　　中国现代年画作品。

J0051985
丛中笑——评剧《花为媒》　李慕白，龚景充作
杭州　浙江人民美术出版社　1981 年　76cm（2 开）
定价：CNY0.16
　　中国现代年画作品。

J0051986
丛中笑——评剧《为媒》（1982 年年历）李慕白，龚景充作
杭州　浙江人民美术出版社　1981 年　54cm（4 开）
定价：CNY0.19
　　中国现代年画作品。

J0051987
翠鸣秋艳　李魁正作
北京　人民美术出版社　1981 年　76cm（2 开）
定价：CNY0.13
　　中国现代年画作品。作者李魁正（1942—　），教授。生于北京，毕业于中央美术学院中国画系。中央民族大学美术学院教授、博士生导师，中国美术家协会理事，中国美协线描艺术研究会会长、中国工笔画学会副会长。出版有《李魁正画选》《魁正泼绘》《百杰画家·李魁正》等。

J0051988
打金枝　亢佐田作
太原　山西人民出版社　1981 年　76cm（2 开）
定价：CNY0.16
　　中国现代年画作品。

J0051989
大的给奶奶　刘崇林画
济南　山东人民出版社　1981 年　76cm（2 开）
定价：CNY0.16
　　中国现代年画作品。

J0051990
大公鸡　朱嘉铭作
成都　四川人民出版社　1981 年　[1 张]
76cm（2 开）定价：CNY0.16
　　中国现代年画作品。

J0051991

大海清清任我游　罗玉江作

石家庄 河北人民出版社 1981 年 76cm（2 开）

定价：CNY0.16

　　中国现代年画作品。

J0051992

大红鱼　柳忠福作

天津 天津人民美术出版社 1981 年 76cm（2 开）

定价：CNY0.13

　　中国现代年画作品。

J0051993

大养鸡鸭　发展副业　于可安画

济南 山东人民出版社 1981 年［1 张］

76cm（2 开）定价：CNY0.13

　　中国现代年画作品。

J0051994

待月西厢下　金梅生作

上海 上海人民美术出版社 1981 年 76cm（2 开）

定价：CNY0.13

　　中国现代年画作品。

J0051995

黛玉抚琴　李众斌作

西安 陕西人民美术出版社 1981 年 76cm（2 开）

定价：CNY0.13

　　中国现代年画作品。

J0051996

黛玉戏鹦图　宋德风画

济南 山东人民出版社 1981 年 76cm（2 开）

定价：CNY0.18

　　中国现代年画作品。作者宋德风（1941—　　），画家。山东荣成人。毕业于山东艺专国画专业。中国人才研究会艺术家学部委员会一级书画艺术委员，国家人事部人才所、中国书画人才资格审定委员会特邀研究员，国际美术家联合会中国中南执委会常务理事。作品有连环画《海燕劲飞》，工笔年画《武松打虎》《名山大川》《三国故事》等。

J0051997

丹凤朝阳　窦贵生画

长春 吉林人民出版社 1981 年［1 张］

76cm（2 开）定价：CNY0.16

　　中国现代年画作品。

J0051998

丹生富贵　房英魁作

沈阳 辽宁美术出版社 1981 年 76cm（2 开）

定价：CNY0.13

　　中国现代年画作品。

J0051999

当阳桥　李惠作

西安 陕西人民美术出版社 1981 年 76cm（2 开）

定价：CNY0.18

　　中国现代年画作品。

J0052000

盗仙草　付鲁沛作

郑州 河南人民出版社 1981 年［1 张］

76cm（2 开）定价：CNY0.18

　　中国现代年画作品。

J0052001

盗仙草　李振久作

哈尔滨 黑龙江人民出版社 1981 年 76cm（2 开）

定价：CNY0.16

　　中国现代年画作品。

J0052002

得奖归来　陈宏仁作

上海 上海人民美术出版社 1981 年 76cm（2 开）

定价：CNY0.16

　　中国现代年画作品。

J0052003

灯节　郦纬农作

郑州 河南人民出版社 1981 年 76cm（2 开）

定价：CNY0.16

　　中国现代年画作品。

J0052004

等妈妈　刘淑荣作

天津 天津杨柳青画店 1981 年 76cm（2 开）

定价：CNY0.16

　　中国现代年画作品。作者张为民（1937—

），研究院。又名张莨，字怀仁。生于北京大兴，毕业于天津美术学院。历任天津北辰文化馆研究员，中国美术家协会会员，中国民间美术学会理事，天津美协荣誉理事，天津美协人物画专委会委员，天津北辰书画院院长，出版有《张为民画集》《乡情》《张莨速写》《张莨画集》等。

J0052005

蝶花双喜图　原守俭作
哈尔滨 黑龙江人民出版社 1981 年 76cm（2 开）
定价：CNY0.32
　　中国现代年画作品。

J0052006

蝶双飞——梁山伯与祝英台　江显辉作
上海 上海人民美术出版社 1981 年 54cm（4 开）
定价：CNY0.16
　　中国现代年画作品。

J0052007

东岳揽胜　（聊斋志异故事）皮之先，车天德画
济南 山东人民出版社 1981 年 2 张 76cm（2 开）
定价：CNY0.32
　　中国现代年画作品。作者皮之先（1928— ），艺术家、一级美术师。河北阜城人，毕业于中央美术学院。历任工人出版社美编、临沂画院院长、国际王羲之书画院院长等职，中国美术家协会会员、临沂市文联副主席兼美协主席、北京中国书法艺术研究院教授。代表作品有《泰山揽胜图》《皮之先钟馗百图》《慰问军属》等。

J0052008

动物集锦　吴振兹作
上海 上海人民美术出版社 1981 年 76cm（2 开）
定价：CNY0.16
　　中国现代年画作品。

J0052009

斗鸡图　景志龙作
成都 四川人民出版社 1981 年［1 张］
76cm（2 开）定价：CNY0.16
　　中国现代年画作品。

J0052010

锻炼身体　延年益寿　龙盛江作
贵阳 贵州人民出版社 1981 年［1 张］
76cm（2 开）定价：CNY0.13
　　中国现代年画作品。

J0052011

队长扮演芝麻官　王如何作
太原 山西人民出版社 1981 年 76cm（2 开）
定价：CNY0.16
　　中国现代年画作品。

J0052012

儿欢母笑　陈静作
沈阳 辽宁美术出版社 1981 年 76cm（2 开）
定价：CNY0.13
　　中国现代年画作品。

J0052013

儿童和白兔　刘志宏作
合肥 安徽人民出版社 1981 年 76cm（2 开）
定价：CNY0.16
　　中国现代年画作品。

J0052014

儿童乐园　章育青作
上海 上海人民美术出版社 1981 年［1 张］
76cm（2 开）定价：CNY0.16
　　中国现代年画作品。

J0052015

饭热菜香赤子心　童金贵画
长春 吉林人民出版社 1981 年［1 张］
76cm（2 开）定价：CNY0.16
　　中国现代年画作品。

J0052016

放风筝　白逸如画
济南 山东人民出版社 1981 年 2 张
78cm（2 开）定价：CNY0.20
　　中国现代年画作品。作者白逸如（1932— ），女，画家。北京人。毕业于浙江美术学院。曾任山东省文化局美工室、山东师范大学艺术系教师，天津画院专业画家。作品有《渔家女儿上大学》《移来南茶住北乡》《大娘的病好了》等。

J0052017
飞吧 刘海志作
郑州 河南人民出版社 1981 年 76cm（2 开）
定价：CNY0.18
　　中国现代年画作品。

J0052018
飞机 侯小戈作
武汉 湖北人民出版社 1981 年 76cm（2 开）
定价：CNY0.16
　　中国现代年画作品。

J0052019
丰 单锡和作
上海 上海人民美术出版社 1981 年 76cm（2 开）
定价：CNY0.15
　　中国现代年画作品。

J0052020
丰乐图 马江作
兰州 甘肃人民出版社 1981 年［1 张］
54cm（4 开）定价：CNY0.09
　　中国现代年画作品。

J0052021
丰年乐　喜迎春 颜静蓉作
武汉 湖北人民出版社 1981 年［1 张］
76cm（2 开）定价：CNY0.13
　　中国现代年画作品。

J0052022
丰收乐 李蕙作
广州 岭南美术出版社 1981 年［1 张］
76cm（2 开）定价：CNY0.18
　　中国现代年画作品。

J0052023
丰收乐 李蕙作
广州 岭南美术出版社 1981 年［1 张］
54cm（4 开）定价：CNY0.09
　　中国现代工艺美术年画作品。

J0052024
丰收乐 杨馥如作
上海 上海人民美术出版社 1981 年 76cm（2 开）

定价：CNY0.16
　　中国现代年画作品。

J0052025
丰收有余 郭长林作
成都 四川人民出版社 1981 年［1 张］
76cm（2 开）定价：CNY0.16
　　中国现代年画作品。

J0052026
风车车 张友霖作
成都 四川人民出版社 1981 年 54cm（4 开）
定价：CNY0.08
　　中国现代年画作品。

J0052027
凤凰鸣春 柏翠，韩野作
郑州 河南人民出版社 1981 年 76cm（2 开）
定价：CNY0.18
　　中国现代年画作品。

J0052028
凤凰牡丹 陈修范作
上海 上海人民美术出版社 1981 年 76cm（2 开）
定价：CNY0.16
　　中国现代年画作品。

J0052029
凤凰牡丹图 许春芝作
哈尔滨 黑龙江人民出版社 1981 年 76cm（2 开）
定价：CNY0.16
　　中国现代年画作品。

J0052030
凤仪亭 陈志谦作
南宁 广西人民出版社 1981 年 76cm（2 开）
定价：CNY0.18
　　中国现代年画作品。

J0052031
凤仪亭 邹起奎作
天津 天津人民美术出版社 1981 年 76cm（2 开）
定价：CNY0.13
　　中国现代年画作品。

J0052032
佛乐童欢 刘德伦作
成都 四川人民出版社 1981 年 76cm（2 开）
定价：CNY0.16
　　中国现代年画作品。

J0052033
芙蓉鹭鸶　牡丹孔雀　青松仙鹤　荷花白鹅 乔玉川作
西安 陕西人民美术出版社 1981 年 2 张
76cm（2 开）定价：CNY0.36
　　中国现代年画作品。作者乔玉川（1938—　 ），
毕业于西安美术学院中国画系。历任中国美术
家协会会员，中央文史馆书画研究员，陕西省美
术家协会顾问、终身艺术委员会委员。出版专著
有《乔玉川画集》《乔玉川栾川写生集》《乔玉川
人物画集》《乔玉川栾川山水画集》等。

J0052034
福 李健光作
南昌 江西人民出版社 1981 年 39cm（4 开）
定价：CNY0.10
　　中国现代年画作品。

J0052035
福 高孝慈等作
沈阳 辽宁美术出版社 1981 年［1 张］
76cm（2 开）定价：CNY0.24
　　中国现代年画作品。

J0052036
福 栾录章作
沈阳 辽宁美术出版社 1981 年［1 张］
76cm（2 开）定价：CNY0.24
　　中国现代年画作品。

J0052037
福 张先富作
成都 四川人民出版社 1981 年 39cm（4 开）
定价：CNY0.06
　　中国现代年画作品。

J0052038
福寿图 陆箫作
南宁 漓江出版社 1981 年 76cm（2 开）

定价：CNY0.16
　　中国现代年画作品。

J0052039
副业兴旺 （一至四）唐一文作
兰州 甘肃人民出版社 1981 年 2 张 76cm（2 开）
定价：CNY0.36
　　中国现代年画作品。

J0052040
富 李健光作
南昌 江西人民出版社 1981 年 39cm（4 开）
定价：CNY0.10
　　中国现代年画作品。

J0052041
富 单锡和作
上海 上海人民美术出版社 1981 年 76cm（2 开）
定价：CNY0.15
　　中国现代年画作品。

J0052042
富丽白头　荷塘飞翠　秋耀金花　双鹤戏梅 肖焕作
西安 陕西人民美术出版社 1981 年 2 张
76cm（2 开）定价：CNY0.36
　　中国现代年画作品。

J0052043
富士山下看熊猫 庞卡作
上海 上海人民美术出版社 1981 年 76cm（2 开）
定价：CNY0.16
　　中国现代年画作品。

J0052044
富裕光荣　丰收有余 侯世武作
成都 四川人民出版社 1981 年［1 张］
76cm（2 开）定价：CNY0.16
　　中国现代年画作品。

J0052045
橄榄歌 黄妙发作
长沙 湖南美术出版社 1981 年［1 张］
76cm（2 开）定价：CNY0.16
　　中国现代年画作品。

J0052046

高桂英　洪宣娇　李先润作
郑州 河南人民出版社 1981 年［1 张］
54cm（4 开）定价：CNY0.07
　　中国现代年画作品。

J0052047

高瞻远瞩　张广力作
上海 上海人民美术出版社 1981 年 76cm（2 开）
定价：CNY0.16
　　中国现代年画作品。

J0052048

咯咯鸡　安茂让画
济南 山东人民出版社 1981 年 76cm（2 开）
定价：CNY0.16
　　中国现代年画作品。作者安茂让（1940—　），
山东日照市人。师范毕业。从事美术教育和群
众美术辅导工作。曾任日照市农民画协名誉会
长，日照市美术馆副馆长。山东美术家协会会员。
作品有《春风吹绿黄河岸》《山林卫士》《世界之
最》等。

J0052049

鸽子　邹起奎作
天津 天津人民美术出版社 1981 年 76cm（2 开）
定价：CNY0.16
　　中国现代年画作品。

J0052050

歌舞庆丰收　张素玉作
天津 天津人民美术出版社 1981 年 2 张
76cm（2 开）定价：CNY0.32
　　中国现代年画作品。

J0052051

革命传统代代传　肖锋，宋韧作
上海 上海人民美术出版社 1981 年 76cm（2 开）
定价：CNY0.16
　　中国现代年画作品。

J0052052

葛洲坝　白统绪作
武汉 湖北人民出版社 1981 年 76cm（2 开）
定价：CNY0.16

中国现代年画作品。

J0052053

更喜今日神州　安和作
太原 山西人民出版社 1981 年 76cm（2 开）
定价：CNY0.16
　　中国现代年画作品。

J0052054

恭贺新禧　徐慧玲作
武汉 湖北人民出版社 1981 年 54cm（4 开）
定价：CNY0.07
　　中国现代年画作品。

J0052055

古城会　金雪尘作
沈阳 辽宁美术出版社 1981 年 76cm（2 开）
定价：CNY0.13
　　中国现代年画作品。作者金雪尘（1904—
1996），画家。上海嘉定人。曾任上海图片出版社、
上海人民美术出版社特约记者。代表作有《武松
打虎》《春江花月夜》《金鱼舞》。

J0052056

古代儿童的故事　江南春作
上海 上海人民美术出版社 1981 年 76cm（2 开）
定价：CNY0.16
　　中国现代年画作品。

J0052057

古代妇女条屏　（一至四）金兰作
哈尔滨 黑龙江人民出版社 1981 年 2 张
76cm（2 开）定价：CNY0.32
　　中国现代年画作品。

J0052058

古代舞蹈　（一、二）劳思，谈绮芬作
南京 江苏人民出版社 1981 年 2 张 78cm（2 开）
定价：CNY0.22
　　中国现代年画作品。

J0052059

古代小英雄　任率英作；任青诗；刘炳森书
北京 人民美术出版社 1981 年 2 张 76cm（2 开）
定价：CNY0.36

中国现代年画作品。作者任率英(1911—1989)，画家。原名敬表，河北束鹿人。擅长工笔画、连环画、年画。历任中国美术家协会会员、中国连环画研究会顾问、北京东方书画研究社社长、北京工笔重彩画协会副会长、北京中国画研究会理事、北京工业大学书画协会顾问。代表作品《嫦娥奔月》《洛神图》《梁红玉击鼓战金山》等。

J0052060
古诗书画屏 （一至四）黄幻吾等作
上海 上海人民美术出版社 1981 年 2 张
76cm（2 开）定价：CNY0.32
　　中国现代年画作品。

J0052061
瓜香果甜娃娃胖 杨馥如作
杭州 浙江人民美术出版社 1981 年 76cm（2 开）
定价：CNY0.16
　　中国现代年画作品。

J0052062
关公 张飞 杨念一，杨通河作
贵阳 贵州人民出版社 1981 年［1 张］
76cm（2 开）定价：CNY0.16
　　中国现代年画作品。

J0052063
关羽 王桂保作
哈尔滨 黑龙江人民出版社 1981 年 76cm（2 开）
定价：CNY0.16
　　中国现代年画作品。

J0052064
关羽 张飞 李鼎元作
兰州 甘肃人民出版社 1981 年［1 张］
54cm（4 开）定价：CNY0.09
　　中国现代年画作品。

J0052065
关中八景 陆振华作
西安 陕西人民美术出版社 1981 年 76cm（2 开）
定价：CNY0.13
　　中国现代年画作品。

J0052066
关中八景 陆海林作
成都 四川人民出版社 1981 年 39cm（4 开）
定价：CNY0.06
　　中国现代年画作品。

J0052067
光荣之家 王遵义画
济南 山东人民出版社 1981 年 76cm（2 开）
定价：CNY0.18
　　中国现代年画作品。

J0052068
光荣之家 李万春作
成都 四川人民出版社 1981 年 54cm（4 开）
定价：CNY0.08
　　中国现代年画作品。

J0052069
贵妃醉酒 赵静东作
天津 天津人民美术出版社 1981 年 76cm（2 开）
定价：CNY0.16
　　中国现代年画作品。

J0052070
桂林山水 吴光华作
上海 上海人民美术出版社 1981 年 76cm（2 开）
定价：CNY0.16
　　中国现代年画作品。

J0052071
桂英打雁 孙文光作
成都 四川人民出版社 1981 年 76cm（2 开）
定价：CNY0.16
　　中国现代年画作品。

J0052072
果熟人康 刘德伦作
成都 四川人民出版社 1981 年 76cm（2 开）
定价：CNY0.16
　　中国现代年画作品。

J0052073
果熟人康 刘德伦作
成都 四川人民出版社 1981 年 54cm（4 开）

定价：CNY0.08
　　中国现代年画作品。

J0052074
过五关斩六将　梁惠统作
南宁 漓江出版社 1981 年［1 张］76cm（2 开）
定价：CNY0.16
　　中国现代年画作品。

J0052075
还是人间好　李宝亮画
济南 山东人民出版社 1981 年 76cm（2 开）
定价：CNY0.16
　　中国现代年画作品。

J0052076
还我河山　畅维臻作
北京 人民美术出版社 1981 年 76cm（2 开）
定价：CNY0.16
　　中国现代年画作品。

J0052077
海陆空交通全景图　丁仪新作
上海 上海人民美术出版社 1981 年 76cm（2 开）
定价：CNY0.16
　　中国现代年画作品。

J0052078
海瑞　包公　甘家伟作
昆明 云南人民出版社 1981 年［1 张］
54cm（4 开）定价：CNY0.07
　　中国现代年画作品。

J0052079
海瑞　包公　甘家伟作
昆明 云南人民出版社 1981 年［1 张］
76cm（2 开）定价：CNY0.13
　　中国现代年画作品。

J0052080
韩世忠　梁红玉　新流作
昆明 云南人民出版社 1981 年［1 张］
76cm（2 开）定价：CNY0.13
　　中国现代年画作品。

J0052081
韩世忠　梁红玉　新流作
昆明 云南人民出版社 1981 年［1 张］
54cm（4 开）定价：CNY0.07（54cm）
　　中国现代工艺美术年画作品。

J0052082
好阿姨　李慕白作
天津 天津人民美术出版社 1981 年 76cm（2 开）
定价：CNY0.16
　　中国现代年画作品。

J0052083
好宝宝　张鸾作
天津 天津杨柳青画店 1981 年［1 张］
76cm（2 开）定价：CNY0.16
　　中国现代年画作品。

J0052084
好宝宝　讲礼貌　李卓斌作
石家庄 河北人民出版社 1981 年［1 张］
76cm（2 开）定价：CNY0.16
　　中国现代年画作品。

J0052085
好婆媳　潘小庆作
南京 江苏人民出版社 1981 年［1 张］
76cm（2 开）定价：CNY0.16
　　中国现代年画作品。

J0052086
耗子嫁女　潘培德作
成都 四川人民出版社 1981 年［1 张］
76cm（2 开）定价：CNY0.16
　　中国现代年画作品。

J0052087
和和美美　董淑嫔作
北京 宝文堂书店 1981 年［1 张］76cm（2 开）
定价：CNY0.13
　　中国现代年画作品。

J0052088
和美幸福　魏志刚作
天津 天津人民美术出版社 1981 年［1 张］

76cm（2开）定价：CNY0.18
　　中国现代年画作品。

J0052089
和平幸福　曾纪纲作
成都 四川人民出版社 1981年［1张］
54cm（4开）定价：CNY0.08
　　中国现代年画作品。

J0052090
河南风光　王世龙等作
郑州 中州书画社 1981年 76cm（2开）
定价：CNY0.18
　　中国现代年画作品。

J0052091
荷花童子　程惠钊作
南宁 漓江出版社 1981年［1张］76cm（2开）
定价：CNY0.16
　　中国现代年画作品。

J0052092
荷花童子舞　刘王斌作
上海 上海人民美术出版社 1981年 76cm（2开）
定价：CNY0.16
　　中国现代年画作品。

J0052093
荷花鸳鸯　辛鹤江作
太原 山西人民出版社 1981年 76cm（2开）
定价：CNY0.16
　　中国现代年画作品。

J0052094
何仙姑　袁大仪作
济南 山东人民出版社 1981年 76cm（2开）
定价：CNY0.16
　　中国现代年画作品。

J0052095
贺老总住我家　王鐏作
太原 山西人民出版社 1981年 76cm（2开）
定价：CNY0.16
　　中国现代年画作品。

J0052096
贺新年　庆丰收　郭长林作
成都 四川人民出版社 1981年［1张］
54cm（4开）定价：CNY0.08
　　中国现代年画作品。

J0052097
红杜鹃　安学贵作
天津 天津人民美术出版社 1981年 76cm（2开）
定价：CNY0.16
　　中国现代年画作品。

J0052098
红葫芦　马乐群作
昆明 云南人民出版社 1981年 76cm（2开）
定价：CNY0.16
　　中国现代年画作品。

J0052099
红楼二尤　杨葆郭作
哈尔滨 黑龙江人民出版社 1981年 76cm（2开）
定价：CNY0.16
　　中国现代年画作品。

J0052100
红梅图　杨淑涛作
天津 天津人民美术出版社 1981年 76cm（2开）
定价：CNY0.13
　　中国现代年画作品。

J0052101
红娘子　董善明作
石家庄 河北人民出版社 1981年［1张］
76cm（2开）定价：CNY0.16
　　中国现代年画作品。

J0052102
红娘子　霍允庆画
济南 山东人民出版社 1981年［1张］
76cm（2开）定价：CNY0.16
　　中国现代年画作品。作者霍允庆（1944—　），
笔名静轩，山东龙口人。擅长年画、中国画。曾
在龙口文化馆从事美术工作，二级美术师。作品
有《丰收时节》《劈山救母》《年方八八》等。

J0052103
红娘子 马清涛作
西安 陕西人民美术出版社 1981 年 76cm（2 开）
定价：CNY0.18
　　中国现代年画作品。

J0052104
红双喜 单锡和作
南京 江苏人民出版社 1981 年 76cm（2 开）
定价：CNY0.16
　　中国现代年画作品。

J0052105
红双喜 王一鸣画
济南 山东人民出版社 1981 年 76cm（2 开）
定价：CNY0.18
　　中国现代年画作品。

J0052106
红线盗盒 李希广作
哈尔滨 黑龙江人民出版社 1981 年 76cm（2 开）
定价：CNY0.16
　　中国现代年画作品。

J0052107
红叶题诗 严苍宇作
武汉 湖北人民出版社 1981 年 76cm（2 开）
定价：CNY0.18
　　中国现代年画作品。

J0052108
蝴蝶泉边 金纪发作
南宁 广西人民出版社 1981 年 76cm（2 开）
定价：CNY0.16
　　中国现代年画作品。

J0052109
蝴蝶泉边 张福龙作
天津 天津人民美术出版社 1981 年 76cm（2 开）
定价：CNY0.16
　　中国现代年画作品。

J0052110
虎 徐世钦，李勤作
天津 天津人民美术出版社 1981 年 76cm（2 开）

定价：CNY0.16
　　中国现代年画作品。

J0052111
虎虎有生气 事事都如意 （杨柳青年画）
天津 天津杨柳青画店 1981 年 ［1 张］
76cm（2 开）定价：CNY0.16
　　中国现代年画作品。

J0052112
虎啸 （中堂轴画）叶德昌作
武汉 湖北人民出版社 1981 年 附对联一副
108cm（全开）定价：CNY1.50
　　中国现代年画作品。

J0052113
花灯迎春 杨健健作
西安 陕西人民美术出版社 1981 年 76cm（2 开）
定价：CNY0.18
　　中国现代年画作品。作者杨健健（1940— ），
女，西安美术学院副教授，中国美术家协会
会员。

J0052114
花儿 朱淑媛作
沈阳 辽宁美术出版社 1981 年 76cm（2 开）
定价：CNY0.13
　　中国现代年画作品。

J0052115
花儿遍野情满怀 （杨柳青年画）魏志刚作
天津 天津杨柳青画店 1981 年 ［1 张］
76cm（2 开）定价：CNY0.16
　　中国现代年画

J0052116
花儿朵朵 杨永东作
武汉 湖北人民出版社 1981 年 76cm（2 开）
定价：CNY0.16
　　中国现代年画作品。

J0052117
花儿朵朵 杨馥如作
南京 江苏人民出版社 1981 年 76cm（2 开）
定价：CNY0.16

中国现代年画作品。

J0052118
花儿朵朵　张炬作
西安　陕西人民美术出版社 1981 年 76cm（2 开）
定价：CNY0.13
　　中国现代年画作品。

J0052119
花卉四条屏　赵少昂作
广州　岭南美术出版社 1981 年 2 张 76cm（2 开）
定价：CNY0.36
　　中国现代年画作品。作者赵少昂（1905—
1998），画家、教授。字叔仪，原籍广东番禺。"岭
南派"著名画家，历任广州市立美术学校中国
画系主任、广州大学美术科教授。出版有《少
昂近作集》《少昂画集》《赵少昂画集》《实用绘
画学》。

J0052120
花间觅食　米春茂作
石家庄　河北人民出版社 1981 年 76cm（2 开）
定价：CNY0.16
　　中国现代年画作品。作者米春茂（1938—　 ），
一级美术师。生于河北省霸州。历任沧州市文
联专业画家，中国美术家协会会员，美协河北分
会会员，河北省工艺美术学会常务理事，沧州市
美协理事长。代表作品有《米春茂画集》《中国
画自学丛书——怎样画小动物》。

J0052121
花径重逢　张德俊作
上海　上海人民美术出版社 1981 年 76cm（2 开）
定价：CNY0.16
　　中国现代年画作品。

J0052122
花开富丽　**鹤舞长春**　苏家芬等作
广州　岭南美术出版社 1981 年［1 张］
76cm（2 开）定价：CNY0.18
　　中国现代年画作品。作者苏家芬（1945—　 ），
女，讲师。广东新会人，毕业于广州美术学院工
艺系。广东轻工职业技术学院副教授、中国美协
会员、广东美协理事。作品有《何芷故事选》《煤
油灯下的欢乐》《猎鲨者》《笑画》《苏家芬水彩

画集》等。

J0052123
花开富丽　**鹤舞长春**　苏家芬等作
广州　岭南美术出版社 1981 年［1 张］
54cm（4 开）定价：CNY0.09
　　中国现代工艺美术年画作品。

J0052124
花篮小猫　丁博平，齐兆璠作
天津　天津人民美术出版社 1981 年 76cm（2 开）
定价：CNY0.18
　　中国现代年画作品。

J0052125
花烂漫　李森林作
太原　山西人民出版社 1981 年 76cm（2 开）
定价：CNY0.16
　　中国现代年画作品。

J0052126
花木兰　**穆桂英**　杨通河，杨念一作
贵阳　贵州人民出版社 1981 年［1 张］
76cm（2 开）定价：CNY0.16
　　中国现代年画作品。

J0052127
花鸟　郭味蕖作
南昌　江西人民出版社 1981 年 2 张 76cm（2 开）
定价：CNY0.36
　　中国现代年画作品。作者郭味蕖（1908—
1971），画家。原名忻，后改慰劬、味蕖，曾用别
号汾阳王孙等。山东潍坊人，毕业于上海美术专
科学校。历任中央美术学院研究部和徐悲鸿纪
念馆研究员，中央美院中国画讲师，中央美术学
院国画系花鸟科主任等。著有《宋元明清画家年
表》《中国版画史略》《写意花鸟创作技法十六
讲》等。

J0052128
花鸟动物　孙其峰作
石家庄　河北人民出版社 1981 年 2 张
76cm（2 开）定价：CNY0.32
　　中国现代年画作品。

J0052129
花鸟屏　王雪涛作
石家庄 河北人民出版社 1981 年 2 张
76cm（2 开）定价：CNY0.36
　　中国现代年画作品。

J0052130
花鸟屏　喻继高作
上海 上海人民美术出版社 1981 年 4 张
76cm（2 开）定价：CNY0.64
　　中国现代年画作品。

J0052131
花鸟四条屏　徐士钦，李勤作
天津 天津人民美术出版社 1981 年 2 张
76cm（2 开）定价：CNY0.32
　　中国现代年画作品。

J0052132
花颂　江淮春作
天津 天津人民美术出版社 1981 年 76cm（2 开）
定价：CNY0.16
　　中国现代年画作品。

J0052133
花为媒　韩喜增作
石家庄 河北人民出版社 1981 年［1 张］
76cm（2 开）定价：CNY0.18
　　中国现代年画作品。

J0052134
花为媒　申同景，王守信作
郑州 河南人民出版社 1981 年 76cm（2 开）
定价：CNY0.18
　　中国现代年画作品。

J0052135
花为媒　金铭作
上海 上海人民美术出版社 1981 年 76cm（2 开）
定价：CNY0.16
　　中国现代年画作品。

J0052136
花园赠花　张弓作
石家庄 河北人民出版社 1981 年 76cm（2 开）

定价：CNY0.16
　　中国现代年画作品。

J0052137
化蝶　杨振洲作
郑州 河南人民出版社 1981 年 76cm（2 开）
定价：CNY0.18
　　中国现代年画作品。

J0052138
化妆　江德悦画
济南 山东人民出版社 1981 年 76cm（2 开）
定价：CNY0.16
　　中国现代年画作品。

J0052139
画中人　姜堃作
长沙 湖南美术出版社 1981 年 76cm（2 开）
定价：CNY0.16
　　中国现代年画作品。

J0052140
画中人　王辉亮画
济南 山东人民出版社 1981 年 76cm（2 开）
定价：CNY0.16
　　中国现代年画作品。

J0052141
槐荫缘　吴象峰作
武汉 湖北人民出版社 1981 年 76cm（2 开）
定价：CNY0.18
　　中国现代年画作品。

J0052142
欢乐的节日　陶锦荣作
石家庄 河北人民出版社 1981 年［1 张］
76cm（2 开）定价：CNY0.13
　　中国现代年画作品。

J0052143
欢乐的节日　友霖作
成都 四川人民出版社 1981 年 76cm（2 开）
定价：CNY0.16
　　中国现代年画作品。

J0052144
欢乐的童年　陈英,陈明作
郑州 河南人民出版社 1981 年 76cm(2 开)
定价:CNY0.18
　　中国现代年画作品。

J0052145
欢乐的夏天　刘庆涛作
天津 天津人民美术出版社 1981 年 76cm(2 开)
定价:CNY0.16
　　中国现代年画作品。

J0052146
欢乐图　陈松茂作
南昌 江西人民出版社 1981 年 76cm(2 开)
定价:CNY0.16
　　中国现代年画作品。

J0052147
欢庆春节　古月作
成都 四川人民出版社 1981 年 54cm(4 开)
定价:CNY0.08
　　中国现代年画作品。

J0052148
欢庆新春　江南春,江淮春作
天津 天津人民美术出版社 1981 年 76cm(2 开)
定价:CNY0.18
　　中国现代年画作品。

J0052149
欢天喜地　徐万荣,郭抱湘画
济南 山东人民出版社 1981 年 2 张 76cm(2 开)
定价:CNY0.32
　　中国现代年画作品。

J0052150
黄山　邢树荃作
石家庄 河北人民出版社 1981 年 2 张
76cm(2 开)定价:CNY0.32
　　中国现代年画作品。作者邢树荃(1941—
　　),河北沧州市人,毕业于河北泊头师范学校
美术专业。曾任河北省美术家协会会员、沧县美
协主席等职。代表作品有《故乡月》《春到苍岩》
《山乡月》《江山锦秀》等。

J0052151
黄山四季屏　(花坞春光 狮峰云海 温泉秋
色 蓬莱积雪)徐姓作
上海 上海人民美术出版社 1981 年 4 张
78cm(2 开)定价:CNY0.44
　　中国现代年画作品。

J0052152
活泼健康　成砺志作
西安 陕西人民美术出版社 1981 年 76cm(2 开)
定价:CNY0.18
　　中国现代年画作品。

J0052153
火凤凰　高国强作
杭州 浙江人民美术出版社 1981 年 [1 张]
76cm(2 开)定价:CNY0.16
　　中国现代年画作品。

J0052154
火焰山　康富平作
太原 山西人民出版社 1981 年 [1 张]
76cm(2 开)定价:CNY0.16
　　中国现代年画作品。

J0052155
鸡多蛋大　成砺志作
北京 人民美术出版社 1981 年 76cm(2 开)
定价:CNY0.13
　　中国现代年画作品。

J0052156
鸡多蛋大　亢佐田作
太原 山西人民出版社 1981 年 76cm(2 开)
定价:CNY0.16
　　中国现代年画作品。

J0052157
鸡肥蛋大　莫树滋作
南京 江苏人民出版社 1981 年 76cm(2 开)
定价:CNY0.18
　　中国现代年画作品。

J0052158
吉庆有余　蔡培作

武汉 湖北人民出版社 1981 年 ［1 张］
76cm（2 开）定价：CNY0.13
　　中国现代年画作品。

J0052159
吉庆有余　林瑛珊作
南昌 江西人民出版社 1981 年 76cm（2 开）
定价：CNY0.16
　　中国现代年画作品。

J0052160
吉庆有余　连年丰收　赵坤汉作
西安 陕西人民美术出版社 1981 年 ［1 张］
76cm（2 开）定价：CNY0.13
　　中国现代年画作品。

J0052161
家家万福贺新年　陈衡，杨家聪作
广州 岭南美术出版社 1981 年 76cm（2 开）
定价：CNY0.18
　　中国现代年画作品。

J0052162
家家有余　杨立群作
广州 岭南美术出版社 1981 年 39cm（4 开）
定价：CNY0.09
　　中国现代年画作品。

J0052163
假日　邵佐唐作
沈阳 辽宁美术出版社 1981 年 76cm（2 开）
定价：CNY0.13
　　中国现代年画作品。

J0052164
健康成长　李慕白作
北京 人民美术出版社 1981 年 76cm（2 开）
定价：CNY0.18
　　中国现代年画作品。

J0052165
健康长寿　何逸梅作
上海 上海人民美术出版社 1981 年 76cm（2 开）
定价：CNY0.16
　　中国现代年画作品。

J0052166
健康长寿幸福来　申申，李美作
沈阳 辽宁美术出版社 1981 年 76cm（2 开）
定价：CNY0.13
　　中国现代年画作品。

J0052167
健美曲　（一至四）徐成智作
南宁 广西人民出版社 1981 年 2 张 76cm（2 开）
定价：CNY0.36
　　中国现代年画作品。

J0052168
江南春秀　（杨柳青年画）王宝贵作
天津 天津杨柳青画店 1981 年 76cm（2 开）
定价：CNY0.16
　　中国现代年画作品。

J0052169
江南风光好　瞿国梁作
上海 上海人民美术出版社 1981 年 ［1 张］
76cm（2 开）定价：CNY0.16
　　中国现代年画作品。

J0052170
江山多娇　（一至四）陶一清作
南昌 江西人民出版社 1981 年 2 张 76cm（2 开）
定价：CNY0.36
　　中国现代年画作品。

J0052171
江苏年画　（1982 1）
南京 江苏人民出版社 ［1981 年］13×19cm
　　中国现代年画作品。

J0052172
江苏年画　（1982 2）
南京 江苏人民出版社 ［1981 年］13×19cm
　　中国现代年画作品。

J0052173
将相和　金雪尘作
上海 上海人民美术出版社 1981 年 76cm（2 开）
定价：CNY0.13
　　中国现代年画作品。

J0052174
讲礼貌　徐寄平作
北京 人民美术出版社 1981年 76cm(2开)
定价: CNY0.16
　　中国现代年画作品。

J0052175
降龙伏虎　冯力作
兰州 甘肃人民出版社 1981年[1张]
54cm(4开)定价: CNY0.09
　　中国现代年画作品。

J0052176
教师进京　郭常信作
沈阳 辽宁美术出版社 1981年[1张]
76cm(2开)定价: CNY0.13
　　中国现代年画作品。

J0052177
节节高　周建志作
北京 人民美术出版社 1981年 76cm(2开)
定价: CNY0.13
　　中国现代年画作品。

J0052178
节日　吴性清作
南京 江苏人民出版社 1981年 76cm(2开)
定价: CNY0.18
　　中国现代年画作品。

J0052179
节日　李秉刚作
北京 人民美术出版社 1981年 76cm(2开)
定价: CNY0.18
　　中国现代年画作品。

J0052180
节约一分钱　王言昌画
济南 山东人民出版社 1981年 76cm(2开)
定价: CNY0.16
　　中国现代年画作品。

J0052181
巾帼英雄花木兰　女中豪杰穆桂英　张书
卿作

昆明 云南人民出版社 1981年[1张]
76cm(2开)定价: CNY0.13
　　中国现代年画作品。

J0052182
巾帼英雄花木兰　女中豪杰穆桂英　张书
卿作
昆明 云南人民出版社 1981年[1张]
54cm(4开)定价: CNY0.07
　　中国现代工艺美术年画作品。

J0052183
今天我做值日生　何波作
武汉 湖北人民出版社 1981年 76cm(2开)
定价: CNY0.16
　　中国现代年画作品。

J0052184
金凤朝阳　林美岚作
南昌 江西人民出版社 1981年[1张]
76cm(2开)定价: CNY0.13
　　中国现代年画作品。

J0052185
金秋菊艳　安学贵画
长春 吉林人民出版社 1981年 76cm(2开)
定价: CNY0.16
　　中国现代年画作品。

J0052186
金鱼舞　李慕白,金雪尘作
上海 上海人民美术出版社 1981年 76cm(2开)
定价: CNY0.16
　　中国现代年画作品。

J0052187
锦绣春色　叶玉昶作
杭州 浙江人民美术出版社 1981年 76cm(2开)
定价: CNY0.16
　　中国现代年画作品。

J0052188
锦绣山河　浙江人民美术出版社编
杭州 浙江人民美术出版社 1981年 2张
76cm(2开)定价: CNY0.32

中国现代年画作品。

J0052189
京剧人物　杨作文画
石家庄　河北人民出版社 1981 年 2 张
76cm（2 开）定价：CNY0.36
　　中国现代年画作品。

J0052190
京剧人物屏　（一至四）金梅生作
上海　上海人民美术出版社 1981 年 2 张
76cm（2 开）定价：CNY0.26
　　中国现代年画作品。

J0052191
京剧四大名旦屏　李慕白，庞卡作；安安撰
上海　上海人民美术出版社 1981 年 2 张
76cm（2 开）定价：CNY0.32
　　中国现代年画作品。

J0052192
精心制作万花开　单锡和作
天津　天津人民美术出版社 1981 年 76cm（2 开）
定价：CNY0.16
　　中国现代年画作品。

J0052193
靖阳粽子香　潘志正作
成都　四川人民出版社 1981 年［1 张］
54cm（4 开）定价：CNY0.08
　　中国现代年画作品。

J0052194
军民共建新山寨　秦大虎作
上海　上海人民美术出版社 1981 年 76cm（2 开）
定价：CNY0.16
　　中国现代年画作品。

J0052195
军民同乐　蔡宏坡作
武汉　湖北人民出版社 1981 年［1 张］
76cm（2 开）定价：CNY0.13
　　中国现代年画作品。

J0052196
军事演习图　司马连义作
上海　上海人民美术出版社 1981 年 76cm（2 开）
定价：CNY0.16
　　中国现代年画作品。

J0052197
看谁跑得快　蔡国栋，王百顺作
沈阳　辽宁美术出版社 1981 年［1 张］
76cm（2 开）定价：CNY0.13
　　中国现代年画作品。

J0052198
看谁跳得远　潘恩春作
天津　天津人民美术出版社 1981 年［1 张］
76cm（2 开）定价：CNY0.16
　　中国现代年画作品。

J0052199
看我洗得多干净　陈振新作
北京　人民美术出版社 1981 年 76cm（2 开）
定价：CNY0.16
　　中国现代年画作品。作者陈振新（1950— ），
江苏南通市人。中国美术家协会会员，中国民间
艺术家协会会员。任职于人民美术出版社。创
作和发表了大量美术、摄影作品。主要作品有《大
家动手，植树栽花，美化环境》《期望》《林》等。

J0052200
康巴的春天　陆海林作
成都　四川人民出版社 1981 年 54cm（4 开）
定价：CNY0.08
　　中国现代年画作品。

J0052201
考妈妈　陆箫作
南宁　漓江出版社 1981 年 76cm（2 开）
定价：CNY0.16
　　中国现代年画作品。

J0052202
可爱的娃娃　成砺志作
上海　上海人民美术出版社 1981 年 76cm（2 开）
定价：CNY0.13
　　中国现代年画作品。

J0052203
可爱的娃娃 成砺志作
天津 天津人民美术出版社 1981 年 76cm（2 开）
定价：CNY0.16
　　中国现代年画作品。

J0052204
可爱的小鸡 李平升作
西安 陕西人民美术出版社 1981 年 76cm（2 开）
定价：CNY0.13
　　中国现代年画作品。

J0052205
可爱的羊羔 李秉刚作
沈阳 辽宁美术出版社 1981 年 76cm（2 开）
定价：CNY0.13
　　中国现代年画作品。

J0052206
可爱的祖国 陈菊仙作
上海 上海人民美术出版社 1981 年 76cm（2 开）
定价：CNY0.16
　　中国现代年画作品。

J0052207
可爱的祖国 刘海志作
郑州 中州书画社 1981 年 76cm（2 开）
定价：CNY0.18
　　中国现代年画作品。

J0052208
孔雀东南飞 张弓作
石家庄 河北人民出版社 1981 年 76cm（2 开）
定价：CNY0.16
　　中国现代年画作品。

J0052209
孔雀恋歌 李慕白，金雪尘作
上海 上海人民美术出版社 1981 年 76cm（2 开）
定价：CNY0.16
　　中国现代年画作品。

J0052210
孔雀恋歌 黄妙发作
天津 天津人民美术出版社 1981 年 ［1 张］

76cm（2 开）定价：CNY0.16
　　中国现代年画作品。

J0052211
孔雀恋歌 （1982 年年历）李慕白，金雪尘作
上海 上海人民美术出版社 1981 年 54cm（4 开）
定价：CNY0.16
　　中国现代工艺美术年画作品。

J0052212
孔雀牡丹 周洪全作
沈阳 辽宁美术出版社 1981 年 76cm（2 开）
定价：CNY0.13
　　中国现代年画作品。作者周洪全，工艺美术师。艺名沙金、雪鸿，室名长乐轩。毕业于鲁迅美术学院染织专业。历任辽宁美术家协会会员，国营熊岳印染厂高级工艺美术师。代表作品有《四季花开》《孔雀牡丹》《玉堂富贵》《繁花益鸟屏》等。

J0052213
孔雀舞 吴洪生作
长沙 湖南美术出版社 1981 年 76cm（2 开）
定价：CNY0.16
　　中国现代年画作品。

J0052214
孔雀舞 王新宾，曹淑勤作
沈阳 辽宁美术出版社 1981 年 76cm（2 开）
定价：CNY0.13
　　中国现代年画作品。

J0052215
孔雀舞 童金贵作
天津 天津人民美术出版社 1981 年 ［1 张］
76cm（2 开）定价：CNY0.16
　　中国现代年画作品。

J0052216
夸对象 杜玉曦作
北京 人民美术出版社 1981 年 76cm（2 开）
定价：CNY0.13
　　中国现代年画作品。

J0052217
跨虎入山　马玉岩作
哈尔滨　黑龙江人民出版社　1981 年　76cm（2 开）
定价：CNY0.16
　　中国现代年画作品。

J0052218
跨虎入山　温鸿源，孟宪国作
西安　陕西人民美术出版社　1981 年［1 张］
76cm（2 开）定价：CNY0.18
　　中国现代年画作品。

J0052219
快快长　宋明远作
北京　人民美术出版社　1981 年　76cm（2 开）
定价：CNY0.16
　　中国现代年画作品。作者宋明远(1938—　)，
画家。出生于辽宁瓦房店。字月元，曾于广州美
院国画系山水科进修。中国美术家协会会员，中
国版画家协会会员、新加坡南洋画院院长、北京
市狮城南洋画院院长等职。代表作有《与海共鸣》
《激情澎湃》《红日出海》等。

J0052220
兰花　隋其增，杨兴林作
沈阳　辽宁美术出版社　1981 年［1 张］
76cm（2 开）定价：CNY0.13
　　中国现代年画作品。

J0052221
老师早　杨奠安作
武汉　湖北人民出版社　1981 年　76cm（2 开）
定价：CNY0.16
　　中国现代年画作品。

J0052222
老师早，老师好　忻礼良作
上海　上海人民美术出版社　1981 年　76cm（2 开）
定价：CNY0.16
　　中国现代年画作品。

J0052223
老寿星　田乔作
合肥　安徽人民出版社　1981 年　108cm（全开）
定价：CNY0.32

　　中国现代年画作品。

J0052224
老鹰捉小鸡　李江作
成都　四川人民出版社　1981 年　76cm（2 开）
定价：CNY0.16
　　中国现代年画作品。

J0052225
李天保娶亲　董得画
福州　福建人民出版社　1981 年［1 张］
76cm（2 开）定价：CNY0.18
　　中国现代年画作品。

J0052226
李天保娶亲　马清涛作
沈阳　辽宁美术出版社　1981 年　76cm（2 开）
定价：CNY0.13
　　中国现代年画作品。

J0052227
鲤鱼跳龙门　葛文山作
沈阳　辽宁美术出版社　1981 年［1 张］
76cm（2 开）定价：CNY0.13
　　中国现代年画作品。

J0052228
丽人图　谈绮芬画
杭州　西泠印社　1981 年［1 张］76cm（2 开）
定价：CNY0.23
　　中国现代年画作品。

J0052229
连年丰收　魏瀛洲画
长春　吉林人民出版社　1981 年［1 张］
76cm（2 开）定价：CNY0.16
　　中国现代年画作品。

J0052230
连年庆丰收　齐心奔四化　魏明全作
郑州　河南人民出版社　1981 年［1 张］
76cm（2 开）定价：CNY0.13
　　中国现代年画作品。

J0052231
连年有余　葛荣环作
哈尔滨 黑龙江人民出版社 1981 年［1 张］
76cm（2 开）定价：CNY0.16
　　中国现代年画作品。

J0052232
连年有余　江淮春作
广州 岭南美术出版社 1981 年 76cm（2 开）
定价：CNY0.16
　　中国现代年画作品。

J0052233
连年有余　成砺志作
北京 人民美术出版社 1981 年 76cm（2 开）
定价：CNY0.16
　　中国现代年画作品。作者成砺志（1954—　），
江苏扬州人。国家一级美术师，中国美术家协会
会员。主要作品《六老图·邓小平》《我为祖国争
光》《春暖万家》等。

J0052234
连年有余　宋仁贤画
济南 山东人民出版社 1981 年［1 张］
76cm（2 开）定价：CNY0.13
　　中国现代年画作品。

J0052235
连年有余　万象更新　马长春作
昆明 云南人民出版社 1981 年［1 张］
76cm（2 开）定价：CNY0.13
　　中国现代年画作品。

J0052236
连年有余　万象更新　马长春作
昆明 云南人民出版社 1981 年［1 张］54cm（4 开）
定价：CNY0.07
　　中国现代年画作品。

J0052237
莲花仙子　王守信，申同景作
石家庄 河北人民出版社 1981 年 76cm（2 开）
定价：CNY0.16
　　中国现代年画作品。

J0052238
莲塘嬉鲤　林英珊作
沈阳 辽宁美术出版社 1981 年 76cm（2 开）
定价：CNY0.13
　　中国现代年画作品。

J0052239
廉锦枫　武海鹰作
石家庄 河北人民出版社 1981 年 76cm（2 开）
定价：CNY0.13
　　中国现代年画作品。

J0052240
练好本领　保卫祖国　蒙家敏作
贵阳 贵州人民出版社 1981 年［1 张］
76cm（2 开）定价：CNY0.13
　　中国现代年画作品。

J0052241
凉山之春　杨莹泽作
成都 四川人民出版社 1981 年 76cm（2 开）
定价：CNY0.16
　　中国现代年画作品。

J0052242
梁红玉　胡玉璞画
济南 山东人民出版社 1981 年 76cm（2 开）
定价：CNY0.16
　　中国现代年画作品。

J0052243
梁红玉　刘素英作
石家庄 河北人民出版社 1981 年 76cm（2 开）
定价：CNY0.16
　　中国现代年画作品。

J0052244
梁红玉擂鼓助战　游龙姑，哈思阳作
长沙 湖南美术出版社 1981 年［1 张］
76cm（2 开）定价：CNY0.16
　　中国现代年画作品。

J0052245
梁山伯与祝英台　姚中玉，马乐群作
南宁 广西人民出版社 1981 年 76cm（2 开）

定价: CNY0.18
中国现代年画作品。

J0052246
梁山伯与祝英台　刘泽文画
济南 山东人民出版社 1981 年 76cm（2 开）
定价: CNY0.18
中国现代年画作品。作者刘泽文(1943—　)，
画家，国家一级美术师。山东即墨人，历任烟台
地区新华书店担任美工，山东省出版总社烟台分
社任美术编辑。代表作品《望穿碧海千层浪》，出
版有《刘泽文水粉画集》。

J0052247
梁山一百零八将　李克昌画
济南 山东人民出版社 1981 年 76cm（2 开）
定价: CNY0.18
中国现代年画作品。

J0052248
林黛玉魁夺菊花诗　胡立义作
福州 福建人民出版社 1981 年 76cm（2 开）
定价: CNY0.18
中国现代年画作品。

J0052249
林黑娘　红娘子　李先润作
武汉 湖北人民出版社 1981 年［1 张］
108cm（全开）定价: CNY0.26
中国现代年画作品。

J0052250
林黑娘　红娘子　李先润作
武汉 湖北人民出版社 1981 年［1 张］
76cm（2 开）定价: CNY0.13
中国现代工艺美术年画作品。

J0052251
刘海砍樵　孙文左画
长春 吉林人民出版社 1981 年 76cm（2 开）
定价: CNY0.16
中国现代年画作品。

J0052252
刘海戏金蟾　吴棣作

北京 宝文堂书店 1981 年 76cm（2 开）
定价: CNY0.13
中国现代年画作品。

J0052253
刘三姐　孙公照画
济南 山东人民出版社 1981 年 76cm（2 开）
定价: CNY0.16
中国现代年画作品。

J0052254
刘少奇同志和孩子在一起　瑞东，袁辉画
济南 山东人民出版社 1981 年［1 张］
76cm（2 开）定价: CNY0.18
中国现代年画作品。

J0052255
柳毅传书　丁红章，章毓霖作
南京 江苏人民出版社 1981 年 4 张 76cm（2 开）
定价: CNY1.26
中国现代年画作品。。

J0052256
柳毅传书　冯杰作
南昌 江西人民出版社 1981 年 76cm（2 开）
定价: CNY0.18
中国现代年画作品。

J0052257
六畜兴旺　连年有余　何山作
兰州 甘肃人民出版社 1981 年［1 张］
54cm（4 开）定价: CNY0.09
中国现代年画作品。

J0052258
龙灯迎四化　舞狮庆丰年　胡贻孙等作
贵阳 贵州人民出版社 1981 年［1 张］
76cm（2 开）定价: CNY0.13
中国现代年画作品。

J0052259
龙飞凤舞　柳忠福作
石家庄 河北人民出版社 1981 年 76cm（2 开）
定价: CNY0.18
中国现代年画作品。

J0052260
龙凤呈祥　区本泉作
广州 岭南美术出版社 1981 年 76cm（2 开）
定价：CNY0.16
　　中国现代年画作品。

J0052261
龙凤呈祥　张瑞恒作
天津 天津人民美术出版社 1981 年 76cm（2 开）
定价：CNY0.13
　　中国现代年画作品。

J0052262
龙凤呈祥（窗旁）　叶川画
济南 山东人民出版社 1981 年［118×164cm］
定价：CNY0.20
　　中国现代年画作品。

J0052263
龙华桃花分外红　金铭作
上海 上海人民美术出版社 1981 年 76cm（2 开）
定价：CNY0.13
　　中国现代年画作品。

J0052264
龙女赠珠　孙昌茵作
杭州 浙江人民美术出版社 1981 年 76cm（2 开）
定价：CNY0.16
　　中国现代年画作品。作者孙昌茵（1943—
），画家。原籍中国浙江温州，现居加拿大。
加拿大中国美术协会副主席、加拿大当代艺术研
究院院长、多伦多美术学院名誉院长。代表作品
有连环画《白蛇传》、油画《百年华工血泪路》，出
版有《孙昌茵水墨人体》《线描人体》《怎样使用
油画刀》《孙昌茵油画艺术》等。

J0052265
龙腾鱼跃　郭长林，陆海林作
成都 四川人民出版社 1981 年［1 张］
76cm（2 开）定价：CNY0.16
　　中国现代年画作品。

J0052266
龙翔凤舞　郭智勤作
武汉 湖北人民出版社 1981 年［1 张］

76cm（2 开）定价：CNY0.13
　　中国现代年画作品。

J0052267
鹿场春意浓　高原狩猎归　赵宏作
成都 四川人民出版社 1981 年［1 张］
76cm（2 开）定价：CNY0.16
　　中国现代年画作品。

J0052268
鹿鹤同春　陈志谦作
北京 人民美术出版社 1981 年 76cm（2 开）
定价：CNY0.16
　　中国现代年画作品。

J0052269
洛神凌波图　严文俊作
郑州 河南人民出版社 1981 年 76cm（2 开）
定价：CNY0.18
　　中国现代年画作品。

J0052270
妈妈只生我一个　何波作
郑州 河南人民出版社 1981 年 76cm（2 开）
定价：CNY0.18
　　中国现代年画作品。

J0052271
麻姑献寿　马乐群作
武汉 湖北人民出版社 1981 年 76cm（2 开）
定价：CNY0.18
　　中国现代年画作品。

J0052272
麻姑献寿　贾忠景画
济南 山东人民出版社 1981 年 76cm（2 开）
定价：CNY0.16
　　中国现代年画作品。

J0052273
麻姑献寿　孙建东作
昆明 云南人民出版社 1981 年 54cm（4 开）
定价：CNY0.07
　　中国现代年画作品。作者孙建东（1952—　），
画家。出生于上海。毕业于云南艺术学院美术系。

云南艺术学院美术学院中国画专业教授、中国美术家协会会员、中国美协第七次全国代表大会代表、第六届云南美术家协会副主席。代表作品有《孔雀红梅》《流沙河之歌》《共同的希望》。

J0052274
马背上的摇篮　　马乐群作
上海 上海人民美术出版社 1981 年 76cm（2 开）
定价：CNY0.13
　　中国现代年画作品。

J0052275
马兰花　　褚鲁平作
石家庄 河北人民出版社 1981 年 [1 张]
76cm（2 开）定价：CNY0.16
　　中国现代年画作品。

J0052276
马兰开花　　董振中画
济南 山东人民出版社 1981 年 [1 张]
76cm（2 开）定价：CNY0.16
　　中国现代年画作品。作者董振中（1945—　），画家。山东人。字子午，号老草。毕业于浙江美术学院国画系。中国美术家协会会员，国家一级美术师，邹城市美术家协会主席，邹城市画院院长。出版《董振中画集》《孟子圣迹图》《孔子圣迹图》等。

J0052277
马兰开花幸福来　　谌学诗作
南昌 江西人民出版社 1981 年 [1 张]
76cm（2 开）定价：CNY0.16
　　中国现代年画作品。作者谌学诗（1942—　），江西人。江西省美术家协会会员。曾从事美术设计、美术编辑等工作。多幅作品为人民美术出版社、上海美术出版社等出版发行。

J0052278
满目春光　　陈松峻作
杭州 浙江人民美术出版社 1981 年 76cm（2 开）
定价：CNY0.16
　　中国现代年画作品。

J0052279
满塘鱼肥　　孙国歧作

沈阳 辽宁美术出版社 1981 年 76cm（2 开）
定价：CNY0.13
　　中国现代年画作品。

J0052280
猫　　吴勋画
福州 福建人民出版社 1981 年 54cm（4 开）
定价：CNY0.09
　　中国现代年画作品。

J0052281
猫蝶图　　李慕白作
上海 上海人民美术出版社 1981 年 76cm（2 开）
定价：CNY0.16
　　中国现代年画作品。作者李慕白（1913—1991），画家。生于浙江海宁。历任中国民主同盟会成员，中国美术家协会会员，上海人民美术出版社特约年画作者。出版有《李慕白、金雪尘年画选集》。

J0052282
猫戏多姿　　方工，雨新作
北京 人民美术出版社 1981 年 2 张 76cm（2 开）
定价：CNY0.36
　　中国现代年画作品。作者方工，女，画家。原名王振芳。擅画猫。与其父合作绘著并出版《画猫技法基础》《百猫百蝶图》等。作者雨新（1927—　），画家。本名王宗光，北京顺义人。曾任荣宝斋咨询委员会委员、中国老年书画研究会创作员。主要作品有《怎样画蝴蝶》《怎样画草虫》《怎样画牡丹花石》等。

J0052283
梅兰竹菊　　李亚如等画
南京 金陵书画社 1981 年 [1 张] 定价：CNY7.20
　　中国现代年画作品。作者李亚如（1918—2003），书画家、一级美术师。江苏扬州人。历任《泰州报》社副社长，扬州专署文化局长，扬州市副市长、扬州市国画院名誉院长，中国书法家协会会员等。专著有《李亚如画辑》《中国园林的美》《扬州园林》等。

J0052284
美好的明天　　章育青作
上海 上海人民美术出版社 1981 年 [1 张]

76cm（2开）定价：CNY0.16
　　中国现代年画作品。。

J0052285
美好生活　邱百平作
北京　人民美术出版社　1981年　76cm（2开）
定价：CNY0.13
　　中国现代年画作品。作者邱百平(1964—　)，毕业于中央工艺美术学院。历任北京战友歌舞团从事美术设计工作，中央工艺美术学院，清华大学美术学院绘画系副主任、教授、基础部主任，北京市美术家协会油画艺术委员会委员，中央工艺美术学院基础部主任。作品有《中国现代美术选集》，著作有《油画作品选》《考前色彩指导》《速写／清华大学美术学院学生作品精选》等。

J0052286
美丽的小帽　邵佐唐作
沈阳　辽宁美术出版社　1981年　76cm（2开）
定价：CNY0.13
　　中国现代年画作品。

J0052287
美满姻缘　张昱作
石家庄　河北人民出版社　1981年　76cm（2开）
定价：CNY0.16
　　中国现代年画作品。

J0052288
美人鱼　（杨柳青年画）李存伟作
天津　天津杨柳青画店　1981年　76cm（2开）
定价：CNY0.16
　　中国现代年画作品。

J0052289
门画　林美岚画
福州　福建人民出版社　1981年　[1张]
76cm（2开）定价：CNY0.18
　　中国现代年画作品。

J0052290
门画　刘恒久作
郑州　河南人民出版社　1981年　[1张]
54cm（4开）定价：CNY0.07

中国现代年画作品。

J0052291
孟丽君　马志忠作
长沙　湖南美术出版社　1981年　76cm（2开）
定价：CNY0.16
　　中国现代年画作品。

J0052292
民族英雄　（郑成功）邱百平，陈振新作
北京　人民美术出版社　1981年　[1张]
76cm（2开）定价：CNY0.18
　　中国现代年画作品。

J0052293
名城风光　张举毅作
长沙　湖南美术出版社　1981年　2张
76cm（2开）定价：CNY0.32
　　中国现代年画作品。

J0052294
摸花轿　万桂香，南运生作
石家庄　河北人民出版社　1981年　2张
76cm（2开）定价：CNY0.32
　　中国现代年画作品。

J0052295
摸花轿　杨树有画
长春　吉林人民出版社　1981年　76cm（2开）
定价：CNY0.16
　　中国现代年画作品。

J0052296
摸花轿　陈菊仙作
天津　天津人民美术出版社　1981年　76cm（2开）
定价：CNY0.16
　　中国现代年画作品。

J0052297
牡丹鸽子　（中堂轴画）黄显隆作
天津　天津杨柳青画店　1981年　[1张] 附对联
一副　108cm（全开）定价：CNY1.30
　　中国现代年画作品。

J0052298

牡丹屏　白铭作

沈阳 辽宁美术出版社 1981 年 2 张 76cm（2 开）

定价：CNY0.26

　　中国现代年画作品。

J0052299

牡丹亭　颜伟明作

哈尔滨 黑龙江人民出版社 1981 年［1 张］

76cm（2 开）定价：CNY0.16

　　中国现代年画作品。

J0052300

牡丹仙子　卢根锁，张承文作

石家庄 河北人民出版社 1981 年 76cm（2 开）

定价：CNY0.16

　　中国现代年画作品。

J0052301

牡丹仙子　朱淑媛作

沈阳 辽宁美术出版社 1981 年 76cm（2 开）

定价：CNY0.13

　　中国现代年画作品。

J0052302

牡丹仙子　蒋采萍作

北京 人民美术出版社 1981 年［1 张］

76cm（2 开）定价：CNY0.16

　　中国现代年画作品。

J0052303

木兰荣归　徐福根作

天津 天津人民美术出版社 1981 年 76cm（2 开）

定价：CNY0.16

　　中国现代年画作品。

J0052304

木偶新花　曾廷仲作

成都 四川人民出版社 1981 年［1 张］

76cm（2 开）定价：CNY0.16

　　中国现代年画作品。

J0052305

牧鹅　许志彬作

成都 四川人民出版社 1981 年 76cm（2 开）

定价：CNY0.16

　　中国现代年画作品。

J0052306

穆桂英　刘生展作

石家庄 河北人民出版社 1981 年 76cm（2 开）

定价：CNY0.16

　　中国现代年画作品。

J0052307

穆桂英　叶川画

济南 山东人民出版社 1981 年 76cm（2 开）

定价：CNY0.18

　　中国现代年画作品。

J0052308

穆桂英挂帅　李慕白，金雪尘作

上海 上海人民美术出版社 1981 年 76cm（2 开）

定价：CNY0.13

　　中国现代年画作品。

J0052309

哪吒闹海　汪家龄作

合肥 安徽人民出版社 1981 年 76cm（2 开）

定价：CNY0.16

　　中国现代年画作品。作者汪家龄（1944—
2010），画家。江西婺源人。中国艺术研究院特
邀创作委员、黄山市美术家协会副主席，黄山市
中国画研究院副院长，中国美术家协会安徽分
会会员。擅长连环画。作品有《追牛》《三八号》
《红烛泪》等连环画，《哪吒闹海》《三战吕布》等
年画。

J0052310

哪吒闹海　岫石编；长富等作

沈阳 辽宁美术出版社 1981 年 2 张 76cm（2 开）

定价：CNY0.26

　　中国现代年画作品。

J0052311

哪吒闹海　高民生作

西安 陕西人民美术出版社 1981 年［1 张］

76cm（2 开）定价：CNY0.18

　　中国现代年画作品。

J0052312
霓裳羽衣舞　马乐群作
上海 上海人民美术出版社 1981 年 76cm（2 开）
定价：CNY0.16
　　中国现代年画作品。

J0052313
你先玩　邵佐唐作
北京 人民美术出版社 1981 年 76cm（2 开）
定价：CNY0.13
　　中国现代年画作品。

J0052314
年画缩样　（1982）
贵阳 贵州人民出版社［1981 年］13×19cm

J0052315
年画缩样　（1982）
沈阳 辽宁美术出版社［1981 年］19cm（32 开）

J0052316
年画缩样　（1982.1）
郑州 中州书画社［1981 年］19cm（32 开）

J0052317
年画缩样　（1982.2）
郑州 中州书画社［1981 年］19cm（32 开）

J0052318
年年有余　王中一，王中影［作］
北京 农业出版社 1981 年［1 张］76cm（2 开）
定价：CNY0.16
　　中国现代年画作品。

J0052319
年年有余　潘荣光作
杭州 浙江人民美术出版社 1981 年［1 张］
76cm（2 开）定价：CNY0.16
　　中国现代年画作品。

J0052320
鸟鸣花放　陈正治作
杭州 浙江人民美术出版社 1981 年 76cm（2 开）
定价：CNY0.16
　　中国现代年画作品。

J0052321
鸟语花香　田世光作
沈阳 辽宁美术出版社 1981 年 2 张 76cm（2 开）
定价：CNY0.26
　　中国现代年画作品。作者田世光（1916—
1999），教授。号公炜，北京人，祖籍山东乐陵，
毕业于北京京华美术学院，师承张大千、赵梦
朱、吴镜汀、于非闇、齐白石诸先生。历任中国
美术家协会会员，北京工笔重彩画副会长，中国
画研究院第一届院务委员。代表作《和平颂》《松
树白鹰》《春晖》《幽谷红妆》《山雀》。

J0052322
鸟语花香　王一鸣作
天津 天津人民美术出版社 1981 年 2 张
76cm（2 开）定价：CNY0.36
　　中国现代年画作品。

J0052323
牛郎织女　金谷作
合肥 安徽人民出版社 1981 年 76cm（2 开）
定价：CNY0.16
　　中国现代年画作品。

J0052324
牛郎织女　王丽铭作
沈阳 辽宁美术出版社 1981 年 76cm（2 开）
定价：CNY0.13
　　中国现代年画作品。

J0052325
弄玉乘凤　赵殿玉画
济南 山东人民出版社 1981 年 76cm（2 开）
定价：CNY0.18
　　中国现代年画作品。

J0052326
努力攀登　实现四化　李先润作
郑州 河南人民出版社 1981 年［1 张］
76cm（2 开）定价：CNY0.13
　　中国现代年画作品。

J0052327
努力攀登　实现四化　李先润作
郑州 河南人民出版社 1981 年［1 张］54cm（4 开）

定价：CNY0.07

　　中国现代工艺美术年画作品。

J0052328

女娲补天　张鸢作

北京　人民美术出版社 1981 年 76cm（2 开）

定价：CNY0.18

　　中国现代年画作品。作者张鸢（1924—　），女。别名张米玖，天津人。天津人民美术出版社从事创作，编审。作品有木版画《鲁迅和一个工厂》《五子爱清洁》《娃娃戏少林寺》《小胜儿》《小笛和水罐》等。

J0052329

女娲补天　杨振熙画；朱雅杰配诗

郑州　中州书画社 1981 年 2 张 76cm（2 开）

定价：CNY0.36

　　中国现代年画作品。

J0052330

女娲补天　金铭作

上海　上海人民美术出版社 1981 年 76cm（2 开）

定价：CNY0.16

　　中国现代年画作品。

J0052331

蟠桃园　戴宏海作

杭州　浙江人民美术出版社 1981 年［1 张］76cm（2 开）定价：CNY0.16

　　中国现代年画作品。

J0052332

胖娃娃与布老虎　林林画

济南　山东人民出版社 1981 年 76cm（2 开）定价：CNY0.16

　　中国现代年画作品。

J0052333

蓬莱佳景　（中堂胶印轴画）于锦生作

天津　天津杨柳青画店 1981 年 附对联一副 108cm（全开）定价：CNY1.30

　　中国现代年画作品。

J0052334

琵琶行　朱希煌作

南昌　江西人民出版社 1981 年 76cm（2 开）

定价：CNY0.16

　　中国现代年画作品。作者朱希煌（1940—　）著名画家、书法家。江西九江人。历任江西省美术家协会会员，中国书画家协会理事。书法作品《赤壁赋》《闻鸡起舞》《鲤鱼跳龙门》等。

J0052335

辟辟拍　曾纪伊作

成都　四川人民出版社 1981 年［1 张］54cm（4 开）定价：CNY0.08

　　中国现代年画作品。

J0052336

媲美　李华作

南宁　漓江出版社 1981 年 76cm（2 开）

定价：CNY0.16

　　中国现代年画作品。

J0052337

婆婆好　媳妇巧　卢望明作

长沙　湖南美术出版社 1981 年 76cm（2 开）

定价：CNY0.16

　　中国现代年画作品。

J0052338

七品芝麻官　许全群作；于秀溪改编

北京　人民美术出版社 1981 年 2 张 76cm（2 开）

定价：CNY0.32

　　中国现代年画作品。作者许全群（1943—　），画家。河南鲁山县人。毕业于北京艺术学院附中。曾任职于人民美术出版社创作室，中国美术家协会会员，吉隆坡艺术学院客座教授。出版有《许全群画集》《许全群水墨作品精选》等。作者于秀溪（1939—　），作家、诗人、书法家。原名于秀锡。河北灵寿县人。毕业于广播学院新闻系。曾任中国美术出版社副编审、《连环画报》主编、中国诗书画院研究员等职。主要作品有《哪吒传》《岳云寻父记》《审美心理学》等。

J0052339

七仙女盼人间　龚景充画

福州　福建人民出版社 1981 年［1 张］76cm（2 开）定价：CNY0.18

　　中国现代年画作品。

J0052340
棋逢对手　顾祝君作
天津　天津人民美术出版社 1981 年 76cm（2 开）
定价：CNY0.16
　　中国现代年画作品。

J0052341
千针万线　景志龙作
成都　四川人民出版社 1981 年［1 张］
76cm（2 开）定价：CNY0.16
　　中国现代年画作品。

J0052342
前程锦绣　丰衣足食　蚁美楷作
郑州　河南人民出版社 1981 年［1 张］
76cm（2 开）定价：CNY0.13
　　中国现代年画作品。作者蚁美楷（1938—
），画家。广东澄海人，毕业于北京艺术师范
学院。历任吉林艺术学院美术系教师，广州美术
学院副教授。代表作品《打稻场上》《待鱼归》《炎
黄子孙》等。

J0052343
侨乡风光　张玉濂等作
福州　福建人民出版社 1981 年 2 张 76cm（2 开）
定价：CNY0.36
　　中国现代年画作品。

J0052344
巧姑娘　刘喜春作
沈阳　辽宁美术出版社 1981 年 76cm（2 开）
定价：CNY0.13
　　中国现代年画作品。

J0052345
巧手新花　孙喜田画
长春　吉林人民出版社 1981 年 76cm（2 开）
定价：CNY0.16
　　中国现代年画作品。

J0052346
巧媳妇　李白颖作
西安　陕西人民美术出版社 1981 年 76cm（2 开）
定价：CNY0.18
　　中国现代年画作品。

J0052347
亲切的关怀　孟英声作
成都　四川人民出版社 1981 年 76cm（2 开）
定价：CNY0.16
　　中国现代年画作品。

J0052348
琴瑟和乐　龚景充作
杭州　浙江人民美术出版社 1981 年［1 张］
76cm（2 开）定价：CNY0.16
　　中国现代年画作品。

J0052349
琴童　赵成立作
合肥　安徽人民出版社 1981 年 76cm（2 开）
定价：CNY0.16
　　中国现代年画作品。

J0052350
勤学图　申业华作
成都　四川人民出版社 1981 年 76cm（2 开）
定价：CNY0.16
　　中国现代年画作品。

J0052351
青春的旋律　黄妙发作
上海　上海人民美术出版社 1981 年［1 张］
76cm（2 开）定价：CNY0.16
　　中国现代年画作品。

J0052352
青春颂　金梅生作
上海　上海人民美术出版社 1981 年 76cm（2 开）
定价：CNY0.16
　　中国现代年画作品。

J0052353
青春献四化　玉荣奖作
郑州　中州书画社 1981 年 2 张 76cm（2 开）
定价：CNY0.36
　　中国现代年画作品。

J0052354
青凤（聊斋志异故事）张竣声文；孙雨田画
济南　山东人民出版社 1981 年 2 张 76cm（2 开）

定价: CNY0.32

中国现代年画作品。作者孙雨田(1948—　), 研究员。笔名山野、别署恋蒲斋, 生于山东济宁。毕业于山东师范大学美术系。历任淄博书画院副研究馆员、山东画院高级画师、中国美术家协会会员。出版作品有《蒲松龄》《七彩绫》《汉武帝》《粘年糕》等。

J0052355

青梅煮酒论英雄　张瑞恒作

天津　天津人民美术出版社　1981年　76cm(2开)

定价: CNY0.16

中国现代年画作品。

J0052356

轻舟飞浪　杨建明作

上海　上海人民美术出版社　1981年　76cm(2开)

定价: CNY0.13

中国现代年画作品。

J0052357

清歌妙舞霓裳曲　吴性清, 王仲清作

上海　上海人民美术出版社　1981年　76cm(2开)

定价: CNY0.16

中国现代年画作品。

J0052358

清饮一杯茶　吴性清作

上海　上海人民美术出版社　1981年　76cm(2开)

定价: CNY0.13

中国现代年画作品。

J0052359

情满西湖　华松津作

杭州　浙江人民美术出版社　1981年　76cm(2开)

定价: CNY0.16

中国现代年画作品。作者华松津, 副教授, 浙江省高等院校画会副会长。

J0052360

晴雯撕扇　刘王斌作

西安　陕西人民美术出版社　1981年　76cm(2开)

定价: CNY0.13

中国现代年画作品。

J0052361

请包公　李江鸿作

太原　山西人民出版社　1981年　76cm(2开)

定价: CNY0.16

中国现代年画作品。

J0052362

庆丰收　郭宝林作

兰州　甘肃人民出版社　1981年　[1张]　54cm(4开)　定价: CNY0.09

中国现代年画作品。

J0052363

庆丰收　陈华民作

沈阳　辽宁美术出版社　1981年　76cm(2开)

定价: CNY0.13

中国现代年画作品。作者陈华民(1943—　), 画家。辽宁东港人。笔名文安、春江。中国美术家协会会员、丹东市美术家协会副主席。擅长国画, 主要作品有《海之恋》《金色的路》《扬帆远航》等。

J0052364

庆丰收　袁大仪作

北京　人民美术出版社　1981年　76cm(2开)

定价: CNY0.16

中国现代年画作品。

J0052365

秋江　孟英声作

成都　四川人民出版社　1981年　76cm(2开)

定价: CNY0.16

中国现代年画作品。

J0052366

秋实图　成砺志作

兰州　甘肃人民出版社　1981年　76cm(2开)

定价: CNY0.18

中国现代年画作品。

J0052367

秋翁遇仙　孙文秀, 刘黛琳作

北京　人民美术出版社　1981年　78cm(2开)

定价: CNY0.11

中国现代年画作品。

J0052368
秋翁遇仙记 孟庆江作；任宝贤编
北京 人民美术出版社 1981年 2张 76cm（2开）
定价：CNY0.32
　　中国现代年画作品。作者孟庆江（1937—
），画家。浙江温州人。毕业于中央美术学院
国画系。曾任《连环画报》主编，《中国艺术》副
主编，北京功毕重彩画绘副会长。代表作品《刘
胡兰》《蔡文姬》《长恨歌》等。

J0052369
秋翁遇仙记 戴松耕，戴一鸣作
上海 上海人民美术出版社 1981年［1张］
76cm（2开）定价：CNY0.16
　　中国现代年画作品。

J0052370
球场嫩苗 韩仁元作
石家庄 河北人民出版社 1981年［1张］
76cm（2开）定价：CNY0.13
　　中国现代年画作品。

J0052371
泉声咽危石　日色冷青松 宋文治作
南京 江苏人民出版社 1981年 附对联一副
108cm（全开）定价：CNY0.55
　　中国现代年画作品。

J0052372
泉声咽危石　日色冷青松 （轴画）宋文治作
南京 江苏人民出版社 1981年 定价：CNY1.50
　　中国现代年画作品。

J0052373
鹊桥相会 赵彦杰画
长春 吉林人民出版社 1981年 76cm（2开）
定价：CNY0.16
　　中国现代年画作品。作者赵彦杰（1937—
），国家二级美术师。出生在东北，毕业于师
范学校。作品有《农忙十二月》《泥土芳香》《大
观园》《忠烈千秋》《血染白山》等。

J0052374
群星欢聚 张振华，邓庆铭作
沈阳 辽宁美术出版社 1981年 76cm（2开）

定价：CNY0.13
　　中国现代年画作品。

J0052375
让生活更加美好 李增吉作
成都 四川人民出版社 1981年 76cm（2开）
定价：CNY0.16
　　中国现代年画作品。

J0052376
让我想一想 赵庆祥，李延作
沈阳 辽宁美术出版社 1981年 76cm（2开）
定价：CNY0.13
　　中国现代年画作品。

J0052377
让我自己算 余小仪作
上海 上海人民美术出版社 1981年 76cm（2开）
定价：CNY0.16
　　中国现代年画作品。

J0052378
人参娃娃 翟盛礼画
长春 吉林人民出版社 1981年［1张］
76cm（2开）定价：CNY0.16
　　中国现代年画作品。

J0052379
人欢鱼跃 杨云海画
长春 吉林人民出版社 1981年 76cm（2开）
定价：CNY0.16
　　中国现代年画作品。

J0052380
人间好 曾廷仲作
成都 四川人民出版社 1981年［1张］
76cm（2开）定价：CNY0.16
　　中国现代年画作品。

J0052381
人寿年丰 魏瀛洲，吴末画
长春 吉林人民出版社 1981年［1张］
76cm（2开）定价：CNY0.16
　　中国现代年画作品。

J0052382
人寿年丰　丁德邻等作
南京 江苏人民出版社 1981年 附对联一副
108cm（全开）定价：CNY0.55
　　中国现代年画作品。

J0052383
人寿年丰　（中堂轴画）丁德邻等作
南京 江苏人民出版社 1981年 附对联一副
108cm（全开）定价：CNY1.50
　　中国现代年画作品。

J0052384
认真　邹起奎作
天津 天津杨柳青画店 1981年 76cm（2开）
定价：CNY0.16
　　中国现代年画作品。

J0052385
乳燕飞　张路红作
上海 上海人民美术出版社 1981年 76cm（2开）
定价：CNY0.13
　　中国现代年画作品。

J0052386
塞上新湖　（中堂轴画）贾克里，关真全画
石家庄 河北人民出版社 1981年 附对联一副
108cm（全开）定价：CNY1.20
　　中国现代年画作品。作者关真全（1945—　），
画家。笔名乐山，生于河北迁西县。历任中日美
术交流协会会员、河北省美术家协会会员、河北
省山水画研究会会员。代表作《关真全画集》。

J0052387
赛前　（杨柳青年画）刘正作
天津 天津杨柳青画店 1981年 76cm（2开）
定价：CNY0.16
　　中国现代年画作品。

J0052388
三打祝家庄　文杰改编；刘汉宗，任率英作
北京 人民美术出版社 1981年 2张 76cm（2开）
定价：CNY0.32
　　中国现代年画作品。作者任率英（1911—
1989），画家。原名敬表，河北束鹿人。擅长工

笔画、连环画、年画。历任中国美术家协会会
员、中国连环画研究会顾问、北京东方书画研究
社社长、北京工笔重彩画协会副会长、北京中国
画研究会理事、北京工业大学书画协会顾问。代
表作品《嫦娥奔月》《洛神图》《梁红玉击鼓战金
山》等。

J0052389
三凤求凰　李一新作
南昌 江西人民出版社 1981年 76cm（2开）
定价：CNY0.18
　　中国现代年画作品。

J0052390
三凤求凰　孙文左作
天津 天津人民美术出版社 1981年 76cm（2开）
定价：CNY0.13
　　中国现代年画作品。

J0052391
三顾茅庐　杨树有画
长春 吉林人民出版社 1981年 76cm（2开）
定价：CNY0.16
　　中国现代年画作品。

J0052392
三顾茅庐　孙文光作
成都 四川人民出版社 1981年 76cm（2开）
定价：CNY0.16
　　中国现代年画作品。

J0052393
三国人物——黄忠　赵云　金平定作
成都 四川人民出版社 1981年 ［1张］
76cm（2开）定价：CNY0.16
　　中国现代年画作品。

J0052394
三国戏出　赵贵德画；刘仲武配诗
石家庄 河北人民出版社 1981年 2张
76cm（2开）定价：CNY0.32
　　中国现代年画作品。作者赵贵德（1937—
　），满族、国家一级美术师。生于北京。历任
中国美术家协会理事，河北省美术家协会名誉主
席。代表作品有《激流》《春潮》《大风歌》《神骏

图》等，著有《怎样才能画好速写》。作者刘仲武（1945—　），河北霸县（现霸州市）人。历任中国戏曲表演学会常务理事，原河北省戏剧家协会副主席，现任河北省戏剧家协会顾问、艺术指导委员会委员，河北省京剧票友协会副主席兼秘书长

J0052395
三看御妹　李福星作
杭州　浙江人民美术出版社 1981 年 76cm（2 开）
定价：CNY0.16
　　　中国现代年画作品。

J0052396
三试新郎　申申作
沈阳　辽宁美术出版社 1981 年 76cm（2 开）
定价：CNY0.13
　　　中国现代年画作品。

J0052397
三羊开泰　张桂英，徐世良作
沈阳　辽宁美术出版社 1981 年 76cm（2 开）
定价：CNY0.13
　　　中国现代年画作品。

J0052398
三英战吕布　白靖夫，文长作
哈尔滨　黑龙江人民出版社 1981 年 76cm（2 开）
定价：CNY0.16
　　　中国现代年画作品。作者白靖夫（1943—2012），画家。辽宁锦州人。毕业于哈尔滨艺术学院。曾任《黑龙江艺术》美术编辑、副主编，黑龙江省政协特约委员、黑龙江省文史馆员等。代表作品有《大岭黄云》《国魂》《镜泊渔歌》等。

J0052399
三战吕布　葛仁，汪家龄作
合肥　安徽人民出版社 1981 年［1 张］
76cm（2 开）定价：CNY0.16
　　　中国现代年画作品。作者汪家龄（1944—2010），画家。江西婺源人。中国艺术研究院特邀创作委员、黄山市美术家协会副主席，黄山市中国画研究院副院长，中国美术家协会安徽分会会员。擅长连环画。作品有《追牛》《三八号》《红烛泪》等连环画，《哪吒闹海》《三战吕布》等年画。

J0052400
晒谷场上　何远明作
成都　四川人民出版社 1981 年 54cm（4 开）
定价：CNY0.08
　　　中国现代年画作品。

J0052401
山东风光　赵建源画
济南　山东人民出版社 1981 年 2 张 76cm（2 开）
定价：CNY0.32
　　　中国现代年画作品。作者赵建源（1940—　），山东美术出版社副编审、编辑室主任，中国工艺美术学会会员，中国工艺美术理论研究会理事。

J0052402
上学第一天　王福忠作
沈阳　辽宁美术出版社 1981 年 76cm（2 开）
定价：CNY0.13
　　　中国现代年画作品。

J0052403
少数民族舞蹈　陆廷作
上海　上海人民美术出版社 1981 年 76cm（2 开）
定价：CNY0.16
　　　中国现代年画作品。

J0052404
佘赛花招亲　申同景作
石家庄　河北人民出版社 1981 年 76cm（2 开）
定价：CNY0.16
　　　中国现代年画作品。

J0052405
佘赛花招亲　（中堂轴画）申同景作
石家庄　河北人民出版社 1981 年　附对联一副
108cm（全开）定价：CNY1.20
　　　中国现代年画作品。

J0052406
神话故事屏　刘荣富作
上海　上海人民美术出版社 1981 年 2 张
76cm（2 开）定价：CNY0.32
　　　中国现代年画作品。

J0052407
狮舞　刘王斌作
昆明　云南人民出版社 1981 年 76cm（2 开）
定价：CNY0.16
　　中国现代年画作品。

J0052408
狮舞颂四化　江南春作
广州　岭南美术出版社 1981 年 76cm（2 开）
定价：CNY0.16
　　中国现代年画作品。

J0052409
十二月花屏　（一至四）何逸梅作
上海　上海人民美术出版社 1981 年 2 张
76cm（2 开）定价：CNY0.32
　　中国现代年画作品。

J0052410
十样锦　金正惠作
北京　人民美术出版社 1981 年 76cm（2 开）
定价：CNY0.13
　　中国现代年画作品。

J0052411
拾到东西交阿姨　刘志宏作
合肥　安徽人民出版社 1981 年 76cm（2 开）
定价：CNY0.16
　　中国现代年画作品。

J0052412
拾麦穗　聂立柱作
石家庄　河北人民出版社 1981 年 76cm（2 开）
定价：CNY0.16
　　中国现代年画作品。

J0052413
拾玉镯　史延芹作
上海　上海人民美术出版社 1981 年 76cm（2 开）
定价：CNY0.16
　　中国现代年画作品。

J0052414
拾玉镯　陆海林作
成都　四川人民出版社 1981 年 76cm（2 开）

定价：CNY0.16
　　中国现代年画作品。

J0052415
拾玉镯　姚中玉作
天津　天津人民美术出版社 1981 年 76cm（2 开）
定价：CNY0.16
　　中国现代年画作品。

J0052416
拾玉镯　戴云辉作
杭州　浙江人民美术出版社 1981 年［1 张］
54cm（4 开）定价：CNY0.10
　　中国现代年画作品。

J0052417
史湘云　李伟华作
哈尔滨　黑龙江人民出版社 1981 年 78cm（2 开）
定价：CNY0.11
　　中国现代年画作品。

J0052418
世界风光　张鸿保作
武汉　湖北人民出版社 1981 年 76cm（2 开）
定价：CNY0.18
　　中国现代年画作品。

J0052419
世界风光
上海　上海人民美术出版社 1981 年［1 张］
76cm（2 开）定价：CNY0.16
　　中国现代年画作品。

J0052420
仕女条屏　傅潮波作
长沙　湖南美术出版社 1981 年 2 张 76cm（2 开）
定价：CNY0.32
　　中国现代年画作品。

J0052421
试新装　李慕白作
沈阳　辽宁美术出版社 1981 年 76cm（2 开）
定价：CNY0.13
　　中国现代年画作品。

J0052422
手　杨谦作
成都 四川人民出版社 1981 年 54cm（4 开）
定价：CNY0.10
　　中国现代年画作品。

J0052423
绶带牡丹　叶玉昶作
北京 人民美术出版社 1981 年 76cm（2 开）
定价：CNY0.16
　　中国现代年画作品。

J0052424
漱玉泉畔　许小峰画
济南 山东人民出版社 1981 年 76cm（2 开）
定价：CNY0.16
　　中国现代年画作品。作者许小峰（1937—
），女，美术师。生于山东淄博。历任济南画
院高级画师，山东美术家协会会员。

J0052425
双龙引凤　吴柱熙作
武汉 湖北人民出版社 1981 年［1 张］
76cm（2 开）定价：CNY0.13
　　中国现代年画作品。

J0052426
双猫戏蝶　周清立，张慧蓉作
南宁 广西人民出版社 1981 年 76cm（2 开）
定价：CNY0.16
　　中国现代年画作品。

J0052427
双狮舞　吕学勤画
济南 山东人民出版社 1981 年［1 张］
76cm（2 开）定价：CNY0.13
　　中国现代年画作品。作者吕学勤（1936—
1993），画家。别名理园，山东临朐人。历任中
国美术家协会理事，山东美术家协会副主席，山
东省美术馆一级美术师。代表作品有《雨后江山
分外明》《春风得意图》《科研小组》等。

J0052428
双狮戏球　魏瀛洲作
上海 上海人民美术出版社 1981 年［1 张］

76cm（2 开）定价：CNY0.16
　　中国现代年画作品。

J0052429
双喜　于锦生，韩祖音作
天津 天津杨柳青画店 1981 年 76cm（2 开）
定价：CNY0.16
　　中国现代年画作品。

J0052430
双喜临门　林纹作
杭州 浙江人民美术出版社 1981 年 76cm（2 开）
定价：CNY0.16
　　中国现代年画作品。

J0052431
双喜图　林发荣作
贵阳 贵州人民出版社 1981 年 76cm（2 开）
定价：CNY0.13
　　中国现代年画作品。

J0052432
双喜图　林发荣作
贵阳 贵州人民出版社 1981 年 54cm（4 开）
定价：CNY0.07
　　中国现代年画作品。

J0052433
双喜图　郑鹍作
上海 上海人民美术出版社 1981 年 54cm（4 开）
定价：CNY0.08
　　中国现代年画作品。

J0052434
双喜图　郑鹍作
上海 上海人民美术出版社 1981 年 76cm（2 开）
定价：CNY0.16
　　中国现代年画作品。

J0052435
双喜临门　梁任岭作
南宁 广西人民出版社 1981 年［1 张］
76cm（2 开）定价：CNY0.16
　　中国现代年画作品。

J0052436

双鱼吉庆新年好　杨馥如，徐飞鸿作
上海　上海人民美术出版社 1981 年 54cm（4 开）
定价：CNY0.08
　　中国现代年画作品。作者杨馥如（1918—
1992），江苏无锡人。曾任进艺辉图片社设计室
主任。代表作品有《十二生肖娃娃图》《万象更
新》《庆丰收》《农家乐》等。作者徐飞鸿（1918—
2000），年画家、剪纸艺术家。浙江鄞县人。曾
任《晋察冀画报》社记者、上海人民出版社年画、
宣传画编辑室副主任等职。代表作品有《双鱼吉
庆新年好》《万象更新喜迎春》《戏曲窗花十二
幅》等。

J0052437

水浒人物　侯世武作
成都　四川人民出版社 1981 年［1 张］
76cm（2 开）定价：CNY0.16
　　中国现代年画作品。

J0052438

水浒一百单八将　（一、二）
天津　天津人民美术出版社 1981 年 2 张
76cm（2 开）定价：CNY0.36
　　中国现代年画作品。

J0052439

思亲曲　江显辉作
上海　上海人民美术出版社 1981 年 76cm（2 开）
定价：CNY0.16
　　中国现代年画作品。

J0052440

四季花鸟　檀东铿画
福州　福建人民出版社 1981 年 2 张 76cm（2 开）
定价：CNY0.36
　　中国现代年画作品。

J0052441

四季花鸟　贺宣华作
长沙　湖南美术出版社 1981 年 2 张 76cm（2 开）
定价：CNY0.32
　　中国现代年画作品。

J0052442

四季花鸟（春夏秋冬）　何晓峰作
兰州　甘肃人民出版社 1981 年 2 张 76cm（2 开）
定价：CNY0.36
　　中国现代年画作品。

J0052443

四季花香　金铭作
天津　天津人民美术出版社 1981 年 2 张
76cm（2 开）定价：CNY0.36
　　中国现代年画作品。

J0052444

四季有余　哈琼文作
上海　上海人民美术出版社 1981 年 76cm（2 开）
定价：CNY0.16
　　中国现代年画作品。作者哈琼文（1925—
2012），回族，北京人。毕业于中央大学艺术系。
上海人民美术出版社编审，上海文史研究馆馆
员。中国美术家协会会员，美协上海分会理事。
擅长油画、宣传画。主要作品有油画《鲁迅——
致电党中央祝贺长征胜利到达陕北》、宣传画《毛
主席万岁》等。

J0052445

四美钓鱼图　何南作
沈阳　辽宁美术出版社 1981 年 76cm（2 开）
定价：CNY0.13
　　中国现代年画作品。

J0052446

松鹤同春　（中堂轴画）黄墨林画
济南　山东人民出版社 1981 年［1 张］附对联
一副 108cm（全开）定价：CNY1.50
　　中国现代年画作品。

J0052447

松鹤图　（中堂轴画）叶德昌作
武汉　湖北人民出版社 1981 年 附对联一副
108cm（全开）定价：CNY1.55
　　中国现代年画作品。

J0052448

松鹤长春　喻继高，刘菊清作
南京　江苏人民出版社 1981 年 1 张

107cm（全开）定价：CNY0.55
中国现代年画作品。

J0052449

松鹤长春　喻继高，刘菊清作
南京 江苏人民出版社 1981 年［1 张］
附对联一副 108cm（全开）定价：CNY0.55
中国现代年画作品。

J0052450

松鹤长春　（轴画）喻继高，刘菊清作
南京 江苏人民出版社 1981 年［1 轴］
定价：CNY1.50
中国现代年画作品。

J0052451

搜书院　徐寄平作
广州 岭南美术出版社 1981 年 76cm（2 开）
定价：CNY0.18
中国现代年画作品。

J0052452

苏东坡画扇判案　张四春作
太原 山西人民出版社 1981 年 2 张 76cm（2 开）
定价：CNY0.32
中国现代年画作品。

J0052453

苏小妹三难新郎　李方惠作
成都 四川人民出版社 1981 年 76cm（2 开）
定价：CNY0.16
中国现代年画作品。

J0052454

苏小妹三难新郎　杨维才作
天津 天津人民美术出版社 1981 年 76cm（2 开）
定价：CNY0.16
中国现代年画作品。

J0052455

岁岁有余　杨春生作
沈阳 辽宁美术出版社 1981 年 76cm（2 开）
定价：CNY0.13
中国现代年画作品。作者杨春生（1932—
），画家。辽宁锦县人。毕业于冀察热辽联合

大学鲁迅艺术学院美术系及华北鲁迅文艺学院
美术系。曾任《东北画报》社、《辽宁画报》美术
创作员等职。代表作品有《胖嫂回娘家》《雪中
情》《关东腊月春》等。

J0052456

孙悟空三调芭蕉扇　娄家本作
北京 宝文堂书店 1981 年 76cm（2 开）
定价：CNY0.13
中国现代年画作品。

J0052457

孙悟空　哪吒　李先润作
武汉 湖北人民出版社 1981 年［1 张］
108cm（全开）定价：CNY0.26
中国现代年画作品。

J0052458

孙悟空　哪吒　李先润作
武汉 湖北人民出版社 1981 年［1 张］
76cm（2 开）定价：CNY0.13
中国现代工艺美术年画作品。

J0052459

踏伞　潘培德作
成都 四川人民出版社 1981 年［1 张］
76cm（2 开）定价：CNY0.16
中国现代年画作品。

J0052460

台湾小朋友欢迎您　樊运琪画
济南 山东人民出版社 1981 年［1 张］
76cm（2 开）定价：CNY0.16
中国现代年画作品。

J0052461

抬花轿　范凤岭等作
合肥 安徽人民出版社 1981 年 76cm（2 开）
定价：CNY0.16
中国现代年画作品。

J0052462

太白醉酒　（杨柳青年画）张瑞恒作
天津 天津杨柳青画店 1981 年 76cm（2 开）
定价：CNY0.16

中国现代年画作品。

J0052463

泰山雄姿　刘宝纯,张登堂画
济南 山东人民出版社 1981 年 2 张 76cm（2 开）
定价：CNY0.32
　　中国现代年画作品。作者张登堂（1944—
2015），国画家。山东聊城县人，毕业于济南艺术
学校美术科。历任济南画院副院长，中国美术家
协会山东分会常务理事。代表作品有《黄河纤夫》
《泰岱雄姿》。

J0052464

唐伯虎与秋香　孙浩群作
合肥 安徽人民出版社 1981 年 76cm（2 开）
定价：CNY0.16
　　中国现代年画作品。

J0052465

唐伯虎作画　刘长恩画
长春 吉林人民出版社 1981 年 76cm（2 开）
定价：CNY0.16
　　中国现代年画作品。

J0052466

唐僧取经　金雪尘,李慕白作
上海 上海人民美术出版社 1981 年 76cm（2 开）
定价：CNY0.16
　　中国现代年画作品。

J0052467

唐太宗求谏　有源改编；刘棣,张冠哲画
北京 人民美术出版社 1981 年 2 张 76cm（2 开）
定价：CNY0.26
　　中国现代年画作品。

J0052468

桃花扇　高季方作
武汉 湖北人民出版社 1981 年 ［1 张］
76cm（2 开）定价：CNY0.18
　　中国现代年画作品。

J0052469

桃花扇　聂秀功作
南京 江苏人民出版社 1981 年 2 张 76cm（2 开）

定价：CNY0.36
　　中国现代年画作品。

J0052470

桃花扇　郭安祥作
西安 陕西人民美术出版社 1981 年 ［1 张］
76cm（2 开）定价：CNY0.18
　　中国现代年画作品。

J0052471

桃李梅　刘忠臣画；郝建辉文
沈阳 辽宁美术出版社 1981 年 2 张 76cm（2 开）
定价：CNY0.26
　　中国现代年画作品。

J0052472

腾越山林　（中堂轴画）孙顺正画
济南 山东人民出版社 1981 年 附对联一副
108cm（全开）定价：CNY1.50
　　中国现代年画作品。

J0052473

提高警惕　保卫四化　苏西映作
郑州 河南人民出版社 1981 年 ［1 张］
54cm（4 开）定价：CNY0.07
　　中国现代年画作品。作者苏西映（1940—
　　），河南光山人。曾任光山县文化馆美术师，
河南省美术家协会会员，大别山书画研究院名誉
院长。作品有《深山古树》《荷花舞》《玉莲公主》
《中华魂》等。出版有《唐伯虎智圆梅花梦》《玉
蜻蜓》。

J0052474

体育花开四季香　刘天民,陈铮作
天津 天津人民美术出版社 1981 年 2 张
76cm（2 开）定价：CNY0.32
　　中国现代年画作品。

J0052475

天女散花　高景波作
哈尔滨 黑龙江人民出版社 1981 年 ［1 张］
76cm（2 开）定价：CNY0.16
　　中国现代年画作品。作者高景波（1946—　），
山东掖县人。擅长年画、水彩画。大庆市群众艺
术馆美术部主任、二级美术师、大庆市美术家协

会副主席。主要作品：水粉组画《采油新工艺》，年画《一路春风喜盈归》，水彩画《倾国恨》。

J0052476
天女散花　孙建东作
昆明 云南人民出版社 1981 年 54cm（4 开）
定价：CNY0.07
　　中国现代年画作品。

J0052477
天女散花　马昀，冯元君作
郑州 中州书画社 1981 年 76cm（2 开）
定价：CNY0.18
　　中国现代年画作品。

J0052478
天仙配　文丰画
济南 山东人民出版社 1981 年 76cm（2 开）
定价：CNY0.18
　　中国现代年画作品。

J0052479
天涯追踪　孟咸昌作
上海 上海人民美术出版社 1981 年 76cm（2 开）
定价：CNY0.16
　　中国现代年画作品。

J0052480
田园似锦　万一作
北京 人民美术出版社 1981 年 76cm（2 开）
定价：CNY0.18
　　中国现代年画作品。

J0052481
甜　刘吉厚作
沈阳 辽宁美术出版社 1981 年 76cm（2 开）
定价：CNY0.13
　　中国现代年画作品。作者刘吉厚（1942—2011），满族，画家。辽宁宽甸人。历任辽宁美术出版社编辑，外联部编审，辽宁形象传播研究会常务副会长、秘书长。作品有《鸿福满堂》《春满人间》，出版有《刘吉厚作品选集》等。

J0052482
甜蜜事业　刘吉厚作

沈阳 辽宁美术出版社 1981 年 76cm（2 开）
定价：CNY0.13
　　中国现代年画作品。

J0052483
贴春联　于新生作
北京 人民美术出版社 1981 年 ［1 张］
76cm（2 开）定价：CNY0.16
　　中国现代年画作品。作者于新生（1956— ），教授。生于山东寿光。毕业于山东艺术学院。现任山东工艺美术学院造型艺术学院教授、中国美术家协会会员，山东省美术家协会副主席等职。代表作品有《于新生画集》《吉祥腊月》《荷塘水清清》等。

J0052484
铁弓缘　韩喜增作
石家庄 河北人民出版社 1981 年 ［1 张］
76cm（2 开）定价：CNY0.18
　　中国现代年画作品。

J0052485
铁弓缘　（轴画）韩喜增作
石家庄 河北人民出版社 1981 年 ［1 张］
附对联一副 108cm（全开）定价：CNY1.20
　　中国现代年画作品。

J0052486
铁弓缘　李仁智画
济南 山东人民出版社 1981 年 76cm（2 开）
定价：CNY0.18
　　中国现代年画作品。

J0052487
铁汉娇娃　小余作
南宁 广西人民出版社 1981 年 76cm（2 开）
定价：CNY0.16
　　中国现代年画作品。

J0052488
童心曲　孟养玉作
太原 山西人民出版社 1981 年 76cm（2 开）
定价：CNY0.16
　　中国现代年画作品。作者孟养玉（1935— ），画家。山西文水人，毕业于山西汾阳师范学校。历任山西文水县文化馆高级研究员，人物画学会艺术顾问，吕梁地区美协主席，黄河书画院副院长。代表作品有《收音机下乡》《刘胡兰》《能工巧匠》等。

J0052489
娃好不须多 （杨柳青年画）邵文锦作
天津 天津杨柳青画店 1981 年 76cm（2 开）
定价：CNY0.16
　　中国现代年画作品。作者邵文锦(1931—　)。画家。山东荣城人，毕业于中央美术学院绘画系。历任《天津画报》社、天津美术出版社编辑，天津杨柳青画社副社长、副总编、一级美术师。中国美术家协会会员、理事。作品有《春晖颂》《春风十里桃花香》《学习老英雄继续新长征》《匠门虎子》等。

J0052490
娃娃 葛荣环作
哈尔滨 黑龙江人民出版社 1981 年［1 张］
76cm（2 开）定价：CNY0.16
　　中国现代年画作品。

J0052491
万象更新 朱冰作
兰州 甘肃人民出版社 1981 年 54cm（4 开）
定价：CNY0.09
　　中国现代年画作品。

J0052492
万象更新 柳忠福作
石家庄 河北人民出版社 1981 年 76cm（2 开）
定价：CNY0.16
　　中国现代年画作品。

J0052493
万象更新 刘泽文画
济南 山东人民出版社 1981 年 76cm（2 开）
定价：CNY0.16
　　中国现代年画作品。作者刘泽文(1943—　)，画家，国家一级美术师。山东即墨人，历任烟台地区新华书店担任美工，山东省出版总社烟台分社任美术编辑。代表作品《望穿碧海千层浪》，出版有《刘泽文水粉画集》。

J0052494
万象更新 徐士民作
天津 天津人民美术出版社 1981 年
76cm（2 开）定价：CNY0.13
　　中国现代年画作品。

J0052495
万象更新喜迎春 杨馥如，徐飞鸿作
上海 上海人民美术出版社 1981 年 54cm（4 开）
定价：CNY0.08
　　中国现代年画作品。

J0052496
万众一心 实现四化 罗明深作
广州 岭南美术出版社 1981 年［1 张］
76cm（2 开）定价：CNY0.18
　　中国现代年画作品。作者罗明深(1954—　)，广东石湾人。岭南画派纪念馆任职，中国美术家协会广东分会会员。

J0052497
万众一心 实现四化 罗明深作
广州 岭南美术出版社 1981 年［1 张］
54cm（4 开）定价：CNY0.09
　　中国现代工艺美术年画作品。

J0052498
王冕画荷 马焕民作
天津 天津人民美术出版社 1981 年 76cm（2 开）
定价：CNY0.16
　　中国现代年画作品。

J0052499
王冕学画 李用世作
合肥 安徽人民出版社 1981 年 76cm（2 开）
定价：CNY0.16
　　中国现代年画作品。

J0052500
为了明天 张敬平作
合肥 安徽人民出版社 1981 年 76cm（2 开）
定价：CNY0.16
　　中国现代年画作品。

J0052501

喂小鸡 （杨柳青年画）沈大慈作

天津 天津杨柳青画店 1981 年 76cm（2 开）

定价：CNY0.16

中国现代年画作品。

J0052502

文君当垆 王绍基作

南宁 广西人民出版社 1981 年 76cm（2 开）

定价：CNY0.16

中国现代年画作品。

J0052503

文君听琴 申同景作

石家庄 河北人民出版社 1981 年 76cm（2 开）

定价：CNY0.18

中国现代年画作品。

J0052504

我爱书 李树方作

天津 天津人民美术出版社 1981 年 76cm（2 开）

定价：CNY0.16

中国现代年画作品。

J0052505

我爱我的小吉他 单锡和作

南京 江苏人民出版社 1981 年 76cm（2 开）

定价：CNY0.18

中国现代年画作品。

J0052506

我爱小红马 刘永义作

石家庄 河北人民出版社 1981 年 76cm（2 开）

定价：CNY0.13

中国现代年画作品。作者刘永义（1946—
），美术师。陕西长安人，毕业于西安美术学
院。陕西省美术家协会会员，西安市美术家协会
会员，西安国画艺术研究院研究员，花鸟画研究
室副主任。

J0052507

我爱小花猫 吴志杰作

西安 陕西人民美术出版社 1981 年 76cm（2 开）

定价：CNY0.13

中国现代年画作品。

J0052508

我吃西瓜馋坏了布娃娃 潘蘅生作

哈尔滨 黑龙江人民出版社 1981 年 ［1 张］
76cm（2 开）定价：CNY0.16

中国现代年画作品。作者潘蘅生（1949—
），画家。上海人。历任黑龙江省京剧团美术
设计，《剧作家》杂志美术编辑，中国美术家协会
会员，黑龙江省美术家协会副主席。兼擅连环画、
油画、水墨画。出版有《潘蘅生油画作品精选》
《美术家潘蘅生》等。

J0052509

我家的小羊羔 谷学忠画

长春 吉林人民出版社 1981 年 76cm（2 开）

定价：CNY0.16

中国现代年画作品。

J0052510

我们爱大海 沈家琳作

上海 上海人民美术出版社 1981 年 76cm（2 开）

定价：CNY0.16

中国现代年画作品。

J0052511

我们也来造军舰 吴哲夫作

上海 上海人民美术出版社 1981 年 76cm（2 开）

定价：CNY0.16

中国现代年画作品。作者吴哲夫，画家。擅
长年画。师从杭樨英，在上海"樨英画室"工作，
长期共事，集体创作，被称为"杭派"月份牌画
家。作品有《节日的食堂》《向解放军叔叔致敬》
《老手带新手》等。

J0052512

我们也修水电站 房世武，金平定作

成都 四川人民出版社 1981 年 76cm（2 开）

定价：CNY0.16

中国现代年画作品。

J0052513

我又积了一分钱 王玉平等作

石家庄 河北人民出版社 1981 年 76cm（2 开）

定价：CNY0.13

中国现代年画作品。

J0052514

巫山神女　陈和莲作

成都 四川人民出版社 1981 年 76cm（2 开）

定价：CNY0.16

　　中国现代年画作品。作者陈和莲（1941—

），四川江津县人。毕业于西南师范学院美术

专科。中国美术家协会会员、四川省美术家协会

理事。擅长国画、连环画、年画。主要作品有《碧

血春秋》《左老的山村》《清清溪水》等。

J0052515

五爱(爱祖国、爱人民、爱集体、爱党、爱

社会主义)　彭先诚作

成都 四川人民出版社 1981 年［1 张］

76cm（2 开）定价：CNY0.16

　　中国现代年画作品。作者彭先诚（1941—

），教师，一级美术师。四川成都人，毕业于成

都第二师范学校。四川省诗书画院一级美术师，

中国美术家协会会员、四川美术家协会理事。代

表作品《凉山小市》《西厢画意》《长恨歌》等。

J0052516

五福献宝　张桂英，徐世良作

沈阳 辽宁美术出版社 1981 年 76cm（2 开）

定价：CNY0.13

　　中国现代年画作品。

J0052517

武松打虎　刘棣，阴衍江作

哈尔滨 黑龙江人民出版社 1981 年 76cm（2 开）

定价：CNY0.16

　　中国现代年画作品。作者刘棣（1948—　），

画家。别名刘怀山，辽宁锦州人。毕业于内蒙古

师范学院艺术系美术专业。主要作品有《伯乐相

马》《破晓》《大漠行》等。作者阴衍江（1940—

2011），画家。中国美术家协会会员、一级画

师、黑龙江美术出版社专业画家，黑龙江文史馆

馆员。

J0052518

舞蹈条屏　刘仲杰作

武汉 湖北人民出版社 1981 年 4 张 76cm（2 开）

定价：CNY0.72

　　中国现代年画作品。

J0052519

舞丰年　李白颖作

西安 陕西人民美术出版社 1981 年 76cm（2 开）

定价：CNY0.18

　　中国现代年画作品。

J0052520

舞狮　刘恒久作

郑州 河南人民出版社 1981 年［1 张］

76cm（2 开）定价：CNY0.13

　　中国现代年画作品。

J0052521

舞狮庆新年　李中文作

郑州 河南人民出版社 1981 年［1 张］

76cm（2 开）定价：CNY0.13

　　中国现代年画作品。

J0052522

舞艺传深情　齐方作

上海 上海人民美术出版社 1981 年 76cm（2 开）

定价：CNY0.16

　　中国现代年画作品。

J0052523

舞艺交流　金纪发作

上海 上海人民美术出版社 1981 年 76cm（2 开）

定价：CNY0.13

　　中国现代年画作品。

J0052524

悟空　哪吒　蔡洁明，陈以忠作

南宁 广西人民出版社 1981 年［1 张］

76cm（2 开）定价：CNY0.16

　　中国现代年画作品。

J0052525

西班牙舞蹈　沈家琳作

上海 上海人民美术出版社 1981 年 76cm（2 开）

定价：CNY0.16

　　中国现代年画作品。

J0052526

西施浣纱　贵妃醉酒　貂蝉拜月　昭君出

塞　孟庆江作；吴葆仑编

北京 人民美术出版社 1981年 2张 76cm（2开）
定价：CNY0.36
　　中国现代年画作品。作者孟庆江（1937—
），画家。浙江温州人。毕业于中央美术学院
国画系。曾任《连环画报》主编，《中国艺术》副
主编，北京功毕重彩画绘副会长。代表作品《刘
胡兰》《蔡文姬》《长恨歌》等。

J0052527
西厢传柬　　陈菊仙作
杭州 浙江人民美术出版社 1981年 76cm（2开）
定价：CNY0.16
　　中国现代年画作品。

J0052528
西厢记　　龚景充画
福州 福建人民出版社 1981年［1张］
76cm（2开）定价：CNY0.18
　　中国现代年画作品。

J0052529
西厢记　　聂维民，张克伟作
哈尔滨 黑龙江人民出版社 1981年 76cm（2开）
定价：CNY0.16
　　中国现代年画作品。

J0052530
西游记　　王国征作
西安 陕西人民美术出版社 1981年［1张］
76cm（2开）定价：CNY0.13
　　中国现代年画作品。

J0052531
西园记　　陈菊仙作
上海 上海人民美术出版社 1981年 76cm（2开）
定价：CNY0.16
　　中国现代年画作品。

J0052532
惜春作画　　吴明作
北京 人民美术出版社 1981年 76cm（2开）
定价：CNY0.16
　　中国现代年画作品。

J0052533
嬉鸭　　张希华作
沈阳 辽宁美术出版社 1981年 76cm（2开）
定价：CNY0.13
　　中国现代年画作品。

J0052534
嬉鱼图　　（杨柳青年画）骆福庆作
天津 天津杨柳青画店 1981年 76cm（2开）
定价：CNY0.16
　　中国现代年画作品。

J0052535
喜采并蒂莲　　陈菊仙作
天津 天津人民美术出版社 1981年 76cm（2开）
定价：CNY0.16
　　中国现代年画作品。

J0052536
喜结同心　　张路红作
上海 上海人民美术出版社 1981年 76cm（2开）
定价：CNY0.16
　　中国现代年画作品。

J0052537
喜看新年画　　（杨柳青年画）那启明作
天津 天津杨柳青画店 1981年 76cm（2开）
定价：CNY0.16
　　中国现代年画作品。

J0052538
喜临门　　章育青作
长沙 湖南美术出版社 1981年［1张］
76cm（2开）定价：CNY0.16
　　中国现代年画作品。

J0052539
喜临门　　黄妙发作
上海 上海人民美术出版社 1981年［1张］
76cm（2开）定价：CNY0.16
　　中国现代年画作品。

J0052540
喜气千家　春光万里　　杨立群作
昆明 云南人民出版社 1981年［1张］

76cm（2开）定价：CNY0.13
中国现代年画作品。

J0052541
喜气千家　春光万里　杨立群作
昆明　云南人民出版社 1981 年［1 张］
54cm（4开）定价：CNY0.07
中国现代工艺美术年画作品。

J0052542
喜气盈门　邓文欣画
长春　吉林人民出版社 1981 年 76cm（2开）
定价：CNY0.16
中国现代年画作品。

J0052543
喜庆丰年　叶其青作
广州　岭南美术出版社 1981 年［1 张］
76cm（2开）定价：CNY0.18
中国现代年画作品。作者叶其青（1949— ），国家一级美术师。广东顺德人。佛山画院专职画家，佛山市美术家协会副主席，中国美术家协会会员，广东省美术家协会理事。主要作品有《四时花似锦》《果香》《水乡曲》《园趣》《沃土》等。

J0052544
喜庆丰年　叶其青作
广州　岭南美术出版社 1981 年［1 张］
54cm（4开）定价：CNY0.09
中国现代年画作品。

J0052545
喜庆丰年　杨立群作
昆明　云南人民出版社 1981 年 39cm（4开）
定价：CNY0.06
中国现代年画作品。

J0052546
喜庆丰年　花果满园　张晓飞作
南京　江苏人民出版社 1981 年 2 张 78cm（2开）
定价：CNY0.22
中国现代年画作品。作者张晓飞（1941— ），画家、工艺美术大师。江苏吴县人。苏州桃花坞木刻年画社创作室主任，苏州大学艺术学院兼职教授，苏州市美协副主席。代表作品有

《水乡元宵》，出版有《风山拾得画集》《彩图唐诗一百首》等。

J0052547
喜庆丰收（窗顶）　叶川画
济南　山东人民出版社 1981 年 54cm（4开）
定价：CNY0.10
中国现代年画作品。

J0052548
喜庆丰收乐　蒋在谱作
武汉　湖北人民出版社 1981 年［1 张］
76cm（2开）定价：CNY0.13
中国现代年画作品。

J0052549
喜鹊登梅　王伟戍作
昆明　云南人民出版社 1981 年 76cm（2开）
定价：CNY0.16
中国现代年画作品。

J0052550
喜迎新春　王祖德等画
南京　江苏人民出版社 1981 年 2 张 54cm（4开）
定价：CNY0.16
中国现代年画作品。

J0052551
喜迎新春　范树宁作
成都　四川人民出版社 1981 年 76cm（2开）
定价：CNY0.16
中国现代年画作品。

J0052552
喜迎新春　顾盼作
杭州　浙江人民美术出版社 1981 年 76cm（2开）
定价：CNY0.16
中国现代年画作品。

J0052553
喜游水晶宫　陈宝万作
北京　人民美术出版社 1981 年 76cm（2开）
定价：CNY0.16
中国现代年画作品。

J0052554
囍 费长富作
沈阳 辽宁美术出版社 1981年 76cm（2开）
定价：CNY0.26
中国现代年画作品。

J0052555
囍 费长富作
沈阳 辽宁美术出版社 1981年 54cm（4开）
定价：CNY0.13
中国现代年画作品。

J0052556
戏春图 毛水仙作
北京 人民体育出版社 1981年 76cm（2开）
定价：CNY0.18
中国现代年画作品。

J0052557
戏剧条屏 周清源作
合肥 安徽人民出版社 1981年 2张 76cm（2开）
定价：CNY0.32
中国现代年画作品。

J0052558
戏剧条屏 李希玉，康兴德作
兰州 甘肃人民出版社 1981年 4张 54cm（4开）
定价：CNY0.36
中国现代年画作品。

J0052559
戏猫 刘仲杰作
武汉 湖北人民出版社 1981年 76cm（2开）
定价：CNY0.18
中国现代年画作品。

J0052560
戏猫图 曾纪纲作
成都 四川人民出版社 1981年 ［1张］
54cm（4开）定价：CNY0.08
中国现代年画作品。

J0052561
戏曲人物 陈叔铭画
济南 山东人民出版社 1981年 76cm（2开）

定价：CNY0.10
中国现代年画作品。

J0052562
戏曲人物 刘志谋作
西安 陕西人民美术出版社 1981年 2张
76cm（2开）定价：CNY0.36
中国现代年画作品。

J0052563
夏橙丰收 李增吉作
成都 四川人民出版社 1981年 76cm（2开）
定价：CNY0.16
中国现代年画作品。

J0052564
夏令营 邹起奎作
天津 天津人民美术出版社 1981年 76cm（2开）
定价：CNY0.18
中国现代年画作品。作者邹起奎（1948—
），画家。笔名加贝，辽宁省盖州人，毕业于鲁
迅美术学院附中。天津杨柳青画社集绘画、摄影、
编辑、出版于一身的专家。中国美术家协会会员。
代表作品有《毛泽东主席》正面标准像等。

J0052565
夏日 赵仁成作
西安 陕西人民美术出版社 1981年 76cm（2开）
定价：CNY0.18
中国现代年画作品。

J0052566
鲜花传友谊 项宪文作
沈阳 辽宁美术出版社 1981年 76cm（2开）
定价：CNY0.13
中国现代年画作品。

J0052567
鲜花满篮 史延芹作
上海 上海人民美术出版社 1981年 76cm（2开）
定价：CNY0.16
中国现代年画作品。

J0052568
鲜花送模范 朱辉作

长沙 湖南美术出版社 1981 年 76cm（2 开）
定价：CNY0.16
　　中国现代年画作品。

J0052569
鲜桃如蜜　白银录作
石家庄 河北人民出版社 1981 年 76cm（2 开）
定价：CNY0.16
　　中国现代年画作品。

J0052570
陷巢州　岳晓，张武桂作
合肥 安徽人民出版社 1981 年 76cm（2 开）
定价：CNY0.16
　　中国现代年画作品。

J0052571
献瑞图　翁文忠作
南宁 广西人民出版社 1981 年 76cm（2 开）
定价：CNY0.16
　　中国现代年画作品。

J0052572
献寿图　黄式廉等作
广州 岭南美术出版社 1981 年［1 张］
76cm（2 开）定价：CNY0.16
　　中国现代年画作品。

J0052573
献寿图　金梅生作
天津 天津人民美术出版社 1981 年 76cm（2 开）
定价：CNY0.16
　　中国现代年画作品。

J0052574
香飘四季　王克印作
石家庄 河北人民出版社 1981 年 2 张
76cm（2 开）定价：CNY0.32
　　中国现代年画作品。

J0052575
响铃公主　周洪声画
长春 吉林人民出版社 1981 年 76cm（2 开）
定价：CNY0.16
　　中国现代年画作品。

J0052576
向海洋　刘熹奇作
北京 人民美术出版社 1981 年 76cm（2 开）
定价：CNY0.16
　　中国现代年画作品。

J0052577
向解放军叔叔敬礼　秦大虎作
天津 天津人民美术出版社 1981 年 76cm（2 开）
定价：CNY0.16
　　中国现代年画作品。

J0052578
萧何月下追韩信　韩景琦画
长春 吉林人民出版社 1981 年［1 张］
76cm（2 开）定价：CNY0.16
　　中国现代年画作品。

J0052579
小宝贝　成砺志作
西安 陕西人民美术出版社 1981 年 76cm（2 开）
定价：CNY0.18
　　中国现代年画作品。

J0052580
小宝贝　张省莉，高廷智作
西安 陕西人民美术出版社 1981 年 76cm（2 开）
定价：CNY0.13
　　中国现代年画作品。

J0052581
小宝贝　成砺志作
杭州 浙江人民出版社 1981 年 76cm（2 开）
定价：CNY0.16
　　中国现代年画作品。

J0052582
小馋猫　张文学作
石家庄 河北人民出版社 1981 年 76cm（2 开）
定价：CNY0.16
　　中国现代年画作品。

J0052583
小动物园　刘彦平作
北京 人民美术出版社 1981 年 76cm（2 开）

定价：CNY0.18
中国现代年画作品。

J0052584
小对手 （杨柳青年画）赵雨生作
天津 天津杨柳青画店 1981年 76cm（2开）
定价：CNY0.16
中国现代年画作品。

J0052585
小冠军 刘起文作
石家庄 河北人民出版社 1981年 76cm（2开）
定价：CNY0.13
中国现代年画作品。

J0052586
小画家 黄力生作
武汉 湖北人民出版社 1981年［1张］
76cm（2开）定价：CNY0.16
中国现代年画作品。

J0052587
小画家 邹积凡画
长春 吉林人民出版社 1981年 76cm（2开）
定价：CNY0.16
中国现代年画作品。

J0052588
小火箭手 成砺志作
郑州 河南人民出版社 1981年 76cm（2开）
定价：CNY0.18
中国现代年画作品。

J0052589
小伙伴们来照相 田林海画
济南 山东人民出版社 1981年 76cm（2开）
定价：CNY0.16
中国现代年画作品。

J0052590
小鸡出壳 庞卡作
天津 天津人民美术出版社 1981年 76cm（2开）
定价：CNY0.16
中国现代年画作品。作者庞卡（1935—　）。
画家。又名庞抱俊。上海人。历任上海人民美

术出版社年画编辑、创作员。作品有《从小爱科
学》《秧苗青青春来早》《爱人民》等。

J0052591
小猫和金鱼 周国军作
沈阳 辽宁美术出版社 1981年 76cm（2开）
定价：CNY0.13
中国现代年画作品。作者周国军（1954—
　），满族，辽宁凤城人。毕业于广州美术学院
中国画系。历任丹东市文联专业画家，中国美术
家协会会员，丹东美术家协会主席。作品《国风》
《厚土》《悠悠牧歌》《亘立千秋》出版有《中国当
代美术家精品集——周国军画集》。

J0052592
小猫花卉 （一至四）丁博平，李承毅作
天津 天津人民美术出版社 1981年 2张
76cm（2开）定价：CNY0.36
中国现代年画作品。

J0052593
小妹妹 林琳作
天津 天津人民美术出版社 1981年 76cm（2开）
定价：CNY0.16
中国现代年画作品。

J0052594
小蜜蜂 成砺志作
北京 人民美术出版社 1981年 76cm（2开）
定价：CNY0.18
中国现代年画作品。

J0052595
小摩托手 史士明作
南京 江苏人民出版社 1981年 76cm（2开）
定价：CNY0.18
中国现代年画作品。

J0052596
小巧手 刘竹梅作
成都 四川人民出版社 1981年 76cm（2开）
定价：CNY0.16
中国现代年画作品。

J0052597

小书迷 （杨柳青年画）赵润平作
天津 天津杨柳青画店 1981 年 76cm（2 开）
定价：CNY0.16
　　中国现代年画作品。

J0052598

小司机 李志国作
天津 天津人民美术出版社 1981 年 76cm（2 开）
定价：CNY0.16
　　中国现代年画作品。

J0052599

小司令 潘衡生作
哈尔滨 黑龙江人民出版社 1981 年 ［1 张］
76cm（2 开）定价：CNY0.16
　　中国现代年画作品。作者潘蘅生（1949—
），画家。上海人。历任黑龙江省京剧团美术
设计，《剧作家》杂志美术编辑，中国美术家协会
会员，黑龙江省美术家协会副主席。兼擅连环画、
油画、水墨画。出版有《潘蘅生油画作品精选》
《美术家潘蘅生》等。

J0052600

小松树 靳瑞作
北京 人民美术出版社 1981 年 ［1 张］
76cm（2 开）定价：CNY0.13
　　中国现代年画作品。

J0052601

小拖拉机手 成砺志作
石家庄 河北人民出版社 1981 年 76cm（2 开）
定价：CNY0.13
　　中国现代年画作品。作者成砺志（1954—
），江苏扬州人。国家一级美术师，中国美术
家协会会员。主要作品《六老图·邓小平》《我为
祖国争光》《春暖万家》等。

J0052602

小稀客 吴应强作
成都 四川人民出版社 1981 年 76cm（2 开）
定价：CNY0.16
　　中国现代年画作品。

J0052603

小小储蓄箱 全祝明作
石家庄 河北人民出版社 1981 年 76cm（2 开）
定价：CNY0.13
　　中国现代年画作品。

J0052604

小小钢琴家 刘天民作
沈阳 辽宁美术出版社 1981 年 76cm（2 开）
定价：CNY0.13
　　中国现代年画作品。

J0052605

小小建筑家 朱岩作
哈尔滨 黑龙江人民出版社 1981 年 76cm（2 开）
定价：CNY0.16
　　中国现代年画作品。

J0052606

小小昆虫研究家 郑坚石作
石家庄 河北人民出版社 1981 年 76cm（2 开）
定价：CNY0.13
　　中国现代年画作品。

J0052607

小小木偶戏 杨连成画
济南 山东人民出版社 1981 年 76cm（2 开）
定价：CNY0.16
　　中国现代年画作品。

J0052608

小小木偶戏 李汇泉作
成都 四川人民出版社 1981 年 76cm（2 开）
定价：CNY0.16
　　中国现代年画作品。

J0052609

小牙齿白又白 刘云生作
成都 四川人民出版社 1981 年 76cm（2 开）
定价：CNY0.16
　　中国现代年画作品。

J0052610

小燕子飞呀飞 雷文兵作
成都 四川人民出版社 1981 年 ［1 张］

76cm（2 开）定价: CNY0.16
　　中国现代年画作品。

J0052611
小园丁　陶琦作
天津 天津杨柳青画店 1981 年 ［1 张］
76cm（2 开）定价: CNY0.16
　　中国现代年画作品。作者陶琦（1922—
2002），女，连环画家。毕业于北平艺专。原中联
书店、天津美术出版社画家，天津文史馆馆员。
创作连环画有《我当上了学习小组长》。

J0052612
谢瑶环　姚中玉, 王伟戍作
杭州 浙江人民美术出版社 1981 年 76cm（2 开）
定价: CNY0.16
　　中国现代年画作品。

J0052613
心灵手巧　刘荣富作
哈尔滨 黑龙江人民出版社 1981 年 76cm（2 开）
定价: CNY0.16
　　中国现代年画作品。

J0052614
心灵手巧　张鸾作
天津 天津人民美术出版社 1981 年 76cm（2 开）
定价: CNY0.16
　　中国现代年画作品。

J0052615
新春好　新年好　刘文谌作
武汉 湖北人民出版社 1981 年 ［1 张］
76cm（2 开）
定价: CNY0.13
　　中国现代年画作品。

J0052616
新春乐　徐慧玲作
武汉 湖北人民出版社 1981 年 ［1 张］
76cm（2 开）定价: CNY0.13
　　中国现代年画作品。

J0052617
新风赞　刘海志作

石家庄 河北人民出版社 1981 年 2 张
76cm（2 开）定价: CNY0.32
　　中国现代年画作品。

J0052618
新花　刘长恩画
天津 天津人民美术出版社 1981 年 76cm（2 开）
定价: CNY0.16
　　中国现代年画作品。

J0052619
新苗　杨德衡作
沈阳 辽宁美术出版社 1981 年 76cm（2 开）
定价: CNY0.13
　　中国现代年画作品。

J0052620
新苗茁壮　金谷作
长沙 湖南美术出版社 1981 年 76cm（2 开）
定价: CNY0.16
　　中国现代年画作品。

J0052621
新年喜事多　成砺志作
武汉 湖北人民出版社 1981 年 76cm（2 开）
定价: CNY0.16
　　中国现代年画作品。

J0052622
新岁朝图　沈绍伦作
上海 上海人民美术出版社 1981 年 76cm（2 开）
定价: CNY0.13
　　中国现代年画作品。

J0052623
幸福成长　成砺志作
西安 陕西人民美术出版社 1981 年 76cm（2 开）
定价: CNY0.18
　　中国现代年画作品。

J0052624
幸福成长　潘培德作
成都 四川人民出版社 1981 年 ［1 张］
54cm（4 开）定价: CNY0.08
　　中国现代年画作品。

J0052625
幸福的童年　邵佐唐作
天津 天津人民美术出版社 1981 年 76cm（2 开）
定价：CNY0.16
　　中国现代年画作品。

J0052626
幸福儿童　马佳音作
长沙 湖南美术出版社 1981 年 76cm（2 开）
定价：CNY0.16
　　中国现代年画作品。

J0052627
幸福歌　（杨柳青年画）王宝光，阮克敏作
天津 天津杨柳青画店 1981 年 76cm（2 开）
定价：CNY0.16
　　中国现代年画作品。

J0052628
幸福花　吴秀楣作
武汉 湖北人民出版社 1981 年 76cm（2 开）
定价：CNY0.16
　　中国现代年画作品。

J0052629
幸福花开喜庆有余　张朗作
武汉 湖北人民出版社 1981 年 [1 张]
76cm（2 开）定价：CNY0.13
　　中国现代年画作品。

J0052630
幸福满门　林震作
沈阳 辽宁美术出版社 1981 年 76cm（2 开）
定价：CNY0.13
　　中国现代年画作品。

J0052631
幸福长寿　李炳炎作
昆明 云南人民出版社 1981 年 [1 张]
76cm（2 开）定价：CNY0.13
　　中国现代年画作品。

J0052632
熊家婆　杜康龙作
成都 四川人民出版社 1981 年 76cm（2 开）

定价：CNY0.16
　　中国现代年画作品。

J0052633
绣四化　林龙华作
天津 天津人民美术出版社 1981 年 76cm（2 开）
定价：CNY0.16
　　中国现代年画作品。

J0052634
许仙和白娘子　张志千作
哈尔滨 黑龙江人民出版社 1981 年 76cm（2 开）
定价：CNY0.16
　　中国现代年画作品。

J0052635
栩栩如生　张重渝作
成都 四川人民出版社 1981 年 76cm（2 开）
定价：CNY0.16
　　中国现代年画作品。

J0052636
学雷锋树新风　姚重庆，潘恩春作
天津 天津人民美术出版社 1981 年 76cm（2 开）
定价：CNY0.16
　　中国现代年画作品。

J0052637
学小鸭　苏耕画
济南 山东人民出版社 1981 年 76cm（2 开）
定价：CNY0.16
　　中国现代年画作品。

J0052638
学英语　林美岚作
武汉 湖北人民出版社 1981 年 76cm（2 开）
定价：CNY0.16
　　中国现代年画作品。

J0052639
学游泳　成砺志作
济南 山东人民出版社 1981 年 76cm（2 开）
定价：CNY0.16
　　中国现代年画作品。作者成砺志(1954—
　　)，江苏扬州人。国家一级美术师，中国美术

家协会会员。主要作品《六老图·邓小平》《我为祖国争光》《春暖万家》等。

J0052640
驯虎 卓昌勇作
成都 四川人民出版社 1981年 76cm（2开）
定价：CNY0.16
　　中国现代年画作品。

J0052641
胭脂 郭安祥作
西安 陕西人民美术出版社 1981年［1张］
76cm（2开）定价：CNY0.13
　　中国现代年画作品。

J0052642
演出之前 李冰作
兰州 甘肃人民出版社 1981年 76cm（2开）
定价：CNY0.18
　　中国现代年画作品。

J0052643
演出之前 李迎涛作
石家庄 河北人民出版社 1981年 76cm（2开）
定价：CNY0.16
　　中国现代年画作品。

J0052644
演出之前 余小仪作
天津 天津人民美术出版社 1981年 76cm（2开）
定价：CNY0.13
　　中国现代年画作品。

J0052645
演出之前 盛二龙作
杭州 浙江人民美术出版社 1981年［1张］
76cm（2开）定价：CNY0.16
　　中国现代年画作品。

J0052646
杨八姐游春 贺飞白作
武汉 湖北人民出版社 1981年 76cm（2开）
定价：CNY0.18
　　中国现代年画作品。

J0052647
杨家埠木版年画 潍县年画研究所［编］
潍县 潍县年画研究所 1981年 191幅
有彩色图 54×40cm
　　本书整理选印了124种191幅具有代表性的潍县（现潍坊市）杨家埠木版年画的传统作品，采用原版印制，也适当选了8种现代作品供研究参考。

J0052648
杨家将 范凤岭，孙宗禧作
合肥 安徽人民出版社 1981年 76cm（2开）
定价：CNY0.16
　　中国现代年画作品。

J0052649
杨宗保与穆桂英 李林祥等作
南昌 江西人民出版社 1981年 76cm（2开）
定价：CNY0.16
　　中国现代年画作品。

J0052650
养得好 刘泽文画
上海 上海人民美术出版社 1981年 76cm（2开）
定价：CNY0.16
　　中国现代年画作品。作者刘泽文（1943—　　），画家，国家一级美术师。山东即墨人，历任烟台地区新华书店担任美工，山东省出版总社烟台分社任美术编辑。代表作品《望穿碧海千层浪》，出版有《刘泽文水粉画集》。

J0052651
养蜂姑娘 刘称奇作
天津 天津人民美术出版社 1981年 76cm（2开）
定价：CNY0.16
　　中国现代年画作品。

J0052652
腰鼓闹年宵 红绸迎新春 皮远香作
成都 四川人民出版社 1981年［1张］
76cm（2开）定价：CNY0.16
　　中国现代年画作品。

J0052653
摇摇摇 刘树志作

成都 四川人民出版社 1981 年 76cm（2 开）
定价：CNY0.16
　　中国现代年画作品。

J0052654
瑶池祝寿　海东作
广州 岭南美术出版社 1981 年［1 张］
76cm（2 开）定价：CNY0.18
　　中国现代年画作品。

J0052655
叶含嫣　姚重庆作
天津 天津人民美术出版社 1981 年 76cm（2 开）
定价：CNY0.16
　　中国现代年画作品。

J0052656
移来南茶住北乡　（杨柳青年画）白逸如作
天津 天津杨柳青画店 1981 年 76cm（2 开）
定价：CNY0.16
　　中国现代年画作品。作者白逸如（1932—
），女，画家。北京人。毕业于浙江美术学院。
曾任山东省文化局美工室、山东师范大学艺术系
教师，天津画院专业画家。作品有《渔家女儿上
大学》《移来南茶住北乡》《大娘的病好了》等。

J0052657
艺苑新蕾　吴性清作
广州 岭南美术出版社 1981 年 76cm（2 开）
定价：CNY0.16
　　中国现代年画作品。

J0052658
艺苑新苗　林美岚作
南昌 江西人民出版社 1981 年 76cm（2 开）
定价：CNY0.16
　　中国现代年画作品。

J0052659
弈趣　由淑文作
北京 人民体育出版社 1981 年 76cm（2 开）
定价：CNY0.18
　　中国现代年画作品。

J0052660
银瓶与张宪　金铭，姚中玉作
杭州 浙江人民美术出版社 1981 年 76cm（2 开）
定价：CNY0.10
　　中国现代年画作品。

J0052661
莺歌燕舞　李世朴画
济南 山东人民出版社 1981 年 2 张 76cm（2 开）
定价：CNY0.32
　　中国现代年画作品。

J0052662
婴宁　孙敬会，李明媚画
济南 山东人民出版社 1981 年 76cm（2 开）
定价：CNY0.16
　　中国现代年画作品。作者孙敬会（1939—　），
教授。字克齐，号生前，山东艺术研究院中国
绘画研究室主任。出版专著和画集有《写意人物
画技法》《中国肖像画研究》《孙敬会人物画选》
《孙敬会水浒人物全图》等。作者李明媚（1936—
　），女，教授。字克平，笔名汇波，浙江宁波人。
山东艺术学院教授。作品有《给咱添花》《同饮
幸福水》《拳友》《流水寄深情》等，出版有《工
笔人物画技法》《李明媚人物画选》《李明媚传统
人物画专辑》等。

J0052663
鹦鹉　周彦生作
广州 岭南美术出版社 1981 年 76cm（2 开）
定价：CNY0.16
　　中国现代年画作品。作者周彦生（1942—
　），画家、教授。河南人，毕业于广州美术学院
中国画系花鸟画科研究生班。广州美术学院教
授，中国美协会员，中国当代工笔画学会理事，
广东美协理事，广东画院特聘画家。代表作品有
《满园春色》《牡丹孔雀》等。

J0052664
迎宾图　刘范国作
长沙 湖南美术出版社 1981 年 76cm（2 开）
定价：CNY0.16
　　中国现代年画作品。

J0052665
迎春　陈衡, 杨家聪作
武汉 湖北人民出版社 1981 年［1 张］
76cm（2 开）定价: CNY0.13
　　中国现代年画作品。

J0052666
迎春　晁德仁作
南京 江苏人民出版社 1981 年 76cm（2 开）
定价: CNY0.16
　　中国现代年画作品。作者晁德仁（1948—　），
画家。河南清丰县人。中国美术家协会会员, 大
连市美术家协会副主席兼秘书长, 大连市青年美
协主席。主要作品有《迎春》《制止空气污染》等。

J0052667
迎春　张为民作
天津 天津杨柳青画店 1981 年 76cm（2 开）
定价: CNY0.16
　　中国现代年画作品。

J0052668
迎春接福　杨家聪, 陈衡作
广州 岭南美术出版社 1981 年［1 张］
76cm（2 开）定价: CNY0.18
　　中国现代年画作品。

J0052669
迎春接福　杨家聪, 陈衡作
广州 岭南美术出版社 1981 年［1 张］
54cm（4 开）定价: CNY0.09
　　中国现代工艺美术年画作品。

J0052670
迎春图　刘启忠作
哈尔滨 黑龙江人民出版社 1981 年 76cm（2 开）
定价: CNY0.16
　　中国现代年画作品。

J0052671
迎春展翅　刘立中作
成都 四川人民出版社 1981 年 76cm（2 开）
定价: CNY0.16
　　中国现代年画作品。

J0052672
迎新春　普天同庆　辞旧岁　万象更新　刘
良德作
南昌 江西人民出版社 1981 年［1 张］
76cm（2 开）定价: CNY0.13
　　中国现代年画作品。

J0052673
影坛新星　龚定平作
石家庄 河北人民出版社 1981 年［1 张］
76cm（2 开）定价: CNY0.16
　　中国现代年画作品。

J0052674
影坛新秀　徐成智作
武汉 湖北人民出版社 1981 年 76cm（2 开）
定价: CNY0.18
　　中国现代年画作品。

J0052675
影坛新秀　张洁作
郑州 中州书画社 1981 年 76cm（2 开）
定价: CNY0.16
　　中国现代年画作品。

J0052676
尤三姐　李诗唐, 王致青作
太原 山西人民出版社 1981 年 76cm（2 开）
定价: CNY0.16
　　中国现代年画作品。

J0052677
尤三姐　罗远安作
成都 四川人民出版社 1981 年 76cm（2 开）
定价: CNY0.16
　　中国现代年画作品。

J0052678
游春　樊怀章作
成都 四川人民出版社 1981 年［1 张］
76cm（2 开）定价: CNY0.16
　　中国现代年画作品。

J0052679
游湖借伞　李学荣, 付鲁沛作

石家庄 河北人民出版社 1981 年 76cm（2 开）
定价：CNY0.16
　　中国现代年画作品。

J0052680
游湖借伞　王丽铭作
天津 天津人民美术出版社 1981 年 76cm（2 开）
定价：CNY0.16
　　中国现代年画作品。

J0052681
游鱼嬉莲　吴绶镐作
杭州 浙江人民美术出版社 1981 年 76cm（2 开）
定价：CNY0.16
　　中国现代年画作品。

J0052682
游园惊梦　王朝斌作
郑州 河南人民出版社 1981 年 76cm（2 开）
定价：CNY0.18
　　中国现代年画作品。

J0052683
友谊　张泽民作
太原 山西人民出版社 1981 年 76cm（2 开）
定价：CNY0.16
　　中国现代年画作品。

J0052684
友谊花开　许恩源作
南京 江苏人民出版社 1981 年 76cm（2 开）
定价：CNY0.18
　　中国现代年画作品。作者许恩源（1940—
），教授。历任上海中国纺织大学服装系副教
授、中国美术家协会上海分会会员。编著有《时
装画技法研究》《论装饰图案艺术》《学习时装画
入门》《时装画技法研究》等。

J0052685
友谊花盛开　程惠钊作
郑州 河南人民出版社 1981 年 [1 张]
76cm（2 开）定价：CNY0.18
　　中国现代年画作品。

J0052686
有趣的玩具　白逸如画
济南 山东人民出版社 1981 年 78cm（2 开）
定价：CNY0.10
　　中国现代年画作品。作者白逸如（1932—
），女，画家。北京人。毕业于浙江美术学院。
曾任山东省文化局美工室、山东师范大学艺术系
教师，天津画院专业画家。作品有《渔家女儿上
大学》《移来南茶住北乡》《大娘的病好了》等。

J0052687
幼年智慧屏　沈枏等作；章回编
沈阳 辽宁美术出版社 1981 年 2 张 76cm（2 开）
定价：CNY0.26
　　中国现代年画作品。

J0052688
鱼肥年旺　王忠年作
沈阳 辽宁美术出版社 1981 年 76cm（2 开）
定价：CNY0.13
　　中国现代年画作品。

J0052689
鱼舞　谢鹏程作
长沙 湖南美术出版社 1981 年 [1 张]
76cm（2 开）定价：CNY0.16
　　中国现代年画作品。

J0052690
鱼跃童欢　林光锠作
福州 福建人民出版社 1981 年 76cm（2 开）
定价：CNY0.18
　　中国现代年画作品。

J0052691
鱼跃图　聂立柱作
石家庄 河北人民出版社 1981 年 76cm（2 开）
定价：CNY0.16
　　中国现代年画作品。

J0052692
渔童　李秉芳作
长沙 湖南美术出版社 1981 年 76cm（2 开）
定价：CNY0.16
　　中国现代年画作品。

J0052693
渔童　成砺志作
南京 江苏人民出版社 1981 年 76cm（2 开）
定价: CNY0.16
　　中国现代年画作品。

J0052694
愉快的夏天　柳忠福作
北京 人民美术出版社 1981 年 76cm（2 开）
定价: CNY0.16
　　中国现代年画作品。

J0052695
浴牛图　文小苗作
成都 四川人民出版社 1981 年 76cm（2 开）
定价: CNY0.16
　　中国现代年画作品。

J0052696
鸳鸯　王一鸣画
济南 山东人民出版社 1981 年 76cm（2 开）
定价: CNY0.16
　　中国现代年画作品。

J0052697
元宵观灯　李方惠作
成都 四川人民出版社 1981 年 76cm（2 开）
定价: CNY0.16
　　中国现代年画作品。

J0052698
月儿明亮歌儿甜　孙耀珊作
南宁 广西人民出版社 1981 年 76cm（2 开）
定价: CNY0.16
　　中国现代年画作品。

J0052699
月球归来　徐福根作
长沙 湖南美术出版社 1981 年 76cm（2 开）
定价: CNY0.16
　　中国现代年画作品。。

J0052700
月夜抚琴　王遵义画
济南 山东人民出版社 1981 年 76cm（2 开）
定价: CNY0.16
　　中国现代年画作品。

J0052701
岳飞　徐中作
南京 江苏人民出版社 1981 年 附对联一副
108cm（全开）定价: CNY0.55
　　中国现代年画作品。

J0052702
岳飞　徐中作
南京 江苏人民出版社 1981 年 4 张 54cm（4 开）
定价: CNY0.36
　　中国现代年画作品。

J0052703
岳飞　（轴画）徐中作
南京 江苏人民出版社 1981 年 定价: CNY1.50
　　中国现代年画作品。

J0052704
岳飞　王福增画
济南 山东人民出版社 1981 年 76cm（2 开）
定价: CNY0.16
　　中国现代年画作品。

J0052705
岳飞 关羽　邓敦伟作
南宁 广西人民出版社 1981 年 [1 张]
54cm（4 开）定价: CNY0.09
　　中国现代年画作品。

J0052706
岳飞 韩世忠　徐云作
郑州 河南人民出版社 1981 年 [1 张]
76cm（2 开）定价: CNY0.13
　　中国现代年画作品。

J0052707
岳飞　李树基画
济南 山东人民出版社 1981 年 76cm（2 开）
定价: CNY0.16
　　中国现代年画作品。

J0052708

岳飞　畅维臻作

太原　山西人民出版社 1981 年 76cm（2 开）

定价：CNY0.16

中国现代年画作品。

J0052709

岳飞枪挑小梁王　马琼作

北京　宝文堂书店 1981 年 76cm（2 开）

定价：CNY0.13

中国现代年画作品。

J0052710

岳母刺字　关满生作

天津　天津人民美术出版社 1981 年 76cm（2 开）

定价：CNY0.16

中国现代年画作品。

J0052711

岳云出山　张瑞恒作

天津　天津人民美术出版社 1981 年 76cm（2 开）

定价：CNY0.13

中国现代年画作品。

J0052712

跃马扬鞭　贾书敏作

石家庄　河北人民出版社 1981 年 76cm（2 开）

定价：CNY0.16

中国现代年画作品。

J0052713

杂技"孔雀开屏"　吴奕政作

广州　岭南美术出版社 1981 年 76cm（2 开）

定价：CNY0.16

中国现代年画作品。

J0052714

在幼儿园里　李用世作

合肥　安徽人民出版社 1981 年 76cm（2 开）

定价：CNY0.16

中国现代年画作品。

J0052715

咱村来了小戏班　李志国作

天津　天津杨柳青画店 1981 年 76cm（2 开）

定价：CNY0.16

中国现代年画作品。

J0052716

早晨第一课　哈琼文作

成都　四川人民出版社 1981 年 76cm（2 开）

定价：CNY0.13

中国现代年画作品。作者哈琼文（1925—2012），回族，北京人。毕业于中央大学艺术系。上海人民美术出版社编审，上海文史研究馆馆员。中国美术家协会会员，美协上海分会理事。擅长油画、宣传画。主要作品有油画《鲁迅——致电党中央祝贺长征胜利到达陕北》、宣传画《毛主席万岁》等。

J0052717

扎花灯　宋仁梁画

济南　山东人民出版社 1981 年 76cm（2 开）

定价：CNY0.16

中国现代年画作品。

J0052718

站花墙　（天沔花鼓戏）刘芳清改编；马利国等摄

武汉　湖北人民出版社 1981 年 2 张 76cm（2 开）

定价：CNY0.36

中国现代年画作品。

J0052719

张羽煮海　弥松颐编；项维仁作

北京　人民美术出版社 1981 年 2 张 76cm（2 开）

定价：CNY0.26

中国现代年画作品。作者项维仁（1947—　），画家、国家一级美术师。生于山东青岛市。历任中国美术家协会会员、中国工艺美术学会会员、中国连环画研究会理事、山东画院特聘高级画师、青岛书画研究院副院长。代表作品有《共鸣》《柳毅传书》等。

J0052720

长白虎啸　邓文欣画

长春　吉林人民出版社 1981 年 76cm（2 开）

定价：CNY0.16

中国现代年画作品。

J0052721
长城万里友谊传　张鸾作
天津　天津人民美术出版社　1981年　76cm（2开）
定价：CNY0.16
　　中国现代年画作品。

J0052722
长大当个解放军　秦大虎画
济南　山东人民出版社　1981年　76cm（2开）
定价：CNY0.16
　　中国现代年画作品。

J0052723
长大了我也疼妈妈　李庆新画
济南　山东人民出版社　1981年　76cm（2开）
定价：CNY0.16
　　中国现代年画作品。

J0052724
长鼓舞　李白颖作
西安　陕西人民美术出版社　1981年　76cm（2开）
定价：CNY0.13
　　中国现代年画作品。

J0052725
长寿爷爷　汪苗作
杭州　浙江人民美术出版社　1981年　76cm（2开）
定价：CNY0.16
　　中国现代年画作品。

J0052726
赵云　马超　王祖军作
昆明　云南人民出版社　1981年　［1张］
76cm（2开）定价：CNY0.13
　　中国现代年画作品。

J0052727
赵子龙单骑救主　张飞大闹长坂坡　朱维
明作
昆明　云南人民出版社　1981年　［1张］
76cm（2开）定价：CNY0.13
　　中国现代年画作品。

J0052728
赵子龙单骑救主　张飞大闹长坂坡　朱维
明作
昆明　云南人民出版社　1981年　［1张］
54cm（4开）定价：CNY0.07
　　中国现代工艺美术年画作品。

J0052729
这是雷锋叔叔　邵佐唐作
天津　天津人民美术出版社　1981年　76cm（2开）
定价：CNY0.16
　　中国现代年画作品。

J0052730
珍禽图　张宝元画
济南　山东人民出版社　1981年　2张　76cm（2开）
定价：CNY0.32
　　中国现代年画作品。

J0052731
珍禽异兽　裴文璐作
昆明　云南人民出版社　1981年　［1张］
76cm（2开）定价：CNY0.16
　　中国现代年画作品。作者裴文璐（1944—
　），出生于昆明，中国美术家协会会员，云南艺
术学院客座教授、云南省公安厅文联书画院名誉
院长。代表作品有《瑞丽江畔》《赶摆》。

J0052732
珍珠仙子　李慕白作
合肥　安徽人民出版社　1981年　76cm（2开）
定价：CNY0.16
　　中国现代年画作品。

J0052733
争艳　徐世钦，李勤作
天津　天津人民美术出版社　1981年　76cm（2开）
定价：CNY0.16
　　中国现代年画作品。

J0052734
郑成功　戚继光　耿炳伦,孙杜作
郑州　河南人民出版社　1981年　［1张］
54cm（4开）定价：CNY0.07
　　中国现代年画作品。

J0052735

志同道合　比翼双飞　刘之堂画

济南 山东人民出版社 1981 年［1 张］

［118×164cm］定价：CNY0.20

中国现代年画作品。

J0052736

中国少数民族舞蹈　（第一组一至四）

北京 中国旅游出版社 1981 年 2 张 76cm（2 开）

定价：CNY0.26

中国现代年画作品。

J0052737

中国少数民族舞蹈　（第二组 一至四）

北京 中国旅游出版社 1981 年 2 张 76cm（2 开）

定价：CNY0.26

中国现代年画作品。

J0052738

朱德爷爷种的大南瓜　郝之辉作

成都 四川人民出版社 1981 年 76cm（2 开）

定价：CNY0.16

中国现代年画作品。

J0052739

祝您长寿　李秉芳作

长沙 湖南美术出版社 1981 年 76cm（2 开）

定价：CNY0.16

中国现代年画作品。

J0052740

追鱼　王国富, 张德俊作

合肥 安徽人民出版社 1981 年 76cm（2 开）

定价：CNY0.16

中国现代年画作品。

J0052741

追鱼　（一至四）张洪赞作

沈阳 辽宁美术出版社 1981 年 2 张 76cm（2 开）

定价：CNY0.26

中国现代年画作品。

J0052742

追鱼　谢慕莲作

上海 上海人民美术出版社 1981 年［1 张］

76cm（2 开）定价：CNY0.16

中国现代年画作品。

J0052743

追鱼　冯庆国作

成都 四川人民出版社 1981 年 76cm（2 开）

定价：CNY0.16

中国现代年画作品。

J0052744

准时开车　齐大鹏作

石家庄 河北人民出版社 1981 年 76cm（2 开）

定价：CNY0.18

中国现代年画作品。作者齐大鹏（1940—
），生于河北省沧州市，天津美院干部训练班
结业。历任中国书画艺术家协会会员，河北省美
协会员，沧州画院画师。作品有《整装待发》《准
时开车》《杨家将》《准时开车》等。

J0052745

茁壮成长　李冰作

兰州 甘肃人民出版社 1981 年 76cm（2 开）

定价：CNY0.18

中国现代年画作品。

J0052746

卓文君　马开琪作

成都 四川人民出版社 1981 年 54cm（4 开）

定价：CNY0.08

中国现代年画作品。

J0052747

卓文君听琴　（中堂轴画）申同景作

石家庄 河北人民出版社 1981 年 附对联一副

108cm（全开）定价：CNY1.20

中国现代年画作品。

J0052748

孜孜不倦　李宝亮画

济南 山东人民出版社 1981 年 76cm（2 开）

定价：CNY0.16

中国现代年画作品。

J0052749

子鱼卧莲　（杨柳青年画）

天津 天津杨柳青画店 1981 年［1 张］
76cm（2 开）定价：CNY0.16
　　中国现代年画作品。

J0052750
自己弹来自己唱　吴性清作
天津 天津人民美术出版社 1981 年 76cm（2 开）
定价：CNY0.16
　　中国现代年画作品。

J0052751
自己的事情自己做　陈重印，林美岚作
南宁 漓江出版社 1981 年 76cm（2 开）
定价：CNY0.16
　　中国现代年画作品。

J0052752
自己洗　倪辰生画
济南 山东人民出版社 1981 年 76cm（2 开）
定价：CNY0.16
　　中国现代年画作品。

J0052753
自己洗　熊思红作
成都 四川人民出版社 1981 年［1 张］
76cm（2 开）定价：CNY0.16
　　中国现代年画作品。

J0052754
自己造火箭　刘乃勇画
济南 山东人民出版社 1981 年 76cm（2 开）
定价：CNY0.16
　　中国现代年画作品。

J0052755
祖国的花朵　王伟戌画
长春 吉林人民出版社 1981 年 76cm（2 开）
定价：CNY0.16
　　中国现代年画作品。

J0052756
祖国的花朵　奕佳作
成都 四川人民出版社 1981 年 76cm（2 开）
定价：CNY0.16
　　中国现代年画作品。

J0052757
祖国风光　（二）陈培荣作
上海 上海人民美术出版社 1981 年 76cm（2 开）
定价：CNY0.16
　　中国现代年画作品。作者陈培荣（1941—
）,著名画家、设计家、教育家。生于上海,毕
业于上海轻工业专科学校。中国布面水彩画及
新意象画派创始人。历任上海轻专美术系主任、
上海工程技术大学广告系主任、上海理工大学艺
术设计学院院长、教授。代表作有油画《烟云乡
情》《都市掠影》系列,水彩画《花之韵》系列。

J0052758
祖国风光好　处处春耕忙　李元星作
郑州 河南人民出版社 1981 年［1 张］
76cm（2 开）定价：CNY0.13
　　中国现代年画作品。

J0052759
祖国山川　介凡,子肩作
沈阳 辽宁美术出版社 1981 年 2 张 76cm（2 开）
定价：CNY0.26
　　中国现代年画作品。

J0052760
祖国颂　江南春作
上海 上海人民美术出版社 1981 年 76cm（2 开）
定价：CNY0.16
　　中国现代年画作品。

J0052761
祖国我爱你　姚中玉作
上海 上海人民美术出版社 1981 年 76cm（2 开）
定价：CNY0.16
　　中国现代年画作品。

J0052762
做彩灯　宗万华作
天津 天津人民美术出版社 1981 年 76cm（2 开）
定价：CNY0.16
　　中国现代年画作品。

J0052763
"四化"攀高峰　军民同学习　刘晨光,金祥
龙作

昆明 云南人民出版社 1982 年［1 幅］
76cm（2 开）定价：CNY0.13
　　中国现代年画作品。

J0052764
1983（年画挂历）（农村版）
沈阳 辽宁美术出版社 1982 年 54cm（4 开）
定价：CNY0.70
　　中国现代年画作品。

J0052765
1983 安徽年画
合肥 安徽人民出版社 1982 年 19cm（32 开）
　　1983 安徽现代年画作品画册。

J0052766
1983 年画缩样
贵阳 贵州人民出版社［1982 年］19cm（32 开）

J0052767
1983 年画缩样
南昌 江西人民出版社［1982 年］19cm（32 开）

J0052768
1983 年画缩样
呼和浩特 内蒙古人民出版社［1982 年］
19cm（32 开）

J0052769
1983 年画缩样
乌鲁木齐 新疆人民出版社［1982 年］
19cm（32 开）

J0052770
1983 年画缩样　（一）
昆明 云南人民出版社［1982 年］
26 幅 19cm（32 开）

J0052771
1983 年画缩样　（二）
昆明 云南人民出版社［1982 年］19cm（32 开）

J0052772
1983 年画缩样　（三）
昆明 云南人民出版社［1982 年］19cm（32 开）

J0052773
1983 年画缩样
北京 中国书画社［1982 年］19cm（32 开）

J0052774
1983 年辽宁年画
沈阳 辽宁美术出版社［1982 年］26cm（16 开）
　　中国现代年画作品。

J0052775
1983 浙江年画
杭州 浙江人民美术出版社［1982 年］
19cm（32 开）
　　中国现代年画作品。

J0052776
阿诗玛　刘南作
昆明 云南人民出版社 1982 年［1 张］
76cm（2 开）定价：CNY0.16
　　中国现代年画作品。

J0052777
阿姨给我剪指甲　赵雨生作
天津 天津杨柳青画社 1982 年［1 张］
76cm（2 开）定价：CNY0.16
　　中国现代年画作品。

J0052778
阿姨您的钱包　吴性清作
上海 上海人民美术出版社 1982 年［1 张］
76cm（2 开）定价：CNY0.16
　　中国现代年画作品。

J0052779
阿姨再见　刘彦平作
石家庄 河北美术出版社 1982 年［1 张］
76cm（2 开）定价：CNY0.16
　　中国现代年画作品。

J0052780
爱护玩具　刘崇林作
石家庄 河北美术出版社 1982 年［1 张］
76cm（2 开）定价：CNY0.16
　　中国现代年画作品。

J0052781
爱集体　周国军作
沈阳 辽宁美术出版社 1982 年［1 张］
76cm（2 开）定价：CNY0.13
　　中国现代年画作品。

J0052782
爱科学　成砺志作
成都 四川人民出版社 1982 年［1 张］
76cm（2 开）定价：CNY0.16
　　中国现代年画作品。

J0052783
爱劳动　严风扬作
昆明 云南人民出版社 1982 年［1 张］
54cm（4 开）定价：CNY0.07
　　中国现代年画作品。

J0052784
爱清洁　孙雨田作
哈尔滨 黑龙江人民出版社 1982 年［1 张］
76cm（2 开）定价：CNY0.13
　　中国现代年画作品。作者孙雨田（1948—
），研究员。笔名山野、别署恋蒲斋，生于山东
济宁。毕业于山东师范大学美术系。历任淄博
书画院副研究馆员、山东画院高级画师、中国美
术家协会会员。出版作品有《蒲松龄》《七彩绫》
《汉武帝》《粘年糕》等。

J0052785
爱洒人间　陈光健，刘文西作
西安 陕西人民美术出版社 1982 年［1 张］
76cm（2 开）定价：CNY0.18
　　中国现代年画作品。作者陈光健（1936—
），女，四川荣昌人。毕业于浙江美术学院，并
留校工作，后调入西安美术学院任教。中国美术
家协会会员、当代工笔画会会员、陕西省国画院
画师。主要作品有《在社员家里》《自习》《老师》
等。作者刘文西（1933—2019），生于浙江嵊州。
曾任中国美术协会顾问，陕西省文艺界联合会
顾问，陕西省美协副主席，西安美术学院名誉院
长，西安画院研究院院长，延安市副市长。重要
作品有《毛主席和牧羊人》《东方》《解放区的天》
和巨幅系列长卷《黄土人》等近百幅。

J0052786
爱学习　严风扬作
昆明 云南人民出版社 1982 年［1 张］
54cm（4 开）定价：CNY0.07
　　中国现代年画作品。

J0052787
爱学习爱劳动　严风扬作
昆明 云南人民出版社 1982 年［1 张］
76cm（2 开）定价：CNY0.13
　　中国现代年画作品。

J0052788
爱祖国　林惠珍作
沈阳 辽宁美术出版社 1982 年［1 张］
76cm（2 开）定价：CNY0.13
　　中国现代年画作品。

J0052789
爱祖国　周端庄，陆廷作
上海 上海人民美术出版社 1982 年［1 张］
76cm（2 开）定价：CNY0.16
　　中国现代年画作品。

J0052790
安徽年画缩样　（1983）
合肥 安徽人民出版社［1982 年］18cm（15 开）

J0052791
安乐幸福　李世元作
沈阳 辽宁美术出版社 1982 年［1 张］
76cm（2 开）定价：CNY0.13
　　中国现代年画作品。

J0052792
八锤大闹朱仙镇　邓敦伟作
南宁 广西人民出版社 1982 年 2 张 76cm（2 开）
定价：CNY0.32
　　中国现代年画作品。

J0052793
八大锤大闹朱仙镇　孙文光作
成都 四川人民出版社 1982 年 76cm（2 开）
定价：CNY0.16
　　中国现代年画作品。

J0052794
八仙过海　陈龙作
兰州 甘肃人民出版社 1982 年 76cm（2 开）
定价：CNY0.16
中国现代年画作品。

J0052795
八仙过海　张德俊，丁德邻作
南京 江苏人民出版社 1982 年 76cm（2 开）
定价：CNY0.55
中国现代年画作品。作者张德俊（1946—
），画家。江苏海安人。毕业于南京艺术学院
美术系。曾任常州市刘海粟美术馆馆长、中国美
协年画艺委会委员等职。主要作品有《凤仪亭》
《天翻地覆慨而慷》《紫金山顶的瑰宝》等。作者
丁德邻（1943—　），画家。江苏南京人。毕业于
南京艺术学院。中国美术家协会会员、常州市美
术家协会副主席、原常州刘海粟美术馆副馆长。
主要作品有《水》《山那边》《后山》等。

J0052796
八仙过海　（胶印画轴）张德俊，丁德邻作
南京 江苏人民出版社 1982 年［1 轴］
附对联 107cm（全开）定价：CNY1.50
中国现代年画作品。

J0052797
八仙过海各显神通　冯杰作
南昌 江西人民出版社［1982 年］2 张
76cm（2 开）定价：CNY0.36
中国现代年画作品。

J0052798
八仙过海各显神通　高国强作
上海 上海人民美术出版社 1982 年 76cm（2 开）
定价：CNY0.16
中国现代年画作品。

J0052799
八仙醉酒　丁世谦，刘竹梅作
成都 四川人民出版社 1982 年 76cm（2 开）
定价：CNY0.16
中国现代年画作品。作者丁世谦（1944—
），四川遂宁人。擅长中国画、连环画。遂宁
市美协主席。主要作品有《上学路上》《游春去》

《合奏曲》等。出版有《丁世谦画选》和连环画册
十余部。

J0052800
拔河　刘仲杰作
武汉 湖北人民出版社 1982 年 76cm（2 开）
ISBN：8106.2267 定价：CNY0.16
中国现代年画作品。

J0052801
霸王和虞姬　张弓作
郑州 中州书画社 1982 年 76cm（2 开）
定价：CNY0.18
中国现代年画作品。

J0052802
白娘子与许仙　付鲁沛作
郑州 中州书画社 1982 年 76cm（2 开）
定价：CNY0.18
中国现代年画作品。

J0052803
百花图
南京 江苏人民出版社 1982 年 76cm（2 开）
定价：CNY0.18
中国现代年画作品。

J0052804
百花争艳　金鸿钧，李魁正作
北京 农村读物出版社 1982 年 2 张 76cm（2 开）
定价：CNY0.32
中国现代年画作品。

J0052805
百花争艳　张路红作
西安 陕西人民美术出版社 1982 年 76cm（2 开）
定价：CNY0.13
中国现代年画作品。

J0052806
百花争艳春满园　徐慧玲作
武汉 湖北人民出版社 1982 年 76cm（2 开）
定价：CNY0.16
中国现代年画作品。

J0052807
百年好合　杨馥如，徐飞鸿作
上海　上海人民美术出版社 1982 年 76cm（2 开）
定价：CNY0.16
　　中国现代年画作品。

J0052808
百鸟朝凤　吴振慈作
北京　农业出版社 1982 年 76cm（2 开）
定价：CNY0.16
　　中国现代年画作品。

J0052809
百寿图　何青作
南宁　漓江出版社 1982 年 76cm（2 开）
定价：CNY0.16
　　中国现代年画作品。

J0052810
百万雄师渡长江　张碧梧作
上海　上海人民美术出版社 1982 年 76cm（2 开）
统一书号：8085.1479 定价：CNY0.16
　　中国现代年画作品。

J0052811
搬新家　王伟戌，余小仪作
成都　四川人民出版社 1982 年 76cm（2 开）
定价：CNY0.16
　　中国现代年画作品。

J0052812
半屏山　严苍宇作
武汉　湖北人民出版社 1982 年 76cm（2 开）
定价：CNY0.18
　　中国现代年画作品。

J0052813
宝宝　葛荣环，阎亚安作
哈尔滨　黑龙江人民出版社 1982 年 76cm（2 开）
定价：CNY0.13
　　中国现代年画作品。

J0052814
宝宝爱看书　王百顺作
沈阳　辽宁美术出版社 1982 年 76cm（2 开）
定价：CNY0.13
　　中国现代年画作品。

J0052815
宝宝打电话　陈振新作
长沙　湖南美术出版社 1982 年 76cm（2 开）
定价：CNY0.16
　　中国现代年画作品。

J0052816
宝钗扑蝶　张尔立作
成都　四川人民出版社 1982 年 76cm（2 开）
定价：CNY0.16
　　中国现代年画作品。

J0052817
宝岛在这　陈宝万作
长沙　湖南美术出版社 1982 年 76cm（2 开）
定价：CNY0.16
　　中国现代年画作品。

J0052818
宝莲灯　高惠民作
哈尔滨　黑龙江人民出版社 1982 年
76cm（2 开）定价：CNY0.13
　　中国现代年画作品。

J0052819
宝玉和黛玉　南运生，万桂香作
石家庄　河北美术出版社 1982 年 76cm（2 开）
定价：CNY0.16
　　中国现代年画作品。作者万桂香（1944—
），女，画家。辽宁丹东人，毕业于哈尔滨师范
大学艺术系。曾在黑龙江省鸡西市文化馆、河北
省内丘县文化馆从事美术工作。历任河北省电
影公司《河北银幕》编辑，河北省电影发行公司
宣传科科长、河北省电影宣传画画会会长。代表
作品《戎奶奶佳节到我家》《女驸马》《花为媒》
等。作者南运生（1944—　　），一级美术师。别名
南恽笙，河北任丘人，毕业于哈尔滨师范大学艺
术系美术专业。历任任河北省艺术馆馆长、河北
画报社社长、总编，中国美术家协会，河北省美
术家协会副主席，河北省画院院长。年画作品有
《花好月圆》《艺苑新秀》《吉庆有余》等。

J0052820
保家卫国　张二和作
天津　天津人民美术出版社 1982 年 76cm（2 开）
定价：CNY0.13
　　中国现代年画作品。

J0052821
保卫祖国保卫边疆　裴文璐作
昆明 云南人民出版社 1982 年 76cm（2 开）
定价：CNY0.13
　　中国现代年画作品。作者裴文璐（1944—
），出生于昆明，中国美术家协会会员，云南艺
术学院客座教授、云南省公安厅文联书画院名誉
院长。代表作品有《瑞丽江畔》《赶摆》。

J0052822
保卫祖国保卫边疆　裴文璐作
昆明 云南人民出版社 1982 年 54cm（4 开）
定价：CNY0.07
　　中国现代年画作品。作者裴文璐（1944—
），出生于昆明，中国美术家协会会员，云南艺
术学院客座教授、云南省公安厅文联书画院名誉
院长。代表作品有《瑞丽江畔》《赶摆》。

J0052823
比比谁的身体壮　石川作
北京 人民体育出版社 1982 年 76cm（2 开）
定价：CNY0.16
　　中国现代年画作品。作者石川，北京人，历
任北京华夏书画艺术研究院副院长，北京国际名
人画院人物创作室主任，中国书画名人联合总会
理事。代表作品有《傣家情》《太白邀月图》《指
点迷津》等。

J0052824
比丘国　杨晓辉作
南京 江苏人民出版社 1982 年 2 张 76cm（2 开）
定价：CNY0.36
　　中国现代年画作品。

J0052825
毕生
北京 中国电影出版社 1982 年 2 张 76cm（2 开）
定价：CNY0.26
　　中国现代年画作品。

J0052826
碧波潭相会　南运生，万桂香作
石家庄 河北美术出版社 1982 年 76cm（2 开）
定价：CNY0.16
　　中国现代年画作品。

J0052827
碧波潭相会　南运生，万桂香作
石家庄 河北美术出版社 1982 年 附对联
107cm（全开）定价：CNY1.30
　　中国现代年画作品。

J0052828
碧玉簪　南运生，万桂香作
郑州 中州书画社 1982 年 76cm（2 开）
定价：CNY0.18
　　中国现代年画作品。

J0052829
边疆的泉水清又清　孙心华作
上海 上海人民美术出版社 1982 年 76cm（2 开）
定价：CNY0.16
　　中国现代年画作品。

J0052830
变戏法　余小仪作
上海 上海人民美术出版社 1982 年 76cm（2 开）
定价：CNY0.16
　　中国现代年画作品。

J0052831
波斯舞　陆欣作
长沙 湖南美术出版社 1982 年 76cm（2 开）
定价：CNY0.16
　　中国现代年画作品。

J0052832
不学他的样　张鸾作
天津 天津人民美术出版社 1982 年 76cm（2 开）
定价：CNY0.18
　　中国现代年画作品。

J0052833
猜猜看　（1983 年年历）成砺志作
北京 人民美术出版社 1982 年 54cm（4 开）

定价: CNY0.16

　　1983 年年历, 中国现代工艺美术年画作品。

J0052834
采标本　侯锦琴作
合肥 安徽人民出版社 1982 年 76cm (2 开)
定价: CNY0.16
　　中国现代年画作品。

J0052835
采莲　倪乃林作
合肥 安徽人民出版社 1982 年 76cm (2 开)
定价: CNY0.16
　　中国现代年画作品。

J0052836
采莲图　周小申作
石家庄 河北美术出版社 1982 年 76cm (2 开)
定价: CNY0.16
　　中国现代年画作品。

J0052837
彩灯喜迎春　曹子铎, 梁皓作
广州 岭南美术出版社 1982 年 76cm (2 开)
定价: CNY0.16
　　中国现代年画作品。

J0052838
彩蝶纷飞　王雁作
北京 北京出版社 1982 年 76cm (2 开)
定价: CNY0.13
　　中国现代年画作品。

J0052839
彩蝶纷飞百鸟鸣春　陈秉钧作
广州 岭南美术出版社 1982 年 76cm (2 开)
定价: CNY0.18
　　中国现代年画作品。

J0052840
彩凤牡丹　(窗旁) 郑鹏作
上海 上海人民美术出版社 1982 年 76cm (2 开)
定价: CNY0.16
　　中国现代年画作品。

J0052841
蔡文姬　许勇, 白素蓝作
天津 天津杨柳青画店 1982 年 2 张 76cm (2 开)
定价: CNY0.32
　　中国现代年画作品。作者许勇 (1933—), 画家。别名许涌。生于山东青岛, 毕业于东北美专并留校任教。历任鲁迅美术学院教授、研究生导师, 中国美术家协会会员, 中国连环画研究会常务理事, 中国当代工笔画学会理事, 雪庐画会副会长。代表作品有《金田起义》《郑成功收复台湾》《戚继光平倭图》等。出版有《许勇画马》。

J0052842
茶花菊花紫藤月季牡丹　肖溶作
昆明 云南人民出版社 1982 年 2 张 76cm (2 开)
定价: CNY0.36
　　中国现代年画作品。

J0052843
茶瓶计　邵佐唐作
天津 天津人民美术出版社 1982 年 76cm (2 开)
定价: CNY0.18
　　中国现代年画作品。

J0052844
钗头凤　陈菊仙, 马乐群作
合肥 安徽人民出版社 1982 年 76cm (2 开)
定价: CNY0.16
　　中国现代年画作品。

J0052845
钗头凤　金铭作
福州 福建人民出版社 1982 年 76cm (2 开)
定价: CNY0.16
　　中国现代年画作品。

J0052846
钗头凤　郭庆元作
石家庄 河北美术出版社 1982 年 76cm (2 开)
定价: CNY0.16
　　中国现代年画作品。

J0052847
钗头凤　李福星作
杭州 浙江人民美术出版社 1982 年 76cm (2 开)

定价：CNY0.16
　　中国现代年画作品。

J0052848
嫦娥与后羿　毛国富作
杭州　浙江人民美术出版社　1982 年　76cm（2 开）
定价：CNY0.16
　　中国现代年画作品。

J0052849
陈毅出山　赵光涛作
南京　江苏人民出版社　1982 年　76cm（2 开）
定价：CNY0.18
　　中国现代年画作品。

J0052850
陈毅元帅　小柯作
成都　四川人民出版社　1982 年　76cm（2 开）
定价：CNY0.16
　　中国现代年画作品。

J0052851
晨　赵润平作
天津　天津杨柳青画店　1982 年　76cm（2 开）
定价：CNY0.16
　　中国现代年画作品。

J0052852
晨曲　马乐群作
天津　天津杨柳青画店　1982 年　76cm（2 开）
定价：CNY0.16
　　中国现代年画作品。

J0052853
城市交通　张丹作
成都　四川人民出版社　1982 年　76cm（2 开）
定价：CNY0.16
　　中国现代年画作品。

J0052854
除三害　章毓霖作
南京　江苏人民出版社　1982 年　2 张　76cm（2 开）
定价：CNY0.36
　　中国现代年画作品。作者章毓霖（1947—
2006），生于南通市，历任江苏省美术家协会会

员、南通市美术家协会理事、海安县美术家协会
主席、海安书画院兼职画师。作品有《"北京人"
下落不明》等。

J0052855
船舰　毛小琪作
武汉　湖北人民出版社　1982 年　76cm（2 开）
定价：CNY0.16
　　中国现代年画作品。

J0052856
吹吹净　聂立柱作
石家庄　河北美术出版社　1982 年　76cm（2 开）
定价：CNY0.16
　　中国现代年画作品。

J0052857
吹泡泡　孙为国作
南京　江苏人民出版社　1982 年　76cm（2 开）
定价：CNY0.18
　　中国现代年画作品。

J0052858
吹箫引凤　许春芝作
哈尔滨　黑龙江人民出版社　1982 年　76cm（2 开）
定价：CNY0.16
　　中国现代年画作品。

J0052859
春　王烈侠作
合肥　安徽人民出版社　1982 年　76cm（2 开）
定价：CNY0.16
　　中国现代年画作品。

J0052860
春草闯堂　南运生，万桂香作
石家庄　河北美术出版社　1982 年　2 张
76cm（2 开）定价：CNY0.32
　　中国现代年画作品。

J0052861
春雏　冯英杰作
广州　岭南美术出版社　1982 年　76cm（2 开）
定价：CNY0.18
　　中国现代年画作品。作者冯英杰（1932—

），书画花鸟画家。生于河北威县。作品有《鸡的工笔画法》。

J0052862
春到人间　王克印作
南京 江苏人民出版社 1982 年 76cm（2 开）
定价：CNY0.18
　　中国现代年画作品。

J0052863
春风得意　白铭作
呼和浩特 内蒙古人民出版社 1982 年 2 张
76cm（2 开）定价：CNY0.36
　　中国现代年画作品。

J0052864
春光　刘文谌作
武汉 湖北人民出版社 1982 年 76cm（2 开）
定价：CNY0.16
　　中国现代年画作品。

J0052865
春光好　成砺志作
北京 人民美术出版社 1982 年 76cm（2 开）
定价：CNY0.16
　　中国现代年画作品。

J0052866
春光明媚　李建章作
北京 人民美术出版社 1982 年 76cm（2 开）
定价：CNY0.16
　　中国现代年画作品。

J0052867
春花对屏　白铭作
上海 上海人民美术出版社 1982 年 2 张
76cm（2 开）定价：CNY0.32
　　中国现代年画作品。

J0052868
春花集锦　（胶印画轴）王庆生作
天津 天津杨柳青画店 1982 年 4 轴 76cm（2 开）
定价：CNY1.20
　　中国现代年画作品。

J0052869
春花秋实　吕燕作
沈阳 辽宁美术出版社 1982 年 76cm（2 开）
定价：CNY0.13
　　中国现代年画作品。

J0052870
春回大地　史士明作
西安 陕西人民美术出版社 1982 年 76cm（2 开）
定价：CNY0.18
　　中国现代年画作品。

J0052871
春满乾坤万象更新　何幼明作
南宁 广西人民出版社 1982 年 76cm（2 开）
定价：CNY0.18
　　中国现代年画作品。

J0052872
春满枝头　叶玉昶作
南宁 广西人民出版社 1982 年 76cm（2 开）
定价：CNY0.18
　　中国现代年画作品。

J0052873
春暖花开　张克森作
天津 天津杨柳青画店 1982 年 76cm（2 开）
定价：CNY0.16
　　中国现代年画作品。

J0052874
春暖莺鸣　姚中玉，王伟戌作
杭州 浙江人民美术出版社 1982 年 76cm（2 开）
定价：CNY0.16
　　中国现代年画作品。

J0052875
春色满园　章开森作
合肥 安徽人民出版社 1982 年 76cm（2 开）
定价：CNY0.16
　　中国现代年画作品。

J0052876
春天　郭晶霞作
沈阳 辽宁美术出版社 1982 年 76cm（2 开）

定价: CNY0.13
　　中国现代年画作品。

J0052877
春天　张炬作
西安 陕西人民美术出版社 1982 年 76cm（2 开）
定价: CNY0.18
　　中国现代年画作品。

J0052878
春天来了　刘熹奇作
北京 人民美术出版社 1982 年 76cm（2 开）
定价: CNY0.13
　　中国现代年画作品。

J0052879
春天无限好　朱淑媛作
天津 天津人民美术出版社 1982 年 76cm（2 开）
定价: CNY0.18
　　中国现代年画作品。

J0052880
春夏秋冬　王板哉作
南京 江苏人民出版社 1982 年 76cm（2 开）
定价: CNY0.36
　　中国现代年画作品。

J0052881
春夏秋冬　于锦生作
天津 天津人民美术出版社 1982 年 2 张
76cm（2 开）定价: CNY0.36
　　中国现代年画作品。

J0052882
春燕舞　陈菊仙作
上海 上海人民美术出版社 1982 年 76cm（2 开）
定价: CNY0.16
　　中国现代年画作品。

J0052883
春之晨　刘菊清作
南京 江苏人民出版社 1982 年 76cm（2 开）
定价: CNY0.18
　　中国现代年画作品。

J0052884
春之歌　马乐群作
上海 上海人民美术出版社 1982 年 76cm（2 开）
定价: CNY0.16
　　中国现代年画作品。

J0052885
从小爱科学　刘称奇作
北京 人民美术出版社 1982 年 76cm（2 开）
定价: CNY0.13
　　中国现代年画作品。

J0052886
从小学雷锋　潘衡生作
哈尔滨 黑龙江人民出版社 1982 年 76cm（2 开）
定价: CNY0.13
　　中国现代年画作品。作者潘蘅生(1949—)，
画家。上海人。历任黑龙江省京剧团美术设计，
《剧作家》杂志美术编辑，中国美术家协会会员，
黑龙江省美术家协会副主席。兼擅连环画、油画、
水墨画。出版有《潘蘅生油画作品精选》《美术
家潘蘅生》等。

J0052887
催春图　邹晓萍作
兰州 甘肃人民出版社 1982 年 54cm（4 开）
定价: CNY0.20
　　中国现代年画作品。

J0052888
打虎　聂立柱作
石家庄 河北美术出版社 1982 年 76cm（2 开）
定价: CNY0.16
　　中国现代年画作品。

J0052889
打孟良　曾廷仲作
成都 四川人民出版社 1982 年 76cm（2 开）
定价: CNY0.16
　　中国现代年画作品。

J0052890
大阿福　冬虎作
南京 江苏人民出版社 1982 年 2 张 76cm（2 开）
定价: CNY0.36

中国现代年画作品。

J0052891
大观园全景图　章育青作
上海　上海人民美术出版社 1982 年 76cm（2 开）
定价：CNY0.16
　　中国现代年画作品。

J0052892
大红花　王小路作
石家庄　河北美术出版社 1982 年 76cm（2 开）
定价：CNY0.16
　　中国现代年画作品。

J0052893
大红花送给解放军　秦大虎作
上海　上海人民美术出版社 1982 年 76cm（2 开）
定价：CNY0.16
　　中国现代年画作品。

J0052894
大鸡蛋　韩壮作
石家庄　河北美术出版社 1982 年 76cm（2 开）
定价：CNY0.16
　　中国现代年画作品。

J0052895
大苹果给妹妹　王利锁作
石家庄　河北美术出版社 1982 年 76cm（2 开）
定价：CNY0.16
　　中国现代年画作品。

J0052896
大寿桃　金梅生作
上海　上海人民美术出版社 1982 年 76cm（2 开）
定价：CNY0.16
　　中国现代年画作品。

J0052897
带上妈妈的大红花　丁尔楷作
北京　北京出版社 1982 年 76cm（2 开）
定价：CNY0.18
　　中国现代年画作品。

J0052898
黛玉咏菊　申同景作
石家庄　河北美术出版社 1982 年 76cm（2 开）
定价：CNY0.16
　　中国现代年画作品。

J0052899
丹凤朝阳　朱秀坤作
合肥　安徽人民出版社 1982 年 107cm（全开）
定价：CNY0.32
　　中国现代年画作品。作者朱秀坤（1945—），编审。别名竹颖。安徽砀山县人。历任安徽美术出版社编审、社长兼总编辑，安徽美术出版社总编辑，中国美术家协会会员，安徽省美协副主席，中国年画艺术研究会理事，中国美术出版研究会理事，中国装帧艺术研究会会员，安徽省工笔、年画研究会会长，安徽省政协书画社画师。作品有《福寿图》《迎春图》《四君子珍禽图》《九如戏春图》《新花郁煌煌》。著有《怎样画芙蓉》《白描花鸟构图资料集》《朱秀坤画集》《当代美术家——朱秀坤工笔花鸟画选》等。

J0052900
丹凤朝阳　（胶印画轴）朱秀坤作
合肥　安徽人民出版社 1982 年［1 轴］附
对联 107cm（全开）定价：CNY1.50
　　中国现代年画作品。

J0052901
丹凤朝阳鸳鸯戏水　刘德伦作
成都　四川人民出版社 1982 年 76cm（2 开）
定价：CNY0.16
　　中国现代年画作品。

J0052902
单刀赴会　朱希煌作
南昌　江西人民出版社［1982 年］76cm（2 开）
定价：CNY0.18
　　中国现代年画作品。

J0052903
挡马　谢幕莲作
上海　上海人民美术出版社 1982 年［1 张］
76cm（2 开）定价：CNY0.16
　　中国现代年画作品。

J0052904
挡马　戴月作；仲武配诗
天津　天津人民美术出版社 1982 年　2 张
76cm（2 开）定价：CNY0.36
　　中国现代年画作品。

J0052905
挡马　戴云辉作
杭州　浙江人民美术出版社 1982 年［1 张］
76cm（2 开）定价：CNY0.16
　　中国现代年画作品。

J0052906
党是阳光我是花　林美岚作
天津　天津人民美术出版社 1982 年［1 张］
76cm（2 开）定价：CNY0.18
　　中国现代年画作品。

J0052907
盗仙草　高安详作
西安　陕西人民美术出版社 1982 年　76cm（2 开）
定价：CNY0.18
　　中国现代年画作品。

J0052908
灯会　严华作
成都　四川人民出版社 1982 年　76cm（2 开）
定价：CNY0.16
　　中国现代年画作品。

J0052909
登山　杨建明作
上海　上海人民出版社 1982 年　76cm（2 开）
定价：CNY0.16
　　中国现代年画作品。

J0052910
笛歌定情　张德俊作
合肥　安徽人民出版社 1982 年　76cm（2 开）
定价：CNY0.16
　　中国现代年画作品。

J0052911
貂蝉　西安易俗社编；锡陌，秦预摄影
西安　陕西人民美术出版社 1982 年　2 张

76cm（2 开）定价：CNY0.36
　　中国现代年画作品。

J0052912
貂蝉拜月　张瑞恒作
石家庄　河北美术出版社 1982 年　76cm（2 开）
定价：CNY0.16
　　中国现代年画作品。

J0052913
丁佑君　李汇泉作
成都　四川人民美术出版社 1982 年　76cm（2 开）
定价：CNY0.16
　　中国现代年画作品。

J0052914
定军山　李惠作
西安　陕西人民美术出版社 1982 年　76cm（2 开）
定价：CNY0.18
　　中国现代年画作品。

J0052915
动物屏画　（胶印画轴）刘奎龄作
天津　天津杨柳青画店 1982 年　4 轴 78cm（2 开）
定价：CNY1.20
　　中国现代年画作品。

J0052916
动物四条屏　（胶印画轴）莫树滋作
南京　江苏人民出版社 1982 年　4 张 76cm（2 开）
定价：CNY1.26
　　中国现代年画作品。

J0052917
动物条屏　米春茂作
石家庄　河北美术出版社 1982 年　2 张
76cm（2 开）定价：CNY0.32
　　中国现代年画作品。

J0052918
斗方　姜录作
哈尔滨　黑龙江人民出版社 1982 年　76cm（2 开）
定价：CNY0.13
　　中国现代年画作品。

J0052919
杜十娘　（之一）
北京　中国电影出版社 1982 年 76cm（2 开）
定价：CNY0.18
　　中国现代年画作品。

J0052920
杜十娘　（之二）
北京　中国电影出版社 1982 年 76cm（2 开）
定价：CNY0.18
　　中国现代年画作品。

J0052921
队日　邹起奎作
天津　天津杨柳青画店 1982 年 76cm（2 开）
定价：CNY0.16
　　中国现代年画作品。

J0052922
敦煌彩塑　马乐群作
天津　天津人民美术出版社 1982 年 76cm（2 开）
定价：CNY0.18
　　中国现代年画作品。

J0052923
多养鸡多生蛋　莫伯华作
天津　天津人民美术出版社 1982 年 76cm（2 开）
定价：CNY0.18
　　中国现代年画作品。

J0052924
多种蔬菜送国家　宗万华作
天津　天津人民美术出版社 1982 年 76cm（2 开）
定价：CNY0.18
　　中国现代年画作品。

J0052925
峨眉山　宋智明作
成都　四川人民出版社 1982 年 76cm（2 开）
定价：CNY0.16
　　中国现代年画作品。

J0052926
儿童武书　谭尚忍作
上海　上海人民美术出版社 1982 年 76cm（2 开）

定价：CNY0.16
　　中国现代年画作品。

J0052927
樊江关　高国强作
杭州　浙江人民美术出版社 1982 年 76cm（2 开）
定价：CNY0.16
　　中国现代年画作品。

J0052928
樊梨花　刘素英作
石家庄　河北美术出版社 1982 年 2 张
76cm（2 开）定价：CNY0.32
　　中国现代年画作品。

J0052929
繁荣昌盛　（胶印画轴）金鸿钧作
天津　天津杨柳青画店 1982 年 1 轴 附对联
107cm（全开）定价：CNY1.30
　　中国现代年画作品。

J0052930
方百花　王方雄作
杭州　浙江人民美术出版社 1982 年 76cm（2 开）
定价：CNY0.16
　　中国现代年画作品。

J0052931
放火箭　刘海志作
武汉　湖北人民出版社 1982 年 76cm（2 开）
定价：CNY0.16
　　中国现代年画作品。

J0052932
飞吧，小鹰　徐中作
南京　江苏人民出版社 1982 年 76cm（2 开）
定价：CNY0.18
　　中国现代年画作品。

J0052933
飞机　侯小戈作
武汉　湖北人民出版社 1982 年 76cm（2 开）
定价：CNY0.16
　　中国现代年画作品。

J0052934
飞向兰天　一乐作
西安 陕西人民美术出版社 1982 年 76cm（2 开）
定价：CNY0.18
　　中国现代年画作品。

J0052935
飞燕迎春　曾抒嘉作
沈阳 辽宁美术出版社 1982 年 76cm（2 开）
定价：CNY0.13
　　中国现代年画作品。

J0052936
丰年乐　陈华民作
沈阳 辽宁美术出版社 1982 年 76cm（2 开）
定价：CNY0.13
　　中国现代年画作品。

J0052937
丰实图　石兰英作
兰州 甘肃人民出版社 1982 年 54cm（4 开）
定价：CNY0.09
　　中国现代年画作品。

J0052938
丰收乐　陈秀珊作
武汉 湖北人民出版社 1982 年 76cm（2 开）
定价：CNY0.16
　　中国现代年画作品。

J0052939
丰寿福富喜　唐石生, 甘武炎作
南宁 广西人民出版社 1982 年 54cm（4 开）
定价：CNY0.10
　　中国现代年画作品。

J0052940
风吹牡丹　陈正治作
南宁 广西人民出版社 1982 年 76cm（2 开）
定价：CNY0.18
　　中国现代年画作品。

J0052941
烽火戏诸侯　贺中, 李伟华作；惠才, 向辛
配词

哈尔滨 黑龙江人民出版社 1982 年 2 张
76cm（2 开）定价：CNY0.26
　　中国现代年画作品。

J0052942
凤凰牡丹　刘小青作
上海 上海人民美术出版社 1982 年 76cm（2 开）
定价：CNY0.16
　　中国现代年画作品。

J0052943
凤仪亭　朱嘉铭作
成都 四川人民出版社 1982 年 76cm（2 开）
定价：CNY0.16
　　中国现代年画作品。

J0052944
夫妻观灯　金谷作
合肥 安徽人民出版社 1982 年 76cm（2 开）
定价：CNY0.16
　　中国现代年画作品。

J0052945
福　（胶印画轴）张鸿保作
武汉 湖北人民出版社 1982 年 1 轴
附对联 107cm（全开）定价：CNY1.60
　　中国现代年画作品。

J0052946
福满人间　吴家硕作
呼和浩特 内蒙古人民出版社 1982 年
76cm（2 开）定价：CNY0.13
　　中国现代年画作品。

J0052947
福寿　张鸿保作
武汉 湖北人民出版社 1982 年 76cm（2 开）
定价：CNY0.13
　　中国现代年画作品。

J0052948
福寿　张晓飞等作
南宁 江苏人民出版社 1982 年 2 张 78cm（2 开）
定价：CNY0.22
　　中国现代年画作品。

J0052949

福寿康乐　徐飞鸿, 魏瀛洲作

上海　上海人民美术出版社 1982 年 76cm（2 开）

定价：CNY0.16

中国现代年画作品。

J0052950

福寿康乐喜盈门　孟宪国作

西安　陕西人民美术出版社 1982 年 76cm（2 开）

定价：CNY0.18

中国现代年画作品。

J0052951

福寿图　王安画

北京　中国戏剧出版社 1982 年 附对联

107cm（全开）定价：CNY0.36

中国现代年画作品。

J0052952

福寿万年　刘吉厚作

沈阳　辽宁美术出版社 1982 年 76cm（2 开）

定价：CNY0.13

中国现代年画作品。作者刘吉厚（1942—2011），满族，画家。辽宁宽甸人。历任辽宁美术出版社编辑，外联部编审，辽宁形象传播研究会常务副会长、秘书长。作品有《鸿福满堂》《春满人间》，出版有《刘吉厚作品选集》等。

J0052953

福寿无边　张桂芝作

哈尔滨　黑龙江人民出版社 1982 年 76cm（2 开）

定价：CNY0.13

中国现代年画作品。

J0052954

福喜临门　成砺志作

天津　天津杨柳青画店 1982 年 76cm（2 开）

定价：CNY0.16

中国现代年画作品。

J0052955

福喜满堂　陈松茂作

南昌　江西人民出版社［1982 年］76cm（2 开）

定价：CNY0.18

中国现代年画作品。

J0052956

富富有余　李美作

沈阳　辽宁美术出版社 1982 年 76cm（2 开）

定价：CNY0.13

中国现代年画作品。

J0052957

富富有余　徐世民作

天津　天津人民美术出版社 1982 年 76cm（2 开）

定价：CNY0.18

中国现代年画作品。

J0052958

富贵有余　石丙春, 丁华作

北京　人民体育出版社 1982 年 76cm（2 开）

定价：CNY0.16

中国现代年画作品。

J0052959

富贵有余　张瑞恒作

天津　天津人民美术出版社 1982 年 76cm（2 开）

定价：CNY0.18

中国现代年画作品。

J0052960

富余连年　徐世民作

沈阳　辽宁美术出版社 1982 年 76cm（2 开）

定价：CNY0.13

中国现代年画作品。

J0052961

富裕童喜　张贵英作

天津　天津人民美术出版社 1982 年 76cm（2 开）

定价：CNY0.18

中国现代年画作品。

J0052962

富裕图　骆福庆作

天津　天津杨柳青画店 1982 年 76cm（2 开）

定价：CNY0.16

中国现代年画作品。

J0052963

甘露寺　潘恩春作

天津　天津人民美术出版社 1982 年 76cm（2 开）

定价：CNY0.18

中国现代年画作品。

J0052964

高山情歌　江显辉作

上海　上海人民美术出版社 1982 年 76cm（2 开）

定价：CNY0.16

中国现代年画作品。

J0052965

歌唱新农村　杨馥如作

西安　陕西人民美术出版社 1982 年 76cm（2 开）

定价：CNY0.18

中国现代年画作品。

J0052966

给嫦娥阿姨拍个照　陈菊仙作

天津　天津杨柳青画店 1982 年 76cm（2 开）

定价：CNY0.16

中国现代年画作品。

J0052967

给妈妈打电话　陶琦作

天津　天津杨柳青画社 1982 年 1 张 76cm（2 开）

定价：CNY0.16

中国现代年画作品。作者陶琦（1922—2002），女，连环画家。毕业于北平艺专。原中联书店、天津美术出版社画家，天津文史馆馆员。创作连环画有《我当上了学习小组长》。

J0052968

给你大苹果　成砺志作

杭州　浙江人民美术出版社 1982 年 76cm（2 开）

定价：CNY0.16

中国现代年画作品。

J0052969

给你照个相　单锡和作

石家庄　河北美术出版社 1982 年 76cm（2 开）

定价：CNY0.16

中国现代年画作品。

J0052970

给台湾小朋友　赵仁成作

西安　陕西人民美术出版社 1982 年 76cm（2 开）

定价：CNY0.18

中国现代年画作品。

J0052971

更上一层楼　江南春作

上海　上海人民美术出版社 1982 年 107cm（全开）定价：CNY0.30

中国现代年画作品。

J0052972

工艺新花　许恩源作

南京　江苏人民出版社 1982 年 76cm（2 开）

定价：CNY0.18

中国现代年画作品。作者许恩源（1940— ），教授。历任上海中国纺织大学服装系副教授、中国美术家协会上海分会会员。编著有《时装画技法研究》《论装饰图案艺术》《学习时装画入门》《时装画技法研究》等。

J0052973

工艺新花　王克印作

南京　江苏人民出版社 1982 年 2 张 76cm（2 开）

定价：CNY0.36

中国现代年画作品。

J0052974

弓舞　曾成金作

杭州　浙江人民美术出版社 1982 年 76cm（2 开）

定价：CNY0.16

中国现代年画作品。

J0052975

公孙大娘舞剑图　朱晓作

贵阳　贵州人民出版社 1982 年 76cm（2 开）

定价：CNY0.16

中国现代年画作品。

J0052976

姑嫂对弈　吴秀楣作

兰州　甘肃人民出版社 1982 年 76cm（2 开）

定价：CNY0.16

中国现代年画作品。

J0052977

古代舞蹈　劳思，谈绮芬作

北京　人民美术出版社 1982 年　2 张　76cm（2 开）

定价：CNY0.32

　　中国现代年画作品。

J0052978

鼓乐齐鸣　傅潮波作

长沙　湖南美术出版社 1982 年　76cm（2 开）

定价：CNY0.16

　　中国现代年画作品。

J0052979

鼓乐图载歌图　林显清作

重庆　重庆出版社 1982 年　76cm（2 开）

定价：CNY0.16

　　中国现代年画作品。

J0052980

故乡，我回来了！　（黄植诚驾机起义归来）

杭鸣时作

沈阳　辽宁美术出版社 1982 年　76cm（2 开）

定价：CNY0.13

　　中国现代年画作品。

J0052981

瓜儿甜蜜蜜　刘崇林作

天津　天津杨柳青书画社 1982 年　76cm（2 开）

定价：CNY0.16

　　中国现代年画作品。

J0052982

瓜果丰收　梁任岭作

南宁　广西人民出版社 1982 年　76cm（2 开）

定价：CNY0.16

　　中国现代年画作品。

J0052983

刮骨疗毒　魏志刚作

天津　天津人民美术出版社 1982 年　76cm（2 开）

定价：CNY0.18

　　中国现代年画作品。

J0052984

乖娃娃　代雨樵作

成都　四川人民出版社 1982 年　76cm（2 开）

定价：CNY0.16

中国现代年画作品。

J0052985

关公夜读　孙耀珊作

南宁　漓江出版社 1982 年　76cm（2 开）

定价：CNY0.16

　　中国现代年画作品。

J0052986

关水　龚学渊作

成都　四川人民出版社 1982 年　76cm（2 开）

定价：CNY0.16

　　中国现代年画作品。

J0052987

关云长单刀赴会张飞大闹长坂坡　陈略作

广州　岭南美术出版社 1982 年　54cm（4 开）

定价：CNY0.09

　　中国现代年画作品。

J0052988

关云长单刀赴会张飞大闹长坂坡　陈略作

广州　岭南美术出版社 1982 年　76cm（2 开）

定价：CNY0.18

　　中国现代年画作品。

J0052989

观灯　梁元作

南京　江苏人民出版社 1982 年　76cm（2 开）

定价：CNY0.18

　　中国现代年画作品。

J0052990

观灯　王德力作

济南　山东人民出版社 1982 年　76cm（2 开）

定价：CNY0.16

　　中国现代年画作品。

J0052991

光荣归来　余小仪作

上海　上海人民美术出版社 1982 年　76cm（2 开）

定价：CNY0.16

　　中国现代年画作品。

J0052992
光荣之家　李万春作
成都　四川人民出版社 1982 年 76cm（2 开）
定价：CNY0.08
　　中国现代年画作品。

J0052993
广西八景　关品修，周锡作
南宁　广西人民出版社 1982 年 76cm（2 开）
定价：CNY0.18
　　中国现代年画作品。

J0052994
贵妃醉酒　李明娟作
上海　上海书画出版社 1982 年 76cm（2 开）
定价：CNY0.16
　　中国现代年画作品。

J0052995
桂林山水　李哀作
南宁　广西人民出版社 1982 年 76cm（2 开）
定价：CNY0.18
　　中国现代年画作品。

J0052996
桂林山水　张增伦作
石家庄　河北美术出版社 1982 年 2 张
76cm（2 开）定价：CNY0.32
　　中国现代年画作品。

J0052997
国色天香　叶玉昶作
杭州　浙江人民美术出版社 1982 年 2 张
78cm（2 开）定价：CNY0.24
　　中国现代年画作品。

J0052998
果硕儿壮　江涛作
广州　岭南美术出版社 1982 年 76cm（2 开）
定价：CNY0.16
　　中国现代年画作品。

J0052999
哈萨克族舞蹈　黄妙发作
乌鲁木齐　新疆人民出版社 1982 年 76cm（2 开）

定价：CNY0.18
　　中国现代年画作品。

J0053000
孩子爱鸽子　金梅生作
上海　上海人民美术出版社 1982 年 76cm（2 开）
定价：CNY0.16
　　中国现代年画作品。

J0053001
孩子和鲜花　王伟戍作
上海　上海人民美术出版社 1982 年 76cm（2 开）
定价：CNY0.16
　　中国现代年画作品。

J0053002
海底新朋友　赵德顺，莫树滋作
南京　江苏人民出版社 1982 年 76cm（2 开）
定价：CNY0.18
　　中国现代年画作品。

J0053003
海棠诗社　刘啸音，邓平作
成都　四川人民出版社 1982 年 76cm（2 开）
定价：CNY0.16
　　中国现代年画作品。

J0053004
汗水共浇幸福树 勤奋共尝爱情果　金安群作
昆明　云南人民出版社 1982 年 76cm（2 开）
定价：CNY0.13
　　中国现代年画作品。

J0053005
航模　魏志刚作
广州　岭南美术出版社 1982 年 76cm（2 开）
定价：CNY0.16
　　中国现代年画作品。

J0053006
好孩子　刘文甫，张伯媛作
石家庄　河北美术出版社 1982 年 76cm（2 开）
定价：CNY0.16
　　中国现代年画作品。

J0053007
好孩子　朱淑媛作
沈阳 辽宁美术出版社 1982 年 76cm（2 开）
定价：CNY0.13
　　中国现代年画作品。

J0053008
好苗苗　卓昌勇作
重庆 重庆出版社 1982 年 76cm（2 开）
定价：CNY0.16
　　中国现代年画作品。

J0053009
好朋友　沈家琳，杨文义作
广州 岭南美术出版社 1982 年 76cm（2 开）
定价：CNY0.16
　　中国现代年画作品。

J0053010
好朋友　刘崇林画
济南 山东人民出版社 1982 年 76cm（2 开）
定价：CNY0.16
　　中国现代年画作品。

J0053011
好祖母　张鸾作
天津 天津人民美术出版社 1982 年 76cm（2 开）
定价：CNY0.18
　　中国现代年画作品。

J0053012
何文秀　余小仪作
天津 天津人民美术出版社 1982 年 76cm（2 开）
定价：CNY0.18
　　中国现代年画作品。

J0053013
和合二仙　李秉芳作
长沙 湖南美术出版社 1982 年 76cm（2 开）
定价：CNY0.16
　　中国现代年画作品。

J0053014
和合长寿　刘德伦作
成都 四川人民出版社 1982 年 76cm（2 开）
定价：CNY0.16
　　中国现代年画作品。

J0053015
和睦美满　靳定生作
南京 江苏人民出版社 1982 年 76cm（2 开）
定价：CNY0.18
　　中国现代年画作品。

J0053016
和宋奶奶在一起　刘志谋作
西安 陕西人民美术出版社 1982 年 76cm（2 开）
定价：CNY0.18
　　中国现代年画作品。

J0053017
河北名胜　邢书荃作
石家庄 河北美术出版社 1982 年 2 张
76cm（2 开）定价：CNY0.32
　　中国现代年画作品。

J0053018
河畔情歌　潘恩春作
天津 天津杨柳青画店 1982 年 76cm（2 开）
定价：CNY0.16
　　中国现代年画作品。

J0053019
荷花鸳鸯　张福祺作
沈阳 辽宁美术出版社 1982 年 76cm（2 开）
定价：CNY0.13
　　中国现代年画作品。

J0053020
贺龙元帅　曾廷仲等作
成都 四川人民出版社 1982 年 76cm（2 开）
定价：CNY0.16
　　中国现代年画作品。

J0053021
贺新年迎新春　刘祖蒸作
成都 四川人民出版社 1982 年 76cm（2 开）
定价：CNY0.16
　　中国现代年画作品。

J0053022

鹤寿图　（胶印画轴）陈之佛作

上海 上海人民美术出版社 1982 年 1 轴

附对联 107cm（全开）定价：CNY2.30

中国现代年画作品。作者陈之佛（1896—1962），画家、工艺美术家。又名陈绍本、陈杰，号雪翁。毕业于浙江省工业专门学校染织科机织专业，曾留学日本入东京美术学校工艺图案科。曾任教于上海美术专科学校及中央大学艺术系，任南京大学、南京师范学院教授、江苏美协副主席、南京艺术学院副院长、中国美术家协会理事等职。代表作品有《瑞安名胜古诗选》《旅美纪行》《江村集》等。

J0053023

红花少年新风尚　赵雨生作

天津 天津杨柳青画社 1982 年 76cm（2 开）

定价：CNY0.16

中国现代年画作品。

J0053024

红楼二尤　赵祥林作

呼和浩特 内蒙古人民出版社 1982 年

76cm（2 开）定价：CNY0.13

中国现代年画作品。作者赵祥林（1956—　），画家。出生于内蒙古乌兰察布市，历任内蒙古国际文化交流中心理事，内蒙古收藏家协会副会长，中国地质美术家协会理事，中国博物馆协会会员，内蒙古美术家协会会员。作品有《八大锤》。

J0053025

红楼二尤　袁丕海作

济南 山东人民出版社 1982 年 76cm（2 开）

定价：CNY0.18

中国现代年画作品。

J0053026

红楼梦十二金钗图　叶曼纪作

杭州 浙江人民美术出版社 1982 年 76cm（2 开）

定价：CNY0.20

中国现代年画作品。

J0053027

红梅翠羽　金正惠作

上海 上海书画出版社 1982 年 76cm（2 开）

定价：CNY0.16

中国现代年画作品。

J0053028

红娘传简　陈菊仙作

上海 上海人民美术出版社 1982 年 76cm（2 开）

定价：CNY0.16

中国现代年画作品。

J0053029

红娘传书　余承先作

成都 四川人民出版社 1982 年 76cm（2 开）

定价：CNY0.16

中国现代年画作品。

J0053030

红娘传信　吴性清作

合肥 安徽人民出版社 1982 年 76cm（2 开）

定价：CNY0.16

中国现代年画作品。

J0053031

红娘子　顾延庚作

合肥 安徽人民出版社 1982 年 76cm（2 开）

定价：CNY0.16

中国现代年画作品。

J0053032

红娘子　戴敦邦等作

石家庄 河北美术出版社 1982 年 10 张

76cm（2 开）定价：CNY0.32

中国现代年画作品。作者戴敦邦（1938—　），国画家，教授。号民间艺人，江苏丹徒人。毕业于上海第一师范学校。历任《中国少年报》《儿童时代》美术编辑，上海交通大学人文学院教授等。主要作品《水浒人物一百零八图》《戴敦邦水浒人物谱》《戴敦邦新绘红楼梦》《戴敦邦古典文学名著画集》等；连环画代表作品有《一支驳壳枪》《水上交通站》《大泽烈火》《蔡文姬》等。

J0053033

红娘子　赵德生作

长沙 湖南美术出版社 1982 年 76cm（2 开）

定价：CNY0.16

中国现代年画作品。

J0053034
红叶题诗　南运生，万桂香作
郑州 中州书画社 1982 年 76cm（2 开）
定价：CNY0.18
　　中国现代年画作品。

J0053035
宏碧缘　王守信，申同景作
石家庄 河北美术出版社 1982 年 76cm（2 开）
定价：CNY0.13
　　中国现代年画作品。

J0053036
宏碧缘　（胶印画轴）王守信，申同景作
石家庄 河北美术出版社 1982 年［1 轴］附对
联 107cm（全开）定价：CNY1.30
　　中国现代年画作品。

J0053037
宏碧缘　姚中玉作
上海 上海人民美术出版社 1982 年 76cm（2 开）
定价：CNY0.16
　　中国现代年画作品。

J0053038
湖光山色　郑伊农作
合肥 安徽人民出版社 1982 年 107cm（全开）
定价：CNY0.32
　　中国现代年画作品。

J0053039
虎　李勤作
天津 天津人民美术出版社 1982 年 2 张
76cm（2 开）定价：CNY0.18
　　中国现代年画作品。

J0053040
虎
天津 天津杨柳青画社 1982 年 76cm（2 开）
定价：CNY0.16
　　中国现代年画作品。

J0053041
虎豹鹿熊猫　陈正治作
杭州 浙江人民出版社 1982 年 2 张 76cm（2 开）

定价：CNY0.32
　　中国现代年画作品。

J0053042
虎字配联中堂　朱乃正书
西宁 青海人民出版社 1982 年 107cm（全开）
定价：CNY0.64
　　中国现代年画作品。作者朱乃正（1935—
2013），教授。浙江海盐人，毕业于中央美术学院。
历任中央美术学院学术委员会主任、教授，中国
美术家协会理事。代表作品有《金色的季节》《春
华秋实》《青海长云》。

J0053043
户户有余　庞希泉作
北京 北京出版社 1982 年 76cm（2 开）
定价：CNY0.18
　　中国现代年画作品。作者庞希泉（1941—　 ），
美术编辑。山东潍坊人。毕业于中央工艺美术
学院装饰绘画系。曾任山东潍坊市第二印染厂
美术设计，北京报社美术编辑。中国美术家协
会会员、北京美术家协会会员。出版有《庞希泉
中国画》《希泉画猫精品》《庞希泉中国画作品
集》等。

J0053044
花儿朵朵　李先润作
武汉 湖北人民出版社 1982 年 76cm（2 开）
定价：CNY0.16
　　中国现代年画作品。

J0053045
花儿朵朵　李荣洲作
南京 江苏人民出版社 1982 年 76cm（2 开）
定价：CNY0.18
　　中国现代年画作品。

J0053046
花儿朵朵　李蕙作
广州 岭南美术出版社 1982 年 76cm（2 开）
定价：CNY0.16
　　中国现代年画作品。

J0053047
花儿朵朵　仇辰生作

济南 山东人民出版社 1982 年 76cm（2 开）
定价：CNY0.16
　　中国现代年画作品。

J0053048
花好月圆　成砺志作
天津 天津人民美术出版社 1982 年 76cm（2 开）
定价：CNY0.18
　　中国现代年画作品。

J0053049
花魁戏与卖油郎　郑霓裳作
西安 陕西人民美术出版社 1982 年 76cm（2 开）
定价：CNY0.18
　　中国现代年画作品。

J0053050
花木兰　吴性清，王仲清作
上海 上海人民美术出版社 1982 年 76cm（2 开）
定价：CNY0.16
　　中国现代年画作品。

J0053051
花木兰　凌崖作
杭州 浙江人民美术出版社 1982 年 2 张
76cm（2 开）定价：CNY0.32
　　中国现代年画作品。

J0053052
花木兰林黑娘　张树堂作
郑州 中州书画社 1982 年 76cm（2 开）
定价：CNY0.13
　　中国现代年画作品。

J0053053
花木兰林黑娘　张树堂作
郑州 中州书画社 1982 年 76cm（2 开）
定价：CNY0.07
　　中国现代年画作品。

J0053054
花鸟画屏　（胶印画轴）张继馨作
天津 天津杨柳青画店 1982 年 4 轴 76cm（2 开）
定价：CNY1.20
　　中国现代年画作品。作者张继馨（1926—

），花鸟画名家、美术教育家。又名馨子，江苏武进人。中央文史研究馆书画院研究员，江苏省文史研究馆馆员，中国美术家协会会员，江苏省花鸟画研究会顾问，苏州市职业大学艺术学院教授。作品有《草虫画谱》《鸟类画谱》等，著有《画事一得》《笔上参禅》《馨子砚语》《颠倒葫芦》。

J0053055
花鸟屏　周洪全作
沈阳 辽宁美术出版社 1982 年 2 张 76cm（2 开）
定价：CNY0.26
　　中国现代年画作品。

J0053056
花鸟屏　张琪作
北京 人民美术出版社 1982 年 2 张 76cm（2 开）
定价：CNY0.26
　　中国现代年画作品。作者张琪（1954—　），画家。江苏苏州市人，毕业于苏州工艺美术职工大学。历任人民日报神州书画院特约画师，苏州书画院副院长，苏州市美术家协会副秘书长，苏州市园林艺术顾问。代表作品有《张琪花鸟画集》《张琪画集》。

J0053057
花鸟屏　乔玉川作
西安 陕西人民美术出版社 1982 年 2 张
76cm（2 开）定价：CNY0.36
　　中国现代年画作品。

J0053058
花鸟争艳　宫兴福作
沈阳 辽宁美术出版社 1982 年 2 张 76cm（2 开）
定价：CNY0.26
　　中国现代年画作品。作者宫兴福（1936—　），教授。黑龙江密山人。毕业于鲁迅美术学院中国画系，后留校任教。作品《豆花香》《听泉》《天女木兰》。发表论文有《图新·求美·思变》《意念·意象·以形写神》等。

J0053059
花墙会　珠影供稿
天津 天津人民出版社 1982 年 76cm（2 开）
定价：CNY0.18
　　中国现代年画作品。

J0053060
花为媒　王伟戍作
天津　天津人民美术出版社 1982 年 76cm（2 开）
定价：CNY0.18
　　中国现代年画作品。

J0053061
花香蝶来　王伟戍作
天津　天津杨柳青画店 1982 年 76cm（2 开）
定价：CNY0.16
　　中国现代年画作品。

J0053062
华山　赵文发作
石家庄　河北美术出版社 1982 年 2 张
76cm（2 开）定价：CNY0.32
　　中国现代年画作品。作者赵文发（1933—　），
教师。别名晓文，河北泊头人，毕业于西安美术
学院国画系。历任西安美术学院国画系教师，河
北交河县文化馆美术干部，河北泊头市文化馆美
术组组长等。

J0053063
画中人　刘祥集作
沈阳　辽宁美术出版社 1982 年 76cm（2 开）
定价：CNY0.13
　　中国现代年画作品。

J0053064
画中人　徐福根作
天津　天津人民美术出版社 1982 年 76cm（2 开）
定价：CNY0.18
　　中国现代年画作品。

J0053065
槐荫记　徐寄萍作
兰州　甘肃人民出版社 1982 年 76cm（2 开）
定价：CNY0.16
　　中国现代年画作品。作者徐寄萍（1919—
2005），上海人。曾任上海美术家协会会员、上
海人民美术出版社特约年画作者等职。主要作
品有《帮妈妈做事》《学雷锋做好事》《擦亮眼
睛》等。

J0053066
槐荫记　万桂香，南运生作
天津　天津人民美术出版社 1982 年 76cm（2 开）
定价：CNY0.18
　　中国现代年画作品。

J0053067
欢欢喜喜　（年画 1983 年年历）成砺志作
沈阳　辽宁美术出版社 1982 年 38cm（6 开）
定价：CNY0.09
　　中国现代工艺美术年画作品。

J0053068
欢乐　成砺志作
成都　四川人民出版社 1982 年 76cm（2 开）
定价：CNY0.16
　　中国现代年画作品。作者成砺志（1954—
　），江苏扬州人。国家一级美术师，中国美术
家协会会员。主要作品《六老图·邓小平》《我为
祖国争光》《春暖万家》等。

J0053069
欢乐的白银世界　史士明作
天津　天津人民美术出版社 1982 年 76cm（2 开）
定价：CNY0.18
　　中国现代年画作品。

J0053070
欢乐的动物园　克福作
沈阳　辽宁美术出版社 1982 年 76cm（2 开）
定价：CNY0.13
　　中国现代年画作品。

J0053071
欢乐的假日　哈琼文作
上海　上海人民美术出版社 1982 年 76cm（2 开）
定价：CNY0.16
　　中国现代年画作品。作者哈琼文（1925—
2012），回族，北京人。毕业于中央大学艺术系。
上海人民美术出版社编审，上海文史研究馆馆
员。中国美术家协会会员，美协上海分会理事。
擅长油画、宣传画。主要作品有油画《鲁迅——
致电党中央祝贺长征胜利到达陕北》、宣传画《毛
主席万岁》等。

J0053072

欢乐的节日　陈宏仁作

乌鲁木齐 新疆人民出版社 1982 年 76cm（2 开）

定价：CNY0.16

中国现代年画作品。

J0053073

欢乐的小伙伴　姚重庆作

广州 岭南美术出版社 1982 年 76cm（2 开）

定价：CNY0.16

中国现代年画作品。

J0053074

欢乐长寿　杨景芝作

北京 人民体育出版社 1982 年 54cm（4 开）

定价：CNY0.16

中国现代年画作品。作者杨景芝，女，满族，教授。首都师范大学美术系副教授，中国少年儿童造型艺术学会副会长兼少儿艺术培训中心美术实验学校校长。

J0053075

欢庆丰年恭贺新春　邹莉，刘文斌作

广州 岭南美术出版社 1982 年 54cm（4 开）

定价：CNY0.09

中国现代年画作品。

J0053076

欢庆歌舞　徐成智作

银川 宁夏人民出版社 1982 年 2 张 76cm（2 开）

定价：CNY0.48

中国现代年画作品。

J0053077

欢庆新春　李宝嘉作

沈阳 辽宁美术出版社 1982 年 76cm（2 开）

定价：CNY0.13

中国现代年画作品。

J0053078

欢庆新年好　蒋在谱作

武汉 湖北人民出版社 1982 年 76cm（2 开）

定价：CNY0.13

中国现代年画作品。

J0053079

欢天喜地　马江作

兰州 甘肃人民出版社 1982 年 54cm（4 开）

定价：CNY0.09

中国现代年画作品。

J0053080

浣纱明月下　陆廷作

上海 上海人民美术出版社 1982 年 76cm（2 开）

定价：CNY0.16

中国现代年画作品。

J0053081

黄巢李自成　乐建文作

武汉 湖北人民出版社 1982 年 76cm（2 开）

定价：CNY0.13

中国现代年画作品。

J0053082

黄鹤楼　（胶印画轴）肖采洲作

武汉 湖北人民出版社 1982 年 1 轴 附对联

107cm（全开）定价：CNY1.55

中国现代年画作品。

J0053083

黄梅新秀　周清源作

合肥 安徽人民出版社 1982 年 76cm（2 开）

定价：CNY0.16

中国现代年画作品。

J0053084

黄山四季图　张建中作

合肥 安徽人民出版社 1982 年 2 张 76cm（2 开）

定价：CNY0.32

中国现代年画作品。作者张建中（1928—　），画家。

J0053085

火红的山丹　汪景林作

呼和浩特 内蒙古人民出版社 1982 年

76cm（2 开）定价：CNY0.13

中国现代年画作品。

J0053086

鸡鸣富贵　高志华作

北京 北京出版社 1982 年 76cm（2 开）
定价：CNY0.18
　　中国现代年画作品。

J0053087
鸡鸣富贵　纪宇作
广州 岭南美术出版社 1982 年 76cm（2 开）
定价：CNY0.18
　　中国现代年画作品。

J0053088
鸡鸣富贵　冯字锦作
天津 天津人民美术出版社 1982 年 76cm（2 开）
定价：CNY0.18
　　中国现代年画作品。

J0053089
鸡鸣富贵　（胶印画轴）周俊鹤作
天津 天津杨柳青画店 1982 年 [1 轴] 对联
107cm（全开）定价：CNY1.30
　　中国现代年画作品。作者周俊鹤，天津著名
花鸟画家。

J0053090
吉庆迎春　杨立群作
广州 岭南美术出版社 1982 年 76cm（2 开）
定价：CNY0.18
　　中国现代年画作品。

J0053091
吉庆迎春　杨立群作
广州 岭南美术出版社 1982 年 54cm（4 开）
定价：CNY0.09
　　中国现代年画作品。

J0053092
吉庆迎四化丰收乐有余　王立新，刘熹奇作
南昌 江西人民出版社 1982 年 76cm（2 开）
定价：CNY0.13
　　中国现代年画作品。

J0053093
吉庆有余　长弓作
石家庄 河北美术出版社 1982 年 76cm（2 开）
定价：CNY0.16

中国现代年画作品。

J0053094
吉庆有余　张瑞恒作
南京 江苏人民出版社 1982 年 76cm（2 开）
定价：CNY0.18
　　中国现代年画作品。

J0053095
吉庆有余　史延芹作
天津 天津人民美术出版社 1982 年 76cm（2 开）
定价：CNY0.18
　　中国现代年画作品。

J0053096
吉庆有余喜满堂　成砺志作
沈阳 辽宁美术出版社 1982 年 76cm（2 开）
定价：CNY0.13
　　中国现代年画作品。

J0053097
吉祥如意　史延芹作
石家庄 河北美术出版社 1982 年 76cm（2 开）
定价：CNY0.16
　　中国现代年画作品。

J0053098
吉祥如意　（藏、汉文对照）仁真朗加等作
成都 四川民族出版社 1982 年 76cm（2 开）
定价：CNY0.36（铜版纸），CNY0.16（胶版纸）
　　中国现代年画作品。

J0053099
吉祥如意　成砺志作
天津 天津人民美术出版社 1982 年 76cm（2 开）
定价：CNY0.18
　　中国现代年画作品。

J0053100
家家都在花丛中　金祝明作
石家庄 河北美术出版社 1982 年 76cm（2 开）
定价：CNY0.16
　　中国现代年画作品。

J0053101

家家吉庆年年有余　陈衡，杨家聪作
广州 岭南美术出版社 1982 年 76cm（2 开）
定价：CNY0.18
　　中国现代年画作品。

J0053102

家家吉庆年年有余　陈衡，杨家聪作
广州 岭南美术出版社 1982 年 54cm（4 开）
定价：CNY0.09
　　中国现代年画作品。

J0053103

贾宝玉和林黛玉　邓平，刘啸音作
重庆 重庆出版社 1982 年 76cm（2 开）
定价：CNY0.16
　　中国现代年画作品。

J0053104

贾宝玉夜探潇湘馆　张弓作
石家庄 河北美术出版社 1982 年 76cm（2 开）
定价：CNY0.16
　　中国现代年画作品。

J0053105

贾宝玉夜探潇湘馆　吴少云作
上海 上海人民美术出版社 1982 年 76cm（2 开）
定价：CNY0.16
　　中国现代年画作品。

J0053106

假日　岳晓作
合肥 安徽人民出版社 1982 年 76cm（2 开）
定价：CNY0.16
　　中国现代年画作品。

J0053107

假日　杨建明作
上海 上海人民美术出版社 1982 年 76cm（2 开）
定价：CNY0.16
　　中国现代年画作品。

J0053108

假日北海浪推舟　北京出版社编
北京 北京出版社 1982 年 76cm（2 开）

定价：CNY0.18
　　中国现代年画作品。

J0053109

建设"四化"保卫"四化"　孙建东作
昆明 云南人民出版社 1982 年 76cm（2 开）
定价：CNY0.13
　　中国现代年画作品。

J0053110

剑舞鱼跃　付百忍作
北京 人民美术出版社 1982 年 76cm（2 开）
定价：CNY0.13
　　中国现代年画作品。

J0053111

健康成长　刘泽文作
西宁 青海人民出版社 1982 年 76cm（2 开）
定价：CNY0.16
　　中国现代年画作品。作者刘泽文（1943—　），
画家，国家一级美术师。山东即墨人，历任烟台
地区新华书店担任美工，山东省出版总社烟台分
社任美术编辑。代表作品《望穿碧海千层浪》，出
版有《刘泽文水粉画集》。

J0053112

健康成长　陈宝万作
西宁 青海人民出版社 1982 年 76cm（2 开）
定价：CNY0.18
　　中国现代年画作品。

J0053113

健康活泼　何波作
武汉 湖北人民出版社 1982 年 76cm（2 开）
定价：CNY0.16
　　中国现代年画作品。

J0053114

讲卫生　刘荣富作
哈尔滨 黑龙江人民出版社 1982 年 76cm（2 开）
定价：CNY0.13
　　中国现代年画作品。

J0053115

讲秩序　听指挥　成砺志作

成都 四川人民出版社 1982 年 76cm（2 开）
定价：CNY0.16
　　中国现代年画作品。

J0053116
脚踏游艇　孟咸昌作
南京 江苏人民出版社 1982 年 76cm（2 开）
定价：CNY0.18
　　中国现代年画作品。

J0053117
教师春意浓　高学海作
天津 天津杨柳青画店 1982 年 76cm（2 开）
定价：CNY0.16
　　中国现代年画作品。

J0053118
街头争艳　李卓斌作
石家庄 河北美术出版社 1982 年 76cm（2 开）
定价：CNY0.16
　　中国现代年画作品。

J0053119
节日　马清涛作
西安 陕西人民美术出版社 1982 年 76cm（2 开）
定价：CNY0.18
　　中国现代年画作品。

J0053120
节日的欢乐　增昕昕，何施福作
成都 四川人民出版社 1982 年 76cm（2 开）
定价：CNY0.16
　　中国现代年画作品。

J0053121
节日的早晨　刘光灿作
成都 四川人民出版社 1982 年 76cm（2 开）
定价：CNY0.16
　　中国现代年画作品。

J0053122
借扇　姚中玉，金铭作
广州 岭南美术出版社 1982 年 ［1 张］
76cm（2 开）定价：CNY0.16
　　中国现代年画作品。

J0053123
今日功课今日完　李宝亮，任城作
太原 山西人民出版社 1982 年 76cm（2 开）
定价：CNY0.18
　　中国现代年画作品。

J0053124
今天我值日　沈家琳，杨文义作
北京 人民美术出版社 1982 年 76cm（2 开）
定价：CNY0.16
　　中国现代年画作品。

J0053125
金杯献祖国　刘仲杰作
武汉 湖北人民出版社 1982 年 76cm（2 开）
定价：CNY0.18
　　中国现代年画作品。

J0053126
金凤凰飞来了　成砺志作
天津 天津杨柳青画店 1982 年 76cm（2 开）
定价：CNY0.16
　　中国现代年画作品。

J0053127
金鸡报晓　江淮春作
昆明 云南人民出版社 1982 年 54cm（4 开）
定价：CNY0.08
　　中国现代年画作品。

J0053128
金鸡啼鸣百花迎春
北京 中国电影出版社 1982 年 76cm（2 开）
定价：CNY0.16
　　中国现代年画作品。

J0053129
金盆聚宝　李卓斌作
石家庄 河北美术出版社 1982 年 76cm（2 开）
定价：CNY0.13
　　中国现代年画作品。

J0053130
金色的童年　钟式震作
长沙 湖南美术出版社 1982 年 2 张 76cm（2 开）

定价: CNY0.32

　　中国现代年画作品。

J0053131

金山战鼓　曹淑芹作

沈阳　辽宁美术出版社 1982 年 76cm（2 开）

定价: CNY0.13

　　中国现代年画作品。

J0053132

金印情谊　田洋作

广州　岭南美术出版社 1982 年 76cm（2 开）

定价: CNY0.16

　　中国现代年画作品。

J0053133

金鱼　张继馨作

天津　天津杨柳青画店 1982 年 2 张 76cm（2 开）

定价: CNY0.32

　　中国现代年画作品。

J0053134

金玉满堂　沈绍伦作

上海　上海人民美术出版社 1982 年 76cm（2 开）

定价: CNY0.16

　　中国现代年画作品。

J0053135

锦鸡鸣菊　孔雀争艳　刘德伦作

成都　四川人民出版社 1982 年 76cm（2 开）

定价: CNY0.16

　　中国现代年画作品。

J0053136

锦上添花　（胶印画轴）喻继高作

上海　上海人民美术出版社 1982 年 1 轴

附对联 107cm（全开）定价: CNY2.50

　　中国现代年画作品。

J0053137

锦绣河山　浙江人民美术出版社编辑

杭州　浙江人民美术出版社 1982 年 2 张

76cm（2 开）定价: CNY0.32

　　中国现代年画作品。

J0053138

京剧演员屏　李慕白, 庞卡作

上海　上海人民美术出版社 1982 年 2 张

76cm（2 开）定价: CNY0.32

　　中国现代年画作品。作者李慕白（1913—1991），画家。生于浙江海宁。历任中国民主同盟成员，中国美术家协会会员，上海人民美术出版社特约年画作者。出版有《李慕白、金雪尘年画选集》。作者庞卡（1935—　）。画家。又名庞抱俊。上海人。历任上海人民美术出版社年画编辑、创作员。作品有《从小爱科学》《秧苗青青春来早》《爱人民》等。

J0053139

精卫填海　金铭作

天津　天津人民美术出版社 1982 年 76cm（2 开）

定价: CNY0.18

　　中国现代年画作品。

J0053140

军民一家亲　李奎根作

沈阳　辽宁美术出版社 1982 年 76cm（2 开）

定价: CNY0.13

　　中国现代年画作品。

J0053141

凯旋归来　阎义春作

沈阳　辽宁美术出版社 1982 年 76cm（2 开）

定价: CNY0.13

　　中国现代年画作品。

J0053142

看谁第一　刘喜春作

沈阳　辽宁美术出版社 1982 年 76cm（2 开）

定价: CNY0.13

　　中国现代年画作品。

J0053143

看谁跑得快　吴秀楣作

北京　人民体育出版社 1982 年 76cm（2 开）

定价: CNY0.16

　　中国现代年画作品。

J0053144

看谁算得对　唐宝山作

北京 人民美术出版社 1982 年 76cm（2 开）
定价：CNY0.16
　　中国现代年画作品。

J0053145
看谁算得对　张瑞恒作
天津 天津杨柳青画店 1982 年 76cm（2 开）
定价：CNY0.16
　　中国现代年画作品。

J0053146
康乐多幅　杨景芝作
北京 人民体育出版社 1982 年 76cm（2 开）
定价：CNY0.16
　　中国现代年画作品。作者杨景芝，女，满族，
教授。首都师范大学美术系副教授，中国少年儿
童造型艺术学会副会长兼少儿艺术培训中心美
术实验学校校长。

J0053147
康乐园　程惠钊作
郑州 中州书画社 1982 年 76cm（2 开）
定价：CNY0.16
　　中国现代年画作品。

J0053148
可爱的小动物　（胶印画轴）米春茂作
石家庄 河北美术出版社 1982 年 4 张
76cm（2 开）定价：CNY1.20
　　中国现代年画作品。

J0053149
可爱的小猫　文军作
西安 陕西人民美术出版社 1982 年 76cm（2 开）
定价：CNY0.18
　　中国现代年画作品。

J0053150
可爱的小猫　潘恩春作
天津 天津人民美术出版社 1982 年 76cm（2 开）
定价：CNY0.18
　　中国现代年画作品。

J0053151
可爱的熊猫　刘庆涛作

天津 天津人民美术出版社 1982 年 76cm（2 开）
定价：CNY0.18
　　中国现代年画作品。

J0053152
可爱的祖国　刘称奇作
武汉 湖北人民出版社 1982 年 76cm（2 开）
定价：CNY0.18
　　中国现代年画作品。

J0053153
可爱的祖国　吴性清作
天津 天津杨柳青画店 1982 年 76cm（2 开）
定价：CNY0.16
　　中国现代年画作品。

J0053154
课余　徐福根作
武汉 湖北人民出版社 1982 年 76cm（2 开）
定价：CNY0.16
　　中国现代年画作品。

J0053155
孔雀　张福琪作
天津 天津人民美术出版社 1982 年 附对联
107cm（全开）定价：CNY0.36
　　中国现代年画作品。

J0053156
孔雀　楼永年作
杭州 浙江人民美术出版社 1982 年 76cm（2 开）
定价：CNY0.16
　　中国现代年画作品。作者楼永年（1940—
　　），浙江萧山人，毕业于浙江美术学院工艺系。
历任杭州印染厂花样设计，高级工艺美术师。代
表作品《福宝寿禧》《四季平安》《福寿万年》《和
合图》等。

J0053157
孔雀东南飞　颜伟明作
哈尔滨 黑龙江人民出版社 1982 年 76cm（2 开）
定价：CNY0.16
　　中国现代年画作品。

J0053158

孔雀东南飞　姚中玉作
南昌　江西人民出版社［1982年］76cm（2开）
定价：CNY0.18
　　中国现代年画作品。

J0053159

孔雀繁花　（胶印画轴）黄独峰作
北京　人民美术出版社 1982年［1轴］附对联
107cm（全开）定价：CNY1.30
　　中国现代年画作品。作者黄独峰（1913—
1998），画家。名山，号榕园，又号五岭老人。广
东揭阳人。历任广西艺术学院副院长、教授；中
国美术家协会会员、理事，广西美协主席等。代
表作品有《百鹤图》《漓江百里图》《富贵寿》等，
著有《明清写梅画人传略》《中国之花鸟画》《独
峰画集》。

J0053160

孔雀公主　黄炜作
上海　上海人民美术出版社 1982年 76cm（2开）
定价：CNY0.16
　　中国现代年画作品。

J0053161

孔雀公主　叶纯敏作
成都　四川人民出版社 1982年 76cm（2开）
定价：CNY0.16
　　中国现代年画作品。

J0053162

孔雀公主　季阳，倪旦华作
杭州　浙江人民美术出版社 1982年 76cm（2开）
定价：CNY0.16
　　中国现代年画作品。作者季阳（1941—　），
画家。上海人。毕业于浙江美术学院版画系。
曾任职于《浙北报》社、嘉兴地区电影公司、浙江
省电影公司。中国美术学院视传设计系研究生
教研室主任。作品有版画《忧》《啊，瑞雪》，招
贴画《听从祖国召唤》《胭脂》等。出版有《电影
宣传》《平面广告艺术》《编排艺术》等。

J0053163

孔雀公主与王子　徐成智作
武汉　湖北人民出版社 1982年 76cm（2开）

定价：CNY0.18
　　中国现代年画作品。

J0053164

孔雀梅花　周俊鹤作；沈鹏书
北京　人民美术出版社 1982年 附对联
107cm（全开）定价：CNY0.36
　　中国现代年画作品。作者周俊鹤，天津著名
花鸟画家。作者沈鹏（1931—　），书法家、美术
评论家、诗人。生于江苏江阴。历任中国文联副
主席、中国书法家协会主席、中国美术出版总社
顾问以及《中国书画》主编、炎黄书画院副院长、
中国书画函授大学教授、《书法之友》杂志名誉主
席等职。书法作品有著作：《书画论评》《沈鹏书
画谈》《三余吟草》《沈鹏书法选》《沈鹏书法作
品集》。

J0053165

孔雀舞　田木作
西安　陕西人民美术出版社 1982年 76cm（2开）
定价：CNY0.18
　　中国现代年画作品。

J0053166

孔雀舞　何波作
郑州　中州书画社 1982年 76cm（2开）
定价：CNY0.18
　　中国现代年画作品。

J0053167

孔雀戏春图　（胶印画轴）喻继高作
南京　江苏人民出版社 1982年［1轴］附对联
107cm（全开）定价：CNY1.50
　　中国现代年画作品。

J0053168

孔雀迎春　董振中作
长沙　湖南美术出版社 1982年 76cm（2开）
定价：CNY0.16
　　中国现代年画作品。作者董振中（1945—
　），画家。山东人。字子午，号老草。毕业于
浙江美术学院国画系。中国美术家协会会员，国
家一级美术师，邹城市美术家协会主席，邹城市
画院院长。出版《董振中画集》《孟子圣迹图》《孔
子圣迹图》等。

J0053169
跨骏马　吴哲夫作
上海　上海人民美术出版社 1982 年 76cm（2 开）
定价：CNY0.16
　　中国现代年画作品。作者吴哲夫，画家。擅长年画。师从杭稺英，在上海"稺英画室"工作，长期共事，集体创作，被称为"杭派"月份牌画家。作品有《节日的食堂》《向解放军叔叔致敬》《老手带新手》等。

J0053170
快快长　郑克祥作
天津　天津杨柳青画店 1982 年 76cm（2 开）
定价：CNY0.16
　　中国现代年画作品。

J0053171
快乐的伙伴　梁任岭作
南京　漓江出版社 1982 年 76cm（2 开）
定价：CNY0.16
　　中国现代年画作品。

J0053172
快乐的童年　于显臣作
北京　人民美术出版社 1982 年 76cm（2 开）
定价：CNY0.16
　　中国现代年画作品。

J0053173
兰红相亲　马清涛作
沈阳　辽宁美术出版社 1982 年 76cm（2 开）
定价：CNY0.13
　　中国现代年画作品。

J0053174
劳动致富　朱蒂作
长沙　湖南美术出版社 1982 年 76cm（2 开）
定价：CNY0.16
　　中国现代年画作品。

J0053175
老师好　沈家琳作
合肥　安徽人民出版社 1982 年 76cm（2 开）
定价：CNY0.16
　　中国现代年画作品。

J0053176
乐园　高志华作
沈阳　辽宁美术出版社 1982 年 76cm（2 开）
定价：CNY0.13
　　中国现代年画作品。

J0053177
乐园　廉升和作
延吉　延边人民出版社 1982 年 76cm（2 开）
定价：CNY0.16
　　中国现代年画作品。

J0053178
雷锋与红领巾　徐福根作
北京　人民美术出版社 1982 年 76cm（2 开）
定价：CNY0.13
　　中国现代年画作品。

J0053179
漓江晨曦　张大昕作
上海　上海人民美术出版社 1982 年
107cm（全开）定价：CNY0.30
　　中国现代年画作品。

J0053180
李白诗画屏　单小天文；俞子才，乔木作
上海　上海人民美术出版社 1982 年 2 张
76cm（2 开）定价：CNY0.32
　　中国现代年画作品。作者俞子才（1915—1992），教授。名绍爵，以字行，斋名睥巢、春水草堂。浙江吴兴人。中国美术协会会员、上海市美术家协会会员、上海大学美术学院教授兼学术委员、上海中国画院画师。作品有《雁荡灵峰》《延安》《峨眉山》等，出版有《山水画皴法十要》《青绿山水课徒画稿》《怎样画石》等。作者乔木（1920—2002），教授。字大年，河北深县人。上海大学美术学院教授，中国美术家协会会员等。主要作品有《迎春梅花》《彩霞迎春》《姹紫嫣红》等。著有《花鸟画基础技法》《怎样画蔬果》等。

J0053181
李清照　原儒云作
石家庄　河北美术出版社 1982 年 76cm（2 开）
定价：CNY0.16
　　中国现代年画作品。

J0053182
李清照　马清涛作
西安 陕西人民美术出版社 1982 年 76cm（2 开）
定价：CNY0.18
　　中国现代年画作品。

J0053183
李清照　张德俊作
上海 上海人民美术出版社 1982 年 76cm（2 开）
定价：CNY0.16
　　中国现代年画作品。

J0053184
李天保娶亲
北京 中国电影出版社 1982 年 2 张 76cm（2 开）
定价：CNY0.26
　　中国现代年画作品。

J0053185
李香君　李慕白，庞卡作
广州 岭南美术出版社 1982 年 76cm（2 开）
定价：CNY0.16
　　中国现代年画作品。

J0053186
李自成　马璪作；华瑜编
北京 人民美术出版社 1982 年 2 张 76cm（2 开）
定价：CNY0.36
　　中国现代年画作品。

J0053187
理想　王伟戌，姚中玉作
上海 上海人民美术出版社 1982 年 76cm（2 开）
定价：CNY0.16
　　中国现代年画作品。

J0053188
鲤鱼满塘　王福增作
上海 上海人民美术出版社 1982 年 76cm（2 开）
定价：CNY0.16
　　中国现代年画作品。

J0053189
鲤鱼跳龙门　刘王斌作
上海 上海人民美术出版社 1982 年 76cm（2 开）

定价：CNY0.16
　　中国现代年画作品。

J0053190
粒粒粮食粒粒宝　童金贵作
沈阳 辽宁美术出版社 1982 年 76cm（2 开）
定价：CNY0.13
　　中国现代年画作品。

J0053191
连环计　姚重庆，张泽芯作
天津 天津人民美术出版社 1982 年 76cm（2 开）
定价：CNY0.18
　　中国现代年画作品。

J0053192
连年庆有余　成砺志作
长沙 湖南美术出版社 1982 年 76cm（2 开）
定价：CNY0.16
　　中国现代年画作品。

J0053193
连年有余　米春茂作
兰州 甘肃人民出版社 1982 年 76cm（2 开）
定价：CNY0.16
　　中国现代年画作品。

J0053194
连年有余　蒙家敏作
贵阳 贵州人民出版社 1982 年 76cm（2 开）
定价：CNY0.16
　　中国现代年画作品。

J0053195
连年有余　赵德贵作
石家庄 河北美术出版社 1982 年 76cm（2 开）
定价：CNY0.18
　　中国现代年画作品。

J0053196
连年有余　刘吉厚作
哈尔滨 黑龙江人民出版社 1982 年 76cm（2 开）
定价：CNY0.13
　　中国现代年画作品。作者刘吉厚（1942—
2011），满族，画家。辽宁宽甸人。历任辽宁美术出版社编辑，外联部编审，辽宁形象传播研究会常务副会长、秘书长。作品有《鸿福满堂》《春满人间》，出版有《刘吉厚作品选集》等。

J0053197

连年有余 颜静蓉作

武汉 湖北人民出版社 1982 年 76cm（2 开）

定价：CNY0.13

中国现代年画作品。

J0053198

连年有余 李喜春，刘友仁作

呼和浩特 内蒙古人民出版社 1982 年

76cm（2 开）定价：CNY0.13

中国现代年画作品。

J0053199

连年有余 杨馥如作

西安 陕西人民美术出版社 1982 年 76cm（2 开）

定价：CNY0.18

中国现代年画作品。

J0053200

连年有余 张瑞恒作

天津 天津人民美术出版社 1982 年 76cm（2 开）

定价：CNY0.18

中国现代年画作品。

J0053201

连年有余 杨馥如作

杭州 浙江人民美术出版社 1982 年 76cm（2 开）

定价：CNY0.16

中国现代年画作品。

J0053202

连年有余喜上眉梢 李惠明作

昆明 云南人民出版社 1982 年 76cm（2 开）

定价：CNY0.13

中国现代年画作品。

J0053203

连年有余喜上眉梢 李惠明作

昆明 云南人民出版社 1982 年 54cm（4 开）

定价：CNY0.07

中国现代年画作品。

J0053204

连年有余人添寿 成砺志作

武汉 湖北人民出版社 1982 年 76cm（2 开）

定价：CNY0.16

中国现代年画作品。

J0053205

莲池鸳鸯 柏翠作

郑州 中州书画社 1982 年 76cm（2 开）

定价：CNY0.18

中国现代年画作品。

J0053206

练武术 金铭作

上海 上海人民美术出版社 1982 年 76cm（2 开）

定价：CNY0.16

中国现代年画作品。

J0053207

梁红玉 康富平作

太原 山西人民出版社 1982 年 76cm（2 开）

定价：CNY0.18

中国现代年画作品。

J0053208

梁红玉击鼓战金山 孙文光作

成都 四川人民出版社 1982 年 76cm（2 开）

定价：CNY0.16

中国现代年画作品。

J0053209

梁山伯与祝英台 张素玉作

天津 天津人民美术出版社 1982 年 2 张

76cm（2 开）定价：CNY0.36

中国现代年画作品。作者张素玉（1944—），女，画家，国家一级美术师，出生于石家庄市。历任中国美术家协会会员，石家庄市政协常委，河北省美术研究所特邀研究员，石家庄市画院画师。代表作品有《山杏》《戎冠秀》。

J0053210

梁祝化蝶 张素玉作

石家庄 河北美术出版社 1982 年 76cm（2 开）

定价：CNY0.16

中国现代年画作品。

J0053211
梁祝化蝶　黄妙发作
上海　上海人民出版社　1982 年　76cm（2 开）
定价：CNY0.16
　　中国现代年画作品。

J0053212
梁祝化蝶　陈永坚作
昆明　云南人民出版社　1982 年　76cm（2 开）
定价：CNY0.16
　　中国现代年画作品。

J0053213
列宁爱孩子　哈琼文作
上海　上海人民美术出版社　1982 年　76cm（2 开）
定价：CNY0.16
　　中国现代年画作品。作者哈琼文（1925—2012），回族，北京人。毕业于中央大学艺术系。上海人民美术出版社编审，上海文史研究馆馆员。中国美术家协会会员，美协上海分会理事。擅长油画、宣传画。主要作品有油画《鲁迅——致电党中央祝贺长征胜利到达陕北》、宣传画《毛主席万岁》等。

J0053214
林冲武松　邹典佐作
武汉　湖北人民出版社　1982 年　76cm（2 开）
定价：CNY0.13
　　中国现代年画作品。

J0053215
岭格萨尔王　（藏、汉文对照）仁真朗加等作
成都　四川民族出版社　1982 年　76cm（2 开）
定价：CNY0.36（铜版纸），CNY0.36（胶版纸）
　　中国现代年画作品。

J0053216
刘备招亲　吴少云作
上海　上海人民美术出版社　1982 年　76cm（2 开）
定价：CNY0.16
　　中国现代年画作品。

J0053217
刘备招亲的故事　江南春作，杨兆麟编文
上海　上海人民美术出版社　1982 年　2 张

76cm（2 开）定价：CNY0.32
　　中国现代年画作品。

J0053218
刘伯承元帅　阿柯作
成都　四川人民出版社　1982 年　76cm（2 开）
定价：CNY0.16
　　中国现代年画作品。

J0053219
柳浪闻莺　王雁作
北京　人民美术出版社　1982 年　76cm（2 开）
定价：CNY0.13
　　中国现代年画作品。

J0053220
柳绿花香笑春风　黄妙发作
贵阳　贵州人民出版社　1982 年　76cm（2 开）
定价：CNY0.16
　　中国现代年画作品。

J0053221
龙飞凤舞　刘称奇作
南昌　江西人民出版社　[1982 年]　76cm（2 开）
定价：CNY0.13
　　中国现代年画作品。

J0053222
龙凤呈祥　杨作文作
石家庄　河北美术出版社　1982 年　107cm（全开）
定价：CNY0.32
　　中国现代年画作品。作者杨作文（1936—　），画家。出生于河北威县。任中国书画研究院高级美术师、中国国画家协会理事、冀南画院名誉院长等职。代表作品有《迎春图》《海河工地英雄多》等。

J0053223
龙凤呈祥　（胶印画轴）杨作文作
石家庄　河北美术出版社　1982 年　[1 轴]
附对联　107cm（全开）定价：CNY1.30
　　中国现代年画作品。

J0053224
龙凤呈祥　冯国琳作

沈阳 辽宁美术出版社 1982年 2张 76cm（2开）
定价：CNY0.26
　　中国现代年画作品。

J0053225
龙女嬉珠　程连欧作
兰州 甘肃人民出版社 1982年 76cm（2开）
定价：CNY0.10
　　中国现代年画作品。

J0053226
龙舟竞渡　严华作
成都 四川人民出版社 1982年 78cm（2开）
定价：CNY0.11
　　中国现代年画作品。

J0053227
鹿鹤同春　黄耿卓作
石家庄 河北美术出版社 1982年 76cm（2开）
定价：CNY0.16
　　中国现代年画作品。

J0053228
鹿鹤同春　（胶印画轴）黄耿卓作
石家庄 河北美术出版社 1982年 1轴 附对联
107cm（全开）定价：CNY1.30
　　中国现代年画作品。

J0053229
罗荣桓元帅　曾廷仲作
成都 四川人民出版社 1982年 76cm（2开）
定价：CNY0.16
　　中国现代年画作品。

J0053230
吕布与貂蝉　申同景作
石家庄 河北美术出版社 1982年 76cm（2开）
定价：CNY0.16
　　中国现代年画作品。

J0053231
吕布与貂蝉　徐寄平作
广州 岭南美术出版社 1982年 76cm（2开）
定价：CNY0.16
　　中国现代年画作品。

J0053232
妈妈红花献阿姨　张泽芯作
天津 天津杨柳青画店 1982年 76cm（2开）
定价：CNY0.16
　　中国现代年画作品。

J0053233
妈妈又笑了　严兴华作
成都 四川人民出版社 1982年 76cm（2开）
定价：CNY0.16
　　中国现代年画作品。

J0053234
麻姑献寿　（胶印画轴）程宗元作
南京 江苏人民出版社 1982年 1轴 附对联
107cm（全开）定价：CNY1.50
　　中国现代年画作品。

J0053235
麻姑献寿　杭鸣时作
沈阳 辽宁美术出版社 1982年 76cm（2开）
定价：CNY0.13
　　中国现代年画作品。

J0053236
麻姑献寿　张瑞恒作
广州 岭南美术出版社 1982年 76cm（2开）
定价：CNY0.16
　　中国现代年画作品。

J0053237
马上舞蹈　李凤君作
长春 吉林人民出版社 1982年 76cm（2开）
定价：CNY0.14
　　中国现代年画作品。

J0053238
猫蝶富贵　冯字锦作
天津 天津杨柳青画社 1982年 76cm（2开）
定价：CNY0.16
　　中国现代年画作品。

J0053239
猫蝶图　林纹作
杭州 浙江人民出版社 1982年 76cm（2开）

定价: CNY0.16

　　中国现代年画作品。

J0053240

猫戏图　方工, 雨新作

武汉 湖北人民出版社 1982 年 2 张 76cm（2 开）

定价: CNY0.36

　　中国现代年画作品。作者方工, 女, 画家。原名王振芳。擅画猫。与其父合作绘著并出版《画猫技法基础》《百猫百蝶图》等。作者雨新（1927—　　），画家。本名王宗光, 北京顺义人。曾任荣宝斋咨询委员会委员、中国老年书画研究会创作员。主要作品有《怎样画蝴蝶》《怎样画草虫》《怎样画牡丹花石》等。

J0053241

毛泽东主席和他的战友　韩德雅作

成都 四川人民出版社 1982 年 76cm（2 开）

定价: CNY0.16

　　中国现代年画作品。作者韩德雅（1952—　　），四川名山人。毕业于雅安地区师范, 后进修于四川美术学院国画系、中央美术学院国画系。历任美术教员、县文化馆美术干部。擅长中国画、雕塑、年画。作品有《做新鞋》《乡趣》《茶山春早》等。

J0053242

茅山新春　盖茂森作

南京 江苏人民出版社 1982 年 76cm（2 开）

定价: CNY0.18

　　中国现代年画作品。

J0053243

梅菊图　林暖苏作

福州 福建人民出版社 1982 年 78cm（2 开）

定价: CNY0.15

　　中国现代年画作品。

J0053244

美的心灵　林华作

兰州 甘肃人民出版社 1982 年 76cm（2 开）

定价: CNY0.16

　　中国现代年画作品。

J0053245

美好的童年　陈振新作

北京 人民美术出版社 1982 年 76cm（2 开）

定价: CNY0.16

　　中国现代年画作品。

J0053246

美好幸福　成砺志作

成都 四川人民出版社 1982 年 76cm（2 开）

定价: CNY0.16

　　中国现代年画作品。

J0053247

美满和合　华三川作

上海 上海书画出版社 1982 年 2 张 76cm（2 开）

定价: CNY0.32

　　中国现代年画作品。

J0053248

美玉吐珠　童金贵作

北京 人民美术出版社 1982 年 76cm（2 开）

定价: CNY0.16

　　中国现代年画作品。

J0053249

孟丽君　黄作如, 任昌龙作

武汉 湖北人民美术出版社 1982 年 76cm（2 开）

定价: CNY0.18

　　中国现代年画作品。

J0053250

民族团结　适民作

昆明 云南人民出版社 1982 年 54cm（4 开）

定价: CNY0.07

　　中国现代年画作品。

J0053251

民族舞蹈　郑新雨作

沈阳 辽宁美术出版社 1982 年 2 张 76cm（2 开）

定价: CNY0.26

　　中国现代年画作品。

J0053252

岳飞　陈全胜, 王征作

北京 人民美术出版社 1982 年 2 张 76cm（2 开）

定价：CNY0.26

　　中国现代年画作品。作者陈全胜（1950—　），
画家。出生于青岛，祖籍山东文登市。历任中国
美协理事、山东美协副主席、国家一级美术师、
山东美术家协会副主席，深圳大学艺术学院客座
教授。代表作有连环画《辛弃疾》《梦中缘》等，
特种邮票《三国演义》《聊斋志异》。作者王征
（1938—　），画家。浙江温岭人，毕业于浙江美
术学院中国画系。历任浙江博物馆美术员、北京
人民美术出版社编辑、济南军区美术员、杭州浙
江工艺美校高级讲师、校长，中国美术家协会会
员。作品有《红楼梦》《三国演义》。出版有《国
画人物画法》等。

J0053253
明春花更红　宋明远作
沈阳 辽宁美术出版社 1982 年 76cm（2 开）
定价：CNY0.13
　　中国现代年画作品。

J0053254
母子乐　成砺志作
郑州 中州书画社 1982 年 76cm（2 开）
定价：CNY0.18
　　中国现代年画作品。

J0053255
母子情　成砺志作
福州 福建人民出版社 1982 年 76cm（2 开）
定价：CNY0.16
　　中国现代年画作品。

J0053256
牡丹　祁祯作
上海 上海人民美术出版社 1982 年 2 张
76cm（2 开）定价：CNY0.32
　　中国现代年画作品。

J0053257
牡丹　李士奎作
成都 四川人民出版社 1982 年 76cm（2 开）
定价：CNY0.16
　　中国现代年画作品。

J0053258
牡丹令箭荷大丽菊山茶　吴东奋作
杭州 浙江人民美术出版社 1982 年 4 张
78cm（2 开）定价：CNY0.48
　　中国现代年画作品。

J0053259
牡丹亭　黄妙发作
广州 岭南美术出版社 1982 年 76cm（2 开）
定价：CNY0.16
　　中国现代年画作品。

J0053260
牡丹亭　孟庆林编文；费文麓，王辉摄影
北京 中国戏剧出版社 1982 年 2 张
76cm（2 开）定价：CNY0.32
　　中国现代年画作品。

J0053261
牡丹仙子　高景波作
哈尔滨 黑龙江人民出版社 1982 年 76cm（2 开）
定价：CNY0.13
　　中国现代年画作品。

J0053262
牡丹仙子　杨馥如作
上海 上海人民美术出版社 1982 年 76cm（2 开）
定价：CNY0.16
　　中国现代年画作品。

J0053263
木兰从军　刘喜春作
天津 天津人民美术出版社 1982 年 76cm（2 开）
定价：CNY0.18
　　中国现代年画作品。

J0053264
木兰梳妆　于新生作
北京 人民美术出版社 1982 年 76cm（2 开）
定价：CNY0.13
　　中国现代年画作品。

J0053265
牧场春　钱来忠作
成都 四川人民出版社 1982 年 76cm（2 开）

定价: CNY0.16

　　中国现代年画作品。

J0053266

穆桂英　赵德贵作；刘仲武配诗

石家庄 河北美术出版社 1982 年 2 张

76cm (2 开) 定价: CNY0.32

　　中国现代年画作品。

J0053267

穆桂英花木兰　李鼎元作

兰州 甘肃人民出版社 1982 年 54cm (4 开)

定价: CNY0.09

　　中国现代年画作品。

J0053268

穆桂英大破天门阵　李先润作

郑州 中州书画社 1982 年 76cm (2 开)

定价: CNY0.18

　　中国现代年画作品。

J0053269

穆柯寨　魏延宾作

济南 山东人民出版社 1982 年 76cm (2 开)

定价: CNY0.16

　　中国现代年画作品。

J0053270

穆柯寨　赵祥林，赵梦林作

天津 天津人民美术出版社 1982 年 76cm (2 开)

定价: CNY0.18

　　中国现代年画作品。

J0053271

哪吒闹海大闹天宫　卓昌勇作

重庆 重庆出版社 1982 年 76cm (2 开)

定价: CNY0.16

　　中国现代年画作品。

J0053272

奶茶飘香　于振波作

呼和浩特 内蒙古人民出版社 1982 年

76cm (2 开) 定价: CNY0.18

　　中国现代年画作品。

J0053273

南国灯节　江显辉作

上海 上海人民美术出版社 1982 年 76cm (2 开)

定价: CNY0.16

　　中国现代年画作品。

J0053274

闹海戏蟾　张友霖作

成都 四川人民出版社 1982 年 76cm (2 开)

定价: CNY0.16

　　中国现代年画作品。

J0053275

闹元宵　童金贵作

天津 天津人民美术出版社 1982 年 76cm (2 开)

定价: CNY0.18

　　中国现代年画作品。

J0053276

你家的鸡蛋　莫伯华作

武汉 湖北人民出版社 1982 年 76cm (2 开)

定价: CNY0.016

　　中国现代年画作品。

J0053277

年画缩样　（1983）

贵阳 贵州人民出版社 [1982 年] 13×19cm

J0053278

年画缩样　（1983）

南昌 江西人民出版社 [1982 年] 13×19cm

J0053279

年画缩样　（1983）

呼和浩特 内蒙古人民出版社 [1982 年]

18cm (15 开)

J0053280

年画缩样　（1983）

乌鲁木齐 新疆人民出版社 [1982 年]

18cm (15 开)

J0053281

年画缩样　（1983.1）

昆明 云南人民出版社 [1982 年] 13×19cm

J0053282
年画缩样 （1983.2）
昆明 云南人民出版社 ［1982 年］13×19cm

J0053283
年画缩样 （1983.3）
昆明 云南人民出版社 ［1982 年］13×19cm

J0053284
年画缩样 （1983）
郑州 中州书画社 ［1982 年］19cm（32 开）

J0053285
年年有余　刘王斌作
南昌 江西人民出版社 ［1982 年］76cm（2 开）
定价：CNY0.18
　　中国现代年画作品。

J0053286
年年有余岁岁兴隆　张晓飞等作
南京 江苏人民出版社 1982 年 2 张 78cm（2 开）
定价：CNY0.22
　　中国现代年画作品。

J0053287
年胜一年　刘克青作
南宁 漓江出版社 1982 年 76cm（2 开）
定价：CNY0.16
　　中国现代年画作品。

J0053288
鸟语花香　薛长山作
哈尔滨 黑龙江人民出版社 1982 年 2 张
76cm（2 开）定价：CNY0.26
　　中国现代年画作品。

J0053289
鸟语花香　李洪基作
天津 天津人民美术出版社 1982 年 2 张
76cm（2 开）定价：CNY0.36
　　中国现代年画作品。

J0053290
鸟语花香　李志国作
天津 天津人民美术出版社 1982 年 76cm（2 开）

定价：CNY0.18
　　中国现代年画作品。

J0053291
牛多喜坐轿　张炬编文；任国恩等摄影
北京 中国戏剧出版社 1982 年 2 张 76cm（2 开）
定价：CNY0.32
　　中国现代年画作品。

J0053292
牛皋成亲　杨长胜，章开森作
合肥 安徽人民出版社 1982 年 2 张 76cm（2 开）
定价：CNY0.32
　　中国现代年画作品。

J0053293
牛郎织女　张素玉作
石家庄 河北美术出版社 1982 年 76cm（2 开）
定价：CNY0.16
　　中国现代年画作品。作者张素玉（1944—
　　），女，画家，国家一级美术师，出生于石家庄
市。历任中国美术家协会会员，石家庄市政协常
委，河北省美术研究所特邀研究员，石家庄市画
院画师。代表作品有《山杏》《戎冠秀》。

J0053294
牛郎织女相会碧莲池　徐成智作
北京 人民美术出版社 1982 年 76cm（2 开）
定价：CNY0.16
　　中国现代年画作品。

J0053295
农乐图　李文龙作
太原 山西人民出版社 1982 年 76cm（2 开）
定价：CNY0.18
　　中国现代年画作品。

J0053296
女驸马　张弓作
长沙 湖南美术出版社 1982 年 76cm（2 开）
定价：CNY0.16
　　中国现代年画作品。

J0053297
女排夺魁　李慕白，金雪尘作

上海 上海人民美术出版社 1982 年 76cm（2 开）
定价：CNY0.16
　　中国现代年画作品。

J0053298
藕壮鱼肥　鲁炳奇作
郑州 中州书画社 1982 年 76cm（2 开）
定价：CNY0.18
　　中国现代年画作品。

J0053299
排排坐　李江作
成都 四川人民出版社 1982 年 76cm（2 开）
定价：CNY0.16
　　中国现代年画作品。

J0053300
攀龙附凤　李学庭编文；梁祖宏摄影
北京 中国戏剧出版社 1982 年 2 张 76cm（2 开）
定价：CNY0.32
　　中国现代年画作品。

J0053301
蟠桃会　宽良等作；岫石编文
沈阳 辽宁美术出版社 1982 年 2 张 76cm（2 开）
定价：CNY0.26
　　中国现代年画作品。

J0053302
蟠桃会　张鸾作
天津 天津人民美术出版社 1982 年 76cm（2 开）
定价：CNY0.18
　　中国现代年画作品。

J0053303
胖胖　王小路作
石家庄 河北美术出版社 1982 年 76cm（2 开）
定价：CNY0.16
　　中国现代年画作品。

J0053304
培育　张路红作
上海 上海人民美术出版社 1982 年 76cm（2 开）
定价：CNY0.16
　　中国现代年画作品。

J0053305
彭德怀元帅　樊怀章作
成都 四川人民出版社 1982 年 76cm（2 开）
定价：CNY0.16
　　中国现代年画作品。

J0053306
蓬莱仙境　胡振郎作
上海 上海书画出版社 1982 年 76cm（2 开）
定价：CNY0.16
　　中国现代年画作品。作者胡振郎（1938—
　　），国家一级美术师。浙江永康县人，毕业于
浙江美术学院。历任中国美术家协会上海分会
理事，上海市黄浦画院院长，上海市文史研究馆
馆员，上海中国画院画师。代表作品有《功》《一
生难忘 1976》《峥嵘岁月》《百年沧桑》《白求
恩》，出版有《胡振郎画集》《胡振郎山水画集》
《怎样画水.墨山水》等。

J0053307
劈山救母　刘克青作
南宁 广西人民出版社 1982 年 76cm（2 开）
定价：CNY0.18
　　中国现代年画作品。

J0053308
拼搏归来　王玉泉作
呼和浩特 内蒙古人民出版社 1982 年
76cm（2 开）定价：CNY0.13
　　中国现代年画作品。

J0053309
泼水佳节话情深　刀学荣，孔令生作
昆明 云南人民出版社 1982 年 76cm（2 开）
定价：CNY0.16
　　中国现代年画作品。

J0053310
泼水舞　高国强作
天津 天津人民美术出版社 1982 年 76cm（2 开）
定价：CNY0.18
　　中国现代年画作品。

J0053311
婆媳乐　竹均琪作

沈阳 辽宁美术出版社 1982 年 76cm（2 开）
定价：CNY0.13
　　中国现代年画作品。作者竹均琪（1945—
），女，浙江嵊县人。毕业于沈阳鲁迅美术学
院工艺美术系装潢专业。历任中国美术家协会
会员、沈阳市电影公司，沈阳市演出公司美术干
部，沈阳歌舞团一级美术设计。作品有《八仙祝
寿》《承包致富》等。

J0053312
扑蝶　马乐群，陈菊仙作
杭州 浙江人民美术出版社 1982 年 76cm（2 开）
定价：CNY0.16
　　中国现代年画作品。

J0053313
葡萄熟了　姚殿科作
沈阳 辽宁美术出版社 1982 年 76cm（2 开）
定价：CNY0.13
　　中国现代年画作品。

J0053314
葡萄熟了　闫德明作
上海 上海人民美术出版社 1982 年 76cm（2 开）
定价：CNY0.16
　　中国现代年画作品。

J0053315
葡萄香又甜　李冰作
西安 陕西人民美术出版社 1982 年 76cm（2 开）
定价：CNY0.13
　　中国现代年画作品。

J0053316
七品芝麻官　王如何作
太原 山西人民出版社 1982 年 2 张 76cm（2 开）
定价：CNY0.36
　　中国现代年画作品。

J0053317
戚继光郑成功　范渝，刀国华作
昆明 云南人民出版社 1982 年 76cm（2 开）
定价：CNY0.13
　　中国现代年画作品。

J0053318
戚继光郑成功　范渝，乐建文作
昆明 云南人民出版社 1982 年 54cm（4 开）
定价：CNY0.07
　　中国现代年画作品。

J0053319
齐欢庆　金兰作
哈尔滨 黑龙江人民出版社 1982 年 2 张
76cm（2 开）定价：CNY0.32
　　中国现代年画作品。

J0053320
骑电马　（李先轶配诗）张方作
合肥 安徽人民出版社 1982 年 76cm（2 开）
定价：CNY0.16
　　中国现代年画作品。

J0053321
千里走单骑　丁百林作
天津 天津人民美术出版社 1982 年 76cm（2 开）
定价：CNY0.18
　　中国现代年画作品。

J0053322
乔老爷上轿　戴松耕，戴一鸣作，黄振亮编文
上海 上海人民美术出版社 1982 年 2 张
76cm（2 开）定价：CNY0.32
　　中国现代年画作品。

J0053323
巧夺天工　刘佩珩作
长春 吉林人民出版社 1982 年 76cm（2 开）
定价：CNY0.16
　　中国现代年画作品。作者刘佩珩（1954— ），
画家，研究院。别名刘山，天津宝坻人，毕业于
东北师范大学美术系。历任吉林省通榆县文化
馆副馆长、副研究员。作品有《喜迎春》《长白珍
宝》《祖孙情》《长白珍奇》《趣》《关东乐》等。

J0053324
巧手引来金凤凰　顾振君作
沈阳 辽宁美术出版社 1982 年 76cm（2 开）
定价：CNY0.13
　　中国现代年画作品。作者顾振君（1941—

），研究员。辽宁沈阳人。历任抚顺市群众艺术馆副研究馆员，辽宁省美术家协会会员，辽宁省年画学会常务理事。

J0053325

巧遇良缘　宗万华作

天津 天津人民美术出版社 1982 年 76cm（2 开）

定价：CNY0.18

　　中国现代年画作品。

J0053326

勤俭持家　郑鹋作

上海 上海人民美术出版社 1982 年 78cm（2 开）

定价：CNY0.14

　　中国现代年画作品。

J0053327

勤劳致富　适民作

昆明 云南人民出版社 1982 年 54cm（4 开）

定价：CNY0.07

　　中国现代年画作品。

J0053328

勤学篇　郭鸿俊，劳思作

南京 江苏人民出版社 1982 年 4 张 78cm（2 开）

定价：CNY0.48

　　中国现代年画作品。

J0053329

清官图　刘泳作

石家庄 河北美术出版社 1982 年 2 张

76cm（2 开）定价：CNY0.32

　　中国现代年画作品。

J0053330

清官图　叶其青作

广州 岭南美术出版社 1982 年 76cm（2 开）

定价：CNY0.18

　　中国现代年画作品。

J0053331

清官图　叶其青作

广州 岭南美术出版社 1982 年 54cm（4 开）

定价：CNY0.09

　　中国现代年画作品。

J0053332

清洁欢喜　王安，宝贵作

天津 天津杨柳青画社 1982 年 76cm（2 开）

定价：CNY0.18

　　中国现代年画作品。

J0053333

晴雯补裘　刘王斌作

南宁 广西人民出版社 1982 年 76cm（2 开）

定价：CNY0.18

　　中国现代年画作品。

J0053334

庆丰年喜迎春　李炳炎作

武汉 湖北人民出版社 1982 年 76cm（2 开）

定价：CNY0.13

　　中国现代年画作品。

J0053335

庆丰收　王大为作

北京 人民美术出版社 1982 年 76cm（2 开）

定价：CNY0.16

　　中国现代年画作品。

J0053336

庆丰收　方敦传作

杭州 浙江人民美术出版社 1982 年 76cm（2 开）

定价：CNY0.16

　　中国现代年画作品。作者方敦传（1941—　），安徽郎溪县人。师范毕业。安徽省美术家协会会员、安徽年画研究会会员。曾任郎溪县文化馆副馆长。擅长年画、中国画。代表作品有《鹅乡春暖》《福妞》《山河长春》等。

J0053337

秋菊四条屏　吴砚耕作

南京 江苏人民出版社 1982 年 4 张 76cm（2 开）

定价：CNY0.72

　　中国现代年画作品。

J0053338

秋月琵琶　李慕白，金雪尘作

上海 上海人民美术出版社 1982 年 76cm（2 开）

定价：CNY0.16

　　中国现代年画作品。

J0053339
取经　潘培德, 郭长林作
成都 四川人民出版社 1982 年 76cm（2 开）
定价: CNY0.16
　　中国现代年画作品。

J0053340
全家福　朱淑媛作
沈阳 辽宁美术出版社 1982 年 76cm（2 开）定价: CNY0.13
　　中国现代年画作品。

J0053341
鹊喜迎风舞千红万紫春　陆抑非作
杭州 西泠印社 1982 年 附对联 107cm（全开）
定价: CNY0.60
　　中国现代年画作品。作者陆抑非（1908—1997），美术教育家。名翀, 初字一飞, 改字抑非, 号非翁, 又号苏叟。江苏常熟人。历任中国美术学院教授、研究生导师, 西泠书画院副院长, 常熟书画院名誉院长。作品有《花好月圆》《春到农村》《寿桃图》等, 著有《非翁画语录》。

J0053342
群芳待屏开　（胶印画轴）郝长栋作
天津 天津杨柳青画店 1982 年 1 轴 附对联 107cm（全开）定价: CNY1.30
　　中国现代年画作品。

J0053343
群玉之山　刘旦宅作
上海 上海书画出版社 1982 年 76cm（2 开）
定价: CNY0.16
　　中国现代年画作品。作者刘旦宅（1931—2011），教授、画家。原名浑, 又名小粟, 后改名旦宅, 别名海云生。浙江温州人。曾在上海市大中国图书局、上海教育出版社、上海人民美术出版社绘画, 上海师范大学美术系主任。代表作品《曹血雪芹生平》《琵琶行》《刘旦宅聊斋百图》《石头记人物画册》等。

J0053344
让果果　张为民作
天津 天津杨柳青画店 1982 年 76cm（2 开）
定价: CNY0.16

中国现代年画作品。

J0053345
热爱祖国热爱党　那启明作
天津 天津杨柳青画店 1982 年 76cm（2 开）
定价: CNY0.16
　　中国现代年画作品。

J0053346
人参娃娃　卢炳戍作
济南 山东人民出版社 1982 年 76cm（2 开）
定价: CNY0.16
　　中国现代年画作品。

J0053347
人欢鱼跃　张文学作
合肥 安徽人民出版社 1982 年 76cm（2 开）
定价: CNY0.16
　　中国现代年画作品。作者张文学（1928—2005），书画家。甘肃天水人。毕业于汉中青职电讯科高级部无线电专业。出版有《张文学草书大观》。

J0053348
人欢鱼跃　张万臣, 于伟作
北京 北京人民美术出版社 1982 年 76cm（2 开）
定价: CNY0.13
　　中国现代年画作品。

J0053349
人欢鱼跃　柳忠福作
石家庄 河北美术出版社 1982 年 76cm（2 开）
定价: CNY0.16
　　中国现代年画作品。

J0053350
人间好　马昀作
郑州 中州书画社 1982 年 76cm（2 开）
定价: CNY0.18
　　中国现代年画作品。

J0053351
人民子弟兵　赵文元作
南京 江苏人民出版社 1982 年 4 张 78cm（2 开）
定价: CNY0.48

中国现代年画作品。作者赵文元（1946—　），国家一级美术师。生于江苏镇江，就读于浙江美术学院国画系、解放军艺术学院美术系、中央美术学院国画系。历任江苏省美术家协会副主席，江苏省徐悲鸿研究会副会长，中国画马艺术研究会副会长。代表作品有《女兵》《丫丫》《雪顿节》等。

J0053352

人民子弟兵　　赵文元作

南京　江苏人民出版社　1982 年　4 张　78cm（2 开）

定价：CNY0.48

　　中国现代年画作品。

J0053353

人勤春早人寿年丰　　刘宗琪作

昆明　云南人民出版社　1982 年　76cm（2 开）

定价：CNY0.13

　　中国现代年画作品。

J0053354

人勤果甜香满园　　张德俊作

南京　江苏人民出版社　1982 年　76cm（2 开）

定价：CNY0.18

　　中国现代年画作品。

J0053355

人人有余　　杨立群作

沈阳　辽宁美术出版社　1982 年　76cm（2 开）

定价：CNY0.13

　　中国现代年画作品。

J0053356

人寿丰年民富国强　　谭裕钊作

广州　岭南美术出版社　1982 年　76cm（2 开）

定价：CNY0.18

　　中国现代年画作品。

J0053357

人寿年丰　　徐慧玲作

武汉　湖北人民出版社　1982 年　76cm（2 开）

定价：CNY0.13

　　中国现代年画作品。

J0053358

人寿年丰　　贾愚作

西宁　青海人民出版社　1982 年　76cm（2 开）

定价：CNY0.18

　　中国现代年画作品。

J0053359

人寿年丰　　成砺志作

西安　陕西人民美术出版社　1982 年　76cm（2 开）

定价：CNY0.18

　　中国现代年画作品。

J0053360

人寿年丰　　龚景充作

杭州　浙江人民美术出版社　1982 年　107cm（全开）

定价：CNY0.16

　　中国现代年画作品。

J0053361

人在花丛中　　赵澍萍作

天津　天津人民美术出版社　1982 年　76cm（2 开）

定价：CNY0.18

　　中国现代年画作品。

J0053362

人长寿　　刘辉煌作

北京　北京出版社　1982 年　76cm（2 开）

定价：CNY0.18

　　中国现代年画作品。

J0053363

荣臻元帅　　李增吉作

成都　四川人民出版社　1982 年　76cm（2 开）

定价：CNY0.16

　　中国现代年画作品。

J0053364

乳燕飞　　成砺志作

西安　陕西人民美术出版社　1982 年　76cm（2 开）

定价：CNY0.18

　　中国现代年画作品。作者成砺志（1954—　），江苏扬州人。国家一级美术师，中国美术家协会会员。主要作品《六老图·邓小平》《我为祖国争光》《春暖万家》等。

J0053365

乳燕迎春　　李慕白，庞卡作

天津 天津人民美术出版社 1982 年 76cm（2 开）
定价：CNY0.18
　　中国现代年画作品。

J0053366
瑞雪丰年　成砺志作
南京 江苏人民出版社 1982 年 76cm（2 开）
定价：CNY0.18
　　中国现代年画作品。

J0053367
瑞雪丰年竹爆平安　张瑞恒作
天津 天津人民美术出版社 1982 年 76cm（2 开）
定价：CNY0.18
　　中国现代年画作品。

J0053368
三顾茅庐　关满生作
北京 人民美术出版社 1982 年 76cm（2 开）
定价：CNY0.16
　　中国现代年画作品。

J0053369
三顾茅庐　张瑞恒作
天津 天津人民美术出版社 1982 年 76cm（2 开）
定价：CNY0.18
　　中国现代年画作品。

J0053370
三国故事屏　刘荣富作
上海 上海人民美术出版社 1982 年 2 张
76cm（2 开）定价：CNY0.32
　　中国现代年画作品。

J0053371
三国人物绣像　赵梦林作
天津 天津人民美术出版社 1982 年 2 张
76cm（2 开）定价：CNY0.36
　　中国现代年画作品。

J0053372
三猫图　方工，雨新作
北京 农村读物出版社 1982 年 76cm（2 开）
定价：CNY0.16
　　中国现代年画作品。作者方工，女，画家。

原名王振芳。擅画猫。与其父合作绘著并出版
《画猫技法基础》《百猫百蝶图》等。作者雨新
（1927—　），画家。本名王宗光，北京顺义人。
曾任荣宝斋咨询委员会委员、中国老年书画研究
会创作员。主要作品有《怎样画蝴蝶》《怎样画
草虫》《怎样画牡丹花石》等。

J0053373
三请樊梨花　伟伟作
石家庄 河北美术出版社 1982 年 76cm（2 开）
定价：CNY0.16
　　中国现代年画作品。

J0053374
三英战吕布　侯文发作
广州 岭南美术出版社 1982 年 76cm（2 开）
定价：CNY0.16
　　中国现代年画作品。作者侯文发（1928—　），
广东梅州人。曾用名剑萍。毕业于中南美专。
中国书画家协会理事，中国国画家协会理事，广
东省美术家协会会员。主要作品有《工地探亲》
《宋湘》《三英战吕布》等

J0053375
三英战吕布　陈志谦作
北京 人民美术出版社 1982 年 76cm（2 开）
定价：CNY0.16
　　中国现代年画作品。

J0053376
山川秀丽　介凡，子南作
沈阳 辽宁美术出版社 1982 年 2 张 76cm（2 开）
定价：CNY0.26
　　中国现代年画作品。

J0053377
山村飞来金凤凰　张万臣作
北京 人民美术出版社 1982 年 76cm（2 开）
定价：CNY0.16
　　中国现代年画艺术作品。作者张万臣（1962—
　），满族，军旅书画家。河北丰宁人，毕业于首
都师范大学美术系。历任中国美术家协会会员，
中国国际书画艺术研究会理事，中国人民解放军
总装备部专职画家。出版有《张万臣画集》。

J0053378

山水画屏　俞建华作

杭州 浙江人民美术出版社 1982 年 2 张

76cm（2 开）定价：CNY0.40

中国现代年画作品。作者俞建华（1944—
），美术编辑。生于浙江海盐，毕业于浙江美
术学校中国画系山水专业。历任浙江人民美术
出版社美术编辑，中国书法家协会浙江分会副主
席，中国书法家协会会员。

J0053379

山水屏　梁荃贵作

西安 陕西人民美术出版社 1982 年 2 张

76cm（2 开）定价：CNY0.36

中国现代年画作品。

J0053380

山珍丰收　周洪生作

长春 吉林人民出版社 1982 年［1 张］

76cm（2 开）定价：CNY0.16

中国现代年画作品。作者周洪生（1938—
），画家。吉林梨树人，毕业于吉林艺术专科
学校美术系和吉林艺术学校国画系。历任四平
群众艺术馆副研究馆员，梨树文化馆美术组工作
人员。作品有《献给我们的教师》《我心中的歌》。

J0053381

上海浦江之夜　丁仪新作

上海 上海人民美术出版社 1982 年［1 张］

76cm（2 开）定价：CNY0.16

中国现代年画作品。

J0053382

上海外滩　章育青作

上海 上海人民美术出版社 1982 年 1 张

76cm（2 开）定价：CNY0.16

中国现代年画作品。

J0053383

上海豫园　瞿国良作

上海 上海人民美术出版社 1982 年 1 张

76cm（2 开）定价：CNY0.16

中国现代年画作品。

J0053384

上学第一天　郑新雨，邵佐唐作

北京 人民美术出版社 1982 年 1 张 76cm（2 开）

定价：CNY0.16

中国现代年画作品。

J0053385

少年植物园　姚中玉，王伟戍作

上海 上海人民美术出版社 1982 年 1 张

76cm（2 开）定价：CNY0.16

中国现代年画作品。

J0053386

神笔马良　韦献青作

上海 上海人民美术出版社 1982 年 1 张

76cm（2 开）定价：CNY0.16

中国现代年画作品。

J0053387

神仙鱼舞　庞卡作

贵阳 贵州人民出版社 1982 年 1 张

76cm（2 开）定价：CNY0.16

中国现代年画作品。作者庞卡（1935—　）。
画家。又名庞抱俊。上海人。历任上海人民美
术出版社年画编辑、创作员。作品有《从小爱科
学》《秧苗青青春来早》《爱人民》等。

J0053388

神州花烂漫　嫦娥回人间　年华作

广州 岭南美术出版社 1982 年 1 张 76cm（2 开）

定价：CNY0.16

中国现代年画作品。

J0053389

**生活习惯好 文明礼貌好 智力发展好 锻
炼身体好**　段晓燕作

武汉 湖北人民出版社 1982 年 2 张 76cm（2 开）

定价：CNY0.32

中国现代年画作品。

J0053390

生趣盎然　何竹作

南昌 江西人民出版社［1982 年］1 张

76cm（2 开）定价：CNY0.18

中国现代年画作品。

J0053391
狮舞　林华作
武汉　湖北人民出版社　1982 年　1 张　76cm（2 开）
定价：CNY0.18
　　中国现代年画作品。

J0053392
狮子舞　郑红娥等作
太原　山西人民出版社　1982 年　1 张　76cm（2 开）
定价：CNY0.09
　　中国现代年画作品。

J0053393
狮子舞　（1983 年年历）刘称奇作
南昌　江西人民出版社　1982 年　1 张　54cm（4 开）
定价：CNY0.11
　　中国现代工艺美术年画作品。

J0053394
十二金钗图　周悦林作
北京　人民美术出版社　1982 年　1 张　76cm（2 开）
定价：CNY0.16
　　中国现代年画作品。

J0053395
实水　梁建军作
石家庄　河北美术出版社　1982 年　1 张
76cm（2 开）定价：CNY0.13
　　中国现代年画作品。

J0053396
仕女　彭连熙作
天津　天津杨柳青画社　1982 年　2 张　76cm（2 开）
定价：CNY0.32
　　中国现代年画作品。

J0053397
仕女条屏　巴莉作
哈尔滨　黑龙江人民出版社　1982 年　2 张
76cm（2 开）定价：CNY0.26
　　中国现代年画作品。

J0053398
事事如意　成砺志作
石家庄　河北美术出版社　1982 年　1 张

76cm（2 开）定价：CNY0.13
　　中国现代年画作品。

J0053399
试航　成砺志作
天津　天津人民美术出版社　1982 年　1 张
76cm（2 开）定价：CNY0.18
　　中国现代年画作品。

J0053400
首都风光　（北海）北京出版社编
北京　北京出版社　1982 年　1 张　76cm（2 开）
定价：CNY0.18
　　中国现代年画作品。

J0053401
首都风光　（故宫）北京出版社编
北京　北京出版社　1982 年　1 张　76cm（2 开）
定价：CNY0.18
　　中国现代年画作品。

J0053402
首都风光　（天坛）北京出版社编
北京　北京出版社　1982 年　1 张　76cm（2 开）
定价：CNY0.18
　　中国现代年画作品。

J0053403
首都风光　（万里长城）北京出版社编
北京　北京出版社　1982 年　1 张　76cm（2 开）
定价：CNY0.18
　　中国现代年画作品。

J0053404
首都风光　（香山碧云寺）北京出版社编
北京　北京出版社　1982 年　1 张　76cm（2 开）
定价：CNY0.18
　　中国现代年画作品。

J0053405
首都风光　北京出版社编
北京　北京出版社　1983 年　2 张　76cm（2 开）
定价：CNY0.36
　　中国现代年画作品。

J0053406
寿星图　华三川作
上海　上海书画出版社 1982年 1张 76cm（2开）
定价：CNY0.40
　　中国现代年画作品。作者华三川（1930—2004），画家。浙江镇海人。中国美协会员，上海美术家协会理事，上海少年儿童出版社专业画家，上海市文史研究馆馆员。代表作品《华三川仕女画集》《华三川绘新百美图》《锦瑟年华》等。

J0053407
寿星图　（胶印画轴）华三川作
上海　上海书画出版社 1982年［1轴］附对联
107cm（全开）定价：CNY2.90
　　中国现代年画作品。

J0053408
双凤朝牡丹　区本泉作
广州　岭南美术出版社 1982年 1张 76cm（2开）
定价：CNY0.48
　　中国现代年画作品。

J0053409
双龙戏珠　王炳坤作
广州　岭南美术出版社 1982年 1张 76cm（2开）
定价：CNY0.16
　　中国现代年画作品。

J0053410
双猫图　史延芹作
天津　天津人民美术出版社 1982年 1张
76cm（2开）定价：CNY0.18
　　中国现代年画作品。

J0053411
双猫嬉戏屏　（胶印画轴）方工，张玉清作
天津　天津杨柳青画店 1982年 4轴 78cm（2开）
定价：CNY1.20
　　中国现代年画作品。作者方工，女，画家。原名王振芳。擅画猫。与其父合作绘著并出版《画猫技法基础》《百猫百蝶图》等。

J0053412
双猫戏蝶　杨晓辉作
南京　江苏人民出版社 1982年 1张 76cm（2开）

定价：CNY0.18
　　中国现代年画作品。

J0053413
双狮　（胶印画轴）叶德昌作
武汉　湖北人民出版社 1982年［1轴］附对联
107cm（全开）定价：CNY1.55
　　中国现代年画作品。

J0053414
双兔图　史延芹作
天津　天津人民美术出版社 1982年 1张
76cm（2开）定价：CNY0.18
　　中国现代年画作品。

J0053415
双喜　刘长恩作
天津　天津人民美术出版社 1982年 1张
76cm（2开）定价：CNY0.18
　　中国现代年画作品。

J0053416
双喜临门　树夫作
南京　江苏人民出版社 1982年 1张 76cm（2开）
定价：CNY0.18
　　中国现代年画作品。

J0053417
双喜图　紫燕作
合肥　安徽人民出版社 1982年 1张 76cm（2开）
定价：CNY0.18
　　中国现代年画作品。

J0053418
双喜图　聂明贵，罗次冰作
成都　四川人民出版社 1982年 1张 76cm（2开）
定价：CNY0.16
　　中国现代年画作品。

J0053419
双珠凤　焦庆生，李泽民作
石家庄　河北美术出版社 1982年 1张
76cm（2开）定价：CNY0.16
　　中国现代年画作品。

J0053420
谁听话 钱实成作
贵阳 贵州人民出版社 1982年 1张 76cm（2开）
定价：CNY0.16
　　中国现代年画作品。

J0053421
水浒一百零八将 颜梅华，张碧梧作
上海 上海人民美术出版社 1982年 1张
76cm（2开）定价：CNY0.16
　　中国现代年画作品。作者颜梅华（1927—
　　），国画家。号雪庵，斋号琴斋。浙江乐清人。
代表作品有《比目鱼》《白秋练》《白蛇传》《风云
初记》等。作者张碧梧（1905—1987），画家。江
苏江阴人。曾任上海人民美术出版社特约年画
作者、中国美术家协会会员。代表作品有《百万
雄师渡长江》《养小鸡捐飞机》等。

J0053422
水晶花开 阎永生作
北京 人民美术出版社 1982年 1张 76cm（2开）
定价：CNY0.16
　　中国现代年画作品。

J0053423
水漫金山 何多俊作
成都 四川人民出版社 1982年 1张 76cm（2开）
定价：CNY0.16
　　中国现代年画作品。

J0053424
水仙花 李俊龙，徐淑华作；刘汉宗，黄瑞金
配诗
北京 人民美术出版社 1982年 2张 76cm（2开）
定价：CNY0.26
　　中国现代年画作品。

J0053425
硕果丰收娃娃喜 马天琪作
沈阳 辽宁美术出版社 1982年 1张 76cm（2开）
定价：CNY0.13
　　中国现代年画作品。

J0053426
硕果累累 张家纯作

哈尔滨 黑龙江人民出版社 1982年 1张
76cm（2开）定价：CNY0.16
　　中国现代年画作品。

J0053427
四川风光 李金远作
成都 四川人民出版社 1982年 2张 76cm（2开）
定价：CNY0.16
　　中国现代年画作品。作者李金远（1945—
　　），画家、美术教育家。四川成都人。历任四
川师范大学艺术系高级美术师，中国美术家协会
会员，中华美学学会会员。出版有《李金远画集》
《李金远作品集——从四川到南比利牛斯》《李金
远南比利牛斯作品集》等。

J0053428
四化喜讯 吕学勤作
郑州 中州书画社 1982年 1张 76cm（2开）
定价：CNY0.13
　　中国现代年画作品。

J0053429
四季常青兴五业　万象更新乐丰年 陈衡，
杨家聪作
广州 岭南美术出版社 1982年 1张 76cm（2开）
定价：CNY0.16
　　中国现代年画作品。

J0053430
四季瓜香 张万臣作
沈阳 辽宁美术出版社 1982年 1张 76cm（2开）
定价：CNY0.13
　　中国现代年画作品。

J0053431
四季花开 （杨柳青年画）
天津 天津杨柳青画社 1982年 1张 76cm（2开）
定价：CNY0.18
　　中国现代年画作品。

J0053432
四季花鸟 齐兆璠作
石家庄 河北美术出版社 1982年 2张
76cm（2开）定价：CNY0.26
　　中国现代年画作品。作者齐兆璠，花鸟画

家。天津人，毕业于天津美术学院。历任中国美术家协会会员、河北省沧州师范专科学校美术系教授，专著有《鸟类画谱》。

J0053433
四季花鸟　薛长山作
哈尔滨 黑龙江人民出版社 1982 年 2 张
76cm（2 开）定价：CNY0.26
　　中国现代年画作品。

J0053434
四季花鸟　王少卿作
郑州 中州书画社 1982 年 4 张 76cm（2 开）
定价：CNY0.72
　　中国现代年画作品。

J0053435
四季花鸟屏　齐兆璠作
石家庄 河北美术出版社 1982 年 4 张
76cm（2 开）定价：CNY1.20
　　中国现代年画作品。作者齐兆璠，花鸟画家。天津人，毕业于天津美术学院。历任中国美术家协会会员、河北省沧州师范专科学校美术系教授，专著有《鸟类画谱》。

J0053436
四季花鸟屏　（春夏秋冬）薛长山作
广州 岭南美术出版社 1982 年 2 张 76cm（2 开）
定价：CNY0.36
　　中国现代年画作品。

J0053437
四季花香　王一鸣作
沈阳 辽宁美术出版社 1982 年 2 张 76cm（2 开）
定价：CNY0.26
　　中国现代年画作品。

J0053438
四季欢腾　雨新，方工作
太原 山西人民出版社 1982 年 4 张 78cm（2 开）
定价：CNY0.48
　　中国现代年画作品。作者雨新（1927—　），画家。本名王宗光，北京顺义人。曾任荣宝斋咨询委员会委员、中国老年书画研究会创作员。主要作品有《怎样画蝴蝶》《怎样画草虫》《怎样画

牡丹花石》等。作者方工，女，画家。原名王振芳。擅画猫。与其父合作绘著并出版《画猫技法基础》《百猫百蝶图》等。

J0053439
四季平安　成砺志作
福州 福建人民出版社 1982 年 1 张 76cm（2 开）
定价：CNY0.16
　　中国现代年画作品。

J0053440
四季有余幸福来　杨春生作
沈阳 辽宁美术出版社 1982 年 1 张 76cm（2 开）
定价：CNY0.13
　　中国现代年画作品。

J0053441
四季长春　白铭作
沈阳 辽宁美术出版社 1982 年 2 张 76cm（2 开）
定价：CNY0.26
　　中国现代年画作品。

J0053442
四美图　刘启文作
石家庄 河北美术出版社 1982 年 2 张
76cm（2 开）定价：CNY0.32
　　中国现代年画作品。

J0053443
四只小猫　丁博平，李承毅作
天津 天津人民美术出版社 1982 年 1 张
76cm（2 开）定价：CNY0.18
　　中国现代年画作品。

J0053444
松鹤延年　林振声作
石家庄 河北美术出版社 1982 年［1 张］
107cm（全开）定价：CNY0.30
　　中国现代年画作品。

J0053445
松鹤延年　（胶印画轴）林振声作
石家庄 河北美术出版社 1982 年 1 轴 附对联
107cm（全开）定价：CNY1.30
　　中国现代年画作品。

J0053446
松鹤延年　焦可群作
北京 中国戏剧出版社 1982 年［1 张］附对联
107cm（全开）定价：CNY0.36
　　中国现代年画作品。

J0053447
松龄鹤寿　刘德伦作
成都 四川人民出版社 1982 年 1 张 76cm（2 开）
定价：CNY0.16
　　中国现代年画作品。

J0053448
松龄鹤寿　常炳辉作
郑州 中州书画社 1982 年 1 张 附对联
107cm（全开）定价：CNY0.36
　　中国现代年画作品。

J0053449
宋庆龄同志和孩子　陆廷作
上海 上海人民美术出版社 1982 年 1 张
76cm（2 开）定价：CNY0.16
　　中国现代年画作品。

J0053450
苏小妹考新郎　金铭作
上海 上海人民美术出版社 1982 年 1 张
76cm（2 开）定价：CNY0.16
　　中国现代年画作品。

J0053451
苏小妹三难新郎　徐文山作
石家庄 河北美术出版社 1982 年 1 张
76cm（2 开）定价：CNY0.16
　　中国现代年画作品。

J0053452
苏小妹三难新郎　（胶印画轴）徐文山作
石家庄 河北美术出版社 1982 年［1 轴］
附对联 107cm（全开）定价：CNY1.30
　　中国现代年画作品。

J0053453
苏小妹三难新郎　丁鸿章作
南京 江苏人民出版社 1982 年 2 张 76cm（2 开）

定价：CNY0.36
　　中国现代年画作品。

J0053454
苏小妹三难新郎　符光耿作
成都 四川人民出版社 1982 年 1 张 76cm（2 开）
定价：CNY0.16
　　中国现代年画作品。

J0053455
隋唐故事屏　刘荣富作；邓会光配文
哈尔滨 黑龙江人民出版社 1982 年 2 张
76cm（2 开）定价：CNY0.32
　　中国现代年画作品。

J0053456
岁朝图　（胶印画轴）江南春，张广力作
上海 1982 年［1 轴］附对联 107cm（全开）
定价：CNY1.50
　　中国现代年画作品。

J0053457
岁寒三友　黄幼吾作
上海 上海人民美术出版社 1982 年 1 张
76cm（2 开）定价：CNY0.16
　　中国现代年画作品。

J0053458
孙悟空哪吒　龙昌远作
贵阳 贵州人民出版社 1982 年 1 张 76cm（2 开）
定价：CNY0.16
　　中国现代年画作品。

J0053459
孙悟空七十二变　刘德能作
成都 四川人民出版社 1982 年 1 张 76cm（2 开）
定价：CNY0.16
　　中国现代年画作品。

J0053460
孙悟空三盗芭蕉扇　李慕白，金雪尘作
上海 上海人民美术出版社 1982 年 1 张
76cm（2 开）定价：CNY0.16
　　中国现代年画作品。

J0053461

孙玉娇与付朋　赵静东作

天津　天津杨柳青画社 1982 年 1 张 76cm（2开）

定价：CNY0.18

　　中国现代年画作品。

J0053462

他上了光荣榜　李冰作

兰州　甘肃人民出版社 1982 年 1 张 76cm（2开）

定价：CNY0.16

　　中国现代年画作品。

J0053463

太白醉酒　张锦标作

上海　上海人民美术出版社 1982 年 1 张

76cm（2开）定价：CNY0.16

　　中国现代年画作品。

J0053464

唐宋四诗人　丛志远，黄柔昌作

南京　江苏人民出版社 1982 年 4 张 76cm（2开）

定价：CNY0.72

　　中国现代年画作品。

J0053465

桃李满山　张为民，刘淑荣作

天津　天津杨柳青画社 1982 年 1 张 76cm（2开）

定价：CNY0.16

　　中国现代年画作品。

J0053466

桃李梅

北京　中国电影出版社 1982 年 2 张 76cm（2开）

定价：CNY0.36

　　中国现代年画作品。

J0053467

桃子大娃娃壮　刘泽文作

上海　上海人民美术出版社 1982 年 1 张

76cm（2开）定价：CNY0.16

　　中国现代年画作品。作者刘泽文（1943—　），
画家，国家一级美术师。山东即墨人，历任烟台
地区新华书店担任美工、山东省出版总社烟台分
社任美术编辑。代表作品《望穿碧海千层浪》，出
版有《刘泽文水粉画集》。

J0053468

天女散花　郑坚石作

石家庄　河北美术出版社 1982 年 1 张

76cm（2开）定价：CNY0.16

　　中国现代年画作品。

J0053469

天女散花　王炎林作

西安　陕西人民美术出版社 1982 年 1 张

76cm（2开）定价：CNY0.18

　　中国现代年画作品。

J0053470

天天向上　贾书敏作

石家庄　河北美术出版社 1982 年 1 张

76cm（2开）定价：CNY0.16

　　中国现代年画作品。

J0053471

天真　陈继武作

杭州　浙江人民美术出版社 1982 年 1 张

76cm（2开）定价：CNY0.16

　　中国现代年画作品。作者陈继武（1942—　），
福建福州人。别名陈剑生。毕业于浙江美术学
院油画系。中国美术家协会会员、中国油画家协
会会员、宁波画院院长。擅长年画、油画。主要
作品有《江山多娇》《面向未来》《中国之春》等。

J0053472

天竹翠鸟　陈佩秋作

上海　上海书画出版社 1982 年 1 张 76cm（2开）

定价：CNY0.16

　　中国现代年画作品。作者陈佩秋（1922—　），
女，现代中国画花鸟画画家。河南南阳人。字健
碧，室名秋兰室、高华阁、截玉轩。毕业于国立
艺术专科学校。历任上海大学美术学院兼职教
授、上海中国画院画师、中国美术家协会会员。
主要作品有《天目山杜鹃》《水佩风裳》《红满
枝头》。

J0053473

天作之合　双喜临门　华三川作

上海　上海书画出版社 1982 年 1 张 76cm（2开）

定价：CNY0.16

　　中国现代年画作品。

J0053474
田螺姑娘　樊怀章作
贵阳 贵州人民出版社 1982 年 1 张 76cm（2 开）
定价：CNY0.16
　　中国现代年画作品。作者樊怀章（1943—　　），
四川简阳人。别名樊恒。擅长年画。曾任四川
美术出版社编辑室副主任。作品有《朱德元帅接
见战斗英雄》《敬爱的元帅》（合作）。

J0053475
甜蜜蜜　王伟戌，姚中玉作
上海 上海人民美术出版社 1982 年 1 张
76cm（2 开）定价：CNY0.16
　　中国现代年画作品。

J0053476
娃娃爱小鸡　刘彦平作
石家庄 河北美术出版社 1982 年 1 张
76cm（2 开）定价：CNY0.16
　　中国现代年画作品。

J0053477
娃娃爱鱼　张鸾作
北京 人民美术出版社 1982 年 1 张 76cm（2 开）
定价：CNY0.16
　　中国现代年画作品。

J0053478
娃娃乐　姚中玉，王伟戌作
福州 福建人民出版社 1982 年 1 张 76cm（2 开）
定价：CNY0.16
　　中国现代年画作品。

J0053479
娃娃乐　刘正作
郑州 中州书画社 1982 年 1 张 76cm（2 开）
定价：CNY0.13
　　中国现代年画作品。

J0053480
娃娃乐　刘正作
郑州 中州书画社 1982 年 1 张 54cm（4 开）
定价：CNY0.07
　　中国现代年画作品。作者刘正（1949—　　），
女，编辑。天津人，毕业于天津美术学院绘画系。

历任天津人民美术出版社编审、中国美术家协会
会员、中国工笔画学会会员、中国刘奎龄艺术研
究院研究员、天津市美术家协会会员。代表作品
有《中国织绣服饰全集》《幸福花开》《庄户剧团》
《十二月花神》《春到西花厅》等。

J0053481
娃娃幸福鲜果香　王伟戌，姚中玉作
上海 上海人民出版社 1982 年 1 张
107cm（全开）定价：CNY0.30
　　中国现代年画作品。

J0053482
玩花灯　杨永东
武汉 湖北人民美术出版社 1982 年 1 张
76cm（2 开）定价：CNY0.16
　　中国现代年画作品。

J0053483
万古长青　刘柏荣作
武汉 湖北人民出版社 1982 年 1 张
107cm（全开）定价：CNY0.36
　　中国现代年画作品。

J0053484
万古长青　（胶印画轴）刘柏荣作
武汉 湖北人民出版社 1982 年［1 轴］附对联
107cm（全开）定价：CNY2.00
　　中国现代年画作品。

J0053485
王老虎抢亲　戴松耕，戴一鸣作；黄振亮编文
上海 上海人民美术出版社 1982 年 2 张
76cm（2 开）定价：CNY0.32
　　中国现代年画作品。

J0053486
王少安赶船　刘震，张煜摄影
天津 天津杨柳青画社 1982 年 1 张 76cm（2 开）
定价：CNY0.16
　　中国现代年画作品。

J0053487
王昭君　李诗唐，王致青作
太原 山西人民出版社 1982 年 2 张 76cm（2 开）

定价：CNY0.36

中国现代年画作品。

J0053488

王昭君蔡文姬　　侯世武作

成都　四川人民出版社 1982 年　1 张　76cm（2 开）

定价：CNY0.16

中国现代年画作品。

J0053489

威仪华表惊百兽　　曾昭勇作

长沙　湖南美术出版社 1982 年　1 张　76cm（2 开）

定价：CNY0.16

中国现代年画作品。

J0053490

威震群山　　林梦松，赵毅作

天津　天津美术出版社 1982 年　1 张　附对联

107cm（全开）定价：CNY0.36

中国现代年画作品。

J0053491

卫青霍去病　　王国征，田木作

西安　陕西人民美术出版社 1982 年　1 张

76cm（2 开）定价：CNY0.13

中国现代年画作品。

J0053492

卫青霍去病　　王国征，田木作

西安　陕西人民美术出版社 1982 年　1 张

54cm（4 开）定价：CNY0.07

中国现代年画作品。

J0053493

未来的建筑师　　柳忠福作

天津　天津人民美术出版社 1982 年　1 张

76cm（2 开）定价：CNY0.18

中国现代年画作品。

J0053494

喂鸡　　刘云生作

成都　四川人民出版社 1982 年　1 张　76cm（2 开）

定价：CNY0.16

中国现代年画作品。

J0053495

慰亲人　　周群，舒展作

上海　上海人民美术出版社 1982 年　1 张

76cm（2 开）定价：CNY0.16

中国现代年画作品。

J0053496

文姬辨琴　　李泽民作

石家庄　河北美术出版社 1982 年　1 张

76cm（2 开）定价：CNY0.16

中国现代年画作品。

J0053497

文君听琴　　冯庆国作

贵阳　贵州人民出版社 1982 年　1 张　76cm（2 开）

定价：CNY0.16

中国现代年画作品。

J0053498

我爱大公鸡　　安茂让画

济南　山东人民出版社 1982 年　1 张　76cm（2 开）

定价：CNY0.16

中国现代年画作品。

J0053499

我爱大公鸡　　李白颖作

西安　陕西人民美术出版社 1982 年　1 张

76cm（2 开）定价：CNY0.18

中国现代年画作品。

J0053500

我爱天鹅　　张兴祥作

成都　四川人民出版社 1982 年　1 张　76cm（2 开）

定价：CNY0.16

中国现代年画作品。

J0053501

我爱小猫　　齐大鹏作

石家庄　河北美术出版社 1982 年　1 张

76cm（2 开）定价：CNY0.16

中国现代年画作品。作者齐大鹏（1940—　　），生于河北省沧州市，天津美院干部训练班结业。历任中国书画艺术家协会会员、河北省美协会员、沧州画院画师。作品有《整装待发》《准时开车》《杨家将》《准时开车》等。

J0053502
我爱祖国的大海　徐中作
南京 江苏人民出版社 1982年 1张 76cm（2开）
定价：CNY0.18
　　中国现代年画作品。

J0053503
我帮奶奶引针线　刘泽文作
北京 人民美术出版社 1982年 1张 76cm（2开）
定价：CNY0.13
　　中国现代年画作品。作者刘泽文（1943— ），
画家，国家一级美术师。山东即墨人，历任烟台
地区新华书店担任美工、山东省出版总社烟台分
社任美术编辑。代表作品《望穿碧海千层浪》，出
版有《刘泽文水粉画集》。

J0053504
我拉提琴给你听　邹起奎作
天津 天津杨柳青画社 1982年 1张 76cm（2开）
定价：CNY0.18
　　中国现代年画作品。

J0053505
我们从小学礼貌　徐福根作
长沙 湖南美术出版社 1982年 1张 76cm（2开）
定价：CNY0.16
　　中国现代年画作品。

J0053506
我们的友谊　黄妙发作
北京 人民美术出版社 1982年 1张 76cm（2开）
定价：CNY0.16
　　中国现代年画作品。

J0053507
我们山乡宝真多　静如作
沈阳 辽宁美术出版社 1982年 1张 76cm（2开）
定价：CNY0.13
　　中国现代年画作品。

J0053508
我们自己洗手绢　骆福庆作
天津 天津杨柳青画店 1982年 1张 76cm（2开）
定价：CNY0.16
　　中国现代年画作品。

J0053509
我能算　王信作
沈阳 辽宁美术出版社 1982年 1张 76cm（2开）
定价：CNY0.13
　　中国现代年画作品。作者王信（1925— ），
画家。河北承德人。历任辽宁美术出版社专职
画家、承德市群艺馆研究馆员、河北水彩画会名
誉会长、河北省美协顾问。画作有《早雾》《原始
森林》《深山情》《山家》等。出版有《王信水彩
画选辑》《王信水彩选集》《王信水彩画专辑》等。

J0053510
我是光荣的少先队员　林成翰作
北京 人民美术出版社 1982年 1张 76cm（2开）
定价：CNY0.13
　　中国现代年画作品。

J0053511
我是少先队员　成砺志作
南京 江苏人民出版社 1982年 1张 76cm（2开）
定价：CNY0.18
　　中国现代年画作品。

J0053512
我是一个兵　贾书敏作
石家庄 河北美术出版社 1982年 1张
76cm（2开）定价：CNY0.16
　　中国现代年画作品。

J0053513
五彩云铺黄金路金丝鸟唱幸福歌　康绍
熙作
成都 四川人民出版社 1982年 1张 76cm（2开）
定价：CNY0.16
　　中国现代年画作品。

J0053514
五谷丰登　陈学璋作
杭州 浙江人民美术出版社 1982年 1张
76cm（2开）定价：CNY0.16
　　中国现代年画作品。作者陈学璋（1955— ），
浙江德清人。笔名晨牧。擅长中国画、年画。浙
江省美术家协会会员、湖州市美术家协会理事、
德清县美协主席、赵孟頫书画院院长。主要作品
有《又是一个丰收年》《小康属龙》《桑梓情》等。

J0053515

五谷丰登　连年有余　沈绍伦，陆延

上海　上海人民美术出版社 1982 年 1 张

76cm（2 开）定价：CNY0.16

中国现代年画作品。

J0053516

五谷丰登六畜兴旺　蔡世明，武忠平作

合肥　安徽人民出版社 1982 年 1 张 76cm（2 开）

定价：CNY0.16

中国现代年画作品。

J0053517

五讲四美开新花　张石生作

哈尔滨　黑龙江人民出版社 1982 年 1 张

76cm（2 开）定价：CNY0.16

中国现代年画作品。

J0053518

五羊仙　曾帆作

广州　岭南美术出版社 1982 年 1 张 76cm（2 开）

定价：CNY0.16

中国现代年画作品。

J0053519

武松打虎鲁达除害　严华作

成都　四川人民出版社 1982 年 1 张 76cm（2 开）

定价：CNY0.16

中国现代年画作品。

J0053520

武松打虎哪吒闹海　许晃作

太原　山西人民出版社 1982 年 1 张 54cm（4 开）

定价：CNY0.09

中国现代年画作品。

J0053521

舞剑　牟桑作

济南　山东人民出版社 1982 年 1 张 76cm（2 开）

定价：CNY0.16

中国现代年画作品。作者牟桑（1942—　），

教授。生于山东日照，毕业于山东师范学院艺术

系。历任中国美术家协会会员，山东建筑大学艺

术系教研室主任、教授。作品有《举士奇创》《农

林益鸟》《林黛玉魁夺菊花诗》，专集有《花卉写

生集》《中国太湖石写生集》。主编《全国高校建

筑学科教师美术作品集》。

J0053522

舞狮图　王伟戍作

天津　天津人民美术出版社 1982 年 1 张

76cm（2 开）定价：CNY0.18

中国现代年画作品。

J0053523

舞苑花香　刘吉厚作

西安　陕西人民出版社 1982 年 1 张 76cm（2 开）

定价：CNY0.18

中国现代年画作品。作者刘吉厚（1942—

2011），满族，画家。辽宁宽甸人。历任辽宁美术

出版社编辑、外联部编审，辽宁形象传播研究会

常务副会长、秘书长。作品有《鸿福满堂》《春满

人间》，出版有《刘吉厚作品选集》等。

J0053524

舞云童跳花灯　郭长林，潘培德作

贵阳　贵州人民出版社 1982 年 1 张 54cm（4 开）

定价：CNY0.16

中国现代年画作品。

J0053525

西班牙舞　陆欣作

天津　天津人民美术出版社 1982 年 1 张

76cm（2 开）定价：CNY0.18

中国现代年画作品。

J0053526

西湖风光好　徐增元作

上海　上海人民美术出版社 1982 年 1 张

76cm（2 开）定价：CNY0.16

中国现代年画作品。

J0053527

西施浣纱　龚景充作

石家庄　河北美术出版社 1982 年 1 张

76cm（2 开）定价：CNY0.13

中国现代年画作品。

J0053528

西施与范蠡　张德俊作

杭州 浙江人民美术出版社 1982 年 1 张
76cm（2 开）定价：CNY0.16
　　中国现代年画作品。

J0053529
西厢记　肖贤良作
武汉 湖北人民出版社 1982 年 1 张 76cm（2 开）
定价：CNY0.40
　　中国现代年画作品。

J0053530
西厢记　春怡作
广州 岭南美术出版社 1982 年 1 张 76cm（2 开）
定价：CNY0.16
　　中国现代年画作品。

J0053531
西厢记　付鲁沛，李学荣作
天津 天津人民美术出版社 1982 年 1 张
76cm（2 开）定价：CNY0.18
　　中国现代年画作品。

J0053532
西园记　姚中玉，王伟戍作
杭州 浙江人民美术出版社 1982 年 1 张
76cm（2 开）定价：CNY0.16
　　中国现代年画作品。

J0053533
嬉春图　毛水仙作
北京 人民美术出版社 1982 年 1 张 76cm（2 开）
定价：CNY0.16
　　中国现代年画作品。

J0053534
嬉戏小鸡　石桂兰作
呼和浩特 内蒙古人民出版社 1982 年 1 张
76cm（2 开）定价：CNY0.13
　　中国现代年画作品。

J0053535
嬉鱼　李先润作
武汉 湖北人民出版社 1982 年 1 张 76cm（2 开）
定价：CNY0.16
　　中国现代年画作品。

J0053536
嬉鱼图　张家纯作
哈尔滨 黑龙江人民出版社 1982 年 1 张
76cm（2 开）定价：CNY0.16
　　中国现代年画作品。

J0053537
嬉鱼图　刘荣富作
长沙 湖南美术出版社 1982 年 1 张 76cm（2 开）
定价：CNY0.16
　　中国现代年画作品。

J0053538
嬉鱼图　雷文兵作
成都 四川人民出版社 1982 年 1 张 76cm（2 开）
定价：CNY0.16
　　中国现代年画作品。

J0053539
洗洗手　吃苹果　罗世国作
成都 四川人民出版社 1982 年 1 张 76cm（2 开）
定价：CNY0.16
　　中国现代年画作品。

J0053540
喜报吉庆　房英魁作
沈阳 辽宁美术出版社 1982 年 1 张 76cm（2 开）
定价：CNY0.13
　　中国现代年画作品。

J0053541
喜尝丰收果　姚重庆作
天津 天津人民美术出版社 1982 年 1 张
76cm（2 开）定价：CNY0.18
　　中国现代年画作品。

J0053542
喜丰年　郭兴贤作
武汉 湖北人民出版社 1982 年 1 张 76cm（2 开）
定价：CNY0.13
　　中国现代年画作品。

J0053543
喜临门　成砺志作
北京 人民美术出版社 1982 年 1 张 76cm（2 开）

定价: CNY0.16
　　中国现代年画作品。

J0053544
喜庆丰年"四化"在望　马奇作
昆明 云南人民出版社 1982 年 1 张 54cm(4 开)
定价: CNY0.07
　　中国现代年画作品。

J0053545
喜庆丰年福满人间　刘式铮作
昆明 云南人民出版社 1982 年 1 张 76cm(2 开)
定价: CNY0.13
　　中国现代年画作品。作者刘式铮(1947—),
云南思茅人, 毕业于云南艺术学院美术专业。历
任中国美术家协会会员、中国卫生美术创作委员
会理事、云南省科普美术协会会员、云南省健康
教育协会卫生美术研究组组长, 思茅地区群众
艺术馆美术干部、副馆长等职。代表作品有《佤
山春》《彝家新生》《彝族新生》《喜悦》《竹筒
舞》等。

J0053546
喜庆丰年人寿长春　蔡宏坡作
武汉 湖北人民出版社 1982 年 1 张 76cm(2 开)
定价: CNY0.13
　　中国现代年画作品。

J0053547
喜庆丰收　姚孝法, 刘吉厚作
沈阳 辽宁美术出版社 1982 年 2 张 76cm(2 开)
定价: CNY0.26
　　中国现代年画作品。作者刘吉厚(1942—
2011), 满族, 画家。辽宁宽甸人。历任辽宁美术
出版社编辑、外联部编审, 辽宁形象传播研究会
常务副会长、秘书长。作品有《鸿福满堂》《春满
人间》, 出版有《刘吉厚作品选集》等。

J0053548
喜庆图　崔注中作
南宁 漓江出版社 1982 年 1 张 76cm(2 开)
定价: CNY0.16
　　中国现代年画作品。

J0053549
喜庆有余百业兴旺　林美岚作
南宁 广西人民出版社 1982 年 1 张 76cm(2 开)
定价: CNY0.16
　　中国现代年画作品。

J0053550
喜堂花烛　张弓作
石家庄 河北美术出版社 1982 年 1 张
76cm(2 开) 定价: CNY0.16
　　中国现代年画作品。

J0053551
喜堂花烛　(胶印画轴)张弓作
石家庄 河北美术出版社 1982 年 1 轴 附对联
107cm(全开) 定价: CNY1.30
　　中国现代年画作品。

J0053552
喜讯传来　赵振武作
哈尔滨 黑龙江人民出版社 1982 年 1 张
76cm(2 开) 定价: CNY0.16
　　中国现代年画作品。

J0053553
喜迎春　张洁作
石家庄 河北美术出版社 1982 年 1 张
76cm(2 开) 定价: CNY0.16
　　中国现代年画作品。

J0053554
喜迎春　蔡培作
武汉 湖北人民出版社 1982 年 1 张 76cm(2 开)
定价: CNY0.18
　　中国现代年画作品。

J0053555
喜迎春　罗国贤作
广州 岭南美术出版社 1982 年 1 张 76cm(2 开)
定价: CNY0.16
　　中国现代年画作品。

J0053556
喜盈门　高季方作
武汉 湖北人民出版社 1982 年 1 张 76cm(2 开)

定价: CNY0.18
　　中国现代年画作品。

J0053557
喜盈门　成砺志作
西安 陕西人民美术出版社 1982 年 1 张
76cm（2 开）定价: CNY0.18
　　中国现代年画作品。

J0053558
喜盈门　陈菊仙作
上海 上海人民美术出版社 1982 年 1 张
76cm（2 开）定价: CNY0.16
　　中国现代年画作品。

J0053559
喜盈门
北京 中国电影出版社 1982 年 2 张 76cm（2 开）
定价: CNY0.26
　　中国现代年画作品。

J0053560
喜盈余　刘恩斌作
北京 人民美术出版社 1982 年 1 张 76cm（2 开）
定价: CNY0.16
　　中国现代年画作品。

J0053561
喜悦　刘式铮作
昆明 云南人民出版社 1982 年 1 张 76cm（2 开）
定价: CNY0.16
　　中国现代年画作品。

J0053562
喜跃新春　冯国琳作
沈阳 辽宁美术出版社 1982 年 1 张 76cm（2 开）
定价: CNY0.13
　　中国现代年画作品。

J0053563
喜字荷花鸳鸯　那启明作
长沙 湖南美术出版社 1982 年 1 张 76cm（2 开）
定价: CNY0.16
　　中国现代年画作品。

J0053564
囍　王烈侠设计
合肥 安徽人民出版社 1982 年 1 张 76cm（2 开）
定价: CNY0.18
　　中国现代年画作品。

J0053565
囍　梁容慕作
南宁 广西人民出版社 1982 年 1 张 54cm（4 开）
定价: CNY0.10
　　中国现代年画作品。

J0053566
囍　宝彬作
南京 江苏人民出版社 1982 年 1 张 76cm（2 开）
定价: CNY0.16
　　中国现代年画作品。

J0053567
戏蝶　何元明作
成都 四川人民出版社 1982 年 1 张 54cm（4 开）
定价: CNY0.08
　　中国现代年画作品。

J0053568
戏蝶图　陈静作
天津 天津人民美术出版社 1982 年 1 张
76cm（2 开）定价: CNY0.18
　　中国现代年画作品。

J0053569
戏金鱼　安茂让作
天津 天津人民美术出版社 1982 年 1 张
76cm（2 开）定价: CNY0.18
　　中国现代年画作品。

J0053570
戏剧人物——关羽张飞　胡文诚, 李效唐作
西宁 青海人民出版社 1982 年 2 张 54cm（4 开）
定价: CNY0.13
　　中国现代年画作品。

J0053571
戏曲集锦　金梅生作
上海 上海人民美术出版社 1982 年 1 张

76cm（2开）定价：CNY0.16
　　中国现代年画作品。

J0053572
戏鹦图　刘荣富作
长沙 湖南美术出版社 1982年 1张 76cm（2开）
定价：CNY0.16
　　中国现代年画作品。

J0053573
霞光万里松鹤延年　万一作
成都 四川省新闻图片社［1982年］1张
76cm（2开）定价：CNY0.28
　　中国现代年画作品。

J0053574
夏恋　李汇泉作
成都 四川人民出版社 1982年 1张 76cm（2开）
定价：CNY0.16
　　中国现代年画作品。

J0053575
先给爷爷吃　马秀珍作
哈尔滨 黑龙江人民出版社 1982年 1张
76cm（2开）定价：CNY0.16
　　中国现代年画作品。

J0053576
鲜果对屏　王庆生作
上海 上海人民美术出版社 1982年 2张
76cm（2开）定价：CNY0.32
　　中国现代年画作品。

J0053577
鲜花报喜　赵宋生作
昆明 云南人民出版社 1982年 1张 76cm（2开）
定价：CNY0.07
　　中国现代年画作品。作者赵宋生（1940—
1996），高级美术师。四川重庆人，毕业于云南艺
术学院。曾任玉溪市文化局局长、玉溪市文联副
主席。作品有《花卉的思念》《绿水情深》《溶溶
月色》《乐途》《岁月》等，出版有《云南民族风
情白描集》《赵宋生画集》等。

J0053578
鲜花盛开　徐朝龙作
武汉 湖北人民出版社 1982年 1张 76cm（2开）
定价：CNY0.16
　　中国现代年画作品。作者徐朝龙（1957—　　），
四川成都人，曾为日本京大交响乐团成员。

J0053579
鲜花送模范　郭安祥作
西安 陕西人民美术出版社 1982年 1张
76cm（2开）定价：CNY0.18
　　中国现代年画作品。

J0053580
鲜花献模范　忻礼良作
上海 上海人民美术出版社 1982年 1张
76cm（2开）定价：CNY0.16
　　中国现代年画作品。

J0053581
鲜花献模范颂歌赞英雄　何荣卿作
武汉 湖北人民出版社 1982年 1张 76cm（2开）
定价：CNY0.13
　　中国现代年画作品。

J0053582
献寿图　武海鹰作
石家庄 河北美术出版社 1982年 1张
107cm（全开）定价：CNY0.36
　　中国现代年画作品。

J0053583
献寿图　（胶印画轴）武海鹰作
石家庄 河北美术出版社 1982年 1轴 附对联
107cm（全开）定价：CNY1.30
　　中国现代年画作品。

J0053584
献寿图　刘王斌作
天津 天津人民美术出版社 1982年 1张
76cm（2开）定价：CNY0.18
　　中国现代年画作品。

J0053585
香罗帕　杨作文作

石家庄 河北美术出版社 1982 年 1 张
76cm（2 开）定价：CNY0.16
　　中国现代年画作品。

J0053586
香山红叶传友谊　张广力作
上海 上海人民美术出版社 1982 年 1 张
76cm（2 开）定价：CNY0.16
　　中国现代年画作品。

J0053587
想往　祝林恩作
哈尔滨 黑龙江人民出版社 1982 年 1 张
76cm（2 开）定价：CNY0.13
　　中国现代年画作品。

J0053588
潇湘黛玉　金雪尘作
上海 上海人民美术出版社 1982 年 1 张
76cm（2 开）定价：CNY0.16
　　中国现代年画作品。作者金雪尘（1904—
1996），画家。上海嘉定人。曾任上海图片出版社、
上海人民美术出版社特约记者。代表作有《武松
打虎》《春江花月夜》《金鱼舞》。

J0053589
潇湘胜景　王金星作
长沙 湖南美术出版社 1982 年 1 张 76cm（2 开）
定价：CNY0.18
　　中国现代年画作品。

J0053590
潇湘戏鹦　韩喜增作
郑州 中州书画社 1982 年 1 张 76cm（2 开）
定价：CNY0.18
　　中国现代年画作品。

J0053591
潇湘知音　王丽铭作
沈阳 辽宁美术出版社 1982 年 1 张 76cm（2 开）
定价：CNY0.13
　　中国现代年画作品。

J0053592
小八路　孙滋溪作

北京 中国戏剧出版社 1982 年 1 张 76cm（2 开）
定价：CNY0.13
　　中国现代年画作品。

J0053593
小宝宝　范树人作
石家庄 河北美术出版社 1982 年 1 张
76cm（2 开）定价：CNY0.16
　　中国现代年画作品。

J0053594
小放牛　邹晓清，章孟和作
合肥 安徽人民出版社 1982 年 1 张 76cm（2 开）
定价：CNY0.16
　　中国现代年画作品。

J0053595
小放牛　吴性清作
西安 陕西人民美术出版社 1982 年 1 张
76cm（2 开）定价：CNY0.13
　　中国现代年画作品。

J0053596
小放牛　黄妙发作
上海 上海人民美术出版社 1982 年 1 张
76cm（2 开）定价：CNY0.16
　　中国现代年画作品。

J0053597
小放牛　宗万华作
天津 天津人民美术出版社 1982 年 1 张
76cm（2 开）定价：CNY0.18
　　中国现代年画作品。

J0053598
小花　刘称奇作
南宁 漓江出版社 1982 年 1 张 76cm（2 开）
定价：CNY0.16
　　中国现代年画作品。

J0053599
小花猫　缪爱莉作
广州 岭南美术出版社 1982 年 1 张 76cm（2 开）
定价：CNY0.16
　　中国现代年画作品。

J0053600
小伙伴　张洁作
石家庄 河北美术出版社 1982 年 1 张
76cm（2 开）定价：CNY0.16
　　中国现代年画作品。

J0053601
小孔雀　柳忠福作
石家庄 河北美术出版社 1982 年 1 张
76cm（2 开）定价：CNY0.16
　　中国现代年画作品。

J0053602
小昆虫学家　于占德作
济南 山东人民出版社 1982 年 1 张 76cm（2 开）
定价：CNY0.18
　　中国现代年画作品。

J0053603
小喇叭又响啦　徐福根作
北京 人民美术出版社 1982 年 1 张 76cm（2 开）
定价：CNY0.13
　　中国现代年画作品。

J0053604
小猫花卉　任杰作
西安 陕西人民美术出版社 1982 年 2 张
76cm（2 开）定价：CNY0.36
　　中国现代年画作品。

J0053605
小蜜蜂　李迎涛作
石家庄 河北美术出版社 1982 年 1 张
76cm（2 开）定价：CNY0.16
　　中国现代年画作品。

J0053606
小骑士　朱岩作
哈尔滨 黑龙江人民出版社 1982 年 1 张
76cm（2 开）定价：CNY0.16
　　中国现代年画作品。

J0053607
小骑手　史士明作
南京 江苏人民出版社 1982 年 1 张 76cm（2 开）

定价：CNY0.18
　　中国现代年画作品。

J0053608
小书迷　龚定平作
石家庄 河北美术出版社 1982 年 1 张
76cm（2 开）定价：CNY0.16
　　中国现代年画作品。

J0053609
小书迷　雷文兵作
成都 四川人民出版社 1982 年 1 张 76cm（2 开）
定价：CNY0.16
　　中国现代年画作品。

J0053610
小司机　罗玉江作
石家庄 河北美术出版社 1982 年 1 张
76cm（2 开）定价：CNY0.16
　　中国现代年画作品。

J0053611
小天鹅　陈宝万作
西安 陕西人民美术出版社 1982 年 1 张
76cm（2 开）定价：CNY0.13
　　中国现代年画作品。

J0053612
小武松　张兴祥作
成都 四川人民出版社 1982 年 1 张 76cm（2 开）
定价：CNY0.16
　　中国现代年画作品。

J0053613
小先生　白银录作
石家庄 河北美术出版社 1982 年 1 张
76cm（2 开）定价：CNY0.16
　　中国现代年画作品。

J0053614
小小手绢自己洗　胡立义作
北京 人民美术出版社 1982 年 1 张 76cm（2 开）
定价：CNY0.16
　　中国现代年画作品。

J0053615
小小音乐会　严兴华作
成都 四川人民出版社 1982 年 1 张 76cm（2 开）
定价：CNY0.16
　　中国现代年画作品。

J0053616
小小音乐家　聂维民作
哈尔滨 黑龙江人民出版社 1982 年 1 张
76cm（2 开）定价：CNY0.13
　　中国现代年画作品。

J0053617
小信鸽　王玉平作
石家庄 河北美术出版社 1982 年 1 张
76cm（2 开）定价：CNY0.16
　　中国现代年画作品。

J0053618
小勇士　赵仁成作
西安 陕西人民美术出版社 1982 年 1 张
76cm（2 开）定价：CNY0.13
　　中国现代年画作品。

J0053619
小园丁　黄力生作
武汉 湖北人民出版社 1982 年 1 张 76cm（2 开）
定价：CNY0.16
　　中国现代年画作品。

J0053620
写福字　刘昌吉画
长春 吉林人民出版社 1982 年 1 张 76cm（2 开）
定价：CNY0.16
　　中国现代年画作品。

J0053621
谢瑶环　原儒云作
石家庄 河北美术出版社 1982 年 1 张
76cm（2 开）定价：CNY0.16
　　中国现代年画作品。

J0053622
心灵手巧　刘恩斌作
北京 人民美术出版社 1982 年 1 张 76cm（2 开）

定价：CNY0.16
　　中国现代年画作品。

J0053623
新春乐　刘继成画
长春 吉林人民出版社 1982 年 1 张 76cm（2 开）
定价：CNY0.16
　　中国现代年画作品。

J0053624
新春乐　孙为国作
南京 江苏人民出版社 1982 年 1 张 76cm（2 开）
定价：CNY0.18
　　中国现代年画作品。

J0053625
新春乐　王志隆，赵田吉作
济南 山东人民出版社 1982 年 1 张 76cm（2 开）
定价：CNY0.16
　　中国现代年画作品。

J0053626
新春乐　曾纪纲作
成都 四川人民出版社 1982 年 1 张 76cm（2 开）
定价：CNY0.16
　　中国现代年画作品。

J0053627
新春乐　徐世民作
天津 天津人民美术出版社 1982 年 1 张
76cm（2 开）定价：CNY0.18
　　中国现代年画作品。

J0053628
新年好　李慕白，庞卡画
南昌 江西人民出版社 [1982 年] 1 张
76cm（2 开）定价：CNY0.18
　　中国现代年画作品。

J0053629
新年好　林美岚作
北京 人民美术出版社 1982 年 1 张 76cm（2 开）
定价：CNY0.16
　　中国现代年画作品。

J0053630
新秀唱未来　霍允庆作
长沙 湖南美术出版社 1982年 1张 76cm（2开）
定价：CNY0.18
　　中国现代年画作品。

J0053631
新衣岁岁添　白逸如作
天津 天津人民美术出版社 1982年 1张
76cm（2开）定价：CNY0.18
　　中国现代年画作品。作者白逸如（1932— ），
女，画家。北京人。毕业于浙江美术学院。曾任
山东省文化局美工室、山东师范大学艺术系教
师，天津画院专业画家。作品有《渔家女儿上大
学》《移来南茶住北乡》《大娘的病好了》等。

J0053632
幸福的童年　肖天智作
成都 四川人民出版社 1982年 1张
76cm（2开）定价：CNY0.16
　　中国现代年画作品。作者肖天智，连环画家。
就职于彭县文化馆。创作连环画作品有《治虫》
《苦妹儿》《狄仁杰传奇》《三盗合欢瓶》等。

J0053633
幸福儿童　欧洋作
武汉 湖北人民出版社 1982年 1张 76cm（2开）
定价：CNY0.16
　　中国现代年画作品。

J0053634
幸福花　徐世民作
沈阳 辽宁美术出版社 1982年 1张 76cm（2开）
定价：CNY0.13
　　中国现代年画作品。

J0053635
幸福花儿红艳艳　邹起奎作
天津 天津杨柳青画店 1982年 1张 76cm（2开）
定价：CNY0.16
　　中国现代年画作品。

J0053636
幸福家庭　适民作
昆明 云南人民出版社 1982年 1张 76cm（2开）

定价：CNY0.07
　　中国现代年画作品。

J0053637
幸福乐　林成翰作
天津 天津人民美术出版社 1982年 1张
76cm（2开）定价：CNY0.18
　　中国现代年画作品。

J0053638
幸福童年　成砺志作
郑州 中州书画社 1982年 1张 76cm（2开）
定价：CNY0.13
　　中国现代年画作品。

J0053639
幸福有余　童金贵作
长春 吉林人民出版社 1982年 1张 76cm（2开）
定价：CNY0.16
　　中国现代年画作品。

J0053640
幸福长寿　区本泉作
广州 岭南美术出版社 1982年 1张 76cm（2开）
定价：CNY0.16
　　中国现代年画作品。

J0053641
兄弟手足情民族情意深　胡晓辛作
昆明 云南人民出版社 1982年 1张 76cm（2开）
定价：CNY0.13
　　中国现代年画作品。

J0053642
雄鸡唱晓　窦贵生画
长春 吉林人民出版社 1982年 1张 76cm（2开）
定价：CNY0.16
　　中国现代年画作品。

J0053643
雄狮　马乐群作
上海 上海人民美术出版社 1982年 1张
76cm（2开）定价：CNY0.16
　　中国现代年画作品。

J0053644
绣襦记　双玛作
广州　岭南美术出版社　1982年　1张　76cm（2开）
定价：CNY0.16
　　中国现代年画作品。

J0053645
绣鸳鸯　刘长恩作
天津　天津人民美术出版社　1982年　1张
76cm（2开）定价：CNY0.18
　　中国现代年画作品。

J0053646
徐向前元帅　刘云生作
成都　四川人民出版社　1982年　1张　76cm（2开）
定价：CNY0.16
　　中国现代年画作品。

J0053647
薛涛游吟图　潘培德等作
成都　四川人民出版社　1982年　1张　76cm（2开）
定价：CNY0.16
　　中国现代年画作品。

J0053648
学话　王伟戌，姚中玉作
合肥　安徽人民出版社　1982年　1张　76cm（2开）
定价：CNY0.16
　　中国现代年画作品。

J0053649
学雷锋　张锦标作
天津　天津人民美术出版社　1982年　1张
76cm（2开）定价：CNY0.18
　　中国现代年画作品。

J0053650
学雷锋树新风　文军作
西安　陕西人民美术出版社　1982年［1张］
76cm（2开）定价：CNY0.18
　　中国现代年画作品。

J0053651
学一个会一个　张振华作
沈阳　辽宁美术出版社　1982年　1张　76cm（2开）

定价：CNY0.13
　　中国现代年画作品。

J0053652
雪中送菜　庞卡作
上海　上海人民美术出版社　1982年　1张
76cm（2开）定价：CNY0.16
　　中国现代年画作品。作者庞卡（1935—　）。
画家。又名庞抱俊。上海人。历任上海人民美
术出版社年画编辑、创作员。作品有《从小爱科
学》《秧苗青青春来早》《爱人民》等。

J0053653
驯虎　徐寄萍作
上海　上海人民美术出版社　1982年　1张
76cm（2开）定价：CNY0.16
　　中国现代年画作品。作者徐寄萍（1919—
2005），上海人。曾任上海美术家协会会员、上
海人民美术出版社特约年画作者等职。主要作
品有《帮妈妈做事》《学雷锋做好事》《擦亮眼
睛》等。

J0053654
胭脂　何作作
天津　天津人民美术出版社　1982年　1张
76cm（2开）定价：CNY0.18
　　中国现代年画作品。

J0053655
胭脂　金铭作
天津　天津杨柳青画社　1982年　1张　76cm（2开）
定价：CNY0.18
　　中国现代年画作品。

J0053656
胭脂　龚景充作
杭州　浙江人民美术出版社　1982年　1张
76cm（2开）定价：CNY0.16
　　中国现代年画作品。

J0053657
延边好　李东春作
延吉　延边人民出版社　1982年　1张　76cm（2开）
定价：CNY0.16
　　中国现代年画作品。

J0053658

阳朔风光　吴守明作

石家庄 河北美术出版社 1982 年 1 张

76cm（2 开）定价：CNY0.16

　　中国现代年画作品。作者吴守明（1938—　），书画家。河北滦县人，历任中国美术家协会会员、中国书法家协会会员、河北省山水画研究会会长。代表作品《黄河颂》《长城进行曲》等，出版有《山水画变革要述》《山水画构图》《吴守明画集》等。

J0053659

杨八姐打店　耿长征，杨振洲作

郑州 中州书画社 1982 年 1 张 76cm（2 开）

定价：CNY0.18

　　中国现代年画作品。

J0053660

杨八姐游春　韩景琦画

长春 吉林人民出版社 1982 年 1 张 76cm（2 开）

定价：CNY0.14

　　中国现代年画作品。

J0053661

杨继业杨宗保　严溎作

昆明 云南人民出版社 1982 年 1 张 76cm（2 开）

定价：CNY0.13

　　中国现代年画作品。

J0053662

杨门女将　陈永坚作

成都 四川人民出版社 1982 年 1 张 76cm（2 开）

定价：CNY0.16

　　中国现代年画作品。

J0053663

杨文广岳云　张晓飞作

南京 江苏人民出版社 1982 年 2 张 54cm（4 开）

定价：CNY0.18

　　中国现代年画作品。作者张晓飞（1941—　），画家、工艺美术大师。江苏吴县人。苏州桃花坞木刻年画社创作室主任、苏州大学艺术学院兼职教授、苏州市美协副主席。代表作品有《水乡元宵》，出版有《风山拾得画集》《彩图唐诗一百首》等。

J0053664

杨宗保穆桂英　金海波作

武汉 湖北人民出版社 1982 年 1 张 76cm（2 开）

定价：CNY0.13

　　中国现代年画作品。

J0053665

杨宗保招亲　张锡武，赵兵凯作

天津 天津人民美术出版社 1982 年 2 张

76cm（2 开）定价：CNY0.36

　　中国现代年画作品。

J0053666

养鸡场　杨馥如作

银川 宁夏人民出版社 1982 年 1 张 76cm（2 开）

定价：CNY0.18

　　中国现代年画作品。

J0053667

瑶池仙子　李振久作

哈尔滨 黑龙江人民出版社 1982 年 1 张

76cm（2 开）定价：CNY0.13

　　中国现代年画作品。

J0053668

爷爷先吃　吴性清，王仲清作

南京 江苏人民出版社 1982 年 1 张 76cm（2 开）

定价：CNY0.18

　　中国现代年画作品。

J0053669

爷爷种的大西瓜　黄耿卓作

石家庄 河北美术出版社 1982 年 1 张

76cm（2 开）定价：CNY0.16

　　中国现代年画作品。

J0053670

叶剑英元帅　雷文兵作

成都 四川人民出版社 1982 年 1 张 76cm（2 开）

定价：CNY0.16

　　中国现代年画作品。

J0053671

叶剑英元帅　雷文兵作

成都 四川人民出版社 1983 年 1 张 76cm（2 开）

定价: CNY0.08
　　中国现代年画作品。

J0053672
叶剑英元帅　雷文兵作
成都 四川人民出版社 1984 年 2 版 1 张 76cm(2 开)
铜版纸 定价: CNY0.32, CNY0.16(胶版纸)
　　中国现代年画作品。

J0053673
叶剑英元帅　雷文彬作
成都 四川人民出版社 1984 年 2 版 1 张
53cm(4 开) 定价: CNY0.18
　　中国现代年画作品。

J0053674
夜探双龙谷　王秀保作
郑州 中州书画社 1982 年 1 张 76cm(2 开)
定价: CNY0.18
　　中国现代年画作品。

J0053675
夜战马超　杨俊生作
上海 上海人民美术出版社 1982 年 1 张
76cm(2 开) 定价: CNY0.16
　　中国现代年画作品。作者杨俊生(1909—
1981), 出生于安徽安庆。曾任上海人民美术出
版社、上海画版出版社特约作者, 上海美协年画
组组长等职。代表作品有《岳母刺字》《夜战马
超》《大闹天宫》《贵妃醉酒》等。

J0053676
夜战马超　刘生展作
天津 天津人民美术出版社 1982 年 1 张
76cm(2 开) 定价: CNY0.18
　　中国现代年画作品。

J0053677
一九三六年朱德会见格达活佛　(藏、汉文
对照) 仁真朗加等作
成都 四川民族出版社 1982 年 1 张 76cm(2
开) 定价: CNY0.36(铜版纸), CNY0.16(胶版纸)
　　中国现代年画作品。

J0053678
一年更比一年好　单锡和作
上海 上海人民美术出版社 1982 年 1 张 76cm
(2 开) 定价: CNY0.16
　　中国现代年画作品。

J0053679
一曲引来百鸟鸣　郭常信作
沈阳 辽宁美术出版社 1982 年 1 张 76cm(2 开)
定价: CNY0.13
　　中国现代年画作品。

J0053680
彝乡春早　张德俊作
上海 上海人民美术出版社 1982 年 1 张
76cm(2 开) 定价: CNY0.16
　　中国现代年画作品。

J0053681
艺苑新苗　姚殿科作
兰州 甘肃人民出版社 1982 年 1 张 76cm(2 开)
定价: CNY0.16
　　中国现代年画作品。

J0053682
艺苑新苗　兆群作
北京 人民美术出版社 1982 年 1 张 76cm(2 开)
定价: CNY0.13
　　中国现代年画作品。

J0053683
英娘试舞　黄均作
北京 农村读物出版社 1982 年 76cm(2 开)
定价: CNY0.16
　　中国现代年画作品。作者黄均(1914—
2011), 教授。字懋忱, 北京人, 祖籍台湾淡水。
历任中央美术学院国画系教授、中国美术家协会
会员、中国美术家协会会员、北京工笔重彩画会
副会长、东方书画社顾问、诗书画社顾问。

J0053684
英勇威武　刘星池画
济南 山东人民出版社 1982 年 76cm(2 开)
定价: CNY0.13
　　中国现代年画作品。

J0053685

英姿飒爽　舒展，李玉生作

上海　上海人民美术出版社 1982 年 76cm（2 开）

定价：CNY0.16

　　中国现代年画作品。

J0053686

鹦鹉鸣春·双鹅戏水·白鸭傲秋·雪鸡斗寒　萧焕作

西安　陕西人民美术出版社 1982 年 2 张

76cm（2 开）定价：CNY0.36

　　中国现代年画作品。

J0053687

迎春　白纯熙作

武汉　湖北美术出版社 1982 年 76cm（2 开）

定价：CNY0.16

　　中国现代年画作品。作者白纯熙（1929—　　），笔名白丁，河南方城人。曾任中南人民文艺出版社美术编辑、湖北人民出版社美术编辑、湖北省美术家协会漫画委员会副主任、武汉摄影学会副主席、湖北连环画研究会理事等职。

J0053688

迎春　邹德兴作

太原　山西人民出版社 1982 年 76cm（2 开）

定价：CNY0.18

　　中国现代年画作品。

J0053689

迎春乐　黄妙发作

南昌　江西人民出版社 [1982 年] 76cm（2 开）

定价：CNY0.18

　　中国现代年画作品。

J0053690

迎春贴纸　（一）张思淮作

太原　山西人民出版社 1982 年 54cm（4 开）

定价：CNY0.09

　　中国现代年画作品。

J0053691

迎春贴纸　（二）谢凌云等作

太原　山西人民出版社 1982 年 54cm（4 开）

定价：CNY0.09

　　中国现代年画作品。

J0053692

迎春图

南京　江苏人民出版社 1982 年 76cm（2 开）

定价：CNY0.18

　　中国现代年画作品。

J0053693

迎客松和映山红　章育青画

杭州　西泠印社 [1982 年] [1 幅] 76cm（2 开）

定价：CNY0.16

　　中国现代年画作品。

J0053694

拥军爱民　符仕柱作

昆明　云南人民出版社 1982 年 76cm（2 开）

定价：CNY0.13

　　中国现代年画作品。

J0053695

拥军优属　林美岚作

兰州　甘肃人民出版社 1982 年 54cm（4 开）

定价：CNY0.09

　　中国现代年画作品。

J0053696

拥军优属巧扮春　谷雪忠画

长春　吉林人民出版社 1982 年 76cm（2 开）

定价：CNY0.16

　　中国现代年画作品。

J0053697

永结同心　沈家琳作

福州　福建人民出版社 1982 年 [1 幅]

76cm（2 开）定价：CNY0.16

　　中国现代年画作品。

J0053698

尤三姐　张朝玺，董岩青作

天津　天津人民美术出版社 1982 年 76cm（2 开）

定价：CNY0.18

　　中国现代年画作品。作者董岩青（1925—　　），山东蓬莱人。笔名冬山，别名董宝珊。中国摄影家协会会员，天津摄影家协会理事、顾问。作品有《我为祖国献石油》《早班车》《古街新雪》等。

J0053699
尤三姐借酒嘲二贾　王孝纲作
成都　四川人民出版社　1982 年　76cm（2 开）
定价：CNY0.16
　　中国现代年画作品。

J0053700
游湖借伞　赵彦杰画
长春　吉林人民出版社　1982 年　76cm（2 开）
定价：CNY0.14
　　中国现代年画作品。

J0053701
游湖借伞　张省莉，高廷智作
西安　陕西人民美术出版社　1982 年　76cm（2 开）
定价：CNY0.13
　　中国现代年画作品。

J0053702
游园惊梦　韩仁元作
石家庄　河北美术出版社　1982 年　76cm（2 开）
定价：CNY0.16
　　中国现代年画作品。

J0053703
游园惊梦　陆福喜作
呼和浩特　内蒙古人民美术出版社　1982 年
76cm（2 开）定价：CNY0.13
　　中国现代年画作品。

J0053704
友爱　沈家琳作
上海　上海人民美术出版社　1982 年　76cm（2 开）
定价：CNY0.16
　　中国现代年画作品。

J0053705
友爱　沈家琳作
天津　天津人民美术出版社　1982 年　76cm（2 开）
定价：CNY0.18
　　中国现代年画作品。

J0053706
友谊花开　吴性清，王仲清作
广东　岭南美术出版社　1982 年　76cm（2 开）
定价：CNY0.16
　　中国现代年画作品。

J0053707
友谊之歌　文小苗作
成都　四川人民出版社　1982 年　76cm（2 开）
定价：CNY0.16
　　中国现代年画作品。

J0053708
有鱼图　安茂让作
济南　山东人民出版社　1982 年　76cm（2 开）
定价：CNY0.18
　　中国现代年画作品。

J0053709
幼苗　赵仁成作
西安　陕西人民美术出版社　1982 年　76cm（2 开）
定价：CNY0.18
　　中国现代年画作品。

J0053710
鱼肥莲香　董辰清作
沈阳　辽宁美术出版社　1982 年　76cm（2 开）
定价：CNY0.13
　　中国现代年画作品。

J0053711
鱼肥童欢　潘志正作
成都　四川人民出版社　1982 年　76cm（2 开）
定价：CNY0.16
　　中国现代年画作品。

J0053712
鱼欢人笑　张为民作
天津　天津杨柳青画店　1982 年　76cm（2 开）
定价：CNY0.16
　　中国现代年画作品。

J0053713
鱼庆欢喜　（杨柳青年画）
天津　天津杨柳青画社　1982 年　76cm（2 开）

定价：CNY0.18

　　中国现代年画作品。

J0053714

鱼舞　刘吉厚作

沈阳　辽宁美术出版社　1982 年　76cm（2 开）

定价：CNY0.16

　　中国现代年画作品。作者刘吉厚（1942—2011），满族，画家。辽宁宽甸人。历任辽宁美术出版社编辑、外联部编审，辽宁形象传播研究会常务副会长、秘书长。作品有《鸿福满堂》《春满人间》，出版有《刘吉厚作品选集》等。

J0053715

鱼跃莲丰　葛荣环作

哈尔滨　黑龙江人民出版社　1982 年　76cm（2 开）

定价：CNY0.16

　　中国现代年画作品。

J0053716

愉快的节日　李平生作

西安　陕西人民美术出版社　1982 年　76cm（2 开）

定价：CNY0.18

　　中国现代年画作品。

J0053717

玉垒仙都——灌县二王庙　刘士木作

成都　四川人民出版社　1982 年　76cm（2 开）

定价：CNY0.16

　　中国现代年画作品。

J0053718

玉楼欢歌　于锦生作

天津　天津杨柳青画社　1982 年　76cm（2 开）

定价：CNY0.16

　　中国现代年画作品。

J0053719

玉堂春　陈继武作

杭州　浙江人民出版社　1982 年　76cm（2 开）

定价：CNY0.161

　　中国现代年画作品。

J0053720

玉堂春　龙东编文；费文麓，王秉龙摄影

北京　中国戏剧出版社　1982 年　2 张　76cm（2 开）

定价：CNY0.32

　　中国现代年画作品。作者王秉龙（1943—　　），生于山西祁县。中国戏剧家协会会员、北京美术家协会会员。擅长楷书、魏碑、行书。出版《科学发明家故事》《明史演义》等多部连环画册；改编拍摄并出版了几百种传统戏曲年画，被称为中国戏曲年画摄影第一人。

J0053721

御苑相会　黄妙发作

乌鲁木齐　新疆人民出版社　1982 年　38cm（6 开）

定价：CNY0.10

　　中国现代年画作品。

J0053722

鸳鸯并蒂莲　李蕙作

广州　岭南美术出版社　1982 年　76cm（2 开）

定价：CNY0.16

　　中国现代年画作品。

J0053723

鸳鸯焚香　江皓作

北京　中国戏剧出版社　1982 年　76cm（2 开）

定价：CNY0.13

　　中国现代年画作品。

J0053724

鸳鸯和红娘　孙恒俊，金步松画

济南　山东人民出版社　1982 年　76cm（2 开）

定价：CNY0.18

　　中国现代年画作品。

J0053725

鸳鸯条屏　米春茂作

石家庄　河北美术出版社　1982 年　2 张　76cm（2 开）定价：CNY0.32

　　中国现代年画作品。

J0053726

辕门射戟　谢振东文；许全群绘

北京　中国戏剧出版社　1982 年　2 张　76cm（2 开）

定价：CNY0.32

　　中国现代年画作品。作者许全群（1943—　　），画家。河南鲁山县人。毕业于北京艺术学院附中。

曾任职于人民美术出版社创作室，中国美术家协会会员、吉隆坡艺术学院客座教授。出版有《许全群画集》《许全群水墨作品精选》等。

J0053727
月球探宝　魏志刚作
天津　天津人民美术出版社 1982 年 76cm（2 开）
定价：CNY0.18
　　中国现代年画作品。

J0053728
月下剑舞　年丰作
石家庄　河北美术出版社 1982 年 76cm（2 开）
定价：CNY0.16
　　中国现代年画作品。

J0053729
月夜琴声　王忠年作
沈阳　辽宁美术出版社 1982 年 76cm（2 开）
定价：CNY0.13
　　中国现代年画作品。

J0053730
岳传人物　罗璞作
北京　人民美术出版社 1982 年 2 张 76cm（2 开）
定价：CNY0.32
　　中国现代年画作品。

J0053731
岳飞　（胶印画轴）杨莫安作
武汉　湖北人民出版社 1982 年 1 轴 附对联
107cm（全开）定价：CNY1.75
　　中国现代年画作品。

J0053732
岳飞　刘鸿志作
北京　人民美术出版社 1982 年 76cm（2 开）
定价：CNY0.13
　　中国现代年画作品。

J0053733
岳飞韩世忠　徐云作
郑州　中州书画社 1982 年 54cm（4 开）
定价：CNY0.07
　　中国现代年画作品。

J0053734
岳飞郑成功　徐小龙作
郑州　中州书画社 1982 年 76cm（2 开）
定价：CNY0.07
　　中国现代年画作品。作者徐小龙（1945—　　），教师、画家。河南巩义人，任职于巩义市人民文化馆，中国美术家协会会员、中国美术家协会河南分会会员。出版有《中原画风·徐小龙国画卷》《杜甫行迹》《北宋九朝帝王》《河洛民俗风情画卷》等。

J0053735
岳飞枪挑小梁王　潘真作
石家庄　河北美术出版社 1982 年 2 张
76cm（2 开）定价：CNY0.32
　　中国现代年画作品。

J0053736
岳母教子　吴秀楣作
沈阳　辽宁美术出版社 1982 年 76cm（2 开）
定价：CNY0.13
　　中国现代年画作品。

J0053737
岳云　李宝亮画；张晶，侯陶珠文
济南　山东人民出版社 1982 年 2 张 76cm（2 开）
定价：CNY0.32
　　中国现代年画作品。

J0053738
岳云　朱嘉铭作
成都　四川人民出版社 1982 年 76cm（2 开）
定价：CNY0.16
　　中国现代年画作品。

J0053739
岳云　戴宏海作
杭州　浙江人民美术出版社 1982 年 2 张
76cm（2 开）定价：CNY0.32
　　中国现代年画作品。

J0053740
岳云陆文龙　侯世武作
成都　四川人民出版社 1982 年 76cm（2 开）
定价：CNY0.16

中国现代年画作品。

J0053741
岳云杨文广 林峰作
兰州 甘肃人民出版社 1982 年 54cm（4 开）
定价：CNY0.09
　　中国现代年画作品。

J0053742
岳云锤震金蝉子 付鲁沛作
郑州 中州书画社 1982 年 76cm（2 开）
定价：CNY0.18
　　中国现代年画作品。

J0053743
岳云上阵 辛鹤江画
济南 山东人民出版社 1982 年 76cm（2 开）
定价：CNY0.16
　　中国现代年画作品。

J0053744
阅兵式 何多俊作
成都 四川人民出版社 1982 年 76cm（2 开）
定价：CNY0.16
　　中国现代年画作品。

J0053745
跃马英姿 刘生展作
石家庄 河北美术出版社 1982 年 76cm（2 开）
定价：CNY0.16
　　中国现代年画作品。

J0053746
杂技新花 邢光厚作
南京 江苏人民出版社 1982 年 76cm（2 开）
定价：CNY0.18
　　中国现代年画作品。

J0053747
杂技新苗 宗万华，苗家硕作
天津 天津人民美术出版社 1982 年 76cm（2 开）
定价：CNY0.18
　　中国现代年画作品。

J0053748
载歌载舞 徐万蓉，郭抱湘画
济南 山东人民出版社 1982 年 2 张 76cm（2 开）
定价：CNY0.32
　　中国现代年画作品。

J0053749
载誉归来 严兴华作
成都 四川人民出版社 1982 年 76cm（2 开）
定价：CNY0.16
　　中国现代年画作品。

J0053750
再添"来享" 王美芳作
天津 天津人民美术出版社 1982 年 76cm（2 开）
定价：CNY0.18
　　中国现代年画作品。

J0053751
再跃龙门 常玉昌作
哈尔滨 黑龙江人民出版社 1982 年 76cm（2 开）
定价：CNY0.13
　　中国现代年画作品。

J0053752
在祖母身旁 金小胶作
郑州 中州书画社 1982 年 76cm（2 开）
定价：CNY0.18
　　中国现代年画作品。

J0053753
咱俩一起听 刘佩珩画
长春 吉林人民出版社 1982 年 76cm（2 开）
定价：CNY0.16
　　中国现代年画作品。

J0053754
早晨 刘正作
天津 天津杨柳青画店 1982 年 76cm（2 开）
定价：CNY0.16
　　中国现代年画作品。

J0053755
摘葡萄 金雪尘作
合肥 安徽人民出版社 1982 年 76cm（2 开）

定价: CNY0.16

中国现代年画作品。

J0053756

战斗是英雄劳动是模范　阮士钊作

郑州 中州书画社 1982 年 54cm（4 开）

定价: CNY0.07

中国现代年画作品。

J0053757

战友　黄培中等作

南京 江苏人民出版社 1982 年 107cm（全开）

定价: CNY0.55

中国现代年画作品。

J0053758

战友　（胶印画轴）黄培中等作

南京 江苏人民出版社 1982 年 1 轴 附对联

107cm（全开）定价: CNY1.50

中国现代年画作品。

J0053759

战友　何南, 李林祥作

沈阳 辽宁美术出版社 1982 年 76cm（2 开）

定价: CNY0.13

中国现代年画作品。

J0053760

张飞黄忠　呈祥作

南宁 广西人民出版社 1982 年 76cm（2 开）

定价: CNY0.18

中国现代年画作品。

J0053761

张飞黄忠　李万春作

成都 四川人民出版社 1982 年 76cm（2 开）

定价: CNY0.16

中国现代年画作品。

J0053762

张羽煮海　宋德风作

上海 上海人民美术出版社 1982 年 76cm（2 开）

定价: CNY0.16

中国现代年画作品。作者宋德风（1941—　），

画家。山东荣成人。毕业于山东艺专国画专业。

中国人才研究会艺术家学部委员会一级书画艺术委员，国家人事部人才所、中国书画人才资格审定委员会特邀研究员，国际美术家联合会中国中南执委会常务理事。作品有连环画《海燕劲飞》，工笔年画《武松打虎》《名山大川》《三国故事》等。

J0053763

张羽煮海　胡振寰作

郑州 中州书画社 1982 年 76cm（2 开）

定价: CNY0.18

中国现代年画作品。

J0053764

长坂坡　孙文光作

成都 四川人民出版社 1982 年 76cm（2 开）

定价: CNY0.14

中国现代年画作品。

J0053765

长坂坡　李林祥作

天津 天津人民美术出版社 1982 年 76cm（2 开）

定价: CNY0.18

中国现代年画作品。

J0053766

长坂坡古城会　林美岚作

南昌 江西人民出版社 [1982 年] 76cm（2 开）

定价: CNY0.13

中国现代年画作品。

J0053767

长大我也得奖杯　史士明作

北京 人民体育出版社 1982 年 76cm（2 开）

定价: CNY0.16

中国现代年画作品。

J0053768

长大要当科学家　邵佐唐作

沈阳 辽宁美术出版社 1982 年 76cm（2 开）

定价: CNY0.13

中国现代年画作品。

J0053769

长命百岁　吴末画

长春 吉林人民出版社 1982 年 76cm（2 开）
定价：CNY0.14
　　中国现代年画作品。

J0053770

长寿图　杨馥如作
上海 上海人民美术出版社 1982 年 76cm（2 开）
定价：CNY0.16
　　中国现代年画作品。作者杨馥如（1918—
1992），江苏无锡人。曾任进艺辉图片社设计室
主任。代表作品有《十二生肖娃娃图》《万象更
新》《庆丰收》《农家乐》等。

J0053771

长征能手四化尖兵　谢佩文作
广州 岭南美术出版社 1982 年 54cm（4 开）
定价：CNY0.09
　　中国现代年画作品。

J0053772

长征能手四化尖兵　谢佩文作
广州 岭南美术出版社 1982 年 76cm（2 开）
定价：CNY0.18
　　中国现代年画作品。

J0053773

**昭君出塞·贵妃醉酒·貂蝉歌舞·西施浣
纱**　南春，兆群作
北京 人民美术出版社 1982 年 2 张 76cm（2 开）
定价：CNY0.32
　　中国现代年画作品。

J0053774

召树屯与婻木婼娜　（云南省花灯剧《孔雀恋
歌》主要人物）黄妙发作
昆明 云南人民出版社 1982 年 76cm（2 开）
定价：CNY0.16
　　中国现代年画作品。

J0053775

赵云马超　杨念一作
贵阳 贵州人民出版社 1982 年 76cm（2 开）
定价：CNY0.16
　　中国现代年画作品。

J0053776

赵云马超　李先润作
武汉 湖北人民出版社 1982 年 1 张
107cm（全开）定价：CNY0.26
　　中国现代年画作品。

J0053777

赵云马超　李先润作
武汉 湖北人民出版社 1982 年 1 张 54cm（4 开）
定价：CNY0.07
　　中国现代年画作品。

J0053778

赵云截江夺阿斗　邹起奎作
天津 天津人民美术出版社 1982 年 76cm（2 开）
定价：CNY0.18
　　中国现代年画作品。

J0053779

照哈哈镜　庞卡作
上海 上海人民美术出版社 1982 年 76cm（2 开）
定价：CNY0.16
　　中国现代年画作品。作者庞卡（1935—　）。
画家。又名庞抱俊。上海人。历任上海人民美
术出版社年画编辑、创作员。作品有《从小爱科
学》《秧苗青青春来早》《爱人民》等。

J0053780

珍禽名花　张福琪作
石家庄 河北美术出版社 1982 年 2 张
76cm（2 开）定价：CNY0.26
　　中国现代年画作品。

J0053781

珍禽异卉　张宝元作
北京 人民美术出版社 1982 年 2 张 76cm（2 开）
定价：CNY0.32
　　中国现代年画作品。

J0053782

珍珠姑娘　邢光厚作
南京 江苏人民出版社 1982 年 76cm（2 开）
定价：CNY0.18
　　中国现代年画作品。

J0053783
珍珠姑娘　马吉作
广州 岭南美术出版社 1982年 76cm（2开）
定价: CNY0.16
　　中国现代年画作品。

J0053784
珍珠舞　何竹作
长沙 湖南美术出版社 1982年 76cm（2开）
定价: CNY0.16
　　中国现代年画作品。

J0053785
真有趣　张路红作
上海 上海人民美术出版社 1982年 76cm（2开）
定价: CNY0.16
　　中国现代年画作品。

J0053786
郑盈盈　李乐玉画
济南 山东人民出版社 1982年 76cm（2开）
定价: CNY0.16
　　中国现代年画作品。

J0053787
只生一个好，活泼又健康　于培庚作
天津 天津人民美术出版社 1982年 76cm（2开）
定价: CNY0.18
　　中国现代年画作品。

J0053788
知音　徐思画；漫湘文
沈阳 辽宁美术出版社 1982年 2张 76cm（2开）
定价: CNY0.26
　　中国现代年画作品。

J0053789
中国古代科学家　徐占福作
沈阳 辽宁美术出版社 1982年 2张 76cm（2开）
定价: CNY0.26
　　中国现代年画作品。

J0053790
周瑜黄盖　方湘侠作
武汉 湖北人民出版社 1982年 107cm（全开）

定价: CNY0.26
　　中国现代年画作品。作者方湘侠(1940—)，原籍福建莆田，出生于湖南长沙。毕业于湖北艺术学院(现湖北美术学院)美术系中国画专业。曾任湖北省群众艺术馆美术编辑、副馆长、湖北美术协会副主席、湖北省科普美术家协会理事长。主要作品有《运石图》《欢乐的日子》《欲飞》等。

J0053791
周瑜挂帅　孙耀珊作
南宁 广西人民出版社 1982年 76cm（2开）
定价: CNY0.18
　　中国现代年画作品。

J0053792
朱德元帅　樊怀章作
成都 四川人民出版社 1982年 76cm（2开）
定价: CNY0.16
　　中国现代年画作品。

J0053793
诸葛亮招亲　牟桑作
北京 人民美术出版社 1982年 76cm（2开）
定价: CNY0.13
　　中国现代年画作品。

J0053794
猪八戒招亲　曹永，黄绂作；方今文
沈阳 辽宁美术出版社 1982年 2张 76cm（2开）
定价: CNY0.26
　　中国现代年画作品。

J0053795
祝福图　蔡传隆作
杭州 浙江人民美术出版社 1982年 76cm（2开）
定价: CNY0.16
　　中国现代年画作品。作者蔡传隆，国画家。作品有《一江春色》《四季平安》等。

J0053796
祝酒歌　赵殿玉画
济南 山东人民出版社 1982年 76cm（2开）
定价: CNY0.16
　　中国现代年画作品。

J0053797

祝您健康　冯杰作

合肥 安徽人民出版社 1982 年 76cm（2 开）

定价：CNY0.16

中国现代年画作品。

J0053798

祝您健康长寿　石丙春，吴樫作

北京 人民体育出版社 1982 年 76cm（2 开）

定价：CNY0.16

中国现代年画作品。

J0053799

祝您长寿　史士明作

西安 陕西人民美术出版社 1982 年 76cm（2 开）

定价：CNY0.18

中国现代年画作品。

J0053800

祝寿图　成砺志作

兰州 甘肃人民出版社 1982 年 54cm（4 开）

定价：CNY0.09

中国现代年画作品。

J0053801

祝寿图　林瑛珊作

沈阳 辽宁美术出版社 1982 年 76cm（2 开）

定价：CNY0.13

中国现代年画作品。作者林瑛珊（1940—　）笔名砚春，号步云居士，辽宁省盖州市人。1965 年毕业于鲁迅美术学院，为赵梦朱、郭西河先生入室弟子，又拜师著名国画大师崔子范先生。辽宁美术出版社社长兼总编辑。出版有《林瑛珊画集》《砚春花鸟画集锦》《砚春国画小品》等。

J0053802

追鱼　王朝斌作

郑州 中州书画社 1982 年 76cm（2 开）

定价：CNY0.18

中国现代年画作品。

J0053803

捉蝴蝶　冯杰作

南昌 江西人民出版社 ［1982 年］76cm（2 开）

定价：CNY0.18

中国现代年画作品。

J0053804

捉迷藏　马清涛，李风华作

西宁 青海人民出版社 1982 年 76cm（2 开）

定价：CNY0.18

中国现代年画作品。

J0053805

卓文君与司马相如　骆万钦等作

成都 四川人民出版社 1982 年 2 张 76cm（2 开）

定价：CNY0.16

中国现代年画作品。

J0053806

姊妹易嫁　张选之作

济南 山东人民出版社 1982 年 2 张 76cm（2 开）

定价：CNY0.32

中国现代年画作品。

J0053807

自己的事自己做　姚中玉，王伟戍作

上海 上海人民美术出版社 1982 年 76cm（2 开）

定价：CNY0.16

J0053808

自己织　樊运琪画

济南 山东人民出版社 1982 年 76cm（2 开）

定价：CNY0.18

中国现代年画作品。

J0053809

足球小将　忻礼良作

上海 上海人民美术出版社 1982 年 76cm（2 开）

定价：CNY0.16

中国现代年画作品。

J0053810

祖国处处是美景　李正平作

天津 天津杨柳青画店 1982 年 76cm（2 开）

定价：CNY0.16

中国现代年画作品。

J0053811

祖国风光　鹿逊理画

济南 山东人民出版社 1982年 2张 76cm（2开）

定价：CNY0.36

中国现代年画作品。

J0053812

祖国风光　鹿逊理作

济南 山东人民出版社 1982年 2张 76cm（2开）

定价：CNY0.32

中国现代年画作品。

J0053813

祖国风光　陈培荣作

上海 上海人民美术出版社 1982年 76cm（2开）

定价：CNY0.16

中国现代年画作品。作者陈培荣（1941— ），著名画家、设计家、教育家。生于上海，毕业于上海轻工业专科学校。中国布面水彩画及新意象画派创始人。历任上海轻专美术系主任、上海工程技术大学广告系主任，上海理工大学艺术设计学院院长、教授。代表作有油画《烟云乡情》《都市掠影》系列，水彩画《花之韵》系列。

J0053814

祖国风光无限好　申申作

沈阳 辽宁美术出版社 1982年 76cm（2开）

定价：CNY0.13

中国现代年画作品。

J0053815

祖国江山美　刘庆涛画

长春 吉林人民出版社 1982年 76cm（2开）

定价：CNY0.16

中国现代年画作品。

J0053816

祖国名山　王利华作

杭州 浙江人民美术出版社 1982年 2张 76cm（2开）定价：CNY0.32

中国现代年画作品。作者王利华（1942— ），画家。浙江奉化人，笔名王山佳，进修于浙江美术学院。历任奉化市文化馆副馆长、奉化市文化广播电视局副局长、奉化市文联主席、宁波书画院副院长。出版有《王利华画集》，画作有《松石

万年》《林添新绿人添寿》《云山劲松》《林海晨曲》等。

J0053817

祖国明天多美好　常玉昌，张桂芝作

哈尔滨 黑龙江人民出版社 1982年 76cm（2开）

定价：CNY0.16

中国现代年画作品。

J0053818

祖国颂　江南春作

上海 上海人民美术出版社 1982年 76cm（2开）

定价：CNY0.16

中国现代年画作品。

J0053819

祖国万岁　曾廷仲作

成都 四川人民出版社 1982年 76cm（2开）

定价：CNY0.16

中国现代年画作品。

J0053820

醉八仙　宋吟可作

贵阳 贵州人民出版社 1982年 38cm（6开）

定价：CNY0.09

中国现代年画作品。作者宋吟可（1902—1999），画家。原名荫科。江苏南京人。曾任中国美协第二、三届理事，美协贵州分会主席、贵州省国画院院长、桂林美术专科学校中国画讲师等。代表作品《妈妈您看我在开拖拉机》《打菱衣迎春耕》《磨镰刀》。

J0053821

做朵光荣花　周洪生画

长春 吉林人民出版社 1982年 76cm（2开）

定价：CNY0.14

中国现代年画作品。

J0053822

做个好孩子　韦献青作

上海 上海人民美术出版社 1982年 76cm（2开）

定价：CNY0.16

中国现代年画作品。

J0053823
做航天飞机　周端庄作
上海 上海人民美术出版社 1982 年 76cm（2 开）
定价：CNY0.16
　　中国现代年画作品。

J0053824
1984 福建年画
福州 福建人民出版社［1983 年］19cm（32 开）
　　中国现代年画作品。

J0053825
1984 辽宁年画
沈阳 辽宁美术出版社［1983 年］19cm（32 开）
　　中国现代年画作品。

J0053826
1984 年画缩样
贵阳 贵州人民出版社［1983 年］19cm（32 开）

J0053827
1984 年画缩样
南昌 江西人民出版社［1983 年］19cm（32 开）

J0053828
1984 年画缩样
广州 岭南美术出版社［1983 年］71 幅
19cm（32 开）

J0053829
1984 年画缩样
呼和浩特 内蒙古人民出版社［1983 年］24 幅
19cm（32 开）

J0053830
1984 年画缩样 （一）
昆明 云南人民出版社［1983 年］36 幅
19cm（32 开）

J0053831
1984 年画缩样 （二）
昆明 云南人民出版社［1983 年］19cm（32 开）

J0053832
1984 浙江年画 （1）

杭州 浙江人民美术出版社［1983 年］
19cm（32 开）
　　浙江现代年画作品画册。

J0053833
阿文中堂
西宁 青海人民出版社 1983 年［1 张］
107cm（全开）定价：CNY0.36
　　中国现代年画作品。

J0053834
阿姨再见　安茂让画
济南 山东人民出版社 1983 年［1 张］
76cm（2 开）统一书号：8099.2559
定价：CNY0.16
　　中国现代年画作品。

J0053835
爱和平　于占德作
哈尔滨 黑龙江人民出版社 1983 年［1 张］
76cm（2 开）定价：CNY0.13
　　中国现代年画作品。

J0053836
爱护花木　徐寄萍作
天津 天津人民美术出版社 1983 年［1 张］
76cm（2 开）定价：CNY0.16
　　中国现代年画作品。作者徐寄萍（1919—
2005），上海人。曾任上海美术家协会会员、上
海人民美术出版社特约年画作者等职。主要作
品有《帮妈妈做事》《学雷锋做好事》《擦亮眼
睛》等。

J0053837
爱护树苗　章孟和作
合肥 安徽人民出版社 1983 年［1 张］
76cm（2 开）定价：CNY0.16
　　中国现代年画作品。

J0053838
爱花鸟护虫鱼　高学海作
郑州 中州书画社 1983 年［1 张］76cm（2 开）
定价：CNY0.08
　　中国现代年画作品。

J0053839

爱科学　学科学　用科学　王修涛作

银川 宁夏人民出版社 1983 年 [1 张]

76cm（2 开）定价：CNY0.18

　　中国现代年画作品。

J0053840

爱科学　学科学　用科学　陈龙画

上海 上海教育出版社 1980 年 [1 张] 76cm（2 开）

统一书号：7150.1477 定价：CNY0.12

　　中国现代年画作品。

J0053841

爱劳动　游龙姑作

上海 上海人民美术出版社 1983 年 [1 张]

76cm（2 开）定价：CNY0.16

　　中国现代年画作品。

J0053842

爱清洁　谭尚忍作

南昌 江西人民出版社 1983 年 [1 张]

76cm（2 开）定价：CNY0.18

　　中国现代年画作品。

J0053843

爱清洁　何多俊作

成都 四川人民出版社 1983 年 [1 张]

76cm（2 开）定价：CNY0.16

　　中国现代年画作品。

J0053844

爱清洁　赵兵凯作

天津 天津人民美术出版社 1983 年 [1 张]

76cm（2 开）定价：CNY0.18

　　中国现代年画作品。作者赵兵凯（1927—
），河北深县人，就读于北京京华美术学院。
历任天津美术工作室、《天津画报》编辑组长，天
津人民美术出版社美术编辑。

J0053845

爱清洁　申同景作

郑州 中州书画社 1983 年 [1 张] 76cm（2 开）

定价：CNY0.16

　　中国现代年画作品。

J0053846

爱清洁　讲卫生　（汉文、蒙古文对照）王利
锁作

呼和浩特 内蒙古人民出版社 1983 年 [1 张]

76cm（2 开）定价：CNY0.18

　　中国现代年画作品。

J0053847

爱清洁身体好　林美岚作

武汉 湖北人民出版社 1983 年 [1 张]

76cm（2 开）定价：CNY0.13

　　中国现代年画作品。

J0053848

爱学习爱劳动　单应桂作

上海 上海人民美术出版社 1983 年 [1 张]

76cm（2 开）定价：CNY0.16

　　中国现代年画作品。

J0053849

爱整洁　于占德作

济南 山东人民出版社 1983 年 [1 张]

76cm（2 开）统一书号：8099.2604

定价：CNY0.16

　　中国现代年画作品。

J0053850

遨游太空　刘熹奇作

长沙 湖南美术出版社 1983 年 [1 张]

76cm（2 开）定价：CNY0.18

　　中国现代年画作品。

J0053851

遨游太空　（江南春草图）杨馥如画

上海 上海人民美术出版社 1980 年 [1 张]

76cm（2 开）统一书号：8081.11991

定价：CNY0.16

　　中国现代年画作品。

J0053852

傲霜图　齐兆璠作

天津 天津人民美术出版社 1983 年 2 张

76cm（2 开）定价：CNY0.36

　　中国现代年画作品。作者齐兆璠，花鸟画
家。天津人，毕业于天津美术学院。历任中国美

术家协会会员、河北省沧州师范专科学校美术系教授，专著有《鸟类画谱》。

J0053853
八锤大闹朱仙镇　侯文发作
广州 岭南美术出版社 1983 年［1 张］
76cm（2 开）定价：CNY0.16
　　　中国现代年画作品。作者侯文发(1928—　），广东梅州人。曾用名剑萍。毕业于中南美专。中国书画家协会理事、中国国画家协会理事、广东省美术家协会会员。主要作品有《工地探亲》《宋湘》《三英战吕布》等。

J0053854
八大锤　金彦平，张稚君作
郑州 中州书画社 1983 年［1 张］76cm（2 开）
定价：CNY0.13
　　　中国现代年画作品。

J0053855
八骏屏　（一至四）溥佐，溥松窗作
天津 天津杨柳青画店 1983 年 4 张
76cm（2 开）统一书号：8174.437
定价：CNY1.20
　　　中国现代年画作品。

J0053856
八十年代的新雷锋——张海迪　邬华敏等作
成都 四川人民出版社 1983 年 76cm（2 开）
定价：CNY0.16
　　　本作品是中国现代表彰模范共青团员的年画。作者邬华敏(1954—　)，画家，擅长油画。重庆人。毕业于重庆社会大学美术系油画专业。任重庆铁路分局重庆西俱乐部主任、政工师。作品曾入选全国美展及年画展。作品《敬爱的元帅——徐向前、陈毅》《高瞻远瞩》，油画《金秋》。

J0053857
八仙图　叶其青作
广州 岭南美术出版社 1983 年 76cm（2 开）
定价：CNY0.16
　　　中国现代年画作品。

J0053858
把宝宝养得健优美　年丰作

天津 杨柳青画店 1983 年 76cm（2 开）
ISBN：8174.385 定价：CNY0.16
　　　中国现代年画作品。

J0053859
白白和胖胖　姚重庆作
长沙 湖南美术出版社 1983 年 76cm（2 开）
定价：CNY0.16
　　　中国现代年画作品。

J0053860
白奶奶醉酒
天津 天津人民美术出版社 1983 年 76cm（2 开）
定价：CNY0.18
　　　中国现代年画作品。

J0053861
白奶奶醉酒
北京 中国电影出版社 1983 年 2 张 76cm（2 开）
统一书号：8106.1748 定价：CNY0.32
　　　中国现代年画作品。

J0053862
白无瑕
北京 中国电影出版社 1983 年 76cm（2 开）
定价：CNY0.16
　　　中国现代年画作品。

J0053863
白玉凤
北京 中国电影出版社 1983 年 2 张 76cm（2 开）
定价：CNY0.32
　　　中国现代年画作品。

J0053864
百宝图　李树芳作
天津 天津人民美术出版社 1983 年 76cm（2 开）
定价：CNY0.18
　　　中国现代年画作品。

J0053865
百蝶迎春春更艳　江淮春作
北京 人民美术出版社 1983 年 76cm（2 开）
定价：CNY0.18
　　　中国现代年画作品。

J0053866
百凤图　董洪元作
北京 人民美术出版社 1983 年 76cm（2 开）
统一书号：8027.8520 定价：CNY0.16
　　中国现代年画作品。作者董洪元（1926—
），钢笔画家、连环画家。上海人。笔名红叶。
钢笔连环画代表作品有《高尔基》三部曲。

J0053867
百花公主　王方雄作
杭州 浙江人民美术出版社 1983 年 2 张
76cm（2 开）定价：CNY0.32
　　中国现代年画作品。

J0053868
百花迎春　王庆升作
上海 上海人民美术出版社 1983 年 76cm（2 开）
定价：CNY0.16
　　中国现代年画作品。

J0053869
百花争艳　赵修道作
济南 山东人民出版社 1983 年 76cm（2 开）
定价：CNY0.13
　　中国现代年画作品。

J0053870
百鸟朝凤
南京 江苏人民出版社 1983 年 107cm（全开）
定价：CNY0.55
　　中国现代年画作品。

J0053871
百鸟朝凤　（胶印画轴）张振群作
天津 天津杨柳青画店 1983 年 1 轴 附对联
107cm（全开）定价：CNY1.30
　　中国现代年画作品。

J0053872
百鸟仙子　王大为作
哈尔滨 黑龙江人民出版社 1983 年 76cm（2 开）
定价：CNY0.16
　　中国现代年画作品。

J0053873
百寿图　杨云清作
上海 上海书画出版社 1983 年 76cm（2 开）
定价：CNY0.16
　　中国现代年画作品。

J0053874
拜花堂
北京 中国电影出版社 1983 年 76cm（2 开）
定价：CNY0.16
　　中国现代年画作品。

J0053875
班昭著史清照吟诗　苏茂隆作
成都 四川人民出版社 1983 年 76cm（2 开）
定价：CNY0.16
　　中国现代年画作品。

J0053876
榜样　崔森林作
济南 山东人民出版社 1983 年 76cm（2 开）
定价：CNY0.16
　　中国现代年画作品。作者崔森林（1943—
），美术编辑。笔名黎恩、李恩。生于山东济
南，毕业于济南艺术学校。任山东美术出版社副
编审。作品有《省里送来显微镜》《黄河》《第一
面八一军旗的诞生》《毛主席视察北园》等，小说
《不屈的昆仑》插图。

J0053877
宝宝爱清洁　高志华作
南京 江苏人民出版社 1983 年 76cm（2 开）
定价：CNY0.18
　　中国现代年画作品。

J0053878
宝宝逗狮　韩培生作
杭州 浙江人民美术出版社 1983 年 76cm（2 开）
定价：CNY0.16
　　中国现代年画作品。

J0053879
宝宝向叔叔敬礼　刘喜春作
长沙 湖南美术出版社 1983 年 76cm（2 开）
定价：CNY0.16

中国现代年画作品。

J0053880
宝贝　彭明作
广州　岭南美术出版社　1983 年　76cm（2 开）
定价：CNY0.16
　　中国现代年画作品。

J0053881
宝贝　（花儿大　苗儿壮　生一个　长得胖）高汝
法作
银川　宁夏人民出版社　1983 年　76cm（2 开）
定价：CNY0.18
　　中国现代年画作品。

J0053882
宝莲灯　丽铭，郭玉作
沈阳　辽宁美术出版社　1983 年　2 张　76cm（2 开）
定价：CNY0.20
　　中国现代年画作品。

J0053883
保卫领空保卫海防　肖征波作
昆明　云南人民出版社　1983 年　53cm（4 开）
定价：CNY0.07
　　中国现代年画作品。

J0053884
保卫四化苦练本领　赵宏作
重庆　重庆出版社　1983 年　76cm（2 开）
定价：CNY0.16
　　中国现代年画作品。

J0053885
保卫祖国　朱志勇作
兰州　甘肃人民出版社　1983 年　53cm（4 开）
定价：CNY0.08
　　中国现代年画作品。

J0053886
保卫祖国严守边疆　赵静东作
天津　天津杨柳青画店　1983 年　76cm（2 开）
定价：CNY0.16
　　中国现代年画作品。

J0053887
北京名胜图　王鸿，王晓鹄作
合肥　安徽人民出版社　1983 年　2 张　76cm（2 开）
定价：CNY0.32
　　中国现代年画作品。

J0053888
奔驰　莫伯华作
武汉　湖北人民出版社　1983 年　76cm（2 开）
定价：CNY0.18
　　中国现代年画作品。

J0053889
奔月　孟慕颐作
银川　宁夏人民出版社　1983 年　76cm（2 开）
定价：CNY0.18
　　中国现代年画作品。

J0053890
笔中情　吴光华作
上海　上海人民美术出版社　1983 年　53cm（4 开）
定价：CNY0.08
　　中国现代年画作品。

J0053891
笔中情
北京　中国电影出版社　1983 年　2 张　76cm（2 开）
定价：CNY0.32
　　中国现代年画作品。

J0053892
笔中缘　龚景充作
杭州　浙江人民美术出版社　1983 年　76cm（2 开）
定价：CNY0.16
　　中国现代年画作品。

J0053893
碧波荡漾　李秉刚作
武汉　湖北人民出版社　1983 年　76cm（2 开）
定价：CNY0.16
　　中国现代年画作品。

J0053894
不让小羊吃庄稼　聂立柱作
石家庄　河北美术出版社　1983 年　76cm（2 开）

定价：CNY0.16

中国现代年画作品。

J0053895

猜灯谜　李白颖作

西安　陕西人民美术出版社 1983 年 76cm（2 开）

定价：CNY0.18

中国现代年画作品。

J0053896

猜考分　张卿作

石家庄　河北美术出版社 1983 年 76cm（2 开）

定价：CNY0.16

中国现代年画作品。

J0053897

采花酿蜜　郭安祥作

西安　陕西人民美术出版社 1983 年 76cm（2 开）

定价：CNY0.18

中国现代年画作品。

J0053898

采桑曲　张谷良作

杭州　浙江人民美术出版社 1983 年 76cm（2 开）

定价：CNY0.16

中国现代年画作品。作者张谷良（1946—
），画家。生于浙江海宁，毕业于浙江美术学院。历任中国美术家协会会员、国家一级美术师、嘉兴画院院长、中国美术家协会浙江分会会员。代表作品《中国民间故事·高山族·日月潭》《历史的鉴戒》等。

J0053899

彩蝶飞　成砺志作

北京　农村读物出版社 1983 年 76cm（2 开）

定价：CNY0.18

中国现代年画作品。

J0053900

彩凤展翅　杨馥如作

合肥　安徽人民出版社 1983 年 76cm（2 开）

定价：CNY0.18

中国现代年画作品。

J0053901

苍松雄鹰　李士海作

成都　四川人民出版社 1983 年 76cm（2 开）

定价：CNY0.16

中国现代年画作品。

J0053902

茶香心暖　李宝嘉作

沈阳　辽宁美术出版社 1983 年 76cm（2 开）

定价：CNY0.13

中国现代年画作品。

J0053903

钗头凤　杜志兴作

西宁　青海人民出版社 1983 年 76cm（2 开）

定价：CNY0.18

中国现代年画作品。

J0053904

钗头凤　余小仪作

昆明　云南人民出版社 1983 年 76cm（2 开）

定价：CNY0.18

中国现代年画作品。

J0053905

朝霞万里舞东风　周洪全作

沈阳　辽宁美术出版社 1983 年 76cm（2 开）

定价：CNY0.13

中国现代年画作品。

J0053906

沉香扇　余小仪作

西安　陕西人民美术出版社 1983 年 76cm（2 开）

定价：CNY0.18

中国现代年画作品。

J0053907

陈三五娘　周小申作

石家庄　河北美术出版社 1983 年 76cm（2 开）

定价：CNY0.16

中国现代年画作品。

J0053908

陈胜吴广　乐建文作

武汉　湖北人民出版社 1983 年 76cm（2 开）

定价: CNY0.13

　　中国现代年画作品。

J0053909

陈胜吴广　　乐建文作

武汉　湖北人民出版社 1983 年 76cm（2 开）

定价: CNY0.26

　　中国现代年画作品。

J0053910

陈胜吴广　　耿炳伦作

郑州　中州书画社 1983 年 76cm（2 开）

定价: CNY0.13

　　中国现代年画作品。

J0053911

陈胜吴广　　耿炳伦作

郑州　中州书画社 1983 年 53cm（4 开）

定价: CNY0.07

　　中国现代年画作品。

J0053912

陈毅出山　　（一至四）岫石文；长富等作

沈阳　辽宁美术出版社 1983 年 2 张 76cm（2 开）

定价: CNY0.26

　　中国现代年画作品。

J0053913

陈毅诗词书画屏　　俞子才作；胡问遂书

上海　上海人民美术出版社 1983 年 2 张
76cm（2 开）定价: CNY0.32

　　中国现代年画作品。作者胡问遂（1918—
1999），书法家。浙江绍兴人。历任上海中国画
院一级美术师、中国书法家协会理事、上海书法
家协会主席团成员、上海文史馆馆员。代表作品
《大楷习字帖》《七律·到韶山》《七律·自嘲》《常
用字字帖》等。

J0053914

陈毅元帅　　樊怀章作

成都　四川人民出版社 1983 年 53cm（4 开）

定价: CNY0.08

　　中国现代年画作品。

J0053915

称苹果　　高国强，袁汉勇作

南京　江苏人民出版社 1983 年 76cm（2 开）

定价: CNY0.18

　　中国现代年画作品。

J0053916

称心如意　　单锡和作

广州　岭南美术出版社 1983 年 76cm（2 开）

定价: CNY0.16

　　中国现代年画作品。

J0053917

诚实篇　　庄葳文；沈枥作

沈阳　辽宁美术出版社 1983 年 2 张 76cm（2 开）

定价: CNY0.26

　　中国现代年画作品。

J0053918

乘龙跨凤　　甘武炎作

南宁　广西人民出版社 1983 年 53cm（4 开）

定价: CNY0.10

　　中国现代年画作品。

J0053919

雏凤凌空　　赵梦林作

天津　天津人民美术出版社 1983 年 76cm（2 开）

定价: CNY0.18

　　中国现代年画作品。

J0053920

雏鸭满院　　石景昭作

西安　陕西人民美术出版社 1983 年 76cm（2 开）

定价: CNY0.18

　　中国现代年画作品。

J0053921

储蓄好　　张省莉作

西安　陕西人民美术出版社 1983 年 76cm（2 开）

定价: CNY0.18

　　中国现代年画作品。

J0053922

川湘山水对屏　　张大昕作

上海　上海人民美术出版社 1983 年 2 张

76cm（2 开）定价：CNY0.32

　　中国现代年画作品。

J0053923

川岳生风　（胶印画轴）朱育莲作

南京 江苏人民出版社 1983 年 1 轴 附对联

107cm（全开）定价：CNY2.20

　　中国现代年画作品。

J0053924

吹泡泡　李迎涛作

郑州 中州书画社 1983 年 76cm（2 开）

定价：CNY0.18

　　中国现代年画作品。

J0053925

吹箫引玉　于怀深作

石家庄 河北美术出版社 1983 年 76cm（2 开）

定价：CNY0.16

　　中国现代年画作品。

J0053926

吹箫引玉　肖玉田，安鹤旭作

北京 人民美术出版社 1983 年 76cm（2 开）

定价：CNY0.16

　　中国现代年画作品。

J0053927

春　徐朝龙作

武汉 湖北人民出版社 1983 年 76cm（2 开）

定价：CNY0.18

　　中国现代年画作品。作者徐朝龙（1957—
），四川成都人，曾为日本京大交响乐团成员。

J0053928

"春""丰"字斗方　侯灼华作

天津 天津人民美术出版社 1983 年 76cm（2 开）

定价：CNY0.18

　　中国现代年画作品。

J0053929

春催锦绣花　李蕙作

广州 岭南美术出版社 1983 年 76cm（2 开）

定价：CNY0.16

　　中国现代年画作品。

J0053930

春光好　刘长恩作

长春 吉林人民出版社 1983 年 76cm（2 开）

定价：CNY0.16

　　中国现代年画作品。

J0053931

春光好　成砺志作

北京 人民美术出版社 1983 年 76cm（2 开）

定价：CNY0.16

　　中国现代年画作品。

J0053932

春光明媚　颜静蓉作

武汉 湖北人民出版社 1983 年 76cm（2 开）

定价：CNY0.16

　　中国现代年画作品。

J0053933

春光明媚　徐福根作

北京 人民美术出版社 1983 年 76cm（2 开）

定价：CNY0.13

　　中国现代年画作品。

J0053934

春光图　丁建东作

济南 山东人民出版社 1983 年 76cm（2 开）

定价：CNY0.16

　　中国现代年画作品。

J0053935

春酣　顾国治作

天津 天津人民美术出版社 1983 年 76cm（2 开）

定价：CNY0.18

　　中国现代年画作品。作者顾国治（1938—
），画家。江苏太仓人。毕业于南京艺术学院
美术系，现为中国美术家协会会员、常州书画
院画师。主要作品有《秋实图》《幽境》《春满人
间》等。

J0053936

春晖万里　邵文锦作

天津 天津杨柳青画社 1983 年 76cm（2 开）

定价：CNY0.16

　　中国现代年画作品。作者邵文锦（1931—

）。画家。山东荣城人，毕业于中央美术学院绘画系。历任《天津画报》社、天津美术出版社编辑，天津杨柳青画社副社长、副总编，一级美术师，中国美术家协会会员、理事。作品有《春晖颂》《春风十里桃花香》《学习老英雄继续新长征》《匠门虎子》等。

J0053937

春回大地福满人间　李思谔，戴玉茹作
昆明 云南人民出版社 1983 年 76cm（2 开）
定价：CNY0.14
　　中国现代年画作品。

J0053938

春郊试马　陈韵波作
广州 岭南美术出版社 1983 年 76cm（2 开）
定价：CNY0.16
　　中国现代年画作品。

J0053939

春满江山　申申作
沈阳 辽宁美术出版社 1983 年 76cm（2 开）
定价：CNY0.13
　　中国现代年画作品。

J0053940

春暖花开　汪苗作
杭州 浙江人民美术出版社 1983 年 76cm（2 开）
定价：CNY0.16
　　中国现代年画作品。作者汪苗（1943— ），画家。原名汪苗根，浙江萧山人。浙江省义乌画院院长，高级画师，中国美术家协会、版画家协会会员。

J0053941

春暖鸡肥人欢鱼跃　刘式铮作
昆明 云南人民出版社 1983 年 76cm（2 开）
定价：CNY0.13
　　中国现代年画作品。

J0053942

春暖鸡肥人欢鱼跃　刘式铮作
昆明 云南人民出版社 1983 年 76cm（2 开）
定价：CNY0.07
　　中国现代年画作品。

J0053943

春暖万家　成砺志作
北京 农村读物出版社 1983 年 76cm（2 开）
定价：CNY0.18
　　中国现代年画作品。

J0053944

春色满园　万桂香，南运生作
石家庄 河北美术出版社 1983 年 76cm（2 开）
定价：CNY0.16
　　中国现代年画作品。

J0053945

春色满园　樊恒作
北京 人民美术出版社 1983 年 76cm（2 开）
定价：CNY0.16
　　中国现代年画作品。

J0053946

春天　叶纯敏作
成都 四川人民出版社 1983 年 76cm（2 开）
定价：CNY0.16
　　中国现代年画作品。

J0053947

春艳　项群作
昆明 云南人民出版社 1983 年 107cm（全开）
定价：CNY0.36
　　中国现代年画作品。

J0053948

慈母心　刘荣富作
哈尔滨 黑龙江人民出版社 1983 年 76cm（2 开）
定价：CNY0.13
　　中国现代年画作品。

J0053949

从小爱清洁　庞希泉作
北京 人民美术出版社 1983 年 76cm（2 开）
定价：CNY0.18
　　中国现代年画作品。作者庞希泉（1941— ），美术编辑。山东潍坊人。毕业于中央工艺美术学院装饰绘画系。曾任山东潍坊市第二印染厂美术设计、北京报社美术编辑、中国美术家协

会会员、北京美术家协会会员。出版有《庞希泉中国画》《希泉画猫精品》《庞希泉中国画作品集》等。

J0053950
从小爱学习　刘景龙作
石家庄　河北美术出版社 1983 年 76cm（2 开）
定价：CNY0.16
　　中国现代年画作品。作者刘景龙（1949—　）一级书法师。字子正。号智龙居士，龙梅阁主。黑龙江肇东市人。历任中国书法美术家协会理事、中国书法美术家协会甘肃分会副主席、中国艺术家协会理事、中国书画研究院创作委员、东方书画院名誉院长、中国书协甘肃分会会员、甘肃省书画研究委员会创作委员、兰州书画院院长等。

J0053951
从小爱游泳　忻礼良作
上海　上海人民美术出版社 1983 年 76cm（2 开）
定价：CNY0.16
　　中国现代年画作品。

J0053952
从小讲礼貌　宋明远作
哈尔滨　黑龙江人民出版社 1983 年 76cm（2 开）
定价：CNY0.16
　　中国现代年画作品。

J0053953
从小志气高　赵敏作
沈阳　辽宁美术出版社 1983 年 76cm（2 开）
定价：CNY0.18
　　中国现代年画作品。作者赵敏，辽宁美术出版社社长、总编辑、编审。

J0053954
村村有余　张家纯作
哈尔滨　黑龙江人民出版社 1983 年 76cm（2 开）
定价：CNY0.16
　　中国现代年画作品。

J0053955
打灰狼　张德伦作
石家庄　河北美术出版社 1983 年 76cm（2 开）

定价：CNY0.16
　　中国现代年画作品。

J0053956
大刀关胜金枪徐宁　侯世武作
成都　四川人民出版社 1983 年［1 张］
76cm（2 开）定价：CNY0.16
　　中国现代年画作品。

J0053957
大地回春万象新　杨馥如作
天津　天津人民美术出版社 1983 年 76cm（2 开）
定价：CNY0.18
　　中国现代年画作品。

J0053958
大公鸡　杜朝中作
成都　四川人民出版社 1983 年 76cm（2 开）
定价：CNY0.16
　　中国现代年画作品。

J0053959
大观园　（一至四）徐思，子南作
沈阳　辽宁美术出版社 1983 年 2 张 76cm（2 开）
定价：CNY0.26
　　中国现代年画作品。

J0053960
大吉大利　王连元作
哈尔滨　黑龙江人民出版社 1983 年 76cm（2 开）
定价：CNY0.13
　　中国现代年画作品。

J0053961
大苹果给您　朱希煌作
武汉　湖北人民出版社 1983 年 76cm（2 开）
定价：CNY0.16
　　中国现代年画作品。

J0053962
大足石刻　吴善志作
重庆　重庆出版社 1983 年 76cm（2 开）
定价：CNY0.16
　　中国现代年画作品。

J0053963

单刀赴会　*海东作*

广州 岭南美术出版社 1983 年 76cm（2 开）

定价：CNY0.18

中国现代年画作品。

J0053964

盗仙草　*龚景充作*

上海 上海人民美术出版社 1983 年 76cm（2 开）

定价：CNY0.16

中国现代年画作品。

J0053965

帝子乘风下翠微　*郑小娟作*

长沙 湖南美术出版社 1983 年 76cm（2 开）

定价：CNY0.16

中国现代年画作品。

J0053966

点福点　*丁昉作*

天津 天津杨柳青画店 1983 年 76cm（2 开）

定价：CNY0.16

中国现代年画作品。

J0053967

貂蝉拜月　*李慕白，金雪尘画*

福州 福建人民出版社 1983 年 76cm（2 开）

定价：CNY0.16

中国现代年画作品。

J0053968

钓鱼图　*孟宪国作*

西安 陕西人民美术出版社 1983 年 76cm（2 开）

定价：CNY0.18

中国现代年画作品。

J0053969

动物　（一至四）刘奎龄作

石家庄 河北美术出版社 1983 年 4 张
76cm（2 开）定价：CN1.80

中国现代年画作品。

J0053970

动物屏　*杨德衡作*

沈阳 辽宁美术出版社 1983 年 2 张 76cm（2 开）

定价：CNY0.26

中国现代年画作品。

J0053971

独生宝宝乐淘淘　*徐凡作*

南京 江苏人民出版社 1983 年 76cm（2 开）

定价：CNY0.18

中国现代年画作品。

J0053972

独生娃娃白又胖　*范树人作*

天津 天津人民美术出版社 1983 年 76cm（2 开）

定价：CNY0.18

中国现代年画作品。

J0053973

独生娃娃壮　*朱岩作*

哈尔滨 黑龙江人民出版社 1983 年 76cm（2 开）

定价：CNY0.18

中国现代年画作品。

J0053974

锻炼身体增强体质　*潘志正作*

成都 四川人民出版社 1983 年 76cm（2 开）

定价：CNY0.16

中国现代年画作品。

J0053975

多寿图　*于长悦等作*

上海 上海书画出版社 1983 年 76cm（2 开）

定价：CNY0.16

中国现代年画作品。

J0053976

多养鸡多生蛋　*刘启文作*

石家庄 河北美术出版社 1983 年 76cm（2 开）

定价：CNY0.16

中国现代年画作品。作者刘启文（1940—
），国家一级美术师。原名刘起文，河北石家
庄人，祖籍保定。历任河北美协会员、石门画院
院长。

J0053977

多造林改造自然 勤植树美化环境　*彭耘作*

昆明 云南人民出版社 1983 年 76cm（2 开）

定价: CNY0.14
　　中国现代年画作品。

J0053978
儿勤母巧　　刘天民，陈静作
天津 天津人民美术出版社 1983 年 76cm（2 开）
定价: CNY0.18
　　中国现代年画作品。

J0053979
儿童歌舞　　杨忠福作
北京 北京出版社 1983 年 2 张 76cm（2 开）
定价: CNY0.26
　　中国现代年画作品。

J0053980
儿童节前夕　　李增吉作
成都 四川人民出版社 1983 年 76cm（2 开）
定价: CNY0.16
　　中国现代年画作品。

J0053981
樊梨花穆桂英　　金平定作
成都 四川人民出版社 1983 年 76cm（2 开）
定价: CNY0.16
　　中国现代年画作品。

J0053982
繁花似锦　　周建志作
北京 人民美术出版社 1983 年 76cm（2 开）
定价: CNY0.16
　　中国现代年画作品。

J0053983
范蠡和西施　　张德俊作
上海 上海人民美术出版社 1983 年 76cm（2 开）
定价: CNY0.16
　　中国现代年画作品。

J0053984
房东的女儿　　刘文西作
西安 陕西人民美术出版社 1983 年 76cm（2 开）
定价: CNY0.18
　　中国现代年画作品

J0053985
房前屋后果树香　　李学荣，付鲁沛作
天津 天津人民美术出版社 1983 年 76cm（2 开）
定价: CNY0.18
　　中国现代年画作品。

J0053986
放风筝　　张洁作
石家庄 河北美术出版社 1983 年 76cm（2 开）
定价: CNY0.16
　　中国现代年画作品。

J0053987
放学路上友谊花　　童金贵作
北京 人民美术出版社 1983 年 76cm（2 开）
定价: CNY0.16
　　中国现代年画作品。

J0053988
飞吧! 风筝　　谭尚忍作
上海 上海人民美术出版社 1983 年 53cm（4 开）
定价: CNY0.08
　　中国现代年画作品。

J0053989
飞机发展图　　胡莹作
成都 四川人民出版社 1983 年 76cm（2 开）
定价: CNY0.16
　　中国现代年画作品。

J0053990
飞来的仙鹤
北京 中国电影出版社 1983 年 76cm（2 开）
定价: CNY0.16
　　中国现代年画作品。

J0053991
飞向太空　　王修涛作
兰州 甘肃人民出版社 1983 年 76cm（2 开）
定价: CNY0.16
　　中国现代年画作品。

J0053992
分果果　　周瑞庄，陆廷作
天津 天津杨柳青画店 1983 年 76cm（2 开）

定价：CNY0.16

　　中国现代年画作品。作者周瑞庄(1930—　)，画家。又名睿庄，浙江湖州人。历任上海人民美术出版社专职画家、编审，中国美术家协会会员。代表作品有《世界人民反帝斗争必胜》《越南南方人民越战越强 坚决打击美国侵略者》《繁荣昌盛》《注意清洁卫生 美化校园环境》《星火燎原》等。作者陆廷(1956—　)，美术编辑。生于上海，毕业于上海美术学院。任上海人民美术出版社专职创作员和美术编辑。有《老故事》《老曲调》《老对象》等系列作品。

J0053993
丰年乐喜迎春　马曼纯，赵宋生作
昆明 云南人民出版社 1983 年 76cm（2 开）
定价：CNY0.14
　　中国现代年画作品。

J0053994
丰收乐　保彬作
南京 江苏人民出版社 1983 年 76cm（2 开）
定价：CNY0.16
　　中国现代年画作品。作者保彬(1936—　)，蒙古族，国画家。江苏南通人。毕业于南京艺术学院美术系并留校任教。南京艺术学院院长、中国美术家协会会员、江苏美术家协会理事等。主要作品有《鹤寿图》《华夏魂》《嫦娥奔月》等。专著有《纵横挥洒》《保彬画集》《黄山奇松》。

J0053995
丰收图　李美作
沈阳 辽宁美术出版社 1983 年 76cm（2 开）
定价：CNY0.13
　　中国现代年画作品。

J0053996
丰收舞　曹淑琴作
沈阳 辽宁美术出版社 1983 年 76cm（2 开）
定价：CNY0.13
　　中国现代年画作品。

J0053997
丰收有余　（汉蒙文对照）罗玉江作
呼和浩特 内蒙古人民出版社 1983 年
76cm（2 开）定价：CNY0.18

中国现代年画作品。

J0053998
风尘三侠　彭连熙作
天津 天津杨柳青画店 1983 年 76cm（2 开）
定价：CNY0.16
　　中国现代年画作品。

J0053999
风流千古　邵佐唐作
沈阳 辽宁美术出版社 1983 年 76cm（2 开）
定价：CNY0.18
　　中国现代年画作品。

J0054000
风流千古　潘恩春作
天津 天津杨柳青画店 1983 年 76cm（2 开）
定价：CNY0.16
　　中国现代年画作品。

J0054001
风雪配　刘耀中编文；路振隆摄
郑州 中州书画社 1983 年 2 张 76cm（2 开）
定价：CNY0.36
　　中国现代年画作品。

J0054002
风筝放到台湾去　张鸾作
天津 天津人民美术出版社 1983 年 76cm（2 开）
定价：CNY0.18
　　中国现代年画作品。

J0054003
枫洛池　申同景作
长沙 湖南美术出版社 1983 年 76cm（2 开）
定价：CNY0.18
　　中国现代年画作品。

J0054004
枫桥新月　李慕白，金雪尘作
上海 上海人民美术出版社 1983 年 76cm（2 开）
定价：CNY0.16
　　中国现代年画作品。

J0054005
凤鹤鸳鸯　（胶印画轴）郭鸿勋作
天津　天津杨柳青画店 1983 年 1 轴 附对联
107cm（全开）定价：CNY1.30
　　中国现代年画作品。

J0054006
凤凰山　宗万华作
天津　天津人民美术出版社 1983 年 76cm（2 开）
定价：CNY0.18
　　中国现代年画作品。

J0054007
芙蓉舞　谢鹏程作
长沙　湖南美术出版社 1983 年 76cm（2 开）
定价：CNY0.16
　　中国现代年画作品。

J0054008
芙蓉鸳鸯　喜鹊梅花　吴东奋作
上海　上海人民美术出版社 1983 年 2 张
76cm（2 开）定价：CNY0.32
　　中国现代年画作品。

J0054009
福　李用夫，莫树滋作
南京　江苏人民出版社 1983 年 76cm（2 开）
定价：CNY0.16
　　中国现代年画作品。

J0054010
福　高孝慈作
沈阳　辽宁美术出版社 1983 年 76cm（2 开）
定价：CNY0.22
　　中国现代年画作品。

J0054011
福　王克印作
郑州　中州书画社 1983 年 53cm（4 开）
定价：CNY0.08
　　中国现代年画作品。

J0054012
福虎娃娃　成砺志作
成都　四川人民出版社 1983 年 76cm（2 开）

J0054013
福临门　贾书敏作
石家庄　河北美术出版社 1983 年 76cm（2 开）
定价：CNY0.16
　　中国现代年画作品。

J0054014
福满人间　王健作
天津　天津人民美术出版社 1983 年 76cm（2 开）
定价：CNY0.18
　　中国现代年画作品。

J0054015
福满人间　裴文璐作
昆明　云南人民出版社 1983 年 76cm（2 开）
定价：CNY0.16
　　中国现代年画作品。作者裴文璐(1944—
)，出生于昆明，中国美术家协会会员，云南艺
术学院客座教授、云南省公安厅文联书画院名誉
院长。代表作品有《瑞丽江畔》《赶摆》。

J0054016
福寿安康　孙顺正作
天津　天津人民美术出版社 1983 年 76cm（2 开）
定价：CNY0.18
　　中国现代年画作品。

J0054017
福寿临门　徐世民作
天津　天津人民美术出版社 1983 年 76cm（2 开）
定价：CNY0.18
　　中国现代年画作品。

J0054018
福寿图　竹颖作
合肥　安徽人民出版社 1983 年 107cm（全开）
定价：CNY0.32
　　中国现代年画作品。

J0054019
福寿图　（胶印轴画）竹颖作
合肥　安徽人民出版社 1983 年 1 轴 附对联

107cm（全开）定价：CNY1.50

　　中国现代年画作品。

J0054020

福寿万年　　陈朋作

沈阳　辽宁美术出版社 1983 年 76cm（2 开）

定价：CNY0.22

　　中国现代年画作品。

J0054021

福寿盈门　　周贵瑜作

哈尔滨　黑龙江人民出版社 1983 年 76cm（2 开）

定价：CNY0.13

　　中国现代年画作品。

J0054022

福喜丰字斗方　　齐兆璠，李存伟作

天津　天津人民美术出版社 1983 年 76cm（2 开）

定价：CNY0.18

　　中国现代年画作品。作者齐兆璠，花鸟画
家。天津人，毕业于天津美术学院。历任中国美
术家协会会员、河北省沧州师范专科学校美术系
教授，专著有《鸟类画谱》。

J0054023

福喜临门　　王利琐作

北京　人民美术出版社 1983 年 76cm（2 开）

定价：CNY0.18

　　中国现代年画作品。

J0054024

福星高照　　李秀忠作

兰州　甘肃人民出版社 1983 年 76cm（2 开）

定价：CNY0.16

　　中国现代年画作品。

J0054025

富　　李用夫，莫树滋作

南京　江苏人民出版社 1983 年 76cm（2 开）

定价：CNY0.16

　　中国现代年画作品。

J0054026

富贵平安　　喻继高作

上海　上海书画出版社 1983 年 76cm（2 开）

定价：CNY0.16

　　中国现代年画作品。

J0054027

富贵童年　　付鲁沛作

郑州　中州书画社 1983 年 76cm（2 开）

定价：CNY0.18

　　中国现代年画作品。

J0054028

富贵有余　　张振群作

天津　天津杨柳青画店 1983 年 76cm（2 开）

定价：CNY0.16

　　中国现代年画作品。

J0054029

富贵长春　　林英珊作

沈阳　辽宁美术出版社 1983 年 76cm（2 开）

定价：CNY0.20

　　中国现代年画作品。

J0054030

富贵长春　　刘维义作

天津　天津杨柳青画店 1983 年 76cm（2 开）

定价：CNY0.16

　　中国现代年画作品。

J0054031

富贵长寿　　英杰作

兰州　甘肃人民出版社 1983 年 76cm（2 开）

定价：CNY0.16

　　中国现代年画作品。

J0054032

富贵长寿　　张琪作

石家庄　河北美术出版社 1983 年 76cm（2 开）

定价：CNY0.16

　　中国现代年画作品。

J0054033

富贵长寿　　马如兰作

上海　上海书画出版社 1983 年 76cm（2 开）

定价：CNY0.12

　　中国现代年画作品。

J0054034
富贵祯祥 方工, 张玉清作
北京 北京出版社 [1983 年] 76cm(2 开)
定价: CNY0.13
　　中国现代年画作品。作者方工, 女, 画家。原名王振芳。擅画猫。与其父合作绘著并出版《画猫技法基础》《百猫百蝶图》等。

J0054035
富裕有余 陈永智作
哈尔滨 黑龙江人民出版社 1983 年 76cm(2 开)
定价: CNY0.13
　　中国现代年画作品。

J0054036
干干净净 曹素勤, 王新滨作
沈阳 辽宁美术出版社 1983 年 76cm(2 开)
定价: CNY0.13
　　中国现代年画作品。

J0054037
钢丝飞燕 徐福根作
天津 天津人民美术出版社 1983 年 76cm(2 开)
定价: CNY0.18
　　中国现代年画作品。

J0054038
钢铁长城 陈正明作
天津 天津人民美术出版社 1983 年 76cm(2 开)
定价: CNY0.18
　　中国现代年画作品。

J0054039
高峡之春 史兆明作
武汉 湖北人民出版社 1983 年 76cm(2 开)
定价: CNY0.16
　　中国现代年画作品。

J0054040
歌唱社会主义好 陈继武作
杭州 浙江人民美术出版社 1983 年 76cm(2 开)
定价: CNY0.16
　　中国现代年画作品。

J0054041
歌颂社会主义好 宗万华作
天津 天津杨柳青画店 1983 年 76cm(2 开)
定价: CNY0.16
　　中国现代年画作品。

J0054042
歌仙刘三姐 陈红作
南宁 广西人民出版社 1983 年 76cm(2 开)
定价: CNY0.16
　　中国现代年画作品。

J0054043
革命老一辈 (一至四)邹起奎作
天津 天津杨柳青画店 1983 年 2 张 76cm(2 开)
定价: CNY0.32
　　中国现代年画作品。

J0054044
革命英雄百世流芳 军人家属万人尊敬 胡晓辛作
昆明 云南人民出版社 1983 年 76cm(2 开)
定价: CNY0.14
　　中国现代年画作品。

J0054045
葛洲坝通航 张明生作
成都 四川人民出版社 1983 年 76cm(2 开)
定价: CNY0.16
　　中国现代年画作品。

J0054046
工笔花鸟对屏 (芙蓉小鸟菊花小鸟)何永法, 张宪荣作
上海 上海书画出版社 1983 年 76cm(2 开)
定价: CNY0.16
　　中国现代年画作品。

J0054047
公孙大娘舞剑图 冯杰作
南昌 江西人民出版社 [1983 年] 76cm(2 开)
定价: CNY0.18
　　中国现代年画作品。

J0054048

攻读　马清涛，杨农作
西安　陕西人民美术出版社 1983 年 76cm（2 开）
定价：CNY0.18
　　中国现代年画作品。

J0054049

共同富裕　童金贵作
兰州　甘肃人民出版社 1983 年 76cm（2 开）
定价：CNY0.16
　　中国现代年画作品。

J0054050

古代女杰图　巴莉作
哈尔滨　黑龙江人民出版社 1983 年 2 张
76cm（2 开）定价：CNY0.32
　　中国现代年画作品。

J0054051

古典舞蹈屏　李伟华作
哈尔滨　黑龙江人民出版社 1983 年 2 张
76cm（2 开）定价：CNY0.26
　　中国现代年画作品。

J0054052

古乐仕女　（一至四）金铭作
天津　天津杨柳青画店 1983 年 2 张 76cm（2 开）
定价：CNY0.32
　　中国现代年画作品。

J0054053

古莲开新花　徐福根作
南昌　江西人民出版社 1983 年 76cm（2 开）
定价：CNY0.18
　　中国现代年画作品。

J0054054

瓜甜果香　高歌作
西安　陕西人民美术出版社 1983 年 76cm（2 开）
定价：CNY0.18
　　中国现代年画作品。

J0054055

卦山翠柏　陈维作
太原　山西人民出版社 1983 年 76cm（2 开）

定价：CNY0.18
　　中国现代年画作品。

J0054056

挂红灯　王玉平作
石家庄　河北美术出版社 1983 年 76cm（2 开）
定价：CNY0.16
　　中国现代年画作品。

J0054057

挂红灯　（汉蒙文对照）王桂卿作
呼和浩特　内蒙古人民出版社 1983 年
76cm（2 开）定价：CNY0.18
　　中国现代年画作品。

J0054058

关公夜读　张瑞恒作
天津　天津人民美术出版社 1983 年 76cm（2 开）
定价：CNY0.18
　　中国现代年画作品。

J0054059

关羽黄忠　李先润作
武汉　湖北人民出版社 1983 年 76cm（2 开）
定价：CNY0.13
　　中国现代年画作品。

J0054060

观海图　江枫作
石家庄　河北美术出版社 1983 年 76cm（2 开）
定价：CNY0.16
　　中国现代年画作品。作者江枫(1942—　)，
画家。生于上海，祖籍江苏常州，毕业于浙江美
术学院中国画系。历任河北省美术工作室和群
众艺术馆工作人员，河北画院副院长、研究馆
员，兼任河北省山水画研究会副会长、中国美
术家协会会员。主要作品有《滨海旭日》《青山自
负无尘色》《巴山晨雾》等。

J0054061

观海图　（胶印画轴）江枫作
石家庄　河北美术出版社 1983 年 1 轴 附对联
107cm（全开）定价：CNY1.50
　　中国现代年画作品。

J0054062
灌娘闯阵岳云出山　郭长林, 潘培德作
贵阳 贵州人民出版社 1983 年 76cm（2 开）
定价：CNY0.16
　　中国现代年画作品。

J0054063
光荣军属人人敬　英雄战士个个夸　李炳
炎作
武汉 湖北人民出版社 1983 年 76cm（2 开）
定价：CNY0.13
　　中国现代年画作品。

J0054064
光荣人家　杜朝忠作
成都 四川人民出版社 1983 年 53cm（4 开）
定价：CNY0.08
　　中国现代年画作品。

J0054065
光荣人家　郭长林作
成都 四川人民出版社 1983 年 53cm（4 开）
定价：CNY0.08
　　中国现代年画作品。

J0054066
光荣人家　张泽苾作
天津 天津人民美术出版社 1983 年 76cm（2 开）
定价：CNY0.18
　　中国现代年画作品。

J0054067
光荣鲜花献英雄丰收美酒敬模范　刘式
铮作
昆明 云南人民出版社 1983 年 76cm（2 开）
定价：CNY0.13
　　中国现代年画作品。作者刘式铮（1947—
　　），云南思茅人，毕业于云南艺术学院美术专
业。历任中国美术家协会会员、中国卫生美术创
作委员会理事、云南省科普美术协会会员、云南
省健康教育协会卫生美术研究组组长，思茅地区
群众艺术馆美术干部、副馆长等职。代表作品有
《佤山春》《彝家新生》《彝族新生》《喜悦》《竹
筒舞》等。

J0054068
光照日月　浩气千古——左权将军　朱嘉
铭作
成都 四川人民出版社 1983 年 76cm（2 开）
定价：CNY0.16
　　中国现代年画作品。

J0054069
广东四大名园　陈秉钧作
广州 岭南美术出版社 1983 年 2 张 76cm（2 开）
定价：CNY0.36
　　中国现代年画作品。

J0054070
桂林风光　余克危作
北京 人民美术出版社 1983 年 2 张 76cm（2 开）
定价：CNY0.32
　　中国现代年画作品。

J0054071
国画年画缩样　（1984.1）
上海 上海书画出版社 [1983 年] 64 幅
19cm（32 开）

J0054072
果丰猫欢　王素芝作
哈尔滨 黑龙江人民出版社 1983 年 76cm（2 开）
定价：CNY0.13
　　中国现代年画作品。

J0054073
果实累累百花争艳　陈尔忠作
昆明 云南人民出版社 1983 年 53cm（4 开）
定价：CNY0.07
　　中国现代年画作品。

J0054074
果甜稻香四季康乐　李卓斌作
石家庄 河北美术出版社 1983 年 76cm（2 开）
定价：CNY0.16
　　中国现代年画作品。

J0054075
果香飘千里　月圆喜万家　成砺志作
天津 天津人民美术出版社 1983 年 76cm（2 开）

定价: CNY0.18

　　中国现代年画作品。

J0054076

海底花园　　吴乾福作

广州 岭南美术出版社 1983 年 76cm (2 开)

定价: CNY0.16

　　中国现代年画作品。

J0054077

海底乐园　　竹翔飞作

沈阳 辽宁美术出版社 1983 年 76cm (2 开)

定价: CNY0.13

　　中国现代年画作品。

J0054078

海底探宝九天揽月　　王开述作

成都 四川人民出版社 1983 年 76cm (2 开)

定价: CNY0.16

　　中国现代年画作品。

J0054079

海阔随鱼跃　天空任鸟飞　　郭沫若书

武汉 长江文艺出版社 1983 年 附对联

107cm (全开) 定价: CNY1.10

　　中国现代年画作品。作者郭沫若(1892—
1978 年), 文学家、历史学家。原名开贞, 字鼎
堂, 号尚武, 乳名文豹, 笔名沫若、麦克昂、郭鼎
堂, 四川乐山人, 毕业于日本九州帝国大学。历
任中国科学院首任院长、中国科学技术大学首任
校长、苏联科学院外籍院士。代表作《郭沫若全
集》《甲骨文字研究》《中国史稿》等。

J0054080

海棠寿带　　王庆升作

天津 天津人民美术出版社 1983 年 76cm (2 开)

定价: CNY0.18

　　中国现代年画作品。

J0054081

海豚　　孟咸昌作

南京 江苏人民出版社 1983 年 4 张 78cm (2 开)

定价: CNY0.48

　　中国现代年画作品。

J0054082

含笑的花儿　　牧阳, 德俊作

合肥 安徽人民出版社 1983 年 76cm (2 开)

定价: CNY0.16

　　中国现代年画作品。

J0054083

韩世忠岳飞　　魏明全作

长沙 湖南美术出版社 1983 年 76cm (2 开)

定价: CNY0.16

　　中国现代年画作品。

J0054084

航天　　海鹰作

郑州 中州书画社 1983 年 76cm (2 开)

定价: CNY0.16

　　中国现代年画作品。

J0054085

好阿姨　　李泽民作

石家庄 河北美术出版社 1983 年 76cm (2 开)

定价: CNY0.16

　　中国现代年画作品。

J0054086

好阿姨　　陈静作

沈阳 辽宁美术出版社 1983 年 76cm (2 开)

定价: CNY0.13

　　中国现代年画作品。

J0054087

好阿姨　　张明生作

成都 四川人民出版社 1983 年 76cm (2 开)

定价: CNY0.16

　　中国现代年画作品。

J0054088

好阿姨　　吴性清作

昆明 云南人民出版社 1983 年 76cm (2 开)

定价: CNY0.18

　　中国现代年画作品。

J0054089

好宝宝　　成砺志作

郑州 中州书画社 1983 年 [1 张] 76cm (2 开)

定价: CNY0.18
　　中国现代年画作品。

J0054090
好哥哥　廖永生作
成都 四川人民出版社 1983 年 76cm（2 开）
定价: CNY0.16
　　中国现代年画作品。

J0054091
好孩子　喻正元作
成都 四川人民出版社 1983 年 76cm（2 开）
定价: CNY0.16
　　中国现代年画作品。

J0054092
好好学习　文军作
西安 陕西人民美术出版社 1983 年 76cm（2 开）
定价: CNY0.18
　　中国现代年画作品。

J0054093
好妈妈　（汉蒙文对照）付鲁沛，李学荣合作
呼和浩特 内蒙古人民出版社 1983 年
76cm（2 开）定价: CNY0.18
　　中国现代年画作品。

J0054094
好婆媳　王信作
沈阳 辽宁美术出版社 1983 年 76cm（2 开）
定价: CNY0.13
　　中国现代年画作品。作者王信(1925—)，
画家。河北承德人。历任辽宁美术出版社专职
画家、承德市群艺馆研究馆员、河北水彩画会名
誉会长、河北省美协顾问。画作有《早雾》《原始
森林》《深山情》《山家》等。出版有《王信水彩
画选辑》《王信水彩选集》《王信水彩画专辑》等。

J0054095
好婆媳　王全兴，忻礼良作
上海 上海人民美术出版社 1983 年 76cm（2 开）
定价: CNY0.16
　　中国现代年画作品。

J0054096
好学生　单锡和作
北京 人民美术出版社 1983 年 76cm（2 开）
定价: CNY0.18
　　中国现代年画作品。

J0054097
合家欢　宋忠元作
杭州 浙江人民美术出版社 1983 年 76cm（2 开）
定价: CNY0.16
　　中国现代年画作品。作者宋忠元(1932—
2013)，教授。上海奉贤人，毕业于浙江美术学院，
留校任教。历任中国美术学院教授、副院长、中
国美术家协会理事、浙江美术协会副主席、浙江
省文联委员等职。代表作品《文成公主入藏图》
《游春图》《邓白像》等。

J0054098
合家幸福　龚定平作
北京 北京出版社 1983 年 76cm（2 开）
定价: CNY0.13
　　中国现代年画作品。

J0054099
和合二仙　江海霞编；张晓飞绘
南京 江苏人民出版社 1983 年 2 张 76cm（2 开）
定价: CNY0.36
　　中国现代年画作品。

J0054100
和和睦睦　王小路作
石家庄 河北美术出版社 1983 年 76cm（2 开）
定价: CNY0.16
　　中国现代年画作品。。

J0054101
和美幸福　魏志刚作
天津 天津人民美术出版社 1983 年 76cm（2 开）
定价: CNY0.18
　　中国现代年画作品。

J0054102
和鸣　江淮春作
广州 岭南美术出版社 1983 年 76cm（2 开）
定价: CNY0.16

中国现代年画作品。

J0054103
和睦家庭幸福多　吴性清作
上海　上海人民美术出版社 1983 年 76cm（2 开）
定价：CNY0.16
　　中国现代年画作品。

J0054104
和平幸福　李姣一作
成都　四川人民出版社 1983 年 76cm（2 开）
定价：CNY0.16
　　中国现代年画作品。

J0054105
河山胜揽图　（胶印轴画）廉宽宏作
石家庄　河北美术出版社 1983 年 1 轴 附对联
107cm（全开）定价：CNY1.50
　　中国现代年画作品。作者廉宽宏（1945—　），
画家、国家一级美术师。笔名老廉，生于哈尔滨，
河北安平人。毕业于天津美术学院。中国美术
家协会会员、中日美术交流协会会员、沧州美协
副主席。作品有《一竿撑出绿波来》《苍岩毓秀》
《淀上曲》等。

J0054106
荷花舞　苏西映作
郑州　中州书画社 1983 年 76cm（2 开）
定价：CNY0.13
　　中国现代年画作品。作者苏西映（1940—　），
河南光山人。曾任光山县文化馆美术师、河南
省美术家协会会员、大别山书画研究院名誉院
长。作品有《深山古树》《荷花舞》《玉莲公主》
《中华魂》等。出版有《唐伯虎智圆梅花梦》《玉
蜻蜓》。

J0054107
荷花舞　苏西映作
郑州　中州书画社 1983 年 53cm（4 开）
定价：CNY0.07
　　中国现代年画作品。

J0054108
荷塘情趣　黄妙发作
上海　上海人民美术出版社 1983 年 76cm（2 开）

定价：CNY0.16
　　中国现代年画作品。

J0054109
荷塘群鹅　阎珍作
石家庄　河北美术出版社 1983 年 76cm（2 开）
定价：CNY0.16
　　中国现代年画作品。

J0054110
荷塘鱼肥　刘称奇作
天津　天津人民美术出版社 1983 年 76cm（2 开）
定价：CNY0.18
　　中国现代年画作品。

J0054111
贺龙和体育健儿　左汉中作
长沙　湖南美术出版社 1983 年 76cm（2 开）
定价：CNY0.16
　　中国现代年画作品。作者左汉中（1947—　），
湖南双峰人。湖南美术出版社年画编辑室主任、
中国美术家协会会员、中国民间美术学会会员、
中国民俗学会会员。

J0054112
贺龙元帅　曾廷仲等作
成都　四川人民出版社 1983 年 76cm（2 开）
定价：CNY0.08
　　中国现代年画作品。

J0054113
贺新年庆丰收　李中文，刘福泰作
郑州　中州书画社 1983 年 53cm（4 开）
定价：CNY0.07
　　中国现代年画作品。

J0054114
红花少年　刘彦平作
天津　天津人民美术出版社 1983 年 76cm（2 开）
定价：CNY0.18
　　中国现代年画作品。

J0054115
红花送军属　潘隆正作
长沙　湖南美术出版社 1983 年 76cm（2 开）

定价：CNY0.16

　　中国现代年画作品。作者潘隆正（1944—　　），笔名晓牛，出生于重庆市，毕业于西南师范大学美术系。历任重庆出版社美编室副主任、重庆出版集团（美术）副编审、全国年画研究会理事、西南大学育才学院美术学院副教授、重庆沧白书画院副院长。作品有《红岩英烈——许晓轩》《挺进大西南》《娃娃送宝·幸福吉祥》《哼哈二将》《秦琼、敬德》《在知识的海洋里寻珍探宝》等。

J0054116
红梅报春　（胶印画轴）王成喜作
合肥　安徽人民出版社　1983 年　1 轴　附对联
107cm（全开）定价：CNY0.32
　　中国现代年画作品。作者王成喜（1940—　　），画家。生于河南尉氏县，毕业于中央工艺美术学院。历任北京燕京书画社副总经理、中国书法家协会会员、全国政协书画室副主任、国家一级美术师。代表作《王成喜画梅辑》《王成喜百梅辑》《中国画家王成喜》等。

J0054117
红娘　李慕白，金雪尘作
武汉　湖北人民出版社　1983 年　76cm（2 开）
定价：CNY0.18
　　中国现代年画作品。

J0054118
红娘　张德俊作
杭州　浙江人民美术出版社　1983 年　76cm（2 开）
定价：CNY0.16
　　中国现代年画作品。

J0054119
红娘子　李方林作
成都　四川人民出版社　1983 年　76cm（2 开）
定价：CNY0.16
　　中国现代年画作品。

J0054120
红叶小鸟牡丹锦鸡　李慧珠，应诗流作
上海　上海书画出版社　1983 年　76cm（2 开）
定价：CNY0.16
　　中国现代年画作品。

J0054121
虹桥赠珠　黄妙发作
天津　天津人民美术出版社　1983 年　76cm（2 开）
定价：CNY0.18
　　中国现代年画作品。

J0054122
洪福满堂　徐忠杰，陈学璋作
杭州　浙江人民美术出版社　1983 年　76cm（2 开）
定价：CNY0.16
　　中国现代年画作品。

J0054123
鸿福盈门　李蕙作
广州　岭南美术出版社　1983 年　76cm（2 开）
定价：CNY0.16
　　中国现代年画作品。

J0054124
呼延赞杨建业　王国征作
西安　陕西人民美术出版社　1983 年　76cm（2 开）
定价：CNY0.18
　　中国现代年画作品。

J0054125
呼延赞杨建业　王国征作
西安　陕西人民美术出版社　1983 年　53cm（4 开）
定价：CNY0.09
　　中国现代年画作品。

J0054126
湖光剑影　毛翔飞作
杭州　浙江人民美术出版社　1983 年　76cm（2 开）
定价：CNY0.16
　　中国现代年画作品。

J0054127
蝴蝶杯　刘建平，姚仲新作
天津　天津人民美术出版社　1983 年　2 张
76cm（2 开）定价：CNY0.36
　　中国现代年画作品。

J0054128
虎　吴寿谷作
杭州　西泠印社　1983 年　附对联 107cm（全开）

定价：CNY0.60
　　中国现代年画作品。

J0054129
虎牢关　任率英作
北京 人民美术出版社 1983 年 76cm（2 开）
定价：CNY0.16
　　中国现代年画作品。作者任率英（1911—
1989），画家。原名敬表，河北束鹿人。擅长工
笔画、连环画、年画。历任中国美术家协会会
员、中国连环画研究会顾问、北京东方书画研究
社社长、北京工笔重彩画协会副会长、北京中国
画研究会理事、北京工业大学书画协会顾问。代
表作品《嫦娥奔月》《洛神图》《梁红玉击鼓战金
山》等。

J0054130
虎啸　（胶印画轴）光元鲲作
合肥 安徽人民出版社 1983 年 1 轴 附对联
107cm（全开）定价：CNY1.50
　　中国现代年画作品。作者光元鲲（1907—
1974），画家。名德需，安徽桐城县人，毕业于上
海新华艺术大学绘画系。曾任皖南大学（今安徽
师范大学）艺术科、合肥师范学院艺术系中国画
教师。作品有《柳塘清趣》《荷塘清趣》《松鹤延
年》《虎啸》等。

J0054131
虎啸谷鸣　封兴昌作
西安 陕西人民美术出版社 1983 年
107cm（全开）定价：CNY0.38
　　中国现代年画作品。

J0054132
虎啸松风　杨应修作；郭子绪书
北京 人民美术出版社 1983 年 107cm（全开）
定价：CNY0.36
　　中国现代年画作品。

J0054133
护苗苗　王连元作
哈尔滨 黑龙江人民出版社 1983 年 76cm（2 开）
定价：CNY0.16
　　中国现代年画作品。

J0054134
扈家庄　（汉蒙文对照）赵祥林作
呼和浩特 内蒙古人民出版社 1983 年
76cm（2 开）定价：CNY0.18
　　中国现代年画作品。

J0054135
花儿朵朵鲜　刘称奇作
南宁 广西人民出版社 1983 年 76cm（2 开）
定价：CNY0.16
　　中国现代年画作品。

J0054136
花果山　赵宏本作
上海 上海书画出版社 1983 年 76cm（2 开）
定价：CNY0.16
　　中国现代年画作品。作者赵宏本（1915—
2000），连环画家。号赵卿，又名张弓，生于上海，
原籍江苏阜宁。历任中国美术家协会会员、中国
美协上海分会常务理事、中国连环画研究会副
会长。主要作品有《孙悟空三打白骨精》《水浒
一百零八将》《小五义》《七侠五义》等。

J0054137
花好月圆　张广力作
广州 岭南美术出版社 1983 年 76cm（2 开）
定价：CNY0.16
　　中国现代年画作品。

J0054138
花好月圆　张德俊作
上海 上海人民美术出版社 1983 年 76cm（2 开）
定价：CNY0.16
　　中国现代年画作品。

J0054139
花好月圆　罗次冰，聂明贵作
成都 四川人民出版社 1983 年 76cm（2 开）
定价：CNY0.16
　　中国现代年画作品。

J0054140
花好月圆　李慕白，庞卡作
北京 中国戏剧出版社 1983 年 76cm（2 开）
定价：CNY0.13

中国现代年画作品。

J0054141
花开如意　杨树有作
哈尔滨 黑龙江人民出版社 1983 年 76cm（2 开）
定价：CNY0.16
　　中国现代年画作品。

J0054142
花茂鱼丰　米春茂作
天津 天津人民美术出版社 1983 年 76cm（2 开）
定价：CNY0.36
　　中国现代年画作品。

J0054143
花木兰穆桂英　李仙润作
广州 岭南美术出版社 1983 年 76cm（2 开）
定价：CNY0.18
　　中国现代年画作品。

J0054144
花木兰穆桂英　李先润作
广州 岭南美术出版社 1983 年 53cm（4 开）
定价：CNY0.09
　　中国现代年画作品。

J0054145
花木兰郑芳柴郡主杨延昭　黄克勤摄
武汉 湖北人民出版社 1983 年 76cm（2 开）
定价：CNY0.16
　　中国现代年画作品。

J0054146
花木兰从军　李兴邦作
长沙 湖南美术出版社 1983 年 2 张 76cm（2 开）
定价：CNY0.32
　　中国现代年画作品。

J0054147
花鸟　（胶印画轴）田世光作
北京 农村读物出版社 1983 年 1 轴 附对联
107cm（全开）定价：CNY0.36
　　中国现代年画作品。作者田世光（1916—
1999），教授。号公炜，北京人，祖籍山东乐陵，
毕业于北京京华美术学院，师承张大千、赵梦

朱、吴镜汀、于非闇、齐白石诸先生。历任中国
美术家协会会员、北京工笔重彩画副会长、中国
画研究院第一届院务委员。代表作《和平颂》《松
树白鹰》《春晖》《幽谷红妆》《山雀》。

J0054148
花鸟对屏　喻继高作
上海 上海人民美术出版社 1983 年 2 张
76cm（2 开）定价：CNY0.32
　　中国现代年画作品。

J0054149
花鸟屏　陈雪薇作
沈阳 辽宁美术出版社 1983 年 2 张 76cm（2 开）
定价：CNY0.26
　　中国现代年画作品。

J0054150
花鸟双喜　齐兆璠作
天津 天津人民美术出版社 1983 年 76cm（2 开）
定价：CNY0.18
　　中国现代年画作品。作者齐兆璠，花鸟画
家。天津人，毕业于天津美术学院。历任中国美
术家协会会员、河北省沧州师范专科学校美术系
教授，专著有《鸟类画谱》。

J0054151
花鸟条屏　王雪涛作
北京 北京出版社 1983 年 2 张 76cm（2 开）
定价：CNY0.36
　　中国现代年画作品。

J0054152
花鸟条屏　薛长山作
哈尔滨 黑龙江人民出版社 1983 年 2 张
76cm（2 开）定价：CNY0.26
　　中国现代年画作品。

J0054153
花鸟条屏　戴林作
西宁 青海人民出版社 1983 年 4 张 53cm（4 开）
定价：CNY0.36
　　中国现代年画作品。作者戴林（1914—
1980），教授，画家。原名戴子治，河北深州人，
毕业于北平北华美专。曾任教于北京艺术学院、

北京师范学院、首都师范大学，中国美术家协会会员。作品有《竹间仙鹤》《花开春满园》等。

J0054154
花为媒　竹均琪作
沈阳 辽宁美术出版社 1983 年 76cm（2 开）
定价：CNY0.13
　　中国现代年画作品。

J0054155
花香鸟语　薛长山作
哈尔滨 黑龙江人民出版社 1983 年 2 张
76cm（2 开）定价：CNY0.26
　　中国现代年画作品。

J0054156
划龙船　朱希煌作
北京 人民体育出版社 1983 年 76cm（2 开）
定价：CNY0.16
　　中国现代年画作品。

J0054157
划龙舟　史士明作
武汉 湖北人民出版社 1983 年 76cm（2 开）
定价：CNY0.16
　　中国现代年画作品。

J0054158
滑冰曲　竹翔飞作
沈阳 辽宁美术出版社 1983 年 76cm（2 开）
定价：CNY0.13
　　中国现代年画作品。

J0054159
欢度佳节　魏志刚作
天津 天津人民美术出版社 1983 年 76cm（2 开）
定价：CNY0.36
　　中国现代年画作品。

J0054160
欢度春节　单锡和作
天津 天津杨柳青画店 1983 年 76cm（2 开）
定价：CNY0.16
　　中国现代年画作品。

J0054161
欢欢喜喜　刘王斌作
西安 陕西人民美术出版社 1983 年 76cm（2 开）
定价：CNY0.18
　　中国现代年画作品。

J0054162
欢欢喜喜过新年　李建章作
石家庄 河北美术出版社 1983 年 76cm（2 开）
定价：CNY0.16
　　中国现代年画作品。

J0054163
欢乐的草原　李正平作
天津 天津人民美术出版社 1983 年 76cm（2 开）
定价：CNY0.18
　　中国现代年画作品。

J0054164
欢乐的春天　陈英，陈明作
昆明 云南人民出版社 1983 年 76cm（2 开）
定价：CNY0.18
　　中国现代年画作品。

J0054165
欢乐的节日　孔令生作
昆明 云南人民出版社 1983 年 76cm（2 开）
定价：CNY0.18
　　中国现代年画作品。

J0054166
欢乐的清水江　杨通河作
贵阳 贵州人民出版社 1983 年 76cm（2 开）
定价：CNY0.16
　　中国现代年画作品。

J0054167
欢庆丰收　沈绍伦，陆廷作
上海 上海人民美术出版社 1983 年 76cm（2 开）
定价：CNY0.16
　　中国现代年画作品。

J0054168
欢天喜地庆丰收　孙桂英作
沈阳 辽宁美术出版社 1983 年 76cm（2 开）

定价：CNY0.13

　　中国现代年画作品。

J0054169

欢迎朋友们来旅游　李迎涛作

石家庄　河北美术出版社　1983 年　76cm（2 开）

定价：CNY0.16

　　中国现代年画作品。

J0054170

黄鹤楼　（胶印轴画）刘文谌作

武汉　湖北人民出版社　1983 年　1 轴　附对联

107cm（全开）定价：CNY1.80

　　中国现代年画作品。

J0054171

黄山人字瀑　（胶印轴画）刘海粟作

南京　江苏人民出版社　1983 年　1 轴　附对联

107cm（全开）定价：CNY2.20

　　中国现代年画作品。作者刘海粟（1896—
1994），画家、美术教育家。名槃，字季芳，号海
翁。江苏武进人。参与创办上海私立美术学院。
曾任华东艺术专科学校校长、南京艺术学院院
长。代表作《黄山云海奇观》《披狐皮的女孩》《九
溪十八涧》等，有画集《黄山》《海粟老人书画
集》等。

J0054172

黄山人字瀑　（胶印轴画）刘海粟作

南京　江苏人民出版社　1983 年　1 轴　附对联

107cm（全开）定价：CNY1.50

　　中国现代年画作品。

J0054173

黄山四景　（一至四）于锦声作

天津　杨柳青画店　1983 年　4 张　76cm（2 开）

定价：CNY1.20

　　中国现代年画作品。作者于锦声（1940—
），河北黄骅县人。天津市美术家协会理事、
天津书法家协会会员、艺友书画会画师。出版有
《于锦声画集》等。

J0054174

黄山温泉　张朝玺作

天津　天津人民美术出版社　1983 年　76cm（2 开）

定价：CNY0.18

　　中国现代年画作品。

J0054175

黄维黄忠　潘培德作

贵阳　贵州人民出版社　1983 年　76cm（2 开）

定价：CNY0.16

　　中国现代年画作品。

J0054176

黄忠关羽　李先润作

武汉　湖北人民出版社　1983 年　2 张　76cm（2 开）

定价：CNY0.26

　　中国现代年画作品。

J0054177

黄忠赵云　刘福海作

昆明　云南人民出版社　1983 年　76cm（2 开）

定价：CNY0.13

　　中国现代年画作品。

J0054178

回娘家　冯国柱，李泽民作

石家庄　河北美术出版社　1983 年　76cm（2 开）

定价：CNY0.16

　　中国现代年画作品。

J0054179

火焰驹　刘志谋作

西安　陕西人民美术出版社　1983 年　76cm（2 开）

定价：CNY0.18

　　中国现代年画作品。

J0054180

击鼓退敌扬威卫国　李唐作

南宁　广西人民出版社　1983 年　76cm（2 开）

定价：CNY0.18

　　中国现代年画作品。

J0054181

鸡场春色　李平升作

西安　陕西人民美术出版社　1983 年　76cm（2 开）

定价：CNY0.18

　　中国现代年画作品。

J0054182

鸡场蛋多　武海鹰作
天津 天津人民美术出版社 1983 年 76cm（2 开）
定价：CNY0.18
　　中国现代年画作品。

J0054183

鸡鸣报晓　杨茂时作
北京 农业出版社 1983 年 76cm（2 开）
定价：CNY0.13
　　中国现代年画作品。

J0054184

吉庆丰收　朱仪作
武汉 湖北人民出版社 1983 年 76cm（2 开）
定价：CNY0.13
　　中国现代年画作品。

J0054185

吉庆有余　方敦传作
合肥 安徽人民出版社 1983 年 76cm（2 开）
定价：CNY0.18
　　中国现代年画作品。

J0054186

吉庆有余　武海鹰作
石家庄 河北美术出版社 1983 年 76cm（2 开）
定价：CNY0.16
　　中国现代年画作品。

J0054187

吉庆有余　侯世武作
成都 四川人民出版社 1983 年 76cm（2 开）
定价：CNY0.16
　　中国现代年画作品。

J0054188

吉庆有余　冯雁作
杭州 西泠印社 1983 年 76cm（2 开）
定价：CNY0.16
　　中国现代年画作品。

J0054189

吉庆有余幸福多　安茂让画
济南 山东人民出版社 1983 年 76cm（2 开）

定价：CNY0.16
　　中国现代年画作品。

J0054190

吉祥如意　杨维华作
沈阳 辽宁美术出版社 1983 年 76cm（2 开）
定价：CNY0.13
　　中国现代年画作品。

J0054191

吉祥如意万年青　杨馥如作
上海 上海人民出版社 1983 年 76cm（2 开）
定价：CNY0.16
　　中国现代年画作品。

J0054192

吉祥幸福　张春新作
哈尔滨 黑龙江人民出版社 1983 年 76cm（2 开）
定价：CNY0.16
　　中国现代年画作品。

J0054193

吉祥有余　辰时作
兰州 甘肃人民出版社 1983 年 76cm（2 开）
定价：CNY0.16
　　中国现代年画作品。

J0054194

集市归　张为民作
天津 天津杨柳青画社 1983 年 76cm（2 开）
定价：CNY0.16
　　中国现代年画作品。

J0054195

计划生育模范科研生产标兵　周绍文, 张仁
山作
郑州 中州书画社 1983 年 76cm（2 开）
定价：CNY0.07
　　中国现代年画作品。

J0054196

技巧新花　（一至四）徐成智作
南宁 广西人民出版社 1983 年 2 张 76cm（2 开）
定价：CNY0.32
　　中国现代年画作品。

J0054197

加强训练常备不懈

昆明 云南人民出版社 1983 年 76cm（2 开）

定价：CNY0.14

　　中国现代年画作品。

J0054198

家家都在花丛中　　景志龙作

成都 四川人民出版社 1983 年 76cm（2 开）

定价：CNY0.16

　　中国现代年画作品。

J0054199

家家都在画图中　　朱修立作

合肥 安徽人民出版社 1983 年 107cm（全开）

定价：CNY0.32

　　中国现代年画作品。作者朱修立（1938— ），画家。上海人，毕业于南京艺术学院美术系。中国美术家协会会员、安徽美术家协会常务理事、安徽省书画院一级画师。作品有《艳阳秋》《松魂》《山水长卷》等，出版有《朱修立画集》朱修立扇面画集》等。

J0054200

家家飞来金凤凰　　郑坚石作

石家庄 河北美术出版社 1983 年 76cm（2 开）

定价：CNY0.16

　　中国现代年画作品。

J0054201

家家有余　　赵仁成作

西安 陕西人民美术出版社 1983 年 76cm（2 开）

定价：CNY0.18

　　中国现代年画作品。

J0054202

家家有余　　骆福庆作

天津 天津杨柳青画社 1983 年 76cm（2 开）

定价：CNY0.16

　　中国现代年画作品。

J0054203

家禽花卉四条屏　　齐兆璠，李存伟作

天津 天津人民美术出版社 1983 年 2 张

76cm（2 开）定价：CNY0.36

　　中国现代年画作品。作者齐兆璠，花鸟画家。天津人，毕业于天津美术学院。历任中国美术家协会会员、河北省沧州师范专科学校美术系教授，专著有《鸟类画谱》。

J0054204

剑门三峡　　徐君熙作

成都 四川人民出版社 1983 年 76cm（2 开）

定价：CNY0.16

　　中国现代年画作品。

J0054205

健康成长　　（汉蒙文对照）孟喜元作

呼和浩特 内蒙古人民出版社 1983 年

76cm（2 开）定价：CNY0.18

　　中国现代年画作品。作者孟喜元（1943— ），河北省曲阳县人，毕业于内蒙古财贸干部进修学院，结业于浙江美术学院国画人物进修班。历任内蒙古人民出版社美术编辑室主任、国家一级美术师、内蒙古自治区文史研究馆馆员、中国美术家协会会员、中国连环画研究会常务理事。代表作品有《幸福晚年》《团日》，出版有《艺用人体摄影图谱》《孟喜元画集》等。

J0054206

健康长寿　　刘思斌作

哈尔滨 黑龙江人民出版社 1983 年 76cm（2 开）

定价：CNY0.16

　　中国现代年画作品。

J0054207

健康长寿　　柳忠福作

天津 天津人民美术出版社 1983 年 76cm（2 开）

定价：CNY0.18

　　中国现代年画作品。

J0054208

健康长寿　　冯庆炬复制

天津 天津杨柳青画店 1983 年 76cm（2 开）

定价：CNY0.16

　　中国现代年画作品。

J0054209

舰船图　　丁建东作

济南 山东人民出版社 1983 年 76cm（2 开）

定价：CNY0.16

　　中国现代年画作品。

J0054210

江姐赵一曼　李万春作

成都 四川人民出版社 1983 年 76cm（2 开）

定价：CNY0.16

　　中国现代年画作品。

J0054211

江山多娇　（胶印画轴）孙信一作

上海 上海书画出版社 1983 年 1 轴 附对联

153cm（2 全开）定价：CNY2.90

　　中国现代年画作品。作者孙信一（1947— ），画家。生于上海川沙县，毕业于日本多摩美术大学研究生学业。历任阳光法亚文化协会会长、上海书画院特聘画师、陆俨少艺术研究会会长、雪堂书画研究会特邀顾问等。

J0054212

江苏年画　（1984 一）

南京 [江苏人民出版社][1983 年] 18cm（15 开）

　　中国现代年画作品。

J0054213

江苏年画　（一）

[南京][1983 年] 19cm（32 开）

　　中国现代年画作品。

J0054214

江苏年画　（二）

[南京][1983 年] 42 幅 19cm（32 开）

　　中国现代年画作品。

J0054215

江苏年画　（春联）

[1983 年] 19cm（32 开）

　　中国现代年画作品。

J0054216

江天楼阁图　（胶印画轴）江南春作

广州 岭南美术出版社 1983 年 1 轴 附对联

107cm（全开）定价：CNY2.70

　　中国现代年画作品。

J0054217

姜太公钓鱼　张弓作

石家庄 河北美术出版社 1983 年 76cm（2 开）

定价：CNY0.16

　　中国现代年画作品。

J0054218

讲革命故事　张冠哲作

哈尔滨 黑龙江人民出版社 1983 年 76cm（2 开）

定价：CNY0.16

　　中国现代年画作品。

J0054219

讲故事　张路红作

上海 上海人民美术出版社 1983 年 76cm（2 开）

定价：CNY0.16

　　中国现代年画作品。

J0054220

讲礼貌　哈琼文作

上海 上海人民美术出版社 1983 年 76cm（2 开）

定价：CNY0.16

　　中国现代年画作品。作者哈琼文（1925—2012），回族，北京人。毕业于中央大学艺术系。上海人民美术出版社编审、上海文史研究馆馆员、中国美术家协会会员、美协上海分会理事。擅长油画、宣传画。主要作品有油画《鲁迅——致电党中央祝贺长征胜利到达陕北》、宣传画《毛主席万岁》等。

J0054221

讲卫生　马秀珍作

哈尔滨 黑龙江人民出版社 1983 年 76cm（2 开）

定价：CNY0.16

　　中国现代年画作品。

J0054222

讲文明　爱清洁　成砺志作

南京 江苏人民出版社 1983 年 76cm（2 开）

定价：CNY0.18

　　中国现代年画作品。

J0054223

接新娘　施邦华作

上海 上海人民美术出版社 1983 年 76cm（2 开）

定价：CNY0.16

　　中国现代年画作品。

J0054224

节日的礼物　曾抒嘉作

沈阳　辽宁美术出版社 1983 年 76cm（2 开）

定价：CNY0.13

　　中国现代年画作品。

J0054225

节日的早晨　陈菊仙作

北京　中国少年儿童出版社 1983 年 76cm（2 开）

定价：CNY0.13

　　中国现代年画作品。

J0054226

姐妹情深　庞卡作

上海　上海人民美术出版社 1983 年 76cm（2 开）

定价：CNY0.16

　　中国现代年画作品。作者庞卡（1935—　）。
画家。又名庞抱俊。上海人。历任上海人民美
术出版社年画编辑、创作员。作品有《从小爱科
学》《秧苗青青春来早》《爱人民》等。

J0054227

巾帼英雄　王薇，王菲作

哈尔滨　黑龙江人民出版社 1983 年 2 张
76cm（2 开）定价：CNY0.32

　　中国现代年画作品。

J0054228

巾帼英雄穆桂英　刘鸿志作

北京　人民美术出版社 1983 年 76cm（2 开）

定价：CNY0.16

　　中国现代年画作品。

J0054229

金杯高举　为国争光　刘天民，陈静作

天津　天津人民美术出版社 1983 年 76cm（2 开）

定价：CNY0.18

　　中国现代年画作品。

J0054230

金鸡报晓　陈菊仙，马乐群作

南昌　江西人民出版社［1983 年］76cm（2 开）

定价：CNY0.18

　　中国现代年画作品。

J0054231

金鸡报晓　张瑞恒作

广州　岭南美术出版社 1983 年 76cm（2 开）

定价：CNY0.18

　　中国现代年画作品。

J0054232

金菊秋艳　成砺志作

成都　四川人民出版社 1983 年 76cm（2 开）

定价：CNY0.16

　　中国现代年画作品。

J0054233

金鳞记

西安　陕西人民美术出版社 1983 年 2 张
76cm（2 开）定价：CNY0.36

　　中国现代年画作品。

J0054234

金鱼　冯东振作

石家庄　河北美术出版社 1983 年 2 张
76cm（2 开）定价：CNY0.32

　　中国现代年画作品。

J0054235

金鱼满塘　霍允庆作

银川　宁夏人民出版社 1983 年 76cm（2 开）

定价：CNY0.18

　　中国现代年画作品。

J0054236

金鱼四条屏　莫树滋等作

南京　江苏人民出版社 1983 年 4 张 76cm（2 开）

定价：CNY1.50

　　中国现代年画作品。

J0054237

金鱼戏珠节日乐　史士明作

天津　天津人民美术出版社 1983 年 76cm（2 开）

定价：CNY0.18

　　中国现代年画作品。

J0054238

锦鸡　王渔父作
贵阳 贵州人民出版社 1983 年 76cm（2 开）
定价：CNY0.09
　　中国现代年画作品。作者王渔父（1909—1974），教授。河北涿县人，原名王柳汀。就读于北京大学艺术系和北平京华美术学院。历任贵州省文化局艺术科科长、省文联美工室主任，任教于贵州大学艺术系、贵州省艺术学校、贵阳师范学院等。代表作品《大地春深》《春雨鸠鸣》《柳枝喜鹊》《荷塘乳鸭》《梅鹤迎春》等。出版有《王柳汀画集》《王渔父花鸟画集》。

J0054239

锦鸡牡丹　张琪，忠元作
哈尔滨 黑龙江人民出版社 1983 年 76cm（2 开）
定价：CNY0.13
　　中国现代年画作品。

J0054240

锦鸡牡丹　齐兆璠作
天津 天津人民美术出版社 1983 年 1 轴
107cm（全开）定价：CNY0.36
　　中国现代年画作品。

J0054241

锦上添花　（胶印轴画）喻继高作
合肥 安徽人民出版社 1983 年 1 轴 附对联
107cm（全开）定价：CNY1.50
　　中国现代年画作品。

J0054242

锦上添花　张琪作
沈阳 辽宁美术出版社 1983 年 76cm（2 开）
定价：CNY0.13
　　中国现代年画作品。作者张琪（1954—　），画家。江苏苏州市人，毕业于苏州工艺美术职工大学。历任人民日报神州书画院特约画师、苏州书画院副院长、苏州市美术家协会副秘书长、苏州市园林艺术顾问。代表作品有《张琪花鸟画集》《张琪画集》。

J0054243

锦上添花　金鸿钧作
太原 山西人民出版社 1983 年 76cm（2 开）

定价：CNY0.36
　　中国现代年画作品。

J0054244

锦上添花　武海鹰作
天津 天津人民美术出版社 1983 年 76cm（2 开）
定价：CNY0.18
　　中国现代年画作品。

J0054245

锦绣前程　张春新作
哈尔滨 黑龙江人民出版社 1983 年 76cm（2 开）
定价：CNY0.13
　　中国现代年画作品。

J0054246

锦绣图　叶玉昶作
北京 人民美术出版社 1983 年 76cm（2 开）
定价：CNY0.16
　　中国现代年画作品。

J0054247

敬爱的元帅　樊怀章等作
成都 四川人民出版社 1983 年 76cm（2 开）
铜版纸 定价：CNY0.32，CNY0.16（胶版纸）
　　中国现代年画作品。

J0054248

敬礼　王利锁作
长沙 湖南美术出版社 1983 年 76cm（2 开）
定价：CNY0.16
　　中国现代年画作品。

J0054249

敬亲人　陈华民作
长沙 湖南美术出版社 1983 年 76cm（2 开）
定价：CNY0.18
　　中国现代年画作品。

J0054250

敬献光荣花　胡竹雨作
杭州 浙江人民美术出版社 1983 年 76cm（2 开）
定价：CNY0.16
　　中国现代年画作品。

J0054251
敬长图 （藏汉对照）索朗群培，桑阿作
拉萨 西藏人民出版社 1983 年 76cm（2 开）
定价：CNY0.36
　　中国现代年画作品。

J0054252
桔颂 高景波作
哈尔滨 黑龙江人民出版社 1983 年 76cm（2 开）
定价：CNY0.16
　　中国现代年画作品。

J0054253
菊花黄雀 叶玉昶作
北京 人民美术出版社 1983 年 76cm（2 开）
定价：CNY0.16
　　中国现代年画作品。

J0054254
聚宝娃娃 董振清作
沈阳 辽宁美术出版社 1983 年 76cm（2 开）
定价：CNY0.13
　　中国现代年画作品。

J0054255
军舰集锦 丁仪新作
上海 上海人民美术出版社 1983 年 76cm（2 开）
定价：CNY0.16
　　中国现代年画作品。

J0054256
军民团结紧 边疆气象新 郝之辉作
昆明 云南人民出版社 1983 年 76cm（2 开）
定价：CNY0.14
　　中国现代年画作品。

J0054257
军民一家鱼水深情 黄午生等作
南京 江苏人民出版社 1983 年 76cm（2 开）
定价：CNY0.22
　　中国现代年画作品。

J0054258
军事大演习 李玉生，秦大虎作
上海 上海人民美术出版社 1983 年 76cm（2 开）

定价：CNY0.16
　　中国现代年画作品。

J0054259
骏马图 叶俊康作
上海 上海人民美术出版社 1983 年 76cm（2 开）
定价：CNY0.16
　　中国现代年画作品。

J0054260
骏马图 马秋岩作
天津 天津杨柳青画店 1983 年 76cm（2 开）
定价：CNY0.16
　　中国现代年画作品。

J0054261
凯旋 李秉刚作
北京 人民体育出版社 1983 年 1 幅 76cm（2 开）
定价：CNY0.16
　　中国现代年画作品。

J0054262
看孔雀 陶琦作
天津 天津人民美术出版社 1983 年 76cm（2 开）
定价：CNY0.18
　　中国现代年画作品。作者陶琦（1922—
2002），女，连环画家。毕业于北平艺专。原中联
书店、天津美术出版社画家，天津文史馆馆员。
创作连环画有《我当上了学习小组长》。

J0054263
看谁叠的整齐 李慕白，庞卡作
天津 天津杨柳青画店 1983 年 76cm（2 开）
定价：CNY0.16
　　中国现代年画作品。

J0054264
抗日女英雄赵一曼 潘志鸿作
成都 四川人民出版社 1983 年 76cm（2 开）
定价：CNY0.16
　　中国现代年画作品。

J0054265
考考你 杨文义，沈家琳作
武汉 湖北人民出版社 1983 年 1 幅 76cm（2 开）

定价: CNY0.16

　　中国现代年画作品。作者杨文义(1953—　)，画家。内蒙古临河人。毕业于北京书画函授大学。曾任古雕艺术学校校长、中国教育学会书法教育专业委员会会员等职。作品有《暗香浮动》《春华秋实》等。作者沈家琳(1931—　)，画家。浙江宁波人，毕业于华东艺专。历任上海画片出版社编辑，上海人民美术出版社编辑、创作组长，年画、宣传画编辑室主任、副编审，全国美展年画评委、中国美协年画艺委会副主任。创作年画有《做共产主义接班人》《友爱》《做共产主义接班人》等。

J0054266

考考你　　张锦标作

上海　上海人民美术出版社 1983 年 1 幅 76cm(2 开) 定价: CNY0.16

　　中国现代年画作品。

J0054267

科学种田连年畜产　　罗存洁作

昆明　云南人民出版社 1983 年 76cm(2 开)

定价: CNY0.14

　　中国现代年画作品。

J0054268

科研结硕果五业更兴旺　　李中文作

郑州　中州书画社 1983 年 76cm(2 开)

定价: CNY0.13

　　中国现代年画作品。

J0054269

科研结硕果五业更兴旺　　李中文作

郑州　中州书画社 1983 年 53cm(4 开)

定价: CNY0.08

　　中国现代年画作品。

J0054270

可爱的花儿　　刘称奇作

上海　上海人民美术出版社 1983 年 76cm(2 开)

定价: CNY0.16

　　中国现代年画作品。

J0054271

可爱的天鹅　　张敬平作

合肥　安徽人民出版社 1983 年 76cm(2 开)

定价: CNY0.16

　　中国现代年画作品。

J0054272

可爱的小鹿　　邵倍文作

沈阳　辽宁美术出版社 1983 年 76cm(2 开)

定价: CNY0.13

　　中国现代年画作品。

J0054273

可爱的祖国　　朱岩作

哈尔滨　黑龙江人民出版社 1983 年 76cm(2 开)

定价: CNY0.13

　　中国现代年画作品。

J0054274

可爱的祖国　　张振华作

沈阳　辽宁美术出版社 1983 年 76cm(2 开)

定价: CNY0.13

　　中国现代年画作品。作者张振华，江苏省徐州市人。毕业南京艺术学院中国画专业，留校任教，教授中国画。作品有《冬树》《冬景》。

J0054275

孔雀　　田镛作

北京　农村读物出版社 1983 年 107cm(全开)

定价: CNY0.36

　　中国现代年画作品。

J0054276

孔雀　　赵玉敏作

济南　山东人民出版社 1983 年 76cm(2 开)

定价: CNY0.16

　　中国现代年画作品。作者赵玉敏(1945—　)，画家。山东乳山人，结业于中央工艺美术学院。历任中国工艺美术家协会会员、安徽省美术家协会会员、安徽省直机关书画家协会副主席，安徽日报主任编辑、美术组组长，安徽省政协书画画家等。

J0054277

孔雀公主　　王美芳作; 邓福星编文

北京　人民美术出版社 1983 年 2 张 76cm(2 开)

定价: CNY0.26

中国现代年画作品。作者王美芳(1949—　)，女，高级画师。北京人。毕业于中央美术学院附中。天津工艺美术设计院高级画师、天津画院院外画家。擅长中国画。作品有《蒙山腊月》《王贵与李香香》《做嫁衣》《正月》《太阳、雪山和我》。作者邓福星(1945—　)，书画家，美术教育家。河北固安人，毕业于中国艺术研究院研究生班，获博士学位。任中国艺术研究院研究员、博士生导师，中国画学会副会长。绘画作品《周总理永远和我们在一起》《梅花欢喜漫天雪》《五体千字文》，论著《美术概论》等。

J0054278

孔雀公主　李慕白，金雪尘作

上海　上海人民美术出版社 1983 年 76cm（2 开）

定价：CNY0.16

　　中国现代年画作品。

J0054279

孔雀公主

北京　中国电影出版社 1983 年 2 张 76cm（2 开）

定价：CNY0.32

　　中国现代年画作品。

J0054280

孔雀开屏喜迎门　杨茂时作

北京　人民美术出版社 1983 年 76cm（2 开）

定价：CNY0.16

　　中国现代年画作品。

J0054281

孔雀屏　彭连熙作

天津　天津杨柳青画店 1983 年 76cm（2 开）

定价：CNY0.16

　　中国现代年画作品。

J0054282

孔雀舞　董振中作

长沙　湖南美术出版社 1983 年 76cm（2 开）

定价：CNY0.16

　　中国现代年画作品。作者董振中(1945—　)，画家。山东人。字子午，号老草。毕业于浙江美术学院国画系。中国美术家协会会员、国家一级美术师、邹城市美术家协会主席、邹城市画院院长。出版《董振中画集》《孟子圣迹图》《孔子圣

迹图》等。

J0054283

孔雀与少女　肖玉田作

天津　天津人民美术出版社 1983 年 76cm（2 开）

定价：CNY0.18

　　中国现代年画作品。

J0054284

寇准背靴　张弓作

北京　人民美术出版社 1983 年 76cm（2 开）

定价：CNY0.18

　　中国现代年画作品。

J0054285

寇准背靴　苗佳硕作

郑州　中州书画社 1983 年 76cm（2 开）

定价：CNY0.18

　　中国现代年画作品。

J0054286

快活婆婆　刘克青作

南宁　广西人民出版社 1983 年 76cm（2 开）

定价：CNY0.16

　　中国现代年画作品。

J0054287

快乐的节日　韦献青作

上海　上海人民美术出版社 1983 年 76cm（2 开）

定价：CNY0.16

　　中国现代年画作品。

J0054288

快乐的生日　李寒作

北京　中国戏剧出版社 1983 年 76cm（2 开）

定价：CNY0.13

　　中国现代年画作品。

J0054289

快乐的小宝宝　朱淑媛作

南昌　江西人民出版社 [1983 年] 76cm（2 开）

定价：CNY0.18

　　中国现代年画作品。

J0054290

兰竹菊梅　张广力作

上海 上海人民美术出版社 1983 年 4 张

53cm（4 开）定价：CNY0.32

　　中国现代年画作品。

J0054291

兰竹菊梅　姜舟作

郑州 中州书画社 1983 年 4 张 76cm（2 开）

定价：CNY0.72

　　中国现代年画作品。作者姜舟（1941—　），画家、教师。原名敦修，字大公，江苏沛县人。毕业于南京师范大学美术系。历任徐州师范大学美术系主任、副教授，徐州市文联副主席、徐州市美术家协会主席。出版有《姜舟花鸟画集》《龙门二十品技法》等。

J0054292

劳动多福卫生长寿　魏明全作

郑州 中州书画社 1983 年 76cm（2 开）

定价：CNY0.16

　　中国现代年画作品。

J0054293

劳动多福卫生长寿　魏明全作

郑州 中州书画社 1983 年 53cm（4 开）

定价：CNY0.08

　　中国现代年画作品。

J0054294

劳动致富　蒋振帆作

合肥 安徽人民出版社 1983 年 76cm（2 开）

定价：CNY0.16

　　中国现代年画作品。

J0054295

劳动致富吉庆有余　李先润作

郑州 中州书画社 1983 年 76cm（2 开）

定价：CNY0.13

　　中国现代年画作品。

J0054296

劳动致富吉庆有余　李先润作

郑州 中州书画社 1983 年 53cm（4 开）

定价：CNY0.07

中国现代年画作品。

J0054297

劳动致富新年好　徐飞鸿作

上海 上海书画出版社 1983 年 76cm（2 开）

定价：CNY0.16

　　中国现代年画作品。作者徐飞鸿（1918—2000），年画家、剪纸艺术家。浙江鄞县人。曾任《晋察冀画报》社记者，上海人民出版社年画、宣传画编辑室副主任等职。代表作品有《双鱼吉庆新年好》《万象更新喜迎春》《戏曲窗花十二幅》等。

J0054298

老虎屏　（一至四）田茂怀作

石家庄 河北美术出版社 1983 年 2 张

107cm（全开）定价：CNY0.64

　　中国现代年画作品。作者田茂怀（1948—　），画家。河北衡水人。历任河北省画院特聘画师、河北省科技大学客座教授、河北书画院副主席、台湾艺术协会荣誉理事。

J0054299

老虎屏　（一至四）田茂怀作

石家庄 河北美术出版社 1983 年 2 张

76cm（2 开）定价：CNY0.32

　　中国现代年画作品。

J0054300

老虎屏　（一至四）田茂怀作

石家庄 河北美术出版社 1983 年 4 张

76cm（2 开）定价：CNY1.40

　　中国现代年画作品。

J0054301

雷锋叔叔的故事　余小仪作

广州 岭南美术出版社 1983 年 76cm（2 开）

定价：CNY0.16

　　中国现代年画作品。

J0054302

漓江　邢树荃作

石家庄 河北美术出版社 1983 年 2 张

76cm（2 开）定价：CNY0.32

　　中国现代年画作品。

J0054303
礼让图　赵雨生作
天津 天津杨柳青画店 1983 年 76cm（2 开）
定价：CNY0.16
　　中国现代年画作品。

J0054304
李白和杜甫　刘光灿作
成都 四川人民出版社 1983 年 76cm（2 开）
定价：CNY0.16
　　中国现代年画作品。

J0054305
李清照　关满生作
沈阳 辽宁美术出版社 1983 年 76cm（2 开）
定价：CNY0.13
　　中国现代年画作品。

J0054306
李清照　徐福根作
天津 天津人民美术出版社 1983 年 76cm（2 开）
定价：CNY0.18
　　中国现代年画作品。

J0054307
李清照闺房和诗　年丰作
北京 中国戏剧出版社 1983 年 76cm（2 开）
定价：CNY0.13
　　中国现代年画作品。

J0054308
李小春舞台艺术　赵梦林，赵祥林作
天津 天津人民美术出版社 1983 年 2 张
76cm（2 开）定价：CNY0.36
　　中国现代年画作品。

J0054309
李自成黄巢　潘培德作
成都 四川人民出版社 1983 年 76cm（2 开）
定价：CNY0.16
　　中国现代年画作品。

J0054310
理想的风筝　张路红作
天津 天津杨柳青画店 1983 年 76cm（2 开）

定价：CNY0.16
　　中国现代年画作品。

J0054311
粒粒皆辛苦　吴性清作
广州 岭南美术出版社 1983 年 76cm（2 开）
定价：CNY0.16
　　中国现代年画作品。

J0054312
连年丰收四季平安　林美岚作
南昌 江西人民出版社 [1983 年] 76cm（2 开）
定价：CNY0.18
　　中国现代年画作品。

J0054313
连年有余　邵培文作
哈尔滨 黑龙江人民出版社 1983 年 76cm（2 开）
定价：CNY0.13
　　中国现代年画作品。作者邵培文（1946—　），
画家。别名邵金文，辽宁瓦房店人，大连师范美
术专业毕业。历任瓦房店市文化馆从事美术辅
导与创作员、瓦房店市社会文化管理委员会办公
室主任。作品有《甜蜜蜜》《抓好菜篮子关心人
民生活》《欢乐金秋》《牧归》等。

J0054314
连年有余　龚淼候作
武汉 湖北人民出版社 1983 年 76cm（2 开）
定价：CNY0.13
　　中国现代年画作品。

J0054315
连年有余　郑广贤作
银川 宁夏人民出版社 1983 年 76cm（2 开）
定价：CNY0.18
　　中国现代年画作品。

J0054316
连年有余　李子候作
杭州 浙江人民美术出版社 1983 年 76cm（2 开）
定价：CNY0.16
　　中国现代年画作品。

J0054317

连年有余吉祥如意　　陈昌明作

贵阳　贵州人民出版社 1983 年　76cm（2 开）

定价：CNY0.16

中国现代年画作品。

J0054318

连年有余幸福长寿　　裴文璐作

广州　岭南美术出版社 1983 年　53cm（4 开）

定价：CNY0.09

中国现代年画作品。作者裴文璐（1944—　），出生于昆明，中国美术家协会会员、云南艺术学院客座教授、云南省公安厅文联书画院名誉院长。代表作品有《瑞丽江畔》《赶摆》。

J0054319

连年有余幸福长寿　　裴文璐作

广州　岭南美术出版社 1983 年　76cm（2 开）

定价：CNY0.18

中国现代年画作品。

J0054320

莲丰籽壮　　杨立群作

沈阳　辽宁美术出版社 1983 年　76cm（2 开）

定价：CNY0.13

中国现代年画作品。

J0054321

梁山伯与祝英台　　金梅生作

上海　上海人民美术出版社 1983 年　76cm（2 开）

定价：CNY0.16

中国现代年画作品。

J0054322

梁山泊英雄图　　陈略作

广州　岭南美术出版社 1983 年　107cm（全开）

定价：CNY0.36

中国现代年画作品。。

J0054323

两个文明花盛开　　杨春生作

沈阳　辽宁美术出版社 1983 年　76cm（2 开）

定价：CNY0.13

中国现代年画作品。

J0054324

辽宁年画　（1984）

沈阳　辽宁美术出版社 [1983 年] 19cm（32 开）

中国现代年画作品。

J0054325

林冲进香　　宗万华作

天津　天津人民美术出版社 1983 年　76cm（2 开）

定价：CNY0.18

中国现代年画作品。

J0054326

林黛玉　　陆海林作

昆明　云南人民出版社 1983 年　76cm（2 开）

定价：CNY0.18

中国现代年画作品。

J0054327

溜冰芭蕾　　杨建明作

上海　上海人民美术出版社 1983 年　76cm（2 开）

定价：CNY0.08

中国现代年画作品。

J0054328

刘伯承元帅　　樊怀章作

成都　四川人民出版社 1983 年　53cm（4 开）

定价：CNY0.08

中国现代年画作品。

J0054329

刘巧儿　　戈兵诗；张昱画

石家庄　河北美术出版社 1983 年　2 张

76cm（2 开）定价：CNY0.32

中国现代年画作品。

J0054330

刘少奇同志　　赵绍虎作

南京　江苏人民出版社 1983 年　76cm（2 开）

定价：CNY0.18

中国现代年画作品。作者赵绍虎（1941—　），教授。号老戌，江苏镇江人，毕业于南京师范大学美术系。历任江苏大学艺术学院教授、中国美术家协会会员、镇江报社及江苏人民出版社美术编辑、江苏大学美术系主任、镇江市美协副主席。代表作品有《荷风》《摩崖夕照》等。

J0054331
柳浪闻莺 张德俊作
太原 山西人民出版社 1983 年 76cm（2 开）
定价：CNY0.18
中国现代年画作品。

J0054332
柳湘莲与尤三姐 申同景作
石家庄 河北美术出版社 1983 年 76cm（2 开）
定价：CNY0.16
中国现代年画作品。

J0054333
龙飞凤舞 何荣卿作
武汉 湖北人民出版社 1983 年 2 张 76cm（2 开）
定价：CNY0.26（甲），CNY0.13（乙）
中国现代年画作品。

J0054334
龙飞凤舞 史士明作
西安 陕西人民美术出版社 1983 年 76cm（2 开）
定价：CNY0.18
中国现代年画作品。

J0054335
龙飞凤舞 徐云作
郑州 中州书画社 1983 年 76cm（2 开）
定价：CNY0.13
中国现代年画作品。

J0054336
龙飞凤舞 徐云作
郑州 中州书画社 1983 年 53cm（4 开）
定价：CNY0.07
中国现代年画作品。

J0054337
龙凤呈祥 方敦传作
北京 农业出版社 1983 年 76cm（2 开）
定价：CNY0.13
中国现代年画作品。

J0054338
龙凤呈祥 （胶印画轴）张瑞恒作
天津 天津杨柳青画店 1983 年 1 轴 附对联

107cm（全开）定价：CNY1.30
中国现代年画作品。

J0054339
龙凤锁 任侠志作
北京 中国戏剧出版社 1983 年 76cm（2 开）
定价：CNY0.13
中国现代年画作品。

J0054340
龙凤迎春 刘恒久作
贵阳 贵州人民出版社 1983 年 76cm（2 开）
定价：CNY0.16
中国现代年画作品。

J0054341
龙宫探宝 聂维民作
哈尔滨 黑龙江人民出版社 1983 年 76cm（2 开）
定价：CNY0.13
中国现代年画作品。

J0054342
龙腾狮舞 保彬作
南京 江苏人民出版社 1983 年 107cm（全开）
定价：CNY0.38
中国现代年画作品。作者保彬（1936— ），蒙古族，国画家。江苏南通人。毕业于南京艺术学院美术系并留校任教。南京艺术学院院长、中国美术家协会会员、江苏美术家协会理事等。主要作品有《鹤寿图》《华夏魂》《嫦娥奔月》等。专著有《纵横挥洒》《保彬画集》《黄山奇松》。

J0054343
娄山关 全山石作
武汉 湖北人民出版社 1983 年 76cm（2 开）
定价：CNY0.18
中国现代年画作品。作者全山石（1930— ），画家，教授。浙江宁波人，毕业于中央美术学院华东分院。历任中国油画学会副主席、中国美术家协会油画艺术委员会副主任、中国美术学院教授、俄罗斯列宾美术学院荣誉教授等。代表作有收藏在中国革命博物馆的《英勇不屈》《井冈山上》《娄山关》《重上井冈山》《历史的潮流》等。

J0054344

鲁智深痛打高衙内　赵静东作

天津 天津杨柳青画社 1983 年 76cm（2 开）

定价：CNY0.16

　　中国现代年画作品。

J0054345

陆游和唐琬　樊恒作

北京 人民美术出版社 1983 年 76cm（2 开）

定价：CNY0.16

　　中国现代年画作品。

J0054346

鹿鹤姑娘　卓昌勇作

重庆 重庆出版社 1983 年 76cm（2 开）

定价：CNY0.16

　　中国现代年画作品。作者卓昌勇（1944— ），
教授。四川重庆人，毕业于西南师大。重庆师范
学院影像工程系教授、中国美术家协会四川分会
会员。著有《教学美术》《现代居室装饰画技法》。

J0054347

鹿鹤同春　陈松茂作

南昌 江西人民出版社［1983 年］76cm（2 开）

定价：CNY0.16

　　中国现代年画作品。

J0054348

鸾凤和鸣　龚景充作

杭州 浙江人民美术出版社 1983 年 76cm（2 开）

定价：CNY0.16

　　中国现代年画作品。

J0054349

轮船集锦　丁仪新作

上海 上海人民美术出版社 1983 年 76cm（2 开）

定价：CNY0.16

　　中国现代年画作品。

J0054350

罗家叔侄对花枪　金培庚作

北京 中国戏剧出版社 1983 年 76cm（2 开）

定价：CNY0.13

　　中国现代年画作品。

J0054351

罗荣桓元帅　曾廷仲作

成都 四川人民出版社 1983 年 53cm（4 开）

定价：CNY0.08

　　中国现代年画作品。

J0054352

洛神　金铭作

广州 岭南美术出版社 1983 年 76cm（2 开）

定价：CNY0.16

　　中国现代年画作品。

J0054353

洛阳春色　王少卿作

郑州 中州书画社 1983 年 76cm（2 开）

定价：CNY0.18

　　中国现代年画作品。

J0054354

洛阳牡丹对屏　江河作

上海 上海书画出版社 1983 年 76cm（2 开）

定价：CNY0.16

　　中国现代年画作品。

J0054355

洛阳桥

北京 中国电影出版社 1983 年 2 张 76cm（2 开）

定价：CNY0.32

　　中国现代年画作品。

J0054356

吕布典韦　方湘侠作

武汉 湖北人民出版社 1983 年 76cm（2 开）

定价：CNY0.13

　　中国现代年画作品。作者方湘侠（1940— ），
原籍福建莆田，出生于湖南长沙。毕业于湖北艺
术学院（现湖北美术学院）美术系中国画专业。曾
任湖北省群众艺术馆美术编辑、副馆长，湖北美
术协会副主席、湖北省科普美术家协会理事长。
主要作品有《运石图》《欢乐的日子》《欲飞》等。

J0054357

吕布典韦　方湘侠作

武汉 湖北人民出版社 1983 年 2 张 76cm（2 开）

定价：CNY0.26

中国现代年画作品。

J0054358

绿化祖国 李慕白，庞卡作
武汉 湖北人民出版社 1983 年 76cm（2 开）
定价：CNY0.18
　中国现代年画作品。

J0054359

绿化祖国多植树 邬华敏作
成都 四川人民出版社 1983 年 76cm（2 开）
定价：CNY0.16
　中国现代年画作品。

J0054360

妈妈再见 蔚学高作
北京 人民美术出版社 1983 年 76cm（2 开）
定价：CNY0.16
　中国现代年画作品。

J0054361

满载丰收果 石川作
广州 岭南美术出版社 1983 年 76cm（2 开）
定价：CNY0.16
　中国现代年画作品。

J0054362

猫 许志彬作
成都 四川人民出版社 1983 年 53cm（4 开）
定价：CNY0.08
　中国现代年画作品。

J0054363

猫蝶图对屏 方工，雨新作
上海 上海书画出版社 1983 年 76cm（2 开）
定价：CNY0.16
　中国现代年画作品。作者方工，女，画家。原名王振芳。擅画猫。与其父合作绘著并出版《画猫技法基础》《百猫百蝶图》等。作者雨新（1927—　　），画家。本名王宗光，北京顺义人。曾任荣宝斋咨询委员会委员、中国老年书画研究会创作员。主要作品有《怎样画蝴蝶》《怎样画草虫》《怎样画牡丹花石》等。

J0054364

毛泽东同志 李荣洲作
南京 江苏人民出版社 1983 年 76cm（2 开）
定价：CNY0.18
　中国现代年画作品。

J0054365

毛主席和朱总司令 樊怀章作
成都 四川人民出版社 1983 年 76cm（2 开）
定价：CNY0.16
　中国现代年画作品。

J0054366

毛子佩闯宫 万桂香，南运生作
石家庄 河北美术出版社 1983 年 76cm（2 开）
定价：CNY0.16
　中国现代年画作品。

J0054367

梅兰竹菊 姜舟作
郑州 中州书画社 1983 年 4 张 76cm（2 开）
定价：CNY1.20
　中国现代年画作品。

J0054368

梅鹤图 张宝元作
北京 人民美术出版社 1983 年 107cm（全开）
定价：CNY0.36
　中国现代年画作品。

J0054369

梅花绶带 冯字锦作
天津 天津杨柳青画店 1983 年 76cm（2 开）
定价：CNY0.16
　中国现代年画作品。

J0054370

梅兰竹菊四屏 陆抑非作
上海 上海书画出版社 1983 年 2 张 76cm（2 开）
定价：CNY0.32
　中国现代年画作品。

J0054371

美德 刘崇林作
天津 天津杨柳青画店 1983 年 76cm（2 开）

定价：CNY0.16

　　中国现代年画作品。

J0054372

美好的童年　王绍基作

杭州 浙江人民美术出版社 1983 年 76cm（2 开）

定价：CNY0.16

　　中国现代年画作品。

J0054373

美好环境　梁义勇作

哈尔滨 黑龙江人民出版社 1983 年 76cm（2 开）

定价：CNY0.16

　　中国现代年画作品。

J0054374

门画　潘裕钰作

南京 江苏人民出版社 1983 年 76cm（2 开）

定价：CNY0.22

　　中国现代年画作品。

J0054375

猛兽屏　米春茂作

石家庄 河北美术出版社 1983 年 2 张
76cm（2 开）定价：CNY0.32

　　中国现代年画作品。

J0054376

孟丽君　孙公照作

北京 人民美术出版社 1983 年 76cm（2 开）

定价：CNY0.16

　　中国现代年画作品。作者孙公照（1943—　　），
画家。山东青岛人。山东美术家协会会员、德州
美术家协会名誉主席。擅长油画、水粉画、年画，
尤精于风景画。油画作品有《波涌夕阳》等。

J0054377

孟良焦赞　冯字锦，张静作

天津 天津杨柳青画店 1983 年 76cm（2 开）

定价：CNY0.16

　　中国现代年画作品。

J0054378

咪咪快长大　王国栋作

长沙 湖南美术出版社 1983 年 76cm（2 开）

定价：CNY0.18

　　中国现代年画作品。作者王国栋（1949—　　），
美术师。河北河间人。历任北京麒麟书画院院长、
研究员，中国美术家协会会员。作品有《青出于
蓝》《游春图》《历史之幽思》等。出版有《王国
栋画集》。

J0054379

密林深处　辛克靖作

武汉 湖北人民出版社 1983 年 76cm（2 开）

定价：CNY0.16

　　中国现代年画作品。

J0054380

蜜桔丰收　张重光作

西安 陕西人民美术出版社 1983 年 76cm（2 开）

定价：CNY0.18

　　中国现代年画作品。

J0054381

蜜桃丰收　刘景秀作

西安 陕西人民美术出版社 1983 年 76cm（2 开）

定价：CNY0.18

　　中国现代年画作品。

J0054382

妙曲同唱　邹莉作

广州 岭南美术出版社 1983 年 76cm（2 开）

定价：CNY0.16

　　中国现代年画作品。

J0054383

民富国强　成砺志作

石家庄 河北美术出版社 1983 年 76cm（2 开）

定价：CNY0.16

　　中国现代年画作品。

J0054384

韩世忠 戚继光　杨晓晖作

南京 江苏人民出版社 1983 年 78cm（2 开）

定价：CNY0.22

　　中国现代年画作品。作者杨晓晖（1942—　　），
教授。江苏南通人。毕业于南京师大美术系。
任中国国画家协会理事、南通大学艺术学院教授
等职。代表作有《百猫图》《万蝶图》《中国画的

题款和钤印》等。

J0054385
民族英雄屏　景启民作
沈阳 辽宁美术出版社 1983 年 2 张 76cm（2 开）
定价：CNY0.26
　　中国现代年画作品。作者景启民（1931—2005），连环画家。辽宁沈阳人。就读于东北鲁艺（现鲁迅美院前身），任职于东北画报社。连环画作品有《浑河水》《过草地》《绿色的矿山》等。

J0054386
岳飞　林森作
昆明 云南人民出版社 1983 年 53cm（4 开）
定价：CNY0.07
　　中国现代年画作品。

J0054387
鸣春　李魁正作
北京 人民美术出版社 1983 年 107cm（全开）
定价：CNY0.36
　　中国现代年画作品。作者李魁正（1942—　），教授。生于北京，毕业于中央美术学院中国画系。中央民族大学美术学院教授、博士生导师，中国美术家协会理事、中国美协线描艺术研究会会长、中国工笔画学会副会长。出版有《李魁正画选》《魁正泼绘》《百杰画家·李魁正》等。

J0054388
鸣禽翠竹　叶玉昶作
北京 人民美术出版社 1983 年 107cm（全开）
定价：CNY0.36
　　中国现代年画作品。

J0054389
墨竹对屏　（一、二）郑板桥作
上海 上海书画出版社 1983 年 2 张 76cm（2 开）
定价：CNY0.32
　　中国现代年画作品。作者郑板桥（1693—1765），清代书画家、文学家。原名郑燮，字克柔，号理庵，又号板桥，人称板桥先生。生于江苏兴化，祖籍苏州。乾隆元年（1736 年）进士。官山东范县、潍县县令。代表作品《修竹新篁图》《清光留照图》《丛兰荆棘图》《甘谷菊泉图》等，著有《郑板桥集》。

J0054390
牡丹孔雀　冯英杰作
广州 岭南美术出版社 1983 年 76cm（2 开）
定价：CNY0.18
　　中国现代年画作品。作者冯英杰（1932—　），书画花鸟画家。生于河北威县。作品有《鸡的工笔画法》。

J0054391
牡丹屏　张琪作
北京 人民美术出版社 1983 年 2 张 76cm（2 开）
定价：CNY0.36
　　中国现代年画作品。

J0054392
牡丹仙子　韩壮作
长沙 湖南美术出版社 1983 年 76cm（2 开）
定价：CNY0.16
　　中国现代年画作品。

J0054393
木兰荣归　李方林作
成都 四川人民出版社 1983 年 76cm（2 开）
定价：CNY0.16
　　中国现代年画作品。

J0054394
沐浴　王百顺作
沈阳 辽宁美术出版社 1983 年 76cm（2 开）
定价：CNY0.13
　　中国现代年画作品。

J0054395
牧鹿图　黄泽森作
广州 岭南美术出版社 1983 年 76cm（2 开）
定价：CNY0.16
　　中国现代年画作品。

J0054396
牧马人　徐成智作
武汉 湖北人民出版社 1983 年 76cm（2 开）
定价：CNY0.16
　　中国现代年画作品。

J0054397

穆桂英花木兰　水木作

重庆 重庆出版社 1983 年 76cm（2 开）

定价：CNY0.16

中国现代年画作品。

J0054398

穆桂英杨宗保　龙盛江作

贵阳 贵州人民出版社 1983 年 76cm（2 开）

定价：CNY0.16

中国现代年画作品。

J0054399

穆桂英大战洪州　张弓作

合肥 安徽人民出版社 1983 年 76cm（2 开）

定价：CNY0.18

中国现代年画作品。

J0054400

穆柯寨宗保招亲　张瑞恒作

天津 天津人民美术出版社 1983 年 76cm（2 开）

定价：CNY0.18

中国现代年画作品。

J0054401

哪吒　武海鹰作

天津 天津人民美术出版社 1983 年 76cm（2 开）

定价：CNY0.18

中国现代年画作品。

J0054402

哪吒

北京 中国电影出版社 1983 年 76cm（2 开）

定价：CNY0.16

中国现代年画作品。

J0054403

哪吒出世

北京 中国电影出版社 1983 年 76cm（2 开）

定价：CNY0.16

中国现代年画作品。

J0054404

哪吒镇四海金猴舞长空　孙伯礼作

郑州 中州书画社 1983 年 53cm（4 开）

定价：CNY0.08

中国现代年画作品。

J0054405

奶场春天　张尔立作

成都 四川人民出版社 1983 年 76cm（2 开）

定价：CNY0.16

中国现代年画作品。

J0054406

奶奶先吃　周国军作

沈阳 辽宁美术出版社 1983 年 76cm（2 开）

定价：CNY0.13

中国现代年画作品。

J0054407

男娃喜鱼丰收图　纪宇作

天津 天津人民美术出版社 1983 年 76cm（2 开）

定价：CNY0.18

中国现代年画作品。

J0054408

南国风采　尹德年作

石家庄 河北美术出版社 1983 年 2 张

76cm（2 开）定价：CNY0.32

中国现代年画作品。

J0054409

南国荔枝红　黄念祖作

南宁 广西人民出版社 1983 年 76cm（2 开）

定价：CNY0.16

中国现代年画作品。

J0054410

闹花灯　彭晓作

昆明 云南人民出版社 1983 年 76cm（2 开）

定价：CNY0.14

中国现代年画作品。

J0054411

闹元宵　肖梅青作

广州 岭南美术出版社 1983 年 76cm（2 开）

定价：CNY0.16

中国现代年画作品。

J0054412
你追我赶 孙公照作
沈阳 辽宁美术出版社 1983 年 76cm（2 开）
定价：CNY0.13
　　中国现代年画作品。。

J0054413
年丰人寿 刘称奇作
天津 天津人民美术出版社 1983 年 76cm（2 开）
定价：CNY0.18
　　中国现代年画作品。

J0054414
年画缩样 （1984）
北京 北京出版社［1983 年］13×19cm

J0054415
年画缩样 （1984）
贵阳 贵州人民出版社［1983 年］13×19cm

J0054416
年画缩样 （1984）
南昌 江西人民出版社［1983 年］13×19cm

J0054417
年画缩样 （1984）
广州 岭南美术出版社［1983 年］19cm（32 开）

J0054418
年画缩样 （1984）
呼和浩特 内蒙古人民出版社［1983 年］
13×19cm

J0054419
年画缩样 （1984.1）
昆明 云南人民出版社［1983 年］19cm（32 开）

J0054420
年画缩样 （1984.2）
昆明 云南人民出版社［1983 年］19cm（32 开）

J0054421
年年庆丰收 章育青作
长沙 湖南美术出版社 1983 年 76cm（2 开）
定价：CNY0.16

　　中国现代年画作品。

J0054422
年年如意 孙为国作
南京 江苏人民出版社 1983 年 76cm（2 开）
定价：CNY0.18
　　中国现代年画作品。

J0054423
年年有余年年聚 史士明作
南昌 江西人民出版社［1983 年］76cm（2 开）
定价：CNY0.18
　　中国现代年画作品。

J0054424
鸟儿是我们的好朋友 成砺志作
天津 天津人民美术出版社 1983 年 76cm（2 开）
定价：CNY0.18
　　中国现代年画作品。

J0054425
鸟鸣花香四条屏 宫兴福作
北京 农业出版社 1983 年 2 张 76cm（2 开）
定价：CNY0.26
　　中国现代年画作品。作者宫兴福(1936—)，
教授。黑龙江密山人。毕业于鲁迅美术学院中
国画系，后留校任教。作品《豆花香》《听泉》《天
女木兰》。发表论文有《图新·求美·思变》《意
念·意象·以形写神》等。

J0054426
鸟语花香 （胶印画轴）张琪作
合肥 安徽人民出版社 1983 年 1 轴 附对联
107cm（全开）定价：CNY1.50
　　中国现代年画作品。

J0054427
鸟语花香 蔡洁明作
南宁 广西人民出版社 1983 年 76cm（2 开）
定价：CNY0.16
　　中国现代年画作品。

J0054428
鸟语花香 刘称奇作
南昌 江西人民出版社 1983 年 76cm（2 开）

定价：CNY0.18

中国现代年画作品。

J0054429

鸟语花香 （一至四）张广力作

天津 杨柳青画店 1983 年 2 张 76cm（2 开）

定价：CNY0.32

中国现代年画作品。

J0054430

鸟语花香对屏 刘慧芳，周萍作

上海 上海书画出版社 1983 年 76cm（2 开）

定价：CNY0.16

中国现代年画作品。

J0054431

聂荣臻元帅 李增吉作

成都 四川人民出版社 1983 年 76cm（2 开）

定价：CNY0.08

中国现代年画作品。

J0054432

牛皋成亲 小晓改编；杨长胜作

北京 人民美术出版社 1983 年 2 张 76cm（2 开）

定价：CNY0.26

中国现代年画作品。

J0054433

牛郎织女 南运生，万桂香作

天津 天津杨柳青画店 1983 年 76cm（2 开）

定价：CNY0.16

中国现代年画作品。

J0054434

农村新貌 刘士木作

成都 四川人民出版社 1983 年 76cm（2 开）

定价：CNY0.16

中国现代年画作品。

J0054435

农家晨曲 王宝贵作

天津 天津杨柳青画社 1983 年 76cm（2 开）

定价：CNY0.16

中国现代年画作品。

J0054436

女娲伏龙 毛国富作

杭州 浙江人民美术出版社 1983 年 76cm（2 开）

定价：CNY0.16

中国现代年画作品。

J0054437

女娃喜鱼丰收图 纪宇作

天津 天津人民美术出版社 1983 年 76cm（2 开）

定价：CNY0.18

中国现代年画作品。

J0054438

排排坐吃果果 罗玉江作

石家庄 河北美术出版社 1983 年 76cm（2 开）

定价：CNY0.16

中国现代年画作品。

J0054439

排排坐分果果 王菊生作

长沙 湖南美术出版社 1983 年 76cm（2 开）

定价：CNY0.16

中国现代年画作品。

J0054440

彭大将军 姚重庆作

天津 天津人民美术出版社 1983 年 76cm（2 开）

定价：CNY0.18

中国现代年画作品。

J0054441

彭德怀元帅 陈巽如，贺旭作

长沙 湖南美术出版社 1983 年 76cm（2 开）

定价：CNY0.18

中国现代年画作品。作者陈巽如（1949—　），女，美术编辑。曾用名陈胜如、耳东，湖南望城人。毕业于湖南戏剧学校舞台美术科。历任湖南文艺出版社美术编辑、装帧室副主任，中国美术家协会会员。代表作品有《攻关》《金龙崖》《湘西行》等。

J0054442

彭德怀元帅 樊怀章作

成都 四川人民出版社 1983 年 76cm（2 开）

定价：CNY0.08

中国现代年画作品。。

J0054443
葡萄熟了　史士明作
贵阳 贵州人民出版社 1983 年 76cm（2 开）
定价：CNY0.16
　　中国现代年画作品。

J0054444
葡萄熟了　李保嘉作
哈尔滨 黑龙江人民出版社 1983 年 76cm（2 开）
定价：CNY0.13
　　中国现代年画作品。

J0054445
七品芝麻官　郝建辉文；刘忠臣作
沈阳 辽宁美术出版社 1983 年 2 张 76cm（2 开）
定价：CNY0.26
　　中国现代年画作品。

J0054446
七仙女　李希玉作
兰州 甘肃人民出版社 1983 年 76cm（2 开）
定价：CNY0.16
　　中国现代年画作品。

J0054447
骑木马　葛荣环作
长沙 湖南美术出版社 1983 年 76cm（2 开）
定价：CNY0.18
　　中国现代年画作品。

J0054448
骑士　张洁作
郑州 中州书画社 1983 年 76cm（2 开）
定价：CNY0.18
　　中国现代年画作品。

J0054449
棋逢对手　成砺志作
福州 福建人民出版社［1983 年］76cm（2 开）
定价：CNY0.16
　　中国现代年画作品。

J0054450
千里春风万家丰登　周伟明作
南京 江苏人民出版社 1983 年 53cm（4 开）
定价：CNY0.16
　　中国现代年画作品。

J0054451
千秋快乐　王爱珠作
广州 岭南美术出版社 1983 年 76cm（2 开）
定价：CNY0.16
　　中国现代年画作品。

J0054452
千秋颂　王伟戍作
上海 上海人民美术出版社 1983 年 53cm（4 开）
定价：CNY0.19
　　中国现代年画作品。

J0054453
千秋颂　王伟戍作
上海 上海人民美术出版社 1983 年 76cm（2 开）
定价：CNY0.19
　　中国现代年画作品。

J0054454
前程似锦　顾振君作
沈阳 辽宁美术出版社 1983 年 76cm（2 开）
定价：CNY0.13
　　中国现代年画作品。作者顾振君（1941—
　　），研究员。辽宁沈阳人。历任抚顺市群众艺
术馆副研究馆员、辽宁省美术家协会会员、辽宁
省年画学会常务理事。

J0054455
前程似锦万象更新　张德俊作
南京 江苏人民出版社 1983 年 2 张 53cm（4 开）
定价：CNY0.16
　　中国现代年画作品。

J0054456
墙头记　严承信编；王南行画
郑州 中州书画社 1983 年 2 张 76cm（2 开）
定价：CNY0.36
　　中国现代年画作品。

J0054457
墙头马上　陈菊仙，马乐群作
天津　天津杨柳青画店 1983 年 76cm（2 开）
定价：CNY0.16
　　中国现代年画作品。

J0054458
巧夺天工　严苍宇作
武汉　湖北人民出版社 1983 年 76cm（2 开）
定价：CNY0.18
　　中国现代年画作品。

J0054459
巧夺天工　韩培生作
杭州　浙江人民美术出版社 1983 年 76cm（2 开）
定价：CNY0.16
　　中国现代年画作品。

J0054460
窃符救赵　刘荣富作
哈尔滨　黑龙江人民出版社 1983 年 76cm（2 开）
定价：CNY0.16
　　中国现代年画作品。

J0054461
秦叔宝尉迟恭　侯文发作
广州　岭南美术出版社 1983 年 53cm（4 开）
定价：CNY0.09
　　中国现代年画作品。

J0054462
秦叔宝尉迟恭　侯文发作
广州　岭南美术出版社 1983 年 76cm（2 开）
定价：CNY0.18
　　中国现代年画作品。作者侯文发（1928—　　），
广东梅州人。曾用名剑萍。毕业于中南美专。
中国书画家协会理事、中国国画家协会理事、广
东省美术家协会会员。主要作品有《工地探亲》
《宋湘》《三英战吕布》等

J0054463
秦叔宝尉迟恭　张志能作
重庆　重庆出版社 1983 年 76cm（2 开）
定价：CNY0.16
　　中国现代年画作品。

J0054464
勤俭有余　杨葆郛作
哈尔滨　黑龙江人民出版社 1983 年 76cm（2 开）
定价：CNY0.16
　　中国现代年画作品。

J0054465
勤劳致富　陈华民作
沈阳　辽宁美术出版社 1983 年 76cm（2 开）
定价：CNY0.13
　　中国现代年画作品。

J0054466
勤劳致富　适民作
昆明　云南人民出版社 1983 年 76cm（2 开）
定价：CNY0.10
　　中国现代年画作品。

J0054467
勤学篇　龚景充作
石家庄　河北美术出版社 1983 年 2 张
76cm（2 开）定价：CNY0.32
　　中国现代年画作品。

J0054468
青春赞　玉荣奖作
上海　上海人民美术出版社 1983 年 2 张
76cm（2 开）定价：CNY0.32
　　中国现代年画作品。

J0054469
青面兽杨志小李广花荣　侯世武作
重庆　重庆出版社 1983 年 76cm（2 开）
定价：CNY0.16
　　中国现代年画作品。

J0054470
清官图　张二和作
天津　天津人民美术出版社 1983 年 76cm（2 开）
定价：CNY0.18
　　中国现代年画作品。

J0054471
情如兄妹　刘文沪作
杭州　浙江人民美术出版社 1983 年 76cm（2 开）

定价: CNY0.16
　　中国现代年画作品。

J0054472
情深谊长　程惠钊作
郑州 中州书画社 1983 年 76cm（2 开）
定价: CNY0.18
　　中国现代年画作品。

J0054473
晴雯　韩喜增作
上海 上海人民美术出版社 1983 年 76cm（2 开）
定价: CNY0.16
　　中国现代年画作品。

J0054474
晴雯补裘　金雪尘作
上海 上海人民美术出版社 1983 年 76cm（2 开）
定价: CNY0.16
　　中国现代年画作品。

J0054475
庆丰收　王顺兴作
石家庄 河北美术出版社 1983 年 2 张
76cm（2 开）定价: CNY0.32
　　中国现代年画作品。

J0054476
庆新春　姚孝法作
沈阳 辽宁美术出版社 1983 年 76cm（2 开）
定价: CNY0.13
　　中国现代年画作品。

J0054477
秋瑾　金铭作
上海 上海人民美术出版社 1983 年 53cm（4 开）
定价: CNY0.08
　　中国现代年画作品。

J0054478
秋翁遇仙　肖玉田,苏志学作
北京 人民美术出版社 1983 年 76cm（2 开）
定价: CNY0.16
　　中国现代年画作品。

J0054479
秋艳　冯字锦作
天津 天津杨柳青画店 1983 年 76cm（2 开）
定价: CNY0.16
　　中国现代年画作品。

J0054480
球坛新秀　吴性清作
上海 上海人民美术出版社 1983 年 76cm（2 开）
定价: CNY0.16
　　中国现代年画作品。

J0054481
曲院风荷　盛二龙作
杭州 浙江人民美术出版社 1983 年 76cm（2 开）
定价: CNY0.16
　　中国现代年画作品。

J0054482
全福　劳思作
南京 江苏人民出版社 1983 年 107cm（全开）
定价: CNY0.38
　　中国现代年画作品。

J0054483
全家欢　姚中玉作
上海 上海人民美术出版社 1983 年 76cm（2 开）
定价: CNY0.16
　　中国现代年画作品。

J0054484
泉水叮咚
北京 中国电影出版社 1983 年 76cm（2 开）
定价: CNY0.16
　　中国现代年画作品。

J0054485
群猫戏蝶图　张秉禄作
南宁 广西人民出版社 1983 年 76cm（2 开）
定价: CNY0.18
　　中国现代年画作品。

J0054486
让妈妈先吃　于新生作
郑州 中州书画社 1983 年 76cm（2 开）

定价: CNY0.16

中国现代年画作品。

J0054487

人参娃娃　李秉芳作

沈阳 辽宁美术出版社 1983 年 76cm（2 开）

定价: CNY0.13

中国现代年画作品。

J0054488

人欢鱼跃　孙国岐作

沈阳 辽宁美术出版社 1983 年 76cm（2 开）

定价: CNY0.13

中国现代年画作品。

J0054489

人间鲜果香　王立新作

南宁 广西人民出版社 1983 年 76cm（2 开）

定价: CNY0.16

中国现代年画作品。

J0054490

人民英雄子弟兵　裴文潞作

昆明 云南人民出版社 1983 年 76cm（2 开）

定价: CNY0.13

中国现代年画作品。

J0054491

人勤鸡壮　林惠珍作

沈阳 辽宁美术出版社 1983 年 76cm（2 开）

定价: CNY0.13

中国现代年画作品。

J0054492

人寿年丰　高文峰作

石家庄 河北美术出版社 1983 年 76cm（2 开）

定价: CNY0.16

中国现代年画作品。

J0054493

人寿年丰　刘景龙作

长沙 湖南美术出版社 1983 年 76cm（2 开）

定价: CNY0.18

中国现代年画作品。

J0054494

人寿年丰　刘称奇作

南昌 江西人民出版社［1983 年］76cm（2 开）

定价: CNY0.13

中国现代年画作品。

J0054495

人寿年丰民富国强　李存伟作

天津 天津杨柳青画店 1983 年 76cm（2 开）

定价: CNY0.16

中国现代年画作品。

J0054496

荣华富贵　马如兰作

上海 上海书画出版社 1983 年 76cm（2 开）

定价: CNY0.16

中国现代年画作品。

J0054497

瑞鹤图　喻继高，唐原道作

上海 上海书画出版社 1983 年 76cm（2 开）

定价: CNY0.16

中国现代年画作品。

J0054498

赛过阿童木　李瑞兆作

西安 陕西人民美术出版社 1983 年 76cm（2 开）

定价: CNY0.18

中国现代年画作品。

J0054499

三打陶三春　许全群作；于秀溪编文

北京 人民美术出版社 1983 年 76cm（2 开）

定价: CNY0.26

中国现代年画作品。作者许全群(1943—　),画家。河南鲁山县人。毕业于北京艺术学院附中。曾任职于人民美术出版社创作室, 中国美术家协会会员、吉隆坡艺术学院客座教授。出版有《许全群画集》《许全群水墨作品精选》等。作者于秀溪(1939—　),作家、诗人、书法家。原名于秀锡。河北灵寿县人。毕业于广播学院新闻系。曾任中国美术出版社副编审、《连环画报》主编、中国诗书画院研究员等职。主要作品有《哪吒传》《岳云寻父记》《审美心理学》等。

J0054500
三国人物　刘生展作
北京　人民美术出版社 1983 年 2 张 76cm（2 开）
定价：CNY0.26
　　本作品是中国现代年画。

J0054501
三国演义 （1-4）岫石文, 景启民作
沈阳　辽宁美术出版社 1983 年 4 张 76cm（2 开）
定价：CNY0.26
　　中国现代年画作品。作者景启民（1931—
2005），连环画家。辽宁沈阳人。就读于东北鲁
艺（现鲁迅美院前身），任职于东北画报社。连环
画作品有《浑河水》《过草地》《绿色的矿山》等。

J0054502
三军受阅　毛文彪作
北京　人民美术出版社 1983 年 76cm（2 开）
定价：CNY0.16
　　中国现代年画作品。作者毛文彪（1950—　），
美术家。浙江奉化人。擅长油画、宣传画。海军
政治部创作室美术创作员。主要作品有《期望》
《郑和下西洋》《远航归来》等。

J0054503
三猫图　李恩作
北京　人民美术出版社 1983 年 76cm（2 开）
定价：CNY0.13
　　中国现代年画作品。

J0054504
三英战吕布　刘生展作
天津　天津人民美术出版社 1983 年 76cm（2 开）
定价：CNY0.18
　　中国现代年画作品。

J0054505
山茶芙蓉小鸟对屏　檀东铿作
上海　上海书画出版社 1983 年 76cm（2 开）
定价：CNY0.16
　　中国现代年画作品。

J0054506
山水 （一至四）张洪千作
天津　天津杨柳青画店 1983 年［4 张］

76cm（2 开）定价：CNY0.32
　　中国现代年画作品。

J0054507
山水四景　王忠年作
沈阳　辽宁美术出版社 1983 年 2 张 76cm（2 开）
定价：CNY0.26
　　中国现代年画作品。。

J0054508
山水条屏 （一至四）葛建伟作
西宁　青海人民出版社 1983 年 4 张 76cm（2 开）
定价：CNY0.36
　　中国现代年画作品。

J0054509
扇面集锦　吴声作
杭州　浙江人民美术出版社 1983 年 2 张
76cm（2 开）定价：CNY0.32
　　中国现代年画作品。作者吴声（1943—　），
国家一级美术师。生于浙江杭州，又名自强，毕
业于中国美术学院。中国美术家协会会员。出
版专著有《吴声人物画技法》《吴声画集》《诗画
缘》《吴声古诗词画意》《唐人诗意百图》等。

J0054510
扇面四条屏 （一至四）黄宾虹等作
南京　江苏人民出版社 1983 年 4 张 76cm（2 开）
定价：CNY1.50
　　中国现代年画作品。作者黄宾虹（1865—
1955），山水画家。初名懋质，后改名质，字朴存，
号宾虹，别署予向。生于浙江金华，原籍安徽歙
县，代表作《山居烟雨》《新安江舟中作》等，著
有《黄山画家源流考》《虹庐画谈》《画法要旨》
等作品。

J0054511
赏花扑蝶　李寒作
北京　中国戏剧出版社 1983 年［1 张］
76cm（2 开）定价：CNY0.13
　　中国现代年画作品。

J0054512
上海年画 （1984 1）上海人民美术出版社编
上海　上海人民美术出版社［1983 年］

19cm（32 开）
　　中国现代年画作品小样画册。

J0054513
上海年画　（1984 2）上海人民美术出版社编
上海　上海人民美术出版社［1983 年］
19cm（32 开）
　　中国现代年画作品小样画册。

J0054514
上海年画　（1984 3）上海人民美术出版社编
上海　上海人民美术出版社［1983 年］
19cm（32 开）
　　中国现代年画作品小样画册。

J0054515
上海年画　（1985 1）上海人民美术出版社
编辑
上海　上海人民美术出版社［1983 年］65 页
19cm（32 开）
　　中国现代年画作品小样画册。

J0054516
上海年画　（1985 2）上海人民美术出版社
编辑
上海 上海人民美术出版社［1983 年］66–140 页
19cm（32 开）
　　中国现代年画作品小样画册。

J0054517
上海年画　（1987 3）
上海　上海人民美术出版社 1986 年 31 幅
19cm（32 开）
　　中国现代年画作品小样画册。

J0054518
上海年画　（1987 1）上海人民美术出版社编
上海　上海人民美术出版社 1987 年
19cm（32 开）
　　中国现代年画作品小样画册。

J0054519
上海年画　（1987 2）上海人民美术出版社编
上海　上海人民美术出版社 1987 年
19cm（32 开）

中国现代年画作品小样画册。

J0054520
上海年画　（1988.1）上海人民美术出版社编
上海　上海人民美术出版社［1988 年］13×19cm
　　中国现代年画作品小样画册。

J0054521
上海年画　（1988.2）上海人民美术出版社编
上海　上海人民美术出版社［1988 年］13×19cm
　　中国现代年画作品小样画册。

J0054522
上海年画　（1988.4）上海人民美术出版社编
上海　上海人民美术出版社 1988 年 13×19cm
　　中国现代年画作品小样画册。

J0054523
上海年画　（1989.1）上海人民美术出版社编
上海　上海人民美术出版社 1988 年 13×19cm
　　中国现代年画作品小样画册。

J0054524
上海年画　（1989.2）上海人民美术出版社编
上海　上海人民美术出版社 1988 年 13×19cm
　　中国现代年画作品小样画册。

J0054525
上海年画　（1989.3）上海人民美术出版社编
上海　上海人民美术出版社 1988 年 13×19cm
　　中国现代年画作品小样画册。

J0054526
上海年画　（1989 4）上海人民美术出版社编
上海　上海人民美术出版社［1988 年］13×19cm
　　中国现代年画作品小样画册。

J0054527
上海年画　（1988 1）
昆明　云南人民出版社［1988 年］13×19cm
　　中国现代年画作品小样画册。

J0054528
上海豫园全景图　　章育青作
上海　上海人民美术出版社 1983 年 1 张

76cm（2 开）定价：CNY0.16
　　中国现代年画作品。

J0054529
上寿图　吴景希，薛天航作
上海 上海书画出版社 1983 年 1 张 76cm（2 开）
定价：CNY0.16
　　中国现代年画作品。

J0054530
捎封信儿到台湾　邢光厚作
南宁 广西人民出版社 1983 年 1 张 76cm（2 开）
定价：CNY0.16
　　中国现代年画作品。

J0054531
少林寺　赵文发作
石家庄 河北美术出版社 1983 年 1 张
107cm（全开）定价：CNY0.32
　　中国现代年画作品。

J0054532
少林寺　苏茂隆作
成都 四川人民出版社 1983 年 1 张 76cm（2 开）
定价：CNY0.16
　　中国现代年画作品。

J0054533
少林寺　赵静东作
天津 天津人民美术出版社 1983 年 1 张
76cm（2 开）定价：CNY0.18
　　中国现代年画作品。

J0054534
少林寺　龚景充作
杭州 西泠印社 1983 年 1 张 76cm（2 开）
定价：CNY0.16
　　中国现代年画作品。

J0054535
少林寺
北京 中国电影出版社 1983 年 2 张 76cm（2 开）
定价：CNY0.32
　　中国现代年画作品。

J0054536
少林武功冠天下　张弓作
南宁 广西人民出版社 1983 年 1 张 76cm（2 开）
定价：CNY0.18
　　中国现代年画作品。

J0054537
少林武术　浮沉，肖驰作
石家庄 河北美术出版社 1983 年 2 张
76cm（2 开）定价：CNY0.32
　　中国现代年画作品。

J0054538
社会主义好　龚定平作
石家庄 河北美术出版社 1983 年 1 张
76cm（2 开）定价：CNY0.16
　　中国现代年画作品。

J0054539
神州巨龙东亚醒狮　叶其嘉，叶其青作
广州 岭南美术出版社 1983 年 1 张 76cm（2 开）
定价：CNY0.18
　　中国现代年画作品。

J0054540
升官记　赵静东作
天津 天津人民美术出版社 1983 年 1 张
76cm（2 开）定价：CNY0.18
　　中国现代年画作品。

J0054541
生产发家　王家筠作
合肥 安徽人民出版社 1983 年 1 张 76cm（2 开）
定价：CNY0.16
　　中国现代年画作品。

J0054542
生活比蜜甜　孙喜田作
长春 吉林人民出版社 1983 年 1 张 76cm（2 开）
定价：CNY0.16
　　中国现代年画作品。

J0054543
生活多美好　阎义春作
沈阳 辽宁美术出版社 1983 年 1 张 76cm（2 开）

定价：CNY0.13
　　中国现代年画作品。

J0054544
盛京之花　　王新滨，曹淑琴作
沈阳　辽宁美术出版社 1983 年 1 张 76cm（2 开）
定价：CNY0.13
　　中国现代年画作品。

J0054545
诗画四条屏　　苏葆桢等作
重庆　重庆出版社 1983 年 4 张 78cm（2 开）
定价：CNY0.48
　　中国现代年画作品。作者苏葆桢（1916—
1990），国画家。江苏宿迁市人，师从徐悲鸿、张
书旂、傅抱石等大家。曾任西南大学教授，硕士
生导师，重庆国画院副院长。作品有《葡萄图》
《硕果累累》《玉羽迎春》《山花烂漫》《战地花
开》等。

J0054546
狮舞　　刘彦平作
石家庄　河北美术出版社 1983 年 1 张
76cm（2 开）定价：CNY0.16
　　中国现代年画作品。

J0054547
十八相送　　金梅生作
上海　上海人民美术出版社 1983 年 1 张
76cm（2 开）定价：CNY0.16
　　中国现代年画作品。

J0054548
十一郎　　晓路摄
北京　中国戏剧出版社 1983 年 1 张 76cm（2 开）
定价：CNY0.13
　　中国现代年画作品。

J0054549
实现四化　岁岁丰收　　樊恒作
昆明　云南人民出版社 1983 年 1 张 76cm（2 开）
定价：CNY0.07
　　中国现代年画作品。

J0054550
拾金不昧　　徐福根作
天津　天津人民美术出版社 1983 年 1 张
76cm（2 开）定价：CNY0.18
　　中国现代年画作品。

J0054551
拾玉镯　　杨顺泰作
太原　山西人民出版社 1983 年 1 张 76cm（2 开）
定价：CNY0.18
　　中国现代年画作品。

J0054552
世代幸福　　刘王斌作
天津　天津人民美术出版社 1983 年 1 张
76cm（2 开）定价：CNY0.18
　　中国现代年画作品。

J0054553
世代幸福　　刘王斌作
天津　天津人民美术出版社 1983 年 1 张
76cm（2 开）定价：CNY0.13
　　中国现代年画作品。

J0054554
世界风光　（1—4）
北京　中国旅游出版社 1983 年 2 张 76cm（2 开）
定价：CNY0.36
　　中国现代年画作品。

J0054555
试新装　　陈伟明作
广州　岭南美术出版社 1983 年 1 张 76cm（2 开）
定价：CNY0.16
　　中国现代年画作品。

J0054556
手巧鲜花香　　陆廷作
上海　上海人民美术出版社 1983 年 1 张
76cm（2 开）定价：CNY0.16
　　中国现代年画作品。

J0054557
寿　　张先富作
成都　四川人民出版社 1983 年 1 张 76cm（2 开）

定价: CNY0.16

  中国现代年画作品。

J0054558

寿福 梁盈禧作

南宁 广西人民出版社 1983 年 1 张 76cm（2 开）

定价: CNY0.16

  中国现代年画作品。

J0054559

书画集锦六条屏 张福祺, 王宝龙作；黄寿昌等书法

天津 天津人民美术出版社 1983 年 3 张

76cm（2 开）定价: CNY0.54

  中国现代年画作品。

J0054560

双凤迎春 陈衡作

广州 岭南美术出版社 1983 年 1 张 76cm（2 开）

定价: CNY0.18

  中国现代年画作品。

J0054561

双凤迎春 陈衡作

广州 岭南美术出版社 1983 年 1 张 53cm（4 开）

定价: CNY0.09

  中国现代年画作品。

J0054562

双虎图 （胶印画轴）徐世钦, 李勤作

天津 天津人民美术出版社 1983 年 1 轴 附对

联 107cm（全开）定价: CNY1.60

  中国现代年画作品。

J0054563

双虎图 （胶印画轴）于晋鲤作

天津 天津杨柳青画店 1983 年 附对联

107cm（全开）定价: CNY1.30

  中国现代年画作品。

J0054564

双鸡图 张宝元作

北京 人民美术出版社 1983 年 1 张 76cm（2 开）

定价: CNY0.16

  中国现代年画作品。

J0054565

双猫图 李恩作

北京 人民美术出版社 1983 年 1 张 76cm（2 开）

定价: CNY0.13

  中国现代年画作品。

J0054566

双猫图 沈高仁作

杭州 浙江人民美术出版社 1983 年 1 张

76cm（2 开）定价: CNY0.16

  中国现代年画作品。

J0054567

双狮戏球迎春好 徐飞鸿, 魏瀛洲作

上海 上海人民美术出版社 1983 年 1 张

76cm（2 开）定价: CNY0.16

  中国现代年画作品。作者徐飞鸿（1918—

2000），年画家、剪纸艺术家。浙江鄞县人。曾任

《晋察冀画报》社记者，上海人民出版社年画、宣

传画编辑室副主任等职。代表作品有《双鱼吉庆

新年好》《万象更新喜迎春》《戏曲窗花十二幅》

等。作者魏瀛洲，海派年画、宣传画家。中华人

民共和国成立初期被称为月份牌画家。作品有

《国庆节的早晨》《欢腾的农机站》《在幸福的时

代》等。

J0054568

双喜 张英武作

天津 天津人民美术出版社 1983 年 1 张

76cm（2 开）定价: CNY0.18

  中国现代年画作品。

J0054569

双喜临门 梁任岭作

南宁 广西人民出版社 1983 年 1 张 76cm（2 开）

定价: CNY0.18

  中国现代年画作品。

J0054570

双喜临门 李先润作

武汉 湖北人民出版社 1983 年 1 张 76cm（2 开）

定价: CNY0.13

  中国现代年画作品。

J0054571
双喜临门　庄素英作
南京 江苏人民出版社 1983 年 1 张 76cm（2 开）
定价：CNY0.16
　　中国现代年画作品。

J0054572
双喜临门　沈锦心作
杭州 西泠印社 1983 年 1 张 107cm（全开）
定价：CNY0.45
　　中国现代年画作品。

J0054573
双喜临门　李寒作
北京 中国戏剧出版社 1983 年 1 张 76cm（2 开）
定价：CNY0.13
　　中国现代年画作品。

J0054574
双喜双凤图　潘培德作
成都 四川人民出版社 1983 年 1 张 76cm（2 开）
定价：CNY0.16
　　中国现代年画作品。

J0054575
双喜引凤　于占德作
福州 福建人民出版社 1983 年 1 张 76cm（2 开）
定价：CNY0.16
　　中国现代年画作品。

J0054576
双喜迎春　张国云作
沈阳 辽宁美术出版社 1983 年 1 张 76cm（2 开）
定价：CNY0.13
　　中国现代年画作品。

J0054577
双珠凤　陈继武作
杭州 浙江人民美术出版社 1983 年 1 张
76cm（2 开）定价：CNY0.16
　　中国现代年画作品。

J0054578
水浒故事　赵兵凯等作
天津 天津人民美术出版社 1983 年 2 张

76cm（2 开）定价：CNY0.72
　　中国现代年画作品。

J0054579
水浒一〇八将　邓敦伟作
南宁 广西人民出版社 1983 年 2 张 76cm（2 开）
定价：CNY0.32
　　中国现代年画作品。

J0054580
水满山间鱼满筐　单锡和作
长沙 湖南美术出版社 1983 年 1 张 76cm（2 开）
定价：CNY0.16
　　中国现代年画作品。

J0054581
水蜜桃　丁鸿章作
南京 江苏人民出版社 1983 年 2 张 76cm（2 开）
定价：CNY0.36
　　中国现代年画作品。

J0054582
硕果累累　余承先作
成都 四川人民出版社 1983 年 1 张 76cm（2 开）
定价：CNY0.16
　　中国现代年画作品。

J0054583
司马光破缸救友　穆晋国作
成都 四川人民出版社 1983 年 1 张 76cm（2 开）
定价：CNY0.16
　　中国现代年画作品。

J0054584
丝路花雨
北京 中国电影出版社 1983 年 2 张 76cm（2 开）
定价：CNY0.32
　　中国现代年画作品。

J0054585
丝路花雨　张家祯作
郑州 中州书画社 1983 年 1 张 76cm（2 开）
定价：CNY0.13
　　中国现代年画作品。

J0054586
四川名胜山水　徐君熙作
成都 四川人民出版社 1983 年 1 张 76cm（2 开）
定价：CNY0.16
　　中国现代年画作品。

J0054587
四化花开庆有余　张振华作
沈阳 辽宁美术出版社 1983 年 1 张 76cm（2 开）
定价：CNY0.13
　　中国现代年画作品。

J0054588
四化花开庆有余　刘彦平作
天津 天津杨柳青画店 1983 年 1 张 76cm（2 开）
定价：CNY0.16
　　中国现代年画作品。

J0054589
四化如意　徐世民作
沈阳 辽宁美术出版社 1983 年 1 张 76cm（2 开）
定价：CNY0.13
　　中国现代年画作品。

J0054590
四季芬芳　（一至四）王朝斌作
郑州 中州书画社 1983 年 4 张 76cm（2 开）
定价：CNY0.72
　　中国现代年画作品。

J0054591
四季风景　王玉池，苏锡超作
天津 天津人民美术出版社 1983 年 2 张
76cm（2 开）定价：CNY0.36
　　中国现代年画作品。作者王玉池(1931—　)，
研究员。出生于河北束鹿县，毕业于中央工艺美
术学院。历任中国艺术研究院美术研究所研究
员、中国书法家协会学术委员会委员、中国书画
函授大学教授、中国美术家协会会员。专著有《钟
繇》《王羲之》《书法瑰宝谭》等。

J0054592
四季红楼　陈珠龙作
杭州 浙江人民美术出版社 1983 年 2 张
76cm（2 开）定价：CNY0.32

　　中国现代年画作品。

J0054593
四季花鸟　张琪作
石家庄 河北美术出版社 1983 年 2 张
76cm（2 开）定价：CNY0.32
　　中国现代年画作品。

J0054594
四季花鸟　（一至四）刘新华作
天津 天津杨柳青画店 1983 年 2 张 76cm（2 开）
定价：CNY1.20
　　中国现代年画作品。

J0054595
四季花鸟条屏　薛长山作
广州 岭南美术出版社 1983 年 2 张 76cm（2 开）
定价：CNY0.36
　　中国现代年画作品。

J0054596
四季花香　葛伟作
北京 人民美术出版社 1983 年 2 张 76cm（2 开）
定价：CNY0.32
　　中国现代年画作品。

J0054597
四季花香　王克印作
郑州 中州书画社 1983 年 4 张 76cm（2 开）
定价：CNY0.72
　　中国现代年画作品。

J0054598
四季康泰　林成翰作
天津 天津人民美术出版社 1983 年 1 张
76cm（2 开）定价：CNY0.18
　　中国现代年画作品。

J0054599
四季飘香　林瑛珊作
南昌 江西人民出版社 [1983 年] 2 张
76cm（2 开）定价：CNY0.36
　　中国现代年画作品。

J0054600

四季平安　陈再乾，粟可可作
南宁 广西人民出版社 1983 年 1 张 76cm（2 开）
定价：CNY0.12
　　中国现代年画作品。作者粟可可（1951—　　），
女，教授。广西临桂人，毕业于广西艺术学院美
术系。历任广西艺术学院教授、中国国画家协会
理事、广西美术家协会会员。

J0054601

四季如春　（一至四）蔡传隆作
杭州 浙江人民美术出版社 1983 年 2 张
76cm（2 开）定价：CNY0.32
　　中国现代年画作品。

J0054602

四季仕女　（一至四）杨淑涛作
天津 天津杨柳青画店 1983 年 2 张 76cm（2 开）
定价：CNY0.32
　　中国现代年画作品。

J0054603

四季长春繁花似锦　王铸等作
武汉 湖北人民出版社 1983 年 2 张
107cm（全开）定价：CNY0.64
　　中国现代年画作品。

J0054604

四美图　崔五零作
郑州 中州书画社 1983 年 2 张 76cm（2 开）
定价：CNY0.36
　　中国现代年画作品。

J0054605

四美戏八戒　辛尚田文；李美，徐思作
沈阳 辽宁美术出版社 1983 年 2 张 76cm（2 开）
定价：CNY0.26
　　中国现代年画作品。

J0054606

四子成材图　张曦旺文；王执平，张曦旺画
北京 中国戏剧出版社 1983 年 2 张 76cm（2 开）
定价：CNY0.32
　　中国现代年画作品。

J0054607

松鹤　林振声作
石家庄 河北美术出版社 1983 年 1 张
76cm（2 开）定价：CNY0.16
　　中国现代年画作品。

J0054608

松鹤　张永利作
北京 农村读物出版社 1983 年 1 张
107cm（全开）定价：CNY0.36
　　中国现代年画作品。

J0054609

松鹤朝阳　杜曼华作
杭州 西泠印社 1983 年 1 张 附对联
107cm（全开）定价：CNY0.60
　　中国现代年画作品。

J0054610

松鹤牡丹　张文昌作
北京 人民美术出版社 1983 年 1 张
107cm（全开）定价：CNY0.36
　　中国现代年画作品。

J0054611

松鹤图　刘小青作
杭州 浙江人民美术出版社 1983 年 76cm（2 开）
定价：CNY0.16
　　中国现代年画作品。

J0054612

松鹤延年　王景琦作
郑州 中州书画社 1983 年 ［1 张］76cm（2 开）
定价：CNY0.18
　　中国现代年画作品。

J0054613

松鹤长春　钱行健作
上海 上海书画出版社 1983 年 1 张
107cm（全开）定价：CNY0.40
　　中国现代年画作品。作者钱行健（1935—
2010），国画家。江苏无锡人。擅长中国画，专习
山水、花鸟，兼文学及诗词，后致力于中国绘画
理论的研究。曾任上海外国语大学艺术教研室
主任、副教授，上海海外联谊会联谊书画社副社

长、海墨画社社长、上海书画研究院理事等。代
表作品有《碧浪》《幽涧听泉》《江月幽禽》等。

J0054614
松鹤长春 （胶印画轴）钱行健作
上海 上海书画出版社 1983 年 1 轴 附对联
153cm（2 全开）定价：CNY2.90
　　中国现代年画作品。

J0054615
松龄鹤寿图 （胶印画轴）姜堃作
长沙 湖南美术出版社 1983 年 1 轴 附对联
107cm（全开）定价：CNY2.10
　　中国现代年画作品。

J0054616
松绿长青 张汝为作
天津 天津人民美术出版社 1983 年 1 张
76cm（2 开）定价：CNY0.18
　　中国现代年画作品。作者张汝为(1944—),
画家，国家一级美术师。浙江镇海人。历任中国
美术家协会会员、天津美协顾问、天津画院专职
画家。主要作品有《共产主义是千秋万代的崇高
事业》《大海的 女儿》等。

J0054617
松鹰图 莫树滋作
南京 江苏人民出版社 1983 年 1 张 76cm（2 开）
定价：CNY0.18
　　中国现代年画作品。

J0054618
松鹰图 万一作
北京 人民美术出版社 1983 年 1 张
107cm（全开）定价：CNY0.36
　　中国现代年画作品。

J0054619
颂歌赞模范红花献英雄 李炳炎作
贵阳 贵州人民出版社 1983 年 1 幅 76cm（2 开）
定价：CNY0.16
　　中国现代年画作品。

J0054620
苏杭风景 刘群编文；汪文华等摄

北京 人民美术出版社 1983 年 2 张 76cm（2 开）
定价：CNY0.32
　　中国现代年画作品。

J0054621
苏杭名胜 丁浩作
上海 上海人民美术出版社 1983 年 2 张
76cm（2 开）定价：CNY0.32
　　中国现代年画作品。

J0054622
苏小妹 陈家骅作
银川 宁夏人民出版社 1983 年 1 张 76cm（2 开）
定价：CNY0.18
　　中国现代年画作品。

J0054623
苏小妹洞房诗考秦少游 陈志谦作
北京 人民美术出版社 1983 年 1 张 76cm（2 开）
定价：CNY0.16
　　中国现代年画作品。

J0054624
苏小妹与秦少游 申同景作
石家庄 河北美术出版社 1983 年 1 张
76cm（2 开）定价：CNY0.16
　　中国现代年画作品。

J0054625
岁朝图 孔伯容作
上海 上海书画出版社 1983 年 1 张 76cm（2 开）
定价：CNY0.16
　　中国现代年画作品。

J0054626
岁寒三友 （胶印画轴）林梦松，赵毅作
天津 天津人民美术出版社 1983 年 1 轴 附对
联 107cm（全开）定价：CNY1.60
　　中国现代年画作品。

J0054627
岁岁如意 陈学璋作
杭州 浙江人民美术出版社 1983 年 1 张
76cm（2 开）定价：CNY0.16
　　中国现代年画作品。

J0054628
孙悟空屏　刘荣富，陈永智作
上海　上海人民美术出版社 1983 年 2 张
76cm（2 开）定价：CNY0.32
　　中国现代年画作品。

J0054629
孙中山和宋庆龄　张福隆作
天津　天津人民美术出版社 1983 年 1 张
76cm（2 开）定价：CNY0.18
　　中国现代年画作品。

J0054630
台湾风光
北京　人民美术出版社 1983 年 2 张
76cm（2 开）定价：CNY0.32
　　中国现代年画作品。

J0054631
台湾风光　陈培荣作
上海　上海人民美术出版社 1983 年 76cm（2 开）
定价：CNY0.16
　　中国现代年画作品。作者陈培荣（1941—　），
著名画家、设计家、教育家。生于上海，毕业于
上海轻工业专科学校。中国布面水彩画及新意
象画派创始人。历任上海轻专美术系主任、上海
工程技术大学广告系主任，上海理工大学艺术设
计学院院长、教授。代表作有油画《烟云乡情》
《都市掠影》系列，水彩画《花之韵》系列。

J0054632
抬花轿　周则生改编；梁祖宏摄
北京　中国戏剧出版社 1983 年 2 张 76cm（2 开）
定价：CNY0.32
　　中国现代年画作品。

J0054633
太行奇秀娘子关　李东旭作
天津　天津人民美术出版社 1983 年 1 张
76cm（2 开）定价：CNY0.18
　　中国现代年画作品。

J0054634
探索　姜长庚作
上海　上海人民美术出版社 1983 年 1 张

76cm（2 开）定价：CNY0.16
　　中国现代年画作品。作者姜长庚（1945—　），
摄影家。笔名肖疆等，中国摄影家协会会员。

J0054635
唐人诗意仕女图　吴声作
合肥　安徽人民出版社 1983 年 2 张 76cm（2 开）
定价：CNY0.36
　　中国现代年画作品。作者吴声（1943—　），
国家一级美术师。生于浙江杭州，又名自强，毕
业于中国美术学院。中国美术家协会会员。出
版专著有《吴声人物画技法》《吴声画集》《诗画
缘》《吴声古诗词画意》《唐人诗意百图》等。

J0054636
唐诗条屏　（一至四）王颂余书
天津　天津杨柳青画店 1983 年 4 张 76cm（2 开）
定价：CNY1.20
　　中国现代年画作品。作者王颂余（1910—
2005），书法家、山水画家。出生于天津。天津美
术学院任教。代表作品《把余粮卖给国家》《凯
歌黄金路》《滦水清分清且甘》等。

J0054637
桃李梅　原儒云作
石家庄　河北美术出版社 1983 年 1 张
76cm（2 开）定价：CNY0.16
　　中国现代年画作品。

J0054638
桃李梅　李慕白，庞卡作
天津　天津人民美术出版社 1983 年 1 张
76cm（2 开）定价：CNY0.18
　　中国现代年画作品。

J0054639
桃李梅　高国强作
杭州　浙江人民美术出版社 1983 年 1 张
76cm（2 开）定价：CNY0.16
　　中国现代年画作品。

J0054640
陶三春　松崚作
杭州　浙江人民美术出版社 1983 年 1 张
76cm（2 开）定价：CNY0.16

中国现代年画作品。

J0054641

提倡文明新风尚发扬民族好传统　何永坤作

昆明 云南人民出版社 1983年 1张 76cm（2开）
定价：CNY0.14

中国现代年画作品。作者何永坤（1953—　），教授。出生于昆明，祖籍浙江鄞县，云南艺术学院工艺美术系任教。作品有《山果》《青草地》等。

J0054642

提倡文明新风尚发扬民族好传统　何永坤作

昆明 云南人民出版社 1983年 1张 53cm（4开）
定价：CNY0.07

中国现代年画作品。

J0054643

提倡五讲四美学习雷锋精神　甘家玮作

昆明 云南人民出版社 1983年 1张 76cm（2开）
定价：CNY0.14

中国现代年画作品。

J0054644

提高警惕保卫边疆　刘宗琪作

昆明 云南人民出版社 1983年 1张 53cm（4开）
定价：CNY0.07

中国现代年画作品。

J0054645

体坛涌新秀武术现英姿　国振鸿作

昆明 云南人民出版社 1983年 1张 76cm（2开）
定价：CNY0.13

中国现代年画作品。

J0054646

天然动物园　邹君文作

沈阳 辽宁美术出版社 1983年 1张 76cm（2开）
定价：CNY0.13

中国现代年画作品。作者邹君文（1944—　），辽宁科学技术出版社美术摄影编辑室主任。

J0054647

甜　刘志宏作

合肥 安徽人民出版社 1983年 1张 76cm（2开）
定价：CNY0.16

中国现代年画作品。

J0054648

甜　刘称奇作

武汉 湖北人民出版社 1983年 1张 76cm（2开）
定价：CNY0.16

中国现代年画作品。

J0054649

甜　路婷作

太原 山西人民出版社 1983年 1张 76cm（2开）
定价：CNY0.18

中国现代年画作品。

J0054650

跳龙门　孙公照作

天津 天津人民美术出版社 1983年 1张 76cm（2开）定价：CNY0.18

中国现代年画作品。

J0054651

贴心人　殷培华作

上海 上海人民美术出版社 1983年 1张 76cm（2开）定价：CNY0.16

中国现代年画作品。作者殷培华（1943—　），国家一级美术师。江苏常熟人。毕业于苏州工艺美术专科学校。曾任《山东民兵》美术编辑、南京军区政治部文艺创作室专职创作员等职。主要作品有《三比一》《总理和老农》《歌别图》等。

J0054652

听泉图　（胶印画轴）傅抱石作

南京 江苏人民出版社 1983年 1轴 附对联 107cm（全开）定价：CNY2.20

中国现代年画作品。作者傅抱石（1904—1965），画家。原名长生、瑞麟，号抱石斋主人。生于江西南昌，祖籍江西新余，早年留学日本。历任南京师范学院教授、江苏国画院院长等职。代表作品有《山阴道上》《钟馗》《屈原》《江山如此多娇》，著有《中国古代绘画之研究》《中国绘画变迁史纲》等。

J0054653

同唱幸福歌　屈文霞作

石家庄 河北美术出版社 1983 年 1 张

76cm（2 开）定价：CNY0.16

　　中国现代年画作品。

J0054654

同怀振兴中华志　谌学诗作

长沙 湖南美术出版社 1983 年 1 张 76cm（2 开）

定价：CNY0.16

　　中国现代年画作品。作者谌学诗(1942—　)，

江西人。江西省美术家协会会员。曾从事美术

设计、美术编辑等工作。多幅作品为人民美术出

版社、上海美术出版社等出版发行。

J0054655

同欢共乐　冯杰作

南昌 江西人民出版社［1983 年］1 张

76cm（2 开）定价：CNY0.18

　　中国现代年画作品。

J0054656

驼铃响幸福来　郭晶霞作

沈阳 辽宁美术出版社 1983 年 1 张 76cm（2 开）

定价：CNY0.13

　　中国现代年画作品。

J0054657

娃娃爱大海　肖弦作

长沙 湖南美术出版社 1983 年 1 张 76cm（2 开）

定价：CNY0.16

　　中国现代年画作品。

J0054658

娃娃滑旱冰　姚重庆作

北京 人民体育出版社 1983 年 1 张 76cm（2 开）

定价：CNY0.16

　　中国现代年画作品。

J0054659

娃娃让梨　吴性清作

天津 天津杨柳青画店 1983 年 1 张 76cm（2 开）

定价：CNY0.16

　　中国现代年画作品。

J0054660

娃娃嬉彩灯　王国梁作

北京 中国戏剧出版社 1983 年 1 张 76cm（2 开）

定价：CNY0.13

　　中国现代年画作品。作者王国梁(1943—　)，

教授。生于浙江湖州市，毕业于东南大学建筑系。

历任东南大学建筑系主任、教授，中国美术家协

会江苏分会会员、江苏省水彩画会常务理事。

J0054661

娃娃喜猫　江涛作

南昌 江西人民出版社 1983 年 1 张 76cm（2 开）

定价：CNY0.18

　　中国现代年画作品。

J0054662

娃娃戏　（春草闯堂）张瑞恒作

天津 天津人民美术出版社 1983 年 1 张

76cm（2 开）定价：CNY0.18

　　中国现代年画作品。

J0054663

娃娃戏　（芦花荡）姚佑章作

天津 天津人民美术出版社 1983 年 1 张

76cm（2 开）定价：CNY0.16

　　中国现代年画作品。

J0054664

娃娃戏　（蟠桃会）张鸢作

天津 天津人民美术出版社 1983 年 1 张

76cm（2 开）定价：CNY0.18

　　中国现代年画作品。

J0054665

娃娃戏　（七品芝麻官）卫泽慧作

天津 天津人民美术出版社 1983 年 1 张

76cm（2 开）定价：CNY0.18

　　中国现代年画作品。

J0054666

万象更新　王忠年作

兰州 甘肃人民出版社 1983 年 1 张 76cm（2 开）

定价：CNY0.16

　　中国现代年画作品。

J0054667
万象更新　严浚作
昆明 云南人民出版社 1983 年 1 张 附对联
107cm（全开）定价：CNY0.36
　　中国现代年画作品。

J0054668
万象更新五业兴旺　赵修道作
济南 山东人民出版社 1983 年 1 张 76cm（2 开）
定价：CNY0.13
　　中国现代年画作品。

J0054669
万象长春　方工，张玉清作
北京 人民美术出版社 1983 年 2 张 76cm（2 开）
定价：CNY0.32
　　中国现代年画作品。作者方工，女，画家。
原名王振芳。擅画猫。与其父合作绘著并出版《画
猫技法基础》《百猫百蝶图》等。

J0054670
王宝钏与薛平贵　张荣章作
天津 天津杨柳青画店 1983 年 2 张 76cm（2 开）
定价：CNY0.32
　　中国现代年画作品。

J0054671
王宝钏赠金　刘震，张煜摄
天津 天津杨柳青画店 1983 年 1 张 76cm（2 开）
定价：CNY0.16
　　中国现代年画作品。

J0054672
王冕画荷　周国军作
北京 北京出版社 1983 年 1 张 76cm（2 开）
定价：CNY0.13
　　中国现代年画作品。

J0054673
王昭君　张尔立作
成都 四川人民出版社 1983 年 1 张 76cm（2 开）
定价：CNY0.16
　　中国现代年画作品。

J0054674
威镇群山　刘德伦作
成都 四川人民出版社 1983 年 1 张 76cm（2 开）
定价：CNY0.16
　　中国现代年画作品。

J0054675
为国争光　邹起奎作
北京 人民美术出版社 1983 年 1 张 76cm（2 开）
定价：CNY0.18
　　中国现代年画作品。

J0054676
为国争光振兴中华　蔡宏波作
武汉 湖北人民出版社 1983 年 1 张 76cm（2 开）
定价：CNY0.13
　　中国现代年画作品。

J0054677
卫青霍去病　侯世武，金平定作
成都 四川人民出版社 1983 年 1 张 76cm（2 开）
定价：CNY0.16
　　中国现代年画作品。

J0054678
喂小鸡　安茂让作
上海 上海人民美术出版社 1983 年 1 张
76cm（2 开）定价：CNY0.16
　　中国现代年画作品。

J0054679
慰英雄庆佳节　赫福路作
石家庄 1983 年 1 张 76cm（2 开）
定价：CNY0.16
　　中国现代年画作品。

J0054680
文成公主舞剧　杭鸣时作
哈尔滨 黑龙江人民出版社 1983 年 2 张
76cm（2 开）定价：CNY0.26
　　中国现代年画作品。

J0054681
文成公主与松赞干布　郭庆元作
西宁 青海人民出版社 1983 年 1 张 76cm（2 开）

定价：CNY0.18

　　中国现代年画作品。

画协会会员。作品有国画《疾风》《青山浮动雨来初》《草原情》等。

J0054682

文龙中状元　（一至四）徐思，静如作

沈阳　辽宁美术出版社 1983 年 2 张 76cm（2 开）

定价：CNY0.26

　　中国现代年画作品。

J0054688

我爱小鸡　罗玉江作

石家庄　河北美术出版社 1983 年 1 张

76cm（2 开）定价：CNY0.16

　　中国现代年画作品。

J0054683

文明礼貌　金兰作

哈尔滨　黑龙江人民出版社 1983 年 2 张

76cm（2 开）定价：CNY0.32

　　中国现代年画作品。

J0054689

我爱小熊猫　陈宝万作

西安　陕西人民美术出版社 1983 年 1 张

76cm（2 开）定价：CNY0.18

　　中国现代年画作品。

J0054684

我爱百鸟　史延芹作

天津　天津人民美术出版社 1983 年 1 张

76cm（2 开）定价：CNY0.18

　　中国现代年画作品。

J0054690

我爱学习　葛荣环，阎亚安作

哈尔滨　黑龙江人民出版社 1983 年 1 张

76cm（2 开）定价：CNY0.13

　　中国现代年画作品。

J0054685

我爱北京天安门我爱中国共产党　那启明作

南昌　江西人民出版社［1983 年］2 张

76cm（2 开）定价：CNY0.26

　　中国现代年画作品。作者那启明（1936—　），满族，北京人。毕业于中央美术学院附中。历任天津杨柳青画社编辑部主任、编审。代表作品有《白求恩》《团结图》《多彩夕阳》《喜迎春》

J0054691

我爱祖国风光美　里雪作

重庆　重庆出版社 1983 年 1 张 76cm（2 开）

定价：CNY0.16

　　中国现代年画作品。

J0054692

我戴上了红领巾　陈强作

上海　上海人民美术出版社 1983 年 1 张

76cm（2 开）定价：CNY0.16

　　中国现代年画作品。

J0054686

我爱蝴蝶　赵春田作

济南　山东人民出版社 1983 年 1 张 76cm（2 开）

定价：CNY0.16

　　中国现代年画作品。

J0054693

我给妈妈打电话　刘熹奇，王立新作

南昌　江西人民出版社［1983 年］1 张

76cm（2 开）定价：CNY0.18

　　中国现代年画作品。

J0054687

我爱山丹花　（汉蒙文对照）王荣作

呼和浩特　内蒙古人民出版社 1983 年 1 张

76cm（2 开）定价：CNY0.18

　　中国现代年画作品。作者王荣，山西大同人。字云石，号云中山人。就读于中央美术学院壁画系研究生班。国家一级美术师、中国书画艺术研究院副院长、山西省美术家协会会员、中国山水

J0054694

我给娃娃打电话　江淮春作

天津　天津杨柳青画店 1983 年 1 张 76cm（2 开）

定价：CNY0.16

　　中国现代年画作品。

J0054695
我给星星打电话 何远明作
成都 四川人民出版社 1983 年 1 张 76cm（2 开）
定价：CNY0.16
　　中国现代年画作品。

J0054696
我家的鸡鸭多 陈家骅作
武汉 湖北人民出版社 1983 年 1 张 76cm（2 开）
定价：CNY0.16
　　中国现代年画作品。

J0054697
我们爱大海 杭鸣时作
北京 人民美术出版社 1983 年 1 张 76cm（2 开）
定价：CNY0.16
　　中国现代年画作品。

J0054698
我们爱清洁 刘金珠作
杭州 浙江人民美术出版社 1983 年 1 张
76cm（2 开）定价：CNY0.16
　　中国现代年画作品。

J0054699
我们爱天鹅 杭鸣时作
杭州 浙江人民美术出版社 1983 年 1 张 76cm（2 开）
定价：CNY0.13
　　中国现代年画作品。

J0054700
我们的画 马云桥，朱淑媛作
沈阳 辽宁美术出版社 1983 年 1 张 76cm（2 开）
定价：CNY0.13
　　中国现代年画作品。

J0054701
我们的校园多美丽 沈家琳，杨文义作
长沙 湖南美术出版社 1983 年 1 张 76cm（2 开）
定价：CNY0.16
　　中国现代年画作品。

J0054702
我们都是好朋友 张锦标作
上海 上海人民美术出版社 1983 年 1 张

76cm（2 开）定价：CNY0.16
　　中国现代年画作品。

J0054703
我上学了 林美岚作
北京 中国少年儿童出版社 1983 年 1 张
76cm（2 开）定价：CNY0.13
　　中国现代年画作品。

J0054704
我是火车小司机 戴辉云作
杭州 浙江人民美术出版社 1983 年 1 张
76cm（2 开）定价：CNY0.16
　　中国现代年画作品。

J0054705
我是一个兵 刘光灿作
成都 四川人民出版社 1983 年 1 张 76cm（2 开）
定价：CNY0.16
　　中国现代年画作品。

J0054706
我算得对吗? 陈菊仙作
广州 岭南美术出版社 1983 年 1 张 76cm（2 开）
定价：CNY0.16
　　中国现代年画作品。

J0054707
我听听 黄耿卓作
石家庄 河北美术出版社 1983 年 1 张
76cm（2 开）定价：CNY0.16
　　中国现代年画作品。作者黄耿卓（1946— ），
教授。河北南宫人，历任河北大学艺术学院教授、
硕士生导师，中国美术家协会会员。出版有《黄
耿卓黄耿新画集》。

J0054708
我也盖高楼 薛嘉惠作
沈阳 辽宁美术出版社 1983 年 1 张 76cm（2 开）
定价：CNY0.13
　　中国现代年画作品。作者薛嘉惠（1940— ），
满族，国家一级美术家。曾任联合国美术家协会
名誉主席、中国当代艺术协会终身名誉主席、宋
庄国际书画院终身院长等职。代表作品有《呼唤》
《医魂》《假日》《雄风图》《关怀》等。

J0054709
我也要当冠军　周清源作
合肥 安徽人民出版社 1983年 1张 76cm（2开）
定价：CNY0.16
　　中国现代年画作品。

J0054710
我也要为国争光　张万臣作
沈阳 辽宁美术出版社 1983年 1张 76cm（2开）
定价：CNY0.13
　　中国现代年画作品。

J0054711
我愿做个小海军　贾书敏作
长沙 湖南美术出版社 1983年 1张 76cm（2开）
定价：CNY0.16
　　中国现代年画作品。

J0054712
巫山高秋图　（胶印画轴）宋文治作
南京 江苏人民出版社 1983年 1轴 附对联
107cm（全开）定价：CNY1.50
　　中国现代年画作品。

J0054713
巫山神女喜人间　林美岚作
天津 天津人民美术出版社 1983年 1张
76cm（2开）定价：CNY0.18
　　中国现代年画作品。

J0054714
五福临门　刘景龙作
石家庄 河北美术出版社 1983年 1张
76cm（2开）定价：CNY0.16
　　中国现代年画作品。

J0054715
五福临门　彭秋荣作
广州 岭南美术出版社 1983年 1张［40cm］（6开）
定价：CNY0.09
　　中国现代年画作品。

J0054716
五福捧寿　杨维华作
天津 天津人民美术出版社 1983年 1张

76cm（2开）定价：CNY0.18
　　中国现代年画作品。

J0054717
五谷丰登　王烈侠作
合肥 安徽人民出版社 1983年 2张 76cm（2开）
定价：CNY0.32
　　中国现代年画作品。

J0054718
五谷丰登春回大地　那启明作
上海 上海人民美术出版社 1983年 1张
76cm（2开）定价：CNY0.16
　　中国现代年画作品。作者那启明（1936—　），
满族，北京人。毕业于中央美术学院附中。历任
天津杨柳青画社编辑部主任、编审。代表作品有
《白求恩》《团结图》《多彩夕阳》《喜迎春》

J0054719
五谷丰登连年有余　刘林生作
西安 陕西人民美术出版社 1983年 1张
76cm（2开）定价：CNY0.18
　　中国现代年画作品。

J0054720
五好家庭　楚舫作
天津 天津人民美术出版社 1983年 1张
76cm（2开）定价：CNY0.18
　　中国现代年画作品。

J0054721
五讲四美花万朵　林成翰作
哈尔滨 黑龙江人民出版社 1983年 1张
76cm（2开）定价：CNY0.16
　　中国现代年画作品。

J0054722
五讲四美开新花　何永坤作
昆明 云南人民出版社 1983年 1张 76cm（2开）
定价：CNY0.18
　　中国现代年画作品。

J0054723
五业兴旺　贾书敏等作
石家庄 河北美术出版社 1983年 2张

76cm（2开）定价：CNY0.32
中国现代年画作品。

J0054724
五岳图 王文芳作
郑州 中州书画社 1983年 1张 107cm（全开）
定价：CNY0.36
中国现代年画作品。作者王文芳（1938—　），
画家、一级美术师。山东招远人。历任北京画院
专职画家、全国美协会员、北京美协理事、北京
画院专业画家。代表作品《梦回版纳》《松鸣谷
应》《王文芳山水画选》等。

J0054725
武将 王燕安作
兰州 甘肃人民出版社 1983年 1张 53cm（4开）
定价：CNY0.08
中国现代年画作品。

J0054726
武将 谭述乐作
重庆 重庆出版社 1983年 1张 76cm（2开）
定价：CNY0.16
中国现代年画作品。

J0054727
武林英华 陈和莲作
重庆 重庆出版社 1983年 1张 76cm（2开）
定价：CNY0.16
中国现代年画作品。作者陈和莲（1941—　），
四川江津县人。毕业于西南师范学院美术专科。
中国美术家协会会员、四川省美术家协会理事。
擅长国画、连环画、年画。主要作品有《碧血春
秋》《左老的山村》《清清溪水》等。

J0054728
武术 徐中作
南京 江苏人民出版社 1983年 4张 78cm（2开）
定价：CNY0.48
中国现代年画作品。

J0054729
武术英姿 马乐群作
上海 上海人民美术出版社 1983年 1张
76cm（2开）定价：CNY0.16

中国现代年画作品。

J0054730
武松 刘荣富作
广州 岭南美术出版社 1983年 1张 76cm（2开）
定价：CNY0.16
中国现代年画作品。

J0054731
武松 戴松耕作
上海 上海人民美术出版社 1983年 1张
76cm（2开）定价：CNY0.16
中国现代年画作品。

J0054732
武松林冲 杨国栋作
昆明 云南人民出版社 1983年 1张 76cm（2开）
定价：CNY0.18
中国现代年画作品。

J0054733
武松打店 邹起奎作
天津 天津人民美术出版社 1983年 1张
76cm（2开）定价：CNY0.18
中国现代年画作品。

J0054734
武松打虎 房英魁作
沈阳 辽宁美术出版社 1983年 1张 76cm（2开）
定价：CNY0.13
中国现代年画作品。

J0054735
武松醉打蒋门神 张文顺作
西安 陕西人民美术出版社 1983年 1张
76cm（2开）定价：CNY0.18
中国现代年画作品。

J0054736
武松醉打蒋门神 苏茂隆作
成都 四川人民出版社 1983年 1张 76cm（2开）
定价：CNY0.16
中国现代年画作品。

J0054737

舞龙灯　杨顺泰作

天津　天津人民美术出版社 1983 年 1 张
76cm（2 开）定价：CNY0.18

　　中国现代年画作品。

J0054738

西湖民间故事　张谷良作

杭州　浙江人民美术出版社 1983 年 2 张
76cm（2 开）定价：CNY0.32

　　中国现代年画作品。作者张谷良（1946—　），
画家。生于浙江海宁，毕业于浙江美术学院。历
任中国美术家协会会员、国家一级美术师、嘉兴
画院院长、中国美术家协会浙江分会会员。代表
作品《中国民间故事·高山族·日月潭》《历史的
鉴戒》等。

J0054739

西湖全景图　卓岳峻作

杭州　西泠印社 1983 年 1 张 76cm（2 开）
定价：CNY0.23

　　中国现代年画作品。

J0054740

西王母献寿　华三川作

上海　上海书画出版社 1983 年 1 张 76cm（2 开）
定价：CNY0.12

　　中国现代年画作品。

J0054741

西厢记　张弓作

成都　四川人民出版社 1983 年 1 张 76cm（2 开）
定价：CNY0.16

　　中国现代年画作品。

J0054742

西游故事屏　刘荣富作

哈尔滨　黑龙江人民出版社 1983 年 2 张
76cm（2 开）定价：CNY0.32

　　中国现代年画作品。

J0054743

西园记　邵佐唐作

天津　天津人民美术出版社 1983 年 1 张
76cm（2 开）定价：CNY0.18

　　中国现代年画作品。

J0054744

希望　邹起奎作

天津　天津杨柳青画店 1983 年 1 张 76cm（2 开）
定价：CNY0.16

　　中国现代年画作品。

J0054745

**惜春作画　宝钗扑蝶　黛玉葬花　湘云醉卧
芍药茵**　张筱军作

昆明　云南人民出版社 1983 年 2 张 76cm（2 开）
定价：CNY0.36

　　中国现代年画作品。

J0054746

嬉春图　文军作

西安　陕西人民美术出版社 1983 年 1 张
76cm（2 开）定价：CNY0.18

　　中国现代年画作品。

J0054747

嬉耍丰收桃　杨馥如作

上海　上海人民美术出版社 1983 年 1 张
76cm（2 开）定价：CNY0.16

　　中国现代年画作品。

J0054748

嬉浴图　余承先作

成都　四川人民出版社 1983 年 1 张 76cm（2 开）
定价：CNY0.16

　　中国现代年画作品。

J0054749

媳妇好　王百顺作

沈阳　辽宁美术出版社 1983 年 1 张 76cm（2 开）
定价：CNY0.13

　　中国现代年画作品。

J0054750

喜报丰年　成砺志作

沈阳　辽宁美术出版社 1983 年 1 张 76cm（2 开）
定价：CNY0.13

　　中国现代年画作品。

J0054751
喜丰收　杨馥如作
杭州 浙江人民美术出版社 1983 年 1 张
76cm（2 开）定价：CNY0.16
中国现代年画作品。

J0054752
喜丰收　彬彬作
重庆 重庆出版社 1983 年 1 张 76cm（2 开）
定价：CNY0.16
中国现代年画作品。

J0054753
喜富图　成砺志作
北京 农村读物出版社 1983 年 1 张 76cm（2 开）
定价：CNY0.18
中国现代年画作品。

J0054754
喜结同心　霍允庆作
长沙 湖南美术出版社 1983 年 1 张 76cm（2 开）
定价：CNY0.18
中国现代年画作品。

J0054755
喜临门　竹筼琪作
沈阳 辽宁美术出版社 1983 年 1 张 76cm（2 开）
定价：CNY0.13
中国现代年画作品。

J0054756
喜临门　杨云清作
上海 上海书画出版社 1983 年 1 张 76cm（2 开）
定价：CNY0.16
中国现代年画作品。

J0054757
喜气迎春　王克印作
南京 江苏人民出版社 1983 年 1 张 76cm（2 开）
定价：CNY0.36（铜版纸），CNY0.18（胶版纸）
中国现代年画作品。

J0054758
喜庆丰年　刘恒久作
长沙 湖南美术出版社 1983 年 1 张 76cm（2 开）

定价：CNY0.16
中国现代年画作品。

J0054759
喜庆丰年　杨美岚作
北京 人民美术出版社 1983 年 1 张 76cm（2 开）
定价：CNY0.16
中国现代年画作品。

J0054760
喜庆丰年　孟新明作
西安 陕西人民美术出版社 1983 年 1 张
76cm（2 开）定价：CNY0.18
中国现代年画作品。

J0054761
喜庆丰年　马向院作
西安 陕西人民美术出版社 1983 年 1 张
76cm（2 开）定价：CNY0.18
中国现代年画作品。

J0054762
喜庆丰年　李炳炎作
昆明 云南人民出版社 1983 年 1 张 53cm（4 开）
定价：CNY0.07
中国现代年画作品。

J0054763
喜庆丰收连年有余　谭尚忍作
上海 上海人民美术出版社 1983 年 1 张
76cm（2 开）定价：CNY0.16
中国现代年画作品。

J0054764
喜庆丰收年　童金贵作
沈阳 辽宁美术出版社 1983 年 1 张 76cm（2 开）
定价：CNY0.13
中国现代年画作品。

J0054765
喜庆丰收年　陈菊仙作
天津 天津杨柳青画店 1983 年 1 张 76cm（2 开）
定价：CNY0.16
中国现代年画作品。

J0054766
喜庆吉祥　张桂英，邵佐唐作
兰州 甘肃人民出版社 1983 年 1 张 76cm（2 开）
定价：CNY0.16
　　中国现代年画作品。

J0054767
喜庆同乐　陈菊仙作
上海 上海人民美术出版社 1983 年 1 张
76cm（2 开）定价：CNY0.16
　　中国现代年画作品。

J0054768
喜庆有余　范振家作
北京 中国戏剧出版社 1983 年 1 张 76cm（2 开）
定价：CNY0.13
　　中国现代年画作品。

J0054769
喜庆有余鹤鹿同春　（横幅）张宝元等作
济南 山东人民出版社 1983 年 1 轴 附对联
107cm（全开）定价：CNY0.28
　　中国现代年画作品。

J0054770
喜庆有余连年好　徐飞鸿作
上海 上海书画出版社 1983 年 1 张 76cm（2 开）
定价：CNY0.16
　　中国现代年画作品。

J0054771
喜鹊闹梅　徐福根作
上海 上海人民美术出版社 1983 年 1 张
76cm（2 开）定价：CNY0.16
　　中国现代年画作品。

J0054772
喜上眉梢　张文潜作
石家庄 河北美术出版社 1983 年 1 张
107cm（全开）定价：CNY0.32
　　中国现代年画作品。

J0054773
喜上眉梢　（胶印轴画）张文潜作
石家庄 河北美术出版社 1983 年 1 轴 附对联

107cm（全开）定价：CNY1.50
　　中国现代年画作品。

J0054774
喜上眉梢　成砺志作
天津 天津杨柳青画店 1983 年 1 张 76cm（2 开）
定价：CNY0.16
　　中国现代年画作品。

J0054775
喜售丰收果　潘隆正作
沈阳 辽宁美术出版社 1983 年 1 张 76cm（2 开）
定价：CNY0.13
　　中国现代年画作品。作者潘隆正（1944—　），
笔名晓牛，出生于重庆市，毕业于西南师范大学
美术系。历任重庆出版社美编室副主任、重庆出
版集团（美术）副编审、全国年画研究会理事、西
南大学育才学院美术学院副教授、重庆沧白书画
院副院长。作品有《红岩英烈——许晓轩》《挺
进大西南》《娃娃送宝·幸福吉祥》《哼哈二将》
《秦琼、敬德》《在知识的海洋里寻珍探宝》等。

J0054776
喜迎春　张瑞恒作
天津 天津人民美术出版社 1983 年 1 张
76cm（2 开）定价：CNY0.18
　　中国现代年画作品。

J0054777
喜盈门　刘王斌作
福州 福建人民出版社 1983 年 1 张 76cm（2 开）
定价：CNY0.16
　　中国现代年画作品。

J0054778
喜盈门　李苇作
南昌 江西人民出版社［1983 年］1 张
76cm（2 开）定价：CNY0.18
　　中国现代年画作品。

J0054779
喜盈门　适民作
昆明 云南人民出版社 1983 年 1 张 76cm（2 开）
定价：CNY0.18
　　中国现代年画作品。

J0054780

喜游人间蟠桃园　张素玉作

石家庄 河北美术出版社 1983 年 1 张

76cm（2 开）定价：CNY0.16

　　中国现代年画作品。

J0054781

喜遇牡丹仙　申同景作

北京 中国戏剧出版社 1983 年 1 张 76cm（2 开）

定价：CNY0.13

　　中国现代年画作品。

J0054782

喜在心头　张德俊作

杭州 浙江人民美术出版社 1983 年 1 张

76cm（2 开）定价：CNY0.16

　　中国现代年画作品。

J0054783

囍　彭秋荣作

广州 岭南美术出版社［1983 年］1 张

76cm（2 开）定价：CNY0.09

　　中国现代年画作品。

J0054784

戏蝶　顾国治作

天津 天津人民美术出版社 1983 年 1 张

76cm（2 开）定价：CNY0.18

　　中国现代年画作品。

J0054785

戏水图　石川作

北京 人民体育出版社 1983 年 1 张 76cm（2 开）

定价：CNY0.16

　　中国现代年画作品。

J0054786

戏鹦鹉　年丰作

石家庄 河北美术出版社 1983 年 1 张

76cm（2 开）定价：CNY0.16

　　中国现代年画作品。

J0054787

仙鹤牡丹　邓文欣作

哈尔滨 黑龙江人民出版社 1983 年 1 张

76cm（2 开）定价：CNY0.13

　　中国现代年画作品。

J0054788

仙境桂林　关吕修，周锡曼作

南宁 广西人民出版社 1983 年 2 张 76cm（2 开）

定价：CNY0.32

　　中国现代年画作品。

J0054789

仙鹿回头珠还合浦　张家祯作

南宁 广西人民出版社 1983 年 1 张 53cm（4 开）

定价：CNY0.10

　　中国现代年画作品。

J0054790

先给奶奶吃　孟养玉作

北京 人民美术出版社 1983 年 1 张 76cm（2 开）

定价：CNY0.13

　　中国现代年画作品。

J0054791

鲜花报喜　王祖军作

昆明 云南人民出版社 1983 年 1 张 76cm（2 开）

定价：CNY0.14

　　中国现代年画作品。

J0054792

鲜花献模范　李伟华作

哈尔滨 黑龙江人民出版社 1983 年 1 张

76cm（2 开）定价：CNY0.16

　　中国现代年画作品。

J0054793

鲜花献英雄　陈守义作

杭州 西泠印社 1983 年 1 张 76cm（2 开）

定价：CNY0.16

　　中国现代年画作品。作者陈守义（1944—　），

浙江温州人。毕业于浙江美术学院油画系。中

国美术家协会会员、浙江美术家协会理事、浙江

美术教育研究会副会长。主要作品有《山城》《水

乡的回忆》《巴黎春色》等。

J0054794

献给您，凯旋归来的英雄　刘称奇，洪云作

南昌　江西人民出版社［1983 年］1 张
76cm（2 开）定价：CNY0.18
　　中国现代年画作品。

J0054795
献寿图　王锡琪作
贵阳　贵州人民出版社 1983 年　1 张 76cm（2 开）
定价：CNY0.16
　　中国现代年画作品。

J0054796
献寿图　田林海作
武汉　湖北人民出版社 1983 年　1 张 76cm（2 开）
定价：CNY0.16
　　中国现代年画作品。

J0054797
献寿图　侯世武，金平定作
成都　四川人民出版社 1983 年　1 张 76cm（2 开）
定价：CNY0.16
　　中国现代年画作品。

J0054798
乡土情深　刘艳琴作
天津　天津杨柳青画社 1983 年　1 张 76cm（2 开）
定价：CNY0.16
　　中国现代年画作品。

J0054799
向老师致敬　刘荣富作
哈尔滨　黑龙江人民出版社 1983 年　1 张
76cm（2 开）定价：CNY0.16
　　中国现代年画作品。

J0054800
向雷锋同志学习　胡立义作
福州　福建人民出版社 1983 年　1 张 76cm（2 开）
定价：CNY0.16
　　中国现代年画作品。

J0054801
向雷锋同志学习　邬华敏作
成都　四川人民出版社 1983 年　1 张 76cm（2 开）
定价：CNY0.16
　　中国现代年画作品。

J0054802
向往人间　孙公照作
北京　北京出版社 1983 年　1 张 76cm（2 开）
定价：CNY0.13
　　中国现代年画作品。

J0054803
向往人间　唐德泉作
重庆　重庆出版社 1983 年　1 张 76cm（2 开）
定价：CNY0.16
　　中国现代年画作品。

J0054804
像雷锋叔叔那样　于占德作
北京　人民美术出版社 1983 年　1 张 76cm（2 开）
定价：CNY0.16
　　中国现代年画作品。

J0054805
小帮手　马天骐作
沈阳　辽宁美术出版社 1983 年　1 张 76cm（2 开）
定价：CNY0.13
　　中国现代年画作品。

J0054806
小宝宝　陈洪亮作
贵阳　贵州人民出版社 1983 年　1 张 76cm（2 开）
定价：CNY0.16
　　中国现代年画作品。

J0054807
小宝贝　刘正作
天津　天津杨柳青画社 1983 年　1 张 76cm（2 开）
定价：CNY0.16
　　中国现代年画作品。作者刘正(1949—　)，
女，编辑。天津人，毕业于天津美术学院绘画系。
历任天津人民美术出版社编审、中国美术家协会
会员、中国工笔画学会会员、中国刘奎龄艺术研
究院研究员、天津市美术家协会会员。代表作品
有《中国织绣服饰全集》《幸福花开》《庄户剧团》
《十二月花神》《春到西花厅》等。

J0054808
小翠　姜伟摄影
济南　山东人民出版社 1983 年　1 张 76cm（2 开）

定价: CNY0.16

　　中国现代年画作品。作者姜伟(1932—),摄影家。江苏涟水人。在山东人民出版社从事摄影工作,中国摄影家协会、中华全国新闻工作者协会会员。

J0054809
小姑贤　王百顺作
天津 天津人民美术出版社 1983 年 1 张
76cm(2 开) 定价: CNY0.18
　　中国现代年画作品。

J0054810
小海军　代雨樵作
成都 四川人民出版社 1983 年 1 张 76cm(2 开)
定价: CNY0.16
　　中国现代年画作品。

J0054811
小海军　任侠志作
北京 中国戏剧出版社 1983 年 1 张 76cm(2 开)
定价: CNY0.13
　　中国现代年画作品。

J0054812
小航海家　何竹作
天津 天津人民美术出版社 1983 年 1 张
76cm(2 开) 定价: CNY0.18
　　中国现代年画作品。

J0054813
小花猫　侯锦琴作
合肥 安徽人民出版社 1983 年 1 张 76cm(2 开)
定价: CNY0.16
　　中国现代年画作品。

J0054814
小花猫　缪爱莉作
广州 岭南美术出版社 1983 年 1 张 76cm(2 开)
定价: CNY0.16
　　中国现代年画作品。

J0054815
小画家　姚建国作
兰州 甘肃人民出版社 1983 年 1 张 76cm(2 开)

定价: CNY0.16
　　中国现代年画作品。

J0054816
小借年　张弓作
石家庄 河北美术出版社 1983 年 1 张
76cm(2 开) 定价: CNY0.16
　　中国现代年画作品。

J0054817
小喇叭广播了　杨春生作
天津 天津人民美术出版社 1983 年 1 张
76cm(2 开) 定价: CNY0.18
　　中国现代年画作品。

J0054818
小喇叭又响啦　徐福根作
北京 人民美术出版社 1983 年 1 张 76cm(2 开)
定价: CNY0.13
　　中国现代年画作品。

J0054819
小鹿快长　林成翰作
天津 天津人民美术出版社 1983 年 1 张
76cm(2 开) 定价: CNY0.18
　　中国现代年画作品。

J0054820
小猫屏　米春茂作
石家庄 河北美术出版社 1983 年 2 张
76cm(2 开) 定价: CNY0.32
　　中国现代年画作品。

J0054821
小排球队员　余小仪, 殷润云作
上海 上海人民美术出版社 1983 年 1 张
76cm(2 开) 定价: CNY0.16
　　中国现代年画作品。

J0054822
小胖胖　赵仁成作
西安 陕西人民美术出版社 1983 年 1 张
76cm(2 开) 定价: CNY0.18
　　中国现代年画作品。

J0054823
小琴手　陈宝万作
长沙 湖南美术出版社 1983 年 1 张 76cm（2 开）
定价：CNY0.16
　　中国现代年画作品。

J0054824
小伞兵　史士明作
西安 陕西人民美术出版社 1983 年 1 张
76cm（2 开）定价：CNY0.18
　　中国现代年画作品。

J0054825
小摄影家　赵仁成作
西安 陕西人民美术出版社 1983 年 1 张
76cm（2 开）定价：CNY0.18
　　中国现代年画作品。

J0054826
小摄影家　杨文德作
成都 四川人民出版社 1983 年 1 张 76cm（2 开）
定价：CNY0.16
　　中国现代年画作品。

J0054827
小摔跤手　魏志刚作
西安 陕西人民美术出版社 1983 年 1 张
76cm（2 开）定价：CNY0.16
　　中国现代年画作品。

J0054828
小小彩笔绘新图　杨馥如作
西安 陕西人民美术出版社 1983 年 1 张
76cm（2 开）定价：CNY0.18
　　中国现代年画作品。

J0054829
小小电话兵　秦大虎作
上海 上海人民美术出版社 1983 年 1 张
76cm（2 开）定价：CNY0.16
　　中国现代年画作品。

J0054830
小小航海家　同瑞作
天津 天津杨柳青画店 1983 年 1 张 76cm（2 开）

定价：CNY0.16
　　中国现代年画作品。

J0054831
小小建筑师　张泽民作
太原 山西人民出版社 1983 年 1 张 76cm（2 开）
定价：CNY0.18
　　中国现代年画作品。

J0054832
小小科学家　张洁作
石家庄 河北美术出版社 1983 年 1 张
76cm（2 开）定价：CNY0.16
　　中国现代年画作品。

J0054833
小小售货员　陈静作
沈阳 辽宁美术出版社 1983 年 1 张 76cm（2 开）
定价：CNY0.13
　　中国现代年画作品。

J0054834
小小音乐家　陈菊仙作
合肥 安徽人民出版社 1983 年 1 张 76cm（2 开）
定价：CNY0.16
　　中国现代年画作品。

J0054835
小小音乐家　是有福作
南京 江苏人民出版社 1983 年 1 张 76cm（2 开）
定价：CNY0.18
　　中国现代年画作品。

J0054836
小小音乐家　徐寄萍作
上海 上海人民美术出版社 1983 年 1 张
76cm（2 开）定价：CNY0.16
　　中国现代年画作品。作者徐寄萍（1919—2005），上海人。曾任上海美术家协会会员、上海人民美术出版社特约年画作者等职。主要作品有《帮妈妈做事》《学雷锋做好事》《擦亮眼睛》等。

J0054837
小音乐家　张惠斌画

长春 吉林人民出版社 1983年 1张 76cm（2开）
定价：CNY0.16
　　中国现代年画作品。

J0054838
小园丁　孟养玉作
太原 山西人民出版社 1983年 1张 76cm（2开）
定价：CNY0.18
　　中国现代年画作品。作者孟养玉（1935—　），
画家。山西文水人，毕业于山西汾阳师范学校。
历任山西文水县文化馆高级研究员、人物画学会
艺术顾问、吕梁地区美协主席、黄河书画院副院
长。代表作品有《收音机下乡》《刘胡兰》《能工
巧匠》等。

J0054839
小战士　陈宝万作
西安 陕西人民美术出版社 1983年 1张
76cm（2开）定价：CNY0.18
　　中国现代年画作品。

J0054840
小侦察员　陈宝万作
西安 陕西人民美术出版社 1983年 1张
76cm（2开）定价：CNY0.18
　　中国现代年画作品。

J0054841
校场比武　汪必强作
合肥 安徽人民出版社 1983年 1张 76cm（2开）
定价：CNY0.16
　　中国现代年画作品。

J0054842
校园新苗　朱淑媛画
北京 中国少年儿童出版社 1983年 1张
76cm（2开）定价：CNY0.13
　　中国现代年画作品。

J0054843
谢谢阿姨　林成翰作
沈阳 辽宁美术出版社 1983年 1张 76cm（2开）
定价：CNY0.13
　　中国现代年画作品。

J0054844
谢谢阿姨　陈继武作
杭州 浙江人民美术出版社 1983年 1张
76cm（2开）定价：CNY0.16
　　中国现代年画作品。

J0054845
谢瑶环　葛荣环，阎亚安作
哈尔滨 黑龙江人民出版社 1983年 1张
76cm（2开）定价：CNY0.13
　　中国现代年画作品。

J0054846
心花待放　朱淑媛作
沈阳 辽宁美术出版社 1983年 1张 76cm（2开）
定价：CNY0.18
　　中国现代年画作品。

J0054847
心花怒放　单锡和作
天津 天津人民美术出版社 1983年 1张
76cm（2开）定价：CNY0.18
　　中国现代年画作品。

J0054848
心灵手巧　潘荣光作
杭州 浙江人民美术出版社 1983年 1张
76cm（2开）定价：CNY0.16
　　中国现代年画作品。

J0054849
新茶飘香　王绍基作
杭州 浙江人民美术出版社 1983年 1张
76cm（2开）定价：CNY0.16
　　中国现代年画作品。

J0054850
新春好　林美岚作
长沙 湖南美术出版社 1983年 1册 76cm（2开）
定价：CNY0.16
　　中国现代年画作品。

J0054851
新春欢乐　谢佩文作
广州 岭南美术出版社 1983年 1张 76cm（2开）

定价: CNY0.18
　　中国现代年画作品。

J0054852
新春欢乐　谢佩文作
广州　岭南美术出版社 1983 年　1 张 53cm（4 开）
定价: CNY0.09
　　中国现代年画作品。

J0054853
新春佳节走娘家　何南作
沈阳　辽宁美术出版社 1983 年　1 张 76cm（2 开）
定价: CNY0.13
　　中国现代年画作品。

J0054854
新春乐　张英武作
沈阳　辽宁美术出版社 1983 年　1 张 76cm（2 开）
定价: CNY0.13
　　中国现代年画作品。

J0054855
新来的小伙伴　邵佐唐作
沈阳　辽宁美术出版社 1983 年　1 张 76cm（2 开）
定价: CNY0.13
　　中国现代年画作品。

J0054856
新年好　刘姚作
哈尔滨　黑龙江人民出版社 1983 年　1 张
76cm（2 开）定价: CNY0.13
　　中国现代年画作品。

J0054857
新年好　李慕白，庞卡画
南昌　江西人民出版社［1983 年］1 张
76cm（2 开）定价: CNY0.18
　　中国现代年画作品。

J0054858
新年快乐　魏瀛洲作
上海　上海人民美术出版社 1983 年　1 张
76cm（2 开）定价: CNY0.16
　　中国现代年画作品。

J0054859
新秀　安杰画
长春　吉林人民出版社 1983 年　1 张 76cm（2 开）
定价: CNY0.16
　　中国现代年画作品。

J0054860
幸福　刘崇林作
石家庄　河北美术出版社 1983 年　1 张
76cm（2 开）定价: CNY0.16
　　中国现代年画作品。

J0054861
幸福　成砺志作
天津　天津杨柳青画店 1983 年　1 张 76cm（2 开）
定价: CNY0.16
　　中国现代年画作品。

J0054862
幸福　张弓作
昆明　云南人民出版社 1983 年　1 张 76cm（2 开）
定价: CNY0.18
　　中国现代年画作品。

J0054863
幸福的欢聚　张福龙作
天津　天津杨柳青画店 1983 年　1 张 76cm（2 开）
定价: CNY0.16
　　中国现代年画作品。

J0054864
幸福的童年　刘熹奇作
合肥　安徽人民出版社 1983 年　1 张 76cm（2 开）
定价: CNY0.16
　　中国现代年画作品。

J0054865
幸福的童年　陈英，陈明作
昆明　云南人民出版社 1983 年　1 张 76cm（2 开）
定价: CNY0.18
　　中国现代年画作品。

J0054866
幸福的童年　胡委伦作
杭州　浙江人民美术出版社 1983 年　1 张

76cm（2开）定价：CNY0.16
　　中国现代年画作品。作者胡委伦（1948—　），上海人。别名胡惠伦。擅长油画。毕业于中国美术学院附中。曾任职于浙江遂昌婺剧团、丽水地区越剧团、丽水地区艺术研究中心，二级美术师。作品有《故乡情》《默默的路》《还是这条路》。

J0054867
幸福儿童　王嘉喜作
哈尔滨　黑龙江人民出版社 1983 年 1 张 76cm（2开）定价：CNY0.13
　　中国现代年画作品。

J0054868
幸福儿童　霍允庆作
长沙　湖南美术出版社 1983 年 1 张 76cm（2开）定价：CNY0.16
　　中国现代年画作品。

J0054869
幸福和合　区本泉作
广州　岭南美术出版社 1983 年 1 张 76cm（2开）定价：CNY0.18
　　中国现代年画作品。

J0054870
幸福和合　区本泉作
广州　岭南美术出版社 1983 年 1 张 53cm（4开）定价：CNY0.09
　　中国现代年画作品。

J0054871
幸福花　王修涛作
南宁　广西人民出版社 1983 年 1 张 76cm（2开）定价：CNY0.16
　　中国现代年画作品。

J0054872
幸福乐陶陶　李冰作
兰州　甘肃人民出版社 1983 年 1 张 76cm（2开）定价：CNY0.16
　　中国现代年画作品。

J0054873
幸福满门　王志隆画

济南　山东人民出版社 1983 年 1 张 76cm（2开）定价：CNY0.16
　　中国现代年画作品。

J0054874
幸福年　李林祥，何南作
沈阳　辽宁美术出版社 1983 年 1 张 76cm（2开）定价：CNY0.13
　　中国现代年画作品。

J0054875
幸福曲　郭常信作
长沙　湖南美术出版社 1983 年 1 张 76cm（2开）定价：CNY0.16
　　中国现代年画作品。

J0054876
幸福曲　王利锁画
长春　吉林人民出版社 1983 年 1 张 76cm（2开）定价：CNY0.16
　　中国现代年画作品。

J0054877
幸福树　柳忠福作
石家庄　河北美术出版社 1983 年 1 张 76cm（2开）定价：CNY0.16
　　中国现代年画作品。

J0054878
幸福树　（胶印画轴）柳忠福作
石家庄　河北美术出版社 1983 年 1 轴 附对联 107cm（全开）定价：CNY1.50
　　中国现代年画作品。

J0054879
幸福树　卓昌勇作
成都　四川人民出版社 1983 年 1 张 76cm（2开）定价：CNY0.16
　　中国现代年画作品。

J0054880
幸福图　王福忠作
沈阳　辽宁美术出版社 1983 年 1 张 76cm（2开）定价：CNY0.13
　　中国现代年画作品。

J0054881

幸福娃娃　姚中玉，王伟戌作

天津 天津杨柳青画店 1983 年 1 张 76cm（2 开）

定价：CNY0.16

中国现代年画作品。

J0054882

幸福万代　那启明作

天津 天津杨柳青画店 1983 年 1 张 76cm（2 开）

定价：CNY0.16

中国现代年画作品。

J0054883

幸福一代　李伟华作

哈尔滨 黑龙江人民出版社 1983 年 1 张

76cm（2 开）定价：CNY0.13

中国现代年画作品。

J0054884

幸福有余　张万臣作

长春 吉林人民出版社 1983 年 1 张 76cm（2 开）

定价：CNY0.16

中国现代年画作品。

J0054885

幸福有余　王大为作

沈阳 辽宁美术出版社 1983 年 1 张 76cm（2 开）

定价：CNY0.13

中国现代年画作品。

J0054886

幸福有余　王利锁作

天津 天津人民美术出版社 1983 年 1 张

76cm（2 开）定价：CNY0.18

中国现代年画作品。

J0054887

幸福有余　张万臣作

长沙 湖南美术出版社 1984 年 1 张 76cm（2 开）

定价：CNY0.16

中国现代年画作品。

J0054888

幸福有余　张万臣画

长春 吉林人民出版社 1984 年 1 张 76cm（2 开）

定价：CNY0.16

中国现代年画作品。

J0054889

幸福有余　张万臣作

天津 天津人民美术出版社 1986 年 1 张

76cm（2 开）定价：CNY0.22

中国现代年画作品。

J0054890

幸福有余　张万臣作

沈阳 辽宁美术出版社 1987 年 1 张 76cm（2 开）

定价：CNY0.22

中国现代年画作品。

J0054891

幸福有余　张万臣作

天津 天津人民美术出版社 1987 年 1 张

76cm（2 开）定价：CNY0.28

中国现代年画作品。

J0054892

幸福愉快　童金贵画

长春 吉林人民出版社 1983 年 1 张 76cm（2 开）

定价：CNY0.16

中国现代年画作品。

J0054893

幸福长青　黄锡令作

沈阳 辽宁美术出版社 1983 年 1 张 76cm（2 开）

定价：CNY0.13

中国现代年画作品。

J0054894

幸福长寿　孙顺正作

北京 人民美术出版社 1983 年 1 张 76cm（2 开）

定价：CNY0.16

中国现代年画作品。

J0054895

幸福长寿　靳连臣作

昆明 云南人民出版社 1983 年 1 张 76cm（2 开）

定价：CNY0.14

中国现代年画作品。

J0054896

雄狮 刘德伦作

成都 四川人民出版社 1983 年 1 张 76cm（2 开）

定价：CNY0.16

中国现代年画作品。

J0054897

绣红旗 李汇泉作

成都 四川人民出版社 1983 年 1 张 76cm（2 开）

定价：CNY0.16

中国现代年画作品。

J0054898

徐澄和莫愁 孙公照作

南京 江苏人民出版社 1983 年 1 张 76cm（2 开）

定价：CNY0.18

中国现代年画作品。

J0054899

徐向前元帅 刘云生作

成都 四川人民出版社 1983 年 1 张 53cm（4 开）

定价：CNY0.08

中国现代年画作品。

J0054900

旋风筝 刘昌吉作

长春 吉林人民出版社 1983 年 1 张 76cm（2 开）

定价：CNY0.16

中国现代年画作品。

J0054901

薛涛制笺李因苦学 苏茂隆作

成都 四川人民出版社 1983 年 1 张 76cm（2 开）

定价：CNY0.16

中国现代年画作品。

J0054902

学雷锋树新风 郭长林作

贵阳 贵州人民出版社 1983 年［1 张］

76cm（2 开）定价：CNY0.16

中国现代年画作品。

J0054903

学雷锋育新人 张晓飞作

南京 江苏人民出版社 1983 年［1 张］

78cm（2 开）定价：CNY0.22

中国现代年画作品。

J0054904

学妈妈织毛衣 王素芝作

哈尔滨 黑龙江人民出版社 1983 年［1 张］

76cm（2 开）定价：CNY0.13

中国现代年画作品。

J0054905

学做解放军 杨建明作

上海 上海人民美术出版社 1983 年 1 张

76cm（2 开）定价：CNY0.16

中国现代年画作品。

J0054906

驯虎 王方雄画

福州 福建人民出版社 1983 年 1 张 76cm（2 开）

定价：CNY0.16

中国现代年画作品。

J0054907

驯虎 梁建军作

石家庄 河北美术出版社 1983 年 1 张

76cm（2 开）定价：CNY0.16

中国现代年画作品。

J0054908

驯虎姑娘 李林祥作

天津 天津人民美术出版社 1983 年 1 张

76cm（2 开）定价：CNY0.18

中国现代年画作品。

J0054909

驯兽图 丁健东画

济南 山东人民出版社 1983 年 1 张 76cm（2 开）

定价：CNY0.16

中国现代年画作品。

J0054910

鸭倌倌 马焕民作

石家庄 河北美术出版社 1983 年 1 张

76cm（2 开）定价：CNY0.16

中国现代年画作品。

J0054911

胭脂　董振中作

长沙 湖南美术出版社 1983年 1张 76cm（2开）

定价：CNY0.16

　　中国现代年画作品。作者董振中（1945—　　），画家。山东人。字子午，号老草。毕业于浙江美术学院国画系。中国美术家协会会员、国家一级美术师、邹城市美术家协会主席、邹城市画院院长。出版《董振中画集》《孟子圣迹图》《孔子圣迹图》等。

J0054912

烟霞天都　（胶印轴画）张凭画

郑州 中州书画社 1983年 1轴 附对联 107cm（全开）定价：CNY1.40

　　中国现代年画作品。作者张凭（1934—　　），教授、画家。河南新乡人。毕业于中央美术学院中国画系，后留校任教。历任中央美术学院中国画系山水画室主任、教授，中国美术家协会会员。主要作品有《黄河》《太行赞》《龙羊峡之夜》《砥柱》《屹立》等。

J0054913

延年益寿　王克印作

南京 江苏人民出版社 1983年 1张 76cm（2开）

定价：CNY0.18

　　中国现代年画作品。

J0054914

燕乐管弦图　秦惠浪作

昆明 云南人民出版社 1983年 2张 76cm（2开）

定价：CNY0.36

　　中国现代年画作品。

J0054915

秧苗青青迎春早　庞卡作

上海 上海人民美术出版社 1983年 1张 76cm（2开）定价：CNY0.16

　　中国现代年画作品。作者庞卡（1935—　　）。画家。又名庞抱俊。上海人。历任上海人民美术出版社年画编辑、创作员。作品有《从小爱科学》《秧苗青青春来早》《爱人民》等。

J0054916

阳光下　邵佐唐作

长沙 湖南美术出版社 1983年 1张 76cm（2开）

定价：CNY0.16

　　中国现代年画作品。

J0054917

杨八姐闯关　齐大鹏作

天津 天津人民美术出版社 1983年 1张 76cm（2开）定价：CNY0.18

　　中国现代年画作品。

J0054918

杨贵妃　王德力画

济南 山东人民出版社 1983年 1张 76cm（2开）

定价：CNY0.16

　　中国现代年画作品。

J0054919

杨贵妃　金雪尘，李慕白作

杭州 浙江人民美术出版社 1983年 1张 76cm（2开）定价：CNY0.16

　　中国现代年画作品。

J0054920

杨家将　齐大鹏作；刘仲武配诗

石家庄 河北美术出版社 1983年 2张 76cm（2开）定价：CNY0.32

　　中国现代年画作品。作者刘仲武（1945—　　），河北霸县（现霸州市）人。历任中国戏曲表演学会常务理事、原河北省戏剧家协会副主席，现任河北省戏剧家协会顾问、艺术指导委员会委员、河北省京剧票友协会副主席兼秘书长。

J0054921

杨家将　齐大鹏作；刘仲武配诗

石家庄 河北美术出版社 1983年 2张 107cm（全开）定价：CNY0.64

　　中国现代年画作品。作者齐大鹏（1940—　　），生于河北省沧州市，天津美院干部训练班结业。历任中国书画艺术家协会会员、河北省美协会员、沧州画院画师。作品有《整装待发》《准时开车》《杨家将》《准时开车》等。

J0054922

杨家将屏　（一至四）齐大鹏作；刘仲武配诗

石家庄 河北美术出版社 1983年 2张 76cm（2开）

定价：CNY1.40
　　中国现代年画作品。

J0054923
杨金花夺印　申同景作
石家庄　河北美术出版社 1983 年 1 张 76cm（2 开）
定价：CNY0.16
　　中国现代年画作品。

J0054924
杨门女将岳家父子　魏明全作
贵阳　贵州人民出版社 1983 年 1 张 76cm（2 开）
定价：CNY0.16
　　中国现代年画作品。

J0054925
杨宗保与穆桂英　任梦龙作
北京　人民美术出版社 1983 年 1 张 76cm（2 开）
定价：CNY0.13
　　中国现代年画作品。

J0054926
瑶池赴会　华三川作
上海　上海书画出版社 1983 年 1 张 76cm（2 开）
定价：CNY0.12
　　中国现代年画作品。

J0054927
要爱护花木　周建志作
哈尔滨　黑龙江人民出版社 1983 年 1 张
76cm（2 开）定价：CNY0.13
　　中国现代年画作品。

J0054928
要诚实　哈琼文作
上海　上海人民美术出版社 1983 年 1 张
76cm（2 开）定价：CNY0.16
　　中国现代年画作品。作者哈琼文（1925—
2012），回族，北京人。毕业于中央大学艺术系。
上海人民美术出版社编审、上海文史研究馆馆
员、中国美术家协会会员、美协上海分会理事。
擅长油画、宣传画。主要作品有油画《鲁迅——
致电党中央祝贺长征胜利到达陕北》、宣传画《毛
主席万岁》等。

J0054929
野猪林　凌健等作；方乐文
天津　天津人民美术出版社 1983 年 2 张
76cm（2 开）定价：CNY0.36
　　中国现代年画作品。

J0054930
一个孩好　苏耕画
济南　山东人民出版社 1983 年 1 张 76cm（2 开）
定价：CNY0.16
　　中国现代年画作品。

J0054931
一舞剑器动四方　张瑞恒作
北京　人民体育出版社 1983 年 1 张 76cm（2 开）
定价：CNY0.16
　　中国现代年画作品。

J0054932
一丈青生擒王矮虎　刘生展作
天津　天津人民美术出版社 1983 年 1 张
76cm（2 开）定价：CNY0.18
　　中国现代年画作品。

J0054933
颐和园　（胶印轴画）于锦声作
天津　天津杨柳青画店 1983 年 1 轴 附对联
107cm（全开）定价：CNY1.30
　　中国现代年画作品。

J0054934
艺苑新苗
西安　陕西人民美术出版社 1983 年 2 张
76cm（2 开）定价：CNY0.36
　　中国现代年画作品。

J0054935
吟诗图　朱晓作
贵阳　贵州人民出版社 1983 年 1 张 76cm（2 开）
定价：CNY0.16
　　中国现代年画作品。

J0054936
银色的旋律　毛国富作
杭州　浙江人民美术出版社 1983 年 1 张

76cm（2开）定价：CNY0.16
　　中国现代年画作品。

J0054937
英雄花　王炳坤作
广州 岭南美术出版社 1983 年 76cm（2开）
定价：CNY0.16
　　中国现代年画作品。

J0054938
英勇善战　赵宋生作
昆明 云南人民出版社 1983 年 53cm（4开）
定价：CNY0.07
　　中国现代年画作品。

J0054939
莺歌燕舞花儿鲜　孙宗禧，范凤岭作
合肥 安徽人民出版社 1983 年 76cm（2开）
定价：CNY0.16
　　中国现代年画作品。

J0054940
莺啼鹤舞　叶玉昶作
杭州 浙江人民美术出版社 1983 年 76cm（2开）
定价：CNY0.16
　　中国现代年画作品。

J0054941
莺莺拜月　（汉蒙文对照）申同景作
呼和浩特 内蒙古人民出版社 1983 年
76cm（2开）定价：CNY0.18
　　中国现代年画作品。

J0054942
莺莺听琴　金铭画
福州 福建人民出版社 1983 年 76cm（2开）
定价：CNY0.16
　　中国现代年画作品。

J0054943
鹦鹉戏小猫　丁建东作
天津 天津人民美术出版社 1983 年 76cm（2开）
定价：CNY0.18
　　中国现代年画作品。

J0054944
迎春　戚序作
重庆 重庆出版社 1983 年 76cm（2开）
定价：CNY0.16
　　中国现代年画作品。

J0054945
迎春花桃　邹晓清作
合肥 安徽人民出版社 1983 年 76cm（2开）
定价：CNY0.16
　　中国现代年画作品。

J0054946
迎春接福　谭裕钊作
广州 岭南美术出版社 1983 年 76cm（2开）
定价：CNY0.18
　　中国现代年画作品。

J0054947
迎春纳福瑞气临门　黄锡勤作
南宁 广西人民出版社 1983 年 76cm（2开）
定价：CNY0.18
　　中国现代年画作品。

J0054948
迎春曲　马乐群作
上海 上海人民美术出版社 1983 年 76cm（2开）
定价：CNY0.16
　　中国现代年画作品。

J0054949
迎春图　（汉蒙文对照）王荣作
呼和浩特 内蒙古人民出版社 1983 年
76cm（2开）定价：CNY0.18
　　中国现代年画作品。作者王荣，山西大同人。
字云石，号云中山人。就读于中央美术学院壁画
系研究生班。国家一级美术师、中国书画艺术研
究院副院长、山西省美术家协会会员、中国山水
画协会会员。作品有国画《疾风》《青山浮动雨
来初》《草原情》等。

J0054950
迎新春　刃锋作
上海 上海人民美术出版社 1983 年 76cm（2开）
定价：CNY0.16

中国现代年画作品。

J0054951
迎新春　庆丰年　刘佩珩作
长沙　湖南美术出版社　1983 年　76cm（2 开）
定价：CNY0.16
　　中国现代年画作品。

J0054952
迎新春蓓蕾初开庆佳节高歌猛进　高晴作
南京　江苏人民出版社　1983 年　2 张　53cm（4 开）
定价：CNY0.16
　　中国现代年画作品。

J0054953
拥军优属　戴衍彬作
重庆　重庆出版社　1983 年　76cm（2 开）
定价：CNY0.16
　　中国现代年画作品。

J0054954
永结同心　孙念秋作
广州　岭南美术出版社　1983 年［1 幅］
76cm（2 开）定价：CNY0.16
　　中国现代年画作品。

J0054955
优生好　王安作
天津　天津杨柳青画社　1983 年　76cm（2 开）
定价：CNY0.16
　　中国现代年画作品。

J0054956
优生良育幸福花　张云峰作
天津　天津杨柳青画店　1983 年　76cm（2 开）
定价：CNY0.16
　　中国现代年画作品。

J0054957
优生籽壮　杨立群作
广州　岭南美术出版社　1983 年　76cm（2 开）
定价：CNY0.16
　　中国现代年画作品。

J0054958
幽谷鹿鸣　龚景充作
杭州　浙江人民美术出版社　1983 年　76cm（2 开）
定价：CNY0.16
　　中国现代年画作品。

J0054959
幽壑雄风　（胶印轴画）周明安作
成都　四川人民出版社　1983 年　1 轴　附对联
76cm（2 开）定价：CNY1.50
　　中国现代年画作品。作者周明安（1949—　），
国家二级美术师。生于广东广州，祖籍山西河曲。
历任四川省诗书画院专业画师、编辑室主任，四
川省美术家协会会员、四川省书法家协会会员、
成都市美术家协会理事。主要作品有《花鸟动物
画》《双雄图》《偕趣》《松岩灵鹫》等。

J0054960
游湖借伞　阿章作
北京　中国戏剧出版社　1983 年　76cm（2 开）
定价：CNY0.13
　　中国现代年画作品。

J0054961
游园　刘震，张煜摄
天津　天津杨柳青画店　1983 年　76cm（2 开）
定价：CNY0.10
　　中国现代年画作品。

J0054962
友爱　朱淑媛，马云桥作
沈阳　辽宁美术出版社　1983 年　76cm（2 开）
定价：CNY0.13
　　中国现代年画作品。

J0054963
友爱互助　游龙姑作
上海　上海人民美术出版社　1983 年　76cm（2 开）
定价：CNY0.16
　　中国现代年画作品。

J0054964
友谊花盛开　徐成智作
北京　人民美术出版社　1983 年　76cm（2 开）
定价：CNY0.16

中国现代年画作品。

J0054965
有理想　有道德　有知识　有体力　　睦关荣作
南京　江苏人民出版社 1983 年 4 张 78cm（2 开）
定价：CNY0.48
　　中国现代年画作品。

J0054966
有趣的电动玩具　陆廷作
上海　上海人民美术出版社 1983 年 76cm（2 开）
定价：CNY0.16
　　中国现代年画作品。

J0054967
有趣的游戏　成砺志作
西安　陕西人民美术出版社 1983 年 76cm（2 开）
定价：CNY0.18
　　中国现代年画作品。

J0054968
又一条大鱼　柳忠福作
石家庄　河北美术出版社 1983 年 76cm（2 开）
定价：CNY0.16
　　中国现代年画作品。

J0054969
余音缭绕羽裳曲　林群摄
合肥　安徽人民出版社 1983 年 76cm（2 开）
定价：CNY0.16
　　中国现代年画作品。

J0054970
鱼灯高挂庆元宵　李宝祥画
长春　吉林人民出版社 1983 年 76cm（2 开）
定价：CNY0.16
　　中国现代年画作品。

J0054971
鱼儿肥又大　陈华民画
长春　吉林人民出版社 1983 年 76cm（2 开）
定价：CNY0.16
　　中国现代年画作品。

J0054972
鱼儿肥又大　刘崇林作
北京　人民美术出版社 1983 年 76cm（2 开）
定价：CNY0.16
　　中国现代年画作品。

J0054973
鱼歌　邹积范画
长春　吉林人民出版社 1983 年 76cm（2 开）
定价：CNY0.16
　　中国现代年画作品。

J0054974
鱼乐图　（胶印画轴）杨建侯作
上海　上海人民美术出版社 1983 年 1 轴 附对联
78cm（3 开）定价：CNY2.30
　　中国现代年画作品。

J0054975
鱼水情　李奎根作
沈阳　辽宁美术出版社 1983 年 76cm（2 开）
定价：CNY0.13
　　中国现代年画作品。

J0054976
鱼童金盆　邓泽纯作
成都　四川人民出版社 1983 年 76cm（2 开）
定价：CNY0.16
　　中国现代年画作品。

J0054977
鱼舞　年丰作
昆明　云南人民出版社 1983 年 76cm（2 开）
定价：CNY0.18
　　中国现代年画作品。

J0054978
鱼乡春歌　陈华民作
哈尔滨　黑龙江人民出版社 1983 年 76cm（2 开）
定价：CNY0.16
　　中国现代年画作品。

J0054979
鱼跃高潮　杨立群作
哈尔滨　黑龙江人民出版社 1983 年 76cm（2 开）

定价: CNY0.16
中国现代年画作品。

J0054980
鱼跃粮丰和美幸福 戴衍彬作
重庆 重庆出版社 1983 年 76cm（2 开）
定价: CNY0.16
中国现代年画作品。

J0054981
鱼跃庆丰年 胡德海作
哈尔滨 黑龙江人民出版社 1983 年 76cm（2 开）
定价: CNY0.13
中国现代年画作品。

J0054982
鱼跃童欢 高学海作
哈尔滨 黑龙江人民出版社 1983 年 76cm（2 开）
定价: CNY0.16
中国现代年画作品。

J0054983
鱼跃童欢 潘培德，郭长林作
长沙 湖南美术出版社 1983 年 76cm（2 开）
定价: CNY0.16
中国现代年画作品。

J0054984
雨后 宋明远作
哈尔滨 黑龙江人民出版社 1983 年 76cm（2 开）
定价: CNY0.13
中国现代年画作品。

J0054985
雨中情 邹起奎作
天津 天津人民美术出版社 1983 年 76cm（2 开）
定价: CNY0.18
中国现代年画作品。

J0054986
玉兰树下 沈家琳作
上海 上海人民美术出版社 1983 年 76cm（2 开）
定价: CNY0.16
中国现代年画作品。

J0054987
玉堂春 赵殿玉画
济南 山东人民出版社 1983 年 76cm（2 开）
定价: CNY0.16
中国现代年画作品。

J0054988
玉堂春色 郑鹍作
上海 上海人民美术出版社 1983 年 76cm（2 开）
定价: CNY0.08
中国现代年画作品。

J0054989
玉堂富贵 顾全兴作
上海 上海书画出版社 1983 年 76cm（2 开）
定价: CNY0.16
中国现代年画作品。

J0054990
育花植树美化环境 杨晓勇作
成都 四川人民出版社 1983 年 76cm（2 开）
定价: CNY0.16
中国现代年画作品。

J0054991
浴日图 （胶印轴画）江南春作
上海 上海人民美术出版社 1983 年 1 轴 附对联
78cm（3 开）定价: CNY2.30
中国现代年画作品。

J0054992
鸳鸯戏水 陈正治作
北京 人民美术出版社 1983 年 76cm（2 开）
定价: CNY0.16
中国现代年画作品。

J0054993
元帅 章毓霖作
南京 江苏人民出版社 1983 年 4 张 78cm（2 开）
定价: CNY0.48
中国现代年画作品。作者章毓霖（1947—
2006），生于南通市，历任江苏省美术家协会会
员、南通市美术家协会理事、海安县美术家协会
主席、海安书画院兼职画师。作品有《"北京人"
下落不明》等。

J0054994
园林风光　邢树荃作
石家庄 河北美术出版社 1983 年 2 张
76cm（2 开）定价：CNY0.32
　　中国现代年画作品。

J0054995
园林风光　（一至四）杨树有画
长春 吉林人民出版社 1983 年 2 张 76cm（2 开）
定价：CNY0.35
　　中国现代年画作品。

J0054996
圆满长寿　鹿逊礼画
济南 山东人民美术出版社 1983 年 76cm（2 开）
定价：CNY0.16
　　中国现代年画作品。

J0054997
愿作雄鹰展翅飞　冼励强作
广州 岭南美术出版社 1983 年 76cm（2 开）
定价：CNY0.16
　　中国现代年画作品。

J0054998
月宫小客人　成砺志作
北京 人民美术出版社 1983 年 76cm（2 开）
定价：CNY0.16
　　中国现代年画作品。

J0054999
月夜虎啸　沈高仁作
杭州 浙江人民美术出版社 1983 年 附对联
107cm（全开）定价：CNY0.60
　　中国现代年画作品。

J0055000
月夜玉笛　李慕白，庞卡作
广州 岭南美术出版社 1983 年 76cm（2 开）
定价：CNY0.18
　　中国现代年画作品。

J0055001
月月富贵　许家麟作
银川 宁夏人民出版社 1983 年 76cm（2 开）

定价：CNY0.18
　　中国现代年画作品。

J0055002
月月甜　孙顺正画
济南 山东人民出版社 1983 年 76cm（2 开）
定价：CNY0.16
　　中国现代年画作品。

J0055003
月月甜美　孙顺正作
天津 天津人民美术出版社 1983 年 76cm（2 开）
定价：CNY0.18
　　中国现代年画作品。

J0055004
岳飞　任率英作
合肥 安徽人民出版社 1983 年 76cm（2 开）
定价：CNY0.18
　　中国现代年画作品。

J0055005
岳飞　（胶印画轴）张锡武作
天津 天津杨柳青画店 1983 年 1 轴 附对联
107cm（全开）定价：CNY1.30
　　中国现代年画作品。

J0055006
岳飞郑成功　李文龙，杨维臻作
西安 陕西人民美术出版社 1983 年 76cm（2 开）
定价：CNY0.18
　　中国现代年画作品。

J0055007
岳飞郑成功　李文龙，杨维臻作
西安 陕西人民美术出版社 1983 年 53cm（4 开）
定价：CNY0.09
　　中国现代年画作品。

J0055008
岳飞郑成功　李万春作
成都 四川人民出版社 1983 年 76cm（2 开）
定价：CNY0.16
　　中国现代年画作品。

J0055009
岳飞郑成功 史正学作
郑州 中州书画社 1983 年 76cm（2 开）
定价：CNY0.13
　　中国现代年画作品。作者史正学（1933—　　），
国家一级美术师。又名莫可，河南洛阳人。毕业
于广州美术学院国画系。中国美术家协会会员、
河南省美术家协会常务理事、河南中山书画院院
长。代表作品有《晨钟响了》《深山火种》《枣雨》
《征途报捷》等。

J0055010
岳飞出世 （一至四）赵兵凯作；刘见文
天津 天津杨柳青画店 1983 年 4 张 76cm（2 开）
定价：CNY1.20
　　中国现代年画作品。

J0055011
岳飞大战金兀术 张万杰作
哈尔滨 黑龙江人民出版社 1983 年 76cm（2 开）
定价：CNY0.13
　　中国现代年画作品。

J0055012
岳飞挂帅 赵兵凯，张锡武作
合肥 安徽人民出版社 1983 年 2 张 76cm（2 开）
定价：CNY0.32
　　中国现代年画作品。

J0055013
岳家军 张锡武，张静作
天津 天津人民美术出版社 1983 年 76cm（2 开）
定价：CNY0.18
　　中国现代年画作品。

J0055014
岳家军 张锡武，张静作
天津 天津人民美术出版社 1983 年 53cm（4 开）
定价：CNY0.09
　　中国现代年画作品。

J0055015
岳家军 刘生展作
郑州 中州书画社 1983 年 2 张 76cm（2 开）
定价：CNY0.36
　　中国现代年画作品。

J0055016
岳母教子 李乐玉画
济南 山东人民出版社 1983 年 76cm（2 开）
定价：CNY0.16
　　中国现代年画作品。

J0055017
岳阳楼 吴光华作
上海 上海人民美术出版社 1983 年 76cm（2 开）
定价：CNY0.16
　　中国现代年画作品。

J0055018
岳云何元庆 何波作
郑州 中州书画社 1983 年 53cm（4 开）
定价：CNY0.07
　　中国现代年画作品。

J0055019
岳云何元庆 何波作
郑州 中州书画社 1983 年 76cm（2 开）
定价：CNY0.18
　　中国现代年画作品。

J0055020
岳云张宪 秦赞光作
广州 岭南美术出版社 1983 年 76cm（2 开）
定价：CNY0.18
　　中国现代年画作品。

J0055021
岳云张宪 秦赞光作
广州 岭南美术出版社 1983 年 53cm（4 开）
定价：CNY0.09
　　中国现代年画作品。

J0055022
岳云锤震金蝉子 刘震，张煜摄
天津 天津杨柳青画店 1983 年 2 张 76cm（2 开）
定价：CNY0.16
　　中国现代年画作品。

J0055023
岳云立志　　海澜作
天津　天津人民美术出版社 1983 年 76cm（2 开）
定价：CNY0.18
　　中国现代年画作品。

J0055024
岳云破阵　　高民生作
西安　陕西人民美术出版社 1983 年 76cm（2 开）
定价：CNY0.18
　　中国现代年画作品。

J0055025
跃马争春　　史士明作
北京　人民体育出版社 1983 年 76cm（2 开）
定价：CNY0.16
　　中国现代年画作品。

J0055026
运动能使您长寿　　谢鹏程作
重庆　重庆出版社 1983 年 76cm（2 开）
定价：CNY0.16
　　中国现代年画作品。

J0055027
杂技新花　　杨建明作
天津　天津杨柳青画店 1983 年 76cm（2 开）
定价：CNY0.16
　　中国现代年画作品。

J0055028
杂技新花　　高进，徐秀岳作
昆明　云南人民出版社 1983 年 76cm（2 开）
定价：CNY0.16
　　中国现代年画作品。

J0055029
砸銮驾　　刘震，张煜摄
天津　天津杨柳青画店 1983 年 76cm（2 开）
定价：CNY0.16
　　中国现代年画作品。

J0055030
载歌载舞　（横幅）于可安作
济南　山东人民出版社 1983 年 107cm（全开）
定价：CNY0.28
　　中国现代年画作品。

J0055031
再跃龙门　　于占德画
福州　福建人民出版社 1983 年 76cm（2 开）
定价：CNY0.16
　　中国现代年画作品。

J0055032
在阳光下　　樊怀章作
成都　四川人民出版社 1983 年 76cm（2 开）
定价：CNY0.16
　　中国现代年画作品。

J0055033
在周总理的关怀下成长　　宗万华作
天津　天津人民美术出版社 1983 年 76cm（2 开）
定价：CNY0.18
　　中国现代年画作品。

J0055034
咱家喜事多　　徐福根作
沈阳　辽宁美术出版社 1983 年 76cm（2 开）
定价：CNY0.13
　　中国现代年画作品。

J0055035
早起早睡身体好　　金铭作
上海　上海人民美术出版社 1983 年 76cm（2 开）
定价：CNY0.16
　　中国现代年画作品。

J0055036
增福添寿　　金海波作
武汉　湖北人民出版社 1983 年 76cm（2 开）
定价：CNY0.13
　　中国现代年画作品。

J0055037
扎凤灯　　成砺志画
济南　山东人民出版社 1983 年 76cm（2 开）
定价：CNY0.16
　　中国现代年画作品。

J0055038
展　宫兴福作
昆明 云南人民出版社 1983 年 76cm（2 开）
定价：CNY0.18
　　中国现代年画作品。作者宫兴福（1936—　　），
教授。黑龙江密山人。毕业于鲁迅美术学院中
国画系，后留校任教。作品《豆花香》《听泉》《天
女木兰》。发表论文有《图新·求美·思变》《意
念·意象·以形写神》等。

J0055039
展翅高飞并肩媲美　金平定作
成都 四川人民出版社 1983 年 76cm（2 开）
定价：CNY0.16
　　中国现代年画作品。

J0055040
战金山　杨莹泽作
成都 四川人民出版社 1983 年 76cm（2 开）
定价：CNY0.16
　　中国现代年画作品。

J0055041
张灯结彩
北京 中国电影出版社 1983 年 2 张 76cm（2 开）
定价：CNY0.32
　　中国现代年画作品。

J0055042
张飞关羽　卓昌勇作
昆明 云南人民出版社 1983 年 76cm（2 开）
定价：CNY0.13
　　中国现代年画作品。

J0055043
张羽煮海　陈志谦作
南宁 漓江出版社 1983 年 76cm（2 开）
定价：CNY0.16
　　中国现代年画作品。

J0055044
长白参娃　安杰作
哈尔滨 黑龙江人民出版社 1983 年 76cm（2 开）
定价：CNY0.13
　　中国现代年画作品。

J0055045
长坂坡　金雪尘作
上海 上海人民美术出版社 1983 年 76cm（2 开）
定价：CNY0.16
　　中国现代年画作品。

J0055046
长城万里美如画　梁建君作
石家庄 河北美术出版社 1983 年 76cm（2 开）
定价：CNY0.16
　　中国现代年画作品。

J0055047
长大当个海军战士　黄妙发作
南昌 江西人民出版社 1983 年 76cm（2 开）
定价：CNY0.18
　　中国现代年画作品。

J0055048
长大了保卫祖国　陈菊仙作
上海 上海人民美术出版社 1983 年 76cm（2 开）
定价：CNY0.16
　　中国现代年画作品。

J0055049
长大我也守边卡　王荣奖作
南宁 广西人民出版社 1983 年 76cm（2 开）
定价：CNY0.16
　　中国现代年画作品。

J0055050
长大也要夺冠军　汤继明作
南京 江苏人民出版社 1983 年 76cm（2 开）
定价：CNY0.18
　　中国现代年画作品。

J0055051
长命百岁　徐世民作
天津 天津人民美术出版社 1983 年 76cm（2 开）
定价：CNY0.18
　　中国现代年画作品。

J0055052
长寿健康　郭安祥作
西安 陕西人民美术出版社 1983 年 76cm（2 开）

定价: CNY0.18
　　中国现代年画作品。

J0055053
浙江年画 （1984　1）
杭州　浙江人民美术出版社［1983年］19cm（32开）
　　中国现代年画作品。

J0055054
浙江年画 （1984　2）
杭州　浙江人民美术出版社［1983年］19cm（32开）
　　中国现代年画作品。

J0055055
珍珠姑娘　李士海，雷文兵作
成都　四川人民出版社 1983年 76cm（2开）
定价: CNY0.16
　　中国现代年画作品。

J0055056
珍珠塔　王方雄作
杭州　浙江人民美术出版社 1983年 76cm（2开）
定价: CNY0.16
　　中国现代年画作品。

J0055057
真好玩　是有福作
昆明　云南人民出版社 1983年 76cm（2开）
定价: CNY0.18
　　中国现代年画作品。

J0055058
真假美猴王　侯俊华文；宽良，百顺作
沈阳　辽宁美术出版社 1983年 2张 76cm（2开）
定价: CNY0.26
　　中国现代年画作品。

J0055059
争芳竞艳　张琪作
沈阳　辽宁美术出版社 1983年 76cm（2开）
定价: CNY0.13
　　中国现代年画作品。

J0055060
争冠军　贾忠景画

济南　山东人民出版社 1983年 76cm（2开）
定价: CNY0.16
　　中国现代年画作品。

J0055061
争上游　胡委伦作
杭州　浙江人民美术出版社 1983年 76cm（2开）
定价: CNY0.16
　　中国现代年画作品。作者胡委伦(1948—　)，
上海人。别名胡惠伦。擅长油画。毕业于中国
美术学院附中。曾任职于浙江遂昌婺剧团、丽水
地区越剧团、丽水地区艺术研究中心，二级美术
师。作品有《故乡情》《默默的路》《还是这条路》。

J0055062
争上游　孙公照作
郑州　中州书画社 1983年 76cm（2开）
定价: CNY0.18
　　中国现代年画作品。

J0055063
郑成功 （一至四）李福星作
杭州　浙江人民美术出版社 1983年 2张
76cm（2开）定价: CNY0.32
　　中国现代年画作品。

J0055064
政策落实丰收有余　黄永勇作
南昌　江西人民出版社［1983年］76cm（2开）
定价: CNY0.13
　　中国现代年画作品。

J0055065
中国古塔风光　张举毅作
长沙　湖南美术出版社 1983年 2张 76cm（2开）
定价: CNY0.32
　　中国现代年画作品。

J0055066
中华好　王福增作
长沙　湖南美术出版社 1983年 76cm（2开）
定价: CNY0.18
　　中国现代年画作品。

J0055067
中华五岳　赵文发作
石家庄 河北美术出版社 1983 年 3 张
76cm（2 开）定价：CNY0.48
　　中国现代年画作品。

J0055068
周恩来和邓颖超同志　刘士木作
成都 四川人民出版社 1983 年 76cm（2 开）
定价：CNY0.16
　　中国现代年画作品。

J0055069
周恩来同志　方冰水作
南京 江苏人民出版社 1983 年 76cm（2 开）
定价：CNY0.18
　　中国现代年画作品。

J0055070
周爷爷关怀我们的成长　李恩源作
沈阳 辽宁美术出版社 1983 年 76cm（2 开）
定价：CNY0.13
　　中国现代年画作品。

J0055071
周总理与邓大姐　林俊龙，李淑华作画
福州 福建人民出版社 1983 年 107cm（全开）
定价：CNY0.50
　　中国现代年画作品。

J0055072
朱德大元帅　卢德辉作
天津 天津人民美术出版社 1983 年 76cm（2 开）
定价：CNY0.18
　　中国现代年画作品。

J0055073
朱德同志　朱敦俭作
南京 江苏人民出版社 1983 年 76cm（2 开）
定价：CNY0.18
　　中国现代年画作品。

J0055074
朱德同志和儿童　孙才清作
武汉 湖北人民出版社 1983 年 76cm（2 开）

定价：CNY0.16
　　中国现代年画作品。

J0055075
朱德同志和娃娃们　金雪尘，李慕白作
上海 上海人民美术出版社 1983 年 76cm（2 开）
定价：CNY0.16
　　中国现代年画作品。

J0055076
朱德元帅　樊怀章作
成都 四川人民出版社 1983 年 53cm（4 开）
定价：CNY0.08
　　中国现代年画作品。

J0055077
朱德总司令和孩子们　杜玉曦作
北京 人民美术出版社 1983 年 76cm（2 开）
定价：CNY0.16
　　中国现代年画作品。

J0055078
朱总司令在太行　张辛国，全祝明作
石家庄 河北美术出版社 1983 年 76cm（2 开）
定价：CNY0.16
　　中国现代年画作品。

J0055079
朱总司令在太行　（胶印画轴）张辛国，全祝
明画
石家庄 河北美术出版社 1983 年 1 轴 附对联
107cm（全开）定价：CNY1.50
　　中国现代年画作品。

J0055080
竹爆幸福　刘长恩画
长春 吉林人民出版社 1983 年 76cm（2 开）
定价：CNY0.16
　　中国现代年画作品。

J0055081
竹马旱船　孙宗禧等作
合肥 安徽人民出版社 1983 年 76cm（2 开）
定价：CNY0.16
　　中国现代年画作品。

J0055082

竹影琴声　　徐福根作

南昌 江西人民出版社［1983 年］76cm（2 开）

定价：CNY0.18

　　中国现代年画作品。

J0055083

祝您健康长寿　　吴哲夫作

西安 陕西人民美术出版社 1983 年 76cm（2 开）

定价：CNY0.18

　　中国现代年画作品。作者吴哲夫，画家。擅长年画。师从杭稚英，在上海"稚英画室"工作，长期共事，集体创作，被称为"杭派"月份牌画家。作品有《节日的食堂》《向解放军叔叔致敬》《老手带新手》等。

J0055084

祝您幸福　　邓履萍作

昆明 云南人民出版社 1983 年 76cm（2 开）

定价：CNY0.16

　　中国现代年画作品。

J0055085

祝寿图　　张玉兰，李梦魁作

长春 吉林人民出版社 1983 年 76cm（2 开）

定价：CNY0.16

　　中国现代年画作品。

J0055086

祝寿图　　张德俊作

杭州 浙江人民美术出版社 1983 年 76cm（2 开）

定价：CNY0.16

　　中国现代年画作品。。

J0055087

状元与乞丐　　程宗元作

南京 江苏人民出版社 1983 年 2 张 76cm（2 开）

定价：CNY0.36

　　中国现代年画作品。

J0055088

追鱼　　晓柯作

成都 四川人民出版社 1983 年 76cm（2 开）

定价：CNY0.16

　　中国现代年画作品。

J0055089

卓文君听琴图　　李秉芳作

长沙 湖南美术出版社 1983 年 76cm（2 开）

定价：CNY0.16

　　中国现代年画作品。

J0055090

子弟兵的好妈妈　　张希华作

沈阳 辽宁美术出版社 1983 年 76cm（2 开）

定价：CNY0.13

　　中国现代年画作品。

J0055091

姊妹易嫁　　彭海清画

济南 山东人民出版社 1983 年 76cm（2 开）

定价：CNY0.16

　　中国现代年画作品。作者彭海清（1943—　　），国家一级美术师，生于山东淄博，历任中国美术家协会会员、国际美术家联合会会员、中国国画家协会理事、环球书画艺术研究院客座教授、山东河津书画院名誉院长。出版有《彭海清画集》。

J0055092

自己的事情自己做　　沈家琳画

北京 中国少年儿童出版社 1983 年 76cm（2 开）

定价：CNY0.13

　　中国现代年画作品。

J0055093

自己钉扣扣　　韦献青作

天津 天津杨柳青画店 1983 年 76cm（2 开）

定价：CNY0.16

　　中国现代年画作品。

J0055094

自己动手　　王伟成作

北京 中国少年儿童出版社 1983 年 76cm（2 开）

定价：CNY0.13

　　中国现代年画作品。

J0055095

自己穿　　卢炳戌画

北京 中国少年儿童出版社 1983 年 76cm（2 开）

定价：CNY0.16

　　中国现代年画作品。

J0055096

总理和孩子

杭州 西泠印社 1983 年 76cm（2 开）

定价：CNY0.16

　　中国现代年画作品。

J0055097

祖国处处鲜花开　　武海鹰作

北京 人民美术出版社 1983 年 76cm（2 开）

定价：CNY0.16

　　中国现代年画作品。

J0055098

祖国的花朵　　张石昇作

哈尔滨 黑龙江人民出版社 1983 年 76cm（2 开）

定价：CNY0.13

　　中国现代年画作品。

J0055099

祖国的花朵　　年华作

广州 岭南美术出版社 1983 年 76cm（2 开）

定价：CNY0.16

　　中国现代年画作品。

J0055100

祖国的花朵　　成砺志作

北京 人民美术出版社 1983 年 76cm（2 开）

定价：CNY0.16

　　中国现代年画作品。

J0055101

祖国繁荣幸福来　　李世元作

沈阳 辽宁美术出版社 1983 年 76cm（2 开）

定价：CNY0.13

　　中国现代年画作品。

J0055102

祖国风光　　孟慕颐作

银川 宁夏人民出版社 1983 年 76cm（2 开）

定价：CNY0.18

　　中国现代年画作品。

J0055103

祖国好比金凤凰　　赵澍萍作

北京 人民美术出版社 1983 年 76cm（2 开）

定价：CNY0.16

　　中国现代年画作品。

J0055104

祖国河山多壮丽　　孙公照画

福州 福建人民出版社 1983 年 76cm（2 开）

定价：CNY0.16

　　中国现代年画作品。

J0055105

祖国送我上蓝天　　徐寄萍作

上海 上海人民美术出版社 1983 年 76cm（2 开）

定价：CNY0.16

　　中国现代年画作品。作者徐寄萍（1919—2005），上海人。曾任上海美术家协会会员、上海人民美术出版社特约年画作者等职。主要作品有《帮妈妈做事》《学雷锋做好事》《擦亮眼睛》等。

J0055106

祖国万年青　江山千载美　　刘继成画

长春 吉林人民出版社 1983 年 76cm（2 开）

定价：CNY0.70

　　中国现代年画作品。

J0055107

祖国万岁　　杨家聪，陈衡作

广州 岭南美术出版社 1983 年 53cm（4 开）

定价：CNY0.18

　　中国现代年画作品。

J0055108

祖国万岁　　张路红作

上海 上海人民美术出版社 1983 年 76cm（2 开）

定价：CNY0.16

　　中国现代年画作品。

J0055109

祖国万岁　　景志龙著

成都 四川人民出版社 1983 年 76cm（2 开）

定价：CNY0.16

　　中国现代年画作品。

J0055110

《挑滑车》中高宠　　金培庚作

北京 中国戏剧出版社 1984 年［1 幅］
76cm（2 开）定价：CNY0.16
　　中国现代年画作品。

J0055111
1985（年画挂历）
长沙 湖南美术出版社 1984 年 19cm（32 开）
定价：CNY0.60
　　中国现代工艺美术作品。

J0055112
1985（仕女花卉）　李慕白，金铭画
长春 吉林人民出版社 1984 年 2 版 78cm（3 开）
定价：CNY4.20
　　中国现代年画作品。

J0055113
1985 福建年画　（1）福建人民出版社编辑
福州 福建人民出版社 1984 年 72 页
19cm（32 开）
　　中国现代年画作品。

J0055114
1985 福建年画　（2）福建人民出版社编辑
福州 福建人民出版社 1984 年 75–100 页
19cm（32 开）
　　中国现代年画作品。

J0055115
阿姨爱我们　我们爱阿姨　吴性清作
天津 天津人民美术出版社 1984 年［1 张］
76cm（2 开）定价：CNY0.18
　　中国现代年画作品。

J0055116
爱护公物　邵佐唐作
天津 天津人民美术出版社 1984 年［1 张］
76cm（2 开）定价：CNY0.18
　　中国现代年画作品。

J0055117
爱护花木　吴哲夫作
上海 上海人民美术出版社 1984 年［1 张］
76cm（2 开）定价：CNY0.16
　　中国现代年画作品。作者吴哲夫，画家。擅

长年画。师从杭稺英，在上海"稺英画室"工作，
长期共事，集体创作，被称为"杭派"月份牌画
家。作品有《节日的食堂》《向解放军叔叔致敬》
《老手带新手》等。

J0055118
爱护环境卫生　（蒙汉文对照）李树森作
呼和浩特 内蒙古人民出版社 1984 年［1 张］
76cm（2 开）定价：CNY0.18
　　中国现代年画作品。

J0055119
爱护小树苗　付玉林作
成都 四川人民出版社 1984 年［1 张］76cm（2 开）
统一书号：8118.1663 定价：CNY0.16
　　中国现代年画作品。

J0055120
爱科学　王伟戍作
上海 上海人民美术出版社 1984 年［1 张］
76cm（2 开）定价：CNY0.16
　　中国现代年画作品。

J0055121
爱劳动　姚中玉作
上海 上海人民美术出版社 1984 年［1 张］
76cm（2 开）定价：CNY0.16
　　中国现代年画作品。

J0055122
爱清洁　刘树茂作
沈阳 辽宁出版社 1984 年［1 张］76cm（2 开）
定价：CNY0.16
　　中国现代年画作品。

J0055123
爱清洁　讲卫生　张瑜生作
上海 上海人民美术出版社 1984 年［1 张］
76cm（2 开）统一书号：8081.13771
定价：CNY0.16
　　中国现代年画作品。

J0055124
爱人民　庞卡作
上海 上海人民美术出版社 1984 年［1 张］

76cm（2 开）统一书号：8081.13586
定价：CNY0.16
　　中国现代年画作品。作者庞卡（1935—　　）。画家。又名庞抱俊。上海人。历任上海人民美术出版社年画编辑、创作员。作品有《从小爱科学》《秧苗青青春来早》《爱人民》等。

J0055125
爱祖国　　黄妙发作
上海 上海人民美术出版社 1984 年 [1 张]
76cm（2 开）定价：CNY0.16
　　中国现代年画作品。

J0055126
爱祖国　爱科学　　焦志广作
哈尔滨 黑龙江美术出版社 1984 年 2 张
76cm（2 开）定价：CNY0.32
　　中国现代年画作品。

J0055127
八大锤　　孙忠会作
北京 人民美术出版社 1984 年 2 张 76cm（2 开）
定价：CNY0.32
　　中国现代年画作品。

J0055128
八桂传奇　　刘名涛诗；莫乃群书；胡建瑜摄影
南宁 漓江出版社 1984 年 4 张 78cm（2 开）
定价：CNY0.48
　　中国现代年画作品。

J0055129
八骏图　（胶印轴画）马秋岩作
天津 天津杨柳青画社 1984 年 3 轴 附对联
108cm（全开）定价：CNY1.30
　　中国现代年画作品。

J0055130
八仙过海　　卢辅圣作
上海 上海书画出版社 1984 年 78cm（2 开）
定价：CNY0.12
　　中国现代年画作品。作者卢辅圣（1949—　　），编辑。浙江东阳人，毕业于浙江美术学院中国画系。历任《朵云》《书法研究》主编、上海书画出

版社总编辑、中国美术家协会会员、上海美术家协会顾问。代表作品有中国画《旧游》，连环画《钗头凤》。

J0055131
巴山蜀水对屏　　张大昕作
上海 上海人民美术出版社 1984 年 2 张
76cm（2 开）定价：CNY0.32
　　中国现代年画作品。

J0055132
白雪公主　　杨立群作
广州 岭南美术出版社 1984 年 76cm（2 开）
定价：CNY0.18
　　中国现代年画作品。

J0055133
百花吐艳　（一至四）宫兴福作
沈阳 辽宁美术出版社 1984 年 2 张 76cm（2 开）
定价：CNY0.32
　　中国现代年画作品。作者宫兴福（1936—　　），教授。黑龙江密山人。毕业于鲁迅美术学院中国画系，后留校任教。作品《豆花香》《听泉》《天女木兰》。发表论文有《图新·求美·思变》《意念·意象·以形写神》等。

J0055134
百鸡闹春　　徐福根作
天津 天津人民美术出版社 1984 年 76cm（2 开）
定价：CNY0.18
　　中国现代年画作品。

J0055135
百年和合　　龚景充作
杭州 浙江人民美术出版社 1984 年 76cm（2 开）
定价：CNY0.16
　　中国现代年画作品。

J0055136
百年和合　　龚景充作
杭州 浙江人民美术出版社 1984 年 107cm（全开）
定价：CNY0.60
　　中国现代年画作品。

J0055137

百鸟朝凤　韩野作

郑州 河南人民出版社 1984 年 76cm（2 开）

定价: CNY0.16

　　中国现代年画作品。

J0055138

百事如意新春乐　史士明作

南京 江苏美术出版社 1984 年 76cm（2 开）

定价: CNY0.18

　　中国现代年画作品。

J0055139

百寿图　张锦标作

上海 上海人民美术出版社 1984 年 76cm（2 开）

定价: CNY0.16

　　中国现代年画作品。

J0055140

百寿图　（胶印轴画）

上海 上海书画出版社［1984 年］3 轴 附对联

76cm（2 开）定价: CNY1.30

　　中国现代年画作品。

J0055141

百兽图　杨艾湘作

长沙 湖南美术出版社 1984 年 76cm（2 开）

定价: CNY0.16

　　中国现代年画作品。

J0055142

班超　张骞　王国征作

西安 陕西人民美术出版社 1984 年 54cm（4 开）

定价: CNY0.09

　　中国现代年画作品。

J0055143

帮妈妈擦汗　杨建明作

上海 上海人民美术出版社 1984 年 76cm（2 开）

定价: CNY0.18

　　中国现代年画作品。

J0055144

榜样　邓履萍作

昆明 云南人民出版社 1984 年 76cm（2 开）

定价: CNY0.18

　　中国现代年画作品。

J0055145

棒打负心汉

北京 中国电影出版社 1984 年 76cm（2 开）

定价: CNY0.18

　　中国现代年画作品。

J0055146

宝宝　徐成智作

武汉 长江文艺出版社 1984 年 76cm（2 开）

定价: CNY0.18

　　中国现代年画作品。

J0055147

宝宝讲卫生　杨馥如作

南昌 江西人民出版社［1984 年］76cm（2 开）

定价: CNY0.18

　　中国现代年画作品。

J0055148

宝宝学画　黄长明作

成都 四川人民出版社 1984 年 76cm（2 开）

定价: CNY0.16

　　中国现代年画作品。

J0055149

宝宝周岁图　姚重庆作

天津 天津人民美术出版社 1984 年 2 张

76cm（2 开）定价: CNY0.36

　　中国现代年画作品。

J0055150

宝钗扑蝶　高景波作

哈尔滨 黑龙江美术出版社 1984 年 76cm（2 开）

定价: CNY0.16

　　中国现代年画作品。

J0055151

宝莲灯　潘嵘光作

兰州 甘肃人民出版社 1984 年 76cm（2 开）

定价: CNY0.18

　　中国现代年画作品。

J0055152
宝玉和黛玉　周道银，孟庆江作
合肥 安徽人民出版社 1984 年 2 张 76cm（2 开）
定价：CNY0.32
　　中国现代年画作品。

J0055153
保持环境美　李树芳作
天津 天津人民美术出版社 1984 年 76cm（2 开）
定价：CNY0.18
　　中国现代年画作品。

J0055154
保家卫国　郝之辉作
天津 天津人民美术出版社 1984 年 76cm（2 开）
定价：CNY0.18
　　中国现代年画作品。

J0055155
保卫伟大祖国　孟薛光作
昆明 云南人民出版社 1984 年 53cm（4 开）
定价：CNY0.08
　　中国现代年画作品。

J0055156
保卫祖国　何永明作
昆明 云南人民出版社 1984 年 78cm（2 开）
定价：CNY0.15
　　中国现代年画作品。

J0055157
保卫祖国　何波作
武汉 长江文艺出版社 1984 年 76cm（2 开）
定价：CNY0.16
　　中国现代年画作品。

J0055158
保卫祖国　保卫边疆　高澄作
成都 四川人民出版社 1984 年 76cm（2 开）
定价：CNY0.16
　　中国现代年画作品。

J0055159
保卫祖国　建设四化　李炳炎作
昆明 云南人民出版社 1984 年 53cm（4 开）
定价：CNY0.08
　　中国现代年画作品。

J0055160
报喜　潘志鸿作
成都 四川人民出版社 1984 年 76cm（2 开）
定价：CNY0.16
　　中国现代年画作品。

J0055161
报晓图　顾国治作
天津 天津人民美术出版社 1984 年 76cm（2 开）
定价：CNY0.18
　　中国现代年画作品。

J0055162
笔中情　周清源作
合肥 安徽人民出版社 1984 年 76cm（2 开）
定价：CNY0.16
　　中国现代年画作品。

J0055163
笔中情　唐忠跃作
成都 四川人民出版社 1984 年 76cm（2 开）
定价：CNY0.16
　　中国现代年画作品。

J0055164
笔中情　（一至四）王绍基作
杭州 浙江人民美术出版社 1984 年 2 张
76cm（2 开）定价：CNY0.32
　　中国现代年画作品。

J0055165
碧波四仙　张惠敏作
石家庄 河北美术出版社 1984 年 2 张
76cm（2 开）定价：CNY0.32
　　中国现代年画作品。

J0055166
避暑山庄　杨孜作
石家庄 河北美术出版社 1984 年 76cm（2 开）
定价：CNY0.18
　　中国现代年画作品。

J0055167

避暑山庄书画四条　于锦声，张温纯作
天津　天津杨柳青画社 1984 年 2 张 76cm（2 开）
定价：CNY0.36
　　中国现代年画作品。作者于锦声（1940—　），河北黄骅县人。天津市美术家协会理事、天津书法家协会会员、艺友书画会画师。出版有《于锦声画集》等。作者张温纯（1957—　），美术编审。生于天津，祖籍山东莱州。中国美术家协会天津分会会员，天津市杨柳青画社从事绘画工作，书刊编辑出版发行事业部经理。编辑出版有《冯骥才画集》《书画装裱艺术》《张锡武画集》《黄胄中国现代人物画》《范曾精选集》《白雪石现代山水画》《刘继卣武松打虎》《徐悲鸿作品选》《陆俨少现代山水》等。

J0055168

边疆战歌　李凤君作
长春　吉林人民出版社 1984 年 76cm（2 开）
定价：CNY0.16
　　中国现代年画作品。

J0055169

鞭斧武将　陈和莲作
重庆　重庆出版社 1984 年 76cm（2 开）
定价：CNY0.16
　　中国现代年画作品。作者陈和莲（1941—　），四川江津县人。毕业于西南师范学院美术专科。中国美术家协会会员、四川省美术家协会理事。擅长国画、连环画、年画。主要作品有《碧血春秋》《左老的山村》《清清溪水》等。

J0055170

冰城夜　杨成仁作
哈尔滨　黑龙江美术出版社 1984 年 76cm（2 开）
定价：CNY0.16
　　中国现代年画作品。

J0055171

冰上孔雀舞　晨星作
重庆　重庆出版社 1984 年 76cm（2 开）
定价：CNY0.16
　　中国现代年画作品。

J0055172

兵强马壮　保家卫国　冯春作
昆明　云南人民出版社 1984 年 76cm（2 开）
定价：CNY0.18
　　中国现代年画作品。

J0055173

兵强马壮　保家卫国　冯春作
昆明　云南人民出版社 1984 年 78cm（2 开）
定价：CNY0.15
　　中国现代年画作品。

J0055174

兵强马壮　保家卫国　冯春作
昆明　云南人民出版社 1984 年 54cm（4 开）
定价：CNY0.10
　　中国现代年画作品。

J0055175

兵书缘　李江作
成都　四川人民出版社 1984 年 76cm（2 开）
定价：CNY0.16
　　中国现代年画作品。

J0055176

并蒂莲花双鸳鸯　金雪尘作
上海　上海人民美术出版社 1984 年 76cm（2 开）
定价：CNY0.16
　　中国现代年画作品。

J0055177

并蒂双喜图　刘梦霞作
成都　四川人民出版社 1984 年 76cm（2 开）
定价：CNY0.16
　　中国现代年画作品。

J0055178

博古花卉四屏　（一至四）孔伯容作
上海　上海书画出版社 1984 年 4 张 54cm（4 开）
定价：CNY0.85
　　中国现代年画作品。

J0055179

彩灯高照喜迎新春　刘林生作
西安　陕西人民美术出版社 1984 年 76cm（2 开）

定价: CNY0.18
　　中国现代年画作品。

J0055180
彩凤双喜　章育青作
长沙 湖南美术出版社 1984 年 76cm（2 开）
定价: CNY0.16
　　中国现代年画作品。

J0055181
参观岸舰导弹　陈正明作
天津 天津人民美术出版社 1984 年 76cm（2 开）
定价: CNY0.18
　　中国现代年画作品。

J0055182
苍松雄鹰　（胶印轴画）姜惠超作
石家庄 河北美术出版社 1984 年 3 轴 附对联
108cm（全开）定价: CNY1.50
　　中国现代年画作品。

J0055183
曹冲称象　安杰画
长春 吉林人民出版社 1984 年 76cm（2 开）
定价: CNY0.16
　　中国现代年画作品。

J0055184
草堂咏怀　唐德泉作
重庆 重庆出版社 1984 年 107cm（全开）胶版纸
定价: CNY0.32
　　中国现代年画作品。

J0055185
草堂咏怀　唐德泉作
重庆 重庆出版社 1984 年 76cm（2 开）铜版纸
定价: CNY0.40
　　中国现代年画作品。

J0055186
茶花争艳　孔令生作
昆明 云南人民出版社 1984 年 76cm（2 开）
定价: CNY0.18
　　中国现代年画作品。

J0055187
钗头凤　樊怀章作
成都 四川人民出版社 1984 年 76cm（2 开）
定价: CNY0.16
　　中国现代年画作品。。

J0055188
嫦娥与后羿　张弓作
合肥 安徽人民出版社 1984 年 76cm（2 开）
定价: CNY0.16
　　中国现代年画作品。

J0055189
唱支幸福歌　陈静作
沈阳 辽宁美术出版社 1984 年 76cm（2 开）
定价: CNY0.16
　　中国现代年画作品。

J0055190
超级商场　邹莉作
广州 岭南美术出版社 1984 年 76cm（2 开）
定价: CNY0.18
　　中国现代年画作品。

J0055191
朝凤图　（胶印轴画）姚孝法作
沈阳 辽宁美术出版社 1984 年 3 轴 附对联
108cm（全开）定价: CNY1.50
　　中国现代年画作品。

J0055192
车辆图　汪必强绘
合肥 安徽科学技术出版社 1984 年 76cm（2 开）
定价: CNY0.18
　　本作品为年画形式的中国现代国画作品。

J0055193
陈毅将军　（胶印轴画）江南春作
上海 上海人民美术出版社 1984 年 3 轴 附对联
108cm（全开）定价: CNY0.60
　　中国现代年画作品。

J0055194
陈毅元帅　邬华敏作
成都 四川人民出版社 1984 年 2 版 76cm（2 开）

定价：CNY0.16
　　中国现代年画作品。

J0055195
陈毅元帅　邬华敏作
成都　四川人民出版社　1984年　2版　53cm（4开）
定价：CNY0.18
　　中国现代年画作品。

J0055196
陈真传　（一至四）冯国琳等作
沈阳　辽宁美术出版社　1984年　2张　76cm（2开）
定价：CNY0.32
　　中国现代年画作品。

J0055197
承德风光　张温纯作
天津　天津杨柳青画社　1984年　76cm（2开）
定价：CNY0.60
　　中国现代年画作品。

J0055198
城市美容师　孙玉敏作
北京　人民美术出版社　1984年　2张　76cm（2开）
定价：CNY0.26
　　中国现代年画作品。

J0055199
城市新建筑　尹建作
成都　四川人民出版社　1984年　76cm（2开）
定价：CNY0.16
　　中国现代年画作品。

J0055200
乘风仙子　徐万蓉作
合肥　安徽人民出版社　1984年　76cm（2开）
定价：CNY0.16
　　中国现代年画作品。

J0055201
乘龙跨凤　喜迎新春　王开术作
成都　四川人民出版社　1984年　54cm（4开）
定价：CNY0.08
　　中国现代年画作品。

J0055202
程咬金招亲　张荣章作
天津　天津人民美术出版社　1984年　2张
76cm（2开）定价：CNY0.36
　　中国现代年画作品。

J0055203
绸伞舞　王一定作
杭州　浙江人民美术出版社　1984年　76cm（2开）
定价：CNY0.16
　　中国现代年画作品。作者王一定（1949—　　），
画家。浙江杭州人，浙江美术学院毕业。浙江农
业商贸职业学院艺术设计系学科带头人、装潢美
工教研室主任、讲师。作品有《飒爽新姿》（合
作)、《祖国·早晨好》。

J0055204
雏凤凌空——杨排风　李兴荣作
杭州　浙江人民美术出版社　1984年　76cm（2开）
定价：CNY0.16
　　中国现代年画作品。

J0055205
处处都有小雷锋　陈宏仁作
上海　上海人民美术出版社　1984年　76cm（2开）
定价：CNY0.16
　　中国现代年画作品。

J0055206
穿彩珠　宗万华作
天津　天津人民美术出版社　1984年　76cm（2开）
定价：CNY0.18
　　中国现代年画作品。

J0055207
穿江破雾　韩玉华作
合肥　安徽人民出版社　1984年　76cm（2开）
定价：CNY0.16
　　中国现代年画作品。

J0055208
传艺　曾天中作
成都　四川人民出版社　1984年　76cm（2开）
定价：CNY0.16
　　中国现代年画作品。

J0055209
窗旁装饰画　张宝元作
上海 上海人民美术出版社 1984 年 2 张
78cm（2 开）定价：CNY0.22
　　中国现代年画作品。

J0055210
闯王旗　张秀石改编；辛宽良等绘画
重庆 重庆出版社 1984 年 4 张 54cm（4 开）
定价：CNY0.32
　　中国现代年画作品。作者辛宽良（1941—　），
画家。山东海阳人。毕业于鲁迅美术学院版画系。
擅长连环画、年画。曾任辽宁美术出版社美术编
辑。代表作品有《真假美猴王》《夜幕下的哈尔
滨》《李自成》《西游记》等。

J0055211
吹箫引凤　李祥麟作
南宁 广西人民出版社 1984 年 76cm（2 开）
定价：CNY0.16
　　中国现代年画作品。

J0055212
垂帘听政
北京 中国电影出版社 1984 年 2 张 76cm（2 开）
定价：CNY0.36
　　中国现代年画作品。

J0055213
春　胡立义作
兰州 甘肃人民出版社 1984 年 76cm（2 开）
定价：CNY0.16
　　中国现代年画作品。

J0055214
春光　张石昇作
哈尔滨 黑龙江美术出版社 1984 年 76cm（2 开）
定价：CNY0.14
　　中国现代年画作品。

J0055215
春光瑰丽　周洪全作
兰州 甘肃人民出版社 1984 年 76cm（2 开）
定价：CNY0.18
　　中国现代年画作品。

J0055216
春光好　刘维义作
天津 天津杨柳青画社 1984 年 76cm（2 开）
定价：CNY0.18
　　中国现代年画作品。

J0055217
春光明媚　张恒德作
成都 四川人民出版社 1984 年 76cm（2 开）
定价：CNY0.16
　　中国现代年画作品。

J0055218
春华秋实　王法堂作
成都 四川人民出版社 1984 年 76cm（2 开）
定价：CNY0.16
　　中国现代年画作品。

J0055219
春晖　魏志刚作
天津 天津人民美术出版社 1984 年 76cm（2 开）
定价：CNY0.18
　　中国现代年画作品。

J0055220
春江水暖　张元晖作
哈尔滨 黑龙江美术出版社 1984 年 76cm（2 开）
定价：CNY0.16
　　中国现代年画作品。

J0055221
春满大地　成砺志作
北京 人民美术出版社 1984 年 76cm（2 开）
定价：CNY0.16
　　中国现代年画作品。

J0055222
春满枝头　周彦生作
广州 岭南美术出版社 1984 年 2 轴 76cm（2 开）
定价：CNY1.40
　　中国现代年画作品。

J0055223
春牛图　单钖和作
上海 上海人民美术出版社 1984 年 76cm（2 开）

定价: CNY0.16
　　中国现代年画作品。

J0055224
春暖花开　（一至四）肖溶作；刘见诗；于锦声，张王亮书
天津 天津杨柳青画社 1984 年 4 张 76cm（2 开）
定价: CNY1.20
　　中国现代年画作品。

J0055225
春色满园　安杰作
哈尔滨 黑龙江美术出版社 1984 年 76cm（2 开）
定价: CNY0.16
　　中国现代年画作品。

J0055226
春色满园　孙公照作
沈阳 辽宁美术出版社 1984 年 76cm（2 开）
定价: CNY0.16
　　中国现代年画作品。

J0055227
春色满园　吴东奋作
广州 岭南美术出版社 1984 年 2 轴 76cm（2 开）
定价: CNY1.30
　　中国现代年画作品。

J0055228
春色满园　祁祯作
北京 人民美术出版社 1984 年 76cm（2 开）
定价: CNY0.16
　　中国现代年画作品。

J0055229
春色满园　（一至四）徐世钦作
天津 天津人民美术出版社 1984 年 2 张 76cm（2 开）定价: CNY0.36
　　中国现代年画作品。

J0055230
春色满园　张广力作
天津 天津杨柳青画社 1984 年 76cm（2 开）
定价: CNY0.18
　　中国现代年画作品。

J0055231
春天的旋律　徐成智作
南宁 广西人民出版社 1984 年 76cm（2 开）
定价: CNY0.16
　　中国现代年画作品。

J0055232
春夏秋冬　葛伟作
北京 中国文联出版公司 1984 年 2 张 76cm（2 开）定价: CNY0.32
　　中国现代年画作品。

J0055233
春芽　范恩树作
哈尔滨 黑龙江美术出版社 1984 年 76cm（2 开）
定价: CNY0.16
　　中国现代年画作品。作者范恩树(1946—　)，吉林梨树县人。吉林省美术家协会会员，曾任梨树县美协副主席兼秘书长。作品有《献给老师》《春满神州》《吉庆有余》等。

J0055234
春园共读　李慕白，张路弘画
福州 福建人民出版社 1984 年 76cm（2 开）
定价: CNY0.18
　　中国现代年画作品。

J0055235
春之歌　刘熹平作
北京 人民美术出版社 1984 年 76cm（2 开）
定价: CNY0.16
　　中国现代年画作品。

J0055236
春之趣　刘泳作
兰州 甘肃人民出版社 1984 年 76cm（2 开）
定价: CNY0.18
　　中国现代年画作品。

J0055237
从小爱科学　长大攀高峰　郭普津作
昆明 云南人民出版社 1984 年 54cm（4 开）
定价: CNY0.08
　　中国现代年画作品。

J0055238
从小爱清洁　唐宝山作
兰州 甘肃人民出版社 1984 年 76cm（2 开）
定价：CNY0.18
　　中国现代年画作品。

J0055239
从小爱学习　陈英，陈明作
昆明 云南人民出版社 1984 年 76cm（2 开）
定价：CNY0.18
　　中国现代年画作品。

J0055240
从小立志为国争光　林美岚作
武汉 长江文艺出版社 1984 年 76cm（2 开）
定价：CNY0.18
　　中国现代年画作品。

J0055241
打虎小英雄　马清涛作
西安 陕西人民美术出版社 1984 年 76cm（2 开）
定价：CNY0.18
　　中国现代年画作品。

J0055242
打焦赞　（娃娃戏）张瑞恒作
天津 天津人民美术出版社 1984 年 76cm（2 开）
定价：CNY0.18
　　中国现代年画作品。

J0055243
大观楼前勤习武　翠湖园中苦练功　郑荣
国作
昆明 云南人民出版社 1984 年 76cm（2 开）
定价：CNY0.15
　　中国现代年画作品。

J0055244
大观园　张怀璞作
武汉 长江文艺出版社 1984 年 76cm（2 开）
定价：CNY0.18
　　中国现代年画作品。

J0055245
大红灯　王小路作

石家庄 河北美术出版社 1984 年 76cm（2 开）
定价：CNY0.16
　　中国现代年画作品。

J0055246
大将军霍去病　飞将军李广　柯德恩作
昆明 云南人民出版社 1984 年 54cm（4 开）
定价：CNY0.10
　　中国现代年画作品。

J0055247
大将军霍去病　飞将军李广　柯德恩作
昆明 云南人民出版社 1984 年 76cm（2 开）
定价：CNY0.18
　　中国现代年画作品。

J0055248
大将军霍去病　飞将军李广　柯德恩作
昆明 云南人民出版社 1984 年 78cm（2 开）
定价：CNY0.15
　　中国现代年画作品。

J0055249
大理三塔 版纳秀色 西山龙门 石林春光
刘南作
昆明 云南人民出版社 1984 年 2 张 76cm（2 开）
定价：CNY0.36
　　中国现代年画作品。

J0055250
大力士　王铁成作
沈阳 辽宁美术出版社 1984 年 76cm（2 开）
定价：CNY0.16
　　中国现代年画作品。

J0055251
大蜜桃　刘景龙作
石家庄 河北美术出版社 1984 年 76cm（2 开）
定价：CNY0.16
　　中国现代年画作品。

J0055252
大闹天宫　彭晓作
昆明 云南人民出版社 1984 年 76cm（2 开）
定价：CNY0.18

中国现代年画作品。

J0055253
大闹天宫　彭晓作
昆明　云南人民出版社　1984 年　54cm（4 开）
定价：CNY0.10
　　中国现代年画作品。

J0055254
大破天门阵　百岁挂帅　八姐闯幽州　李芳
惠作
成都　四川人民出版社　1984 年　107cm（全开）
定价：CNY0.32
　　中国现代年画作品。

J0055255
大鱼送国家　刘崇林作
天津　天津人民美术出版社　1984 年　76cm（2 开）
定价：CNY0.18
　　中国现代年画作品。

J0055256
丹参富贵　幸福有余　潘志正作
成都　四川人民出版社　1984 年　76cm（2 开）
定价：CNY0.16
　　中国现代年画作品。

J0055257
丹凤朝阳　李志明作
贵阳　贵州人民出版社　1984 年　76cm（2 开）
定价：CNY0.16
　　中国现代年画作品。

J0055258
丹凤朝阳　（胶印轴画）张琪作
天津　天津杨柳青画社　1984 年　3 轴　附对联
108cm（全开）定价：CNY1.30
　　中国现代年画作品。

J0055259
单雄信　程咬金　廖金玉作
成都　四川人民出版社　1984 年　76cm（2 开）
定价：CNY0.16
　　中国现代年画作品。

J0055260
党恩家庆　人寿年丰　成砺志作
天津　天津人民美术出版社　1984 年　76cm（2 开）
定价：CNY0.18
　　中国现代年画作品。

J0055261
刀枪闪闪　竟武争雄　何荣卿作
昆明　云南人民出版社　1984 年　76cm（2 开）
定价：CNY0.15
　　中国现代年画作品。

J0055262
邓爷爷和我们一起过春节　赵兵凯作
天津　天津人民美术出版社　1984 年　76cm（2 开）
定价：CNY0.18
　　中国现代年画作品。

J0055263
邓颖超同志和儿童　刘志谋作
西安　陕西人民美术出版社　1984 年　76cm（2 开）
定价：CNY0.18
　　中国现代年画作品。

J0055264
貂蝉　张方作
合肥　安徽人民出版社　1984 年　76cm（2 开）
定价：CNY0.16
　　中国现代年画作品。

J0055265
蝶舞花香　秦明良，秦旭峰作
长沙　湖南美术出版社　1984 年　76cm（2 开）
定价：CNY0.16
　　中国现代年画作品。

J0055266
定军山　付玉林作
成都　四川人民出版社　1984 年　76cm（2 开）
定价：CNY0.16
　　中国现代年画作品。

J0055267
东南寄秀武夷山　郑百重作
福州　福建人民出版社　1984 年　108cm（全开）

定价: CNY0.50

中国现代年画作品。

J0055268

动脑筋　马秀珍作

哈尔滨 黑龙江美术出版社 1984 年 76cm（2 开）

定价: CNY0.16

中国现代年画作品。

J0055269

动物花卉　（一至四）张玉民作

西安 陕西人民美术出版社 1984 年 2 张

76cm（2 开）定价: CNY0.36

中国现代年画作品。作者张玉民（1941— ），
画家、国家一级美术师、陕西富平人。历任西安
中国画院高级画师、西安美协国画研究室研究
员。出版有《张玉民画集》。

J0055270

动物集锦　曾昭咏作

长沙 湖南美术出版社 1984 年 76cm（2 开）

定价: CNY0.32

中国现代年画作品。

J0055271

动物世界　（一至四）骆振龙作

杭州 浙江人民美术出版社 1984 年 2 张

76cm（2 开）定价: CNY0.32

中国现代年画作品。作者骆振龙（1955— ），
浙江富阳人，毕业于中国美术学院油画系，著名
画家，历任中国美协会员、新四军书画院院长，
现为浙江美术出版社副社长、编审，绍兴文理学
院教授。

J0055272

动物四条屏　李洪基作

天津 天津人民美术出版社 1984 年 2 张

76cm（2 开）定价: CNY0.36

中国现代年画作品。

J0055273

斗方　姜士录作

哈尔滨 黑龙江美术出版社 1984 年 76cm（2 开）

定价: CNY0.16

中国现代年画作品。

J0055274

独生娃娃壮　刘恩斌作

哈尔滨 黑龙江美术出版社 1984 年 76cm（2 开）

定价: CNY0.16

中国现代年画作品。

J0055275

独生子女好　刘荣富作

西安 陕西人民美术出版社 1984 年 76cm（2 开）

定价: CNY0.18

中国现代年画作品。

J0055276

独生子女长得壮　丁建东作

天津 天津人民美术出版社 1984 年 76cm（2 开）

定价: CNY0.18

中国现代年画作品。

J0055277

杜鹃与二郎

北京 中国电影出版社 1984 年 76cm（2 开）

定价: CNY0.18

中国现代年画作品。

J0055278

队日　（蒙汉文对照）于振波作

呼和浩特 内蒙古人民出版社 1984 年

76cm（2 开）定价: CNY0.18

中国现代年画作品。

J0055279

对不起 没关系　高志华作

哈尔滨 黑龙江美术出版社 1984 年 76cm（2 开）

定价: CNY0.16

中国现代年画作品。

J0055280

多喜图　郑鹍作

上海 上海人民美术出版社 1984 年 76cm（2 开）

定价: CNY0.16

中国现代年画作品。

J0055281

峨眉天下秀　江枫作

石家庄 河北美术出版社 1984 年 2 张

76cm（2开）定价：CNY0.32

　　中国现代年画作品。作者江枫（1942—　　），画家。生于上海，祖籍江苏常州，毕业于浙江美术学院中国画系。历任河北省美术工作室和群众艺术馆工作人员，河北画院副院长、研究馆员，兼任河北省山水画研究会副会长、中国美术家协会会员。主要作品有《滨海旭日》《青山自负无尘色》《巴山晨雾》等。

J0055282

峨眉天下秀　（胶印轴画）张大昕作

上海　上海人民美术出版社　1984年　3轴　附对联

108cm（全开）定价：CNY2.30

　　中国现代年画作品。

J0055283

儿童乐园　刘玉玲等作

成都　四川人民出版社　1984年　76cm（2开）

定价：CNY0.16

　　中国现代年画作品。

J0055284

儿童新装鲜如花　余小仪作

上海　上海人民美术出版社　1984年　76cm（2开）

定价：CNY0.16

　　中国现代年画作品。

J0055285

樊梨花薛丁山成亲

北京　中国电影出版社　1984年　76cm（2开）

定价：CNY0.18

　　中国现代年画作品。

J0055286

繁荣幸福　刘熹平，钟文斌作

上海　上海人民美术出版社　1984年　76cm（2开）

定价：CNY0.16

　　中国现代年画作品。

J0055287

访富问福　那启明作

天津　天津杨柳青画社　1984年　76cm（2开）

定价：CNY0.18

　　中国现代年画作品。

J0055288

放风筝去　张宝万作

广州　岭南美术出版社　1984年　76cm（2开）

定价：CNY0.18

　　中国现代年画作品。

J0055289

飞夺泸定桥　强渡大渡河　李万春，潘培德作

成都　四川人民出版社　1984年　76cm（2开）

定价：CNY0.16

　　中国现代年画作品。作者李万春（1911—1985），满族，武生演员。原名伯，号鸣举。祖籍河北雄县，生于黑龙江哈尔滨市。擅演剧目有《独木关》《林冲夜奔》《火并王伦》《九江口》等。作者潘培德（1938—　　）编辑，画家。四川成都人。毕业于四川美院附中。曾在四川省文化局美术工作室工作，《四川画报》社美术编辑、记者，四川省群众艺术馆副研究馆员。代表作品《康乐图》《印刷工人的心愿》《草地雷锋——札江》《赛龙舟》等。

J0055290

飞马夺魁　（蒙汉文对照）孙廷作

呼和浩特　内蒙古人民出版社　1984年

76cm（2开）定价：CNY0.18

　　中国现代年画作品。

J0055291

飞向太空　王菲作

哈尔滨　黑龙江美术出版社　1984年　76cm（2开）

定价：CNY0.16

　　中国现代年画作品。

J0055292

飞向未来　顾振君作

沈阳　辽宁美术出版社　1984年　76cm（2开）

定价：CNY0.16

　　中国现代年画作品。作者顾振君（1941—　　），研究员。辽宁沈阳人。历任抚顺市群众艺术馆副研究馆员、辽宁省美术家协会会员、辽宁省年画学会常务理事。

J0055293

翡翠玛瑙汤　丁德邻等作

南京　江苏美术出版社　1984年　2张　76cm（2开）

定价：CNY0.40

中国现代年画作品。

J0055294

丰 许恩源作

南京 江苏美术出版社 1984 年 76cm（2 开）

定价：CNY0.16

中国现代年画作品。作者许恩源（1940— ），教授。历任上海中国纺织大学服装系副教授、中国美术家协会上海分会会员。编著有《时装画技法研究》《论装饰图案艺术》《学习时装画入门》《时装画技法研究》等。

J0055295

丰 徐惠玲作

武汉 长江文艺出版社 1984 年 76cm（2 开）

定价：CNY0.16

中国现代年画作品。

J0055296

丰寿福富喜 喻如玉作

南宁 广西人民出版社 1984 年 53cm（4 开）

定价：CNY0.10

中国现代年画作品。

J0055297

丰乐图 王跃林作

合肥 安徽人民出版社 1984 年 76cm（2 开）

定价：CNY0.16

中国现代年画作品。

J0055298

丰年 骆福庆作

天津 天津人民美术出版社 1984 年 108cm（全开）

定价：CNY0.36

中国现代年画作品。

J0055299

丰年 骆福庆作

天津 天津人民美术出版社 1984 年 54cm（4 开）

定价：CNY0.09

中国现代年画作品。

J0055300

丰收大鱼 孙顺正作

天津 天津人民美术出版社 1984 年 76cm（2 开）

定价：CNY0.18

中国现代年画作品。

J0055301

丰收富裕 竹翔飞作

沈阳 辽宁美术出版社 1984 年 76cm（2 开）

定价：CNY0.16

中国现代年画作品。

J0055302

丰收花鼓舞 黄妙发作

上海 上海人民美术出版社 1984 年 76cm（2 开）

定价：CNY0.16

中国现代年画作品。

J0055303

丰收乐 王顺兴作

石家庄 河北美术出版社 1984 年 2 张 76cm（2 开）

定价：CNY0.32

中国现代年画作品。

J0055304

丰收乐 刘称奇作

上海 上海人民美术出版社 1984 年 76cm（2 开）

定价：CNY0.16

中国现代年画作品。

J0055305

丰收乐 陈学璋作

杭州 浙江人民美术出版社 1984 年 76cm（2 开）

定价：CNY0.16

中国现代年画作品。

J0055306

丰收连年 王玉琦作

沈阳 辽宁美术出版社 1984 年 76cm（2 开）

定价：CNY0.16

中国现代年画作品。作者王玉琦（1958— ），旅美画家。生于河北清苑，毕业于天津美术学院。中国美术家协会会员、中国油画家协会会员、北美中国艺术家协会会员、加拿大肖像画家协会艺术指导、美国肖像画家协会会员。出版有《中国油画肖像百年》《中国油画五十年》《中国古典主义油画》《王玉琦作品选》《王玉琦油画技法》等。

J0055307
丰收锣鼓　刘彦平作
石家庄 河北美术出版社 1984 年 76cm（2 开）
定价：CNY0.18
　　中国现代年画作品。

J0055308
丰收锣鼓　张桂英作
沈阳 辽宁美术出版社 1984 年 76cm（2 开）
定价：CNY0.16
　　中国现代年画作品。

J0055309
丰收硕果喜万家　幸福花儿香千里　金平定作
成都 四川人民出版社 1984 年 76cm（2 开）
定价：CNY0.16
　　中国现代年画作品。

J0055310
丰收硕果献给党　宗万华作
天津 天津杨柳青画社 1984 年 76cm（2 开）
定价：CNY0.18
　　中国现代年画作品。

J0055311
丰收幸福　孙洪发，高孝慈作
沈阳 辽宁美术出版社 1984 年 76cm（2 开）
定价：CNY0.25
　　中国现代年画作品。

J0055312
丰收有余　潘隆正作
沈阳 辽宁美术出版社 1984 年 76cm（2 开）
定价：CNY0.16
　　中国现代年画作品。作者潘隆正（1944— ），笔名晓牛，出生于重庆市，毕业于西南师范大学美术系。历任重庆出版社美编室副主任、重庆出版集团（美术）副编审、全国年画研究会理事、西南大学育才学院美术学院副教授、重庆沧白书画院院长。作品有《红岩英烈——许晓轩》《挺进大西南》《娃娃送宝·幸福吉祥》《哼哈二将》《秦琼、敬德》《在知识的海洋里寻珍探宝》等。

J0055313
丰收有余　罗玉江作
西安 陕西人民美术出版社 1984 年 2 张
76cm（2 开）定价：CNY0.36
　　中国现代年画作品。

J0055314
风景这边独好　刘称奇作
南昌 江西人民出版社［1984 年］76cm（2 开）
定价：CNY0.18
　　中国现代年画作品。

J0055315
风筝　刘永贵作
成都 四川人民出版社 1984 年 76cm（2 开）
定价：CNY0.16
　　中国现代年画作品。

J0055316
凤凰锦鸡对屏　俞泉耕作
上海 上海人民美术出版社 1984 年 2 张
78cm（2 开）定价：CNY0.22
　　中国现代年画作品。

J0055317
凤凰牡丹　林振声作
兰州 甘肃人民出版社 1984 年 76cm（2 开）
定价：CNY0.18
　　中国现代年画作品。

J0055318
凤求凰　竹均琪作
重庆 重庆出版社 1984 年 76cm（2 开）
定价：CNY0.16
　　中国现代年画作品。

J0055319
芙蓉小鸟　茶花斑鸠　牡丹双燕　月季双鸟　宫兴福作
昆明 云南人民出版社 1984 年 2 张 76cm（2 开）
定价：CNY0.36
　　中国现代年画作品。作者宫兴福（1936— ），教授。黑龙江密山人。毕业于鲁迅美术学院中国画系，后留校任教。作品《豆花香》《听泉》《天女木兰》。发表论文有《图新·求美·思变》《意念·意象·以形写神》等。

J0055320
芙蓉小鸟杜鹃双鸽对屏 檀东铿作
上海 上海书画出版社 1984 年 76cm（2 开）
定价：CNY0.16
中国现代年画作品。

J0055321
福 朱蒂作
长沙 湖南美术出版社 1984 年 76cm（2 开）
定价：CNY0.16
中国现代年画作品。

J0055322
福 李书成作
广州 岭南美术出版社［1984 年］39cm（4 开）
定价：CNY0.06
中国现代年画作品。

J0055323
福 郑鹍作
上海 上海人民美术出版社 1984 年 76cm（2 开）
定价：CNY0.16
中国现代年画作品。

J0055324
福 徐惠玲作
武汉 长江文艺出版社 1984 年 76cm（2 开）
定价：CNY0.16
中国现代年画作品。

J0055325
福丰 周洋作
西安 陕西人民美术出版社 1984 年 54cm（4 开）
定价：CNY0.09
中国现代年画作品。

J0055326
福到人家 刘称奇作
南昌 江西人民出版社［1984 年］76cm（2 开）
定价：CNY0.18
中国现代年画作品。

J0055327
福灯如意 白建民作
天津 天津杨柳青画社 1984 年 76cm（2 开）
定价：CNY0.18
中国现代年画作品。

J0055328
福富寿禧 楼永年等作
杭州 浙江人民美术出版社 1984 年 2 张
76cm（2 开）定价：CNY0.32
中国现代年画作品。作者楼永年（1940—　），
浙江萧山人，毕业于浙江美术学院工艺。历任
杭州印染厂花样设计、高级工艺美术师。代表作
品《福宝寿禧》《四季平安》《福寿万年》《和合
图》等。

J0055329
福富同来 杨春生作
沈阳 辽宁美术出版社 1984 年 76cm（2 开）
定价：CNY0.16
中国现代年画作品。

J0055330
福富有余 童金贵作
天津 天津人民美术出版社 1984 年 76cm（2 开）
定价：CNY0.18
中国现代年画作品。

J0055331
福富余余 李世元作
天津 天津杨柳青画社 1984 年 76cm（2 开）
定价：CNY0.18
中国现代年画作品。

J0055332
福建年画 （1985 1）
福州 福建人民出版社［1984 年］18cm（15 开）
中国现代民间年画作品。

J0055333
福建年画 （1985 2）
福州［1984 年］18cm（15 开）
中国现代民间年画作品。

J0055334
福降人间 陈华民作
沈阳 辽宁美术出版社 1984 年 76cm（2 开）
定价：CNY0.16
　　中国现代年画作品。

J0055335
福满人间 德彬作
重庆 重庆出版社 1984 年 76cm（2 开）
定价：CNY0.16
　　中国现代年画作品。

J0055336
福满人间　春暖大地 张小建，宋燕宾作
南京 江苏美术出版社［1984 年］76cm（2 开）
定价：CNY0.18
　　中国现代年画作品。

J0055337
福如东海 马云桥作
沈阳 辽宁美术出版社 1984 年 76cm（2 开）
定价：CNY0.16
　　中国现代年画作品。

J0055338
福瑞临门 杨立群作
广州 岭南美术出版社 1984 年 76cm（2 开）
定价：CNY0.18
　　中国现代年画作品。

J0055339
福寿 王建德作
郑州 河南人民出版社 1984 年 76cm（2 开）
定价：CNY0.16
　　中国现代年画作品。

J0055340
福寿财禧 王朝斌作
郑州 河南人民出版社 1984 年 4 轴 76cm（2 开）
定价：CNY1.20
　　中国现代年画作品。

J0055341
福寿财禧 王朝斌作
郑州 河南人民出版社 1984 年 4 张 76cm（2 开）

定价：CNY0.72
　　中国现代年画作品。

J0055342
福寿康乐 王连元作
哈尔滨 黑龙江美术出版社 1984 年 76cm（2 开）
定价：CNY0.16
　　中国现代年画作品。

J0055343
福寿康泰 叶公贤作
昆明 云南人民出版社 1984 年 76cm（2 开）
定价：CNY0.18
　　中国现代年画作品。

J0055344
福寿临门 黎恩作
天津 天津杨柳青画社 1984 年 76cm（2 开）
定价：CNY0.18
　　中国现代年画作品。

J0055345
福寿满堂 徐忠杰作
杭州 浙江人民美术出版社 1984 年 76cm（2 开）
定价：CNY0.16
　　中国现代年画作品。

J0055346
福寿荣华 江南春作
广州 岭南美术出版社 1984 年 76cm（2 开）
定价：CNY0.18
　　中国现代年画作品。

J0055347
福寿双全 姚中玉，王伟成作
上海 上海人民美术出版社 1984 年 76cm（2 开）
定价：CNY0.16
　　中国现代年画作品。

J0055348
福寿图 马江作
兰州 甘肃人民出版社 1984 年 54cm（4 开）
定价：CNY0.09
　　中国现代年画作品。

J0055349
福寿图　李中文作
郑州 河南人民出版社 1984 年 54cm（4 开）
定价：CNY0.08
　　中国现代年画作品。

J0055350
福寿图　葛荣环，阎亚安作
广州 岭南美术出版社 1984 年 76cm（2 开）
定价：CNY0.18
　　中国现代年画作品。

J0055351
福寿图　（胶印轴画）江南春作
广州 岭南美术出版社 1984 年 3 轴 附对联
108cm（全开）定价：CNY2.70
　　中国现代年画作品。

J0055352
福寿图　杨云清作
上海 上海书画出版社 1984 年 108cm（全开）
定价：CNY0.40
　　中国现代年画作品。

J0055353
福寿图　童百龄作
重庆 重庆出版社 1984 年 76cm（2 开）
定价：CNY0.16
　　中国现代年画作品。

J0055354
福寿无边　方敦传作
杭州 浙江人民美术出版社 1984 年 76cm（2 开）
定价：CNY0.16
　　中国现代年画作品。

J0055355
福寿盈门　王立新作
南昌 江西人民出版社［1984 年］76cm（2 开）
　　中国现代年画作品。

J0055356
福喜双全　王福增作
天津 天津人民美术出版社 1984 年 76cm（2 开）
定价：CNY0.18
　　中国现代年画作品。

J0055357
福余欢喜　杨文德作
天津 天津杨柳青画社 1984 年 76cm（2 开）
定价：CNY0.18
　　中国现代年画作品。

J0055358
福字　（影壁画）王新福作
天津 天津人民美术出版社 1984 年 108cm（全开）
定价：CNY0.36
　　中国现代年画作品。

J0055359
福字斗方　王健德作
天津 天津人民美术出版社 1984 年 76cm（2 开）
定价：CNY0.18
　　中国现代年画作品。

J0055360
富　李树作
南京 江苏美术出版社 1984 年 76cm（2 开）
定价：CNY0.16
　　中国现代年画作品。

J0055361
富寿喜福财　黄锡勤作
南宁 广西人民出版社 1984 年 35cm（6 开）
定价：CNY0.10
　　中国现代年画作品。

J0055362
富福寿禧　楼永年等作
杭州 浙江人民美术出版社 1984 年 4 张
76cm（2 开）定价：CNY0.96
　　中国现代年画作品。作者楼永年（1940—　），
浙江萧山人，毕业于浙江美术学院工艺系。历任
杭州印染厂花样设计、高级工艺美术师。代表作
品《福宝寿禧》《四季平安》《福寿万年》《和合
图》等。

J0055363
富富裕裕　刘熹奇作
天津 天津人民美术出版社 1984 年 76cm（2 开）

定价: CNY0.18

　　中国现代年画作品。

J0055364

富贵花篮　丁建东作

天津　天津人民美术出版社 1984 年 76cm（2 开）

定价: CNY0.18

　　中国现代年画作品。

J0055365

富贵乐　姚中玉, 王伟成作

杭州　浙江人民美术出版社 1984 年 76cm（2 开）

定价: CNY0.16

　　中国现代年画作品。作者姚中玉, 画家。曾任湖南省艺术家书画院会员、长沙市书法家协会会员等职。主要作品有《迎风燕舞》《向天歌》《一唱雄鸡天下白》《春情》《富贵吉祥》等。作者王伟成, 曾任上海人民美术出版社年画、宣传画编辑室主任。

J0055366

富贵满园　松涛作

天津　天津杨柳青画社 1984 年 4 轴 78cm（2 开）

定价: CNY1.20

　　中国现代年画作品。

J0055367

富贵有余　王连元作

哈尔滨　黑龙江美术出版社 1984 年 76cm（2 开）

定价: CNY0.16

　　中国现代年画作品。

J0055368

富贵长青　陆抑非等作

上海　上海书画出版社 1984 年 107cm（全开）

定价: CNY0.40

　　中国现代年画作品。

J0055369

富贵长寿　高志孝作

沈阳　辽宁美术出版社 1984 年 76cm（2 开）

定价: CNY0.16

　　中国现代年画作品。

J0055370

富贵长寿　刘德能作

成都　四川人民出版社 1984 年 76cm（2 开）

定价: CNY0.16

　　中国现代年画作品。

J0055371

富贵长寿　林振声作

天津　天津人民美术出版社 1984 年 107cm（全开）

定价: CNY0.36

　　中国现代年画作品。

J0055372

富贵长寿　张振群作

天津　天津杨柳青画社 1984 年 76cm（2 开）

定价: CNY0.18

　　中国现代年画作品。

J0055373

富裕图　邵佐唐作

沈阳　辽宁美术出版社 1984 年 76cm（2 开）

定价: CNY0.16

　　中国现代年画作品。

J0055374

富裕有余　戴雨樵作

成都　四川人民出版社 1984 年 76cm（2 开）

定价: CNY0.16

　　中国现代年画作品。

J0055375

干干净净吃鲜果　梁义勇作

哈尔滨　黑龙江美术出版社 1984 年 76cm（2 开）

定价: CNY0.16

　　中国现代年画作品。

J0055376

钢铁长城　章育青作

上海　上海人民美术出版社 1984 年 76cm（2 开）

定价: CNY0.16

　　中国现代年画作品。

J0055377

高风亮节　香远益清　容田文作

南宁　广西人民出版社 1984 年 76cm（2 开）

定价: CNY0.16

    中国现代年画作品。

J0055378

高峡平湖　刘仲杰作

武汉　长江文艺出版社 1984 年 76cm（2 开）

定价: CNY0.18

    中国现代年画作品。

J0055379

格萨尔　土登泽仁作

成都　四川民族出版社 1984 年 76cm（2 开）

定价: CNY0.16

    中国现代年画作品。

J0055380

各族人民颂四化　欢歌曼舞庆丰年　韩祖音作

广州　岭南美术出版社 1984 年 76cm（2 开）

定价: CNY0.20

    中国现代年画作品。

J0055381

给你照个相　吴性清作

上海　上海人民美术出版社 1984 年 76cm（2 开）

定价: CNY0.16

    中国现代年画作品。

J0055382

给我和海迪阿姨照张相　马玉岩作

哈尔滨　黑龙江美术出版社 1984 年 76cm（2 开）

定价: CNY0.20

    中国现代年画作品。

J0055383

耕牛图　那启明作

合肥　安徽人民出版社 1984 年 76cm（2 开）

定价: CNY0.16

    中国现代年画作品。

J0055384

工笔花鸟对屏　顾全兴作

上海　上海书画出版社 1984 年 76cm（2 开）

定价: CNY0.16

    中国现代年画作品。

J0055385

工笔菊花对屏　吴砚耕作

上海　上海书画出版社 1984 年 76cm（2 开）

定价: CNY0.16

    中国现代年画作品。

J0055386

公主与王子

北京　中国电影出版社 1984 年 76cm（2 开）

定价: CNY0.16

    中国现代年画作品。

J0055387

恭贺新春　方敦传作

合肥　安徽人民出版社 1984 年 76cm（2 开）

定价: CNY0.16

    中国现代年画作品。

J0055388

恭贺新年　马清涛作

西安　陕西人民美术出版社 1984 年 76cm（2 开）

定价: CNY0.18

    中国现代年画作品。

J0055389

恭贺新禧　董振中作

长沙　湖南美术出版社 1984 年 76cm（2 开）

定价: CNY0.16

    中国现代年画作品。作者董振中（1945—　），画家。山东人。字子午，号老草。毕业于浙江美术学院国画系。中国美术家协会会员、国家一级美术师、邹城市美术家协会主席、邹城市画院院长。出版《董振中画集》《孟子圣迹图》《孔子圣迹图》等。

J0055390

恭贺新禧　李慕白，庞卡作

南昌　江西人民出版社 [1984 年] 76cm（2 开）

定价: CNY0.18

    中国现代年画作品。

J0055391

恭贺新禧　刘德能作

成都　四川人民出版社 1984 年 76cm（2 开）

定价: CNY0.16

中国现代年画作品。

J0055392
恭贺新禧　　邬华敏作
成都 四川人民出版社 1984 年 76cm（2 开）
定价：CNY0.16
　　中国现代年画作品。

J0055393
姑娘的婚事
北京 中国电影出版社 1984 年 2 张 76cm（2 开）
定价：CNY0.36
　　中国现代年画作品。

J0055394
姑嫂英雄　　赵梦林作
天津 天津人民美术出版社 1984 年 76cm（2 开）
定价：CNY0.18
　　中国现代年画作品。作者赵梦林（1952—
），生于内蒙古察右前旗，祖籍山西忻州，代表
作有《三国人物绣像》《京剧脸谱》等。

J0055395
古城会　　雷孝书作
北京 中国戏剧出版社 1984 年 76cm（2 开）
定价：CNY0.16
　　中国现代年画作品。

J0055396
古代女科学家　　周儒云作；陈元宁文
天津 天津人民美术出版社 1984 年 2 张
76cm（2 开）定价：CNY0.36
　　中国现代年画作品。

J0055397
古代女英雄　　任率英作
北京 中国戏剧出版社 1984 年 3 张 76cm（2 开）
定价：CNY0.32
　　中国现代年画作品。

J0055398
古代舞蹈　　（一至四）孙心华作
杭州 浙江人民美术出版社 1984 年 2 张
76cm（2 开）定价：CNY0.32
　　中国现代年画作品。

J0055399
故宫御花园　　于锦声作
天津 天津人民美术出版社 1984 年 107cm（全开）
定价：CNY0.36
　　中国现代年画作品。

J0055400
瓜果香甜　　石景昭作
西安 陕西人民美术出版社 1984 年 76cm（2 开）
定价：CNY0.18
　　中国现代年画作品。

J0055401
挂红灯　　王真理作
石家庄 河北美术出版社 1984 年 76cm（2 开）
定价：CNY0.18
　　中国现代年画作品。

J0055402
关公　张飞　　徐云，于斌作
郑州 河南人民出版社 1984 年 76cm（2 开）
定价：CNY0.16
　　中国现代年画作品。

J0055403
关公　张飞　　徐云，于斌作
郑州 河南人民出版社 1984 年 54cm（4 开）
定价：CNY0.08
　　中国现代年画作品。

J0055404
关公挑袍　　张瑞恒作
天津 天津人民美术出版社 1984 年 76cm（2 开）
定价：CNY0.18
　　中国现代年画作品。

J0055405
关胜　花荣　　张锡武作
郑州 河南人民出版社 1984 年 76cm（2 开）
定价：CNY0.16
　　中国现代年画作品。

J0055406
关胜　花荣　　张锡武作
郑州 河南人民出版社 1984 年 54cm（4 开）

定价：CNY0.08
　　中国现代年画作品。

J0055407
关羽　黄忠　侯文发作
武汉　长江文艺出版社　1984 年　2 张　76cm（2 开）
定价：CNY0.32
　　中国现代年画作品。作者侯文发（1928—　　），
广东梅州人。曾用名剑萍。毕业于中南美专。
中国书画家协会理事，中国国画家协会理事，广
东省美术家协会会员。主要作品有《工地探亲》
《宋湘》《三英战吕布》等

J0055408
关羽　黄忠　侯文发作
武汉　长江文艺出版社　1984 年　1 张　76cm（2 开）
定价：CNY0.16
　　中国现代年画作品。

J0055409
关羽　张飞　彬斌作
重庆　重庆出版社　1984 年　76cm（2 开）
定价：CNY0.16
　　中国现代年画作品。

J0055410
观春秋　（胶印轴画）赵梦林作
天津　天津杨柳青画社　1984 年　3 轴　附对联
108cm（全开）定价：CNY1.30
　　中国现代年画作品。

J0055411
光荣人家　李平升作
西安　陕西人民美术出版社　1984 年　76cm（2 开）
定价：CNY0.18
　　中国现代年画作品。

J0055412
光荣人家　亚艺作
重庆　重庆出版社　1984 年　53cm（4 开）
定价：CNY0.20
　　中国现代年画作品。

J0055413
光荣人家　幸福门第　那启明作

郑州　河南人民出版社　1984 年　54cm（4 开）
定价：CNY0.08
　　中国现代年画作品。

J0055414
光荣人家　英雄门第　那启明作
郑州　河南人民出版社　1984 年　76cm（2 开）
定价：CNY0.16
　　中国现代年画作品。

J0055415
光荣人家庆有余　岳晓作
合肥　安徽人民出版社　1984 年　76cm（2 开）
定价：CNY0.16
　　中国现代年画作品。

J0055416
光荣人家新年好　吴性清作
天津　天津杨柳青画社　1984 年　76cm（2 开）
定价：CNY0.18
　　中国现代年画作品。

J0055417
光荣之家　梁红作
南宁　广西人民出版社　1984 年　53cm（4 开）
定价：CNY0.10
　　中国现代年画作品。

J0055418
逛新城　霍允庆作
郑州　河南人民出版社　1984 年　76cm（2 开）
定价：CNY0.16
　　中国现代年画作品。

J0055419
桂林山水的传说　王绍基作
南宁　广西人民出版社　1984 年　2 张　76cm（2 开）
定价：CNY0.32
　　中国现代年画作品。

J0055420
国强民富　景泰年丰　马长春作
昆明　云南人民出版社　1984 年　54cm（4 开）
定价：CNY0.08
　　中国现代年画作品。

J0055421

国色天香对屏　　郭慧芳作
上海　上海书画出版社　1984 年　76cm（2 开）
定价：CNY0.16
　　中国现代年画作品。

J0055422

国泰民安　　何永坤作
昆明　云南人民出版社　1984 年　76cm（2 开）
定价：CNY0.18
　　中国现代年画作品。作者何永坤（1953—　），
教授。出生于昆明，祖籍浙江鄞县，云南艺术
学院工艺美术系任教。作品有《山果》《青草
地》等。

J0055423

果花香遍社员家　　宋明远作
哈尔滨　黑龙江美术出版社　1984 年　76cm（2 开）
定价：CNY0.16
　　中国现代年画作品。

J0055424

果香四季　　姚孝法作
哈尔滨　黑龙江美术出版社　1984 年　76cm（2 开）
定价：CNY0.16
　　中国现代年画作品。

J0055425

海滨之夏　　李建章作
北京　人民体育出版社　1984 年　76cm（2 开）
定价：CNY0.16
　　中国现代年画作品。

J0055426

海底乐园　　林纹作
杭州　浙江人民美术出版社　1984 年　76cm（2 开）
定价：CNY0.23
　　中国现代年画作品。

J0055427

海洋世界　（一）蔡宏坡作
武汉　长江文艺出版社　1984 年　76cm（2 开）
定价：CNY0.18
　　中国现代年画作品。

J0055428

韩世忠　杨宗保　　李先润作
武汉　长江文艺出版社　1984 年　108cm（全开）
定价：CNY0.32
　　中国现代年画作品。

J0055429

好阿姨　　李树仁作
沈阳　辽宁美术出版社　1984 年　76cm（2 开）
定价：CNY0.16
　　中国现代年画作品。作者李树仁（1953—　），
《辽宁法制报》美术编辑。

J0055430

好阿姨　　忻礼良作
上海　上海人民美术出版社　1984 年　76cm（2 开）
定价：CNY0.16
　　中国现代年画作品。

J0055431

好宝宝　　邹起奎作
北京　人民美术出版社　1984 年　[1 张]
76cm（2 开）定价：CNY0.16
　　中国现代年画作品。

J0055432

好成绩　　薛景贵作
沈阳　辽宁美术出版社　1984 年　76cm（2 开）
定价：CNY0.16
　　中国现代年画作品。

J0055433

好孩子　　严兴华作
成都　四川人民出版社　1984 年　76cm（2 开）
定价：CNY0.16
　　中国现代年画作品。

J0055434

好花开　幸福来　　谭裕钊作
广州　岭南美术出版社　1984 年　76cm（2 开）
定价：CNY0.20
　　中国现代年画作品。

J0055435

好咪咪别淘气　　周国军作

天津 天津人民美术出版社 1984 年 76cm（2 开）
定价：CNY0.18
　　中国现代年画作品。

J0055436
和海迪阿姨在一起　　寇国荣作
天津 天津人民美术出版社 1984 年 76cm（2 开）
定价：CNY0.18
　　中国现代年画作品。

J0055437
和美幸福大喜年　　成砺志作
武汉 长江文艺出版社 1984 年 76cm（2 开）
定价：CNY0.18
　　中国现代年画作品。

J0055438
和睦家庭　幸福门第　　魏明全作
郑州 河南人民出版社 1984 年 76cm（2 开）
定价：CNY0.16
　　中国现代年画作品。

J0055439
和睦家庭　幸福门第　　魏明全作
郑州 河南人民出版社 1984 年 54cm（4 开）
定价：CNY0.08
　　中国现代年画作品。

J0055440
和平富贵　　张广力作
上海 上海人民美术出版社 1984 年 76cm（2 开）
定价：CNY0.16
　　中国现代年画作品。

J0055441
和平幸福　　彭明作
广州 岭南美术出版社 1984 年 76cm（2 开）
定价：CNY0.18
　　中国现代年画作品。

J0055442
和平幸福　　张铭淑作
天津 天津人民美术出版社 1984 年 76cm（2 开）
定价：CNY0.18
　　中国现代年画作品。

J0055443
河北人民美术出版社建社三十周年纪念
（中堂）
石家庄 河北美术出版社 1984 年 108cm（全开）
定价：CNY1.30
　　中国现代年画作品。

J0055444
河伯娶妇　　张冰洁改编；高中造等绘画
北京 中国戏剧出版社 1984 年 2 张 76cm（2 开）
定价：CNY0.32
　　中国现代年画作品。

J0055445
荷花娃娃　　田林海作
杭州 浙江人民美术出版社 1984 年 76cm（2 开）
定价：CNY0.16
　　中国现代年画作品。

J0055446
荷花仙子　　高景波作
哈尔滨 黑龙江美术出版社 1984 年 76cm（2 开）
定价：CNY0.16
　　中国现代年画作品。

J0055447
荷塘晨曦　　张德俊作
太原 山西人民出版社 1984 年 76cm（2 开）
定价：CNY0.18
　　中国现代年画作品。

J0055448
荷塘牧歌　　吴性清作
上海 上海人民美术出版社 1984 年 76cm（2 开）
定价：CNY0.16
　　中国现代年画作品。

J0055449
荷塘鱼戏图　　翁瑞华作
南京 江苏美术出版社 1984 年 76cm（2 开）
定价：CNY0.18
　　中国现代年画作品。

J0055450
贺龙元帅　　朱嘉铭作

成都 四川人民出版社 1984 年 2 版 76cm（2 开）
定价：CNY0.16
　　中国现代年画作品。

J0055451
贺龙元帅　朱嘉铭作
成都 四川人民出版社 1984 年 2 版 53cm（4 开）
铜版纸 定价：CNY0.18，CNY0.08（胶版纸）
　　中国现代年画作品。

J0055452
贺寿图　徐世民作
南宁 广西人民出版社 1984 年 76cm（2 开）
定价：CNY0.16
　　中国现代年画作品。

J0055453
贺喜图　方敦传作
杭州 浙江人民美术出版社 1984 年 76cm（2 开）
定价：CNY0.16
　　中国现代年画作品。

J0055454
贺新春　马云桥作
沈阳 辽宁美术出版社 1984 年 76cm（2 开）
定价：CNY0.16
　　中国现代年画作品。

J0055455
贺新春歌舞庆丰收　张泽芯作
天津 天津人民美术出版社 1984 年 76cm（2 开）
定价：CNY0.18
　　中国现代年画作品。

J0055456
贺新年　金兰作
哈尔滨 黑龙江美术出版社 1984 年 76cm（2 开）
定价：CNY0.16
　　中国现代年画作品。

J0055457
鹤的故乡　邓文欣作
哈尔滨 黑龙江美术出版社 1984 年 76cm（2 开）
定价：CNY0.16
　　中国现代年画作品。

J0055458
鹤鸣深山　毛国富作
杭州 浙江人民美术出版社 1984 年 76cm（2 开）
定价：CNY0.23
　　中国现代年画作品。

J0055459
鹤迎朝阳　邓履萍作
昆明 云南人民出版社 1984 年 108cm（全开）
定价：CNY0.36
　　中国现代年画作品。

J0055460
红拂女　邱丽娟作
广州 岭南美术出版社 1984 年 2 张 76cm（2 开）
定价：CNY0.36
　　中国现代年画作品。

J0055461
红花开放幸福来　王小路作
石家庄 河北美术出版社 1984 年 76cm（2 开）
定价：CNY0.16
　　中国现代年画作品。

J0055462
红花少年　胡德海作
哈尔滨 黑龙江美术出版社 1984 年 76cm（2 开）
定价：CNY0.16
　　中国现代年画作品。

J0055463
红花少年　王修涛作
长沙 湖南美术出版社 1984 年 76cm（2 开）
定价：CNY0.16
　　中国现代年画作品。

J0055464
红荔飘香　黄泽森作
广州 岭南美术出版社 1984 年 76cm（2 开）
定价：CNY0.18
　　中国现代年画作品。

J0055465
红楼梦　钱志清文；杨秋宝作
沈阳 辽宁美术出版社 1984 年 2 张 76cm（2 开）

定价：CNY0.32
中国现代年画作品。

J0055466
红楼梦人物 金铭作
北京 人民美术出版社 1984年 2张 76cm（2开）
定价：CNY0.32
中国现代年画作品。

J0055467
红楼梦仕女屏 巴莉作
哈尔滨 黑龙江美术出版社 1984年 2张
76cm（2开）定价：CNY0.32
中国现代年画作品。

J0055468
红楼屏 刘荣富作
哈尔滨 黑龙江美术出版社 1984年 2张
76cm（2开）定价：CNY0.32
中国现代年画作品。

J0055469
红楼人物 申同景作
天津 天津人民美术出版社 1984年 2张
76cm（2开）定价：CNY0.36
中国现代年画作品。

J0055470
红楼四春 余碧芳作
贵阳 贵州人民出版社 1984年 2张 76cm（2开）
定价：CNY0.32
中国现代年画作品。

J0055471
红楼四条 （一至四）彭连熙作
天津 天津杨柳青画社 1984年 2张 76cm（2开）
定价：CNY0.32
中国现代年画作品。

J0055472
红梅报春 惠兰松香 修竹凝露 秋菊竞芳
陆抑非作
杭州 浙江人民美术出版社 1984年 2张
76cm（2开）定价：CNY0.32
中国现代年画作品。作者陆抑非（1908—

1997），美术教育家。名翀，初字一飞，改字抑非，
号非翁，又号苏叟。江苏常熟人。历任中国美术
学院教授、研究生导师，西泠书画院副院长、常
熟书画院名誉院长。作品有《花好月圆》《春到
农村》《寿桃图》等，著有《非翁画语录》。

J0055473
红棉苍鹰图 （胶印轴画）陈子毅作
广州 岭南美术出版社 1984年 3轴 附对联
108cm（全开）定价：CNY2.70
中国现代年画作品。

J0055474
红娘子 何永坤作
昆明 云南人民出版社 1984年 76cm（2开）
定价：CNY0.18
中国现代年画作品。

J0055475
红瓦拉 杭鸣时作
成都 四川民族出版社 1984年 76cm（2开）
定价：CNY0.16
中国现代年画作品。

J0055476
红线盗盒 张鸢作
天津 天津人民美术出版社 1984年 76cm（2开）
定价：CNY0.18
中国现代年画作品。

J0055477
红岩乐园 唐德泉，戴衍彬作
重庆 重庆出版社 1984年 76cm（2开）
定价：CNY0.16
中国现代年画作品。

J0055478
红叶题诗 何启超作
成都 四川人民出版社 1984年 76cm（2开）
定价：CNY0.16
中国现代年画作品。

J0055479
洪湖水浪打浪 樊恒作
北京 人民美术出版社 1984年 76cm（2开）

定价: CNY0.16
　　中国现代年画作品。

J0055480
洪宣娇　王炳坤作
广州 岭南美术出版社 1984 年 76cm（2 开）
定价: CNY0.18
　　中国现代年画作品。

J0055481
猴棍　陈英, 陈明作
天津 天津人民美术出版社 1984 年 76cm（2 开）
定价: CNY0.18
　　中国现代年画作品。

J0055482
湖滨碟舞　天鹰, 一定作
杭州 浙江人民美术出版社 1984 年 76cm（2 开）
定价: CNY0.16
　　中国现代年画作品。

J0055483
蝴蝶杯　刘忠臣作; 侯宝林文
天津 天津杨柳青画社 1984 年 2 张 76cm（2 开）
定价: CNY0.32
　　中国现代年画作品。

J0055484
虎　（胶印轴画）蔡洁明作
南宁 广西人民出版社 1984 年 108cm（全开）
定价: CNY0.50
　　中国现代年画作品。

J0055485
虎　（胶印轴画）王志宏作
石家庄 河北美术出版社 1984 年 3 轴 附对联
108cm（全开）定价: CNY0.15
　　中国现代年画作品。

J0055486
虎　（胶印轴画）刘浩作
天津 天津杨柳青画社 1984 年 3 轴 附对联
108cm（全开）定价: CNY1.30
　　中国现代年画作品。

J0055487
虎　洛夫作
重庆 重庆出版社 1984 年 76cm（2 开）
定价: CNY0.40（铜版纸）, CNY0.16（胶版纸）
　　中国现代年画作品。

J0055488
互助友爱　刘天民, 陈静作
北京 人民美术出版社 1984 年 76cm（2 开）定
价: CNY0.13
　　中国现代年画作品。

J0055489
户户有余　刘俭作
哈尔滨 黑龙江美术出版社 1984 年 76cm（2 开）
定价: CNY0.16
　　中国现代年画作品。

J0055490
花灯彩照富庶村　杜德胜作
哈尔滨 黑龙江美术出版社 1984 年 76cm（2 开）
定价: CNY0.16
　　中国现代年画作品。

J0055491
花儿月月红　陈松崚作
杭州 浙江人民美术出版社 1984 年 76cm（2 开）
定价: CNY0.16
　　中国现代年画作品。

J0055492
花好月圆　朱晓作
贵阳 贵州人民出版社 1984 年 76cm（2 开）
定价: CNY0.16
　　中国现代年画作品。

J0055493
花好月圆　原儒云作
石家庄 河北美术出版社 1984 年 76cm（2 开）
定价: CNY0.16
　　中国现代年画作品。

J0055494
花好月圆　李伟华作
哈尔滨 黑龙江美术出版社 1984 年 76cm（2 开）

定价: CNY0.16
　　中国现代年画作品。

J0055495
花好月圆　张振群作
沈阳 辽宁美术出版社 1984 年 76cm（2 开）
定价: CNY0.16
　　中国现代年画作品。

J0055496
花好月圆　（胶印轴画）周彦生作
广州 岭南美术出版社 1984 年 3 轴 附对联
108cm（全开）定价: CNY2.70
　　中国现代年画作品。

J0055497
花好月圆　傅鲁沛，李学荣作
北京 人民美术出版社 1984 年 76cm（2 开）
定价: CNY0.16
　　中国现代年画作品。

J0055498
花好月圆　（胶印轴画）于锦声，张温纯作
天津 天津杨柳青画社 1984 年 3 轴 附对联
108cm（全开）定价: CNY1.30
　　中国现代年画作品。

J0055499
花好月圆　盛二龙作
杭州 浙江人民美术出版社 1984 年 76cm（2 开）
定价: CNY0.16
　　中国现代年画作品。

J0055500
花好月圆　冯英杰作
重庆 重庆出版社 1984 年 76cm（2 开）
定价: CNY0.16
　　中国现代年画作品。作者冯英杰（1932—　），
书画花鸟画家。生于河北威县。作品有《鸡的工
笔画法》。

J0055501
花好月圆对双双　张琪作
天津 天津杨柳青画社 1984 年 76cm（2 开）
定价: CNY0.18

中国现代年画作品。

J0055502
花好月圆喜临门　史士明作
天津 天津人民美术出版社 1984 年 76cm（2 开）
定价: CNY0.18
　　中国现代年画作品。

J0055503
花红鱼跃　林瑛珊作
沈阳 辽宁美术出版社 1984 年 76cm（2 开）
定价: CNY0.16
　　中国现代年画作品。作者林瑛珊（1940—　）
笔名砚春，号步云居士，辽宁省盖州市人。1965
年毕业于鲁迅美术学院，为赵梦朱、郭西河先生
入室弟子，又拜师著名国画大师崔子范先生。辽
宁美术出版社社长兼总编辑。出版有《林瑛珊画
集》《砚春花鸟画集锦》《砚春国画小品》等。

J0055504
花卉金鱼　冯东振作
石家庄 河北美术出版社 1984 年 2 张
76cm（2 开）定价: CNY0.36
　　中国现代年画作品。

J0055505
花卉四条屏　葛伟作
西宁 青海人民出版社 1984 年 4 张 54cm（4 开）
定价: CNY0.32
　　中国现代年画作品。

J0055506
花卉珍禽图　王有宗作
西安 陕西人民美术出版社 1984 年 2 张
76cm（2 开）定价: CNY0.36
　　中国现代年画作品。

J0055507
花开并蒂莲　吴性清作
昆明 云南人民出版社 1984 年 76cm（2 开）
定价: CNY0.18
　　中国现代年画作品。

J0055508
花木兰　穆桂英　刘绍林作

郑州 河南人民出版社 1984 年 54cm（4 开）
定价：CNY0.08
　　中国现代年画作品。

J0055509
花鸟　吕德隆作
银川 宁夏人民出版社 1984 年 2 张 76cm（2 开）
定价：CNY0.48
　　中国现代年画作品。

J0055510
花鸟草虫小品对屏　应鹤光作
上海 上海书画出版社 1984 年 76cm（2 开）
定价：CNY0.16
　　中国现代年画作品。

J0055511
花鸟对屏　周萍作
上海 上海人民美术出版社 1984 年 2 张
76cm（2 开）定价：CNY0.32
　　中国现代年画作品。

J0055512
花鸟屏　（一至四）任杰作
西安 陕西人民美术出版社 1984 年 2 张
76cm（2 开）定价：CNY0.36
　　中国现代年画作品。

J0055513
花鸟屏　吴东奋作
成都 四川人民出版社 1984 年 76cm（2 开）
定价：CNY0.16
　　中国现代年画作品。

J0055514
花鸟屏　赵雨树作
成都 四川人民出版社 1984 年 2 张 76cm（2 开）
定价：CNY0.16
　　中国现代年画作品。作者赵雨树，连环画
名家，四川省美术家协会会员，作有《农家副业
图》，出版有《赵雨树花鸟画选》等。

J0055515
花鸟屏　（一至四）刘新华作
天津 天津杨柳青画社 1984 年 4 张 78cm（2 开）

定价：CNY1.20
　　中国现代年画作品。

J0055516
花鸟四条屏　吴东奋作
长沙 湖南美术出版社 1984 年 4 张 78cm（2 开）
定价：CNY0.11
　　中国现代年画作品。

J0055517
花鸟四条屏　（一至四）白铭作
沈阳 辽宁美术出版社 1984 年 2 张 76cm（2 开）
定价：CNY0.32
　　中国现代年画作品。

J0055518
花鸟四条屏　乔玉川作
西宁 青海人民出版社 1984 年 4 张 78cm（2 开）
定价：CNY1.20
　　中国现代年画作品。

J0055519
花鸟四条屏　鸿勋作
太原 山西人民出版社 1984 年 2 张 76cm（2 开）
定价：CNY0.36
　　中国现代年画作品。

J0055520
花鸟条屏　王雪涛作
北京 北京美术摄影出版社 1984 年 2 张
76cm（2 开）定价：CNY0.26
　　中国现代年画作品。

J0055521
花鸟条屏　（一至四）赵广东作
兰州 甘肃人民出版社 1984 年 2 张 76cm（2 开）
定价：CNY0.36
　　中国现代年画作品。

J0055522
花鸟条屏　马文鸾作
石家庄 河北美术出版社 1984 年 2 张
76cm（2 开）定价：CNY0.32
　　中国现代年画作品。

J0055523
花鸟小品对屏　　岳石尘作
上海 上海书画出版社 1984 年 76cm（2 开）
定价：CNY0.16
　　中国现代年画作品。

J0055524
花荣　林冲　　张辛国作
石家庄 河北美术出版社 1984 年 76cm（2 开）
定价：CNY0.16
　　中国现代年画作品。

J0055525
花团锦簇结同心　　朱介堂作
南宁 广西人民出版社 1984 年 76cm（2 开）
定价：CNY0.18
　　中国现代年画作品。作者朱介堂（1940—　），
上海人。就读于浙江美术学院附属中等美术专
科学校。历任金华市健康教育所美术工程师。
代表作品《新装》《一杯美酒敬英雄》《恩爱》等。

J0055526
花为媒　　何启超作
成都 四川人民出版社 1984 年 76cm（2 开）
定价：CNY0.16
　　中国现代年画作品。

J0055527
花仙卓瓦桑姆　　梅定开作
成都 四川民族出版社 1984 年 76cm（2 开）
定价：CNY0.36
　　中国现代年画作品。

J0055528
花香鸟语　　（胶印轴画）张琪作
石家庄 河北美术出版社 1984 年 4 轴
78cm（2 开）定价：CNY1.40
　　中国现代年画作品。

J0055529
花烛之喜　　朱介堂作
杭州 浙江人民美术出版社 1984 年 76cm（2 开）
定价：CNY0.16
　　中国现代年画作品。

J0055530
华南植物园　　熊东海作
广州 岭南美术出版社 1984 年 76cm（2 开）
定价：CNY0.18
　　中国现代年画作品。

J0055531
华容道　　刘荣富作
广州 岭南美术出版社 1984 年 76cm（2 开）
定价：CNY0.18
　　中国现代年画作品。

J0055532
画未来　　赵德芬等作
哈尔滨 黑龙江美术出版社 1984 年 76cm（2 开）
定价：CNY0.16
　　中国现代年画作品。

J0055533
淮海大战　　张兴祥作
成都 四川人民出版社 1984 年 76cm（2 开）
定价：CNY0.16
　　中国现代年画作品。

J0055534
欢度佳节　喜迎新春　　何永明作
昆明 云南人民出版社 1984 年 76cm（2 开）
定价：CNY0.15
　　中国现代年画作品。

J0055535
欢度新春　　骆福庆作
天津 天津人民美术出版社 1984 年 76cm（2 开）
定价：CNY0.18
　　中国现代年画作品。

J0055536
欢欢喜喜过新年　　庞卡作
上海 上海人民美术出版社 1984 年 76cm（2 开）
定价：CNY0.16
　　中国现代年画作品。作者庞卡（1935—　）。
画家。又名庞抱俊。上海人。历任上海人民美
术出版社年画编辑、创作员。作品有《从小爱科
学》《秧苗青青春来早》《爱人民》等。

J0055537

欢乐　刘崇林作

北京 人民美术出版社 1984 年 76cm（2 开）

定价：CNY0.13

　　中国现代年画作品。

J0055538

欢乐的节日　冯庆国作

成都 四川人民出版社 1984 年 76cm（2 开）

定价：CNY0.16

　　中国现代年画作品。

J0055539

欢庆丰年　孟新明作

西安 陕西人民美术出版社 1984 年 76cm（2 开）

定价：CNY0.18

　　中国现代年画作品。

J0055540

欢庆丰年　喜迎新春　朱鸿年作

郑州 河南人民出版社 1984 年 76cm（2 开）

定价：CNY0.16

　　中国现代年画作品。

J0055541

欢庆佳节　柳忠福作

天津 天津人民美术出版社 1984 年 2 张

76cm（2 开）定价：CNY0.36

　　中国现代年画作品。

J0055542

欢庆胜利

北京 中国电影出版社 1984 年 76cm（2 开）

定价：CNY0.18

　　中国现代年画作品。

J0055543

欢天喜地　王玉琦作

沈阳 辽宁美术出版社 1984 年 76cm（2 开）

定价：CNY0.16

　　中国现代年画作品。

J0055544

欢迎！欢迎！　邹晓清，章孟和作

合肥 安徽人民出版社 1984 年 76cm（2 开）

定价：CNY0.16

　　中国现代年画作品。

J0055545

宦娘　（一至四）曹成金作

杭州 浙江人民美术出版社 1984 年 2 张

76cm（2 开）定价：CNY0.32

　　中国现代年画作品。

J0055546

黄鹤楼　孙宗禧作

合肥 安徽人民出版社 1984 年 76cm（2 开）

定价：CNY0.16

　　中国现代年画作品。

J0055547

黄鹤楼　刘文谌作

武汉 长江文艺出版社 1984 年 78cm（3 开）

定价：CNY0.12

　　中国现代年画作品。

J0055548

黄妈妈和儿童在一起　曾新鲁作

成都 四川人民出版社 1984 年 76cm（2 开）

定价：CNY0.16

　　中国现代年画作品。

J0055549

黄山写照　韩大化作

合肥 安徽人民出版社 1984 年 76cm（2 开）

定价：CNY0.16

　　中国现代年画作品。作者韩大化（1916—1989），河南孟津人。曾在延安鲁迅艺术文学院学习。历任安徽人民出版社副总编、安徽省文联秘书长、安徽省美协常务理事兼秘书长、《安徽画报》社主任等职。作品有《韩大化山水画选》。

J0055550

回杯记　刘长恩作

哈尔滨 黑龙江美术出版社 1984 年 76cm（2 开）

定价：CNY0.16

　　中国现代年画作品。

J0055551

回娘家　辜学耕作

成都 四川人民出版社 1984 年 76cm（2 开）
定价：CNY0.16
　　中国现代年画作品。

J0055552
火龙山　郑定友改编；程宝泓，钟孺乾绘
北京 人民美术出版社 1984 年 2 张 76cm（2 开）
定价：CNY0.26
　　中国现代年画作品。

J0055553
火焰山
北京 中国电影出版社 1984 年 2 张 76cm（2 开）
定价：CNY0.36
　　中国现代年画作品。

J0055554
霍元甲　张德俊作
南京 江苏美术出版社 1984 年 2 张 76cm（2 开）
定价：CNY0.40
　　中国现代年画作品。

J0055555
霍元甲　（一至六）辛宽良等作
沈阳 辽宁美术出版社 1984 年 3 张 76cm（2 开）
定价：CNY0.48
　　中国现代年画作品。

J0055556
鸡场传经　郭安祥作
西安 陕西人民美术出版社 1984 年 76cm（2 开）
定价：CNY0.18
　　中国现代年画作品。

J0055557
鸡肥蛋多　李冰作
西安 陕西人民美术出版社 1984 年 76cm（2 开）
定价：CNY0.18
　　中国现代年画作品。

J0055558
鸡鸣富贵　谷学忠作
天津 天津人民美术出版社 1984 年 76cm（2 开）
定价：CNY0.18
　　中国现代年画作品。

J0055559
鸡鸣富贵　俸贵德作
昆明 云南人民出版社 1984 年 76cm（2 开）
定价：CNY0.18
　　中国现代年画作品。

J0055560
鸡鸣起舞　朱希煌作
天津 天津人民美术出版社 1984 年 76cm（2 开）
定价：CNY0.18
　　中国现代年画作品。

J0055561
吉庆　（藏汉文对照）吕树明作
成都 四川民族出版社 1984 年 76cm（2 开）
定价：CNY0.36（铜版纸），CNY0.16（胶版纸）
　　中国现代年画作品。

J0055562
吉庆有余　赵振武作
哈尔滨 黑龙江美术出版社 1984 年 76cm（2 开）
定价：CNY0.16
　　中国现代年画作品。

J0055563
吉庆有余　杨文义作
南昌 江西人民出版社 ［1984 年］76cm（2 开）
定价：CNY0.18
　　中国现代年画作品。

J0055564
吉庆有余　勤劳致富　李先润作
广州 岭南美术出版社 1984 年 76cm（2 开）
定价：CNY0.20
　　中国现代年画作品。

J0055565
吉庆有余喜盈门　杨馥如作
杭州 浙江人民美术出版社 1984 年 76cm（2 开）
定价：CNY0.16
　　中国现代年画作品。

J0055566
吉祥　骆福庆作
天津 天津人民美术出版社 1984 年 107cm（全开）

定价：CNY0.36

　　中国现代年画作品。

J0055567

吉祥如意　徐福根，林美岚作

南昌 江西人民出版社［1984 年］2 张 76cm（2 开）

定价：CNY0.36

　　中国现代年画作品。

J0055568

吉祥如意　吴秀楣作

沈阳 辽宁美术出版社 1984 年 76cm（2 开）

定价：CNY0.16

　　中国现代年画作品。

J0055569

吉祥如意　彭连熙作

天津 天津杨柳青画社 1984 年 4 轴 78cm（2 开）

定价：CNY1.20

　　中国现代年画作品。

J0055570

吉祥如意　福寿临门　陈致信作

成都 四川人民出版社 1984 年 76cm（2 开）

定价：CNY0.16

　　中国现代年画作品。

J0055571

吉祥如意戏金龙　林成翰作

天津 天津人民美术出版社 1984 年 76cm（2 开）

定价：CNY0.18

　　中国现代年画作品。

J0055572

吉祥如意引彩凤　林成翰作

天津 天津人民美术出版社 1984 年 76cm（2 开）

定价：CNY0.18

　　中国现代年画作品。

J0055573

吉星高照　纪宇作

广州 岭南美术出版社 1984 年［1 张］76cm（2 开）

定价：CNY0.18

　　中国现代年画作品。

J0055574

集邮　李迎涛作

石家庄 河北美术出版社 1984 年 76cm（2 开）

定价：CNY0.16

　　中国现代年画作品。

J0055575

计划生育　富贵有余　潘隆正作

郑州 河南人民出版社 1984 年 76cm（2 开）

定价：CNY0.16

　　中国现代年画作品。作者潘隆正（1944—　），笔名晓牛，出生于重庆市，毕业于西南师范大学美术系。历任重庆出版社美编室副主任、重庆出版集团（美术）副编审、全国年画研究会理事、西南大学育才学院美术学院副教授、重庆沧白书画院副院长。作品有《红岩英烈——许晓轩》《挺进大西南》《娃娃送宝·幸福吉祥》《哼哈二将》《秦琼、敬德》《在知识的海洋里寻珍探宝》等。

J0055576

记者来访到我家　周国军作

沈阳 辽宁美术出版社 1984 年 76cm（2 开）

定价：CNY0.16

　　中国现代年画作品。

J0055577

伎乐仙女　陆福喜作

呼和浩特 内蒙古人民出版社 1984 年
76cm（2 开）定价：CNY0.18

　　中国现代年画作品。

J0055578

季季花香　薛长山作

哈尔滨 黑龙江美术出版社 1984 年 2 张
76cm（2 开）定价：CNY0.32

　　中国现代年画作品。

J0055579

家富年丰　万象更新　陈松茂作

南昌 江西人民出版社［1984 年］76cm（2 开）

定价：CNY0.13

　　中国现代年画作品。

J0055580

家家福喜盈门　户户丰收满堂　王立新作

郑州 河南人民出版社 1984 年 54cm（4 开）
定价：CNY0.08
　　中国现代年画作品。

J0055581
家家福喜盈门　户户丰收满堂　王立新作
郑州 河南人民出版社 1984 年 76cm（2 开）
定价：CNY0.16
　　中国现代年画作品。

J0055582
家家有余　黄耿卓作
石家庄 河北美术出版社 1984 年 76cm（2 开）
定价：CNY0.16
　　中国现代年画作品。

J0055583
假日　海东作
广州 岭南美术出版社 1984 年 76cm（2 开）
定价：CNY0.18
　　中国现代年画作品。

J0055584
剑舞　李伟华作
哈尔滨 黑龙江美术出版社 1984 年 76cm（2 开）
定价：CNY0.16
　　中国现代年画作品。

J0055585
剑舞　罗远潜，翁淑珍作
广州 岭南美术出版社 1984 年 76cm（2 开）
定价：CNY0.18
　　中国现代年画作品。作者罗远潜（1943—　　），
画家、一级美术师。广西合浦人，毕业于华南师
范大学历史系和广州美术学院版画系研究生班，
留校任教。历任《广州美术研究》主编、中国美
术家协会会员、广东美协常务理事、广州市美协
副主席、广州画院画家、中国美术家协会会员、
中国版画家协会会员。代表作品有《观沧海》《天
马歌》《鸿门宴》等。

J0055586
健康成长　石川作
北京 北京美术摄影出版社［1984 年］76cm（2 开）
　　中国现代年画作品。

J0055587
健康成长　徐福根作
北京 人民美术出版社 1984 年 76cm（2 开）
定价：CNY0.16
　　中国现代年画作品。

J0055588
健康成长　王福增作
天津 天津杨柳青画社 1984 年 76cm（2 开）
定价：CNY0.16
　　中国现代年画作品。

J0055589
健康成长　何章作
重庆 重庆出版社 1984 年 76cm（2 开）
定价：CNY0.16
　　中国现代年画作品。

J0055590
健康长寿　陈镇新作
北京 人民体育出版社 1984 年 76cm（2 开）
定价：CNY0.16
　　中国现代年画作品。

J0055591
健康长寿福有余　张家纯作
哈尔滨 黑龙江美术出版社 1984 年 76cm（2 开）
定价：CNY0.16
　　中国现代年画作品。

J0055592
健优美儿童评比第一名　姚中玉作
天津 天津人民美术出版社 1984 年 76cm（2 开）
定价：CNY0.18
　　中国现代年画作品。

J0055593
毽飞花丛　郑坚石作
北京 人民体育出版社 1984 年 76cm（2 开）
定价：CNY0.16
　　中国现代年画作品。

J0055594
鉴湖女侠——秋瑾　何启超作
成都 四川人民出版社 1984 年 76cm（2 开）

定价: CNY0.16

中国现代年画作品。

J0055595

江山多娇　陈继武, 盛二龙作

杭州 浙江人民美术出版社 1984 年 107cm（全开）

定价: CNY0.60

中国现代年画作品。作者陈继武（1942—　），
福建福州人。别名陈剑生。毕业于浙江美术学
院油画系。中国美术家协会会员、中国油画家协
会会员、宁波画院院长。擅长年画、油画。主要
作品有《江山多娇》《面向未来》《中国之春》等。
作者盛二龙（1948—　），广东中山人，毕业于浙
江美术学院附中。历任浙江人民美术出版社美
术编辑、浙江摄影出版社社长、《浙江画报》社
社长兼主编。作品有《红孩子、红队长、红爷爷》
《山姑娘》（合作）《江山多娇》。

J0055596

江山多娇　陈继武, 盛二龙作

杭州 浙江人民美术出版社 1984 年 76cm（2 开）

定价: CNY0.16

中国现代年画作品。

J0055597

江山多娇　（胶印轴画）陈继武, 盛二龙作

杭州 浙江人民美术出版社 1984 年 3 轴 附对联
108cm（全开）

中国现代年画作品。

J0055598

江山如画　姜宝林作

杭州 浙江人民美术出版社 1984 年 2 张
76cm（2 开）定价: CNY0.32

中国现代年画作品。

J0055599

江山秀色　子南作

天津 天津杨柳青画社 1984 年 76cm（2 开）

定价: CNY0.18

中国现代年画作品。

J0055600

江西年画　（1985）

南昌［江西人民出版社］［1984 年］19cm（32 开）

中国现代年画作品。

J0055601

讲卫生　李慕白作

天津 天津人民美术出版社 1984 年 76cm（2 开）

定价: CNY0.18

中国现代年画作品。

J0055602

骄霜傲雷　陈修范, 李有光作

广州 岭南美术出版社 1984 年 2 轴 76cm（2 开）

定价: CNY1.30

中国现代年画作品。

J0055603

焦赞　孟良　孙伯礼作

郑州 河南人民出版社 1984 年 76cm（2 开）

定价: CNY0.16

中国现代年画作品。

J0055604

焦赞　孟良　戴衍彬作

重庆 重庆出版社 1984 年 76cm（2 开）

定价: CNY0.16

中国现代年画作品。

J0055605

蕉林欢歌　梁根祥作

广州 岭南美术出版社 1984 年 76cm（2 开）

定价: CNY0.18

中国现代年画作品。

J0055606

接新娘　刘宝贵作

沈阳 辽宁美术出版社 1984 年 76cm（2 开）

定价: CNY0.16

中国现代年画作品。

J0055607

巾帼健儿　刘恩斌作

哈尔滨 黑龙江美术出版社 1984 年 76cm（2 开）

定价: CNY0.16

中国现代年画作品。

J0055608
巾帼英雄　刘生展作
天津　天津人民美术出版社 1984 年 76cm（2 开）
定价：CNY0.18
　　中国现代年画作品。

J0055609
巾帼英雄花木兰　刘鸿志作
北京　人民美术出版社 1984 年 76cm（2 开）
定价：CNY0.16
　　中国现代年画作品。

J0055610
今天我值日　陶琦作
天津　天津人民美术出版社 1984 年 76cm（2 开）
定价：CNY0.18
　　中国现代年画作品。作者陶琦（1922—
2002），女，连环画家。毕业于北平艺专。原中联
书店、天津美术出版社画家，天津文史馆馆员。
创作连环画有《我当上了学习小组长》。

J0055611
金杯红花传捷报　马乐群作
上海　上海人民美术出版社 1984 年 76cm（2 开）
定价：CNY0.16
　　中国现代年画作品。

J0055612
金凤凰到我家　李冰作
兰州　甘肃人民出版社 1984 年 76cm（2 开）
定价：CNY0.18
　　中国现代年画作品。

J0055613
金凤展翅幸福来　史士明作
成都　四川人民出版社 1984 年 76cm（2 开）
定价：CNY0.16
　　中国现代年画作品。

J0055614
金鸡报晓　（胶印轴画）张琪作
石家庄　河北美术出版社 1984 年 3 轴 附对联
108cm（全开）定价：CNY1.50
　　中国现代年画作品。

J0055615
金鸡报晓　程恩作
天津　天津杨柳青画社 1984 年 76cm（2 开）
定价：CNY0.18
　　中国现代年画作品。

J0055616
金鸡牡丹　崔建国，王茂彬作
太原　山西人民出版社 1984 年 76cm（2 开）
定价：CNY0.18
　　中国现代年画作品。

J0055617
金牛献宝　徐世民作
沈阳　辽宁美术出版社 1984 年 76cm（2 开）
定价：CNY0.16
　　中国现代年画作品。

J0055618
金鱼　顾国治作
天津　天津人民美术出版社 1984 年 2 张
76cm（2 开）定价：CNY0.36
　　中国现代年画作品。

J0055619
金鱼屏　何逸梅作
上海　上海人民美术出版社 1984 年 2 张
76cm（2 开）定价：CNY0.32
　　中国现代年画作品。

J0055620
金鱼小猫　崔森林作
天津　天津杨柳青画社 1984 年 76cm（2 开）
定价：CNY0.18
　　中国现代年画作品。作者崔森林（1943—　），
美术编辑。笔名黎恩、李恩。生于山东济南，毕
业于济南艺术学校。任山东美术出版社副编审。
作品有《省里送来显微镜》《黄河》《第一面八一
军旗的诞生》《毛主席视察北园》等，小说《不屈
的昆仑》插图。

J0055621
金玉满堂　郭玉，振华作
沈阳　辽宁美术出版社 1984 年 76cm（2 开）
定价：CNY0.16

中国现代年画作品。

J0055622

锦城春色　曾新鲁作

成都　四川人民出版社　1984 年　76cm（2 开）

定价：CNY0.16

　　中国现代年画作品。

J0055623

锦鸡牡丹　张琪作

成都　四川人民出版社　1984 年　76cm（2 开）

定价：CNY0.16

　　中国现代年画作品。

J0055624

锦上添花　郭庆元作

石家庄　河北美术出版社　1984 年　76cm（2 开）

定价：CNY0.16

　　中国现代年画作品。

J0055625

锦上添花　王一鸣作

沈阳　辽宁美术出版社　1984 年　76cm（2 开）

定价：CNY0.16

　　中国现代年画作品。

J0055626

锦上添花　张恒德作

成都　四川人民出版社　1984 年　76cm（2 开）

定价：CNY0.16

　　中国现代年画作品。

J0055627

锦堂富贵　李欣中作

长沙　湖南美术出版社　1984 年　76cm（2 开）

定价：CNY0.16

　　中国现代年画作品。

J0055628

锦绣河山　（一至四）朱子容作

杭州　浙江人民美术出版社　1984 年　2 张
76cm（2 开）定价：CNY0.32

　　中国现代年画作品。作者朱子容，编审。浙江永康人。浙江人民美术出版社副编审。代表作品有木刻《来帮忙》。编著《江山多娇》《面向

未来》《鹏程万里》《边陲小花》《花香千里》等。

J0055629

京剧演员　赵梦林作

北京　中国戏剧出版社　1984 年　2 张　76cm（2 开）

定价：CNY0.32

　　中国现代年画作品。

J0055630

精心教育一枝花　纪宇作

天津　天津人民美术出版社　1984 年　76cm（2 开）

定价：CNY0.18

　　中国现代年画作品。

J0055631

竞艳争荣图　张广力作

天津　天津杨柳青画社　1984 年　108cm（全开）

定价：CNY0.36

　　中国现代年画作品。

J0055632

敬德　秦琼　薛尔章作

天津　天津人民美术出版社　1984 年　108cm（全开）

定价：CNY0.36

　　中国现代年画作品。

J0055633

敬老图　张秀时，李林祥作

沈阳　辽宁美术出版社　1984 年　76cm（2 开）

定价：CNY0.16

　　中国现代年画作品。

J0055634

开门大吉　出门大利　刘克青作

南宁　广西人民出版社　1984 年　1 张　76cm（2 开）

定价：CNY0.18

　　中国现代年画作品。

J0055635

开市大吉　宋明远作

沈阳　辽宁美术出版社　1984 年　76cm（2 开）

定价：CNY0.16

　　中国现代年画作品。

J0055636
看谁长的高　陆廷作
兰州 甘肃人民出版社 1984 年 76cm（2 开）
定价：CNY0.18
　　中国现代年画作品。

J0055637
康乐宝宝　陈英作
北京 人民体育出版社 1984 年 76cm（2 开）
定价：CNY0.16
　　中国现代年画作品。

J0055638
科技致富　吴秀楣作
沈阳 辽宁美术出版社 1984 年 76cm（2 开）
定价：CNY0.16
　　中国现代年画作品。

J0055639
可爱的熊猫　胡莹作
成都 四川人民出版社 1984 年 76cm（2 开）
定价：CNY0.16
　　中国现代年画作品。

J0055640
空降演习　陈正明作
天津 天津人民美术出版社 1984 年 76cm（2 开）
定价：CNY0.18
　　中国现代年画作品。

J0055641
孔雀姑娘　王嘉喜作
北京 人民体育出版社 1984 年 76cm（2 开）
定价：CNY0.16
　　中国现代年画作品。

J0055642
孔雀海棠　王秀保作
贵阳 贵州人民出版社 1984 年 76cm（2 开）
定价：CNY0.16
　　中国现代年画作品。

J0055643
孔雀屏　（春夏秋冬）许番芝作
哈尔滨 黑龙江美术出版社 1984 年 2 张 76cm
（2 开）定价：CNY0.32
　　中国现代年画作品。

J0055644
孔雀屏　吴振兹作
上海 上海人民美术出版社 1984 年 76cm（2 开）
定价：CNY0.16
　　中国现代年画作品。

J0055645
寇准背靴　梁建君作
石家庄 河北美术出版社 1984 年 76cm（2 开）
定价：CNY0.16
　　中国现代年画作品。

J0055646
寇准背靴　（一至四）望轩文；何辉作
天津 天津杨柳青画社 1984 年 2 张 76cm（2 开）
定价：CNY0.32
　　中国现代年画作品。作者何辉（1958—　　），
湖南天子山人，湖南轻工业高等专科学校工艺美
术系主任。

J0055647
寇准背靴　姚中玉，王伟成作
北京 中国戏剧出版社 1984 年 76cm（2 开）
定价：CNY0.16
　　中国现代年画作品。

J0055648
快乐的儿童　陈英作
成都 四川人民出版社 1984 年 76cm（2 开）
定价：CNY0.16
　　中国现代年画作品。

J0055649
快乐的节日　刘天民作
沈阳 辽宁美术出版社 1984 年 76cm（2 开）
定价：CNY0.16
　　中国现代年画作品。

J0055650
快乐的节日　谭尚忍作
武汉 长江文艺出版社 1984 年 76cm（2 开）
定价：CNY0.18

中国现代年画作品。

J0055651
快乐的小队活动　是有福作
南京 江苏美术出版社 1984 年 76cm（2 开）
定价：CNY0.18
　　中国现代年画作品。

J0055652
快乐的小伙伴　陈乃亮作
南昌 江西人民出版社［1984 年］76cm（2 开）
定价：CNY0.18
　　中国现代年画作品。

J0055653
快乐的小熊猫　邹君文作
沈阳 辽宁美术出版社 1984 年 76cm（2 开）
定价：CNY0.16
　　中国现代年画作品。

J0055654
兰花　张玉清作
北京 人民美术出版社 1984 年 2 张 76cm（2 开）
定价：CNY0.32
　　中国现代年画作品。

J0055655
兰天卫士　严兴华作
成都 四川人民出版社 1984 年 76cm（2 开）
定价：CNY0.16
　　中国现代年画作品。

J0055656
劳动致富　赵仁成作
上海 上海人民美术出版社 1984 年 76cm（2 开）
定价：CNY0.16
　　中国现代年画作品。

J0055657
劳动致富　勤俭有余　步万方作
天津 天津杨柳青画社 1984 年 76cm（2 开）
定价：CNY0.18
　　中国现代年画作品。

J0055658
劳动致富　生产发家　陈致信作
成都 四川人民出版社 1984 年 76cm（2 开）
定价：CNY0.16
　　中国现代年画作品。

J0055659
劳动致富　运动长寿　彭开天作
南昌 江西人民出版社［1984 年］76cm（2 开）
定价：CNY0.13
　　中国现代年画作品。

J0055660
劳动致富光荣　刘景龙作
石家庄 河北美术出版社 1984 年 76cm（2 开）
定价：CNY0.16
　　中国现代年画作品。

J0055661
劳动致富喜盈门　科学种田保丰收　靳定
生作
南京 江苏美术出版社 1984 年 2 张 54cm（4 开）
定价：CNY0.16
　　中国现代年画作品。

J0055662
劳勤致富　姜录作
哈尔滨 黑龙江美术出版社 1984 年 76cm（2 开）
定价：CNY0.16
　　中国现代年画作品。

J0055663
老革命家诗词　武中奇书
郑州 河南人民出版社 1984 年 4 张 76cm（2 开）
定价：CNY2.00
　　中国现代年画作品。作者武中奇（1907—
2006），书法家。山东长清人。历任江苏省人民
代表大会常务委员、中国书法家协会理事、中国
书法家协会江苏分会主席、江苏省画院副院长。
出版有《武中奇书法篆刻集》。

J0055664
乐山大佛寺　刘士木作
成都 四川人民出版社 1984 年 76cm（2 开）
定价：CNY0.16

中国现代年画作品。

J0055665
乐闻瀑声　韩培生作
杭州 浙江人民美术出版社 1984 年 76cm（2 开）
定价：CNY0.23
　　中国现代年画作品。

J0055666
李冰父子　李万春作
成都 四川人民出版社 1984 年 76cm（2 开）
定价：CNY0.16
　　中国现代年画作品。

J0055667
李广射虎　高民生作
西安 陕西人民美术出版社 1984 年 76cm（2 开）
定价：CNY0.18
　　中国现代年画作品。

J0055668
李逵 鲁智深　萧潜作
郑州 河南人民出版社 1984 年 76cm（2 开）
定价：CNY0.16
　　中国现代年画作品。

J0055669
李逵 鲁智深　萧潜作
郑州 河南人民出版社 1984 年 54cm（4 开）
定价：CNY0.08
　　中国现代年画作品。

J0055670
李元霸 裴元庆　郭长林作
贵阳 贵州人民出版社 1984 年 76cm（2 开）
定价：CNY0.16
　　中国现代年画作品。

J0055671
鲤鱼跳龙门　汤余铭作
杭州 西泠印社 1984 年 76cm（2 开）
定价：CNY0.16
　　中国现代年画作品。

J0055672
立志篇　张泽苾作；陈元宁文
天津 天津人民美术出版社 1984 年 2 张
76cm（2 开）定价：CNY0.36
　　中国现代年画作品。

J0055673
荔镜记　陈仰煌作
广州 岭南美术出版社 1984 年 76cm（2 开）
定价：CNY0.18
　　中国现代年画作品。

J0055674
连丰有余　王天胜作
哈尔滨 黑龙江美术出版社 1984 年 76cm（2 开）
定价：CNY0.16
　　中国现代年画作品。

J0055675
连年有余　苏耕，刘泽文作
北京 人民美术出版社 1984 年 76cm（2 开）
定价：CNY0.16
　　中国现代年画作品。

J0055676
连年有余　（一）张为民作
天津 天津杨柳青画社 1984 年 76cm（2 开）
定价：CNY0.18
　　中国现代年画作品。

J0055677
连年有余　（二）张为民作
天津 天津杨柳青画社 1984 年 76cm（2 开）
定价：CNY0.18
　　中国现代年画作品。

J0055678
连年有余　何永明作
昆明 云南人民出版社 1984 年 76cm（2 开）
定价：CNY0.10
　　中国现代年画作品。

J0055679
莲上得鱼　杨立群作
哈尔滨 黑龙江美术出版社 1984 年 76cm（2 开）

定价: CNY0.16
　　中国现代年画作品。

J0055680
莲塘鱼肥　　陈英作
杭州 浙江人民美术出版社 1984 年 76cm（2 开）
定价: CNY0.16
　　中国现代年画作品。

J0055681
莲舞鱼跃庆丰年　　张锟韬作
石家庄 河北美术出版社 1984 年 76cm（2 开）
定价: CNY0.16
　　中国现代年画作品。

J0055682
良宵　　刘宇一作
南宁 广西人民出版社 1984 年 2 版 76cm（2 开）
定价: CNY0.40
　　中国现代年画作品。

J0055683
梁红玉　穆桂英　　刘正作
上海 上海书画出版社 1984 年 76cm（2 开）
定价: CNY0.16
　　中国现代年画作品。作者刘正(1949—　)，
女，编辑。天津人，毕业于天津美术学院绘画系。
历任天津人民美术出版社编审、中国美术家协会
会员、中国工笔画学会会员、中国刘奎龄艺术研
究院研究员、天津市美术家协会会员。代表作品
有《中国织绣服饰全集》《幸福花开》《庄户剧团》
《十二月花神》《春到西花厅》等。

J0055684
两家小娃抬寿桃　　李慕白，庞卡作
北京 中国戏剧出版社 1984 年 76cm（2 开）
定价: CNY0.16
　　中国现代年画作品。

J0055685
林则徐　　徐成智作
成都 四川人民出版社 1984 年 76cm（2 开）
定价: CNY0.16
　　中国现代年画作品。

J0055686
刘伯承元帅　　何多俊作
成都 四川人民出版社 1984 年 2 版 53cm（4 开）
定价: CNY0.18
　　中国现代年画作品。

J0055687
刘伯承元帅　　何多俊作
成都 四川人民出版社 1984 年 2 版 76cm（2 开）
定价: CNY0.16
　　中国现代年画作品。

J0055688
刘海戏金蟾　　刘正作
石家庄 河北美术出版社 1984 年 76cm（2 开）
定价: CNY0.16
　　中国现代年画作品。作者刘正(1949—　)，
女，编辑。天津人，毕业于天津美术学院绘画系。
历任天津人民美术出版社编审、中国美术家协会
会员、中国工笔画学会会员、中国刘奎龄艺术研
究院研究员、天津市美术家协会会员。代表作品
有《中国织绣服饰全集》《幸福花开》《庄户剧团》
《十二月花神》《春到西花厅》等。

J0055689
刘巧儿　　（一至四）耿英文，冯国琳作
沈阳 辽宁美术出版社 1984 年 2 张 76cm（2 开）
定价: CNY0.32
　　中国现代年画作品。

J0055690
刘三姐　　帅立功作
上海 上海书画出版社 1984 年 76cm（2 开）
定价: CNY0.16
　　中国现代年画作品。

J0055691
六老赏梅图　　（胶印轴画）石景昭作
西安 陕西人民美术出版社 1984 年 3 轴 附对联
108cm（全开）定价: CNY2.45
　　中国现代年画作品。

J0055692
六月西湖锦绣乡　　吴永良作
杭州 浙江人民美术出版社 1984 年 76cm（2 开）

定价: CNY0.23

中国现代年画作品。作者吴永良(1937—)，画家、教授。浙江鄞县人，毕业于浙江美术学院中国画系人物画科。历任中国美术家协会会员、浙江美术学院教授。代表作品有《鲁迅肖像》《水乡集市》《华夏颂》《潘天寿肖像》《西泠印踪》等。

J0055693

龙灯起舞闹元宵　张桂英, 刘忠臣作

兰州 甘肃人民出版社 1984年 76cm(2开)

定价: CNY0.18

中国现代年画作品。

J0055694

龙飞凤舞　魏瀛洲作

上海 上海人民美术出版社 1984年 76cm(2开)

定价: CNY0.16

中国现代年画作品。

J0055695

龙飞凤舞　江涛作

天津 天津人民美术出版社 1984年 76cm(2开)

定价: CNY0.18

中国现代年画作品。

J0055696

龙飞凤舞丰收乐　史士明作

广州 岭南美术出版社 1984年 76cm(2开)

定价: CNY0.18

中国现代年画作品。

J0055697

龙凤呈祥　谭裕钊作

广州 岭南美术出版社 1984年 76cm(2开)

定价: CNY0.20

中国现代年画作品。

J0055698

龙凤呈祥　朱梅村作

上海 上海书画出版社 1984年 76cm(2开)

定价: CNY0.16

中国现代年画作品。

J0055699

龙凤呈祥　百鸟和鸣　丹凤朝阳　凤穿牡丹　谈绮芬作

南京 江苏美术出版社 1984年 76cm(2开)

定价: CNY1.50

中国现代年画作品。

J0055700

龙凤呈祥　富贵有余　刘福泰作

郑州 河南人民出版社 1984年 76cm(2开)

定价: CNY0.16

中国现代年画作品。

J0055701

龙凤呈祥　富贵有余　刘福泰作

郑州 河南人民出版社 1984年 54cm(4开)

定价: CNY0.08

中国现代年画作品。

J0055702

龙凤呈祥吉庆有余　吕莲玉作

重庆 重庆出版社 1984年 76cm(2开)

定价: CNY0.16

中国现代年画作品。

J0055703

龙凤呈祥双喜临门　靳定生作

南京 江苏美术出版社 1984年 [78cm](3开)

定价: CNY0.13

中国现代年画作品。

J0055704

龙凤呈祥喜临门　紫燕作

合肥 安徽出版社 1984年 76cm(2开)

定价: CNY0.18

中国现代年画作品。

J0055705

龙凤双喜图　杜朝中作

成都 四川人民出版社 1984年 [1张]

76cm(2开)

定价: CNY0.16

中国现代年画作品。

J0055706

龙宫献宝　成砺志作

成都 四川人民出版社 1984 年 76cm（2 开）

定价：CNY0.16

中国现代年画作品。

J0055707

龙女凤舞　陈镇新作

北京 人民体育出版社 1984 年 76cm（2 开）

定价：CNY0.16

中国现代年画作品。

J0055708

龙女赠珠　葛荣环，阎亚安作

哈尔滨 黑龙江美术出版社 1984 年 76cm（2 开）

定价：CNY0.16

中国现代年画作品。

J0055709

龙腾　鱼跃　郭长林作

贵阳 贵州人民出版社 1984 年 76cm（2 开）

定价：CNY0.16

中国现代年画作品。

J0055710

龙舟凤艇庆丰年　区本泉作

广州 岭南美术出版社 1984 年 76cm（2 开）

定价：CNY0.36

中国现代年画作品。

J0055711

楼台琴声　苗佳硕作

合肥 安徽人民出版社 1984 年 76cm（2 开）

定价：CNY0.16

中国现代年画作品。

J0055712

庐山恋　徐成智作

成都 四川人民出版社 1984 年 76cm（2 开）

定价：CNY0.16

中国现代年画作品。

J0055713

鲁迅与青年　李树基作

沈阳 辽宁美术出版社 1984 年 76cm（2 开）

定价：CNY0.16

中国现代年画作品。

J0055714

鲁智深　刘荣富作

合肥 安徽人民出版社 1984 年 2 张 76cm（2 开）

定价：CNY0.36

中国现代年画作品。

J0055715

鲁智深　李逵　何伊华作

贵阳 贵州人民出版社 1984 年 76cm（2 开）

定价：CNY0.16

中国现代年画作品。

J0055716

鲁智深大闹桃花村　赵兵凯作

天津 天津杨柳青画社 1984 年 4 轴 78cm（2 开）

定价：CNY1.20

中国现代年画作品。

J0055717

陆海空军事大演习　裴文璐作

昆明 云南人民出版社 1984 年 76cm（2 开）

定价：CNY0.18

中国现代年画作品。作者裴文璐（1944—　　），出生于昆明，中国美术家协会会员、云南艺术学院客座教授、云南省公安厅文联书画院名誉院长。代表作品有《瑞丽江畔》《赶摆》。

J0055718

陆文龙　岳云　华逸龙作

合肥 安徽人民出版社 1984 年 76cm（2 开）

定价：CNY0.16

中国现代年画作品。

J0055719

陆文龙大战金兀术　赵兵凯作

天津 天津人民美术出版社 1984 年 76cm（2 开）

定价：CNY0.18

中国现代年画作品。

J0055720

鹿鹤仙子　张允晖作

上海 上海人民美术出版社 1984 年 76cm（2 开）

定价：CNY0.16

　　中国现代年画作品。

J0055721

路路进宝　童金贵作

哈尔滨　黑龙江美术出版社　1984年　76cm（2开）

定价：CNY0.16

　　中国现代年画作品。

J0055722

罗成　秦琼　彦平，雅君作

郑州　河南人民出版社　1984年　54cm（4开）

定价：CNY0.08

　　中国现代年画作品。

J0055723

罗荣桓元帅　曾廷仲作

成都　四川人民出版社　1984年　2版　76cm（2开）

定价：CNY0.16

　　中国现代年画作品。

J0055724

罗荣桓元帅　曾廷仲作

成都　四川人民出版社　1984年　2版　53cm（4开）

定价：CNY0.18

　　中国现代年画作品。

J0055725

吕布　周瑜　杨通河作

贵阳　贵州人民出版社　1984年　76cm（2开）

定价：CNY0.16

　　中国现代年画作品。

J0055726

吕布与貂蝉　黄家昌作

天津　天津杨柳青画社　1984年　76cm（2开）

定价：CNY0.18

　　中国现代年画作品。

J0055727

妈妈的心愿　林惠珍作

沈阳　辽宁美术出版社　1984年　76cm（2开）

定价：CNY0.16

　　中国现代年画作品。

J0055728

妈妈光荣　宝宝健康　严风扬作

昆明　云南人民出版社　1984年　76cm（2开）

定价：CNY0.15

　　中国现代年画作品。

J0055729

妈妈教我来识字　张方作

合肥　安徽人民出版社　1984年　76cm（2开）

定价：CNY0.16

　　中国现代年画作品。

J0055730

妈妈教我一支歌　文军作

上海　上海人民美术出版社　1984年　76cm（2开）

定价：CNY0.16

　　中国现代年画作品。

J0055731

妈妈再见　杨文义，沈家琳作

哈尔滨　黑龙江美术出版社　1984年　76cm（2开）

定价：CNY0.16

　　中国现代年画作品。作者杨文义（1953—　），画家。内蒙古临河人。毕业于北京书画函授大学。曾任古雕艺术学校校长、中国教育学会书法教育专业委员会会员等职。作品有《暗香浮动》《春华秋实》等。作者沈家琳（1931—　），画家。浙江宁波人，毕业于华东艺专。历任上海画片出版社编辑，上海人民美术出版社编辑、创作组长、年画、宣传画编辑室主任、副编审，全国美展年画评委、中国美协年画艺委会副主任。创作年画有《做共产主义接班人》《友爱》《做共产主义接班人》等。

J0055732

卖水　沈家琳，杨文义作

北京　中国戏剧出版社　1984年　76cm（2开）

定价：CNY0.16

　　中国现代年画作品。

J0055733

满园春色　毛翔先作

杭州　浙江人民美术出版社　1984年　76cm（2开）

定价：CNY0.16

　　中国现代年画作品。

J0055734

漫游水晶宫　史士明作

哈尔滨 黑龙江美术出版社 1984 年 76cm（2 开）

定价：CNY0.16

　　中国现代年画作品。

J0055735

猫蝶富贵　李恩作

北京 人民美术出版社 1984 年 76cm（2 开）

定价：CNY0.16

　　中国现代年画作品。

J0055736

猫蝶千秋　雨新，方工作

西宁 青海人民出版社 1984 年 76cm（2 开）

定价：CNY0.16

　　中国现代年画作品。作者雨新（1927—　），画家。本名王宗光，北京顺义人。曾任荣宝斋咨询委员会委员、中国老年书画研究会创作员。主要作品有《怎样画蝴蝶》《怎样画草虫》《怎样画牡丹花石》等。作者方工，女，画家。原名王振芳。擅画猫。与其父合作绘著并出版《画猫技法基础》《百猫百蝶图》等。

J0055737

猫蝶图　黎恩作

沈阳 辽宁美术出版社 1984 年 76cm（2 开）

定价：CNY0.16

　　中国现代年画作品。

J0055738

猫蝶图　缪爱莉作

广州 岭南美术出版社 1984 年 76cm（2 开）

定价：CNY0.25

　　中国现代年画作品。

J0055739

猫狗四条屏　汪传馥作

南京 江苏美术出版社 1984 年 4 张 78cm（2 开）

定价：CNY0.52

　　中国现代年画作品。

J0055740

猫戏图　许志彬作

成都 四川人民出版社 1984 年 76cm（2 开）

定价：CNY0.16

J0055741

冒富大嫂上广播　郭常信作

沈阳 辽宁美术出版社 1984 年 76cm（2 开）

定价：CNY0.16

　　中国现代年画作品。

J0055742

梅鹤图　赵思温作

石家庄 河北美术出版社 1984 年 76cm（2 开）

定价：CNY0.16

　　中国现代年画作品。作者赵思温（1940—　），国家一级美术师。甘肃省民乐县人，毕业入中央民族大学艺术系学习。历任河北省廊坊市群艺馆馆员、廊坊画院院长、中国美术家协会河北分会理事、河北省花鸟画研究会副会长、河北省廊坊画院常务副院长、文化部民族文化基金会常务理事、河北廊坊市美协副主席。代表作品有《高风亮节》《双鹰图》《高鸣图》《国色天香》等。

J0055743

梅鹤图　（胶印轴画）赵思温作

石家庄 河北美术出版社 1984 年 3 轴 附对联 108cm（全开）定价：CNY1.50

　　中国现代年画作品。

J0055744

梅兰竹菊　魏岳蒿作

兰州 甘肃人民出版社 1984 年 2 张 76cm（2 开）

定价：CNY0.36

　　中国现代年画作品。

J0055745

梅兰竹菊　张世简作

北京 人民美术出版社 1984 年 2 张 76cm（2 开）

定价：CNY0.32

　　中国现代年画作品。作者张世简（1926—2009），国画家、教授。浙江浦江人。中央工艺美术学院教授、中国美术家协会会员、中国国艺研究院院士、北京国艺轩书画院顾问。作品有《桃花初艳鸟先到》《樱桃麻雀》《白头多寿》等，出版《写意花鸟画技法》《写意花鸟画构图浅说》《荷花画谱》等。

J0055746
美好的祖国　李世元作
沈阳 辽宁美术出版社 1984 年 76cm（2 开）
定价：CNY0.16
　　中国现代年画作品。

J0055747
美丽的草原我的家　（蒙汉文对照）汪景林作
呼和浩特 内蒙古人民出版社 1984 年
76cm（2 开）定价：CNY0.18
　　中国现代年画作品。

J0055748
美满幸福　邬华敏作
成都 四川人民出版社 1984 年 76cm（2 开）
定价：CNY0.16
　　中国现代年画作品。

J0055749
美曲引金鸡　邵培文作
哈尔滨 黑龙江美术出版社 1984 年 76cm（2 开）
定价：CNY0.18
　　中国现代年画作品。

J0055750
孟良　焦赞　秦先源，石正作
成都 四川人民出版社 1984 年 76cm（2 开）
定价：CNY0.166
　　中国现代年画作品。

J0055751
民富国强　连年有余　吴新亚作
武汉 长江文艺出版社 1984 年 76cm（2 开）
定价：CNY0.16
　　中国现代年画作品。

J0055752
民族英雄屏　刘荣富作
哈尔滨 黑龙江美术出版社 1984 年 2 张
76cm（2 开）定价：CNY0.32
　　中国现代年画作品。

J0055753
名菊花　秦志刚作
南京 江苏美术出版社 1984 年 4 张 78cm（2 开）

定价：CNY0.52
　　中国现代年画作品。

J0055754
名菊花　秦志刚作
南京 江苏美术出版社 1984 年 76cm（2 开）
定价：CNY1.50
　　中国现代年画作品。

J0055755
名山雄姿　王文芳，蒋志鑫合作
郑州 河南人民出版社 1984 年 4 张 76cm（2 开）
定价：CNY3.00
　　中国现代年画作品。作者王文芳（1938—　　），
画家、一级美术师。山东招远人。历任北京画院
专职画家、全国美协会员、北京美协理事、北京
画院专业画家。代表作品《梦回版纳》《松鸣谷
应》《王文芳山水画选》等。

J0055756
母子安康　范树人作
石家庄 河北美术出版社 1984 年 76cm（2 开）
定价：CNY0.16
　　中国现代年画作品。

J0055757
牡丹对屏　祁祯作
上海 上海人民美术出版社 1984 年 2 张
76cm（2 开）定价：CNY0.32
　　中国现代年画作品。

J0055758
牡丹蝴蝶对屏　江河作
上海 上海书画出版社 1984 年 76cm（2 开）
定价：CNY0.16
　　中国现代年画作品。

J0055759
牡丹仙子　王跃林，王小柏作
南宁 广西人民出版社 1984 年 76cm（2 开）
定价：CNY0.16
　　中国现代年画作品。

J0055760
牡丹仙子　彭连熙作

郑州 河南人民出版社 1984 年 2 张 76cm（2 开）
定价：CNY0.36
　　中国现代年画作品。

J0055761
牡丹鸳鸯　张振群作
哈尔滨 黑龙江美术出版社 1984 年 76cm（2 开）
定价：CNY0.16
　　中国现代年画作品。

J0055762
牡丹争艳　祁祯作
济南 山东美术出版社 1984 年 4 张 76cm（2 开）
定价：CNY0.64
　　中国现代年画作品。

J0055763
木兰荣归　李维林作
合肥 安徽人民出版社 1984 年 76cm（2 开）
定价：CNY0.16
　　中国现代年画作品。

J0055764
木兰习剑　梁建君作
石家庄 河北美术出版社 1984 年 76cm（2 开）
定价：CNY0.16
　　中国现代年画作品。

J0055765
牧笛　冯杰作
合肥 安徽人民出版社 1984 年 76cm（2 开）
定价：CNY0.16
　　中国现代年画作品。

J0055766
穆桂英 花木兰　刘绍林作
郑州 河南人民出版社 1984 年 2 张 54cm（4 开）
定价：CNY0.16
　　中国现代年画作品。

J0055767
穆桂英 梁红玉　李先润作
武汉 长江文艺出版社 1984 年 76cm（2 开）
定价：CNY0.16
　　中国现代年画作品。

J0055768
穆桂英挂帅　赵梦林作
上海 上海人民美术出版社 1984 年 76cm（2 开）
定价：CNY0.16
　　中国现代年画作品。

J0055769
穆桂英上阵　刘荣富作
长沙 湖南美术出版社 1984 年 76cm（2 开）
定价：CNY0.16
　　中国现代年画作品。

J0055770
穆桂英下山　冯治华编文；陈云书等摄影
郑州 河南人民出版社 1984 年 76cm（2 开）
定价：CNY0.36
　　中国现代年画作品。

J0055771
哪吒　高歌作
兰州 甘肃人民出版社 1984 年 54cm（4 开）
定价：CNY0.09
　　中国现代年画作品。

J0055772
哪吒闹海　梁建君作
合肥 安徽人民出版社 1984 年 76cm（2 开）
定价：CNY0.16
　　中国现代年画作品。

J0055773
哪吒闹海　寇国荣作
天津 天津杨柳青画社 1984 年 76cm（2 开）
定价：CNY0.18
　　中国现代年画作品。

J0055774
哪吒闹海　彭晓作
昆明 云南人民出版社 1984 年 53cm（4 开）
定价：CNY0.10
　　中国现代年画作品。

J0055775
奶奶先吃　阎永生作
贵阳 贵州人民出版社 1984 年 76cm（2 开）

定价: CNY0.16
　中国现代年画作品。

J0055776
闹花灯　朱希煌作
南昌 江西人民出版社［1984 年］76cm（2 开）
定价: CNY0.18
　中国现代年画作品。

J0055777
闹元宵　李建章作
石家庄 河北美术出版社 1984 年 76cm（2 开）
定价: CNY0.16
　中国现代年画作品。

J0055778
闹元宵花灯放异彩　魏志刚作
天津 天津人民美术出版社 1984 年 76cm（2 开）
定价: CNY0.18
　中国现代年画作品。

J0055779
内蒙古年画 （1985）
呼和浩特 内蒙古人民出版社［1984 年］
19cm（32 开）
　中国现代年画作品。

J0055780
内蒙古年画 （1986）
呼和浩特 内蒙古人民出版社［1985 年］
19cm（32 开）
　中国现代年画作品。

J0055781
内蒙古年画 （1987.1）
呼和浩特 内蒙古人民出版社 1986 年
19cm（32 开）
　中国现代年画作品。

J0055782
内蒙古年画 （1987.2）
呼和浩特 内蒙古人民出版社 1986 年
19cm（32 开）
　中国现代年画作品。

J0055783
内蒙古年画 （1989）
呼和浩特 内蒙古人民出版社 1987 年 13×19cm
　本书收辑了近百幅彩色年画。

J0055784
内蒙古年画 （1990）
呼和浩特 内蒙古人民出版社［1989 年］
19cm（32 开）
　中国现代年画作品。

J0055785
年丰猫欢　成砺志作
北京 农村读物出版社 1984 年 76cm（2 开）
定价: CNY0.18
　中国现代年画作品。

J0055786
年丰人乐　霍元庆作
上海 上海人民美术出版社 1984 年 76cm（2 开）
定价: CNY0.16
　中国现代年画作品。

J0055787
年画对屏
南京 江苏美术出版社 1984 年 2 张 78cm（2 开）
定价: CNY0.24
　中国现代年画作品。

J0055788
年画缩样 （1985.1）
昆明 云南人民出版社［1984 年］18cm（15 开）

J0055789
年画缩样 （1985.2 春联）
昆明 云南人民出版社［1984 年］13×19cm
　中国现代年画作品小样画册。

J0055790
年画艺术 （丛刊 第一期）
天津 天津人民美术出版社 1984 年 52 页
26cm（16 开）定价: CNY0.50
　中国现代年画作品。

J0055791

年年如意　岁岁平安　金平定作

成都　四川人民出版社 1984 年 76cm（2 开）

定价：CNY0.16

　　中国现代年画作品。

J0055792

年年喜事多　陈菊仙作

上海　上海人民美术出版社 1984 年 76cm（2 开）

定价：CNY0.16

　　中国现代年画作品。

J0055793

年年有余　杜兴顺作

哈尔滨　黑龙江美术出版社 1984 年 76cm（2 开）

定价：CNY0.16

　　中国现代年画作品。

J0055794

年年有余　李冰作

天津　天津人民美术出版社 1984 年 76cm（2 开）

定价：CNY0.18

　　中国现代年画作品。

J0055795

年年有余年年富　史士明作

西安　陕西人民美术出版社 1984 年 76cm（2 开）

定价：CNY0.18

　　中国现代年画作品。

J0055796

年粘糕　孙雨田作

天津　天津人民美术出版社 1984 年 76cm（2 开）

定价：CNY0.19

　　中国现代年画作品。作者孙雨田（1948—　　），研究员。笔名山野、别署恋蒲斋，生于山东济宁。毕业于山东师范大学美术系。历任淄博书画院副研究馆员、山东画院高级画师、中国美术家协会会员。出版作品有《蒲松龄》《七彩绫》《汉武帝》《粘年糕》等。

J0055797

鸟丽花香　张琪作

沈阳　辽宁美术出版社 1984 年 2 张 76cm（2 开）

定价：CNY0.32

　　中国现代年画作品。

J0055798

鸟趣图对屏　郑鹍作

上海　上海书画出版社 1984 年 76cm（2 开）

定价：CNY0.16

　　中国现代年画作品。

J0055799

鸟雀屏

北京　人民美术出版社 1984 年 2 张 76cm（2 开）

定价：CNY0.32

　　中国现代年画作品。

J0055800

鸟语花香　耿明作

合肥　安徽人民出版社 1984 年 2 张 76cm（2 开）

定价：CNY0.36

　　中国现代年画作品。

J0055801

鸟语花香　（一至四）王福森作

哈尔滨　黑龙江美术出版社 1984 年 2 张 76cm（2 开）定价：CNY0.32

　　中国现代年画作品。

J0055802

鸟语花香　任民业作

银川　宁夏人民出版社 1984 年 2 张 76cm（2 开）

定价：CNY0.48

　　中国现代年画作品。

J0055803

鸟语花香　殷岳君作

北京　人民美术出版社 1984 年 2 张 76cm（2 开）

定价：CNY0.32

　　中国现代年画作品。

J0055804

鸟语花香　周升寅作

天津　天津杨柳青画社 1984 年 附对联 108cm（全开）定价：CNY0.36

　　中国现代年画作品。

J0055805
聂荣臻元帅　李增吉作
成都 四川人民出版社 1984年 2版 76cm（2开）
定价：CNY0.16
　　中国现代年画作品。

J0055806
聂荣臻元帅　李增吉作
成都 四川人民出版社 1984年 2版 53cm（4开）
定价：CNY0.08
　　中国现代年画作品。

J0055807
牛郎织女　潘隆正作
长沙 湖南美术出版社 1984年 76cm（2开）
定价：CNY0.16
　　中国现代年画作品。作者潘隆正（1944—　），
笔名晓牛，出生于重庆市，毕业于西南师范大学
美术系。历任重庆出版社美编室副主任、重庆出
版集团（美术）副编审、全国年画研究会理事、西
南大学育才学院美术学院副教授、重庆沧白书画
院副院长。作品有《红岩英烈——许晓轩》《挺
进大西南》《娃娃送宝·幸福吉祥》《哼哈二将》
《秦琼、敬德》《在知识的海洋里寻珍探宝》等。

J0055808
农村新貌　孟养玉作
北京 人民美术出版社 1984年 2张 76cm（2开）
定价：CNY0.32
　　中国现代年画作品。

J0055809
农副齐发展　致富道路宽　徐云，于斌作
郑州 河南人民出版社 1984年 54cm（4开）
定价：CNY0.08
　　中国现代年画作品。

J0055810
农家乐　秦健君作
兰州 甘肃人民出版社 1984年 54cm（4开）
定价：CNY0.09
　　中国现代年画作品。

J0055811
农家乐　杜德胜作
沈阳 辽宁美术出版社 1984年 76cm（2开）
定价：CNY0.16
　　中国现代年画作品。

J0055812
农家乐　王爱珠作
广州 岭南美术出版社 1984年 76cm（2开）
定价：CNY0.18
　　中国现代年画作品。

J0055813
农家乐　陈菊仙作
上海 上海人民美术出版社 1984年 76cm（2开）
定价：CNY0.16
　　中国现代年画作品。

J0055814
农家乐　孙才清作
武汉 长江文艺出版社 1984年 76cm（2开）
定价：CNY0.18
　　中国现代年画作品。

J0055815
农家喜　成砺志作
杭州 浙江人民美术出版社 1984年 76cm（2开）
定价：CNY0.16
　　中国现代年画作品。

J0055816
诺桑王子　梅定开作
成都 四川民族出版社 1984年 76cm（2开）
定价：CNY0.36
　　中国现代年画作品。

J0055817
女儿国　（一至四）方今文；曹永，黄跋作
沈阳 辽宁美术出版社 1984年 2张 76cm（2开）
定价：CNY0.32
　　中国现代年画作品。

J0055818
女驸马　南运生，万桂香作
北京 人民美术出版社 1984年 76cm（2开）
定价：CNY0.16
　　中国现代年画作品。

J0055819
女教师　曹淑勤作
沈阳 辽宁美术出版社 1984 年 76cm（2 开）
定价：CNY0.16
　　中国现代年画作品。

J0055820
女娲补天　张德俊作
上海 上海人民美术出版社 1984 年 76cm（2 开）
定价：CNY0.16
　　中国现代年画作品。

J0055821
女中英杰　（一至四）盛光诗
沈阳 辽宁美术出版社 1984 年 2 张 76cm（2 开）
定价：CNY0.32
　　中国现代年画作品。

J0055822
拍下美好的生活　永生作
兰州 甘肃人民出版社 1984 年 76cm（2 开）
定价：CNY0.18
　　中国现代年画作品。

J0055823
盘龙嬉珠　金铭作
上海 上海人民美术出版社 1984 年 76cm（2 开）
定价：CNY0.16
　　中国现代年画作品。

J0055824
盼望祖国早统一　岳晓作
合肥 安徽人民出版社 1984 年 76cm（2 开）
定价：CNY0.16
　　中国现代年画作品。

J0055825
彭德怀元帅　樊怀章作
成都 四川人民出版社 1984 年 2 版 76cm（2 开）
定价：CNY0.16
　　中国现代年画作品。

J0055826
彭德怀元帅　樊怀章作
成都 四川人民出版社 1984 年 2 版 53cm（4 开）

定价：CNY0.18（铜版纸），CNY0.08（胶版纸）
　　中国现代年画作品。

J0055827
彭总和儿童团员　宗万华作
天津 天津杨柳青画社 1984 年 76cm（2 开）
定价：CNY0.18
　　中国现代年画作品。

J0055828
鹏程万里　（胶印轴画）刘菊清作
南京 江苏美术出版社 1984 年 3 轴 附对联
108cm（全开）定价：CNY1.80
　　中国现代年画作品。

J0055829
鹏程万里　（胶印轴画）张宝元作
济南 山东美术出版社 1984 年 3 轴 附对联
108cm（全开）定价：CNY1.50
　　中国现代年画作品。

J0055830
鹏程万里　（胶印轴画）沈高仁作
杭州 浙江人民美术出版社 1984 年 3 轴 附对联
108cm（全开）定价：CNY2.90
　　中国现代年画作品。

J0055831
霹雳火秦明　大刀关胜　孔令生作
昆明 云南人民出版社 1984 年 54cm（4 开）
定价：CNY0.10
　　中国现代年画作品。

J0055832
霹雳火秦明　大刀关胜　孔令生作
昆明 云南人民出版社 1984 年 76cm（2 开）
定价：CNY0.18
　　中国现代年画作品。

J0055833
平平安安四季春　史士明作
天津 天津人民美术出版社 1984 年 2 张
76cm（2 开）定价：CNY0.36
　　中国现代年画作品。

J0055834
扑蝶图　赵金鸽作
北京 中国戏剧出版社 1984 年 76cm（2 开）
定价：CNY0.16
　　中国现代年画作品。

J0055835
普天同庆　朱介堂作
杭州 浙江人民美术出版社 1984 年 76cm（2 开）
定价：CNY0.16
　　中国现代年画作品。

J0055836
普天同庆　皆大欢喜　周绍文，张仁山作
郑州 河南人民出版社 1984 年 76cm（2 开）
定价：CNY0.16
　　中国现代年画作品。

J0055837
戚继光　韩世忠　侯世武作
成都 四川人民出版社 1984 年 76cm（2 开）
定价：CNY0.16
　　中国现代年画作品。

J0055838
戚继光平倭　曾成金作
杭州 浙江人民美术出版社 1984 年 76cm（2 开）
定价：CNY0.16
　　中国现代年画作品。

J0055839
期望　成砺志作
天津 天津人民美术出版社 1984 年 76cm（2 开）
定价：CNY0.18
　　中国现代年画作品。

J0055840
奇妙的公园　张希华作
沈阳 辽宁美术出版社 1984 年 76cm（2 开）
定价：CNY0.16
　　中国现代年画作品。

J0055841
骑自行车来的新娘　刘贵友作
武汉 长江文艺出版社 1984 年 76cm（2 开）

定价：CNY0.18
　　中国现代年画作品。

J0055842
麒麟送宝　林美岚作
南昌 江西人民出版社［1984 年］76cm（2 开）
定价：CNY0.18
　　中国现代年画作品。

J0055843
启迪　赵雨生作
天津 天津杨柳青画社 1984 年 76cm（2 开）
定价：CNY0.18
　　中国现代年画作品。

J0055844
千里送京娘　金铭作
北京 中国戏剧出版社 1984 年 76cm（2 开）
定价：CNY0.16
　　中国现代年画作品。

J0055845
前程似锦　张广力作
上海 上海人民美术出版社 1984 年 76cm（2 开）
定价：CNY0.16
　　中国现代年画作品。

J0055846
钱王射潮　徐福根作
上海 上海人民美术出版社 1984 年 76cm（2 开）
定价：CNY0.16
　　中国现代年画作品。

J0055847
悄悄话　张叙作
西安 陕西人民美术出版社 1984 年 76cm（2 开）
定价：CNY0.18
　　中国现代年画作品。

J0055848
亲密的战友　车永仁作
天津 天津人民美术出版社 1984 年 76cm（2 开）
定价：CNY0.18
　　中国现代年画作品。

J0055849
秦将　胡帅　　侯荣作
重庆　重庆出版社 1984 年 76cm（2 开）
定价：CNY0.16
　　中国现代年画作品。

J0055850
秦岭风光　　梁荃贵作
西安　陕西人民美术出版社 1984 年 2 张
76cm（2 开）定价：CNY0.36
　　中国现代年画作品。

J0055851
秦明　索超　　陈家礼，陈守常作
成都　四川人民出版社 1984 年 76cm（2 开）
定价：CNY0.16
　　中国现代年画作品。

J0055852
秦琼　敬德　　薛尔章作
天津　天津人民美术出版社 1984 年 76cm（2 开）
定价：CNY0.18
　　中国现代年画作品。

J0055853
秦叔宝　尉迟恭　　张志能作
重庆　重庆出版社 1984 年 76cm（2 开）
定价：CNY0.16
　　中国现代年画作品。

J0055854
秦王李世民　　戴玉作；刘殿昭文
天津　天津人民美术出版社 1984 年 2 张
76cm（2 开）定价：CNY0.36
　　中国现代年画作品。

J0055855
秦英征西　　刘建平，姚仲新作
天津　天津人民美术出版社 1984 年 2 张
76cm（2 开）定价：CNY0.36
　　中国现代年画作品。

J0055856
琴声　　周小申作
石家庄　河北美术出版社 1984 年 76cm（2 开）

定价：CNY0.16
　　中国现代年画作品。

J0055857
琴声　　李秉芳作
上海　上海人民美术出版社 1984 年 76cm（2 开）
定价：CNY0.16
　　中国现代年画作品。

J0055858
禽畜兴旺　　（一至四）郜继善，阎眉中作
太原　山西人民出版社 1984 年 4 张 76cm（2 开）
定价：CNY0.72
　　中国现代年画作品。

J0055859
勤俭发家　劳动致富　　王永琪作
昆明　云南人民出版社 1984 年 76cm（2 开）
定价：CNY0.15
　　中国现代年画作品。

J0055860
勤劳多吉庆　　魏瀛洲作
上海　上海人民美术出版社 1984 年 76cm（2 开）
定价：CNY0.16
　　中国现代年画作品。

J0055861
勤劳庆有余　　荣富，航玲作
哈尔滨　黑龙江美术出版社 1984 年 76cm（2 开）
定价：CNY0.16
　　中国现代年画作品。

J0055862
勤劳庆有余　　荣富，航玲作
哈尔滨　黑龙江人民出版社 1984 年 76cm（2 开）
定价：CNY0.16
　　中国现代年画作品。

J0055863
勤劳有余　　陈菊仙作
天津　天津杨柳青画社 1984 年 76cm（2 开）
定价：CNY0.18
　　中国现代年画作品

J0055864
勤劳致富　竹均琪作
沈阳 辽宁美术出版社 1984年 76cm（2开）
定价：CNY0.16
　　中国现代年画作品。

J0055865
勤劳致富　毛桂英等作
天津 天津人民美术出版社 1984年 2张
76cm（2开）定价：CNY0.36
　　中国现代年画作品。

J0055866
勤劳致富 节俭持家　徐惠玲作
武汉 长江文艺出版社 1984年 76cm（2开）
定价：CNY0.16
　　中国现代年画作品。

J0055867
勤劳致富 劳动光荣　谭尚忍作
上海 上海人民美术出版社 1984年 76cm（2开）
定价：CNY0.16
　　中国现代年画作品。

J0055868
勤劳致富 美满幸福　潘隆正作
天津 天津杨柳青画社 1984年 76cm（2开）
定价：CNY0.18
　　中国现代年画作品。作者潘隆正（1944—　），
笔名晓牛，出生于重庆市，毕业于西南师范大学
美术系。历任重庆出版社美编室副主任、重庆出
版集团（美术）副编审、全国年画研究会理事、西
南大学育才学院美术学院副教授、重庆沧白书画
院副院长。作品有《红岩英烈——许晓轩》《挺
进大西南》《娃娃送宝·幸福吉祥》《哼哈二将》
《秦琼、敬德》《在知识的海洋里寻珍探宝》等。

J0055869
勤劳致富 生产发家　刘宏达作
广州 岭南美术出版社 1984年 76cm（2开）
定价：CNY0.20
　　中国现代年画作品。

J0055870
勤劳致富光荣　蔡传隆作
杭州 浙江人民美术出版社 1984年 76cm（2开）
定价：CNY0.16
　　中国现代年画作品。

J0055871
勤劳致富硕果满园　李敬仕作
北京 人民美术出版社 1984年 76cm（2开）
定价：CNY0.16
　　中国现代年画作品。

J0055872
勤劳致富幸福来　刘佩珩作
天津 天津人民美术出版社 1984年 76cm（2开）
定价：CNY0.18
　　中国现代年画作品。

J0055873
勤劳走上富裕路　李白颖作
西安 陕西人民美术出版社 1984年 76cm（2开）
定价：CNY0.18
　　中国现代年画作品。

J0055874
青梅煮酒论英雄　任率英作
北京 人民美术出版社 1984年 76cm（2开）
定价：CNY0.16
　　中国现代年画作品。

J0055875
青年先锋时代楷模——张海迪　李慕白，金
雪尘作
上海 上海人民美术出版社 1984年 76cm（2开）
定价：CNY0.16
　　本作品是中国现代表彰模范共青团员的
年画。

J0055876
青山古寺　刘士庸作
太原 山西人民出版社 1984年 76cm（2开）
定价：CNY0.16
　　中国现代年画作品。

J0055877
情深谊长　高国强作
杭州 浙江人民美术出版社 1984年 76cm（2开）

定价: CNY0.16
　　中国现代年画作品。

J0055878
请"**财神**" 刘永贵作
成都 四川人民出版社 1984 年 76cm（2 开）
定价: CNY0.16
　　中国现代年画作品。

J0055879
请饮一杯丰收酒 李泽民作
石家庄 河北美术出版社 1984 年 76cm（2 开）
定价: CNY0.16
　　中国现代年画作品。

J0055880
庆丰年 王素芝作
哈尔滨 黑龙江美术出版社 1984 年 76cm（2 开）
定价: CNY0.16
　　中国现代年画作品。

J0055881
庆丰年 单锡和作
广州 岭南美术出版社 1984 年 76cm（2 开）
定价: CNY0.18
　　中国现代年画作品。

J0055882
庆丰收 刘崇林作
太原 山西人民出版社 1984 年 76cm（2 开）
定价: CNY0.18
　　中国现代年画作品。

J0055883
庆丰收 刘熹奇作
上海 上海人民美术出版社 1984 年 76cm（2 开）
定价: CNY0.16
　　中国现代年画作品。

J0055884
庆新春 李喜春作
呼和浩特 内蒙古人民出版社 1984 年 76cm（2 开）
定价: CNY0.18
　　中国现代年画作品。

J0055885
庆新年 李伟华作
哈尔滨 黑龙江美术出版社 1984 年 76cm（2 开）
定价: CNY0.16
　　中国现代年画作品。

J0055886
庆新年 李奎根作
沈阳 辽宁美术出版社 1984 年 76cm（2 开）
定价: CNY0.16
　　中国现代年画作品。

J0055887
秋色赛春光 区锦生作
广州 岭南美术出版社 1984 年 76cm（2 开）
定价: CNY0.18
　　中国现代年画作品。

J0055888
秋山行云图 （胶印轴画）魏紫熙作
南京 江苏美术出版社 1984 年 3 轴 附对联
108cm（全开）定价: CNY1.50
　　中国现代年画作品。作者魏紫熙（1915—
2002），画家。河南遂平县人，河南艺术师范学院
毕业。历任河南艺术师范学校教师、河南大学讲
师、江苏省国画院画师、徐州市国画院名誉院长
等。代表作品《黄洋界》《温课》《巡逻》《同劳动
同协商》《魏紫熙画集》。

J0055889
求知 刘崇林作
天津 天津杨柳青画社 1984 年 76cm（2 开）
定价: CNY0.16
　　中国现代年画作品。

J0055890
全家福喜 竹均琪作
天津 天津杨柳青画社 1984 年 76cm（2 开）
定价: CNY0.18
　　中国现代年画作品。

J0055891
劝学 申同景作
石家庄 河北美术出版社 1984 年 76cm（2 开）
定价: CNY0.18

中国现代年画作品。

本作品为年画形式的国家领袖肖像画。

J0055892
群虎屏　田茂怀作
石家庄 河北美术出版社 1984 年 2 张
76cm（2 开）定价：CNY0.36
　　中国现代年画作品。作者田茂怀(1948—　)，
画家。河北衡水人。历任河北省画院特聘画师、
河北省科技大学客座教授、河北书画院副主席、
台湾艺术协会荣誉管理事。

J0055893
让瓜　朱淑媛作
天津 天津人民美术出版社 1984 年 76cm（2 开）
定价：CNY0.18
　　中国现代年画作品。

J0055894
让理想插上金色的翅膀　王顺兴，梁建君作
石家庄 河北美术出版社 1984 年 76cm（2 开）
定价：CNY0.18
　　中国现代年画作品。

J0055895
热爱共产党　热爱新中国　何荣卿作
武汉 长江文艺出版社 1984 年 76cm（2 开）
定价：CNY0.16
　　中国现代年画作品。

J0055896
热爱祖国　晓毅作
重庆 重庆出版社 1984 年 76cm（2 开）
定价：CNY0.16
　　中国现代年画作品。

J0055897
人欢鱼跃　于占德作
哈尔滨 黑龙江美术出版社 1984 年 76cm（2 开）
定价：CNY0.16
　　中国现代年画作品。

J0055898
人民领袖　樊怀章作
北京 人民美术出版社 1984 年 76cm（2 开）
定价：CNY0.16

J0055899
人民英雄　朱希煌作
南昌 江西人民出版社［1984 年］76cm（2 开）
定价：CNY0.18
　　中国现代年画作品。

J0055900
人民子弟兵　王朝阳作
南昌 江西人民出版社［1984 年］76cm（2 开）
甲种 定价：CNY0.26，CNY0.13（乙）
　　中国现代年画作品。

J0055901
人寿年丰　吴性清作
合肥 安徽人民出版社 1984 年 76cm（2 开）
定价：CNY0.16
　　中国现代年画作品。

J0055902
人寿年丰　吴性清作
合肥 安徽人民出版社 1984 年 2 张 76cm（2 开）
定价：CNY0.36
　　中国现代年画作品。

J0055903
人寿年丰　刘熹奇作
南宁 广西人民出版社 1984 年 76cm（2 开）
定价：CNY0.16
　　中国现代年画作品。

J0055904
人寿年丰　陈华民作
沈阳 辽宁美术出版社 1984 年 76cm（2 开）
定价：CNY0.16
　　中国现代年画作品。

J0055905
人寿年丰　江南春作
上海 上海人民美术出版社 1984 年 76cm（2 开）
定价：CNY0.16
　　中国现代年画作品。

J0055906
人寿年丰　　张为民作
天津　天津杨柳青画社 1984 年 76cm（2 开）
定价：CNY0.18
　　中国现代年画作品。

J0055907
人寿年丰　　何永坤作
昆明　云南人民出版社 1984 年 76cm（2 开）
定价：CNY0.18
　　中国现代年画作品。

J0055908
人寿年丰　吉祥如意　　金海波作
武汉　长江文艺出版社 1984 年 76cm（2 开）
定价：CNY0.16
　　中国现代年画作品。

J0055909
人寿年丰奔四化　　张家纯作
哈尔滨　黑龙江美术出版社 1984 年 76cm（2 开）
定价：CNY0.16
　　中国现代年画作品。

J0055910
日日平安　　张剑芳作
上海　上海书画出版社 1984 年 76cm（2 开）
定价：CNY0.16
　　中国现代年画作品。

J0055911
如意瑞福鹤寿新禧　　魏延滨作；胡华令题字
南京　江苏美术出版社 1984 年 4 张 76cm（2 开）
定价：CNY0.80
　　中国现代年画作品。

J0055912
乳燕飞　　王影兵作
西安　陕西人民美术出版社 1984 年 76cm（2 开）
定价：CNY0.18
　　中国现代年画作品。

J0055913
瑞莲游鱼　　俞泉耕作
上海　上海人民出版社 1984 年 85cm（3 开）

定价：CNY0.11
　　中国现代年画作品。

J0055914
瑞狮呈祥　　肖梅青作
广州　岭南美术出版社 1984 年 76cm（2 开）
定价：CNY0.18
　　中国现代年画作品。

J0055915
瑞雪丰年　　林美岚作
北京　人民美术出版社 1984 年 76cm（2 开）
定价：CNY0.13
　　中国现代年画作品。

J0055916
瑞雪兆丰年　　吴健宁作
南京　江苏美术出版社 1984 年 76cm（2 开）
定价：CNY0.18
　　中国现代年画作品。

J0055917
赛花灯　　江南春，沈绍伦作
兰州　甘肃人民出版社 1984 年 76cm（2 开）
定价：CNY0.18
　　中国现代年画作品。

J0055918
三拜花堂　　王惠文改编；费文麓摄影
北京　中国戏剧出版社 1984 年 2 张 76cm（2 开）
定价：CNY0.32
　　中国现代年画作品。

J0055919
三打白骨精·齐天大圣·大战哪吒　　陈烈作
成都　四川人民出版社 1984 年 107cm（全开）
定价：CNY0.32
　　中国现代年画作品。

J0055920
三盗芭蕉扇　　刘德能作
成都　四川人民出版社 1984 年 76cm（2 开）
定价：CNY0.16
　　中国现代年画作品。

J0055921
三恭喜　吕德胜作
杭州　浙江人民美术出版社 1984 年 76cm（2 开）
定价：CNY0.16
　　中国现代年画作品。

J0055922
三关摆宴　马乐群作
天津　天津人民美术出版社 1984 年 76cm（2 开）
定价：CNY0.18
　　中国现代年画作品。

J0055923
三关点帅　申同景作
石家庄　河北美术出版社 1984 年 76cm（2 开）
定价：CNY0.16
　　中国现代年画作品。

J0055924
三关点帅　（胶印轴画）申同景作
石家庄　河北美术出版社 1984 年 3 轴 附对联
108cm（全开）定价：CNY1.50
　　中国现代年画作品。

J0055925
三国故事　刘生展作
北京　人民美术出版社 1984 年 2 张 76cm（2 开）
定价：CNY0.32
　　中国现代年画作品。

J0055926
三国人物　邓敦伟作
南宁　广西人民出版社 1984 年 76cm（2 开）
定价：CNY0.16
　　中国现代年画作品。

J0055927
三国人物　邓敦伟作
南宁　广西人民出版社 1984 年 76cm（2 开）
定价：CNY0.20
　　中国现代年画作品。

J0055928
三国人物　邓敦伟作
南宁　广西人民出版社 1984 年 54cm（4 开）

定价：CNY0.10
　　中国现代年画作品。

J0055929
三国人物　（赵云马超）张锡武作
天津　天津人民美术出版社 1984 年 76cm（2 开）
定价：CNY0.18
　　中国现代年画作品。

J0055930
三国人物　长柏作
天津　天津杨柳青画社 1984 年 76cm（2 开）
定价：CNY0.16
　　中国现代年画作品。

J0055931
三猫图　戴衍彬作
重庆　重庆出版社 1984 年 76cm（2 开）
定价：CNY0.16
　　中国现代年画作品。

J0055932
三年早知道　张瑞恒作
天津　天津人民美术出版社 1984 年 76cm（2 开）
定价：CNY0.18
　　中国现代年画作品。

J0055933
三浦友和与山口百惠
杭州　浙江人民美术出版社 1984 年 54cm（4 开）
定价：CNY0.20
　　中国现代年画作品。

J0055934
沙漠王子　任广智编文；安云摄影
武汉　长江文艺出版社 1984 年 2 张 76cm（2 开）
定价：CNY0.36
　　中国现代年画作品。

J0055935
山城新貌　刘大春作
重庆　重庆出版社 1984 年 76cm（2 开）
定价：CNY0.16
　　中国现代年画作品。

J0055936

山川秀色　（胶印轴画）子南，忠年作
沈阳　辽宁美术出版社 1984 年　3 轴　附对联
108cm（全开）定价：CNY1.50
　　中国现代年画作品。

J0055937

山川壮丽欣重睹　　卢德辉作
天津　天津人民美术出版社 1984 年　76cm（2 开）
定价：CNY0.18
　　中国现代年画作品。

J0055938

山村喜事多　　唐中跃，徐伟作
成都　四川人民出版社 1984 年　76cm（2 开）
定价：CNY0.16
　　中国现代年画作品。

J0055939

山东年画　（选页）山东人民出版社编
济南　山东人民出版社 1984 年　19cm（32 开）
定价：CNY1.35
　　中国现代年画作品。

J0055940

山高水长　　邵文锦作
天津　天津杨柳青画社 1984 年　76cm（2 开）
定价：CNY0.18
　　中国现代年画作品。作者邵文锦（1931—　）。
画家。山东荣城人，毕业于中央美术学院绘画系。
历任《天津画报》社、天津美术出版社编辑，天津
杨柳青画社副社长、副总编、一级美术师。中国
美术家协会会员、理事。作品有《春晖颂》《春风
十里桃花香》《学习老英雄继续新长征》《匠门虎
子》等。

J0055941

山林集兽　（一至四）房英魁作
沈阳　辽宁美术出版社 1984 年　2 张　76cm（2 开）
定价：CNY0.40
　　中国现代年画作品。

J0055942

山水　（胶印轴画）肖谦中作
天津　天津杨柳青画社 1984 年　3 轴　附对联

108cm（全开）定价：CNY1.80
　　中国现代年画作品。

J0055943

山水对屏　（一、二）俞建华作
杭州　浙江人民美术出版社 1984 年　2 张
76cm（2 开）定价：CNY0.46
　　中国现代年画作品。作者俞建华（1944—　），
美术编辑。生于浙江海盐，毕业于浙江美术学校
中国画系山水专业。历任浙江人民美术出版社
美术编辑、中国书法家协会浙江分会副主席、中
国书法家协会会员。

J0055944

山水书画　（一至四）张洪千作
天津　天津杨柳青画社 1984 年　2 张　76cm（2 开）
定价：CNY0.36
　　中国现代年画作品。

J0055945

山水四条　（春夏秋冬）王中年作
天津　天津人民美术出版社 1984 年　2 张
76cm（2 开）定价：CNY0.36
　　中国现代年画作品。

J0055946

山乡晨曲　　曾抒嘉作
沈阳　辽宁美术出版社 1984 年［1 张］76cm（2 开）
定价：CNY0.16
　　中国现代年画作品。

J0055947

山乡引来金凤凰　　高志华作
沈阳　辽宁美术出版社 1984 年［1 张］76cm（2 开）
定价：CNY0.16
　　中国现代年画作品。

J0055948

少林弟子　　赵茵作
天津　天津人民美术出版社 1984 年　1 张
76cm（2 开）定价：CNY0.18
　　中国现代年画作品。

J0055949

少林风云　（一至四）龚景充作

杭州 浙江人民美术出版社 1984 年 2 张
76cm（2 开）定价：CNY0.32
　　中国现代年画作品。

J0055950
少林寺 （娃娃戏）张鸾作
天津 天津人民美术出版社 1984 年 1 张
76cm（2 开）定价：CNY0.18
　　中国现代年画作品。

J0055951
少林寺 （胶印轴画）于锦声作
天津 天津杨柳青画社 1984 年 3 轴 附对联
108cm（全开）定价：CNY1.30
　　中国现代年画作品。

J0055952
少年英雄八大锤　刘荣富作
上海 上海人民美术出版社 1984 年 2 张
76cm（2 开）定价：CNY0.32
　　中国现代年画作品。

J0055953
社会主义好　共产党最亲　刘玉玲作
成都 四川人民出版社 1984 年 1 张 76cm（2 开）
定价：CNY0.16
　　中国现代年画作品。

J0055954
社会主义祖国万岁　成砺志作
天津 天津杨柳青画社 1984 年 1 张 76cm（2 开）
定价：CNY0.18
　　中国现代年画作品。

J0055955
神奇的绿宝石
北京 中国电影出版社 1984 年 1 张 76cm（2 开）
定价：CNY0.18
　　中国现代年画作品。

J0055956
神奇的绿宝石
北京 中国电影出版社 1984 年 2 张 76cm（2 开）
定价：CNY0.36
　　中国现代年画作品。

J0055957
升官记 （娃娃戏）张瑞恒作
天津 天津人民美术出版社 1984 年 1 张
76cm（2 开）定价：CNY0.18
　　中国现代年画作品。

J0055958
生龙活虎　邢志厚作
南京 江苏美术出版社 1984 年 1 张 76cm（2 开）
定价：CNY0.18
　　中国现代年画作品。

J0055959
生命之歌　徐成智作
武汉 长江文艺出版社 1984 年 1 张 76cm（2 开）
定价：CNY0.18
　　中国现代年画作品。

J0055960
生男生女都一样　成砺志作
南京 江苏美术出版社 1984 年 1 张 76cm（2 开）
定价：CNY0.18
　　中国现代年画作品。

J0055961
胜景迎宾　黄振永作
成都 四川人民出版社 1984 年 1 张 76cm（2 开）
定价：CNY0.16
　　中国现代年画作品。作者黄振永（1930—　），
四川成都人。擅长宣传画、年画。曾在空军美术
训练班学习。历任沈阳军区美术创作员、成都
军区空军政治部创作员。作品有《我爱祖国的蓝
天》，年画《幽谷飞瀑》《海之歌》等。

J0055962
盛世丰年　郭抱湘，徐万蓉作
南京 江苏美术出版社 1984 年 1 张 76cm（2 开）
定价：CNY0.18
　　中国现代年画作品。

J0055963
狮吼惊五岳　虎啸震三山　曲学霭作
西宁 青海人民出版社 1984 年 2 张 54cm（4 开）
定价：CNY0.16
　　中国现代年画作品。

J0055964

狮舞迎春　王祖军作

昆明 云南人民出版社 1984 年 1 张 76cm（2 开）

定价：CNY0.18

中国现代年画作品。

J0055965

十八般兵器　金铭作

天津 天津人民美术出版社 1984 年 1 张

76cm（2 开）定价：CNY0.36

中国现代年画作品。

J0055966

十八罗汉斗悟空　孙忠会作

北京 中国戏剧出版社 1984 年 1 张

107cm（全开）定价：CNY0.30

中国现代年画作品。

J0055967

十二属相　孙宗福作

银川 宁夏人民出版社 1984 年 76cm（2 开）

定价：CNY0.20

中国现代年画作品。

J0055968

十二喜鹊图　（中堂）王雪涛作

北京 中国戏剧出版社 1984 年 1 张 附对联

108cm（全开）定价：CNY1.10

中国现代年画作品。

J0055969

十二月花屏　王庆升作

上海 上海人民美术出版社 1984 年 4 张

76cm（2 开）定价：CNY0.64

中国现代年画作品。

J0055970

实现四化幸福多　张英武作

沈阳 辽宁美术出版社 1984 年 1 张 76cm（2 开）

定价：CNY0.16

中国现代年画作品。

J0055971

拾金不昧的好孩子　张振华作

沈阳 辽宁美术出版社 1984 年 1 张 76cm（2 开）

定价：CNY0.16

中国现代年画作品。

J0055972

世界风光　张英洪作

合肥 安徽人民出版社 1984 年 2 张 76cm（2 开）

定价：CNY0.32

中国现代年画作品。作者张英洪（1931—　），教师。字青子，上海轻专美术系副教授、中国美术家协会会员、上海水彩画研究会副会长。

J0055973

世界名都　张举毅作

长沙 湖南美术出版社 1984 年 2 张 76cm（2 开）

定价：CNY0.32

中国现代年画作品。

J0055974

手工劳动　万桂香作

银川 宁夏人民出版社 1984 年 1 张 76cm（2 开）

定价：CNY0.20

中国现代年画作品。

J0055975

守边关

北京 中国电影出版社 1984 年 1 张 76cm（2 开）

定价：CNY0.18

中国现代年画作品。

J0055976

寿　王家筠作

合肥 安徽人民出版社 1984 年 1 张 76cm（2 开）

定价：CNY0.16

中国现代年画作品。

J0055977

寿　朱蒂作

长沙 湖南美术出版社 1984 年 1 张 76cm（2 开）

定价：CNY0.16

中国现代年画作品。

J0055978

寿　周洋作

西安 陕西人民美术出版社 1984 年 1 张

76cm（2 开）定价：CNY0.18

中国现代年画作品。

J0055979
寿福丰富 （六畜兴旺）杜朝中作
成都 四川人民出版社 1984年 1张 76cm（2开）
　　中国现代年画作品。

J0055980
寿比南山　邹君文作
沈阳 辽宁美术出版社 1984年 1张 76cm（2开）
定价：CNY0.16
　　中国现代年画作品。

J0055981
寿喜临门　李学荣作
西宁 青海人民出版社 1984年 1张 76cm（2开）
定价：CNY0.16
　　中国现代年画作品。

J0055982
寿星图 （胶印轴画）龚景充作
杭州 西泠印社 1984年 3轴 附对联 108cm（全开）
定价：CNY1.50
　　中国现代年画作品。

J0055983
绶带牡丹　张振群作
北京 中国文联出版公司 1984年 1张 76cm（2开）
定价：CNY0.16
　　中国现代年画作品。

J0055984
书法四条屏　武中奇书
南京 江苏美术出版社 1984年 76cm（2开）
定价：CNY1.70
　　中国现代年画作品。作者武中奇（1907—
2006），书法家。山东长清人。历任江苏省人民
代表大会常务委员、中国书法家协会理事、中国
书法家协会江苏分会主席、江苏省画院副院长。
出版有《武中奇书法篆刻集》。

J0055985
叔叔请喝茶　林清和作
成都 四川人民出版社 1984年 1张 76cm（2开）
定价：CNY0.16

中国现代年画作品。

J0055986
蔬菜喜丰收　杨馥如作
天津 天津人民美术出版社 1984年 1张
76cm（2开）定价：CNY0.18
　　中国现代年画作品。

J0055987
树文明　立新风　杨家聪，陈衡作
广州 岭南美术出版社 1984年 1张 76cm（2开）
定价：CNY0.20
　　中国现代年画作品。

J0055988
双鞭呼延灼　双枪将董平　张锡武，张静作
重庆 重庆出版社 1984年 1张 76cm（2开）
定价：CNY0.16
　　中国现代年画作品。

J0055989
双福图　那启明作
上海 上海人民美术出版社 1984年 1张
76cm（2开）定价：CNY0.16
　　中国现代年画作品。

J0055990
双虎　李墨作
天津 天津杨柳青画社 1984年 1张 76cm（2开）
定价：CNY0.18
　　中国现代年画作品。

J0055991
双将图　常燕燕作
兰州 甘肃人民出版社 1984年 1张 54cm（4开）
定价：CNY0.09
　　中国现代年画作品。

J0055992
双猫花卉对屏　方工，玉清作
上海 上海书画出版社 1984年 1张 76cm（2开）
定价：CNY0.16
　　中国现代年画作品。作者方工，女，画家。
原名王振芳。擅画猫。与其父合作绘著并出版《画
猫技法基础》《百猫百蝶图》等。

J0055993
双猫牡丹　韩野, 柏翠作
兰州 甘肃人民出版社 1984 年 1 张 76cm（2 开）
定价：CNY0.18
　　中国现代年画作品。

J0055994
双猫图　张振群作
成都 四川人民出版社 1984 年 1 张 76cm（2 开）
定价：CNY0.16
　　中国现代年画作品。

J0055995
双喜临门　孙宗禧作
贵阳 贵州人民出版社 1984 年 1 张 76cm（2 开）
定价：CNY0.16
　　中国现代年画作品。

J0055996
双喜图　单锡和作
上海 上海人民美术出版社 1984 年 1 张
76cm（2 开）定价：CNY0.16
　　中国现代年画作品。

J0055997
双喜盈门　谭尚忍作
上海 上海人民美术出版社 1984 年 1 张
76cm（2 开）定价：CNY0.16
　　中国现代年画作品。

J0055998
双喜鸳鸯　兰林作
天津 天津人民美术出版社 1984 年 1 张
53cm（4 开）定价：CNY0.09
　　中国现代年画作品。

J0055999
双喜鸳鸯图　彬斌作
重庆 重庆出版社 1984 年 1 张 76cm（2 开）
定价：CNY0.16
　　中国现代年画作品。

J0056000
双珠凤　戴松耕作
上海 上海人民美术出版社 1984 年 2 张

76cm（2 开）定价：CNY0.32
　　中国现代年画作品。

J0056001
谁的拐棍　贾书敏作
石家庄 河北美术出版社 1984 年 1 张
76cm（2 开）定价：CNY0.18
　　中国现代年画作品。

J0056002
水浒人物　苏茂隆作
成都 四川人民出版社 1984 年 2 张 76cm（2 开）
定价：CNY0.16
　　中国现代年画作品。

J0056003
水浒一百零八将
杭州 西泠印社 1984 年 1 张 76cm（2 开）
定价：CNY0.15
　　中国现代年画作品。

J0056004
四川儿歌　（一 亮火虫）景志龙等作
成都 四川人民出版社 1984 年 1 张 76cm（2 开）
定价：CNY0.16
　　中国现代年画作品。

J0056005
四川儿歌　（二 劈劈拍）景志龙等作
成都 四川人民出版社 1984 年 1 张 76cm（2 开）
定价：CNY0.16
　　中国现代年画作品。

J0056006
四川儿歌　（三 抬轿轿）景志龙等作
成都 四川人民出版社 1984 年 1 张 76cm（2 开）
定价：CNY0.16
　　中国现代年画作品。

J0056007
四川儿歌　（四 虫虫飞）景志龙等作
成都 四川人民出版社 1984 年 1 张 76cm（2 开）
定价：CNY0.16
　　中国现代年画作品。

J0056008
四川儿歌 （五 手指歌）景志龙等作
成都 四川人民出版社 1984 年 1 张 76cm（2 开）
定价：CNY0.16
　　中国现代年画作品。

J0056009
四川儿歌 （六 蚂蚁歌）景志龙等作
成都 四川人民出版社 1984 年 1 张 76cm（2 开）
定价：CNY0.16
　　中国现代年画作品。

J0056010
四姑娘 刘生展作
长沙 湖南美术出版社 1984 年 1 张 76cm（2 开）
定价：CNY0.16
　　中国现代年画作品。

J0056011
四化花开 王利锁作
南宁 广西人民出版社 1984 年 1 张 76cm（2 开）
定价：CNY0.16
　　中国现代年画作品。

J0056012
四化花开幸福来 童金贵作
天津 天津杨柳青画社 1984 年 1 张 76cm（2 开）
定价：CNY0.18
　　中国现代年画作品。

J0056013
四化引来家家余 童金贵作
兰州 甘肃人民出版社 1984 年 1 张 76cm（2 开）
定价：CNY0.18
　　中国现代年画作品。

J0056014
四季春 朱介堂作
杭州 浙江人民美术出版社 1984 年 1 张
76cm（2 开）定价：CNY0.16
　　中国现代年画作品。

J0056015
四季富裕 林成翰作
沈阳 辽宁美术出版社 1984 年 1 张 76cm（2 开）

定价：CNY0.16
　　中国现代年画作品。

J0056016
四季果香 薛长山，薛智国作
哈尔滨 黑龙江美术出版社 1984 年 2 张
76cm（2 开）定价：CNY0.32
　　中国现代年画作品。

J0056017
四季花果 王克印作
武汉 长江文艺出版社 1984 年 2 张 76cm（2 开）
定价：CNY0.36
　　中国现代年画作品。

J0056018
四季花鸟 （一至四）牛忠元作
贵阳 贵州人民出版社 1984 年 2 张 76cm（2 开）
定价：CNY0.32
　　中国现代年画作品。作者牛忠元（1955—　　），
画家。河北霸州人，就读于河北师大美术系、中
国北京画院工笔花鸟研修班和中央美术学院。
中国画研究院著名工笔花鸟画专家。作品有《春
光似锦》《风韵》《戈壁早春》《版纳深处》等。

J0056019
四季花鸟 唐新一作
石家庄 河北美术出版社 1984 年 2 张 76cm（2 开）
定价：CNY0.36
　　中国现代年画作品。

J0056020
四季花鸟 薛长山作
广州 岭南美术出版社 1984 年 2 张 76cm（2 开）
定价：CNY0.36
　　中国现代年画作品。

J0056021
四季花鸟 （一至四）金鸿钧作
北京 农村读物出版社 1984 年 2 张 76cm（2 开）
定价：CNY0.36
　　中国现代年画作品。

J0056022
四季花鸟 刘思远作

北京　人民美术出版社 1984 年 2 张 76cm（2 开）
定价：CNY0.32
　　中国现代年画作品。

J0056023
四季花鸟　牛忠元作
成都　四川人民出版社 1984 年 2 张 76cm（2 开）
定价：CNY0.16
　　中国现代年画作品。作者牛忠元（1955—　），
画家。河北霸州人，就读于河北师大美术系、中
国北京画院工笔花鸟研修班和中央美术学院。
中国画研究院著名工笔花鸟画专家。作品有《春
光似锦》《风韵》《戈壁早春》《版纳深处》等。

J0056024
四季花鸟　钟伟茗作
北京　中国文联出版社 1984 年 2 张 76cm（2 开）
定价：CNY0.32
　　中国现代年画作品。

J0056025
四季花鸟屏　唐新一作
石家庄　河北美术出版社 1984 年 4 轴
78cm（2 开）定价：CNY1.40
　　中国现代年画作品，胶印画轴。

J0056026
四季花香　王连元，王素芝作
哈尔滨　黑龙江美术出版社 1984 年 2 张
76cm（2 开）定价：CNY0.32
　　中国现代年画作品。

J0056027
四季皆吉　姜舟作
郑州　河南人民出版社 1984 年 4 张 76cm（2 开）
定价：CNY0.72
　　中国现代年画作品。作者姜舟（1941—　），
画家、教师。原名敦修，字大公，江苏沛县人。
毕业于南京师范大学美术系。历任徐州师范大
学美术系主任、副教授，徐州市文联副主席、徐
州市美术家协会主席。出版有《姜舟花鸟画集》
《龙门二十品技法》等。

J0056028
四季飘香　（一至四）宋治安作

南宁　广西人民出版社 1984 年 2 张 76cm（2 开）
定价：CNY0.36
　　中国现代年画作品。

J0056029
四季平安　戴维祥作
合肥　安徽人民出版社 1984 年 1 张 107cm（全开）
定价：CNY0.32
　　中国现代年画作品。
　　作者戴维祥（1936—　），舞美设计师，画
家。笔名云山，安徽南陵人，毕业于安徽省艺术
专科学校。曾在安徽省黄梅戏剧院任职，国家二
级舞美设计师、中国舞美协会会员、安徽省诗书
画研究会顾问。出版有《戴维祥画集》和《戴惟
祥画集》等。

J0056030
四季平安　王朝斌作
郑州　河南人民出版社 1984 年 1 张 76cm（2 开）
定价：CNY1.20
　　中国现代年画作品，胶印轴画。

J0056031
四季平安　王朝斌作
郑州　河南人民出版社 1984 年 4 张 76cm（2 开）
定价：CNY0.72
　　中国现代年画作品。

J0056032
四季平安　王素芝，王连元作
哈尔滨　黑龙江美术出版社 1984 年 2 张
76cm（2 开）定价：CNY0.32
　　中国现代年画作品。

J0056033
四季平安　商敬诚作
上海　上海书画出版社 1984 年 1 张 76cm（2 开）
定价：CNY0.16
　　中国现代年画作品。

J0056034
四季平安　武海鹰作
天津　天津人民美术出版社 1984 年 2 张
76cm（2 开）定价：CNY0.36
　　中国现代年画作品。

J0056035
四季平安 张振群作
天津 天津杨柳青画社 1984 年 3 轴 附对联
76cm（2 开）定价：CNY1.30
　　中国现代年画作品，胶印画轴。

J0056036
四季山水 王忠年作
沈阳 辽宁美术出版社 1984 年 2 张 76cm（2 开）
定价：CNY0.32
　　中国现代年画作品。

J0056037
四季山水 王忠年作
银川 宁夏人民出版社 1984 年 2 张 76cm（2 开）
定价：CNY0.48
　　中国现代年画作品。

J0056038
四季图 牛忠元作
重庆 重庆出版社 1984 年 4 张 54cm（4 开）
定价：CNY0.32
　　中国现代年画作品。作者牛忠元（1955— ），
画家。河北霸州人，就读于河北师大美术系、中
国北京画院工笔花鸟研修班和中央美术学院。
中国画研究院著名工笔花鸟画专家。作品有《春
光似锦》《风韵》《戈壁早春》《版纳深处》等。

J0056039
四季有余 薛长山，薛智国作
哈尔滨 黑龙江美术出版社 1984 年 2 张
76cm（2 开）定价：CNY0.32
　　中国现代年画作品。

J0056040
四季有余 周国军作
沈阳 辽宁美术出版社 1984 年 1 张 76cm（2 开）
定价：CNY0.16
　　中国现代年画作品。

J0056041
四季有余 （一至四）薛长山，薛智国作
广州 岭南美术出版社 1984 年 2 张 76cm（2 开）
定价：CNY0.36
　　中国现代年画作品。

J0056042
四季有余 （一至四）薛长山作
天津 天津杨柳青画社 1984 年 2 张 76cm（2 开）
定价：CNY0.36
　　中国现代年画作品。

J0056043
四季竹禽图 （一至四）叶玉昶作
杭州 浙江人民美术出版社 1984 年 2 张
76cm（2 开）定价：CNY0.32
　　中国现代年画作品。

J0056044
四猫图（摄影）
乌鲁木齐 新疆人民出版社［1984 年］1 张
54cm（4 开）定价：CNY0.20
　　中国现代年画作品。

J0056045
四美图 杨家保作
南京 江苏美术出版社 1984 年 4 张 76cm（2 开）
定价：CNY0.80
　　中国现代年画作品。

J0056046
四时和气春常在　万民安乐庆丰年 张
豪作
郑州 河南人民出版社 1984 年 1 张 76cm（2 开）
定价：CNY0.16
　　中国现代年画作品。

J0056047
松鹤延年 徐永万作
合肥 安徽人民出版社 1984 年［1 张］
107cm（全开）定价：CNY0.32
　　中国现代年画作品。作者徐永万（1941—
），安徽书画院专职画家。

J0056048
松鹤延年 郝长栋作
天津 天津杨柳青画社 1984 年 4 轴 78cm（2 开）
定价：CNY1.20
　　中国现代年画作品，胶印轴画。

J0056049

松鹤长春　高惠民作
哈尔滨　黑龙江美术出版社 1984 年 1 张
76cm（2 开）定价：CNY0.18
　　中国现代年画作品。

J0056050

松龄鹤寿　（胶印轴画）杨鸿书作
石家庄　河北美术出版社 1984 年 3 轴 附对联
108cm（全开）定价：CNY1.50
　　中国现代年画作品。

J0056051

松龄鹤寿　吴缓镐作
杭州　浙江人民美术出版社 1984 年 1 张
53cm（4 开）定价：CNY0.16
　　中国现代年画作品。

J0056052

嵩山练武　少林习艺　张煜作
郑州　河南人民出版社 1984 年 1 张 76cm（2 开）
定价：CNY0.16
　　中国现代年画作品。

J0056053

嵩山四条屏　廉宽宏作
郑州　河南人民出版社 1984 年 4 张 76cm（2 开）
定价：CNY0.72
　　中国现代年画作品。作者廉宽宏（1945—　），
画家、国家一级美术师。笔名老廉，生于哈尔滨，
河北安平人。毕业于天津美术学院。中国美术
家协会会员、中日美术交流协会会员、沧州美协
副主席。作品有《一竿撑出绿波来》《苍岩毓秀》
《淀上曲》等。

J0056054

嵩岳少林　廉宽宏作
郑州　河南人民出版社 1984 年 4 张 76cm（2 开）
定价：CNY3.00
　　中国现代年画作品。

J0056055

送春灯　王天胜作
哈尔滨　黑龙江美术出版社 1984 年 1 张
76cm（2 开）

中国现代年画作品。

J0056056

送给嫦娥阿姨　李迎涛作
合肥　安徽人民出版社 1984 年 1 张 76cm（2 开）
定价：CNY0.16
　　中国现代年画作品。

J0056057

颂歌献给党　成砺志作
长沙　湖南美术出版社 1984 年 1 张 76cm（2 开）
定价：CNY0.16
　　中国现代年画作品。

J0056058

颂歌献给新中国　颂歌献给共产党　李先
润作
武汉　长江文艺出版社 1984 年 1 幅 76cm（2 开）
定价：CNY0.16
　　中国现代年画作品。

J0056059

搜书院　周小申作
石家庄　河北美术出版社 1984 年 1 幅
76cm（2 开）定价：CNY0.16
　　中国现代年画作品。

J0056060

苏小妹三试新郎　（一至四）张佳讯文；王文
倩，张宝才作
沈阳　辽宁美术出版社 1984 年 2 张 76cm（2 开）
定价：CNY0.32
　　中国现代年画作品。

J0056061

苏州风光　余克危作；余辰绘文
北京　人民美术出版社 1984 年 2 张 76cm（2 开）
定价：CNY0.32
　　中国现代年画作品。

J0056062

苏州园林　余克危作
南京　江苏美术出版社 1984 年 4 张 78cm（2 开）
定价：CNY0.52
　　中国现代年画作品。

J0056063
苏州拙政园　吴光华作
上海　上海人民美术出版社　1984 年　1 张
76cm（2 开）定价：CNY0.40
　　中国现代年画作品。

J0056064
岁岁平安　刘文泸作
杭州　浙江人民美术出版社　1984 年　1 张
76cm（2 开）定价：CNY0.16
　　中国现代年画作品。

J0056065
岁岁如意年年丰收　胡金日作
杭州　浙江人民美术出版社　1984 年　1 张
76cm（2 开）定价：CNY0.16
　　中国现代年画作品。

J0056066
孙悟空借芭蕉扇
北京　中国电影出版社　1984 年　1 张　76cm（2 开）
定价：CNY0.18
　　中国现代年画作品。

J0056067
孙中山和宋庆龄　陈征作
杭州　西泠印社　1984 年　1 张　76cm（2 开）
定价：CNY0.16
　　中国现代年画作品。

J0056068
踏遍青山　莫伯华作
武汉　长江文艺出版社　1984 年　1 张　76cm（2 开）
定价：CNY0.18
　　中国现代年画作品。

J0056069
抬头见喜　同瑞作
天津　天津杨柳青画社　1984 年　1 张　76cm（2 开）
定价：CNY0.18
　　中国现代年画作品。

J0056070
太空旅行　林美岚作
沈阳　辽宁美术出版社　1984 年　1 张　76cm（2 开）

定价：CNY0.16
　　中国现代年画作品。

J0056071
探索海洋奥秘　唐忠跃作
成都　四川人民出版社　1984 年　1 张　76cm（2 开）
定价：CNY0.16
　　中国现代年画作品。

J0056072
唐代诗家诗意画　李德仁作
太原　山西人民出版社　1984 年　2 张　76cm（2 开）
定价：CNY0.36
　　中国现代年画作品。作者李德仁（1946—　），
教授。字泽甫，号霁原，山西榆次人。历任山西
大学美术系副教授、中国美术家协会会员、中国
书法家协会会员、兼任马来西亚艺术学院东方艺
术研究中心研究员。出版《东方绘画学原理概论》
《道与书画》《明清绘画大师丛书——徐渭》《李
德仁中国画作品集》等。

J0056073
唐僧取经　龚景充作
杭州　西泠印社　1984 年　1 张　76cm（2 开）
定价：CNY0.16
　　中国现代年画作品。

J0056074
唐诗花鸟对屏　应诗流作
上海　上海书画出版社　1984 年　1 张　76cm（2 开）
定价：CNY0.16
　　中国现代年画作品。

J0056075
唐诗画意　（一、二）徐英槐作
杭州　浙江人民美术出版社　1984 年　2 张
76cm（2 开）定价：CNY0.46
　　中国现代年画作品。

J0056076
添红　芦昆海作
南京　江苏美术出版社　1984 年　1 张　76cm（2 开）
定价：CNY0.18
　　中国现代年画作品。

J0056077
田野春光　龚定平作
太原 山西人民出版社 1984 年 1 张 76cm（2 开）
定价：CNY0.18
　　中国现代年画作品。

J0056078
甜　原儒云作
石家庄 河北美术出版社 1984 年 1 张
76cm（2 开）定价：CNY0.16
　　中国现代年画作品。

J0056079
甜　赵绍虎作
南京 江苏美术出版社 1984 年 1 张 76cm（2 开）
定价：CNY0.18
　　中国现代年画作品。

J0056080
甜　（蒙汉文对照）石桂兰作
呼和浩特 内蒙古人民出版社 1984 年 1 张
76cm（2 开）定价：CNY0.18
　　中国现代年画作品。

J0056081
甜蜜的季节　张德俊作
南京 江苏美术出版社 1984 年 1 张 76cm（2 开）
定价：CNY0.18
　　中国现代年画作品。

J0056082
甜蜜蜜　陈宝万作
昆明 云南人民出版社 1984 年 1 张 76cm（2 开）
定价：CNY0.18
　　中国现代年画作品。

J0056083
甜甜　余小仪作
北京 中国戏剧出版社 1984 年 1 张 76cm（2 开）
定价：CNY0.16
　　中国现代年画作品。

J0056084
贴心的嘱咐暖心窝　樊怀章作
成都 四川人民出版社 1984 年 1 张 76cm（2 开）

定价：CNY0.16
　　中国现代年画作品。

J0056085
同庆富裕年　童金贵作
沈阳 辽宁美术出版社 1984 年 1 张 76cm（2 开）
定价：CNY0.16
　　中国现代年画作品。

J0056086
同心富贵　纪堃作
合肥 安徽人民出版社 1984 年 1 张 76cm（2 开）
定价：CNY0.16
　　中国现代年画作品。

J0056087
铜铃丁当　李诗唐作
太原 山西人民出版社 1984 年 1 张 76cm（2 开）
定价：CNY0.18
　　中国现代年画作品。

J0056088
童乐有余　骆福庆作
天津 天津杨柳青画社 1984 年 1 张 76cm（2 开）
定价：CNY0.18
　　中国现代年画作品。

J0056089
屠夫状元　王如何作；杨进升文
太原 山西人民出版社 1984 年 2 张 76cm（2 开）
定价：CNY0.36
　　中国现代年画作品。

J0056090
团圆曲　成砺志作
长沙 湖南美术出版社 1984 年 1 张 76cm（2 开）
定价：CNY0.16
　　中国现代年画作品。

J0056091
娃娃爱莲　张路红作
上海 上海人民美术出版社 1984 年 1 张
76cm（2 开）定价：CNY0.16
　　中国现代年画作品。

J0056092
娃娃爱清洁 刘宝万作
北京 北京美术摄影出版社 1984 年 1 张
76cm（2 开）定价：CNY0.13
　　中国现代年画作品。

J0056093
娃娃欢乐 陈英，陈明作
天津 天津杨柳青画社 1984 年 1 张 76cm（2 开）
定价：CNY0.18
　　中国现代年画作品。

J0056094
娃娃狮凤图 刘王斌作
上海 上海人民美术出版社 1984 年 1 张
76cm（2 开）定价：CNY0.16
　　中国现代年画作品。

J0056095
娃娃跳水 竹翔飞作
北京 人民体育出版社 1984 年 1 张 76cm（2 开）
定价：CNY0.16
　　中国现代年画作品。

J0056096
娃娃嬉鹦鹉 沈家琳，杨文义作
上海 上海人民美术出版社 1984 年 1 张
76cm（2 开）定价：CNY0.16
　　中国现代年画作品。

J0056097
娃娃戏 徐飞鸿，沈绍伦作
上海 上海人民美术出版社 1984 年 1 张
76cm（2 开）定价：CNY0.16
　　中国现代年画作品。作者徐飞鸿（1918—
2000），年画家、剪纸艺术家。浙江鄞县人。曾任
《晋察冀画报》社记者，上海人民出版社年画、宣
传画编辑室副主任等。代表作品有《双鱼吉庆新
年好》《万象更新喜迎春》《戏曲窗花十二幅》等。
作者沈绍伦（1935—　　），画家。上海嘉定人。中
国美术家协会会员、美协上海分会理事、上海水
彩画研究会会长、上海画片出版社编辑、上海人
民美术出版社宣传画编辑。代表作品有《荷塘翠
鸟》等；出版有《沈绍伦水彩画选集》等。

J0056098
娃娃戏（武松打虎）徐世民作
天津 天津人民美术出版社 1984 年 1 张
76cm（2 开）定价：CNY0.18
　　中国现代年画作品。

J0056099
玩龙灯 熊钦平作
贵阳 贵州人民出版社 1984 年 1 张 76cm（2 开）
定价：CNY0.16
　　中国现代年画作品。

J0056100
万象更新 步万方作
沈阳 辽宁美术出版社 1984 年 1 张 76cm（2 开）
定价：CNY0.16
　　中国现代年画作品。

J0056101
万象更新 赵仁成作
银川 宁夏人民出版社 1984 年 1 张 76cm（2 开）
定价：CNY0.20
　　中国现代年画作品。

J0056102
万象更新 柳忠福作
北京 人民美术出版社 1984 年 1 张 76cm（2 开）
定价：CNY0.16
　　中国现代年画作品。

J0056103
万象更新 冯庆矩作
天津 天津杨柳青画社 1984 年 1 张 76cm（2 开）
定价：CNY0.18
　　中国现代年画作品。

J0056104
万象更新 五谷丰登 赫福录作
石家庄 河北美术出版社 1984 年 1 张
76cm（2 开）定价：CNY0.13
　　中国现代年画作品。

J0056105
万象更新 喜庆同乐 张端恒作
重庆 重庆出版社 1984 年 1 张 76cm（2 开）

定价: CNY0.16

中国现代年画作品。

J0056106

万象回春　何逸梅作

上海 上海人民美术出版社 1984 年 1 张
76cm（2 开）定价: CNY0.16

中国现代年画作品。

J0056107

王贵　汤怀　侯世武作

成都 四川人民出版社 1984 年 1 张 54cm（4 开）
定价: CNY0.16

中国现代年画作品。

J0056108

威撼山岳　（胶印轴画）吴忠民作

银川 宁夏人民出版社 1984 年 3 轴 附对联
108cm（全开）定价: CNY3.40

中国现代年画作品。

J0056109

为国增光　李红才, 武海鹰作

石家庄 河北美术出版社 1984 年 2 张
76cm（2 开）定价: CNY0.32

中国现代年画作品。

J0056110

为国争光　英华作

北京 人民体育出版社 1984 年 1 张 76cm（2 开）
定价: CNY0.16

中国现代年画作品。

J0056111

为国争光　赵静东作

天津 天津人民美术出版社 1984 年 1 张
76cm（2 开）定价: CNY0.18

中国现代年画作品。

J0056112

为国争光　振兴中华　李泽霖作

武汉 长江文艺出版社 1984 年 1 张 76cm（2 开）
定价: CNY0.16

中国现代年画作品。

J0056113

卫青　霍去病　李希玉作

兰州 甘肃人民出版社 1984 年 1 张 54cm（4 开）
定价: CNY0.09

中国现代年画作品。

J0056114

尉迟恭　秦叔宝　马也作

南宁 广西人民出版社 1984 年 1 张 76cm（2 开）
定价: CNY0.20

中国现代年画作品。

J0056115

尉迟恭　秦叔宝　马也作

南宁 广西人民出版社 1984 年 1 张 54cm（4 开）
定价: CNY0.10

中国现代年画作品。

J0056116

尉迟恭　秦叔宝　陈慎恪作

贵阳 贵州人民出版社 1984 年 1 张 76cm（2 开）
定价: CNY0.16

中国现代年画作品。

J0056117

尉迟恭　秦叔宝　侯世武作

成都 四川人民出版社 1984 年 1 张 76cm（2 开）
定价: CNY0.16

中国现代年画作品。

J0056118

文房四宝图　于水, 吴声作

合肥 安徽人民出版社 1984 年 2 张 76cm（2 开）
定价: CNY0.36

中国现代年画作品。作者于水（1955—　），
画家。生于北京, 毕业于中国艺术研究院研修班。
曾任中国艺术研究院研究员、中国美术家协会会
员等职。代表作品有《于水画集》《于水人物卷》
等。作者吴声（1943—　）, 国家一级美术师。生
于浙江杭州, 又名自强, 毕业于中国美术学院。
中国美术家协会会员。出版专著有《吴声人物画
技法》《吴声画集》《诗画缘》《吴声古诗词画意》
《唐人诗意百图》等。

J0056119
文君听琴 王丽铭作
沈阳 辽宁美术出版社 1984 年 1 张 76cm（2 开）
定价：CNY0.16
　　中国现代年画作品。

J0056120
文天祥 蔡超作
南昌 江西人民出版社［1984 年］1 张
76cm（2 开）定价：CNY0.18
　　中国现代年画作品。

J0056121
闻鸡起舞 史士明作
贵阳 贵州人民出版社 1984 年 1 张 76cm（2 开）
定价：CNY0.16
　　中国现代年画作品。

J0056122
闻鸡起舞 白银录作
石家庄 河北美术出版社 1984 年 1 张
76cm（2 开）定价：CNY0.16
　　中国现代年画作品。

J0056123
我爱我的祖国 单锡和作
天津 天津人民美术出版社 1984 年 1 张
76cm（2 开）定价：CNY0.18
　　中国现代年画作品。

J0056124
我爱仙鹤 秦永春作
沈阳 辽宁美术出版社 1984 年 1 张 76cm（2 开）
定价：CNY0.16
　　中国现代年画作品。作者秦永春（1936—
），高级美术师。历任中国美术家协会会员、
中国电影家协会会员、沈阳市美术家协会副主
席、沈阳市美术家协会顾问。作品《丰收忙》《蝙
蝠》《天云山传奇》，出版有《中国当代美术家精
品集——秦永春》。

J0056125
我爱小猫咪 徐寄平作
广州 岭南美术出版社 1984 年 1 张 76cm（2 开）
定价：CNY0.18

中国现代年画作品。

J0056126
我爱祖国的大自然 田林海作
北京 人民美术出版社 1984 年 1 张 76cm（2 开）
定价：CNY0.18
　　中国现代年画作品。

J0056127
我爱祖国的蓝天 秦大虎，靳庆金作
天津 天津杨柳青画社 1984 年 1 张 76cm（2 开）
定价：CNY0.18
　　中国现代年画作品。

J0056128
我爱祖国山河美 张冬生作
南昌 江西人民出版社［1984 年］1 张
76cm（2 开）定价：CNY0.18
　　中国现代年画作品。

J0056129
我比花儿美 是有福作
昆明 云南人民出版社 1984 年 1 张 76cm（2 开）
定价：CNY0.18
　　中国现代年画作品。

J0056130
我的宝宝爱学习 刘荣富作
哈尔滨 黑龙江美术出版社 1984 年 1 张
76cm（2 开）定价：CNY0.16
　　中国现代年画作品。

J0056131
我给鹅儿洗个澡 范振家作
上海 上海人民美术出版社 1984 年 1 张
76cm（2 开）定价：CNY0.16
　　中国现代年画作品。

J0056132
我和海迪姐姐在一起 林成翰作
天津 天津杨柳青画社 1984 年 1 张 76cm（2 开）
定价：CNY0.18
　　中国现代年画作品。

J0056133

我和小树一起成长 李善作

成都 四川人民出版社 1984年 1张 76cm（2开）

定价：CNY0.16

　　中国现代年画作品。作者李善（630-689），唐代著名学者、训诂学家。扬州江都（今江苏扬州）人。著有《文选注》《汉书辨惑》等。

J0056134

我家菜园 安学贵作

天津 天津人民美术出版社 1984年 1张

76cm（2开）定价：CNY0.18

　　中国现代年画作品。

J0056135

我家飞来金凤凰 成砺志作

西安 陕西人民美术出版社 1984年 1张

76cm（2开）定价：CNY0.18

　　中国现代年画作品。

J0056136

我家买了大金牛 汪苗作

杭州 浙江人民美术出版社 1984年 1张

76cm（2开）定价：CNY0.16

　　中国现代年画作品。

J0056137

我家三口人 朱嘉铭作

成都 四川人民出版社 1984年 1张 76cm（2开）

定价：CNY0.16

　　中国现代年画作品。

J0056138

我们是共产主义接班人 南运生作

北京 北京人民美术出版社 1984年 1张

76cm（2开）定价：CNY0.16

　　中国现代年画作品。作者南运生（1944— ），一级美术师。别名南恽笙，河北任丘人，毕业于哈尔滨师范大学艺术系美术专业。历任任河北省艺术馆馆长，河北画报社社长、总编，中国美术家协会、河北省美术家协会副主席，河北省画院院长。年画作品有《花好月圆》《艺苑新秀》《吉庆有余》等。

J0056139

我是小武松 那启明作

南京 江苏美术出版社 1984年 1张 76cm（2开）

定价：CNY0.18

　　中国现代年画作品。

J0056140

我是一个兵 陈菊仙作

天津 天津人民美术出版社 1984年 1张

76cm（2开）定价：CNY0.18

　　中国现代年画作品。

J0056141

我为来宾唱支歌 施大光作

沈阳 辽宁美术出版社 1984年 1张 76cm（2开）

定价：CNY0.16

　　中国现代年画作品。

J0056142

我为祖国守大门 刘中校作

天津 天津人民美术出版社 1984年 1张

76cm（2开）定价：CNY0.18

　　中国现代年画作品。

J0056143

我学阿姨打排球 周建志作

北京 人民体育出版社 1984年 1张 76cm（2开）

定价：CNY0.16

　　中国现代年画作品。

J0056144

我在花中舞 武海鹰作

天津 天津杨柳青画社 1984年 1张 76cm（2开）

定价：CNY0.18

　　中国现代年画作品。

J0056145

吴彩鸾跨虎入山图 张德俊作

杭州 浙江人民美术出版社 1984年 1张

76cm（2开）定价：CNY0.16

　　中国现代年画作品。

J0056146

五朵金花 刘景龙作

天津 天津人民美术出版社 1984年 1张

76cm（2开）定价：CNY0.18
　　中国现代年画作品。

J0056147
五谷丰登　王晖作
合肥 安徽人民出版社 1984年 1张 76cm（2开）
定价：CNY0.16
　　中国现代年画作品。作者王晖，女，工笔画画家、一级美术师。生于辽宁大连。毕业于中央工艺美术学院。历任中国美术家协会会员、中国美协重彩画研究会会员、中国工笔画学会会员、中国女画家协会会员、北京重彩画会会员、国际女画家协会会员。代表作品《和谐家园》《细雨》《小莺》等。

J0056148
五谷丰登　六畜兴旺　王建德作
天津 天津杨柳青画社 1984年 1张 76cm（2开）
定价：CNY0.18
　　中国现代年画作品。

J0056149
五谷丰登庆有余　那启明作
沈阳 辽宁美术出版社 1984年 1张 76cm（2开）
定价：CNY0.16
　　中国现代年画作品。

J0056150
五好家庭　孙建东作
昆明 云南人民出版社 1984年 1张 53cm（4开）
定价：CNY0.08
　　中国现代年画作品。

J0056151
五虎将　侯文发作
广州 岭南美术出版社 1984年 1张 76cm（2开）
定价：CNY0.18
　　中国现代年画作品。作者侯文发（1928—　），广东梅州人。曾用名剑萍。毕业于中南美专。中国书画家协会理事、中国国画家协会理事、广东省美术家协会会员。主要作品有《工地探亲》《宋湘》《三英战吕布》等

J0056152
五世请缨　金雨，李九思编文；吴明耀摄影

郑州 河南人民出版社 1984年 1张 76cm（2开）
定价：CNY0.36
　　中国现代年画作品。

J0056153
五星红旗迎朝阳　徐福根作
天津 天津人民美术出版社 1984年 1张 76cm（2开）定价：CNY0.18
　　中国现代年画作品。

J0056154
五业兴旺　张德伦作
石家庄 河北美术出版社 1984年 2张 76cm（2开）定价：CNY0.32
　　中国现代年画作品。

J0056155
五业兴旺幸福多　武海鹰作
石家庄 河北美术出版社 1984年 1张 76cm（2开）定价：CNY0.16
　　中国现代年画作品。

J0056156
武当　（一至四）恩国，漫湘文；辛尚田，竹均琪作
沈阳 辽宁美术出版社 1984年 2张 76cm（2开）
定价：CNY0.32
　　中国现代年画作品。

J0056157
武当
北京 中国电影出版社 1984年 2张 76cm（2开）
定价：CNY0.36
　　中国现代年画作品。

J0056158
武当山学艺　寇国荣，刘宝环作
天津 天津杨柳青画社 1984年 1张 76cm（2开）
定价：CNY0.16
　　中国现代年画作品。

J0056159
武汉新貌　毛小琪作
武汉 长江文艺出版社 1984年 1张 76cm（2开）
定价：CNY0.18

中国现代年画作品。

J0056160
武将　张锡武，张静作
郑州 河南人民出版社 1984年 1张 76cm（2开）
定价：CNY0.16
　　中国现代年画作品。

J0056161
武将　张锡武，张静作
郑州 河南人民出版社 1984年 1张 54cm（4开）
定价：CNY0.08
　　中国现代年画作品。

J0056162
武将　（梁平年画）谭述乐作
重庆 重庆出版社 1984年 1张 76cm（2开）
定价：CNY0.16
　　中国现代年画作品。

J0056163
武林新秀　徐福根，顾章雄作
长沙 湖南美术出版社 1984年 1张 76cm（2开）
定价：CNY0.16
　　中国现代年画作品。

J0056164
武林新秀　陈振新作
太原 山西人民出版社 1984年 1张 76cm（2开）
定价：CNY0.18
　　中国现代年画作品。

J0056165
武林新姿　（一至四）曾成金作
杭州 浙江人民美术出版社 1984年 2张
76cm（2开）定价：CNY0.32
　　中国现代年画作品。

J0056166
武林志
天津 天津人民美术出版社 1984年 2张
76cm（2开）定价：CNY0.36
　　中国现代年画作品。

J0056167
武术　付鲁沛，李学荣作；刘殿昭文
天津 天津人民美术出版社 1984年 2张
76cm（2开）定价：CNY0.36
　　中国现代年画作品。

J0056168
武松　秀时文；景启民作
沈阳 辽宁美术出版社 1984年 2张 76cm（2开）
定价：CNY0.32
　　中国现代年画作品。作者景启民（1931—
2005），连环画家。辽宁沈阳人。就读于东北鲁
艺（现鲁迅美院前身），任职于东北画报社。连环
画作品有《浑河水》《过草地》《绿色的矿山》等。

J0056169
武松　张文顺作
西安 陕西人民美术出版社 1984年 2张
76cm（2开）定价：CNY0.36
　　中国现代年画作品。

J0056170
武松　张弓作
昆明 云南人民出版社 1984年 2张 76cm（2开）
定价：CNY0.36
　　中国现代年画作品。

J0056171
武松　李逵　梁任岭作
南宁 广西人民出版社 1984年 1张 76cm（2开）
定价：CNY0.18
　　中国现代年画作品。

J0056172
武坛新秀　李冰作
兰州 甘肃人民出版社 1984年 1张 76cm（2开）
定价：CNY0.16
　　中国现代年画作品。

J0056173
舞龙戏凤　杨维华作
沈阳 辽宁美术出版社 1984年 1张 76cm（2开）
定价：CNY0.16
　　中国现代年画作品。

J0056174

舞狮庆丰年　夏里作

郑州 河南人民出版社 1984年 1张 76cm（2开）

定价：CNY0.16

中国现代年画作品。

J0056175

舞狮图　石兰英作

兰州 甘肃人民出版社 1984年 1张 54cm（4开）

定价：CNY0.09

中国现代年画作品。

J0056176

舞狮迎四化　龙灯庆丰年　巫子强，胡贻孙作

贵阳 贵州人民出版社 1984年 1张 76cm（2开）

定价：CNY0.16

中国现代年画作品

J0056177

物阜年丰　王泽夫作

广州 岭南美术出版社 1984年 1张 76cm（2开）

定价：CNY0.18

中国现代年画作品。作者王泽夫（1938—　），书画家。字皓侠，艺名寿天，曾用名王达，河北唐山人。历任河北省话剧院舞美灯光师、中国中外名人文化研究会艺委会特级书画师、中国书画家协会理事、研究员、中国传统艺术家协会艺术顾问。

J0056178

物阜年丰　李书成作

广州 岭南美术出版社 1984年 1张〔40cm〕6开）

定价：CNY0.06

中国现代年画作品。

J0056179

西湖灯会　龚景充作

杭州 浙江人民美术出版社 1984年 1张

76cm（2开）定价：CNY0.16

中国现代年画作品。

J0056180

西湖风光　（一至四）朱子容作

杭州 浙江人民美术出版社 1984年 2张

76cm（2开）定价：CNY0.32

中国现代年画作品。

J0056181

西湖民间故事　刘金珠作

杭州 浙江人民美术出版社 1984年 2张

76cm（2开）定价：CNY0.32

中国现代年画作品。

J0056182

西湖天下景　（一至四）高而颐等作

杭州 浙江人民美术出版社 1984年 2张

76cm（2开）定价：CNY0.32

中国现代年画作品。

J0056183

西湖之春　蔡传隆作

杭州 浙江人民美术出版社 1984年 1张

76cm（2开）定价：CNY0.23

中国现代年画作品。

J0056184

西施　炯惠作

合肥 安徽人民出版社 1984年 1张 76cm（2开）

定价：CNY0.18

中国现代年画作品。

J0056185

西施浣纱　李慕白，金雪尘作

杭州 浙江人民美术出版社 1984年 1张

76cm（2开）定价：CNY0.16

中国现代年画作品。

J0056186

西厢记　童金贵作

哈尔滨 黑龙江美术出版社 1984年 2张

76cm（2开）定价：CNY0.32

中国现代年画作品。

J0056187

西厢记　谢慕连，谢同妙作

上海 上海人民美术出版社 1984年 1张

76cm（2开）定价：CNY0.16

中国现代年画作品。

J0056188
西厢听琴　杨葆郭作
哈尔滨 黑龙江美术出版社 1984 年 1 张
76cm（2 开）定价：CNY0.16
　　中国现代年画作品。

J0056189
嬉春图　陈增胜作
沈阳 辽宁美术出版社 1984 年 1 张 78cm（2 开）
定价：CNY0.11
　　中国现代年画作品。作者陈增胜（1941—　），
山东招远县人。曾先后深造于天津美术学院、北
京画院。山东省美术家协会会员、山东省书画艺
术促进会理事、威海海洋画院画师。主要著作有
《怎样画猫》《陈增胜猫画选》《百猫谱》等。

J0056190
嬉羔图　（蒙汉文对照）屠连强作
呼和浩特 内蒙古人民出版社 1984 年 1 张
76cm（2 开）定价：CNY0.18
　　中国现代年画作品。

J0056191
嬉鱼图　陈英作
上海 上海人民美术出版社 1984 年 1 张
76cm（2 开）定价：CNY0.16
　　中国现代年画作品。

J0056192
喜尝丰收果　李冰作
天津 天津人民美术出版社 1984 年 1 张
76cm（2 开）定价：CNY0.18
　　中国现代年画作品。

J0056193
喜丰年　刘彦平作
兰州 甘肃人民出版社 1984 年 1 张 76cm（2 开）
定价：CNY0.16
　　中国现代年画作品。

J0056194
喜结同心　申同景作
石家庄 河北美术出版社 1984 年 1 张
76cm（2 开）定价：CNY0.18
　　中国现代年画作品。

J0056195
喜看人间添新彩　邢光厚作
南京 江苏美术出版社 1984 年 1 张 76cm（2 开）
定价：CNY0.18
　　中国现代年画作品。

J0056196
喜临门　史士明作
西安 陕西人民美术出版社 1984 年 1 张
76cm（2 开）定价：CNY0.18
　　中国现代年画作品。

J0056197
喜临门　沈雪生作
上海 上海书画出版社 1984 年 1 张 76cm（2 开）
定价：CNY0.16
　　中国现代年画作品。作者沈雪生（1941—　），
画家。江苏吴县人，毕业于南京师范大学美术系。
上海美术家协会会员、上海黄浦画院画师、杭州
西冷书画院等兼职画师。出版有《沈雪生画集》
《沈雪生的牡丹画特色》等。

J0056198
喜临门　刘玉斌作
天津 天津人民美术出版社 1984 年 1 张
76cm（2 开）定价：CNY0.18
　　中国现代年画作品。

J0056199
喜临门　徐惠玲作
武汉 长江文艺出版社 1984 年 1 张 76cm（2 开）
定价：CNY0.18
　　中国现代年画作品。

J0056200
喜猫图　高文峰作
石家庄 河北美术出版社 1984 年 1 张
76cm（2 开）定价：CNY0.16
　　中国现代年画作品。

J0056201
喜闹花灯庆丰收　李万春，龙敏君作
成都 四川人民出版社 1984 年 1 张 76cm（2 开）
定价：CNY0.16
　　中国现代年画作品。

J0056202
喜气盈门 秦永春作
沈阳 辽宁美术出版社 1984年 1张 76cm（2开）
定价：CNY0.16
中国现代年画作品。

J0056203
喜庆丰年 韩祖音作
石家庄 河北美术出版社 1984年 1张
76cm（2开）定价：CNY0.16
中国现代年画作品。

J0056204
喜庆丰年 张万臣作
哈尔滨 黑龙江美术出版社 1984年 1张
76cm（2开）定价：CNY0.18
中国现代年画作品。

J0056205
喜庆丰年 万家同乐 王开述作
成都 四川人民出版社 1984年 1张 76cm（2开）
定价：CNY0.08
中国现代年画作品。

J0056206
喜庆丰收
郑州 河南人民出版社 1984年 1张 54cm（4开）
定价：CNY0.08
中国现代年画作品。

J0056207
喜庆丰收大有余 杨维华作
哈尔滨 黑龙江美术出版社 1984年 1张
76cm（2开）定价：CNY0.16
中国现代年画作品。

J0056208
喜庆福丰年 吴健宁，高晴作
南京 江苏美术出版社 1984年 5张［78cm］（2开）
定价：CNY0.60
中国现代年画作品。

J0056209
喜庆吉祥 年庆作
昆明 云南人民出版社 1984年 1张 76cm（2开）

定价：CNY0.18
中国现代年画作品。

J0056210
喜庆新春 陈振新作
上海 上海人民美术出版社 1984年 1张
76cm（2开）定价：CNY0.16
中国现代年画作品。

J0056211
喜庆有余 刘亚东等作
哈尔滨 黑龙江美术出版社 1984年 1张
76cm（2开）定价：CNY0.16
中国现代年画作品。

J0056212
喜庆有余 陈英，陈青作
太原 山西人民出版社 1984年 1张 76cm（2开）
定价：CNY0.18
中国现代年画作品。

J0056213
喜庆有余幸福来 邵培文作
哈尔滨 黑龙江美术出版社 1984年 1张
76cm（2开）定价：CNY0.16
中国现代年画作品。

J0056214
喜鹊闹梅 程宗元，顾一珍作
北京 中国文联出版公司 1984年 1张
108cm（全开）定价：CNY0.36
中国现代年画作品。

J0056215
喜上眉梢 钟育淳作
上海 上海书画出版社 1984年 1张［78cm］（2开）
定价：CNY0.12
中国现代年画作品。

J0056216
喜上眉梢 （胶印轴画）王庆升作
天津 天津杨柳青画社 1984年 3轴 附对联
108cm（全开）定价：CNY1.30
中国现代年画作品。

J0056217
喜上眉梢　傅鲁沛, 李学荣作
杭州 西泠印社 1984 年 1 张 76cm（2 开）
定价: CNY0.16
　　中国现代年画作品。

J0056218
喜上眉梢春满人间对屏　诸毓作
上海 上海书画出版社 1984 年 1 张 76cm（2 开）
定价: CNY0.16
　　中国现代年画作品。

J0056219
喜上梅梢　范树人作
银川 宁夏人民出版社 1984 年 1 张 76cm（2 开）
定价: CNY0.20
　　中国现代年画作品。

J0056220
喜事多　司马连义作
合肥 安徽人民出版社 1984 年 1 张 76cm（2 开）
定价: CNY0.16
　　中国现代年画作品。

J0056221
喜笑颜开　张万臣作
长沙 湖南美术出版社 1984 年 1 张 76cm（2 开）
定价: CNY0.16
　　中国现代年画作品。

J0056222
喜讯传万家　刘称奇作
北京 人民美术出版社 1984 年 1 张 76cm（2 开）
定价: CNY0.16
　　中国现代年画作品。

J0056223
喜迎春　李宝嘉作
沈阳 辽宁美术出版社 1984 年 1 张 76cm（2 开）
定价: CNY0.16
　　中国现代年画作品。

J0056224
喜迎佳节　何浩中作
长沙 湖南美术出版社 1984 年 1 张 76cm（2 开）

定价: CNY0.16
　　中国现代年画作品。

J0056225
喜迎新春　孙公照作
北京 人民美术出版社 1984 年 1 张 76cm（2 开）
定价: CNY0.13
　　中国现代年画作品。

J0056226
喜迎新春　刘玉玲作
成都 四川人民出版社 1984 年 1 张 53cm（4 开）
定价: CNY0.08
　　中国现代年画作品。

J0056227
喜迎新春　换庆丰年　金平定作
成都 四川人民出版社 1984 年 1 张 76cm（2 开）
定价: CNY0.16
　　中国现代年画作品。

J0056228
喜迎新春　连年有余　任杰作
兰州 甘肃人民出版社 1984 年 1 张 54cm（4 开）
定价: CNY0.09
　　中国现代年画作品。

J0056229
喜有余　李金铎作
哈尔滨 黑龙江美术出版社 1984 年 1 张
76cm（2 开）定价: CNY0.16
　　中国现代年画作品。

J0056230
喜鱼　刘称奇作
天津 天津人民美术出版社 1984 年 1 张
76cm（2 开）定价: CNY0.18
　　中国现代年画作品。

J0056231
喜字鸳鸯　李存伟, 张振群作
天津 天津杨柳青画社 1984 年 1 张 76cm（2 开）
定价: CNY0.18
　　中国现代年画作品。

J0056232
囍　甘武炎作
南宁　广西人民出版社　1984年　1张　54cm（4开）
定价：CNY0.10
　　中国现代年画作品。

J0056233
囍临门　邢富贵，冯庆钜作
北京　中国戏剧出版社　1984年　1张　76cm（2开）
定价：CNY0.16
　　中国现代年画作品。

J0056234
戏猫图　罗玉江作
石家庄　河北美术出版社　1984年　1张
76cm（2开）定价：CNY0.16
　　中国现代年画作品。

J0056235
戏鹦图　马乐群，陈菊仙作
天津　天津人民美术出版社　1984年　1张
76cm（2开）定价：CNY0.18
　　中国现代年画作品。作者马乐群（1933—　），
画家。上海人，曾在上海现代画室学习绘画及
西洋美术史等。历任上海画片出版社年画创作
员、上海美术出版社年画编辑。作品有《人民不
允许浪费粮食的行为》《海防前线宣传员》《金
杯红花传捷报》《激流勇进》等。作者陈菊仙
（1929—　）女，浙江温州人。毕业于中央美
术学院华东分院。擅长年画。上海人民美术出版
社画家。主要作品有《捉麻雀》《个个争当小雷
锋》《共同富万家乐》等。著有《年画述要》。

J0056236
霞光万里松鹤延年　万式作
成都　四川省新闻图片社［1984年］1张
76cm（2开）定价：CNY0.28
　　中国现代年画作品。

J0056237
夏令营的早晨　王福忠作
沈阳　辽宁美术出版社　1984年　1张　76cm（2开）
定价：CNY0.16
　　中国现代年画作品。

J0056238
仙露　程宗元作
南京　江苏美术出版社　1984年　4张　78cm（2开）
定价：CNY0.52
　　中国现代年画作品。

J0056239
仙女下凡　陈永智作
哈尔滨　黑龙江美术出版社　1984年　1张
76cm（2开）定价：CNY0.16
　　中国现代年画作品。

J0056240
仙女下凡来　陈家骅作
武汉　长江文艺出版社　1984年　1张　76cm（2开）
定价：CNY0.18
　　中国现代年画作品。

J0056241
仙山楼阁图　施立华作
上海　上海书画出版社　1984年　1张　76cm（2开）
定价：CNY0.16
　　中国现代年画作品。作者施立华（1940—　），
上海人，毕业于浙江美术学院国画系。历任日本
秋田市水墨画研究会顾问、上海师范大学艺术系
教师。出版有《施立华画册》等。

J0056242
鲜花朵朵　文军作
西安　陕西人民美术出版社　1984年　1张
76cm（2开）定价：CNY0.18
　　中国现代年画作品。

J0056243
鲜花朵朵　王中一作
上海　上海人民美术出版社　1984年　1张
76cm（2开）定价：CNY0.16
　　中国现代年画作品。

J0056244
鲜花送模范　单锡和作
广州　岭南美术出版社　1984年　1张　76cm（2开）
定价：CNY0.18
　　中国现代年画作品。

J0056245

鲜花送模范　张振群作

天津　天津人民美术出版社 1984 年　1 张

76cm（2 开）定价：CNY0.18

　　中国现代年画作品。

J0056246

鲜花献英雄　汤余铭作

杭州　西泠印社 1984 年　1 张　76cm（2 开）

定价：CNY0.16

　　中国现代年画作品。

J0056247

献宝图　刘章昆作

石家庄　河北美术出版社 1984 年　1 张

76cm（2 开）定价：CNY0.16

　　中国现代年画作品。

J0056248

献寿图　赵成立作

合肥　安徽人民出版社 1984 年　1 张　76cm（2 开）

定价：CNY0.16

　　中国现代年画作品。

J0056249

献寿图　（胶印轴画）邹莉作

广州　岭南美术出版社 1984 年　3 轴　附对联

108cm（全开）定价：CNY2.70

　　中国现代年画作品。

J0056250

献寿图　蔚学高作

太原　山西人民出版社 1984 年　1 张　76cm（2 开）

定价：CNY0.18

　　中国现代年画作品。

J0056251

献寿图　朱嘉铭作

成都　四川人民出版社 1984 年　1 张　76cm（2 开）

定价：CNY0.16

　　中国现代年画作品。

J0056252

乡村幼儿园　宗万华作

天津　天津人民美术出版社 1984 年　1 张

76cm（2 开）定价：CNY0.18

　　中国现代年画作品。

J0056253

向台湾小朋友问好　李蕙作

广州　岭南美术出版社 1984 年　1 张　76cm（2 开）

定价：CNY0.18

　　中国现代年画作品。

J0056254

向往未来　张品操，应肖蔚作

杭州　浙江人民美术出版社 1984 年　1 张

76cm（2 开）定价：CNY0.16

　　中国现代年画作品。作者张品操（1936—　　），

画家、美术教育家，生于浙江省安吉县，祖籍安

徽桐城。毕业于浙江美术学院中国画系人物，并

留校任教。现为中国美术学院教授、中国美术家

协会会员。代表作连环画《小兵张嘎》。著有《水

墨人物画技法》《国画人物画法》《聚焦浙派·张

品操作品集》《张品操速写》等书。

J0056255

向徐特立爷爷汇报　李日湘作

长沙　湖南美术出版社 1984 年　1 张　76cm（2 开）

定价：CNY0.16

　　中国现代年画作品。

J0056256

小宝宝学算术　陈英作

西安　陕西人民美术出版社 1984 年　1 张

76cm（2 开）定价：CNY0.18

　　中国现代年画作品。

J0056257

小裁判员　陈东学作

北京　人民体育出版社 1984 年　1 张　76cm（2 开）

定价：CNY0.16

　　中国现代年画作品。

J0056258

小翠　（聊斋故事）戴松耕，戴一鸣作

上海　上海人民美术出版社 1984 年　2 张

76cm（2 开）定价：CNY0.32

　　中国现代年画作品。

J0056259
小翠　李新民改编；王秉龙摄影
北京 中国戏剧出版社 1984 年 2 张 76cm（2 开）
定价：CNY0.32
　　中国现代年画作品。作者王秉龙（1943—　　），
生于山西祁县。中国戏剧家协会会员，北京美术
家协会会员。擅长楷书、魏碑、行书。出版《科
学发明家故事》《明史演义》等多部连环画册；
改编拍摄并出版了几百种传统戏曲年画，被称为
中国戏曲年画摄影第一人。

J0056260
小鸽子寄深情　那启明作
哈尔滨 黑龙江美术出版社 1984 年 1 张
76cm（2 开）定价：CNY0.16
　　中国现代年画作品。

J0056261
小海洋家　杨文德作
成都 四川人民出版社 1984 年 1 张 76cm（2 开）
定价：CNY0.16
　　中国现代年画作品。

J0056262
小海鹰　聂立柱作
石家庄 河北美术出版社 1984 年 1 张
76cm（2 开）定价：CNY0.16
　　中国现代年画作品。

J0056263
小滑雪手　史士明作
北京 人民体育出版社 1984 年 1 张 76cm（2 开）
定价：CNY0.16
　　中国现代年画作品。

J0056264
小画家　（蒙汉文对照）德钦作
呼和浩特 内蒙古人民出版社 1984 年 1 张
76cm（2 开）
　　中国现代年画作品。

J0056265
小画家　高志华作
天津 天津人民美术出版社 1984 年 1 张
76cm（2 开）定价：CNY0.18

　　中国现代年画作品。

J0056266
小孔雀　陈宝万作
西安 陕西人民美术出版社 1984 年 1 张
76cm（2 开）定价：CNY0.18
　　中国现代年画作品。

J0056267
小老虎　李世元作
哈尔滨 黑龙江美术出版社 1984 年 1 张
76cm（2 开）定价：CNY0.16
　　中国现代年画作品。

J0056268
小猫　米春茂作
石家庄 河北美术出版社 1984 年 2 张
76cm（2 开）定价：CNY0.32
　　中国现代年画作品。

J0056269
小猫弹琴　成砺志作
北京 中国戏剧出版社 1984 年 1 张 76cm（2 开）
定价：CNY0.16
　　中国现代年画作品。

J0056270
小猫花卉　陈军作
天津 天津杨柳青画社 1984 年 1 张 76cm（2 开）
定价：CNY0.18
　　中国现代年画作品。

J0056271
小猫屏　米春茂作
石家庄 河北美术出版社 1984 年 4 轴
78cm（2 开）定价：CNY1.40
　　中国现代年画作品。

J0056272
小猫四条屏　米春茂作
重庆 重庆出版社 1984 年 4 张 54cm（4 开）
定价：CNY0.32
　　中国现代年画作品。

J0056273
小棋手　彭明作
广州 岭南美术出版社 1984 年 1 张 76cm（2 开）
定价：CNY0.18
　　中国现代年画作品。

J0056274
小琴手　陈宝万作
上海 上海人民美术出版社 1984 年 1 张
76cm（2 开）定价：CNY0.16
　　中国现代年画作品。

J0056275
小射手　（蒙汉文对照）牛忠满作
呼和浩特 内蒙古人民出版社 1984 年 1 张
76cm（2 开）定价：CNY0.18
　　中国现代年画作品。

J0056276
小天鹅　张华作
杭州 浙江人民美术出版社 1984 年 1 张
76cm（2 开）定价：CNY0.16
　　中国现代年画作品。

J0056277
小小摄影家　杨文德作
昆明 云南人民出版社 1984 年 1 张 76cm（2 开）
定价：CNY0.18
　　中国现代年画作品。

J0056278
小小饲养员　韦献青作
上海 上海人民美术出版社 1984 年 1 张
76cm（2 开）定价：CNY0.16
　　中国现代年画作品。

J0056279
小鸭快快长　王小玫作
南昌 江西人民出版社［1984 年］1 张
76cm（2 开）定价：CNY0.18
　　中国现代年画作品。

J0056280
小园丁　陈英，陈明作
昆明 云南出版社 1984 年 1 张 76cm（2 开）
定价：CNY0.18
　　中国现代年画作品。

J0056281
小侦察员　陈宝万作
天津 天津人民美术出版社 1984 年 1 张
76cm（2 开）定价：CNY0.18
　　中国现代年画作品。

J0056282
小啄木鸟　李迎涛作
石家庄 河北美术出版社 1984 年 1 张
76cm（2 开）定价：CNY0.16
　　中国现代年画作品。

J0056283
小足球运动员　李恩作
北京 人民美术出版社 1984 年 1 张 76cm（2 开）
定价：CNY0.16
　　中国现代年画作品。

J0056284
校园春光好　舒展作
上海 上海人民美术出版社 1984 年 1 张
76cm（2 开）定价：CNY0.16
　　中国现代年画作品。

J0056285
谢瑶环　敬少文编文；郭陌摄影
西安 陕西人民美术出版社 1984 年 2 张
76cm（2 开）定价：CNY0.36
　　中国现代年画作品。

J0056286
心灵手巧　孙公照作
杭州 浙江人民美术出版社 1984 年 1 张
76cm（2 开）定价：CNY0.16
　　中国现代年画作品。

J0056287
欣欣向荣　事事如意　刘正作
天津 天津人民美术出版社 1984 年 1 张
76cm（2 开）定价：CNY0.18
　　中国现代年画作品。作者刘正（1949—　　），
女，编辑。天津人，毕业于天津美术学院绘画系。

历任天津人民美术出版社编审、中国美术家协会
会员、中国工笔画学会会员、中国刘奎龄艺术研
究院研究员、天津市美术家协会会员。代表作品
有《中国织绣服饰全集》《幸福花开》《庄户剧团》
《十二月花神》《春到西花厅》等。

J0056288
新春乐　赵永鑫, 万清作
石家庄 河北美术出版社 1984 年 2 张
76cm（2 开）定价: CNY0.32
　　中国现代年画作品。

J0056289
新春乐喜洋洋　张桂英作
沈阳 辽宁美术出版社 1984 年 1 张 76cm（2 开）
定价: CNY0.16
　　中国现代年画作品。

J0056290
新港的节日　黄宗瑞作
天津 天津人民美术出版社 1984 年 1 张
76cm（2 开）定价: CNY0.18
　　中国现代年画作品。

J0056291
新疆好　陈宝万作
西安 陕西人民美术出版社 1984 年 1 张
76cm（2 开）定价: CNY0.18
　　中国现代年画作品。

J0056292
新居图　陈秉玺作
成都 四川民族出版社 1984 年 1 张 76cm（2 开）
定价: CNY0.36
　　中国现代年画作品。

J0056293
新居图　（藏汉文对照）陈秉玺作
成都 四川民族出版社 1984 年 1 张 76cm（2 开）
定价: CNY0.16
　　中国现代年画作品。

J0056294
新年好　王希安作
石家庄 河北美术出版社 1984 年 1 张
76cm（2 开）定价: CNY0.18
　　中国现代年画作品。

J0056295
新年好　梁皓作
广州 岭南美术出版社 1984 年 1 张 76cm（2 开）
定价: CNY0.18
　　中国现代年画作品。

J0056296
新年乐合家庆团圆　张瑞恒作
天津 天津人民美术出版社 1984 年 1 张
76cm（2 开）定价: CNY0.18
　　中国现代年画作品。

J0056297
新年祝福　陈华民作
哈尔滨 黑龙江美术出版社 1984 年 1 张
76cm（2 开）定价: CNY0.16
　　中国现代年画作品。

J0056298
新市长的礼物　竹均琪作
沈阳 辽宁美术出版社 1984 年 1 张 76cm（2 开）
定价: CNY0.16
　　中国现代年画作品。

J0056299
新校服　赵幼华画
长春 吉林人民出版社 1984 年 1 张 76cm（2 开）
定价: CNY0.16
　　中国现代年画作品。

J0056300
新装　张德俊等作
南京 江苏美术出版社 1984 年 1 张 76cm（2 开）
定价: CNY0.18
　　中国现代年画作品。

J0056301
信鸽传深情　汪晓曙, 谌学诗作
南昌 江西人民出版社 [1984 年] 1 张
76cm（2 开）定价: CNY0.18
　　中国现代年画作品。作者汪晓曙（1956—　　），
画家。江西南城人, 毕业于师范学院美术系。历

任江西师范大学艺术学院副教授、中国美术家协
会会员、中国水彩画家协会会员，江西省水彩画
研究会理事、秘书长，《东方画报》主编。著有《绘
画语言》《绘画创作》《美术创作学》等。作者谌
学诗（1942—　），江西人。江西省美术家协会
会员。曾从事美术设计、美术编辑等工作。多幅
作品为人民美术出版社、上海美术出版社等出版
发行。

J0056302
杏花枝头春意闹　王兆荣作
南昌 江西人民出版社［1984 年］1 张 76cm（2 开）
定价：CNY0.18
　　中国现代年画作品。

J0056303
幸福　倪辰生画
济南 山东美术出版社 1984 年 1 张 76cm（2 开）
定价：CNY0.18
　　中国现代年画作品。

J0056304
幸福的童年　彭公林作
哈尔滨 黑龙江美术出版社 1984 年 1 张
76cm（2 开）定价：CNY0.16
　　中国现代年画作品。

J0056305
幸福的一代　张为民作
天津 天津人民美术出版社 1984 年 1 张
76cm（2 开）定价：CNY0.18
　　中国现代年画作品。

J0056306
幸福欢喜　王安作
天津 天津杨柳青画社 1984 年 1 张 76cm（2 开）
定价：CNY0.18
　　中国现代年画作品。

J0056307
幸福家庭　徐寄萍作
上海 上海人民美术出版社 1984 年 1 张
76cm（2 开）定价：CNY0.16
　　中国现代年画作品。作者徐寄萍（1919—
2005），上海人。曾任上海美术家协会会员、上

海人民美术出版社特约年画作者等职。主要作
品有《帮妈妈做事》《学雷锋做好事》《擦亮眼
睛》等。

J0056308
幸福家庭娃娃壮　杨馥如作
上海 上海人民美术出版社 1984 年 1 张
76cm（2 开）定价：CNY0.16
　　中国现代年画作品。

J0056309
幸福童年　马天骐作
沈阳 辽宁美术出版社 1984 年 1 张 76cm（2 开）
定价：CNY0.16
　　中国现代年画作品。

J0056310
幸福童年　曾帆作
广州 岭南美术出版社 1984 年 1 张 76cm（2 开）
定价：CNY0.18
　　中国现代年画作品。

J0056311
幸福娃　成砺志作
重庆 重庆出版社 1984 年 1 张 76cm（2 开）
定价：CNY0.40
　　中国现代年画作品。

J0056312
幸福娃娃　李中文作
郑州 河南人民出版社 1984 年 1 张 54cm（4 开）
定价：CNY0.08
　　中国现代年画作品。

J0056313
幸福娃娃　傅鲁沛，李学荣作
上海 上海人民美术出版社 1984 年 1 张
76cm（2 开）定价：CNY0.16
　　中国现代年画作品。

J0056314
幸福有余　潘隆正作
广州 岭南美术出版社 1984 年 1 张 76cm（2 开）
定价：CNY0.18
　　中国现代年画作品。作者潘隆正（1944—　），

笔名晓牛，出生于重庆市，毕业于西南师范大学
美术系。历任重庆出版社美编室副主任、重庆出
版集团（美术）副编审、全国年画研究会理事、西
南大学育才学院美术学院副教授、重庆沧白书画
院副院长。作品有《红岩英烈——许晓轩》《挺
进大西南》《娃娃送宝·幸福吉祥》《哼哈二将》
《秦琼、敬德》《在知识的海洋里寻珍探宝》等。

J0056315
幸福有余庆新春　李世元作
哈尔滨 黑龙江美术出版社 1984 年 1 张
76cm（2 开）定价：CNY0.16
　　中国现代年画作品。

J0056316
幸福鸳鸯　杨馥如作
上海 上海人民美术出版社 1984 年 1 张
76cm（2 开）定价：CNY0.16
　　中国现代年画作品。

J0056317
幸福长春　薛长山作
广州 岭南美术出版社 1984 年 2 轴 76cm（2 开）
定价：CNY1.30
　　中国现代年画作品。

J0056318
幸福长寿　王中一，王中影作
郑州 河南人民出版社［1984 年］1 张 76cm（2 开）
　　中国现代年画作品。

J0056319
幸福长寿　张英武画
长春 吉林人民出版社 1984 年 1 张 76cm（2 开）
定价：CNY0.16
　　中国现代年画作品。

J0056320
幸福长寿　李冰作
西安 陕西人民美术出版社 1984 年 1 张
76cm（2 开）定价：CNY0.18
　　中国现代年画作品。

J0056321
幸福之花　董辰清作

沈阳 辽宁美术出版社 1984 年 1 张 76cm（2 开）
定价：CNY0.16
　　中国现代年画作品。

J0056322
雄鸡报春　（胶印轴画）刘小青作
上海 上海人民美术出版社 1984 年 3 轴 附对联
108cm（全开）定价：CNY2.30
　　中国现代年画作品。

J0056323
雄鸡报晓　许志彬作
成都 四川人民出版社 1984 年 1 张 76cm（2 开）
定价：CNY0.16
　　中国现代年画作品。

J0056324
雄鸡鸡晓　王经春作
合肥 安徽人民出版社 1984 年 1 张 76cm（2 开）
定价：CNY0.16
　　中国现代年画作品。

J0056325
熊猫集锦　海澜作
天津 天津人民美术出版社 1984 年 1 张
76cm（2 开）定价：CNY0.18
　　中国现代年画作品。

J0056326
熊猫杂技　胡委伦作
杭州 浙江人民美术出版社 1984 年 1 张
108cm（全开）定价：CNY0.32
　　中国现代年画作品。作者胡委伦（1948—　　），
上海人。别名胡惠伦。擅长油画。毕业于中国
美术学院附中。曾任职于浙江遂昌婺剧团、丽
水地区越剧团、丽水地区艺术研究中心，二级美
术师。作品有《故乡情》《默默的路》《还是这
条路》。

J0056327
绣鞋记　（一至四）浦漫湘文；静如，徐思作
沈阳 辽宁美术出版社 1984 年 2 张 76cm（2 开）
定价：CNY0.32
　　中国现代年画作品。

J0056328

徐向前元帅　邬华敏作

成都 四川人民出版社 1984 年 2 版 1 张

76cm（2 开）定价：CNY0.32，CNY0.16（胶版纸）

中国现代年画作品。

J0056329

徐向前元帅　邬华敏作

成都 四川人民出版社 1984 年 2 版 1 张

53cm（4 开）定价：CNY0.18

中国现代年画作品。

J0056330

学爸爸　赵彦杰画

长春 吉林人民出版社 1984 年 1 张 76cm（2 开）

定价：CNY0.16

中国现代年画作品。作者赵彦杰（1937—　），国家二级美术师。出生在东北，毕业于师范学校。作品有《农忙十二月》《泥土芳香》《大观园》《忠烈千秋》《血染白山》等。

J0056331

学妈妈　刘绍林作

天津 天津杨柳青画社 1984 年［1 张］

76cm（2 开）定价：CNY0.18

中国现代年画作品。

J0056332

学习雷锋叔叔　刘彦平作

天津 天津杨柳青画社 1984 年 1 张 76cm（2 开）

定价：CNY0.18

中国现代年画作品。

J0056333

荀灌娘　（一至四）辛尚田文；徐思，李美作

沈阳 辽宁美术出版社 1984 年 1 张 76cm（2 开）

定价：CNY0.32

中国现代年画作品。

J0056334

驯兽　柳忠福作

石家庄 河北美术出版社 1984 年 2 张

76cm（2 开）定价：CNY0.36

中国现代年画作品。

J0056335

雅室秋香　张琪作

南京 江苏美术出版社 1984 年 1 张 76cm（2 开）

定价：CNY0.18

中国现代年画作品。

J0056336

烟花飞舞　刘庆涛画

长春 吉林人民出版社 1984 年 1 张 76cm（2 开）

定价：CNY0.16

中国现代年画作品。

J0056337

演出之后　张志千作

沈阳 辽宁美术出版社 1984 年 1 张 76cm（2 开）

定价：CNY0.16

中国现代年画作品。

J0056338

雁荡秋色　陈珠龙作

杭州 浙江人民美术出版社 1984 年 2 张

76cm（2 开）定价：CNY0.46

中国现代年画作品。

J0056339

燕青卖线　田茂怀画；张汝川配诗

石家庄 河北美术出版社 1984 年 2 张

76cm（2 开）定价：CNY0.32

中国现代年画作品。作者田茂怀（1948—　），画家。河北衡水人。历任河北省画院特聘画师，河北省科技大学客座教授，河北书画院副主席，台湾艺术协会荣誉理事。

J0056340

阳光灿烂　黄振永作

成都 四川人民出版社 1984 年 1 张 76cm（2 开）

定价：CNY0.16

中国现代年画作品。作者黄振永（1930—　），四川成都人。擅长宣传画、年画。曾在空军美术训练班学习。历任沈阳军区美术创作员、成都军区空军政治部创作员。作品有《我爱祖国的蓝天》，年画《幽谷飞瀑》《海之歌》等。

J0056341

阳光雨露育新花　肖一作

北京 人民美术出版社 1984 年 1 张 76cm（2 开）
定价：CNY0.13
　　中国现代年画作品。

J0056342
杨八姐 杨九妹　彦平，雅君作
贵阳 贵州人民出版社 1984 年 1 张 76cm（2 开）
定价：CNY0.16
　　中国现代年画作品。

J0056343
杨八姐游春　张敬平作
合肥 安徽人民出版社 1984 年 1 张 76cm（2 开）
定价：CNY0.16
　　中国现代年画作品。

J0056344
杨家将　王少培，孙小红编文；唐世龙，张刘
摄影
昆明 云南人民出版社 1984 年 2 张 76cm（2 开）
定价：CNY0.36
　　中国现代年画作品。

J0056345
杨家将　岳家军　尹孝本［作］
广州 岭南美术出版社 1984 年 1 张 76cm（2 开）
定价：CNY0.20
　　中国现代年画作品。

J0056346
杨景　狄青　魏明全作
贵阳 贵州人民出版社 1984 年 1 张 76cm（2 开）
定价：CNY0.16
　　中国现代年画作品。

J0056347
杨柳青年画　天津市艺术博物馆编
北京 文物出版社 1984 年 25cm（16 开）统一书
号：8068.1245 定价：CNY12.00
　　本书年画分为历史故事、典故、神话传说、
戏剧人物、风俗、时事、肖像、格言、劝诫、仕女
儿童、花鸟鱼虫、风景名胜等，以及反映现实生
活的题材。

J0056348
杨六郎定亲　申同景作
沈阳 辽宁美术出版社 1984 年 1 张 76cm（2 开）
定价：CNY0.16
　　中国现代年画作品。

J0056349
杨门女将　（一至八）辛国等画；羡智，王
杰诗
天津 天津人民美术出版社 1984 年 4 张
76cm（2 开）定价：CNY0.72
　　中国现代年画作品。

J0056350
杨排风　张锡武画；刘见文
合肥 安徽人民出版社 1984 年 2 张 76cm（2 开）
定价：CNY0.36
　　中国现代年画作品。

J0056351
杨排风　伟华编文；付鲁沛，李学荣绘画
郑州 河南人民出版社 1984 年 2 张 76cm（2 开）
定价：CNY0.36
　　中国现代年画作品。

J0056352
杨排风观灯　高国强作
天津 天津人民美术出版社 1984 年 1 张
76cm（2 开）定价：CNY0.18
　　中国现代年画作品。

J0056353
杨七郎打擂　梁惠统作
南宁 广西人民出版社 1984 年 1 张 76cm（2 开）
定价：CNY0.16
　　中国现代年画作品。

J0056354
杨文广　杨金花　韩祖音作
郑州 河南人民出版社 1984 年 1 张 76cm（2 开）
定价：CNY0.16
　　中国现代年画作品。

J0056355
杨再兴　高宠　金彦平，张雅君作

郑州 河南人民出版社 1984 年 1 张 76cm（2 开）
定价：CNY0.16
　　中国现代年画作品。

J0056356
摇到外婆家　徐中作
南京 江苏美术出版社 1984 年 1 张 76cm（2 开）
定价：CNY0.18
　　中国现代年画作品。

J0056357
摇篮　朱淑媛作
沈阳 辽宁美术出版社 1984 年 1 张 76cm（2 开）
定价：CNY0.16
　　中国现代年画作品。

J0056358
瑶姬伏龙　张德俊画
福州 福建人民出版社 1984 年 1 张 76cm（2 开）
定价：CNY0.18
　　中国现代年画作品。

J0056359
要学蜜蜂爱劳动　王福增作
上海 上海人民美术出版社 1984 年 1 张
76cm（2 开）定价：CNY0.16
　　中国现代年画作品。

J0056360
一孩多福　龚定平作
石家庄 河北美术出版社 1984 年 1 张
76cm（2 开）定价：CNY0.16
　　中国现代年画作品。

J0056361
一孩多幸福　朱岩作
哈尔滨 黑龙江美术出版社 1984 年 1 张
76cm（2 开）定价：CNY0.16
　　中国现代年画作品。

J0056362
一路春风一路情　阎义春作
沈阳 辽宁美术出版社 1984 年 1 张 76cm（2 开）
定价：CNY0.16
　　中国现代年画作品。

J0056363
一娃好　邹起奎作
天津 天津杨柳青画社 1984 年 1 张 76cm（2 开）
定价：CNY0.16
　　中国现代年画作品。

J0056364
一子多福　潘志正作
成都 四川人民出版社 1984 年［1 张］76cm（2 开）
定价：CNY0.16
　　中国现代年画作品。

J0056365
颐和园　于锦声作
天津 天津人民美术出版社 1984 年 1 张
76cm（2 开）定价：CNY0.18
　　中国现代年画作品。

J0056366
疑是仙女下凡来　张兆年作
天津 天津人民美术出版社 1984 年 1 张
76cm（2 开）定价：CNY0.18
　　中国现代年画作品。作者张兆年（1946—　），
画家。天津人，毕业于天津工艺美校。历任天津
工艺美术设计院创作室二级美术师。获奖作品
有《数不清》《踏歌图》《傻俏少女》等，壁画作
品有《海河晨光》《津门十景》《中国古代科技文
明之光》《生命之路》等。

J0056367
艺苑新蕾　霍淑清，李东鹏作
哈尔滨 黑龙江美术出版社 1984 年 1 张
76cm（2 开）定价：CNY0.16
　　中国现代年画作品。

J0056368
艺苑新蕾　陈振生作
北京 中国戏剧出版社 1984 年 1 张 76cm（2 开）
定价：CNY0.16
　　中国现代年画作品。

J0056369
艺苑新秀　周洪生画
长春 吉林人民出版社 1984 年 1 张 76cm（2 开）
定价：CNY0.16

中国现代年画作品。

J0056370

异卉珍禽 陈正治作

杭州 浙江人民美术出版社 1984 年 2 张
76cm（2 开）定价：CNY0.32
　　中国现代年画作品。

J0056371

益虫益鸟益兽 米春茂作

石家庄 河北美术出版社 1984 年 2 张
76cm（2 开）定价：CNY0.36
　　中国现代年画作品。

J0056372

益虫益鸟益兽 米春茂作

石家庄 河北美术出版社 1984 年 2 张
108cm（全开）定价：CNY0.64
　　中国现代年画作品。

J0056373

益虫益鸟益兽四条屏 米春茂作

石家庄 河北美术出版社 1984 年 4 轴
78cm（2 开）定价：CNY1.40
　　中国现代年画作品。

J0056374

殷切的希望 曾天中，高庶绩作

成都 四川人民出版社 1984 年 1 张 76cm（2 开）
定价：CNY0.16
　　中国现代年画作品。

J0056375

银海轻骑 史士明作

郑州 河南人民出版社 1984 年 1 张 76cm（2 开）
定价：CNY0.18
　　中国现代年画作品。

J0056376

英雄炮 彭秋荣作

广州 岭南美术出版社 1984 年 76cm（2 开）
定价：CNY0.18
　　中国现代年画作品。

J0056377

英雄骑兵 罗存洁作

昆明 云南人民出版社 1984 年 53cm（4 开）
定价：CNY0.08
　　中国现代年画作品。

J0056378

英雄赞 （一）邬华敏等作

成都 四川人民出版社 1984 年 76cm（2 开）
定价：CNY0.16
　　中国现代年画作品。作者邬华敏(1954—)，
画家，擅长油画。重庆人。毕业于重庆社会大学
美术系油画专业。任重庆铁路分局重庆西俱乐
部主任、政工师。作品曾入选全国美展及年画展。
作品《敬爱的元帅——徐向前、陈毅》《高瞻远
瞩》，油画《金秋》。

J0056379

英雄赞 （二）邬华敏等作

成都 四川人民出版社 1984 年 76cm（2 开）
定价：CNY0.16
　　中国现代年画作品。

J0056380

英雄赞 （三）邬华敏等作

成都 四川人民出版社 1984 年 76cm（2 开）
定价：CNY0.16
　　中国现代年画作品。

J0056381

英雄赞 （四）邬华敏等作

成都 四川人民出版社 1984 年 76cm（2 开）
定价：CNY0.16
　　中国现代年画作品。

J0056382

英雄赞 （江竹筠丁佑君）邬华敏等作

成都 四川人民出版社 1984 年 76cm（2 开）
定价：CNY0.16
　　中国现代年画作品。

J0056383

英雄赞 （杨开慧陈铁军）邬华敏等作

成都 四川人民出版社 1984 年 76cm（2 开）
定价：CNY0.16

中国现代年画作品。

J0056384
英雄赞　（张思德董存瑞）邬华敏等作
成都 四川人民出版社 1984 年 76cm（2 开）
定价：CNY0.16
　　中国现代年画作品。

J0056385
英雄赞　（赵一曼刘胡兰）刘云生等作
成都 四川人民出版社 1984 年 76cm（2 开）
定价：CNY0.16
　　中国现代年画作品。

J0056386
英雄战士个个夸　光荣军属人人敬　杨晓
辉作
南京 江苏美术出版社 1984 年 2 张 76cm（2 开）
定价：CNY0.24
　　中国现代年画作品。

J0056387
迎春　王伟戍作
广州 岭南美术出版社 1984 年 76cm（2 开）
定价：CNY0.18
　　中国现代年画作品。

J0056388
迎春接福　徐福根作
南昌 江西人民出版社［1984 年］76cm（2 开）
定价：CNY0.18
　　中国现代年画作品。

J0056389
迎春接福　陈衡，杨家聪
广州 岭南美术出版社 1984 年 76cm（2 开）
定价：CNY0.18
　　中国现代年画作品。

J0056390
迎春接福喜丰年　林美岚作
成都 四川人民出版社 1984 年 76cm（2 开）
定价：CNY0.16
　　中国现代年画作品。

J0056391
迎佳节处处喜洋洋　宗万华作
天津 天津人民美术出版社 1984 年 76cm（2 开）
定价：CNY0.18
　　中国现代年画作品。

J0056392
迎新春　刘彦平画
石家庄 河北美术出版社 1984 年 2 张
76cm（2 开）定价：CNY0.32
　　中国现代年画作品。

J0056393
迎新春　王淑萍作
西安 陕西人民美术出版社 1984 年 76cm（2 开）
定价：CNY0.18
　　中国现代年画作品。

J0056394
迎新春　孙公照，孙公旭作
上海 上海人民美术出版社 1984 年 76cm（2 开）
定价：CNY0.16
　　中国现代年画作品。

J0056395
影中人　季阳作
杭州 浙江人民美术出版社 1984 年 2 张
76cm（2 开）定价：CNY0.32
　　中国现代年画作品。作者季阳（1941—　），
画家。上海人。毕业于浙江美术学院版画系。
曾任职于《浙北报》社、嘉兴地区电影公司、浙江
省电影公司。中国美术学院视传设计系研究生
教研室主任。作品有版画《忧》《啊，瑞雪》，招
贴画《听从祖国召唤》《胭脂》等。出版有《电影
宣传》《平面广告艺术》《编排艺术》等。

J0056396
映日牡丹春长寿　杨琼作
哈尔滨 黑龙江美术出版社 1984 年 76cm（2 开）
定价：CNY0.16
　　中国现代年画作品。

J0056397
拥军优属贺新春　刘佩珩画
长春 吉林人民出版社 1984 年 76cm（2 开）

定价: CNY0.16
　　中国现代年画作品。

J0056398

永结同心　万桂香作
北京 中国戏剧出版社 1984 年［1 幅］76cm（2 开）
定价: CNY0.16
　　中国现代年画作品。

J0056399

优生富贵福寿万年　李伟华作
哈尔滨 黑龙江美术出版社 1984 年 76cm（2 开）
定价: CNY0.16
　　中国现代年画作品。

J0056400

优生健壮　李宝祥画
长春 吉林人民出版社 1984 年 76cm（2 开）
定价: CNY0.16
　　中国现代年画作品。

J0056401

优生良育　龚定平作
石家庄 河北美术出版社 1984 年 76cm（2 开）
定价: CNY0.18
　　中国现代年画作品。

J0056402

优生良育苗儿壮　纪宇作
天津 天津人民美术出版社 1984 年 76cm（2 开）
定价: CNY0.18
　　中国现代年画作品。

J0056403

优生优育好娃娃　徐凡作
南京 江苏美术出版社 1984 年 76cm（2 开）
定价: CNY0.18
　　中国现代年画作品。

J0056404

游春图　（胶印轴画）唐寅作
上海 上海书画出版社［1984 年］3 轴 附对联
108cm（全开）定价: CNY2.90
　　中国现代年画作品。作者唐寅（1470—
1524），明代画家、书法家、诗人。名寅，字伯虎，

又字子畏，号六如居士等，江苏苏州人。作品有
《骑驴思归图》《山路松声图》《李端端落籍图》
《秋风纨扇图》《枯槎鹡鸰图》等。

J0056405

游龙戏水　江显辉作
上海 上海人民美术出版社 1984 年 76cm（2 开）
定价: CNY0.16
　　中国现代年画作品。

J0056406

友爱　孙营画
济南 山东美术出版社 1984 年 76cm（2 开）
定价: CNY0.16
　　中国现代年画作品。

J0056407

友爱　陈宝万作
西安 陕西人民美术出版社 1984 年 76cm（2 开）
定价: CNY0.18
　　中国现代年画作品。

J0056408

友谊
北京 中国电影出版社 1984 年 76cm（2 开）
定价: CNY0.18
　　中国现代年画作品。

J0056409

有趣的音乐会　陈菊仙作
上海 上海人民美术出版社 1984 年 76cm（2 开）
定价: CNY0.16
　　中国现代年画作品。

J0056410

有意义的夏令营　张敬平作
合肥 安徽人民出版社 1984 年 76cm（2 开）
定价: CNY0.16
　　中国现代年画作品。

J0056411

又是一个丰收年　陈学璋作
杭州 浙江人民美术出版社 1984 年 76cm（2 开）
定价: CNY0.16
　　中国现代年画作品。

J0056412
又添新家当　李跃华作
石家庄 河北美术出版社 1984 年 76cm（2 开）
定价：CNY0.16
　　中国现代年画作品。

J0056413
幼儿园里朋友多　张恒德作
成都 四川人民出版社 1984 年 76cm（2 开）
定价：CNY0.16
　　中国现代年画作品。

J0056414
幼芽　马乐群作
武汉 长江文艺出版社 1984 年 76cm（2 开）
定价：CNY0.18
　　中国现代年画作品。

J0056415
鱼乐曲　孙公照，孙公旭作
天津 天津人民美术出版社 1984 年 76cm（2 开）
定价：CNY0.18
　　中国现代年画作品。

J0056416
鱼乐图　童百龄作
天津 天津杨柳青画社 1984 年 76cm（2 开）
定价：CNY0.18
　　中国现代年画作品。

J0056417
鱼庆欢乐　杨维华作
天津 天津人民美术出版社 1984 年 76cm（2 开）
定价：CNY0.18
　　中国现代年画作品。

J0056418
鱼跃丰年　张泽珣作
天津 天津杨柳青画社 1984 年 76cm（2 开）
定价：CNY0.18
　　中国现代年画作品。

J0056419
鱼跃满塘　刘崇林作
天津 天津杨柳青画社 1984 年 76cm（2 开）

定价：CNY0.18
　　中国现代年画作品。

J0056420
鱼跃年丰　魏明全作
郑州 河南人民出版社 1984 年 76cm（2 开）
定价：CNY0.16
　　中国现代年画作品。

J0056421
鱼跃图　陈汉民画
济南 山东美术出版社 1984 年 76cm（2 开）
定价：CNY0.16
　　中国现代年画作品。

J0056422
渔村迎佳宾　董文章作
天津 天津杨柳青画社 1984 年 76cm（2 开）
定价：CNY0.18
　　中国现代年画作品。

J0056423
愉快的节日　张福龙作
石家庄 河北美术出版社 1984 年 76cm（2 开）
定价：CNY0.16
　　中国现代年画作品。

J0056424
与民同寿　陈松崚作
杭州 浙江人民美术出版社 1984 年 3 轴 附对联
108cm（全开）定价：CNY2.90
　　中国现代年画作品。

J0056425
羽翠花红　（胶印轴画）肖溶作
昆明 云南人民出版社 1984 年 3 轴 附对联
108cm（全开）定价：CNY2.00
　　中国现代年画作品。

J0056426
玉堂春　陈继武作
杭州 浙江人民美术出版社 1984 年 76cm（2 开）
定价：CNY0.16
　　中国现代年画作品。

J0056427
玉堂富贵图　朱秀坤作
重庆　重庆出版社　1984 年　76cm（2 开）
定价：CNY0.16
　　中国现代年画作品。

J0056428
鸳鸯荷花　吴东奋画
福州　福建人民出版社　1984 年　108cm（全开）
定价：CNY0.50
　　中国现代年画作品。

J0056429
鸳鸯谱　高春喜等编文；蔡中青摄影
郑州　河南人民出版社　1984 年　2 张　76cm（2 开）
定价：CNY0.36
　　中国现代年画作品。

J0056430
鸳鸯戏水　张振群作
天津　天津人民美术出版社　1984 年　76cm（2 开）
定价：CNY0.18
　　中国现代年画作品。

J0056431
元宵灯　章育青作
上海　上海人民美术出版社　1984 年　76cm（2 开）
定价：CNY0.16
　　中国现代年画作品。

J0056432
元宵灯会　马清涛，李凤华作
哈尔滨　黑龙江美术出版社　1984 年　76cm（2 开）
定价：CNY0.16
　　中国现代年画作品。

J0056433
圆明园——远瀛观大水法
北京　中国戏剧出版社　1984 年　76cm（2 开）
定价：CNY0.16
　　中国现代年画作品。

J0056434
月儿圆　邹晓清，章孟和画
福州　福建人民出版社　1984 年　76cm（2 开）

定价：CNY0.18
　　中国现代年画作品。

J0056435
月亮湾的笑声　（一至四）秀时文，李子纯作
沈阳　辽宁美术出版社　1984 年　2 张　76cm（2 开）
定价：CNY0.32
　　中国现代年画作品。

J0056436
月色双鹦鹉　李远志作
合肥　安徽人民出版社　1984 年　76cm（2 开）
定价：CNY0.16
　　中国现代年画作品。

J0056437
月下花神　朱秀坤作
北京　中国戏剧出版社　1984 年　76cm（2 开）
定价：CNY0.16
　　中国现代年画作品。

J0056438
月月有余　刘昌吉画
长春　吉林人民出版社　1984 年　76cm（2 开）
定价：CNY0.16
　　中国现代年画作品。

J0056439
岳飞　刘荣富作
上海　上海人民美术出版社　1984 年　2 张
76cm（2 开）定价：CNY0.32
　　中国现代年画作品。

J0056440
岳飞　龚景充作
杭州　浙江人民美术出版社　1984 年　107cm（全开）
定价：CNY0.60
　　中国现代年画作品。

J0056441
岳飞　龚景充作
杭州　浙江人民美术出版社　1984 年　76cm（2 开）
定价：CNY0.16
　　中国现代年画作品。

J0056442
岳飞　戚继光　吕清华作
上海　上海书画出版社 1984 年 76cm（2 开）
定价：CNY0.16
　　中国现代年画作品。

J0056443
岳飞锤震金弹子　李学荣作
广州　岭南美术出版社 1984 年 76cm（2 开）
定价：CNY0.18
　　中国现代年画作品。

J0056444
岳飞的故事　（一至四）戴宏海作
杭州　浙江人民美术出版社 1984 年 2 张
76cm（2 开）定价：CNY0.32
　　中国现代年画作品。

J0056445
岳家将　齐大鹏作
石家庄　河北美术出版社 1984 年 2 张
76cm（2 开）定价：CNY0.32
　　中国现代年画作品。作者齐大鹏（1940—　），
生于河北省沧州市，天津美院干部训练班结业。
历任中国书画艺术家协会会员、河北省美协会
员、沧州画院画师。作品有《整装待发》《准时开
车》《杨家将》《准时开车》等。

J0056446
岳家将　赵梦林作
北京　中国戏剧出版社 1984 年 2 张 76cm（2 开）
定价：CNY0.32
　　中国现代年画作品。

J0056447
岳阳楼　（胶印轴画）于锦声，张温纯作
天津　天津杨柳青画社 1984 年 3 轴 附对联
108cm（全开）定价：CNY1.30
　　中国现代年画作品。

J0056448
岳云
北京　中国电影出版社 1984 年 76cm（2 开）
定价：CNY0.18
　　中国现代年画作品。

J0056449
岳云　金弹子　张静作
成都　四川人民出版社 1984 年 54cm（4 开）
定价：CNY0.08
　　中国现代年画作品。

J0056450
岳云　陆文龙　孙建东作
昆明　云南人民出版社 1984 年 76cm（2 开）
定价：CNY0.18
　　中国现代年画作品。

J0056451
岳云　陆文龙　孙建东作
昆明　云南人民出版社 1984 年 54cm（4 开）
定价：CNY0.10
　　中国现代年画作品。

J0056452
岳云　杨文广　李先润作
郑州　河南人民出版社 1984 年 76cm（2 开）
定价：CNY0.16
　　中国现代年画作品。

J0056453
岳云　杨文广　李先润作
郑州　河南人民出版社 1984 年 54cm（4 开）
定价：CNY0.08
　　中国现代年画作品。

J0056454
岳云　杨文广　田木作
西安　陕西人民美术出版社 1984 年 76cm（2 开）
定价：CNY0.18
　　中国现代年画作品。

J0056455
岳云　杨宗保　卓昌勇作
重庆　重庆出版社 1984 年 76cm（2 开）
定价：CNY0.16
　　中国现代年画作品。

J0056456
云中落绣鞋　龚景充作
上海　上海人民美术出版社 1984 年 76cm（2 开）

定价: CNY0.16

　　中国现代年画作品。

J0056457

杂技集锦　（一、二）张万臣作

沈阳　辽宁美术出版社 1984 年 2 张 76cm（2 开）

定价: CNY0.32

　　中国现代年画作品。

J0056458

杂技小演员　王福增作

长沙　湖南灭鼠出版社 1984 年 76cm（2 开）

定价: CNY0.16

　　中国现代年画作品。

J0056459

杂技新苗　马乐群, 陈菊仙作

上海　上海人民美术出版社 1984 年 76cm（2 开）

定价: CNY0.16

　　中国现代年画作品。

J0056460

扎西德勒　刘登贵, 文光裕作

成都　四川民族出版社 1984 年 76cm（2 开）

定价: CNY0.16

　　中国现代年画作品。

J0056461

扎西德勒　（藏、汉文对照）刘登贵, 文光裕作

成都　四川民族出版社 1984 年 76cm（2 开）

定价: CNY0.36

　　中国现代年画作品。

J0056462

战马驰骋　邹起奎作

天津　天津人民美术出版社 1984 年 76cm（2 开）

定价: CNY0.18

　　中国现代年画作品。

J0056463

战士爱和平　李振亚画

长春　吉林人民出版社 1984 年 76cm（2 开）

定价: CNY0.16

　　中国现代年画作品。

J0056464

张灯结彩　李红才画；刘仲武诗

石家庄　河北美术出版社 1984 年 2 张 76cm（2 开）

定价: CNY0.32

　　中国现代年画作品。作者刘仲武(1945—)，
河北霸县(现霸州市)人。历任中国戏曲表演学
会常务理事、原河北省戏剧家协会副主席，现任
河北省戏剧家协会顾问、艺术指导委员会委员、
河北省京剧票友协会副主席兼秘书长。

J0056465

张飞　关羽　张锡武作

南昌　江西人民出版社［1984 年］2 张
76cm（2 开）定价: CNY0.26

　　中国现代年画作品。

J0056466

张飞　关羽　张锡武作

南昌　江西人民出版社［1984 年］1 张
76cm（2 开）定价: CNY0.13

　　中国现代年画作品。

J0056467

张飞　赵云　张静作

长沙　湖南美术出版社 1984 年 76cm（2 开）

定价: CNY0.16

　　中国现代年画作品。

J0056468

张清　花荣　陆海林作

成都　四川人民出版社 1984 年 76cm（2 开）

定价: CNY0.16

　　中国现代年画作品。

J0056469

张献忠　李自成　张志能作

重庆　重庆出版社 1984 年 76cm（2 开）

定价: CNY0.16

　　中国现代年画作品。

J0056470

长白山珍喜丰收　周洪生作

哈尔滨　黑龙江美术出版社 1984 年 76cm（2 开）

定价: CNY0.16

　　中国现代年画作品。

J0056471
长坂坡　杨长胜作
合肥 安徽人民出版社 1984 年 2 张 76cm（2 开）
定价：CNY0.32
　　中国现代年画作品。

J0056472
长城万里　孙公照作
天津 天津人民美术出版社 1984 年 76cm（2 开）
定价：CNY0.18
　　中国现代年画作品。

J0056473
长大当冠军　何远明作
成都 四川人民出版社 1984 年 76cm（2 开）
定价：CNY0.16
　　中国现代年画作品。

J0056474
长大为祖国争光　李冰作
西宁 青海人民出版社 1984 年 76cm（2 开）
定价：CNY0.16
　　中国现代年画作品。

J0056475
长大要把祖国保　田林海作
天津 天津杨柳青画社 1984 年 76cm（2 开）
定价：CNY0.16
　　中国现代年画作品。

J0056476
长大要为祖国争光　成砺志作
沈阳 辽宁美术出版社 1984 年 76cm（2 开）
定价：CNY0.16
　　中国现代年画作品。

J0056477
长江三峡　赵文发作
石家庄 河北美术出版社 1984 年 2 张 76cm（2 开）
定价：CNY0.32
　　中国现代年画作品。

J0056478
长江四景　（一至四）苏锡超，王玉池作
天津 天津杨柳青画社 1984 年 2 张 76cm（2 开）

定价：CNY0.32
　　中国现代年画作品。

J0056479
长寿新编　杨立群作
哈尔滨 黑龙江美术出版社 1984 年 76cm（2 开）
定价：CNY0.16
　　中国现代年画作品。

J0056480
招才进宝　杨立群作
南宁 广西人民出版社 1984 年 76cm（2 开）
定价：CNY0.16
　　中国现代年画作品。

J0056481
赵云　黄盖　张锡武，张静作
北京 中国戏剧出版社 1984 年 76cm（2 开）
定价：CNY0.16
　　中国现代年画作品。

J0056482
赵云　马超　张静作
广州 岭南美术出版社 1984 年 76cm（2 开）
定价：CNY0.20
　　中国现代年画作品。

J0056483
赵云　马超　志斌作
重庆 重庆出版社 1984 年 76cm（2 开）
定价：CNY0.16
　　中国现代年画作品。

J0056484
赵州桥的传说　张文学画；刘英民诗
石家庄 河北美术出版社 1984 年 2 张 76cm（2 开）
定价：CNY0.32
　　中国现代年画作品。

J0056485
赵州桥的故事　胡桂林作
石家庄 河北美术出版社 1984 年 76cm（2 开）
定价：CNY0.18
　　中国现代年画作品。

J0056486
这是益鸟　林成翰作
天津　天津人民美术出版社　1984 年　76cm（2 开）
定价：CNY0.18
中国现代年画作品。

J0056487
浙山越水　（一至四）徐英槐等作
杭州　浙江人民美术出版社　1984 年　4 张
76cm（2 开）定价：CNY0.92
中国现代年画作品。

J0056488
珍禽图　陈正治作
杭州　浙江人民美术出版社　1984 年　76cm（2 开）
定价：CNY0.16
中国现代年画作品。

J0056489
珍珠姑娘　沈古运作
杭州　浙江人民美术出版社　1984 年　76cm（2 开）
定价：CNY0.16
中国现代年画作品。

J0056490
珍珠湖　童金贵画
长春　吉林人民出版社　1984 年　76cm（2 开）
定价：CNY0.16
中国现代年画作品。

J0056491
真假美猴王
北京　中国电影出版社　1984 年　2 张　76cm（2 开）
定价：CNY0.36
中国现代年画作品。

J0056492
振兴中华　竹均琪作
北京　人民体育出版社　1984 年　76cm（2 开）
定价：CNY0.16
中国现代年画作品。

J0056493
振兴中华　沈深作
天津　天津人民美术出版社　1984 年　76cm（2 开）

定价：CNY0.18
中国现代年画作品。

J0056494
振兴中华　为国争光　王伟成作
上海　上海人民美术出版社　1984 年　76cm（2 开）
定价：CNY0.16
中国现代年画作品。

J0056495
争上游连年有余　王福增作
上海　上海人民美术出版社　1984 年　76cm（2 开）
定价：CNY0.16
中国现代年画作品。

J0056496
争艳　宋端午画
济南　山东美术出版社　1984 年　76cm（2 开）
定价：CNY0.16
中国现代年画作品。

J0056497
正月里　马焕民作
石家庄　河北美术出版社　1984 年　76cm（2 开）
定价：CNY0.16
中国现代年画作品。

J0056498
郑板桥竹石图　（胶印轴画）郑板桥作
上海　上海书画出版社　[1984 年] 3 轴　附对联
108cm（全开）定价：CNY1.90
中国现代年画作品。作者郑板桥（1693—
1765），清代书画家、文学家。原名郑燮，字克柔，
号理庵，又号板桥，人称板桥先生。生于江苏兴
化，祖籍苏州。乾隆元年（1736 年）进士。官山
东范县、潍县县令。代表作品《修竹新篁图》《清
光留照图》《丛兰荆棘图》《甘谷菊泉图》等，著
有《郑板桥集》。

J0056499
郑成功　岳飞　王礼兴作
重庆　重庆出版社　1984 年　76cm（2 开）
定价：CNY0.16
中国现代年画作品。

J0056500

郑和下西洋　李忠华作

成都 四川人民出版社 1984 年 76cm（2 开）

定价：CNY0.16

　　中国现代年画作品。

J0056501

政策好 出百宝　高志华作

天津 天津人民美术出版社 1984 年 76cm（2 开）

定价：CNY0.18

　　中国现代年画作品。

J0056502

政策暖人心 连年庆有余　普兆宾作

昆明 云南人民出版社 1984 年 76cm（2 开）

定价：CNY0.15

　　中国现代年画作品。

J0056503

支前模范 战斗英雄　裴文璐作

昆明 云南人民出版社 1984 年 76cm（2 开）

定价：CNY0.15

　　中国现代年画作品。作者裴文璐（1944— ），
出生于昆明，中国美术家协会会员、云南艺术学
院客座教授、云南省公安厅文联书画院名誉院
长。代表作品有《瑞丽江畔》《赶摆》。

J0056504

知音　马清涛作

沈阳 辽宁美术出版社 1984 年 76cm（2 开）

定价：CNY0.16

　　中国现代年画作品。

J0056505

值日生　陈玉珍作

杭州 西泠印社 1984 年 76cm（2 开）

定价：CNY0.16

　　中国现代年画作品。

J0056506

志向　刘喜春作

沈阳 辽宁美术出版社 1984 年 76cm（2 开）

定价：CNY0.16

　　中国现代年画作品。

J0056507

中国京剧　董辰生作

北京 北京美术摄影出版社 1984 年 2 张
76cm（2 开）定价：CNY0.26

　　中国现代年画作品。

J0056508

中国人民站起来了　马璪作

北京 北京美术摄影出版社 1984 年
107cm（全开）定价：CNY0.80

　　中国现代年画作品。作者马璪（1937— ），
国画家、水彩画家。笔名梅山，字清源，又号司
马清源，九峰画室主人。山西清徐县人，毕业于
中央美术学院国画系。北京画院专职画家、中国
美术家协会会员、国家一级美术师。代表作有《还
我河山》《黄河之水天上来》《日日夜夜》《秋爽
斋》《李清照》等。

J0056509

盅碗舞　（蒙汉文对照）解力军作

呼和浩特 内蒙古人民出版社 1984 年
76cm（2 开）定价：CNY0.18

　　中国现代年画作品。

J0056510

周处斩蛟 李广射虎　陈致信作

成都 四川人民出版社 1984 年 76cm（2 开）

定价：CNY0.16

　　中国现代年画作品。

J0056511

周处斩蛟 武松打虎　张晓飞作

南京 江苏美术出版社 1984 年 2 张 78cm（2 开）

定价：CNY0.24

　　中国现代年画作品。作者张晓飞（1941— ），
画家、工艺美术大师。江苏吴县人。苏州桃花坞
木刻年画社创作室主任、苏州大学艺术学院兼
职教授、苏州市美协副主席。代表作品有《水乡
元宵》，出版有《风山拾得画集》《彩图唐诗一百
首》等。

J0056512

周总理和小演员　潘志鸿作

成都 四川人民出版社 1984 年 76cm（2 开）

定价：CNY0.16

中国现代年画作品。

J0056513
周总理接见小演员　辛鹤江作
北京 中国戏剧出版社 1984年 76cm（2开）
定价：CNY0.16
中国现代年画作品。

J0056514
朱伯儒　田克胜作
武汉 长江文艺出版社 1984年 2张 76cm（2开）
定价：CNY0.36
中国现代年画作品。

J0056515
朱德的故事　王兆荣作
北京 人民美术出版社 1984年 2张 76cm（2开）
定价：CNY0.32
中国现代年画作品。

J0056516
朱德元帅　樊怀章作
成都 四川人民出版社 1984年 2版 76cm（2开）
定价：CNY0.18（铜版纸），CNY0.08（胶版纸）
中国现代年画作品。

J0056517
朱德元帅　樊怀章作
成都 四川人民出版社 1984年 2版 76cm（2开）
定价：CNY0.16
中国现代年画作品。

J0056518
朱德总司令的光辉一生　升敏画；高铁林文
哈尔滨 黑龙江美术出版社 1984年 2张
76cm（2开）定价：CNY0.32
中国现代年画作品。

J0056519
朱仙镇　赵祥林作
天津 天津人民美术出版社 1984年 76cm（2开）
定价：CNY0.18
中国现代年画作品。

J0056520
珠江新貌　吴炳德作
广州 岭南美术出版社 1984年 76cm（2开）
定价：CNY0.18
中国现代年画作品。

J0056521
诸葛亮出山　王中民编词；葛庆亚摄影
郑州 河南人民出版社 1984年 2张 76cm（2开）
定价：CNY0.36
中国现代年画作品。

J0056522
猪八戒招亲　高铁林文；林明画
哈尔滨 黑龙江美术出版社 1984年 2张
76cm（2开）定价：CNY0.32
中国现代年画作品。

J0056523
竹仙姑
北京 中国电影出版社 1984年 76cm（2开）
定价：CNY0.18
中国现代年画作品。

J0056524
竹影鹤姿　（胶印轴画）袁颖一作
天津 天津杨柳青画店 1984年 108cm（全开）
定价：CNY0.60
中国现代年画作品。

J0056525
助战　肇毓厚画
长春 吉林人民出版社 1984年 76cm（2开）
定价：CNY0.16
中国现代年画作品。

J0056526
祝福图　楼永年作
杭州 浙江人民美术出版社 1984年 76cm（2开）
定价：CNY0.16
中国现代年画作品。作者楼永年（1940— ），浙江萧山人，毕业于浙江美术学院工艺系。历任杭州印染厂花样设计、高级工艺美术师。代表作品《福宝寿禧》《四季平安》《福寿万年》《和合图》等。

J0056527
祝你康乐　张弓作
成都 四川人民出版社 1984 年 76cm（2 开）
定价：CNY0.16
　　中国现代年画作品。

J0056528
祝你长寿　陈英作
天津 天津人民美术出版社 1984 年 76cm（2 开）
定价：CNY0.18
　　中国现代年画作品。

J0056529
祝您幸福　刘崇林作
北京 北京美术摄影出版社 1984 年 76cm（2 开）
定价：CNY0.13
　　中国现代年画作品。

J0056530
祝您长寿　姚玉成作
沈阳 辽宁美术出版社 1984 年 76cm（2 开）
定价：CNY0.16
　　中国现代年画作品。

J0056531
祝您长寿　刘乃勇画
济南 山东美术出版社 1984 年 76cm（2 开）
定价：CNY0.18
　　中国现代年画作品。

J0056532
祝您长寿　志尉作
天津 天津杨柳青画社 1984 年 76cm（2 开）
定价：CNY0.18
　　中国现代年画作品。

J0056533
祝寿图　侯世武，景志龙画
成都 四川人民出版社 1984 年 76cm（2 开）
定价：CNY0.16
　　中国现代年画作品。

J0056534
祝寿图　（胶印轴画）刘菊清作
天津 天津杨柳青画社 1984 年 3 轴 附对联
108cm（全开）定价：CNY1.80
　　中国现代年画作品。

J0056535
祝寿图　楼永年作
杭州 浙江人民美术出版社 1984 年
107cm（全开）定价：CNY0.60
　　中国现代年画作品。作者楼永年（1940— ），
浙江萧山人，毕业于浙江美术学院工艺系。历任
杭州印染厂花样设计、高级工艺美术师。代表作
品《福宝寿禧》《四季平安》《福寿万年》《和合
图》等。

J0056536
祝寿图　楼永年作
杭州 浙江人民美术出版社 1984 年 76cm（2 开）
定价：CNY0.16
　　中国现代年画作品。

J0056537
祝寿图　（胶印轴画）楼永年作
杭州 浙江人民美术出版社 1984 年 3 轴 附对联
108cm（全开）定价：CNY2.90
　　中国现代年画作品。

J0056538
追鱼　刘世杰编文；杨永明摄影
郑州 河南人民出版社 1984 年 2 张 76cm（2 开）
定价：CNY0.36
　　中国现代年画作品。作者杨永明，云南保山
人。曾任德宏州摄影家协会理事、中国橡树摄影
网会员。主要作品有《传授》《泼水欢歌》《春眠
不觉晓》《相聚喊沙》等。

J0056539
孜孜育新苗　王修涛作
兰州 甘肃人民出版社 1984 年 76cm（2 开）
定价：CNY0.16
　　中国现代年画作品。

J0056540
紫藤凌霄　（一、二）孙韬成作
杭州 浙江人民美术出版社 1984 年 2 张
76cm（2 开）定价：CNY0.46
　　中国现代年画作品。

J0056541

自己吃　郭淑玉画
济南　山东美术出版社 1984 年 76cm（2 开）
定价：CNY0.16
　　中国现代年画作品。

J0056542

自己动手　（蒙汉文对照）王荣作
呼和浩特 内蒙古人民出版社 1984 年 76cm（2 开）
　　中国现代年画作品。作者王荣，山西大同人。
字云石，号云中山人。就读于中央美术学院壁画
系研究生班。国家一级美术师、中国书画艺术研
究院副院长、山西省美术家协会会员、中国山水
画协会会员。作品有国画《疾风》《青山浮动雨
来初》《草原情》等。

J0056543

走亲戚　陈明画
济南　山东美术出版社 1984 年 76cm（2 开）
定价：CNY0.16
　　中国现代年画作品。

J0056544

祖国处处是美景　陶琦作
天津　天津杨柳青画社 1984 年 76cm（2 开）
定价：CNY0.18
　　中国现代年画作品。作者陶琦（1922—2002），
女，连环画家。毕业于北平艺专。原中联书店、
天津美术出版社画家，天津文史馆馆员。创作连
环画有《我当上了学习小组长》。

J0056545

祖国的保卫者　刘式铮作
昆明　云南人民出版社 1984 年 53cm（4 开）
定价：CNY0.10
　　中国现代年画作品。作者刘式铮（1947—　），
云南思茅人，毕业于云南艺术学院美术专业。历
任中国美术家协会会员、中国卫生美术创作委员
会理事、云南省科普美术协会会员、云南省健康
教育协会卫生美术研究组组长，思茅地区群众
艺术馆美术干部、副馆长等职。代表作品有《佤
山春》《彝家新生》《彝族新生》《喜悦》《竹筒
舞》等。

J0056546

祖国的花朵　林成翰作
哈尔滨　黑龙江美术出版社 1984 年 76cm（2 开）
定价：CNY0.16
　　中国现代年画作品。

J0056547

祖国的花朵　（一至四）陆廷作
天津　天津杨柳青画社 1984 年 2 张 76cm（2 开）
定价：CNY0.36
　　中国现代年画作品。

J0056548

祖国多美好　葛荣环，阎亚安作
哈尔滨　黑龙江美术出版社 1984 年 76cm（2 开）
定价：CNY0.16
　　中国现代年画作品。

J0056549

祖国风光无限美　金祥龙作
昆明　云南人民出版社 1984 年 76cm（2 开）
定价：CNY0.18
　　中国现代年画作品。作者金祥龙（1956—　），
画家。上海人。上海市南汇县文化馆馆员。作
品有《故乡之四》《故乡之七》，出版有《金祥龙
画选》《金祥龙版画选》。

J0056550

祖国亲　江汉城作
广州　岭南美术出版社 1984 年 76cm（2 开）
定价：CNY0.18
　　中国现代年画作品。作者江汉城（1955—　），
生于深圳市，深圳市群众艺术馆美术摄影部部
长，绘有《江汉城画集》等。

J0056551

祖国亲　李姣一作
成都　四川人民出版社 1984 年 76cm（2 开）
定价：CNY0.16
　　中国现代年画作品。

J0056552

祖国山河　张延奎画
济南　山东美术出版社 1984 年 76cm（2 开）
定价：CNY0.16

中国现代年画作品。

J0056553
祖国山河处处美　刘熹平作
武汉 长江文艺出版社 1984 年 76cm（2 开）
定价：CNY0.18
　　中国现代年画作品。

J0056554
祖国颂　（胶印轴画）李姣一画
成都 四川人民出版社 1984 年 3 轴 附对联
108cm（全开）定价：CNY1.55
　　中国现代年画作品。

J0056555
祖国统一　民族团结　孙明华作
上海 上海书画出版社 1984 年 76cm（2 开）
定价：CNY0.16
　　中国现代年画作品。

J0056556
祖国万年青　金铭作
上海 上海人民美术出版社 1984 年 76cm（2 开）
定价：CNY0.16
　　中国现代年画作品。

J0056557
祖国万年青　张怀仁作
天津 天津杨柳青画社 1984 年 76cm（2 开）
定价：CNY0.18
　　中国现代年画作品。

J0056558
祖国万岁　申申等作
沈阳 辽宁美术出版社 1984 年 3 张 76cm（2 开）
定价：CNY0.48
　　中国现代年画作品。

J0056559
祖国万岁　陈英作
广州 岭南美术出版社 1984 年 76cm（2 开）
定价：CNY0.18
　　中国现代年画作品。

J0056560
祖国之春　陈明，陈英作
成都 四川人民出版社 1984 年 76cm（2 开）
定价：CNY0.16
　　中国现代年画作品。

J0056561
醉八仙　靳冠山作
太原 山西人民出版社 1984 年 76cm（2 开）
定价：CNY0.18
　　中国现代年画作品。

J0056562
做好事不声张　李慕白作
天津 天津人民美术出版社 1984 年 76cm（2 开）
定价：CNY0.18
　　中国现代年画作品。

J0056563
1985 年画缩样　（一）云南人民出版社编
昆明 云南人民出版社 1985 年 19cm（32 开）

J0056564
1985 年画缩样　（二）云南人民出版社编
昆明 云南人民出版社 1985 年 19cm（32 开）

J0056565
1986 上海国画年画缩样
上海 上海书画出版社［1985 年］13×19cm

J0056566
爱国篇　沈枏作
沈阳 辽宁美术出版社 1985 年 2 张 76cm（2 开）
定价：CNY0.42
　　中国现代年画作品。

J0056567
爱护　于占德作
上海 上海人民美术出版社 1985 年 1 张
76cm（2 开）定价：CNY0.20
　　中国现代年画作品。

J0056568
爱清洁　孙公照作
哈尔滨 黑龙江美术出版社 1985 年 1 张 76cm

（2开）统一书号：8358.257 定价：CNY0.20
　　中国现代年画作品。

J0056569
八宝吉祥图　（藏汉文对照）陈安国，杨光作
成都　四川民族出版社 1985 年　1 张　76cm（2开）
定价：CNY0.22
　　中国现代年画作品。

J0056570
八大锤大战朱仙镇　聂维民，李俊生作
哈尔滨　黑龙江美术出版社 1985 年　2 张　76cm
（2开）定价：CNY0.36
　　中国现代年画作品。

J0056571
八骏图　王绍基作
杭州　浙江人民美术出版社 1985 年　2 张　76cm
（2开）定价：CNY0.36
　　中国现代年画作品。

J0056572
八仙过海　各显其能　袁丕海作
济南　山东美术出版社 1985 年　2 张　76cm（2开）
定价：CNY0.36
　　中国现代年画作品。

J0056573
拔萝卜　胡金石作
杭州　浙江人民美术出版社 1985 年　1 张
76cm（2开）定价：CNY0.18
　　中国现代年画作品。

J0056574
白蛇传　张振华作
沈阳　辽宁美术出版社 1985 年　1 张　78cm（3开）
定价：CNY0.60
　　中国现代年画作品。作者张振华，江苏省徐
州市人。毕业南京艺术学院中国画专业，留校任
教，教授中国画。作品有《冬树》《冬景》。

J0056575
百蝶图　徐培晨作
南京　江苏美术出版社 1985 年　1 张　76cm（2开）
定价：CNY0.21

中国现代年画作品。

J0056576
百合富贵　刘东瀛作
沈阳　辽宁美术出版社 1985 年　1 张　76cm（2开）
定价：CNY0.20
　　中国现代年画作品。作者刘东瀛（1938—　），
女，教授。辽宁普兰店人，毕业于东北美专附属
中等美术学校。历任鲁迅美术学院教授、中国美
术家协会会员、辽宁中国画研究会理事。代表作
品有《大麦熟》《虞美人》《罂粟》等。

J0056577
百花争艳　仇辰生作
济南　山东美术出版社 1985 年　1 张　76cm（2开）
定价：CNY0.20
　　中国现代年画作品。

J0056578
百花争艳　单锡和作
天津　天津人民美术出版社 1985 年　1 张
76cm（2开）定价：CNY0.20
　　中国现代年画作品。

J0056579
百年和美　刘金珠作
杭州　浙江人民美术出版社 1985 年　1 张
76cm（2开）定价：CNY0.18
　　中国现代年画作品。

J0056580
百鸟朝凤　王广明作
南京　江苏美术出版社 1985 年　1 张　76cm（2开）
定价：CNY0.21
　　中国现代年画作品。

J0056581
百鸟朝阳　裴文璐作
广州　岭南美术出版社 1985 年　1 张　76cm（2开）
定价：CNY0.20
　　中国现代年画作品。作者裴文璐（1944—　），
出生于昆明，中国美术家协会会员，云南艺术学
院客座教授、云南省公安厅文联书画院名誉院
长。代表作品有《瑞丽江畔》《赶摆》。

J0056582

百鸟争春　王淑萍作
西安 陕西人民美术出版社 1985 年 1 张
76cm（2 开）定价：CNY0.22
　　中国现代年画作品。

J0056583

拜寿　陈子达作
杭州 浙江人民美术出版社 1985 年 1 张
76cm（2 开）定价：CNY0.18
　　中国现代年画作品。作者陈子达（1958—　），
浙江杭州人。毕业于中国美术学院油画系。作
品《排球》被国际奥委会收藏。

J0056584

班超张骞　侯世武作
重庆 重庆出版社 1985 年 1 张 76cm（2 开）
定价：CNY0.22
　　中国现代年画作品。

J0056585

宝钗扑蝶　李慕白，金雪尘作
上海 上海人民美术出版社 1985 年 1
76cm（2 开）定价：CNY0.20
　　中国现代年画作品。

J0056586

宝葫芦　邵培文作
沈阳 辽宁美术出版社 1985 年 1 张 76cm（2 开）
定价：CNY0.20
　　中国现代年画作品。

J0056587

保您满意　郭安祥作
西安 陕西人民美术出版社 1985 年 1 张
76cm（2 开）定价：CNY0.22
　　中国现代年画作品。

J0056588

保卫领空保卫边疆　何永明作
昆明 云南人民出版社 1985 年 1 张 76cm（2 开）
定价：CNY0.20
　　中国现代年画作品。

J0056589

保卫四化　晓鹏作
昆明 云南人民出版社 1985 年 1 张 53cm（4 开）
定价：CNY0.12
　　中国现代年画作品。

J0056590

保卫四化　戴世明作
重庆 重庆出版社 1985 年 1 张 53cm（4 开）
定价：CNY0.11
　　中国现代年画作品。

J0056591

保卫祖国　冯春作
昆明 云南人民出版社 1985 年 1 张 53cm（4 开）
定价：CNY0.12
　　中国现代年画作品。

J0056592

保卫祖国　戴世明作
重庆 重庆出版社 1985 年 1 张 53cm（4 开）
定价：CNY0.11
　　中国现代年画作品。

J0056593

报晓　陈英作
太原 山西人民出版社 1985 年 1 张 76cm（2 开）
定价：CNY0.20
　　中国现代年画作品。

J0056594

北戴河风光　赵文发作
石家庄 河北美术出版社 1985 年 1 张
76cm（2 开）定价：CNY0.44
　　中国现代年画作品。

J0056595

北京揽胜　刘忠臣，蔡际平作
沈阳 辽宁美术出版社 1985 年 1 张 76cm（2 开）
定价：CNY0.20
　　中国现代年画作品。

J0056596

比娃娃　刘景龙作
石家庄 河北美术出版社 1985 年 1 张

76cm（2开）定价：CNY0.20
中国现代年画作品。

J0056597
比娃娃 高季方作
武汉 湖北美术出版社 1985年 1张 76cm（2开）
定价：CNY0.22
中国现代年画作品。

J0056598
比武 郭庆元作
石家庆 河北美术出版社 1985年 1张
76cm（2开）定价：CNY0.20
中国现代年画作品。

J0056599
笔中情 周小申作
石家庄 河北美术出版社 1985年 1张
76cm（2开）定价：CNY0.20
中国现代年画作品。

J0056600
笔中情 戴松耕作
上海 上海人民美术出版社 1985年 2张
76cm（2开）定价：CNY0.40
中国现代年画作品。

J0056601
碧波仙子 梁建君作
石家庄 河北美术出版社 1985年 1张
76cm（2开）定价：CNY0.20
中国现代年画作品。

J0056602
碧波仙子 曹淑勤作
沈阳 辽宁美术出版社 1985年 1张 76cm（2开）
定价：CNY0.20
中国现代年画作品。

J0056603
碧水苍松 梁铭添作
广州 岭南美术出版社 1985年 1张 76cm（2开）
定价：CNY0.20
中国现代年画作品。作者梁铭添（1937— ），
广东南海人。广东岭南美术出版社美术副编审、

年画编辑室主任，中国美术家协会广东分会会员、广东年画艺术委员会副会长。代表作品有《梁铭添山水画集》。

J0056604
碧嶂松泉 车鹏飞作
上海 上海书画出版社 1985年 1张 76cm（2开）
定价：CNY0.20
中国现代年画作品。

J0056605
冰灯异彩娇燕飞 陈英作
太原 山西人民出版社 1985年 1张 76cm（2开）
定价：CNY0.20
中国现代年画作品。

J0056606
冰花 邵佐唐作
沈阳 辽宁美术出版社 1985年 1张 76cm（2开）
定价：CNY0.20
中国现代年画作品。

J0056607
冰上宝莲 徐福根，顾章雄作
天津 天津人民美术出版社 1985年 1张
76cm（2开）定价：CNY0.20
中国现代年画作品。

J0056608
兵强马壮保家卫国 冯春作
昆明 云南人民出版社 1985年 1张 76cm（2开）
定价：CNY0.20
中国现代年画作品。

J0056609
不知从何讲 刘仲杰作
武汉 湖北美术出版社 1985年 1张 76cm（2开）
定价：CNY0.20
中国现代年画作品。

J0056610
步步高 徐中立作
济南 山东美术出版社 1985年 1张 76cm（2开）
定价：CNY0.20
中国现代年画作品。

J0056611
彩灯照富路　朱淑媛作
沈阳 辽宁美术出版社 1985 年 1 张 76cm（2 开）
定价：CNY0.20
　　中国现代年画作品。

J0056612
彩蝶闹春　工铸, 云茜作
武汉 湖北美术出版社 1985 年 2 张 76cm（2 开）
定价：CNY0.48
　　中国现代年画作品。

J0056613
参观归来　周国军作
沈阳 辽宁美术出版社 1985 年 1 张 76cm（2 开）
定价：CNY0.20
　　中国现代年画作品。

J0056614
常遇春胡大海　张锡武作
南宁 广西人民出版社 1985 年 1 张 76cm（2 开）
定价：CNY0.24
　　中国现代年画作品。

J0056615
嫦娥奔月　郭玉, 石川作
沈阳 辽宁美术出版社 1985 年 2 张 76cm（2 开）
定价：CNY0.42
　　中国现代年画作品。

J0056616
嫦娥奔月　黄妙发作
上海 上海人民美术出版社 1985 年 1 张
76cm（2 开）定价：CNY0.20
　　中国现代年画作品。

J0056617
嫦娥的故事　杨长胜作
上海 上海人民美术出版社 1985 年 1 张
76cm（2 开）定价：CNY0.20
　　中国现代年画作品。

J0056618
嫦娥喜迎家乡客　刘昌吉作
哈尔滨 黑龙江美术出版社 1985 年 1 张

76cm（2 开）定价：CNY0.20
　　中国现代年画作品。

J0056619
陈毅和孩子　董振中, 宋怀俊作
济南 山东美术出版社 1985 年 1 张 76cm（2 开）
定价：CNY0.20
　　中国现代年画作品。作者董振中（1945—　），
画家。山东人。字子午, 号老草。毕业于浙江美
术学院国画系。中国美术家协会会员、国家一级
美术师、邹城市美术家协会主席、邹城市画院院
长。出版《董振中画集》《孟子圣迹图》《孔子圣
迹图》等。

J0056620
陈真传　冯国琳等作
沈阳 辽宁美术出版社 1985 年 2 张 76cm（2 开）
定价：CNY0.42
　　中国现代年画作品。

J0056621
陈真传　汪苗, 胡竹雨作
杭州 浙江人民出版社 1985 年 2 张 76cm（2 开）
定价：CNY0.36
　　中国现代年画作品。

J0056622
趁风上蓝天　张路红作
上海 上海人民美术出版社 1985 年 1 张
76cm（2 开）定价：CNY0.20
　　中国现代年画作品。

J0056623
承德避暑山庄　路如恒作
石家庄 河北美术出版社 1985 年 1 张
107cm（全开）定价：CNY0.44
　　中国现代年画作品。

J0056624
乘风破浪　刘继成作
长春 吉林美术出版社 1985 年 1 张 107cm（全开）
定价：CNY0.62
　　中国现代年画作品。

J0056625
乘龙驾凤　刘景龙作
石家庄 河北美术出版社 1985 年 1 张
76cm（2 开）定价：CNY0.20
　　中国现代年画作品。

J0056626
程咬金　单雄信　梁任岭作
南宁 广西人民出版社 1985 年 1 张 76cm（2 开）
定价：CNY0.24
　　中国现代年画作品。

J0056627
程咬金　单雄信　梁任岭作
南宁 广西人民出版社 1985 年 1 张 53cm（4 开）
定价：CNY0.12
　　中国现代年画作品。

J0056628
程咬金　单雄信　付久常作
重庆 重庆出版社 1985 年 1 张 53cm（4 开）
定价：CNY0.22
　　中国现代年画作品。

J0056629
储蓄有余　张叙作
西安 陕西人民美术出版社 1985 年 1 张
76cm（2 开）定价：CNY0.22
　　中国现代年画作品。

J0056630
吹箫引凤　秦永春作
沈阳 辽宁美术出版社 1985 年 1 张 78cm（3 开）
定价：CNY0.60
　　中国现代年画作品。作者秦永春（1936—　），
高级美术师。历任中国美术家协会会员、中国电
影家协会会员、沈阳市美术家协会副主席、沈阳
市美术家协会顾问。作品有《丰收忙》《蝙蝠》《天
云山传奇》，出版有《中国当代美术家精品集——
秦永春》。

J0056631
春雏　尹元洲作
太原 山西人民出版社 1985 年 1 张 76cm（2 开）
定价：CNY0.20

　　中国现代年画作品。

J0056632
春到花城　陈韵波，江思莲作
广州 岭南美术出版社 1985 年 1 张 76cm（2 开）
定价：CNY0.20
　　中国现代年画作品。

J0056633
春光好　张琪作
石家庄 河北美术出版社 1985 年 1 张（卷轴）
107cm（全开）定价：CNY1.80
　　中国现代年画作品。

J0056634
春光明媚　吴东奋作
福州 福建美术出版社［1985 年］1 张
76cm（2 开）定价：CNY0.22
　　中国现代年画作品。

J0056635
春光明媚满神州　李明山作
长春 吉林美术出版社 1985 年 1 张 76cm（2 开）
定价：CNY0.20
　　中国现代年画作品。

J0056636
春光普照喜迎门　东永仁作
天津 天津人民美术出版社 1985 年 1 张
76cm（2 开）定价：CNY0.20
　　中国现代年画作品。

J0056637
春酣　陈贯时作
杭州 浙江人民美术出版社 1985 年 1 张
76cm（2 开）定价：CNY0.26
　　中国现代年画作品。

J0056638
春回大地　万象更新　王健德作
天津 天津人民出版社 1985 年 1 张 107cm（全开）
定价：CNY0.46
　　中国现代年画作品。

J0056639

春闹枝头　史秉有作

太原　山西人民出版社 1985 年　1 张　76cm（2 开）

定价：CNY0.21

　　中国现代年画作品。

J0056640

春浓花艳　李敬仕作

北京　人民美术出版社 1985 年　1 张　76cm（2 开）

定价：CNY0.21

　　中国现代年画作品。

J0056641

春暖茶乡　陈继武作

杭州　浙江人民美术出版社 1985 年　1 张

76cm（2 开）定价：CNY0.18

　　中国现代年画作品。

J0056642

春曲　周升寅，周升达作

天津　天津人民美术出版社 1985 年　1 张

76cm（2 开）定价：CNY0.20

　　中国现代年画作品。

J0056643

春色满园　李明山作

长春　吉林美术出版社 1985 年　1 张　76cm（2 开）

定价：CNY0.20

　　中国现代年画作品。

J0056644

春色满园　马天骐作

沈阳　辽宁美术出版社 1985 年　1 张　78cm（3 开）

定价：CNY0.14

　　中国现代年画作品。

J0056645

春色满园　岑久发作

上海　上海书画出版社 1985 年　1 张　76cm（2 开）

定价：CNY0.20

　　中国现代年画作品。

J0056646

春禧　严勇书

广州　岭南美术出版社 1985 年　1 张　76cm（2 开）

定价：CNY0.22

　　中国现代年画作品。

J0056647

春意浓　王克印作

长沙　湖南美术出版社 1985 年　1 张　76cm（2 开）

定价：CNY0.20

　　中国现代年画作品。

J0056648

春意长留　张德俊作

上海　上海人民美术出版社 1985 年　1 张

76cm（2 开）定价：CNY0.20

　　中国现代年画作品。

J0056649

春雨　王瑞青，王福增作

上海　上海人民美术出版社 1985 年　1 张

76cm（2 开）定价：CNY0.20

　　中国现代年画作品。

J0056650

从小讲卫生　陈英，陈明作

昆明　云南人民出版社 1985 年　1 张　76cm（2 开）

定价：CNY0.20

　　中国现代年画作品。

J0056651

翠谷犹闻铁龙吟　王顺兵作

石家庄　河北美术出版社 1985 年　1 张

76cm（2 开）定价：CNY0.20

　　中国现代年画作品。

J0056652

打虎英雄　丁建东作

天津　天津人民美术出版社 1985 年　1 张

76cm（2 开）定价：CNY0.20

　　中国现代年画作品。

J0056653

打球去　史士明作

北京　人民体育出版社 1985 年　1 张　76cm（2 开）

定价：CNY0.20

　　中国现代年画作品。

J0056654
大刀武将 侯荣，侯兵作
重庆 重庆出版社 1985 年 1 张 76cm（2 开）
定价：CNY0.22
中国现代年画作品。

J0056655
大地回春万象更新 王健德作
长春 吉林美术出版社 1985 年 1 张 76cm（2 开）
定价：CNY0.20
中国现代年画作品。

J0056656
大地回春万象更新 纪宇作
天津 天津人民美术出版社 1985 年 1 张
76cm（2 开）定价：CNY0.20
中国现代年画作品。

J0056657
大公鸡 牟桑作
北京 人民美术出版社 1985 年 1 张 76cm（2 开）
定价：CNY0.26
中国现代年画作品。作者牟桑（1942— ），
教授。生于山东日照。毕业于山东师范学院艺
术系。历任中国美术家协会会员、山东建筑大学
艺术系教研室主任、教授。作品有《举士奇创》
《农林益鸟》《林黛玉魁夺菊花诗》，专集有《花卉
写生集》《中国太湖石写生集》，主编《全国高校
建筑学科教师美术作品集》。

J0056658
大红花献英雄 秦大虎作
上海 上海人民美术出版社 1985 年 1 张
76cm（2 开）定价：CNY0.20
中国现代年画作品。

J0056659
大闹天宫 王珏作
济南 山东美术出版社 1985 年 1 张 76cm（2 开）
定价：CNY0.20
中国现代年画作品。

J0056660
戴上红花上北京 刘崇林作
沈阳 辽宁美术出版社 1985 年 1 张 76cm（2 开）

定价：CNY0.20
中国现代年画作品。

J0056661
黛玉葬花图 黄旭作
桂林 漓江出版社 1985 年 1 张 76cm（2 开）
定价：CNY0.40
中国现代年画作品。

J0056662
丹凤朝阳 杨紫作
南京 江苏美术出版社 1985 年 1 张 76cm（2 开）
定价：CNY0.23
中国现代年画作品。

J0056663
丹凤朝阳 郑宝春，王一鸣合作
沈阳 辽宁美术出版社 1985 年 1 张 78cm（3 开）
定价：CNY0.14
中国现代年画作品。

J0056664
丹生富贵 杨立群作
天津 天津人民美术出版社 1985 年 1 张
76cm（2 开）定价：CNY0.20
中国现代年画作品。

J0056665
单刀对双枪 于宝俭作
北京 人民体育出版社 1985 年 1 张 76cm（2 开）
定价：CNY0.20
中国现代年画作品。

J0056666
挡马 （娃娃戏）金美华作
天津 天津人民美术出版社 1985 年 1 张
76cm（2 开）定价：CNY0.20
中国现代年画作品。

J0056667
刀光剑影 金铭作
福州 福建美术出版社［1985 年］1 张
76cm（2 开）定价：CNY0.22
中国现代年画作品。

J0056668

刀枪武将　言覃作

重庆 重庆出版社 1985 年 1 张 76cm（2 开）

定价：CNY0.22

中国现代年画作品。

J0056669

盗仙草　徐福根作

重庆 重庆出版社 1985 年 1 张 76cm（2 开）

定价：CNY0.22

中国现代年画作品。

J0056670

邓爷爷坐上我的车　金庆华作

太原 山西人民出版社 1985 年 1 张 76cm（2 开）

定价：CNY0.20

中国现代年画作品。

J0056671

典韦许褚　衍光作

昆明 云南人民出版社 1985 年 1 张 76cm（2 开）

定价：CNY0.20

中国现代年画作品。

J0056672

貂蝉　吴性清作

广州 岭南美术出版社 1985 年 1 张 76cm（2 开）

定价：CNY0.20

中国现代年画作品。

J0056673

钓台新晴　胡承炳作

杭州 浙江人民美术出版社 1985 年 1 张

76cm（2 开）定价：CNY0.26

中国现代年画作品。

J0056674

顶瓜瓜　杨立群作

哈尔滨 黑龙江美术出版社 1985 年 1 张

76cm（2 开）定价：CNY0.20

中国现代年画作品。

J0056675

东湖新景　张怀璞作

武汉 湖北美术出版社 1985 年 1 张 76cm（2 开）

定价：CNY0.20

中国现代年画作品。

J0056676

动物屏　房英魁作

哈尔滨 黑龙江人民出版社 1985 年 2 张

76cm（2 开）定价：CNY0.42

中国现代年画作品。

J0056677

动物条屏　薛长山，薛智国作

哈尔滨 黑龙江美术出版社 1985 年 2 张

76cm（2 开）定价：CNY0.42

中国现代年画作品。

J0056678

独生子女幸福多　王功学作

哈尔滨 黑龙江美术出版社 1985 年 1 张

76cm（2 开）定价：CNY0.20

中国现代年画作品。

J0056679

对花　高国强，袁勇汉作

南京 江苏美术出版社 1985 年 1 张 有彩色

76cm（2 开）统一书号：8353.2.123

定价：CNY0.21

中国现代年画作品。

J0056680

多福多寿　李增吉作

福州 福建美术出版社 1985 年 1 张

107cm（全开）定价：CNY0.56

中国现代年画作品。

J0056681

多福多寿　李增吉作

福州 福建美术出版社［1985 年］1 张 76cm（2 开）

定价：CNY0.20

中国现代年画作品。

J0056682

二度梅　盛二龙作

杭州 浙江人民美术出版社 1985 年 1 张

76cm（2 开）定价：CNY0.18

中国现代年画作品。

J0056683
发射成功　刘友国作
广州 岭南美术出版社 1985 年 1 张 76cm（2 开）
定价：CNY0.20
　　中国现代年画作品。

J0056684
樊梨花　申同景作
石家庄 河北美术出版社 1985 年 1 张
76cm（2 开）定价：CNY0.20
　　中国现代年画作品。

J0056685
樊梨花　谢慕连，谢同纱作
上海 上海人民美术出版社 1985 年 1 张
76cm（2 开）定价：CNY0.20
　　中国现代年画作品。

J0056686
繁荣富强　陈菊仙作
上海 上海人民美术出版社 1985 年 1 张
76cm（2 开）定价：CNY0.20
　　中国现代年画作品。

J0056687
繁荣幸福　王伟戍作
天津 天津人民美术出版社 1985 年 1
张 76cm（2 开）定价：CNY0.20
　　中国现代年画作品。

J0056688
放风筝　徐中立作
济南 山东美术出版社 1985 年 1 张 76cm（2 开）
定价：CNY0.20
　　中国现代年画作品。

J0056689
飞鸽传深情　樊运琪作
济南 山东美术出版社 1985 年 1 张 76cm（2 开）
定价：CNY0.20
　　中国现代年画作品。

J0056690
飞向未来　陈宝万作
昆明 云南人民出版社 1985 年 1 张 76cm（2 开）

定价：CNY0.20
　　中国现代年画作品。

J0056691
沸腾的船厂　满生等作
沈阳 辽宁美术出版社 1985 年 1 张 76cm（2 开）
定价：CNY0.20
　　中国现代年画作品。

J0056692
丰　杨紫作
南京 江苏美术出版社 1985 年 1 张 35cm（6 开）
定价：CNY0.10
　　中国现代年画作品。

J0056693
丰富　杨琦瑛作
南京 江苏美术出版社 1985 年 1 张 76cm（2 开）
定价：CNY0.21
　　中国现代年画作品。

J0056694
丰乐图　王利锁作
北京 人民美术出版社 1985 年 1 张 76cm（2 开）
定价：CNY0.23
　　中国现代年画作品。

J0056695
丰年　魏延滨作
南京 江苏美术出版社 1985 年 1 张 53cm（4 开）
定价：CNY0.14
　　中国现代年画作品。

J0056696
丰年　郑学信作
济南 山东美术出版社 1985 年 1 张 76cm（2 开）
定价：CNY0.20
　　中国现代年画作品。

J0056697
丰年乐　刘忠礼作
长春 吉林美术出版社 1985 年 1 张 76cm（2 开）
定价：CNY0.20
　　中国现代年画作品。

J0056698
丰年乐　童金贵作
沈阳 辽宁美术出版社 1985 年 1 张 76cm（2 开）
定价：CNY0.20
　　中国现代年画作品。

J0056699
丰年猫欢　成砺志作
武汉 湖北美术出版社 1985 年 1 张 76cm（2 开）
定价：CNY0.22
　　中国现代年画作品。

J0056700
丰年有余　阎义春作
沈阳 辽宁美术出版社 1985 年 1 张 76cm（2 开）
定价：CNY0.20
　　中国现代年画作品。

J0056701
丰收歌　安茂让作
济南 山东美术出版社 1985 年 1 张 76cm（2 开）
定价：CNY0.20
　　中国现代年画作品。

J0056702
丰收果儿运不完　张万臣作
沈阳 辽宁美术出版社 1985 年 1 张 76cm（2 开）
定价：CNY0.20
　　中国现代年画作品。

J0056703
丰收景象多又多　成砺志作
沈阳 辽宁美术出版社 1985 年 1 张 76cm（2 开）
定价：CNY0.20
　　中国现代年画作品。

J0056704
丰收乐　刘忠礼作
哈尔滨 黑龙江美术出版社 1985 年 1 张
76cm（2 开）定价：CNY0.20
　　中国现代年画作品。

J0056705
丰收乐　顾振君作
沈阳 辽宁美术出版社 1985 年 1 张 76cm（2 开）

定价：CNY0.20
　　中国现代年画作品。作者顾振君（1941—　），
研究员。辽宁沈阳人。历任抚顺市群众艺术馆
副研究馆员、辽宁省美术家协会会员、辽宁省年
画学会常务理事。

J0056706
丰收硕果　王连元，王素芝作
哈尔滨 黑龙江美术出版社 1985 年 1 张
76cm（2 开）定价：CNY0.20
　　中国现代年画作品。

J0056707
丰收图　郭淑玉作
济南 山东美术出版社 1985 年 1 张 76cm（2 开）
定价：CNY0.20
　　中国现代年画作品。

J0056708
风景如画　马敏作
济南 山东美术出版社 1985 年 1 张 76cm（2 开）
定价：CNY0.20
　　中国现代年画作品。

J0056709
风雪配　王守信作
石家庄 河北美术出版社 1985 年 1 张
76cm（2 开）定价：CNY0.20
　　中国现代年画作品。

J0056710
凤仪亭　赵祥林作
北京 中国戏剧出版社 1985 年 1 张 76cm（2 开）
定价：CNY0.21
　　中国现代年画作品。

J0056711
封神演义武将　侯文发作
广州 岭南美术出版社 1985 年 1 张 76cm（2 开）
定价：CNY0.22
　　中国现代年画作品。

J0056712
封神演义武将　侯文发作
广州 岭南美术出版社 1988 年 2 张 54cm（4 开）

定价: CNY0.35

中国现代年画作品。作者侯文发(1928—　),曾用名剑萍。广东梅州人。毕业于中南美专。中国书画家协会理事、中国国画家协会理事、广东省美术家协会会员。主要作品有《工地探亲》《宋湘》《三英战吕布》等

J0056713
封神演义武将　侯文发作
广州　岭南美术出版社 1985 年 1 张 76cm(2 开)
定价: CNY0.20
中国现代年画作品。

J0056714
凤串牡丹兆丰年　杨馥如作
上海　上海人民美术出版社 1985 年 1 张
76cm(2 开) 定价: CNY0.20
中国现代年画作品。

J0056715
凤凰双喜图　李德明作
重庆　重庆出版社 1985 年 1 张 76cm(2 开)
定价: CNY0.22
中国现代年画作品。

J0056716
夫妻观灯　汤继明作
南京　江苏美术出版社 1985 年 1 张 76cm(2 开)
定价: CNY0.21
中国现代年画作品。

J0056717
夫妻英雄　申同景作
石家庄　河北美术出版社 1985 年 1 张
76cm(2 开) 定价: CNY0.20
中国现代年画作品。

J0056718
夫妻英雄　申同景作
石家庄　河北美术出版社 1985 年 1 张(卷轴)
附对联 1 副 107cm(全开) 定价: CNY1.80
中国现代年画作品。

J0056719
芙蓉鸳鸯　赵思温作

石家庄　河北美术出版社 1985 年 1 张 76cm(2 开)
定价: CNY0.20
中国现代年画作品。

J0056720
芙蓉鸳鸯　向步云作
长沙　湖南美术出版社 1985 年 1 张 76cm(2 开)
定价: CNY0.18
中国现代年画作品。

J0056721
福　李寒作
长沙　湖南美术出版社 1985 年 1 张 76cm(2 开)
定价: CNY0.18
中国现代年画作品。

J0056722
福　李寒作
长沙　湖南美术出版社 1985 年 1 张(卷轴)
附对联 1 副 107cm(全开) 定价: CNY2.30
中国现代年画作品。

J0056723
福　王洪俊作
长春　吉林美术出版社 1985 年 1 张 53cm(4 开)
定价: CNY0.12
中国现代年画作品。

J0056724
福　李中文作
南京　江苏美术出版社 1985 年 1 张 53cm(4 开)
定价: CNY0.09
中国现代年画作品。

J0056725
福　许恩源作
南京　江苏美术出版社 1985 年 1 张 76cm(2 开)
定价: CNY0.21
中国现代年画作品。

J0056726
福　木森作
南京　江苏美术出版社 1985 年 1 张 35cm(6 开)
定价: CNY0.10
中国现代年画作品。

J0056727
福　树滋，国治作
南京 江苏美术出版社 1985 年 1 张 35cm（6 开）
定价：CNY0.10
　　中国现代年画作品。

J0056728
福　赵军红作
广州 科学普及出版社广州分社 1985 年 1 张
76cm（2 开）定价：CNY0.22
　　中国现代年画作品。

J0056729
福满堂　霍允庆作
济南 山东美术出版社 1985 年 1 张 76cm（2 开）
定价：CNY0.18
　　中国现代年画作品。

J0056730
福如东海　竹均琪，赵爱玲作
重庆 重庆出版社 1985 年 1 张 76cm（2 开）
定价：CNY0.22
　　中国现代年画作品。

J0056731
福寿吉祥　杨春生，贾明作
沈阳 辽宁美术出版社 1985 年 1 张 76cm（2 开）
定价：CNY0.28
　　中国现代年画作品。

J0056732
福寿康乐　成砺志作
重庆 重庆出版社 1985 年 1 张 76cm（2 开）
定价：CNY0.22
　　中国现代年画作品。

J0056733
福寿康宁　郭群作
长沙 湖南美术出版社 1985 年 1 张 53cm（4 开）
定价：CNY0.25
　　中国现代年画作品。

J0056734
福寿满堂庆有余　马云桥作
沈阳 辽宁美术出版社 1985 年 1 张 76cm（2 开）

定价：CNY0.20
　　中国现代年画作品。

J0056735
福寿绵长　李洗尘书
沈阳 辽宁美术出版社 1985 年 1 张 76cm（2 开）
定价：CNY0.23
　　中国现代年画作品。

J0056736
福寿如意　龚景充作
杭州 浙江人民美术出版社 1985 年 1 张
107cm（全开）定价：CNY0.80
　　中国现代年画作品。

J0056737
福寿如意　龚景充作
杭州 浙江人民美术出版社 1985 年 1 张
76cm（2 开）定价：CNY0.18
　　中国现代年画作品。

J0056738
福寿图　叶良玉作
上海 上海书画出版社 1985 年 1 张 76cm（2 开）
定价：CNY0.20
　　中国现代年画作品。

J0056739
福娃欢乐　陈英作
福州 福建美术出版社［1985 年］1 张 76cm（2 开）
定价：CNY0.22
　　中国现代年画作品。

J0056740
福星寿星　卓昌勇作
昆明 云南人民出版社 1985 年 1 张 76cm（2 开）
定价：CNY0.20
　　中国现代年画作品。作者卓昌勇（1944—　 ），
教授。四川重庆人。毕业于西南师大。重庆师
范学院影像工程系教授、中国美术家协会四川
分会会员。著有《教学美术》《现代居室装饰画
技法》。

J0056741
福星乘风来　张桂英作

沈阳 辽宁美术出版社 1985 年 1 张 76cm（2 开）
定价：CNY0.20
　　中国现代年画作品。

J0056742
福字　吕守祥作
天津 天津人民美术出版社 1985 年 1 张
76cm（2 开）定价：CNY0.40
　　中国现代年画作品。

J0056743
福字斗方　夏里作
北京 人民美术出版社 1985 年 1 张 76cm（2 开）
定价：CNY0.26
　　中国现代年画作品。

J0056744
福字斗方　李用夫，宋春林作
天津 天津人民美术出版社 1985 年 1 张
76cm（2 开）定价：CNY0.20
　　中国现代年画作品。

J0056745
父子保国　李中文作
郑州 河南美术出版社 1985 年 1 张 76cm（2 开）
定价：CNY0.18
　　中国现代年画作品。

J0056746
父子英雄　孙宗禧等作
郑州 河南美术出版社 1985 年 1 张 53cm（4 开）
定价：CNY0.09
　　中国现代年画作品。

J0056747
父子英雄　孙宗禧等作
郑州 河南美术出版社 1985 年 1 张 76cm（2 开）
定价：CNY0.18
　　中国现代年画作品。

J0056748
父子英雄　金彦平，张雅君作
北京 人民美术出版社 1985 年 1 张 76cm（2 开）
定价：CNY0.23
　　中国现代年画作品。

J0056749
富　陵亮作
长沙 湖南美术出版社 1985 年 1 张 76cm（2 开）
定价：CNY0.18
　　中国现代年画作品。

J0056750
富　王洪俊作
长春 吉林美术出版社 1985 年 1 张 53cm（4 开）
定价：CNY0.12
　　中国现代年画作品。

J0056751
富福有余　秦永春作
沈阳 辽宁美术出版社 1985 年 1 张 76cm（2 开）
定价：CNY0.20
　　中国现代年画作品。

J0056752
富贵花开　孝慈等作
沈阳 辽宁美术出版社 1985 年 1 张 76cm（2 开）
定价：CNY0.28
　　中国现代年画作品。

J0056753
富贵寿带　赵月琪作
天津 天津人民美术出版社 1985 年 1 张
76cm（2 开）定价：CNY0.20
　　中国现代年画作品。

J0056754
富贵双鱼　静如等作
沈阳 辽宁美术出版社 1985 年 1 张 76cm（2 开）
定价：CNY0.28
　　中国现代年画作品。

J0056755
富贵有余　刘泰山作
哈尔滨 黑龙江美术出版社 1985 年 1 张
76cm（2 开）定价：CNY0.20
　　中国现代年画作品。

J0056756
富贵有余喜临门　李中文作
长沙 湖南美术出版社 1985 年 1 张 76cm（2 开）

定价: CNY0.18
　　中国现代年画作品。

J0056757
富贵长春　张选之作
济南 山东美术出版社 1985 年 1 张 76cm（2 开）
定价: CNY0.18
　　中国现代年画作品。

J0056758
富贵长寿图　王建德作
北京 人民美术出版社 1985 年 1 张 76cm（2 开）
定价: CNY0.23
　　中国现代年画作品。

J0056759
富进家门　张辛国作
石家庄 河北美术出版社 1985 年 1 张
76cm（2 开）定价: CNY0.20
　　中国现代年画作品。

J0056760
富乐图　陈华民作
长春 吉林美术出版社 1985 年 1 张 76cm（2 开）
定价: CNY0.20
　　中国现代年画作品。作者陈华民（1943—　），
画家。笔名文安、春江。辽宁东港人。中国美术
家协会会员、丹东市美术家协会副主席。擅长国
画，主要作品有《海之恋》《金色的路》《扬帆远
航》等。

J0056761
富上加富　童金贵作
哈尔滨 黑龙江美术出版社 1985 年 1 张
76cm（2 开）定价: CNY0.18
　　中国现代年画作品。

J0056762
富裕光荣　丁德辉作
石家庄 河北美术出版社 1985 年 1 张
76cm（2 开）定价: CNY0.20
　　中国现代年画作品。

J0056763
富裕连年　邵培文作

哈尔滨 黑龙江美术出版社 1985 年 1 张
76cm（2 开）定价: CNY0.18
　　中国现代年画作品。

J0056764
富裕连年　刘宝贵作
沈阳 辽宁美术出版社 1985 年 1 张 76cm（2 开）
定价: CNY0.20
　　中国现代年画作品。

J0056765
富裕之路　陈华民作
沈阳 辽宁美术出版社 1985 年 1 张 76cm（2 开）
定价: CNY0.20
　　中国现代年画作品。

J0056766
富字　骆福庆作
天津 天津人民美术出版社 1985 年 1 张
76cm（2 开）定价: CNY0.20
　　中国现代年画作品。

J0056767
钢铁长城　司马连义作
南京 江苏美术出版社 1985 年 1 张 78cm（3 开）
定价: CNY0.23
　　中国现代年画作品。

J0056768
高宠牛皋　师海云作
武汉 湖北美术出版社 1985 年 1 张 76cm（2 开）
定价: CNY0.20
　　中国现代年画作品。

J0056769
歌舞闹元宵　张路红作
上海 上海人民美术出版社 1985 年 1 张
76cm（2 开）定价: CNY0.20
　　中国现代年画作品。

J0056770
歌舞庆丰年　张豪作
郑州 河南美术出版社 1985 年 1 张 76cm（2 开）
定价: CNY0.18
　　中国现代年画作品。

J0056771

歌舞庆丰年　张豪作

郑州 河南美术出版社 1985 年 1 张 53cm（4 开）

定价：CNY0.09

　　中国现代年画作品。

J0056772

恭贺年禧　杨维华作

沈阳 辽宁美术出版社 1985 年 1 张 76cm（2 开）

定价：CNY0.20

　　中国现代年画作品。

J0056773

恭贺新喜　陈英作

南京 江苏美术出版社 1985 年 1 张 76cm（2 开）

定价：CNY0.21

　　中国现代年画作品。

J0056774

恭贺新禧　赵兵凯作

天津 天津人民美术出版社 1985 年 1 张

76cm（2 开）定价：CNY0.20

　　中国现代年画作品。

J0056775

恭喜发财　桂润年, 左汉中作

长沙 湖南美术出版社 1985 年 1 张 53cm（4 开）

定价：CNY0.25

　　中国现代年画作品。

J0056776

恭喜发财　尹教本作

广州 科学普及出版社广州分社 1985 年 2 张

53cm（4 开）定价：CNY0.22

　　中国现代年画作品。

J0056777

恭喜发财　尹教本作

广州 科学普及出版社广州分社 1985 年 1 张

53cm（4 开）定价：CNY0.11

　　中国现代年画作品。

J0056778

古城会　张瑞恒作

天津 天津人民美术出版社 1985 年 1 张

76cm（2 开）定价：CNY0.20

　　中国现代年画作品。

J0056779

古城会　李学荣作

杭州 浙江人民美术出版社 1985 年 1 张

76cm（2 开）定价：CNY0.18

　　中国现代年画作品。

J0056780

古代武将　张静作

广州 岭南美术出版社 1985 年 1 张 76cm（2 开）

定价：CNY0.22

　　中国现代年画作品。

J0056781

古代英雄　张锡武作

天津 天津人民美术出版社 1985 年 1 张

76cm（2 开）定价：CNY0.23

　　中国现代年画作品。

J0056782

鼓乐升平　邵培文作

长春 吉林人民出版社 1985 年 1 张 76cm（2 开）

定价：CNY0.20

　　中国现代年画作品。

J0056783

故园春　江汉城作

广州 岭南美术出版社 1985 年 1 张 76cm（2 开）

定价：CNY0.20

　　中国现代年画作品。作者江汉城（1955—　 ）。

生于深圳市。深圳市群众艺术馆美术摄影部部

长。绘有《江汉城画集》等。

J0056784

故园佳果甜　黄泽森作

广州 岭南美术出版社 1985 年 1 张 76cm（2 开）

定价：CNY0.20

　　中国现代年画作品。

J0056785

关平周仓　陈略作

广州 科学普及出版社广州分社 1985 年 1 张

76cm（2 开）定价：CNY0.22

中国现代年画作品。

J0056786
关平周仓　　陈略作
广州　科学普及出版社广州分社 1985 年　1 张
53cm（4 开）定价：CNY0.11
　　中国现代年画作品。

J0056787
关胜秦明　　秦赞光作
广州　岭南美术出版社 1985 年 1 张 76cm（2 开）
定价：CNY0.22
　　中国现代年画作品。

J0056788
关羽黄忠　　陈略作
广州　岭南美术出版社 1985 年 1 张 76cm（2 开）
定价：CNY0.22
　　中国现代年画作品。

J0056789
关羽张飞　　陈琦作
昆明　云南人民出版社 1985 年 1 张 76cm（2 开）
定价：CNY0.20
　　中国现代年画作品。

J0056790
关羽张飞　　陈琦作
昆明　云南人民出版社 1985 年 1 张 53cm（4 开）
定价：CNY0.12
　　中国现代年画作品。

J0056791
关云长夜读春秋　　陈略作
广州　岭南美术出版社 1985 年 1 张 76cm（2 开）
定价：CNY0.20
　　中国现代年画作品。

J0056792
观战　　秦永春，马云桥作
北京　人民体育出版社 1985 年 1 张 76cm（2 开）
定价：CNY0.20
　　中国现代年画作品。

J0056793
广州区庄新貌　　霍起作
广州　岭南美术出版社 1985 年 1 张 76cm（2 开）
定价：CNY0.20
　　中国现代年画作品。

J0056794
贵妃拂尘图　　周广发作
上海　上海书画出版社 1985 年 1 张 76cm（2 开）
定价：CNY0.20
　　中国现代年画作品。

J0056795
郭子仪祝寿　　刘海亮作
广州　岭南美术出版社 1985 年 1 张 76cm（2 开）
定价：CNY0.20
　　中国现代年画作品。

J0056796
国富民强生活幸福　　陈衡作
广州　科学普及出版社广州分社 1985 年 2 张
53cm（4 开）定价：CNY0.22
　　中国现代年画作品。

J0056797
果硕粮丰　　范恩树作
长春　吉林美术出版社 1985 年 1 张 76cm（2 开）
定价：CNY0.20
　　中国现代年画作品。

J0056798
海上阅兵　　黄树德作
广州　岭南美术出版社 1985 年 1 张 76cm（2 开）
定价：CNY0.20
　　中国现代年画作品。作者黄树德（1931—　），
版画家。广东南海人。曾进修于广州美术学院
油画系。历任海军南海舰队美术创作组组长、部
队专职画家，广东水彩画研究会副会长、广东岭
南美术出版社社长兼总编辑、中国美术家协会会
员、中国版画家协会理事。出版有《黄树德版画
集》《海之歌——黄树德水彩版画集》等。

J0056799
海峡两岸同盼春　　安杰作
北京　人民美术出版社 1985 年 1 张 76cm（2 开）

定价: CNY0.26
中国现代年画作品。

J0056800
韩世忠 梁红玉 杨宗保 穆桂英 胡振寰作
郑州 河南美术出版社 1985 年 1 张 76cm（2 开）
定价: CNY0.18
中国现代年画作品。

J0056801
航空母舰 司马连义作
上海 上海人民美术出版社 1985 年 1 张
76cm（2 开）定价: CNY0.20
中国现代年画作品。

J0056802
好消息 金铭作
上海 上海人民美术出版社 1985 年 1 张
76cm（2 开）定价: CNY0.20
中国现代年画作品。

J0056803
合家欢 竹君琪, 陈学东作
广州 岭南美术出版社 1985 年 1 张 76cm（2 开）
定价: CNY0.20
中国现代年画作品。

J0056804
和合同庆 成砺志作
杭州 浙江人民美术出版社 1985 年 1 张
107cm（全开）定价: CNY0.80
中国现代年画作品。

J0056805
和睦幸福 颜静蓉作
武汉 湖北美术出版社 1985 年 1 张 76cm（2 开）
定价: CNY0.20
中国现代年画作品。

J0056806
和平鸽 王连元, 王素芝作
哈尔滨 黑龙江美术出版社 1985 年 1 张
76cm（2 开）定价: CNY0.20
中国现代年画作品。

J0056807
和气吉祥 汪文华摄
南京 江苏美术出版社 1985 年 1 张 53cm（4 开）
定价: CNY0.12
中国现代年画作品。

J0056808
荷花女 李秉芳作
上海 上海人民美术出版社 1985 年 1 张
76cm（2 开）定价: CNY0.20
中国现代年画作品。

J0056809
荷花仙子 金铭作
长春 吉林美术出版社 1985 年 1 张 76cm（2 开）
定价: CNY0.20
中国现代年画作品。

J0056810
荷塘丽影 许春之作
哈尔滨 黑龙江美术出版社 1985 年 1 张
76cm（2 开）定价: CNY0.20
中国现代年画作品。

J0056811
荷塘牧归 郑志祥作
哈尔滨 黑龙江美术出版社 1985 年 1 张
76cm（2 开）定价: CNY0.20
中国现代年画作品。

J0056812
荷塘鱼跃 冯东振作
石家庄 河北美术出版社 1985 年 1 张
76cm（2 开）定价: CNY0.20
中国现代年画作品。

J0056813
荷塘鸳鸯 徐朝龙作
武汉 湖北美术出版社 1985 年 1 张 76cm（2 开）
定价: CNY0.20
中国现代年画作品。作者徐朝龙（1957—   ），
四川成都人。曾为日本京大交响乐团成员。

J0056814
贺寿 石川作

北京 人民美术出版社 1985 年 1 张 76cm（2 开）
定价：CNY0.20
　　中国现代年画作品。

J0056815
贺寿图　邢光厚作
南宁 广西人民出版社 1985 年 1 张 76cm（2 开）
定价：CNY0.20
　　中国现代年画作品。

J0056816
贺新春　郭建国作
济南 山东美术出版社 1985 年 1 张 76cm（2 开）
定价：CNY0.20
　　中国现代年画作品。

J0056817
贺新年　李中文作
武汉 湖北美术出版社 1985 年 1 张 76cm（2 开）
定价：CNY0.20
　　中国现代年画作品。

J0056818
鹤归来　徐朝龙作
武汉 湖北美术出版社 1985 年 1 张 76cm（2 开）
定价：CNY0.48
　　中国现代年画作品。

J0056819
鹤乡曲　张允晖作
哈尔滨 黑龙江美术出版社 1985 年 1 张
76cm（2 开）定价：CNY0.20
　　中国现代年画作品。

J0056820
哼哈二将　刘大春作
重庆 重庆出版社 1985 年 1 张 76cm（2 开）
定价：CNY0.22
　　中国现代年画作品。

J0056821
红花献模范 颂歌献英雄　蔡培作
武汉 湖北美术出版社 1985 年 1 张 76cm（2 开）
定价：CNY0.20
　　中国现代年画作品。

J0056822
红花引来金凤凰　林美岚作
沈阳 辽宁美术出版社 1985 年 1 张 76cm（2 开）
定价：CNY0.20
　　中国现代年画作品。

J0056823
红鲤喷洒幸福泉　宋明远作
长沙 湖南美术出版社 1985 年 1 张 76cm（2 开）
定价：CNY0.18
　　中国现代年画作品。

J0056824
红楼梦大观园　章育青作
长沙 湖南美术出版社 1985 年 1 张 76cm（2 开）
定价：CNY0.18
　　中国现代年画作品。

J0056825
红牡丹　刘志谋作
上海 上海人民美术出版社 1985 年 1 张
76cm（2 开）定价：CNY0.20
　　中国现代年画作品。

J0056826
红娘　彭明作
广州 岭南美术出版社 1985 年 1 张 76cm（2 开）
定价：CNY0.20
　　中国现代年画作品。

J0056827
红娘子　赵祥林作
北京 中国戏剧出版社 1985 年 1 张 76cm（2 开）
定价：CNY0.21
　　中国现代年画作品。

J0056828
红日高照富裕起来　宋明远作
哈尔滨 黑龙江美术出版社 1985 年 1 张
76cm（2 开）定价：CNY0.20
　　中国现代年画作品。

J0056829
红双喜毛宜作
福州 福建美术出版社 1985 年 1 张

107cm（全开）定价：CNY0.56
中国现代年画作品。

J0056830
红叶题诗　李慕白作
广州 岭南美术出版社 1985年 1张 76cm（2开）
定价：CNY0.20
中国现代年画作品。

J0056831
虹桥赠珠　竹均琪作
沈阳 辽宁美术出版社 1985年 1张 78cm（3开）
定价：CNY0.60
中国现代年画作品。

J0056832
鸿禧　严勇书
广州 岭南美术出版社 1985年 1张 76cm（2开）
定价：CNY0.22
中国现代年画作品。

J0056833
呼延赞 杨延昭　田木作
西安 陕西人民美术出版社 1985年 1张
76cm（2开）定价：CNY0.22
中国现代年画作品。

J0056834
呼延灼 秦明　金海波作
武汉 湖北美术出版社 1985年 1张 76cm（2开）
定价：CNY0.20
中国现代年画作品。

J0056835
虎　田茂怀作
北京 人民美术出版社 1985年 1张 76cm（2开）
定价：CNY0.26
中国现代年画作品。作者田茂怀(1948—　)，
画家。河北衡水人。历任河北省画院特聘画师、
河北省科技大学客座教授、河北书画院副主席、
台湾艺术协会荣誉理事。

J0056836
虎虎有生气　李冰作
天津 天津人民美术出版社 1985年 1张

76cm（2开）定价：CNY0.20
中国现代年画作品。

J0056837
虎虎有生气　田林海作
杭州 浙江人民美术出版社 1985年 1张
76cm（2开）定价：CNY0.18
中国现代年画作品。

J0056838
虎年虎子　于占德作
济南 山东美术出版社 1985年 1张 76cm（2开）
定价：CNY0.20
中国现代年画作品。

J0056839
虎年送宝　赵幼华作
西安 陕西人民美术出版社 1985年 1张
76cm（2开）定价：CNY0.22
中国现代年画作品。

J0056840
虎年娃娃壮　刘佩珩作
昆明 云南人民出版社 1985年 1张 76cm（2开）
定价：CNY0.20
中国现代年画作品。

J0056841
虎丘胜境图　黄名芊作
上海 上海书画出版社 1985年 1张 76cm（2开）
定价：CNY0.20
中国现代年画作品。

J0056842
虎子丰年　那启明作
天津 天津人民美术出版社 1985年 1张
76cm（2开）定价：CNY0.20
中国现代年画作品。

J0056843
互助友爱　王安作
天津 天津人民美术出版社 1985年 1张
76cm（2开）定价：CNY0.20
中国现代年画作品。

J0056844

户户有余　刘吉厚作

沈阳 辽宁美术出版社 1985 年 1 张 76cm（2 开）

定价：CNY0.20

　　中国现代年画作品。作者刘吉厚（1942—2011），满族，画家。辽宁宽甸人。历任辽宁美术出版社编辑、外联部编审，辽宁形象传播研究会常务副会长、秘书长。作品有《鸿福满堂》《春满人间》，出版有《刘吉厚作品选集》等。

J0056845

花城飞虹　马汉光作

广州 岭南美术出版社 1985 年 1 张 76cm（2 开）

定价：CNY0.20

　　中国现代年画作品。

J0056846

花酣竹舞喜迎春　申石伽作

上海 上海书画出版社 1985 年 1 张 76cm（2 开）

定价：CNY0.20

　　中国现代年画作品。作者申石伽（1906—2001），画家，教育家。笔名"西泠石伽"。浙江杭州人。出生书画世家，祖父为晚清著名山水画家申宜轩。长期任教于上海工艺美术学校，历任上海美协会员、上海市文史馆馆员、浙江文史研究馆名誉馆员。著有《山水画基础技法》《墨竹析览》等。

J0056847

花好月圆　李德明作

重庆 重庆出版社 1985 年 1 张 76cm（2 开）

定价：CNY0.22

　　中国现代年画作品。

J0056848

花间嬉戏图　张秉禄作

南宁 广西人民出版社 1985 年 1 张 76cm（2 开）

定价：CNY0.20

　　中国现代年画作品。

J0056849

花开碧空　竹翔飞作

北京 人民体育出版社 1985 年 1 张 76cm（2 开）

定价：CNY0.20

　　中国现代年画作品。

J0056850

花满园　莫各伯作

广州 岭南美术出版社 1985 年 1 张 76cm（2 开）

定价：CNY0.18

　　中国现代年画作品。

J0056851

花木兰　刘志谋作

石家庄 河北美术出版社 1985 年 1 张
76cm（2 开）定价：CNY0.20

　　中国现代年画作品。

J0056852

花木兰　穆桂英　裴文璐作

昆明 云南人民出版社 1985 年 1 张 76cm（2 开）

定价：CNY0.20

　　中国现代年画作品。作者裴文璐（1944—　　　），出生于昆明。中国美术家协会会员、云南艺术学院客座教授、云南省公安厅文联书画院名誉院长。代表作品有《瑞丽江畔》《赶摆》。

J0056853

花木兰　穆桂英　裴文璐作

昆明 云南人民出版社 1985 年 1 张 53cm（4 开）

定价：CNY0.12

　　中国现代年画作品。

J0056854

花鸟集锦　李世璞作

天津 天津人民美术出版社 1985 年 1 张
76cm（2 开）定价：CNY0.20

　　中国现代年画作品。

J0056855

花团锦簇结同心　朱介堂作

南宁 广西人民出版社 1985 年 2 版 1 张
76cm（2 开）定价：CNY0.20

　　中国现代年画作品。

J0056856

花为媒　陈继武作

杭州 浙江人民美术出版社 1985 年 1 张
76cm（2 开）定价：CNY0.18

　　中国现代年画作品。

J0056857
花香千里　汪苗作
杭州 浙江人民美术出版社 1985 年 1 张
76cm（2 开）定价：CNY0.18
　　中国现代年画作品。

J0056858
花艳鸟欢　宋端午作
济南 山东美术出版社 1985 年 1 张 76cm（2 开）
定价：CNY0.18
　　中国现代年画作品。

J0056859
划船去　杨建明作
上海 上海人民美术出版社 1985 年 1 张
76cm（2 开）定价：CNY0.20
　　中国现代年画作品。

J0056860
欢歌曼舞度佳节　陆廷作
上海 上海人民美术出版社 1985 年 1 张
76cm（2 开）定价：CNY0.20
　　中国现代年画作品。

J0056861
欢欢乐乐迎丰年　韩永利作
长春 吉林美术出版社 1985 年 1 张 76cm（2 开）
定价：CNY0.20
　　中国现代年画作品。

J0056862
欢欢喜喜送参王　孔昭平作
长春 吉林美术出版社 1985 年 1 张 76cm（2 开）
定价：CNY0.20
　　中国现代年画作品。

J0056863
欢乐的果园　万臣等作
沈阳 辽宁美术出版社 1985 年 1 张 76cm（2 开）
定价：CNY0.20
　　中国现代年画作品。

J0056864
欢乐的节日　季乃仓作
济南 山东美术出版社 1985 年 1 张 76cm（2 开）

定价：CNY0.20
　　中国现代年画作品。

J0056865
欢乐的节日　毛翔先作
杭州 浙江人民美术出版社 1985 年 1 张
76cm（2 开）定价：CNY0.18
　　中国现代年画作品。

J0056866
欢乐的田野　米春茂作
石家庄 河北美术出版社 1985 年 2 张
76cm（2 开）定价：CNY0.44
　　中国现代年画作品。

J0056867
欢乐健壮　高学海作
长春 吉林美术出版社 1985 年 1 张 76cm（2 开）
定价：CNY0.20
　　中国现代年画作品。

J0056868
欢庆新春　史士明作
哈尔滨 黑龙江美术出版社 1985 年 1 张
76cm（2 开）定价：CNY0.20
　　中国现代年画作品。

J0056869
黄山奇观　李树人，冉祥政作
沈阳 辽宁美术出版社 1985 年 2 张 76cm（2 开）
定价：CNY0.42
　　中国现代年画作品。

J0056870
黄忠黄盖　聂建新作
郑州 河南美术出版社 1985 年 1 张 76cm（2 开）
定价：CNY0.18
　　中国现代年画作品。

J0056871
活泼幸福　高学海作
长春 吉林美术出版社 1985 年 1 张 76cm（2 开）
定价：CNY0.20
　　中国现代年画作品。

J0056872
火凤凰　徐福根作
天津　天津人民美术出版社 1985 年　1 张
76cm（2 开）定价：CNY0.20
　　中国现代年画作品。

J0056873
霍元甲　刘荣富作
上海　上海书画出版社 1985 年　1 张　76cm（2 开）
定价：CNY0.20
　　中国现代年画作品。

J0056874
霍元甲陈真　邹典佐作
武汉　湖北美术出版社 1985 年　2 张　76cm（2 开）
定价：CNY0.40
　　中国现代年画作品。

J0056875
霍元甲大战俄国大力士　聂立柱作
石家庄　河北美术出版社 1985 年　1 张
76cm（2 开）定价：CNY0.20
　　中国现代年画作品。

J0056876
鸡鸣富贵　许志彬作
重庆　重庆出版社 1985 年　1 张　76cm（2 开）
定价：CNY0.22
　　中国现代年画作品。

J0056877
吉庆呈祥　王东作
昆明　云南人民出版社 1985 年　1 张　76cm（2 开）
定价：CNY0.20
　　中国现代年画作品。

J0056878
吉庆有余　陈英作
南京　江苏美术出版社 1985 年　1 张　76cm（2 开）
定价：CNY0.21
　　中国现代年画作品。

J0056879
吉庆有余　李喜春作
上海　上海人民美术出版社 1985 年　1 张
76cm（2 开）定价：CNY0.20
　　中国现代年画作品。

J0056880
吉庆有余　李炳炎作
昆明　云南人民出版社 1985 年　1 张　76cm（2 开）
定价：CNY0.20
　　中国现代年画作品。

J0056881
吉祥如意　李东鹏，霍淑清作
哈尔滨　黑龙江美术出版社 1985 年　1 张
76cm（2 开）定价：CNY0.20
　　中国现代年画作品。

J0056882
吉祥如意　杨馥如作
广州　岭南美术出版社 1985 年　1 张　76cm（2 开）
定价：CNY0.20
　　中国现代年画作品。

J0056883
吉祥有余颂四化　董辰清作
沈阳　辽宁美术出版社 1985 年　1 张　76cm（2 开）
定价：CNY0.20
　　中国现代年画作品。

J0056884
继往开来　邹起奎作
天津　天津人民美术出版社 1985 年　1 张
76cm（2 开）定价：CNY0.20
　　中国现代年画作品。

J0056885
佳节谱　张琪作
石家庄　河北美术出版社 1985 年　2 张
76cm（2 开）定价：CNY0.44
　　中国现代年画作品。

J0056886
家家富裕庆兴旺　刘熹奇作
天津　天津人民美术出版社 1985 年　1 张
76cm（2 开）定价：CNY0.20
　　中国现代年画作品。

J0056887
家家喜事多户户福满门　王福增作
济南 山东美术出版社 1985 年 1 张 76cm（2 开）
定价：CNY0.20
　　中国现代年画作品。

J0056888
家庭奶场又一春　李白颖作
西安 陕西人民美术出版社 1985 年 1 张
76cm（2 开）定价：CNY0.22
　　中国现代年画作品。

J0056889
家种梧桐树引来金凤凰　王希安作
石家庄 河北美术出版社 1985 年 1 张
76cm（2 开）定价：CNY0.20
　　中国现代年画作品。

J0056890
贾宝玉和林黛玉　王福森，王菲作
哈尔滨 黑龙江美术出版社 1985 年 1 张
76cm（2 开）定价：CNY0.20
　　中国现代年画作品。

J0056891
贾宝玉和林黛玉共读西厢记　张德俊作
长沙 湖南美术出版社 1985 年 1 张 76cm（2 开）
定价：CNY0.18
　　中国现代年画作品。

J0056892
剑传武当山　吴光华作
上海 上海人民美术出版社 1985 年 1 张
76cm（2 开）定价：CNY0.20
　　中国现代年画作品。

J0056893
健康长寿　王克印作
武汉 湖北美术出版社 1985 年 1 张（卷轴）
107cm（全开）定价：CNY0.65
　　中国现代年画作品。

J0056894
健康长寿　刘称奇作
北京 人民美术出版社 1985 年 1 张 76cm（2 开）

定价：CNY0.26
　　中国现代年画作品。

J0056895
健康长寿　何逸梅作
上海 上海人民美术出版社 1985 年 1 张
107cm（全开）定价：CNY2.60
　　中国现代年画作品。

J0056896
健美冠军　焦志广，刘惠华作
哈尔滨 黑龙江美术出版社 1985 年 1 张
76cm（2 开）定价：CNY0.18
　　中国现代年画作品。

J0056897
江苏年画缩样　（1985 春联）江苏人民出版
社编
南京 江苏人民出版社 1985 年 19cm（32 开）

J0056898
江苏年画缩样　（1985 年历）江苏人民出版
社编
南京 江苏人民出版社 1985 年 19cm（32 开）

J0056899
江苏年画缩样　（1985 年画 一）江苏人民出
版社编
南京 江苏人民出版社 1985 年 19cm（32 开）

J0056900
江苏年画缩样　（1985 年画 二）江苏人民出
版社编
南京 江苏人民出版社 1985 年 19cm（32 开）

J0056901
蒋干盗书　田茂怀作；刘仲武配诗
石家庄 河北美术出版社 1985 年 2 张
76cm（2 开）定价：CNY0.44
　　中国现代年画作品。作者田茂怀（1948—　　），
画家。河北衡水人。历任河北省画院特聘画师、
河北省科技大学客座教授、河北书画院副主席、
台湾艺术协会荣誉理事。作者刘仲武（1945—　　），
河北霸县（现霸州市）人。历任中国戏曲表演学
会常务理事、原河北省戏剧家协会副主席，现任

河北省戏剧家协会顾问、艺术指导委员会委员、
河北省京剧票友协会副主席兼秘书长。

J0056902
焦赞　孟良　若鹏作
南宁　广西人民出版社 1985 年 1 张 76cm（2 开）
定价：CNY0.20
　　　中国现代年画作品。

J0056903
焦赞　孟良　邓履萍作
昆明　云南人民出版社 1985 年 1 张 76cm（2 开）
定价：CNY0.20
　　　中国现代年画作品。

J0056904
节日　黄耿卓作
石家庄　河北美术出版社 1985 年 1 张
76cm（2 开）定价：CNY0.20
　　　中国现代年画作品。作者黄耿卓（1946—　），
教授。河北南宫人。历任河北大学艺术学院教授、
硕士生导师，中国美术家协会会员。出版有《黄
耿卓黄耿新画集》。

J0056905
节约储蓄支援四化　谢佩文作
广州　岭南美术出版社 1985 年 1 张 76cm（2 开）
定价：CNY0.22
　　　中国现代年画作品。

J0056906
巾帼英雄唐赛儿　付鲁沛，李学荣作
北京　人民美术出版社 1985 年 1 张 76cm（2 开）
定价：CNY0.23
　　　中国现代年画作品。

J0056907
巾帼英雄红娘子　付鲁沛，李学荣作
北京　人民美术出版社 1985 年 1 张 76cm（2 开）
定价：CNY0.23
　　　中国现代年画作品。

J0056908
今天我值日　王福忠作
哈尔滨　黑龙江美术出版社 1985 年 1 张

76cm（2 开）定价：CNY0.20
　　　中国现代年画作品。

J0056909
金杯放光彩　单锡和作
上海　上海人民美术出版社 1985 年 1 张
76cm（2 开）定价：CNY0.20
　　　中国现代年画作品。

J0056910
金鸡报晓　杨晓勇作
南宁　广西人民出版社 1985 年 1 张 76cm（2 开）
定价：CNY0.20
　　　中国现代年画作品。

J0056911
金鸡长鸣　张宝元，彭海清作
福州　福建美术出版社［1985 年］1 张
76cm（2 开）定价：CNY0.22
　　　中国现代年画作品。

J0056912
金龙献瑞　醒狮呈祥　谭裕钊作
广州　岭南美术出版社 1985 年 1 张 76cm（2 开）
定价：CNY0.22
　　　中国现代年画作品。

J0056913
金鸡报晓　连年有余　夏映志作
郑州　河南美术出版社 1985 年 1 张 76cm（2 开）
定价：CNY0.18
　　　中国现代年画作品。

J0056914
金钱豹　方书久作
上海　上海书画出版社 1985 年 1 张 76cm（2 开）
定价：CNY0.20
　　　中国现代年画作品。

J0056915
金鱼　张万臣作
哈尔滨　黑龙江人民出版社 1985 年 1 张
76cm（2 开）定价：CNY0.20
　　　中国现代年画作品。

J0056916
金鱼　顾国治作
天津 天津人民美术出版社 1985 年 1 张
76cm（2 开）定价：CNY0.20
　　中国现代年画作品。

J0056917
金鱼满塘　冯东振作
石家庄 河北美术出版社 1985 年 1 张
76cm（2 开）定价：CNY0.20
　　中国现代年画作品。

J0056918
精武馆　王顺兴作
石家庄 河北美术出版社 1985 年 1 张
76cm（2 开）定价：CNY0.26
　　中国现代年画作品。

J0056919
敬德　秦琼　牛林森作
太原 山西人民出版社 1985 年 1 张
76cm（2 开）定价：CNY0.20
　　中国现代年画作品。

J0056920
敬德　秦琼　张文顺作
西安 陕西人民美术出版社 1985 年 1 张
76cm（2 开）定价：CNY0.22
　　中国现代年画作品。

J0056921
敬您一杯庆丰酒　王立新作
北京 人民美术出版社 1985 年 1 张 76cm（2 开）
定价：CNY0.26
　　中国现代年画作品。

J0056922
九凤和鸣　司马连义作
上海 上海人民美术出版社 1985 年 1 张
76cm（2 开）定价：CNY0.20
　　中国现代年画作品。

J0056923
举案齐眉　吴家栋作
沈阳 辽宁美术出版社 1985 年 2 张 76cm（2 开）
定价：CNY0.42
　　中国现代年画作品。

J0056924
开花结果　万象更新　徐飞鸿，陆庭作
广州 岭南美术出版社 1985 年 1 张 76cm（2 开）
定价：CNY0.20
　　中国现代年画作品。

J0056925
开门大吉出门大利　刘克青作
南宁 广西人民出版社 1985 年 2 版 1 张
76cm（2 开）定价：CNY0.24
　　中国现代年画作品。

J0056926
抗联英雄赞　修明文；升敏画
哈尔滨 黑龙江美术出版社 1985 年 2 张
76cm（2 开）定价：CNY0.42
　　中国现代年画作品。

J0056927
科学花开幸福来　刘树茂作
沈阳 辽宁美术出版社 1985 年 1 张 76cm（2 开）
定价：CNY0.20
　　中国现代年画作品。

J0056928
颗粒归仓　姜衍波作
济南 山东美术出版社 1985 年 1 张 76cm（2 开）
定价：CNY0.20
　　中国现代年画作品。

J0056929
可爱的熊猫　王伟茂作
上海 上海人民美术出版社 1985 年 1 张
76cm（2 开）定价：CNY0.20
　　中国现代年画作品。

J0056930
孔雀　周洪全作
北京 人民美术出版社 1985 年 1 张 76cm（2 开）
定价：CNY0.26
　　中国现代年画作品。

J0056931

孔雀　齐兆璠作

天津　天津人民美术出版社 1985 年 1 张（卷轴）
［78cm］（3 开）定价：CNY0.50

　　中国现代年画作品。作者齐兆璠，花鸟画家。
天津人。毕业于天津美术学院。历任中国美术
家协会会员、河北省沧州师范专科学校美术系教
授。专著有《鸟类画谱》。

J0056932

孔雀牡丹　王福森作

哈尔滨　黑龙江美术出版社 1985 年 1 张
76cm（2 开）定价：CNY0.20

　　中国现代年画作品。

J0056933

孔雀牡丹　田镛作

乌鲁木齐　新疆人民出版社 1985 年 1 张［78cm］
（3 开）定价：CNY0.40

　　中国现代年画作品。

J0056934

孔雀图　石愚作

西安　陕西人民美术出版社 1985 年 1 张（卷轴）
76cm（2 开）定价：CNY1.50

　　中国现代年画作品。

J0056935

孔雀舞　宋明远作

长春　吉林人民出版社 1985 年 1 张 76cm（2 开）
定价：CNY0.20

　　中国现代年画作品。

J0056936

寇准魏徵　金美华作

天津　天津人民美术出版社 1985 年 1 张
76cm（2 开）定价：CNY0.23

　　中国现代年画作品。

J0056937

跨虎入山

重庆　重庆出版社 1985 年 1 张 76cm（2 开）
定价：CNY0.22

　　中国现代年画作品。

J0056938

快乐的春天　杨文义，沈家琳作

杭州　浙江人民美术出版社 1985 年 1 张
76cm（2 开）定价：CNY0.18

　　中国现代年画作品。作者杨文义（1953—　　），
画家。内蒙古临河人。毕业于北京书画函授大学。
曾任古雕艺术学校校长、中国教育学会书法教育
专业委员会会员等。作品有《暗香浮动》《春华
秋实》等。作者沈家琳（1931—　　），画家。浙江
宁波人。毕业于华东艺专。历任上海画片出版
社编辑，上海人民美术出版社编辑、创作组长，
年画、宣传画编辑室主任、副编审，全国美展年
画评委、中国美协年画艺委会副主任。创作年画
有《做共产主义接班人》《友爱》《做共产主义接
班人》等。

J0056939

快乐儿童　王伟戎，马乐群作

武汉　湖北美术出版社 1985 年 1 张 76cm（2 开）
定价：CNY0.20

　　中国现代年画作品。作者王伟戎，曾任上
海人民美术出版社年画、宣传画编辑室主任。作
者马乐群（1933—　　），画家。上海人。曾在上
海现代画室学习绘画及西洋美术史等。历任上
海画片出版社年画创作员、上海美术出版社年
画编辑。作品有《人民不允许浪费粮食的行为》
《海防前线宣传员》《金杯红花传捷报》《激流勇
进》等。

J0056940

蓝天彩虹：女子跳伞表演　戴松耕，戴一
鸣作

上海　上海人民美术出版社 1985 年 1 张
76cm（2 开）定价：CNY0.20

　　中国现代年画作品。

J0056941

乐陶陶　柳忠福作

石家庄　河北美术出版社 1985 年 1 张
76cm（2 开）定价：CNY0.20

　　中国现代年画作品。

J0056942

李逵，鲁智深　孙建东作

昆明　云南人民出版社 1985 年 1 张 76cm（2 开）

定价：CNY0.20
　　中国现代年画作品。

J0056943
李慕白金雪尘年画选　李慕白，金雪尘绘
上海 上海人民美术出版社 1985 年 27cm（16 开）
精装 统一书号：8081.13700 定价：CNY20.00
　　本书收集两位作者自 20 世纪 30 年代至 20
世纪 80 年代共同合作的年画珍品 59 幅。

J0056944
鲤鱼跳龙门　宋仕贤作
济南 山东美术出版社 1985 年 1 张 107cm（全开）
定价：CNY0.40
　　中国现代年画作品。

J0056945
立功喜报传回家　王新滨，曹淑勤作
沈阳 辽宁美术出版社 1985 年 1 张 76cm（2 开）
定价：CNY0.20
　　中国现代年画作品。

J0056946
连年报喜　成砺志作
上海 上海人民美术出版社 1985 年 1 张
76cm（2 开）定价：CNY0.20
　　中国现代年画作品。

J0056947
连年喜有余　成砺志作
哈尔滨 黑龙江美术出版社 1985 年 1 张
76cm（2 开）定价：CNY0.18
　　中国现代年画作品。

J0056948
连年有余　朱岩作
哈尔滨 黑龙江美术出版社 1985 年 1 张
76cm（2 开）定价：CNY0.20
　　中国现代年画作品。

J0056949
连年有余　静如作
沈阳 辽宁美术出版社 1985 年 1 张 76cm（2 开）
定价：CNY0.28
　　中国现代年画作品。

J0056950
连年有余　石川作
广州 岭南美术出版社 1985 年 1 张 76cm（2 开）
定价：CNY0.20
　　中国现代年画作品。

J0056951
连年有余　杨文德作
济南 山东美术出版社 1985 年 1 张 76cm（2 开）
定价：CNY0.20
　　中国现代年画作品。

J0056952
连年有余喜丰收　孙公照作
杭州 浙江人民美术出版社 1985 年 1 张
76cm（2 开）定价：CNY0.18
　　中国现代年画作品。

J0056953
连年有余引彩凤　一乐作
西安 陕西人民出版社 1985 年 1 张 76cm（2 开）
定价：CNY0.22
　　中国现代年画作品。

J0056954
莲开并蒂喜有余　杨馥如作
杭州 浙江人民美术出版社 1985 年 1 张
76cm（2 开）定价：CNY0.18
　　中国现代年画作品。

J0056955
梁山伯与祝英台　韩壮作
石家庄 河北美术出版社 1985 年 1 张
76cm（2 开）定价：CNY0.20
　　中国现代年画作品。

J0056956
梁山好汉　水泊英雄　任苣作
郑州 河南美术出版社 1985 年 2 张 76cm（2 开）
定价：CNY0.40
　　中国现代年画作品。

J0056957
梁山好汉　水泊英雄　任苣作
郑州 河南美术出版社 1985 年 2 张 53cm（4 开）

定价: CNY0.27

中国现代年画作品。

J0056958

梁山好汉豹子头林冲, 梁山好汉丑郡马宣赞　张锡武作

重庆 重庆出版社 1985 年 1 张 76cm（2 开）

定价: CNY0.22

中国现代年画作品。

J0056959

林黛玉魁夺菊花诗　原儒云作

石家庄 河北美术出版社 1985 年 2 张 76cm（2 开）定价: CNY0.44

中国现代年画作品。

J0056960

林则徐 邓世昌　耿炳伦作

郑州 河南美术出版社 1985 年 1 张 76cm（2 开）

定价: CNY0.18

中国现代年画作品。

J0056961

林则徐, 邓世昌　耿炳伦作

郑州 河南美术出版社 1985 年 1 张 53cm（4 开）

定价: CNY0.09

中国现代年画作品。

J0056962

林则徐虎门禁烟　刘荣富作

哈尔滨 黑龙江美术出版社 1985 年 1 张 76cm（2 开）定价: CNY0.20

中国现代年画作品。

J0056963

岭南佳果　段吉璋作

广州 岭南美术出版社 1985 年 1 张 76cm（2 开）

定价: CNY0.20

中国现代年画作品。

J0056964

刘三姐　孟宪宝作

长春 吉林人民出版社 1985 年 1 张 76cm（2 开）

定价: CNY0.20

中国现代年画作品。

J0056965

六合同春　戴世隆作

武汉 湖北美术出版社 1985 年 1 张 107cm（全开）

定价: CNY0.45

中国现代年画作品。

J0056966

龙的传人　徐福根作

长沙 湖南美术出版社 1985 年 1 张 76cm（2 开）

定价: CNY0.18

中国现代年画作品。

J0056967

龙的传人　徐中作

南京 江苏美术出版社 1985 年 1 张 76cm（2 开）

定价: CNY0.23

中国现代年画作品。

J0056968

龙的传人　丁建东作

天津 天津人民美术出版社 1985 年 1 张 76cm（2 开）定价: CNY0.20

中国现代年画作品。

J0056969

龙灯狮舞　李炳炎作

武汉 湖北美术出版社 1985 年 1 张 76cm（2 开）

定价: CNY0.20

中国现代年画作品。

J0056970

龙飞凤舞　裴文璐作

昆明 云南人民出版社 1985 年 1 张 53cm（4 开）

定价: CNY0.12

中国现代年画作品。作者裴文璐(1944—)，出生于昆明。中国美术家协会会员、云南艺术学院客座教授、云南省公安厅文联书画院名誉院长。代表作品有《瑞丽江畔》《赶摆》。

J0056971

龙飞凤舞雄姿英发　王祖军作

昆明 云南人民出版社 1985 年 1 张 76cm（2 开）

定价: CNY0.20

中国现代年画作品。

J0056972
龙凤呈祥 杨维华作
天津 天津人民美术出版社 1985 年 1 张
76cm（2 开）定价：CNY0.23
中国现代年画作品。

J0056973
龙凤双喜 李德明作
重庆 重庆出版社 1985 年 1 张 76cm（2 开）
定价：CNY0.22
中国现代年画作品。

J0056974
龙凤双喜图 莫树滋作
南京 江苏美术出版社 1985 年 1 张 76cm（2 开）
定价：CNY0.23
中国现代年画作品。

J0056975
龙女赠宝 南运生，万桂香作
石家庄 河北美术出版社 1985 年 1 张
76cm（2 开）定价：CNY0.20
中国现代年画作品。

J0056976
龙腾虎跃 刘景龙作
北京 人民美术出版社 1985 年 1 张 76cm（2 开）
定价：CNY0.20
中国现代年画作品。

J0056977
龙腾神州 杨立群作
广州 岭南美术出版社 1985 年 1 张 76cm（2 开）
定价：CNY0.20
中国现代年画作品。

J0056978
庐山胜景 刘称奇作
上海 上海人民美术出版社 1985 年 1 张
76cm（2 开）定价：CNY0.20
中国现代年画作品。

J0056979
鲁智深 景启民作
沈阳 辽宁美术出版社 1985 年 2 张 76cm（2 开）

定价：CNY0.42
中国现代年画作品。作者景启民（1931—
2005），连环画家。辽宁沈阳人。曾就读于东北
鲁艺（现鲁迅美院前身）。任职于东北画报社。
连环画作品有《浑河水》《过草地》《绿色的矿
山》等。

J0056980
罗成装元庆 吉尧作
昆明 云南人民出版社 1985 年 1 张 76cm（2 开）
定价：CNY0.20
中国现代年画作品。

J0056981
洛阳桥 申同景作
石家庄 河北美术出版社 1985 年 1 张
76cm（2 开）定价：CNY0.20
中国现代年画作品。

J0056982
吕布与貂蝉 肖玉田作
沈阳 辽宁美术出版社 1985 年 1 张 76cm（2 开）
定价：CNY0.20
中国现代年画作品。

J0056983
绿茵场边 秦永春，马云桥作
北京 人民体育出版社 1985 年 1 张 76cm（2 开）
定价：CNY0.20
中国现代年画作品。

J0056984
妈妈戴了大红花 卓昌勇作
福州 福建美术出版社［1985 年］1 张
76cm（2 开）定价：CNY0.22
中国现代年画作品。

J0056985
妈妈的好帮手 吴性清作
上海 上海人民美术出版社 1985 年 1 张
76cm（2 开）定价：CNY0.20
中国现代年画作品。

J0056986
妈妈的好帮手 刘金珠作

杭州 浙江人民美术出版社 1985 年 1 张
76cm（2 开）定价：CNY0.18
　　中国现代年画作品。

J0056987
妈妈光荣我幸福　范树仁作
天津 天津人民美术出版社 1985 年 1 张
76cm（2 开）定价：CNY0.20
　　中国现代年画作品。

J0056988
妈妈请放心　陈宝万作
广州 岭南美术出版社 1985 年 1 张 76cm（2 开）
定价：CNY0.20
　　中国现代年画作品。

J0056989
麻姑献寿　朱淑媛作
哈尔滨 黑龙江美术出版社 1985 年 1 张
76cm（2 开）定价：CNY0.20
　　中国现代年画作品。

J0056990
马兰花　高景波作
哈尔滨 黑龙江美术出版社 1985 年 1 张
76cm（2 开）定价：CNY0.20
　　中国现代年画作品。

J0056991
马兰花　高贵山，白友文作
沈阳 辽宁美术出版社 1985 年 2 张 76cm（2 开）
定价：CNY0.42
　　中国现代年画作品。

J0056992
满地黄金　胡竹雨作
杭州 浙江人民美术出版社 1985 年 1 张
76cm（2 开）定价：CNY0.18
　　中国现代年画作品。

J0056993
满园春色　张延奎作
济南 山东美术出版社 1985 年 1 张 76cm（2 开）
定价：CNY0.20
　　中国现代年画作品。

J0056994
漫游水晶宫　郭长信，刘喜春作
长沙 湖南美术出版社 1985 年 1 张 76cm（2 开）
定价：CNY0.18
　　中国现代年画作品。

J0056995
猫蝶同春　杨新奇作
杭州 浙江人民美术出版社 1985 年 1 张
76cm（2 开）定价：CNY0.18
　　中国现代年画作品。

J0056996
猫欢蝶舞　泽苾，重庆作
天津 天津人民美术出版社 1985 年 1 张
76cm（2 开）定价：CNY0.20
　　中国现代年画作品。

J0056997
耄耋富贵　黄怡作
哈尔滨 黑龙江美术出版社 1985 年 1 张
76cm（2 开）定价：CNY0.20
　　中国现代年画作品。

J0056998
梅兰竹菊　王克印作
南京 江苏美术出版社 1985 年 1 张 76cm（2 开）
定价：CNY0.23
　　中国现代年画作品。

J0056999
美的生活美的歌　黄祖文作
广州 岭南美术出版社 1985 年 1 张 76cm（2 开）
定价：CNY0.20
　　中国现代年画作品。

J0057000
美满幸福　李树芳作
长春 吉林美术出版社 1985 年 1 张 76cm（2 开）
定价：CNY0.20
　　中国现代年画作品。

J0057001
美满姻缘　晓毅作
重庆 重庆出版社 1985 年 1 张 76cm（2 开）

定价: CNY0.22

中国现代年画作品。

J0057002

美髯公朱仝插翅虎雷横　李增吉作

南宁 广西人民出版社 1985 年 1 张 76cm（2 开）

定价: CNY0.24

中国现代年画作品。

J0057003

美人鱼与镇山虎　姚殿科作

哈尔滨 黑龙江美术出版社 1985 年 1 张
76cm（2 开）定价: CNY0.20

中国现代年画作品。

J0057004

孟国君　朱介堂作

杭州 浙江人民美术出版社 1985 年 1 张
76cm（2 开）定价: CNY0.18

中国现代年画作品。

J0057005

孟丽君对镜画容　梁建君, 张素玉作

石家庄 河北美术出版社 1985 年 1 张
76cm（2 开）定价: CNY0.20

中国现代年画作品。

J0057006

孟良焦赞　李先润作

武汉 湖北美术出版社 1985 年 2 张 76cm（2 开）

定价: CNY0.40

中国现代年画作品。

J0057007

孟良焦赞　晓龙作

杭州 浙江人民美术出版社 1985 年 2 张 53cm（4 开）

定价: CNY0.18

中国现代年画作品。

J0057008

描绘秀丽景色　李冰作

兰州 甘肃人民出版社 1985 年 1 张 76cm（2 开）

定价: CNY0.20

中国现代年画作品。

J0057009

民富国强　刘福泰作

郑州 河南美术出版社 1985 年 1 张 53cm（4 开）

定价: CNY0.09

中国现代年画作品。

J0057010

民富国强　刘玉斌作

西安 陕西人民美术出版社 1985 年 1 张
76cm（2 开）定价: CNY0.22

中国现代年画作品。

J0057011

岳飞　海东作

广州 岭南美术出版社 1985 年 1 张 76cm（2 开）

定价: CNY0.20

中国现代年画作品。

J0057012

民族英雄郑成功　刘生展作

北京 人民美术出版社 1985 年 1 张 76cm（2 开）

定价: CNY0.26

中国现代年画作品。

J0057013

明天更美好　聂维民作

哈尔滨 黑龙江美术出版社 1985 年 1 张
76cm（2 开）定价: CNY0.20

中国现代年画作品。

J0057014

鸣禽迎春　沈雪生作

上海 上海书画出版社 1985 年 1 张 76cm（2 开）

定价: CNY0.20

中国现代年画作品。作者沈雪生（1941—　），
画家。江苏吴县人。毕业于南京师范大学美术系。
上海美术家协会会员, 上海黄浦画院画师, 杭州
西泠书画院等兼职画师。出版有《沈雪生画集》
《沈雪生的牡丹画特色》等。

J0057015

磨杵成针　赵殿玉作

济南 山东美术出版社 1985 年 1 张 76cm（2 开）

定价: CNY0.20

中国现代年画作品。

J0057016

母子图　史士明作

广州　岭南美术出版社 1985 年　1 张　76cm（2 开）
定价：CNY0.20

中国现代年画作品。

J0057017

牡丹绶带　何水法作

杭州　浙江人民美术出版社 1985 年　1 张
76cm（2 开）定价：CNY0.26

中国现代年画作品。作者何水法（1946—　　），
画家。浙江绍兴人。浙江画院高级美术师、中国
美术家学会会员、浙江省美协理事。作品有《凌
寒怒放》《春菜图》《翠蔓凌霄》《灼灼红芳》，出
版有《何水法花鸟画集》等。

J0057018

牡丹四喜　龚文桢作

北京　人民美术出版社 1985 年　1 张　76cm（2 开）
定价：CNY0.26

中国现代年画作品。作者龚文桢（1945—　　），
画家。北京人。毕业于北京工艺美术学校。历
任中国画研究院画家、中国美术家协会会员、东
方美术交流学会会员。代表作品《山里红》《霜
重色愈浓》《山茶》等。

J0057019

牡丹亭　刘泳作

石家庄　河北美术出版社 1985 年　1 张
76cm（2 开）定价：CNY0.20

中国现代年画作品。

J0057020

牡丹亭　（游园）龚景充作

长沙　湖南美术出版社 1985 年　1 张　76cm（2 开）
定价：CNY0.18

中国现代年画作品。

J0057021

牡丹亭　李蕙作

沈阳　辽宁美术出版社 1985 年　1 张　76cm（2 开）
定价：CNY0.20

中国现代年画作品。

J0057022

牡丹亭　刘生展作

北京　人民美术出版社 1985 年　1 张　76cm（2 开）
定价：CNY0.26

中国现代年画作品。

J0057023

穆桂英大破天门阵　赵梦林作

北京　人民美术出版社 1985 年　1 张　76cm（2 开）
定价：CNY0.23

中国现代年画作品。

J0057024

穆柯寨　杨作文作

石家庄　河北美术出版社 1985 年　1 张
76cm（2 开）定价：CNY0.20

中国现代年画作品。作者杨作文（1936—　　），
画家。出生于河北威县。任中国书画研究院高
级美术师、中国国画家协会理事、冀南画院名誉
院长等职。代表作品有《迎春图》《海河工地英
雄多》等。

J0057025

哪吒闹海　张弓作

昆明　云南人民出版社 1985 年　1 张　76cm（2 开）
定价：CNY0.20

中国现代年画作品。

J0057026

南极采访　史士明作

上海　上海人民美术出版社 1985 年　1 张
76cm（2 开）定价：CNY0.20

中国现代年画作品

J0057027

南宋将领牛皋　南宋将领张宪　金海波作

南京　江苏美术出版社 1985 年　2 张［78cm］（3 开）
定价：CNY0.32

中国现代年画作品。

J0057028

闹天宫　付鲁沛，李学荣作

天津　天津人民美术出版社 1985 年　1 张
76cm（2 开）定价：CNY0.20

中国现代年画作品。

J0057029
闹元宵　韦献青作
上海 上海人民美术出版社 1985 年 1 张
76cm（2 开）定价：CNY0.20
　　中国现代年画作品。

J0057030
年丰寿长　史士明，金容秀作
南京 江苏美术出版社 1985 年 1 张 76cm（2 开）
定价：CNY0.21
　　中国现代年画作品。

J0057031
年画缩样　（1985）岭南美术出版社编辑
广州 岭南美术出版社 1985 年 135 页
19cm（32 开）

J0057032
年画缩样　（1986.1）
昆明 云南人民出版社［1985 年］18cm（15 开）

J0057033
年历缩样　（1986）
长沙 湖南美术出版社［1985 年］13×19cm
　　中国现代年画作品小样画册。

J0057034
年年如意　岁岁平安　安杰作
哈尔滨 黑龙江美术出版社 1985 年 1 张
76cm（2 开）定价：CNY0.20
　　中国现代年画作品。

J0057035
年年有余人欢笑　邵佐唐作
沈阳 辽宁美术出版社 1985 年 1 张 76cm（2 开）
定价：CNY0.20
　　中国现代年画作品。

J0057036
年年有余　事事如意　纪宇作
天津 天津人民美术出版社 1985 年 1 张
76cm（2 开）定价：CNY0.23
　　中国现代年画作品。

J0057037
鸟语花香　马清涛作
西安 陕西人民美术出版社 1985 年 1 张
76cm（2 开）定价：CNY0.22
　　中国现代年画作品。

J0057038
牛皋　陆文龙　张叙作
兰州 甘肃人民出版社 1985 年 1 张 53cm（4 开）
定价：CNY0.10
　　中国现代年画作品。

J0057039
牛皋　岳云　卜禹作
昆明 云南人民美术出版社 1985 年 1 张 76cm（2 开）
定价：CNY0.20
　　中国现代年画作品。

J0057040
牛皋岳云　卜禹作
昆明 云南人民美术出版社 1985 年 1 张 53cm（4 开）
定价：CNY0.12
　　中国现代年画作品。

J0057041
牛郎织女　柳忠福作
石家庄 河北美术出版社 1985 年 1 张
76cm（2 开）定价：CNY0.20
　　中国现代年画作品。

J0057042
农家宝宝　于占德作
济南 山东美术出版社 1985 年 1 张 76cm（2 开）
定价：CNY0.18
　　中国现代年画作品。

J0057043
农家副业图　赵雨树作
上海 上海人民美术出版社 1985 年 1 张
76cm（2 开）定价：CNY0.20
　　中国现代年画作品。

J0057044
农家乐　冯杰作
南宁 广西人民出版社 1985 年 1 张 76cm（2 开）

定价: CNY0.20
　　中国现代年画作品。

J0057045
农家乐园　刘彦平作
石家庄 河北美术出版社 1985 年 1 张
76cm（2 开）定价: CNY0.20
　　中国现代年画作品。

J0057046
农忙时节　张良学作
武汉 湖北美术出版社 1985 年 1 张 76cm（2 开）
定价: CNY0.20
　　中国现代年画作品。

J0057047
弄玉吹箫　王嘉善作
长春 吉林美术出版社 1985 年 1 张 76cm（2 开）
定价: CNY0.20
　　中国现代年画作品。

J0057048
怒打潘仁美　阎珍作；张丽燕配诗
石家庄 河北美术出版社 1985 年 2 张
76cm（2 开）定价: CNY0.44
　　中国现代年画作品。

J0057049
喷喷香　刘吉厚作
沈阳 辽宁美术出版社 1985 年 1 张 76cm（2 开）
定价: CNY0.20
　　中国现代年画作品。作者刘吉厚（1942—
2011），满族，画家。辽宁宽甸人。历任辽宁美术
出版社编辑、外联部编审，辽宁形象传播研究会
常务副会长、秘书长。作品有《鸿福满堂》《春满
人间》，出版有《刘吉厚作品选集》等。

J0057050
彭德怀元帅检阅三军　樊恒作
北京 人民美术出版社 1985 年 1 张 76cm（2 开）
定价: CNY0.26
　　中国现代年画作品。

J0057051
霹雳火秦明　大刀关胜　谭述乐作

重庆 重庆出版社 1985 年 1 张 76cm（2 开）
定价: CNY0.22
　　中国现代年画作品。

J0057052
普天同庆　江南春，张广力作
上海 上海人民美术出版社 1985 年 1 张
107cm（全开）定价: CNY0.74
　　中国现代年画作品。

J0057053
七郎力闯四门　赫福录作
石家庄 河北美术出版社 1985 年 2 张
76cm（2 开）定价: CNY0.44
　　中国现代年画作品。

J0057054
七品芝麻官　李金铎作
哈尔滨 黑龙江美术出版社 1985 年 1 张
76cm（2 开）定价: CNY0.20
　　中国现代年画作品。

J0057055
期望　（马克思、恩格斯和孩子们在一起）陈振
新作
北京 人民美术出版社 1985 年 1 张 76cm（2 开）
定价: CNY0.26
　　中国现代年画作品。

J0057056
奇双会　杨作文作
天津 天津人民美术出版社 1985 年 1 张
76cm（2 开）定价: CNY0.20
　　中国现代年画作品。作者杨作文（1936—　），
画家。出生于河北威县。任中国书画研究院高
级美术师、中国国画家协会理事、冀南画院名誉
院长等职。代表作品有《迎春图》《海河工地英
雄多》等。

J0057057
气壮山河　王连元作
哈尔滨 黑龙江美术出版社 1985 年 1 张
76cm（2 开）定价: CNY0.20
　　中国现代年画作品。

J0057058
千里飘香　马云桥作
沈阳 辽宁美术出版社 1985 年 1 张 76cm（2 开）
定价：CNY0.20
　　中国现代年画作品。

J0057059
千里走单骑　齐大鹏作
石家庄 河北美术出版社 1985 年 1 张
76cm（2 开）定价：CNY0.20
　　中国现代年画作品。作者齐大鹏（1940—　），
生于河北省沧州市。天津美院干部训练班结业。
历任中国书画艺术家协会会员、河北省美协会
员、沧州画院画师。作品有《整装待发》《准时开
车》《杨家将》《准时开车》等。

J0057060
千手观音　吴善志作
重庆 重庆出版社 1985 年 1 张 76cm（2 开）
定价：CNY0.22
　　中国现代年画作品。

J0057061
抢"财神"　李建章作
石家庄 河北美术出版社 1985 年 1 张
76cm（2 开）定价：CNY0.20
　　中国现代年画作品。

J0057062
巧扮花灯　中中作
沈阳 辽宁美术出版社 1985 年 1 张 76cm（2 开）
定价：CNY0.20
　　中国现代年画作品。

J0057063
巧夺天工　林惠珍作
沈阳 辽宁美术出版社 1985 年 1 张 76cm（2 开）
定价：CNY0.20
　　中国现代年画作品。

J0057064
秦叔宝，尉迟恭　蔡薇作
武汉 湖北美术出版社 1985 年 2 张 76cm（2 开）
定价：CNY0.40
　　中国现代年画作品。

J0057065
秦叔宝尉迟恭　张云峰作
天津 天津人民美术出版社 1985 年 1 张
76cm（2 开）定价：CNY0.23
　　中国现代年画作品。

J0057066
秦叔宝尉迟恭　张云峰作
天津 天津人民美术出版社 1985 年 1 张
53cm（4 开）定价：CNY0.12
　　中国现代年画作品。

J0057067
琴剑相慕　沈古运作
杭州 浙江人民美术出版社 1985 年 1 张
76cm（2 开）定价：CNY0.18
　　中国现代年画作品。

J0057068
勤劳有余福寿来　成砺志作
西安 陕西人民美术出版社 1985 年 1 张
76cm（2 开）定价：CNY0.22
　　中国现代年画作品。作者成砺志（1954—　），
江苏扬州人。国家一级美术师、中国美术家协会
会员。主要作品《六老图·邓小平》《我为祖国争
光》《春暖万家》等。

J0057069
勤劳致富　顾国治作
北京 人民美术出版社 1985 年 1 张 76cm（2 开）
定价：CNY0.23
　　中国现代年画作品。

J0057070
勤劳致富　王建德作
天津 天津人民美术出版社 1985 年 1 张
76cm（2 开）定价：CNY0.20
　　中国现代年画作品。

J0057071
勤劳致富最光荣　魏瀛洲作
上海 上海人民美术出版社 1985 年 1 张
76cm（2 开）定价：CNY0.20
　　中国现代年画作品。

J0057072
青春　杭鸣时作
哈尔滨 黑龙江美术出版社 1985 年 1 张
76cm（2 开）定价：CNY0.20
　　中国现代年画作品。

J0057073
青松双马　乔玉川作
西安 陕西人民美术出版社 1985 年 1 张
85cm（3 开）定价：CNY0.15
　　中国现代年画作品。

J0057074
情意绵绵　一定，天鹰作
杭州 浙江人民美术出版社 1985 年 1 张
76cm（2 开）定价：CNY0.18
　　中国现代年画作品。

J0057075
晴雯　陶治安，李美作
沈阳 辽宁美术出版社 1985 年 2 张 76cm（2 开）
定价：CNY0.42
　　中国现代年画作品。

J0057076
庆丰收　张维萍作
兰州 甘肃人民出版社 1985 年 1 张 53cm（4 开）
定价：CNY0.10
　　中国现代年画作品。

J0057077
庆丰收　王法堂作
济南 山东美术出版社 1985 年 1 张 107cm（全开）
定价：CNY0.40
　　中国现代年画作品。

J0057078
庆丰收　彭海清作
济南 山东美术出版社 1985 年 1 张 76cm（2 开）
定价：CNY0.20
　　中国现代年画作品。

J0057079
庆佳节　静如作
沈阳 辽宁美术出版社 1985 年 1 张 76cm（2 开）
定价：CNY0.20
　　中国现代年画作品。

J0057080
庆寿图　张振鹏作
西安 陕西人民美术出版社 1985 年 1 张
107cm（全开）定价：CNY0.50
　　中国现代年画作品。

J0057081
全家喜　童金贵作
哈尔滨 黑龙江美术出版社 1985 年 1 张
76cm（2 开）定价：CNY0.20
　　中国现代年画作品。

J0057082
群猫扑蝶图　蒋汉中，顾青蛟作
南京 江苏美术出版社［1985 年］1 张
76cm（2 开）定价：CNY0.23
　　中国现代年画作品。作者顾青蛟（1948—　　），
江苏苏州人。毕业于苏州工艺美术学院。中国
美术家协会会员、江苏省花鸟画研究会副会长、
江苏省中国画学会理事、无锡花鸟画研究会会
长、无锡市政协书画社顾问、无锡市美术家协会
艺术顾问、无锡市书画院国家一级美术师。代表
作品《丝绸之路》《动物通景》《江南桑帛情》等。

J0057083
群仙报喜图　李慧珠作
上海 上海书画出版社 1985 年 1 张 76cm（2 开）
定价：CNY0.20
　　中国现代年画作品。

J0057084
群仙祝寿图　张慧敏作
天津 天津人民美术出版社 1985 年 1 张（卷轴）
76cm（2 开）定价：CNY0.50
　　中国现代年画作品。

J0057085
群星璀璨迎春天　仇凤舞作
长沙 湖南美术出版社 1985 年 1 张 76cm（2 开）
定价：CNY0.18
　　中国现代年画作品。

J0057086
人参娃娃 陈英,陈明作
北京 人民美术出版社 1985年 1张 76cm(2开)
定价:CNY0.26
　　中国现代年画作品。

J0057087
人欢鱼跃 罗玉江作
西安 陕西人民出版社 1985年 1张 76cm(2开)
定价:CNY0.22
　　中国现代年画作品。

J0057088
人间富裕了 史士明作
长春 吉林美术版社 1985年 1张 76cm(2开)
定价:CNY0.20
　　中国现代年画作品。

J0057089
人面桃花 申同景作
石家庄 河北美术出版社 1985年 1张
76cm(2开)定价:CNY0.20
　　中国现代年画作品。

J0057090
人民功臣 王百顺等作
沈阳 辽宁美术出版社 1985年 1张 76cm(2开)
定价:CNY0.20
　　中国现代年画作品。

J0057091
人民领袖 姚俊忠等作
郑州 河南美术出版社 1985年 4轴
107cm(全开)卷轴 定价:CNY8.00
　　本作品为中国现代年画。

J0057092
人民英雄 华逸龙作
昆明 云南人民出版社 1985年 1张 76cm(2开)
定价:CNY0.20
　　中国现代年画作品。

J0057093
人民子弟兵 郭普津作
昆明 云南人民出版社 1985年 1张 53cm(4开)

定价:CNY0.12
　　中国现代年画作品。

J0057094
人寿年丰 林成翰作
哈尔滨 黑龙江美术出版社 1985年 1张
76cm(2开)定价:CNY0.18
　　中国现代年画作品。

J0057095
人长寿 赵殿玉作
南宁 广西人民出版社 1985年 1张 76cm(2开)
定价:CNY0.20
　　中国现代年画作品。

J0057096
日夜守边防 彭耘作
昆明 云南人民出版社 1985年 1张 76cm(2开)
定价:CNY0.20
　　中国现代年画作品。

J0057097
如意 鹤寿 瑞福 新禧
南京 江苏美术出版社 1985年 4张 76cm(2开)
定价:CNY1.00
　　中国现代年画作品。

J0057098
入门大吉出门大利 杨立群作
广州 科学普及出版社广州分社 1985年 1张
76cm(2开)定价:CNY0.22
　　中国现代年画作品。

J0057099
瑞雪锦鸡图 汪亮作
上海 上海书画出版社 1985年 1张 76cm(2开)
定价:CNY0.20
　　中国现代年画作品。

J0057100
瑞雪兆丰年 周洪全作
上海 上海人民美术出版社 1985年 1张
76cm(2开)定价:CNY0.20
　　中国现代年画作品。

J0057101
三打祝家庄　雷孝书作
北京 中国戏剧出版社 1985 年 1 张 76cm（2 开）
定价：CNY0.21
　　中国现代年画作品。

J0057102
三盗芭蕉扇　梁建君作
石家庄 河北美术出版社 1985 年 1 张
76cm（2 开）定价：CNY0.20
　　中国现代年画作品。

J0057103
三滴血　章育青等作
西安 陕西人民美术出版社 1985 年 1 张
76cm（2 开）定价：CNY0.22
　　中国现代年画作品。

J0057104
三国故事　宋德风作
上海 上海人民美术出版社 1985 年 1 张
76cm（2 开）定价：CNY0.20
　　中国现代年画作品。

J0057105
三国名将　（张飞，关羽）杨晓辉作
南京 江苏美术出版社 1985 年 2 张 85cm（3 开）
定价：CNY0.32
　　中国现代年画作品。

J0057106
三国名将关羽　三国名将张飞　杨晓辉作
南京 江苏美术出版社 1985 年 2 张 85cm（3 开）
定价：CNY0.32
　　中国现代年画作品。

J0057107
三国人物　邓敦伟作
南宁 广西人民出版社 1985 年 2 版 1 张
76cm（2 开）定价：CNY0.24
　　中国现代年画作品。

J0057108
三国人物　邓敦伟作
南宁 广西人民出版社 1985 年 2 版 1 张

53cm（4 开）定价：CNY0.12
　　中国现代年画作品。

J0057109
三国演义　刘生展作
北京 人民美术出版社 1985 年 2 张 76cm（2 开）
定价：CNY0.52
　　中国现代年画作品。

J0057110
三虎图　林振声作
上海 上海书画出版社 1985 年 1 张 76cm（2 开）
定价：CNY0.20
　　中国现代年画作品。

J0057111
三调芭蕉扇　高铁林文；林明画
哈尔滨 黑龙江美术出版社 1985 年 4 张
76cm（2 开）定价：CNY0.82
　　中国现代年画作品。

J0057112
三阳开泰　吕德胜作
杭州 浙江人民美术出版社 1985 年 1 张
76cm（2 开）定价：CNY0.18
　　中国现代年画作品。

J0057113
山茶鹌鹑图　刘慧芳作
上海 上海书画出版社 1985 年 1 张 76cm（2 开）
定价：CNY0.20
　　中国现代年画作品。

J0057114
山村富裕引凤来　高志华作
哈尔滨 黑龙江美术出版社 1985 年 1 张
76cm（2 开）定价：CNY0.18
　　中国现代年画作品。

J0057115
山东年画　（选页）山东人民出版社编
济南 山东人民出版社 1985 年 24 张
19cm（32 开）定价：CNY1.35
　　中国现代年画作品。

J0057116
山涧英姿　杨立群作
沈阳 辽宁美术出版社 1985 年 1 张 76cm（2 开）
定价：CNY0.20
　　中国现代年画作品。

J0057117
山中奇遇　史士明作
西安 陕西人民美术出版社 1985 年 1 张
76cm（2 开）定价：CNY0.22
　　中国现代年画作品。

J0057118
芍药缓带图　张琪作
北京 人民美术出版社 1985 年 1 张 76cm（2 开）
定价：CNY0.26
　　中国现代年画作品。

J0057119
少林豪杰武当英雄　刘福泰作
郑州 河南美术出版社 1985 年 1 张 53cm（4 开）
定价：CNY0.09
　　中国现代年画作品。

J0057120
少林豪杰武当英雄　刘福泰作
郑州 河南美术出版社 1985 年 1 张 76cm（2 开）
定价：CNY0.18
　　中国现代年画作品。

J0057121
少林寺　于锦声作
天津 天津人民美术出版社 1985 年 1 张
76cm（2 开）定价：CNY0.20
　　中国现代年画作品。

J0057122
少数民族［代表］参观上海豫园　吴光华作
上海 上海人民美术出版社 1985 年 1 张
76cm（2 开）定价：CNY0.20
　　中国现代年画作品。

J0057123
伸张正气惩治邪恶　王相成作
重庆 重庆出版社 1985 年 1 张 76cm（2 开）

定价：CNY0.22
　　中国现代年画作品。

J0057124
神通图　华三川作
上海 上海书画出版社 1985 年 1 张 76cm（2 开）
定价：CNY0.40
　　中国现代年画作品。

J0057125
神州万里处处春　范恩树作
哈尔滨 黑龙江美术出版社 1985 年 1 张
76cm（2 开）定价：CNY0.22
　　中国现代年画作品。作者范恩树（1946—　），
吉林梨树县人。吉林省美术家协会会员，曾任梨
树县美协副主席兼秘书长。作品有《献给老师》
《春满神州》《吉庆有余》等。

J0057126
生机勃勃　刘长恩作
长春 吉林人民出版社 1985 年 2 张 76cm（2 开）
定价：CNY0.42
　　中国现代年画作品。

J0057127
胜芳花灯　武海鹰作
石家庄 河北美术出版社 1985 年 1 张
76cm（2 开）定价：CNY0.20
　　中国现代年画作品。

J0057128
十二生肖图　刘林生作
西安 陕西人民美术出版社 1985 年 2 张
76cm（2 开）定价：CNY0.50
　　中国现代年画作品。

J0057129
十五贯　张秀时作
沈阳 辽宁美术出版社 1985 年 1 张 76cm（2 开）
定价：CNY0.20
　　中国现代年画作品。作者张秀时（1938—　），
辽宁辽中人。毕业于鲁迅美术学院中国画系。
历任中国美协辽宁分会创作员、辽宁人民出版社
美术图片编辑室负责人，辽宁美术出版社美编
室主任、美术创作室主任、总编室主任兼社长助

理、副社长、副总编辑,《美术大观》主编等。国画作品有《工人学哲学》《让洼塘变富仓》《场院上》,年画有《人民功臣》《祖国万岁》等。

J0057130
拾镯赠情　杨立群作
哈尔滨 黑龙江美术出版社 1985 年 1 张
76cm(2 开) 定价: CNY0.20
　　中国现代年画作品。

J0057131
寿　树滋,国治作
南京 江苏美术出版社 1985 年 1 张 38cm(6 开)
定价: CNY0.10
　　中国现代年画作品。

J0057132
寿比南山　竹均琪,赵爱玲作
重庆 重庆出版社 1985 年 1 张 76cm(2 开)
定价: CNY0.22
　　中国现代年画作品。

J0057133
寿星　俞京隆摄
南京 江苏科学技术出版社 1985 年 1 张
76cm(2 开) 定价: CNY0.21
　　年画形式的中国现代摄影作品。

J0057134
寿星　陈致信作
重庆 重庆出版社 1985 年 1 张 107cm(全开)
定价: CNY0.40
　　中国现代年画作品。

J0057135
寿星　陈致信作
重庆 重庆出版社 1985 年 1 张 76cm(2 开)
定价: CNY0.22
　　中国现代年画作品。

J0057136
寿字　张振群作
天津 天津人民美术出版社 1985 年 1 张
76cm(2 开) 定价: CNY0.20
　　中国现代年画作品。

J0057137
叔叔夸我好孩子　林成翰作
沈阳 辽宁美术出版社 1985 年 1 张 76cm(2 开)
定价: CNY0.20
　　中国现代年画作品。

J0057138
数数我家多少机　霍允庆作
上海 上海人民美术出版社 1985 年 1 张
76cm(2 开) 定价: CNY0.20
　　中国现代年画作品。

J0057139
双凤图　(藏汉文对照)梅定开作
成都 四川民族出版社 1985 年 1 张 76cm(2 开)
定价: CNY0.40(铜版纸), CNY0.22(胶版纸)
　　中国现代年画作品。

J0057140
双虎图　米春茂作
石家庄 河北美术出版社 1985 年 1 张
76cm(2 开) 定价: CNY0.20
　　中国现代年画作品。

J0057141
双虎图　曾昭咏作
长沙 湖南美术出版社 1985 年 1 张 76cm(2 开)
定价: CNY0.18
　　中国现代年画作品。

J0057142
双虎图　梁邹作
济南 山东美术出版社 1985 年 1 张 76cm(2 开)
定价: CNY0.18
　　中国现代年画作品。

J0057143
双龙抢珠　何青作
南宁 广西人民出版社 1985 年 1 张 76cm(2 开)
定价: CNY0.18
　　中国现代年画作品。

J0057144
双龙图　(藏汉文对照)蒋光年作
成都 四川民族出版社 1985 年 1 张 76cm(2 开)

定价：CNY0.40（铜版纸），CNY0.22（胶版纸）
　　中国现代年画作品。

J0057145
双猫图　丁建东作
南京 江苏美术出版社 1985年 1张 76cm（2开）
定价：CNY0.21
　　中国现代年画作品。

J0057146
双枪将董平　双鞭呼延灼　林声作
昆明 云南人民出版社 1985年 1张 76cm（2开）
定价：CNY0.20
　　中国现代年画作品。

J0057147
双双富贵　黎恩作
沈阳 辽宁美术出版社 1985年 1张 76cm（2开）
定价：CNY0.20
　　中国现代年画作品。

J0057148
双喜临门　魏明全作
南宁 广西人民出版社 1985年 1张 76cm（2开）
定价：CNY0.24
　　中国现代年画作品。

J0057149
双喜临门　魏明全作
郑州 河南美术出版社 1985年 1张 76cm（2开）
定价：CNY0.18
　　中国现代年画作品。

J0057150
双喜临门　魏明全作
郑州 河南美术出版社 1985年 1张 53cm（4开）
定价：CNY0.09
　　中国现代年画作品。

J0057151
双喜临门　林成翰作
沈阳 辽宁美术出版社 1985年 1张 76cm（2开）
定价：CNY0.20
　　中国现代年画作品。

J0057152
双喜临门　王爱珠作
广州 岭南美术出版社 1985年 1张 76cm（2开）
定价：CNY0.20
　　中国现代年画作品。

J0057153
双喜临门　岁岁平安　陈振新作
长沙 湖南美术出版社 1985年 1张 76cm（2开）
定价：CNY0.18
　　中国现代年画作品。

J0057154
双喜迎春　孟新明作
西安 陕西人民美术出版社 1985年 1张
53cm（4开）定价：CNY0.12
　　中国现代年画作品。

J0057155
双喜盈门　潘隆正作
广州 岭南美术出版社 1985年 1张 76cm（2开）
定价：CNY0.20
　　中国现代年画作品。作者潘隆正（1944—　），
笔名晓牛。出生于重庆市。毕业于西南师范大
学美术系。历任重庆出版社美编室副主任、重庆
出版集团（美术）副编审、全国年画研究会理事、
西南大学育才学院美术学院副教授、重庆沧白书
画院副院长。作品有《红岩英烈——许晓轩》《挺
进大西南》《娃娃送宝·幸福吉祥》《哼哈二将》
《秦琼、敬德》《在知识的海洋里寻珍探宝》等。

J0057156
双鱼吉庆贺新春　杨春生，张万臣合作
沈阳 辽宁美术出版社 1985年 1张 76cm（2开）
定价：CNY0.20
　　中国现代年画作品。

J0057157
水碧鱼肥　赵振武作
哈尔滨 黑龙江美术出版社 1985年 1张
76cm（2开）定价：CNY0.20
　　中国现代年画作品。

J0057158
水浒故事屏　刘荣富作

西安 陕西人民美术出版社 1985 年 2 张
76cm（2 开）定价：CNY0.50
　　中国现代年画作品。

J0057159
水漫金山　寇国荣作
天津 天津人民美术出版社 1985 年 1 张
76cm（2 开）定价：CNY0.20
　　中国现代年画作品。

J0057160
水下飞天　马玉岩作
哈尔滨 黑龙江美术出版社 1985 年 1 张
76cm（2 开）定价：CNY0.20
　　中国现代年画作品。

J0057161
水长鱼跃　杨文德作
济南 山东美术出版社 1985 年 1 张 76cm（2 开）
定价：CNY0.20
　　中国现代年画作品。

J0057162
硕果飘香　陈英，陈明作
天津 天津人民美术出版社 1985 年 1 张
76cm（2 开）定价：CNY0.20
　　中国现代年画作品。

J0057163
四化宏图一统伟业　谭裕钊作
广州 岭南美术出版社 1985 年 1 张 76cm（2 开）
定价：CNY0.22
　　中国现代年画作品。

J0057164
四化花开　张万臣作
长春 吉林美术出版社 1985 年 1 张 76cm（2 开）
定价：CNY0.20
　　中国现代年画作品。

J0057165
四化如意　徐凡作
南京 江苏美术出版社 1985 年 2 张 53cm（4 开）
定价：CNY0.22
　　中国现代年画作品。

J0057166
四季平安　毛桂英，魏延滨作
福州 福建美术出版社［1985 年］2 张
76cm（2 开）定价：CNY0.44
　　中国现代年画作品。

J0057167
四季平安　魏瀛洲作
长春 吉林美术出版社 1985 年 1 张 76cm（2 开）
定价：CNY0.20
　　中国现代年画作品。

J0057168
四季平安　蔡传隆等作
杭州 浙江人民美术出版社 1985 年 1 张
107cm（全开）定价：CNY0.80
　　中国现代年画作品。

J0057169
四季如意图　童百龄作
重庆 重庆出版社 1985 年 1 张 76cm（2 开）
定价：CNY0.22
　　中国现代年画作品。

J0057170
四季长青　邹君文作
沈阳 辽宁美术出版社 1985 年 1 张 76cm（2 开）
定价：CNY0.20
　　中国现代年画作品。作者邹君文（1944—　　），
辽宁科学技术出版社美术摄影编辑室主任。

J0057171
四喜临门　彭海清作
长沙 湖南美术出版社 1985 年 1 张 76cm（2 开）
定价：CNY0.18
　　中国现代年画作品。

J0057172
四喜临门　刘天民作
沈阳 辽宁美术出版社 1985 年 1 张 76cm（2 开）
定价：CNY0.20
　　中国现代年画作品。

J0057173
四喜图　王克印作

南京 江苏美术出版社 1985 年 1 张 76cm（2 开）
定价：CNY0.23
　　中国现代年画作品。

J0057174
四喜迎春　安杰作
太原 山西人民出版社 1985 年 1 张 76cm（2 开）
定价：CNY0.20
　　中国现代年画作品。

J0057175
松鹤同春　邓文欣作
哈尔滨 黑龙江美术出版社 1985 年 1 张
76cm（2 开）定价：CNY0.20
　　中国现代年画作品。

J0057176
松鹤图　刘启文作
石家庄 河北美术出版社 1985 年 1 张
76cm（2 开）定价：CNY0.20
　　中国现代年画作品。

J0057177
松鹤延年　宫兴福作
沈阳 辽宁美术出版社 1985 年 1 张 85cm（3 开）
定价：CNY0.14
　　中国现代年画作品。作者宫兴福（1936—　　），
教授。黑龙江密山人。毕业于鲁迅美术学院中
国画系，后留校任教。作品《豆花香》《听泉》
《天女木兰》，发表论文有《图新·求美·思变》《意
念·意象·以形写神》等。

J0057178
松鹤延年　蔡传隆作
杭州 浙江人民美术出版社 1985 年 1 张
85cm（3 开）定价：CNY0.18
　　中国现代年画作品。

J0057179
松鹤延年 吉庆有余　蔡传隆作
杭州 浙江人民美术出版社 1985 年 1 张
107cm（全开）定价：CNY1.00
　　中国现代年画作品。

J0058669
松龄鹤遐　洪世川作
杭州 浙江人民美术出版社 1985 年 1 张
107cm（全开）定价：CNY0.80
　　中国现代年画作品。

J0057180
松龄鹤遐　洪世川作
杭州 浙江人民美术出版社 1985 年 1 张
76cm（2 开）定价：CNY0.18
　　中国现代年画作品。

J0057181
松奇石秀迎客来　安学贵作
长春 吉林美术出版社 1985 年 3 张
107cm（全开）定价：CNY0.84
　　中国现代年画作品。

J0057182
松虬鹤姿　张宝元作
济南 山东美术出版社 1985 年 1 张 76cm（2 开）
定价：CNY0.20
　　中国现代年画作品。

J0057183
松石万年　王利华作
杭州 浙江人民美术出版社 1985 年 1 张
76cm（2 开）定价：CNY0.26
　　中国现代年画作品。

J0057184
宋奶奶和我们在一起　李慕白，金雪尘作
上海 上海人民美术出版社 1985 年 1 张
76cm（2 开）定价：CNY0.20
　　中国现代年画作品。

J0057185
送花楼会（双珠凤）龚景充作
上海 上海人民美术出版社 1985 年 1 张
76cm（2 开）定价：CNY0.20
　　中国现代年画作品。

J0057186
苏小妹与秦少游　李学勤作
呼和浩特 内蒙古人民出版社 1985 年 1 张

76cm（2 开）定价：CNY0.20

　　中国现代年画作品。

J0057187

隋唐武将屏　刘荣富作

上海　上海人民美术出版社 1985 年 2 张

76cm（2 开）定价：CNY0.40

　　中国现代年画作品。

J0057188

岁岁平安　郭抱湘，徐万荣作

福州　福建美术出版社［1985 年］1 张

76cm（2 开）定价：CNY0.22

　　中国现代年画作品。

J0057189

岁岁平安　竹翔飞作

沈阳　辽宁美术出版社 1985 年 1 张 76cm（2 开）

定价：CNY0.20

　　中国现代年画作品。

J0057190

岁岁平安繁花似锦　陈宝万作

杭州　浙江人民美术出版社 1985 年 1 张

76cm（2 开）定价：CNY0.18

　　中国现代年画作品。

J0057191

孙悟空借扇　龚景充作

福州　福建美术出版社 1985 年 1 张 76cm（2 开）

定价：CNY0.22

　　中国现代年画作品。

J0057192

孙中山大元帅　秦赞光作

广州　岭南美术出版社 1985 年 1 张 76cm（2 开）

定价：CNY0.20

　　中国现代年画作品。

J0057193

踏雪赏梅　李慕白，庞卡作

上海　上海人民美术出版社 1985 年 1 张

76cm（2 开）定价：CNY0.20

　　中国现代年画作品。

J0057194

太空花果园　刘崇林作

北京　人民美术出版社 1985 年 1 张 76cm（2 开）

定价：CNY0.26

　　中国现代年画作品。

J0057195

太空小伙伴　史士明作

天津　天津人民美术出版社 1985 年 1 张

76cm（2 开）定价：CNY0.20

　　中国现代年画作品。

J0057196

泰山雄姿　李东旭作

北京　人民美术出版社 1985 年 1 张 76cm（2 开）

定价：CNY0.23

　　中国现代年画作品。

J0057197

泰山旭日　顾国治作

南京　江苏美术出版社 1985 年 1 张 76cm（2 开）

定价：CNY0.21

　　中国现代年画作品。

J0057198

唐伯虎画扇　张德俊作

北京　中国戏剧出版社 1985 年 1 张 76cm（2 开）

定价：CNY0.21

　　中国现代年画作品。

J0057199

桃花坞年画　姚迁主编

北京　文物出版社 1985 年 26cm（16 开）统一书

号：8068.1376 定价：CNY15.00

　　本书为中国桃花坞木版年画画册。

J0057200

腾飞吧，中华　高志华作

沈阳　辽宁美术出版社 1985 年 1 张 76cm（2 开）

定价：CNY0.20

　　中国现代年画作品。

J0057201

天河配　徐思作

沈阳　辽宁美术出版社 1985 年 2 张 76cm（2 开）

定价：CNY0.42
　　中国现代年画作品。

J0057202
天女散花　赵梦林作
天津　天津人民美术出版社　1985年　1张
76cm（2开）定价：CNY0.20
　　中国现代年画作品。

J0057203
天台花园　熊东海作
广州　岭南美术出版社　1985年　1张　76cm（2开）
定价：CNY0.20
　　中国现代年画作品。

J0057204
天仙配　何南等作
沈阳　辽宁美术出版社　1985年　2张　76cm（2开）
定价：CNY0.42
　　中国现代年画作品。

J0057205
天子山全景图　（湖南风景名胜）陈子云作
长沙　湖南美术出版社　1985年　1张　76cm（2开）
定价：CNY0.20
　　中国现代年画作品。

J0057206
田头乐　何丽作
济南　山东美术出版社　1985年　1张　76cm（2开）
定价：CNY0.20
　　中国现代年画作品。作者何丽，女，山东昌
潍师专美术系主任、副教授，中国美术家协会会
员。著有《当代工笔人物画谭概》等。

J0057207
甜　王小路作
石家庄　河北美术出版社　1985年　1张
76cm（2开）定价：CNY0.20
　　中国现代年画作品。

J0057208
甜甜蜜蜜　黄黎明作
上海　上海人民美术出版社　1985年　1张
76cm（2开）定价：CNY0.20

中国现代年画作品。

J0057209
挑滑车　刘生展作
天津　天津人民美术出版社　1985年　1张
76cm（2开）定价：CNY0.20
　　中国现代年画作品。

J0057210
同妻团圆曲　成砺志作
天津　天津人民美术出版社　1985年　1张
76cm（2开）定价：CNY0.20
　　中国现代年画作品。

J0057211
童年　陈连荣作
哈尔滨　黑龙江美术出版社　1985年　1张
76cm（2开）定价：CNY0.20
　　中国现代年画作品。

J0057212
团结力量大　何丽作
济南　山东美术出版社　1985年　1张　76cm（2开）
定价：CNY0.20
　　中国现代年画作品。作者何丽，女，山东昌
潍师专美术系主任、副教授，中国美术家协会会
员。著有《当代工笔人物画谭概》等。

J0057213
娃娃福　吉厚等作
沈阳　辽宁美术出版社　1985年　1张　76cm（2开）
定价：CNY0.28
　　中国现代年画作品。

J0057214
娃娃嬉鱼　陈英作
杭州　浙江人民美术出版社　1985年　1张
76cm（2开）定价：CNY0.18
　　中国现代年画作品。

J0057215
纨扇仕女图　李树明作
上海　上海人民美术出版社　1985年　1张
76cm（2开）定价：CNY0.20
　　中国现代年画作品。

J0057216
万船渔虾万船歌　王新作
广州 岭南美术出版社 1985 年 1 张 76cm（2 开）
定价：CNY0.20
　　中国现代年画作品。

J0057217
万户渔歌　秦永春作
沈阳 辽宁美术出版社 1985 年 1 张 76cm（2 开）
定价：CNY0.20
　　中国现代年画作品。

J0057218
万象更新　邢富贵作
桂林 漓江出版社 1985 年 1 张 76cm（2 开）
定价：CNY0.20
　　中国现代年画作品。

J0057219
万象更新　百事如意　魏明全作
武汉 湖北美术出版社 1985 年 1 张 76cm（2 开）
定价：CNY0.20
　　中国现代年画作品。

J0057220
万象更新　年年有余　霍起作
广州 岭南美术出版社 1985 年 1 张 76cm（2 开）
定价：CNY0.22
　　中国现代年画作品。

J0057221
万象更新庆有余　刘景龙作
天津 天津人民美术出版社 1985 年 1 张
76cm（2 开）定价：CNY0.20
　　中国现代年画作品。

J0057222
威震海疆　司马连义作
天津 天津人民美术出版社 1985 年 1 张
76cm（2 开）定价：CNY0.20
　　中国现代年画作品。

J0057223
威震山岗　梁邹作
济南 山东美术出版社 1985 年 1 张 76cm（2 开）

定价：CNY0.21
　　中国现代年画作品。

J0057224
为国争光　陆廷作
福州 福建美术出版社［1985 年］1 张
76cm（2 开）定价：CNY0.22
　　中国现代年画作品。

J0057225
尉迟恭　秦叔宝　廖金玉作
南宁 广西人民出版社 1985 年 1 张 76cm（2 开）
定价：CNY0.24
　　中国现代年画作品。

J0057226
尉迟恭　秦叔宝　廖金玉作
南宁 广西人民出版社 1985 年 1 张 53cm（4 开）
定价：CNY0.12
　　中国现代年画作品。

J0057227
尉迟恭　秦叔宝　马也作
南宁 广西人民出版社 1985 年 2 版 1 张
76cm（2 开）定价：CNY0.24
　　中国现代年画作品。

J0057228
尉迟恭　秦叔宝　马也作
南宁 广西人民出版社 1985 年 2 版 1 张
53cm（4 开）定价：CNY0.12
　　中国现代年画作品。

J0057229
尉迟恭　秦叔宝　侯文发作
广州 科学普及出版社广州分社 1985 年 1 张
53cm（4 开）定价：CNY0.11
　　中国现代年画作品。作者侯文发（1928—　），
广东梅州人。曾用名剑萍。毕业于中南美专。
中国书画家协会理事、中国国画家协会理事、广
东省美术家协会会员。主要作品有《工地探亲》
《宋湘》《三英战吕布》等

J0057230
尉迟恭秦叔宝　张云峰作

天津 天津人民美术出版社 1985 年 1 张
107cm（全开）定价：CNY0.46
　　中国现代年画作品。

J0057231
尉迟恭秦叔宝　李蓉生作
昆明 云南人民出版社 1985 年 1 张 76cm（2 开）
定价：CNY0.20
　　中国现代年画作品。

J0057232
尉迟恭秦叔宝　刘大春作
重庆 重庆出版社 1985 年 1 张 76cm（2 开）
定价：CNY0.22
　　中国现代年画作品。

J0057233
温暖　季乃仓作
济南 山东美术出版社 1985 年 1 张 76cm（2 开）
定价：CNY0.20
　　中国现代年画作品。

J0057234
文明村里奏新乐　曾成金作
杭州 浙江人民美术出版社 1985 年 1 张
76cm（2 开）定价：CNY0.18
　　中国现代年画作品。

J0057235
文武香球　刘金珠作
杭州 浙江人民美术出版社 1985 年 1 张
76cm（2 开）定价：CNY0.18
　　中国现代年画作品。

J0057236
闻鸡起舞　张瑞恒作
北京 人民体育出版社 1985 年 1 张 76cm（2 开）
定价：CNY0.20
　　中国现代年画作品。

J0057237
闻鸡起舞　王伟茂作
上海 上海人民美术出版社 1985 年 1 张
76cm（2 开）定价：CNY0.20
　　中国现代年画作品。

J0057238
我爱家乡美　苏耕作
济南 山东美术出版社 1985 年 1 张 76cm（2 开）
定价：CNY0.20
　　中国现代年画作品。

J0057239
我爱劳动　刘乃勇作
济南 山东美术出版社 1985 年 1 张 76cm（2 开）
定价：CNY0.20
　　中国现代年画作品。

J0057240
我爱伟大的祖国　司马连义作
南京 江苏美术出版社 1985 年 1 张 76cm（2 开）
定价：CNY0.21
　　中国现代年画作品。

J0057241
我爱小白兔　张省莉作
西安 陕西人民美术出版社 1985 年 1 张
76cm（2 开）定价：CNY0.22
　　中国现代年画作品。

J0057242
我给新书穿衣裳　李孔安作
广州 岭南美术出版社 1985 年 1 张 76cm（2 开）
定价：CNY0.20
　　中国现代年画作品。

J0057243
我给星星打电话　成砺志作
南京 江苏美术出版社 1985 年 1 张 76cm（2 开）
定价：CNY0.21
　　中国现代年画作品。

J0057244
我和妈妈去旅游　赵绍虎作
南京 江苏美术出版社 1985 年 1 张 76cm（2 开）
定价：CNY0.21
　　中国现代年画作品。作者赵绍虎（1941—　），
教授。号老戈。江苏镇江人、毕业于南京师范大
学美术系。历任江苏大学艺术学院教授、中国美
术家协会会员、镇江报社及江苏人民出版社美
术编辑、江苏大学美术系主任、镇江市美协副主

席。代表作品有《荷风》《摩崖夕照》等。

J0057245
我和叔叔过新年　高学海作
广州 岭南美术出版社 1985 年 1 张 76cm（2 开）
定价：CNY0.20
　　中国现代年画作品。

J0057246
我们爱祖国　毛翔先作
杭州 浙江人民美术出版社 1985 年 1 张
76cm（2 开）定价：CNY0.18
　　中国现代年画作品。

J0057247
我们的好阿姨　朱淑媛作
广州 岭南美术出版社 1985 年 1 张 76cm（2 开）
定价：CNY0.20
　　中国现代年画作品。

J0057248
我们的生活比蜜甜　赵澍萍作
济南 山东美术出版社 1985 年 1 张 76cm（2 开）
定价：CNY0.20
　　中国现代年画作品。

J0057249
我们祖国多富饶　石川作
广州 岭南美术出版社 1985 年 1 张 76cm（2 开）
定价：CNY0.20
　　中国现代年画作品。

J0057250
我们祖国象花园　陈宝万作
南宁 广西人民出版社 1985 年 1 张 76cm（2 开）
定价：CNY0.20
　　中国现代年画作品。

J0057251
我送卫星飞上天　刘慧华，焦志广作
哈尔滨 黑龙江美术出版社 1985 年 1 张
76cm（2 开）定价：CNY0.20
　　中国现代年画作品。

J0057252
我要做三好学生　刘荣富作
哈尔滨 黑龙江美术出版社 1985 年 1 张
76cm（2 开）定价：CNY0.20
　　中国现代年画作品。

J0057253
我坐月亮奏新曲　成砺志作
上海 上海人民美术出版社 1985 年 1 张
76cm（2 开）定价：CNY0.20
　　中国现代年画作品。

J0057254
五福临门　安杰作
哈尔滨 黑龙江美术出版社 1985 年 1 张
76cm（2 开）定价：CNY0.20
　　中国现代年画作品。

J0057255
五福临门　黄锡令作
沈阳 辽宁美术出版社 1985 年 1 张 76cm（2 开）
定价：CNY0.28
　　中国现代年画作品。

J0057256
五谷丰登　王玉琦作
沈阳 辽宁美术出版社 1985 年 1 张 76cm（2 开）
定价：CNY0.20
　　中国现代年画作品。

J0057257
五谷丰登　六畜兴旺　张振群作
天津 天津人民美术出版社 1985 年 3 张
76cm（2 开）定价：CNY0.62
　　中国现代年画作品。

J0057258
五谷丰登，吉庆有余　龚定平作
西安 陕西人民出版社 1985 年 1 张 76cm（2 开）
定价：CNY0.22
　　中国现代年画作品。

J0057259
五谷丰登庆有余　周洪生作
哈尔滨 黑龙江美术出版社 1985 年 1 张

76cm（2开）定价：CNY0.20
　　中国现代年画作品。

J0057260
五台山镇海寺　王朝作
太原　山西人民出版社　1985年　1张　76cm（2开）
定价：CNY0.20
　　中国现代年画作品。

J0057261
五羊吉庆　何佐作
广州　岭南美术出版社　1985年　1张　76cm（2开）
定价：CNY0.20
　　中国现代年画作品。

J0057262
武当儿女　杜兴顺作
哈尔滨　黑龙江美术出版社　1985年　1张
76cm（2开）定价：CNY0.18
　　中国现代年画作品。

J0057263
武汉黄鹤楼　侯小戈，毛小琪作
武汉　湖北美术出版社　1985年　1张　76cm（2开）
定价：CNY0.22
　　中国现代年画作品。

J0057264
武将　李先润作
南宁　广西人民出版社　1985年　1张　76cm（2开）
定价：CNY0.24
　　中国现代年画作品。

J0057265
武将　言覃作
重庆　重庆出版社　1985年　1张　76cm（2开）
定价：CNY0.22
　　中国现代年画作品。

J0057266
武将　谭述乐作
重庆　重庆出版社　1985年　1张　76cm（2开）
定价：CNY0.22
　　中国现代年画作品。

J0057267
武林英姿　徐成智作
南宁　广西人民出版社　1985年　2张　76cm（2开）
定价：CNY0.40
　　中国现代年画作品。

J0057268
武术　马乐群作
上海　上海人民美术出版社　1985年　1张
76cm（2开）定价：CNY0.20
　　中国现代年画作品。

J0057269
武术大师霍元甲　朱介堂作
杭州　浙江人民美术出版社　1985年　1张
76cm（2开）定价：CNY0.18
　　中国现代年画作品。

J0057270
武术新花　林美岚作
武汉　湖北美术出版社　1985年　1张　76cm（2开）
定价：CNY0.20
　　中国现代年画作品。

J0057271
武术新花　谢鹏程作
南京　江苏美术出版社　1985年　1张　76cm（2开）
定价：CNY0.21
　　中国现代年画作品。

J0057272
武松　松思谔，戴玉茹作
昆明　云南人民出版社　1985年　1张　53cm（4开）
定价：CNY0.12
　　中国现代年画作品。

J0057273
武松林冲　孙仲礼作
郑州　河南美术出版社　1985年　1张　76cm（2开）
定价：CNY0.18
　　中国现代年画作品。

J0057274
舞乐图　仝莉莉作
西安　陕西人民美术出版社　1985年　1张

76cm（2 开）定价：CNY0.22

　　中国现代年画作品。

J0057275

舞狮图　郑小娟作

长沙 湖南美术出版社 1985 年 1 张 53cm（4 开）

定价：CNY0.25

　　中国现代年画作品。作者郑小娟（1940—　　），女，画家。湖南长沙人。毕业于湖南师范大学美术系。历任湖南美术出版社编审、中国美术家协会理事、中国工笔画学会理事、湖南省美术家协会副主席、湖南省文联委员。著有《工笔人物画技法》《中国当代美术家画库·郑小娟》《郑小娟作品集》。

J0057276

舞狮图　胡金石作

杭州 浙江人民美术出版社 1985 年 1 张

76cm（2 开）定价：CNY0.18

　　中国现代年画作品。

J0057277

西湖灯会　龚景充作

杭州 浙江人民美术出版社 1985 年 1 张

76cm（2 开）定价：CNY0.18

　　中国现代年画作品。

J0057278

西施　竹均琪，石川合作；彭祖荣配诗

沈阳 辽宁美术出版社 1985 年 2 张 76cm（2 开）

定价：CNY0.42

　　中国现代年画作品。

J0057279

西施和浣纱女　张慧敏作

天津 天津人民美术出版社 1985 年 1 张

76cm（2 开）定价：CNY0.20

　　中国现代年画作品。

J0057280

西厢记　张德俊作

上海 上海人民美术出版社 1985 年 1 张

76cm（2 开）定价：CNY0.20

　　中国现代年画作品。

J0057281

西厢记　（越剧明珠）龚景充作

杭州 浙江人民美术出版社 1985 年 4 张［78cm］

（2 开）定价：CNY0.50

　　中国现代年画作品。

J0057282

西游记　刘荣富作

北京 人民美术出版社 1985 年 2 张 76cm（2 开）

定价：CNY0.52

　　中国现代年画作品。

J0057283

西游记　（娃娃戏）金美华作

天津 天津人民美术出版社 1985 年 1 张

76cm（2 开）定价：CNY0.20

　　中国现代年画作品。

J0057284

嬉浪　刘熹奇作

北京 人民体育出版社 1985 年 1 张 76cm（2 开）

定价：CNY0.20

　　中国现代年画作品。

J0057285

羲之换鹅图　刘旦宅作

上海 上海书画出版社 1985 年 1 张 76cm（2 开）

定价：CNY0.20

　　中国现代年画作品。

J0057286

习武强身，保家卫国　吴金铭作

郑州 河南美术出版社 1985 年 1 张 76cm（2 开）

定价：CNY0.18

　　中国现代年画作品。

J0057287

喜　楼永年作

长沙 湖南美术出版社 1985 年 1 张 76cm（2 开）

定价：CNY0.12

　　中国现代年画作品。作者楼永年（1940—　　），浙江萧山人。毕业于浙江美术学院工艺系。杭州印染厂花样设计，高级工艺美术师。代表作品《福宝寿禧》《四季平安》《福寿万年》《和合图》等。

J0057288
喜　王洪俊作
长春　吉林美术出版社 1985 年 1 张 53cm（4 开）
定价：CNY0.12
　　中国现代年画作品。

J0057289
喜　黄锡令作
沈阳　辽宁美术出版社 1985 年 1 张 76cm（2 开）
定价：CNY0.27
　　中国现代年画作品。

J0057290
喜读西厢　杨葆郢作
哈尔滨　黑龙江美术出版社 1985 年 1 张
76cm（2 开）定价：CNY0.18
　　中国现代年画作品。

J0057291
喜丰收　李秉芳作
长沙　湖南美术出版社 1985 年 1 张 76cm（2 开）
定价：CNY0.18
　　中国现代年画作品。

J0057292
喜丰收　罗玉江作
西安　陕西人民美术出版社 1985 年 1 张
76cm（2 开）定价：CNY0.22
　　中国现代年画作品。

J0057293
喜贺新春　陈衡作
广州　岭南美术出版社 1985 年 1 张 76cm（2 开）
定价：CNY0.20
　　中国现代年画作品。

J0057294
喜结良缘　王言昌作
济南　山东美术出版社 1985 年 1 张 76cm（2 开）
定价：CNY0.18
　　中国现代年画作品。

J0057295
喜临门　张振郡，李存伟作
北京　人民美术出版社 1985 年 1 张 76cm（2 开）

定价：CNY0.23
　　中国现代年画作品。

J0057296
喜临门　张振郡作
北京　中国文联出版公司 1985 年 1 张
76cm（2 开）定价：CNY0.20
　　中国现代年画作品。

J0057297
喜临英雄门第　春到光荣人家　周绍文作
郑州　河南美术出版社 1985 年 1 张 76cm（2 开）
定价：CNY0.18
　　中国现代年画作品。

J0057298
喜庆丰年　吴健宁，高晴作
南京　江苏美术出版社 1985 年 4 张［78cm］（2 开）
定价：CNY0.75
　　中国现代年画作品。

J0057299
喜庆丰年　谢佩文作
广州　岭南美术出版社 1985 年 1 张 76cm（2 开）
定价：CNY0.20
　　中国现代年画作品。

J0057300
喜庆丰年　徐士民，张桂英作
天津　天津人民美术出版社 1985 年 1 张
76cm（2 开）定价：CNY0.20
　　中国现代年画作品。

J0057301
喜庆丰收　曹淑勤，王新滨作
沈阳　辽宁美术出版社 1985 年 1 张 76cm（2 开）
定价：CNY0.20
　　中国现代年画作品。

J0057302
喜庆丰收　顾国治作
天津　天津人民美术出版社 1985 年 1 张
76cm（2 开）定价：CNY0.20
　　中国现代年画作品。

J0057303
喜庆丰收娃娃壮　余小仪作
上海　上海人民美术出版社 1985 年　1 张
76cm（2 开）定价：CNY0.20
　　中国现代年画作品。

J0057304
喜庆同乐　徐飞鸿，陆廷作
上海　上海人民美术出版社 1985 年　1 张
76cm（2 开）定价：CNY0.20
　　中国现代年画作品。

J0057305
喜庆五谷得丰收　杨树有作
长春　吉林美术出版社 1985 年　1 张 76cm（2 开）
定价：CNY0.20
　　中国现代年画作品。

J0057306
喜鹊登梅　张福琪作
天津　天津人民美术出版社 1985 年　1 张
76cm（2 开）定价：CNY0.20
　　中国现代年画作品。

J0057307
喜上加喜　杨立群作
沈阳　辽宁美术出版社 1985 年　1 张 76cm（2 开）
定价：CNY0.20
　　中国现代年画作品。

J0057308
喜事盈门　林纹作
杭州　浙江人民美术出版社 1985 年　1 张
76cm（2 开）定价：CNY0.18
　　中国现代年画作品。

J0057309
喜迎春　付鲁沛，李学荣作
天津　天津人民美术出版社 1985 年　1 张
76cm（2 开）定价：CNY0.20
　　中国现代年画作品。

J0057310
喜盈门　晓牛作
福州　福建美术出版社［1985 年］1 张

76cm（2 开）定价：CNY0.22
　　中国现代年画作品。

J0057311
喜盈门　叶志鸿作
广州　岭南美术出版社 1985 年　1 张 76cm（2 开）
定价：CNY0.20
　　中国现代年画作品。

J0057312
喜盈门　霍允庆作
济南　山东美术出版社 1985 年　1 张 76cm（2 开）
定价：CNY0.18
　　中国现代年画作品。

J0057313
喜鱼　马秀珍作
哈尔滨　黑龙江美术出版社 1985 年　1 张
76cm（2 开）定价：CNY0.20
　　中国现代年画作品。

J0057314
戏剧屏　申同景作
石家庄　河北美术出版社 1985 年　2 张
76cm（2 开）定价：CNY0.44
　　中国现代年画作品。

J0057315
戏曲四条屏　申同景作
天津　天津人民美术出版社 1985 年　1 张（卷轴）
［78cm］（2 开）定价：CNY1.60
　　中国现代年画作品。

J0057316
夏令营的早晨　王乐群，王伟戍作
广州　岭南美术出版社 1985 年　1 张 76cm（2 开）
定价：CNY0.20
　　中国现代年画作品。

J0057317
仙女下凡来　张万臣作
广州　岭南美术出版社 1985 年　1 张 76cm（2 开）
定价：CNY0.20
　　中国现代年画作品。

J0057318
鲜花盛开　陈英, 陈明作
天津　天津人民美术出版社 1985 年 1 张
76cm（2 开）定价：CNY0.20
　　中国现代年画作品。

J0057319
献福献寿连年有余　潘隆正作
哈尔滨　黑龙江美术出版社 1985 年 1 张
76cm（2 开）定价：CNY0.20
　　中国现代年画作品。作者潘隆正（1944—　），
笔名晓牛。出生于重庆市。毕业于西南师范大
学美术系。历任重庆出版社美编室副主任、重庆
出版集团（美术）副编审、全国年画研究会理事、
西南大学育才学院美术学院副教授、重庆沧白书
画院副院长。作品有《红岩英烈——许晓轩》《挺
进大西南》《娃娃送宝·幸福吉祥》《哼哈二将》
《秦琼、敬德》《在知识的海洋里寻珍探宝》等。

J0057320
献给祖国　彭公林作
哈尔滨　黑龙江美术出版社 1985 年 1 张
76cm（2 开）定价：CNY0.22
　　中国现代年画作品。

J0057321
献寿图　黄培杰作
哈尔滨　黑龙江美术出版社 1985 年 1 张
76cm（2 开）定价：CNY0.20
　　中国现代年画作品。

J0057322
乡土情义重　曾宪龙作
广州　岭南美术出版社 1985 年 1 张 76cm（2 开）
定价：CNY0.20
　　中国现代年画作品。

J0057323
香飘四季　郑双田作
北京　人民美术出版社 1985 年 2 张 76cm（2 开）
定价：CNY0.52
　　中国现代年画作品。

J0057324
想想看　林惠珍作

沈阳　辽宁美术出版社 1985 年 1 张 76cm（2 开）
定价：CNY0.20
　　中国现代年画作品。

J0057325
小翠　秀石, 徐思作
沈阳　辽宁美术出版社 1985 年 2 张 76cm（2 开）
定价：CNY0.42
　　中国现代年画作品。

J0057326
小伙伴　张省莉, 高廷智作
上海　上海人民美术出版社 1985 年 1 张
76cm（2 开）定价：CNY0.20
　　中国现代年画作品。

J0057327
小骑士　陈宝万作
长沙　湖南美术出版社 1985 年 1 张 76cm（2 开）
定价：CNY0.18
　　中国现代年画作品。

J0057328
小球迷　莫伯华作
武汉　湖北美术出版社 1985 年 1 张 76cm（2 开）
定价：CNY0.20
　　中国现代年画作品。

J0057329
小射手　陈宝万作
北京　人民体育出版社 1985 年 1 张 76cm（2 开）
定价：CNY0.20
　　中国现代年画作品。

J0057330
小双狮图　陈家礼作
成都　四川民族出版社 1985 年 1 张 53cm（4 开）
定价：CNY0.12
　　中国现代年画作品。

J0057331
小天鹅　黄妙发作
广州　岭南美术出版社 1985 年 1 张 76cm（2 开）
定价：CNY0.20
　　中国现代年画作品。

J0057332
小小侦察兵　陈宝万作
上海 上海人民美术出版社 1985 年 1 张
76cm（2 开）定价：CNY0.20
　　中国现代年画作品。

J0057333
小英雄岳云　刘鸿志作
北京 人民美术出版社 1985 年 1 张 76cm（2 开）
定价：CNY0.26
　　中国现代年画作品。

J0057334
小园丁　肖培藻作
郑州 河南美术出版社 1985 年 1 张 53cm（4 开）
定价：CNY0.09
　　中国现代年画作品。

J0057335
心灵手巧　苏勇作
济南 山东美术出版社 1985 年 1 张 76cm（2 开）
定价：CNY0.20
　　中国现代年画作品。

J0057336
心意　苏耕作
济南 山东美术出版社 1985 年 1 张 76cm（2 开）
定价：CNY0.20
　　中国现代年画作品。

J0057337
欣欣向荣　罗玉江作
石家庄 河北美术出版社 1985 年 2 张
76cm（2 开）定价：CNY0.44
　　中国现代年画作品。

J0057338
欣欣向荣　强桑作
拉萨 西藏人民出版社 1985 年 1 张 53cm（4 开）
定价：CNY0.20
　　中国现代年画作品。

J0057339
新婚乐　魏延滨作
济南 山东美术出版社 1985 年 1 张 76cm（2 开）

定价：CNY0.20
　　中国现代年画作品。

J0057340
新苗茁壮　张石昇作
哈尔滨 黑龙江美术出版社 1985 年 1 张
76cm（2 开）定价：CNY0.20
　　中国现代年画作品。

J0057341
醒狮迎喜庆　区本泉作
广州 岭南美术出版社 1985 年 1 张 76cm（2 开）
定价：CNY0.20
　　中国现代年画作品。

J0057342
幸福　林震作
沈阳 辽宁美术出版社 1985 年 1 张 76cm（2 开）
定价：CNY0.20
　　中国现代年画作品。

J0057343
幸福成长　刘喜春作
沈阳 辽宁美术出版社 1985 年 1 张 76cm（2 开）
定价：CNY0.20
　　中国现代年画作品。

J0057344
幸福的童年　王秉龙作
太原 山西人民出版社 1985 年 1 张 76cm（2 开）
定价：CNY0.20
　　中国现代年画作品。作者王秉龙（1943—　），
生于山西祁县。中国戏剧家协会会员、北京美术
家协会会员。擅长楷书、魏碑、行书。出版《科
学发明家故事》《明史演义》等多部连环画册。
改编拍摄并出版了几百种传统戏曲年画，被称为
中国戏曲年画摄影第一人。

J0057345
幸福欢乐　李晓春作
长春 吉林美术出版社 1985 年 1 张 76cm（2 开）
定价：CNY0.20
　　中国现代年画作品。

J0057346
幸福家庭喜事多　成砺志作
广州 岭南美术出版社 1985 年 1 张 76cm（2 开）
定价：CNY0.20
　　中国现代年画作品。

J0057347
幸福快乐　陈明作
上海 上海人民美术出版社 1985 年 1 张
76cm（2 开）定价：CNY0.20
　　中国现代年画作品。

J0057348
幸福美景无限好　张万臣作
长沙 湖南美术出版社 1985 年 1 张 76cm（2 开）
定价：CNY0.18
　　中国现代年画作品。

J0057349
幸福曲　刘启文作
石家庄 河北美术出版社 1985 年 1 张
76cm（2 开）定价：CNY0.20
　　中国现代年画作品。作者刘启文（1940—　），
国家一级美术师。原名刘起文。河北石家庄人，
祖籍保定。历任河北美协会员、石门画院院长。

J0057350
幸福如意迎新春　杨馥如作
天津 天津人民美术出版社 1985 年 1 张
76cm（2 开）定价：CNY0.20
　　中国现代年画作品。

J0057351
幸福童年　李世元作
沈阳 辽宁美术出版社 1985 年 1 张 76cm（2 开）
定价：CNY0.20
　　中国现代年画作品。

J0057352
幸福有余万年长　刘昌吉作
北京 人民美术出版社 1985 年 1 张 76cm（2 开）
定价：CNY0.23
　　中国现代年画作品。

J0057353
幸福长寿　李增吉作
福州 福建美术出版社 1985 年 1 张
107cm（全开）定价：CNY0.56
　　中国现代年画作品。

J0057354
幸福长寿　李增吉作
福州 福建美术出版社［1985 年］1 张
76cm（2 开）定价：CNY0.22
　　中国现代年画作品。

J0057355
幸福长寿　刘福泰作
郑州 河南美术出版社 1985 年 1 张 53cm（4 开）
定价：CNY0.09
　　中国现代年画作品。

J0057356
幸福长寿　刘福泰作
郑州 河南美术出版社 1985 年 1 张 76cm（2 开）
定价：CNY0.18
　　中国现代年画作品。

J0057357
幸福长寿　吴述宝作
哈尔滨 黑龙江美术出版社 1985 年 1 张
76cm（2 开）定价：CNY0.20
　　中国现代年画作品。

J0057358
幸福长寿　徐朝龙作
武汉 湖北美术出版社 1985 年 1 张 76cm（2 开）
定价：CNY0.24
　　中国现代年画作品。作者徐朝龙（1957—　），
四川成都人。曾为日本京大交响乐团成员。

J0057359
雄风犹存　宝刀不老　艾宝作
昆明 云南人民出版社 1985 年 1 张 76cm（2 开）
定价：CNY0.20
　　中国现代年画作品。

J0057360
雄鸡报晓　陈汉民作

济南 山东美术出版社 1985 年 1 张 76cm（2 开）
定价：CNY0.18
　　中国现代年画作品。

J0057361
熊猫乐园　方书久，陈梅玲作
南京 江苏美术出版社 1985 年 1 张 76cm（2 开）
定价：CNY0.21
　　中国现代年画作品。

J0057362
戎奶奶佳节到我家　南运生，万桂香作
石家庄 河北美术出版社 1985 年 1 张
76cm（2 开）定价：CNY0.20
　　中国现代年画作品。

J0057363
薛丁山与樊梨花　王顺兴作
石家庄 河北美术出版社 1985 年 1 张
76cm（2 开）定价：CNY0.20
　　中国现代年画作品。

J0057364
薛刚反唐　赵兵凯，潘思春作
天津 天津人民美术出版社 1985 年 2 张
76cm（2 开）定价：CNY0.42
　　中国现代年画作品。

J0057365
学科学庆有余　倪久玲作
哈尔滨 黑龙江美术出版社 1985 年 1 张
76cm（2 开）定价：CNY0.20
　　中国现代年画作品。

J0057366
驯虎姑娘　庞卡作
上海 上海人民美术出版社 1985 年 1 张
76cm（2 开）定价：CNY0.20
　　中国现代年画作品。作者庞卡（1935—　），
画家。又名庞抱俊。上海人。历任上海人民美
术出版社年画编辑、创作员。作品有《从小爱科
学》《秧苗青青春来早》《爱人民》等。

J0057367
驯虎女郎　胡立义作

福州 福建美术出版社［1985 年］1 张
76cm（2 开）定价：CNY0.22
　　中国现代年画作品。

J0057368
艳阳秋　齐兆璠作
石家庄 河北美术出版社 1985 年 1 张
76cm（2 开）定价：CNY0.44
　　中国现代年画作品。作者齐兆璠，花鸟画家。
天津人。毕业于天津美术学院。历任中国美术
家协会会员、河北省沧州师范专科学校美术系教
授。专著有《鸟类画谱》。

J0057369
雁荡胜境　陈珠龙作
杭州 浙江人民美术出版社 1985 年 1 张
76cm（2 开）定价：CNY0.26
　　中国现代年画作品。

J0057370
燕赵无处不飞花　齐兆璠作
石家庄 河北美术出版社 1985 年 2 张
76cm（2 开）定价：CNY0.44
　　中国现代年画作品。

J0057371
羊城花市　曹子铎，梁皓作
广州 岭南美术出版社 1985 年 1 张 76cm（2 开）
定价：CNY0.20
　　中国现代年画作品。

J0057372
杨继业大破辽兵　付鲁沛，李学荣作
天津 天津人民美术出版社 1985 年 1 张
76cm（2 开）定价：CNY0.20
　　中国现代年画作品。

J0057373
杨家将四代忠良　张辛国作；王杰配文
北京 中国戏剧出版社 1985 年 2 张 76cm（2 开）
定价：CNY0.44
　　中国现代年画作品。

J0057374
杨靖宇吉鸿昌　李中文，刘福秦作

郑州 河南美术出版社 1985年 1张 53cm(4开)
定价: CNY0.09
  中国现代年画作品。

J0057375
杨六郎威震三关 付鲁沛作
北京 中国戏剧出版社 1985年 1张 76cm(2开)
定价: CNY0.21
  中国现代年画作品。

J0057376
杨门女将 刘荣富作
重庆 重庆出版社 1985年 2张 76cm(2开)
定价: CNY0.44
  中国现代年画作品。

J0057377
杨门小将杨金花 李学荣,付鲁沛作
广州 岭南美术出版社 1985年 1张 76cm(2开)
定价: CNY0.20
  中国现代年画作品。

J0057378
杨门小将杨文广 李学荣,傅鲁沛作
长春 吉林美术出版社 1985年 1张 76cm(2开)
定价: CNY0.20
  中国现代年画作品。

J0057379
杨排风 杨国栋作
昆明 云南人民出版社 1985年 1张 53cm(4开)
定价: CNY0.12
  中国现代年画作品。

J0057380
杨排风大败韩昌 侯文发作
广州 岭南美术出版社 1985年 1张 76cm(2开)
定价: CNY0.20
  中国现代年画作品。作者侯文发(1928—),
曾用名剑萍。广东梅州人。毕业于中南美专。
中国书画家协会理事、中国国画家协会理事、广
东省美术家协会会员。主要作品有《工地探亲》
《宋湘》《三英战吕布》等

J0057381
杨七郎打擂 梁惠统作
南宁 广西人民出版社 1985年 2版 1张
76cm(2开)定价: CNY0.20
  中国现代年画作品。

J0057382
杨七郎打擂 刘生展作;张丽燕配诗
石家庄 河北美术出版社 1985年 2张
76cm(2开)定价: CNY0.44
  中国现代年画作品。

J0057383
杨七娘教艺 龚定平,赵金鸽作
天津 天津人民美术出版社 1985年 1张
76cm(2开)定价: CNY0.20
  中国现代年画作品。

J0057384
杨宗保,穆桂英,韩世忠,梁红玉 胡振寰作
郑州 河南美术出版社 1985年 1张 53cm(4开)
定价: CNY0.09
  中国现代年画作品。

J0057385
养鸡专业户 孙公照作
济南 山东美术出版社 1985年 1张 76cm(2开)
定价: CNY0.20
  中国现代年画作品。

J0057386
要为四化作贡献 魏瀛洲作
上海 上海人民美术出版社 1985年 1张
76cm(2开)定价: CNY0.20
  中国现代年画作品。

J0057387
一朵光荣花 刘俭作
哈尔滨 黑龙江美术出版社 1985年 1张
76cm(2开)定价: CNY0.20
  中国现代年画作品。

J0057388
一帆风顺福寿双全 蔡琦珍作

桂林 漓江出版社 1985 年 1 张 76cm（2 开）
定价：CNY0.20
　　中国现代年画作品。

J0057389
一孩壮　郭抱湘，徐万容作
哈尔滨 黑龙江美术出版社 1985 年 1 张
76cm（2 开）定价：CNY0.18
　　中国现代年画作品。

J0057390
一声惊雷　沈高仁作
杭州 浙江人民美术出版社 1985 年 1 张
76cm（2 开）定价：CNY0.18
　　中国现代年画作品。

J0057391
义和团——红灯照　尹孝本作
广州 岭南美术出版社 1985 年 1 张 76cm（2 开）
定价：CNY0.22
　　中国现代年画作品。

J0057392
艺苑春色　周洪生作
长春 吉林美术出版社 1985 年 2 张 76cm（2 开）
定价：CNY0.42
　　中国现代年画作品。

J0057393
英雄的空军　英雄的陆军　项群作
昆明 云南人民出版社 1985 年 1 张 76cm（2 开）
定价：CNY0.20
　　中国现代年画作品。

J0057394
迎春　黄锡令作
沈阳 辽宁美术出版社 1985 年 1 张 76cm（2 开）
定价：CNY0.20
　　中国现代年画作品。

J0057395
迎春　周锡珖作
广州 岭南美术出版社 1985 年 1 张 76cm（2 开）
定价：CNY0.22
　　中国现代年画作品。

J0057396
迎春图　杨春生作
沈阳 辽宁美术出版社 1985 年 1 张 [78cm]（3 开）
定价：CNY0.14
　　中国现代年画作品。

J0057397
迎客松　黄迪杞作
福州 福建美术出版社 1985 年 1 张 74cm（3 开）
定价：CNY0.20
　　中国现代年画作品。

J0057398
迎客松　黄迪杞作
福州 福建美术出版社 1985 年 1 张 107cm（全开）
定价：CNY0.56
　　中国现代年画作品。

J0057399
迎客松　顾国治作
西安 陕西人民美术出版社 1985 年 1 张
76cm（2 开）定价：CNY0.32
　　中国现代年画作品。

J0057400
迎客松　徐英槐作
杭州 浙江人民美术出版社 1985 年 1 张
76cm（2 开）定价：CNY0.18
　　中国现代年画作品。

J0057401
迎客松　徐英槐作
杭州 浙江人民美术出版社 1985 年 1 张
107cm（全开）定价：CNY0.80
　　中国现代年画作品。

J0057402
迎喜接福　徐福根，林美岚作
天津 天津人民美术出版社 1985 年 1 张
53cm（4 开）定价：CNY0.20
　　中国现代年画作品。作者徐福根（1941—　），别名夫耕。出生于浙江萧山。擅长年画。曾任江西人民出版社美术编辑、江西美术出版社副编审等职。作品有《雷锋与红领巾》《孙中山与宋庆龄》《让世界充满爱》《春从燕翅归》等。作者

林美岚(1940—)，字山风。江西武宁人。毕业
于江西九江师范。历任中小学美术教师，江西九
江市群众艺术馆美术干部、副研究馆员，江西美
协理事。作品有《党是阳光我是花》《喜庆丰年》
《鸟语花香》等，出版有《林美岚人物画选》。

J0057403
迎新春　梁桂元作
福州 福建美术出版社［1985年］1张
76cm（2开）定价：CNY0.22
　　中国现代年画作品。

J0057404
迎新春　陈华民作
哈尔滨 黑龙江美术出版社 1985年 1张
76cm（2开）定价：CNY0.20
　　中国现代年画作品。

J0057405
迎新接福　张万臣作
长春 吉林美术出版社 1985年 1张 76cm（2开）
定价：CNY0.20
　　中国现代年画作品。

J0057406
迎新娘　曾成金作
福州 福建美术出版社［1985年］1张
76cm（2开）定价：CNY0.22
　　中国现代年画作品。

J0057407
影中人　邓庆铭，杨天中作
沈阳 辽宁美术出版社 1985年 2张 76cm（2开）
定价：CNY0.42
　　中国现代年画作品。

J0057408
拥军爱民　邢光厚作
南京 江苏美术出版社 1985年 2张
［78cm］（3开）定价：CNY0.32
　　中国现代年画作品。

J0057409
优生幸福一枝花　曹淑琴，李美作
沈阳 辽宁美术出版社 1985年 1张 76cm（2开）

定价：CNY0.20
　　中国现代年画作品。

J0057410
游园　何兆欣作
杭州 浙江人民美术出版社 1985年 1张
76cm（2开）定价：CNY0.18
　　中国现代年画作品。

J0057411
友爱　林惠珍作
广州 岭南美术出版社 1985年 1张 76cm（2开）
定价：CNY0.20
　　中国现代年画作品。

J0057412
友爱图　阎凤成作
长春 吉林美术出版社 1985年 1张 76cm（2开）
定价：CNY0.20
　　中国现代年画作品。

J0057413
友情　徐寄萍作
上海 上海人民美术出版社 1985年 1张
76cm（2开）定价：CNY0.20
　　中国现代年画作品。作者徐寄萍(1919—
2005)，上海人。曾任上海美术家协会会员、上海
人民美术出版社特约年画作者等。主要作品有
《帮妈妈做事》《学雷锋做好事》《擦亮眼睛》等。

J0057414
友情　刘崇林作
天津 天津人民美术出版社 1985年 1张
76cm（2开）定价：CNY0.20
　　中国现代年画作品。

J0057415
有趣的书　王炳坤作
广州 岭南美术出版社 1985年 1张 76cm（2开）
定价：CNY0.20
　　中国现代年画作品。

J0057416
又是一个丰收年　陈学璋作
杭州 浙江人民美术出版社 1985年 1张

76cm（2开）定价：CNY0.18
中国现代年画作品。

J0057417
余上有余　杨文德作
哈尔滨 黑龙江美术出版社 1985 年 1 张
76cm（2开）定价：CNY0.18
中国现代年画作品。

J0057418
鱼荷满堂　王连元，王素芝作
哈尔滨 黑龙江美术出版社 1985 年 1 张
76cm（2开）定价：CNY0.20
中国现代年画作品。

J0057419
鱼乐图　王福增作
哈尔滨 黑龙江美术出版社 1985 年 1 张
76cm（2开）定价：CNY0.18
中国现代年画作品。

J0057420
鱼乐图　戴德馨，顾国治作
西安 陕西人民美术出版社 1985 年 1 张
76cm（2开）定价：CNY0.32
中国现代年画作品。作者戴德馨（1942—　），
江苏常州人。曾进修于南京艺术学院。擅长国画。
中国美术家协会会员。主要作品有《猫蝶图》《福
禄寿禧》《瑞雪》等。作者顾国治（1938—　），画
家。江苏太仓人。毕业于南京艺术学院美术系。
现为中国美术家协会会员、常州书画院画师。主
要作品有《秋实图》《幽境》《春满人间》等。

J0057421
鱼乐图　林纹作
杭州 浙江人民美术出版社 1985 年 1 张
76cm（2开）定价：CNY0.26
中国现代年画作品。

J0057422
鱼樵耕读　葛青，赵承鑫作
石家庄 河北美术出版社 1985 年 2 张
76cm（2开）定价：CNY0.44
中国现代年画作品。

J0057423
渔家乐　王英作
济南 山东美术出版社 1985 年 1 张 76cm（2开）
定价：CNY0.20
中国现代年画作品。

J0057424
虞美人　王德力作
济南 山东美术出版社 1985 年 1 张 76cm（2开）
定价：CNY0.20
中国现代年画作品。

J0057425
玉梅钟情　童金贵作
哈尔滨 黑龙江美术出版社 1985 年 1 张
76cm（2开）定价：CNY0.20
中国现代年画作品。

J0057426
玉堂幸寿　陈雪薇作
沈阳 辽宁美术出版社 1985 年 1 张 76cm（2开）
定价：CNY0.20
中国现代年画作品。

J0057427
遇仙记　朱成标作
杭州 浙江人民美术出版社 1985 年 1 张
76cm（2开）定价：CNY0.18
中国现代年画作品。

J0057428
圆满图　王福增作
上海 上海人民美术出版社 1985 年 1 张
76cm（2开）定价：CNY0.20
中国现代年画作品。

J0057429
远方来客　王国富作
南京 江苏美术出版社 1985 年 1 张 76cm（2开）
定价：CNY0.21
中国现代年画作品。

J0057430
月儿圆　周国军作
西宁 青海人民出版社 1985 年 1 张 76cm（2开）

定价: CNY0.20
　　中国现代年画作品。

J0057431
月是故乡明　陆驰作
广州 岭南美术出版社 1985 年 1 张 76cm（2 开）
定价: CNY0.20
　　中国现代年画作品。

J0057432
岳传人物屏　付鲁沛, 李学荣作
上海 上海人民美术出版社 1985 年 2 张
76cm（2 开）定价: CNY0.40
　　中国现代年画作品。

J0057433
岳飞　韩世忠　彦平, 雅君作
郑州 河南美术出版社 1985 年 1 张 76cm（2 开）
定价: CNY0.18
　　中国现代年画作品。

J0057434
岳飞　韩世忠　彦平, 雅君作
郑州 河南美术出版社 1985 年 1 张 53cm（4 开）
定价: CNY0.09
　　中国现代年画作品。

J0057435
岳飞, 牛皋　戴衍彬作
重庆 重庆出版社 1985 年 1 张 76cm（2 开）
定价: CNY0.22
　　中国现代年画作品。

J0057436
岳飞岳云　陈彬作
南宁 广西人民出版社 1985 年 1 张 76cm（2 开）
定价: CNY0.24
　　中国现代年画作品。

J0057437
岳飞破金兵　付鲁沛, 李学荣作
郑州 河南美术出版社 1985 年 1 张 76cm（2 开）
定价: CNY0.18
　　中国现代年画作品。

J0057438
岳家父子杨家父子　邢光厚作
南京 江苏美术出版社 1985 年 2 张［78cm］（3 开）
定价: CNY0.32
　　中国现代年画作品。

J0057439
岳家军小将　刘德能作
郑州 河南美术出版社 1985 年 1 张 76cm（2 开）
定价: CNY0.18
　　中国现代年画作品。

J0057440
岳家军小将　刘德能作
郑州 河南美术出版社 1985 年 1 张 53cm（4 开）
定价: CNY0.09
　　中国现代年画作品。

J0057441
岳母教子　张瑞恒作
广州 岭南美术出版社 1985 年 1 张 76cm（2 开）
定价: CNY0.20
　　中国现代年画作品。

J0057442
岳阳楼　李元善作
长沙 湖南美术出版社 1985 年 1 张 76cm（2 开）
定价: CNY0.18
　　中国现代年画作品。

J0057443
岳阳楼　郑鹏作
上海 上海书画出版社 1985 年 1 张 76cm（2 开）
定价: CNY0.20
　　中国现代年画作品。

J0057444
岳阳楼　于锦声作
天津 天津人民美术出版社 1985 年 1 张
76cm（2 开）定价: CNY0.20
　　中国现代年画作品。

J0057445
岳云杨文广　侯文发作
武汉 湖北美术出版社 1985 年 1 张 76cm（2 开）

定价：CNY0.20

　　中国现代年画作品。作者侯文发（1928—　），曾用名剑萍。广东梅州人。毕业于中南美专。中国书画家协会理事、中国国画家协会理事、广东省美术家协会会员。主要作品有《工地探亲》《宋湘》《三英战吕布》等。

J0057446

岳云锤震金弹子　刘荣富作

长沙 湖南美术出版社 1985年 1张 76cm（2开）

定价：CNY0.18

　　中国现代年画作品。

J0057447

在希望的田野上　刘熹奇作

北京 人民美术出版社 1985年 1张 76cm（2开）

定价：CNY0.26

　　中国现代年画作品。

J0057448

展翅　吴炳德作

广州 科学普及出版社广州分社 1985年 1张 76cm（2开）定价：CNY0.20

　　中国现代年画作品。

J0057449

张飞　关羽　晓龙作

杭州 浙江人民美术出版社 1985年 2张 53cm（4开）定价：CNY0.18

　　中国现代年画作品。

J0057450

张飞　关羽　陈致信作

重庆 重庆出版社 1985年 1张 76cm（2开）

定价：CNY0.22

　　中国现代年画作品。

J0057451

张飞喝断长坂桥　李凤君作

长春 吉林美术出版社 1985年 1张 76cm（2开）

定价：CNY0.20

　　中国现代年画作品。

J0057452

张飞审西瓜　张锡武作

天津 天津人民美术出版社 1985年 2张 76cm（2开）定价：CNY0.42

　　中国现代年画作品。

J0057453

张羽煮海　秦永春作

沈阳 辽宁美术出版社 1985年 1张［78cm］（3开）

定价：CNY0.60

　　中国现代年画作品。

J0057454

长白虎戏　刘继成作

长春 吉林美术出版社 1985年 1张 76cm（2开）定价：CNY0.20

　　中国现代年画作品。

J0057455

长白三宝　韩永利作

长春 吉林美术出版社 1985年 1张 76cm（2开）

定价：CNY0.20

　　中国现代年画作品。

J0057456

长城万里美如画　廉宽宏作

石家庄 河北美术出版社 1985年 1张 107cm（全开）定价：CNY0.44

　　中国现代年画作品。作者廉宽宏（1945—　），画家、国家一级美术师。笔名老廉。生于哈尔滨，河北安平人。毕业于天津美术学院。中国美术家协会会员、中日美术交流协会会员、沧州美协副主席。作品有《一竿撑出绿波来》《苍岩毓秀》《淀上曲》等。

J0057457

长大保卫祖国　张万臣作

哈尔滨 黑龙江美术出版社 1985年 1张 76cm（2开）定价：CNY0.20

　　中国现代年画作品。

J0057458

长大为祖国争光　成砺志作

南京 江苏美术出版社 1985年 1张 76cm（2开）

定价：CNY0.21

　　中国现代年画作品。

J0057459
长大要把祖国保　陈宝万作
哈尔滨 黑龙江美术出版社 1985 年 1 张
76cm（2 开）定价：CNY0.20
　　中国现代年画作品。

J0057460
长寿如意　杨琼作
哈尔滨 黑龙江美术出版社 1985 年 1 张
76cm（2 开）定价：CNY0.20
　　中国现代年画作品。

J0057461
长寿图
福州 福建美术出版社 1985 年 1 张 107cm（全开）
定价：CNY0.56
　　中国现代年画作品。

J0057462
长寿图　杭鸣时作
北京 人民美术出版社 1985 年 1 张 76cm（2 开）
定价：CNY0.23
　　中国现代年画作品。

J0057463
长寿图　陈英，陈明作
昆明 云南人民出版社 1985 年 1 张 53cm（4 开）
定价：CNY0.12
　　中国现代年画作品。

J0057464
招财进宝恭贺新喜　高万国作
武汉 长江文艺出版社 1985 年 1 张 76cm（2 开）
定价：CNY0.20
　　中国现代年画作品。

J0057465
赵匡胤千里送京娘　赵彦杰作
长春 吉林美术出版社 1985 年 1 张 76cm（2 开）
定价：CNY0.20
　　中国现代年画作品。作者赵彦杰（1937—　），
国家二级美术师。出生在东北。毕业于师范学校。
作品有《农忙十二月》《泥土芳香》《大观园》《忠
烈千秋》《血染白山》等。

J0057466
赵云马超　李先润作
武汉 湖北美术出版社 1985 年 1 张 76cm（2 开）
定价：CNY0.20
　　中国现代年画作品。

J0057467
珍珠湖　徐思作
沈阳 辽宁美术出版社 1985 年 2 张 76cm（2 开）
定价：CNY0.42
　　中国现代年画作品。

J0057468
珍珠塔　戴松耕，戴一鸣作
上海 上海人民美术出版社 1985 年 2 张
76cm（2 开）定价：CNY0.40
　　中国现代年画作品。

J0057469
珍珠娃　马天骐作
沈阳 辽宁美术出版社 1985 年 1 张 76cm（2 开）
定价：CNY0.20
　　中国现代年画作品。

J0057470
真假美猴王　梁建君作
石家庄 河北美术出版社 1985 年 1 张
76cm（2 开）定价：CNY0.20
　　中国现代年画作品。

J0057471
争芳竞艳　车来通作
昆明 云南人民出版社 1985 年 1 张 76cm（2 开）
定价：CNY0.20
　　中国现代年画作品。作者车来通（1956—　），
画家。号净心。河北高阳县人。任教于渤海石
油职业学院美术系，中国工笔画协会会员、河北
美术家协会会员、中华画院院长。发表花鸟画作
品数百幅，出版有个人画册、技法丛书等。

J0057472
郑和下西洋　毛文彪作
广州 岭南美术出版社 1985 年 1 张 76cm（2 开）
定价：CNY0.20
　　中国现代年画作品。作者毛文彪（1950—　），

美术家。浙江奉化人。擅长油画、宣传画。海军政治部创作室美术创作员。主要作品有《期望》《郑和下西洋》《远航归来》等。

J0057473

政策落实劳动致富　金安群作

昆明　云南人民出版社　1985年　1张　76cm（2开）

定价：CNY0.20

　　中国现代年画作品。

J0057474

致富光荣　林震作

沈阳　辽宁美术出版社　1985年　1张　76cm（2开）

定价：CNY0.20

　　中国现代年画作品。

J0057475

中华武术放光彩　章育青作

上海　上海人民美术出版社　1985年　1张

76cm（2开）定价：CNY0.20

　　中国现代年画作品。

J0057476

忠肝义胆　黄迪杞作

太原　山西人民出版社　1985年　1张　76cm（2开）

定价：CNY0.20

　　中国现代年画作品。

J0057477

周瑜　黄盖　方湘侠作

武汉　湖北美术出版社　1985年　2张　76cm（2开）

定价：CNY0.40

　　中国现代年画作品。作者方湘侠（1940—　），原籍福建莆田，出生于湖南长沙。毕业于湖北艺术学院（现湖北美术学院）美术系中国画专业。曾任湖北省群众艺术馆美术编辑、副馆长，湖北美术协会副主席、湖北省科普美术家协会理事长。主要作品有《运石图》《欢乐的日子》《欲飞》等。

J0057478

周瑜　黄盖　方湘侠作

武汉　湖北美术出版社　1985年　1张　53cm（4开）

定价：CNY0.20

　　中国现代年画作品。作者方湘侠（1940—　），

原籍福建莆田，出生于湖南长沙。毕业于湖北艺术学院（现湖北美术学院）美术系中国画专业。曾任湖北省群众艺术馆美术编辑、副馆长，湖北美术协会副主席、湖北省科普美术家协会理事长。主要作品有《运石图》《欢乐的日子》《欲飞》等。

J0057479

周总理请客　（领袖和人民条屏之三）一木，赵定平诗；李红才，武海鹰画

石家庄　河北美术出版社　1985年　2张

76cm（2开）定价：CNY0.44

　　本作品为中国现代年画。

J0057480

朱总司令和孩子们　刘文甫，乔文科作

石家庄　河北美术出版社　1985年　1张

76cm（2开）定价：CNY0.20

　　中国现代年画作品。

J0057481

诸葛亮　王绍基作

杭州　浙江人民美术出版社　1985年　2张

76cm（2开）定价：CNY0.38

　　中国现代年画作品。

J0057482

猪八戒背媳妇　李冰作

兰州　甘肃人民出版社　1985年　1张　76cm（2开）

定价：CNY0.20

　　中国现代年画作品。

J0057483

祝你长寿　郑坚石作

石家庄　河北美术出版社　1985年　1张

76cm（2开）定价：CNY0.20

　　中国现代年画作品。

J0057484

祝您健康长寿　成砺志作

福州　福建美术出版社［1985年］1张

76cm（2开）定价：CNY0.22

　　中国现代年画作品。

J0057485
祝寿图　张振华作
沈阳 辽宁美术出版社 1985 年 1 张 76cm（2 开）
定价：CNY0.20
　　中国现代年画作品。

J0057486
祝寿图　王英作
济南 山东美术出版社 1985 年 1 张 76cm（2 开）
定价：CNY0.20
　　中国现代年画作品。

J0057487
祝寿图　戴衍彬作
重庆 重庆出版社 1985 年 1 张 76cm（2 开）
定价：CNY0.22
　　中国现代年画作品。

J0057488
追鱼　张允晖作
哈尔滨 黑龙江美术出版社 1985 年 1 张
76cm（2 开）定价：CNY0.18
　　中国现代年画作品。

J0057489
卓文君与司马相如　石豁义，张有作
沈阳 辽宁美术出版社 1985 年 2 张 76cm（2 开）
定价：CNY0.42
　　中国现代年画作品。

J0057490
紫金山上观瑰宝　张德俊作
南京 江苏美术出版社 1985 年 1 张 76cm（2 开）
定价：CNY0.21
　　中国现代年画作品。

J0057491
自己穿　林成翰作
广州 岭南美术出版社 1985 年 1 张 76cm（2 开）
定价：CNY0.20
　　中国现代年画作品。

J0057492
自己的事情自己做　王菲作
哈尔滨 黑龙江美术出版社 1985 年 1 张

76cm（2 开）定价：CNY0.20
　　中国现代年画作品。

J0057493
自己的事自己做　吴性清作
天津 天津人民美术出版社 1985 年 1 张
76cm（2 开）定价：CNY0.20
　　中国现代年画作品。

J0057494
走娘家　竹均琪作
沈阳 辽宁美术出版社 1985 年 1 张 76cm（2 开）
定价：CNY0.20
　　中国现代年画作品。

J0057495
祖国万岁　吴述宝作
长春 吉林美术出版社 1985 年 1 张 76cm（2 开）
定价：CNY0.20
　　中国现代年画作品。

J0057496
祖国万岁　陈英作
杭州 浙江人民美术出版社 1985 年 1 张
76cm（2 开）定价：CNY0.18
　　中国现代年画作品。

J0057497
祖国卫士　钢铁长城　彭晓作
昆明 云南人民出版社 1985 年 1 张 53cm（4 开）
定价：CNY0.12
　　中国现代年画作品。

J0057498
祖国卫士　钢铁长城　彭晓作
昆明 云南人民出版社 1985 年 1 张 76cm（2 开）
定价：CNY0.20
　　中国现代年画作品。

J0057499
1986 上海国画年画缩样
上海 上海书画出版社 1986 年 19cm（32 开）

J0057500
1987 江苏年画、春联　江苏美术出版社编

南京 江苏美术出版社 1986 年 19cm（32 开）
　　中国现代年画作品。

J0057501
1987 江西年画
南昌 江西人民出版社 1986 年 19cm（32 开）
　　中国现代年画作品。

J0057502
1987 年画风景画缩样 （图册）
北京 中国旅游出版社 1986 年 19cm（32 开）

J0057503
1987 年画缩样 （一）
昆明 云南人民出版社 1986 年 19cm（32 开）

J0057504
1987 山西版年画缩样
1986 年 42 页 19cm（32 开）

J0057505
艾丝哈帕拉赫　季阳作
南昌 江西人民出版社 1986 年 1 张 78cm（3 开）
定价：CNY0.50
　　中国现代年画作品。作者季阳（1941—　），
画家。上海人。毕业于浙江美术学院版画系。
曾任职于浙北报社、嘉兴地区电影公司、浙江省
电影公司，中国美术学院视传设计系研究生教研
室主任。作品有版画《忧》《啊，瑞雪》，招贴画
《听从祖国召唤》《胭脂》等，出版有《电影宣传》
《平面广告艺术》《编排艺术》等。

J0057506
爱国英雄　俸贵德作
昆明 云南人民出版社 1986 年 1 张 76cm（2 开）
定价：CNY0.23
　　中国现代年画作品。

J0057507
傲雪　赵思温作
石家庄 河北美术出版社 1986 年 1 张（卷轴）
附对联 1 副 107cm（全开）定价：CNY1.80
　　中国现代年画作品。

J0057508
奥运之光　李凤君作
长春 吉林美术出版社 1986 年 1 张 76cm（2 开）
统一书号：8390.102 定价：CNY0.20
　　中国现代年画作品。

J0057509
八宝献寿　朱翔飞作
沈阳 辽宁美术出版社 1986 年 1 张 76cm（2 开）
定价：CNY0.16
　　中国现代年画作品。

J0057510
八大锤　（娃娃戏）徐世民作
天津 天津人民美术出版社 1986 年 1 张
76cm（2 开）定价：CNY0.22
　　中国现代年画作品。

J0057511
八大锤　王璠竹作
杭州 浙江人民美术出版社 1986 年 1 张
76cm（2 开）定价：CNY0.20
　　中国现代年画作品。

J0057512
八骏图　顾振君作
沈阳 辽宁美术出版社 1986 年 1 张 78cm（3 开）
定价：CNY0.20
　　中国现代年画作品。作者顾振君（1941—　），
研究员。辽宁沈阳人。历任抚顺市群众艺术馆
副研究馆员、辽宁省美术家协会会员、辽宁省年
画学会常务理事。

J0057513
八骏图　（蒙汉对照）孙海晨，王荣作
呼和浩特 内蒙古人民出版社 1986 年 1 张
54cm（3 开）定价：CNY0.20
　　中国现代年画作品。作者王荣，字云石，号
云中山人。山西大同人。就读于中央美术学院
壁画系研究班。国家一级美术师、中国书画艺
术研究院副院长、山西省美术家协会会员、中国
山水画协会会员。作品有国画《疾风》《青山浮
动雨来初》《草原情》等。

J0057514
八仙　夏映志作
郑州 河南美术出版社 1986 年 1 张 76cm（2 开）
定价：CNY0.22
　　中国现代年画作品。

J0057515
八仙　夏映志作
郑州 河南美术出版社 1986 年 1 张 53cm（4 开）
定价：CNY0.11
　　中国现代年画作品。

J0057516
八仙过海　孙家跃作
石家庄 河北美术出版社 1986 年 1 张
76cm（2 开）定价：CNY0.20
　　中国现代年画作品。

J0057517
八仙过海　邹典佐作
武汉 湖北美术出版社 1986 年 1 张 76cm（2 开）
定价：CNY0.22
　　中国现代年画作品。

J0057518
八仙过海　海天作
长沙 湖南美术出版社 1986 年 1 张 76cm（2 开）
定价：CNY0.20
　　中国现代年画作品。

J0057519
八仙过海　张德俊作
南京 江苏美术出版社 1986 年 4 张（卷轴）
76cm（2 开）定价：CNY2.50
　　中国现代年画作品。

J0057520
八仙过海　金铭作
沈阳 辽宁美术出版社 1986 年 2 张 76cm（2 开）
定价：CNY0.40
　　中国现代年画作品。

J0057521
八仙过海　于新生作
济南 山东美术出版社 1986 年 1 张（卷轴）

附对联 1 副 107cm（全开）定价：CNY2.80
　　中国现代年画作品。作者于新生（1956—　），
教授。生于山东寿光。毕业于山东艺术学院。
现任山东工艺美术学院造型艺术学院教授、中国
美术家协会会员、山东省美术家协会副主席等。
代表作品有《于新生画集》《吉祥腊月》《荷塘水
清清》等。

J0057522
八仙图　李东鹏，霍淑清作
哈尔滨 黑龙江美术出版社 1986 年 2 张
76cm（2 开）
　　中国现代年画作品。

J0057523
八仙祝寿　徐承先作
成都 四川美术出版社 1986 年 1 张 76cm（2 开）
定价：CNY0.20
　　中国现代年画作品。

J0057524
八仙祝寿图　竹均琪作
沈阳 辽宁美术出版社 1986 年 1 张 76cm（2 开）
定价：CNY0.20
　　中国现代年画作品。

J0057525
八仙祝寿图　竹均琪作
沈阳 辽宁美术出版社 1986 年 1 张（卷轴）
附对联 1 副 107cm（全开）定价：CNY1.80
　　中国现代年画作品。

J0057526
八仙祝寿图　赵红军作
广州 岭南美术出版社 1986 年 1 张 76cm（2 开）
定价：CNY0.23
　　中国现代年画作品。

J0057527
白奶奶醉酒　余静凡作
沈阳 辽宁美术出版社 1986 年 2 张 76cm（2 开）
定价：CNY0.42
　　中国现代年画作品。

J0057528
白鸟朝凤 徐绍青作
南京 江苏美术出版社 1986 年 4 张（卷轴）
76cm（2 开）定价：CNY2.70
　　中国现代年画作品。

J0057529
白头高节 李自强作
武汉 湖北美术出版社 1986 年 1 张（卷轴）
107cm（全开）定价：CNY2.40
　　中国现代年画作品。

J0057530
白逸如年画线描集 白逸如编绘
北京 轻工业出版社 1986 年 100 页 10cm（64 开）
统一书号：8042.005 定价：CNY1.40
　　中国现代年画作品。作者白逸如（1932—　），
女，画家。北京人。毕业于浙江美术学院。曾任
山东省文化局美工室、山东师范大学艺术系教
师，天津画院专业画家。作品有《渔家女儿上大
学》《移来南茶住北乡》《大娘的病好了》等。

J0057531
百福百寿 张锦标作
北京 中国戏曲出版社 1986 年 1 张 76cm（2 开）
定价：CNY0.24
　　中国现代年画作品。

J0057532
百福图 毕开文作
天津 天津人民美术出版社 1986 年 1 张（卷轴）
107cm（全开）定价：CNY2.50
　　中国现代年画作品。

J0057533
百果仙子 彭公林作
沈阳 辽宁美术出版社 1986 年 2 张 76cm（2 开）
定价：CNY0.42
　　中国现代年画作品。

J0057534
百花亭 （蒙汉对照）赵梦林作
呼和浩特 内蒙古人民出版社 1986 年 1 张
76cm（2 开）定价：CNY0.20
　　中国现代年画作品。

J0057535
百花迎春 朱芾作
长沙 湖南美术出版社 1986 年 1 张 76cm（2 开）
定价：CNY0.20
　　中国现代年画作品。

J0057536
百龄长寿 华三川作
上海 上海书画出版社 1986 年 1 张 78cm（2 开）
定价：CNY0.14
　　中国现代年画作品。

J0057537
百年好合 胡竹雨作
杭州 浙江人民美术出版社 1986 年 1 张
76cm（2 开）定价：CNY0.20
　　中国现代年画作品。

J0057538
百鸟朝凤 吴振兹作
上海 上海人民美术出版社 1986 年 1 张
76cm（2 开）定价：CNY0.20
　　中国现代年画作品。

J0057539
百鸟和鸡 王中一作
上海 上海人民美术出版社 1986 年 1 张
76cm（2 开）定价：CNY0.20
　　中国现代年画作品。

J0057540
百寿图 姬目耕书
武汉 长江文艺出版社 1986 年 1 张（卷轴）
定价：CNY2.00
　　中国现代年画作品。

J0057541
百鱼图 杨文湘作
长沙 湖南美术出版社 1986 年 1 张 76cm（2 开）
定价：CNY0.20
　　中国现代年画作品。

J0057542
班超周亚夫 侯文发作
武汉 湖北美术出版社 1986 年 1 张 107cm（全开）

定价：CNY0.44
　　中国现代年画作品。

J0057543
班超周亚夫　侯文发作
武汉　湖北美术出版社 1986年 1张 76cm（2开）
定价：CNY0.22
　　中国现代年画作品。作者侯文发（1928—　），
曾用名剑萍。广东梅州人。毕业于中南美专。
中国书画家协会理事、中国国画家协会理事、广
东省美术家协会会员。主要作品有《工地探亲》
《宋湘》《三英战吕布》等。

J0057544
宝玉黛玉访宝钗　孙公照作
济南　山东美术出版社 1986年 1张 76cm（2开）
定价：CNY0.21
　　中国现代年画作品。

J0057545
宝玉与黛玉　徐福根作
南宁　广西人民出版社 1986年 1张 76cm（2开）
定价：CNY0.23
　　中国现代年画作品。

J0057546
宝玉长命富贵　杨馥如作
上海　上海人民美术出版社 1986年 1张
76cm（2开）定价：CNY0.20
　　中国现代年画作品。

J0057547
保家卫国　张国图，华敬俊作
北京　农业出版社 1986年 1张 76cm（2开）
定价：CNY0.25
　　中国现代年画作品。

J0057548
保卫边陲　保卫海防　何永明作
昆明　云南人民出版社 1986年 1张 76cm（2开）
定价：CNY0.23
　　中国现代年画作品。

J0057549
保卫祖国　保卫四化　刘友国，卫阳作

广州　岭南美术出版社 1986年 1张 76cm（2开）
定价：CNY0.25
　　中国现代年画作品。

J0057550
保卫祖国　守卫边防　金安群作
昆明　云南人民出版社 1986年 1张 76cm（2开）
定价：CNY0.23
　　中国现代年画作品。

J0057551
保卫祖国锦绣边疆　裴文璐作
昆明　云南人民出版社 1986年 1张 53cm（4开）
定价：CNY0.14
　　中国现代年画作品。作者裴文璐（1944—　），
出生于昆明。中国美术家协会会员、云南艺术学
院客座教授、云南省公安厅文联书画院名誉院
长。代表作品有《瑞丽江畔》《赶摆》。

J0057552
保卫祖国锦绣边疆　裴文璐作
昆明　云南人民出版社 1986年 1张 76cm（2开）
定价：CNY0.23
　　中国现代年画作品。

J0057553
蓓蕾初放　李红才画
石家庄　河北美术出版社 1986年 2张
76cm（2开）定价：CNY0.44
　　中国现代年画作品。

J0057554
比美　高志华作
哈尔滨　黑龙江美术出版社 1986年 1张
76cm（2开）定价：CNY0.20
　　中国现代年画作品。

J0057555
比娃娃　姜堃作
长沙　湖南美术出版社 1986年 1张 53cm（4开）
定价：CNY0.25
　　中国现代年画作品。

J0057556
笔中情　冯国林作

沈阳 辽宁美术出版社 1986 年 2 张 76cm（2 开）
定价：CNY0.42
　　中国现代年画作品。

J0057557
鞭斧武将　谭述乐作
重庆 重庆出版社 1986 年 1 张 76cm（2 开）
定价：CNY0.28
　　中国现代年画作品。

J0057558
遍地富贵　孔伯容作
上海 上海书画出版社 1986 年 1 张 76cm（2 开）
定价：CNY0.14
　　中国现代年画作品。

J0057559
博古花瓶　王克印作
郑州 河南美术出版社 1986 年 4 张（卷轴）
76cm（2 开）定价：CNY2.10
　　中国现代年画作品。

J0057560
哺育　（蒙汉对照）刘友仁作
呼和浩特 内蒙古人民出版社 1986 年 1 张
76cm（2 开）定价：CNY0.20
　　中国现代年画作品。作者刘友仁（1941—　），
画家。内蒙古托克托人。毕业于内蒙古师范大
学美术系。历任呼和浩特美协副主席、内蒙古托
克托文化馆副研究馆员。作品有《雪梅青竹》《欢
乐的草原》《草原孩子打马球》《戈壁驼道》《金
牛迎春 》等，出版有《刘友仁年画》等。

J0057561
采莲曲　张德俊作
上海 上海人民美术出版社 1986 年 1 张
76cm（2 开）定价：CNY0.20
　　中国现代年画作品。

J0057562
彩凤朝阳　姚景卿作
郑州 河南美术出版社 1986 年 1 张（卷轴）
附对联 1 副 107cm（全开）定价：CNY2.40
　　中国现代年画作品。

J0057563
彩球配　杨春生，华军作
沈阳 辽宁美术出版社 1986 年 2 张 76cm（2 开）
定价：CNY0.42
　　中国现代年画作品。

J0057564
姹紫嫣红　刘泳作
石家庄 河北美术出版社 1986 年 2 张
76cm（2 开）定价：CNY0.44
　　中国现代年画作品。

J0057565
蟾宫折桂　竹均琪作
广州 岭南美术出版社 1986 年 1 张 76cm（2 开）
定价：CNY0.23
　　中国现代年画作品。

J0057566
昌盛图　江南春作
上海 上海人民美术出版社 1986 年 1 张（卷轴）
附对联 1 副 76cm（2 开）定价：CNY3.00
　　中国现代年画作品。

J0057567
昌盛图　江南春作
上海 上海人民美术出版社 1986 年 1 张（卷轴）
附对联 1 副 107cm（全开）定价：CNY2.60
　　中国现代年画作品。

J0057568
嫦娥奔月　邬华敏作
成都 四川美术出版社 1986 年 1 张 76cm（2 开）
定价：CNY0.20
　　中国现代年画作品。

J0057569
朝凤图　张琪作
成都 四川美术出版社 1986 年 1 张 76cm（2 开）
定价：CNY0.22
　　中国现代年画作品。

J0057570
沉香亭　王柳影作
上海 上海人民美术出版社 1986 年 1 张

76cm（2 开）定价：CNY0.20

　　中国现代年画作品。作者王柳影（1917—　），画家。浙江湖州人。曾任苏州美术专科学校沪校国画专修科教授、上海市美术家协会会员、上海市文史研究馆馆员。擅长人物、山水、走兽、花鸟等。作品有《杨贵妃·沉香亭》《九如图》《螺祖育蚕图》（与友人合作）等。

J0057571
沉鱼落雁　闭月羞花　张惠敏作
天津　天津人民美术出版社 1986 年 4 张（卷轴）76cm（2 开）定价：CNY2.20
　　中国现代年画作品。

J0057572
成都武侯祠　刘士木作
成都　四川美术出版社 1986 年 1 张 76cm（2 开）定价：CNY0.20
　　中国现代年画作品。

J0057573
乘龙仙女　李慕白作
南昌　江西人民出版社 1986 年 1 张 76cm（2 开）定价：CNY0.23
　　中国现代年画作品。

J0057574
池塘鱼戏　（蒙汉对照）白铭作
呼和浩特　内蒙古人民出版社 1986 年 2 张 76cm（2 开）定价：CNY0.40
　　中国现代年画作品。

J0057575
叱咤风云　威震疆场　何永坤作
昆明　云南人民出版社 1986 年 1 张 76cm（2 开）定价：CNY0.23
　　中国现代年画作品。作者何永坤（1953—　），教授。出生于昆明，祖籍浙江鄞县。曾于云南艺术学院工艺美术系任教。作品有《山果》《青草地》等。

J0057576
出入平安　万事如意　李中文作
广州　岭南美术出版社 1986 年 1 张 76cm（2 开）定价：CNY0.25

中国现代年画作品。

J0057577
吹箫引凤　林成翰作
广州　岭南美术出版社 1986 年 1 张 76cm（2 开）定价：CNY0.25
　　中国现代年画作品。

J0057578
垂钓藕香榭　原儒云作
石家庄　河北美术出版社 1986 年 1 张 76cm（2 开）定价：CNY0.20
　　中国现代年画作品。

J0057579
春风得意　刘熹奇作
南昌　江西人民出版社 1986 年 1 张 76cm（2 开）定价：CNY0.23
　　中国现代年画作品。

J0057580
春风得意　（蒙汉对照）徐福根作
呼和浩特　内蒙古人民出版社 1986 年 1 张 76cm（2 开）定价：CNY0.20
　　中国现代年画作品。

J0057581
春风花鸟香　唐新一作
石家庄　河北美术出版社 1986 年 2 张 76cm（2 开）定价：CNY0.44
　　中国现代年画作品。

J0057582
春光好　张琪作
石家庄　河北美术出版社 1986 年 1 张 107cm（全开）定价：CNY1.10
　　中国现代年画作品。

J0057583
春光明媚　顾国治作
南昌　江西人民出版社 1986 年 1 张 76cm（2 开）定价：CNY0.23
　　中国现代年画作品。

J0057584
春花竞艳　张玉清作
太原 山西人民出版社 1986 年 1 张
107cm（全开）定价：CNY0.47
　　中国现代年画作品。

J0057585
春华秋实　（一、二）林伟新作
南昌 江西人民出版社 1986 年 2 张（卷轴）
76cm（2 开）定价：CNY2.40
　　中国现代年画作品。

J0057586
春回大地　苏州刺绣研究所供稿
南京 江苏美术出版社 1986 年 1 张（卷轴）
附对联 1 副 107cm（全开）定价：CNY1.00
　　中国现代年画作品。

J0057587
春回大地福满人间　魏明全作
郑州 河南美术出版社 1986 年 1 张 53cm（4 开）
定价：CNY0.11
　　中国现代年画作品。

J0057588
春牛图
天津 杨柳青书画社 1986 年 1 张 76cm（2 开）
（杨柳青传统年画）
　　中国现代年画作品。

J0057589
春色满乾坤　郝良彬作
上海 上海书画出版社 1986 年 1 张
107cm（全开）定价：CNY0.40
　　中国现代年画作品。

J0057590
春色满园　张秉禄作
南宁 广西人民出版社 1986年 1 张 76cm（2 开）
定价：CNY0.26
　　中国现代年画作品。

J0057591
春色满园　顾国治作
北京 人民美术出版社 1986年 1 张 76cm（2 开）

定价：CNY0.20
　　中国现代年画作品。

J0057592
春游　黄妙发作
广州 岭南美术出版社 1986年 2 张 76cm（2 开）
定价：CNY0.23
　　中国现代年画作品。

J0057593
春游图　曹子锋，梁浩作
广州 岭南美术出版社 1986 年 1 张 76cm（2 开）
定价：CNY0.23
　　中国现代年画作品。

J0057594
春雨　（蒙汉对照）李跃忠作
呼和浩特 内蒙古人民出版社 1986 年 1 张
76cm（2 开）定价：CNY0.20
　　中国现代年画作品。

J0057595
大地回春百花迎春　孟新民作
西安 陕西人民出版社 1986 年 1 张 76cm（2 开）
定价：CNY0.22
　　中国现代年画作品。

J0057596
大海扬波笑声爽　安杰画
长春 吉林美术出版社 1986 年 1 张 76cm（2 开）
定价：CNY0.20
　　中国现代年画作品。

J0057597
大吉　侯文发作
广州 科学普及出版社广州分社 1986 年 1 张
38cm（6 开）定价：CNY0.08
　　中国现代年画作品。作者侯文发（1928—　），
曾用名剑萍。广东梅州人。毕业于中南美专。
中国书画家协会理事、中国国画家协会理事、广
东省美术家协会会员。主要作品有《工地探亲》
《宋湘》《三英战吕布》等。

J0057598
大鲤鱼　杨杰作

上海 上海书画出版社 1986年 1张 76cm（2开）
定价：CNY0.20
　　中国现代年画作品。

J0057599
丹凤朝阳 （蒙汉对照）吕生祥作
呼和浩特 内蒙古人民出版社 1986年 1张
76cm（2开）定价：CNY0.20
　　中国现代年画作品。

J0057600
丹凤朝阳　刘德伦作
成都 四川美术出版社 1986年 1张（卷轴）
附对联 1副 107cm（全开）定价：CNY2.80
　　中国现代年画作品。

J0057601
丹生富贵　刘熹奇作
杭州 浙江人民美术出版社 1986年 1张
76cm（2开）定价：CNY0.20
　　中国现代年画作品。

J0057602
单刀赴会　齐大鹏作
石家庄 河北美术出版社 1986年 1张
76cm（2开）定价：CNY0.20
　　中国现代年画作品。

J0057603
灯节 （蒙汉对照）屠连强作
呼和浩特 内蒙古人民出版社 1986年 1张
76cm（2开）定价：CNY0.20
　　中国现代年画作品。

J0057604
邓小平同志检阅三军　何多俊作
成都 四川美术出版社 1986年 1张 76cm（2开）
定价：CNY0.20
　　中国现代年画作品。

J0057605
狄雷牛通　邹典佐作
武汉 湖北美术出版社 1986年 1张 76cm（2开）
定价：CNY0.22
　　中国现代年画作品。

J0057606
典韦许褚　廖金玉作
南宁 广西人民出版社 1986年 1张 53cm（4开）
定价：CNY0.12
　　中国现代年画作品。

J0057607
貂蝉吕布　林美岚作
南昌 江西人民出版社 1986年 1张 76cm（2开）
定价：CNY0.23
　　中国现代年画作品。

J0057608
貂蝉拜月　巴莉作
哈尔滨 黑龙江美术出版社 1986年 1张
76cm（2开）定价：CNY0.20
　　中国现代年画作品。

J0057609
动物山水屏　李云龙作
成都 四川美术出版社 1986年 1张 76cm（2开）
定价：CNY0.22
　　中国现代年画作品。

J0057610
动物世界　忻丁诚作
南京 江苏美术出版社 1986年 2张 76cm（2开）
定价：CNY0.46
　　中国现代年画作品。

J0057611
对花枪　申同景作
哈尔滨 黑龙江美术出版社 1986年 1张
76cm（2开）定价：CNY0.20
　　中国现代年画作品。

J0057612
峨眉山　于洪江作
天津 天津人民美术出版社 1986年 1张（卷轴）
附对联 1副 107cm（全开）定价：CNY2.80
　　中国现代年画作品。

J0057613
峨眉山传说 （一 象池月夜）王孝纲作
成都 四川美术出版社 1986年 1张 78cm（2开）

定价：CNY0.16

中国现代年画作品。

J0057614

峨眉山传说 （二 玉女浴泉）王孝纲作

成都 四川美术出版社 1986 年 1 张 78cm（2 开）

定价：CNY0.16

中国现代年画作品。

J0057615

峨眉山传说 （三 白莲仙子）王孝纲作

成都 四川美术出版社 1986 年 1 张 78cm（2 开）

定价：CNY0.16

中国现代年画作品。

J0057616

峨眉山传说 （四 仙姑弹琴）王孝纲作

成都 四川美术出版社 1986 年 1 张 78cm（2 开）

定价：CNY0.16

中国现代年画作品。

J0057617

峨眉天下秀 廉宽宏作

石家庄 河北美术出版社 1986 年 1 张（卷轴）

附对联 1 副 107cm（全开）定价：CNY1.80

中国现代年画作品。作者廉宽宏（1945—　），画家、国家一级美术师。笔名老廉。生于哈尔滨，河北安平人。毕业于天津美术学院。中国美术家协会会员、中日美术交流协会会员、沧州美协副主席。作品有《一竿撑出绿波来》《苍岩毓秀》《淀上曲》等。

J0057618

鄂尔多斯婚礼 （蒙汉对照）孟瑛作

呼和浩特 内蒙古人民出版社 1986 年 1 张

76cm（2 开）定价：CNY0.20

中国现代年画作品。

J0057619

儿女情长 朱介堂作

杭州 浙江人民美术出版社 1986 年 1 张

76cm（2 开）定价：CNY0.20

中国现代年画作品。

J0057620

二龙戏珠 刘忠福作

石家庄 河北美术出版社 1986 年 1 张

76cm（2 开）定价：CNY0.20

中国现代年画作品。

J0057621

二龙戏珠 吕墩墩作

武汉 湖北美术出版社 1986 年 1 张（卷轴）

76cm（2 开）定价：CNY0.1.50

中国现代年画作品。

J0057622

二龙戏珠 金连华作

天津 天津人民美术出版社 1986 年 1 张

76cm（2 开）定价：CNY0.22

中国现代年画作品。

J0057623

飞车小凤凰 林美岚作

南昌 江西人民出版社 1986 年 1 张 76cm（2 开）

定价：CNY0.23

中国现代年画作品。

J0057624

飞天 杨妍，楼永年作

杭州 浙江人民美术出版社 1986 年 1 张

76cm（2 开）定价：CNY0.20

中国现代年画作品。

J0057625

飞向北京 刘泰山作

哈尔滨 黑龙江美术出版社 1986 年 1 张

76cm（2 开）定价：CNY0.20

中国现代年画作品。

J0057626

奋飞 曾廷仲作

成都 四川美术出版社 1986 年 1 张 76cm（2 开）

定价：CNY0.20

中国现代年画作品。

J0057627

丰 李树作

武汉 湖北美术出版社 1986 年 1 张 38cm（6 开）

定价：CNY0.10
　　中国现代年画作品。

J0057628
丰　魏明全作
广州 岭南美术出版社 1986年 1张 53cm（4开）
定价：CNY0.08
　　中国现代年画作品。

J0057629
丰富有余　单锡和作
上海 上海人民美术出版社 1986年 1张
76cm（2开）定价：CNY0.20
　　中国现代年画作品。

J0057630
丰年人长寿　李喜春作
上海 上海人民美术出版社 1986年 1张
76cm（2开）定价：CNY0.20
　　中国现代年画作品。

J0057631
丰收福　王兴华作
沈阳 辽宁美术出版社 1986年 1张 76cm（2开）
定价：CNY0.28
　　中国现代年画作品。

J0057632
丰收乐　罗玉江作
石家庄 河北美术出版社 1986年 2张 76cm（2开）
　　中国现代年画作品。

J0057633
风调雨顺国富民丰　杨立群作
广州 科学普及出版社广州分社 1986年 1张
53cm（4开）定价：CNY0.13
　　中国现代年画作品。

J0057634
风调雨顺国泰民安
南宁 广西人民出版社 1986年 1张 53cm（4开）
定价：CNY0.12
　　中国现代年画作品。

J0057635
风月无边　雷文彬作
成都 四川美术出版社 1986年 1张（卷轴）
附对联1副 107cm（全开）定价：CNY2.80
　　中国现代年画作品。

J0057636
封神演义故事　冯杰作
南昌 江西人民出版社 1986年 2张 76cm（2开）
定价：CNY0.48
　　中国现代年画作品。

J0057637
封神演义故事屏　刘荣富作
上海 上海人民美术出版社 1986年 2张
76cm（2开）定价：CNY0.40
　　中国现代年画作品。

J0057638
封神演义人物　朱希煌作
南昌 江西人民出版社 1986年 2张 76cm（2开）
定价：CNY0.40
　　中国现代年画作品。

J0057639
封神演义人物　朱希煌作
南昌 江西人民出版社 1986年 1张 76cm（2开）
定价：CNY0.20
　　中国现代年画作品。

J0057640
封神演义图　陈略作
广州 岭南美术出版社 1986年 1张 107cm（全开）
定价：CNY0.46
　　中国现代年画作品。

J0057641
凤凰戏牡丹　林振声作
石家庄 河北美术出版社 1986年 1张
76cm（2开）定价：CNY0.20
　　中国现代年画作品。

J0057642
凤鸣关　蒙特英编文；李世平，徐凌画
石家庄 河北美术出版社 1986年 1张

76cm（2开）定价：CNY0.22
　　中国现代年画作品。

J0057643
凤舞庆有余　（蒙汉对照）徐秀芬作
呼和浩特　内蒙古人民出版社 1986 年 1 张
76cm（2开）定价：CNY0.22
　　中国现代年画作品。

J0057644
凤舞庆有余　（蒙汉对照）徐秀芬作
呼和浩特　内蒙古人民出版社 1986 年 1 张
76cm（2开）定价：CNY0.20
　　中国现代年画作品。

J0057645
福　（斗方）徐明信作
哈尔滨　黑龙江美术出版社 1986 年 1 张
76cm（2开）定价：CNY0.23
　　中国现代年画作品。

J0057646
福　楼永年作
长沙　湖南美术出版社 1986 年 1 张 76cm（2开）
定价：CNY0.20
　　中国现代年画作品。作者楼永年（1940—　　），
浙江萧山人。毕业于浙江美术学院工艺系。杭州
印染厂花样设计，高级工艺美术师。代表作品《福
宝寿禧》《四季平安》《福寿万年》《和合图》等。

J0057647
福　王道珍作
南京　江苏美术出版社 1986 年 1 张 76cm（2开）
定价：CNY0.21
　　中国现代年画作品。

J0057648
福　（斗方）木森作
南京　江苏美术出版社 1986 年 2 张 53cm（4开）
定价：CNY0.10
　　中国现代年画作品。

J0057649
福　（斗方）彭天开设计
南昌　江西人民出版社 1986 年 1 张 38cm（6开）

定价：CNY0.16
　　中国现代年画作品。

J0057650
福　侯文发作
广州　科学普及出版社广州分社 1986 年 1 张
38cm（6开）定价：CNY0.08
　　中国现代年画作品。作者侯文发（1928—　　），
曾用名剑萍。广东梅州人。毕业于中南美专。
中国书画家协会理事、中国国画家协会理事、广
东省美术家协会会员。主要作品有《工地探亲》
《宋湘》《三英战吕布》等。

J0057651
福　（斗方）魏全明作
广州　岭南美术出版社 1986 年 1 张 53cm（4开）
定价：CNY0.08
　　中国现代年画作品。

J0057652
福富寿禧
南昌　江西人民出版社 1986 年 1 张 107cm（全开）
定价：CNY0.96
　　中国现代年画作品。

J0057653
福富寿禧　安杰作
北京　人民美术出版社 1986 年 2 张 76cm（2开）
定价：CNY0.54
　　中国现代年画作品。

J0057654
福富寿禧　顾国治作
天津　天津人民美术出版社 1986 年 4 张（卷轴）
76cm（2开）定价：CNY2.20
　　中国现代年画作品。

J0057655
福富寿禧　顾国治作
天津　天津人民美术出版社 1986 年 2 张
76cm（2开）定价：CNY0.44
　　中国现代年画作品。

J0057656
福富双临

上海　上海人民美术出版社　1986 年　1 张
76cm（2 开）定价：CNY0.20
　　中国现代年画作品。

J0057657
福富双禧图
上海　上海人民美术出版社　1986 年　1 张
76cm（2 开）定价：CNY0.20
　　中国现代年画作品。

J0057658
福富字门画　李用夫作
天津　天津人民美术出版社　1986 年　1 张
76cm（2 开）定价：CNY0.25
　　中国现代年画作品。

J0057659
福乐寿禧　刘福泰作
武汉　湖北美术出版社　1986 年　4 张　76cm（2 开）
定价：CNY1.00
　　中国现代年画作品。

J0057660
福乐寿禧降人间　王立新作
南昌　江西人民出版社　1986 年　1 张　76cm（2 开）
定价：CNY0.23
　　中国现代年画作品。

J0057661
福禄寿禧　李增吉画
福州　福建美术出版社　1986 年　1 张　107cm（全开）
定价：CNY0.60
　　中国现代年画作品。

J0057662
福禄寿禧　李增吉画
福州　福建美术出版社　1986 年　1 张　76cm（2 开）
定价：CNY0.22
　　中国现代年画作品。

J0057663
福满门　彭科税作
成都　四川美术出版社　1986 年　1 张　53cm（4 开）
定价：CNY0.12
　　中国现代年画作品。

J0057664
福如东海
广州　岭南美术出版社　1986 年　1 张　76cm（2 开）
定价：CNY0.23
　　中国现代年画作品。

J0057665
福如东海　陈英，陈明作
天津　天津人民美术出版社　1986 年　1 张
76cm（2 开）定价：CNY0.22
　　中国现代年画作品。

J0057666
福如东海　楼永年作
杭州　浙江人民美术出版社　1986 年　1 张
107cm（全开）定价：CNY0.80
　　中国现代年画作品。作者楼永年（1940—　），
浙江萧山人。毕业于浙江美术学院工艺系。杭
州印染厂花样设计，高级工艺美术师。代表作
品《福宝寿禧》《四季平安》《福寿万年》《和合
图》等。

J0057667·
福如东海　楼永年作
杭州　浙江人民美术出版社　1986 年　1 张
76cm（2 开）定价：CNY0.20
　　中国现代年画作品。作者楼永年（1940—　），
浙江萧山人。毕业于浙江美术学院工艺系。杭州
印染厂花样设计，高级工艺美术师。代表作品《福
宝寿禧》《四季平安》《福寿万年》《和合图》等。

J0057668
福如东海　楼永年作
杭州　浙江人民美术出版社　1986 年　1 张（卷轴）
107cm（全开）定价：CNY1.70
　　中国现代年画作品。

J0057669
福如东海寿比南山　高景波作
哈尔滨　黑龙江美术出版社　1986 年　1 张
107cm（全开）定价：CNY0.47
　　中国现代年画作品。

J0057670
福如东海长流水　寿比南山不老松　刘文

选书；李中文绘
郑州 河南美术出版社 1986年 1张 53cm（4开）
定价：CNY0.11
　　中国现代年画作品。

J0057671
福如东海长流水　寿比南山不老松　刘文
选书；李中文绘
郑州 河南美术出版社 1986年 1张 76cm（2开）
定价：CNY0.22
　　中国现代年画作品。

J0057672
福寿　李中文作
南宁 广西人民出版社 1986年 1张 53cm（4开）
定价：CNY0.12
　　中国现代年画作品。

J0057673
福寿富禧　（1—4）安杰作
沈阳 辽宁美术出版社 1986年 2张 76cm（2开）
定价：CNY0.42
　　中国现代年画作品。

J0057674
福寿康健　刘彦平作
石家庄 河北美术出版社 1986年 1张
76cm（2开）定价：CNY0.20
　　中国现代年画作品。

J0057675
福寿康乐　刘宝贵作
沈阳 辽宁美术出版社 1986年 1张 76cm（2开）
定价：CNY0.20
　　中国现代年画作品。

J0057676
福寿满门　刘景龙作
石家庄 河北美术出版社 1986年 1张
76cm（2开）定价：CNY0.20
　　中国现代年画作品。

J0057677
福寿满堂
北京 人民美术出版社 1986年 1张 76cm（2开）

定价：CNY0.20
　　中国现代年画作品。

J0057678
福寿平安　范恩树作
长沙 湖南美术出版社 1986年 1张 76cm（2开）
定价：CNY0.20
　　中国现代年画作品。

J0057679
福寿齐来　朱凤岐作
广州 岭南美术出版社 1986年 1张 76cm（2开）
定价：CNY0.23
　　中国现代年画作品。

J0057680
福寿齐来　陈菊仙作
上海 上海书画出版社 1986年 1张 76cm（2开）
定价：CNY0.20
　　中国现代年画作品。

J0057681
福寿双全　鲁然作
长沙 湖南美术出版社 1986年 1张 76cm（2开）
定价：CNY0.24
　　中国现代年画作品。

J0057682
福寿双全　谭尚忍作
广州 岭南美术出版社 1986年 1张 76cm（2开）
定价：CNY0.23
　　中国现代年画作品。

J0057683
福寿双全
西安 陕西人民出版社 1986年 1张 76cm（2开）
定价：CNY0.22
　　中国现代年画作品。

J0057684
福寿双全　成砺志作
天津 天津人民美术出版社 1986年 1张
76cm（2开）定价：CNY0.22
　　中国现代年画作品。

J0057685
福寿双全合家欢 金年华作
天津 天津人民美术出版社 1986 年 1 张（卷轴）
附对联 1 副 107cm（全开）定价：CNY3.30
中国现代年画作品。

J0057686
福寿双全娃娃乐 张为民作
天津 天津人民美术出版社 1986 年 1 张
76cm（2 开）定价：CNY0.22
中国现代年画作品。

J0057687
福寿双全娃娃喜 张为民作
天津 天津人民美术出版社 1986 年 1 张
76cm（2 开）定价：CNY0.22
中国现代年画作品。

J0057688
福寿双喜 （蒙汉对照）陆福喜作
呼和浩特 内蒙古人民出版社 1986 年 1 张
76cm（2 开）定价：CNY0.20
中国现代年画作品。

J0057689
福寿双余
太原 山西人民出版社 1986 年 1 张 76cm（2 开）
定价：CNY0.22
中国现代年画作品。

J0057690
福寿图 王克印作
郑州 河南美术出版社 1986 年 1 张（卷轴）
附对联 1 副 107cm（全开）定价：CNY3.00
中国现代年画作品。

J0057691
福寿图
太原 山西人民出版社 1986 年 1 张 76cm（2 开）
定价：CNY0.22
中国现代年画作品。

J0057692
福寿图 高志华作
天津 天津人民美术出版社 1986 年 1 张

76cm（2 开）定价：CNY0.22
中国现代年画作品。

J0057693
福寿万年 范恩树作
哈尔滨 黑龙江美术出版社 1986 年 1 张
76cm（2 开）定价：CNY0.20
中国现代年画作品。

J0057694
福寿无边 杨立群作
广州 科学普及出版社广州分社 1986 年 1 张
76cm（2 开）定价：CNY0.22
中国现代年画作品。

J0057695
福寿无疆 季阳作
杭州 浙江人民美术出版社 1986 年 1 张
76cm（2 开）定价：CNY0.20
中国现代年画作品。作者季阳（1941— ），
画家。上海人。毕业于浙江美术学院版画系。
曾任职于浙北报社、嘉兴地区电影公司、浙江省
电影公司，中国美术学院视传设计系研究生教研
室主任。作品有版画《忧》《啊，瑞雪》，招贴画
《听从祖国召唤》《胭脂》等，出版有《电影宣传》
《平面广告艺术》《编排艺术》等。

J0057696
福寿喜富 陈介璞作
上海 上海书画出版社 1986 年 1 张 76cm（2 开）
定价：CNY0.20
中国现代年画作品。

J0057697
福寿盈门 余小仪作
上海 上海人民美术出版社 1986 年 1 张
76cm（2 开）定价：CNY0.20
中国现代年画作品。

J0057698
福寿有余 李金铎作
哈尔滨 黑龙江美术出版社 1986 年 1 张
76cm（2 开）定价：CNY0.20
中国现代年画作品。

J0057699
福寿有余
武汉 湖北美术出版社 1986 年 1 张 76cm（2 开）
定价：CNY0.22
　　中国现代年画作品。

J0057700
福禧临门　赵双群作
武汉 湖北美术出版社 1986 年 1 张 76cm（2 开）
定价：CNY0.22
　　中国现代年画作品。

J0057701
福星高照　刘熹奇作
杭州 浙江人民美术出版社 1986 年 1 张
76cm（2 开）定价：CNY0.20
　　中国现代年画作品。

J0057702
父子英雄　刘大春作
重庆 重庆出版社 1986 年 1 张 76cm（2 开）
定价：CNY0.22
　　中国现代年画作品。

J0057703
富　（斗方）彭天开设计
南昌 江西人民出版社 1986 年 1 张 38cm（6 开）
定价：CNY0.16
　　中国现代年画作品。

J0057704
富富有余　（蒙汉对照）石桂兰作
呼和浩特 内蒙古人民出版社 1986 年 1 张
76cm（2 开）定价：CNY0.20
　　中国现代年画作品。

J0057705
富贵福寿禧　刘业守作
南宁 广西人民出版社 1986 年 1 张 53cm（4 开）
定价：CNY0.12
　　中国现代年画作品。

J0057706
富贵牡丹屏　祁祯作
上海 上海人民美术出版社 1986 年 2 张

76cm（2 开）定价：CNY0.40
　　中国现代年画作品。

J0057707
富贵平安　薛长山作
西安 陕西人民美术出版社 1986 年 1 张
76cm（2 开）定价：CNY0.22
　　中国现代年画作品。

J0057708
富贵荣华　华三川作
上海 上海书画出版社 1986 年 1 张 78cm（3 开）
定价：CNY0.14
　　中国现代年画作品。

J0057709
富贵双官　张瑞恒作
天津 天津人民美术出版社 1986 年 1 张
76cm（2 开）定价：CNY0.25
　　中国现代年画作品。

J0057710
富贵双喜和美幸福　黄蜀华作
成都 四川美术出版社 1986 年 1 张 76cm（2 开）
定价：CNY0.20
　　中国现代年画作品。

J0057711
富贵长寿　金鸿钧作
武汉 湖北美术出版社 1986 年 1 张
107cm（全开）定价：CNY0.45
　　中国现代年画作品。作者金鸿钧（1937—　），
教授、画家。别名爱新觉罗·鸿钧。生于北京。
历任中央美术学院中国画系教授、中国美术家协
会会员、北京工笔重彩画会副会长。代表作品《生
生不已》《石壁榕根》《叶落归根》《枝繁花盛》，
出版有《牡丹画谱》《工笔花鸟画技法》《金鸿钧
画集》等。

J0057712
富贵长寿　刘树茂，周国军作
沈阳 辽宁美术出版社 1986 年 1 张 76cm（2 开）
定价：CNY0.20
　　中国现代年画作品。

J0057713
富贵长寿 （蒙汉对照）李美，张万臣作
呼和浩特 内蒙古人民出版社 1986 年 1 张
76cm（2 开）定价：CNY0.20
　　中国现代年画作品。

J0057714
富贵长寿
上海 上海人民美术出版社 1986 年 1 张
107cm（全开）定价：CNY1.70
　　中国现代年画作品。

J0057715
富贵长寿图　任杰作
西安 陕西人民美术出版社 1986 年 1 张
76cm（2 开）定价：CNY0.22
　　中国现代年画作品。

J0057716
富余连年　朱延龄作
哈尔滨 黑龙江美术出版社 1986 年 1 张
76cm（2 开）定价：CNY0.20
　　中国现代年画作品。

J0057717
富余图　陈英作
武汉 湖北美术出版社 1986 年 1 张 76cm（2 开）
定价：CNY0.22
　　中国现代年画作品。

J0057718
富裕连年　李蕙作
广州 岭南美术出版社 1986 年 1 张 53cm（4 开）
定价：CNY0.08
　　中国现代年画作品。

J0057719
富裕娃娃　刘吉作
沈阳 辽宁美术出版社 1986 年 1 张 76cm（2 开）
定价：CNY0.20
　　中国现代年画作品。

J0057720
富裕之路宽又广　刘树茂作
沈阳 辽宁美术出版社 1986 年 1 张 76cm（2 开）

定价：CNY0.20
　　中国现代年画作品。

J0057721
缸鱼　骆福庆作
天津 天津人民美术出版社 1986 年 1 张
76cm（2 开）定价：CNY0.22
　　中国现代年画作品。

J0057722
高山流水　胡宗元作
沈阳 辽宁美术出版社 1986 年 1 张 76cm（2 开）
定价：CNY0.20
　　中国现代年画作品。

J0057723
高峡平湖　骆振龙作
杭州 浙江人民美术出版社 1986 年 1 张
76cm（2 开）定价：CNY0.30
　　中国现代年画作品。作者骆振龙（1955—　），
浙江富阳人。毕业于中国美术学院油画系。历
任中国美协会员、著名画家。新四军书画院院长，
现为浙江人民美术出版社副社长、编审，绍兴文
理学院教授。

J0057724
高瞻远瞩　邬华敏作
成都 四川美术出版社 1986 年 1 张 76cm（2 开）
定价：CNY0.20
　　中国现代年画作品。作者邬华敏（1954—　），
画家，擅长油画。重庆人。毕业于重庆社会大学
美术系油画专业。任重庆铁路分局重庆西俱乐
部主任、政工师。作品曾入选全国美展及年画展。
作品有《敬爱的元帅——徐向前、陈毅》《高瞻远
瞩》，油画《金秋》。

J0057725
鸽子凌霄　秋菊小鸟　檀东铿作
上海 上海人民美术出版社 1986 年 1 张
107cm（全开）定价：CNY0.40
　　中国现代年画作品。

J0057726
恭贺新春　刘崇林作
北京 人民美术出版社 1986 年 1 张 76cm（2 开）

定价: CNY0.26
　　中国现代年画作品。

J0057727
恭喜成才恭喜发财　王安作
天津 天津人民美术出版社 1986 年 1 张
76cm（2 开）定价: CNY0.22
　　中国现代年画作品。

J0057728
恭喜发财　马秀珍作
哈尔滨 黑龙江美术出版社 1986 年 1 张
76cm（2 开）定价: CNY0.20
　　中国现代年画作品。

J0057729
恭喜发财　刘宝贵作
沈阳 辽宁美术出版社 1986 年 1 张 78cm（3 开）
定价: CNY0.20
　　中国现代年画作品。

J0057730
恭喜发财　刘恒德作
成都 四川美术出版社 1986 年 1 张 76cm（2 开）
定价: CNY0.20
　　中国现代年画作品。

J0057731
恭喜发财　赵如意作
天津 天津人民美术出版社 1986 年 1 张
76cm（2 开）定价: CNY0.25
　　中国现代年画作品。

J0057732
古代名女　王木兰作
太原 山西人民出版社 1986 年 4 张 76cm（2 开）
定价: CNY0.92
　　中国现代年画作品。

J0057733
古代女英雄屏　刘荣富作
哈尔滨 黑龙江美术出版社 1986 年 2 张
76cm（2 开）定价: CNY0.42
　　中国现代年画作品。

J0057734
古代仕女　龚景充作
上海 上海人民美术出版社 1986 年 2 张
76cm（2 开）定价: CNY0.40
　　中国现代年画作品。

J0057735
古代武将　侯文发作
广州 岭南美术出版社 1986 年 1 张 76cm（2 开）
定价: CNY0.25
　　中国现代年画作品。作者侯文发（1928—　），
曾用名剑萍。广东梅州人。毕业于中南美专。
中国书画家协会理事、中国国画家协会理事、广
东省美术家协会会员。主要作品有《工地探亲》
《宋湘》《三英战吕布》等

J0057736
古代武将　侯文发作
广州 岭南美术出版社 1986 年 1 张 53cm（4 开）
定价: CNY0.13
　　中国现代年画作品。

J0057737
古代武将　曾建中作
北京 农业出版社 1986 年 1 张 76cm（2 开）
定价: CNY0.25
　　中国现代年画作品。

J0057738
古代英雄　张锡武作
石家庄 河北美术出版社 1986 年 1 张
76cm（2 开）定价: CNY0.20
　　中国现代年画作品。

J0057739
古代尊老爱幼图　张德俊作
南京 江苏美术出版社 1986 年 4 张（卷轴）
76cm（2 开）定价: CNY2.50
　　中国现代年画作品。

J0057740
挂角读书　邱丽娟作
广州 岭南美术出版社 1986 年 1 张 76cm（2 开）
定价: CNY0.23
　　中国现代年画作品。

J0057741
挂印封金　　张瑞恒作
天津　天津人民美术出版社 1986 年 1 张
76cm（2 开）定价：CNY0.22
　　中国现代年画作品。

J0057742
关公　李学荣，付鲁沛作
西安　陕西人民美术出版社 1986 年 2 张
76cm（2 开）定价：CNY0.50
　　中国现代年画作品。

J0057743
关公传奇　杨长胜作
南京　江苏美术出版社 1986 年 4 张 78cm（2 开）
定价：CNY0.46
　　中国现代年画作品。

J0057744
关平　周仓　陈略作
广州　岭南美术出版社 1986 年 1 张 78cm（2 开）
定价：CNY0.25
　　中国现代年画作品。

J0057745
关平　周仓　陈略作
广州　岭南美术出版社 1986 年 1 张 53cm（4 开）
定价：CNY0.13
　　中国现代年画作品。

J0057746
关胜　秦明　孙钧作
北京　农业出版社 1986 年 1 张 76cm（2 开）
定价：CNY0.25
　　中国现代年画作品。

J0057747
关羽　张飞　侯世武作
成都　四川美术出版社 1986 年 1 张 76cm（2 开）
定价：CNY0.22
　　中国现代年画作品。

J0057748
关羽　张飞
成都　四川省新闻图片社 1986 年 1 张

76cm（2 开）定价：CNY0.24
　　中国现代年画作品。

J0057749
关羽　张飞　张兆民作
郑州　中原农民出版社 1986 年 1 张
53cm（4 开）定价：CNY0.10
　　中国现代年画作品。

J0057750
关云长　赵梦林作
上海　上海书画出版社 1986 年 1 张
107cm（全开）定价：CNY0.80
　　中国现代年画作品。作者赵梦林（1952—　），
生于内蒙古察右前旗，祖籍山西忻州。代表作有
《三国人物绣像》《京剧脸谱》等。

J0057751
关云长　张翼德　韩喜增作
郑州　河南美术出版社 1986 年 1 张 53cm（4 开）
定价：CNY0.11
　　中国现代年画作品。

J0057752
关云长　张翼德　韩喜增作
郑州　河南美术出版社 1986 年 1 张 76cm（2 开）
定价：CNY0.22
　　中国现代年画作品。

J0057753
观瀑图　毛国富作
杭州　浙江人民美术出版社 1986 年 1 张
76cm（2 开）定价：CNY0.30
　　中国现代年画作品。

J0057754
广东年画　（1987 1）岭南美术出版社编
广州　岭南美术出版社 1986 年 19cm（32 开）
　　中国现代年画作品。

J0057755
广东年画　（1987 2）岭南美术出版社编
广州　岭南美术出版社 1986 年 19cm（32 开）
　　中国现代年画作品。

J0057756
广东年画 （1987 3）岭南美术出版社编
广州 岭南美术出版社 1986 年 19cm（32 开）
　　中国现代年画作品。

J0057757
广东年画 （1987 4）岭南美术出版社编
广州 岭南美术出版社 1986 年 19cm（32 开）
　　中国现代年画作品。

J0057758
广东年画 （1987 5）岭南美术出版社编
广州 岭南美术出版社 1986 年 19cm（32 开）
　　中国现代年画作品。

J0057759
广州天河体育中心 沈良福作
广州 岭南美术出版社 1986 年 1 张 76cm（2 开）
定价：CNY0.25
　　中国现代年画作品。

J0057760
桂林山水 白统绪作
武汉 湖北美术出版社 1986 年 1 张 78cm（3 开）
定价：CNY0.20
　　中国现代年画作品。

J0057761
桂林山水 宋明远作
广州 岭南美术出版社 1986 年 2 张 76cm（2 开）
定价：CNY0.50
　　中国现代年画作品。

J0057762
桂林山水 楼永年作
杭州 浙江人民美术出版社 1986 年 1 张
76cm（2 开）定价：CNY0.30
　　中国现代年画作品。作者楼永年（1940—　），
浙江萧山人。毕业于浙江美术学院工艺系。杭州
印染厂花样设计，高级工艺美术师。代表作品《福
宝寿禧》《四季平安》《福寿万年》《和合图》等。

J0057763
国富民强生活幸福 陈衡作
广州 科学普及出版社广州分社 1986 年 1 张

76cm（2 开）定价：CNY0.25
　　中国现代年画作品。

J0057764
国强民富岁岁平安 杨馥如作
杭州 浙江人民美术出版社 1986 年 1 张
76cm（2 开）定价：CNY0.20
　　中国现代年画作品。

J0057765
国色天香 （1—4）白铭作
天津 天津人民美术出版社 1986 年 4 张（卷轴）
76cm（2 开）定价：CNY2.20
　　中国现代年画作品。

J0057766
国泰民安 王冠作
沈阳 辽宁美术出版社 1986 年 1 张 76cm（2 开）
定价：CNY0.28
　　中国现代年画作品。

J0057767
国泰民安 思阳，瑞雪作
昆明 云南人民出版社 1986 年 1 张 53cm（4 开）
定价：CNY0.23
　　中国现代年画作品。

J0057768
国泰民安 风调雨顺
南宁 广西人民出版社 1986 年 1 张 76cm（2 开）
定价：CNY0.24
　　中国现代年画作品。

J0057769
果硕花香 王克印作
南京 江苏美术出版社 1986 年 4 张（卷轴）
76cm（2 开）定价：CNY2.70
　　中国现代年画作品。

J0057770
海底探宝 王爱珠作
广州 科学普及出版社广州分社 1986 年 1 张
76cm（2 开）定价：CNY0.22
　　中国现代年画作品。

J0057771
海陆空登陆大演习　司马连义作
天津 天津人民美术出版社 1986年 1张
76cm（2开）定价：CNY0.22
　　中国现代年画作品。

J0057772
海上世界　黄树德作
广州 岭南美术出版社 1986年 1张 76cm（2开）
定价：CNY0.20
　　中国现代年画作品。

J0057773
韩湘子与白牡丹　徐思作
沈阳 辽宁美术出版社 1986年 2张 76cm（2开）
定价：CNY0.42
　　中国现代年画作品。

J0057774
杭州灵隐　陈辉光作
上海 上海书画出版社 1986年 1张 107cm（全开）
定价：CNY0.40
　　中国现代年画作品。作者陈辉光（1939— ），
工艺美术师。上海人。

J0057775
航空母舰　陈正明作
天津 天津人民美术出版社 1986年 1张
76cm（2开）定价：CNY0.22
　　中国现代年画作品。

J0057776
好逑传　（1—4）
沈阳 辽宁美术出版社 1986年 2张 76cm（2开）
定价：CNY0.42
　　中国现代年画作品。

J0057777
和合双喜图　那启明作
上海 上海人民美术出版社 1986年 1张
76cm（2开）定价：CNY0.20
　　中国现代年画作品。

J0057778
和合图　韩喜增作

郑州 河南美术出版社 1986年 1张 76cm（2开）
定价：CNY0.22
　　中国现代年画作品。

J0057779
和合图　韩喜增作
郑州 河南美术出版社 1986年 1张 53cm（4开）
定价：CNY0.11
　　中国现代年画作品。

J0057780
和合幸福　竹翔飞作
广州 岭南美术出版社 1986年 1张 76cm（2开）
定价：CNY0.25
　　中国现代年画作品。

J0057781
和睦家庭娃娃壮　成砺志作
长春 吉林美术出版社 1986年 1张 76cm（2开）
定价：CNY0.20
　　中国现代年画作品。

J0057782
和睦幸福　刘启文作
石家庄 河北美术出版社 1986年 1张
76cm（2开）定价：CNY0.45
　　中国现代年画作品。作者刘启文（1940— ），
国家一级美术师。原名刘起文。河北石家庄人，
祖籍保定。历任河北美协会员、石门画院院长。

J0057783
和平富贵 万古长青　朱秀坤，李远志作
重庆 重庆出版社 1986年 1张 76cm（2开）
定价：CNY0.22
　　中国现代年画作品。

J0057784
和平如意　成砺志作
天津 天津人民美术出版社 1986年 1张
76cm（2开）定价：CNY0.22
　　中国现代年画作品。

J0057785
荷花芭蕉对屏　吴东奋作
上海 上海人民美术出版社 1986年 1张

107cm（全开）定价：CNY0.40

　　中国现代年画作品。

J0057786

荷花白鹭　张琪作

沈阳 辽宁美术出版社 1986 年 1 张 78cm（3 开）

定价：CNY0.14

　　中国现代年画作品。

J0057787

荷花女 （1—4）彭公林作

沈阳 辽宁美术出版社 1986 年 2 张 76cm（2 开）

定价：CNY0.42

　　中国现代年画作品。

J0057788

荷花鸳鸯　陈从容作

石家庄 河北美术出版社 1986 年 1 张

76cm（2 开）定价：CNY0.20

　　中国现代年画作品。

J0057789

荷塘戏鸳鸯　孙公照作

哈尔滨 黑龙江美术出版社 1986 年 1 张

76cm（2 开）定价：CNY0.20

　　中国现代年画作品。

J0057790

鹤鹿同春　张温纯作

天津 天津人民美术出版社 1986 年 1 张（卷轴）

107cm（全开）定价：CNY0.90

　　中国现代年画作品。

J0057791

鹤鹿同春 麒麟送宝　纪宇作

天津 天津人民美术出版社 1986 年 1 张

76cm（2 开）定价：CNY0.22

　　中国现代年画作品。

J0057792

鹤鸣天池

南昌 江西人民出版社 1986 年 1 张 76cm（2 开）

定价：CNY0.48

　　中国现代年画作品。

J0057793

鹤寿同春　萧大毅作

长沙 湖南美术出版社 1986 年 1 张（卷轴）

附对联 1 副 107cm（全开）定价：CNY2.50

　　中国现代年画作品。

J0057794

鹤寿图　金鸿钧作

上海 上海人民美术出版社 1986 年 1 张

附对联 1 副 76cm（2 开）定价：CNY2.60

　　中国现代年画作品。作者金鸿钧（1937—　　），

教授、画家。别名爱新觉罗·鸿钧。生于北京。

历任中央美术学院中国画系教授、中国美术家协

会会员、北京工笔重彩画会副会长。代表作品《生

生不已》《石壁榕根》《叶落归根》《枝繁花盛》，

出版有《牡丹画谱》《工笔花鸟画技法》《金鸿钧

画集》等。

J0057795

鹤舞 （蒙汉对照）王维克作

呼和浩特 内蒙古人民出版社 1986 年 1 张

76cm（2 开）定价：CNY0.20

　　中国现代年画作品。

J0057796

哼哈二将　邓敦伟作

南宁 广西人民出版社 1986 年 1 张 76cm（2 开）

定价：CNY0.24

　　中国现代年画作品。

J0057797

哼哈二将　邓敦伟作

南宁 广西人民出版社 1986 年 1 张 53cm（4 开）

定价：CNY0.12

　　中国现代年画作品。

J0057798

哼哈二将　廖金玉作

成都 四川美术出版社 1986 年 1 张 76cm（2 开）

定价：CNY0.22

　　中国现代年画作品。

J0057799

红拂夜奔　何显文，刘荣富作

哈尔滨 黑龙江美术出版社 1986 年 1 张

76cm（2 开）定价：CNY0.20
中国现代年画作品。

J0057800
红花遍校园　王泽夫作
广州 岭南出版社 1986 年 1 张 76cm（2 开）
定价：CNY0.23
中国现代年画作品。作者王泽夫（1938—　），
书画家。字皓佚，艺名寿天，曾用名王达。河北唐
山人。历任河北省话剧院舞美灯光师、中国中外名
人文化研究会艺委会特级书画师、中国书画家协会
理事、研究员，中国传统艺术家协会艺术顾问。

J0057801
红楼花咏　张惠敏作
石家庄 河北美术出版社 1986 年 2 张
76cm（2 开）定价：CNY0.44
中国现代年画作品。

J0057802
红楼金钗屏　（1—4）童金贵作
沈阳 辽宁美术出版社 1986 年 2 张 76cm（2 开）
定价：CNY0.42
中国现代年画作品。

J0057803
红楼梦《宝玉题扇》　龚景充作
长沙 湖南美术出版社 1986 年 1 张 76cm（2 开）
定价：CNY0.20
中国现代年画作品。

J0057804
红楼梦金陵十二钗　童金贵作
哈尔滨 黑龙江美术出版社 1986 年 2 张
76cm（2 开）定价：CNY0.42
中国现代年画作品。

J0057805
红楼十二金钗　（之一）
石家庄 河北美术出版社 1986 年 2 张
76cm（2 开）定价：CNY0.44
中国现代年画作品。

J0057806
红楼十二金钗　（之二）

石家庄 河北美术出版社 1986 年 2 张
76cm（2 开）定价：CNY0.44
中国现代年画作品。

J0057807
红楼十二金钗　（之三）
石家庄 河北美术出版社 1986 年 2 张
76cm（2 开）定价：CNY0.44
中国现代年画作品。

J0057808
红梅双鹊　车来通作
北京 人民美术出版社 1986 年 1 张 76cm（2 开）
定价：CNY0.26
中国现代年画作品。

J0057809
红梅喜鹊翠竹寿带对屏　曹谨乾作
上海 上海书画出版社 1986 年 2 张 76cm（2 开）
定价：CNY0.20
中国现代年画作品。

J0057810
红棉苍鹰　吴东奋作
长沙 湖南美术出版社 1986 年 1 张（卷轴）
附对联 1 副 107cm（全开）定价：CNY2.50
中国现代年画作品。

J0057811
红娘子　杨中天作
广州 岭南美术出版社 1986 年 1 张 76cm（2 开）
定价：CNY0.23
中国现代年画作品。

J0057812
红袖添香　竹均琪作
重庆 重庆出版社 1986 年 1 张 76cm（2 开）
定价：CNY0.22
中国现代年画作品。

J0057813
洪福高照　李中文作
郑州 河南美术出版社 1986 年 1 张 53cm（4 开）
定价：CNY0.10
中国现代年画作品。

J0057814

鸿福　严勇书；陈衡画

广州 岭南美术出版社 1986年 1张 76cm（2开）

定价：CNY0.26

中国现代年画作品。

J0057815

鸿福盈门　刘熹奇作

北京 人民美术出版社 1986年 1张 76cm（2开）

定价：CNY0.26

中国现代年画作品。

J0057816

呼延赞呼守用　张辛国作

郑州 河南美术出版社 1986年 1张 76cm（2开）

定价：CNY0.22

中国现代年画作品。作者张辛国（1926—　），编辑。河北安平人。就读于中央美术学院。历任河北美术出版社总编辑、编审，中国美术家协会会员、河北美术家协会顾问。出版有《怎样画鹿》《张辛国动物画集》《百鹿图》等。

J0057817

呼延赞呼守用　张辛国作

郑州 河南美术出版社 1986年 1张 53cm（4开）

定价：CNY0.11

中国现代年画作品。

J0057818

呼延赞杨令公　周新如作

南昌 江西人民出版社 1986年 2张 76cm（2开）

定价：CNY0.40

中国现代年画作品。

J0057819

呼延赞杨业　李先润作

武汉 湖北美术出版社 1986年 1张 107cm（全开）定价：CNY0.44

中国现代年画作品。

J0057820

呼延赞杨业　李先润作

武汉 湖北美术出版社 1986年 1张 76cm（2开）

定价：CNY0.22

中国现代年画作品。

J0057821

呼延赞杨业　李先润作

南京 江苏美术出版社 1986年 2张 78cm（2开）

定价：CNY0.32

中国现代年画作品。

J0057822

湖光激滟　黄振永作

成都 四川美术出版社 1986年 1张 76cm（2开）

定价：CNY0.22

中国现代年画作品。作者黄振永（1930—　），四川成都人。擅长宣传画、年画。曾在空军美术训练班学习。历任沈阳军区美术创作员、成都军区空军政治部创作员。作品有《我爱祖国的蓝天》，年画《幽谷飞瀑》《海之歌》等。

J0057823

湖光剑影

北京 人民体育出版社 1986年 1张 76cm（2开）

定价：CNY0.25

中国现代年画作品。

J0057824

湖南年画　（1986）湖南美术出版社编

长沙 湖南美术出版社 1986年 19cm（32开）

中国现代年画作品。

J0057825

虎虎有生气　武海鹰作

石家庄 河北美术出版社 1986年 1张 76cm（2开）定价：CNY0.20

中国现代年画作品。

J0057826

虎牢关　安杰作

太原 山西人民出版社 1986年 1张 76cm（2开）

定价：CNY0.22

中国现代年画作品。

J0057827

虎威图　胡宗元作

沈阳 辽宁美术出版社 1986年 1张 76cm（2开）

定价：CNY0.20

中国现代年画作品。

J0057828
虎威图　胡宗元作
沈阳 辽宁美术出版社 1986 年 1 张（卷轴）
附对联 1 副 107cm（全开）定价：CNY1.80
　　中国现代年画作品。

J0057829
虎戏图　房英魁作
沈阳 辽宁美术出版社 1986 年 1 张 76cm（2 开）
定价：CNY0.16
　　中国现代年画作品。

J0057830
虎啸图　曾成金作
杭州 浙江人民美术出版社 1986 年 1 张
76cm（2 开）定价：CNY0.30
　　中国现代年画作品。

J0057831
花儿灿烂琴声满　沈家琳，杨文义作
杭州 浙江人民美术出版社 1986 年 1 张
76cm（2 开）定价：CNY0.20
　　中国现代年画作品。

J0057832
花儿朵朵　王雅莲作
哈尔滨 黑龙江美术出版社 1986 年 1 张
76cm（2 开）定价：CNY0.20
　　中国现代年画作品。

J0057833
花港观鱼　吴青霞作
上海 上海人民美术出版社 1986 年 1 张（卷轴）
附对联 1 副 107cm（全开）定价：CNY2.90
　　中国现代年画作品。作者吴青霞（1910—
2008），女，画家、教授。学名吴德舒，号龙城女
史，别署篆香阁主。江苏常州人。历任上海中国
画院画师，上海师范学院、上海交通大学艺术系
兼职教授。主要作品《万紫千红》《腾飞河海入
云霄》《腾飞万里》等，出版有《吴青霞画集》。

J0057834
花好月圆　范恩树作
哈尔滨 黑龙江美术出版社 1986 年 1 张
76cm（2 开）定价：CNY0.20

　　中国现代年画作品。

J0057835
花好月圆　李秉芳作
长沙 湖南美术出版社 1986 年 1 张 76cm（2 开）
定价：CNY0.20
　　中国现代年画作品。

J0057836
花好月圆　刘熹奇作
南昌 江西人民出版社 1986 年 1 张 76cm（2 开）
定价：CNY0.23
　　中国现代年画作品。

J0057837
花和尚鲁智深　王祖军作
昆明 云南人民出版社 1986 年 1 张 53cm（4 开）
定价：CNY0.14
　　中国现代年画作品。

J0057838
花卉条屏　王钰，王连元作
哈尔滨 黑龙江美术出版社 1986 年 2 张
76cm（2 开）定价：CNY0.42
　　中国现代年画作品。

J0057839
花卉珍禽　卢锡岭作
郑州 河南美术出版社 1986 年 4 张（卷轴）
76cm（2 开）定价：CNY3.00
　　中国现代年画作品。

J0057840
花锦绣　曹子铎，梁皓作
广州 岭南美术出版社 1986 年 1 张 76cm（2 开）
定价：CNY0.23
　　中国现代年画作品。

J0057841
花开富贵　竹报平安　李中文作
郑州 河南美术出版社 1986 年 1 张 53cm（4 开）
定价：CNY0.11
　　中国现代年画作品。

J0057842

花开富贵　竹报平安　莫各伯作

广州 岭南出版社 1986 年 1 张 76cm（2 开）

定价：CNY0.25

　　中国现代年画作品。

J0057843

花开富贵屏　（1—4）华玉珊作

沈阳 辽宁美术出版社 1986 年 2 张 76cm（2 开）

定价：CNY0.34

　　中国现代年画作品。

J0057844

花开金玉满堂　纪宇作

天津 天津人民美术出版社 1986 年 1 张

76cm（2 开）定价：CNY0.22

　　中国现代年画作品。

J0057845

花开如意　成砺志作

南昌 江西人民出版社 1986 年 1 张 76cm（2 开）

定价：CNY0.23

　　中国现代年画作品。

J0057846

花篮小猫　张振群作

成都 四川美术出版社 1986 年 1 张 76cm（2 开）

定价：CNY0.20

　　中国现代年画作品。

J0057847

花木兰　朱淑媛，李林祥作

沈阳 辽宁美术出版社 1986 年 1 张 76cm（2 开）

定价：CNY0.16

　　中国现代年画作品。

J0057848

花木兰　赵兵凯作

天津 天津人民美术出版社 1986 年 1 张

76cm（2 开）定价：CNY0.22

　　中国现代年画作品。

J0057849

花鸟对屏　吴东奋作

上海 上海人民美术出版社 1986 年 1 张

107cm（全开）定价：CNY0.40

　　中国现代年画作品。

J0057850

花鸟屏　吴东奋作

北京 人民美术出版社 1986 年 2 张 76cm（2 开）

定价：CNY0.54

　　中国现代年画作品。

J0057851

花鸟四景　周洪全作

沈阳 辽宁美术出版社 1986 年 4 张（卷轴）

76cm（2 开）定价：CNY0.42

　　中国现代年画作品。

J0057852

花香鸟语　（1—4）宋端午作

郑州 河南美术出版社 1986 年 4 张 76cm（2 开）

定价：CNY1.00

　　中国现代年画作品。

J0057853

花香鸟语　（1—4）宋端午作

郑州 河南美术出版社 1986 年 4 张（卷轴）

76cm（2 开）定价：CNY2.10

　　中国现代年画作品。

J0057854

花香鸟语　（1—4）王朝宾作

郑州 河南美术出版社 1986 年 4 张（卷轴）

76cm（2 开）定价：CNY2.60

　　中国现代年画作品。

J0057855

花香鸟语　（1—4）王朝宾作

郑州 河南美术出版社 1986 年 4 张（卷轴）

76cm（2 开）定价：CNY2.10

　　中国现代年画作品。

J0057856

花香四季　齐兆璠作

石家庄 河北美术出版社 1986 年 2 张

76cm（2 开）定价：CNY0.44

　　中国现代年画作品。作者齐兆璠，花鸟画家。

天津人。毕业于天津美术学院。历任中国美术

家协会会员、河北省沧州师范专科学校美术系教
授。专著有《鸟类画谱》。

J0057857
花月良宵　郑鹍作
上海 上海人民美术出版社 1986 年 1 张
76cm（2 开）定价：CNY0.20
　　中国现代年画作品。

J0057858
花长开春长在　白铭作
沈阳 辽宁美术出版社 1986 年 2 张 76cm（2 开）
定价：CNY0.42
　　中国现代年画作品。

J0057859
欢乐的海滩　佘小仪，殷润民作
哈尔滨 黑龙江美术出版社 1986 年 1 张
76cm（2 开）定价：CNY0.20
　　中国现代年画作品。

J0057860
欢天喜地　卢坤海作
武汉 湖北美术出版社 1986 年 1 张 76cm（2 开）
定价：CNY0.22
　　中国现代年画作品。

J0057861
环境美化百鸟来　霍允庆作
上海 上海人民美术出版社 1986 年 1 张
76cm（2 开）定价：CNY0.20
　　中国现代年画作品。

J0057862
黄山奇景　朱子容作
杭州 浙江人民美术出版社 1986 年 1 张
76cm（2 开）定价：CNY0.30
　　中国现代年画作品。

J0057863
黄山奇石　（1—4）子南作
沈阳 辽宁美术出版社 1986 年 2 张 76cm（2 开）
定价：CNY0.34
　　中国现代年画作品。

J0057864
黄山四绝　徐英槐作
杭州 浙江人民美术出版社 1986 年 4 张
78cm（2 开）定价：CNY0.60
　　中国现代年画作品。

J0057865
黄山松鹤图　李寒作
长沙 湖南美术出版社 1986 年 1 张 76cm（2 开）
定价：CNY0.20
　　中国现代年画作品。

J0057866
黄山松鹤图　楼永年作
长沙 湖南美术出版社 1986 年 1 张（卷轴）
附对联 1 副 107cm（全开）定价：CNY2.70
　　中国现代年画作品。作者楼永年（1940—　　），
浙江萧山人。毕业于浙江美术学院工艺系。杭
州印染厂花样设计，高级工艺美术师。代表作
品《福宝寿禧》《四季平安》《福寿万年》《和合
图》等。

J0057867
黄山迎客松　徐福根作
武汉 湖北美术出版社 1986 年 1 张 76cm（2 开）
定价：CNY0.30
　　中国现代年画作品。

J0057868
黄山云海　（蒙汉对照）汪景林作
呼和浩特 内蒙古人民出版社 1986 年 1 张
78cm（3 开）定价：CNY0.20
　　中国现代年画作品。

J0057869
黄忠魏延　侯荣作
重庆 重庆出版社 1986 年 1 张 76cm（2 开）
定价：CNY0.28
　　中国现代年画作品。

J0057870
回荆州　钟午编文；田茂怀画
石家庄 河北美术出版社 1986 年 1 张
76cm（2 开）定价：CNY0.22
　　中国现代年画作品。作者田茂怀（1948—　　），

画家。河北衡水人。历任河北省画院特聘画师、河北省科技大学客座教授、河北书画院副主席、台湾艺术协会荣誉理事。

J0057871
回荆州　宗万华作
天津　天津人民美术出版社　1986 年　1 张
76cm（2 开）定价：CNY0.22
　　中国现代年画作品。

J0057872
婚礼风情　童金贵作
北京　人民美术出版社　1986 年　2 张　76cm（2 开）
定价：CNY0.54
　　中国现代年画作品。

J0057873
婚庆礼品套装书画
武汉　湖北美术出版社　1986 年　1 张（卷轴）
附对联 1 副（全开）定价：CNY13.00
　　中国现代年画作品。

J0057874
活泼健康　陈宝万作
哈尔滨　黑龙江美术出版社　1986 年　1 张
76cm（2 开）定价：CNY0.20
　　中国现代年画作品。

J0057875
火焰山　（蒙汉对照）赵祥林作
呼和浩特　内蒙古人民出版社　1986 年　1 张
76cm（2 开）定价：CNY0.20
　　中国现代年画作品。

J0057876
获奖归来　（蒙汉对照）孙学文作
呼和浩特　内蒙古人民出版社　1986 年　1 张
76cm（2 开）定价：CNY0.20
　　中国现代年画作品。

J0057877
霍东阁　金年华作
天津　天津人民美术出版社　1986 年　2 张
76cm（2 开）定价：CNY0.44
　　中国现代年画作品。

J0057878
鸡鸣报晓　（蒙汉对照）汪景林作
呼和浩特　内蒙古人民出版社　1986 年　1 张
76cm（2 开）定价：CNY0.20
　　中国现代年画作品。

J0057879
吉娜·劳洛勃丽吉达　季阳作
南昌　江西人民出版社　1986 年　1 张　78cm（3 开）
定价：CNY0.50
　　中国现代年画作品。作者季阳（1941—　），画家。上海人。毕业于浙江美术学院版画系。曾任职于浙北报社、嘉兴地区电影公司、浙江省电影公司。中国美术学院视传设计系研究生教研室主任。作品有版画《忧》《啊，瑞雪》，招贴画《听从祖国召唤》《胭脂》等，出版有《电影宣传》《平面广告艺术》《编排艺术》等。

J0057880
吉庆如意　王伟戌作
上海　上海人民美术出版社　1986 年　1 张
76cm（2 开）定价：CNY0.20
　　中国现代年画作品。

J0057881
吉庆有余　魏全明作
广州　科学普及出版社广州分社　1986 年　1 张
76cm（2 开）定价：CNY0.25
　　中国现代年画作品。

J0057882
吉祥如意　刘福泰作
郑州　河南美术出版社　1986 年　2 张　76cm（2 开）
定价：CNY0.44
　　中国现代年画作品。

J0057883
吉祥如意　刘福泰作
郑州　河南美术出版社　1986 年　4 张（卷轴）
76cm（2 开）定价：CNY2.10
　　中国现代年画作品。

J0057884
吉祥如意　梅加强作
南昌　江西人民出版社　1986 年　1 张　78cm（3 开）

定价: CNY0.20
中国现代年画作品。

J0057885
吉祥如意万象新 高学海作
哈尔滨 黑龙江美术出版社 1986 年 1 张
76cm（2 开）定价: CNY0.20
中国现代年画作品。

J0057886
吉祥如意迎金龙 富贵连年舞彩凤 徐能海作
杭州 浙江人民美术出版社 1986 年 1 张
53cm（4 开）定价: CNY0.25
中国现代年画作品。

J0057887
济公的故事 李子候作
杭州 浙江人民美术出版社 1986 年 2 张
76cm（2 开）定价: CNY0.40
中国现代年画作品。

J0057888
佳节美酒敬亲人 陈英作
广州 岭南美术出版社 1986 年 1 张 76cm（2 开）
定价: CNY0.23
中国现代年画作品。

J0057889
佳节月儿圆 周国军作
广州 岭南美术出版社 1986 年 1 张 76cm（2 开）
定价: CNY0.23
中国现代年画作品。

J0057890
家家富裕 陈华民作
沈阳 辽宁美术出版社 1986 年 1 张 76cm（2 开）
定价: CNY0.20
中国现代年画作品。

J0057891
家家有余户户吉祥 王立新作
南宁 广西人民出版社 1986 年 1 张 53cm（4 开）
定价: CNY0.12
中国现代年画作品。

J0057892
家家有余户户吉祥 王立新作
南宁 广西人民出版社 1986 年 1 张 76cm（2 开）
定价: CNY0.24
中国现代年画作品。

J0057893
假日 王伟成作
广州 岭南美术出版社 1986 年 1 张 76cm（2 开）
定价: CNY0.23
中国现代年画作品。

J0057894
剑舞 张万臣作
广州 岭南美术出版社 1986 年 1 张 76cm（2 开）
定价: CNY0.23
中国现代年画作品。

J0057895
健康长寿 张德俊作
西安 陕西人民美术出版社 1986 年 1 张
76cm（2 开）定价: CNY0.22
中国现代年画作品。

J0057896
健康长寿新年乐 李学勤作
上海 上海人民美术出版社 1986 年 1 张
76cm（2 开）定价: CNY0.36
中国现代年画作品。

J0057897
江河湖海 张泽芯作
天津 天津人民美术出版社 1986 年 4 张（卷轴）
76cm（2 开）定价: CNY1.90
中国现代年画作品。

J0057898
江苏年画 （1987 年画 2）
南京 江苏美术出版社［1986 年］19cm（32 开）
中国现代年画作品。

J0057899
江西年画 （1987）
南昌 江西人民出版社［1986 年］13×19cm
中国现代年画作品。

J0057900
姜桂枝传艺　申同景作
石家庄 河北美术出版社 1986 年 1 张
76cm（2 开）定价：CNY0.20
　　中国现代年画作品。

J0057901
讲故事　李淑芳作
哈尔滨 黑龙江美术出版社 1986 年 1 张
76cm（2 开）定价：CNY0.20
　　中国现代年画作品。

J0057902
降龙伏虎　马杰作
南昌 江西人民出版社 1986 年 1 张 76cm（2 开）
定价：CNY0.25
　　中国现代年画作品。

J0057903
焦赞　孟良　郭长林作
成都 四川美术出版社 1986 年 1 张 76cm（2 开）
定价：CNY0.22
　　中国现代年画作品。

J0057904
焦赞　孟良　晓丁作
北京 中国戏剧出版社 1986 年 1 张 76cm（2 开）
定价：CNY0.24
　　中国现代年画作品。

J0057905
焦赞　孟良　赵阳,刘玉琳作
郑州 中原农民出版社 1986 年 1 张 76cm（2 开）
定价：CNY0.22
　　中国现代年画作品。

J0057906
焦赞　孟良　赵阳,刘玉琳作
郑州 中原农民出版社 1986 年 1 张 53cm（4 开）
定价：CNY0.11
　　中国现代年画作品。

J0057907
皆大欢喜　赵庆祥作
沈阳 辽宁美术出版社 1986 年 1 张 76cm（2 开）

定价：CNY0.16
　　中国现代年画作品。

J0057908
巾帼英雄　南行作
郑州 河南美术出版社 1986 年 1 张 53cm（4开）
定价：CNY0.11
　　中国现代年画作品。

J0057909
巾帼英雄　南行作
郑州 河南美术出版社 1986 年 1 张 76cm（2 开）
定价：CNY0.22
　　中国现代年画作品。

J0057910
巾帼英雄　（蒙汉对照）赵祥林作
呼和浩特 内蒙古人民出版社 1986 年 1 张
76cm（2 开）定价：CNY0.20
　　中国现代年画作品。

J0057911
巾帼英雄　竹均琪等作
北京 人民体育出版社 1986 年 2 张 76cm（2 开）
定价：CNY0.50
　　中国现代年画作品。

J0057912
巾帼英雄　张路红作；杨克林摄
上海 上海人民美术出版社 1986 年 2 张
76cm（2 开）定价：CNY0.40
　　中国现代年画作品。

J0057913
巾帼英雄　（一至四）申同景作
天津 天津人民美术出版社 1986 年 4 张（卷轴）
76cm（2 开）定价：CNY2.20
　　中国现代年画作品。

J0057914
金鸡报晓　冯英杰作
广州 岭南美术出版社 1986 年 2 张 76cm（2 开）
定价：CNY0.50
　　中国现代年画作品。作者冯英杰（1932—
），书画花鸟画家。生于河北威县。作品有《鸡的工笔画法》。

J0057915
金满斗   范振家作
上海 上海人民美术出版社 1986 年 1 张
76cm（2 开）定价：CNY0.20
　　中国现代年画作品。

J0057916
金枪手徐宁　神火将魏定国   李维东作
昆明 云南人民出版社 1986 年 1 张 76cm（2 开）
定价：CNY0.23
　　中国现代年画作品。

J0057917
金枪手徐宁　神火将魏定国   李维东作
昆明 云南人民出版社 1986 年 1 张 53cm（4 开）
定价：CNY0.14
　　中国现代年画作品。

J0057918
金鱼   冯东振作
石家庄 河北美术出版社 1986 年 2 张
76cm（2 开）定价：CNY0.44
　　中国现代年画作品。

J0057919
金鱼满塘
石家庄 河北美术出版社 1986 年 1 张
76cm（2 开）定价：CNY0.20
　　中国现代年画作品。

J0057920
金鱼满塘花果香   彭公林作
天津 天津人民美术出版社 1986 年 4 张（卷轴）
76cm（2 开）定价：CNY1.90
　　中国现代年画作品。

J0057921
金鱼四条屏   俞泉耕作
上海 上海人民美术出版社 1986 年 2 张
107cm（全开）定价：CNY0.80
　　中国现代年画作品。

J0057922
金鱼娃娃
天津 杨柳青书画社 1986 年 1 张 76cm（2 开）
（杨柳青传统年画）
　　中国现代年画作品。

J0057923
金玉良缘   （蒙汉对照）赵祥林作
呼和浩特 内蒙古人民出版社 1986 年 1 张
76cm（2 开）定价：CNY0.20
　　中国现代年画作品。

J0057924
金玉良缘   张德俊作
北京 人民美术出版社 1986 年 1 张 76cm（2 开）
定价：CNY0.26
　　中国现代年画作品。

J0057925
金枝玉叶   申同景作
石家庄 河北美术出版社 1986 年 1 张（卷轴）
附对联 1 副 107cm（全开）定价：CNY1.80
　　中国现代年画作品。

J0057926
锦鸡牡丹   赵月琪作
成都 四川美术出版社 1986 年 1 张 76cm（2 开）
定价：CNY0.20
　　中国现代年画作品。

J0057927
锦上添花   张琪作
广州 岭南美术出版社 1986 年 1 张 76cm（2 开）
定价：CNY0.25
　　中国现代年画作品。

J0057928
锦上添花图   郑大翰作
上海 上海人民美术出版社 1986 年 1 张
76cm（2 开）定价：CNY0.20
　　中国现代年画作品。

J0057929
锦绣春光   张冬生作
南昌 江西人民出版社 1986 年 1 张 76cm（2 开）

定价: CNY0.23

　　中国现代年画作品。

J0057930

锦绣河山　梁铭添作

广州 岭南美术出版社 1986年 2张 76cm（2开）

定价: CNY0.50

　　中国现代年画作品。作者梁铭添(1937—)，广东南海人。广东岭南美术出版社美术副编审、年画编辑室主任，中国美术家协会广东分会会员、广东年画艺术委员会副会长。代表作品有《梁铭添山水画集》。

J0057931

锦绣山河　何海霞作

西安 陕西人民美术出版社 1986年 1张 76cm（2开）定价: CNY0.38

　　中国现代年画作品。作者何海霞(1908—1998)，满族。初名何福海，字瀛，又字登瀛。北京人。曾任陕西国画院副院长及名誉院长、中国国画研究院研究员等。代表作品《看山还看祖国山》《何海霞画集》《何海霞画册·山水部分》等。

J0057932

敬德秦琼　晓丁作

北京 中国戏剧出版社 1986年 1张 76cm（2开）

定价: CNY0.24

　　中国现代年画作品。

J0057933

静静的青岩山　余新作

长沙 湖南美术出版社 1986年 1张 76cm（2开）

定价: CNY0.25

　　中国现代年画作品。

J0057934

聚宝盆　（蒙汉对照）林美岚作

呼和浩特 内蒙古人民出版社 1986年 1张 76cm（2开）定价: CNY0.20

　　中国现代年画作品。

J0057935

开国元勋　成砺志作

南京 江苏美术出版社 1986年 1张 76cm（2开）

定价: CNY0.21

中国现代年画作品。

J0057936

康乐　陈振新作

北京 人民美术出版社 1986年 1张 76cm（2开）

定价: CNY0.25

　　中国现代年画作品。

J0057937

科学致富百宝来　建本，允庆作

哈尔滨 黑龙江美术出版社 1986年 1张 76cm（2开）定价: CNY0.20

　　中国现代年画作品。

J0057938

可爱的中华　王世坤作

太原 山西人民出版社 1986年 1张 76cm（2开）

定价: CNY0.22

　　中国现代年画作品。

J0057939

孔雀开屏幸福来　忻礼良作

上海 上海人民美术出版社 1986年 1张 76cm（2开）定价: CNY0.20

　　中国现代年画作品。

J0057940

孔雀通屏　叶绿野作

武汉 湖北美术出版社 1986年 [1轴]（卷轴）

定价: CNY7.80

　　中国现代年画作品。

J0057941

孔雀舞　曹树美作

成都 四川美术出版社 1986年 1张 76cm（2开）

定价: CNY0.20

　　中国现代年画作品。

J0057942

孔子像　钟增亚作

长沙 湖南美术出版社 1986年 1张（卷轴）

附对联 1副 107cm（全开）定价: CNY2.70

　　中国现代年画作品。作者钟增亚(1940—2002)，画家。又名钟亚。湖南衡阳人。广州美术学院中国画系毕业。任职于衡阳市文化馆，历任中国书法家协会理事、中国美术家协会理事、湖南省书协主席、湖南书画研究院院长。国画作品有《楚人》《三峡史诗》，出版有《钟增亚中国画选集》《钟增亚速写集》。

J0057943
苦了我一个幸福十亿人　张文源作
成都　四川美术出版社　1986 年　1 张　76cm（2 开）
定价：CNY0.22
中国现代年画作品。

J0057944
快乐的"迪斯科"　冼励强作
广州　岭南美术出版社　1986 年　1 张　76cm（2 开）
定价：CNY0.22
中国现代年画作品。

J0057945
快乐的假日　杨建明作
上海　上海人民美术出版社　1986 年　1 张
76cm（2 开）定价：CNY0.20
中国现代年画作品。

J0057946
快乐的游乐场　章育青作
上海　上海人民美术出版社　1986 年　1 张
76cm（2 开）定价：CNY0.20
中国现代年画作品。

J0057947
快乐长寿　马云桥作
广州　岭南美术出版社　1986 年　1 张　76cm（2 开）
定价：CNY0.23
中国现代年画作品。

J0057948
快乐长寿　马云桥作
广州　岭南美术出版社　1986 年　1 轴（卷轴）
附对联 1 副 107cm（全开）定价：CNY2.70
中国现代年画作品。

J0057949
兰花仙子　（蒙汉对照）陆福喜作
呼和浩特　内蒙古人民出版社　1986 年　1 张
76cm（2 开）定价：CNY0.20

中国现代年画作品。

J0057950
劳动致富　吴冰玉、徐清作
上海　上海书画出版社　1986 年　1 张　76cm（2 开）
定价：CNY0.20
中国现代年画作品。作者吴冰玉（1934—　），江苏无锡人。毕业于华东艺专。上海美术家协会会员、上海人民美术出版社画家、上海连环画研究会会员。擅长连环画、中国画。多次参加全国美展及上海市美展。作品绢本彩色藏族连环画《青蛙骑手》多次获奖。

J0057951
老师好　林惠珍作
沈阳　辽宁美术出版社　1986 年　1 张　76cm（2 开）
定价：CNY0.16
中国现代年画作品。

J0057952
狸猫换太子　王卉作
天津　天津人民美术出版社　1986 年　2 张
76cm（2 开）定价：CNY0.44
中国现代年画作品。

J0057953
李广周处　侯文发作
武汉　湖北美术出版社　1986 年　1 张　76cm（2 开）
定价：CNY0.22
中国现代年画作品。作者侯文发（1928—　），曾用名剑萍。广东梅州人。毕业于中南美专。中国书画家协会理事、中国国画家协会理事、广东省美术家协会会员。主要作品有《工地探亲》《宋湘》《三英战吕布》等。

J0057954
李后还宫　杨长胜作；林河文
天津　天津人民美术出版社　1986 年　2 张
76cm（2 开）定价：CNY0.44
中国现代年画作品。

J0057955
鲤鱼仙子　（蒙汉对照）刘宝贵，朱希斌作
呼和浩特　内蒙古人民出版社　1986 年　1 张
76cm（2 开）定价：CNY0.20

中国现代年画作品。

J0057956
立锤武将 侯世武, 侯荣作
昆明 云南人民出版社 1986 年 1 张 53cm（4 开）
定价：CNY0.14
　　中国现代年画作品。

J0057957
连环计 赵静东作
天津 天津人民美术出版社 1986 年 1 张
76cm（2 开）定价：CNY0.22
　　中国现代年画作品。

J0057958
连连报喜 安杰作
北京 人民体育出版社 1986 年 1 张 76cm（2 开）
定价：CNY0.25
　　中国现代年画作品。

J0057959
连年丰 邵培文作
广州 岭南美术出版社 1986 年 1 张 53cm（4 开）
定价：CNY0.08
　　中国现代年画作品。

J0057960
连年幸福 李明跃, 孙洪发作
沈阳 辽宁美术出版社 1986 年 1 张 76cm（2 开）
定价：CNY0.28
　　中国现代年画作品。

J0057961
连年有余 王功学作
哈尔滨 黑龙江美术出版社 1986 年 1 张
76cm（2 开）定价：CNY0.20
　　中国现代年画作品。

J0057962
连年有余 魏明全作
武汉 湖北美术出版社 1986 年 1 张 76cm（2 开）
定价：CNY0.22
　　中国现代年画作品。

J0057963
连年有余 成砺志作
北京 人民美术出版社 1986 年 1 张 76cm（2 开）
定价：CNY0.20
　　中国现代年画作品。

J0057964
连年有余 赵雨树作
成都 四川美术出版社 1986 年 1 张 53cm（4 开）
定价：CNY0.12
　　中国现代年画作品。

J0057965
连年有余 （缸鱼）
天津 杨柳青书画社 1986 年 1 张 76cm（2 开）
（杨柳青传统年画）
　　中国现代年画作品。

J0057966
连年有余 魏明全作
郑州 中原农民出版社 1986 年 1 张 76cm（2 开）
定价：CNY0.20
　　中国现代年画作品。

J0057967
连年有余户户春 高志华, 张万臣作
沈阳 辽宁美术出版社 1986 年 1 张 76cm（2 开）
定价：CNY0.20
　　中国现代年画作品。

J0057968
连年有余人添寿 李炳炎作
昆明 云南人民出版社 1986 年 1 张 76cm（2 开）
定价：CNY0.23
　　中国现代年画作品。

J0057969
梁山伯与祝英台 李中华作
成都 四川美术出版社 1986 年 1 张 76cm（2 开）
定价：CNY0.22
　　中国现代年画作品。

J0057970
林冲秦明 张锡武作
郑州 河南美术出版社 1986 年 1 张 53cm（4 开）

定价: CNY0.11
　　中国现代年画作品。

J0057971
林冲秦明　张锡武作
郑州 河南美术出版社 1986 年 1 张 76cm（2 开）
定价: CNY0.22
　　中国现代年画作品。

J0057972
林黛玉与贾宝玉　（蒙汉对照）于振波作
呼和浩特 内蒙古人民出版社 1986 年 1 张
76cm（2 开）定价: CNY0.20
　　中国现代年画作品。

J0057973
林山清集图　张洪千作
天津 天津人民美术出版社 1986 年 1 张（卷轴）
附对联 1 副 107cm（全开）定价: CNY2.20
　　中国现代年画作品。

J0057974
六子戏鱼　武海鹰作
石家庄 河北美术出版社 1986 年 1 张
76cm（2 开）定价: CNY0.20
　　中国现代年画作品。

J0057975
龙飞呈祥　刘称奇作
南昌 江西人民出版社 1986 年 1 张 76cm（2 开）
定价: CNY0.20
　　中国现代年画作品。

J0057976
龙飞呈祥　孙韬成作
杭州 浙江人民美术出版社 1986 年 1 张
53cm（4 开）定价: CNY0.25
　　中国现代年画作品。

J0057977
龙飞凤舞　李战云作
济南 山东美术出版社 1986 年 1 张 76cm（2 开）
定价: CNY0.21
　　中国现代年画作品。

J0057978
龙飞凤舞　孙洪发作
西安 陕西人民美术出版社 1986 年 1 张
76cm（2 开）定价: CNY0.22
　　中国现代年画作品。

J0057979
龙飞凤舞庆丰收　方敦传作
杭州 浙江人民美术出版社 1986 年 1 张
76cm（2 开）定价: CNY0.20
　　中国现代年画作品。

J0057980
龙飞凤舞喜临门　徐忠杰作
杭州 浙江人民美术出版社 1986 年 1 张
76cm（2 开）定价: CNY0.20
　　中国现代年画作品。

J0057981
龙飞迎新春　（蒙汉对照）徐秀芬作
呼和浩特 内蒙古人民出版社 1986 年 1 张
76cm（2 开）定价: CNY0.20
　　中国现代年画作品。

J0057982
龙凤呈祥　彭科锐作
成都 四川美术出版社 1986 年 1 张 76cm（2 开）
定价: CNY0.22
　　中国现代年画作品。

J0057983
龙凤双喜　（一）丁建东作
南京 江苏美术出版社 1986 年 1 张 76cm（2 开）
定价: CNY0.21
　　中国现代年画作品。

J0057984
龙凤双喜　（二）丁建东作
南京 江苏美术出版社 1986 年 1 张 76cm（2 开）
定价: CNY0.21
　　中国现代年画作品。

J0057985
龙凤送喜　郑坚石作
石家庄 河北美术出版社 1986 年 1 张

76cm（2开）定价：CNY0.20
　　中国现代年画作品。

J0057986
龙虎娃娃　刘玉斌作
上海 上海人民美术出版社 1986 年 1 张
76cm（2开）定价：CNY0.20
　　中国现代年画作品。

J0057987
龙女　永春作
沈阳 辽宁美术出版社 1986 年 2 张 76cm（2开）
定价：CNY0.42
　　中国现代年画作品。

J0057988
龙女　胡委伦作
杭州 浙江人民出版社 1986 年 2 张 76cm（2开）
定价：CNY0.40
　　中国现代年画作品。作者胡委伦（1948—　），
上海人。别名胡惠伦。擅长油画。毕业于中国
美术学院附中。曾任职于浙江遂昌婺剧团、丽水
地区越剧团、丽水地区艺术研究中心，二级美术
师。作品有《故乡情》《默默的路》《还是这条路》。

J0057989
龙女采珍宝　张德俊作
上海 上海人民美术出版社 1986 年 1 张
76cm（2开）定价：CNY0.20
　　中国现代年画作品。

J0057990
龙腾凤舞振兴中华　林美岚作
广州 岭南美术出版社 1986 年 1 张 53cm（4开）
定价：CNY0.13
　　中国现代年画作品。

J0057991
龙腾凤舞振兴中华　林美岚作
广州 岭南美术出版社 1986 年 1 张 76cm（2开）
定价：CNY0.25
　　中国现代年画作品。

J0057992
隆重的庆典　魏志刚作

天津 天津人民美术出版社 1986 年 1 张
76cm（2开）定价：CNY0.22
　　中国现代年画作品。

J0057993
庐山风光传　徐根福作
南昌 江西人民出版社 1986 年 2 张
107cm（全开）定价：CNY0.96
　　中国现代年画作品。

J0057994
庐山四季图　（春夏秋冬）刘称奇作
南昌 江西人民出版社 1986 年 2 张
107cm（全开）定价：CNY0.96
　　中国现代年画作品。

J0057995
陆文龙　何元庆　小龙作
郑州 河南美术出版社 1986 年 1 张 76cm（2开）
定价：CNY0.22
　　中国现代年画作品。

J0057996
陆文龙　何元庆　小龙作
郑州 河南美术出版社 1986 年 1 张 53cm（4开）
定价：CNY0.11
　　中国现代年画作品。

J0057997
录下一支幸福歌　王振太作
拉萨 西藏人民出版社 1986 年 1 张 53cm（4开）
定价：CNY0.20
　　中国现代年画作品。

J0057998
鹿鹤同春　王利锁作
哈尔滨 黑龙江美术出版社 1986 年 1 张
76cm（2开）定价：CNY0.20
　　中国现代年画作品。

J0057999
鹿鹤同春　马云桥作
沈阳 辽宁美术出版社 1986 年 1 张 76cm（2开）
定价：CNY0.20
　　中国现代年画作品。

J0058000
鹿鹤长春　高惠民作
哈尔滨 黑龙江美术出版社 1986 年 1 张
76cm（2 开）定价: CNY0.20
　　中国现代年画作品。

J0058001
罗成战线娘　付鲁沛, 李学荣作
西安 陕西人民美术出版社 1986 年 1 张
76cm（2 开）定价: CNY0.22
　　中国现代年画作品。

J0058002
洛神　焦志广作
哈尔滨 黑龙江美术出版社 1986 年 1 张
76cm（2 开）定价: CNY0.20
　　中国现代年画作品。

J0058003
吕布与貂蝉　杨作文作
石家庄 河北美术出版社 1986 年 1 张
76cm（2 开）定价: CNY0.20
　　中国现代年画作品。作者杨作文（1936—　），
画家。出生于河北威县。任中国书画研究院高
级美术师、中国国画家协会理事、冀南画院名誉
院长等。代表作品有《迎春图》《海河工地英雄
多》等。

J0058004
吕四娘　徐思, 秀时作
沈阳 辽宁美术出版社 1986 年 2 张 76cm（2 开）
定价: CNY0.42
　　中国现代年画作品。

J0058005
妈妈抱抱　田林海作
杭州 浙江人民美术出版社 1986 年 1 张
76cm（2 开）定价: CNY0.20
　　中国现代年画作品。

J0058006
麻姑献寿　周兆进作
呼和浩特 内蒙古人民出版社 1986 年 1 张
76cm（2 开）定价: CNY0.20
　　中国现代年画作品。

J0058007
麻姑献寿　邹起奎作
上海 上海人民美术出版社 1986 年 1 张
76cm（2 开）定价: CNY0.20
　　中国现代年画作品。

J0058008
满园春色　陈子达作
杭州 浙江人民美术出版社 1986 年 1 张
76cm（2 开）定价: CNY0.20
　　中国现代年画作品。作者陈子达（1958—　），
浙江杭州人。毕业于中国美术学院油画系。作
品《排球》被国际奥委会收藏。

J0058009
满园飘香　王素芝, 王连元作
哈尔滨 黑龙江美术出版社 1986 年 2 张
76cm（2 开）定价: CNY0.42
　　中国现代年画作品。

J0058010
猫蝶百花图　王荣作
上海 上海人民美术出版社 1986 年 1 张
76cm（2 开）定价: CNY0.20
　　中国现代年画作品。作者王荣, 字云石, 号
云中山人。 山西大同人。就读于中央美术学院
壁画系研究生班。国家一级美术师, 中国书画艺
术研究院副院长、山西省美术家协会会员、中国
山水画协会会员。作品有国画《疾风》《青山浮
动雨来初》《草原情》等。

J0058011
猫蝶图　葛荣环, 阎亚安作
哈尔滨 黑龙江美术出版社 1986 年 1 张
76cm（2 开）定价: CNY0.21
　　中国现代年画作品。

J0058012
猫蝶图　陈军作
天津 天津人民美术出版社 1986 年 1 张
76cm（2 开）定价: CNY0.22
　　中国现代年画作品。

J0058013
猫禧屏　（1—4）薛长山作

哈尔滨 黑龙江美术出版社 1986 年 2 张
76cm（2 开）定价：CNY0.42
　　中国现代年画作品。

J0058014
猫戏屏 （1—4）马天琪作
沈阳 辽宁美术出版社 1986 年 2 张 76cm（2 开）
定价：CNY0.42
　　中国现代年画作品。

J0058015
毛主席和元帅们在一起　樊怀章作
成都 四川美术出版社 1986 年 1 张 76cm（2 开）
定价：CNY0.20
　　中国现代年画作品。

J0058016
毛主席和元帅们在一起　樊怀章作
成都 四川美术出版社 1986 年 1 张
107cm（全开）定价：CNY0.48
　　中国现代年画作品。

J0058017
梅岭颂　樊怀章作
南昌 江西人民出版社 1986 年 1 张 76cm（2 开）
定价：CNY0.23
　　中国现代年画作品。

J0058018
梅鸟屏 （1—4）白铭作
沈阳 辽宁美术出版社 1986 年 2 张 76cm（2 开）
定价：CNY0.34
　　中国现代年画作品。

J0058019
美丽的花朵　陈宝万作
广州 岭南美术出版社 1986 年 1 张 76cm（2 开）
定价：CNY0.23
　　中国现代年画作品。

J0058020
美满幸福　潘隆正作
哈尔滨 黑龙江美术出版社 1986 年 1 张
76cm（2 开）定价：CNY0.20
　　中国现代年画作品。作者潘隆正（1944—　），

笔名晓牛。出生于重庆市。毕业于西南师范大
学美术系。历任重庆出版社美编室副主任、重庆
出版集团（美术）副编审、全国年画研究会理事、
西南大学育才学院美术学院副教授、重庆沧白书
画院副院长。作品有《红岩英烈——许晓轩》《挺
进大西南》《娃娃送宝·幸福吉祥》《哼哈二将》
《秦琼、敬德》《在知识的海洋里寻珍探宝》等。

J0058021
美满幸福　王英作
北京 人民美术出版社 1986 年 1 张 76cm（2 开）
定价：CNY0.26
　　中国现代年画作品。

J0058022
美满幸福　胡竹雨作
杭州 浙江人民美术出版社 1986 年 2 张
76cm（2 开）定价：CNY0.40
　　中国现代年画作品。

J0058023
美满姻缘　黄蜀华作
成都 四川美术出版社 1986 年 1 张（卷轴）
附对联 1 副 107cm（全开）定价：CNY2.40
　　中国现代年画作品。

J0058024
美满姻缘　李增吉作
成都 四川美术出版社 1986 年 1 张 76cm（2 开）
定价：CNY0.20
　　中国现代年画作品。

J0058025
美满姻缘屏 （一、二）唐忠跃作
成都 四川美术出版社 1986 年 1 张 76cm（2 开）
定价：CNY0.22
　　中国现代年画作品。

J0058026
美满姻缘屏 （三、四）唐忠跃作
成都 四川美术出版社 1986 年 1 张 76cm（2 开）
定价：CNY0.22
　　中国现代年画作品。

J0058027
门神　韩祖音作
上海　上海书画出版社 1986 年 1 张 76cm（2 开）
定价：CNY0.20
　　中国现代年画作品。

J0058028
孟母三迁　李慕白作
上海　上海人民美术出版社 1986 年 1
76cm（2 开）定价：CNY0.20
　　中国现代年画作品。

J0058029
咪咪　曾成金作
杭州　浙江人民美术出版社 1986 年 1 张
76cm（2 开）定价：CNY0.20
　　中国现代年画作品。

J0058030
民富国强　刘福泰作
长沙　湖南美术出版社 1986 年 1 张 76cm（2 开）
定价：CNY0.20
　　中国现代年画作品。

J0058031
名园十二景　游新民作
南昌　江西人民出版社 1986 年 2 张 76cm（2 开）
定价：CNY0.44
　　中国现代年画作品。

J0058032
鸣春图　冯英杰作
北京　人民美术出版社 1986 年 2 张 76cm（2 开）
定价：CNY0.54
　　中国现代年画作品。作者冯英杰（1932—　　），
书画花鸟画家。生于河北威县。作品有《鸡的工
笔画法》。

J0058033
母子戏鹦　史士明作
南昌　江西人民出版社 1986 年 1 张 76cm（2 开）
定价：CNY0.23
　　中国现代年画作品。

J0058034
母子英雄　赵梦林作
天津　天津人民美术出版社 1986 年 1 张
76cm（2 开）定价：CNY0.22
　　中国现代年画作品。作者赵梦林（1952—　　），
生于内蒙古察右前旗，祖籍山西忻州。代表作有
《三国人物绣像》《京剧脸谱》等。

J0058035
牡丹　张琪作
石家庄　河北美术出版社 1986 年 2 张
76cm（2 开）定价：CNY0.44
　　中国现代年画作品。

J0058036
牡丹亭　李学勤作
哈尔滨　黑龙江美术出版社 1986 年 1 张
76cm（2 开）定价：CNY0.20
　　中国现代年画作品。

J0058037
牡丹亭　（蒙汉对照）申同景作
呼和浩特　内蒙古人民出版社 1986 年 1 张
76cm（2 开）定价：CNY0.20
　　中国现代年画作品。

J0058038
牡丹亭　樊恒作
北京　人民美术出版社 1986 年 1 张 76cm（2 开）
定价：CNY0.26
　　中国现代年画作品。

J0058039
牡丹亭　王一定，王一之作
杭州　浙江人民美术出版社 1986 年 2 张
76cm（2 开）定价：CNY0.40
　　中国现代年画作品。作者王一定（1949—　　），
画家。浙江杭州人。浙江美术学院毕业。浙江
农业商贸职业学院艺术设计系学科带头人、装潢
美工教研室主任、讲师。作品有《飒爽新姿》（合
作）、《祖国·早晨好》。

J0058040
牡丹仙女　刘荣富作
哈尔滨　黑龙江美术出版社 1986 年 1 张

76cm（2开）定价：CNY0.20

中国现代年画作品。

J0058041

牡丹仙子　王文倩，张宝才作

沈阳 辽宁美术出版社 1986年 2张 76cm（2开）

定价：CNY0.42

中国现代年画作品。

J0058042

牡丹仙子和人参娃娃　王振羽作

上海 上海人民美术出版社 1986年 1张

76cm（2开）定价：CNY0.20

中国现代年画作品。作者王振羽（1946—　），画家。吉林人。毕业于辽宁艺术师范美术科，结业于鲁迅美术学院油画进修班。曾任舞美设计，抚顺市人民影院美工。擅长油画。作品有油画《寄信母校报丰收》，年画《桃李芬芳》，水彩画《北方十月》等。

J0058043

木兰荣归　李慕白作

上海 上海人民美术出版社 1986年 1张

76cm（2开）定价：CNY0.20

中国现代年画作品。

J0058044

牧歌　（蒙汉对照）郑通贵作

呼和浩特 内蒙古人民出版社 1986年 1张

76cm（2开）定价：CNY0.20

中国现代年画作品。

J0058045

牧羊女　朱嘉铭作

成都 四川美术出版社 1986年 1张 76cm（2开）

定价：CNY0.20

中国现代年画作品。

J0058046

穆柯寨　华瑜编文；赵梦林作

北京 人民美术出版社 1986年 1张 76cm（2开）

定价：CNY0.26

中国现代年画作品。

J0058047

穆柯寨结亲　张弓作

成都 四川美术出版社 1986年 1张 76cm（2开）

定价：CNY0.20

中国现代年画作品。

J0058048

哪吒出世　焦志广作

哈尔滨 黑龙江美术出版社 1986年 1张

76cm（2开）定价：CNY0.20

中国现代年画作品。

J0058049

哪吒出世　郭玉，曹勤作

沈阳 辽宁美术出版社 1986年 1张 76cm（2开）

定价：CNY0.20

中国现代年画作品。

J0058050

哪吒闹海　（冰上娃娃戏）徐世民作

北京 人民体育出版社 1986年 1张 76cm（2开）

定价：CNY0.25

中国现代年画作品。

J0058051

那达慕归来　刘俊贤作

呼和浩特 内蒙古人民出版社 1986年 2张

76cm（2开）定价：CNY0.40

中国现代年画作品。作者刘俊贤（1956—　），高级教师。天津静海人。毕业于内蒙古师范大学美术学院。中国美术家协会会员，任职于包钢第二中学。主要作品有《发卷之后》《钢厂晨曲》《北疆夕阳》《涉世》《旷野日记》等。

J0058052

奶茶飘香　（蒙汉对照）董俊等作

呼和浩特 内蒙古人民出版社 1986年 1张

76cm（2开）定价：CNY0.20

中国现代年画作品。

J0058053

南拳王　李晓锐作

呼和浩特 内蒙古人民出版社 1986年 2张

76cm（2开）定价：CNY0.40

中国现代年画作品。

J0058054

南天门雄姿·庐山三迭飞瀑 子南作

广州 岭南美术出版社 1986年 2张 76cm（2开）

定价：CNY0.50

中国现代年画作品。

J0058055

闹元宵 （蒙汉对照）孟瑛作

呼和浩特 内蒙古人民出版社 1986年 1张

76cm（2开）定价：CNY0.20

中国现代年画作品。

J0058056

年画四条屏 魏延滨作

南京 江苏美术出版社 1986年 4张 78cm（2开）

定价：CNY0.70

中国现代年画作品。

J0058057

年年大吉 华三川作

上海 上海书画出版社 1986年 1张［78cm］（3开）

定价：CNY0.14

中国现代年画作品。

J0058058

年年丰收家家有余 谢佩文作

广州 岭南美术出版社 1986年 1张 76cm（2开）

定价：CNY0.25

中国现代年画作品。

J0058059

年年如意 （蒙汉对照）李喜春作

呼和浩特 内蒙古人民出版社 1986年 1张

76cm（2开）定价：CNY0.20

中国现代年画作品。

J0058060

鸟语花香 王兴华作

沈阳 辽宁美术出版社 1986年 1张 76cm（2开）

定价：CNY0.20

中国现代年画作品。

J0058061

鸟语花香 车来通作

广州 岭南美术出版社 1986年 4张 76cm（2开）

定价：CNY0.46

中国现代年画作品。

J0058062

鸟语花香 牛忠元作

北京 人民美术出版社 1986年 2张 76cm（2开）

定价：CNY0.54

中国现代年画作品。作者牛忠元（1955—　），画家。河北霸州人。就读于河北师大美术系、中国北京画院工笔花鸟研修班和中央美术学院。中国画研究院著名工笔花鸟画专家。作品有《春光似锦》《风韵》《戈壁早春》《版纳深处》等。

J0058063

鸟语花香 张玉清作

太原 山西人民出版社 1986年 4张 76cm（2开）

定价：CNY0.54

中国现代年画作品。

J0058064

牛皋 何元庆 陈锡祥作

郑州 河南美术出版社 1986年 1张 53cm（4开）

定价：CNY0.11

中国现代年画作品。

J0058065

牛皋 何元庆 陈锡祥作

郑州 河南美术出版社 1986年 1张 76cm（2开）

定价：CNY0.22

中国现代年画作品。

J0058066

怒砍青龙旗 潘颖生作

北京 人民体育出版社 1986年 2张 76cm（2开）

定价：CNY0.50

中国现代年画作品。

J0058067

女文人屏 刘荣富作

哈尔滨 黑龙江美术出版社 1986年 2张

76cm（2开）定价：CNY0.42

中国现代年画作品。

J0058068

瓯江春晖 陈珠龙作

杭州 浙江人民美术出版社 1986 年 1 张
76cm（2 开）定价：CNY0.30
　　中国现代年画作品。

J0058069
跑旱船 （娃娃戏）张瑞恒作
天津 天津人民美术出版社 1986 年 1 张
76cm（2 开）定价：CNY0.22
　　中国现代年画作品。

J0058070
裴元庆　李元庆 孔令生作
昆明 云南人民出版社 1986 年 1 张 53cm（4 开）
定价：CNY0.14
　　中国现代年画作品。

J0058071
裴元庆　李元庆 孔令生作
昆明 云南人民出版社 1986 年 1 张 76cm（2 开）
定价：CNY0.23
　　中国现代年画作品。

J0058072
劈山救母 杨立群作
广州 岭南美术出版社 1986 年 1 张 76cm（2 开）
定价：CNY0.23
　　中国现代年画作品。

J0058073
普天同庆 周小愚作
长沙 湖南美术出版社 1986 年 1 张 53cm（4 开）
定价：CNY0.25
　　中国现代年画作品。

J0058074
普陀山胜境图 陈辉光作
上海 上海书画出版社 1986 年 1 张 76cm（2 开）
定价：CNY0.20
　　中国现代年画作品。作者陈辉光（1939—　），
上海人。工艺美术师。

J0058075
普陀山胜境图 陈辉光作
上海 上海书画出版社 1986 年 1 张
107cm（全开）定价：CNY0.40

中国现代年画作品。

J0058076
七剑下天山 彭明作
广州 岭南美术出版社 1986 年 1 张 76cm（2 开）
定价：CNY0.23
　　中国现代年画作品。

J0058077
七曲山大庙 龚学渊作
成都 四川美术出版社 1986 年 1 张（卷轴）
附对联 1 副 107cm（全开）定价：CNY2.80
　　中国现代年画作品。

J0058078
麒麟送宝 张桂英作
沈阳 辽宁美术出版社 1986 年 1 张 76cm（2 开）
定价：CNY0.20
　　中国现代年画作品。

J0058079
麒麟送子
天津 杨柳青书画社 1986 年 1 张 76cm（2 开）
（杨柳青传统年画）
　　中国现代年画作品。

J0058080
千里进财一帆风顺 尹孝本作
广州 科学普及出版社广州分社 1986 年 1 张
53cm（4 开）定价：CNY0.13
　　中国现代年画作品。

J0058081
千里送京娘 岫石编文；王丽铭绘画
南昌 江西人民出版社 1986 年 2 张 76cm（2 开）
定价：CNY0.48
　　中国现代年画作品。

J0058082
千秋颂 李俊生作
哈尔滨 黑龙江美术出版社 1986 年 1 张
76cm（2 开）定价：CNY0.20
　　中国现代年画作品。

J0058083
钱塘春色 朱子容作
杭州 浙江人民美术出版社 1986 年 1 张
76cm（2 开）定价：CNY0.30
　　中国现代年画作品。

J0058084
秦明 彭玘 侯文发作
广州 岭南美术出版社 1986 年 1 张 76cm（2 开）
定价：CNY0.25
　　中国现代年画作品。作者侯文发（1928—　），
曾用名剑萍。广东梅州人。毕业于中南美专。
中国书画家协会理事、中国国画家协会理事、广
东省美术家协会会员。主要作品有《工地探亲》
《宋湘》《三英战吕布》等。

J0058085
秦明 彭玘 侯文发作
广州 岭南美术出版社 1986 年 1 张 53cm（4 开）
定价：CNY0.13
　　中国现代年画作品。

J0058086
秦明 索超 邓敦伟作
南宁 广西人民出版社 1986 年 1 张 76cm（2 开）
定价：CNY0.24
　　中国现代年画作品。

J0058087
秦明 索超 邓敦伟作
南宁 广西人民出版社 1986 年 1 张 53cm（4 开）
定价：CNY0.12
　　中国现代年画作品。

J0058088
秦琼 敬德 肖潜作
郑州 河南美术出版社 1986 年 1 张 76cm（2 开）
定价：CNY0.22
　　中国现代年画作品。

J0058089
秦琼 敬德 肖潜作
郑州 河南美术出版社 1986 年 1 张 53cm（4 开）
定价：CNY0.11
　　中国现代年画作品。

J0058090
秦琼 敬德 冯杰作
南昌 江西人民出版社 1986 年 1 张 76cm（2 开）
定价：CNY0.20
　　中国现代年画作品。

J0058091
秦琼 牛皋 张锡武作
南昌 江西人民出版社 1986 年 1 张 76cm（2 开）
定价：CNY0.20
　　中国现代年画作品。

J0058092
秦琼 尉迟恭 潘培德作
成都 四川美术出版社 1986 年 1 张 53cm（4 开）
定价：CNY0.50
　　中国现代年画作品。

J0058093
秦叔宝 尉迟恭 江苏美术出版社编
南京 江苏美术出版社 1986 年 2 张 78cm（2 开）
定价：CNY0.32
　　中国现代年画作品。

J0058094
琴棋书画 季阳作
南昌 江西人民出版社 1986 年 2 张
107cm（全开）定价：CNY0.96
　　中国现代年画作品。

J0058095
勤劳致富 安杰作
哈尔滨 黑龙江美术出版社 1986 年 1 张
76cm（2 开）定价：CNY0.20
　　中国现代年画作品。

J0058096
勤劳致富 刘宝贵作
广州 岭南美术出版社 1986 年 1 张 53cm（4 开）
定价：CNY0.23
　　中国现代年画作品。

J0058097
勤劳致富 刘佩珩作
天津 天津人民美术出版社 1986 年 1 张

76cm（2开）定价：CNY0.22
中国现代年画作品。

J0058098
青春的旋律　林清和作
成都 四川美术出版社 1986 年 1 张 76cm（2 开）
定价：CNY0.20
中国现代年画作品。

J0058099
青春倩影　杨忠福作
石家庄 河北美术出版社 1986 年 2 张
76cm（2 开）定价：CNY0.44
中国现代年画作品。

J0058100
青春曲　马乐群作
上海 上海人民美术出版社 1986 年 1 张
76cm（2 开）定价：CNY0.20
中国现代年画作品。

J0058101
青春舞步　王炳坤作
广州 岭南美术出版社 1986 年 1 张 76cm（2 开）
定价：CNY0.23
中国现代年画作品。

J0058102
青春之歌　（蒙汉对照）李学勤作
呼和浩特 内蒙古人民出版社 1986 年 1 张
76cm（2 开）定价：CNY0.20
中国现代年画作品。

J0058103
青山楼观　张洪千作
郑州 河南美术出版社 1986 年 4 张（卷轴）
76cm（2 开）定价：CNY3.00
中国现代年画作品。

J0058104
青山楼观　张洪千作
郑州 河南美术出版社 1986 年 4 张 76cm（2 开）
定价：CNY1.00
中国现代年画作品。

J0058105
青狮白象　魏明全作
郑州 河南美术出版社 1986 年 1 张 53cm（4 开）
定价：CNY0.11
中国现代年画作品。

J0058106
青狮白象　魏明全作
郑州 河南美术出版社 1986 年 1 张 76cm（2 开）
定价：CNY0.22
中国现代年画作品。

J0058107
轻描淡彩　王爱珠作
广州 岭南美术出版社 1986 年 1 张 76cm（2 开）
定价：CNY0.23
中国现代年画作品。

J0058108
清风绿甲子新秋　张永茂作
西安 陕西人民美术出版社 1986 年 1 张
85cm（3 开）定价：CNY0.15
中国现代年画作品。

J0058109
情深意长　刘文沪作
杭州 浙江人民美术出版社 1986 年 1 张
76cm（2 开）定价：CNY0.20
中国现代年画作品。

J0058110
晴岚山暖翠图　施立华作
上海 上海书画出版社 1986 年 1 张 76cm（2 开）
定价：CNY0.20
中国现代年画作品。作者施立华（1940—　），
上海人。毕业于浙江美术学院国画系。历任日
本秋田市水墨画研究会顾问、上海师范大学艺术
系教师。出版有《施立华画册》等。

J0058111
晴雯撕扇　李慕白作
上海 上海人民美术出版社 1986 年 1 张
76cm（2 开）定价：CNY0.20
中国现代年画作品。

J0058112
请喝一碗马奶酒 （蒙汉对照）郭鸿印作
呼和浩特 内蒙古人民出版社 1986 年 1 张
76cm（2 开）定价：CNY0.20
中国现代年画作品。

J0058113
庆丰祝寿 杨立群作
哈尔滨 黑龙江美术出版社 1986 年 1 张
76cm（2 开）定价：CNY0.20
中国现代年画作品。

J0058114
群芳斗妍 （1-4）赵幼华作
长春 吉林美术出版社 1986 年 2 张 76cm（2 开）
定价：CNY0.42
中国现代年画作品。

J0058115
群芳谱 陈学璋作
杭州 浙江人民美术出版社 1986 年 4 张
78cm（2 开）定价：CNY0.40
中国现代年画作品。

J0058116
群芳献寿 张惠敏作
石家庄 河北美术出版社 1986 年 1 张
76cm（2 开）定价：CNY0.20
中国现代年画作品。

J0058117
群鹤飞鸣
上海 上海人民美术出版社 1986 年 1 张
53cm（4 开）定价：CNY0.10
中国现代年画作品。

J0058118
群猫欢乐 李思作
北京 人民美术出版社 1986 年 2 张 76cm（2 开）
定价：CNY0.42
中国现代年画作品。

J0058119
群猫嬉戏 米春茂作
郑州 河南美术出版社 1986 年 4 张（卷轴）

76cm（2 开）定价：CNY2.10
中国现代年画作品。

J0058120
群狮图
济南 山东美术出版社 1986 年 1 张 76cm（2 开）
定价：CNY0.21
中国现代年画作品。

J0058121
群仙祝寿图 张瑞恒作
天津 天津人民美术出版社 1986 年 1 张（卷轴）
附对联 1 副 107cm（全开）定价：CNY2.20
中国现代年画作品。

J0058122
热带鱼 马乐群作
上海 上海人民美术出版社 1986 年 1 张
85cm（3 开）定价：CNY0.16
中国现代年画作品。

J0058123
人参娃娃 成砺志作
南京 江苏美术出版社 1986 年 1 张 76cm（2 开）
定价：CNY0.21
中国现代年画作品。

J0058124
人面桃花 李慕白作
广州 岭南美术出版社 1986 年 1 张 76cm（2 开）
定价：CNY0.23
中国现代年画作品。

J0058125
人民功臣 卢德辉作
天津 天津人民美术出版社 1986 年 1 张
76cm（2 开）定价：CNY0.22
中国现代年画作品。

J0058126
人民领袖 樊怀章作
成都 四川美术出版社 1986 年 1 张（卷轴）
附对联 1 副 107cm（全开）定价：CNY2.80
本作品为年画形式的国家领袖肖像画。

J0058127

人民英雄卫国功臣　刘士铮作

昆明　云南人民出版社　1986 年　1 张　76cm（2 开）

定价：CNY0.13

　　中国现代年画作品。

J0058128

人人幸福　陈华民作

沈阳　辽宁美术出版社　1986 年　1 张　76cm（2 开）

定价：CNY0.20

　　中国现代年画作品。

J0058129

人人幸福　陈华民作

广州　岭南美术出版社　1986 年　1 张　76cm（2 开）

定价：CNY0.25

　　中国现代年画作品。

J0058130

人人幸福　陈华民作

广州　岭南美术出版社　1986 年　1 张　53cm（4 开）

定价：CNY0.13

　　中国现代年画作品。

J0058131

人寿年丰　顾国治作

武汉　湖北美术出版社　1986 年　1 张　76cm（2 开）

定价：CNY0.22

　　中国现代年画作品。

J0058132

人寿年丰　（蒙汉对照）刘友仁作

呼和浩特　内蒙古人民出版社　1986 年　1 张

76cm（2 开）定价：CNY0.20

　　中国现代年画作品。

J0058133

人寿年丰　顾国治作

北京　人民美术出版社　1986 年　1 张　76cm（2 开）

定价：CNY0.23

　　中国现代年画作品。

J0058134

人寿年丰　杨银乐作

西安　陕西人民美术出版社　1986 年　1 张

76cm（2 开）定价：CNY0.22

　　中国现代年画作品。

J0058135

人寿年丰；幸福有余　戴衍彬作

重庆　重庆出版社　1986 年　1 张　76cm（2 开）

定价：CNY0.22

　　中国现代年画作品。

J0058136

人寿年丰福满门　（方斗）回增荣作

哈尔滨　黑龙江出版社　1986 年　1 张　76cm（2 开）

定价：CNY0.22

　　中国现代年画作品。

J0058137

日子越过越香甜　王福增作

上海　上海人民美术出版社　1986 年　1 张

76cm（2 开）定价：CNY0.20

　　中国现代年画作品。

J0058138

瑞鹤图　黄锡令作

沈阳　辽宁美术出版社　1986 年　1 张　85cm（3 开）

定价：CNY0.20

　　中国现代年画作品。

J0058139

瑞鸟祥花　张广力作

广州　岭南美术出版社　1986 年　2 张　76cm（2 开）

定价：CNY0.50

　　中国现代年画作品。

J0058140

瑞鸟祥花　张广力作

广州　岭南美术出版社　1986 年　2 张（卷轴）

76cm（2 开）定价：CNY1.30

　　中国现代年画作品。

J0058141

洒满神州幸福种

北京　人民美术出版社　1986 年　1 张　76cm（2 开）

定价：CNY0.26

　　中国现代年画作品。

J0058142
撒向人间都是爱　王增福作
哈尔滨 黑龙江美术出版社 1986 年 1 张
76cm（2 开）定价：CNY0.20
　　中国现代年画作品。

J0058143
三拜花堂　淑琴，新滨作
沈阳 辽宁美术出版社 1986 年 2 张 76cm（2 开）
定价：CNY0.42
　　中国现代年画作品。

J0058144
三岔口　（娃娃戏）林成轮作
天津 天津人民美术出版社 1986 年 1 张
76cm（2 开）定价：CNY0.22
　　中国现代年画作品。

J0058145
三恭富贵图　吕德胜作
杭州 浙江人民美术出版社 1986 年 1 张
76cm（2 开）定价：CNY0.20
　　中国现代年画作品。

J0058146
三国故事　刘荣富作
广州 岭南美术出版社 1986 年 2 张 76cm（2 开）
定价：CNY0.46
　　中国现代年画作品。

J0058147
三国名将　梁任岭作
南宁 广西人民美术出版社 1986 年 1 张
107cm（全开）定价：CNY0.58
　　中国现代年画作品。

J0058148
三国名将　孙红侠作
郑州 河南美术出版社 1986 年 1 张 76cm（2 开）
定价：CNY0.22
　　中国现代年画作品。

J0058149
三国名将　孙红侠作
郑州 河南美术出版社 1986 年 1 张 53cm（4 开）

定价：CNY0.11
　　中国现代年画作品。

J0058150
三国名将　（庞德、徐幌）陈致信作
重庆 重庆出版社 1986 年 1 张 76cm（2 开）
定价：CNY0.28
　　中国现代年画作品。

J0058151
三国英雄赵云　裴文璐作
昆明 云南人民美术出版社 1986 年 1 张
53cm（4 开）定价：CNY0.14
　　中国现代年画作品。作者裴文璐(1944—　)，
出生于昆明。中国美术家协会会员。云南艺术
学院客座教授、云南省公安厅文联书画院名誉院
长。代表作品有《瑞丽江畔》《赶摆》。

J0058152
三请穆桂英　朱淑媛，李林祥作
沈阳 辽宁美术出版社 1986 年 2 张 76cm（2 开）
定价：CNY0.42
　　中国现代年画作品。

J0058153
三星高照绘新图　张瑞恒作
天津 天津人民美术出版社 1986 年 1 张（卷轴）
附对联 1 副 107cm（全开）定价：CNY4.00
　　中国现代年画作品。

J0058154
三星图　成砺志作
南京 江苏美术出版社 1986 年 1 张（卷轴）
附对联 1 副 107cm（全开）定价：CNY3.00
　　中国现代年画作品。

J0058155
三星图　苏州桃花坞木刻年画社供稿
南京 江苏美术出版社 1986 年 1 张（卷轴）
附对联 1 副 107cm（全开）定价：CNY3.90
　　中国现代年画作品。

J0058156
三英战吕布　宗万华作
天津 天津人民美术出版社 1986 年 1 张

76cm（2 开）定价：CNY0.22
　　中国现代年画作品。

J0058157
三战吕布　王连元，王子翀作
哈尔滨 黑龙江美术出版社 1986 年 1 张
76cm（2 开）定价：CNY0.20
　　中国现代年画作品。

J0058158
扫除脂粉呈风骨；褪却红衣学澹装　张永茂作
西安 陕西人民美术出版社 1986 年 1 张
85cm（3 开）定价：CNY0.15
　　中国现代年画作品。

J0058159
山高水长　张大昕作
上海 上海人民美术出版社 1986 年 1 张（卷轴）
附对联 1 副 107cm（全开）定价：CNY2.60
　　中国现代年画作品。

J0058160
山口百惠　季阳作
南昌 江西人民出版社 1986 年 1 张
107cm（全开）定价：CNY0.22
　　中国现代年画作品。作者季阳（1941—　　），
画家。上海人。毕业于浙江美术学院版画系。
曾任职于浙北报社、嘉兴地区电影公司、浙江省
电影公司。中国美术学院视传设计系研究生教
研室主任。作品有版画《忧》《啊，瑞雪》，招贴
画《听从祖国召唤》《胭脂》等，出版有《电影宣
传》《平面广告艺术》《编排艺术》等。

J0058161
山口百惠和三浦友和　陈继武作
杭州 杭州人民美术出版社 1986 年 1 张
76cm（2 开）定价：CNY0.20
　　中国现代年画作品。

J0058162
山青水秀　刘称奇作
天津 天津人民美术出版社 1986 年 1 张
76cm（2 开）定价：CNY0.22
　　中国现代年画作品。

J0059653
山清水秀诗意浓　王忠年作
沈阳 辽宁美术出版社 1986 年 2 张 76cm（2 开）
定价：CNY0.42
　　中国现代年画作品。

J0058163
山西版年画缩样　（1987）
太原［1986 年］18cm（32 开）

J0058164
赏花扑蝶　汪苗作
杭州 浙江人民美术出版社 1986 年 1 张
76cm（2 开）定价：CNY0.20
　　中国现代年画作品。

J0058165
上海滩　金年华；靳立华文
天津 天津人民美术出版社 1986 年 2 张
76cm（2 开）定价：CNY0.22
　　中国现代年画作品。

J0058166
上山虎　谢呈祥，刘俊贤作
天津 天津人民美术出版社 1986 年 1 张
76cm（2 开 ）定价：CNY0.22
　　中国现代年画作品。作者刘俊贤（1956—　　），
高级教师。天津静海人。毕业于内蒙古师范大
学美术学院。中国美术家协会会员，任职于包钢
第二中学。主要作品有《发卷之后》《钢厂晨曲》
《北疆夕阳》《涉世》《旷野日记》等。

J0058167
少林小子　赵静东作
天津 天津人民美术出版社 1986 年 1 张
76cm（2 开）定价：CNY0.22
　　中国现代年画作品。

J0058168
神笔马良　邵培文作
沈阳 辽宁美术出版社 1986 年 1 张 76cm（2 开）
定价：CNY0.16
　　中国现代年画作品。

J0058169
神腿　温承城，吴以达作
北京 人民体育出版社 1986 年 2 张 76cm（2 开）
定价：CNY0.50
中国现代年画作品。

J0058170
神州擂　聂秀功，张德俊作
南京 江苏美术出版社 1986 年 2 张 76cm（2 开）
定价：CNY0.46
中国现代年画作品。

J0058171
笙声凤舞　华三川作
南昌 江西人民出版社 1986 年 1 张 76cm（2 开）
定价：CNY0.23
中国现代年画作品。

J0058172
盛唐乐舞　葛青，赵承鑫作
石家庄 河北美术出版社 1986 年 1 张
76cm（2 开）定价：CNY0.20
中国现代年画作品。

J0058173
狮虎武将　李德明作
重庆 重庆出版社 1986 年 1 张 76cm（2 开）
定价：CNY0.28
中国现代年画作品。

J0058174
十八班武艺　苏茂隆作
成都 四川美术出版社 1986 年 1 张 76cm（2 开）
定价：CNY0.20
中国现代年画作品。

J0058175
十八班武艺英雄谱　刘克青作
南宁 广西人民美术出版社 1986 年 1 张
107cm（全开）定价：CNY0.58
中国现代年画作品。

J0058176
十八班武艺英雄谱　刘克清作
南宁 广西人民美术出版社 1986 年 1 张

76cm（2 开）定价：CNY0.25
中国现代年画作品。

J0058177
十八般武艺　苏茂隆作
成都 四川美术出版社 1986 年 1 张
107cm（全开）定价：CNY0.23
中国现代年画作品。

J0058178
十八般武艺英雄谱　刘克青作
南宁 广西人民出版社 1986 年 1 张
107cm（全开）定价：CNY0.58
中国现代年画作品。

J0058179
十八般武艺英雄谱　刘克清作
南宁 广西人民出版社 1986 年 1 张
107cm（全开）定价：CNY0.25
中国现代年画作品。

J0058180
十三妹　王小路作
石家庄 河北美术出版社 1986 年 1 张
76cm（2 开）定价：CNY0.20
中国现代年画作品。

J0058181
十三妹　（娃娃戏）张莺作
天津 天津人民美术出版社 1986 年 1 张
76cm（2 开）定价：CNY0.22
中国现代年画作品。

J0058182
石钟山胜景图　王忠年作
沈阳 辽宁美术出版社 1986 年 1 张（卷轴）
附对联 1 副 107cm（全开）定价：CNY1.80
中国现代年画作品。

J0058183
史湘云醉卧芍药床　李慕白，金雪尘作
上海 上海人民美术出版社 1986 年 1 张
76cm（2 开）定价：CNY0.20
中国现代年画作品。

J0058184
仕女戏鱼　林惠珍作
广州 岭南美术出版社 1986 年 1 张 76cm（2 开）
定价：CNY0.23
　　中国现代年画作品。

J0058185
事事如意　刘景龙作
天津 天津人民美术出版社 1986 年 1 张
76cm（2 开）定价：CNY0.22
　　中国现代年画作品。

J0058186
事事如意庆有余　李建章作
石家庄 河北美术出版社 1986 年 1 张
76cm（2 开）定价：CNY0.20
　　中国现代年画作品。

J0058187
事喜图　叶玉昶作
杭州 浙江人民美术出版社 1986 年 1 张
76cm（2 开）定价：CNY0.30
　　中国现代年画作品。

J0058188
首都节日盛况　章育青作
上海 上海人民美术出版社 1986 年 1 张
76cm（2 开）定价：CNY0.20
　　中国现代年画作品。

J0058189
寿比南山　成砺志作
杭州 杭州人民美术出版社 1986 年 1 张（卷轴）
附对联 1 副 107cm（全开）定价：CNY3.50
　　中国现代年画作品。

J0058190
寿比南山　王克印作
武汉 湖北美术出版社 1986 年 1 张（卷轴）
附对联 1 副 107cm（全开）定价：CNY4.80
　　中国现代年画作品。

J0058191
寿比南山　王玉琦作
广州 岭南美术出版社 1986 年 1 张 76cm（2 开）

定价：CNY0.23
　　中国现代年画作品。

J0058192
寿比南山　陈英，陈明作
天津 天津人民美术出版社 1986 年 1 张
76cm（2 开）定价：CNY0.22
　　中国现代年画作品。

J0058193
寿比南山　成砺志作
杭州 浙江人民美术出版社 1986 年 1 张
107cm（全开）定价：CNY0.80
　　中国现代年画作品。

J0058194
寿比南山　成砺志作
杭州 浙江人民美术出版社 1986 年 1 张
107cm（全开）定价：CNY1.20
　　中国现代年画作品。

J0058195
寿酒图　彭海清作
上海 上海人民美术出版社 1986 年 1 张
76cm（2 开）定价：CNY0.20
　　中国现代年画作品。

J0058196
寿乐童欢　李增吉作
成都 四川美术出版社 1986 年 1 张 76cm（2 开）
定价：CNY0.20
　　中国现代年画作品。

J0058197
寿禧　安杰作
上海 上海书画出版社 1986 年 2 张 76cm（2 开）
定价：CNY0.40
　　中国现代年画作品。

J0058198
寿星福　杨春生作
沈阳 辽宁美术出版社 1986 年 1 张 76cm（2 开）
定价：CNY0.28
　　中国现代年画作品。

J0058199
寿星老　林成翰作
哈尔滨 黑龙江美术出版社 1986 年 1 张
76cm（2 开）定价: CNY0.20
　　中国现代年画作品。

J0058200
寿星图　杨云清作
南京 江苏古籍出版社 1986 年 1 张（卷轴）
附对联 1 副 107cm（全开）定价: CNY3.90
　　中国现代年画作品。

J0058201
寿星图　杨振华作
沈阳 辽宁美术出版社 1986 年 1 张 76cm（2 开）
定价: CNY0.20
　　中国现代年画作品。

J0058202
寿星图　张振华作
沈阳 辽宁美术出版社 1986 年 1 张（卷轴）
附对联 1 副 107cm（全开）定价: CNY1.80
　　中国现代年画作品。

J0058203
绶带　（1-4）张福琪作
天津 天津人民美术出版社 1986 年 4 张（卷轴）
76cm（2 开）定价: CNY2.20
　　中国现代年画作品。

J0058204
蜀汉名将屏　刘富荣作
长沙 湖北美术出版社 1986 年 2 张 76cm（2 开）
定价 CNY0.40
　　中国现代年画作品。

J0058205
蜀山耸翠　赵映宝作
成都 四川美术出版社 1986 年 1 张 76cm（2 开）
定价: CNY0.20
　　中国现代年画作品。

J0058206
双虎　靳涛作
北京 人民美术出版社 1986 年 1 张 76cm（2 开）

定价: CNY0.26
　　中国现代年画作品。作者靳涛（1926—2015），美术编辑、教授。山东烟台人。历任山东省文联美术编辑、山东省美术创作工作室副主任、山东人民出版社画报编辑室主编、山东轻工业大学教授等。作品有《古木积雪》《双虎图》等，出版有《靳涛水彩画集》《靳涛作品选》。

J0058207
双虎图　张善孖作
福州 福建美术出版社 1986 年 1 张（卷轴）
附对联 1 副 107cm（全开）定价: CNY3.00
　　中国现代年画作品。作者张善孖（1882—1940），画家、教授。名泽，字善孖、字善孖，一作善子，又作善之，号虎痴。四川内江人。张大千之二兄，少年从母学画，曾投李瑞清门下。曾任上海美术专科学校教授。擅画走兽、山水、花卉。传世代表作品有《雄狮图》《正气歌》等。

J0058208
双虎图　张善孖作
重庆 重庆出版社 1986 年 1 张 76cm（2 开）
定价: CNY0.22
　　中国现代年画作品。

J0058209
双将图　项群作
昆明 云南人民出版社 1986 年 1 张 53cm（4开）
定价: CNY0.14
　　中国现代年画作品。

J0058210
双将图　项群作
昆明 云南人民出版社 1986 年 1 张 76cm（2 开）
定价: CNY0.23
　　中国现代年画作品。

J0058211
双猫图　林成翰作
长沙 湖南美术出版社 1986 年 1 张 76cm（2 开）
定价: CNY0.20
　　中国现代年画作品。

J0058212
双猫图　刘乃勇作

济南 山东美术出版社 1986 年 1 张 76cm（2 开）
定价：CNY0.21
　　中国现代年画作品。

J0058213
双狮图　陈家礼作
成都 四川美术出版社 1986 年 1 张 76cm（2 开）
定价：CNY0.22
　　中国现代年画作品。

J0058214
双兔献礼　高晴作
南京 江苏美术出版社 1986 年 1 张 76cm（2 开）
定价：CNY0.21
　　中国现代年画作品。

J0058215
双喜　李中文作
武汉 湖北美术出版社 1986 年 1 张 76cm（2 开）
定价：CNY0.22
　　中国现代年画作品。

J0058216
双喜临门　彤庆作
北京 人民美术出版社 1986 年 1 张 76cm（2 开）
定价：CNY0.20
　　中国现代年画作品。

J0058217
双喜图　蔡传隆作
杭州 杭州人民美术出版社 1986 年 1 张
107cm（全开）定价：CNY0.80
　　中国现代年画作品。

J0058218
双喜图　文国林作
南昌 江西人民出版社 1986 年 1 张 76cm（2 开）
定价：CNY0.23
　　中国现代年画作品。

J0058219
双喜图　徐飞鸿，林伟光作
上海 上海人民美术出版社 1986 年 1 张
76cm（2 开）定价：CNY0.20
　　中国现代年画作品。

J0058220
双鱼齐跃　王伟戍作
上海 上海人民美术出版社 1986 年 1 张
76cm（2 开）定价：CNY0.20
　　中国现代年画作品。

J0058221
双鱼戏宝　郭淑玉作
济南 山东美术出版社 1986 年 1 张 76cm（2 开）
定价：CNY0.21
　　中国现代年画作品。

J0058222
双珠凤　谢同纱作
上海 上海人民美术出版社 1986 年 1 张
76cm（2 开）定价：CNY0.20
　　中国现代年画作品。

J0058223
水浒人物　任苣作
郑州 河南美术出版社 1986 年 1 张 76cm（2 开）
定价：CNY0.22
　　中国现代年画作品。

J0058224
水浒人物　任苣作
郑州 河南美术出版社 1986 年 1 张 53cm（4 开）
定价：CNY0.11
　　中国现代年画作品。

J0058225
水浒人物　（卢俊义、呼延灼）廖金玉作
成都 四川美术出版社 1986 年 1 张 76cm（2 开）
定价：CNY0.22
　　中国现代年画作品。

J0058226
水浒人物绣像　胡委伦作
杭州 浙江人民出版社 1986 年 2 张 76cm（2 开）
定价：CNY0.40
　　中国现代年画作品。作者胡委伦（1948—　），
上海人。别名胡惠伦。擅长油画。毕业于中国
美术学院附中。曾任职于浙江遂昌婺剧团、丽水
地区越剧团、丽水地区艺术研究中心，二级美术
师。作品有《故乡情》《默默的路》《还是这条路》。

J0058227
水浒人物一百单八将　任率英等作
北京 人民美术出版社 1986 年 2 张 76cm（2 开）
定价：CNY0.54
　　中国现代年画作品。作者任率英（1911—1989），画家。原名敬表。河北束鹿人。擅长工笔画、连环画、年画。历任中国美术家协会会员、中国连环画研究会顾问、北京东方书画研究社社长、北京工笔重彩画协会副会长、北京中国画研究会理事、北京工业大学书画协会顾问。代表作品《嫦娥奔月》《洛神图》《梁红玉击鼓战金山》等。

J0058228
水浒英雄　李德明作
重庆 重庆出版社 1986 年 1 张 76cm（2 开）
定价：CNY0.28
　　中国现代年画作品。

J0058229
水漫金山　曾中天作
成都 四川美术出版社 1986 年 1 张 76cm（2 开）
定价：CNY0.20
　　中国现代年画作品。

J0058230
硕果四季飘香　纪宇作
天津 天津人民美术出版社 1986 年 1 张
76cm（2 开）定价：CNY0.22
　　中国现代年画作品。

J0058231
硕果献给党　（蒙汉对照）王利锁作
呼和浩特 内蒙古人民出版社 1986 年 1 张
[78cm]（2 开）定价：CNY0.20
　　中国现代年画作品。

J0058232
四大金刚斗悟空　冯杰作
南昌 江西人民出版社 1986 年 1 张 76cm（2 开）
定价：CNY0.23
　　中国现代年画作品。

J0058233
四化花开连年有余　谷学忠作

哈尔滨 黑龙江美术出版社 1986 年 1 张
76cm（2 开）定价：CNY0.20
　　中国现代年画作品。

J0058234
四化如意国富民强　徐凡作
南京 江苏美术出版社 1986 年 2 张 53cm（4 开）
定价：CNY0.22
　　中国现代年画作品。

J0058235
四季芬芬　兴福作
沈阳 辽宁美术出版社 1986 年 4 张（卷轴）
53cm（4 开）
　　中国现代年画作品。

J0058236
四季花卉　周升寅，周升达作
天津 天津人民美术出版社 1986 年 4 张（卷轴）
76cm（2 开）定价：CNY1.90
　　中国现代年画作品。

J0058237
四季花鸟　江宏伟作
南京 江苏美术出版社 1986 年 2 张 76cm（2 开）
定价：CNY0.46
　　中国现代年画作品。作者江宏伟（1957—　），画家、教授。生于江苏无锡。毕业于南京艺术学院美术系。历任南京艺术学院副教授，中国艺术研究院研究员、博士生导师，中国艺术研究院艺术创作指导委员会副主任、中央美院兼职教授。代表作品有《荷花栖鸟》《秋趣》。

J0058238
四季花鸟　（1—4）张玉龙作
南昌 江西人民出版社 1986 年 2 张 76cm（2 开）
定价：CNY0.48
　　中国现代年画作品。

J0058239
四季花鸟　（蒙汉对照）杨晓晖作
呼和浩特 内蒙古人民出版社 1986 年 2 张
76cm（2 开）定价：CNY0.40
　　中国现代年画作品。作者杨晓晖（1942—　），教授。江苏南通人。毕业于南京师大美术系。

任中国国画家协会理事、南通大学艺术学院教授等职。代表作有《百猫图》《万蝶图》《中国画的题款和钤印》等。

J0058240

四季花鸟屏　吴东奋作

广州　岭南美术出版社 1986 年 4 张 76cm（2 开）定价：CNY1.00

　　中国现代年画作品。

J0058241

四季花鸟屏　赵雨树作

上海　上海人民美术出版社 1986 年 2 张 76cm（2 开）定价：CNY0.40

　　中国现代年画作品。

J0058242

四季花仙　（1—4）范恩树作

长春　吉林美术出版社 1986 年 2 张 76cm（2 开）定价：CNY0.42

　　中国现代年画作品。

J0058243

四季花仙　俎薇作

北京　人民美术出版社 1986 年 2 张 76cm（2 开）定价：CNY0.54

　　中国现代年画作品。

J0058244

四季康乐　张路红作

上海　上海人民美术出版社 1986 年 1 张 76cm（2 开）定价：CNY0.20

　　中国现代年画作品。

J0058245

四季平安　（1—4）徐世民作

沈阳　辽宁美术出版社 1986 年 2 张 76cm（2 开）定价：CNY0.42

　　中国现代年画作品。

J0058246

四季平安　王开术作

成都　四川美术出版社 1986 年 1 张 76cm（2 开）定价：CNY0.20

　　中国现代年画作品。

J0058247

四季平安　薛长山作

杭州　浙江人民出版社 1986 年 2 张 76cm（2 开）定价：CNY0.40

　　中国现代年画作品。

J0058248

四季如春　韦献青作

上海　上海人民美术出版社 1986 年 2 张 76cm（2 开）定价：CNY0.40

　　中国现代年画作品。

J0058249

四季仕女图　刘金珠作

杭州　浙江人民出版社 1986 年 4 张 78cm（2 开）定价：CNY0.60

　　中国现代年画作品。

J0058250

四季迎春　安杰作

北京　人民美术出版社 1986 年 2 张 76cm（2 开）定价：CNY0.26

　　中国现代年画作品。

J0058251

四美图　（1—4）曹淑琴，王新滨作

沈阳　辽宁美术出版社 1986 年 2 张 76cm（2 开）定价：CNY0.42

　　中国现代年画作品。

J0058252

四美图　邹起奎，刘士忠作

北京　人民美术出版社 1986 年 2 张 76cm（2 开）定价：CNY0.42

　　中国现代年画作品。

J0058253

四时和乐　牛忠元作

南昌　江西人民出版社 1986 年 2 版 2 张 76cm（2 开）定价：CNY0.46

　　中国现代年画作品。作者牛忠元（1955—　），画家。河北霸州人。就读于河北师大美术系、中国北京画院工笔花鸟研修班和中央美术学院。中国画研究院著名工笔花鸟画专家。作品有《春光似锦》《风韵》《戈壁早春》《版纳深处》等。

J0058254
四时雅趣　牛忠元作
南昌 江西人民出版社 1986年 2张 76cm（2开）
定价：CNY0.48
　　中国现代年画作品。

J0058255
四世英雄　李学荣，傅鲁沛作
上海 上海人民美术出版社 1986年 2张
76cm（2开）定价：CNY0.40
　　中国现代年画作品。

J0058256
松鹤同春　李云龙作
成都 四川美术出版社 1986年 1张（卷轴）
附对联 1 副 107cm（全开）定价：CNY2.80
　　中国现代年画作品。

J0058257
松鹤图　洪世川作
杭州 杭州人民美术出版社 1986年 1张（卷轴）
附对联 1 副 107cm（全开）定价：CNY3.20
　　中国现代年画作品。

J0058258
松鹤图　林振声作
太原 山西人民出版社 1986年 1张 76cm（2开）
定价：CNY0.22
　　中国现代年画作品。

J0058259
松鹤图　洪世川作
杭州 浙江人民美术出版社 1986年 1张
107cm（全开）定价：CNY0.90
　　中国现代年画作品。

J0058260
松鹤遐龄玉屏富贵　陈训勇作
广州 岭南美术出版社 1986年 2张 76cm（2开）
定价：CNY0.50
　　中国现代年画作品。

J0058261
松鹤延年　（蒙汉对照）安明远作
呼和浩特 内蒙古人民出版社 1986年 1张

76cm（2开）定价：CNY0.20
　　中国现代年画作品。

J0058262
松鹤延年　许志彬作
成都 四川美术出版社 1986年 1张 76cm（2开）
定价：CNY0.20
　　中国现代年画作品。

J0058263
松鹤延年　刘称奇作
天津 天津人民美术出版社 1986年 1张
76cm（2开）定价：CNY0.22
　　中国现代年画作品。

J0058264
松鹤长寿　北京美术摄影出版社编
北京 北京美术摄影出版社 1986年 1张
76cm（2开）定价：CNY0.18
　　中国现代摄影年画作品。

J0058265
松虎图　陈治作
太原 山西人民出版社 1986年 1张
107cm（全开）定价：CNY0.47
　　中国现代年画作品。

J0058266
松龄贺寿图　陈之佛作
南京 江苏美术出版社 1986年 1张（卷轴）
107cm（全开）定价：CNY1.00
　　中国现代年画作品。作者陈之佛（1896—
1962），画家、工艺美术家。又名陈绍本、陈杰，
号雪翁。毕业于浙江省工业专门学校染织科机
织专业，曾留学日本入东京美术学校工艺图案
科。曾任教于上海美术专科学校及中央大学艺
术系，任南京大学、南京师范学院教授、江苏美
协副主席、南京艺术学院副院长、中国美术家协
会理事等。代表作品有《瑞安名胜古诗选》《旅
美纪行》《江村集》等。

J0058267
松龄鹤寿　萧遣作
郑州 河南美术出版社 1986年 1张（卷轴）
附对联 1 副 107cm（全开）定价：CNY2.40

中国现代年画作品。

J0058268

松龄鹤寿　黄焙作

上海 上海书画出版社 1986 年 1 张 76cm（2 开）

定价：CNY0.20

中国现代年画作品。

J0058269

松龄鹤寿　林纹作

杭州 浙江人民出版社 1986 年 1 张 76cm（2 开）

定价：CNY0.20

中国现代年画作品。

J0058270

松龄长寿　喻继高作

武汉 湖北美术出版社 1986 年 1 张（卷轴）

附对联 1 副 107cm（全开）定价：CNY4.00

中国现代年画作品。

J0058271

松鹰图　赵广东作

南宁 广西人民出版社 1986 年 1 张 76cm（2 开）

定价：CNY0.23

中国现代年画作品。

J0058272

松鹰图　赵广东作

太原 山西人民出版社 1986 年 1 张 76cm（2 开）

定价：CNY0.22

中国现代年画作品。

J0058273

松月虎啸　刘大春作

重庆 重庆出版社 1986 年 1 张 76cm（2 开）

定价：CNY0.22

中国现代年画作品。

J0058274

松竹梅　刘称奇作

武汉 湖北美术出版社 1986 年 1 张 76cm（2 开）

定价：CNY0.25

中国现代年画作品。

J0058275

松竹梅　周彦生作

广州 岭南美术出版社 1986 年 1 轴（卷轴）

附对联 1 副 107cm（全开）定价：CNY3.50

中国现代年画作品。作者周彦生（1942— ），画家、教授。河南人。毕业于广州美术学院中国画系花鸟画科研究生班。广州美术学院教授、中国美协会员、中国当代工笔画学会理事、广东美协理事、广东画院特聘画家。代表作品有《满园春色》《牡丹孔雀》等。

J0058276

宋朝名将伍尚志、关铃　戴玉茹作

昆明 云南人民出版社 1986 年 1 张 76cm（2 开）

定价：CNY0.23

中国现代年画作品。

J0058277

苏州风光　陈珠龙作

杭州 浙江人民美术出版社 1986 年 2 张
76cm（2 开）定价：CNY0.40

中国现代年画作品。

J0058278

隋唐演义人物　（程咬金劫皇杠　秦叔宝救李渊）
苏茂隆作

成都 四川美术出版社 1986 年 1 张 76cm（2 开）

定价：CNY0.20

中国现代年画作品。

J0058279

隋唐演义四条屏　刘生展作

天津 天津人民美术出版社 1986 年 2 张
76cm（2 开）定价：CNY0.44

中国现代年画作品。

J0058280

岁朝图　武海鹰作

天津 天津人民美术出版社 1986 年 1 张（卷轴）

附对联 1 副 107cm（全开）定价：CNY2.20

中国现代年画作品。

J0058281

岁寒三友　姜舟作

郑州 河南美术出版社 1986 年 1 张（卷轴）

附对联 1 副 107cm（全开）定价：CNY2.40
中国现代年画作品。

J0058282
岁岁平安 刘竹梅作
成都 四川美术出版社 1986 年 1 张 53cm（4 开）
定价：CNY0.12
中国现代年画作品。

J0058283
孙策周瑜 彭耘作
昆明 云南人民出版社 1986 年 1 张 76cm（2 开）
定价：CNY0.23
中国现代年画作品。

J0058284
孙策招亲 （蒙汉对照）赵梦林作
呼和浩特 内蒙古人民出版社 1986 年 1 张
76cm（2 开）定价：CNY0.20
中国现代年画作品。

J0058285
孙悟空三借芭蕉扇 （娃娃戏）徐世民作
天津 天津人民美术出版社 1986 年 1 张
76cm（2 开）定价：CNY0.22
中国现代年画作品。

J0058286
汤怀王贵 孙宗禧作
郑州 河南美术出版社 1986 年 1 张 76cm（2 开）
定价：CNY0.22
中国现代年画作品。

J0058287
汤怀王贵 孙宗禧作
郑州 河南美术出版社 1986 年 1 张 53cm（4 开）
定价：CNY0.11
中国现代年画作品。

J0058288
桃花岛 万桂香，南运生作
石家庄 河北美术出版社 1986 年 1 张
76cm（2 开）定价：CNY0.20
中国现代年画作品。

J0058289
桃花仙子 李秉芳作
上海 上海人民美术出版社 1986 年 1 张
76cm（2 开）定价：CNY0.20
中国现代年画作品。

J0058290
桃花源 李儒光作
长沙 湖南美术出版社 1986 年 1 张 76cm（2 开）
定价：CNY0.20
中国现代年画作品。

J0058291
腾飞 杨万国作
天津 天津人民美术出版社 1986 年 1 张（卷轴）
附对联 1 副 107cm（全开）定价：CNY2.80
中国现代年画作品。

J0058292
天安门 刘称奇作
南昌 江西人民出版社 1986 年 1 张
［78cm］（3 开）定价：CNY0.48
中国现代年画作品。

J0058293
甜 （蒙汉对照）赵雅君作
呼和浩特 内蒙古人民出版社 1986 年 1 张
76cm（2 开）定价：CNY0.20
中国现代年画作品。

J0058294
庭院飘香 薛长山作
广州 岭南美术出版社 1986 年 4 张（卷轴）
76cm（2 开）定价：CNY2.60
中国现代年画作品。

J0058295
庭院飘香 薛长山作
广州 岭南美术出版社 1986 年 4 张 76cm（2 开）
定价：CNY1.00
中国现代年画作品。

J0058296
同喜同贺 刘熹奇作
南昌 江西人民出版社 1986 年 1 张 76cm（2 开）

定价: CNY0.23
中国现代年画作品。

J0058297
兔年报喜　张文顺作
西安　陕西人民美术出版社 1986 年 1 张
76cm (2 开) 定价: CNY0.22
中国现代年画作品。

J0058298
兔年庆丰收　徐能海作
杭州　浙江人民美术出版社 1986 年 1 张
76cm (2 开) 定价: CNY0.20
中国现代年画作品。

J0058299
团圆幸福　樊怀章作
成都　四川美术出版社 1986 年 1 张 53cm (4 开)
定价: CNY0.20
中国现代年画作品。

J0058300
娃娃爱鱼　邵培文作
哈尔滨　黑龙江美术出版社 1986 年 1 张
76cm (2 开) 定价: CNY0.20
中国现代年画作品。

J0058301
娃娃百福图　沈深作
天津　天津人民美术出版社 1986 年 1 张
76cm (2 开) 定价: CNY0.22
中国现代年画作品。

J0058302
娃娃百喜图　潘恩春作
天津　天津人民美术出版社 1986 年 1 张
76cm (2 开) 定价: CNY0.22
中国现代年画作品。

J0058303
娃娃得余图　刘玉华作
天津　天津人民美术出版社 1986 年 1 张
76cm (2 开) 定价: CNY0.22
中国现代年画作品。

J0058304
娃娃欢乐　陈明作
上海　上海人民美术出版社 1986 年 1 张
76cm (2 开) 定价: CNY0.20
中国现代年画作品。

J0058305
娃娃健壮兔灯红　马乐群作
上海　上海书画出版社 1986 年 1 张 76cm (2 开)
定价: CNY0.20
中国现代年画作品。

J0058306
娃娃属相图　魏志刚作
天津　天津人民美术出版社 1986 年 1 张
76cm (2 开) 定价: CNY0.22
中国现代年画作品。

J0058307
娃娃戏　刘景龙作
北京　人民美术出版社 1986年 1 张 76cm (2 开)
定价: CNY0.20
中国现代年画作品。

J0058308
娃娃戏鱼　张万臣作
哈尔滨　黑龙江美术出版社 1986 年 1 张
76cm (2 开) 定价: CNY0.20
中国现代年画作品。

J0058309
万事如意　蔡传隆作
杭州　杭州人民美术出版社 1986 年 1 张
107cm (全开) 定价: CNY0.90
中国现代年画作品。

J0058310
万事如意　刘泰山作
哈尔滨　黑龙江美术出版社 1986 年 1 张
76cm (2 开) 定价: CNY0.20
中国现代年画作品。

J0058311
万事如意　魏瀛洲作
上海　上海人民美术出版社 1986 年 1 张

76cm（2开）定价：CNY0.20
　　中国现代年画作品。

J0058312
万事如意　魏瀛洲作
上海 上海人民美术出版社 1986年 1张
76cm（2开）定价：CNY0.20
　　中国现代年画作品。

J0058313
万事如意人人安康　福星高照家家富裕
蔡群，蔡超作
南昌 江西人民出版社 1986年 2张 76cm（2开）
定价：CNY0.60
　　中国现代年画作品。

J0058314
万象更新　王玉琦作
沈阳 辽宁美术出版社 1986年 1张 76cm（2开）
定价：CNY0.20
　　中国现代年画作品。

J0058315
万象更新富有余　高志华作
沈阳 辽宁美术出版社 1986年 1张 76cm（2开）
定价：CNY0.20
　　中国现代年画作品。

J0058316
万象更新庆有余　宋明远作
沈阳 辽宁美术出版社 1986年 1张 76cm（2开）
定价：CNY0.20
　　中国现代年画作品。

J0058317
万象回春　（蒙汉对照）李喜春作
呼和浩特 内蒙古人民出版社 1986年 1张
76cm（2开）定价：CNY0.20
　　中国现代年画作品。

J0058318
万紫千红　刘金珠作
杭州 杭州人民美术出版社 1986年 1张
76cm（2开）定价：CNY0.20
　　中国现代年画作品。

J0058319
万紫千红　金鸿钧作
上海 上海人民美术出版社 1986年 1张（卷轴）
附对联 1 副 107cm（全开）定价：CNY2.60
　　中国现代年画作品。作者金鸿钧（1937—　　），
教授、画家。别名爱新觉罗·鸿钧。生于北京。
历任中央美术学院中国画系教授、中国美术家协
会会员、北京工笔重彩画会副会长。代表作品《生
生不已》《石壁榕根》《叶落归根》《枝繁花盛》，
出版有《牡丹画谱》《工笔花鸟画技法》《金鸿钧
画集》等。

J0058320
万紫千红展春华　周萍作
上海 上海书画出版社 1986年 2张 76cm（2开）
定价：CNY0.20
　　中国现代年画作品。

J0058321
王宝钏与薛平贵　刘永贵作
成都 四川美术出版社 1986年 1张 76cm（2开）
定价：CNY0.20
　　中国现代年画作品。

J0058322
王尔烈传奇　张友，石豁义作
沈阳 辽宁美术出版社 1986年 2张 76cm（2开）
定价：CNY0.42
　　中国现代年画作品。

J0058323
威武雄壮　王福增作
济南 山东美术出版社 1986年 1张
[78cm]（3开）定价：CNY0.28
　　中国现代年画作品。

J0058324
威震四方　陈琦作
昆明 云南人民出版社 1986年 1张 76cm（2开）
定价：CNY0.23
　　中国现代年画作品。

J0058325
威震四方　陈琦作
昆明 云南人民出版社 1986年 1张 53cm（4开）

定价: CNY0.14

中国现代年画作品。

J0058326

威镇华容道　刘竹梅作

成都 四川美术出版社 1986 年 1 张 53cm（4 开）

定价: CNY0.12

中国现代年画作品。

J0058327

为祖国学习　李孔安作

广州 岭南美术出版社 1986 年 1 张 76cm（2 开）

定价: CNY0.23

中国现代年画作品。

J0058328

未来更美好　（蒙汉对照）解力军作

呼和浩特 内蒙古人民出版社 1986 年 1 张

76cm（2 开）定价: CNY0.20

中国现代年画作品。

J0058329

尉迟恭　秦琼　华敬俊作

北京 农业出版社 1986 年 1 张 76cm（2 开）

定价: CNY0.25

中国现代年画作品。

J0058330

尉迟恭　秦叔宝　任绍春作

北京 农业出版社 1986 年 1 张 76cm（2 开）

定价: CNY0.25

中国现代年画作品。

J0058331

尉迟恭　秦叔宝　侯世武, 侯荣作

西安 陕西人民美术出版社 1986 年 1 张

76cm（2 开）定价: CNY0.22

中国现代年画作品。

J0058332

尉迟恭　秦叔宝

成都 四川省新闻图片社 1986 年 1 张

76cm（2 开）定价: CNY0.24

中国现代年画作品。

J0058333

尉迟恭　秦叔宝　曾成金作

杭州 浙江人民美术出版社 1986 年 2 张

53cm（4 开）定价: CNY0.25

中国现代年画作品。作者曾成金（1947—　），画家。浙江平阳县人。毕业于浙江美术学院附中, 后考入浙江美术学院中国画系进修学习。中国美术家协会会员、浙江省美术家协会会员、平阳县美协主席。作品有《南雁荡山水古诗画意百图》《曾成金中国画小品系列》《百子新图》等。

J0058334

尉迟恭　秦叔宝　李元星作

郑州 中原农民出版社 1986 年 1 张 76cm（2 开）

定价: CNY0.20

中国现代年画作品。

J0058335

尉迟恭　秦叔宝　李元星作

郑州 中原农民出版社 1986 年 1 张 53cm（4 开）

定价: CNY0.10

中国现代年画作品。

J0058336

魏定国　单廷珪　张锡武作

南昌 江西人民出版社 1986 年 1 张 76cm（2 开）

定价: CNY0.20

中国现代年画作品。

J0058337

我爱北京　陈光海作

广州 岭南美术出版社 1986 年 1 张 76cm（2 开）

定价: CNY0.23

中国现代年画作品。

J0058338

我爱社会主义事业　李善作

重庆 重庆出版社 1986 年 1 张 76cm（2 开）

定价: CNY0.22

中国现代年画作品。作者李善（630—689）, 唐代著名学者、训诂学家。扬州江都（今江苏扬州）人。著有《文选注》《汉书辨惑》等。

J0058339

我爱我的祖国　李善作

重庆　重庆出版社 1986 年　1 张　76cm（2 开）
定价：CNY0.22
　　中国现代年画作品。作者李善(630—689)，
唐代著名学者、训诂学家。扬州江都(今江苏扬
州)人。著有《文选注》《汉书辨惑》等。

J0058340

我爱祖国我爱党　刘彦平作
石家庄　河北美术出版社 1986 年　1 张
76cm（2 开）定价：CNY0.20
　　中国现代年画作品。

J0058341

我家鱼儿大　（蒙汉对照）石桂兰作
呼和浩特　内蒙古人民出版社 1986 年　1 张
76cm（2 开）定价：CNY0.20
　　中国现代年画作品。

J0058342

我家鱼儿大又多　刘昌吉作
北京　人民美术出版社 1986 年　1 张 76cm（2 开）
定价：CNY0.26
　　中国现代年画作品。

J0058343

我是一个兵　（蒙汉对照）董俊作
呼和浩特　内蒙古人民出版社 1986 年　1 张
76cm（2 开）定价：CNY0.20
　　中国现代年画作品。

J0058344

我为祖国争光荣　魏瀛洲作
上海　上海人民美术出版社 1986 年　1 张
76cm（2 开）定价：CNY0.20
　　中国现代年画作品。

J0058345

我要飞　樊运琪作
上海　上海人民美术出版社 1986 年　1 张
76cm（2 开）定价：CNY0.20
　　中国现代年画作品。

J0058346

五谷丰登　张小健，宋燕宾作
武汉　湖北美术出版社 1986 年　1 张 76cm（2 开）

定价：CNY0.21
　　中国现代年画作品。

J0058347

五虎将　林美岚，朱希煌作
武汉　湖北美术出版社 1986 年　1 张（卷轴）
附对联 1 副 107cm（全开）定价：CNY6.40
　　中国现代年画作品。作者林美岚(1940—　)，
字山风。江西武宁人。毕业于江西九江师范。
历任中小学美术教师，江西九江市群众艺术馆美
术干部、副研究馆员，江西美协理事。作品有《党
是阳光我是花》《喜庆丰年》《鸟语花香》等。出
版有《林美岚人物画选》。作者朱希煌(1940—　)，
著名画家、书法家。江西九江人。历任江西省
美术家协会会员、中国书画家协会理事。书法
作品《赤壁赋》《闻鸡起舞》《鲤鱼跳龙门》等。

J0058348

五虎将　林美岚，朱希煌作
济南　山东美术出版社 1986 年　1 张
107cm（全开）定价：CNY1.20
　　中国现代年画作品。

J0058349

五虎图　（蒙汉对照）杨国仓作
呼和浩特　内蒙古人民出版社 1986 年　1 张
76cm（2 开）定价：CNY0.20
　　中国现代年画作品。

J0058350

五女拜寿　石川，秦平作
沈阳　辽宁美术出版社 1986 年　2 张 76cm（2 开）
定价：CNY0.42
　　中国现代年画作品。

J0058351

武当山　吴光华作
上海　上海人民美术出版社 1986 年　1 张
76cm（2 开）定价：CNY0.20
　　中国现代年画作品。

J0058352

武当山传奇　高茂振作
成都　四川美术出版社 1986 年　1 张 76cm（2 开）
定价：CNY0.20

中国现代年画作品。

J0058353
武将　娄杰作
兰州 甘肃人民出版社 1986年 1张 53cm(4开)
定价: CNY0.11
　　中国现代年画作品。

J0058354
武将　徐云作
郑州 河南美术出版社 1986年 1张 76cm(2开)
定价: CNY0.22
　　中国现代年画作品。

J0058355
武将　徐云作
郑州 河南美术出版社 1986年 1张 53cm(4开)
定价: CNY0.11
　　中国现代年画作品。

J0058356
武将　冯杰作
南昌 江西人民出版社 1986年 2张 76cm(2开)
定价: CNY0.33
　　中国现代年画作品。

J0058357
武将　冯杰作
南昌 江西人民出版社 1986年 1张 76cm(2开)
定价: CNY0.20
　　中国现代年画作品。

J0058358
武将　张荣章作
南昌 江西人民出版社 1986年 1张 76cm(2开)
定价: CNY0.25
　　中国现代年画作品。

J0058359
武将　哈思阳作
昆明 云南人民出版社 1986年 1张 53cm(4开)
定价: CNY0.14
　　中国现代年画作品。

J0058360
武将门神　华逸龙作
上海 上海书画出版社 1986年 1张 76cm(2开)
定价: CNY0.20
　　中国现代年画作品。

J0058361
武松打店　(娃娃戏)林成翰东作
天津 天津人民美术出版社 1986年 1张
76cm(2开)定价: CNY0.22
　　中国现代年画作品。

J0058362
武则天　冯国林, 石玲作
沈阳 辽宁美术出版社 1986年 2张 76cm(2开)
定价: CNY0.42
　　中国现代年画作品。

J0058363
物富年丰　丁楼辰作
南京 江苏美术出版社 1986年 1张 76cm(2开)
定价: CNY0.23
　　中国现代年画作品。

J0058364
西施范蠡　林美岚作
南昌 江西人民出版社 1986年 1张 76cm(2开)
定价: CNY0.23
　　中国现代年画作品。

J0058365
西施浣纱　黄妙发作
哈尔滨 黑龙江美术出版社 1986年 1张
[78cm](2开)定价: CNY0.38
　　中国现代年画作品。

J0058366
西厢记　冯杰作
南宁 广西人民出版社 1986年 1张 76cm(2开)
定价: CNY0.23
　　中国现代年画作品。

J0058367
惜春作画　龚学渊作
成都 四川美术出版社 1986年 1张 76cm(2开)

定价: CNY0.22

　　中国现代年画作品。

J0058368

溪水潺潺　黄振永作

成都 四川美术出版社 1986 年 1 张 76cm（2 开）

定价: CNY0.45

　　中国现代年画作品。作者黄振永（1930—　），四川成都人。擅长宣传画、年画。曾在空军美术训练班学习。历任沈阳军区美术创作员、成都军区空军政治部创作员。作品有《我爱祖国的蓝天》，年画《幽谷飞瀑》《海之歌》等。

J0058369

嬉乐图　成砺志作

杭州 浙江人民美术出版社 1986 年 2 张

78cm（2 开）定价: CNY0.60

　　中国现代年画作品。

J0058370

习武强身健康长寿　陈绪初作

武汉 湖北美术出版社 1986 年 1 张 76cm（2 开）

定价: CNY0.22

　　中国现代年画作品。

J0058371

喜春图　成砺志作

南昌 江西人民出版社 1986 年 1 张 76cm（2 开）

定价: CNY0.23

　　中国现代年画作品。

J0058372

喜丰收　方敦传作

杭州 浙江人民美术出版社 1986 年 1 张

76cm（2 开）定价: CNY0.20

　　中国现代年画作品。

J0058373

喜结良缘　刘菊仙, 马乐群作

西安 陕西人民美术出版社 1986 年 1 张

（2 开）定价: CNY0.22

　　中国现代年画作品。

J0058374

喜结良缘　张德俊作

上海 上海人民美术出版社 1986 年 1 张

76cm（2 开）定价: CNY0.20

　　中国现代年画作品。

J0058375

喜结良缘　何启超作

成都 四川美术出版社 1986 年 1 张 76cm（2 开）

定价: CNY0.20

　　中国现代年画作品。

J0058376

喜结良缘　一定, 天鹰作

杭州 浙江人民美术出版社 1986 年 1 张

76cm（2 开）定价: CNY0.20

　　中国现代年画作品。

J0058377

喜临门　吴性清作

上海 上海书画出版社 1986 年 1 张 76cm（2 开）

定价: CNY0.20

　　中国现代年画作品。

J0058378

喜气迎春　刘熹奇作

武汉 湖北美术出版社 1986 年 1 张 107cm（全开）

定价: CNY0.22

　　中国现代年画作品。

J0058379

喜庆丰收　谢鹏程作

哈尔滨 黑龙江美术出版社 1986 年 1 张

76cm（2 开）定价: CNY0.21

　　中国现代年画作品。

J0058380

喜庆丰收　王立新作

北京 人民美术出版社 1986 年 1 张 76cm（2 开）

定价: CNY0.26

　　中国现代年画作品。

J0058381

喜庆丰收　石桂兰, 董俊作

上海 上海人民美术出版社 1986 年 1 张

76cm（2 开）定价: CNY0.20

　　中国现代年画作品。

J0058382
喜庆富裕年　杨馥如作
上海 上海人民美术出版社 1986 年 1 张
76cm（2 开）定价：CNY0.20
　　中国现代年画作品。

J0058383
喜庆齐来　李惠作
广州 岭南美术出版社 1986 年 1 张 53cm（4 开）
定价：CNY0.13
　　中国现代年画作品。

J0058384
喜上眉梢富贵荣华　丁楼辰作
南昌 江西人民出版社 1986 年 2 张 107cm（全开）
定价：CNY0.48
　　中国现代年画作品。

J0058385
喜上梅梢　金家祥作
西安 陕西人民美术出版社 1986 年 1 张
[78cm]（2 开）定价：CNY0.15
　　中国现代年画作品。

J0058386
喜糖　郑学信作
济南 山东美术出版社 1986 年 1 张 76cm（2 开）
定价：CNY0.21
　　中国现代年画作品。

J0058387
喜相逢　朱介堂作
杭州 浙江人民美术出版社 1986 年 1 张
76cm（2 开）定价：CNY0.20
　　中国现代年画作品。

J0058388
喜迎春　王天胜作
哈尔滨 黑龙江美术出版社 1986 年 1 张
76cm（2 开）定价：CNY0.20
　　中国现代年画作品。

J0058389
喜有余　薛嘉惠作
沈阳 辽宁美术出版社 1986 年 1 张 76cm（2 开）

定价：CNY0.20
　　中国现代年画作品。作者薛嘉惠（1940—　），
满族，国家一级美术家。曾任联合国美术家协会
名誉主席、中国当代艺术协会终身名誉主席、宋
庄国际书画院终身院长等。代表作品有《呼唤》
《医魂》《假日》《雄风图》《关怀》等。

J0058390
囍　鲁然作
长沙 湖南美术出版社 1986 年 1 张 76cm（2 开）
定价：CNY0.20
　　中国现代年画作品。

J0058391
戏鹿图　（蒙汉对照）王殿科作
呼和浩特 内蒙古人民出版社 1986 年 1 张
76cm（2 开）定价：CNY0.20
　　中国现代年画作品。

J0058392
戏鱼图　李东鹏，霍淑清作
哈尔滨 黑龙江美术出版社 1986 年 1 张
76cm（2 开）定价：CNY0.20
　　中国现代年画作品。

J0058393
峡江疑影　寇国荣作
天津 天津人民美术出版社 1986 年 1 张
76cm（2 开）定价：CNY0.22
　　中国现代年画作品。

J0058394
霞光映翠　牛忠元作
南宁 广西人民出版社 1986 年 1 张 107cm（全开）
定价：CNY0.58
　　中国现代年画作品。作者牛忠元（1955—　），
画家。河北霸州人。就读于河北师大美术系、中
国北京画院工笔花鸟研修班和中央美术学院。
中国画研究院著名工笔花鸟画专家。作品有《春
光似锦》《风韵》《戈壁早春》《版纳深处》等。

J0058395
仙山琼阁　胡承柄作
杭州 浙江人民美术出版社 1986 年 1 张
76cm（2 开）定价：CNY0.30

中国现代年画作品。

J0058396

鲜花献给亲人解放军　王连元，王子翀作
哈尔滨　黑龙江美术出版社　1986 年　1 张
76cm（2 开）定价：CNY0.20
　　中国现代年画作品。

J0058397

现代游乐园　张明生作
成都　四川美术出版社　1986 年　1 张　76cm（2 开）
定价：CNY0.20
　　中国现代年画作品。

J0058398

献宝图　张德俊作
上海　上海人民美术出版社　1986 年　1 张
76cm（2 开）定价：CNY0.20
　　中国现代年画作品。

J0058399

献给敬爱的老师　（蒙汉对照）鲍凤林作
呼和浩特　内蒙古人民出版社　1986 年　1 张
76cm（2 开）定价：CNY0.20
　　中国现代年画作品。

J0058400

献寿　陈振新作
北京　人民体育出版社　1986 年　1 张　76cm（2 开）
定价：CNY0.25
　　中国现代年画作品。

J0058401

献寿图　陈晨作
郑州　河南美术出版社　1986 年　1 张（卷轴）
附对联 1 副　107cm（全开）定价：CNY2.40
　　中国现代年画作品。

J0058402

献寿图　杨维华作
沈阳　辽宁美术出版社　1986 年　1 张　76cm（2 开）
定价：CNY0.20
　　中国现代年画作品。

J0058403

献寿图　（蒙汉对照）于振波作
呼和浩特　内蒙古人民出版社　1986 年　1 张
76cm（2 开）定价：CNY0.20
　　中国现代年画作品。

J0058404

献寿图　孙顺正作
北京　人民美术出版社　1986 年　1 张　76cm（2 开）
定价：CNY0.20
　　中国现代年画作品

J0058405

献寿图　顾青蛟作
上海　上海书画出版社　1986 年　1 张　107cm（全开）
定价：CNY0.40
　　中国现代年画作品。作者顾青蛟（1948—　），
江苏苏州人。毕业于苏州工艺美术学院。中国
美术家协会会员、江苏省花鸟画研究会副会长、
江苏省中国画学会理事、无锡花鸟画研究会会
长、无锡市政协书画社顾问、无锡市美术家协会
艺术顾问，无锡市书画院国家一级美术师。代表
作品《丝绸之路》《动物通景》《江南桑帛情》等。

J0058406

项庄项伯　彭晓作
昆明　云南人民出版社　1986 年　1 张　53cm（4 开）
定价：CNY0.14
　　中国现代年画作品。

J0058407

项庄项伯　彭晓作
昆明　云南人民出版社　1986 年　1 张　76cm（2 开）
定价：CNY0.23
　　中国现代年画作品。

J0058408

小宝幸福　舒展作
哈尔滨　黑龙江美术出版社　1986 年　1 张
76cm（2 开）定价：CNY0.20
　　中国现代年画作品。

J0058409

小动物　木春茂作
天津　天津人民美术出版社　1986 年　4 张（卷轴）

76cm（2开）定价：CNY1.90

中国现代年画作品。

J0058410

小冠军　田恩华，霍元庆作

上海 上海人民美术出版社 1986 年 1 张

76cm（2开）定价：CNY0.20

中国现代年画作品。

J0058411

小海军　彭公林作

哈尔滨 黑龙江美术出版社 1986 年 1 张

76cm（2开）定价：CNY0.20

中国现代年画作品。

J0058412

小画家　陈宝万作

杭州 浙江人民美术出版社 1986 年 1 张

76cm（2开）定价：CNY0.20

中国现代年画作品。

J0058413

小鸡别争嘴　安茂让作

上海 上海人民美术出版社 1986 年 1 张

76cm（2开）定价：CNY0.20

中国现代年画作品。

J0058414

小记功员　刘佩珩作

哈尔滨 黑龙江美术出版社 1986 年 1 张

76cm（2开）定价：CNY0.20

中国现代年画作品。

J0058415

小李广花荣双鞭呼延灼　孙建东作

昆明 云南人民出版社 1986 年 1 张 76cm（2开）

定价：CNY0.23

中国现代年画作品。

J0058416

小马球队员　（蒙汉对照）李跃忠作

呼和浩特 内蒙古人民出版社 1986 年 1 张

76cm（2开）定价：CNY0.20

中国现代年画作品。

J0058417

小猫　缪爱莉作

广州 岭南美术出版社 1986 年 1 张 76cm（2开）

定价：CNY0.23

中国现代年画作品。

J0058418

小猫咪咪　刘彦平作

石家庄 河北美术出版社 1986 年 1 张

76cm（2开）定价：CNY0.20

中国现代年画作品。

J0058419

小苗　张路红作

南宁 广西人民出版社 1986 年 1 张 76cm（2开）

定价：CNY0.23

中国现代年画作品。

J0058420

小骑兵　陈宝万作

西安 陕西人民美术出版社 1986 年 1 张

76cm（2开）定价：CNY0.22

中国现代年画作品。

J0058421

小骑士　陈宝万作

上海 上海人民美术出版社 1986 年 1 张

76cm（2开）定价：CNY0.20

中国现代年画作品。

J0058422

小小建筑师　杨文义作

上海 上海人民美术出版社 1986 年 1 张

76cm（2开）定价：CNY0.20

中国现代年画作品。作者杨文义（1953—　），
画家。内蒙古临河人。毕业于北京书法函授大学。
曾任古雕艺术学校校长、中国教育学会书法教育
专业委员会会员等。作品有《暗香浮动》《春华
秋实》等。

J0058423

小勇士　史士明，金蓉秀作

上海 上海人民美术出版社 1986 年 1 张

76cm（2开）定价：CNY0.20

中国现代年画作品。

J0058424
心花怒放　黄均作
北京 人民美术出版社 1986 年 1 张 76cm（2 开）
定价：CNY0.26
　　　中国现代年画作品。作者黄均（1914—2011），
教授。字懋忱。北京人。祖籍台湾淡水。历任
中央美术学院国画系教授、中国美术家协会会
员、中国美术家协会会员、北京工笔重彩画会副
会长、东方书画社顾问、诗书画社顾问。

J0058425
欣欣向荣　强桑作
拉萨 西藏人民出版社 1986 年 1 张 53cm（4 开）
定价：CNY0.20
　　　中国现代年画作品。

J0058426
新春乐　何荣卿作
武汉 湖北美术出版社 1986 年 1 张 76cm（2 开）
定价：CNY0.22
　　　中国现代年画作品。

J0058427
新婚乐　刘熹奇作
上海 上海人民美术出版社 1986 年 1 张
76cm（2 开）定价：CNY0.20
　　　中国现代年画作品。

J0058428
新年多福事事如意　王国富作
上海 上海人民美术出版社 1986 年 1 张
76cm（2 开）定价：CNY0.20
　　　中国现代年画作品。

J0058429
新年祝福　陈华民作
沈阳 辽宁美术出版社 1986 年 1 张 76cm（2 开）
定价：CNY0.20
　　　中国现代年画作品。

J0058430
新岁如意　杨天中作
沈阳 辽宁美术出版社 1986 年 1 张 76cm（2 开）
定价：CNY0.20
　　　中国现代年画作品。

J0058431
新文礼魏文通　潘培德作
成都 四川美术出版社 1986 年 1 张 76cm（2 开）
定价：CNY0.22
　　　中国现代年画作品。

J0058432
新游春图　彭明作
广州 科学普及出版社广州分社 1986 年 1 张
76cm（2 开）定价：CNY0.22
　　　中国现代年画作品。

J0058433
星湖秀色　张家祯，何旭正作
广州 岭南美术出版社 1986 年 1 张 76cm（2 开）
定价：CNY0.25
　　　中国现代年画作品。

J0058434
醒狮　秦永春作
广州 岭南美术出版社 1986 年 1 张 76cm（2 开）
定价：CNY0.23
　　　中国现代年画作品。

J0058435
幸福的童年　王小玫作
北京 人民美术出版社 1986 年 1 张 76cm（2 开）
定价：CNY0.20
　　　中国现代年画作品。

J0058436
幸福的童年　秦永春等作
北京 人民体育出版社 1986 年 2 张 76cm（2 开）
定价：CNY0.50
　　　中国现代年画作品。

J0058437
幸福富裕　彭明作
广州 岭南美术出版社 1986 年 1 张 76cm（2 开）
定价：CNY0.23
　　　中国现代年画作品。

J0058438
幸福感谢共产党　张家纯作
哈尔滨 黑龙江美术出版社 1986 年 1 张

76cm（2开）定价：CNY0.20

中国现代年画作品。

J0058439
幸福康乐　何丽画作
济南　山东美术出版社　1986年　1张　76cm（2开）
定价：CNY0.21

中国现代年画作品。

J0058440
幸福康乐　杨文义作
上海　上海人民美术出版社　1986年　1张
76cm（2开）定价：CNY0.20

中国现代年画作品。作者杨文义（1953—　），
画家。内蒙古临河人。毕业于北京书画函授大学。
曾任古雕艺术学校校长、中国教育学会书法教育
专业委员会会员等。作品有《暗香浮动》《春华
秋实》等。

J0058441
幸福美满　张振群作
成都　四川美术出版社　1986年　1张　76cm（2开）
定价：CNY0.20

中国现代年画作品。

J0058442
幸福如意　殷润民作
广州　岭南美术出版社　1986年　1张　76cm（2开）
定价：CNY0.23

中国现代年画作品。

J0058443
幸福有余　吴述宝作
哈尔滨　黑龙江美术出版社　1986年　1张
76cm（2开）定价：CNY0.20

中国现代年画作品。

J0058444
幸福有余　魏瀛洲作
西安　陕西人民美术出版社　1986年　1张
76cm（2开）定价：CNY0.22

中国现代年画作品。

J0058445
幸福长寿　杨景秀作

沈阳　辽宁美术出版社　1986年　1张　76cm（2开）
定价：CNY0.35

中国现代年画作品。

J0058446
幸福长寿　刘绍林作
上海　上海书画出版社　1986年　1张　76cm（2开）
定价：CNY0.20

中国现代年画作品。

J0058447
雄鸡高唱　严兴华作
成都　四川美术出版社　1986年　1张　76cm（2开）
定价：CNY0.20

中国现代年画作品。

J0058448
雄狮怒吼　林清和作
成都　四川美术出版社　1986年　1张（卷轴）
附对联1副　107cm（全开）定价：CNY2.80

中国现代年画作品。

J0058449
雄鹰　王小路作
石家庄　河北美术出版社　1986年　1张
76cm（2开）定价：CNY0.20

中国现代年画作品。

J0058450
秀楼春色　（蒙汉对照）李学勤作
呼和浩特　内蒙古人民出版社　1986年　1张
76cm（2开）定价：CNY0.20

中国现代年画作品。

J0058451
徐悲鸿奔马　徐悲鸿作
南京　江苏美术出版社　1986年　4张（卷轴）
76cm（2开）定价：CNY3.40

中国现代年画作品。作者徐悲鸿（1895—
1953），著名画家、美术教育家。原名徐寿康。江
苏宜兴市屺亭镇人。毕业于巴黎国立美术学校。
曾任教于北平大学艺术学院和北平艺专，后任中
央美术学院院长。代表作品《愚公移山图》《八
骏图》《负伤之狮》《田横五百士》等。

J0058452
徐晃许褚　侯世武，侯荣兵作
武汉 湖北美术出版社 1986年 1张 76cm（2开）
定价：CNY0.22
　　中国现代年画作品。

J0058453
薛金莲樊梨花　杨代华，金平作
成都 四川美术出版社 1986年 1张 76cm（2开）
定价：CNY0.20
　　中国现代年画作品。

J0058454
雪里小梅香　汪苗作
杭州 浙江人民美术出版社 1986年 1张
76cm（2开）定价：CNY0.30
　　中国现代年画作品。

J0058455
荀灌娘突围　傅鲁沛，李学荣作
郑州 河南美术出版社 1986年 1张 76cm（2开）
定价：CNY0.25
　　中国现代年画作品。

J0058456
延年益寿　刘熹奇作
北京 人民美术出版社 1986年 1张 76cm（2开）
定价：CNY0.26
　　中国现代年画作品。

J0058457
艳阳春　董振中作
济南 山东美术出版社 1986年 1张 76cm（2开）
定价：CNY0.21
　　中国现代年画作品。作者董振中（1945—　），
画家。字子午，号老草。山东人。毕业于浙江美
术学院国画系。国家一级美术师，中国美术家协
会会员、邹城市美术家协会主席、邹城市画院院
长。出版《董振中画集》《孟子圣迹图》《孔子圣
迹图》等。

J0058458
雁荡之春　徐建明作
南京 江苏美术出版社 1986年 4张（卷轴）
76cm（2开）定价：CNY2.70

　　中国现代年画作品。

J0058459
羊城处处开新花　杨立群作
广州 岭南美术出版社 1986年 1张 76cm（2开）
定价：CNY0.23
　　中国现代年画作品。

J0058460
阳朔胜境图　徐一轩作
上海 上海书画出版社 1986年 1张［78cm］（2开）
定价：CNY0.14
　　中国现代年画作品。

J0058461
阳台花开　邹晓清，章孟和画
福州 福建美术出版社 1986年 1张 76cm（2开）
定价：CNY0.22
　　中国现代年画作品。

J0058462
杨八姐　杨九妹　李先润作
郑州 河南美术出版社 1986年 1张 53cm（4开）
定价：CNY0.11
　　中国现代年画作品。

J0058463
杨八姐游春　张允晖作
上海 上海人民美术出版社 1986年 2张
76cm（2开）定价：CNY0.40
　　中国现代年画作品。

J0058464
杨贵妃　吴性清作
上海 上海人民美术出版社 1986年 1张
76cm（2开）定价：CNY0.20
　　中国现代年画作品。

J0058465
杨继业和佘赛花　李学荣，付鲁沛作
天津 天津人民美术出版社 1986年 1张
76cm（2开）定价：CNY0.22
　　中国现代年画作品。

J0058466
杨戬沉香　陈致信作
成都 四川美术出版社 1986年 1张 76cm（2开）
定价：CNY0.22
　　中国现代年画作品。

J0058467
杨金花交印　王学明作
石家庄 河北美术出版社 1986年 2张
76cm（2开）定价：CNY0.44
　　中国现代年画作品。

J0058468
杨六郎　钟午编；全祝明画
石家庄 河北美术出版社 1986年 1张
76cm（2开）定价：CNY0.22
　　中国现代年画作品。

J0058469
杨门女将岳家小将　尹孝本作
广州 岭南美术出版社 1986年 1张 53cm（4开）
定价：CNY0.13
　　中国现代年画作品。

J0058470
杨门女将岳家小将　尹孝本作
广州 岭南美术出版社 1986年 1张 76cm（2开）
定价：CNY0.25
　　中国现代年画作品。

J0058471
杨七郎成亲　刘生展作画；刘仲武配诗
石家庄 河北美术出版社 1986年 1张
76cm（2开）定价：CNY0.22
　　中国现代年画作品。作者刘生展（1938—2016），
画家，一级美术师。别名塞城。内蒙古丰镇人。
历任河北省张北县文化馆馆长、张家口市美协
名誉主席、中国美术家协会会员、中华炎黄文化
研究会会员、中日美术交流协会会员、察哈尔书
画院名誉院长。作品有《草原女民兵》《赛马去》
《多为农业献骏马》《草原盛会》等，出版《怎样画
马》《三国志人物绘卷》《马的描法》等。作者刘
仲武（1945—　），河北霸县（现霸州市）人。历
任中国戏曲表演学会常务理事、原河北省戏剧家
协会副主席，现任河北省戏剧家协会顾问、艺术

指导委员会委员、河北省京剧票友协会副主席兼
秘书长。

J0058472
杨七郎打擂　朱嘉铭作
成都 四川美术出版社 1986年 1张 76cm（2开）
定价：CNY0.20
　　中国现代年画作品。

J0058473
杨文广招亲　董善明画；刘仲武配诗
石家庄 河北美术出版社 1986年 1张
76cm（2开）定价：CNY0.22
　　中国现代年画作品。作者刘仲武（1945—　），
河北霸县（现霸州市）人。历任中国戏曲表演学
会常务理事、原河北省戏剧家协会副主席，现任
河北省戏剧家协会顾问、艺术指导委员会委员、
河北省京剧票友协会副主席兼秘书长。

J0058474
杨再兴高宠　侯文发作
武汉 湖北美术出版社 1986年 1张
107cm（全开）定价：CNY0.44
　　中国现代年画作品。作者侯文发（1928—　），
曾用名剑萍。广东梅州人。毕业于中南美专。
中国书画家协会理事、中国国画家协会理事、广
东省美术家协会会员。主要作品有《工地探亲》
《宋湘》《三英战吕布》等

J0058475
杨再兴高宠　侯文发作
武汉 湖北美术出版社 1986年 1张 76cm（2开）
定价：CNY0.22
　　中国现代年画作品。

J0058476
杨志卖刀　景启民，李美作
沈阳 辽宁美术出版社 1986年 2张 76cm（2开）
定价：CNY0.42
　　中国现代年画作品。作者景启民（1931—2005），连环画家。辽宁沈阳人。就读于东北鲁
艺（现鲁迅美院前身），任职于东北画报社。连环
画作品有《浑河水》《过草地》《绿色的矿山》等。

J0058477
瑶池楼台　陈德华, 蒋汉中作
上海 上海书画出版社 1986 年 1 张
107cm（全开）定价：CNY0.40
　　中国现代年画作品。

J0058478
瑶姬降龙　高景波作
哈尔滨 黑龙江美术出版社 1986 年 1 张
76cm（2 开）定价：CNY0.20
　　中国现代年画作品。

J0058479
一帆风顺　陈菊仙作
上海 上海人民美术出版社 1986 年 1 张
76cm（2 开）定价：CNY0.20
　　中国现代年画作品。

J0058480
一帆风顺　高而颐作
杭州 浙江人民美术出版社 1986 年 1 张 76cm
（2 开）定价：CNY0.30
　　中国现代年画作品。

J0058481
一马当先 万年奔腾　方书久作
南京 江苏美术出版社 1986 年 1 张 76cm（2 开）
定价：CNY0.21
　　中国现代年画作品。

J0058482
异卉珍禽图　宫兴福作
沈阳 辽宁美术出版社 1986 年 4 张（卷轴）
76cm（2 开）定价：CNY0.42
　　中国现代年画作品。作者宫兴福（1936—　），
教授。黑龙江密山人。毕业于鲁迅美术学院中
国画系，后留校任教。作品《豆花香》《听泉》
《天女木兰》，发表论文有《图新·求美·思变》《意
念·意象·以形写神》等。

J0058483
意中缘　王守信作
北京 人民美术出版社 1986 年 1 张 76cm（2 开）
定价：CNY0.26
　　中国现代年画作品。

J0058484
英武双将　张瑞恒作
南昌 江西人民出版社 1986 年 1 张 76cm（2 开）
定价：CNY0.25
　　中国现代年画作品。

J0058485
鹰　乔玉川作
西安 陕西人民出版社 1986 年 1 张 76cm（2 开）
定价：CNY0.22
　　中国现代年画作品。

J0058486
鹰　苏葆桢作
重庆 重庆出版社 1986 年 1 张 76cm（2 开）
定价：CNY0.22
　　中国现代年画作品。作者苏葆桢（1916—
1990），国画家。江苏宿迁市人。师从徐悲鸿、张
书旂、傅抱石等大家。曾任西南大学教授、硕士
生导师，重庆国画院副院长。作品有《葡萄图》
《硕果累累》《玉羽迎春》《山花烂漫》《战地花
开》等。

J0058487
迎春
沈阳 辽宁美术出版社 1986 年 1 张（卷轴）
76cm（2 开）
　　中国现代年画作品。

J0058488
迎春接福　肖梅清作
广州 岭南美术出版社 1986 年 1 张 76cm（2 开）
定价：CNY0.13
　　中国现代年画作品。

J0058489
迎春接福　陈伟明画；严勇书
广州 岭南美术出版社 1986 年 1 张 76cm（2 开）
定价：CNY0.25
　　中国现代年画作品。

J0058490
迎客松　胡华令作
南京 江苏美术出版社 1986 年 1 张（卷轴）
附对联 1 副 107cm（全开）定价：CNY2.70

中国现代年画作品。

J0058491
咏菊　阎亚安，葛荣环作
广州 岭南美术出版社 1986年 1张 76cm（2开）
定价：CNY0.20
　　中国现代年画作品。

J0058492
幽谷瀑声　胡承柄作
杭州 浙江人民美术出版社 1986年 1张
76cm（2开）定价：CNY0.30
　　中国现代年画作品。

J0058493
幽谷瀑声　胡承柄作
杭州 浙江人民美术出版社 1986年 1张
107cm（全开）定价：CNY0.80
　　中国现代年画作品。

J0058494
幽香　（清）蒲作英作
杭州 浙江人民美术出版社 1986年 4张（卷轴）
53cm（4开）定价：CNY2.80
　　中国现代年画作品。

J0058495
幽香　（清）蒲作英作
杭州 浙江人民美术出版社 1986年 2张
76cm（2开）定价：CNY0.40
　　中国现代年画作品。

J0058496
游春图　徐文山作
石家庄 河北美术出版社 1986年 2张
76cm（2开）定价：CNY0.44
　　中国现代年画作品。

J0058497
有趣的话　黄妙发作
上海 上海人民美术出版社 1986年 1张
76cm（2开）定价：CNY0.20
　　中国现代年画作品。

J0058498
有余乐　马云桥作
沈阳 辽宁美术出版社 1986年 1张 76cm（2开）
定价：CNY0.20
　　中国现代年画作品。

J0058499
余庆欢喜
天津 杨柳青书画社 1986年 1张 76cm（2开）
（杨柳青传统年画）
　　中国现代年画作品。

J0058500
鱼肥河香　柏翠，韩野作
长沙 湖南美术出版社 1986年 1张 53cm（4开）
定价：CNY0.20
　　中国现代年画作品。

J0058501
鱼肥河香　赵守敏作
北京 人民美术出版社 1986年 1张 76cm（2开）
定价：CNY0.26
　　中国现代年画作品。

J0058502
鱼跃花香人人喜　高志华，张万臣作
沈阳 辽宁美术出版社 1986年 1张 53cm（4开）
定价：CNY0.20
　　中国现代年画作品。

J0058503
鱼跃龙门满堂红　（蒙汉对照）沈家琳作
呼和浩特 内蒙古人民出版社 1986年 1张
76cm（2开）定价：CNY0.20
　　中国现代年画作品。

J0058504
玉堂富贵　齐兆璠作
天津 天津人民美术出版社 1986年 1张（卷轴）
附对联 1副 107cm（全开）定价：CNY2.20
　　中国现代年画作品。作者齐兆璠，花鸟画家。
天津人。毕业于天津美术学院。历任中国美术
家协会会员、河北省沧州师范专科学校美术系教
授。专著有《鸟类画谱》。

J0058505
鸳鸯比翼
石家庄 河北美术出版社 1986 年 1 张
76cm(2 开)定价: CNY0.45
　　中国现代年画作品。

J0058506
鸳鸯荷花　吴东奋作
成都 四川美术出版社 1986 年 1 张 76cm(2 开)
定价: CNY0.22
　　中国现代年画作品。

J0058507
鸳鸯花脸鸭屏　薛长山作
哈尔滨 黑龙江美术出版社 1986 年 2 张
76cm(2 开)定价: CNY0.42
　　中国现代年画作品。

J0058508
鸳鸯佳偶鸾凤和鸣　潘恩春作
天津 天津人民美术出版社 1986 年 1 张
76cm(2 开)定价: CNY0.22
　　中国现代年画作品。

J0058509
鸳鸯结伴　张冬生作
南昌 江西人民出版社 1986 年 1 张 76cm(2 开)
定价: CNY0.23
　　中国现代年画作品。

J0058510
鸳鸯双喜图　曾宪和作
石家庄 河北美术出版社 1986 年 1 张
76cm(2 开)定价: CNY0.20
　　中国现代年画作品。作者曾宪和,画家。江
西吉安人。主要作品有《农闲时节》《锦上添花》
《松鹤延年》等。

J0058511
鸳鸯双喜图　杨晓勇作
成都 四川美术出版社 1986 年 1 张 76cm(2 开)
定价: CNY0.20
　　中国现代年画作品。

J0058512
鸳鸯图　高惠民作
哈尔滨 黑龙江美术出版社 1986 年 1 张
76cm(2 开)定价: CNY0.20
　　中国现代年画作品。

J0058513
远景更美好　陈明,陈英作
成都 四川美术出版社 1986 年 1 张 76cm(2 开)
定价: CNY0.20
　　中国现代年画作品。

J0058514
月下花影　张振华作
广州 岭南美术出版社 1986 年 1 张 76cm(2 开)
定价: CNY0.20
　　中国现代年画作品。

J0058515
月夜笛声　(蒙汉对照)李慕白作
呼和浩特 内蒙古人民出版社 1986 年 1 张
76cm(2 开)定价: CNY0.20
　　中国现代年画作品。

J0058516
月夜虎啸　沈高仁作
杭州 杭州人民美术出版社 1986 年 1 张(卷轴)
附对联 1 副 107cm(全开)定价: CNY1.70
　　中国现代年画作品。

J0058517
月月平安　锦上添花　富贵白头　鸳鸯荷美
黄怡作
太原 山西人民出版社 1986 年 2 张 76cm(2 开)
定价: CNY0.44
　　中国现代年画作品。

J0058518
月月有余　周国军作
沈阳 辽宁美术出版社 1986 年 1 张 76cm(2 开)
定价: CNY0.20
　　中国现代年画作品。

J0058519
岳飞郑成功　泮隆生作

杭州 浙江人民美术出版社 1986 年 2 张
53cm（4 开）定价：CNY0.25
　　中国现代年画作品。

J0058520
岳雷招亲　张静，冯宇锦作
天津 天津人民美术出版社 1986 年 2 张
76cm（2 开）定价：CNY0.44
　　中国现代年画作品。

J0058521
岳阳楼记　（宋）范仲淹作；赵步唐书
武汉 湖北少年儿童出版社 1986 年 4 张（卷轴）
76cm（2 开）定价：CNY4.00
　　中国现代年画作品。

J0058522
岳云狄雷　李中文作
郑州 中原农民出版社 1986 年 1 张 53cm（4 开）
定价：CNY0.10
　　中国现代年画作品。

J0058523
岳云杨文广　李建章作
天津 天津人民美术出版社 1986 年 1 张
76cm（2 开）定价：CNY0.25
　　中国现代年画作品。

J0058524
岳云锤　妞翠林作
长沙 湖南美术出版社 1986 年 1 张 76cm（2 开）
定价：CNY0.20
　　中国现代年画作品。作者妞翠林（1952—　　），
河北磁县总工会副主席，兼中国美协河北分会
会员。

J0058525
岳云大战银铃公主　傅鲁沛，李学荣作
北京 人民美术出版社 1986 年 1 张 76cm（2 开）
定价：CNY0.20
　　中国现代年画作品。

J0058526
杂技新秀　张万臣作
沈阳 辽宁美术出版社 1986 年 2 张 76cm（2 开）

定价：CNY0.42
　　中国现代年画作品。

J0058527
再跃龙门　郑坚石作
北京 人民体育出版社 1986 年 1 张 76cm（2 开）
定价：CNY0.25
　　中国现代年画作品。

J0058528
早晨　孙才清作
武汉 湖北美术出版社 1986 年 1 张 76cm（2 开）
定价：CNY0.22
　　中国现代年画作品。

J0058529
增福添寿　万事如意　周喜作
郑州 河南美术出版社 1986 年 1 张 53cm（4 开）
定价：CNY0.11
　　中国现代年画作品。

J0058530
战袍情思　魏凤才，胡德海作
哈尔滨 黑龙江美术出版社 1986 年 1 张
76cm（2 开）定价：CNY0.20
　　中国现代年画作品。

J0058531
张飞关公　王祖军作
昆明 云南人民出版社 1986 年 1 张 76cm（2 开）
定价：CNY0.14
　　中国现代年画作品。

J0058532
张飞关羽　李一作
北京 农业出版社 1986 年 1 张 76cm（2 开）
定价：CNY0.25
　　中国现代年画作品。

J0058533
张飞黄忠　晓牛作
郑州 河南美术出版社 1986 年 1 张 76cm（2 开）
定价：CNY0.22
　　中国现代年画作品。

J0058534
张飞赵云　金彦平,张雅君作
郑州 河南美术出版社 1986年 1张 53cm(4开)
定价: CNY0.11
　　中国现代年画作品。

J0058535
张飞赵云　金彦平,张雅君作
郑州 河南美术出版社 1986年 1张 76cm(2开)
定价: CNY0.22
中国现代年画作品。

J0058536
长坂坡　李红才画;张梦亭配诗
石家庄 河北美术出版社 1986年 1张
76cm(2开) 定价: CNY0.22
　　中国现代年画作品。

J0058537
长城　刘称奇作
南昌 江西人民出版社 1986年 1张
[78cm](3开) 定价: CNY0.48
中国现代年画作品。

J0058538
长寿图　李瑞兆作
西安 陕西人民美术出版社 1986年 1张
76cm(2开) 定价: CNY0.22
　　中国现代年画作品。

J0058539
长寿图　李瑞兆作
西安 陕西人民美术出版社 1986年 1张(卷轴)
附对联 1副 107cm(全开) 定价: CNY1.90
　　中国现代年画作品。

J0058540
长寿图
上海 上海人民美术出版社 1986年 1张(卷轴)
附对联 1副 107cm(全开) 定价: CNY4.80
　　中国现代年画作品。

J0058541
长寿图　刘启文作
郑州 中原农民出版社 1986年 1张(卷轴)

附对联 1副 107cm(全开) 定价: CNY2.40
　　中国现代年画作品。作者刘启文(1940—　),
国家一级美术师。原名刘起文。河北石家庄人,
祖籍保定。历任河北美协会员、石门画院院长。

J0058542
招才进宝　于占德,张弘作
上海 上海人民美术出版社 1986年 1张
76cm(2开) 定价: CNY0.20
　　中国现代年画作品。作者张弘(1959—　),
湖南宁乡人,生于武汉。毕业于广州美术学院中
国画系。历任广州美院美术教育系主任、教授、
硕士研究生导师,中国美术家协会会员、广东美
术家协会理事。作品有《新港》《日月盈昃》《不
灭的火焰》《十月秋染山》《日落而息》。

J0058543
招财进宝　王朝明作
南昌 江西人民出版社 1986年 1张 76cm(2开)
定价: CNY0.20
　　中国现代年画作品。

J0058544
招财进宝　高孝慈作
沈阳 辽宁美术出版社 1986年 1张 76cm(2开)
定价: CNY0.28
　　中国现代年画作品。

J0058545
昭君梳妆　张振华作
哈尔滨 黑龙江美术出版社 1986年 1张
76cm(2开) 定价: CNY0.20
　　中国现代年画作品。

J0058546
昭君与呼韩邪　(蒙汉对照)赵梦林作
呼和浩特 内蒙古人民出版社 1986年 1张
76cm(2开) 定价: CNY0.20
　　中国现代年画作品。

J0058547
赵云马超　邢光厚作
南京 江苏美术出版社 1986年 2张 78cm(2开)
定价: CNY0.32
　　中国现代年画作品。

J0058548
赵云　马超　　李一作
北京 农业出版社 1986 年 1 张 76cm（2 开）
定价：CNY0.25
　　中国现代年画作品。

J0058549
赵云　马超　　马岭作
郑州 中原农民出版社 1986 年 1 张 53cm（4 开）
定价：CNY0.10
　　中国现代年画作品。

J0058550
浙江年画　（1986　1）
杭州 浙江人民美术出版社 1986 年 19cm（32 开）
　　中国现代年画作品。

J0058551
浙江年画　（1986　2）
杭州 浙江人民美术出版社 1986 年 19cm（32 开）
　　中国现代年画作品。

J0058552
浙江年画　（1986　3）
杭州 浙江人民美术出版社 1986 年 19cm（32 开）
　　中国现代年画作品。

J0058553
浙江年画　（1986　4）浙江人民美术出版社编
杭州 浙江人民美术出版社 1986 年 19cm（32 开）
　　中国现代年画作品。

J0058554
浙江年画　（1986　5）浙江人民美术出版社编
杭州 浙江人民美术出版社 1986 年 19cm（32 开）
　　中国现代年画作品。

J0058555
珍禽　　张琪作
石家庄 河北美术出版社 1986 年 2 张
76cm（2 开）定价：CNY0.44
　　中国现代年画作品。

J0058556
珍珠仙子　（蒙汉对照）董俊作
呼和浩特 内蒙古人民出版社 1986 年 1 张
76cm（2 开）定价：CNY0.20
　　中国现代年画作品。

J0058557
振兴中华为国争光　　薛长山作
长沙 湖北美术出版社 1986 年 2 张 76cm（2 开）
定价：CNY0.40
　　中国现代年画作品。

J0058558
知音　　朱成标作
杭州 浙江人民美术出版社 1986 年 1 张
107cm（全开）定价：CNY0.20
　　中国现代年画作品。

J0058559
志同道合　　龚景充作
杭州 浙江人民美术出版社 1986 年 1 张
76cm（2 开）定价：CNY0.20
　　中国现代年画作品。

J0058560
志向　　陈宝万作
南京 江苏美术出版社 1986 年 1 张 76cm（2 开）
定价：CNY0.21
　　中国现代年画作品。

J0058561
志在凌云　　徐君熙作
成都 四川美术出版社 1986 年 1 张 76cm（2 开）
定价：CNY0.20
　　中国现代年画作品。

J0058562
致富金牌到我家　　陈英，陈明作
北京 人民美术出版社 1986 年 1 张 76cm（2 开）
定价：CNY0.26
　　中国现代年画作品。

J0058563
中国古园林　　张举毅作
长沙 湖南美术出版社 1986 年 2 张 76cm（2 开）
定价：CNY0.40
　　中国现代年画作品。

J0058564
中华巾帼 秦赞光作
广州 岭南美术出版社 1986年 1张 76cm（2开）
定价：CNY0.23
　　中国现代年画作品。

J0058565
中外马戏 徐福根作
南昌 江西人民出版社 1986年 2张 76cm（2开）
定价：CNY0.48
　　中国现代年画作品。

J0058566
钟馗 闻钟作
南宁 广西人民出版社 1986年 1张 53cm（4开）
定价：CNY0.12
　　中国现代年画作品。

J0058567
钟馗 闻钟作
南宁 广西人民出版社 1986年 1张 76cm（2开）
定价：CNY0.24
　　中国现代年画作品。

J0058568
众峰秋色 （清）肖愻作
郑州 河南美术出版社 1986年 1张（卷轴）
附对联1副 107cm（全开）定价：CNY2.40
　　中国现代年画作品。

J0058569
朱德元帅接见战斗英雄 何启超，樊怀章作
成都 四川美术出版社 1986年 1张 76cm（2开）
定价：CNY0.20
　　中国现代年画作品。

J0058570
朱总司令钓鱼 （领袖和人民条屏之四）一木，
赵定平诗；周鹤芩画
石家庄 河北美术出版社 1986年 2张
76cm（2开）定价：CNY0.44
　　中国现代年画作品。

J0058571
竹林计 赵梦林作
上海 上海人民美术出版社 1986年 1张
76cm（2开）定价：CNY0.20
　　中国现代年画作品。

J0058572
祝酒图 范垂宇作
哈尔滨 黑龙江美术出版社 1986年 1张
76cm（2开）定价：CNY0.20
　　中国现代年画作品。

J0058573
祝郎三杯酒 杨树有作
哈尔滨 黑龙江美术出版社 1986年 1张
76cm（2开）定价：CNY0.20
　　中国现代年画作品。

J0058574
祝您长寿 王英画
济南 山东美术出版社 1986年 1张 76cm（2开）
定价：CNY0.27
　　中国现代年画作品。

J0058575
祝寿图 楼永年作
杭州 杭州人民美术出版社 1986年 1张（卷轴）
附对联1副 107cm（全开）定价：CNY1.70
　　中国现代年画作品。作者楼永年（1940—　），
浙江萧山人。毕业于浙江美术学院工艺系。杭
州印染厂花样设计，高级工艺美术师。代表作
品《福宝寿禧》《四季平安》《福寿万年》《和合
图》等。

J0058576
祝寿图 董俊茹作
哈尔滨 黑龙江美术出版社 1986年 1张
76cm（2开）定价：CNY0.20
　　中国现代年画作品。

J0058577
祝寿图 王克印作
南京 江苏美术出版社 1986年 1张 76cm（2开）
定价：CNY0.21
　　中国现代年画作品。

J0058578

祝寿图 （蒙汉对照）黄妙发作

呼和浩特 内蒙古人民出版社 1986 年 1 张
76cm（2 开）定价：CNY0.20
　　中国现代年画作品。

J0058579

祝寿图　侯荣作

成都 四川美术出版社 1986 年 1 张（卷轴）
附对联 1 副 107cm（全开）定价：CNY2.80
　中国现代年画作品。

J0058580

祝愿图　徐寄萍作

上海 上海人民美术出版社 1986 年 1 张
76cm（2 开）定价：CNY0.20
　　中国现代年画作品。作者徐寄萍（1919—
2005），上海人。曾任上海美术家协会会员、上海
人民美术出版社特约年画作者等。主要作品有
《帮妈妈做事》《学雷锋做好事》《擦亮眼睛》等。

J0058581

子仕莲丰　朱凤岐作

沈阳 辽宁美术出版社 1986 年 1 张 76cm（2 开）
定价：CNY0.20
　　中国现代年画作品。

J0058582

紫钗记　张弓作

南宁 广西人民出版社 1986 年 1 张 76cm（2 开）
定价：CNY0.23
　　中国现代年画作品。

J0058583

祖国多美好　杨文义，沈家琳作

武汉 湖北美术出版社 1986 年 1 张 76cm（2 开）
定价：CNY0.22
　　中国现代年画作品。

J0058584

祖国繁荣庆丰年　王立新作

南昌 江西人民出版社 1986 年 1 张 76cm（2 开）
定价：CNY0.23
　　中国现代年画作品。

J0060076

祖国万岁　胡之作

重庆 重庆出版社 1986 年 1 张 76cm（2 开）
定价：CNY0.22
　　中国现代年画作品。

J0058585

祖国未来和我　李善作

成都 四川美术出版社 1986 年 1 张 76cm（2 开）
定价：CNY0.22
　　中国现代年画作品。作者李善（630—689），
唐代著名学者、训诂学家。扬州江都（今江苏扬
州）人。著有《文选注》《汉书辨惑》等。

J0058586

1987 江苏年画　（1）江苏美术出版社编

南京 江苏美术出版社 1987 年 19cm（32 开）
　　中国现代年画作品。

J0058587

1987 江苏年画　（2）江苏美术出版社编

南京 江苏美术出版社 1987 年 19cm（32 开）
　　中国现代年画作品。

J0058588

1987 年广东年画　（1）岭南美术出版社编

广州 岭南美术出版社 1987 年 19cm（32 开）
　　中国现代年画作品。

J0058589

傲雷·一兰　（蒙汉对照）王维克作

呼和浩特 内蒙古人民出版社 1987 年 1 张
76cm（2 开）定价：CNY0.25
　　中国现代年画作品。

J0058590

八骏图　冯杰作

北京 人民美术出版社 1987 年 1 张 76cm（2 开）
定价：CNY0.31
　　中国现代年画作品。

J0058591

八骏图　刘生展作

天津 天津人民美术出版社 1987 年 2 张
76cm（2 开）定价：CNY0.60

中国现代年画作品。

J0058592

八仙过海　郭德宁作

太原 山西人民出版社 1987 年 1 张 107cm（全开）

定价：CNY0.55

　　中国现代年画作品。

J0058593

八仙祝寿　（蒙汉对照）刘友仁编

呼和浩特 内蒙古人民出版社 1987 年 1 张

76cm（2 开）定价：CNY0.25

　　中国现代年画作品。作者刘友仁（1941— ），画家。内蒙古托克托人。毕业于内蒙古师范大学美术系。历任呼和浩特美协副主席、内蒙古托克托文化馆副研究馆员。作品有《雪梅青竹》《欢乐的草原》《草原孩子打马球》《戈壁驼道》《金牛迎春 》等，出版有《刘友仁年画》等。

J0058594

八仙祝寿　史士明，金蓉秀作

上海 上海人民美术出版社 1987 年 1 张

76cm（2 开）定价：CNY0.58

　　中国现代年画作品。

J0058595

爸爸的军功章　李晓春作

长春 吉林美术出版社 1987 年 1 张 76cm（2 开）

定价：CNY0.26

　　中国现代年画作品。

J0058596

白马坡　赵梦林作

上海 上海人民美术出版社 1987 年 1 张

76cm（2 开）定价：CNY0.28

　　中国现代年画作品。

J0058597

白雪公主　富国强作

上海 上海人民美术出版社 1987 年 1 张

76cm（2 开）定价：CNY0.28

　　中国现代年画作品。

J0058598

白雪公主　（白雪公主）李汇泉作

成都 四川美术出版社 1987 年 1 张 76cm（2 开）

定价：CNY0.26

　　中国现代年画作品。

J0058599

百蝶图　杨艾湘作

长沙 湖南美术出版社 1987 年 1 张 76cm（2 开）

定价：CNY0.23

　　中国现代年画作品。

J0058600

百福图　叶向南作

杭州 浙江人民美术出版社 1987 年 1 张

76cm（2 开）定价：CNY0.25

　　中国现代年画作品。

J0058601

百福图　张勋义作

重庆 重庆出版社 1987 年 1 张 76cm（2 开）

定价：CNY0.28

　　中国现代年画作品。

J0058602

百鹤朝阳　王学明作

石家庄 河北美术出版社 1987 年 1 张

76cm（2 开）定价：CNY0.40

　　中国现代年画作品。

J0058603

百花争艳　（1—4）白铭作

沈阳 辽宁美术出版社 1987 年 2 张 76cm（2 开）

定价：CNY0.56

　　中国现代年画作品。

J0058604

百年好合花烛夜　史士明作

天津 天津人民美术出版社 1987 年 1 张

76cm（2 开）定价：CNY0.28

　　中国现代年画作品。

J0058605

百年和美　朱介堂作

杭州 浙江人民美术出版社 1987 年 1 张

76cm（2 开）定价：CNY0.25

　　中国现代年画作品。

J0058606
百鸟朝凤　韩玉林作
长春 吉林美术出版社 1987 年 1 张 76cm（2 开）
定价：CNY0.22
　　中国现代年画作品。

J0058607
百寿图
郑州 河南美术出版社 1987 年 1 轴（卷轴）
附对联 1 副 107cm（全开）定价：CNY4.50
　　中国现代年画作品。

J0058608
百寿图　叶向南作
杭州 浙江人民美术出版社 1987 年 1 张
76cm（2 开）定价：CNY0.25
　　中国现代年画作品。

J0058609
百寿图　张勋人作
重庆 重庆出版社 1987 年 1 张 76cm（2 开）
定价：CNY0.28
　　中国现代年画作品。

J0058610
百鱼图　高志华作
沈阳 辽宁美术出版社 1987 年 1 张 76cm（2 开）
定价：CNY0.22
　　中国现代年画作品。

J0058611
百子贺寿　孙文光作
成都 四川美术出版社 1987 年 1 张 76cm（2 开）
定价：CNY0.26
　　中国现代年画作品。

J0058612
宝宝康乐　姜衍波作
济南 山东美术出版社 1987 年 1 张 76cm（2 开）
定价：CNY0.27
　　中国现代年画作品。

J0058613
宝宝求知图　徐中立作
济南 山东美术出版社 1987 年 1 张 76cm（2 开）

定价：CNY0.27
　　中国现代年画作品。

J0058614
宝宝识字图　林琳作
济南 山东美术出版社 1987 年 1 张 76cm（2 开）
定价：CNY0.27
　　中国现代年画作品。

J0058615
宝黛初会　（蒙汉对照）李学勤作
呼和浩特 内蒙古人民出版社 1987 年 1 张
76cm（2 开）定价：CNY0.25
　　中国现代年画作品。

J0058616
宝玉和黛玉　李慕白，金雪尘作
上海 上海人民美术出版社 1987 年 1 张
76cm（2 开）定价：CNY0.28
　　中国现代年画作品。

J0058617
保家卫国　刘福泰作
郑州 河南美术出版社 1987 年 1 张 53cm（4 开）
定价：CNY0.14
　　中国现代年画作品。

J0058618
保家卫国　刘福泰作
郑州 河南美术出版社 1987 年 1 张 76cm（2 开）
定价：CNY0.28
　　中国现代年画作品。

J0058619
保家卫国　邢光厚作
南京 江苏美术出版社 1987 年 2 张 76cm（2 开）
定价：CNY0.40
　　中国现代年画作品。

J0058620
保卫祖国　保卫和平　王开术作
成都 四川美术出版社 1987 年 1 张 76cm（2 开）
定价：CNY0.26
　　中国现代年画作品。

J0058621
保卫祖国　保卫和平　　金安群作
昆明　云南人民出版社 1987 年 1 张 76cm（2 开）
定价：CNY0.25
　　中国现代年画作品。

J0058622
保卫祖国　保卫和平　　金安群作
昆明　云南人民出版社 1987 年 1 张 53cm（4 开）
定价：CNY0.15
　　中国现代年画作品。

J0058623
报春图　　朱鉴作
兰州　甘肃人民出版社 1987 年 1 轴（卷轴）
76cm（2 开）定价：CNY1.20
　　中国现代年画作品。

J0058624
报春图　　徐德森作
南京　江苏美术出版社 1987 年 1 张 76cm（2 开）
定价：CNY0.30
　　中国现代年画作品。

J0058625
北京风光　　牛嵩林，孙肃显作
郑州　河南美术出版社 1987 年 4 轴（卷轴）
76cm（2 开）定价：CNY4.70
　　中国现代年画作品。作者牛嵩林（1925—　），
记者、摄影师。大连庄河市人。历任解放军报社
高级记者、中国旅游出版社编辑室主任、中国摄
影家协会会员、中国老摄影家协会理事。20 世
纪 50 年代至 70 年代，曾担任中央国事采访工作。
作品有《伟人的瞬间画册》《周恩来总理纪念
册》《民兵画册》《领袖风采》《共和国十大将》等
画册。

J0058626
比一比谁的苹果大　　陈宏仁作
上海　上海人民美术出版社 1987 年 1 张
76cm（2 开）定价：CNY0.28
　　中国现代年画作品。

J0058627
比翼鸳鸯

杭州　西泠印社 1987 年 1 张 76cm（2 开）
定价：CNY0.25
　　中国现代年画作品。

J0058628
碧泉白羽　　刘继成作
长春　吉林美术出版社 1987 年 1 张 76cm（2 开）
定价：CNY0.42
　　中国现代年画作品。

J0058629
碧竹红叶相辉映　　平凡作
长沙　湖南美术出版社 1987 年 1 张 76cm（2 开）
定价：CNY0.35
　　中国现代年画作品。

J0058630
避暑山庄　　王信作
石家庄　河北美术出版社 1987 年 1 张
76cm（2 开）定价：CNY0.40
　　中国现代年画作品。

J0058631
边防小骑士　　陈宝万作
南宁　广西人民出版社 1987 年 1 张 76cm（2 开）
定价：CNY0.29
　　中国现代年画作品。

J0058632
边防小哨兵　　陈宝万作
昆明　云南人民出版社 1987 年 1 张 76cm（2 开）
定价：CNY0.25
　　中国现代年画作品。

J0058633
边防巡逻　　邹起奎作
天津　天津人民美术出版社 1987 年 1 张
76cm（2 开）定价：CNY0.28
　　中国现代年画作品。作者邹起奎（1948—　），
画家。笔名加贝。辽宁省盖州人。毕业于鲁迅
美术学院附中。天津杨柳青画社集绘画、摄影、
编辑、出版于一身的专家。中国美术家协会会员。
代表作品有《毛泽东主席》正面标准像等。

J0058634

兵强马壮　王祖军作

昆明 云南人民出版社 1987 年 1 张 76cm（2 开）

定价：CNY0.25

　　中国现代年画作品。

J0058635

兵强马壮　王祖军作

昆明 云南人民出版社 1987 年 1 张 53cm（4 开）

定价：CNY0.15

　　中国现代年画作品。

J0058636

哺育　杨德衡作

沈阳 辽宁美术出版社 1987 年 1 张 76cm（2 开）

定价：CNY0.60

　　中国现代年画作品。

J0058637

布达拉宫祥云图　（藏汉对照）叶星生，邹延
白作

拉萨 西藏人民出版社［1987 年］1 张

107cm（全开）定价：CNY1.50

　　中国现代年画作品。

J0058638

财寿福禧　王朝宾作

郑州 河南美术出版社 1987 年 4 轴（卷轴）

76cm（2 开）定价：CNY4.20

　　中国现代年画作品。

J0058639

财源茂盛　刘宝贵作

哈尔滨 黑龙江美术出版社 1987 年 1 张

76cm（2 开）定价：CNY0.23

　　中国现代年画作品。

J0058640

蔡文姬　卓文君　李清照　苏小妹　刘会民，
申同景作

太原 山西人民出版社 1987 年 2 张 76cm（2 开）

定价：CNY0.56

　　中国现代年画作品。

J0058641

苍山极天图　郑鹍作

上海 上海书画出版社 1987 年 1 张 76cm（2 开）

统一书号：8172.1810 定价：CNY0.28

　　中国现代年画作品。

J0058642

苍松红梅迎新岁　刘称奇作

上海 上海人民美术出版社 1987 年 1 张

76cm（2 开）定价：CNY0.28

　　中国现代年画作品。

J0058643

草原花朵　（蒙汉对照）陆平，陆福喜作

呼和浩特 内蒙古人民出版社 1987 年 1 张

76cm（2 开）定价：CNY0.25

　　中国现代年画作品。

J0058644

柴桑关　（蒙汉对照）赵祥林作

呼和浩特 内蒙古人民出版社 1987 年 1 张

76cm（2 开）定价：CNY0.25

　　中国现代年画作品。

J0058645

常遇春胡大海　小龙作

郑州 河南美术出版社 1987 年 1 张 76cm（2 开）

定价：CNY0.28

　　中国现代年画作品。

J0058646

常遇春胡大海　小龙作

郑州 河南美术出版社 1987 年 1 张 53cm（4 开）

定价：CNY0.14

　　中国现代年画作品。

J0058647

嫦娥奔月　雷振刚作

重庆 重庆出版社 1987 年 1 张 76cm（2 开）

定价：CNY0.28

　　中国现代年画作品。

J0058648

朝晖壮群山　宋治平作

上海 上海书画出版社 1987 年 1 轴（卷轴）

附对联 1 副 107cm（全开）定价：CNY3.10

　　中国现代年画作品。

J0058649

朝晖壮群山　宋治平作

上海 上海书画出版社 1987 年 1 张 76cm（2开）

定价：CNY0.28

　　中国现代年画作品。

J0058650

陈三五娘　姚殿科作

沈阳 辽宁美术出版社 1987 年 1 张 76cm（2开）

定价：CNY0.22

　　中国现代年画作品。

J0058651

乘龙佳婿　张禾作

杭州 浙江人民美术出版社 1987 年 2 张

76cm（2开）定价：CNY0.50

　　中国现代年画作品。作者张禾（1953—　），

教授、画家。浙江浦江人。毕业于中国美术学院

中国画专业和上海师大美术教育硕士研究生班。

中国美术家协会浙江分会会员。

J0058652

乘龙献宝　元姝，淑艳作

沈阳 辽宁美术出版社 1987 年 1 张 76cm（2开）

定价：CNY0.22

　　中国现代年画作品。

J0058653

程夫人勉夫教子　李方惠作

成都 四川美术出版社 1987 年 2 张 76cm（2开）

定价：CNY0.52

　　中国现代年画作品。

J0058654

程咬金　秦叔宝　陈晨作

郑州 河南美术出版社 1987 年 1 张 76cm（2开）

定价：CNY0.28

　　中国现代年画作品。

J0058655

程咬金　秦叔宝　陈晨作

郑州 河南美术出版社 1987 年 1 张 53cm（4开）

定价：CNY0.14

　　中国现代年画作品。

J0058656

程咬金招亲　赵梦林作

天津 天津人民美术出版社 1987 年 1 张

76cm（2开）定价：CNY0.28

　　中国现代年画作品。

J0058657

雏凤凌空　赵祥林作

上海 上海书画出版社［1987 年］1 张

76cm（2开）定价：CNY0.28

　　中国现代年画作品。

J0058658

吹箫引凤　黄秋园作

武汉 湖北美术出版社 1987 年 1 轴（卷轴）

附对联 1 副 107cm（全开）定价：CNY3.60

　　中国现代年画作品。作者黄秋园（1914—

1979），国画家。生于江西南昌市。毕业于南昌

剑声中学。独创了有别于历代名家的皴法新技

法“秋园皴”。代表作品有《庐山梦游图卷》《秋

山幽居图》《中国山水画传统技法》等，著有《中

国山水画传统技法》。

J0058659

吹箫引凤　（蒙汉对照）王志强作

呼和浩特 内蒙古人民出版社 1987 年 1 张

76cm（2开）定价：CNY0.25

　　中国现代年画作品。

J0058660

春风　陆廷作

上海 上海人民美术出版社 1987 年 1 张

76cm（2开）定价：CNY0.28

　　中国现代年画作品。

J0058661

春风得意

长春 吉林美术出版社 1987 年 1 张 76cm（2开）

定价：CNY0.22

　　中国现代年画作品。

J0058662

春姑娘　邱长沛作

成都 四川美术出版社 1987 年 1 张 76cm（2 开）

定价：CNY0.26

　　中国现代年画作品。

J0058663

春光好　黄妙发作

上海 上海人民美术出版社 1987 年 1 张

76cm（2 开）定价：CNY0.28

　　中国现代年画作品。

J0058664

春光明媚　刘金珠作

杭州 浙江人民美术出版社 1987 年 1 张

76cm（2 开）定价：CNY0.25

　　中国现代年画作品。

J0058665

春光万里　王利华作

杭州 浙江人民美术出版社 1987 年 1 张

107cm（全开）定价：CNY0.95

　　中国现代年画作品。

J0058666

春光万里　王利华作

杭州 浙江人民美术出版社 1987 年 1 张

76cm（2 开）定价：CNY0.40

　　中国现代年画作品。

J0058667

春酣

杭州 浙江人民美术出版社［1987 年］1 轴（卷轴）

76cm（2 开）定价：CNY1.50

　　中国现代年画作品。

J0058668

春江月　（1—4）王新滨，曹淑勤作

沈阳 辽宁美术出版社 1987 年 2 张 76cm（2 开）

定价：CNY0.48

　　中国现代年画作品。

J0058669

春满人间　（蒙汉对照）李学勤作

呼和浩特 内蒙古人民出版社 1987 年 1 张

76cm（2 开）定价：CNY0.25

　　中国现代年画作品。

J0058670

春满神州　王嘉喜作

长春 吉林美术出版社 1987 年 1 张 76cm（2 开）

定价：CNY0.22

　　中国现代年画作品。

J0058671

春秋配　王克印作

郑州 河南美术出版社 1987 年 1 轴（卷轴）

附对联 1 副 107cm（全开）定价：CNY4.90

　　中国现代年画作品。

J0058672

春日景和　汪亮作

上海 上海书画出版社 1987 年 1 张 78cm（3 开）

定价：CNY0.20

　　中国现代年画作品。

J0058673

春色满园　张琪作

石家庄 河北美术出版社 1987 年 2 张

76cm（2 开）定价：CNY0.54

　　中国现代年画作品。

J0058674

春色满园　车来通作

北京 人民美术出版社 1987 年 2 张 76cm（2 开）

定价：CNY0.66

　　中国现代年画作品。

J0058675

春山鹤鸣　刘启文作

石家庄 河北美术出版社 1987 年 1 张

76cm（2 开）定价：CNY0.40

　　中国现代年画作品。作者刘启文（1940—　），
国家一级美术师。原名刘起文。河北石家庄人，
祖籍保定。历任河北美协会员、石门画院院长。

J0058676

春山图　李明久作

石家庄 河北美术出版社 1987 年 1 张

78cm（3 开）定价：CNY0.22

中国现代年画作品。

J0058677
春山图 乐震文作
上海 上海书画出版社 1987年 1张 76cm（2开）
定价：CNY0.28
　　中国现代年画作品。

J0058678
春山玉帘 胡承炳作
杭州 浙江人民美术出版社 1987年 1张
107cm（全开）定价：CNY0.95
　　中国现代年画作品。

J0058679
春山玉帘 胡承炳作
杭州 浙江人民美术出版社 1987年 1张
76cm（2开）定价：CNY0.40
　　中国现代年画作品。

J0058680
春夏秋冬 王振羽作
上海 上海人民美术出版社 1987年 2张
107cm（全开）定价：CNY1.60
　　中国现代年画作品。作者王振羽（1946— ），
画家。吉林人。毕业于辽宁艺术师范美术科，结
业于鲁迅美术学院油画进修班。舞美设计，抚顺
市人民影院美工。擅长油画。作品有油画《寄信
母校报丰收》，年画《桃李芬芳》，水彩画《北方十
月》等。

J0058681
春夏秋冬山水画四屏 陈辉光作
上海 上海书画出版社 1987年 2张 76cm（2开）
定价：CNY0.58
　　中国现代年画作品。作者陈辉光（1939— ），
上海人。工艺美术师。

J0058682
翠羽鸣春 洪世川作
杭州 西泠印社 1987年 1张 107cm（全开）
定价：CNY1.00
　　中国现代年画作品。

J0058683
翠羽鸣春 洪世川作
杭州 西泠印社 1987年 1轴（卷轴）附对联 1副
107cm（全开）定价：CNY2.90
　　中国现代年画作品。

J0058684
打銮驾 胡委伦作
杭州 浙江人民美术出版社 1987年 2张
76cm（2开）定价：CNY0.50
　　中国现代年画作品。作者胡委伦（1948— ），
别名胡惠伦。上海人。擅长油画。毕业于中国
美术学院附中。曾任职于浙江遂昌婺剧团、丽水
地区越剧团、丽水地区艺术研究中心，二级美术
师。作品有《故乡情》《默默的路》《还是这条路》。

J0058685
大地回春 李凤君作
长春 吉林美术出版社 1987年 1张 76cm（2开）
定价：CNY0.22
　　中国现代年画作品。

J0058686
大福字 刘聚国作
石家庄 河北美术出版社 1987年 1张
76cm（2开）定价：CNY0.25
　　中国现代年画作品。

J0058687
大公鸡 许志彬作
成都 四川美术出版社 1987年 1张 76cm（2开）
定价：CNY0.26
　　中国现代年画作品。

J0058688
大吉大利 张瑜生作
杭州 浙江人民美术出版社 1987年 1张
76cm（2开）定价：CNY0.25
　　中国现代年画作品。

J0058689
大苹果给你 曾廷仲作
成都 四川美术出版社 1987年 1张 76cm（2开）
定价：CNY0.26
　　中国现代年画作品。

J0058690
黛玉钓鱼　　申同景作
石家庄 河北美术出版社 1987 年 1 张
76cm（2 开）定价：CNY0.40
　　中国现代年画作品。

J0058691
黛玉夺魁　　申同景作
石家庄 河北美术出版社 1987 年 3 张
76cm（2 开）定价：CNY0.90
　　中国现代年画作品。

J0058692
丹生麟子　　陈英，陈明作
天津 天津人民美术出版社 1987 年 1 张
76cm（2 开）定价：CNY0.28
　　中国现代年画作品。

J0058693
单雄信　程咬金
成都 四川省新闻图片社 1987 年 1 张
76cm（2 开）定价：CNY0.30
　　中国现代年画作品。

J0058694
荡秋千　　李慕白作
上海 上海人民美术出版社 1987 年 1 张
76cm（2 开）定价：CNY0.28
　　中国现代年画作品。

J0058695
盗御马　　金雪尘作
上海 上海人民美术出版社 1987 年 1 张
76cm（2 开）定价：CNY0.28
　　中国现代年画作品。作者金雪尘（1904—
1996），画家。上海嘉定人。曾任上海图片出版社、
上海人民美术出版社特约记者。代表作有《武松
打虎》《春江花月夜》《金鱼舞》。

J0058696
稻香鱼肥　　范恩树作
哈尔滨 黑龙江美术出版社 1987 年 1 张
76cm（2 开）定价：CNY0.23
　　中国现代年画作品。

J0058697
登陆演习　　陈正明作
天津 天津人民美术出版社 1987 年 1 张
76cm（2 开）定价：CNY0.28
　　中国现代年画作品。

J0058698
狄雷牛通　　孙宗禧，孙红侠作
武汉 湖北美术出版社［1987 年］1 张 76cm（2 开）
　　中国现代年画作品。

J0058699
缔结良缘　　（蒙汉对照）于振波作
呼和浩特 内蒙古人民出版社 1987 年 1 张
76cm（2 开）定价：CNY0.25
　　中国现代年画作品。

J0058700
典韦　许褚　　何永明作
昆明 云南人民出版社 1987 年 1 张 76cm（2 开）
定价：CNY0.25
　　中国现代年画作品。

J0058701
典韦　许褚　　何永明作
昆明 云南人民出版社 1987 年 1 张 53cm（4 开）
定价：CNY0.15
　　中国现代年画作品。

J0058702
电视电话传友谊　　陈明，陈英作
北京 人民美术出版社 1987 年 1 张 76cm（2 开）
定价：CNY0.31
　　中国现代年画作品。

J0058703
东海祝福　　杨馥如作
上海 上海人民美术出版社 1987 年 1 张
76cm（2 开）定价：CNY0.28
　　中国现代年画作品。

J0058704
东坡诗意图　　苏锡超作
石家庄 河北美术出版社 1987 年 3 张
76cm（2 开）定价：CNY0.62

中国现代年画作品。

J0058705
动物屏　米春茂作
北京　人民美术出版社 1987年 2张 76cm（2开）
定价：CNY0.66
　　中国现代年画作品。

J0058706
洞房花烛　叶天荣作
成都　四川美术出版社 1987年 1张 76cm（2开）
定价：CNY0.26
　　中国现代年画作品。

J0058707
断竹　李文奎烙
赤峰　内蒙古科学技术出版社 1987年 1张（卷轴）
107cm（全开）定价：CNY1.70
　　中国现代年画作品。

J0058708
对江楼阁易天立；锦绣山河缩地来
郑州　河南美术出版社 1987年 1轴（卷轴）
附对联 1 副 107cm（全开）定价：CNY4.50
　　中国现代年画作品。

J0058709
多福多寿　柳忠福作
石家庄　河北美术出版社 1987年 1张
76cm（2开）定价：CNY0.25
　　中国现代年画作品。

J0058710
夺魁　成砺志作
武汉　湖北美术出版社 1987年 1张 76cm（2开）
定价：CNY0.28
　　中国现代年画作品。

J0058711
峨嵋风光　雷绍成作
成都　四川美术出版社 1987年 2张 76cm（2开）
定价：CNY0.52
　　中国现代年画作品。

J0058712
峨嵋山水　廉宽宏作
成都　四川美术出版社 1987年 2张 76cm（2开）
定价：CNY0.52
　　中国现代年画作品。作者廉宽宏（1945—　），
画家、国家一级美术师。笔名老廉。生于哈尔滨，
河北安平人。毕业于天津美术学院。中国美术
家协会会员、中日美术交流协会会员、沧州美协
副主席。作品有《一竿撑出绿波来》《苍岩毓秀》
《淀上曲》等。

J0058713
恩爱情深　樊怀章作
成都　四川美术出版社 1987年 1张 76cm（2开）
定价：CNY0.26
　　中国现代年画作品。

J0058714
恩爱图　朱介堂作
长沙　湖南美术出版社 1987年 1张 76cm（2开）
定价：CNY0.23
　　中国现代年画作品。

J0058715
二龙戏珠　杨晓勇作
成都　四川美术出版社 1987年 1张 76cm（2开）
定价：CNY0.26
　　中国现代年画作品。

J0058716
方岩胜景　朱子容作
杭州　浙江人民美术出版社 1987年 1张
76cm（2开）定价：CNY1.10
　　中国现代年画作品。

J0058717
芳香撒人间　霍允庆作
上海　上海人民美术出版社 1987年 1张
76cm（2开）定价：CNY0.28
　　中国现代年画作品。

J0058718
飞马夺标　（蒙汉对照）刘俊贤作
呼和浩特　内蒙古人民出版社 1987年 1张
76cm（2开）定价：CNY0.25

中国现代年画作品。

J0058719
飞砣风　（蒙汉对照）赵祥林作
呼和浩特 内蒙古人民出版社 1987 年 1 张
76cm（2 开）定价：CNY0.25
　　中国现代年画作品。

J0058720
丰年乐　李宝祥作
长春 吉林美术出版社 1987 年 1 张 76cm（2 开）
定价：CNY0.26
　　中国现代年画作品。

J0058721
丰年有余　安杰作
沈阳 辽宁美术出版社 1987 年 1 张 76cm（2 开）
定价：CNY0.22
　　中国现代年画作品。

J0058722
丰年有余家家富　安杰作
天津 天津人民美术出版社 1987 年 1 张
76cm（2 开）定价：CNY0.28
　　中国现代年画作品。

J0058723
丰收乐　胡金日作
杭州 浙江人民美术出版社 1987 年 1 张
76cm（2 开）定价：CNY0.25
　　中国现代年画作品。

J0058724
风景花卉　邢树荃作
天津 天津人民美术出版社 1987 年 2 张
76cm（2 开）定价：CNY0.60
　　中国现代年画作品。

J0058725
风晴雨露竹屏　李自强作
郑州 河南美术出版社 1987 年 4 轴（卷轴）
76cm（2 开）定价：CNY4.20
　　中国现代年画作品。

J0058726
风晴雨露竹屏　李自强作
郑州 河南美术出版社 1987 年 4 轴（卷轴）
76cm（2 开）定价：CNY5.90
　　中国现代年画作品。

J0058727
风调雨顺　朱一嫣作
杭州 浙江人民美术出版社 1987 年 2 张
53cm（4 开）定价：CNY0.36
　　中国现代年画作品。

J0058728
风雪配　梅文文；玮民画
哈尔滨 黑龙江美术出版社 1987 年 2 张
76cm（2 开）定价：CNY0.50
　　中国现代年画作品。

J0058729
风月无边　雷文彬作
成都 四川美术出版社 1987 年 1 张 76cm（2 开）
定价：CNY0.26
　　中国现代年画作品。

J0058730
凤凰二乔　（蒙汉对照）赵祥林作
呼和浩特 内蒙古人民出版社 1987 年 1 张
76cm（2 开）定价：CNY0.25
　　中国现代年画作品。

J0058731
凤凰娶妻　（蒙汉对照）化金莲，董俊作
呼和浩特 内蒙古人民出版社 1987 年 1 张
76cm（2 开）定价：CNY0.25
　　中国现代年画作品。作者化金莲（1952—　　），
内蒙古固阳人。毕业于内蒙古师院艺术系。乌
兰察布盟师范学校教师、中国美术家协会内蒙古
分会会员、乌盟美术家协会副主席、乌盟美术教
育研究会副理事长。编著出版《手工美术》。

J0058732
凤求凰　申同景作
石家庄 河北美术出版社 1987 年 1 轴（卷轴）
附对联 1 副 107cm（全开）定价：CNY2.50
　　中国现代年画作品。

J0058733

凤求凰　申同景作

石家庄 河北美术出版社 1987 年 1 张

76cm（2 开）定价：CNY0.26

　　中国现代年画作品。

J0058734

夫妻观灯　万桂香，南运生作

石家庄 河北美术出版社 1987 年 1 张

76cm（2 开）定价：CNY0.25

　　中国现代年画作品。作者万桂香（1944—　），女，画家。辽宁丹东人。毕业于哈尔滨师范大学艺术系。曾在黑龙江省鸡西市文化馆、河北省内丘县文化馆从事美术工作。历任河北省电影公司《河北银幕》编辑、河北省电影发行公司宣传科科长、河北省电影宣传画画会会长。代表作品有《戎奶奶佳节到我家》《女驸马》《花为媒》等。作者南运生（1944—　），一级美术师。别名南恽笙。河北任丘人。毕业于哈尔滨师范大学艺术系美术专业。历任任河北省艺术馆馆长，河北画报社社长、总编，中国美术家协会、河北省美术家协会副主席、河北省画院院长。年画作品有《花好月圆》《艺苑新秀》《吉庆有余》等。

J0058735

夫妻英雄　李增吉作

重庆 重庆出版社 1987 年 2 张 76cm（2 开）

定价：CNY0.56

　　中国现代年画作品。

J0058736

夫妻镇边关为国建奇功　刘铭秀作

武汉 湖北美术出版社 1987 年 2 张 76cm（2 开）

定价：CNY0.52

　　中国现代年画作品。

J0058737

伏虎　陈英作

北京 人民体育出版社 1987 年 1 张 76cm（2 开）

定价：CNY0.30

　　中国现代年画作品。

J0058738

福　赵希强作

长春 吉林美术出版社 1987 年 1 张 76cm（2 开）

定价：CNY0.24

　　中国现代年画作品。

J0058739

福喜　孙为国作

南京 江苏美术出版社 1987 年 2 张 53cm（4 开）

定价：CNY0.28

　　中国现代年画作品。

J0058740

福到咱家　范恩树作

长春 吉林美术出版社 1987 年 1 张 76cm（2 开）

定价：CNY0.24

　　中国现代年画作品。

J0058741

福富　希煌等作

武汉 湖北美术出版社 1987 年 1 张 76cm（2 开）

定价：CNY0.26

　　中国现代年画作品。

J0058742

福富康乐　刘树茂作

沈阳 辽宁美术出版社 1987 年 2 张 76cm（2 开）

定价：CNY0.48

　　中国现代年画作品。

J0058743

福富寿禧　（蒙汉对照）李喜春作

呼和浩特 内蒙古人民出版社 1987 年 2 张

76cm（2 开）定价：CNY0.54

　　中国现代年画作品。

J0058744

福富寿禧　黄蜀华作

成都 四川美术出版社 1987 年 2 张 76cm（2 开）

定价：CNY0.52

　　中国现代年画作品。

J0058745

福富双喜来　林成翰作

沈阳 辽宁美术出版社 1987 年 1 张 76cm（2 开）

定价：CNY0.22

　　中国现代年画作品。

J0058746
福满门　李红才作
石家庄 河北美术出版社 1987 年 2 张
76cm（2 开）定价：CNY0.62
　　中国现代年画作品。

J0058747
福气盈门　陈华民作
沈阳 辽宁美术出版社 1987 年 1 张 76cm（2 开）
定价：CNY0.22
　　中国现代年画作品。

J0058748
福如东海　成砺志作
南京 江苏美术出版社 1987 年 1 张 76cm（2 开）
定价：CNY0.28
　　中国现代年画作品。

J0058749
福如东海　徐炽，黄复盛书
沈阳 辽宁美术出版社 1987 年 1 张 76cm（2 开）
定价：CNY0.35
　　中国现代年画作品。作者黄复盛（1938—　），
画家。辽宁鞍山人。毕业于鲁迅美术学院国画
系人物画专业。历任辽宁美术出版社副编审、中
国书法家协会会员、辽宁美术家协会会员、辽
宁中国画研究会理事、辽宁美术出版社副编审。
代表作品有《清代画论四篇语译》《黄复盛书法
辑》等。

J0058750
福如东海　寿比南山　刘称奇作
北京 人民美术出版社 1987 年 1 张 76cm（2 开）
定价：CNY0.31
　　中国现代年画作品。

J0058751
福如东海　寿比南山　（卷轴）刘称奇作
北京 人民美术出版社［1987 年］1 轴 附对联 1 副
107cm（全开）定价：CNY2.50
　　中国现代年画作品。

J0058752
福如东海　寿比南山　吴明耀作
上海 上海书画出版社 1987 年 1 张 76cm（2 开）
定价：CNY0.28
　　中国现代年画作品。

J0058753
福如东海　寿比南山　（卷轴）吴明耀作
上海 上海书画出版社 1987 年 1 轴 附对联 1 副
107cm（全开）定价：CNY3.10
　　中国现代年画作品。

J0058754
福山寿海　侯荣作
沈阳 辽宁美术出版社 1987 年 1 张 76cm（2 开）
定价：CNY0.35
　　中国现代年画作品。

J0058755
福寿财喜　卢坤海，邵风珍作
武汉 湖北美术出版社 1987 年 1 张 76cm（2 开）
定价：CNY0.26
　　中国现代年画作品。

J0058756
福寿斗方　杨文亮等作
郑州 河南美术出版社 1987 年 1 张 76cm（2 开）
定价：CNY0.28
　　中国现代年画作品。

J0058757
福寿吉祥　杨维华作
沈阳 辽宁美术出版社 1987 年 1 张 76cm（2 开）
定价：CNY0.22
　　中国现代年画作品。

J0058758
福寿康乐　范恩树作
哈尔滨 黑龙江美术出版社 1987 年 1 张
76cm（2 开）定价：CNY0.23
　　中国现代年画作品。

J0058759
福寿康乐　陈明作
上海 上海人民美术出版社 1987 年 1 张
76cm（2 开）定价：CNY0.28
　　中国现代年画作品。

J0058760

福寿满门　贾书敏作

石家庄 河北美术出版社 1987年 1张

76cm（2开）定价：CNY0.30

　　中国现代年画作品。

J0058761

福寿满门　李志明作

昆明 云南人民出版社 1987年 1张 76cm（2开）

定价：CNY0.25

　　中国现代年画作品。

J0058762

福寿满门　李志明作

昆明 云南人民出版社 1987年 1张 53cm（4开）

定价：CNY0.15

　　中国现代年画作品。

J0058763

福寿满堂　刘友仁作

上海 上海人民美术出版社 1987年 1张

76cm（2开）定价：CNY0.28

　　中国现代年画作品。作者刘友仁（1941—　），

画家。内蒙古托克托人。毕业于内蒙古师范大

学美术系。历任呼和浩特美协副主席、内蒙古托

克托文化馆副研究馆员。作品有《雪梅青竹》《欢

乐的草原》《草原孩子打马球》《戈壁驼道》《金

牛迎春》等，出版有《刘友仁年画》等。

J0058764

福寿如意　李跃华作

石家庄 河北美术出版社 1987年 1轴（卷轴）

附对联 1副 107cm（全开）定价：CNY3.50

　　中国现代年画作品。

J0058765

福寿如意　李跃华作

石家庄 河北美术出版社 1987年 1张

107cm（全开）定价：CNY0.62

　　中国现代年画作品。

J0058766

福寿如意　李跃华作

石家庄 河北美术出版社 1987年 1张

76cm（2开）定价：CNY0.25

　　中国现代年画作品。

J0058767

福寿如意　梁勇作

哈尔滨 黑龙江美术出版社 1987年 1张

76cm（2开）定价：CNY0.23

　　中国现代年画作品。

J0058768

福寿如意　龚景充作

杭州 浙江人民美术出版社［1987年］1轴（卷轴）

附对联 1副 107cm（全开）定价：CNY3.20

　　中国现代年画作品。

J0058769

福寿双全　景志龙作

成都 四川美术出版社 1987年 1张 76cm（2开）

定价：CNY0.26

　　中国现代年画作品。

J0058770

福寿双全　徐福根作

天津 天津人民美术出版社 1987年 1轴（卷轴）

附对联 1副 107cm（全开）定价：CNY4.60

　　中国现代年画作品。

J0058771

福寿双全　徐福根作

天津 天津人民美术出版社 1987年 1轴（卷轴）

附对联 1副 107cm（全开）定价：CNY2.65

　　中国现代年画作品。

J0058772

福寿双全　龚景充作

杭州 西泠印社 1987年 1张 76cm（2开）

定价：CNY0.25

　　中国现代年画作品。

J0058773

福寿双全　龚景充作

杭州 西泠印社 1987年 1张 107cm（全开）

定价：CNY1.00

　　中国现代年画作品。

J0058774
福寿双全　龚景充作
杭州 西泠印社 1987 年 1 轴（卷轴）附对联 1 副
107cm（全开）定价：CNY2.80
　　中国现代年画作品。

J0058775
福寿双全　龚景充作
杭州 西泠印社 1987 年 1 轴（卷轴）附对联 1 副
107cm（全开）定价：CNY3.00
　　中国现代年画作品。

J0058776
福寿双全　事事如意　苏耕作
济南 山东美术出版社 1987 年 1 张 76cm（2 开）
定价：CNY0.27
　　中国现代年画作品。

J0058777
福寿双全　富喜如意　安杰作
北京 人民美术出版社 1987 年 1 张 76cm（2 开）
定价：CNY0.31
　　中国现代年画作品。

J0058778
福寿双喜　李跃华作
石家庄 河北美术出版社 1987 年 1 张
76cm（2 开）定价：CNY0.25
　　中国现代年画作品。

J0058779
福寿图　林美岚作
南宁 广西人民出版社 [1987 年] 1 张
107cm（全开）定价：CNY0.80
　　中国现代年画作品。

J0058780
福寿图　丁德源作
郑州 河南美术出版社 1987 年 1 轴（卷轴）
附对联 1 副 107cm（全开）定价：CNY4.50
　　中国现代年画作品。

J0058781
福寿图　成砺志作
长春 吉林美术出版社 1987 年 1 张 107cm（全开）
定价：CNY1.12
　　中国现代年画作品。

J0058782
福寿图　蔡传隆等作
杭州 浙江人民美术出版社 1987 年 1 张
107cm（全开）定价：CNY0.55
　　中国现代年画作品。

J0058783
福寿万年　臧恒望作
昆明 云南人民出版社 1987 年 1 张 76cm（2 开）
定价：CNY0.25
　　中国现代年画作品。

J0058784
福寿无疆　龚景充作
杭州 浙江人民美术出版社 1987 年 1 张
76cm（2 开）定价：CNY0.25
　　中国现代年画作品。

J0058785
福寿无疆　龚景充作；姚葆勋书
杭州 浙江人民美术出版社 1987 年 1 张
76cm（2 开）定价：CNY1.40
　　中国现代年画作品。

J0058786
福寿喜临门　梁义勇作
沈阳 辽宁美术出版社 1987 年 1 张 76cm（2 开）
定价：CNY0.22
　　中国现代年画作品。

J0058787
福寿有余　徐世民作
沈阳 辽宁美术出版社 1987 年 1 张 76cm（2 开）
定价：CNY0.22
　　中国现代年画作品。

J0058788
福禧丰年　韩荣吉作
长春 吉林美术出版社 1987 年 1 张 76cm（2 开）
定价：CNY0.26
　　中国现代年画作品。

J0058789
福禧临门　王开术作
成都 四川美术出版社 1987年 1张 53cm（4开）
定价：CNY0.13
　　中国现代年画作品。

J0058790
福宇斗方　王建德作
北京 人民美术出版社 1987年 1张 76cm（2开）
定价：CNY0.31
　　中国现代年画作品。

J0058791
父子保国　李中文作
北京 人民美术出版社 1987年 1张 76cm（2开）
定价：CNY0.31
　　中国现代年画作品。

J0058792
富福　木森作
南京 江苏美术出版社 1987年 1张 76cm（2开）
定价：CNY0.28
　　中国现代年画作品。

J0058793
富贵福寿禧　刘业宁作
南宁 广西人民出版社 1987年 1张 53cm（4开）
定价：CNY0.20
　　中国现代年画作品。

J0058794
富贵和平图　邢树荃作
北京 人民美术出版社 1987年 1张 76cm（2开）
定价：CNY0.31
　　中国现代年画作品。

J0058795
富贵吉祥　冯英杰，冯淑蓉作
北京 人民美术出版社 1987年 1张 76cm（2开）
定价：CNY0.31
　　中国现代年画作品。

J0058796
富贵猫蝶图　马乐群，陈菊仙作
上海 上海书画出版社 1987年 1张 76cm（2开）

定价：CNY0.20
　　中国现代年画作品。

J0058797
富贵图　刘乃勇作
济南 山东美术出版社 1987年 1张 76cm（2开）
定价：CNY0.27
　　中国现代年画作品。

J0058798
富贵延年　陈国苏作
南京 江苏美术出版社 1987年 1张 76cm（2开）
定价：CNY0.28
　　中国现代年画作品。

J0058799
富贵有余　徐世民作
南宁 广西人民出版社 1987年 1张 76cm（2开）
定价：CNY0.29
　　中国现代年画作品。

J0058800
富贵有余　冯东振作
石家庄 河北美术出版社 1987年 1张
76cm（2开）定价：CNY0.40
　　中国现代年画作品。

J0058801
富贵有余　（蒙汉对照）王立兴作
呼和浩特 内蒙古人民出版社 1987年 1张
76cm（2开）定价：CNY0.25
　　中国现代年画作品。

J0058802
富贵长春　薛长贵作
长沙 湖南美术出版社 1987年 2轴（卷轴）
107cm（全开）定价：CNY3.60
　　中国现代年画作品。

J0058803
富贵长春　张大元作
上海 上海书画出版社 1987年 1张 76cm（2开）
定价：CNY0.28
　　中国现代年画作品。

J0058804
富贵长春图　郝良彬作
北京 人民美术出版社［1987年］1轴（卷轴）
附对联1副 107cm（全开）定价：CNY2.50
　　中国现代年画作品。

J0058805
富贵长寿　陈华民作
沈阳 辽宁美术出版社 1987年 1张 76cm（2开）
定价：CNY0.22
　　中国现代年画作品。

J0058806
富贵长寿　陈世中作
上海 上海书画出版社［1987年］1轴（卷轴）
附对联1副 107cm（全开）定价：CNY3.30
　　中国现代年画作品。作者陈世中（1944—　），
江苏武进人。中国美术家协会会员、上海书画
院副院长、海墨画社副社长、上海美育学会常务
理事。著有《陈世中花鸟画册》《怎样画紫藤》
及《当代美术家画库陈世中专集》等。

J0058807
富寿喜福财　黄锡勤作
南宁 广西民族出版社 1987年 1张 53cm（4开）
定价：CNY0.20
　　中国现代年画作品。

J0058808
富裕千秋　陈增胜作
沈阳 辽宁美术出版社 1987年 1张 76cm（2开）
定价：CNY0.22
　　中国现代年画作品。作者陈增胜（1941—　），
山东招远县人。曾先后深造于天津美术学院、北
京画院。山东省美术家协会会员、山东省书画艺
术促进会理事、威海海洋画院画师。主要著有
《怎样画猫》《陈增胜猫画选》《百猫谱》等。

J0058809
垓下大战　刘荣富作
上海 上海人民美术出版社 1987年 1张
76cm（2开）定价：CNY0.28
　　中国现代年画作品。

J0058810
甘肃年画　（1988）
兰州 甘肃人民出版社［1987年］19cm（32开）
　　中国现代年画作品。

J0058811
甘肃年画　（1987）甘肃人民出版社编
兰州 甘肃人民出版社 1987年 40页 13×19cm
　　中国现代年画作品。

J0058812
高夫人与红娘子　赵祥林作
呼和浩特 内蒙古人民出版社 1987年 1张
76cm（2开）定价：CNY0.25
　　中国现代年画作品。

J0058813
高老庄　金美华作
天津 天津人民美术出版社 1987年 2张
76cm（2开）定价：CNY0.60
　　中国现代年画作品。

J0058814
歌舞庆升平　张德俊作
上海 上海人民美术出版社 1987年 1张
76cm（2开）定价：CNY0.28
　　中国现代年画作品。

J0058815
歌舞升平　张素玉作
石家庄 河北美术出版社 1987年 1张
76cm（2开）定价：CNY0.40
　　中国现代年画作品。

J0058816
公孙大娘舞剑图　王德力作
上海 上海人民美术出版社 1987年 1张
76cm（2开）定价：CNY0.28
　　中国现代年画作品。

J0058817
恭贺新禧　陈菊仙作
上海 上海人民美术出版社 1987年 1张
76cm（2开）定价：CNY0.28
　　中国现代年画作品。

J0058818
恭贺新禧　方敦传作
杭州　浙江人民美术出版社 1987 年 1 张
76cm（2 开）定价：CNY0.25
　　中国现代年画作品。

J0058819
恭喜发财　孙洪发作
南宁　广西人民出版社 1987 年 1 张 76cm（2 开）
定价：CNY0.29
　　中国现代年画作品。

J0058820
恭喜发财　陈菊仙作
上海　上海人民美术出版社 1987 年 1 张
76cm（2 开）定价：CNY0.28
　　中国现代年画作品。

J0058821
恭禧发财　张万臣作
沈阳　辽宁美术出版社 1987 年 1 张 76cm（2 开）
定价：CNY0.22
　　中国现代年画作品。

J0058822
古城会　李子纯作
沈阳　辽宁美术出版社 1987 年 1 张 76cm（2 开）
定价：CNY0.22
　　中国现代年画作品。

J0058823
古城会　赵梦林作
上海　上海书画出版社 1987 年 1 张 76cm（2 开）
定价：CNY0.28
　　中国现代年画作品。

J0058824
古代大将　李惠明作
昆明　云南人民出版社 1987 年 1 张 76cm（2 开）
定价：CNY0.25
　　中国现代年画作品。

J0058825
古代将军　华平作
昆明　云南人民出版社 1987 年 1 张 53cm（4 开）

定价：CNY0.15
　　中国现代年画作品。

J0058826
古代名楼　陈珠龙作
杭州　浙江人民美术出版社 1987 年 2 张
76cm（2 开）定价：CNY0.50
　　中国现代年画作品。

J0058827
古代神话　王绍基作
杭州　浙江人民美术出版社 1987 年 2 张
76cm（2 开）定价：CNY0.50
　　中国现代年画作品。

J0058828
古代仕女　（采梅）戴松耕，戴一鸣作
上海　上海人民美术出版社 1987 年 1 张
65×36cm 定价：CNY0.20
　　中国现代年画作品。

J0058829
古代仕女　（看书）戴松耕，戴一鸣作
上海　上海人民美术出版社 1987 年 1 张
65×36cm 定价：CNY0.20
　　中国现代年画作品。

J0058830
古代仕女　（试琴）戴松耕，戴一鸣作
上海　上海人民美术出版社 1987 年 1 张
65×36cm
　　中国现代年画作品。

J0058831
古代仕女　（戏鹤）戴松耕，戴一鸣作
上海　上海人民美术出版社 1987 年 1 张
65×36cm
　　中国现代年画作品。

J0058832
古代仕女　（弈棋）戴松耕，戴一鸣作
上海　上海人民美术出版社 1987 年 1 张
65×36cm
　　中国现代年画作品。

J0058833

古代仕女 （作画）戴松耕，戴一鸣作
上海 上海人民美术出版社 1987 年 1 张
65×36cm 定价：CNY0.20
　　中国现代年画作品。

J0058834

古代仕女　刘金珠作
杭州 浙江人民美术出版社 1987 年 4 张
76cm（2 开）定价：CNY0.90
　　中国现代年画作品。

J0058835

古代仕女 （吹箫）戴松耕，戴一鸣作
上海 上海人民美术出版社 1988 年 1 张
78cm（2 开）定价：CNY0.25
　　中国现代年画作品。

J0058836

古代仕女 （刺绣）戴松耕，戴一鸣作
上海 上海人民美术出版社 1988 年 1 张
78cm（2 开）定价：CNY0.25
　　中国现代年画作品。

J0058837

古代仕女 （逗鹦）戴松耕，戴一鸣作
上海 上海人民美术出版社 1988 年 1 张
78cm（2 开）定价：CNY0.25
　　中国现代年画作品。

J0058838

古代仕女 （浇花）戴松耕，戴一鸣作
上海 上海人民美术出版社 1988 年 1 张
78cm（2 开）定价：CNY0.25
　　中国现代年画作品。

J0058839

古代仕女 （试琴）戴松耕，戴一鸣作
上海 上海人民美术出版社 1988 年 1 张
78cm（2 开）定价：CNY0.20
　　中国现代年画作品。

J0058840

古代仕女 （梳妆）戴松耕，戴一鸣作
上海 上海人民美术出版社 1988 年 1 张
78cm（2 开）定价：CNY0.25
　　中国现代年画作品。

J0058841

古代仕女 （投壶）戴松耕，戴一鸣作
上海 上海人民美术出版社 1988 年 1 张
78cm（2 开）定价：CNY0.25
　　中国现代年画作品。

J0058842

古代仕女 （戏鹤）戴松耕，戴一鸣作
上海 上海人民美术出版社 1988 年 1 张
78cm（2 开）定价：CNY0.20
　　中国现代年画作品。

J0058843

古代仕女 （弈棋）戴松耕，戴一鸣作
上海 上海人民美术出版社 1988 年 1 张
78cm（2 开）定价：CNY0.20
　　中国现代年画作品。

J0058844

古代武将　朱一嫣作
杭州 浙江人民美术出版社 1987 年 2 张
53cm（4 开）定价：CNY0.36
　　中国现代年画作品。

J0058845

古代英雄　华平作
昆明 云南人民出版社 1987 年 1 张 76cm（2 开）
定价：CNY0.25
　　中国现代年画作品。

J0058846

古代英雄　华平作
昆明 云南人民出版社 1987 年 1 张 53cm（4 开）
定价：CNY0.15
　　中国现代年画作品。

J0058847

古代英雄人物屏　胡委伦作
上海 上海人民美术出版社 1987 年 2 张
76cm（2 开）定价：CNY0.58
　　中国现代年画作品。作者胡委伦（1948—　），
上海人。别名胡惠伦。擅长油画。毕业于中国

美术学院附中。曾任职于浙江遂昌婺剧团、丽水地区越剧团、丽水地区艺术研究中心，二级美术师。作品有《故乡情》《默默的路》《还是这条路》。

J0058848

关公　邓敦伟作

南宁 广西人民出版社 1987 年 1 张 53cm（4 开）

定价：CNY0.16

　　中国现代年画作品。

J0058849

关平 周仓　李万春作

成都 四川美术出版社 1987 年 1 张 76cm（2 开）

定价：CNY0.26

　　中国现代年画作品。

J0058850

关胜 索超　郭长林作

成都 四川美术出版社 1987 年 1 张 76cm（2 开）

定价：CNY0.26

　　中国现代年画作品。

J0058851

关兴 张苞　李红才作

郑州 河南美术出版社 1987 年 1 张 76cm（2 开）

定价：CNY0.28

　　中国现代年画作品。

J0058852

关兴 张苞　李红才作

郑州 河南美术出版社 1987 年 1 张 53cm（4 开）

定价：CNY0.14

　　中国现代年画作品。

J0058853

关羽 魏延　张恒德作

南宁 广西人民出版社 1987 年 1 张 53cm（4 开）

定价：CNY0.16

　　中国现代年画作品。

J0058854

关羽 张飞　赵贵德作

石家庄 河北美术出版社 1987 年 1 张 76cm（2 开）定价：CNY0.30

　　中国现代年画作品。作者赵贵德（1937—　），

满族、国家一级美术师。生于北京。历任中国美术家协会理事、河北省美术家协会名誉主席。代表作品有《激流》《春潮》《大风歌》《神骏图》等，著有《怎样才能画好速写》。

J0058855

关羽 张飞　张锡武作

郑州 河南美术出版社 1987 年 1 张 76cm（2 开）

定价：CNY0.28

　　中国现代年画作品。

J0058856

关羽 张飞　张锡武作

郑州 河南美术出版社 1987 年 1 张 53cm（4 开）

定价：CNY0.14

　　中国现代年画作品。

J0058857

关羽 张飞　金平定作

武汉 湖北美术出版社 1987 年 1 张 76cm（2 开）

定价：CNY0.26

　　中国现代年画作品。

J0058858

关羽 张飞　刘玉华，施振广作

天津 天津人民美术出版社 1987 年 1 张 76cm（2 开）定价：CNY0.32

　　中国现代年画作品。

J0058859

关羽 张飞　刘大春等作

重庆 重庆出版社 1987 年 1 张 76cm（2 开）

定价：CNY0.28

　　中国现代年画作品。

J0058860

观海楼　廉宽宏作

石家庄 河北美术出版社 1987 年 1 张 76cm（2 开）定价：CNY0.25

　　中国现代年画作品。作者廉宽宏（1945—　），画家、国家一级美术师。笔名老廉。生于哈尔滨，河北安平人。毕业于天津美术学院。中国美术家协会会员、中日美术交流协会会员、沧州美协副主席。作品有《一竿撑出绿波来》《苍岩毓秀》《淀上曲》等。

J0058861
观鱼图　章育青作
杭州 西泠印社 1987 年 1 张 76cm（2 开）
定价：CNY0.25
　　中国现代年画作品。

J0058862
光荣人家　瑛珊，敬致书
沈阳 辽宁美术出版社 1987 年 1 张 76cm（2 开）
定价：CNY0.35
　　中国现代年画作品。

J0058863
光荣人家　潘志鸿作
成都 四川美术出版社 1987 年 1 张 53cm（4 开）
定价：CNY0.26
　　中国现代年画作品。

J0058864
贵妃游园　张福龙作
石家庄 河北美术出版社 1987 年 2 张
76cm（2 开）定价：CNY0.54
　　中国现代年画作品。

J0058865
国色春辉　王俊峰作
西安 陕西人民美术出版社 1987 年 1 张
76cm（2 开）定价：CNY0.27
　　中国现代年画作品。

J0058866
国色天香　王少卿作
郑州 河南美术出版社 1987 年 1 张 78cm（3 开）
定价：CNY0.43
　　中国现代年画作品。

J0058867
国色天香　祁祯作
上海 上海人民美术出版社 1987 年 1 张
107cm（全开）定价：CNY0.58
　　中国现代年画作品。

J0058868
果硕君长寿　朱守聚作
济南 山东美术出版社 1987 年 1 张 76cm（2 开）

定价：CNY0.27
　　中国现代年画作品。

J0058869
果甜花香　杨树有作
长春 吉林美术出版社 1987 年 2 张 76cm（2 开）
定价：CNY0.56
　　中国现代年画作品。

J0058870
果香时节　李国光作
成都 四川美术出版社 1987 年 1 张 76cm（2 开）
定价：CNY0.26
　　中国现代年画作品。

J0058871
海空演习　廖永生作
成都 四川美术出版社 1987 年 1 张 76cm（2 开）
定价：CNY0.26
　　中国现代年画作品。

J0058872
海南风光　天鹰，一定作
杭州 浙江人民美术出版社 1987 年 1 张
107cm（全开）定价：CNY0.95
　　中国现代年画作品。

J0058873
海天揽胜　王利华作
杭州 浙江人民美术出版社 1987 年 2 张
76cm（2 开）定价：CNY0.50
　　中国现代年画作品。

J0058874
海湾风光　尉南作
郑州 河南美术出版社 1987 年 1 张 76cm（2 开）
定价：CNY0.70
　　中国现代年画作品。

J0058875
海洋在等待着你们　湛学诗作
上海 上海人民美术出版社 1987 年 1 张
76cm（2 开）定价：CNY0.28
　　中国现代年画作品。

J0058876
好朋友　忻礼良作
上海 上海人民美术出版社 1987 年 1 张
76cm（2 开）定价：CNY0.28
　　中国现代年画作品。

J0058877
好竹连山觉笋香　陈贯时作
杭州 浙江人民美术出版社 1987 年 1 张
107cm（全开）定价：CNY0.95
　　中国现代年画作品。

J0058878
好竹连山觉笋香　陈贯时作
杭州 浙江人民美术出版社 1987 年 1 张
76cm（2 开）定价：CNY0.40
　　中国现代年画作品。

J0058879
合美幸福　安杰作
沈阳 辽宁美术出版社 1987 年 1 张 76cm（2 开）
定价：CNY0.22
　　中国现代年画作品。

J0058880
合美幸福　潘恩泰作
天津 天津人民美术出版社 1987 年 1 轴（卷轴）
附对联 1 副 107cm（全开）定价：CNY2.65
　　中国现代年画作品。

J0058881
合奏团圆曲　史士明作
西安 陕西人民美术出版社 1987 年 1 张
76cm（2 开）定价：CNY0.27
　　中国现代年画作品。

J0058882
和合平安　魏明全作
郑州 河南美术出版社 1987 年 1 张 76cm（2 开）
定价：CNY0.28
　　中国现代年画作品。

J0058883
和合同庆　成砺志作
杭州 浙江人民美术出版社 ［1987 年］1 轴（卷轴）
附对联 1 副 107cm（全开）定价：CNY3.20
　　中国现代年画作品。

J0058884
和美如意　秦炳春作
沈阳 辽宁美术出版社 1987 年 1 张 76cm（2 开）
定价：CNY0.22
　　中国现代年画作品。

J0058885
和美幸福　李晓春作
长春 吉林美术出版社 1987 年 1 张 76cm（2 开）
定价：CNY0.22
　　中国现代年画作品。

J0058886
和睦四瑞　格桑益西，洛松向秋作
成都 四川民族出版社 1987 年 1 张 76cm（2 开）
定价：CNY1.00
　　中国现代年画作品。

J0058887
和平幸福　陈从容作
石家庄 河北美术出版社 1987 年 2 张
76cm（2 开）定价：CNY0.54
　　中国现代年画作品。

J0058888
和平幸福　余承先作
成都 四川美术出版社 1987 年 1 张 76cm（2 开）
定价：CNY0.26
　　中国现代年画作品。

J0058889
和平幸福　林美岚作
昆明 云南人民出版社 1987 年 1 张 76cm（2 开）
定价：CNY0.25
　　中国现代年画作品。

J0058890
荷花　莫迎武作
长沙 湖南美术出版社 1987 年 1 张
107cm（全开）定价：CNY0.80
　　中国现代年画作品。

J0058891

荷花　张大千作

天津 天津人民美术出版社 1987 年 1 轴（卷轴）107cm（全开）定价：CNY2.60

中国现代年画作品。作者张大千（1899—1983），国画大师、山水画大家、书法家。四川内江人，祖籍广东番禺。代表作有《爱痕湖》《长江万里图》《四屏大荷花》《八屏西园雅集》等。

J0058892

荷花鲤鱼　刘新民作

成都 四川美术出版社 1987 年 1 张 76cm（2 开）定价：CNY0.26

中国现代年画作品。

J0058893

荷花仙子　朱淑媛作

沈阳 辽宁美术出版社 1987 年 1 张 76cm（2 开）定价：CNY0.22

中国现代年画作品。

J0058894

荷塘双栖　王树珩作

石家庄 河北美术出版社 1987 年 2 张 76cm（2 开）定价：CNY0.54

中国现代年画作品。

J0058895

贺龙元帅和小将　李红才作

北京 人民美术出版社 1987 年 1 张 76cm（2 开）定价：CNY0.31

中国现代年画作品。

J0058896

鹤龄添寿　马乐群作

上海 上海人民美术出版社 1987 年 1 张 76cm（2 开）定价：CNY0.28

中国现代年画作品。

J0058897

鹤寿图　三大书；乔玉川作

西安 陕西人民美术出版社 1987 年 1 张 107cm（全开）定价：CNY0.60

中国现代年画作品。

J0058898

鹤寿迎春　王克印作

郑州 河南美术出版社 1987 年 1 轴（卷轴）附对联 1 副 107cm（全开）定价：CNY4.50

中国现代年画作品。

J0058899

哼哈二将

成都 四川省新闻图片社 1987 年 1 张 76cm（2 开）定价：CNY0.55

中国现代年画作品。

J0058900

哼将哈将　尧进作

石家庄 河北美术出版社 1987 年 1 张 53cm（4 开）定价：CNY0.16

中国现代年画作品。

J0058901

红楼梦　冯国琳，石玲作

沈阳 辽宁美术出版社 1987 年 1 张 107cm（全开）定价：CNY0.56

中国现代年画作品。

J0058902

红楼梦人物

天津 天津人民美术出版社 1987 年 2 张 76cm（2 开）定价：CNY0.60

中国现代年画作品。

J0058903

红楼人物谱　吴雪编；庆涛等绘

天津 天津人民美术出版社 1987 年 1 张 53cm（4 开）定价：CNY0.18

中国现代年画作品。

J0058904

红螺女　（1—4）竹均琪，陈东学作

沈阳 辽宁美术出版社 1987 年 2 张 76cm（2 开）定价：CNY0.56

中国现代年画作品。

J0058905

红梅　王成喜作

长沙 湖南美术出版社 1987 年 1 张 78cm（3 开）

定价: CNY0.43
　　中国现代年画作品。

J0058906
洪福高悬　李中文作
长沙 湖南美术出版社 1987 年 1 张
107cm（全开）定价: CNY0.60
　　中国现代年画作品。

J0058907
呼延庆 呼延明　张辛国作
郑州 河南美术出版社 1987 年 1 张 76cm（2 开）
定价: CNY0.28
　　中国现代年画作品。

J0058908
呼延庆 呼延明　张辛国作
郑州 河南美术出版社 1987 年 1 张 53cm（4 开）
定价: CNY0.14
　　中国现代年画作品。

J0058909
呼延庆 岳云　魏明全作
昆明 云南人民出版社 1987 年 1 张 76cm（2 开）
定价: CNY0.25
　　中国现代年画作品。

J0058910
呼延庆 岳云　魏明全作
昆明 云南人民出版社 1987 年 1 张 53cm（4 开）
定价: CNY0.15
　　中国现代年画作品。

J0058911
呼延赞 杨延景　魏明全作
郑州 河南美术出版社 1987 年 1 张 76cm（2 开）
定价: CNY0.28
　　中国现代年画作品。

J0058912
呼延赞 杨延昭　侯世武, 侯荣作
昆明 云南人民出版社 1987 年 1 张 76cm（2 开）
定价: CNY0.25
　　中国现代年画作品。

J0058913
呼延赞 杨延昭　侯世武, 侯荣作
昆明 云南人民出版社 1987 年 1 张 53cm（4 开）
定价: CNY0.15
　　中国现代年画作品。

J0058914
胡帅秦将　李蓉生作
昆明 云南人民出版社 1987 年 1 张 76cm（2 开）
定价: CNY0.25
　　中国现代年画作品。

J0058915
胡帅秦将　李蓉生作
昆明 云南人民出版社 1987 年 1 张 53cm（4 开）
定价: CNY0.15
　　中国现代年画作品。

J0058916
湖光春色　刘庄涛作
长春 吉林美术出版社 1987 年 1 张 78cm（3 开）
定价: CNY0.22
　　中国现代年画作品。

J0058917
湖光山色　毛国富作
杭州 浙江人民美术出版社 1987 年 1 张
76cm（2 开）定价: CNY0.40
　　中国现代年画作品。

J0058918
虎将神威　韩喜增作
郑州 河南美术出版社 1987 年 1 张 76cm（2 开）
定价: CNY0.28
　　中国现代年画作品。

J0058919
虎将神威　韩喜增作
郑州 河南美术出版社 1987 年 1 张 53cm（4 开）
定价: CNY0.14
　　中国现代年画作品。

J0058920
虎娃　赵雨生作
石家庄 河北美术出版社 1987 年 1 张

76cm（2 开）定价：CNY0.25

中国现代年画作品。

J0058921

虎威武将门神　高学海作

上海 上海书画出版社 1987 年 1 张 53cm（4 开）

定价：CNY0.14

中国现代年画作品。

J0058922

虎啸图　谢鹏程作

长沙 湖南美术出版社 1987 年 1 张 76cm（2 开）

定价：CNY0.23

中国现代年画作品。

J0058923

虎啸图　谢鹏程作

长沙 湖南美术出版社 1987 年 1 轴（卷轴）

附对联 1 副 107cm（全开）定价：CNY2.60

中国现代年画作品。

J0058924

花打朝

长春 吉林美术出版社 1987 年 1 张 76cm（2 开）

定价：CNY0.22

中国现代年画作品。

J0058925

花好月圆　张文俭作

北京 人民美术出版社 1987 年 1 张 76cm（2 开）

定价：CNY0.31

中国现代年画作品。

J0058926

花好月圆　刘称奇作

上海 上海人民美术出版社 1987 年 1 张

76cm（2 开）定价：CNY0.28

中国现代年画作品。

J0058927

花好月圆　陈民新作

上海 上海人民美术出版社 1987 年 1 张

76cm（2 开）定价：CNY0.28

中国现代年画作品。

J0058928

花好月圆情长在　田林海作

杭州 浙江人民美术出版社 1987 年 1 张

76cm（2 开）定价：CNY0.25

中国现代年画作品。

J0058929

花间双禽　王庆升作

上海 上海人民美术出版社 1987 年 4 轴（卷轴）

76cm（2 开）定价：CNY6.60

中国现代年画作品。

J0058930

花鸟　陈正治作

杭州 浙江人民美术出版社 1987 年 2 张

76cm（2 开）定价：CNY0.50

中国现代年画作品。

J0058931

花鸟条屏　任杰作

西安 陕西人民美术出版社 1987 年 2 张

76cm（2 开）定价：CNY0.60

中国现代年画作品。

J0058932

花鸟万年春　王一鸣作

沈阳 辽宁美术出版社 1987 年 1 张 76cm（2 开）

定价：CNY0.26

中国现代年画作品。

J0058933

花枪缘

北京 中国电影出版社 1987 年 2 张 76cm（2 开）

定价：CNY0.60

中国现代年画作品。

J0058934

花田写扇　陈洪庶作

成都 四川美术出版社 1987 年 1 张 76cm（2 开）

定价：CNY0.26

中国现代年画作品。

J0058935

花为媒　李增吉作

南宁 广西人民出版社 1987 年 1 张 76cm（2 开）

定价: CNY0.29
中国现代年画作品。

J0058936
花香鸟语 张琪作
长春 吉林美术出版社 1987年 2张 76cm(2开)
定价: CNY0.48
中国现代年画作品。

J0058937
花香千里 (1—4)张琪作
沈阳 辽宁美术出版社 1987年 2张 76cm(2开)
定价: CNY0.56
中国现代年画作品。

J0058938
华山峨嵋山对屏 徐英槐作
上海 上海书画出版社 1987年 1张 76cm(2开)
定价: CNY0.28
中国现代年画作品。

J0058939
华山论剑 高茂振作
成都 四川美术出版社 1987年 1张 76cm(2开)
定价: CNY0.26
中国现代年画作品。

J0058940
华夏盛景赛仙苑 魏守志作
沈阳 辽宁美术出版社 1987年 1张 76cm(2开)
定价: CNY0.26
中国现代年画作品。

J0058941
画中人 朱嘉铭作
成都 四川美术出版社 1987年 1张 76cm(2开)
定价: CNY0.26
中国现代年画作品。

J0058942
槐荫树下把子还 梁建军作
石家庄 河北美术出版社 1987年 1张
76cm(2开)定价: CNY0.25
中国现代年画作品。

J0058943
欢度佳节 喜迎新春 夏映志作
郑州 河南美术出版社 1987年 1张 53cm(4开)
定价: CNY0.14
中国现代年画作品。

J0058944
欢欢喜喜庆丰年 马焕民作
石家庄 河北美术出版社 1987年 1张
76cm(2开)定价: CNY0.25
中国现代年画作品。

J0058945
欢乐的宝宝 王功学作
长春 吉林美术出版社 1987年 1张 76cm(2开)
定价: CNY0.22
中国现代年画作品。

J0058946
欢乐的小鸟 周洪生作
长春 吉林美术出版社 1987年 1张 76cm(2开)
定价: CNY0.22
中国现代年画作品。

J0058947
欢庆人间好春色 沈古运作
杭州 浙江人民美术出版社 1987年 1张
76cm(2开)定价: CNY0.25
中国现代年画作品。

J0058948
黄鹤楼 王玉池作
石家庄 河北美术出版社 1987年 3张
76cm(2开)定价: CNY0.62
中国现代年画作品。

J0058949
黄鹤楼 王玉池作
石家庄 河北美术出版社 1987年 1轴(卷轴)
附对联 1副 107cm(全开)定价: CNY2.50
中国现代年画作品。

J0058950
黄山四季 刘称奇作
北京 人民美术出版社 1987年 2张 76cm(2开)

定价：CNY0.66
中国现代年画作品。

J0058951
黄山四季景　胡承斌作
杭州 浙江人民美术出版社 1987 年 2 张
76cm（2 开）定价：CNY0.50
中国现代年画作品。

J0058952
黄山迎客松　董岩青作
天津 天津人民美术出版社 1987 年 1 轴（卷轴）
107cm（全开）定价：CNY2.65
中国现代年画作品。作者董岩青（1925—　　），笔名冬山，别名董宝珊。山东蓬莱人。中国摄影家协会会员，天津摄影家协会理事、顾问。作品有《我为祖国献石油》《早班车》《古街新雪》等。

J0058953
黄天化崇黑虎　刘德能作
西安 陕西人民美术出版社 1987 年 1 张
76cm（2 开）定价：CNY0.27
中国现代年画作品。

J0058954
黄天化崇黑虎　刘德能作
西安 陕西人民美术出版社 1987 年 1 张
53cm（4 开）定价：CNY0.15
中国现代年画作品。

J0058955
灰姑娘　（格林童话）李汇泉作
成都 四川美术出版社 1987 年 1 张 76cm（2 开）
定价：CNY0.26
中国现代年画作品。

J0058956
吉庆龙年　贺今作
沈阳 辽宁美术出版社 1987 年 1 张 76cm（2 开）
定价：CNY0.22
中国现代年画作品。

J0058957
吉庆如意　连年有余　陆廷作
上海 上海人民美术出版社 1987 年 1 张

107cm（全开）定价：CNY0.58
中国现代年画作品。

J0058958
吉庆有余　刘福泰作
郑州 河南美术出版社 1987 年 4 轴（卷轴）
76cm（2 开）定价：CNY5.20
中国现代年画作品。

J0058959
吉庆有余　陈华民作
沈阳 辽宁美术出版社 1987 年 1 张 76cm（2 开）
定价：CNY0.22
中国现代年画作品。

J0058960
吉庆有余　金珂，纪宇作
天津 天津人民美术出版社 1987 年 1 张
76cm（2 开）定价：CNY0.26
中国现代年画作品。

J0058961
吉祥花月夜　顾念胄作
上海 上海人民美术出版社 1987 年 1 张
76cm（2 开）定价：CNY0.27
中国现代年画作品。

J0058962
吉祥如意　郑坚石作
石家庄 河北美术出版社 1987 年 1 张
76cm（2 开）定价：CNY0.25
中国现代年画作品。

J0058963
吉祥如意　陈克玲，秦喜全作
郑州 河南美术出版社 1987 年 1 张 53cm（4 开）
定价：CNY0.14
中国现代年画作品。

J0058964
吉祥如意　肖祝善作
长沙 湖南美术出版社 1987 年 1 张 76cm（2 开）
定价：CNY0.23
中国现代年画作品。

J0058965
吉祥如意　杨文义作
上海 上海人民美术出版社 1987 年 1 张
76cm（2 开）定价：CNY0.28
　　中国现代年画作品。作者杨文义（1953—　），
画家。内蒙古临河人。毕业于北京书画函授大学。
曾任古雕艺术学校校长、中国教育学会书法教育
专业委员会会员等。作品有《暗香浮动》《春华
秋实》等。

J0058966
吉祥如意　张和庵作
上海 上海书画出版社 1987 年 1 张 78cm（3 开）
定价：CNY0.46
　　中国现代年画作品。

J0058967
吉祥如意　延年益寿　楼永年等作
杭州 浙江人民美术出版社 1987 年 2 张
76cm（2 开）定价：CNY0.50
　　中国现代年画作品。作者楼永年（1940—　），
浙江萧山人。毕业于浙江美术学院工艺系。杭
州印染厂花样设计，高级工艺美术师。代表作
品《福宝寿禧》《四季平安》《福寿万年》《和合
图》等。

J0058968
极目云烟图　路如恒作
石家庄 河北美术出版社 1987 年 1 张
76cm（2 开）定价：CNY0.25
　　中国现代年画作品。

J0058969
季季平安　（1—4）高志华作
沈阳 辽宁美术出版社 1987 年 2 张 76cm（2 开）
定价：CNY0.56
　　中国现代年画作品。

J0058970
济公　（蒙汉对照）张红军，刘俊贤作
呼和浩特 内蒙古人民出版社 1987 年 1 张
76cm（2 开）定价：CNY0.25
　　中国现代年画作品。作者刘俊贤（1956—　），
高级教师。天津静海人。毕业于内蒙古师范大
学美术学院。中国美术家协会会员，任职于包钢

第二中学。主要作品有《发卷之后》《钢厂晨曲》
《北疆夕阳》《涉世》《旷野日记》等。

J0058971
济公　何绍教作
杭州 西泠印社 1987 年 1 张 76cm（2 开）
定价：CNY0.25
　　中国现代年画作品。

J0058972
济公除害　余承先作
成都 四川美术出版社 1987 年 1 张 76cm（2 开）
定价：CNY0.26
　　中国现代年画作品。

J0058973
济公斗八魔　廖金玉作
成都 四川美术出版社 1987 年 1 张 76cm（2 开）
定价：CNY0.26
　　中国现代年画作品。

J0058974
济公巧断金钗案　赵丁作
长春 吉林美术出版社 1987 年 2 张 76cm（2 开）
定价：CNY0.52
　　中国现代年画作品。

J0058975
济公与新娘　车子候作
杭州 浙江人民美术出版社 1987 年 2 张
76cm（2 开）定价：CNY0.50
　　中国现代年画作品。

J0058976
佳卉珍禽图　陈国苏作
南京 江苏美术出版社 1987 年 4 张 76cm（2 开）
定价：CNY1.30
　　中国现代年画作品。

J0058977
家家庆有余　彭海清作
上海 上海人民美术出版社 1987 年 1 张
76cm（2 开）定价：CNY0.28
　　中国现代年画作品。

J0058978
家家有余 邹积范作
长春 吉林美术出版社 1987 年 1 张
107cm（全开）定价：CNY1.12
　　中国现代年画作品。

J0058979
家禽对屏 张琪作
上海 上海人民美术出版社 1987 年 1 张
76cm（2 开）定价：CNY0.28
　　中国现代年画作品。

J0058980
家乡春早 唐德泉作
重庆 重庆出版社 1987 年 1 张 107cm（全开）
定价：CNY0.56
　　中国现代年画作品。

J0058981
贾宝玉和林黛玉 高国强作
天津 天津人民美术出版社 1987 年 1 张
76cm（2 开）定价：CNY0.28
　　中国现代年画作品。

J0058982
健美迪斯科 张明生作
成都 四川美术出版社 1987 年 1 张 76cm（2 开）
定价：CNY0.26
　　中国现代年画作品。

J0058983
江南春色 孙韬仁作
杭州 浙江人民美术出版社 1987 年 1 张
107cm（全开）定价：CNY0.95
　　中国现代年画作品。

J0058984
江南丝竹 龚景充作
杭州 浙江人民美术出版社 1987 年 2 张
76cm（2 开）定价：CNY0.50
　　中国现代年画作品。

J0058985
江山多娇 孙信一作
上海 上海书画出版社 1987 年 1 张 76cm（2 开）

定价：CNY0.28
　　中国现代年画作品。作者孙信一（1947— ），
画家。生于上海川沙县。毕业于日本多摩美术
大学研究生学业。历任阳光法亚文化协会会长、
上海书画院特聘画师、陆俨少艺术研究会会长、
雪堂书画研究会特邀顾问等。

J0058986
江山如画 孙信一作
上海 上海书画出版社 1987 年 1 张［78cm］（3 开）
定价：CNY0.20
　　中国现代年画作品。

J0058987
江山秀色 张洪千作
天津 天津人民美术出版社 1987 年 4 轴（卷轴）
76cm（2 开）定价：CNY2.65
　　中国现代年画作品。

J0058988
江西年画 （1988）
南昌 江西人民出版社［1987 年］13×19cm
　　中国现代年画作品。

J0058989
将军门神 刘绍林作
上海 上海书画出版社 1987 年 1 张 76cm（2 开）
定价：CNY0.28
　　中国现代年画作品。

J0058990
焦赞 孟良 赫福路作
石家庄 河北美术出版社 1987 年 1 张
76cm（2 开）定价：CNY0.30
　　中国现代年画作品。

J0058991
焦赞 孟良 赫福路作
石家庄 河北美术出版社 1987 年 1 张
53cm（4 开）定价：CNY0.15
　　中国现代年画作品。

J0058992
皆大欢喜 徐世民，徐世俊作
哈尔滨 黑龙江美术出版社 1987 年 1 张

76cm（2开）定价：CNY0.23
中国现代年画作品。

J0058993
接福迎祥 姚玉成作
沈阳 辽宁美术出版社 1987年 1张 76cm（2开）
定价：CNY0.22
中国现代年画作品。

J0058994
解放军阿姨，您好 张德俊作
南京 江苏美术出版社 1987年 1张 76cm（2开）
定价：CNY0.28
中国现代年画作品。

J0058995
巾帼英雄——红娘子 晓年作
重庆 重庆出版社 1987年 1张［78cm］（3开）
定价：CNY0.22
中国现代年画作品。

J0058996
巾帼英雄——花木兰 邓平作
重庆 重庆出版社 1987年 1张［78cm］（3开）
定价：CNY0.22
中国现代年画作品。

J0058997
巾帼英雄——梁红玉 尹洁作
重庆 重庆出版社 1987年 1张［78cm］（3开）
定价：CNY0.22
中国现代年画作品。

J0058998
巾帼英雄——唐赛儿 唐德泉作
重庆 重庆出版社 1987年 1张［78cm］（3开）
定价：CNY0.22
中国现代年画作品。

J0058999
巾帼英雄——王聪儿 邬华敏作
重庆 重庆出版社 1987年 1张开［78cm］（3开）
定价：CNY0.22
中国现代年画作品。

J0059000
巾帼英姿 郑坚石作
北京 人民体育出版社 1987年 1张 76cm（2开）
定价：CNY0.30
中国现代年画作品。

J0059001
金壁生辉 谷学忠作
长春 吉林美术出版社 1987年 1张
107cm（全开）定价：CNY1.12
中国现代年画作品。

J0059002
金蛟戏春娃 张桂英作
沈阳 辽宁美术出版社 1987年 1张 76cm（2开）
定价：CNY0.22
中国现代年画作品。

J0059003
金龙腾飞 万象更新 梅定开，任兆祥作
成都 四川民族出版社 1987年 1张 76cm（2开）
定价：CNY1.00
中国现代年画作品。

J0059004
金龙戏瑞 刘佩珩作
天津 天津人民美术出版社 1987年 1张
76cm（2开）
中国现代年画作品。

J0059005
金秋 齐兆璠作
石家庄 河北美术出版社 1987年 1张
76cm（2开）定价：CNY0.30
中国现代年画作品。

J0059006
金秋 应歧作
郑州 河南美术出版社 1987年 1张 76cm（2开）
定价：CNY0.70
中国现代年画作品。

J0059007
金秋 米春茂作
天津 天津人民美术出版社 1987年 1轴（卷轴）

76cm（2开）定价：CNY0.65

中国现代年画作品。

J0059008

金秋　金光远作

杭州 浙江人民美术出版社 1987 年 1 张

76cm（2开）定价：CNY0.40

中国现代年画作品。

J0059009

金色的泉　张万臣作

沈阳 辽宁美术出版社 1987 年 1 张 76cm（2开）

定价：CNY0.22

中国现代年画作品。

J0059010

金沙滩　刘永贵作

成都 四川美术出版社 1987 年 1 张 76cm（2开）

定价：CNY0.26

中国现代年画作品。

J0059011

金鱼满塘　戴德馨，张德俊作

郑州 河南美术出版社 1987 年 1 张 76cm（2开）

定价：CNY0.35

中国现代年画作品。作者戴德馨(1942—　)，
江苏常州人。曾进修于南京艺术学院。擅长国画。
中国美术家协会会员。主要作品有《猫蝶图》《福
禄寿禧》《瑞雪》等。作者张德俊(1946—　)，画
家。江苏海安人。毕业于南京艺术学院美术系。
曾任常州市刘海粟美术馆馆长、中国美协年画艺
委会委员等。主要作品有《凤仪亭》《天翻地覆
慨而慷》《紫金山顶的瑰宝》等。

J0059012

金鱼嬉水图　顾国治作

南京 江苏美术出版社 1987 年 1 张 76cm（2开）

定价：CNY0.30

中国现代年画作品。

J0059013

金玉良缘　百年合美　石川，君文作

重庆 重庆出版社 1987 年 2 张 76cm（2开）

定价：CNY0.56

中国现代年画作品。

J0059014

金玉满堂　薛长山作

哈尔滨 黑龙江美术出版社 1987 年 2 张

76cm（2开）定价：CNY0.50

中国现代年画作品。

J0059015

金玉满堂　赵庆祥作

沈阳 辽宁美术出版社 1987 年 1 张 76cm（2开）

定价：CNY0.26

中国现代年画作品。

J0059016

金玉满堂　（蒙汉对照）陆福喜作

呼和浩特 内蒙古人民出版社 1987 年 1 张

76cm（2开）定价：CNY0.25

中国现代年画作品。

J0059017

锦上添花　龚景充作

杭州 浙江人民美术出版社 1987 年 1 张

76cm（2开）定价：CNY0.25

中国现代年画作品。

J0059018

锦绣前程　吴东奋作

上海 上海人民美术出版社 1987 年 1 张

76cm（2开）定价：CNY0.28

中国现代年画作品。

J0059019

锦园春色　周洪全作

沈阳 辽宁美术出版社 1987 年 1 张 76cm（2开）

定价：CNY0.22

中国现代年画作品。

J0059020

进军奥运会　杨建明作

上海 上海人民美术出版社 1987 年 1 张

76cm（2开）定价：CNY0.28

中国现代年画作品。

J0059021

敬喜酒　（蒙汉对照）马志强作

呼和浩特 内蒙古人民出版社 1987 年 1 张

76cm（2开）定价：CNY0.25
　　中国现代年画作品。

J0059022

九华山　王忠年作
天津 天津人民美术出版社 1987年 1轴（卷轴）
附对联 1 副 107cm（全开）定价：CNY2.65
　　中国现代年画作品。

J0059023

九龙杯　姜吉维，吴以达作；任宝贤文
北京 人民体育出版社 1987年 2张 76cm（2开）
定价：CNY0.60
　　中国现代年画作品。

J0059024

九龙戏珠图　华三川作
上海 上海书画出版社 1987年 1轴（卷轴）
附对联 1 副 107cm（全开）定价：CNY4.00
　　中国现代年画作品。

J0059025

九焰山　赵祥林作
天津 天津人民美术出版社 1987年 1张
76cm（2开）定价：CNY0.28
　　中国现代年画作品。

J0059026

九寨飞瀑　张大昕作
上海 上海人民美术出版社 1987年 1轴（卷轴）
附对联 1 副 107cm（全开）定价：CNY3.00
　　中国现代年画作品。

J0059027

巨龙腾飞　江南春作
上海 上海人民美术出版社 1987年 1轴（卷轴）
附对联 1 副 107cm（全开）定价：CNY3.00
　　中国现代年画作品。

J0059028

巨龙腾飞　沈高仁作
杭州 浙江人民美术出版社 1987年 1张
76cm（2开）定价：CNY0.25
　　中国现代年画作品。

J0059029

巨龙腾飞　沈高仁作
杭州 浙江人民美术出版社 1987年 1轴（卷轴）
附对联 1 副 107cm（全开）定价：CNY3.80
　　中国现代年画作品。

J0059030

军功章慰亲人　朱介堂作
南宁 广西人民出版社 1987年 1张 76cm（2开）
定价：CNY0.29
　　中国现代年画作品。

J0059031

开国元勋　姚重庆作
天津 天津人民美术出版社 1987年 1轴（卷轴）
附对联 1 副 107cm（全开）定价：CNY2.65
　　中国现代年画作品。

J0059032

开门大吉　出行大利　克青，蓓述作
南宁 广西人民出版社 1987年 1张 53cm（4开）
定价：CNY0.20
　　中国现代年画作品。

J0059033

康康安安　刘崇林作
太原 山西人民出版社 1987年 1张 76cm（2开）
定价：CNY0.26
　　中国现代年画作品。

J0059034

康乐长寿　戴德馨，张德俊作
南京 江苏美术出版社 1987年 4轴（卷轴）
76cm（2开）定价：CNY3.50
　　中国现代年画作品。作者戴德馨（1942—　），
江苏常州人。曾进修于南京艺术学院。擅长国画。
中国美术家协会会员。主要作品有《猫蝶图》《福
禄寿禧》《瑞雪》等。作者张德俊（1946—　），画
家。江苏海安人。毕业于南京艺术学院美术系。
曾任常州市刘海粟美术馆馆长、中国美协年画艺
委会委员等。主要作品有《凤仪亭》《天翻地覆
慨而慷》《紫金山顶的瑰宝》等。

J0059035

科学养鱼好　竹翔飞作

沈阳 辽宁美术出版社 1987 年 1 张 76cm（2 开）
定价：CNY0.22
　　中国现代年画作品。

J0059036
可爱的猫咪　侯钦孟，刘世昭供稿
北京 人民美术出版社 1987 年 1 张 76cm（2 开）
定价：CNY0.31
　　中国现代年画作品。作者刘世昭（1948—　　），
摄影家。四川省成都市人。作品《神境幽声》《归
来的羊群》，摄影集有《徒步三峡》。

J0059037
可爱的小猫
天津 天津人民美术出版社 1987 年 1 张
76cm（2 开）定价：CNY0.30
　　中国现代年画作品。

J0059038
可爱的熊猫　秦大虎作
上海 上海人民美术出版社 1987 年 1 张
76cm（2 开）定价：CNY0.28
　　中国现代年画作品。

J0059039
孔雀牡丹　华玉珊作
沈阳 辽宁美术出版社 1987 年 1 张 76cm（2 开）
定价：CNY0.22
　　中国现代年画作品。

J0059040
孔雀牡丹　吴东奋作
上海 上海人民美术出版社 1987 年 1 轴（卷轴）
附对联 1 副 107cm（全开）定价：CNY3.00
　　中国现代年画作品。

J0059041
快乐长寿　马云桥作
广州 岭南美术出版社 1987 年 1 轴（卷轴）
附对联 1 副 107cm（全开）定价：CNY3.20
　　中国现代年画作品。

J0059042
快乐长寿　刘玉斌作
上海 上海人民美术出版社 1987 年 1 张

76cm（2 开）定价：CNY0.28
　　中国现代年画作品。

J0059043
匡卢云烟　河延哲作
郑州 河南美术出版社 1987 年 1 轴（卷轴）
附对联 1 副 107cm（全开）定价：CNY6.60
　　中国现代年画作品。

J0059044
兰竹图　赵思温作
石家庄 河北美术出版社 1987 年 1 轴（卷轴）
附对联 1 副 107cm（全开）定价：CNY2.50
　　中国现代年画作品。

J0059045
老少同乐　张瑞桓作
天津 天津人民美术出版社 1987 年 1 张
76cm（2 开）定价：CNY0.28
　　中国现代年画作品。

J0059046
老师好　严兴华作
成都 四川美术出版社 1987 年 1 张 76cm（2 开）
定价：CNY0.26
　　中国现代年画作品。

J0059047
雷震万方　田林海作
济南 山东美术出版社 1987 年 1 张 76cm（2 开）
定价：CNY0.27
　　中国现代年画作品。

J0059048
漓江风光　徐俊卿作
杭州 浙江人民美术出版社 1987 年 1 张
107cm（全开）定价：CNY0.95
　　中国现代年画作品。

J0059049
漓江风光　徐俊卿作
杭州 浙江人民美术出版社 1987 年 1 张
76cm（2 开）定价：CNY0.40
　　中国现代年画作品。

J0059050
漓江秀峰　陈晨作
郑州 河南美术出版社 1987 年 1 张 76cm（2 开）
定价：CNY0.70
　　中国现代年画作品。

J0059051
蠡湖春色　金家翔作
西安 陕西人民美术出版社 1987 年 1 张
［78cm］（3 开）定价：CNY0.20
　　中国现代年画作品。

J0059052
李靖 杨戬　陆海林作
成都 四川美术出版社 1987 年 1 张 76cm（2 开）
定价：CNY0.26
　　中国现代年画作品。

J0059053
李逵杀四虎　林清和作
成都 四川美术出版社 1987 年 1 张 76cm（2 开）
定价：CNY0.26
　　中国现代年画作品。

J0059054
李自成 高桂英　李文中作
郑州 河南美术出版社 1987 年 1 张 76cm（2 开）
定价：CNY0.28
　　中国现代年画作品。

J0059055
鲤鱼跳龙门　孙营作
济南 山东美术出版社 1987 年 1 张 76cm（2 开）
定价：CNY0.27
　　中国现代年画作品。

J0059056
历代名女——蔡文姬　竹均琪作
重庆 重庆出版社 1987 年 1 张［78cm］（3 开）
定价：CNY0.22
　　中国现代年画作品。

J0059057
历代名女——李清照　竹均琪作
重庆 重庆出版社 1987 年 1 张［78cm］（3 开）

定价：CNY0.22
　　中国现代年画作品。

J0059058
历代名女——王昭君　唐德泉作
重庆 重庆出版社 1987 年 1 张［78cm］（3 开）
定价：CNY0.22
　　中国现代年画作品。

J0059059
历代名女——西施　晓牛作
重庆 重庆出版社 1987 年 1 张［78cm］（3 开）
定价：CNY0.22
　　中国现代年画作品。

J0059060
历代名女——薛涛　邓平作
重庆 重庆出版社 1987 年 1 张［78cm］（3 开）
定价：CNY0.22
　　中国现代年画作品。

J0059061
历代名女——卓文君　邓平作
重庆 重庆出版社 1987 年 1 张［78cm］（3 开）
定价：CNY0.22
　　中国现代年画作品。

J0059062
立体花鸟画　林伟新作
南京 江苏美术出版社 1987 年 4 轴（卷轴）
76cm（2 开）定价：CNY3.50
　　中国现代年画作品。

J0059063
立志成才屏　（1—4）朱凤岐作
沈阳 辽宁美术出版社 1987 年 2 张 76cm（2 开）
定价：CNY0.56
　　中国现代年画作品。

J0059064
连年富裕　梁义勇作
沈阳 辽宁美术出版社 1987 年 1 张 76cm（2 开）
定价：CNY0.22
　　中国现代年画作品。

J0059065
连年有余　历然，少怀作
沈阳 辽宁美术出版社 1987年 1张 76cm（2开）
定价：CNY0.22
　　中国现代年画作品。

J0059066
连年有余　（蒙汉对照）王立兴作
呼和浩特 内蒙古人民出版社 1987年 1张
76cm（2开）定价：CNY0.25
　　中国现代年画作品。

J0059067
连年有余　张万臣作
天津 天津人民美术出版社 1987年 1张
76cm（2开）定价：CNY0.28
　　中国现代年画作品。

J0059068
连年有余　米春茂作
天津 天津人民美术出版社 1987年 1轴（卷轴）
附对联1副 107cm（全开）定价：CNY2.65
　　中国现代年画作品。

J0059069
连年有余　李寿根作
杭州 浙江人民美术出版社 1987年 1张
76cm（2开）定价：CNY0.25
　　中国现代年画作品。

J0059070
连年有余接五福　林成翰作
天津 天津人民美术出版社 1987年 1张
76cm（2开）定价：CNY0.26
　　中国现代年画作品。

J0059071
连年有余迎双喜　林成翰作
天津 天津人民美术出版社 1987年 1张
76cm（2开）定价：CNY0.26
　　中国现代年画作品。

J0059072
连升三级　金美华作
天津 天津人民美术出版社 1987年 1张

76cm（2开）定价：CNY0.28
　　中国现代年画作品。

J0059073
莲塘佳侣　王克印作
郑州 河南美术出版社 1987年 1张 76cm（2开）
定价：CNY0.35
　　中国现代年画作品。

J0059074
良辰吉日　刘景龙作
北京 人民美术出版社 1987年 1张 76cm（2开）
定价：CNY0.25
　　中国现代年画作品。

J0059075
良辰美景　孟宪宝作
长春 吉林美术出版社 1987年 1张 76cm（2开）
定价：CNY0.22
　　中国现代年画作品。

J0059076
梁红玉大战金兀术　赵梦林作
上海 上海人民美术出版社 1987年 1张
76cm（2开）定价：CNY0.28
　　中国现代年画作品。

J0059077
梁山好汉　孙宗禧作
郑州 河南美术出版社 1987年 1张 76cm（2开）
定价：CNY0.28
　　中国现代年画作品。

J0059078
梁山好汉　孙宗禧作
郑州 河南美术出版社 1987年 1张 53cm（4开）
定价：CNY0.14
　　中国现代年画作品。

J0059079
梁山好汉　刘生展作
天津 天津人民美术出版社 1987年 1张
76cm（2开）定价：CNY0.32
　　中国现代年画作品。

J0059080
梁山英豪　顾青蛟作
上海　上海书画出版社 1987 年 1 张 107cm（全开）
定价：CNY0.58
　　中国现代年画作品。作者顾青蛟（1948—　），江苏苏州人。毕业于苏州工艺美术学院。中国美术家协会会员、江苏省花鸟画研究会副会长、江苏省中国画学会理事、无锡花鸟画研究会会长、无锡市政协书画社顾问、无锡市美术家协会艺术顾问，无锡市书画院国家一级美术师。代表作品《丝绸之路》《动物通景》《江南桑帛情》等。

J0059081
梁祝化蝶　黄妙发作
上海　上海人民美术出版社 1987 年 1 张
76cm（2 开）定价：CNY0.28
　　中国现代年画作品。

J0059082
林中奇兽　（1—4）房英魁作
沈阳　辽宁美术出版社 1987 年 2 张 76cm（2 开）
定价：CNY0.56
　　中国现代年画作品。

J0059083
刘三姐　（娃娃戏）李红才作
石家庄　河北美术出版社 1987 年 1 张
76cm（2 开）定价：CNY0.30
　　中国现代年画作品。

J0059084
六臂香音　（敦煌舞蹈）马子群，陈菊仙作
上海　上海人民美术出版社 1987 年 1 张
76cm（2 开）定价：CNY0.28
　　中国现代年画作品。

J0059085
六畜兴旺千家富　李冰作
天津　天津人民美术出版社 1987 年 1 张
76cm（2 开）定价：CNY0.28
　　中国现代年画作品。

J0059086
六月花儿红　刘熹奇作
上海　上海人民美术出版社 1987 年 1 张

76cm（2 开）定价：CNY0.28
　　中国现代年画作品。

J0059087
龙飞凤舞　华三川作
上海　上海书画出版社 1987 年 1 张 76cm（2 开）
定价：CNY0.28
　　中国现代年画作品。

J0059088
龙飞凤舞　吕德胜作
杭州　浙江人民美术出版社 1987 年 1 张
76cm（2 开）定价：CNY0.25
　　中国现代年画作品。

J0059089
龙飞凤舞双喜盈门　（蒙汉对照）蒋有度作
呼和浩特　内蒙古人民出版社 1987 年 1 张
76cm（2 开）定价：CNY0.25
　　中国现代年画作品。

J0059090
龙凤呈祥　周绍文，周嘉作
郑州　河南美术出版社 1987 年 1 张 53cm（4 开）
定价：CNY0.14
　　中国现代年画作品。

J0059091
龙凤呈祥　谭尔康作
长沙　湖南美术出版社 1987 年 1 轴（卷轴）
附对联 1 副 107cm（全开）定价：CNY2.60
　　中国现代年画作品。

J0059092
龙凤呈祥　化金莲，董俊作
上海　上海人民美术出版社 1987 年 1 张
76cm（2 开）定价：CNY0.28
　　中国现代年画作品。作者化金莲（1952—　），内蒙古固阳人。毕业于内蒙古师院艺术系。乌兰察布盟师范学校教师、中国美术家协会内蒙古分会会员、乌盟美术家协会副主席、乌盟美术教育研究会副理事长。编著出版《手工美术》。

J0059093
龙凤呈祥　张路红作

上海 上海书画出版社 1987年 1张 76cm（2开）
定价：CNY0.28

　中国现代年画作品。

J0059094
龙凤呈祥　釜丹作
天津 天津人民美术出版社 1987年 1轴（卷轴）
附对联1副 107cm（全开）定价：CNY2.65

　中国现代年画作品。

J0059095
龙凤呈祥　来玳珊作
杭州 西泠印社 1987年 1轴（卷轴）附对联1副
107cm（全开）定价：CNY2.80

　中国现代年画作品。

J0059096
龙凤呈祥回荆州　张弓作
沈阳 辽宁美术出版社 1987年 1张 76cm（2开）
定价：CNY0.22

　中国现代年画作品。

J0059097
龙凤福宇　史斧振作
石家庄 河北美术出版社 1987年 1张
76cm（2开）定价：CNY0.30

　中国现代年画作品。

J0059098
龙凤和鸣　张恒德作
成都 四川美术出版社 1987年 1张 76cm（2开）
定价：CNY0.26

　中国现代年画作品。

J0059099
龙凤花烛　尹福康作
成都 四川美术出版社 1987年 1张 76cm（2开）
定价：CNY0.26

　中国现代年画作品。作者尹福康（1927—　），
摄影家。江苏南京人。曾任上海人民美术出版
社副编审、上海市摄影家协会副主席等。主要作
品有《烟笼峰岩》《向荒山要宝》《晒盐》《工人新
村》等。

J0059100
龙凤双喜　邓履萍作
昆明 云南人民出版社 1987年 1张 107cm（全开）
定价：CNY0.60

　中国现代年画作品。

J0059101
龙凤双喜图　杨晓勇作
成都 四川美术出版社 1987年 1张 107cm（全开）
定价：CNY0.26

　中国现代年画作品。

J0059102
龙戈和珍姑　岳晓作
哈尔滨 黑龙江美术出版社 1987年 1张
76cm（2开）定价：CNY0.23

　中国现代年画作品。

J0059103
龙宫取宝　马乐群作
上海 上海人民美术出版社 1987年 1张
76cm（2开）定价：CNY0.28

　中国现代年画作品。

J0059104
龙年如意幸福多　刘佩珩作
哈尔滨 黑龙江美术出版社 1987年 1张
76cm（2开）定价：CNY0.23

　中国现代年画作品。

J0059105
龙年腾飞喜福临门　李思照，戴玉茹作
昆明 云南人民出版社 1987年 1张 53cm（4开）
定价：CNY0.15

　中国现代年画作品。

J0059106
龙年娃娃壮　（蒙汉对照）吕庄祥作
呼和浩特 内蒙古人民出版社 1987年 1张
76cm（2开）定价：CNY0.25

　中国现代年画作品。

J0059107
龙年有余　杨天中作
沈阳 辽宁美术出版社 1987年 1张 76cm（2开）

定价：CNY0.22
　　中国现代年画作品。

J0059108
龙女　童金贵作
西安 陕西人民美术出版社 1987 年 2 张
76cm（2 开）定价：CNY0.60
　　中国现代年画作品。

J0059109
龙女献珠　林惠珍作
沈阳 辽宁美术出版社 1987 年 1 张 76cm（2 开）
定价：CNY0.22
　　中国现代年画作品。

J0059110
龙腾丰余　成砺志作
上海 上海人民美术出版社 1987 年 1 张
76cm（2 开）定价：CNY0.28
　　中国现代年画作品。

J0059111
龙腾福至　吴述宝作
长春 吉林美术出版社 1987 年 1 张 76cm（2 开）
定价：CNY0.24
　　中国现代年画作品。

J0059112
龙腾虎跃　王小路作
石家庄 河北美术出版社 1987 年 1 张
76cm（2 开）定价：CNY0.30
　　中国现代年画作品。

J0059113
龙腾虎跃喜迎春　王中一作
上海 上海人民美术出版社 1987 年 1 张
76cm（2 开）定价：CNY0.28
　　中国现代年画作品。

J0059114
龙腾神州　（蒙汉对照）陆福喜作
呼和浩特 内蒙古人民出版社 1987 年 1 张
76cm（2 开）定价：CNY0.25
　　中国现代年画作品。

J0059115
龙腾鱼跃　刘佩珩作
长春 吉林美术出版社 1987 年 1 张 76cm（2 开）
定价：CNY0.26
　　中国现代年画作品。

J0059116
龙吟凤舞　金珂，纪宇作
天津 天津人民美术出版社 1987 年 1 张
76cm（2 开）定价：CNY0.28
　　中国现代年画作品。

J0059117
鲁智深　张德俊作
杭州 浙江人民美术出版社 1987 年 2 张
76cm（2 开）定价：CNY0.50
　　中国现代年画作品。

J0059118
鹿鹤同春　刘熹奇作
北京 人民美术出版社 1987 年 1 张［78cm］3 开）
定价：CNY0.22
　　中国现代年画作品。

J0059119
鹿鹤同春　赵雨树作
昆明 云南人民出版社 1987 年 1 张 76cm（2 开）
定价：CNY0.25
　　中国现代年画作品。

J0059120
鸾凤和鸣　（1—4）苏南作
天津 天津人民美术出版社 1987 年 4 轴（卷轴）
76cm（2 开）定价：CNY2.10
　　中国现代年画作品。

J0059121
麻姑献寿　谢同絃作
上海 上海人民美术出版社 1987 年 1 张
76cm（2 开）定价：CNY0.28
　　中国现代年画作品。

J0059122
麻姑献寿　樊怀章作
成都 四川美术出版社 1987 年 1 张 76cm（2 开）

定价：CNY0.26
中国现代年画作品。

J0059123
马　徐悲鸿作
天津　天津人民美术出版社　1987 年　1 轴（卷轴）
107cm（全开）定价：CNY2.60
中国现代年画作品。

J0059124
马超姜维　韩野作
郑州　河南美术出版社　1987 年　1 张　53cm（4 开）
定价：CNY0.14
中国现代年画作品。

J0059125
马术新花　李宏才作
天津　天津人民美术出版社　1987 年　2 张
76cm（2 开）定价：CNY0.55
中国现代年画作品。

J0059126
满堂富贵　金珂，纪宇作
天津　天津人民美术出版社　1987 年　1 张
76cm（2 开）定价：CNY0.26
中国现代年画作品。

J0059127
满堂红　邓文欣作
长春　吉林美术出版社　1987 年　2 张　76cm（2 开）
定价：CNY0.48
中国现代年画作品。

J0059128
满塘金鱼　冯东振作
石家庄　河北美术出版社　1987 年　1 张
76cm（2 开）定价：CNY0.40
中国现代年画作品。

J0059129
漫游神州　陈烈作
成都　四川美术出版社　1987 年　1 张　76cm（2 开）
定价：CNY0.26
中国现代年画作品。

J0059130
猫蝶图　李文奎烙
赤峰　内蒙古科学技术出版社　1987 年　1 张（卷轴）
107cm（全开）定价：CNY2.30
中国现代年画作品。

J0059131
猫和花　薛长山作
杭州　浙江人民美术出版社　1987 年　2 张
76cm（2 开）定价：CNY0.50
中国现代年画作品。

J0059132
猫咪观鱼　孙公照作
杭州　浙江人民美术出版社　1987 年　1 张
76cm（2 开）定价：CNY0.25
中国现代年画作品。

J0059133
猫趣图　（1—4）米春茂作
天津　天津人民美术出版社　1987 年　4 轴（卷轴）
76cm（2 开）定价：CNY2.30
中国现代年画作品。

J0059134
梅　何水法作
杭州　浙江人民美术出版社　1987 年　4 张
76cm（2 开）定价：CNY0.90
中国现代年画作品。

J0059135
梅花鹿小熊猫金丝猴松鼠　李悌南作
西安　陕西人民美术出版社　1987 年　2 张
76cm（2 开）定价：CNY0.60
中国现代年画作品。

J0059136
梅花香自苦寒来　李骆公作
南宁　广西人民出版社　1987 年　1 张［78cm］（3 开）
定价：CNY0.45
中国现代年画作品。

J0059137
梅兰芳京剧艺术　杨作文作；刘仲武配诗
石家庄　河北美术出版社　1987 年　2 张

76cm（2开）定价：CNY0.62

　　中国现代年画作品。作者刘仲武（1945—　　），河北霸县（现霸州市）人。历任中国戏曲表演学会常务理事、原河北省戏剧家协会副主席，现任河北省戏剧家协会顾问、艺术指导委员会委员、河北省京剧票友协会副主席兼秘书长。

J0059138

梅兰竹菊　张振群，李存伟作

北京　人民美术出版社 1987 年 2 张 76cm（2开）定价：CNY0.66

　　中国现代年画作品。

J0059139

梅兰竹菊　李勤，徐世钦作

天津　天津人民美术出版社 1987 年 4 轴（卷轴）76cm（2开）定价：CNY2.30

　　中国现代年画作品。

J0059140

梅兰竹菊花鸟四条屏　陈世中作

上海　上海书画出版社 1987 年 2 张 76cm（2开）定价：CNY0.58

　　中国现代年画作品。作者陈世中（1944—　　），江苏武进人。中国美术家协会会员、上海书画院副院长、海墨画社副社长、上海美育学会常务理事。著有《陈世中花鸟画册》《怎样画紫藤》及《当代美术家画库陈世中专集》等。

J0059141

梅竹仙鹤对屏　吴东奋作

上海　上海书画出版社 1987 年 1 张 76cm（2开）定价：CNY0.28

　　中国现代年画作品。

J0059142

美酒一杯敬英雄　龚景充作

杭州　浙江人民美术出版社 1987 年 1 张 76cm（2开）定价：CNY0.25

　　中国现代年画作品。

J0059143

美满幸福　霍允庆作

上海　上海人民美术出版社 1987 年 1 张 76cm（2开）定价：CNY0.28

　　中国现代年画作品。

J0059144

美满幸福　蔡传隆作

重庆　重庆出版社 1987 年 1 张 76cm（2开）定价：CNY0.28

　　中国现代年画作品。

J0059145

美满姻缘　周小申作

西安　陕西人民美术出版社 1987 年 1 张 76cm（2开）定价：CNY0.27

　　中国现代年画作品。

J0059146

美满姻缘　唐忠跃作

成都　四川美术出版社 1987 年 2 张 76cm（2开）定价：CNY0.52

　　中国现代年画作品。

J0059147

美满姻缘　黄蜀华作

成都　四川美术出版社 1987 年 1 张 76cm（2开）定价：CNY0.26

　　中国现代年画作品。

J0059148

美满姻缘　陈学璋作

杭州　浙江人民美术出版社 1987 年 2 张 76cm（2开）定价：CNY0.50

　　中国现代年画作品。

J0059149

猛虎图　吴亦生作

上海　上海书画出版社［1987 年］1 轴（卷轴）附对联 1 副 107cm（全开）定价：CNY3.30

　　中国现代年画作品。

J0059150

孟良　焦赞　张锡武作

北京　人民美术出版社 1987 年 1 张 76cm（2开）定价：CNY0.31

　　中国现代年画作品。

J0059151

密林深处　刘大春作

重庆 重庆出版社 1987年 1张 76cm（2开）

定价：CNY0.64

　　中国现代年画作品。

J0059152

民族英雄　傅鲁沛作

郑州 河南美术出版社 1987年 4张 76cm（2开）

定价：CNY1.50

　　中国现代年画作品。

J0059153

名山古刹——普陀清影　张温纯作

郑州 河南美术出版社 1987年 4轴（卷轴）

76cm（2开）定价：CNY5.20

　　中国现代年画作品。

J0059154

名山条屏　路如恒作

北京 人民美术出版社 1987年 2张 76cm（2开）

定价：CNY0.66

　　中国现代年画作品。

J0059155

墨竹　（清）谢鉴礼作

石家庄 河北美术出版社 1987年 4轴（卷轴）

76cm（2开）定价：CNY2.00

　　中国现代年画作品。

J0059156

母女英雄　赵祥林作

上海 上海人民美术出版社 1987年 1张

76cm（2开）定价：CNY0.28

　　中国现代年画作品。

J0059157

牡丹兰鹊　周萍作

上海 上海书画出版社 1987年 1张 76cm（2开）

定价：CNY0.28

　　中国现代年画作品。

J0059158

牡丹仙鹤　张琪作

成都 四川美术出版社 1987年 1张 76cm（2开）

定价：CNY0.26

　　中国现代年画作品。

J0059159

牡丹鸳鸯　赵宇敏作

南宁 广西人民出版社 1987年 1张 76cm（2开）

定价：CNY0.29

　　中国现代年画作品。

J0059160

木中幽人家　李文奎烙

赤峰 内蒙古科学技术出版社 1987年 1轴（卷轴）

107cm（全开）定价：CNY2.30

　　中国现代年画作品。

J0059161

牧童新曲　（蒙汉对照）朱海汀作

呼和浩特 内蒙古人民出版社 1987年 1张

76cm（2开）定价：CNY0.25

　　中国现代年画作品。

J0059162

穆桂英大战洪州　赵梦林作

上海 上海书画出版社 1987年 1张 76cm（2开）

定价：CNY0.28

　　中国现代年画作品。

J0059163

穆桂英下山　齐大鹏作

石家庄 河北美术出版社 1987年 1张

76cm（2开）定价：CNY0.25

　　中国现代年画作品。作者齐大鹏（1940—　），
生于河北省沧州市。天津美院干部训练班结业。
历任中国书画艺术家协会会员、河北省美协会
员、沧州画院画师。作品有《整装待发》《准时开
车》《杨家将》《准时开车》等。

J0059164

哪吒出世　（蒙汉对照）徐秀芬，李学勤作

呼和浩特 内蒙古人民出版社 1987年 1张

76cm（2开）定价：CNY0.25

　　中国现代年画作品。

J0059165

哪吒闹海　梁建君作

石家庄 河北美术出版社 1987 年 1 张
76cm（2 开）定价：CNY0.25
　　中国现代年画作品。

J0059166
哪吒闹海　陈明作
南京 江苏美术出版社 1987 年 1 张 76cm（2 开）
定价：CNY0.28
　　中国现代年画作品。

J0059167
奶奶先吃　吴性清作
上海 上海人民美术出版社 1987 年 1 张
76cm（2 开）定价：CNY0.28
　　中国现代年画作品。

J0059168
南海碧波　潇潜作
郑州 河南美术出版社 1987 年 1 张 76cm（2 开）
定价：CNY0.70
　　中国现代年画作品。

J0059169
南疆卫士　何永坤作
昆明 云南人民出版社 1987 年 1 张 76cm（2 开）
定价：CNY0.25
　　中国现代年画作品。

J0059170
南山献寿　杨馥如作
上海 上海人民美术出版社 1987 年 1 张
76cm（2 开）定价：CNY0.28
　　中国现代年画作品。

J0059171
闹龙宫　施振广，刘玉华作
天津 天津人民美术出版社 1987 年 1 张
76cm（2 开）定价：CNY0.28
　　中国现代年画作品。

J0059172
闹元宵　（蒙汉对照）董俊作
呼和浩特 内蒙古人民出版社 1987 年 1 张
76cm（2 开）定价：CNY0.25
　　中国现代年画作品。

J0059173
你属啥　（蒙汉对照）石桂兰作
呼和浩特 内蒙古人民出版社 1987 年 1 张
76cm（2 开）定价：CNY0.25
　　中国现代年画作品。

J0059174
年画获奖作品集　李慕白等绘
天津 天津人民美术出版社 1987 年 75 页
26cm（16 开）定价：CNY16.00
（中国获奖美术作品画库 2）
　　本书编入第三届全国年画评奖获奖作品
141 件。

J0059175
年年夺魁　马云桥作
沈阳 辽宁美术出版社 1987 年 1 张 76cm（2 开）
定价：CNY0.22
　　中国现代年画作品。

J0059176
年年吉庆岁岁有余　张洁作
郑州 河南美术出版社 1987 年 1 张 76cm（2 开）
定价：CNY0.28
　　中国现代年画作品。

J0059177
年年吉庆岁岁有余　张洁作
郑州 河南美术出版社 1987 年 1 张 53cm（4 开）
定价：CNY0.14
　　中国现代年画作品。

J0059178
年年有余　高志华作
哈尔滨 黑龙江美术出版社 1987 年 1 张
76cm（2 开）定价：CNY0.23
　　中国现代年画作品。

J0059179
鸟丽花香　（1—4）杨振远作
沈阳 辽宁美术出版社 1987 年 2 张 76cm（2 开）
定价：CNY0.56
　　中国现代年画作品。

J0059180
鸟兽屏 田玉州作
石家庄 河北美术出版社 1987 年 2 张
76cm（2 开）定价：CNY0.62
　　中国现代年画作品。

J0059181
鸟语花香 张玉龙作
北京 人民美术出版社 1987 年 2 张 76cm（2 开）
定价：CNY0.66
　　中国现代年画作品。

J0059182
鸟语花香 张德俊作
上海 上海人民美术出版社 1987 年 1 张
76cm（2 开）定价：CNY0.28
　　中国现代年画作品。

J0059183
鸟语花香 李慧珠作
上海 上海书画出版社 1987 年 1 张 76cm（2 开）
定价：CNY0.28
　　中国现代年画作品。

J0059184
鸟语花香 车来通作
成都 四川美术出版社 1987 年 2 张 76cm（2 开）
定价：CNY0.52
　　中国现代年画作品。

J0059185
鸟语花香 张琪作
重庆 重庆出版社 1987 年 1 张 76cm（2 开）
定价：CNY0.64
　　中国现代年画作品。

J0059186
牛通岳云 符久长作
重庆 重庆出版社 1987 年 1 张 76cm（2 开）
定价：CNY0.28
　　中国现代年画作品。

J0059187
农家迎客 张路红作
上海 上海人民美术出版社 1987 年 1 张

76cm（2 开）定价：CNY0.28
　　中国现代年画作品。

J0059188
女教师 （蒙汉对照）于晓玲作
呼和浩特 内蒙古人民出版社 1987 年 1 张
76cm（2 开）定价：CNY0.25
　　中国现代年画作品。

J0059189
盘妻索妻 陈子达作
杭州 浙江人民美术出版社 1987 年 2 张
76cm（2 开）定价：CNY0.50
　　中国现代年画作品。作者陈子达（1958—　），
浙江杭州人。毕业于中国美术学院油画系。作
品《排球》被国际奥委会收藏。

J0059190
裴艳玲舞台艺术 韩喜增作
石家庄 河北美术出版社 1987 年 2 张
76cm（2 开）定价：CNY0.54
　　中国现代年画作品。

J0059191
蓬莱仙境 （清）袁耀作
武汉 湖北美术出版社 1987 年 1 轴（卷轴）
附对联 1 副 107cm（全开）定价：CNY4.80
　　中国现代年画作品。作者袁耀（1618—1689），
清代画家。字昭道。江都人，出生于江都（今江
苏扬州）。代表作品有《骊山避夏十二景》《阿房
宫图》《秋江楼观图》等。

J0059192
鹏程万里 小伯作
杭州 西泠印社 1987 年 1 张 76cm（2 开）
定价：CNY0.25
　　中国现代年画作品。

J0059193
鹏程万里 小伯作
杭州 西泠印社 1987 年 1 张 107cm（全开）
定价：CNY1.00
　　中国现代年画作品。

J0059194

鹏程万里　张伟民作

杭州 西泠印社 1987 年 1 轴（卷轴）附对联 1 副
107cm（全开）定价：CNY3.50

　　中国现代年画作品。

J0059195

鹏飞年代庆有余　刘宝贵作

沈阳 辽宁美术出版社 1987 年 1 张 76cm（2 开）
定价：CNY0.22

　　中国现代年画作品。

J0059196

霹雳火秦明　急先锋索超　任芑作

郑州 河南美术出版社 1987 年 1 张 76cm（2 开）
定价：CNY0.28

　　中国现代年画作品。

J0059197

霹雳火秦明　急先锋索超　任芑作

郑州 河南美术出版社 1987 年 1 张 53cm（4 开）
定价：CNY0.14

　　中国现代年画作品。

J0059198

普天同庆　卢德辉作

天津 天津人民美术出版社 1987 年 1 轴（卷轴）
附对联 1 副 107cm（全开）定价：CNY2.65

　　中国现代年画作品。

J0059199

**普陀晚春　九华盛夏　五台秋色　峨嵋冬
雪**　徐英槐作

杭州 西泠印社 1987 年 4 张 76cm（2 开）
定价：CNY1.00

　　中国现代年画作品。

J0059200

七月七　张惠敏作

石家庄 河北美术出版社 1987 年 1 张
76cm（2 开）定价：CNY0.40

　　中国现代年画作品。

J0059201

齐白石花卉　齐白石作

南京 江苏美术出版社 1987 年 4 轴（卷轴）
76cm（2 开）定价：CNY3.50

　　中国现代年画作品。作者齐白石（1864—
1957），近现代中国绘画大师，国画家、篆刻家。
湖南湘潭人。原名纯芝，字渭清，号兰亭，后改
名璜，字濒生，号白石等。历任北京艺术专科学
校和京华美术专科学校教习、教授，中央美术学
院名誉教授、中国文学艺术界联合会主席团委
员、中国画研究会和中国美术家协会主席、中国
画院名誉院长。代表作有《蛙声十里出山泉》《墨
虾》等，著有《白石诗草》《齐白石作品集》《白
石老人自述》等。

J0059202

棋盘山　赵梦林作

上海 上海人民美术出版社 1987 年 1 张
76cm（2 开）定价：CNY0.28

　　中国现代年画作品。

J0059203

麒麟送宝　成砺志作

哈尔滨 黑龙江美术出版社 1987 年 1 张
76cm（2 开）定价：CNY0.23

　　中国现代年画作品。作者成砺志（1954—　　），
江苏扬州人。国家一级美术师，中国美术家协会
会员。主要作品《六老图·邓小平》《我为祖国争
光》《春暖万家》等。

J0059204

麒麟送宝　（蒙汉对照）朱海汀作

呼和浩特 内蒙古人民出版社 1987 年 1 张
76cm（2 开）定价：CNY0.25

　　中国现代年画作品。

J0059205

千里走单骑　赵祥林作

上海 上海人民美术出版社 1987 年 1 张
76cm（2 开）定价：CNY0.28

　　中国现代年画作品。

J0059206

千山叠翠　张继仙作

上海 上海人民美术出版社 1987 年 1 轴（卷轴）
附对联 1 副 107cm（全开）定价：CNY3.00

　　中国现代年画作品。

J0059207

前程似锦万象更新　李炳炎作
昆明　云南人民出版社　1987年　1张　76cm（2开）
定价：CNY0.25
　　中国现代年画作品。

J0059208

墙头马上　（1—4）彦春，章可作
沈阳　辽宁美术出版社　1987年　1张　76cm（2开）
定价：CNY0.48
　　中国现代年画作品。

J0059209

墙头马上　来玳珊作
杭州　浙江人民美术出版社　1987年　1张
76cm（2开）定价：CNY0.25
　　中国现代年画作品。

J0059210

窃符救赵　张卿作
石家庄　河北美术出版社　1987年　1张
76cm（2开）定价：CNY0.25
　　中国现代年画作品。

J0059211

亲昵图　洪世川作
杭州　浙江人民美术出版社　1987年　1张
76cm（2开）定价：CNY0.25
　　中国现代年画作品。

J0059212

秦军胡帅　陈致信作
成都　四川美术出版社　1987年　1张　76cm（2开）
定价：CNY0.26
　　中国现代年画作品。

J0059213

秦明　索超　张辛国作
石家庄　河北美术出版社　1987年　1张
76cm（2开）定价：CNY0.30
　　中国现代年画作品。作者张辛国（1926—　　），
编辑。河北安平人。就读于中央美术学院。历
任河北美术出版社总编辑、编审，中国美术家协
会会员、河北美术家协会顾问。出版有《怎样画
鹿》《张辛国动物画集》《百鹿图》等。

J0059214

秦明　索超　张辛国作
石家庄　河北美术出版社　1987年　1张
53cm（4开）定价：CNY0.15
　　中国现代年画作品。

J0059215

秦琼　敬德　锦超作
郑州　河南人民美术出版社　1987年　1张
76cm（2开）定价：CNY0.28
　　中国现代年画作品。

J0059216

秦琼　敬德　锦超作
郑州　河南人民美术出版社　1987年　1张
53cm（4开）定价：CNY0.14
　　中国现代年画作品。

J0059217

秦琼　敬德　张文顺作
西安　陕西人民美术出版社　1987年　1张
76cm（2开）定价：CNY0.27
　　中国现代年画作品。

J0059218

秦琼　敬德　张文顺作
西安　陕西人民美术出版社　1987年　1张
53cm（4开）定价：CNY0.15
　　中国现代年画作品。

J0059219

秦琼　敬德　骆福庆作
天津　天津人民美术出版社　1987年　1张
76cm（2开）定价：CNY0.32
　　中国现代年画作品。

J0059220

秦琼　敬德　张锡武作
昆明　云南人民出版社　1987年　1张　53cm（4开）
定价：CNY0.25
　　中国现代年画作品。

J0059221

秦琼　尉迟恭　陈致信作
成都　四川美术出版社　1987年　1张　76cm（2开）

定价：CNY0.26
中国现代年画作品。

J0059222
秦叔宝　尉迟恭　马也作
南宁　广西人民出版社 1987 年 1 张 53cm（4 开）
定价：CNY0.16
中国现代年画作品。

J0059223
秦叔宝　尉迟恭　潘爱清作
桂林　漓江出版社 1987 年 1 张 76cm（2 开）
定价：CNY0.29
中国现代年画作品。

J0059224
秦叔宝　尉迟恭
成都　四川省新闻图片社 1987 年 1 张
76cm（2 开）定价：CNY0.55
中国现代年画作品。

J0059225
秦香莲寿堂唱曲　金梅生作
上海　上海人民美术出版社 1987 年 1 张
76cm（2 开）定价：CNY0.28
中国现代年画作品。

J0059226
琴棋书画　王孝刚作
成都　四川美术出版社 1987 年 2 张 76cm（2 开）
定价：CNY0.52
中国现代年画作品。

J0059227
琴棋书画　（1—4）申同景作
天津　天津人民美术出版社 1987 年 4 轴（卷轴）
76cm（2 开）定价：CNY2.30
中国现代年画作品。

J0059228
勤劳多福　（蒙汉对照）陆平，陆福喜作
呼和浩特　内蒙古人民出版社 1987 年 1 张
76cm（2 开）定价：CNY0.25
中国现代年画作品。

J0059229
勤劳致富　蔡传隆作
长沙　湖南美术出版社 1987 年 1 轴（卷轴）
附对联 1 副 107cm（全开）定价：CNY4.40
中国现代年画作品。

J0059230
勤劳致富　（蒙汉对照）化金莲作
呼和浩特　内蒙古人民出版社 1987 年 1 张
76cm（2 开）定价：CNY0.25
中国现代年画作品。作者化金莲（1952—　），
内蒙古固阳人。毕业于内蒙古师院艺术系。乌
兰察布盟师范学校教师、中国美术家协会内蒙古
分会会员、乌盟美术家协会副主席、乌盟美术教
育研究会副理事长。编著出版《手工美术》。

J0059231
清风掠影　尹德华作
石家庄　河北美术出版社 1987 年 1 张
76cm（2 开）定价：CNY0.40
中国现代年画作品。

J0059232
情深意长　龚景充作
杭州　西泠印社 1987 年 1 张 76cm（2 开）
定价：CNY0.25
中国现代年画作品。

J0059233
情深意长　汪苗作
杭州　浙江人民美术出版社 1987 年 1 张
76cm（2 开）定价：CNY0.25
中国现代年画作品。

J0059234
庆丰年　李建章作
石家庄　河北美术出版社 1987 年 1 张
76cm（2 开）定价：CNY0.25
中国现代年画作品。

J0059235
秋山楼观图　张洪千作
天津　天津人民美术出版社 1987 年 1 轴（卷轴）
附对联 1 副 107cm（全开）定价：CNY2.65
中国现代年画作品。

J0059236

驱邪扶正　除恶安民　许志彬作

西安 陕西人民美术出版社 1987 年 1 张
76cm（2 开）定价：CNY0.22

　　中国现代年画作品。

J0059237

人参娃娃与梅花鹿　王振羽作

石家庄 河北美术出版社 1987 年 1 张
76cm（2 开）定价：CNY0.25

　　中国现代年画作品。作者王振羽（1946—　），
画家。吉林人。毕业于辽宁艺术师范美术科，结
业于鲁迅美术学院油画进修班。曾为舞美设计，
抚顺市人民影院美工。擅长油画。作品有油画《寄
信母校报丰收》，年画《桃李芬芳》，水彩画《北方
十月》等。

J0059238

人欢鱼跃　杨天中作

沈阳 辽宁美术出版社 1987 年 1 张 76cm（2 开）
定价：CNY0.22

　　中国现代年画作品。

J0059239

人间仙境蓬莱阁　王忠年作

沈阳 辽宁美术出版社 1987 年 1 张 76cm（2 开）
定价：CNY0.22

　　中国现代年画作品。

J0059240

人面桃花　（1—4）丽铭，伟玉作

沈阳 辽宁美术出版社 1987 年 2 张 76cm（2 开）
定价：CNY0.56

　　中国现代年画作品。

J0059241

人民领袖　樊怀章作

成都 四川美术出版社 1987 年 1 张 76cm（2 开）
定价：CNY0.26

　　本作品为年画形式的国家领袖肖像画。

J0059242

人民卫士　孙心华作

上海 上海人民美术出版社 1987 年 1 张
76cm（2 开）定价：CNY0.28

　　中国现代年画作品。

J0059243

人勤春早　刘元兴作

成都 四川美术出版社 1987 年 1 张 76cm（2 开）
定价：CNY0.26

　　中国现代年画作品。

J0059244

人寿年丰　高式熊书

上海 上海书画出版社 1987 年 1 张 76cm（2 开）
定价：CNY0.28

　　中国现代年画作品。作者高式熊（1921—
2019），书法家、金石篆刻家。浙江鄞县人。历任
中国书协会员、西泠印社名誉副社长、上海市书
协顾问、上海市文史研究馆馆员。代表作品《西
泠印社同人印传》《高式熊印稿》等。

J0059245

人寿年丰　徐世民作

天津 天津人民美术出版社 1987 年 1 张
76cm（2 开）定价：CNY0.28

　　中国现代年画作品。

J0059246

人舞鱼歌　王玉琦作

沈阳 辽宁美术出版社 1987 年 1 张 76cm（2 开）
定价：CNY0.22

　　中国现代年画作品。

J0059247

荣华富贵　永刚等作

南京 江苏美术出版社 1987 年 1 张 76cm（2 开）
定价：CNY0.28

　　中国现代年画作品。

J0059248

荣华富贵　张和庵作

上海 上海书画出版社 1987 年 1 张 85cm（3 开）
定价：CNY0.46

　　中国现代年画作品。

J0059249

溶洞奇景图　章育青作

上海 上海人民美术出版社 1987 年 1 张

76cm（2开）定价：CNY0.28
　　中国现代年画作品。

J0059250
如意幸福　张德伦作
石家庄　河北美术出版社 1987 年 1 张
76cm（2开）定价：CNY0.40
　　中国现代年画作品。

J0059251
瑞鹤献寿　爱玲，孝慈作；复盛书
沈阳　辽宁美术出版社 1987 年 1 张 76cm（2开）
定价：CNY0.35
　　中国现代年画作品。

J0059252
瑞鹤迎春　王立贤作
沈阳　辽宁美术出版社 1987 年 1 张 76cm（2开）
定价：CNY0.22
　　中国现代年画作品。

J0059253
三国人物　邓敦伟作
南宁　广西人民出版社 1987 年 1 张 76cm（2开）
定价：CNY0.35
　　中国现代年画作品。

J0059254
三国人物　若鹏作
南宁　广西人民出版社 1987 年 1 张 76cm（2开）
定价：CNY0.20
　　中国现代年画作品。

J0059255
三国人物　（蒙汉对照）赵梦林作
呼和浩特　内蒙古人民出版社 1987 年 2 张
76cm（2开）定价：CNY0.54
　　中国现代年画作品。

J0059256
三国人物　张辛国，张雅君作
北京　人民美术出版社 1987 年 3 张 76cm（2开）
定价：CNY0.95
　　中国现代年画作品。

J0059257
三国双雄　张锡武作
天津　天津人民美术出版社 1987 年 1 张
76cm（2开）定价：CNY0.30
　　中国现代年画作品。

J0059258
三国演义　李林祥，朱淑媛作
沈阳　辽宁美术出版社 1987 年 1 张
107cm（全开）定价：CNY0.56
　　中国现代年画作品。

J0059259
三国演义故事　宋德风作
上海　上海人民美术出版社 1987 年 1 张
76cm（2开）定价：CNY0.28
　　中国现代年画作品。

J0059260
三请樊梨花　（1—4）张有，文丽作
沈阳　辽宁美术出版社 1987 年 2 张 76cm（2开）
定价：CNY0.56
　　中国现代年画作品。

J0059261
三星高照鹿鹤同春　成砺志作
天津　天津人民美术出版社 1987 年 1 轴（卷轴）
附对联 1 副 107cm（全开）定价：CNY2.65
　　中国现代年画作品。

J0059262
三友图　何水法作
杭州　浙江人民美术出版社 1987 年 1 张
76cm（2开）定价：CNY0.25
　　中国现代年画作品。作者何水法（1946—　），
画家。浙江绍兴人。浙江画院高级美术师、中国
美术家学会会员、浙江省美协理事。作品有《凌
寒怒放》《春菜图》《翠蔓凌霄》《灼灼红芳》，出
版有《何水法花鸟画集》等。

J0059263
森林卫士　龚学渊作
成都　四川美术出版社 1987 年 1 张 76cm（2开）
定价：CNY0.26
　　中国现代年画作品。

J0059264

厦门风光 张明生作

成都 四川美术出版社 1987年 1张 76cm(2开)

定价: CNY0.26

中国现代年画作品。

J0059265

山川秀色 长恩作

长春 吉林美术出版社 1987年 2张 76cm(2开)

定价: CNY0.48

中国现代年画作品。

J0059266

山光水色 (1—4)王忠年作

天津 天津人民美术出版社 1987年 4轴(卷轴)

76cm(2开) 定价: CNY2.10

中国现代年画作品。

J0059267

山水屏 (1—4)李树人作

沈阳 辽宁美术出版社 1987年 2张 76cm(2开)

定价: CNY0.56

中国现代年画作品。作者李树人(1954—),国画家、书画家。亦名梁绪人,字一舟,号盖丁。湖南祁东人。毕业于湖南衡阳师院美术系。历任中国书画函授大学副教授、中国美术家协会会员、国际文艺家协会学术委员、中国民族书画院名誉院长、教授、高级美术师。代表作品有《空谷令》《黑浪》等,出版有《李树人画集》等。

J0059268

山溪春晓 徐震时作

北京 人民美术出版社 [1987年] 1轴(卷轴)

附对联1副 107cm(全开) 定价: CNY2.50

中国现代年画作品。

J0059269

山岳壮丽 孙仲起等作

杭州 浙江人民美术出版社 1987年 4张

76cm(2开) 定价: CNY4.60

中国现代年画作品。

J0059270

山庄秋色 王信作

沈阳 辽宁美术出版社 1987年 1张 76cm(2开)

定价: CNY0.26

中国现代年画作品。作者王信(1925—),画家。河北承德人。历任辽宁美术出版社专职画家、承德市群艺馆研究馆员、河北水彩画会名誉会长、河北省美协顾问。画作有《早雾》《原始森林》《深山情》《山家》等,出版有《王信水彩画选辑》《王信水彩选集》《王信水彩画专辑》等。

J0059271

赏花图 钱豫强,楼永年作

杭州 浙江人民美术出版社 1987年 1张

76cm(2开) 定价: CNY0.25

中国现代年画作品。作者楼永年(1940—),浙江萧山人。毕业于浙江美术学院工艺系。历任杭州印染厂花样设计,高级工艺美术师。代表作品《福宝寿禧》《四季平安》《福寿万年》《和合图》等。

J0059272

上海大观园 王宣明作

上海 上海人民美术出版社 1987年 1张

76cm(2开) 定价: CNY0.28

中国现代年画作品。

J0059273

上九天揽月 周洪生作

北京 人民美术出版社 1987年 1张 76cm(2开)

定价: CNY0.31

中国现代年画作品。

J0059274

少林寺——白无瑕大战秃鹰 朱嘉铭作

成都 四川美术出版社 1987年 1张 76cm(2开)

定价: CNY0.26

中国现代年画作品。

J0059275

少林俗家弟子 赵静东作

天津 天津人民美术出版社 1987年 1张

76cm(2开) 定价: CNY0.28

中国现代年画作品。

J0059276

深山鹤鸣 骆振龙作

杭州 浙江人民美术出版社 1987年 1张

76cm（2开）定价：CNY0.40

中国现代年画作品。作者骆振龙（1955— ），
浙江富阳人。毕业于中国美术学院油画系。中
国美协会员，著名画家，新四军书画院院长，
浙江美术出版社副社长、编审，绍兴文理学院
教授。

J0059277

神笔娃娃　刘树茂作

哈尔滨 黑龙江美术出版社 1987年 1张
76cm（2开）定价：CNY0.23

中国现代年画作品。

J0059278

神火将魏定国 圣水将单廷珪　侯文发作

武汉 湖北美术出版社 1987年 2张 76cm（2开）
定价：CNY0.52

中国现代年画作品。作者侯文发（1928— ），
曾用名剑萍。广东梅州人。毕业于中南美专。
中国书画家协会理事、中国国画家协会理事、广
东省美术家协会会员。主要作品有《工地探亲》
《宋湘》《三英战吕布》等。

J0059279

神童屏　成砺志作

哈尔滨 黑龙江美术出版社 1987年 2张
76cm（2开）定价：CNY0.50

中国现代年画作品。

J0059280

生在福中　王玉琦作

沈阳 辽宁美术出版社 1987年 1张 76cm（2开）
定价：CNY0.22

中国现代年画作品。作者王玉琦（1958— ），
旅美画家。生于河北清苑。毕业于天津美术学院。
中国美术家协会会员、中国油画家协会会员、北
美中国艺术家协会会员、加拿大肖像画家协会艺
术指导、美国肖像画家协会会员。出版有《中国
油画肖像百年》《中国油画五十年》《中国古典主
义油画》《王玉琦作品选》《王玉琦油画技法》等。

J0059281

胜利了　静茹，林惠珍作

北京 人民体育出版社 1987年 1张 76cm（2开）
定价：CNY0.30

中国现代年画作品。

J0059282

诗情画意　张国良作

杭州 浙江人民美术出版社 1987年 2张
76cm（2开）

中国现代年画作品。

J0059283

十二生肖屏　那启明作

上海 上海人民美术出版社 1987年 1张
76cm（2开）定价：CNY0.58

中国现代年画作品。

J0059284

十三妹　（蒙汉对照）于晓玲，李学勤作

呼和浩特 内蒙古人民出版社 1987年 1张
76cm（2开）定价：CNY0.25

中国现代年画作品。

J0059285

十五的月亮　王新滨，曹淑勤作

沈阳 辽宁美术出版社 1987年 1张
107cm（全开）定价：CNY0.56

中国现代年画作品。

J0059286

十五的月亮　汪苗作

杭州 西泠印社 1987年 1张 76cm（2开）
定价：CNY0.25

中国现代年画作品。

J0059287

实现四化　孙洪发作；徐炽书

沈阳 辽宁美术出版社 1987年 1张 76cm（2开）
定价：CNY0.35

中国现代年画作品。

J0059288

事茗图　李文奎烙

赤峰 内蒙古科学技术出版社 1987年
1轴（卷轴）107cm（全开）定价：CNY1.70

中国现代年画作品。

J0059289
事事如意　宗万华作
天津 天津人民美术出版社 1987 年 1 张
76cm（2 开）定价：CNY0.28
　　中国现代年画作品。

J0059290
事事如意；岁岁平安　陈英作
杭州 浙江人民美术出版社 1987 年 2 张
76cm（2 开）定价：CNY0.50
　　中国现代年画作品。

J0059291
首都风光屏　（1—4）王兴华作
沈阳 辽宁美术出版社 1987 年 2 张 76cm（2 开）
定价：CNY0.56
　　中国现代年画作品。

J0059292
寿　李用夫作
南京 江苏美术出版社 1987 年 1 张 76cm（2 开）
定价：CNY0.28
　　中国现代年画作品。

J0059293
寿　李用夫作
南京 江苏美术出版社 1987 年 1 轴（卷轴）
附对联 1 副 107cm（全开）定价：CNY3.80
　　中国现代年画作品。

J0059294
寿　楼永年作
上海 上海人民美术出版社 1987 年 1 张
107cm（全开）定价：CNY0.58
　　中国现代年画作品。作者楼永年（1940— ），
浙江萧山人，毕业于浙江美术学院工艺系。历任
杭州印染厂花样设计，高级工艺美术师。代表作
品有《福宝寿禧》《四季平安》《福寿万年》《和合
图》等。

J0059295
寿比南山　成砺志作
南京 江苏美术出版社 1987 年 1 张 76cm（2 开）
定价：CNY0.28
　　中国现代年画作品。

J0059296
寿比南山　张瑞恒作
天津 天津人民美术出版社 1987 年 1 轴（卷轴）
附对联 1 副 107cm（全开）定价：CNY2.65
　　中国现代年画作品。

J0059297
寿比青山水长流　楼永年作
长沙 湖南美术出版社 1987 年 1 轴（卷轴）
附对联 1 副 107cm（全开）定价：CNY4.40
　　中国现代年画作品。作者楼永年（1940— ），
浙江萧山人。毕业于浙江美术学院工艺系。杭
州印染厂花样设计，高级工艺美术师。代表作
品《福宝寿禧》《四季平安》《福寿万年》《和合
图》等。

J0059298
寿星图　林伟新摄
杭州 西湖摄影艺术出版社 1987 年 1 张
107cm（全开）定价：CNY1.40
　　年画形式的中国现代摄影作品。

J0059299
寿星图　林伟星摄
杭州 西湖摄影艺术出版社 1987 年 1 张
76cm（2 开）定价：CNY0.24
　　年画形式的中国现代摄影作品。

J0059300
寿星图　朱介堂作
杭州 西泠印社 1987 年 1 张 107cm（全开）
定价：CNY1.00
　　中国现代年画作品。

J0059301
寿星图　朱介堂作
杭州 西泠印社 1987 年 1 张 76cm（2 开）
定价：CNY0.25
　　中国现代年画作品。

J0059302
书法唐诗四首　谭以文作
南京 江苏古籍出版社 1987 年 4 轴（卷轴）
76cm（2 开）定价：CNY4.10
　　中国现代年画作品。

J0059303

叔叔快照吧 （蒙汉对照）陆福喜作

呼和浩特 内蒙古人民出版社 1987 年 1 张

76cm（2 开）定价：CNY0.25

中国现代年画作品。

J0059304

梳妆图 （蒙汉对照）于振波作

呼和浩特 内蒙古人民出版社 1987 年 1 张

76cm（2 开）定价：CNY0.25

中国现代年画作品。

J0059305

蜀汉五虎将 邓敦伟作

南宁 广西人民出版社 1987 年 1 张 76cm（2 开）

定价：CNY0.29

中国现代年画作品。

J0059306

耍金龙年年如意 （蒙汉对照）徐秀芬作

呼和浩特 内蒙古人民出版社 1987 年 1 张

76cm（2 开）定价：CNY0.25

中国现代年画作品。

J0059307

双鞭双枪 孙伯礼作

郑州 河南美术出版社 1987 年 1 张 76cm（2 开）

定价：CNY0.28

中国现代年画作品。

J0059308

双凤贺喜 顾国治作

天津 天津人民美术出版社 1987 年 1 张

76cm（2 开）定价：CNY0.36

中国现代年画作品。

J0059309

双钩对刀剑 竹均琪作

北京 人民体育出版社 1987 年 1 张 76cm（2 开）

定价：CNY0.30

中国现代年画作品。

J0059310

双将图 陈琦作

昆明 云南人民出版社 1987 年 1 张 76cm（2 开）

定价：CNY0.25

中国现代年画作品。

J0059311

双将图 陈琦作

昆明 云南人民出版社 1987 年 1 张 53cm（4 开）

定价：CNY0.15

中国现代年画作品。

J0059312

双龙戏珠 徐能海作

杭州 浙江人民美术出版社 1987 年 1 张

76cm（2 开）定价：CNY0.25

中国现代年画作品。

J0059313

双猫图 刘志斌，刘佩珩作

长春 吉林美术出版社 1987 年 1 张 76cm（2 开）

定价：CNY0.24

中国现代年画作品。

J0059314

双猫图 史士明作

成都 四川美术出版社 1987 年 1 张 76cm（2 开）

定价：CNY0.26

中国现代年画作品。

J0059315

双鹊戏水 于锦声作

上海 上海书画出版社 1987 年 1 张 76cm（2 开）

定价：CNY0.28

中国现代年画作品。

J0059316

双喜临门 杜炳申作

石家庄 河北美术出版社 1987 年 1 张

76cm（2 开）定价：CNY0.40

中国现代年画作品。

J0059317

双喜临门 黄萃作

杭州 西泠印社 1987 年 1 轴（卷轴）

107cm（全开）定价：CNY1.60

中国现代年画作品。

J0059318

双喜临门　黄萃作

杭州 西泠印社 1987 年 1 张 76cm（2 开）

定价：CNY0.25

　　中国现代年画作品。

J0059319

双喜鸳鸯　潘志鸿作

成都 四川美术出版社 1987 年 1 张 76cm（2 开）

定价：CNY0.26

　　中国现代年画作品。

J0059320

双鹰图　林振声作

沈阳 辽宁美术出版社 1987 年 1 张 76cm（2 开）

定价：CNY0.22

　　中国现代年画作品。

J0059321

双鱼飞跃迎朝阳　徐飞鸿，陆庭作

天津 天津人民美术出版社 1987 年 1 张

76cm（2 开）定价：CNY0.28

　　中国现代年画作品。

J0059322

霜叶红于二月花　杜巽作

上海 上海书画出版社 1987 年 1 张 76cm（2 开）

定价：CNY0.28

　　中国现代年画作品。

J0059323

水泊梁山大聚义　肖晓，立奎作

天津 天津人民美术出版社 1987 年 1 张

107cm（全开）定价：CNY0.55

　　中国现代年画作品。

J0059324

水浒传　启民，景浩作

沈阳 辽宁美术出版社 1987 年 1 张

107cm（全开）定价：CNY0.56

　　中国现代年画作品。

J0059325

水浒人物　刘生展作

石家庄 河北美术出版社 1987 年 2 张

76cm（2 开）定价：CNY0.54

　　中国现代年画作品。

J0059326

水擒庞德　孙文光作

重庆 重庆出版社 1987 年 1 张 76cm（2 开）

定价：CNY0.28

　　中国现代年画作品。

J0059327

四大名楼　江枫作

石家庄 河北美术出版社 1987 年 2 张

76cm（2 开）定价：CNY0.54

　　中国现代年画作品。作者江枫（1942—　　），
画家。生于上海，祖籍江苏常州。毕业于浙江
美术学院中国画系。曾为河北省美术工作室和
群众艺术馆工作人员，河北画院副院长、研究馆
员，兼任河北省山水画研究会副会长、中国美术
家协会会员。主要作品有《滨海旭日》《青山自
负无尘色》《巴山晨雾》等。

J0059328

四大天王　刘德能作

郑州 河南美术出版社 1987 年 1 张 76cm（2 开）

定价：CNY0.28

　　中国现代年画作品。

J0059329

四大天王　刘德能作

郑州 河南美术出版社 1987 年 1 张 53cm（4 开）

定价：CNY0.14

　　中国现代年画作品。

J0059330

四大天王　侯荣作

重庆 重庆出版社 1987 年 1 张 76cm（2 开）

定价：CNY0.28

　　中国现代年画作品。

J0059331

四季保平安　王法堂作

南宁 广西人民出版社 1987 年 1 张 76cm（2 开）

定价：CNY0.29

　　中国现代年画作品。

J0059332
四季常青 （1—4）刘新华作
天津 天津人民美术出版社 1987 年 4 轴(卷轴)
76cm(2 开) 定价: CNY2.30
　　中国现代年画作品。

J0059333
四季翠竹通景　谈绮芬作
南京 江苏美术出版社 1987 年 4 轴(卷轴)
76cm(2 开) 定价: CNY3.50
　　中国现代年画作品。

J0059334
四季芬芳 （1—4）宫兴福作
沈阳 辽宁美术出版社 1987 年 2 张 76cm(2 开)
定价: CNY0.56
　　中国现代年画作品。作者宫兴福(1936—　),
教授。黑龙江密山人。毕业于鲁迅美术学院中
国画系, 后留校任教。作品有《豆花香》《听泉》
《天女木兰》, 发表论文有《图新·求美·思变》《意
念·意象·以形写神》等。

J0059335
四季花鸟 （1—4）郭西河作
沈阳 辽宁美术出版社 1987 年 2 张 76cm(2 开)
定价: CNY0.56
　　中国现代年画作品。作者郭西河(1917—
1995), 画家、教授。字伴云。浙江绍兴人。毕业
于北平艺术专科学校国画专业。中国美术家协
会会员、辽宁中国画研究会副会长、沈阳鲁迅美
术学院教授。作品有《月季花》《山里红》《百花
齐放》等。

J0059336
四季花鸟　牛忠于作
北京 人民美术出版社 1987 年 2 张 76cm(2 开)
定价: CNY0.66
　　中国现代年画作品。

J0059337
四季花鸟屏　李悌南作
上海 上海人民美术出版社 1987 年 2 张
76cm(2 开) 定价: CNY0.58
　　中国现代年画作品。

J0059338
四季花仙　王守信作
石家庄 河北美术出版社 1987 年 2 张
76cm(2 开) 定价: CNY0.54
　　中国现代年画作品。

J0059339
四季花仙　冯庆国作
成都 四川美术出版社 1987 年 2 张 76cm(2 开)
定价: CNY0.52
　　中国现代年画作品。

J0059340
四季花仙　竹均琪作
重庆 重庆出版社 1987 年 2 张 76cm(2 开)
定价: CNY0.56
　　中国现代年画作品。

J0059341
四季画屏　王克印作
南京 江苏美术出版社 1987 年 4 轴(卷轴)
76cm(2 开) 定价: CNY3.50
　　中国现代年画作品。

J0059342
四季欢舞 （1—4）童金贵作
沈阳 辽宁美术出版社 1987 年 1 张 76cm(2 开)
定价: CNY0.48
　　中国现代年画作品。

J0059343
四季欢喜　阎凤成作
上海 上海人民美术出版社 1987 年 1 张
76cm(2 开) 定价: CNY0.58
　　中国现代年画作品。

J0059344
四季金鱼屏 （1—4）顾国治作
上海 上海人民美术出版社 1987 年 2 张
107cm(全开) 定价: CNY1.16
　　中国现代年画作品。

J0059345
四季飘香 （1—4）苗占钧作
沈阳 辽宁美术出版社 1987 年 2 张 76cm(2 开)

定价：CNY0.56

中国现代年画作品。

J0059346

四季平安　刘启文作

石家庄 河北美术出版社 1987 年 1 张

76cm（2 开）定价：CNY0.25

中国现代年画作品。作者刘启文（1940—　），
国家一级美术师。原名刘起文。河北石家庄人，
祖籍保定。历任河北美协会员、石门画院院长。

J0059347

四季平安　（1—4）黄锡令作

沈阳 辽宁美术出版社 1987 年 2 张 76cm（2 开）

定价：CNY0.48

中国现代年画作品。

J0059348

四季平安　顾国治，戴德馨作

西安 陕西人民美术出版社 1987 年 2 张

76cm（2 开）定价：CNY0.60

中国现代年画作品。作者顾国治（1938—　），
画家。江苏太仓人。毕业于南京艺术学院美术系，
中国美术家协会会员、常州书画院画师。主要作
品有《秋实图》《幽境》《春满人间》等。作者戴
德馨（1942—　），江苏常州人。曾进修于南京艺
术学院。擅长国画。中国美术家协会会员。主
要作品有《猫蝶图》《福禄寿禧》《瑞雪》等。

J0059349

四季平安百年康乐　楼永年作

上海 上海人民美术出版社 1987 年 1 张

107cm（全开）定价：CNY0.58

中国现代年画作品。

J0059350

四季如春喜事多　孙公旭作

昆明 云南人民出版社 1987 年 1 张 76cm（2 开）

定价：CNY0.56

中国现代年画作品。

J0059351

四季山水　徐英槐作

杭州 浙江人民美术出版社 1987 年 4 张

［78cm］（2 开）定价：CNY0.90

中国现代年画作品。

J0059352

四季有余　丁洪辉作

长春 吉林美术出版社 1987 年 1 张 76cm（2 开）

定价：CNY0.26

中国现代年画作品。

J0059353

四季有余　刘林生作

上海 上海人民美术出版社 1987 年 2 张

76cm（2 开）定价：CNY0.58

中国现代年画作品。

J0059354

四君子　李泽民作

石家庄 河北美术出版社 1987 年 2 张

76cm（2 开）定价：CNY0.62

中国现代年画作品。

J0059355

四君子　陈增胜作

武汉 湖北美术出版社 1987 年 1 轴（卷轴）

附对联 1 副 107cm（全开）定价：CNY2.90

中国现代年画作品。作者陈增胜（1941—　），
山东招远县人。曾先后深造于天津美术学院、北
京画院。山东省美术家协会会员、山东省书画艺
术促进会理事、威海海洋画院画师。主要著作有
《怎样画猫》《陈增胜猫画选》《百猫谱》等。

J0059356

四君子珍禽图四屏　朱秀坤，戴惟祥作

上海 上海书画出版社 1987 年 4 张 76cm（2 开）

定价：CNY1.16

中国现代年画作品。

J0059357

四时和乐　牛忠元作

南宁 广西人民出版社 1987 年 2 版 2 张

76cm（2 开）定价：CNY0.58

中国现代年画作品。作者牛忠元（1955—　），
画家。河北霸州人。就读于河北师大美术系、中
国北京画院工笔花鸟研修班和中央美术学院。
中国画研究院著名工笔花鸟画专家。作品有《春
光似锦》《风韵》《戈壁早春》《版纳深处》等。

J0059358
四时吉庆 童金贵作
哈尔滨 黑龙江美术出版社 1987 年 2 张
76cm（2 开）定价：CNY0.50
中国现代年画作品。

J0059359
四喜临门 周洪生作
哈尔滨 黑龙江美术出版社 1987 年 2 张
76cm（2 开）定价：CNY0.50
中国现代年画作品。

J0059360
四喜图 柳忠福作
天津 天津人民美术出版社 1987 年 4 轴（卷轴）
76cm（2 开）定价：CNY2.30
中国现代年画作品。

J0059361
松柏长青 郑鹍作
上海 上海人民美术出版社 1987 年 1 张
76cm（2 开）定价：CNY0.28
中国现代年画作品。

J0059362
松风虎啸图 王辛大，丁茂鲁作
杭州 西泠印社 1987 年 1 张 76cm（2 开）
定价：CNY0.25
中国现代年画作品。

J0059363
松鹤 白铭作
沈阳 辽宁美术出版社 1987 年 1 张 76cm（2 开）
定价：CNY0.60
中国现代年画作品。。

J0059364
松鹤同春 杨树有作
长春 吉林美术出版社 1987 年 1 张 76cm（2 开）
定价：CNY0.26
中国现代年画作品。

J0059365
松鹤图 李敬仕作
北京 人民美术出版社［1987 年］1 轴（卷轴）

附对联 1 副 107cm（全开）定价：CNY2.50
中国现代年画作品。

J0059366
松鹤图 蔡传隆等作
杭州 浙江人民美术出版社 1987 年 1 张
107cm（全开）定价：CNY1.40
中国现代年画作品。

J0059367
松鹤图 洪世川作
杭州 浙江人民美术出版社 1987 年 1 张
76cm（2 开）定价：CNY0.40
中国现代年画作品。

J0059368
松鹤图 刘大春作
重庆 重庆出版社 1987 年 1 张 76cm（2 开）
定价：CNY0.64
中国现代年画作品。

J0059369
松鹤延年 溥佐作
石家庄 河北美术出版社 1987 年 1 轴
76cm（2 开）定价：CNY1.00
中国现代年画作品。

J0059370
松鹤延年 车来通作
北京 人民美术出版社 1987 年 1 张 76cm（2 开）
定价：CNY0.30
中国现代年画作品。

J0059371
松鹤延年 宗卫作
西安 陕西旅游出版社 1987 年 1 张 107cm（全开）
中国现代年画作品。

J0059372
松鹤延年 陈松崚作
杭州 浙江人民美术出版社 1987 年 1 轴（卷轴）
附对联 1 副 107cm（全开）定价：CNY3.80
中国现代年画作品。

J0059373
松鹤延年　吉庆有余　蔡传隆等作
杭州 浙江人民美术出版社［1987 年］1 轴（卷轴）
附对联 1 副 107cm（全开）定价：CNY3.50
　　中国现代年画作品。

J0059374
松鹤长春　蔡传隆等作
杭州 浙江人民美术出版社 1987 年 1 轴（卷轴）
附对联 1 副 107cm（全开）定价：CNY4.20
　　中国现代年画作品。

J0059375
松壑飞瀑图　王利华作
杭州 浙江人民美术出版社 1987 年 1 张
107cm（全开）定价：CNY0.95
　　中国现代年画作品。

J0059376
松壑双鹊　乔木作
上海 上海人民美术出版社 1987 年 1 张
76cm（2 开）定价：CNY0.28
　　中国现代年画作品。作者乔木（1920—2002），
教授。字大年。河北深县人。上海大学美术学
院教授、中国美术家协会会员。主要作品有《迎
春梅花》《彩霞迎春》《姹紫嫣红》等，著有《花
鸟画基础技法》《怎样画蔬果》等。

J0059377
松龄鹤寿　张温纯作
天津 天津人民美术出版社 1987 年 1 轴（卷轴）
附对联 1 副 107cm（全开）定价：CNY2.40
　　中国现代年画作品。

J0059378
松龄鹤寿　陈松林作
杭州 西泠印社 1987 年 1 张 107cm（全开）
定价：CNY1.00
　　中国现代年画作品。

J0059379
松龄鹤寿　陈松林作
杭州 西泠印社 1987 年 1 张 76cm（2 开）
定价：CNY0.25
　　中国现代年画作品。

J0059380
松龄鹤遐
杭州 浙江人民美术出版社［1987 年］1 轴（卷轴）
附对联 1 副 107cm（全开）定价：CNY2.90
　　中国现代年画作品。

J0059381
松瀑图　朱子容作
杭州 浙江人民美术出版社 1987 年 2 张
76cm（2 开）定价：CNY0.50
　　中国现代年画作品。

J0059382
松石千古秀　陈学璋作
杭州 西泠印社 1987 年 1 张 76cm（2 开）
定价：CNY0.25
　　中国现代年画作品。

J0059383
松下风云　李文奎烩
赤峰 内蒙古科学技术出版社 1987 年 1 轴（卷轴）
107cm（全开）定价：CNY2.30
　　中国现代年画作品。

J0059384
松鹰图　田亚洲作
北京 人民美术出版社 1987 年 1 张 76cm（2 开）
定价：CNY0.31
　　中国现代年画作品。

J0059385
松鹰图
上海 上海书画出版社［1987 年］1 轴（卷轴）
76cm（2 开）定价：CNY1.35
　　中国现代年画作品。

J0059386
松赞干布　文成公主　（汉藏对照）益西泽
仁作
成都 四川民族出版社 1987 年 1 张 76cm（2 开）
定价：CNY0.50
　　中国现代年画作品。

J0059387
松针鼠跃图　李文奎烩

赤峰 内蒙古科学技术出版社 1987 年 1 轴（卷轴）
107cm（全开）定价：CNY2.30
　　　中国现代年画作品。

J0059388
松竹梅　　周彦生作
广州 岭南美术出版社 1987 年 1 轴（卷轴）
附对联 1 副 107cm（全开）定价：CNY3.60
　　　中国现代年画作品。作者周彦生（1942—　），
画家、教授。河南人。毕业于广州美术学院中国
画系花鸟画科研究生班。广州美术学院教授、中
国美协会员、中国当代工笔画学会理事、广东美
协理事、广东画院特聘画家。代表作品有《满园
春色》《牡丹孔雀》等。

J0059389
嵩龄喜寿图　　梁晚年作
上海 上海书画出版社 1987 年 1 张 76cm（2 开）
定价：CNY0.28
　　　中国现代年画作品。

J0059390
嵩山少林寺　　陈辉光作
上海 上海书画出版社 1987 年 1 张 107cm（全开）
定价：CNY0.58
　　　中国现代年画作品。作者陈辉光（1939—　），
上海人。工艺美术师。

J0059391
送凤冠　　孟宪宝作
哈尔滨 黑龙江美术出版社 1987 年 1 张
76cm（2 开）定价：CNY0.23
　　　中国现代年画作品。

J0059392
送凤冠　　申同景作
长春 吉林美术出版社 1987 年 1 张 76cm（2 开）
定价：CNY0.26
　　　中国现代年画作品。

J0059393
送子观音　　姜长庚摄
长沙 湖南美术出版社 1987 年 1 张 76cm（2 开）
定价：CNY0.23
　　　中国现代摄影年画作品。作者姜长庚

（1945—　），摄影家。笔名肖疆等。中国摄影家
协会会员。

J0059394
送子图　　华三川作
南昌 江西人民出版社［1987 年］1 张 76cm（2 开）
定价：CNY0.23
　　　中国现代年画作品。

J0059395
苏小妹三难新郎　　樊怀章作
成都 四川美术出版社 1987 年 1 张 76cm（2 开）
定价：CNY0.26
　　　中国现代年画作品。

J0059396
隋唐武将　（尉迟恭　秦叔宝）邓敦伟作
南宁 广西人民出版社 1987 年 1 张 53cm（4 开）
定价：CNY0.16
　　　中国现代年画作品。

J0059397
岁岁康乐　　阎凤成作
长春 吉林美术出版社 1987 年 1 张 76cm（2 开）
定价：CNY0.26
　　　中国现代年画作品。

J0059398
岁岁平安　　宗万华作
天津 天津人民美术出版社 1987 年 1 张
76cm（2 开）定价：CNY0.28
　　　中国现代年画作品。

J0059399
岁岁如意　　刘宝贵作
沈阳 辽宁美术出版社 1987 年 1 张 76cm（2 开）
定价：CNY0.22
　　　中国现代年画作品。

J0059400
岁岁增福　　秦永春作
沈阳 辽宁美术出版社 1987 年 1 张 76cm（2 开）
定价：CNY0.22
　　　中国现代年画作品。

J0059401
孙大圣蓬莱遇三仙　朱成标作
杭州 西泠印社 1987 年 1 张 76cm（2 开）
定价：CNY0.25
　　中国现代年画作品。

J0059402
孙悟空大闹龙宫　海天作
长沙 湖南美术出版社 1987 年 1 张 76cm（2 开）
定价：CNY0.23
　　中国现代年画作品。

J0059403
孙悟空大战二郎神　朱介堂作
杭州 浙江人民美术出版社 1987 年 1 张
76cm（2 开）定价：CNY0.25
　　中国现代年画作品。

J0059404
孙中山与宋庆龄　高国强，李世恩作
上海 上海人民美术出版社 1987 年 1 张
76cm（2 开）定价：CNY0.28
　　中国现代年画作品。

J0059405
太湖风光　金家翔作
北京 人民美术出版社 1987 年 1 张 76cm（2 开）
定价：CNY0.31
　　中国现代年画作品。

J0059406
太空飞行器　方永生作
成都 四川美术出版社 1987 年 1 张 76cm（2 开）
定价：CNY0.26
　　中国现代年画作品。

J0059407
太空世界　司马连义作
上海 上海人民美术出版社 1987 年 1 张
76cm（2 开）定价：CNY0.28
　　中国现代年画作品。

J0059408
唐明皇与杨贵妃　张振华作
沈阳 辽宁美术出版社 1987 年 1 张

107cm（全开）定价：CNY0.56
　　中国现代年画作品。作者张振华，江苏省徐
州市人。毕业南京艺术学院中国画专业，留校任
教，教授中国画。作品有《冬树》《冬景》。

J0059409
唐人诗意图　徐英槐作
杭州 浙江人民美术出版社 1987 年 4 张
76cm（2 开）定价：CNY1.00
　　中国现代年画作品。

J0059410
唐人诗意图
杭州 浙江人民美术出版社 1987 年 4 轴（卷轴）
76cm（2 开）定价：CNY4.80
　　中国现代年画作品。

J0059411
桃李芬芳　朱淑媛，李林祥作
沈阳 辽宁美术出版社 1987 年 1 张 76cm（2 开）
定价：CNY0.22
　　中国现代年画作品。

J0059412
桃园三结义　张瑞恒作
天津 天津人民美术出版社 1987 年 1 轴（卷轴）
附对联 1 副 107cm（全开）定价：CNY2.65
　　中国现代年画作品。

J0059413
滕王事　赵映宝作
重庆 重庆出版社 1987 年 1 张 76cm（2 开）
定价：CNY0.28
　　中国现代年画作品。

J0059414
体坛名将　徐成智作
北京 人民美术出版社 1987 年 2 张 76cm（2 开）
定价：CNY0.66
　　中国现代年画作品。

J0059415
体智德美育新苗　静菇，惠珍作
沈阳 辽宁美术出版社 1987 年 1 张 76cm（2 开）
定价：CNY0.48

中国现代年画作品。

J0059416
天兵门神　陈介璞作
上海 上海书画出版社 1987 年 1 张 53cm（4 开）
定价：CNY0.14
　　中国现代年画作品。

J0059417
天女散花　李秉芳作
上海 上海人民美术出版社 1987 年 1 张
76cm（2 开）定价：CNY0.28
　　中国现代年画作品。

J0059418
天神大将　斯华作
上海 上海书画出版社 1987 年 1 张 76cm（2 开）
定价：CNY0.28
　　中国现代年画作品。

J0059419
天仙配　李增吉作
成都 四川美术出版社 1987 年 1 张 76cm（2 开）
定价：CNY0.26
　　中国现代年画作品。

J0059420
铜锤换御带　蜀舟作
郑州 河南美术出版社 1987 年 1 张 53cm（4 开）
定价：CNY0.14
　　中国现代年画作品。

J0059421
铜锤换御带　（赵匡胤　杨滚）蜀舟作
郑州 河南美术出版社 1987 年 1 张 76cm（2 开）
定价：CNY0.28
　　中国现代年画作品。

J0059422
团圆酒　朱成标作
杭州 浙江人民美术出版社 1987 年 1 张
76cm（2 开）定价：CNY0.25
　　中国现代年画作品。

J0059423
托塔天王赵公元帅　侯文发作
南宁 广西人民出版社 1987 年 1 张 53cm（4 开）
定价：CNY0.16
　　中国现代年画作品。作者侯文发（1928—　　），
曾用名剑萍。广东梅州人。毕业于中南美专。
中国书画家协会理事、中国国画家协会理事、广
东省美术家协会会员。主要作品有《工地探亲》
《宋湘》《三英战吕布》等。

J0059424
托塔天王李靖　二郎神杨戬　陈致信作
重庆 重庆出版社 1987 年 1 张 76cm（2 开）
定价：CNY0.28
　　中国现代年画作品。

J0059425
娃娃接福　姚玉成作
哈尔滨 黑龙江美术出版社 1987 年 1 张
76cm（2 开）定价：CNY0.23
　　中国现代年画作品。

J0059426
娃娃戏——龙虎斗　赵孟林作
上海 上海人民美术出版社 1987 年 1 张
76cm（2 开）定价：CNY0.28
　　中国现代年画作品。

J0059427
娃娃戏——西游记　（蒙汉对照）史名岫作
呼和浩特 内蒙古人民出版社 1987 年 1 张
76cm（2 开）定价：CNY0.25
　　中国现代年画作品。

J0059428
娃娃献寿　姚玉成作
哈尔滨 黑龙江美术出版社 1987 年 1 张
76cm（2 开）定价：CNY0.23
　　中国现代年画作品。

J0059429
瓦岗英雄　金彦平，张雅君作
天津 天津人民美术出版社 1987 年 1 张
76cm（2 开）定价：CNY0.32
　　中国现代年画作品。

J0059430

万水千山总是情　金美华作

天津 天津人民美术出版社 1987 年 2 张

76cm（2 开）定价：CNY0.60

　　中国现代年画作品。

J0059431

万象更新　严兴华作

成都 四川美术出版社 1987 年 1 张 76cm（2 开）

定价：CNY0.26

　　中国现代年画作品。

J0059432

万象更新庆有余　季阳作

杭州 西泠印社 1987 年 1 张 76cm（2 开）

定价：CNY0.25

　　中国现代年画作品。作者季阳（1941— ），
画家。上海人。毕业于浙江美术学院版画系。
曾任职于浙北报社、嘉兴地区电影公司、浙江省
电影公司。中国美术学院视传设计系研究生教
研室主任。作品有版画《忧》《啊，瑞雪》，招贴
画《听从祖国召唤》《胭脂》等，出版有《电影宣
传》《平面广告艺术》《编排艺术》等。

J0059433

王贵吉青　金燕平，张雅君作

重庆 重庆出版社 1987 年 1 张 76cm（2 开）

定价：CNY0.28

　　中国现代年画作品。

J0059434

威镇邪魔　魏志刚作

郑州 河南美术出版社 1987 年 1 张 53cm（4 开）

定价：CNY0.14

　　中国现代年画作品。

J0059435

卫青　霍去病　邹典佐作

郑州 河南美术出版社 1987 年 1 张 76cm（2 开）

定价：CNY0.28

　　中国现代年画作品。

J0059436

卫青　霍去病　邹典佐作

郑州 河南美术出版社 1987 年 1 张 53cm（4 开）

定价：CNY0.14

　　中国现代年画作品。

J0059437

尉迟恭　张锡武作

昆明 云南人民出版社 1987 年 1 张 53cm（4 开）

定价：CNY0.15

　　中国现代年画作品。

J0059438

尉迟恭　秦叔宝　马也作

南宁 广西人民出版社 1987 年 1 张 76cm（2 开）

定价：CNY0.31

　　中国现代年画作品。

J0059439

尉迟恭　秦叔宝　左汉中作

长沙 湖南美术出版社 1987 年 1 张 76cm（2 开）

定价：CNY0.23

　　中国现代年画作品。作者左汉中（1947— ），
湖南双峰人。湖南美术出版社年画编辑室主任、
中国美术家协会会员、中国民间美术学会会员、
中国民俗学会会员。

J0059440

文明之花处处开　彭海清作

成都 四川美术出版社 1987 年 1 张 76cm（2 开）

定价：CNY0.26

　　中国现代年画作品。

J0059441

我爱祖国　陈英作

太原 山西人民出版社 1987 年 1 张 76cm（2 开）

定价：CNY0.26

　　中国现代年画作品。

J0059442

我家鱼儿肥又大　陈振新作

北京 人民美术出版社 1987 年 1 张 76cm（2 开）

定价：CNY0.31

　　中国现代年画作品。

J0059443

我们热爱和平　杨文义，沈家琳作

上海 上海书画出版社 1987 年 1 张 76cm（2 开）

定价：CNY0.28

　　中国现代年画作品。

J0059444

我也光荣　安茂让作

上海　上海人民美术出版社　1987 年　1 张
76cm（2 开）定价：CNY0.28

　　中国现代年画作品。

J0059445

巫山神女　雷文彬作

成都　四川美术出版社　1987 年　1 张　76cm（2 开）
定价：CNY0.26

　　中国现代年画作品。

J0059446

吴汉姚期

郑州　河南美术出版社　1987 年　1 张　76cm（2 开）
定价：CNY0.28

　　中国现代年画作品。

J0059447

五福临门　安杰作

长春　吉林美术出版社　1987 年　1 张　76cm（2 开）
定价：CNY0.52

　　中国现代年画作品。

J0059448

五谷丰登万户喜　李冰作

天津　天津人民美术出版社　1987 年　1 张
76cm（2 开）定价：CNY0.28

　　中国现代年画作品。

J0059449

五湖四海有余　石川，君文作

重庆　重庆出版社　1987 年　1 张　76cm（2 开）
定价：CNY0.88

　　中国现代年画作品。

J0059450

五业兴旺娃娃壮　罗玉红作

石家庄　河北美术出版社　1987 年　2 张
76cm（2 开）定价：CNY0.54

　　中国现代年画作品。

J0059451

武将　钟文斌作

武汉　湖北美术出版社　1987 年　2 张　76cm（2 开）
定价：CNY0.52

　　中国现代年画作品。作者钟文斌（1943—　），
画家。笔名文石。江西新余市人。毕业于江西
文化艺术学院美术系。中国美术家协会会员、中
国艺术研究院艺术市场研究中心特聘书画师、江
西省书画院特聘画家、江西美术出版社副编审。

J0059452

武将　潘培德作

成都　四川美术出版社　1987 年　1 张　76cm（2 开）
定价：CNY0.28

　　中国现代年画作品。

J0059453

武将　林维东作

昆明　云南人民出版社　1987 年　1 张　76cm（2 开）
定价：CNY0.25

　　中国现代年画作品。

J0059454

武将　谭述乐作

重庆　重庆出版社　1987 年　1 张　76cm（2 开）
定价：CNY0.28

　　中国现代年画作品。

J0059455

武将门神　刘正作

上海　上海书画出版社　1987 年　1 张　76cm（2 开）
定价：CNY0.28

　　中国现代年画作品。作者刘正（1949—　），
女，编辑。天津人。毕业于天津美术学院绘画
系。天津人民美术出版社编审、中国美术家协会
会员、中国工笔画学会会员、中国刘奎龄艺术研
究院研究员、天津市美术家协会会员。代表作品
有《中国织绣服饰全集》《幸福花开》《庄户剧团》
《十二月花神》《春到西花厅》等。

J0059456

武林名山　顾天一，华峻山作

南京　江苏美术出版社　1987 年　4 轴（卷轴）
76cm（2 开）定价：CNY3.20

　　中国现代年画作品。

J0059457

武林三姐妹　郑坚石编

天津 天津人民美术出版社 1987 年 1 张

76cm（2 开）定价：CNY0.28

　　中国现代年画作品。

J0059458

西湖风光　南行作

郑州 河南美术出版社 1987 年 1 张 76cm（2 开）

定价：CNY0.70

　　中国现代年画作品。

J0059459

西湖月夜　舟彤作

南京 江苏美术出版社 1987 年 1 张 76cm（2 开）

定价：CNY0.28

　　中国现代年画作品。

J0059460

西施　（蒙汉对照）徐秀芬作

呼和浩特 内蒙古人民出版社 1987 年 1 张

76cm（2 开）定价：CNY0.25

　　中国现代年画作品。

J0059461

西施赏月　高景波作

哈尔滨 黑龙江美术出版社 1987 年 1 张

76cm（2 开）定价：CNY0.23

　　中国现代年画作品。

J0059462

西游记　（女儿国）刘大健摄

南京 江苏美术出版社 1987 年 2 张 76cm（2 开）

定价：CNY0.60

　　中国现代年画作品。

J0059463

西游记　（智取黄袍怪）刘大健摄

南京 江苏美术出版社 1987 年 2 张 76cm（2 开）

定价：CNY0.60

　　中国现代年画作品。

J0059464

西游记　（智取黄袍怪）刘大健摄

南京 江苏美术出版社 1987 年 4 张 76cm（2 开）

定价：CNY1.30

　　中国现代年画作品。

J0059465

西游记　费长富，辛宽良作

沈阳 辽宁美术出版社 1987 年 1 张

107cm（全开）定价：CNY0.56

　　中国现代年画作品。

J0059466

西游记　刘大健，高盛奎作

杭州 浙江人民美术出版社 1987 年 1 张

76cm（2 开）定价：CNY0.25

　　中国现代年画作品。

J0059467

西游记　徐能海作

杭州 浙江人民美术出版社 1987 年 2 张

76cm（2 开）定价：CNY0.50

　　中国现代年画作品。

J0059468

希望　程国英作

成都 四川美术出版社 1987 年 1 张 76cm（2 开）

定价：CNY0.26

　　中国现代年画作品。程国英（1922—1967），
黑龙江哈尔滨人。别名程果。毕业于中央美术
学院。擅长油画、水彩画。曾任清华大学土建系
教师。作品有《南京古鸡鸣寺》《井冈山风暴》《土
地革命时的赤卫队》等。

J0059469

喜

长沙 湖南美术出版社［1987 年］1 轴（卷轴）

附对联 1 副 107cm（全开）

　　中国现代年画作品。

J0059470

喜报富裕年　杨馥如作

西安 陕西人民美术出版社 1987 年 1 张

76cm（2 开）定价：CNY0.27

　　中国现代年画作品。

J0059471

喜春图　建本作

沈阳 辽宁美术出版社 1987 年 1 张 76cm（2 开）
定价：CNY0.22
　　中国现代年画作品。

J0059472
喜钓金鱼　朱凤岐作
北京 人民体育出版社 1987 年 1 张 76cm（2 开）
定价：CNY0.30
　　中国现代年画作品。

J0059473
喜读西厢　竹均琪作
重庆 重庆出版社 1987 年 1 张 76cm（2 开）
定价：CNY0.28
　　中国现代年画作品。

J0059474
喜结良缘　孙公照作
济南 山东美术出版社 1987 年 1 张 76cm（2 开）
定价：CNY0.27
　　中国现代年画作品。

J0059475
喜结良缘　王辛大作
杭州 西泠印社 1987 年 1 轴（卷轴）
107cm（全开）定价：CNY1.00
　　中国现代年画作品。

J0059476
喜结良缘　季阳作
杭州 浙江人民美术出版社 1987 年 1 张
76cm（2 开）定价：CNY0.25
　　中国现代年画作品。作者季阳（1941—　），
画家。上海人。毕业于浙江美术学院版画系。
曾任职于浙北报社、嘉兴地区电影公司、浙江省
电影公司。中国美术学院视传设计系研究生教
研室主任。作品有版画《忧》《啊，瑞雪》，招贴
画《听从祖国召唤》《胭脂》等，出版有《电影宣
传》《平面广告艺术》《编排艺术》等。

J0059477
喜看人间　陈英，陈明作
昆明 云南人民出版社 1987 年 1 张 76cm（2 开）
定价：CNY0.25
　　中国现代年画作品。

J0059478
喜录我家金鸡唱　（蒙汉对照）李喜春作
呼和浩特 内蒙古人民出版社 1987 年 1 张
76cm（2 开）定价：CNY0.25
　　中国现代年画作品。

J0059479
喜气满堂　杨维华作
沈阳 辽宁美术出版社 1987 年 1 张 76cm（2 开）
定价：CNY0.22
　　中国现代年画作品。

J0059480
喜气洋洋福满门　马云桥作
沈阳 辽宁美术出版社 1987 年 1 张 76cm（2 开）
定价：CNY0.22
　　中国现代年画作品。

J0059481
喜庆高寿　李慕白画
北京 中国戏剧出版社 1987 年 1 张 76cm（2 开）
定价：CNY0.26
　　中国现代年画作品。

J0059482
喜庆龙年　陈菊仙作
上海 上海人民美术出版社 1987 年 1 张
76cm（2 开）定价：CNY0.28
　　中国现代年画作品。

J0059483
喜庆有余　张敏杰作
石家庄 河北美术出版社 1987 年 2 张
76cm（2 开）定价：CNY0.62
　　中国现代年画作品。

J0059484
喜庆有余　吴述宝作
哈尔滨 黑龙江美术出版社 1987 年 1 张
76cm（2 开）定价：CNY0.23
　　中国现代年画作品。

J0059485
喜庆有余　张叙，赵长安作
西安 陕西人民美术出版社 1987 年 1 张

76cm（2开）定价：CNY0.27
　　中国现代年画作品。

J0059486
喜盈门福满堂　　苗永华作
昆明 云南人民出版社 1987年 1张 76cm（2开）
定价：CNY0.25
　　中国现代年画作品。作者苗永华（1960—　　），
画家。山东省诸城市人。毕业于山东经济学院。
历任中国书画家协会会员、山东省美术家协会
会员、潍坊美术家协会理事、诸城市书法美术协
会副主席。代表作品有国画《晨》《山区新貌》《福
寿多余图》等。

J0059487
喜摘仙桃　　陈明，陈英作
成都 四川美术出版社 1987年 1张 76cm（2开）
定价：CNY0.26
　　中国现代年画作品。

J0059488
戏彩凤岁岁吉祥　　（蒙汉对照）徐秀芬作
呼和浩特 内蒙古人民出版社 1987年 1张
76cm（2开）定价：CNY0.25
　　中国现代年画作品。

J0059489
戏金龙　　（蒙汉对照）阎占福作
呼和浩特 内蒙古人民出版社 1987年 1张
76cm（2开）定价：CNY0.25
　　中国现代年画作品。

J0059490
戏曲集锦　　李慕白，金雪尘作
上海 上海人民美术出版社 1987年 2张
76cm（2开）定价：CNY0.58
　　中国现代年画作品。

J0059491
戏曲人物　　金海波作
武汉 湖北美术出版社 1987年 1张 76cm（2开）
定价：CNY0.26
　　中国现代年画作品。

J0059492
侠女十三妹　　釜丹作
天津 天津人民美术出版社 1987年 1张
76cm（2开）定价：CNY0.28
　　中国现代年画作品。

J0059493
下五洋探宝　　周洪生作
北京 人民美术出版社 1987年 1张 76cm（2开）
定价：CNY0.31
　　中国现代年画作品。

J0059494
仙鹤四季　　邓文欣作
长春 吉林美术出版社 1987年 2张 76cm（2开）
定价：CNY0.52
　　中国现代年画作品。

J0059495
仙山楼阁图　　陈德华，蒋汉中作
上海 上海书画出版社 1987年 1张 76cm（2开）
定价：CNY0.28
　　中国现代年画作品。

J0059496
仙山琼阁　　邢树荃作
石家庄 河北美术出版社 1987年 1张
76cm（2开）定价：CNY0.40
　　中国现代年画作品。

J0059497
鲜花献英雄　　李振亚作
长春 吉林美术出版社 1987年 1张 76cm（2开）
定价：CNY0.26
　　中国现代年画作品。

J0059498
鲜花献英雄　　谌学诗作
北京 人民美术出版社 1987年 1张 76cm（2开）
定价：CNY0.31
　　中国现代年画作品。作者谌学诗（1942—　　），
江西人。江西省美术家协会会员。曾从事美术
设计、美术编辑等工作。多幅作品为人民美术出
版社、上海美术出版社等出版发行。

J0059499
鲜花献英雄　季阳作
杭州　西泠印社 1987 年 1 张 76cm（2 开）
定价：CNY0.25
　　中国现代年画作品。

J0059500
献寿图　申申作
沈阳　辽宁美术出版社 1987 年 1 轴（卷轴）
107cm（全开）定价：CNY1.40
　　中国现代年画作品。

J0059501
献寿图　申申作
沈阳　辽宁美术出版社 1987 年 1 张 76cm（2 开）
定价：CNY0.22
　　中国现代年画作品。

J0059502
献寿图　赵殿玉作
济南　山东美术出版社 1987 年 1 张 76cm（2 开）
定价：CNY0.27
　　中国现代年画作品。

J0059503
献寿图　顾青蛟作
上海　上海书画出版社［1987 年］1 轴（卷轴）
附对联 1 副 107cm（全开）定价：CNY3.30
　　中国现代年画作品。作者顾青蛟（1948—　），
江苏苏州人。毕业于苏州工艺美术学院。中国
美术家协会会员、江苏省花鸟画研究会副会长、
江苏省中国画学会理事、无锡花鸟画研究会会
长、无锡市政协书画社顾问、无锡市美术家协会
艺术顾问、无锡市书画院国家一级美术师。代表
作品《丝绸之路》《动物通景》《江南桑帛情》等。

J0059504
向亲人汇报　林成翰作
北京　人民美术出版社 1987 年 1 张 76cm（2 开）
定价：CNY0.31
　　中国现代年画作品。

J0059505
潇湘黛玉　高景波作
上海　上海人民美术出版社 1987 年 1 张

76cm（2 开）定价：CNY0.28
　　中国现代年画作品。

J0059506
小动物四条屏　米春茂作
重庆　重庆出版社 1987 年 2 张 76cm（2 开）
定价：CNY0.56
　　中国现代年画作品。

J0059507
小狗滚球　史士明作
上海　上海人民美术出版社 1987 年 1 张
76cm（2 开）定价：CNY0.28
　　中国现代年画作品。

J0059508
小冠军　（蒙汉对照）郑通贵作
呼和浩特　内蒙古人民出版社 1987 年 1 张
76cm（2 开）定价：CNY0.25
　　中国现代年画作品。

J0059509
小海军　陈宝万作
西安　陕西人民美术出版社 1987 年 1 张
76cm（2 开）定价：CNY0.27
　　中国现代年画作品。

J0059510
小火箭　丁洪辉作
石家庄　河北美术出版社 1987 年 1 张
76cm（2 开）定价：CNY0.30
　　中国现代年画作品。

J0059511
小将裴元庆　（1—4）秀时，羊牧作；屾石
编文
沈阳　辽宁美术出版社 1987 年 2 张 76cm（2 开）
定价：CNY0.48
　　中国现代年画作品。

J0059512
小两口观灯　童金贵作
北京　人民美术出版社 1987 年 1 张 76cm（2 开）
定价：CNY0.31
　　中国现代年画作品。

J0059513
小猫鲜果屏 薛长山作
哈尔滨 黑龙江美术出版社 1987 年 2 张
76cm（2 开）定价：CNY0.50
　　中国现代年画作品。

J0059514
小娃娃 吴性清作
上海 上海书画出版社 1987 年 1 张 76cm（2 开）
定价：CNY0.28
　　中国现代年画作品。

J0059515
小悟空 陈宝万作
上海 上海人民美术出版社 1987 年 1 张
76cm（2 开）定价：CNY0.28
　　中国现代年画作品。

J0059516
小小航模家 陈金万作
上海 上海书画出版社 1987 年 1 张 76cm（2 开）
定价：CNY0.28
　　中国现代年画作品。

J0059517
小小侦察员 （蒙汉对照）陈宝万作
呼和浩特 内蒙古人民出版社 1987 年 1 张
76cm（2 开）定价：CNY0.25
　　中国现代年画作品。

J0059518
小谢
北京 中国电影出版社 ［1987 年］1 张
76cm（2 开）定价：CNY0.28
　　中国现代年画作品。

J0059519
心心相印 （蒙汉对照）化金莲作
呼和浩特 内蒙古人民出版社 1987 年 1 张
76cm（2 开）定价：CNY0.25
　　中国现代年画作品。作者化金莲（1952—　），
内蒙古固阳人。毕业于内蒙古师院艺术系。乌
兰察布盟师范学校教师、中国美术家协会内蒙古
分会会员、乌盟美术家协会副主席、乌盟美术教
育研究会副理事长。编著出版《手工美术》。

J0059520
欣欣向荣 张琪作
成都 四川美术出版社 1987 年 1 张 76cm（2 开）
定价：CNY0.55
　　中国现代年画作品。

J0059521
新春舞 张耀明画
贵阳 贵州美术出版社 ［1987 年］1 张
76cm（2 开）定价：CNY0.28
　　中国现代年画作品。作者张耀明（1959—　），
国家一级美术师，字淡之，号听风堂，一壶，心
远，澹翁。生于山东诸城。毕业于山东轻工美术
学校毕业。历任中国美术家协会会员、齐鲁山水
画研究院副院长、张择端书画研究院院长、诸城
市博物馆副馆长、研究馆员。代表作品有《阳光
总在风雨后》《海边拾趣》。

J0059522
新春献寿 邹玉凤作
济南 山东美术出版社 1987 年 1 张 76cm（2 开）
定价：CNY0.27
　　中国现代年画作品。

J0059523
新春祝酒献哈达 （蒙汉对照）鲍凤林作
呼和浩特 内蒙古人民出版社 1987 年 1 张
76cm（2 开）定价：CNY0.25
　　中国现代年画作品。

J0059524
新婚乐 （蒙汉对照）李跃忠作
呼和浩特 内蒙古人民出版社 1987 年 1 张
76cm（2 开）定价：CNY0.25
　　中国现代年画作品。

J0059525
新婚之喜 （蒙汉对照）刘友仁作
呼和浩特 内蒙古人民出版社 1987 年 1 张
76cm（2 开）定价：CNY0.25
　　中国现代年画作品。作者刘友仁（1941—　），
画家。内蒙古托克托人。毕业于内蒙古师范大
学美术系。历任呼和浩特美协副主席、内蒙古托
克托文化馆副研究馆员。作品有《雪梅青竹》《欢
乐的草原》《草原孩子打马球》《戈壁驼道》《金

牛迎春 》等，出版有《刘友仁年画》等。

J0059526
新年好　杨馥如作
上海 上海人民美术出版社 1987 年 1 张
76cm（2 开）定价：CNY0.28
　　中国现代年画作品。

J0059527
幸福成长　长恩作
长春 吉林美术出版社 1987 年 1 张 76cm（2 开）
定价：CNY0.24
　　中国现代年画作品。

J0059528
幸福成长　成砺志作
上海 上海人民美术出版社 1987 年 4 张
［78cm］（2 开）定价：CNY0.80
　　中国现代年画作品。

J0059529
幸福的伴侣
北京 中国电影出版社［1987 年］1 张
76cm（2 开）定价：CNY0.28
　　中国现代年画作品。

J0059530
幸福的童年　杨文义，沈家琳作
杭州 浙江人民美术出版社 1987 年 1 张
76cm（2 开）定价：CNY0.25
　　中国现代年画作品。

J0059531
幸福的娃娃
杭州 西泠印社 1987 年 1 张 76cm（2 开）
定价：CNY0.25
　　中国现代年画作品。

J0059532
幸福富裕　沈家琳作
上海 上海人民美术出版社 1987 年 1 张
76cm（2 开）定价：CNY0.28
　　中国现代年画作品。

J0059533
幸福如意　楼永年作
重庆 重庆出版社 1987 年 1 轴（卷轴）
107cm（全开）定价：CNY2.20
　　中国现代年画作品。作者楼永年（1940—　），
浙江萧山人。毕业于浙江美术学院工艺系。杭
州印染厂花样设计，高级工艺美术师。代表作品
有《福宝寿禧》《四季平安》《福寿万年》《和合
图》等。

J0059534
幸福喜庆屏　莫树滋作
南京 江苏美术出版社 1987 年 4 轴（卷轴）
76cm（2 开）定价：CNY3.50
　　中国现代年画作品。

J0059535
幸福长寿　杨文义，沈家琳作
哈尔滨 黑龙江美术出版社 1987 年 1 张
76cm（2 开）定价：CNY0.23
　　中国现代年画作品。

J0059536
雄风英姿　路如恒作
石家庄 河北美术出版社 1987 年 1 张
76cm（2 开）定价：CNY0.25
　　中国现代年画作品。

J0059537
雄风英姿　路如恒作
石家庄 河北美术出版社 1987 年 1 轴（卷轴）
附对联 1 副 107cm（全开）定价：CNY2.50
　　中国现代年画作品。

J0059538
雄踞望千山　于晋鲤，刘世忠作
天津 天津人民美术出版社 1987 年 1 张
76cm（2 开）定价：CNY0.28
　　中国现代年画作品。

J0059539
雄狮怒吼　林清和画
成都 四川美术出版社 1987 年 1 张 76cm（2 开）
定价：CNY0.26
　　中国现代年画作品。

J0059540

雄鹰展翅　赵广东作

西安 陕西人民美术出版社 1987 年 1 张

76cm（2 开）定价：CNY0.27

　　中国现代年画作品。

J0059541

徐悲鸿奔马　徐悲鸿画

南京 江苏美术出版社 1987 年 4 轴（卷轴）

76cm（2 开）定价：CNY4.30

　　中国现代年画作品。作者徐悲鸿（1895—
1953），著名画家、美术教育家。原名徐寿康。江
苏宜兴市屺亭镇人。毕业于巴黎国立美术学校。
曾任教于北平大学艺术学院和北平艺专，后任中
央美术学院院长。代表作品《愚公移山图》《八
骏图》《负伤之狮》《田横五百士》等。

J0059542

许褚张辽　张锡武作

重庆 重庆出版社 1987 年 1 张 76cm（2 开）

定价：CNY0.28

　　中国现代年画作品。

J0059543

旭日东升　孙井平作

杭州 西泠印社 1987 年 1 张 76cm（2 开）

定价：CNY0.25

　　中国现代年画作品。

J0059544

薛丁山与樊梨花　王璠竹作

杭州 浙江人民美术出版社 1987 年 1 张

76cm（2 开）定价：CNY0.25

　　中国现代年画作品。

J0059545

薛刚反唐　刘荣富作

西安 陕西人民美术出版社 1987 年 2 张

76cm（2 开）定价：CNY0.60

　　中国现代年画作品。

J0059546

薛平贵投军　张弓作

北京 人民美术出版社 1987 年 1 张 76cm（2 开）

定价：CNY0.25

　　中国现代年画作品。

J0059547

薛平贵与王宝钏　杨作文作

天津 天津人民美术出版社 1987 年 1 张

76cm（2 开）定价：CNY0.28

　　中国现代年画作品。作者杨作文（1936—　　），
画家。出生于河北成县。任中国书画研究院高
级美术师、中国国画家协会理事、冀南画院名誉
院长等。代表作品有《迎春图》《海河工地英雄
多》等。

J0059548

学做解放军　成砺志作

杭州 浙江人民美术出版社 1987 年 2 张

76cm（2 开）定价：CNY0.50

　　中国现代年画作品。

J0059549

雪岭寒林图　何延哲作

郑州 河南美术出版社 1987 年 1 轴（卷轴）

附对联 1 副 107cm（全开）定价：CNY6.60

　　中国现代年画作品。

J0059550

驯狮　喻正元作

成都 四川美术出版社 1987 年 1 张 76cm（2 开）

定价：CNY0.26

　　中国现代年画作品。

J0059551

驯狮女郎　张荫华作

杭州 浙江人民美术出版社 1987 年 1 张

76cm（2 开）定价：CNY0.25

　　中国现代年画作品。

J0059552

燕青打擂　（1—4）景启民编

沈阳 辽宁美术出版社 1987 年 1 张 76cm（2 开）

定价：CNY0.48

　　中国现代年画作品。作者景启民（1931—
2005），连环画家。辽宁沈阳人。就读于东北鲁
艺（现鲁迅美院前身），任职于东北画报社。连环
画作品有《浑河水》《过草地》《绿色的矿山》等。

J0059553

杨八姐游春 （1—4）杨春生，华军画；大礼
编文
沈阳 辽宁美术出版社 1987年 2张 76cm（2开）
定价：CNY0.48
　　中国现代年画作品。

J0059554

杨贵妃 陈有吉作
长春 吉林美术出版社 1987年 2张 76cm（2开）
定价：CNY0.52
　　中国现代年画作品。

J0059555

杨家将 许勇等作
沈阳 辽宁美术出版社 1987年 1张 107cm（全开）
定价：CNY0.56
　　中国现代年画作品。作者许勇（1933—　），
画家。别名许涌。生于山东青岛。毕业于东北
美专并留校任教。历任鲁迅美术学院教授、研究
生导师，中国美术家协会会员、中国连环画研究
会常务理事、中国当代工笔画学会理事、雪庐画
会副会长。代表作品有《金田起义》《郑成功收复
台湾》《戚继光平倭图》等，出版有《许勇画马》。

J0059556

杨家将 李宏才作
天津 天津人民美术出版社 1987年 2张
76cm（2开）定价：CNY0.55
　　中国现代年画作品。

J0059557

杨家将大破河间府 王守信，王喜贵编
天津 天津人民美术出版社 1987年 2张
76cm（2开）定价：CNY0.60
　　中国现代年画作品。

J0059558

杨戬 李靖 张恒德作
武汉 湖北美术出版社 1987年 1张 76cm（2开）
定价：CNY0.26
　　中国现代年画作品。

J0059559

杨六郎 杨七郎 柯德恩作
昆明 云南人民出版社 1987年 1张 76cm（2开）
定价：CNY0.25
　　中国现代年画作品。

J0059560

杨六郎 杨七郎 柯德恩作
昆明 云南人民出版社 1987年 1张 53cm（4开）
定价：CNY0.15
　　中国现代年画作品。

J0059561

杨排风 刘鸿志作
沈阳 辽宁美术出版社 1987年 1张 76cm（2开）
定价：CNY0.22
　　中国现代年画作品。

J0059562

杨延昭 杨宗保 李中文作
南京 江苏美术出版社 1987年 2张 76cm（2开）
定价：CNY0.40
　　中国现代年画作品。

J0059563

杨再兴 高宠 侯世武作
成都 四川美术出版社 1987年 1张 76cm（2开）
定价：CNY0.26
　　中国现代年画作品。

J0059564

杨宗保 韩世忠 徐云作
郑州 河南美术出版社 1987年 1张 76cm（2开）
定价：CNY0.28
　　中国现代年画作品。

J0059565

爷爷种瓜大又甜 王增福作
上海 上海人民美术出版社 1987年 1张
76cm（2开）定价：CNY0.28
　　中国现代年画作品。

J0059566

夜读春秋 张瑞恒作
重庆 重庆出版社 1987年 1张 76cm（2开）
定价：CNY0.28
　　中国现代年画作品。

J0059567

夜战马超 （蒙汉对照）赵梦林作

呼和浩特　内蒙古人民出版社　1987 年　1 张

76cm（2 开）定价：CNY0.25

　　中国现代年画作品。作者赵梦林（1952—

），生于内蒙古察右前旗，祖籍山西忻州。代

表作有《三国人物绣像》《京剧脸谱》等。

J0059568

一帆风顺　陈学璋作

杭州　浙江人民美术出版社　1987 年　1 张

76cm（2 开）定价：CNY0.25

　　中国现代年画作品。

J0059569

一声惊雷　沈高仁作

杭州　浙江人民美术出版社　1987 年　1 轴（卷轴）

附对联一副　107cm（全开）定价：CNY3.30

　　中国现代年画作品。

J0059570

一丈青生擒王矮虎　赵祥林作

上海　上海人民美术出版社　1987 年　1 张

76cm（2 开）定价：CNY0.28

　　中国现代年画作品。

J0059571

一子多福　刘光灿作

成都　四川美术出版社　1987 年　1 张　76cm（2 开）

定价：CNY0.26

　　中国现代年画作品。

J0059572

依栏仕女图　（蒙汉对照）于振波作

呼和浩特　内蒙古人民出版社　1987 年　1 张

76cm（2 开）定价：CNY0.25

　　中国现代年画作品。

J0059573

颐和园　龚景充作

杭州　浙江人民美术出版社　1987 年　1 张

76cm（2 开）定价：CNY0.40

　　中国现代年画作品。

J0059574

姻缘巧配　（1—4）韩宁，刘安作

沈阳　辽宁美术出版社　1987 年　2 张　76cm（2 开）

定价：CNY0.56

　　中国现代年画作品。

J0059575

英雄结义

杭州　西泠印社　1987 年　1 张　107cm（全开）

定价：CNY1.00

　　中国现代年画作品。

J0059576

英雄事迹记心间　曾天中作

成都　四川美术出版社　1987 年　1 张　76cm（2 开）

定价：CNY0.26

　　中国现代年画作品。

J0059577

英勇战斗　保卫祖国　彭晓作

昆明　云南人民出版社　1987 年　1 张　76cm（2 开）

定价：CNY0.25

　　中国现代年画作品。

J0059578

英勇战士　孙建东作

昆明　云南人民出版社　1987 年　1 张　53cm（4 开）

定价：CNY0.15

　　中国现代年画作品。

J0059579

莺歌碧桃红　郑鹏作

上海　上海人民美术出版社　1987 年　1 张

76cm（2 开）定价：CNY0.28

　　中国现代年画作品。

J0059580

莺莺与红娘　（蒙汉对照）李学勤作

呼和浩特　内蒙古人民出版社　1987 年　1 张

76cm（2 开）定价：CNY0.25

　　中国现代年画作品。

J0059581

迎春图　胡立义作

南宁　广西人民出版社　1987 年　1 张　76cm（2 开）

定价：CNY0.29
　　中国现代年画作品。

J0059582
迎客松　李明久作
石家庄 河北美术出版社 1987 年 1 张
76cm（2 开）定价：CNY0.25
　　中国现代年画作品。

J0059583
迎客松　李明久作
石家庄 河北美术出版社 1987 年 1 轴（卷轴）
附对联 1 副 107cm（全开）定价：CNY2.90
　　中国现代年画作品。

J0059584
迎客松
杭州 浙江人民美术出版社［1987 年］1 轴（卷轴）
附对联 1 副 107cm（全开）定价：CNY2.90
　　中国现代年画作品。

J0059585
迎喜接福　四季平安　李中文作
武汉 湖北美术出版社 1987 年 1 张 76cm（2 开）
定价：CNY0.26
　　中国现代年画作品。

J0059586
迎新春
北京 中国电影出版社［1987 年］1 张
76cm（2 开）定价：CNY0.28
　　中国现代年画作品。

J0059587
永结同心　李德明作
重庆 重庆出版社 1987 年 1 张 76cm（2 开）
定价：CNY0.28
　　中国现代年画作品。

J0059588
勇敢的小骑士
杭州 西泠印社 1987 年 1 张 76cm（2 开）
定价：CNY0.25
　　中国现代年画作品。

J0059589
优生幸福　高俊峰作
上海 上海人民美术出版社 1987 年 1 张
76cm（2 开）定价：CNY0.28
　　中国现代年画作品。

J0059590
幽谷瀑声　胡成斌作
杭州 浙江人民美术出版社 1987 年 1 张
107cm（全开）定价：CNY1.30
　　中国现代年画作品。

J0059591
游春　张惠敏作
石家庄 河北美术出版社 1987 年 1 张
76cm（2 开）定价：CNY0.40
　　中国现代年画作品。

J0059592
游春
北京 中国电影出版社［1987 年］1 张
76cm（2 开）定价：CNY0.28
　　中国现代年画作品。

J0059593
友爱　林惠珍作
北京 人民体育出版社 1987 年 1 张 76cm（2 开）
定价：CNY0.30
　　中国现代年画作品。

J0059594
友谊　陈继武作
杭州 浙江人民美术出版社 1987 年 1 张
76cm（2 开）定价：CNY0.25
　　中国现代年画作品。

J0059595
友谊花开　刘天生，焦丹作
沈阳 辽宁美术出版社 1987 年 1 张 76cm（2 开）
定价：CNY0.22
　　中国现代年画作品。

J0059596
鱼大人欢　富饶作
沈阳 辽宁美术出版社 1987 年 1 张 76cm（2 开）

定价：CNY0.22
　　中国现代年画作品。

J0059597
鱼肥荷香　柳忠福作
石家庄 河北美术出版社 1987 年 1 张
76cm（2 开）定价：CNY0.25
　　中国现代年画作品。

J0059598
鱼乐丰年　米春茂作
石家庄 河北美术出版社 1987 年 1 张
76cm（2 开）定价：CNY0.62
　　中国现代年画作品。

J0059599
鱼乐图　张琪作
西安 陕西人民美术出版社 1987 年 1 张
［78cm］（3 开）定价：CNY0.20
　　中国现代年画作品。

J0059600
鱼满塘　郑学信画
济南 山东美术出版社 1987 年 1 张 76cm（2 开）
定价：CNY0.27
　　中国现代年画作品。

J0059601
鱼水情深万年春　邵培文作
沈阳 辽宁美术出版社 1987 年 1 张 76cm（2 开）
定价：CNY0.22
　　中国现代年画作品。

J0059602
鱼塘欢歌　王功学作
长春 吉林美术出版社 1987 年 1 张 76cm（2 开）
定价：CNY0.22
　　中国现代年画作品。

J0059603
鱼嬉图　张德俊作
郑州 河南美术出版社 1987 年 1 轴（卷轴）
107cm（全开）定价：CNY1.90
　　中国现代年画作品。

J0059604
鱼跃丰年　景志龙作
成都 四川美术出版社 1987 年 1 张 76cm（2 开）
定价：CNY0.26
　　中国现代年画作品。

J0059605
鱼跃图　赵宇敏画
济南 山东美术出版社 1987 年 1 张 76cm（2 开）
定价：CNY0.27
　　中国现代年画作品。

J0059606
与民同寿　陈松林作
杭州 浙江人民美术出版社［1987 年］1 轴（卷轴）
附对联 1 副 107cm（全开）定价：CNY3.20
　　中国现代年画作品。

J0059607
玉阁远眺图　刘世忠画
郑州 河南美术出版社 1987 年 1 轴（卷轴）
附对联 1 副 107cm（全开）定价：CNY4.50
　　中国现代年画作品。

J0059608
玉娇龙　阎珍作
石家庄 河北美术出版社 1987 年 1 张
76cm（2 开）定价：CNY0.25
　　中国现代年画作品。

J0059609
玉堂富贵　蔡传隆作
重庆 重庆出版社 1987 年 1 张 107cm（全开）
定价：CNY0.56
　　中国现代年画作品。作者蔡传隆，国画家。
作品有《一江春色》《四季平安》等。

J0059610
玉兔闹月　阎祥田作
太原 山西人民出版社 1987 年 1 张
107cm（全开）定价：CNY0.55
　　中国现代年画作品。

J0059611
育子篇　葛青，赵成鑫画；刘仲武配诗

石家庄 河北美术出版社 1987 年 2 张
76cm（2 开）定价：CNY0.54

　　中国现代年画作品。作者刘仲武（1945—　），
河北霸县（现霸州市）人。历任中国戏曲表演学
会常务理事、原河北省戏剧家协会副主席、现任
河北省戏剧家协会顾问、艺术指导委员会委员、
河北省京剧票友协会副主席兼秘书长。

J0059612

鸳鸯好娃娃美　方敦传作
沈阳 辽宁美术出版社 1987 年 1 张 76cm（2 开）
定价：CNY0.22

　　中国现代年画作品。

J0059613

鸳鸯荷美　赵景艳作
太原 山西人民出版社 1987 年 1 张 76cm（2 开）
定价：CNY0.26

　　中国现代年画作品。

J0059614

元妃省亲　高景波作
上海 上海人民美术出版社 1987 年 1 张
76cm（2 开）定价：CNY0.28

　　中国现代年画作品。

J0059615

源远流长　赵文发作
石家庄 河北美术出版社 1987 年 2 张
76cm（2 开）定价：CNY0.54

　　中国现代年画作品。

J0059616

月明花香　杨建明作
上海 上海人民美术出版社 1987 年 1 张
76cm（2 开）定价：CNY0.28

　　中国现代年画作品。

J0059617

月夜五雄　刘德能作
成都 四川美术出版社 1987 年 1 张 76cm（2 开）
定价：CNY0.55

　　中国现代年画作品。

J0059618

月月花香　丁宝忠作
石家庄 河北美术出版社 1987 年 2 张
76cm（2 开）定价：CNY0.54

　　中国现代年画作品。

J0059619

月月如意　高志华作
哈尔滨 黑龙江美术出版社 1987 年 1 张
76cm（2 开）定价：CNY0.23

　　中国现代年画作品。

J0059620

岳飞　张恒德作
昆明 云南人民出版社 1987 年 1 张 53cm（4 开）
定价：CNY0.15

　　中国现代年画作品。

J0059621

岳飞郑成功　刘泳作
石家庄 河北美术出版社 1987 年 1 张
76cm（2 开）定价：CNY0.30

　　中国现代年画作品。

J0059622

岳飞郑成功　刘泳作
石家庄 河北美术出版社 1987 年 1 张
53cm（4 开）定价：CNY0.15

　　中国现代年画作品。

J0059623

岳家武将屏　刘荣富作
北京 人民美术出版社 1987 年 2 张 76cm（2 开）
定价：CNY0.54

　　中国现代年画作品。

J0059624

岳云　牛通　彦平，雅君作
郑州 河南美术出版社 1987 年 1 张 76cm（2 开）
定价：CNY0.28

　　中国现代年画作品。

J0059625

岳云　牛通　彦平，雅君作
郑州 河南美术出版社 1987 年 1 张 53cm（4 开）

定价: CNY0.14

中国现代年画作品。

J0059626

岳云锤 俎翠林作

石家庄 河北美术出版社 1987 年 1 张

76cm（2 开）定价: CNY0.25

中国现代年画作品。作者俎翠林（1952— ），

河北磁县总工会副主席，兼中国美协河北分会

会员。

J0059627

岳云 孙家跃作

天津 天津人民美术出版社 1987 年 1 张

76cm（2 开）定价: CNY0.28

中国现代年画作品。

J0059628

跃龙门万事如意 成砺志作

长沙 湖南美术出版社 1987 年 1 张 76cm（2 开）

定价: CNY0.23

中国现代年画作品。

J0059629

云谷溪流青山云海对屏 张大昕作

上海 上海书画出版社 1987 年 1 张 76cm（2 开）

定价: CNY0.28

中国现代年画作品。

J0059630

杂技表演 顾振君作

沈阳 辽宁美术出版社 1987 年 1 张 76cm（2 开）

定价: CNY0.22

中国现代年画作品。作者顾振君（1941— ），

研究员。辽宁沈阳人。历任抚顺市群众艺术馆

副研究馆员、辽宁省美术家协会会员、辽宁省年

画学会常务理事。

J0059631

砸銮驾 韩景琦作

长春 吉林美术出版社 1987 年 1 张 76cm（2 开）

定价: CNY0.22

中国现代年画作品。

J0059632

在祖国的花园里 胡金日作

杭州 浙江人民美术出版社 1987 年 1 张

76cm（2 开）定价: CNY0.25

中国现代年画作品。

J0059633

早春图 徐志文作

上海 上海书画出版社 1987 年 1 张 76cm（2 开）

定价: CNY0.28

中国现代年画作品。

J0059634

增福添寿 蔚南作

郑州 河南美术出版社 1987 年 1 张 76cm（2 开）

定价: CNY0.28

中国现代年画作品。

J0059635

增福添寿 蔚南作

郑州 河南美术出版社 1987 年 1 张 53cm（4 开）

定价: CNY0.14

中国现代年画作品。

J0059636

战地婚礼 李汇泉作

成都 四川美术出版社 1987 年 1 张 76cm（2 开）

定价: CNY0.26

中国现代年画作品。

J0059637

战袍姻缘 （1—4）徐思，静茹作

沈阳 辽宁美术出版社 1987 年 2 张 76cm（2 开）

定价: CNY0.48

中国现代年画作品。

J0059638

战士万岁 何多俊，林清和作

成都 四川美术出版社 1987 年 2 张 76cm（2 开）

定价: CNY0.52

中国现代年画作品。

J0059639

张敞画眉 关满生作

沈阳 辽宁美术出版社 1987 年 1 张 76cm（2 开）

定价：CNY0.22
　　中国现代年画作品。

J0059640
张飞　关羽　王东斌作
西安 陕西人民美术出版社 1987 年 1 张
76cm（2 开）定价：CNY0.27
　　中国现代年画作品。

J0059641
张飞　关羽　王东斌作
西安 陕西人民美术出版社 1987 年 1 张
53cm（4 开）定价：CNY0.15
　　中国现代年画作品。

J0059642
张飞　赵云　金平定作
成都 四川美术出版社 1987 年 1 张 76cm（2 开）
定价：CNY0.26
　　中国现代年画作品。

J0059643
长坂坡　辛鹤江作
石家庄 河北美术出版社 1987 年 1 张
76cm（2 开）定价：CNY0.30
　　中国现代年画作品。

J0059644
长江第一漂勇士——尧茂书　何多俊作
成都 四川美术出版社 1987 年 1 张 76cm（2 开）
定价：CNY0.26
　　中国现代年画作品。

J0059645
长寿富贵　李敬仕作
上海 上海书画出版社 1987 年 1 张 107cm（全开）
定价：CNY0.58
　　中国现代年画作品。

J0059646
长寿富贵　李敬仕作
上海 上海书画出版社 1987 年 1 轴（卷轴）
附对联 1 副 107cm（全开）定价：CNY4.00
　　中国现代年画作品。

J0059647
长寿图　姚景卿作
郑州 河南美术出版社 1987 年 1 轴（卷轴）
107cm（全开）定价：CNY1.90
　　中国现代年画作品。

J0059648
长寿图　许志彬作
成都 四川美术出版社 1987 年 1 张 76cm（2 开）
定价：CNY0.26
　　中国现代年画作品。

J0059649
长啸镇百兽　于晋鲤，刘世忠作
天津 天津人民美术出版社 1987 年 1 张
76cm（2 开）定价：CNY0.28
　　中国现代年画作品。

J0059650
招财进宝　李祥麟；甘武炎作
南宁 广西人民出版社 1987 年 1 张 53cm（4 开）
定价：CNY0.16
　　中国现代年画作品。

J0059651
赵云马超　陈家礼画
贵阳 贵州美术出版社［1987 年］1 张 76cm（2 开）
定价：CNY0.28
　　中国现代年画作品。

J0059652
珍禽硕果　赵广东作
北京 人民美术出版社 1987 年 2 张 76cm（2 开）
定价：CNY0.66
　　中国现代年画作品。

J0059653
珍禽图　戴岳轩作
北京 人民美术出版社 1987 年 2 张 76cm（2 开）
定价：CNY0.66
　　中国现代年画作品。

J0059654
珍珠塔　王一定作
杭州 浙江人民美术出版社 1987 年 2 张

76cm（2开）定价：CNY0.50

　　中国现代年画作品。作者王一定（1949—　），画家。浙江杭州人。浙江美术学院毕业。浙江农业商贸职业学院艺术设计系学科带头人、装潢美工教研室主任、讲师。作品有《飒爽新姿》（合作）、《祖国·早晨好》。

J0059655

珍珠异卉　李敬仕作

杭州　浙江人民美术出版社　1987年　2张
76cm（2开）定价：CNY0.50

　　中国现代年画作品。

J0059656

镇三山黄信　急先锋索超　孔令生作

昆明　云南人民出版社　1987年　1张　76cm（2开）
定价：CNY0.25

　　中国现代年画作品。

J0059657

镇三山黄信　急先锋索超　孔令生作

昆明　云南人民出版社　1987年　1张　53cm（4开）
定价：CNY0.15

　　中国现代年画作品。

J0059658

争芳斗艳　李志刚，杜宇舟作

石家庄　河北美术出版社　1987年　2张
76cm（2开）定价：CNY0.54

　　中国现代年画作品。

J0059659

争冠军　王连城作

昆明　云南人民出版社　1987年　1张　76cm（2开）
定价：CNY0.25

　　中国现代年画作品。作者王连城（1943—　），画家。生于山东胶州。毕业于曲师大美术教育专业，结业于山东艺术学院油画系、中国美院花鸟进修班。山东诸城市文化馆副研究馆员、中国美术家协会会员、山东美术家协会会员、山东书画研究院特聘教授。出版有《画家王连城自选作品集》，画作有《耄耋新婚》《亲人在前方》《风筝之一》等。

J0059660

郑板桥墨竹四条屏　郑板桥作

上海　上海书画出版社［1987年］
定价：CNY1.35

　　中国现代年画作品。作者郑板桥（1693—1765），清代书画家、文学家。原名郑燮，字克柔，号理庵，又号板桥，人称板桥先生。生于江苏兴化，祖籍苏州。乾隆元年（1736年）进士。官山东范县、潍县县令。代表作品《修竹新篁图》《清光留照图》《丛兰荆棘图》《甘谷菊泉图》等，著有《郑板桥集》。

J0059661

郑成功　戚继光　卢德林作

郑州　河南美术出版社　1987年　1张　76cm（2开）
定价：CNY0.28

　　中国现代年画作品。

J0059662

郑成功　戚继光　李先润作

武汉　湖北美术出版社　1987年　1张　76cm（2开）
定价：CNY0.26

　　中国现代年画作品。

J0059663

郑成功　戚继光　臧恒望画

济南　山东美术出版社　1987年　1张　76cm（2开）
定价：CNY0.27

　　中国现代年画作品。

J0059664

知音　王力画

济南　山东美术出版社　1987年　1张　76cm（2开）
定价：CNY0.27

　　中国现代年画作品。

J0059665

中国古代书法家　高贵山作

沈阳　辽宁美术出版社　1987年　2张　76cm（2开）
定价：CNY0.56

　　中国现代年画作品。

J0059666

中国年画　吕胜中绘

桂林　漓江出版社　1987年　8张　有图

15cm（40 开）定价：CNY1.50

　　中国现代年画作品。作者吕胜中（1952—　　），教师、画家。生于山东平度县。硕士毕业于中央美术学院。中央美术学院民间美术系教师。主要作品《生命——瞬间与永恒》《行》等，著作有《中国民间剪纸》《中国木刻版画》。

J0059667
中国十大风景名胜　　王章恒作
成都　四川美术出版社 1987 年　1 张　76cm（2 开）
定价：CNY0.26
　　中国现代年画作品。

J0059668
中华武术　　李泽霖作
武汉　湖北美术出版社 1987 年　1 张　76cm（2 开）
定价：CNY0.26
　　中国现代年画作品。

J0059669
中华之光　　赵幼华作
长春　吉林美术出版社 1987 年　1 张　76cm（2 开）
定价：CNY0.24
　　中国现代年画作品。

J0059670
中秋颂　　林瑛珊作
沈阳　辽宁美术出版社 1987 年　1 张　76cm（2 开）
定价：CNY0.26
　　中国现代年画作品。

J0059671
钟馗　　陈家礼画
贵阳　贵州美术出版社［1987 年］1 张
76cm（2 开）定价：CNY0.30
　　中国现代年画作品。

J0059672
钟馗　　巫子强画
贵阳　贵州美术出版社［1987 年］1 张
53cm（4 开）定价：CNY0.14
　　中国现代年画作品。

J0059673
钟馗　　雷文彬作

J0059674
钟馗　　戴月作
天津　天津人民美术出版社 1987 年　1 张
76cm（2 开）定价：CNY0.28
　　中国现代年画作品。

J0059675
钟馗　　连登作
杭州　浙江人民美术出版社 1987 年　1 张
76cm（2 开）定价：CNY0.25
　　中国现代年画作品。

J0059676
周仓　关平　　孙宗禧作
武汉　湖北美术出版社 1987 年　2 张　76cm（2 开）
定价：CNY0.52
　　中国现代年画作品。

J0059677
朱德元帅　　樊怀章作
成都　四川美术出版社 1987 年　2 版　1 张
53cm（4 开）定价：CNY0.24
　　中国现代年画作品。

J0059678
朱阁翠屏　　毛国富作
杭州　浙江人民美术出版社 1987 年　1 张
107cm（全开）定价：CNY0.95
　　中国现代年画作品。

J0059679
朱总与儿童　　达湖作
杭州　西泠印社 1987 年　1 张　76cm（2 开）
定价：CNY0.25
　　中国现代年画作品。

J0059680
诸葛亮　　金美华作
天津　天津人民美术出版社 1987 年　2 张
76cm（2 开）定价：CNY0.60
　　中国现代年画作品。

J0059681

竹爆丰年　范恩树作

长春 吉林美术出版社 1987年 1张 76cm（2开）

定价：CNY0.24

　　中国现代年画作品。

J0059682

竹鹤图　赵宇敏画

济南 山东美术出版社 1987年 1张 76cm（2开）

定价：CNY0.27

　　中国现代年画作品。

J0059683

祝福图　向荣作

天津 天津人民美术出版社 1987年 1轴（卷轴）

附对联 1副 107cm（全开）定价：CNY2.65

　　中国现代年画作品。

J0059684

祝福献寿

杭州 浙江人民美术出版社［1987年］1轴（卷轴）

附对联 1副 107cm（全开）定价：CNY2.90

　　中国现代年画作品。

J0059685

祝君健康　郑坚石作

北京 人民体育出版社 1987年 1张 76cm（2开）

定价：CNY0.30

　　中国现代年画作品。

J0059686

祝君长寿　龚景充作

长沙 湖南美术出版社 1987年 1张 76cm（2开）

定价：CNY0.23

　　中国现代年画作品。

J0059687

祝你长寿　孙顺正作

北京 人民美术出版社 1987年 1张 76cm（2开）

定价：CNY0.31

　　中国现代年画作品。

J0059688

祝您长寿　王法堂作

昆明 云南人民出版社 1987年 1张 53cm（4开）

定价：CNY0.15

　　中国现代年画作品。

J0059689

祝您长寿　刘熹奇作

杭州 浙江人民美术出版社 1987年 2张

76cm（2开）定价：CNY0.50

　　中国现代年画作品。

J0059690

祝寿图　李用夫作

上海 上海人民美术出版社 1987年 1张

76cm（2开）定价：CNY0.28

　　中国现代年画作品。

J0059691

祝寿图　侯荣画

成都 四川美术出版社 1987年 1张 76cm（2开）

定价：CNY0.26

　　中国现代年画作品。

J0059692

壮美山河入画图　李明山作

长春 吉林美术出版社 1987年 1张 76cm（2开）

定价：CNY0.24

　　中国现代年画作品。

J0059693

壮志凌云栋梁材　孙恒俊作

杭州 西泠印社 1987年 1张 76cm（2开）

定价：CNY0.35

　　中国现代年画作品。

J0059694

自豪的小海军　陈宝万作

杭州 浙江人民美术出版社 1987年 1张

76cm（2开）定价：CNY0.25

　　中国现代年画作品。

J0059695

祖国的未来　（蒙汉对照）王彬作

呼和浩特 内蒙古人民出版社 1987年 1张

76cm（2开）定价：CNY0.25

　　中国现代年画作品。

J0059696
祖国花朵岁岁平安 陈学璋作
杭州 浙江人民美术出版社 1987 年 2 张
76cm（2 开）定价：CNY0.50
　　中国现代年画作品。

J0059697
祖国万岁 陈明，陈英作
昆明 云南人民出版社 1987 年 1 张
107cm（全开）定价：CNY0.70
　　中国现代年画作品。

J0059698
祖国万岁 陈明，陈英作
昆明 云南人民出版社 1987 年 1 张 76cm（2 开）
定价：CNY0.25
　　中国现代年画作品。

J0059699
1989 天津杨柳青画社年画 （二）刘崇林
等绘
天津 天津杨柳青画社 1988 年 19cm（32 开）
　　中国现代年画作品。

J0059700
1989 天津杨柳青画社年历 张鹏飞等摄
天津 天津杨柳青画社 1988 年 1 册（198—258
页）19cm（32 开）

J0059701
1989 朱仙镇年画
开封 朱仙镇木版年画社［1988 年］19cm（32 开）
　　中国现代年画作品。

J0059702
爱和平 林惠珍作
沈阳 辽宁美术出版社 1988 年 1 张 76cm（2 开）
定价：CNY0.36
　　中国现代年画作品。

J0059703
八大锤 李建章作
石家庄 河北美术出版社 1988 年 2 张
76cm（2 开）定价：CNY0.84
　　中国现代年画作品。

J0059704
八卦莲花掌
北京 中国电影出版社［1988 年］2 张
76cm（2 开）定价：CNY0.74
　　中国现代年画作品。

J0059705
八骏马 马秋岩作
上海 上海书画出版社 1988 年 1 轴（卷轴）
附对联 1 副 108cm（全开）定价：CNY5.00
　　中国现代年画作品。

J0059706
八郎寻嫂 杨剑萍编；陈春轩，张英军摄
天津 天津人民美术出版社 1988 年 2 张
76cm（2 开）定价：CNY0.80
　　中国现代年画作品。

J0059707
八仙欢聚图 阎珍作
石家庄 河北美术出版社 1988 年 1 张
54cm（4 开）定价：CNY0.42
　　中国现代年画作品。

J0059708
八仙闹海 （一、二）王朝明作
南昌 江西人民出版社［1988 年］2 张
76cm（2 开）定价：CNY0.86
　　中国现代年画作品。

J0059709
八仙祝寿 申同景作
石家庄 河北美术出版社 1988 年 1 张
76cm（2 开）定价：CNY0.40
　　中国现代年画作品。

J0059710
八仙祝寿 申同景作
石家庄 河北美术出版社 1988 年 1 轴（卷轴）
附对联 1 副 108cm（全开）定价：CNY4.40
　　中国现代年画作品。

J0059711
八仙祝寿图 竹均琪作
沈阳 辽宁美术出版社 1988 年 1 张 76cm（2 开）

定价：CNY0.36

    中国现代年画作品。

J0059712

巴陵窃贼

北京 中国电影出版社 1988年 2张 76cm（2开）

定价：CNY0.74

    中国现代年画作品。

J0059713

霸王别姬　　王小路作

石家庄 河北美术出版社 1988年 1张 76cm（2开）

统一书号：5310.2027 定价：CNY0.40

    中国现代年画作品。

J0059714

霸王项羽　高祖刘邦　　陈致信作

重庆 重庆出版社 1988年 1张 76cm（2开）

定价：CNY0.36

    中国现代年画作品。

J0059715

百蝶争妍　　郭仲文作

长春 吉林美术出版社 1988年 1张 76cm（2开）

定价：CNY0.38

    中国现代年画作品。

J0059716

百福百寿图　　徐调元等作

广州 岭南美术出版社 1988年 2张 76cm（2开）

定价：CNY0.90

    中国现代年画作品。

J0059717

百福百寿图　　徐调元等作

广州 岭南美术出版社 1988年 2张（卷轴）

76cm（2开）定价：CNY3.00

    中国现代年画作品。

J0059718

百年好合　　赫福路作

石家庄 河北美术出版社 1988年 1张

76cm（2开）定价：CNY0.40

    中国现代年画作品。

J0059719

百年和美　　朱介堂作

南宁 广西人民出版社 1988年 1张 76cm（2开）

定价：CNY0.38

    中国现代年画作品。

J0059720

百年和美　　徐福根作

杭州 浙江人民美术出版社 1988年 1张

76cm（2开）定价：CNY0.32

    中国现代年画作品。

J0059721

百鸟朝凤　　李敬仕作

上海 上海书画出版社 1988年 1张

108cm（全开）定价：CNY0.75

    中国现代年画作品。

J0059722

百鸟朝凤　　李敬仕作

上海 上海书画出版社 1988年 1轴（卷轴）

附对联 1 副 108cm（全开）定价：CNY5.00

    中国现代年画作品。

J0059723

百鸟合鸣　　李宝祥作

长春 吉林美术出版社 1988年 1张 76cm（2开）

定价：CNY0.38

    中国现代年画作品。

J0059724

百寿图　　徐世民，徐曾作

沈阳 辽宁美术出版社 1988年 1张 76cm（2开）

定价：CNY0.36

    中国现代年画作品。

J0059725

百子欢乐图　　高志华，张万臣作

沈阳 辽宁美术出版社 1988年 1张 108cm（全开）

定价：CNY0.80

    中国现代年画作品。

J0059726

百子图　　蒋克余作

上海 上海人民美术出版社 1988年 1张

76cm（2 开）定价：CNY0.36

中国现代年画作品。

J0059727

棒打簿情郎

北京 中国电影出版社［1988 年］2 张

76cm（2 开）定价：CNY0.74

中国现代年画作品。

J0059728

宝宝看图长知识　刘佩珩作

长春 吉林美术出版社 1988 年 1 张 76cm（2 开）

定价：CNY0.36

中国现代年画作品。

J0059729

宝宝祝福　童金贵作

长春 吉林美术出版社 1988 年 2 张 76cm（2 开）

定价：CNY0.80

中国现代年画作品。

J0059730

宝玉

北京 中国电影出版社［1988 年］1 张

76cm（2 开）定价：CNY0.36

中国现代年画作品。

J0059731

宝玉成亲　高景波作

上海 上海人民美术出版社 1988 年 1 张

76cm（2 开）定价：CNY0.36

中国现代年画作品。

J0059732

保卫祖国　保卫边疆　王赤军作

昆明 云南人民出版社 1988 年 1 张 76cm（2 开）

定价：CNY0.36

中国现代年画作品。

J0059733

杯酒定情　汪苗作

杭州 西泠印社 1988 年 1 张 76cm（2 开）

定价：CNY0.25

中国现代年画作品。

J0059734

比翼双飞　郭安祥作

西安 陕西人民美术出版社 1988 年 1 张

76cm（2 开）定价：CNY0.40

中国现代年画作品。

J0059735

比翼双飞　何兆欣，石强作

天津 天津人民美术出版社 1988 年 4 张（卷轴）

76cm（2 开）定价：CNY3.30

中国现代年画作品。

J0059736

碧波仙子　曹淑勤作

沈阳 辽宁美术出版社 1988 年 1 张 76cm（2 开）

定价：CNY0.36

中国现代年画作品。

J0059737

碧湖春姿　毛国富作

杭州 浙江人民美术出版社 1988 年 1 张

108cm（全开）定价：CNY1.20

中国现代年画作品。

J0059738

碧湖春姿　毛国富作

杭州 浙江人民美术出版社 1988 年 1 张

76cm（2 开）定价：CNY0.50

中国现代年画作品。

J0059739

碧莲池　张惠敏作

石家庄 河北美术出版社 1988 年 1 张

53cm（4 开）定价：CNY0.42

中国现代年画作品。

J0059740

碧玉泻银　陈林干作

杭州 浙江人民美术出版社 1988 年 1 张

76cm（2 开）定价：CNY0.50

中国现代年画作品。

J0059741

碧嶂飞泉图　孙金祥作

上海 上海书画出版社 1988 年 1 张 76cm（2 开）

定价: CNY0.36
　　中国现代年画作品。

J0059742
鞭锏武将　晓年作
南宁 广西人民出版社 1988 年 1 张 76cm（2 开）
定价: CNY0.44
　　中国现代年画作品。

J0059743
鞭锏武将　晓年作
杭州 浙江人民美术出版社 1988 年 2 张
54cm（4 开）定价: CNY0.46
　　中国现代年画作品。

J0059744
冰之恋　王易虹作
北京 人民体育出版社 1988 年 1 张 76cm（2 开）
定价: CNY0.38
　　中国现代年画作品。

J0059745
秉烛达旦读春秋　杨秋宝作
上海 上海书画出版社 1988 年 1 轴（卷轴）
附对联 1 副 108cm（全开）定价: CNY4.70
　　中国现代年画作品。

J0059746
并蒂莲开幸福花　方敦传作
杭州 浙江人民美术出版社 1988 年 1 张
76cm（2 开）定价: CNY0.32
　　中国现代年画作品。

J0059747
捕鱼仙子　王殿科作
呼和浩特 内蒙古人民出版社 1988 年 1 张
76cm（2 开）定价: CNY0.37
　　中国现代年画作品。

J0059748
猜灯谜　张卿作
石家庄 河北美术出版社 1988 年 1 张
76cm（2 开）定价: CNY0.40
　　中国现代年画作品。

J0059749
财路广阔　周洪生作
长春 吉林美术出版社 1988 年 1 张 76cm（2 开）
定价: CNY0.38
　　中国现代年画作品。`

J0059750
财神到　董文章绘
贵阳 贵州美术出版社［1988 年］1 张
53cm（4 开）定价: CNY0.53
　　中国现代年画作品。

J0059751
财源茂盛　华三川作
南京 江苏古籍出版社 1988 年 1 轴（卷轴）
附对联 1 副 108cm（全开）定价: CNY4.00
　　中国现代年画作品。

J0059752
彩蝶迎春　吕德胜作
杭州 浙江人民美术出版社 1988 年 1 张
76cm（2 开）定价: CNY0.32
　　中国现代年画作品。

J0059753
蔡文姬　李学勤，赵梦林作
呼和浩特 内蒙古人民出版社 1988 年 1 张
76cm（2 开）定价: CNY0.37
　　中国现代年画作品。

J0059754
苍松迎宾　王祖德作
南京 江苏古籍出版社 1988 年 1 轴（卷轴）
附对联 1 副 108cm（全开）定价: CNY4.70
　　中国现代年画作品。

J0059755
沧海明月图　陈松崚作
杭州 浙江人民美术出版社［1988 年］1 轴（卷轴）
附对联 1 副 108cm（全开）统一书号: 8156.1781
定价: CNY4.20
　　中国现代年画作品。

J0059756
嫦娥　陆福喜作

呼和浩特 内蒙古人民出版社 1988 年 1 张
76cm（2 开）定价：CNY0.37
　　中国现代年画作品。

J0059757
沉香扇——书房会　姚中玉，王伟戍作
上海 上海人民美术出版社 1988 年 1 张
76cm（2 开）定价：CNY0.36
　　中国现代年画作品。

J0059758
称心如意　徐福根作
重庆 重庆出版社 1988 年 1 张 76cm（2 开）
定价：CNY0.36
　　中国现代年画作品。

J0059759
成语画意　张泽蕊作
天津 天津人民美术出版社 1988 年 2 张
76cm（2 开）定价：CNY0.80
　　中国现代年画作品。

J0059760
呈祥如意　林美岚作
上海 上海人民美术出版社 1988 年 1 张
76cm（2 开）定价：CNY0.44
　　中国现代年画作品。

J0059761
乘风破浪　孙公照作
天津 天津人民美术出版社 1988 年 1 张
78cm（2 开）定价：CNY0.40
　　中国现代年画作品。

J0059762
乘龙佳婿　申同景作
呼和浩特 内蒙古人民出版社 1988 年 1 张
76cm（2 开）定价：CNY0.37
　　中国现代年画作品。

J0059763
乘长风破万里浪　徐俊卿作
杭州 浙江人民美术出版社 1988 年 1 张
76cm（2 开）定价：CNY0.50
　　中国现代年画作品。

J0059764
乘长风破万里浪　徐俊卿作
杭州 浙江人民美术出版社 1988 年 1 张
76cm（2 开）定价：CNY0.80
　　中国现代年画作品。

J0059765
出门见喜　陈华民，晓东作
沈阳 辽宁美术出版社 1988 年 1 张 76cm（2 开）
定价：CNY0.36
　　中国现代年画作品。

J0059766
出水芙蓉　李学勤作
呼和浩特 内蒙古人民出版社 1988 年 1 张
76cm（2 开）定价：CNY0.37
　　中国现代年画作品。

J0059767
楚三举鼎　钱王射湖　朱希煌作
昆明 云南人民出版社 1988 年 1 张 76cm（2 开）
定价：CNY0.36
　　中国现代年画作品。

J0059768
楚庄王
北京 中国电影出版社［1988 年］2 张
76cm（2 开）定价：CNY0.74
　　中国现代年画作品。

J0059769
处处楼台处处花　汪苗作
杭州 浙江人民美术出版社 1988 年 1 张
76cm（2 开）定价：CNY0.32
　　中国现代年画作品。

J0059770
吹箫引凤　于振波作
呼和浩特 内蒙古人民出版社 1988 年 1 张
76cm（2 开）定价：CNY0.37
　　中国现代年画作品。

J0059771
春　李自强作
兰州 甘肃人民出版社 1988 年 1 张 76cm（2 开）

定价: CNY0.38
　　中国现代年画作品。

J0059772
春　戴德馨作
天津　天津人民美术出版社 1988 年 1 轴(卷轴)
108cm(全开) 定价: CNY1.00
　　中国现代年画作品。

J0059773
春风桃李　陈续武作
杭州　浙江人民美术出版社 1988 年 1 张
76cm(2 开) 定价: CNY0.32
　　中国现代年画作品。

J0059774
春酣
杭州　浙江人民美术出版社 [1988 年]
1 轴(卷轴) 76cm(2 开) 定价: CNY1.50
　　中国现代年画作品。

J0059775
春和景明　国泰民安　魏明全作
郑州　河南美术出版社 1988 年 1 张 78cm(2 开)
定价: CNY0.20
　　中国现代年画作品。

J0059776
春晖　陈贯时作
杭州　浙江人民美术出版社 1988 年 1 张
76cm(2 开) 定价: CNY0.50
　　中国现代年画作品。

J0059777
春回大地　福喜临门　谭西方作
郑州　河南美术出版社 1988 年 1 张 76cm(2 开)
定价: CNY0.26
　　中国现代年画作品。

J0059778
春回大地　福喜临门　谭西方作
郑州　河南美术出版社 1988 年 1 张 54cm(4 开)
定价: CNY0.13
　　中国现代工艺美术年画作品。

J0059779
春来福到　姚玉成作
沈阳　辽宁美术出版社 1988 年 1 张 76cm(2 开)
定价: CNY0.36
　　中国现代年画作品。

J0059780
春来户户一窝鸡　余南轩作
武汉　湖北美术出版社 1988 年 1 张 76cm(2 开)
定价: CNY0.36
　　中国现代年画作品。

J0059781
春满大地　吴萍作
南昌　江西人民出版社 [1988 年] 1 张
76cm(2 开) 定价: CNY0.46
　　中国现代年画作品。

J0059782
春满人间　顾国治作
南京　江苏美术出版社 1988 年 1 张 76cm(2 开)
定价: CNY0.36
　　中国现代年画作品。

J0059783
春暖花开　忻礼良作
上海　上海美术出版社 1988 年 1 张 76cm(2 开)
定价: CNY0.36
　　中国现代年画作品。

J0059784
春色满园　王志强作
呼和浩特　内蒙古人民出版社 1988 年 1 张
76cm(2 开) 定价: CNY0.37
　　中国现代年画作品。

J0059785
春山图　乐震文作
上海　上海书画出版社 [1988 年] 1 轴(卷轴)
附对联 1 副 108cm(全开) 定价: CNY1.80
　　中国现代年画作品。

J0059786
春夏秋冬山水四屏　申石伽作
上海　上海书画出版社 1988 年 2 张 76cm(2 开)

定价: CNY0.72

中国现代年画作品。

J0059787
春香传　高国强, 李世恩作
上海　上海人民美术出版社　1988 年　1 张
76cm（2 开）定价: CNY0.36

中国现代年画作品。

J0059788
春竹对屏　张锦标, 赵豫作
上海　上海人民美术出版社　1988 年　2 张
76cm（2 开）定价: CNY0.72

中国现代年画作品。

J0059789
慈安皇太后
北京　中国电影出版社　1988 年　1 张　76cm（2 开）
定价: CNY0.36

中国现代年画作品。

J0059790
从小爱科学　王中一作
上海　上海人民美术出版社　1988 年　1 张
76cm（2 开）定价: CNY0.36

中国现代年画作品。

J0059791
翠谷鸣泉　朱子容作
南昌　江西人民出版社 [1988 年] 1 张
76cm（2 开）定价: CNY0.56

中国现代年画作品。

J0059792
翠谷溪流　张大昕作
上海　上海书画出版社　1988 年　1 张　76cm（2 开）
定价: CNY0.36

中国现代年画作品。

J0059793
翠竹杜鹃　晓时作
北京　人民美术出版社　1988 年　1 张　76cm（2 开）
定价: CNY0.38

中国现代年画作品。

J0059794
翠竹飞莺屏　李自强作
郑州　河南美术出版社　1988 年　4 张　76cm（2 开）
定价: CNY4.20

中国现代年画作品。